JAHRBUCH
DES BUNDESINSTITUTS FÜR
KULTUR UND GESCHICHTE DER DEUTSCHEN
IM ÖSTLICHEN EUROPA

22/2014

JAHRBUCH DES BUNDESINSTITUTS FÜR KULTUR UND GESCHICHTE DER DEUTSCHEN IM ÖSTLICHEN EUROPA

BAND 22

REFORMATION

DE GRUYTER
OLDENBOURG

Herausgeber:
Matthias Weber, BKGE, Oldenburg

in Verbindung mit:
Mirosława Czarnecka, Wrocław
Ladislau Gyémánt, Cluj-Napoca
Reinhard Johler, Tübingen
Christopher Long, Austin/Texas
Ágnes Tóth, Budapest

Redaktion:
Detlef Haberland, BKGE, Oldenburg
Jens Stüben, BKGE, Oldenburg

Bibliographische Information der Deutschen Nationalbibliothek
Die Deutsche Nationalbibliothek verzeichnet diese Publikation in der Deutschen Nationalbibliographie; detaillierte bibliographische Daten sind im Internet über http://dnb.d-nb.de abrufbar

Library of Congress Cataloging-in-Publication Data
A CIP catalog record for this book has been applied for at the Library of Congress.

Veröffentlicht durch Verlag De Gruyter Oldenbourg, München 2015

Umschlaggestaltung: NRDesign AGD, Oldenburg

Satz, Layout und Druck: TZ-Verlag & Print GmbH, Roßdorf, www.tz-verlag.de

ISBN 978-3-486-78144-1
ISSN 1865-5696

Inhalt

Matthias Weber: Vorwort zum Themenband „Reformation“ 7

Zur Ereignisgeschichte der Reformationszeit

Gerald Volkmer: Politische Voraussetzungen und rechtliche Rahmenbedingungen religiöser Vielfalt in Siebenbürgen zwischen Reformation und Aufklärung 11

Ulrich A. Wien: Reformation in Siebenbürgen. Aktuelle Forschungen und Desiderate am Beispiel der Predigten Damasus Dürrs und der Synodalprotokolle der Evangelischen Superintendentur Birthälm 37

Martin Arnold: Das Luthertum im böhmischen Adel 67

Henning P. Jürgens: Est mihi cum multis et doctis viris in Polonia dulcis amicitia. Die Wirkung Melanchthons in Polen im 16. Jahrhundert 107

Henning P. Jürgens: Innerprotestantische Konflikte in Polen und im Preußenland im 16. Jahrhundert. Das Beispiel Benedikt Morgenstern 125

Tomasz Łopatka: Die politischen Einstellungen der polnischen Antitrinitarier in der zweiten Hälfte des 16. Jahrhunderts und ihre Wurzeln in den Lehren der westeuropäischen Täufer 147

Liliana Lewandowska: Kampf gegen den pietistischen „Schwarm-Teuffel“. Zu Samuel Schelwigs Streitschriften aus dem Danzig des 17. und 18. Jahrhunderts 175

Zu kulturgeschichtlichen Auswirkungen und zur Rezeptionsgeschichte der Reformation

Mihai-D. Grigore: Reformatorische Ideen in der Walachei und der Moldau zwischen 1519 und 1521? Mögliche Transferwege von reformatorischem Gedankengut südlich und östlich der Karpaten 189

Georg Ziaja: Die protestantischen Buchdrucker in Polen-Litauen im 16. Jahrhundert 213

Anna Mańko-Matysiak: Zur Wirkungsgeschichte eines Gesangbuchmodells aus der Reformationszeit. Die *Geistlichen Lieder vnd Psalmen* Luthers (1529) und ihre Breslauer Ausgaben ... 237

Oliver Bach: Andreas Gryphius als Glogauer Syndikus und lutheranischer Dichter zwischen Synkretismusverdikt und Privilegienpolitik. Eine Verflechtungsgeschichte ... 253

Katrin Sterba: Ora pro nobis deum alleluia. Die Jesuiten in Mähren und ihr gegenreformatorisches Wirken in der Stadt Olmütz/Olomouc am Beispiel der Kirche Maria Schnee ... 275

Daniel Nachtsheim: Der lutherische Sokrates. Vernunft- und Aufklärungskritik bei Johann Georg Hamann ... 303

Martina Fuchs: Egon Hajek – ein Pfarrer aus Siebenbürgen als Reformationsschriftsteller ... 325

Dirk Schuster: Ein Versuch der Fortführung von Luthers Reformation in Siebenbürgen. Die Vereinnahmung der Reformationsgeschichte durch deutsch-christliche Vertreter der Evangelischen Landeskirche A. B. in Rumänien bis 1944 ... 375

Annotationen. Neuerscheinungen aus Ostmitteleuropa ... 387

Mitarbeiterinnen und Mitarbeiter ... 511

Vorwort zum Themenband „Reformation“

Der Historiker Golo Mann hat die Reformation als eine der „Grundtatsachen“ der deutschen Geschichte bezeichnet – ebenso wie den Dreißigjährigen Krieg und die Aufklärung, historische und geistesgeschichtliche Hauptstränge, die ohne die Reformation nicht vorstellbar sind. Die Reformation gehört zu den geschichtlichen Kernthemen in Deutschland. Sie war in Gesellschaft, Kultur, Politik, Wissenschaft und im Bildungswesen stets präsent und ist es bis heute geblieben. Die Evangelische Kirche Deutschlands, die Bundesregierung, Länder, Städte und Gemeinden, Institute, Vereinigungen und Initiativen unterschiedlichster Art bereiten sich derzeit auf das große Jubiläum im Jahr 2017 vor, den 500. Jahrestag des „Thesenanschlags“ Martin Luthers. Dieses Jubiläum wird nicht nur als religiös-kirchlicher Jahrestag, sondern auch als zentrales Ereignis einer kulturell bewussten Nation verstanden. Bis 2017 wird das Thema „Reformation“ immer stärker in den Fokus nicht nur der kirchlichen, sondern auch der gesellschaftlichen Aufmerksamkeit und des wissenschaftlichen Interesses rücken.

Die Reformation und ihre Folgen haben aber nicht nur das konfessionelle Gesicht Deutschlands, sondern die politische Geschichte und die kulturelle Entwicklung in ganz Europa und weit darüber hinaus mit geprägt. Schon seit dem Spätmittelalter gingen von unterschiedlichen Orten Europas verschiedene reformatorische Lehren und Bewegungen aus. Die Lehre Martin Luthers verbreitete sich rasch durch die Handelsbeziehungen, vor allem der Städte, durch humanistisch gebildete Kreise aufgrund ihrer akademischen Kontakte, durch Wanderungen von Geistlichen und Gelehrten, durch den Druck von Flugschriften und Büchern sowie weitere Transferprozesse. Die Schweiz, die Niederlande, England und die skandinavischen Staaten definieren sich heute ebenfalls stark aus der Tradition des protestantischen Christentums.

Ein Blick auf das Stichwort „Reformation“ insbesondere in populären Darstellungen, Lexika und Handbüchern ergibt, dass die Ereignisse der Reformation und ihre Folgen im Kontext der Geschichte des westlichen Europa deutlich ausführlicher behandelt wurden als in Bezug auf das östliche Europa. Nicht selten blieb die östliche Dimension der Reformation außerhalb des Kreises der Ostmitteleuropaspezialisten gänzlich unberücksichtigt. Es bleibt abzuwarten, wie prägnant dieser vernachlässigte Aspekt im „Reformationsjahr 2017“ zur Sprache kommen wird.

Die Reformation hat in Ostmittel- und Osteuropa zahlreiche Facetten. Der Prediger Jan Hus aus Südböhmen, dessen Hinrichtung auf dem Konstanzer Konzil 1415 in diesem Jahr gedacht wird, war der wohl bedeutendste Reformator vor Martin Luther. Mit Hus ist der Begriff „Erste Reformation“ verbunden. Das östliche Europa ist schon seit dem Mittelalter, vor allem seit der Reformationszeit, stärker als die meisten anderen europäischen Großregionen von religiöser Vielfalt geprägt, vom Neben-, Mit- und Gegeneinander unterschiedlicher Bekenntnisse und seit dem 16. Jahrhundert verschiedener protestantischer Strömungen in unmittelbar benachbarten Regionen, aber auch innerhalb eines Territoriums. Konflikte zwischen Lutheranern und Katholiken, Differenzen zwischen protestantischen Gruppen bis hin zur Verfolgung und Vertreibung der Täufer oder Schwenkfelder, umgekehrt aber auch Koexistenz und konfessionelle Toleranz liegen hier eng beieinander.

In vielen Regionen des östlichen Europa gingen soziale und religiöse Zugehörigkeiten Verbindungen ein, später auch Nationen und Konfessionen. Das direkte Aufeinandertreffen von Christentum und Islam im südöstlichen Europa war eine eigene Quelle von Konflikten, jedoch auch von kulturellen Interferenzen.

Aufgrund der stärkeren Bedeutung der Ständegesellschaft in Ostmitteleuropa im Vergleich zu Westeuropa hatten hier regionale Kräfte oft ein größeres Gewicht. Das reichsrechtliche Diktum des Augsburger Religionsfriedens von 1555, nach dem das Glaubensbekenntnis des jeweiligen Landesherrn auch bindend für die Untertanen war („cuius regio, eius religio“), kam hier nicht in gleicher Weise zur Anwendung wie im Heiligen Römischen Reich, was wiederum lang anhaltende konfessionspolitische Konflikte zwischen regionalen Kräften und landesherrlicher Zentralgewalt nach sich zog. Protestantische Eliten entstanden in Siebenbürgen oder im Preußenland; in Böhmen nahm der auf konfessionell-machtpolitischen Allianzen basierende Dreißigjährige Krieg seinen Ausgang und fand eine erste Entscheidung durch die Schlacht am Weißen Berg im Jahr 1620. In der Habsburgermonarchie wechselten sich reformatorische und gegenreformatorische Phasen ab, vielerorts herrschte über eineinhalb Jahrhunderte ein Spannungsverhältnis zwischen Ständen und Landesherren, zwischen den Protestanten und dem Haus Habsburg, der Schutzmacht der katholischen Kirche. Nicht zuletzt war auch der Protestantismus im östlichen Europa eingebunden in das kulturell und politisch verzweigte protestantische Netzwerk, das von der Schweiz über die Niederlande bis nach England reichte und zahlreiche Verbindungen mit Territorien des Heiligen Römischen Reiches aufwies.

Unter den Deutschen im östlichen Europa fand das Gedankengut der Reformation im 16. Jahrhundert in den meisten Fällen eine offene Aufnahme: Schlesien mit seiner Hauptstadt Breslau, das Preußenland und Pommern, Livland und Siebenbürgen wurden Kerngebiete der Reformation. Die unterschiedlichen Richtungen der Reformation hatten eine Vielzahl von Auswirkungen auf die Kultur und das Geistesleben, die kulturellen Praktiken und den Alltag der im östlichen Europa lebenden Deutschen ebenso wie der polnischen, ungarischen oder böhmischen Protestanten sowie auf ihr Zusammenleben mit anderskonfessionellen Gruppen. Nicht zuletzt fanden verfolgte protestantische Gemeinden Zuflucht vor gewaltsamer Verfolgung, z.B. in dem konfessionell liberaleren Polen.

* * *

Das Bundesinstitut für Kultur und Geschichte der Deutschen im östlichen Europa hat im Rahmen der von der Beauftragten der Bundesregierung für Kultur und Medien geförderten „Reformationsdekade 2008–2017“[1] einen eigenen Schwerpunkt

1 <http://www.luther2017.de/schlagworte/reformationsdekade>.

seiner Tätigkeit auf die Auseinandersetzung mit der Reformation im östlichen Europa gelegt. Dabei werden insbesondere wissenschaftliche Aspekte des reformatorischen Geschehens im östlichen Europa in den Kontext des an der Universität Oldenburg durchgeführten Großprojekts „Freiheitsraum Reformation 2012–2017"[2] eingebracht: 2013 wurde die Tagung „Jan Hus – 600 Jahre Erste Reformation"[3] durchgeführt, welche den spezifischen historischen und theologischen Beitrag des böhmischen Reformators zur Kirchen- und Geistesgeschichte Europas gewürdigt hat. 2014 fand, ebenfalls im Bundesinstitut, die Tagung „Grenzen der Pluralisierung? Zur Konflikthaftigkeit religiöser Identitätsbildung und Erinnerungskultur in Europa seit der Frühen Neuzeit" statt. Gemeinsam mit dem Deutschen Historischen Museum wird derzeit eine Konferenz mit dem Thema „Der Luthereffekt im östlichen Europa. 500 Jahre Reformation. Geschichte, Kultur, Erinnerung" (Berlin 2016) geplant, die auch einen Beitrag zur Konzeption der 2017 in Berlin gezeigten Ausstellung „Der Luthereffekt. 500 Jahre Reformation"[4] leisten möchte.

Auf den in Vorbereitung des hier vorliegenden Jahrbuchs 2014 veröffentlichten Call for Papers[5] gingen zahlreiche Vorschläge ein. Sie legen eine Gliederung des Jahrbuchs in zwei Sektionen nahe. Wie beim Format des Sammelbandes üblich erfolgt die Behandlung der Regionen und Themen anhand von Fallbeispielen. In der Sektion zur Ereignisgeschichte der Reformationszeit werden in den Beiträgen von Gerald Volkmer, Ulrich A. Wien, Martin Arnold, Henning P. Jürgens, Tomasz Łopatka und Liliana Lewandowska Phänomene der Ausbreitung und Manifestierung der Reformation in Siebenbürgen, Böhmen und Polen sowie im Preußenland dargestellt. Dabei bildet die erwähnte spannungsreiche innerprotestantische Pluralität unterschiedlicher reformatorischer Gemeinschaften einen Schwerpunkt. Kulturgeschichtliche Auswirkungen und die Rezeptionsgeschichte der Reformation werden von Mihai-D. Grigore, Georg Ziaja, Anna Mańko-Matysiak, Oliver Bach, Katrin Sterba, Daniel Nachtsheim, Martina Fuchs und Dirk Schuster angesprochen, wobei unter anderem Aspekte der Transfer-, Wirkungs- und Ideengeschichte sowie wiederum unterschiedliche Glaubensströmungen thematisiert werden.

Dieses Jahrbuch erscheint deutlich vor dem großen Jubiläumsjahr 2017. Die in Vorbereitung befindliche nächste Ausgabe des Jahrbuchs (Band 23, 2015) wird nochmals in religionsgeschichtlichem Kontext stehen und dem Thema „Religiöse Identitätsbildung und Erinnerungskultur in Europa in der Frühen Neuzeit" gewidmet sein. Durch die Präsentationen neuer Forschungsergebnisse wollen beide Bände die Kenntnisse über die Bedeutung der Reformation für die Kultur und Geschich-

---

2 Projekt „Freiheitsraum Reformation", <www.freiheitsraumreformation.de>.

3 Vgl. Andrea Strübind, Tobias Weger (Hg.): Jan Hus – 600 Jahre Erste Reformation (Schriften des Bundesinstituts für Kultur und Geschichte der Deutschen im östlichen Europa 60). München 2015.

4 „Der Luthereffekt. 500 Jahre Reformation", 12. April bis 5. November 2017. Eine Ausstellung des Deutschen Historischen Museums im Martin-Gropius-Bau, Berlin.

5 Themenband „Reformation" des Jahrbuchs des Bundesinstituts für Kultur und Geschichte der Deutschen im östlichen Europa, Bd. 22 (2014). In: H-Soz-Kult, 21.07.2013, <http://www.hsozkult.de/event/id/termine-22416>. Weitere Aufrufe erschienen in: H-net/Habsburg, H-Germanistik, ArtHist, [kv]-Mailing-Liste.

te der Deutschen im östlichen Europa erweitern und einen Beitrag dazu leisten, dass dieses spezielle Thema in der „Reformationsdekade“ stärker berücksichtigt wird. Ich danke allen Autorinnen und Autoren ganz herzlich für die Übersendung ihrer Beiträge, für die Zusammenarbeit und Unterstützung.

Oldenburg, im März 2015
Matthias Weber

Gerald Volkmer

Politische Voraussetzungen und rechtliche Rahmenbedingungen religiöser Vielfalt in Siebenbürgen zwischen Reformation und Aufklärung[1]

1. Einleitung

In der Historiografie ist die Frage, ob die religiöse Vielfalt in Siebenbürgen als ein Ausdruck des Toleranzgedankens, der Grundüberzeugung über die pragmatische Koexistenz der Konfessionen oder als Fait accompli religionspolitischer Antagonismen zu interpretieren sei, kontrovers diskutiert worden.[2] Da sich der folgende Beitrag auf die politischen Voraussetzungen und rechtlichen Rahmenbedingungen religiöser Vielfalt beschränken wird, soll nicht die Kulturgeschichte der Glaubensbekenntnisse, sondern die sich aus dem Zusammenwirken außen- und innenpolitischer Kräfte ergebenden Strukturen und Normen – selbstverständlich nur in ihren Grundzügen – behandelt werden. Da die Forschung überzeugend nachgewiesen hat, dass eine Geschichte der Reformation nicht ohne die Berücksichtigung des Gegensatzes zwischen Kaiser und Fürsten im Alten Reich sowie der Rolle des Osmanischen Reiches im europäischen Staatensystem geschrieben werden kann, sollen auch hier außen- wie innenpolitische Voraussetzungen zu gleichen Teilen berücksichtigt werden, zumal vor allem das 16. Jahrhundert von ihren mannigfaltigen Verschränkungen und gegenseitigen Bedingtheiten zeugt. Diese Erkenntnis stellt der Ausgangspunkt der folgenden Betrachtungen, die Schlacht von Mohács 1526, unter Beweis.

2. Der Zerfall des mittelalterlichen Königreichs Ungarn (1526–1541)

Der innenpolitisch geschwächte ungarische König Ludwig II. aus dem Hause der Jagiellonen trat mit unzureichenden militärischen Kräften dem Sultan des Osmanischen Reiches, Süleyman dem Prächtigen, entgegen und verlor in dieser Schlacht Krone und Leben. Dieses Ereignis führte zu einer Neuordnung des Gleichgewichts

---

1 Dieser Beitrag erschien unter dem rumänischen Titel „Premisele politice și cadrul juridic al diversității religioase în Transilvania, între Reformă și Iluminism“ in: Joachim Bahlcke, Konrad Gündisch (Hg.): Toleranță, coexistență, antagonism. Percepții ale diversității religioase în Transilvania, între Reformă și Iluminism [Toleranz, Koexistenz, Antagonismus. Wahrnehmungen religiöser Vielfalt in Siebenbürgen zwischen Reformation und Aufklärung]. Cluj-Napoca 2013, S. 28–54.

2 Vgl. Paul Philippi: Land des Segens? Fragen an die Geschichte Siebenbürgens und seiner Sachsen. Köln, Weimar, Wien 2008 (Siebenbürgisches Archiv 39), S. 152–166, 178–186; Krista Zach: Nation und Konfession im Reformationszeitalter. In: Georg Weber, Renate Weber (Hg.): Luther und Siebenbürgen. Ausstrahlungen von Reformation und Humanismus nach Südosteuropa. Köln, Wien 1985 (Siebenbürgisches Archiv 19), S. 156–211, hier S. 165f.

der Mächte in Ostmitteleuropa, zu einem Zerfall des Königreichs Ungarn und es förderte die Durchsetzung des Protestantismus im Donau-Karpaten-Raum. Bereits vor 1526 gelangte die Lehre Martin Luthers vor allem über Studenten und Kaufleute in das Königreich Ungarn. Dort bestand noch ein Konsens zwischen König, Adel und Kirche, dass der „Ketzerei" Einhalt geboten werden müsse, weshalb der ungarische Reichstag 1523 und 1525 beschloss, die Lutheraner mit dem Tod zu bestrafen.[3] Aus diesem Grund nahmen die Spannungen zwischen dem ungarischen Landadel und der ungarischen Königin Maria, der Schwester der im Reich und in Spanien regierenden Habsburger Karl und Ferdinand, zu. Ihr wurde der Vorwurf gemacht, sie dulde unter ihren deutschen Höflingen bekennende Lutheraner.[4]

Nach dem Tod König Ludwigs beanspruchte sein Schwager Ferdinand aufgrund der habsburgisch-jagiellonischen Erbverträge die Thronfolge, nicht nur in Böhmen, sondern auch in Ungarn. Ihm stellte sich die antihabsburgische Adelsopposition Ungarns unter der Führung des siebenbürgischen Woiwoden Johann Szapolyai entgegen. In dem nun ausbrechenden Bürgerkrieg zwischen Johann und Ferdinand – beide wurden 1526 von je einem Teil der Stände zu Königen von Ungarn gewählt – setzte sich zunächst Ferdinand militärisch durch. Um seine vollständige Niederlage abzuwenden, unterstellte sich Szapolyai 1528 als erster katholischer Herrscher der Oberhoheit des Sultans.[5] Mit dessen Hilfe behauptete er sich nicht nur in der Hauptstadt Ofen (Buda), sondern auch in den östlichen und südlichen Teilen Ungarns. Das Eingreifen der Osmanen in Ungarn ließ eine direkte Landfront zwischen den beiden Europa dominierenden Imperien entstehen, die 1529 für kurze Zeit vor

---

3 Der erste deutschsprachige Student aus Ungarn wurde 1522 in Wittenberg, der erste ungarischsprachige 1529 immatrikuliert: András Szabó: Calvinismus und Ethnie im Reich der Stephanskrone im 16. Jahrhundert. In: Márta Fata, Anton Schindling (Hg.): Calvin und Reformiertentum in Ungarn und Siebenbürgen. Helvetisches Bekenntnis, Ethnie und Politik vom 16. Jahrhundert bis 1918. Münster 2010 (Reformationsgeschichtliche Studien und Texte 155), S. 81–89, hier S. 81f.

4 Zum erasmischen Reformhumanismus am ungarischen Hof: Márta Fata: Ungarn, das Reich der Stephanskrone, im Zeitalter der Reformation und Konfessionalisierung. Multiethnizität, Land und Konfession 1500 bis 1700. Münster 2000 (Katholisches Leben und Kirchenreform im Zeitalter der Glaubensspaltung 60), S. 52–58. Vgl. Béla K. Király: The Sublime Porte, Vienna, Transylvania and the Dissemination of Protestant Reformation in Royal Hungary. In: Ders. (Hg.): Tolerance and Movements of Religious Dissent in Eastern Europe. New York, London 1975, S. 199–211, hier S. 200f. Zu den deutschen Günstlingen Marias am ungarischen Hof: Markus Hein: Maria von Habsburg, der ungarische Hof und die Reformation in Ungarn. In: Martina Fuchs, Orsolya Réthelyi (Hg.): Maria von Ungarn (1505–1558). Eine Renaissancefürstin. Münster 2007 (Geschichte in der Epoche Karls V. 8), S. 261–272, hier S. 268–271. Vgl. Krista Zach: Konfessionelle Pluralität, Stände und Nation. Ausgewählte Abhandlungen zur südosteuropäischen Religions- und Gesellschaftsgeschichte. Hg. v. Joachim Bahlcke u. Konrad Gündisch. Münster 2004 (Religions- und Kulturgeschichte in Ostmittel- und Südosteuropa 6), S. 112f.

5 Zum Status Siebenbürgens als Vasall des Osmanischen Reiches siehe den Überblick von Walter Daugsch: Siebenbürgen als Teil des Osmanischen Reiches. In: Siebenbürgische Semesterblätter 4 (1990) 1–2, S. 1–12. Ausführlich: Georg Eduard Müller: Die Türkenherrschaft in Siebenbürgen. Verfassungsrechtliches Verhältnis Siebenbürgens zur Pforte 1541–1688. Hermannstadt 1923 (Veröffentlichung des Südosteuropäischen Forschungsinstituts 2), S. 9–142. Vgl. Krista Zach: Fürst, Landtag und Stände. Die verfassungsrechtliche Frage in Siebenbürgen im 16. und 17. Jahrhundert. In: Ungarn-Jahrbuch 11 (1980/1981), S. 63–90, hier S. 84–87.

den Toren Wiens verlief. Die Auseinandersetzungen mit der muslimischen Großmacht und die Kriege gegen den König von Frankreich banden auch in den folgenden Jahrzehnten die militärischen und finanziellen Ressourcen der Habsburger, die ihnen im Reich fehlten, um die Ausbreitung des Luthertums unter den Fürsten mit Gewalt einzudämmen, zumal sie auf die Unterstützung der Reichsstände in den „Türkenkriegen" angewiesen waren.[6] Das Osmanische Reich hatte – entsprechend seiner erprobten Strategie – nicht gleich nach dem Sieg bei Mohács versucht, ganz Ungarn zu besetzen. Vielmehr wartete es ab, bis sich die Kräfte des Landes im Bürgerkrieg gegenseitig erschöpft hatten.

Als König Johann Szapolyai 1540 starb, hinterließ er seinen kurz zuvor geborenen Sohn Johann Sigismund Szapolyai als Nachfolger. Nach dessen Wahl zum *rex electus Hungariae* durch die ungarischen und siebenbürgischen Stände wurde dieser in seiner Eigenschaft als ungarischer König vom Sultan unter dessen Schutz gestellt. Der Sultan befürchtete, die Anhänger der Szapolyais könnten sich angesichts der Minderjährigkeit des Königs seinem Widersacher Ferdinand anschließen. Als die Habsburger einen Angriff auf Ofen starteten, sandte Süleyman 1541 ein gewaltiges Heer nach Zentralungarn. Nach der Besetzung Ofens erklärte der Sultan, dass er den zentralen Teil Ungarns samt Hauptstadt als Provinz in das Osmanische Reich eingliedern werde. Siebenbürgen und das östliche Ungarn gab er Johann Sigismund Szapolyai als Lehen. Ferdinand konnte nur seine Herrschaft über West- und Oberungarn behaupten. Damit wurde Ungarn in drei Teile geteilt. Für das östliche Drittel um die Woiwodschaft Siebenbürgen begann mit der Abtrennung vom westlichen Ungarn ein Prozess, der unter der osmanischen Oberhoheit zur Herausbildung des selbständigen Fürstentums Siebenbürgen führte.[7]

3. Die Herausbildung der verfassungsrechtlichen Ordnung im Szapolyai-Herrschaftsbereich

Den Ausgangspunkt der Entwicklung zu einem autonomen Staat frühneuzeitlicher Prägung stellte die bereits im Hochmittelalter etablierte Selbstverwaltung der Woiwodschaft Siebenbürgen innerhalb der Länder der ungarischen Krone dar. In den Urkunden des Mittelalters wird Siebenbürgen als Teil der Stefanskrone mit den Begriffen *Pars Transilvana*, *Partium Transilvanarum* und sogar *Regnum* bezeichnet.[8] Bereits im frühen 12. Jahrhundert sind die ersten Woiwoden (*Vayvoda*) nachgewiesen.

6 Konrad Gündisch: Ständische Autonomie und Regionalität im mittelalterlichen und frühneuzeitlichen Siebenbürgen. In: Heinz-Dietrich Löwe, Günther H. Tontsch, Stefan Troebst (Hg.): Minderheiten, Regionalbewusstsein und Zentralismus in Ostmitteleuropa. Köln, Weimar, Wien 2000 (Siebenbürgisches Archiv 35), S. 21–49, hier S. 43–45. Vgl. Stephen Fischer-Galati: Ottoman Imperialism and German Protestantism 1521–1555. Cambridge 1959, S. 111–117.

7 Gábor Barta: Die Anfänge des Fürstentums und erste Krisen 1526–1606. In: Béla Köpeczi (Hg.), Gábor Barta (Mitarb.): Kurze Geschichte Siebenbürgens. Budapest 1990, S. 243–301, hier S. 243–252.

8 Zach: Fürst (Anm. 5), S. 74.

Sie wurden vom ungarischen König als Statthalter der Krone ernannt und mit der Verwaltung der sieben Adelskomitate Siebenbürgens betraut. Das im Osten Siebenbürgens gelegene sogenannte „Szeklerland" besaß eine eigene regionale Autonomie innerhalb der Woiwodschaft. In diesem Gebiet siedelte der vornehmlich aus freien Bauern und Kleinadligen bestehende ungarischsprachige Stamm der Szekler. An dessen Spitze stand der vom König eingesetzte Szeklergraf *(Comes Siculorum)*, ein Amt, das nach 1463 meistens in Personalunion vom Woiwoden ausgeübt wurde.[9] Die nach dem Komitatsgebiet und dem Szeklerboden dritte territoriale Einheit bildete der sogenannte „Königsboden" (*Fundus regius*), auf dem hauptsächlich die ab dem 12. Jahrhundert eingewanderten deutschen Siedler lebten. Im Rahmen der hochmittelalterlichen deutschen Ostsiedlung waren sie von den ungarischen Königen in den westlichen Gebieten des Heiligen Römischen Reiches angeworben und mit dem Versprechen auf eine weitreichende politische und kirchliche Selbstverwaltung – vor allem im Süden Siebenbürgens – angesiedelt worden. Da sämtliche westlichen Siedler im hochmittelalterlichen Ungarn von der königlichen Kanzlei als *Saxones* bezeichnet wurden, setzte sich dieser Name als Gruppenbezeichnung für die nach eigenem Recht lebenden Deutschen durch. Analog zu den erwähnten Komitaten des ungarischen Adels gliederten sich die beiden autonomen Gebiete der Sachsen und Szekler in Stühle und Distrikte. Diese mit Selbstverwaltungsrecht ausgestatteten Einheiten schlossen sich im Falle der Sachsen zur „Nationsuniversität" (*Universitas Saxonum)* zusammen. An ihre Spitze wurde der „Sachsengraf" (*Comes Saxonum)* gewählt, der direkt dem König unterstand. Er wurde aus den Reihen der mächtigen Patrizierfamilien rekrutiert, die über die Magistrate der größeren Städte Hermannstadt (Sibiu, Nagyszeben), Kronstadt (Braşov, Brassó), Bistritz (Bistriţa, Beszterce), Schässburg (Sighişoara, Segesvár) oder Mediasch (Mediaş, Megyes) das Selbstverwaltungsgebiet der Sachsen beherrschten.[10]

Da die Sachsen und Szekler zum Zweck des Landesausbaus und der Grenzverteidigung im Gebiet der Süd- bzw. Ostkarpaten angesiedelt worden waren, genossen sie eine weitreichende Gruppen- und Territorialautonomie, die den persönlichen Vorrechten des ungarischen Adels gegenüberstand. Szekler- und Sachsengraf waren dem ungarischen König direkt unterstellt und damit dem siebenbürgischen Woiwoden nicht untergeordnet. Zusammen mit dem ungarischen Adel bildeten die Sachsen und Szekler die späteren drei Stände oder „Nationen" (*nationes*), wobei sie keine Stände im herkömmlich sozialen Sinne waren, sondern als selbständige Gebietskörperschaften auftraten. Durch seine ortsspezifische Territorialverfassung un-

9 Zur ständischen Autonomie im mittelalterlichen Siebenbürgen ausführlich: Gündisch: Ständische Autonomie (Anm. 6), S. 21–43; András Kubinyi: Landesherr, Reichstag bzw. Landtag und Komitatsversammlungen in Ungarn und Siebenbürgen 1542–1681. In: Joachim Bahlcke, Hans-Jürgen Bömelburg, Norbert Kersken (Hg.): Ständefreiheit und Staatsgestaltung in Ostmitteleuropa. Übernationale Gemeinsamkeiten in der politischen Kultur vom 16.–18. Jahrhundert. Leipzig 1996 (Forschungen zur Geschichte und Kultur des östlichen Mitteleuropa [4]), S. 81–94, hier S. 92; Zach: Konfessionelle Pluralität (Anm. 4), S. 108–111.

10 Gündisch: Ständische Autonomie (Anm. 6), S. 33–36, 41–43; Zach: Fürst (Anm. 5), S. 64–72.

terschied sich Siebenbürgen folglich vom restlichen Ungarn.[11] Ab 1437 schlossen sich die drei Stände gegen innere und äußere Feinde zu sogenannten „Unionen" zusammen, bei denen der Grundsatz der Gleichberechtigung, der Einstimmigkeit und gegenseitigen Nichteinmischung in die inneren Angelegenheiten der Partner galt. Der sogenannte „Provinzlandtag", auf dem sich die Stände versammelten, bildete den Grundstein für den späteren Landtag des Fürstentums. Als landespolitisch nicht Handelnde siedelten in Siebenbürgen Rumänen und Zigeuner, ab dem 17. Jahrhundert auch Juden und Armenier.

Die erwähnten Selbstverwaltungsstrukturen innerhalb Siebenbürgens und die autonome Stellung der Woiwodschaft Siebenbürgen innerhalb des Königreichs Ungarn erwiesen sich als tragbare Fundamente eines Staatsbildungsprozesses, der nach 1526 im Herrschaftsgebiet der Szapolyais einsetzte. Der 1541 vollzogenen faktischen Lostrennung Siebenbürgens und Ostungarns vom habsburgisch beherrschten Königreich Ungarn folgte bald die Herausbildung neuer verfassungsrechtlicher Strukturen, obwohl Siebenbürgen vom Selbstverständnis her ein ungarisches „Gegenkönigreich" blieb. Auf gesamtsiebenbürgischer Ebene konstituierten sich die drei Stände zu sogenannten verfassungsgebenden Landtagen, die bis 1571 die staatsrechtlichen Rahmenbedingungen festlegten. Die historische Woiwodschaft Siebenbürgen wurde damit zum Nukleus des neuen Staates, der die unter der Herrschaft der Szapolyais befindlichen ostungarischen Gebiete in das neue Staatswesen integrierte, welches in den zeitgenössischen Quellen zunächst als *Regnum Hungariae et Transilvaniae,* dann als *Regnum Transilvaniae et partium regni Hungariae eidem adnexae* bezeichnet wurde.[12]

Auf der ersten gemeinsamen Versammlung der ostungarischen und siebenbürgischen Stände am 18. Oktober 1541 in Debrezin (Debrecen) schworen die Anwesenden den Szapolyais Treue. Einige der Vertreter der siebenbürgischen Stände konnten sich aber noch nicht auf die Bildung einer gemeinsamen Legislative einigen. Bis 1544 tagten die siebenbürgischen und die ostungarischen Stände getrennt. Die meisten der ostungarischen Magnaten erkannten jedoch die Notwendigkeit, aus der Personalunion mit Siebenbürgen eine Realunion zu bilden. Auf der Ständeversammlung vom 1. August 1544 in Thorenburg (Turda, Torda) nahmen die Stände Siebenbürgens, der ostungarischen Komitate *(Partes adnexae)* sowie der Grafschaft Temesch erstmals gleichberechtigt teil und schufen ein gemeinsames Legislativorgan, das die staatsrechtliche Union dieser drei Gebiete verkündete. Diese Stände-

11 Gündisch: Ständische Autonomie (Anm. 6), S. 29f., 38–41; Krista Zach: Stände, Grundherrschaft und Konfessionalisierung in Siebenbürgen. Überlegungen zur Sozialdisziplinierung (1550–1650). In: Joachim Bahlcke, Arno Strohmeyer (Hg.): Konfessionalisierung in Ostmitteleuropa. Wirkungen des religiösen Wandels im 16. und 17. Jahrhundert in Staat, Gesellschaft und Kultur. Stuttgart 1999 (Forschungen zur Geschichte und Kultur des östlichen Mitteleuropa 7), S. 367–391, hier S. 377.

12 Zur Ausbildung der verfassungsrechtlichen Strukturen des Fürstentums Siebenbürgen im 16. Jahrhundert: Anton Radvánszky: Grundzüge der Verfassungs- und Staatsgeschichte Ungarns. München 1990 (Studia Hungarica 35), S. 78–80; Walter Daugsch: Staatsrechtliche Lage und Ständetum im Fürstentum Siebenbürgen 1526–1691. In: Deutsche Ostkunde 31 (1985) 3, S. 110–120, hier S. 111–114; Zach: Fürst (Anm. 5), S. 75–84.

versammlung erneuerte auch das Bündnis der drei siebenbürgischen Stände – Adel, Szekler und Sachsen (*Unio trium nationum*) –, das 1437 erstmals gegen alle inneren und äußeren Feinde geschlossen worden war, und dehnte es auf die sogenannten „Partes" und die Grafschaft Temesch aus.[13] Die Stände nannten sich fortan „die drei Nationen Siebenbürgens und unsere Verwandten aus Ungarn". Damit übernahm der neue Landtag für die östliche Hälfte des Königreichs Ungarn die Funktion des alten ungarischen Reichstages und stand in Konkurrenz zum Reichstag in Pressburg (Bratislava, Pozsony), der die Legitimität des mittelalterlichen ungarischen Reichstages ebenfalls für sich reklamierte. Der siebenbürgische Landtag widerspiegelte die doppelte Identität des neuen staatlichen Gebildes: Einerseits repräsentierte er die autonome Woiwodschaft Siebenbürgen, andererseits alle Komitate des Königreichs Ungarn, die sich nicht unter der Herrschaft der Habsburger oder der Osmanen befanden. Die Erneuerung der „brüderlichen Einigung" der Stände stellte das Fundament der neuen verfassungsrechtlichen Ordnung Siebenbürgens dar.

Die vom Herrscher ein- bis zweimal pro Jahr einberufenen Landtage[14] setzten sich aus den Vertretern der drei ständischen Nationen (Adel, Sachsen und Szekler), den Abgeordneten der Partes (Adel), den Repräsentanten der Taxalstädte und den sogenannten Regalisten zusammen. Letztere waren Adlige, die der Fürst für verschiedene Dienste mit einem Landtagsmandat belohnte, sodass er leicht eine Mehrheit des Adels herbeiführen konnte. Die Abgeordneten (138 bis 200 Deputierte), die volle Redefreiheit besaßen, wurden für jeden Landtag neu gewählt und waren in ihrem Abstimmungsverhalten an die Weisungen ihrer Wahlversammlungen, der sogenannten „Commitendenversammlungen", gebunden. Der Landtag war vor allem für die Beratung und Verabschiedung der Gesetze sowie insbesondere für Steuerfragen zuständig. Mit dem vom ungarischen Reichstag übernommenen Recht, den Herrscher des Landes zu wählen, konnten die drei Stände durch den Landtag zum ersten Mal über die Person ihres Souveräns direkt entscheiden. Obwohl der siebenbürgische Landtag als höchste legislative Instanz die Kompetenzen des ungarischen Reichstages für Siebenbürgen übernahm, soll – abweichend von Teilen der ungarischen Historiografie – der Terminus „Landtag" weiterhin verwendet werden, da die siebenbürgischen Autoritäten nach 1570 die Stellung des habsburgischen Königreichs Ungarn und dessen Reichstag in Pressburg nicht mehr grundsätzlich infrage stellten. Gesetze konnten sowohl vom Landtag als auch vom Fürsten eingebracht werden. Allerdings mussten sie mit Einstimmigkeit von den drei ständischen Nationen verabschiedet werden, die dadurch trotz unterschiedlicher Landtagsmehrheiten über ein Veto verfügten. Das Siegel des Fürsten sowie das der drei Nationen

---

13 Edit Szegedi: Constituirea şi evoluţia principatului Transilvaniei (1541–1690) [Die Konstituierung und Entwicklung des Fürstentums Siebenbürgen (1541–1690)]. In: Ioan-Aurel Pop, Thomas Nägler, András Magyari (Hg.): Istoria Transilvaniei [Geschichte Siebenbürgens]. Bd. II: De la 1541 până la 1711 [Von 1541 bis 1711]. Cluj-Napoca 2005, S. 107–120, hier S. 108f.

14 Von 1544 bis 1622 fanden zwei Landtage pro Jahr statt: an St. Georg im April und an St. Michael im September: Zach: Fürst (Anm. 5), S. 82. Zwischen 1542 und 1611 wurden in Siebenbürgen 136, zwischen 1612 und 1681 insgesamt 84 Landtage abgehalten: Kubinyi: Landesherr (Anm. 9), S. 87.

verlieh den Gesetzen Rechtsgültigkeit. Erst dann wurden sie an alle Gerichte des Landes versandt.[15]

Parallel zur Etablierung des Legislativorgans vollzog sich die Konstituierung der Exekutive. Auf der Grundlage der verfassungsrechtlichen Institutionen des alten Königreiches Ungarn und der autonomen Woiwodschaft Siebenbürgen schufen der Thorenburger Landtag vom 31. März 1542 sowie die nachfolgenden Landtage die Landesinstitutionen des Herrschers, des Statthalters und des Herrscherrates.[16] Nach seiner Wahl zum König von Ungarn musste Johann Sigismund Szapolyai – wie alle ihm folgenden Herrscher – zuerst die Zustimmung der Hohen Pforte einholen, die der Wahl Rechtsgültigkeit verlieh. Während seiner Investitur musste der Herrscher auf die „Rechte und Freiheiten des Landes" schwören, später ergänzt durch die „Bedingungen" der Stände, die sogenannten *Conditiones Principum* (Wahlkapitulationen), zu deren Kernbestand die Religionsfreiheit gehörte. Der Herrscher konnte die Landtage einberufen und auflösen, war oberster Richter und stand an der Spitze der Verwaltung. Hauptsächlich finanzierte sich der Herrscher durch die Einkünfte seiner – in der Regel – sehr umfangreichen Familiengüter. Darüber hinaus standen ihm die von der ungarischen Krone zur Finanzierung des siebenbürgischen Woiwoden gestifteten Ländereien zur Verfügung. Ferner besaß er weitreichende Entscheidungs- und Handlungsfreiheit in der Außenpolitik. Als Oberbefehlshaber des Heeres war er auch für die Verteidigung des Landes zuständig.[17]

Da Johann Sigismund 1541 noch ein Säugling war, füllte Georg Martinuzzi, Bischof von Wardein (Oradea, Nagyvárad), entschlossen das Machtvakuum aus und ließ sich am 26. Januar 1542 zum Schatzmeister und Statthalter Siebenbürgens wählen, 1544 wurde er vom Landtag auch zum obersten Richter (*Supremus Judex*) bestimmt. Martinuzzi und dem jungen König stellte der Landtag mit Beschluss vom 31. März 1542 die Institution des Herrscherrates *(Consilium intimum)* zur Seite, der vor allem die Stände in die Exekutive einbinden sollte. Der Rat, dem je sieben Vertreter des Adels, der Szekler und der Sachsen angehörten, trat während der Landtage zusammen sowie jederzeit durch die Einberufung des Herrschers. Das *Consilium* sollte den Herrscher beraten und für die Ausführung seiner Anweisungen sorgen, womit die Stände über ein mächtiges politisches Instrument verfügten.[18] Bis das Fürstentum Siebenbürgen seine verfassungsrechtliche Ausgestaltung abgeschlossen hatte, vergingen drei Jahrzehnte, die unter dem Vorzeichen des Provisoriums standen, da die politischen Eliten Ostungarns und Siebenbürgens weniger einen neuen Staat schaffen wollten, sondern vielmehr eine Übergangsperiode bis zur Wiederherstellung der staatlichen Einheit des mittelalterlichen Königreichs Ungarn gestalten. In dieser Zeit handelten die Stände mit den Vertretern der Zentralgewalt die politi-

15 Zach: Fürst (Anm. 5), S. 83f.

16 Gündisch: Ständische Autonomie (Anm. 6), S. 45–47; Zach: Konfessionelle Pluralität (Anm. 4), S. 109.

17 Zach: Stände (Anm. 11), S. 375f.

18 Barta: Anfänge des Fürstentums (Anm. 7), S. 261–268; Gündisch: Ständische Autonomie (Anm. 6), S. 46; Zach: Fürst (Anm. 5), S. 79–82.

schen und rechtlichen Rahmenbedingungen aus, die auch für das religiöse Leben in Siebenbürgen maßgeblich wurden.[19]

4. Religionspolitik während der Szapolyai-Herrschaft (1541–1571)

Die Lehre Martin Luthers gelangte bereits vor 1526 über Siebenbürger Sachsen, die in Deutschland studierten oder dort Handel trieben, in den Karpatenbogen. Kaufleute brachten erstmals 1519 Lutherschriften von der Leipziger Messe in ihre siebenbürgischen Heimatstädte. Von der geistigen Unruhe und der Verunsicherung, die die Altgläubigen in Ungarn nach dem Triumph des „heidnischen" Sultans erfasste, soll hier nicht die Rede sein. Der Bürgerkrieg zwischen den Anhängern der Habsburger und jenen der Szapolyais schwächte die Strukturen der katholischen Kirche in Ungarn und führte dazu, dass das Luthertum gerade in den deutsch dominierten ungarischen Freistädten langsam Fuß fassen konnte.[20] Da beide Parteien auf die Unterstützung der Städte angewiesen waren, konnten sie es sich nicht leisen, eine aggressive Religionspolitik zu betreiben. Ein Übriges tat die Exkommunizierung des ungarischen Gegenkönigs Szapolyai, der damit vom Papst für seine Unterwerfung gegenüber dem Sultan bestraft werden sollte.[21] Die Besetzung der Reichshauptstadt Ofen und die Annexion Zentralungarns durch den Sultan führten 1541 sowohl den Anhängern der Szapolyais als auch jenen der Habsburger vor Augen, dass die Schlagkraft der osmanischen Armee es dem Sultan erlaubte, auf beide Bürgerkriegsparteien keine Rücksicht zu nehmen. Diese Zwangslage bewog beide Parteien, am 29. Dezember 1541 in Julmarkt (Jilău) einen Vertrag abzuschließen, der die Einheit des alten Königreichs Ungarn unter dem Zepter der Habsburger wiederherstellen sollte.[22] Dass dieses Ziel nicht zu erreichen war, bewiesen im Herbst 1542 das Scheitern des Reichsheeres vor den Toren Ofens sowie im Sommer 1543 die Einnahme des Erzbischofssitzes Gran (Esztergom) und des Krönungsortes Stuhlweißenburg (Székesfehérvár) durch die osmanische Armee. Diese Erfahrungen zwangen die politischen Akteure in Siebenbürgen dazu, sich mit den neuen machtpolitischen Verhältnissen im Donau-Karpaten-Raum zu arrangieren und in einer Atmosphäre der Verunsicherung zunächst das eigene Überleben sicherzustellen.

Als die Bischöfe von Csanád und Weißenburg (Alba Iulia, Gyulafehérvár) 1542 starben, blieben ihre Stühle unbesetzt, weil dies auch die weltlichen (katholischen) Autoritäten wünschten. Der Hof der Szapolyais ergriff die Gelegenheit und über-

---

19 Gábor Barta: Bedingungsfaktoren zur Entstehung religiöser Toleranz in Siebenbürgen des 16. Jahrhunderts. In: G. Weber, R. Weber (Hg.): Luther und Siebenbürgen (Anm. 2), S. 229–241, hier S. 233f.; Szegedi: Constituirea (Anm. 13), S. 108f.

20 Ausführlich zum Verfall der katholischen Kirche in Ungarn nach 1526: Fata: Ungarn (Anm. 4), S. 36–40; Zach: Stände (Anm. 11), S. 373f.

21 Király: The Sublime Porte (Anm. 4), S. 202–204.

22 Siehe den Wortlaut des Vertrages von Julmarkt in: Roderich Gooss: Österreichische Staatsverträge. Fürstentum Siebenbürgen 1526–1690. Wien 1911 (Veröffentlichungen der Kommission für Neuere Geschichte Österreichs 9), S. 95–102.

siedelte in Übereinstimmung mit den Ständen in die alte Weißenburger Bischofsresidenz, nachdem er 1541 Ofen verlassen musste und sich in Lippa (Lipova) provisorisch niedergelassen hatte.[23] Die beschränkten Handlungsmöglichkeiten der Habsburger und das schwache Königtum des minderjährigen Johann Sigismund führten den siebenbürgischen Ständen erneut vor Augen, dass sie angesichts der osmanischen Bedrohung auf sich allein gestellt waren und nur gemeinsam durchsetzungsfähig sein konnten.[24] Als der Thorenburger Landtag am 31. März 1542 die Privilegien der drei Nationen und das Prinzip der gegenseitigen Nichteinmischung in die inneren Angelegenheiten der Stände anerkannte, akzeptierten die Stände, dass zu diesen Angelegenheiten auch die Religion und die gewachsenen kirchlichen Strukturen gehörten.[25] Das für Siebenbürgen zuständige Bistum Weißenburg unterstand dem Erzbistum Kalocsa. Lediglich die Kapitel des von den Sachsen besiedelten Königsbodens gehörten zu einem großen Teil nicht zum Weißenburger Bistum, sondern zum Erzbistum Gran. Die auf *hospites*-Rechte zurückzuführende Privilegierung der Kirchenorganisation der Siebenbürger Sachsen beinhaltete, dass die Plebane ihren Dechanten frei wählen durften, der direkt dem Weißenburger Bischof bzw. dem Graner Erzbischof unterstand. Die Dechanten der Hauptorte Hermannstadt und Kronstadt besaßen in geistlichen Belangen eine eigene Gerichtsbarkeit.[26] Seit dem 14. Jahrhundert entwickelte sich parallel zum politischen Zusammenschluss der sächsischen „Nationsuniversität" eine „geistliche Universität" der Sachsen. Diese in Ungarn einmalige rechtliche Sonderform einer „sächsischen Kirche" bot die nötigen Autonomievoraussetzungen und Handlungsspielräume für die erste offene Reformation in Siebenbürgen.[27]

Angesichts der desinteressierten osmanischen Schutzmacht und der sich erst im Aufbau befindenden gesamtstaatlichen Strukturen in Siebenbürgen wagte der Stadtrat Kronstadts – das am äußersten südöstlichen Rand Siebenbürgens liegt – den ersten Schritt und führte 1542/1543 unter Anleitung des Ratsherrn und Humanisten Johannes Honterus die lutherische Lehre auf dem Gebiet der Stadt sowie des

---

23 Probst Anton Verancsics verließ 1549 nach seinen erfolglosen Versuchen, die Einheit der Kirche zu wahren, Weißenburg: Zach: Stände (Anm. 11), S. 376; Dies.: Konfessionelle Pluralität (Anm. 4), S. 111.

24 Barta: Bedingungsfaktoren (Anm. 19), S. 234.

25 Sándor Szilágyi (Hg.): Monumenta Comitialia Regni Transylvaniae. Erdélyi országgyűlési emlékek történeti bevezetésekkel. Bd. I: 1540–1556. Budapest 1875 (Monumenta Hungariae Historica, Magyar történelmi emlékek, Ser. III: Országgyűlési emlékek), S. 84–89, 169–171, 183–185. Voreilige Berichte vom Regensburger Reichstag 1541 führten in Siebenbürgen zur Annahme, dass es im Reich zu einer Einigung im Religionsstreit gekommen sei: Karl Reinerth: Die Gründung der evangelischen Kirchen in Siebenbürgen. Köln, Wien 1979 (Studia Transylvanica 5), S. 127f. Vgl. Zach: Stände (Anm. 11), S. 375.

26 Ludwig Binder: Geistliche und weltliche Universität. In: Wolfgang Kessler (Hg.): Gruppenautonomie in Siebenbürgen. 500 Jahre siebenbürgisch-sächsische Nationsuniversität. Köln, Wien 1990 (Siebenbürgisches Archiv 24), S. 45–60, hier S. 50; Zach: Konfessionelle Pluralität (Anm. 4), S. 111f.

27 Ausführlich zu den verwaltungs- und kirchenrechtlichen Besonderheiten bei den Siebenbürger Sachsen im Mittelalter und in der Frühen Neuzeit: Binder: Universität (Anm. 26), S. 45–55.

sie umgebenden Burzenlandes ein.[28] Dieser ersten Stadtreformation Siebenbürgens folgten rasch jene der anderen sächsischen Städte und Gemeinden, sodass 1547 die „Kirchenordnung aller Deutschen in Sybembürgen" eingeführt wurde und die Nationsuniversität 1550 auf dem Königsboden den katholischen Glauben zugunsten des lutherischen Bekenntnisses abschaffte.[29] Eine ausgeprägte Gruppenautonomie und die direkten Kommunikationsstränge der sächsischen Reformatoren nach Wittenberg[30] boten für diese Entwicklung günstige Voraussetzungen. Die Zentralmacht beobachtete diese Entwicklung sehr genau, weshalb Königin Isabella die Vertreter der sächsischen Nationsuniversität im Juni 1543 zu einem Gespräch nach Weißenburg zitierte. In diesem Gespräch sollte der Vorwurf geklärt werden, Honterus habe ohne das Einverständnis der Herrscherin und des Erzbischofs im Burzenland einen „neuen Gottesdienst" eingeführt. Die von Honterus erstellte Apologie seines „Reformationsbüchleins"[31] wurde von den sächsischen Delegierten vor der Königin, ihrem Statthalter Bischof Martinuzzi, den Domherren und anwesenden Humanisten vorgetragen.[32] Da weder die Szapolyais noch Martinuzzi Maßnahmen zur Unterbindung der Reformation im Burzenland trafen und sich damit an das 1542 bestätigte Prinzip der gegenseitigen Nichteinmischung der Stände hielten,[33] breitete sich die Reformation weiter aus.

1544 sah sich der Landtag zum ersten Mal genötigt, zu Religionsfragen Stellung zu nehmen, indem er allgemein festhielt, „es solle hinfort niemand wagen, in Religionsangelegenheiten irgend etwas zu erneuern", oder Mönche und Geistliche verspotten. Dies implizierte, dass auch die bereits vollzogenen Reformationen nicht an-

---

28 Ausführlich zur Durchführung der Reformation in Kronstadt: Reinerth: Evangelische Kirchen (Anm. 25), S. 45–121. Ebenso: Erich Roth: Die Reformation in Siebenbürgen. Ihr Verhältnis zu Wittenberg und der Schweiz. Teil 1: Der Durchbruch. Köln, Graz 1962 (Siebenbürgisches Archiv 2), S. 56–126. Vgl. Oskar Wittstock: Johannes Honterus, der Siebenbürger Humanist und Reformator. Der Mann, das Werk, die Zeit. Göttingen 1970, S. 211–261; Fata: Ungarn (Anm. 4), S. 148–152.

29 Zur Durchführung der Reformation auf dem Königsboden: Reinerth: Evangelische Kirchen (Anm. 25), S. 170–189; Zach: Konfessionelle Pluralität (Anm. 4), S. 115.

30 Die Wittenberger Reformatoren genehmigten 1543 die von Honterus im Burzenland durchgeführte Reformation: Reinerth: Evangelische Kirchen (Anm. 25), S. 128–133.

31 Zu den Auffassungen von „Katholizität" und „Reformation" bei Honterus: Zoltán Csepregi: Die Auffassung der Reformation bei Honterus und seinen Zeitgenossen. In: Ulrich A. Wien, Krista Zach (Hg.): Humanismus in Ungarn und Siebenbürgen. Politik, Religion und Kunst im 16. Jahrhundert. Köln, Weimar, Wien 2004 (Siebenbürgisches Archiv 37), S. 1–17, hier S. 5–14.

32 Ausführlich: Reinerth: Evangelische Kirchen (Anm. 25), S. 122–128. Ebenso: Ludwig Binder: Johannes Honterus. Schriften, Briefe, Zeugnisse. Bukarest 1996, S. 187–203. Vgl. Roth: Reformation, Teil 1 (Anm. 28), S. 119–121.

33 Walter Daugsch: Die Nationsuniversität der Siebenbürger Sachsen im 16. und 17. Jahrhundert. In: Kessler (Hg.): Gruppenautonomie (Anm. 26), S. 179–216, hier S. 200f.; Krista Zach: Politische Ursachen und Motive der Konfessionalisierung in Siebenbürgen. In: Volker Leppin, Ulrich A. Wien (Hg.): Konfessionsbildung und Konfessionskultur in Siebenbürgen in der Frühen Neuzeit. Stuttgart 2005 (Quellen und Studien zur Geschichte des östlichen Europa 66), S. 57–70, hier S. 68.

getastet werden sollten.[34] Die Unbestimmtheit des Landtagsbeschlusses führte zu keiner Eindämmung der Reformation, auch nachdem der Landtag 1545 festlegte, sie solle sich lediglich auf die Städte beschränken.[35] Auf dem Gebiet des Königsbodens befand sich die Ausbreitung des lutherischen Glaubens in vollem Gange, als 1545 auch das auf Komitatsboden liegende Klausenburg (Cluj-Napoca, Kolozsvár) sowie kurz darauf Teile der Bürgerschaft des auf dem Szeklerboden befindlichen Neumarkt am Mieresch (Târgu Mureş, Marosvásárhely) die Reformation einführten. Auf dem Komitatsboden ergriffen einflussreiche Magnaten die Initiative, zum Beispiel Kaspar Drágffy 1545 in Nordsiebenbürgen, und ließen unter ihrem Protektorat das Augsburger Bekenntnis einführen.[36] Als der Landtag 1548 seinen Beschluss von 1544 erneuerte,[37] hatten die Sachsen bereits vollständig die Reformation angenommen und damit ein Interesse, die Unbestimmtheit der Erklärung beizubehalten. Bemerkenswerterweise wird der Beschluss mit dem Hinweis untermauert, dass in Kürze von den christlichen Fürsten Entscheidungen in Religionsangelegenheiten erwartet würden. Der Landtag bezog sich damit unmittelbar auf die internationale Lage, die sich seit 1547 verändert hatte.

Die schrittweise Zurückdrängung der Habsburger in Ungarn durch die Osmanen und die parallel dazu vom Sultan geforderten Gebietsabtretungen in den zu Siebenbürgen gehörenden ostungarischen Komitaten hatten Siebenbürgen seit 1541 in einer ständigen Bedrohungslage gefangen gehalten, die eine Bekämpfung der Reformation im Landesinneren unmöglich gemacht hätte. Da der anhaltende Krieg gegen die Osmanen dieselbe Auswirkung auf die Lage im Reich hatte, schlossen die Habsburger im Juni 1547 ihren ersten Friedensvertrag mit den Osmanen, der den Status quo in Ungarn festzuschreiben schien. Der Tod des französischen Königs Franz I. 1547, eines ausgewiesenen Gegners der Habsburger, und der Frieden mit dem Sultan, der in Persien abgelenkt war, hatten den Habsburgern erstmals seit zwei Jahrzehnten die nötige Atempause verschafft, um eine militärische Entscheidung im Konflikt mit den protestantischen Reichsständen herbeizuführen. Zusammen mit den katholischen Reichsständen war Kaiser Karl V. 1547 siegreich aus dem Schmalkaldischen Krieg hervorgegangen. Auf dem Augsburger Reichstag von 1547/1548, an dem auch eine Delegation des siebenbürgischen Landtags teilnahm, versuchte der Kaiser der protestantischen Opposition seine Friedensbedingungen zu diktieren.[38] Die neue Stärke der Habsburger versuchte die siebenbürgische Seite zu nutzen, um mit Kaiser Karl V. und König Ferdinand I. über die Wiederherstellung der Einheit des Königreichs Ungarn zu verhandeln. Im Februar 1548 lehnten Ferdinand und Karl den siebenbürgischen Vorstoß jedoch ab, da sie angesichts der Herausfor-

---

34 Szilágyi: Monumenta, Bd. I (Anm. 25), S. 188–190. Vgl. Ludwig Binder: Grundlagen und Formen der Toleranz in Siebenbürgen bis zur Mitte des 17. Jahrhunderts. Köln, Wien 1976 (Siebenbürgisches Archiv 11), S. 47f.

35 Szilágyi: Monumenta, Bd. I (Anm. 25), S. 218. Vgl. Szegedi: Constituirea (Anm. 13), S. 112.

36 Binder: Toleranz (Anm. 34), S. 51f., 57f.

37 Szilágyi: Monumenta, Bd. I (Anm. 25), S. 238.

38 Fischer-Galati: Ottoman Imperialism (Anm. 6), S. 77–87.

derungen im Reich vom Frieden mit den Osmanen mehr profitierten.[39] Seit 1545 verhandelte auch das Konzil in Trient (1547–1549 in Bologna) über eine allgemeine Reform der katholischen Kirche, das aber vom Konflikt zwischen Kaiser und Papst überschattet wurde und in seiner Arbeit nur schleppend vorankam. Da auch der Augsburger Reichstag 1547/1548 keine grundsätzliche Klärung der religionspolitischen Situation in Deutschland herbeiführen konnte, unterblieb die vom Landtag gewünschte Orientierung Siebenbürgens an europäischen Vorgaben.[40]

Als am 19. Juli 1551 Königin Isabella und ihr Sohn, König Johann Sigismund Szapolyai, von Statthalter Georg Martinuzzi gezwungen wurden, ihren Herrschaftsbereich an die Habsburger abzutreten, bekannten sich bereits mehr als die Hälfte der Mitglieder des siebenbürgischen Landtages zum lutherischen Glauben. So wie die Szapolyais bis 1551 keine ernsthaften Versuche unternommen hatten, diese Entwicklung aufzuhalten, so wenig waren die Habsburger dazu in der Lage, als sie zwischen 1551 und 1556 Siebenbürgen besetzt hielten. Auch dem Thorenburger Landtag blieb 1551 nichts anderes übrig, als zu beschließen, die Religionsfragen bis zum Ende des Krieges ruhen zu lassen und bis dahin Niemanden aufgrund seines Glaubens zu belangen.[41] Unter dem Eindruck heftiger osmanischer Angriffe war die kleine habsburgische Söldnerarmee in Siebenbürgen auf die Unterstützung der Stände angewiesen, insbesondere auf jene der lutherischen Nationsuniversität der Sachsen, die König Ferdinand die Treue hielt. Ferdinand war in dieser Zeitspanne um einen Ausgleich mit den Lutheranern in Deutschland bemüht und schloss 1552 den Passauer Vertrag sowie 1555 den Augsburger Religionsfrieden ab, der das Augsburger Bekenntnis reichsrechtlich anerkannte. Allein vor diesem politischen Hintergrund waren die Habsburger nicht in der Lage, eine Rückkehr der Siebenbürger zum katholischen Glauben gewaltsam zu erzwingen, und mussten sich auf Einzelmaßnahmen zur Stärkung der katholischen Kirche in Siebenbürgen beschränken.[42] Dementsprechend bekräftigte am 22. Mai 1552 der in Thorenburg zusammengetretene siebenbürgische Landtag, „es solle jedem gestattet sein, im dem Glauben zu bleiben, der ihm von Gott gegeben sei". Allerdings wird der Beschluss durch die Mahnung ergänzt, die Evangelischen sollten die Altgläubigen nicht angreifen – ein Hinweis darauf, dass sich die Katholiken auch auf dem Komitats- und Szeklerboden bereits in der Defensive befanden.[43] Obwohl zwischen 1551 und 1556 – unter dem Schutz

39 Gooss: Staatsverträge (Anm. 22), S. 112.

40 Vgl. Binder: Toleranz (Anm. 34), S. 48.

41 Szilágyi: Monumenta, Bd. I (Anm. 25), S. 382f.; Binder: Toleranz (Anm. 34), S. 48. Vgl. Zach: Politische Ursachen (Anm. 33), S. 62.

42 Nikolaus Olahus, der 1553 zum Graner Erzbischof erhoben wurde, mahnte 1554 die Siebenbürger Sachsen, in den Schoß der alten Kirche zurückzukehren. Obwohl sie bereits einen eigenen Superintendenten besaßen, erklärten die ursprünglich zur Graner Erzdiözese gehörenden sächsischen Kapitel 1553 dem Erzbischof ihre Ergebenheit und zahlten den *Census cathedraticus* bis 1555 an Gran: Erich Roth: Die Reformation in Siebenbürgen. Ihr Verhältnis zu Wittenberg und der Schweiz. Teil 2: Von Honterus zur Augustana. Köln, Graz 1964 (Siebenbürgisches Archiv 4), S. 14–19.

43 Szilágyi: Monumenta, Bd. I (Anm. 25), S. 411; Zach: Fürst (Anm. 5), S. 82; Binder: Toleranz (Anm. 34), S. 49–51.

der habsburgischen Truppen – der Weißenburger Bischofsstuhl mit Franciscus III. Székely Medgyesi (bis 1553) und Paulus II. Bornemisza Pécsi erneut besetzt wurde, gelang diesen nicht die Wiederbelebung der katholischen Kirchenstrukturen, zumal 1554 nur wenige Geistliche der bischöflichen Einladung zu einer landesweiten Synode folgten.[44] Gewaltsame Rekatholisierungsversuche des 1553 eingesetzten Bischofs von Wardein, Nikolaus Zabardy, blieben in den Partes ohne nachhaltigen Erfolg, verschärften aber den protestantisch-katholischen Gegensatz.[45] Der Mediascher Landtag rief 1554 das Aufgebot des Landes dazu auf, das Vaterland zu verteidigen und sich dabei der Einheit des christlichen Glaubens bewusst zu sein, da sich die Unterschiede innerhalb der Glaubensrichtungen auf die „Zeremonien und die Verwaltung der Sakramente" beschränkten. Offensichtlich hatten sich Zwistigkeiten zwischen Katholiken und Lutheranern auf die militärische Schlagkraft der ohnehin sehr heterogen zusammengesetzten siebenbürgischen Truppen negativ ausgewirkt, als diese zusammen mit den habsburgischen Söldnern Siebenbürgen gegen die Angriffe der osmanischen Armee verteidigten.[46] 1556 konnten die Habsburger und die siebenbürgischen Stände dem militärischen Druck des Sultans nicht mehr widerstehen, der den Ständen regelmäßig mit einer Verwüstung ihres Landes gedroht hatte, sollten sie König Johann Sigismund nicht aus dem polnischen Exil zurückrufen.[47]

Als sich die siebenbürgischen „Nationen" 1556 wieder den Szapolyais unterstellten und die habsburgischen Truppen abzogen, brach eine Periode an, in der Siebenbürgen eine beispiellose konfessionelle Ausdifferenzierung erlebte, die sehr rasch gesetzlich anerkannt und rechtlich geschützt wurde. Dafür schuf der junge Johann Sigismund Szapolyai mit seinem neugierigen Streben nach religiöser Orientierung die nötigen politischen Rahmenbedingungen und beteiligte sich aktiv an den im Rahmen des Landtags oder der Synoden geführten Religionsgespräche.[48] Nachdem Georg Martinuzzi, siebenbürgischer Statthalter und Bischof von Wardein, 1551 von habsburgischen Soldaten ermordet worden war, gab es 1556 im Herrschaftsgebiet der Szapolyais keinen amtierenden Bischof mehr. Damit konnten katholische Mächte weder aus dem Inneren des Landes noch von außen (nach dem Abzug der Habsburger) auf die

---

44 Zur Lage der katholischen Kirche zwischen 1551 und 1556: János Karácsonyi: Die konfessionellen Verhältnisse in Siebenbürgen und den angeschlossenen Gebieten (1526–1571). In: Joachim Bahlcke, Krista Zach (Hg.): Kirche – Staat – Nation. Eine Geschichte der katholischen Kirche Siebenbürgens vom Mittelalter bis zum frühen 20. Jahrhundert. München 2007 (Veröffentlichungen des Instituts für deutsche Kultur und Geschichte Südosteuropas, Wissenschaftliche Reihe 98), S. 41–52, hier S. 46f.; Zach: Stände (Anm. 11), S. 376.

45 Fata: Ungarn (Anm. 4), S. 97f., 102f.

46 Szilágyi: Monumenta, Bd. I (Anm. 25), S. 524; Binder: Toleranz (Anm. 34), S. 52f.

47 Anton C. Schaendlinger (Hg.): Osmanisch-türkische Dokumente aus dem Haus-, Hof- und Staatsarchiv zu Wien. Teil 2: Die Schreiben Süleymāns des Prächtigen an Vasallen, Militärbeamte, Beamte und Richter. Transkriptionen und Übersetzungen. Wien 1986 (Denkschriften der Österreichischen Akademie der Wissenschaften, Phil.-hist. Klasse 183), S. 28–42, 46f.

48 Ein italienischer Beobachter beschrieb den jungen Herrscher 1565 als „von Natur gläubig und bemüht um Wahrheit": Zach: Konfessionelle Pluralität (Anm. 4), S. 114.

Religionspolitik des siebenbürgischen Herrschers und des Landtags einwirken.[49] Diese Lage nutzten Stände und Herrscherdynastie aus, sodass 1556 die Landtage von Mühlbach (Sebeş, Szászsebes) und Klausenburg die Säkularisierung der katholischen Kirchengüter in Siebenbürgen beschlossen. Damit wurde zum Beispiel der umfangreiche Besitz des Weißenburger Bistums in eine wichtige Machtbasis der siebenbürgischen Herrscher umgewandelt, denen auch das vormals bischöfliche Recht der Bestätigung der Pfarrer zufiel. Die Einnahmen der katholischen Kirche flossen ab 1557 – auf ihrem jeweiligen Gebiet – den protestantischen Ständen und ihren Pfarrern zu.[50] In der Folgezeit wechselten sich Herrscher und Stände mit Initiativen zur Normierung konfessioneller Belange ab. Der Thorenburger Landtag bestimmte 1557 ausdrücklich die Freiheit der Stände, zwischen der alten Lehre und dem lutherischen Bekenntnis zu wählen und bei der Ausübung der jeweiligen Konfession nicht behindert zu werden. Der Landtag beschloss auch, dass eine Synode der Geistlichen, die im Juli 1557 in Klausenburg tagte, die für den Protestantismus in Siebenbürgen maßgeblichen Lehrmeinungen festlegen sollte. Die 1558 in Thorenburg und Weißenburg tagenden Landtage bestätigten das Recht auf freie Religionsausübung, das aber ausdrücklich nur für das „papistische" oder lutherische Bekenntnis galt.[51] Im darauf folgenden Jahr starb Königin Isabella, woraufhin Johann Sigismund als Neunzehnjähriger die Alleinregierung antrat. Seine jugendliche Suche nach religiöser Orientierung entfernte Johann Sigismund vom katholischen Glauben, sodass er sich zunächst zum Luthertum, schon bald aber zum Calvinismus bekannte. Dazu trug nicht unerheblich die erbitterte Feindschaft seines Hauses zu den Habsburgern bei, die ihm das Recht auf das Führen des ungarischen Königstitels und den Besitz der ostungarischen Partes absprachen, weshalb es zwischen 1560 und 1568 zu ständigen Grenzscharmützeln bis hin zu größeren Feldzügen im nordöstlichen Ungarn kam – 1566 beteiligte sich der junge Herrscher am letzten Ungarn-Feldzug Sultan Süleymans gegen die Habsburger.[52] Nach 1556 hatte sich die calvinistische Lehre schnell im östlichen Ungarn und in Siebenbürgen ausgebreitet.[53] Die 1564 in Thorenburg und Schässburg tagenden siebenbürgischen

---

49 1597 widersetzten sich die Stände dem Versuch des Fürsten Sigismund Báthory, das Bistum wiederzubeleben: Zach: Konfessionelle Pluralität (Anm. 4), S. 119. Vgl. Zach: Stände (Anm. 11), S. 376; Szegedi: Constituirea (Anm. 13), S. 112f.

50 Szilágyi: Monumenta, Bd. I (Anm. 25), S. 282–285; Zach: Politische Ursachen (Anm. 33), S. 62f.

51 Sándor Szilágyi (Hg.): Monumenta Comitialia Regni Transylvaniae. Erdélyi országgyőlési emlékek történeti bevezetésekkel. Bd. II: 1556–1576. Budapest 1876 (Monumenta Hungariae Historica, Magyar történelmi emlékek, Ser. III: Országgyőlési emlékek), S. 20f., 93, 98. Ausführlich: Roth: Reformation, Teil 2 (Anm. 42), S. 37–45. Die Klausenburger Synode sprach sich für die lutherische Abendmahlslehre in der melanchthonischen Prägung aus: Binder: Toleranz (Anm. 34), S. 54–56. Vgl. László Makkai: The Crown and the Diets of Hungary and Transylvania in the Sixteenth Century. In: Robert J. W. Evans, T. V. Thomas (Hg.): Crown, Church and Estates. Central European Politics in the Sixteenth and Seventeenth Centuries. London u. a. 1991, S. 80–91, hier S. 89.

52 Vgl. Barta: Bedingungsfaktoren (Anm. 19), S. 238.

53 Das erste Bekenntnis dieser Strömung wurde 1559 auf der Synode von Neumarkt veröffentlicht: Binder: Toleranz (Anm. 34), 70–88. Vgl. Ulrich A. Wien: Die Formierung des konfessionellen Raums in Siebenbürgen. Zur Wahrnehmung der Reformierten durch die siebenbürgisch-sächsischen Evangelischen im 16. und 17. Jahrhundert. In: Fata, Schindling (Hg.): Calvin und Refor-

Landtage mussten zur Kenntnis nehmen, dass die Synode von Enyed keinen Ausgleich zwischen Lutheranern und Calvinisten herbeiführen konnte. Folglich erkannten sie das *ius reformandi* jeder Einzelgemeinde an, die künftig das Recht besaß, sich entweder der calvinistischen Klausenburger Superintendentur oder der lutherischen Hermannstädter Superintendentur anzuschließen.[54] Der Calvinismus, der sich erst 1567 auf der Synode von Debrezin als „reformierte" Kirche konstituierte, wurde damit in den Kreis der – mittlerweile drei – rezipierten Konfessionen aufgenommen.[55] Da die Mehrzahl der Calvinisten Siebenbürgens 1565/66 zu der radikaleren protestantischen Strömung des Antitrinitarismus oder Unitarismus übertrat, vollzog auch Johann Sigismund diesen Schritt.[56] Nicht zuletzt aufgrund des Wohlwollens des Herrschers akzeptierte der Thorenburger Landtag am 6. Januar 1568 den Antitrinitarismus als vierte rezipierte Konfession, zu dessen Zentrum sich die freie Stadt Klausenburg entwickelte.[57] Der Landtag folgte damit dem Muster bisheriger Anerkennungen, indem er sich mit religiösen Strömungen arrangierte, die von wesentlichen Teilen der drei siebenbürgischen Stände oder dem Herrscher unterstützt wurden. Gleichzeitig unternahm er den Versuch, sich einen normativen Gestaltungsspielraum zu sichern.[58] Somit setzte sich bis 1571 immer das Prinzip der Einigkeit der drei Nationen gegenüber der allgemeinen Aufforderung des Landtags, keine neuen Glaubenslehren einzuführen, durch.

Der Thorenburger Landtagsbeschluss weitete 1568 aber auch den Kreis der Träger des Rechts auf religiöse Freiheit aus, indem er bestimmte, dass jeder Prediger das Evangelium nach seinem Verständnis frei verkünden dürfe und jeder Gläubige seinen Glauben frei wählen und ausüben dürfe, weil „der Glaube Gottes Geschenk sei und

---

miertentum (Anm. 3), S. 441–452, hier S. 446.

54 Szilágyi: Monumenta, Bd. II (Anm. 51), S. 224–228, S. 231f.; Binder: Toleranz (Anm. 34), S. 87f.

55 In der Gesetzessammlung der *Approbaten* wird die Kirche 1653 *evangelico-reformata vulgo calviniana* genannt. In den habsburgisch-siebenbürgischen Friedensverträgen von Wien (1606) und Nikolsburg (1621) taucht der Begriff „helvetische Kirche" auf. Zu den Bezeichnungen „reformiert", „helvetisch" und „calvinistisch" siehe Tamás Juhász: Mirabilis est cursus verbi Dei! Die Entwicklung des Helvetischen Bekenntnisses in Ungarn und Siebenbürgen. In: Fata, Schindling (Hg.): Calvin und Reformiertentum (Anm. 3), S. 63–78, hier S. 70–76. Die reformierte Kirche Siebenbürgens wurde erst ab 1577 von einem eigenen Superintendenten geführt: Edit Szegedi: Reforma în Transilvania. Constituirea identităților confesionale [Die Reformation in Siebenbürgen. Die Konstituierung der konfessionellen Identitäten]. In: Pop, Nägler, Magyari (Hg.): Istoria Transilvaniei, Bd. II (Anm. 13), S. 237–247, hier S. 240f., 245f. Vgl. Zach: Konfessionelle Pluralität (Anm. 4), S. 116f.

56 Dem aus Italien stammenden Leibarzt des Herrschers, dem Antitrinitarier Biandrata, gelang es, Johann Sigismund als Unterstützer dieser Strömung zu gewinnen: Fata: Ungarn (Anm. 4), 106–109. Vgl. Szabó: Calvinismus und Ethnie (Anm. 3), S. 84f.

57 Szilágyi: Monumenta, Bd. II (Anm. 51), S. 343. Klausenburg stellte in der zweiten Hälfte des 16. Jahrhunderts das konfessionelle „Laboratorium" Siebenbürgens dar. Zur Wirkung Franz Davidis', der sämtliche reformatorischen Wandlungen vom lutherischen Stadtpfarrer bis hin zum Vertreter des radikalen Flügels der Antitrinitarier vollzog: Fata: Ungarn (Anm. 4), S. 152–157. Vgl. Zach: Konfessionelle Pluralität (Anm. 4), S. 118.

58 Namentlich wurden die vier rezipierten Konfessionen erst im Thorenburger Landtagsbeschluss von 1595 genannt: Szegedi: Constituirea (Anm. 13), S. 114.

aus dem Hören des Wortes Gottes komme".[59] Demnach bestimmte die Mehrheit der Gläubigen in einer Gemeinde die dominante Konfession des Ortes und wählte den entsprechenden Pfarrer. Obwohl auch der letzte in der Regierungszeit Johann Sigismunds tagende Landtag 1571 in Neumarkt seine Beschlüsse von 1568 bestätigte, achteten die drei Stände aus machtpolitischen Gründen darauf, dass das Prinzip *cuius regio, eius religio* über jenes der individuellen Religionsfreiheit gestellt wurde.[60] Dies bewiesen die Bemühungen Hermannstadts (1544) und Kronstadts (1559), die seit dem Mittelalter geduldete Orthodoxie der auf ihrem Gebiet lebenden Rumänen durch ins Rumänische übersetzte Teile des lutherischen Katechismus zurückzudrängen. Ähnliche Versuche unternahmen der Herrscher und einflussreiche Adlige zwischen 1566 und 1571 sowie im 17. Jahrhundert, um auf dem Komitatsboden die Verbreitung des Calvinismus unter den Rumänen zu fördern, die jedoch genauso wie jene im Szeklerland ohne nennenswerten Erfolg blieben. Die orthodoxe Kirche wurde aber weiterhin auf dem gesamten Gebiet Siebenbürgens geduldet.[61] Während die Nationsuniversität der Sachsen streng drauf achtete, dass die „Confessio Augustana", die sie erst 1572 offiziell annahm,[62] die einzige anerkannte protestantische Lehre auf dem Königsboden blieb, spalteten sich die Stühle der Szekler konfessionell auf. Während einige dem katholischen Glauben weiterhin anhingen, nahmen andere ab den späten siebziger Jahren des 16. Jahrhunderts den Calvinismus, Antitrinitarismus oder (oft heimlich) den landesweit nicht geduldeten Sabbathismus an. Dies hing mit dem Zerfall der traditionellen Sozialstrukturen bei den Szeklern zusammen, deren Aufstand 1562 vom siebenbürgischen Herrscher brutal niedergeschlagen wurde.[63] Die häufigen Konfessionswechsel des Herrschers, die ein großer Teil des Adels und der freien Städte mit vollzog, führten dazu, dass das Prinzip *cuius regio, eius religio* auch auf dem Komitatsboden nicht mehr aufrechtzuerhalten war. Dies wirkte sich auf die gesamtstaatliche Ebene aus, indem sich die um 1560 noch bestehende lutherische Landtagsmehrheit um 1565 in eine calvinistische und um 1570 in eine antitrinitarische umgewandelt hatte. Erst der Tod Johann Sigismunds, der an seinem Hof zahlreiche Freidenker und Humanisten aus Europa versammelt hatte, beendete diese liberalste Phase in der Religionspolitik Siebenbürgens. Siebenbürgen befand sich in seiner Regierungszeit im Zustand der „permanenten Reformation", die er jedoch immer im Einklang mit einer Mehrheit der Stände durchführte.[64]

---

59 Binder: Toleranz (Anm. 34), S. 89–91. Vgl. Zach: Konfessionelle Pluralität (Anm. 4), S. 116.

60 Binder: Toleranz (Anm. 34), S. 91f. Vgl. Zach: Politische Ursachen (Anm. 33), S. 58f.

61 Szegedi: Reforma (Anm. 55), S. 244f.; Dies.: Confesionalizarea [Die Konfessionalisierung]. In: Pop, Nägler, Magyari (Hg.): Istoria Transilvaniei, Bd. II (Anm. 13), S. 249–262, hier S. 254; Zach: Konfessionelle Pluralität (Anm. 4), S. 117.

62 Ausführlich: Reinerth: Evangelische Kirchen (Anm. 25), S. 304–322.

63 Zur Rolle des Szekleradels im späten 16. und frühen 17. Jahrhundert: Judit Balogh: Der Szekleradel im Fürstentum Siebenbürgen. In: Harald Roth (Hg.): Die Szekler in Siebenbürgen. Von der privilegierten Sondergemeinschaft zur ethnischen Gruppe. Köln, Weimar, Wien 2009 (Siebenbürgisches Archiv 40), S. 172–194, hier S. 173–190. Vgl. Barta: Bedingungsfaktoren (Anm. 19), S. 234, 239; Szegedi: Constituirea (Anm. 13), S. 112.

64 Zach: Konfessionelle Pluralität (Anm. 4), S. 116–119.

5. Religionspolitik während der Báthory-Herrschaft (1571–1598)

Der Tod des letzten Szapolyai-Herrschers leitete eine Wende in der Religionspolitik Siebenbürgens ein. Nach Jahrzehnten der kriegerischen Auseinandersetzungen zwischen den Szapolyais und den Habsburgern war es 1570 zu einem Ausgleich zwischen König Johann Sigismund sowie Kaiser und König Maximilian II. (I.) gekommen. Der von beiden am 16. August 1570 in Speyer geschlossene Vertrag sah vor, dass der siebenbürgische Herrscher auf den ungarischen Königstitel verzichtete und dass der ehemalige Herrschaftsbereich der Szapolyais an die Habsburger fallen sollte, falls Johann Sigismund ohne Erben sterben sollte.[65] Der Umsetzung der Sukzessionsklausel standen jedoch gewichtige politische Zwänge entgegen. Maximilian war sich bewusst, dass der Sultan eine erneute Besetzung Siebenbürgens durch habsburgische Truppen (1551 bis 1556 war diese gescheitert) nicht dulden würde, zumal eine Umsetzung des Speyerer Vertrages einen Bruch des habsburgisch-osmanischen Friedens von Adrianopel (1568) bedeutet hätte, in dem der Kaiser auf seine Ansprüche auf das engere Siebenbürgen verzichtet hatte. Eine weitere politische Realität, die der Umsetzung des Speyerer Vertrages entgegenstand, war der Widerstand der mehrheitlich protestantischen siebenbürgischen Stände gegen jeden weiteren Versuch der Habsburger, die Herrschaft im Lande zu übernehmen. Dementsprechend wählte der siebenbürgische Landtag den Katholiken und ehemaligen Heerführer Stefan Báthory zum neuen Herrscher Siebenbürgens, der zu den größten Grundbesitzern in den ostungarischen Partes gehörte. Zunächst ließ Stefan nicht nur seine Herrschaft durch den Sultan bestätigen, er nahm auch anstelle des im Speyerer Vertrag vorgesehenen Fürstentitels den geringeren Titel eines „Woiwoden von Siebenbürgen" an. Darüber hinaus versicherte Stefan sowohl dem Sultan als auch dem Kaiser, Siebenbürgen in ihrem Namen regieren zu wollen. Insgeheim schwor er als Vasall dem ungarischen König die Treue und stellte damit sicher, dass sich seine Herrschaft ohne Bedrohung von außen konsolidieren konnte.[66] Erst als sich Stefan Báthory als siebenbürgischer und ab 1575 auch als polnischer Herrscher durchgesetzt hatte, machte er seinen Unterwerfungsakt von 1571 gegenüber dem ungarischen König rückgängig. Darüber hinaus nahm er eigenmächtig den im Vertrag von Speyer vorgesehenen siebenbürgischen Fürstentitel an, um seine Ebenbürtigkeit mit den Habsburgern auszudrücken. Der Fürst wurde fortan vom Landtag aus den Reihen des ungarischen Adels Siebenbürgens oder der Partes gewählt und führte im Allgemeinen den Titel *Princeps Transylvaniae, partium regni Hungariae Dominus et Siculorum Comes* (Fürst von Siebenbürgen, Herr der Teile des Königreichs Ungarn und Graf der Szekler).[67]

65 Wortlaut des Vertrages von Speyer nach der lateinischen Ratifikationsurkunde Johann Sigismund Szapolyais vom 1. Dezember 1570 in Weißenburg in: Gooss: Staatsverträge (Anm. 22), S. 189–198.

66 Barta: Anfänge des Fürstentums (Anm. 7), S. 257f.

67 Radvánszky: Verfassungs- und Staatsgeschichte (Anm. 12), S. 79.

Die Umsichtigkeit, die Stefan Báthory bei der Konsolidierung seiner Herrschaft unter Beweis stellte, wandte er auch in der Religionspolitik an. Die Stände waren sich bewusst, dass die Wahl eines Katholiken zum Herrscher die Chancen einer Anerkennung durch die Habsburger deutlich erhöhte. Gleichzeitig mussten sie keine gegenreformatorischen Schritte Stefans fürchten, da das Übergewicht der Protestanten im siebenbürgischen Landtag erdrückend war. Dennoch war Stefan nicht nur als Katholik entschlossen, den reformatorischen „Wildwuchs" im Lande zu beschneiden, sondern zielte auf stabile innere Verhältnisse ab, die seinen ambitionierten politischen Zielen dienlich sein sollten. In seiner Wahlkapitulation musste er 1571 zwar das *ius reformandi* eines jeden Standes anerkennen. Dennoch setzte er im Mai 1572 auf dem Landtag von Thorenburg das sogenannte „Innovationsgesetz" durch, das den Kreis der rezipierten Konfessionen auf die bestehenden vier (die Orthodoxen wurden als fünfte geduldet) beschränkte und weitere religiöse Neuerungen in Siebenbürgen verbot, vor allem um Radikalreformern kein Refugium mehr in Siebenbürgen zu bieten.[68] Damit machte Stefan deutlich, dass er in Religionsfragen bereit war, ein innenpolitisches Kräftemessen mit den Ständen in Kauf zu nehmen.[69]

Um die Durchsetzungsfähigkeit dieser Norm zu erhöhen, versuchte Stefan Báthory die anerkannten Konfessionen zur Annahme verbindlicher Bekenntnisschriften zu nötigen – zukünftige Abweichungen sollten über das Innovationsverbot bestraft werden können. Dieser Aufforderung kam die Nationsuniversität der Sachsen nach, als sie 1572 die *Confessio Augustana* auf ihrem Gebiet als verbindlich anerkannte, zumal diese ihren inneren Zusammenhalt festigte und der Neigung der Stände entsprach, sich auch durch Bekenntnisse von den anderen Ständen abzugrenzen.[70] Als Stefan aber die lutherische Kirche aufforderte, ihm drei Kandidaten für die anstehende Besetzung der Superintendentur vorzuschlagen, aus denen er einen auswählen wollte, erreichte ihn nur die Mitteilung, die Synode habe sich für Lucas Unglerus entschieden, der sogleich seinen Sitz von Hermannstadt nach Birthälm (Biertan, Berethalom) verlegte. Stefan sah sich gezwungen, das Fait accompli zu akzeptieren, und bestätigte Unglerus als Kirchenoberhaupt; allerdings hielt er sich die Möglichkeit auf einen Widerruf offen.[71] Mit dem Hinweis auf den „verfassungsgebenden" Landtag von 1542 erinnerten die Sachsen den Herrscher daran, dass Religionsfragen zu den

68 Szilágyi: Monumenta, Bd. II (Anm. 51), S. 528. Vgl. Zach: Stände (Anm. 11), S. 377.

69 Walter Daugsch: Gegenreformation und protestantische Konfessionsbildung in Siebenbürgen zur Zeit Stephan Báthorys (1571–1584). In: G. Weber, R. Weber (Hg.): Luther und Siebenbürgen (Anm. 2), S. 215–228, hier S. 222f.

70 Zum Einfluss der Nationsuniversität auf die Herausbildung der lutherischen Kirchenstrukturen bei den Sachsen: Binder: Universität (Anm. 26), S. 52f. Zum Verhältnis von „Nation" und „Konfession" in Siebenbürgen im 16. Jahrhundert ausführlich: Zach: Nation und Konfession (Anm. 2), S. 162–191.

71 Reinerth: Evangelische Kirchen (Anm. 25), S. 304–322. Vgl. Binder: Universität (Anm. 26), S. 54f.; Roth: Reformation, Teil 2 (Anm. 42), S. 110–119; Daugsch: Gegenreformation (Anm. 69), S. 221f. Ab Ende des 16. Jahrhunderts dienten Bekenntnisunterschiede auch dazu, ethnische und soziale Differenzen zu unterstreichen: Zach: Konfessionelle Pluralität (Anm. 4), S. 116f. Vgl. Wien: Formierung des konfessionellen Raums (Anm. 53), S. 443; Philippi: Land des Segens (Anm. 2), S. 178f.

inneren Angelegenheiten eines jeden Standes gehörten.[72] Die konservative lutherische Kirche der Sachsen[73] befand sich jedoch weit weniger im Fokus von Stefan Báthorys Religionspolitik als die Antitrinitarier. Der Fürst nutzte die Gegensätze zwischen den protestantischen Konfessionen geschickt aus, um die radikalen Kräfte der antitrinitarischen Bewegung gezielt zu bekämpfen und gleichzeitig die gemäßigten Strömungen kirchenrechtlich zu organisieren. Dabei konnte sich der Fürst der Unterstützung der Ständemehrheit sicher sein, die befürchtete, dass sich die radikalen Nonadorantisten theologisch zu stark an den Islam annähern könnten, womit sie dem Osmanischen Reich Möglichkeiten zur Beeinflussung der siebenbürgischen Innenpolitik eröffnet hätten.[74]

Der Fürst konnte in Siebenbürgen nicht offen die Stellung der katholischen Kirche gegen den Widerstand der Stände stärken: 1566 und 1568 hatte der Landtag die Bewegungsfreiheit ihrer Priester eingeschränkt; darüber hinaus durften die Katholiken – im Gegensatz zu den drei protestantischen Konfessionen – nur durch einen vom Herrscher bestimmten Vikar vertreten werden und mussten Restriktionen bei der Benutzung von Kirchen bzw. bei Kirchenneubauten hinnehmen.[75] Deshalb versuchte Stefan Báthory, die katholischen Kirchenstrukturen auf seinen ausgedehnten Gütern in den ostungarischen Partes zu fördern, in denen er gezielt die katholischen Pfarreien stützte.[76] Die auf dem Komitats- und Szeklerboden vorherrschenden Grundbesitzstrukturen verhinderten, dass sich bei diesen Ständen eine konfessionelle Vereinheitlichung – wie im Falle des sächsischen Königsbodens – durchsetzen konnte. Dies lag zu einem großen Teil an rasch wechselnden Besitzverhältnissen und am älteren *ius patronatus* des Grundherrn, das in weiten Teilen des Landes eine konsequente Umsetzung der vom Landtag erlassenen Religionsgesetze verhinderte.[77] Seinen nächsten Zug unternahm Stefan Báthory erst nachdem er 1575 zum König von Polen gewählt worden war und mit der Annahme des siebenbürgischen Fürstentitels seine neue innen- wie außenpolitische Machtposition ausdrückte. Dass er 1576 die Jesuiten ins Land rief und sie mit Privilegien und Einkünften, vor allem in Weißenburg, Klausenburg und Wardein, ausstattete, empfanden die protestanti-

72 Zach: Politische Ursachen (Anm. 33), S. 59f., 68.

73 Zum Kompromisscharakter des Augsburger Bekenntnisses: Daugsch: Gegenreformation (Anm. 69), S. 220. In einem Schreiben des Königsrichters Albert Huet an Fürst Sigismund Báthory betonte Huet 1590 die Gemeinsamkeiten zwischen Lutheranern und Katholiken, die jene mit den Calvinisten überwögen: Wien: Formierung des konfessionellen Raums (Anm. 53), S. 447.

74 Vgl. Daugsch: Gegenreformation (Anm. 69), S. 221, 224f.

75 Szegedi: Constituirea (Anm. 13), S. 114; Zach: Politische Ursachen (Anm. 33), S. 59. Vgl. István György Tóth: Religiöser Fundamentalismus und Toleranz in Habsburg-Ungarn und Siebenbürgen um 1600. In: Heinz Schilling (Hg.): Konfessioneller Fundamentalismus. Religion als politischer Faktor im europäischen Mächtesystem um 1600. München 2007 (Schriften des Historischen Kollegs. Kolloquien 70), S. 273–283, hier S. 281.

76 Dies taten Stefan und sein Bruder Christof auch in der bedeutenden ostungarischen Grenzstadt Wardein, in der sie das Amt des Hauptkapitäns innehatten: Zach: Konfessionelle Pluralität (Anm. 4), S. 119.

77 Zach: Stände (Anm. 11), S. 379–391. Zur Ausbreitung der Reformation in den Partes: Barta: Bedingungsfaktoren (Anm. 19), S. 230–232.

schen Stände als Demütigung und als Gefährdung ihrer Religionsfreiheit. Trotzdem sah sich der Landtag 1579 genötigt, die Präsenz der Jesuiten in Siebenbürgen zu genehmigen.[78]

Als nach Stefan Báthorys Tod 1586 sein Neffe und Nachfolger Sigismund Báthory 1588 vom Landtag die Zustimmung zu seiner vorzeitigen Mündigkeitserklärung erbat, hatten sich die Kräfteverhältnisse umgekehrt. Nun machten die Stände die Vertreibung der Jesuiten zur Bedingung, indem sie argumentierten, das Wirken der Jesuiten in Siebenbürgen stelle eine religiöse Neuerung dar, weshalb es gegen das Innovationsgesetz von 1572 verstoße.[79] Der von den Jesuiten erzogene, strenggläubige Herrscher beugte sich nur widerwillig dem Druck der Stände, zumal er für diesen Schritt von Rom mit dem Kirchenbann belegt wurde. Indem er zwei Jahre später Teile der päpstlichen Forderungen zur Stellung der katholischen Kirche in Siebenbürgen erfüllte und dadurch wieder mit den Ständen in Konflikt geriet, konnte er eine Aufhebung des Banns erreichen.[80] Im Bündnis mit Kaiser, Papst und dem Woiwoden der Walachei beteiligte sich Sigismund ab 1595 am „Langen Türkenkrieg" gegen den Sultan, aus dessen Oberhoheit er sich ein Jahr zuvor gelöst hatte.[81] Obwohl die Stände den Fürsten bei seinen Feldzügen unterstützten, führte die heterogene Zusammensetzung ihres Aufgebots – auch in konfessioneller Hinsicht – immer wieder zu Problemen. Nachdem er erste Niederlagen zu verkraften hatte, warf der katholische Fürst am 2. Juni 1597 seinem Heer vor, es hätte bereits vor Konstantinopel stehen können, wenn sich seine Soldaten mit jenem Eifer der militärischen Ausbildung gewidmet hätten, mit dem sie die reformatorischen Ideen beherzigten. Die Reformation sei, betonte der Fürst, „keine Arbeit für Bauern, Schuster, Kürschner oder Euch verräterische, verdammte Hurensöhne."[82] Es ist anzunehmen, dass diese Rede die Kampfmoral seiner protestantischen Soldaten nicht besonders gestärkt hat. Fest steht, dass sich die militärische Gesamtlage auch im nächsten Jahr nicht besserte, sodass der Fürst 1598 zugunsten des Kaisers und ungarischen Königs Rudolf II. (I.) abdankte. Dieser verpflichtete sich, als neuer Herr über Siebenbürgen die Privilegien und Rechte der Stände, einschließlich deren Religionsfreiheit, zu achten, und er empfing danach den Treueschwur der Landtagsmitglieder.

---

78 Daugsch: Gegenreformation (Anm. 69), S. 217.

79 Sándor Szilágyi (Hg.): Monumenta Comitialia Regni Transylvaniae. Erdélyi országgyőlési emlékek történeti bevezetésekkel. Bd. III: 1576–1596. Budapest 1877 (Monumenta Hungariae Historica, Magyar történelmi emlékek, Ser. III: Országgyőlési emlékek), S. 239f. Zum Wirken der Jesuiten in Siebenbürgen bis 1588: Vencel Bíró: Das Zeitalter der Báthory (1571–1605). In: Bahlcke, Zach (Hg.): Kirche – Staat – Nation (Anm. 44), S. 55–69, hier S. 57–63. Vgl. Daugsch: Gegenreformation (Anm. 69), S. 226.

80 Zach: Stände (Anm. 11), S. 375. Vgl. Daugsch: Staatsrechtliche Lage (Anm. 12), S. 113f.

81 Der Fürst zerschlug 1594 die proosmanische Adelsfraktion, die hauptsächlich aus Katholiken bestand, mit der Hilfe der prohabsburgischen Fraktion, der führende Calvinisten, z. B. Stefan Bocskai, angehörten: Makkai: Crown and the Diets (Anm. 51), S. 90.

82 Király: The Sublime Porte (Anm. 4), S. 204f.

6. Religionspolitik in Siebenbürgen während des 17. Jahrhunderts

Das mangelnde politische Engagement des Erzhauses in Siebenbürgen und die Inkonsequenz, mit der es das Land verteidigte, führten dazu, dass seine Herrschaft fast jährlich infrage gestellt wurde. Zwischen 1598 und 1605 ruinierten die Einfälle fremder Heere, die Aufstände des Adels und die regelmäßigen Strafaktionen der habsburgischen Armeen Siebenbürgen und brachten das Land und seine Bewohner an den Rand des völligen wirtschaftlichen und demografischen Ruins. Der wiederholte Abfall aller oder einzelner Stände von der Herrscherdynastie, ob aus Gründen der Überzeugung oder der Überlebensnotwendigkeit, wurde vom ungarischen König als schwerer Treuebruch gewertet, der aus seiner Sicht die Verwirkung der ständischen Rechte, und damit auch der Religionsfreiheit, nach sich ziehen musste. Deshalb kam es insbesondere nach 1601 zu Versuchen der Habsburger, die politischen Mitwirkungsrechte der Stände massiv zurückzudrängen und die Gegenreformation im mehrheitlich protestantischen Land durchzusetzen. Ähnliche Versuche des Königs in Oberungarn führten 1604 zu einem Aufstand unter der Führung des ungarischen Magnaten Stefan Bocskai. Die militärische Pattsituation zwischen Habsburgern und Osmanen in Ungarn und der ausgeprägte Gegensatz zwischen Ständen und Herrscher begünstigten das rasche Übergreifen des Aufstandes auf Siebenbürgen, das die Habsburger 1605 räumen mussten. Im gleichen Jahr wählte der siebenbürgische Landtag Stefan Bocskai zum Fürsten, der damit die Reihe der calvinistischen Fürsten begründete, die Siebenbürgen im 17. Jahrhundert regierten.[83]

Innenpolitisch besaßen diese Fürsten – mit Ausnahme von Gabriel Báthory – eine starke Stellung gegenüber den Ständen, die sie dafür nutzten, um die reformierte Kirche auf dem Gebiet der Komitate und des Szeklerbodens zu Lasten der katholischen und der antitrinitarischen Kirche – Letztere wurde 1638 unter die direkte Kontrolle des Fürsten und des Landtags gestellt – faktisch als Staatsreligion durchzusetzen.[84] Da auf dem Königsboden der Sachsen das Luthertum eine ähnliche Stellung besaß, kann man – bezogen auf das gesamte Fürstentum – im 17. Jahrhundert von zwei rezipiert-dominanten (Calvinismus, Luthertum), zwei rezipiert-marginalisierten (Katholizismus, Antitrinitarismus) sowie einer geduldeten Konfession (Orthodoxie) sprechen. Dennoch wurde der religionsgesetzliche Bestand des 16. Jahrhunderts von den Fürsten de jure nicht in Frage gestellt und Siebenbürgen blieb ein Refugium für Glaubensflüchtlinge aus Europa, zum Beispiel 1658, als die Antitrinitarier in Polen verboten wurden und sich zum Teil im Karpatenbogen niederlie-

83 Ausführlich zur Herrschaft der Habsburger in Siebenbürgen und zu den Aufständen des siebenbürgischen Adels während des „Langen Türkenkrieges“: Meinolf Arens: Habsburg und Siebenbürgen 1600–1605. Gewaltsame Eingliederungsversuche eines ostmitteleuropäischen Fürstentums in einen frühabsolutistischen Reichsverband. Köln, Weimar, Wien 2001 (Studia Transylvanica 27). Zur Bedeutung des calvinistischen und ungarischen Widerstandsrechts für Bocskais Erhebung: Kálmán Benda: Absolutismus und ständischer Widerstand in Ungarn am Anfang des 17. Jahrhunderts. In: Südost-Forschungen 33 (1974), S. 85–124, hier S. 112, 115–121.

84 Zum Spannungsfeld zwischen dem Primat der reformierten Kirche und der Religionsfreiheit im Siebenbürgen des 17. Jahrhunderts ausführlich: Fata: Ungarn (Anm. 4), S. 233–253.

ßen.[85] Sabbatianer und Presbyterianer wurden von den calvinistischen Fürsten als Sekten eingestuft, die sie verfolgten, um sie – mit Bezug auf das Innovationsverbot von 1572 – zum Beitritt zu einer der rezipierten Konfessionen zu zwingen.[86] Abweichungen von dieser politischen Haltung wurden in der Regel aus Gründen der Staatsraison vorgenommen. Zum Beispiel beschloss der siebenbürgische Landtag 1615, auf Initiative des Fürsten Gabriel Bethlen, zugunsten der Katholiken die Rückgabe mehrerer Kirchen und die Erleichterung für Kirchenneubauten der Katholiken. Diesem Schritt lag das außenpolitische Kalkül des Fürsten zugrunde, der im Tyrnauer (Trnava, Nagyszombat) Vertrag vom 16. Mai 1615 den von ihm angestrebten Ausgleich mit den Habsburgern erreichte. Um das Wohlwollen des Kaisers und ungarischen Königs Matthias I. (II.) zu gewinnen, garantierte Fürst Bethlen jene Rechte, die die Katholiken Siebenbürgens zur Zeit der Herrschaft Sigismund Báthorys gehabt hatten. Mit dem Ziel, seine Stellung als Herrscher auch außenpolitisch abzusichern, hatte Bethlen in einer geheimen Urkunde dieses Vertrages sogar die Oberhoheit des Königs von Ungarn anerkannt.[87]

Die den religiösen Freiheiten zugrunde liegenden Landtagsbeschlüsse (seit 1542) wurden zusammen mit den anderen Rechtsquellen des Fürstentums, die das Verfassungsrecht und das auf dem Gebiet der drei Stände jeweils geltende Recht betrafen, in der zweiten Hälfte des 17. Jahrhunderts kodifiziert. Unter der Herrschaft der Fürsten Georg I. und Georg II. Rákóczi wurde eine erste offizielle Kodifikation erarbeitet, die unter dem Namen *Approbatae Constitutiones Regni Transylvaniae et Partium Hungariae eidem annexarum* (Genehmigte Verordnungen des Königreichs Siebenbürgen und der mit ihm verbundenen Teile Ungarns) 1653 vom Landtag beschlossen, vom Fürsten gebilligt und in Wardein gedruckt wurde. Die ersten drei Teile umfassten die kirchenrechtlich relevanten Quellen, nämlich die vom Landtag erlassenen Religionsgesetze, ausgewählte Wahlkapitulationen der Fürsten, die eine Einhaltung der Religionsfreiheit versprachen, und die „Unionen" der drei Stände.[88] Fürst Michael Apafi ließ 1669 vom Landtag die ergänzende Sammlung *Compilatae Constitutiones Regni Transylvaniae et Partium Hungariae* (Gesammelte Verordnungen des Königreichs Siebenbürgen und der [mit ihm verbundenen] Teile Ungarns) verabschieden, welche die zwischen 1653 und 1669 erlassenen Beschlüsse der Legislative kodifizierte.[89]

---

85 Zur Lage der katholischen Kirche in Siebenbürgen im 17. Jahrhundert: Tóth: Religiöser Fundamentalismus (Anm. 75), S. 279–283; Szegedi: Confesionalizarea (Anm. 61), S. 252–259; Daugsch: Gegenreformation (Anm. 69), S. 226; Zach: Politische Ursachen (Anm. 33), S. 60.

86 Szegedi: Constituirea (Anm. 13), S. 114, 116–119; Daugsch: Staatsrechtliche Lage (Anm. 12), S. 116f.

87 Fortunát Boros: Das Zeitalter der protestantischen Fürsten (1606–1691). In: Bahlcke, Zach (Hg.): Kirche – Staat – Nation (Anm. 44), S. 71–91, hier S. 77. Wortlaut des Tyrnauer Vertrages in: Gooss: Staatsverträge (Anm. 22), S. 439–460.

88 Auch die Verordnungen des Fürsten für die öffentliche Verwaltung (Edikte) dienten als Quelle des Öffentlichen Rechts in Siebenbürgen: Zach: Fürst (Anm. 5), S. 75, 79–80.

89 Abdruck der beiden Gesetzessammlungen in: Sándor Szilágyi (Hg.): Monumenta Comitialia Regni Transylvaniae. Erdélyi országgyűlési emlékek történeti bevezetésekkel. Bd. XI: 1649–1658. Bu-

Außenpolitisch bewegten sich die calvinistischen Fürsten in der Regel im Fahrwasser der Hohen Pforte, deren Oberhoheit über Siebenbürgen sie akzeptierten, auch weil sie sich als wirksamer Schutz vor den gegenreformatorischen Bestrebungen der Habsburger erwiesen hatte.[90] Die prinzipielle Indifferenz der Osmanen gegenüber dem Hader der christlichen Konfessionen[91] ermöglichte das Fortbestehen einer einzigartigen religiösen Vielfalt in Siebenbürgen, die durch den Zuzug von Juden und Armeniern im 17. Jahrhundert weiter zunahm.[92] Sofern sich ein christlicher Vasallenstaat seinem osmanischen Oberherrn gegenüber loyal verhielt, genoss er eine freie Entwicklung im Inneren, die auch eine freie Ausübung der christlichen Konfessionen einschloss.[93] Insbesondere in Siebenbürgen ermöglichte diese Haltung der osmanischen Schutzmacht die Entstehung eines multikonfessionellen Ständestaates mit einer weitgehend funktionierenden Religionsfreiheit.[94] Die Duldung der Protestanten innerhalb des osmanischen Herrschaftsgebietes und die Hinnahme des Protestantismus in Deutschland und Ungarn durch die von den Osmanen bedrohten Habsburger ließen bereits im 16. Jahrhundert die Redewendung „Der Türk ist der Lutherischen Glück" aufkommen, ungeachtet der Tatsache, dass sich Luther selbst für eine vehemente Verteidigung Mitteleuropas gegen die Osmanen eingesetzt hatte.[95]

---

dapest 1886. Bd. XIV: 1664–1669. Budapest 1889 (Monumenta Hungariae Historica, Magyar történelmi emlékek, Ser. III: Országgyőlési emlékek). Beide Gesetzessammlungen enthielten auch Regelungen über den Umgang mit abweichenden konfessionellen Lehrmeinungen, die weitgehend in die Zuständigkeit der Stände fiel, oder Disziplinierungsvorschriften für Lehrer und Prediger. Ausführlich zu den beiden Kodifikationen: Zach: Politische Ursachen (Anm. 33), S. 57–65.

90 Ernst D. Petritsch: Das Osmanische Reich und Siebenbürgen im Reformationszeitalter. In: Leppin, Wien (Hg.): Konfessionsbildung (Anm. 33), S. 15–23, hier S. 22. Zur Einstellung der reformierten Eliten gegenüber „den Türken" im späten 16. und frühen 17. Jahrhundert: András Szabó: Die Türkenfrage in der Geschichtsauffassung der ungarischen Reformation. In: Bodo Guthmüller, Wilhelm Kühlmann (Hg.): Europa und die Türken in der Renaissance. Tübingen 2000 (Frühe Neuzeit 54), S. 275–281.

91 Auch in Kriegszeiten begaben sich die osmanischen Sultane nicht in die Niederungen des konfessionellen Streits zwischen den „Ungläubigen", da dies unter der Würde des Kalifen war. Siehe den Brief des Sultans Süleyman vom 12. Juli 1553 an die Siebenbürger in: Schaendlinger: Osmanisch-türkische Dokumente (Anm. 47), S. 50.

92 Szegedi: Constituirea (Anm. 13), S. 119.

93 Juden und Christen genossen als „Leute des Buches" innerhalb des Islam eine gewisse Duldung. Sie durften nach ihren eigenen religiösen Gesetzen leben, sofern diese nicht die Vorherrschaft des Islam infrage stellten. In innerchristliche Konflikte zwischen Protestanten und Katholiken mischten sich die Osmanen in ihrem unmittelbaren Herrschaftsgebiet, zum Beispiel in Zentralungarn, nur in Ausnahmefällen ein. Oft fiel die Entscheidung des Kadis aber zugunsten der Protestanten aus, da die Katholiken als Parteigänger der Habsburger und des Papstes galten und wegen ihres Bilderkultes von den Osmanen verachtet wurden. Vgl. Ezel Kural Shaw: The Ottoman Aspects of Pax Ottomanica: The Political, Practical and Psychological Aspects of Pax Ottomanica. In: Király (Hg.): Tolerance (Anm. 4), S. 165–182, hier S. 169–175.

94 Zach: Stände (Anm. 11), S. 377f.

95 Petritsch: Das Osmanische Reich (Anm. 90), S. 18–21. Vgl. Hans-Joachim Kissling: Türkenfurcht und Türkenhoffnung im 15./16. Jahrhundert. Zur Geschichte eines „Komplexes". In: Südost-Forschungen 23 (1964), S. 1–18.

Die Rückendeckung im Osten ermöglichte es den Fürsten Gabriel Bethlen und Georg Rákóczi aktiv an der Seite der Protestanten in das Geschehen des Dreißigjährigen Krieges einzugreifen und in den Friedensverträgen mit dem Kaiser und König neben Gebietsgewinnen im habsburgischen Oberungarn die freie Ausübung der protestantischen Konfessionen im Königreich Ungarn durchzusetzen.[96] Der 1645 in Linz abgeschlossene habsburgisch-siebenbürgische Friede garantierte im habsburgischen Ungarn sogar die Religionsfreiheit aller Bewohner, einschließlich der Bauern,[97] während der zwischen Fürst Stefan Bocskai und den Habsburgern geschlossene Wiener Frieden 1606 lediglich den Magnaten, Edelleuten, königlichen Freistädten und Marktgemeinden sowie den ungarischen Soldaten der Grenzorte die freie Religionsausübung „ohne Nachteil für die römisch-katholische Kirche" garantiert hatte.[98] Aufgrund der gescheiterten kriegerischen Versuche des Fürsten Georg II. Rákóczi zur Erlangung der polnischen Königskrone geriet Siebenbürgen 1657 zwischen die Fronten des habsburgisch-osmanischen Konflikts und es versank bis 1663 in bürgerkriegsähnlichen Zuständen. Der Verlust der wirtschaftlichen und militärischen Ressourcen Siebenbürgens und seine stärkere Abhängigkeit von der Politik der Hohen Pforte führte dazu, dass die Habsburger während der sogenannten „Trauerdekade" (1671–1681) der ungarischen Protestanten eine aggressive Rekatholisierungspolitik im Königreich Ungarn betreiben konnten, ohne dass der siebenbürgische Fürst seine bisherige Schutzfunktion hätte ausüben können.[99]

Als die Osmanen 1683 vor Wien scheiterten, erkannte der siebenbürgische Fürst Michael Apafi die militärische Überlegenheit der habsburgischen Seite zu spät, sodass er und die siebenbürgischen Stände zu lange zögerten, mit dem Kaiser ein Bündnis einzugehen und sich von der osmanischen Oberhoheit loszusagen, wozu auch die gegenreformatorischen und absolutistischen Tendenzen des Wiener Hofes beigetragen hatten. Als der Landtag 1688 die Suzeränität des Kaisers und ungarischen Kö-

96 Bis zu den ersten Erfolgen der Gegenreformation bekannten sich über 90% der Einwohner im habsburgischen Königreich Ungarn zu protestantischen Konfessionen: Makkai: Crown and the Diets (Anm. 51), S. 86f.

97 Wortlaut des Linzer Friedens vom 16. Dezember 1645 in: Gooss: Staatsverträge (Anm. 22), S. 765–770. Vgl. Tóth: Religiöser Fundamentalismus (Anm. 75), S. 277–283; Philippi: Land des Segens (Anm. 2), S. 180.

98 Wortlaut des Wiener Friedens vom 23. Juni 1606 in: Gooss: Staatsverträge (Anm. 22), S. 341–367. Bocskai hatte in den Friedensverhandlungen eine explizite Nennung der beiden großen protestantischen Konfessionen sowie der römisch-katholischen Konfession gefordert. In einer Weisung an seine Unterhändler von 1605 verwendete er die Formulierung „die lutherische und die helvetische Konfession sollen frei sein, ebenso der römische Glauben in diesem Lande unter allen Ständen": Katalin Péter: Religionsangelegenheiten auf den Wiener Friedensverhandlungen. In: János Barta, Manfred Jatzlauk, Klára Papp (Hg.): „Einigkeit und Frieden sollen auf Seiten jeder Partei sein". Die Friedensschlüsse von Wien (23.06.1606) und Zsitvatorok (15.11.1606). Debrecen 2007 (Zum 400. Jahrestag des Bocskai-Freiheitskampfes 9), S. 151–156. Vgl. Fata: Ungarn (Anm. 4), S. 136; Király: The Sublime Porte (Anm. 4), S. 206f.

99 Ausführlich zur „Trauerdekade": Fata: Ungarn (Anm. 4), S. 269–274. Vgl. Kálmán Benda: Habsburg Absolutism and the Resistance of the Hungarian Estates in the Sixteenth and Seventeenth Centuries. In: Evans, Thomas (Hg.): Crown, Church and Estates (Anm. 51), S. 123–128, hier S. 127f.; Juhász: Entwicklung des Helvetischen Bekenntnisses (Anm. 55), S. 74.

nigs anerkannte, schien eine Eingliederung Siebenbürgens in den Reichsverband der Habsburger absehbar, ohne dass die siebenbürgische Seite einen ausreichenden Spielraum besaß, diesen Prozess maßgeblich zu beeinflussen. Erst der Ausbruch des Pfälzischen Erbfolgekriegs gegen Frankreich brachte das Habsburgerreich im Donau-Karpaten-Raum in die Defensive. Diese Lage und der Tod des siebenbürgischen Fürsten Apafi eröffneten den Ständen 1690 die Möglichkeit, Bedingungen für die Herrschaftsübernahme der Habsburger zu stellen. Das 1691 von Kaiser und König Leopold ausgestellte „Leopoldinische Diplom" bestätigte die althergebrachten Rechte und Privilegien der Stände, allen voran die Religionsfreiheit.[100] Obwohl es durch seine Zusatzbestimmungen die Stellung der katholischen Kirche in Siebenbürgen stärkte und der Wiener Hof mit der Gründung der mit Rom unierten griechisch-katholischen Kirche 1697 ebenfalls versuchte, seine kirchenpolitischen Vorstellungen durchzusetzen, blieben die gegenreformatorischen Maßnahmen der Habsburger im 18. Jahrhundert eine Randerscheinung in Siebenbürgen, das zum Zielort der kaiserlichen Zwangsumsiedlungen protestantischer Gruppen aus den Erbländern wurde. Die Fortgeltung des Leopoldinischen Diploms und der Kodifikationen von 1653 und 1669 bis in das 19. Jahrhundert verhalfen der siebenbürgischen Religionsgesetzgebung aus dem 16. Jahrhundert zu einer im europäischen Vergleich bemerkenswerten Konstanz und Langlebigkeit.[101]

7. Schlussbetrachtungen

Zusammenfassend kann festgestellt werden, dass die von einer „dualen Struktur"[102] des Zusammenwirkens von Fürst und Landtag geprägte „siebenbürgische Ständemonarchie"[103] ideale staatsrechtliche Voraussetzungen für die Entstehung und Bewahrung einer großen religiösen Vielfalt bot. Insbesondere in den drei Jahrzehnten zwischen 1542 und 1572 bildete sich parallel zur verfassungsrechtlichen Ausgestaltung Siebenbürgens der Grundbestand an Landesgesetzen heraus, die das Verhältnis der Konfessionen zueinander und zu den Organen des entstehenden vormodernen Staates regelten. Dies führte dazu, dass sich die jeweilige Konfession des Landesherrn nur begrenzt auf den Bestand der Religionsgesetze im Land auswirken konnte: Im 16. Jahrhundert herrschten vor allem katholische, im 17. Jahrhundert hauptsächlich calvinistische Fürsten, 1599–1600 als königlicher Statthalter der orthodoxe Woiwode der Walachei, Michael der Tapfere, 1603 bzw. 1690 die (Gegen-)Fürsten Moses Székely bzw. Emerich Thököly, die dem Antitrinitarismus bzw. dem Luthertum

100 Wortlaut des Diploms in: Rolf Kutschera: Landtag und Gubernium in Siebenbürgen 1688–1869. Köln, Wien 1985 (Studia Transylvanica 11), S. 327–342. Vgl. Daugsch: Staatsrechtliche Lage (Anm. 12), S. 116f.; Philippi: Land des Segens (Anm. 2), S. 181.

101 Zach: Nation und Konfession (Anm. 2), S. 161f.; Zach: Politische Ursachen (Anm. 33), S. 64f.

102 Zach: Stände (Anm. 11), S. 375–377. Vgl. Barta: Bedingungsfaktoren (Anm. 19), S. 229.

103 Gündisch: Ständische Autonomie (Anm. 6), S. 24.

anhingen.[104] Damit ergeben sich einige Parallelen zu den ungarischen und böhmischen Ländern, deren religiöse Ausdifferenzierung in dem Moment eingeschränkt wurde, als es den Habsburgern gelang, die Macht der Stände zurückzudrängen und die eigene Konfession zu Lasten der anderen durchzusetzen. Dank der osmanischen Schutzmacht, die erst 1699 völkerrechtlich auf ihre Oberhoheit über Siebenbürgen verzichten musste, und einer geschickten bis riskanten Schaukelpolitik des Fürsten zwischen Kaiser und Sultan trat dieser Fall für Siebenbürgen erst gegen Ende des konfessionellen Zeitalters ein, als sich die gegenreformatorischen Bestrebungen des Wiener Hofes bereits abgeschwächt hatten. Die Lage Siebenbürgens an der Schnittstelle katholischer (Habsburgerreich, Polen-Litauen), muslimischer (Osmanisches Reich) und orthodoxer (Moldau, Walachei) Mächte kann als eine geostrategische Rahmenbedingung religiöser Vielfalt im Karpatenbogen angesehen werden. Die intensiven gegenseitigen Verbindungen zwischen Politik und Recht einerseits sowie Religion andererseits stellten für das konfessionelle Zeitalter in Mitteleuropa eher die Regel als die Ausnahme dar, wenngleich diese Verschränkungen in Siebenbürgen besonders stark akzentuiert erscheinen. Dies ist besonders dann zu beobachten, wenn sich Organe des Staatsrechts, politische Akteure, ethnisch bestimmte Gemeinschaften und religiöse Bekenntnisse überschneiden und als Ensemble wirkmächtige Kriterien zur Abgrenzung von anderen Gruppen bilden, zum Beispiel im Falle der Siebenbürger Sachsen. Gewichtige Stimmen der Forschung mahnen dazu, bei der Betrachtung der siebenbürgischen Religionsangelegenheiten zwischen dem politischen Kompromiss und dessen rechtlicher Ausgestaltung einerseits sowie den geistigen Anstößen und der „ideellen Grundlage" andererseits zu unterscheiden. Insbesondere wird die Rolle des Humanismus als Wegbereiter der Reformation in Siebenbürgen hervorgehoben.[105] Vernunftpostulate im Neoplatonismus gesellten sich als Ursachen der religiösen Duldung zu den innen- und außenpolitischen Zwängen, die das Mit- und Nebeneinander der Konfessionen im Karpatenbogen ermöglichten. Diese Dualität der Motive offenbart ein Blick in die Gesetzessammlung der *Approbaten*, in der es heißt, die Religionsgesetze sollten den „Bestand des Vaterlandes" und die „christliche Freiheit" zugleich sichern.[106] Es handelte sich also um zwei Seiten einer Medaille.

---

104 Tóth: Religiöser Fundamentalismus (Anm. 75), S. 274. Vgl. Szegedi: Constituirea (Anm. 13), S. 111.

105 Philippi: Land des Segens (Anm. 2), S. 172–182. Vgl. Zach: Konfessionelle Pluralität (Anm. 4), S. 119f.

106 Zach arbeitet sechs Ursachen für die Konfessionalisierung in Siebenbürgen heraus: die Lage Siebenbürgens am östlichen Rand des Abendlandes, die Herausbildung einer „Ständemonarchie" nach dem Zusammenbruch des mittelalterlichen Königreichs Ungarn, das duale Kräftespiel zwischen Ständen und Fürst, die gegenseitige Ergänzung zwischen dem in Religionsangelegenheiten innovationsfreundlichen Johann Sigismund Szapolyai und dem konservativen Stefan Báthory, das Fehlen katholischer Hierarchien ab der Mitte des 16. Jahrhunderts in Siebenbürgen und die Indifferenz der osmanischen Schutzmacht in Angelegenheiten der christlichen Konfessionen: Zach: Politische Ursachen (Anm. 33), S. 65–70.

Ulrich A. Wien

Reformation in Siebenbürgen. Aktuelle Forschungen und Desiderate am Beispiel der Predigten Damasus Dürrs und der Synodalprotokolle der Evangelischen Superintendentur Birthälm

1. Rezeption der reformatorischen Bewegungen in der „Pionierregion der Religionsfreiheit". Siebenbürgen zwischen 1520 und 1571

Die von der lateinischen Westkirche geprägten Strukturen und Institutionen in Siebenbürgen/Transilvania/Erdely, in denen die Einflüsse der reformatorischen Bewegung in differenzierter Weise rezipiert wurden, durchliefen im 16. Jahrhundert einen mehr oder weniger intensiven Transformationsprozess, waren aber auch von tiefgreifenden Diskontinuitäten geprägt.[1] Sie waren eingebunden in eine blühen-

1 Vgl. Friedrich Teutsch: Geschichte der evangelischen Kirche in Siebenbürgen. Bd. 1: 1150–1699. Hermannstadt 1921; Adolf Schullerus: Luthers Sprache in Siebenbürgen. Forschungen zur siebenbürgischen Geistes- und Sprachgeschichte im Zeitalter der Reformation. Hermannstadt 1923, S. 5 – 160; Hermann Jekeli, Ludwig Binder: Die Bischöfe der Evangelische Kirche A. B. in Siebenbürgen. Bd. 1. Hermannstadt 1933. Nachdruck Köln 1978; Erich Roth: Die Reformation in Siebenbürgen. Ihr Verhältnis zu Wittenberg und der Schweiz. 2 Bde. Köln 1962–1964; Karl Reinerth: Die Gründung der evangelischen Kirchen in Siebenbürgen. Köln 1979 (Studia Transylvanica 5); Mihály Balázs, Gizella Keserű (Hg.): György Enyedi and Central European Unitarism in the 16–17th Centuries. Budapest 2000 (Studia Humanitatis 2); Andreas Müller: Reformation zwischen Ost und West. Valentin Wagners griechischer Katechismus (Kronstadt 1550). Köln 2000 (Schriften zur Landeskunde Siebenbürgens 23); Ders.: Humanistisch geprägte Reformation an der Grenze von östlichem und westlichem Christentum. Valentin Wagners griechischer Katechismus von 1550. Mandelbachtal u. a. 2000 (Texts and Studies in the History of Theology 5); Márta Fata: Ungarn, das Reich der Stephanskrone, im Zeitalter der Reformation und Konfessionalisierung. Multiethnizität, Land und Konfession 1500 bis 1700. Hg. v. Franz Brendle u. Anton Schindling. Münster 2000 (Katholisches Leben und Kirchenreform im Zeitalter der Glaubensspaltung 60); Graeme Murdock: Calvinism on the Frontier 1600–1660. International Calvinism and the Reformed Church in Hungary and Transylvania. Oxford 2000; Harald Roth (Hg.): Handbuch der Historischen Stätten. Siebenbürgen. Stuttgart 2003; Wilhelm Kühlmann, Anton Schindling (Hg.): Deutschland und Ungarn in ihren Bildungs- und Wissenschaftsbeziehungen während der Renaissance. Stuttgart 2004 (Contubernium 62); Ulrich A. Wien, Krista Zach (Hg.): Humanismus in Ungarn und Siebenbürgen. Politik, Religion und Kunst im 16. Jahrhundert. Köln 2004 (Siebenbürgisches Archiv 37); Krista Zach: Konfessionelle Pluralität, Stände und Nation. Ausgewählte Abhandlungen zur südosteuropäischen Religions- und Gesellschaftsgeschichte. Hg. v. Joachim Bahlcke u. Konrad Gündisch. Münster 2004 (Religions- und Kulturgeschichte in Ostmittel- und Südosteuropa 6); Volker Leppin, Ulrich A. Wien (Hg.): Konfessionsbildung und Konfessionskultur in Siebenbürgen in der Frühen Neuzeit. Stuttgart 2005 (Quellen und Studien zur Geschichte des östlichen Europa 66); Evelin Wetter: Überlegungen zum Bekenntniswert vorreformatorischer Retabelausstattungen siebenbürgisch-sächsischer Pfarrkirchen. In: Joachim Bahlcke, Karen Lambrecht, Hans-Christian Maner (Hg.): Konfessionelle Pluralität als Herausforderung. Koexistenz und Konflikt in Spätmittelalter und Früher Neuzeit. Winfried Eber-

de Wirtschaftsregion zu Beginn des 16. Jahrhunderts. Als Teil des international verflochtenen Königreiches Ungarn prägten die Städte das geistig-kulturelle Klima. Insbesondere vom Montanwesen (Silber, Gold, Salz) rührte der ökonomische Wohlstand her. International agierende Handelshäuser gründeten Niederlassungen, wichtige oberdeutsche Patrizierfamilien hatten Zweige auch in siebenbürgisch-sächsischen Städten, in denen aber auch Menschen aus unterschiedlichsten europäischen Herkunftsregionen integriert wurden.[2] Mitteleuropa erstreckte sich bis an die Karpaten – und darüber hinaus. Neben und über den ökonomischen Austausch hinaus prägte der kulturelle und kirchliche gesamteuropäische Kontext. Mangels eigener Universitäten partizipierten die geistigen Eliten durch die *peregrinatio academica* an der Entwicklung der zentraleuropäischen Universitäten.[3] Insbesondere die siebenbürgisch-sächsischen Pfarrer waren ungewöhnlich oft Akademiker, sogar mit akademischen Würden und Titeln ausgezeichnet.[4]

Seit der Regierungszeit von Matthias Corvinus gehörte Ungarn zum Wirkungsraum humanistischer Gelehrsamkeit. Bischofshöfe, Städte und der Königshof waren jeweils spezifisch im humanistischen Milieu integriert und partizipierten an der zeitgenössischen Diskussion.[5]

Insofern verwundert es nicht, dass besonders das humanistisch gesinnte Stadtbürgertum siebenbürgisch-sächsischer Städte zum Resonanzraum der – zunächst an

---

hard zum 65. Geburtstag. Leipzig 2006, S. 109–126; Dies. (Hg.): Formierungen des konfessionellen Raumes in Ostmitteleuropa. Stuttgart 2008 (Forschungen zur Geschichte und Kultur des östlichen Mitteleuropa 33); Joachim Bahlke, Krista Zach (Hg.): Staat – Nation – Kirche. Eine Geschichte der katholischen Kirche Siebenbürgens vom Mittelalter bis zum frühen 20. Jahrhundert. München 2007 (Veröffentlichungen des Instituts für deutsche Kultur und Geschichte Südosteuropas an der Ludwig-Maximilians-Universität München 98); Käthe Hientz, Bernhard Heigl, Thomas Şindilariu (Hg.): Hermannstadt und Siebenbürgen. Die Protokolle des Hermannstädter Rates und der Sächsischen Nationsuniversität 1391–1705 (mit einer DVD-Beilage der digitalen Reproduktion der erhaltenen Protokollbände). Sibiu/Hermannstadt 2007; Mihály Bucsay †, Zoltan Csepregi: Das Abendmahlsbekenntnis zu Marosvásárhely (Neumarkt), 1559. In: Heiner Faulenbach, Eberhard Busch (Hg.): Reformierte Bekenntnisschriften. Bd. 2/1: 1559–1563. Bearb. v. Mihály Bucsay, hg. v. Heiner Faulenbach. Neukirchen-Vluyn 2009; Márta Fata, Anton Schindling (Hg.): Calvin und Reformiertentum in Ungarn und Siebenbürgen. Helvetisches Bekenntnis, Ethnie und Politik vom 16. Jahrhundert bis 1918. Münster 2010 (Reformationsgeschichtliche Studien und Texte 155); Irene Dingel, Herman Selderhuis (Hg.), Thomas Hahn-Bruckart (Mitarb.): Calvin und Calvinismus. Europäische Perspektiven (Veröffentlichungen des Instituts für Europäische Geschichte, Mainz, Abteilung für Abendländische Religionsgeschichte 84). Göttingen 2011; Die evangelischen Kirchenordnungen des XVI. Jahrhunderts. Begründet v. Emil Sehling, fortgeführt v. der Heidelberger Akademie der Wissenschaften, hg. v. Eike Wolgast. Bd. 24: Siebenbürgen. Bearb. v. Martin Armgart u. Karin Meese. Tübingen 2012; Ulrich A. Wien, Juliane Brandt, András F. Balogh (Hg.): Radikale Reformation. Die Unitarier in Siebenbürgen. Köln, Weimar, Wien 2013 (Studia Transylvanica 44).

2 Vgl. dazu auch Harald Roth: Hermannstadt. Kleine Geschichte einer Stadt in Siebenbürgen. 2. Aufl. Köln 2007, S. 41.

3 Sándor Tonk: Siebenbürgische Studenten an den ausländischen Universitäten. In: Walter König (Hg.): Beiträge zur siebenbürgischen Schulgeschichte. Köln 1996 (Siebenbürgisches Archiv 32), S. 113–124.

4 Schullerus: Luthers Sprache (Anm. 1), S. 133–145, bes. S. 135, Anm. 2, und S. 139–141.

5 Wien, Zach: Humanismus (Anm. 1).

Wittenberg orientierten – Reformation wurde. Bereits 1520 waren in Hermannstadt/Sibiu/Nagyszeben erste reformatorische Schriften bekannt und führten zu ersten kirchenkritischen, antiklerikalen Reaktionen.[6] Aufgrund der seit 1479 bestehenden offiziellen Handelsbeziehungen zwischen der Schweiz und Ungarn kam es zur Kenntnisnahme der Zwingli'schen Abendmahlstheologie in Ofen/Buda bereits 1523.[7] Der ungarische König sowie der Reichstag verabschiedeten gegen die Neugläubigen gerichtete Maßnahmen wiederholt zwischen 1523 und 1525.[8]

Aufgrund der vernichtenden Niederlage des ungarischen Heeres in der 1526 bei Mohács stattgefundenen Schlacht gegen die Armee des Sultans, bei der sowohl viele ungarische Adlige starben als auch der ungarische Episkopat mitsamt Anhang massiv dezimiert worden war,[9] geriet der Rest der früheren Elite in eine massive Legitimationskrise. Ganz in der mittelalterlichen Tradition[10] wurde der militärische Erfolg der Osmanen als innergeschichtliches Gerichtshandeln Gottes gedeutet. Im reformatorischen Kontext wurde dafür in den sogenannten „Türkenschriften" angeblich wegen der vielen Ketzereien, der Gottlosigkeit und Verwirrung zunächst vornehmlich die altgläubige Kirche, im apokalyptischen Terminus der „Antichrist" in Rom, verantwortlich gemacht.[11]

Mit der Niederlage 1541 bei Ofen/Buda – definitiv im Frieden von Adrianopel 1568 – wurde Ungarn dreigeteilt: Westungarn (Hauptstadt Pressburg/Bratislava/Pozsony) fiel in die habsburgische Einflusszone, das mittlere Ungarn gehörte zum Osmanischen Reich (als Vilayet), das östliche Ungarn (Partes) mit der Woiwodschaft Siebenbürgen wurde ein der Hohen Pforte tributpflichtiges Fürstentum mit weitgehender innerer Autonomie der drei staatstragenden Stände: dem ungarischen Adel, der Szekler und den Siebenbürger Sachsen. In diesem Gebiet lebten schätzungsweise 1 Million Menschen.[12] Die von der Zustimmung der Osmanen abhängigen Regenten Siebenbürgens mit den Partes konnten eine weitgehende innere Autonomie ihres

---

6 Teutsch: Geschichte der evangelischen Kirche, Bd. 1 (Anm. 1), S. 197–206; Roth: Reformation, Bd. 1 (Anm. 1), S. 14–35.

7 Erich Bryner: Die Ausstrahlung Bullingers auf die Reformation in Ungarn und Polen. In: Emidio Campi (Hg.): Heinrich Bullinger und seine Zeit. Eine Vorlesungsreihe. Zürich 2004 (Zwingliana 31), S. 180.

8 Teutsch: Geschichte der evangelischen Kirche, Bd. 1 (Anm. 1), S. 197–200.

9 Janos Karácsonyi: Die konfessionellen Verhältnisse in Siebenbürgen und den angeschlossenen Gebieten (1526–1571). In: Kirche – Staat – Nation (Anm. 1), S. 43.

10 Seit Sophronius von Jerusalem.

11 Bryner: Ausstrahlung (Anm. 7), S. 182; Volker Leppin: Antichrist und Jüngster Tag. Das Profil apokalyptischer Flugschriftenpublizistik im deutschen Luthertum 1548–1618. Gütersloh 1999 (Quellen und Forschungen zur Reformationsgeschichte 69).

12 Das Gebiet des Königreichs/Fürstentums umfasste acht Komitate Ostungarns (östlich der Theiß), die sogenannten „Partes adnexae" (Máramaros, Közep-Szolnok, Kraszna, Bihar, Zaránd, Arad, Temes und Krassó) mit 350.000 Einwohnern, 80.000 Sachsen in elf Bezirken (Stühlen), 150.000 Szekler in neun Bezirken und etwa 450.000 Menschen in den sieben siebenbürgischen Komitaten (Hunyad, Fehér, Torda, Küküllő, Kolózs, Doboka und Belső-Szolnok).

Herrschaftsraumes bewahren, mussten dafür aber eine bedeutende jährliche Tributzahlung in Höhe von 10.000 Dukaten leisten.[13]

Unmittelbar nach dem Verlust der habsburgischen Präponderanz über Zentralungarn und Siebenbürgen (1541) ergriffen die Verantwortlichen in den siebenbürgischen Städten die Gelegenheit, um – ausgehend von Kronstadt/Braşov/Brassó 1542 – binnen weniger Jahre die Reformation einzuführen. 1550 beschloss die ständische Repräsentationsvertretung der Siebenbürger Sachsen, die Sächsische Nationsuniversität, die verbindliche Geltung der Kirchenordnung von 1547 für ihr gesamtes Rechtsgebiet.[14]

Ein dauerhafter Einfluss der schweizerischen Reformation – insbesondere Heinrich Bullingers – auf die frühe siebenbürgisch-sächsische Reformation in Kronstadt „ist nicht mehr auszumachen“,[15] aber wohl unwahrscheinlich.[16]

Im offiziellen siebenbürgisch-sächsischen Rechtsraum vertraten die politischen und kirchlichen Repräsentanten (politische Nationsuniversität sowie die geistliche Universität bzw. die 1553 neugeschaffene Superintendentur in Hermannstadt – seit 1572 in Birthälm/Biertan/Berethalom) eine konservative, an Wittenberg orientierte Linie. Zur Binnendifferenzierung folgen die Ausführungen in Abschnitt 6.1.

Reges Echo löste Heinrich Bullingers Brief von 1551 an ungarische Pfarrer aus. Die vom Sekretär der ungarischen Hofkanzlei in Wien, Janos Fejérthoy, erbetene Trostschrift für Evangelische breitete ein Summarium des Glaubens und eine seelsorgerliche Ermutigung zum Durchhalten in 50 Kapiteln aus. Sie wurde – signifikant für die erst gegen Ende der 1550er Jahre sich in Siebenbürgen durchsetzende reformierte Theologie – erst 1559 gedruckt.[17]

Unter dem Einfluss des italienischen Hofarztes Giorgio Biandrata, der dem gesundheitlich schwächelnden Fürsten János Zsigmond (Johann Sigismund) Szapolyai auch als einflussreicher politischer Berater zur Seite stand, gewann zunächst – und als Zwischenstation auf dem Weg zur Durchsetzung antritrinitarischer Konzepte gedacht – die reformierte Theologie in Siebenbürgen Zulauf. Von mehreren Seiten wurde diese Richtung gefördert: aus der Gegend um Debrecen (Kalmancsehi, Meliusz) sowie von den Pfarrern in Klausenburg/Cluj-Napoca/Kolozsvár Kaspar Helth und Franz Hertel (genannt Dávid Ferenc), außerdem wurde sie vom Hof unterstützt. Die Klausenburger Pfarrer brachen aus dem siebenbürgisch-sächsischen Konsens aus und unterzeichneten am 1. November 1559 das dezidiert reformierte Be-

13 Murdock: Frontier (Anm. 1), S. 13.

14 Reinerth: Gründung (Anm. 1), S. 190.

15 Bryner: Ausstrahlung (Anm. 7), S. 183. Bullingers erster Kontakt zu Siebenbürgen könnte der Brief vom 28. August 1543 an den Kronstädter Pfarrer Martin Hentius gewesen sein. Ob der nur in Zürich erhaltene Bullinger-Brief überhaupt abgesandt wurde, ist Gegenstand der Diskussion. Erich Roth druckt ihn ab, Gottfried Locher hält Roths Argumente für stichhaltig, Karl Reinerth erkennt in dem Text nur einen nicht ausgefertigten Entwurf. Andreas Müller schließt einen prägenden schweizerischen Einfluss auf die Kronstädter aus.

16 Müller: Reformation (Anm. 1), S. XX.

17 Bryner: Ausstrahlung (Anm. 7), S. 184.

kenntnis von Márosvásárhely (dt.: Neumarkt am Mieresch, rum.: Tîrgu Mureş)[18] – zusammen mit ungarischen Pfarrern auf einer gemeinsamen Synode. In der Klausenburger Offizin des Kaspar Helth erschien – modifiziert – nun auch einer von zwei Drucken des oben erwähnten Bullinger-Briefs von 1551. Binnen kürzester Frist schlossen sich weite Teile der Magnaten Siebenbürgens und der Partes der schweizerischen, insbesondere von der Autorität Bullingers geprägten theologischen Richtung an. Dávid wurde deren Superintendent.

Hatte der Landtag 1557 außer den Altgläubigen nur noch den Anhängern der Confessio Augustana Religionsfreiheit zuerkannt,[19] die „Sakramentarier" aber noch verboten, so wurde schon 1564 auf dem Landtag auch das reformierte Bekenntnis in diese einbeschlossen. Nach den vom Hof anberaumten und von den Hofberatern Peter Petrovics bzw. Georgio Biandrata gelenkten Religionsgesprächen (1556,1557 und 1564) war dieser wichtige Schritt auf dem Weg einer an humanistischen und rationalen Grundzügen mit ausgeprägt ethischem Schwerpunkt ausgerichteten Konzeption gelungen.

Gerade diese späthumanistischen, in bestimmten Aspekten an frühaufklärerische Ansätze anklingenden Auslegungsmethoden und Denkwege wurden nun weiter vorangetrieben. Unterstützt von Biandrata gelang es dem durch persönliche Ausstrahlungskraft ausgezeichneten Stadtpfarrer, Hofprediger und Superintendenten Franz Davidis die Reformation radikal weiterzutreiben. Bereits 1565 bekannte er sich zur antitrinitarischen Theologie. Die Kontroverse ging politisch durch Gewährenlassen zuungunsten der reformierten Theologie aus. Ein großer Teil der ungarischen Adeligen ging zusammen mit dem – von seinen Beratern, dem Hofprediger Franz Davidis und dem Arzt Biandrata – beeinflussten Fürsten Johann Sigismund zum unitarischen Bekenntnis über.[20] Fixiert wurde 1571 auf dem siebenbürgischen Landtag die Religionsfreiheit für alle bis dahin offiziell anerkannten Bekenntnisse: Altgläubige und die Bekenntnisgruppen der Reformierten, der Unitarier und der Anhänger der Wittenberger Richtung. Die politisch nicht repräsentierten rumänisch-orthodoxen Gläubigen wurden toleriert. Sie befanden sich damit auf der untersten Stufe religiöser und damit auch politischer „Toleranz". Diese Konstellation musste von allen nachfolgenden Fürsten Siebenbürgens (als conditiones Principum) vor Amtsantritt zugesichert werden,[21] wurde in der Sammlung der Landesgesetze 1653 erneut verbrieft und musste – trotz faktischer Einschränkungen – auch von den Habsburgern bis ins 19. Jahrhundert respektiert werden.

Siebenbürgen, an der Peripherie des westkirchlichen Raumes gelegen, hatte sich unter dem Schutz der osmanischen Vorherrschaft zu einer Pionierregion der Religi-

---

18 Bucsay†, Csepregi: Bekenntnis (Anm. 1).

19 Fata: Ungarn (Anm. 1), S. 103.

20 Wien, Brandt, Balogh (Hg.): Radikale Reformation (Anm. 1).

21 Die Conditiones Principum – eine Art Wahlkapitulation, die zwischen den Ständen im Landtag und den Fürsten seit 1576 (dem Amtsantritt Christoph Báthorys) ausgehandelt wurde – beinhalteten immer die verbindliche Gültigkeit der verbrieften Religionsfreiheit; vgl. Zach: Konfessionelle Pluralität (Anm. 1), S. 59, 96 u. 119.

onsfreiheit entwickelt. Diese Konstellation des politischen Schutzes von Plurikonfessionalität und der Koexistenz von vier Bekenntnisgemeinschaften im religiösen wie im öffentlich-rechtlichen Raum hatte dauerhaft Bestand.

2.1 Beginn der reformatorischen Bewegung innerhalb der *universitas saxonum*

Unmittelbar im Zusammenhang mit den Anfängen der reformatorischen Bewegung und wohl beeindruckt von der Leipziger Disputation haben bereits 1519 Hermannstädter Kaufleute „Luthersche Schriften von der Leipziger Messe“[22] nach Siebenbürgen eingeführt. „Ihre Botschaft ergriff namentlich das Hermannstädter Bürgertum, doch diese erste Stoßkraft schwelte in Ermangelung beharrlicher Träger wieder ab“.[23] Erst mit der humanistisch geprägten Stadtreformation Kronstadts mehr als zwei Jahrzehnte später setzte der Umschwung ein: Binnen weniger Jahre setzte sich die lutherische Reformation – angeführt von den siebenbürgisch-sächsischen Städten – auf dem Gebiet der *universitas saxonum*, der Sächsischen Nationsuniversität, bis 1550 politisch durch.

Erste Abwehrreaktionen durch König und Landtage sind aus den frühen 1520er Jahren bekannt. „Die früheste Nachricht von einer Veränderung im gottesdienstlichen Leben Siebenbürgens datiert aus dem Jahre 1526“.[24] Das Hermannstädter Kapitel führte bewegt Klage über den öffentlich geäußerten Antiklerikalismus und den Volksspott gegenüber dem Klerus. Angesichts der Fronleichnamsprozession, die, angeführt vom Stadtpfarrer und den 24 Geistlichen, gefolgt von Zunftmeister und Bruderschaften, sich mit Fahnen und brennenden Kerzen über den Huetplatz und den Kleinen Ring in Hermannstadt bewegte, mussten die Teilnehmer sich ironische Bemerkungen anhören: „Unsere Priester glauben, dass Gott an Blindheit leide; deswegen entzünden sie die ganze Beleuchtung“.[25] Gipfelpunkt der Klageschrift war aber der Bericht darüber, dass unter dem Dach des Hermannstädter Ratsherrn Johann Hecht ein junger Geistlicher (scholasticus) eine Schule eingerichtet und hier mit der gesamten Hausgemeinschaft reformatorische Andachten gefeiert habe, in denen über die deutschen Gesänge hinaus die Verdeutschung des Gottesdienstes durchgeführt worden sei.[26] Doch diese radikalen Anfänge fanden in der zögerlich sich durchsetzenden und aufs Ganze gesehen konservativen sächsischen Stadtreformation zwei Jahrzehnte später kaum Nachhall.

---

22 Erich Roth: Die Geschichte des Gottesdienstes der Siebenbürger Sachsen. Göttingen 1954 (Forschungen zur Kirchen- und Dogmengeschichte 3), S. 69.
23 Ebd.
24 Ebd.
25 Ebd. Sacerdotes nostri credunt Deum factum esse coecum, ex quo tot luminaria incendunt. Vgl. Adolf Schullerus: Klageschrift des Hermannstädter Kapitels vom Jahre 1526. In: Kirchliche Blätter 10 (1918), S. 63–65.
26 „Nituntur Missam facere germanicam“.

Schon vorreformatorisch ergaben sich in den Städten und auch in den ihrem Patronat unterstellten Ortschaften häufige Rechtsstreitigkeiten[27] zwischen den Magistraten einerseits und den Kapiteln oder den Klöstern andererseits; neben der Absicht, den Reichtum der Kirche zu beschneiden, traten Ansätze eines landesherrlichen Kirchenregiments. In aller Regel suchte die Stadtobrigkeit – allerdings gestützt auf einen restriktiven Beschluss der Nationsuniversität vom 25. November 1525 – die letztwilligen Verfügungen zugunsten vor allem der Klöster zu verhindern.[28]

Nachweislich sanken die Schenkungen an das der Maria geweihte Franziskanerkloster in Bistritz/Bistrița/Beszterce im Zeitraum von 1532 bis 1540 auf ein Achtel der Ausgangssumme.[29] Aus Hermannstadt flüchtete sich der Dominikanerkonvent nach Schäßburg/Sighişoara/Segesvár. Aber auch dort, so klagte der Schäßburger Dominikanerprior Petrus, nähmen Luthers Irrtümer überhand.[30]

Etwa Ende Februar/Anfang März 1538 fand dann in Schäßburg auf Veranlassung des Königs Johann I. Szapolyai ein erstes Religionsgespräch statt. Wie wenig die reformorientierten Humanisten bislang in Siebenbürgen sich profiliert hatten, geht – trotz aller Polemik – aus dem einzigen Bericht über das Ereignis hervor. Denn die Bemerkung „Aber weil unter den übrigen der Meister Stefan Szantai es offenbar zu predigen begonnen hatte“,[31] signalisiert eindeutig den Mangel an lokalreformatorischen Persönlichkeiten. Der aus Kaschau/Košice/Kassa herbeizitierte Szantai, dem der promovierte Arzt Johann Rezeccei zur Seite stand, disputierte mit einer Gruppe altgläubiger Theologen um Georg Martinuzzi aus Großwardein/Oradea/Nagyvárad. Die beiden vom König bestellten Schiedsrichter, sein humanistischer Berater Anton Verantius und der damalige Weißenburger Rektor der Kathedralschule Martin Kalmancsehi, ließen mehrere Tage diskutieren, gaben aber den Forderungen der Partei um den Weißenburger Bischof Johann Statilius nicht nach, Szantai zum Tode zu verurteilen. Denn, so deren Vorwürfe, Letzterer kritisiere die heilige Messe und befürworte den Laienkelch beim Abendmahl. Unbeeindruckt davon hätten nicht nur die Schiedsrichter der Bischofsmeinung keinerlei Gehör geschenkt, sondern ebenso auch König Johann nicht – unter Hinweis auf die göttliche Liturgie des orthodoxen Ritus und der Spendung der Eucharistie in beiderlei Gestalt, so der Bericht. Im Gegenteil, der König habe sogar Szantai zur nächtlichen Flucht verholfen.[32]

---

27 Heinrich Wittstock: Beiträge zur Reformations-Geschichte des Nösnergaues. Wien 1858, S. 13.

28 Teutsch: Geschichte der evangelischen Kirche, Bd. 1 (Anm. 1), S. 205.

29 Wittstock: Beiträge (Anm. 27), S. 13.

30 Teutsch: Geschichte der evangelischen Kirche, Bd. 1 (Anm. 1), S. 206. Vgl. dazu Karl Fabritius: Zwei Funde in der ehemaligen Dominikanerkirche zu Schäßburg. In: Siebenbürgisches Archiv, Neue Folge 5 (1878), S. 1–40, hier S. 28.

31 Ein 1570 gedruckter, antitrinitarisch gefärbter Bericht in einem Duodezband im ungarischen Nationalmuseum. Diese Schrift hat in deutscher Übersetzung vorgestellt Karl Fabritius: Das Religionsgespräch zu Schäßburg im Jahre 1538 und des Weißenburger Propstes, nachherigen Graner Erzbischofs Anton Verantius Briefe an Siebenbürger Sachsen. In: Archiv des Vereins für siebenbürgische Landeskunde, Bd. 10, Neue Folge (1872), S. 233–263, hier S. 244–250, Zitat S. 245.

32 Fabritius: Zwei Funde (Anm. 30), S. 14–17.

2.2 Anmerkungen zur zeitgenössischen, vorreformatorischen Predigt in Siebenbürgen

Auch wenn die reformatorische Bewegung in Siebenbürgen noch nicht an die Öffentlichkeit drängte, muss sie doch in breiten Kreisen vornehmlich des Stadtbürgertums bereits Wirkung gezeigt haben. Dies lässt sich besonders gut an einem zeitgenössischen Werk erkennen, das als „Mediascher Predigtbuch" bezeichnet worden ist.[33] Seine Herkunft ist unbestimmt, aber nach dem plausiblen Vorschlag Karl Reinerths wohl in das Franziskanerkloster Weißkirch/Albeşti/Fehéregyháza bei Schäßburg zu verweisen.[34]

Neben einer ganzen Reihe von handschriftlich erhaltenen Predigtbänden aus dem 15. und beginnenden 16. Jahrhundert[35] hat der genannte Band wegen der in ihm geführten kontroverstheologischen Auseinandersetzung in den späten 1530er Jahren großes Interesse geweckt.

Die um 1537 entstandene Sammlung enthält in zwei ungleichen Hälften Perikopen, Predigtentwürfe und Predigten. Die „sonn- und festtäglichen evangelischen, vereinzelt auch epistolischen Perikopen in deutscher oder gemischt-deutscher und lateinischer Sprache" werden ergänzt durch die lateinischsprachigen Predigtentwürfe und Predigten.[36] Die größere Hälfte (Bl. 1–127) orientiert sich am sonntäglichen Kirchenjahr, die zweite Hälfte an Heiligenfesttagen und kirchlichen Feiern.[37] Schullerus bezeichnet die Sammlung als „collectura", um damit zum Ausdruck zu bringen, dass „die Eintragungen örtlich und zeitlich verschiedener Herkunft sind." Unabhängig davon ergibt sich auch im Blick auf die damaligen Benützer dieser geschlossenen Sammlung „ein anschauliches Bild der Predigtweise und Predigtvorbereitung"[38] an der Scharnierstelle der reformatorischen Inkubation in Siebenbürgen. Thematische Schwerpunkte sind Marienfrömmigkeit, Christologie und Kirche. Mit deutlichem Missvergnügen wird die durch die Reformation angestoßene Ablehnung der Marienverehrung aufgenommen. Scharfe Angriffe gegen die Reformatoren, vor allem gegen Luther fallen auf, insbesondere gegen Luthers Positionen der Leipziger Disputation (Transsubstantiation, Stellung des Papsttums, Purgatorium und

---

33 Schullerus: Luthers Sprache (Anm. 1), S. 97, Anm. 2, folgt damit einem Vorschlag von Andreas Scheiner.

34 Karl Reinerth: Beiträge zur Geschichte des siebenbürgisch-sächsischen Gottesdienstes und Glaubenslebens. Bemerkungen und Ergänzungen zu Adolf Schullerus: Luthers Sprache in Siebenbürgen. In: Korrespondenzblatt des Vereins für siebenbürgische Landeskunde 53 (1930), S. 211–250, hier S. 224.

35 Schullerus: Luthers Sprache (Anm. 1), S. 145, Anm. 4, S. 146, Anm. 1; sowie der dortige Verweis auf die Predigtsammlungen im Inkunabelbestand des Brukenthal-Museums, dargestellt von Friedrich Müller: Die Incunabeln der Hermannstädter „Capellenbibliothek" I und II. In: Siebenbürgisches Archiv 14 (1878), S. 293–358, 489–543.

36 Schullerus: Luthers Sprache (Anm. 1), S. 5. Die deutsch geschriebenen Teile sind veröffentlicht von Friedrich Müller: Deutsche Sprachdenkmäler aus Siebenbürgen. Hermannstadt 1864.

37 Schullerus: Luthers Sprache (Anm. 1), S. 6.

38 Ebd., S. 97. Reinerth: Beiträge (Anm. 34) nimmt als Gattungsbestimmung die „Mitte zwischen Lektionar und Postille" vor, S. 222.

Heiligenverehrung werden vehement verteidigt). Reinerths zutreffende Korrektur der Einsichten von Schullerus lässt sich kurz zusammenfassen: „Der Verfasser des Mediascher Predigtbuches steht durchaus und in jeder Beziehung auf dem Boden der katholischen Kirche".[39] Darunter ist auch die altgläubige Auffassung des Verdienstbegriffs zu subsumieren.[40] Reinerth kann nämlich umfangreicher und präziser als Schullerus die ganze Passagen umfassenden wörtlichen Zitate mindestens zweier Vorlagen angeben. Als Hauptquellen hatte der Kompilator des Mediascher Predigtbuches einerseits eine 1525 in Köln gedruckte Predigtsammlung[41] sowie andererseits die Predigten des Ingolstädter Luthergegners Johann Eck (1486–1543) benutzt. Das Mediascher Predigtbuch steht in klarer „Abhängigkeit" von den Predigten Ecks; Reinerth konstatiert zuweilen eine „weitgehende Übereinstimmung" auch mit dessen drittem Predigtband. Gerade die antilutherische Polemik ist „meist nahezu wörtlich Eckschen Predigten entlehnt".[42]

Schon im 15. Jahrhundert war in Ungarn und Siebenbürgen in einer Reihe von Synodalbeschlüssen[43] die Anordnung der Predigt festgehalten und bekräftigt worden, vor allem aber wurde die Verpflichtung zur Verlesung und Erklärung der Evangelien und Episteln in der Muttersprache eingeschärft. Die wiederholten Beschlüsse weisen sowohl auf noch vorhandene Defizite als auch auf den kirchenleitenden Nachdruck in dieser Angelegenheit hin. Konkret lässt sich eben auch im Mediascher Predigtbuch die Realisierung dieser Forderungen erkennen. „Ein Nachklang davon ist die Forderung der allerdings geschichtlich noch nicht genau erfassten sächsischen Synode von 1552: die Kandidaten des Predigtamtes haben im Ordinationsexamen, u. a. in ihrer eigenen Mundart, zu erläutern, was sie lateinisch gesagt haben, damit erkannt werden könne, ob sie es selbst richtig verstanden haben und ob sie das, was sie vorlesen, dem Volke klar zu machen imstande[44] sind".[45]

Über die im Mediascher Predigtbuch vorliegende Polemik ging die Zeit allerdings rasch hinweg.

Die neue religiöse Bewegung hatte – wie bereits erwähnt – das städtische Bürgertum ergriffen, und in Bistritz stellten nicht nur die klosterfeindlichen Maßnahmen einen Reflex auf die Reformgedanken dar, sondern auch der bürgerliche Drang, eine besonders konsequente Purifikation von Sitte und Bräuchen zu dekretieren, signalisiert einen generellen Umschwung in der Denkungsart. Übertriebener Luxus bei Hochzeiten und Taufen wurde ebenso wie angeblich in den Spinnstuben eingerissene Sittenlosigkeit von den Ratsherren verurteilt, was auf einen religiös moti-

39 Ebd., S. 220.

40 Ebd., S. 222.

41 Homiliae seu mavis sermones [...], zitiert nach Reinerth: Beiträge (Anm. 34), S. 217.

42 Alle Zitate bei Reinerth: Beiträge (Anm. 34), S. 219.

43 Gran/Esztergom (1450, 1484 und 1493), Neutra (1494) sowie Wesprim/Vesprem (1555); Angaben nach Schullerus: Luthers Sprache (Anm. 1), S. 144.

44 G[eorg] D[aniel] Teutsch: Urkundenbuch der Evangelischen Landeskirche A. B. in Siebenbürgen. Zweiter Theil: Die Synodalverhandlungen der Evang. Landeskirche A. B. in Siebenbürgen im Reformationsjahrhundert. Hg. vom Landesconsistorium. Hermannstadt 1883, S. 3.

45 Schullerus: Luthers Sprache (Anm. 1), S. 151.

vierten, aktuell intensivierten moralischen Eifer hindeutet. Der für die Reformation aufgeschlossene, in Krakau/Kraków humanistisch gebildete Stadtschreiber Christian Baumgartner/Pomarius (um 1500–1565),[46] nachmaliger Lechnitzer Pfarrer und Dechant des vereinigten Bistritzer Capitels, hat wohl in seiner Amtszeit als Stadtschreiber 1531–1541 maßgeblichen Einfluss auf die Vertiefung reformatorisch geprägten Gedankenguts in Rat und Stadt Bistritz genommen. Der als Stadtpfarrer 1541 berufene Michael Fleischer erreichte in kurzer Frist die offene Hinwendung zur Reformation. Hatte Bistritz sich im November 1542 nur durch eine Lösegeldsumme von 4.000 Gulden vor der Vernichtung durch die belagernden Truppen des Moldauer Fürsten Petru Rareş freikaufen können – die Summe war durch die „Flüssigmachung" kirchlicher Gerätschaften aus Edelmetall zumindest teilweise aufgebracht worden[47] –, so ist der darauf bezogene Brief des jetzt in Klausenburg wohnhaften Christian Pomarius eine eindeutige Stellungnahme zugunsten der Reformation. Am 16. Januar 1543 schrieb er an den Rat und in gleichem Sinne an verschiedene Geistliche separat, die Verantwortlichen sollten auf keinen Fall den Ersatz der zerstörten „Götzenbilder" erlauben. Dieser Rat des früheren Stadtschreibers dürfte „befolgt, somit eine kirchliche Neuordnung auch im Nösnerland in die Wege geleitet worden sein".[48] Binnen fünf Jahren ging das gesamte, personell stabile Bistritzer Capitel bis 1546 ins Lager der Reformation über.[49] Das Capitel ließ am 5. Februar 1547 freimütig erklären, dass die Nösner Geistlichkeit einige „Ceremonien und kirchliche Gebräuche zum Lob und Ruhm des allerhöchsten Gottes und seines Sohnes Jesu Christi, nach Art und Gepflogenheit der ursprünglichen Kirche aus Gottes Wort wieder hergestellt und verbessert hätten [...] damit ihrem priesterlichen Amte Genüge geleistet werde und sie einst mit der ihnen anvertrauten Herde ohne Zagen vor Christi Richterstuhl erscheinen könnten".[50]

Zur Änderung der Zeremonien gehörte auch die Stellung der Predigt. Erich Roth hat hervorgehoben, dass im Gottesdienst auf den Dörfern – laut Kirchenordnung 1547 – die Predigt nach dem Credo im Hochamt ihre Stellung hat, wohingegen in den Städten feiertags ein zweites Offizium als Predigtgottesdienst noch vor dem dritten Gottesdienst (dem Hochamt) eingeführt wurde.[51] Die Predigt bildete in den Dörfern also an den kommunionslosen Tagen den Höhepunkt des Hochamtes.[52]

---

46 Konrad Gündisch: Christian Pomarius und die Reformation im Nösnerland. In: Georg Weber, Renate Weber (Hg.): Luther und Siebenbürgen. Ausstrahlungen von Reformation und Humanismus nach Südosteuropa. Köln, Wien 1985 (Siebenbürgisches Archiv 19), S. 114–134.

47 Ebd., S. 121; mehrere vergoldete Silberkelche im Gewicht von 27 Mark und 31 Unzen sowie ein Kruzifix mit einem Gewicht von 4 ½ Mark. Außerdem zerstörte ein Brand das sog. Obere Kloster.

48 Ebd.

49 Wittstock: Beiträge (Anm. 27), S. 31. Einzig der 1546 nach Treppen berufene Pfarrer Petrus Colosvari war neu im Kapitel.

50 Ebd., S. 30f.

51 Roth: Geschichte des Gottesdienstes (Anm. 22), S. 97.

52 Ebd., S. 99.

2.3 Reformatorische Bewegung unter den Siebenbürger Sachsen – eine Bewegung unterschiedlicher Geschwindigkeiten

Mit der Änderung der „Ceremonien" im nordsiebenbürgischen Bistritzer Capitel war an den institutionalisierten Beginn der Reformation 1542 im siebenbürgischen Kronstadt angeknüpft worden. Über diesen notierte der Organist und Chronist Hieronymus Ostermayer: „Hat man im Monat Octobris angefangen evangelische Mess zu halten in Croner Kirche und die papistische weggeschafft, Gott und seinem heiligen Namen zu Ehren".[53]

Verbunden damit war 1543 als nachträgliche Rechtfertigungsschrift der Druck der Burzenländer Kirchenordnung des Johannes Honterus, des Reformationsbüchleins,[54] die Einführung einer neuen Gottesdienstordnung, außerdem einer Schulordnung[55] sowie die Durchführung von Visitationen im gesamten Burzenland und schließlich zu Jahresbeginn 1544 ein obrigkeitlich gelenkter „Bildersturm". Der seit 1542 verheiratete Stadtpfarrer Jeremias Jekel – ehemaliger Zaungast des Schäßburger Religionsgespräches – resignierte zusammen mit drei Stadtpredigern, und nach übermäßig langer Vakanz wurde der Kronstädter humanistische Universalgelehrte, Drucker, Verleger, Pädagoge, Ratsherr und Theologe Johannes Honterus zum Stadtpfarrer erhoben.[56]

Geistliche und Senatoren Kronstadts nutzten den Rom-konformen Sprachgebrauch des Begriffs „reformatio", um sowohl das eigenmächtige Verfahren zu bemänteln und zugleich die Fiktion christlicher Einheit und kirchlicher Integration aufrechtzuerhalten.[57]

Nach der zutreffenden Beurteilung Erich Roths lässt sich aber gerade im Blick auf die Gottesdienstordnung die Kontinuitätsorientierung des Honterus ablesen. Die vorreformatorisch üblichen zwei Werktagsgottesdienste (Messe und Vesper) auf

---

53 Quellen zur Geschichte der Stadt Brassó. Bd. 4: Chroniken und Tagebücher, Bd. 1 (1143–1867). Brassó [Kronstadt] 1903, S. 504.

54 *Reformatio ecclesiae Coronensis ac totius Barcensis provinciae*, gedruckt in Kronstadt 1543. In: Gedeon Borsa, Ferenc Hervay, Belá Holl, István Käfer, Péter Kulcsár (Hg.): RMNy [Régi magyarországi nyomtatványok (Alte Drucke in Ungarn) 1473–1655]. Bde. 1–3. Budapest 1971–2000, hier Bd. 1, Nr. 52, S. 114f. Das Werk wurde noch 1543 in Wittenberg bei Klug mit Melanchthons Vorrede (MBW Nr. 3310; CR 5, S. 172–174, Nr. 2752) nachgedruckt: VD 16. H 4, S. 776. Edition: Oskar Netoliczka: Johannes Honterus' ausgewählte Schriften. Wien 1896, S. 11–28; Übersetzung bei Ludwig Binder: Johannes Honterus. Schriften, Briefe, Zeugnisse. Bukarest 1996, S. 169–186.

55 Constitutio scholae Coronensis, RMNy 1 (Anm. 54), Anhang Nr. 10, S. 727f.; abgedruckt bei Netoliczka: Schriften (Anm. 54), S. 47–54; übersetzt bei Binder: Schriften (Anm. 54), S. 161–169. Vgl. dazu auch Walter König: Schola seminarium rei publicae. Aufsätze zu Geschichte und Gegenwart des Schulwesens in Siebenbürgen und Rumänien. Köln, Weimar, Wien 2005 (Siebenbürgisches Archiv 38), S. 30–33.

56 Ulrich A. Wien: „Sis bonus atque humilis, sic te virtusque Deusque/ Tollet in excelsum, constituetque locum." Humanistische Reformation in Kronstadt/Siebenbürgen. In: Kühlmann, Schindling (Hg.): Deutschland und Ungarn (Anm. 1), S. 135–150.

57 Vgl. dazu Zoltán Csepregi: Die Auffassung der Reformation bei Honterus und seinen Zeitgenossen. In: Wien, Zach (Hg.): Humanismus (Anm. 1), S. 1–17, hier S. 13.

den Dörfern des Burzenlandes wurden trotz Mangels an gebildeten Hilfsgeistlichen „nach altem Brauch [...] täglich gehalten".[58] Diese Regelung wurde auch 1547 in der „Kirchenordnung" der Deutschen in Siebenbürgen übernommen.

Honterus konnte in der Apologie behaupten, die Änderungen seien so unauffällig, dass niemand die Veränderungen akustisch bemerke, es sei denn, er habe das Reformationsbüchlein gelesen.[59] Außer den Jugendunterweisungen an Sonn- und Werktagen hat Honterus nach Auffassung Roths „kaum Neues" eingeführt und verfuhr „mit den gottesdienstlichen Einrichtungen in überaus konservativer Weise".[60] Erich Roth hat hervorgehoben, dass im Gottesdienst auf den Dörfern – laut Kirchenordnung 1547 – die Predigt nach dem Credo im Hochamt ihre Stellung hat, wohingegen in den Städten feiertags ein zweites Offizium als Predigtgottesdienst noch vor dem dritten Gottesdienst (dem Hochamt) eingeführt wurde.[61]

Die insgesamt konservativer eingestellten Gemeinden in Hermannstadt und Umgebung, die sogenannte Altländer Gruppe, behielten z. B. in der Quadragesima tagesspezifische Perikopenlesungen bei,[62] ebenso die Komplet als Eigentümlichkeit in der Fastenzeit bis ins 18. Jahrhundert,[63] und die Predigt bildete – wie erwähnt – an den kommunionslosen Tagen den Höhepunkt des Hochamtes.[64]

Selbst 1764 – ohne die Sondereinrichtungen – fanden allein in der Hermannstädter Stadtpfarrkirche noch eintausend Gottesdienste statt. Die lateinischen Hymnen sang jetzt die gesamte Gemeinde, wie das Schmeizel bezeugt.[65] Und die Messgewänder sind dort bis zur Mitte des 19. Jahrhunderts in Gebrauch gestanden,[66] während sie in Schäßburg und Kronstadt[67] schon etwas früher eingemottet worden waren.

Getauft wurde im Gemeindegottesdienst, werktags in der Frühkirche, feiertags in der Vesper. Der Exorzismus hat sich sehr lange gehalten, erst nach der Mitte des 19. Jahrhunderts wurde er aus dem Raum vor der Kirchentüre (denn „unter dem Turm" vollzog sich der erste Teil der Taufe) ins Wohnhaus – unter Leitung von kundigen Männern und Frauen – transferiert. In Draas/Drăușeni/Homoróddaróc wurde – als Relikt vorreformatorischer Riten – bei der Taufe noch Salz (exorcisatio salis) und Speichel (Hephata) angewendet. (Als siebenbürgisches Alleinstellungsmerkmal kann wohl die Einführung des 1565 auf der Synode beschlossenen Treuegelöbnisses als regelrechter Schwur im Anschluss an das Jawort in der Trauung gelten.)[68]

58 Nach der Übersetzung von Julius Groß im Beiheft zu Bd. 8 der „Quellen Kronstadts", zitiert nach Roth: Gottesdienst (Anm. 22), S. 81.
59 Vgl. Netoliczka: Schriften (Anm. 54), S. 41.
60 Roth: Gottesdienst (Anm. 22), S. 86.
61 Ebd., S. 97.
62 Ebd., S. 98.
63 Ebd., S. 103.
64 Ebd., S. 99. Vgl. Anm. 52.
65 Ebd., S. 214.
66 Roth: Gottesdienst (Anm. 22), S. 211.
67 Evelin Wetter: Das vorreformatorische Erbe in der Ausstattung siebenbürgisch-sächsischer Pfarrkirchen A. B. Altarbildwerke – Vasa sacra/Abendmahlsgerät – Paramente. In: Wien, Zach (Hg.): Humanismus (Anm. 1), S. 19–57, hier S. 45–53.
68 Roth: Gottesdienst (Anm. 22), S. 225f.

Während die Pfarreien des Mediascher Capitels erst um die Mitte der 1550er Jahre nach und nach zur Reformation geführt werden konnten und eine erste Visitation erst 1557 im Bezirk durchgeführt wurde,[69] waren die Gemeinden und Geistlichen des ganzen Bistritzer Capitels bis 1546 schon zur Reformation übergegangen. Diese rasche Umsetzung reformatorischer Maßnahmen setzte sich auch in den kommenden beiden Jahrzehnten fort. Eventuell haben dazu auch äußere Anstöße aus den zunehmend von Heinrich Bullinger beeinflussten ungarischen Gemeinden beigetragen. Genau dieser „Kryptocalvinismus"-Verdacht führte zu massiver Kritik am Bistritzer Capitel, weshalb die bereits eingeleitete Purifizierung 1563 vom Landesherrn, König Johann Sigismund, streng untersagt wurde. Waren bereits sämtliche Bilder entfernt, bestanden sogar Bestrebungen, sowohl Kerzen und Messgewänder (Caseln und Röcke) abzuschaffen. Die sächsische Synode, die am 25. November 1565 tagte, gestattete denjenigen, die bereits auf die Messgewänder verzichtet hatten, ihr Verhalten, alle übrigen sollten aber weiterhin die Gebräuche bewahren. Der linnene Chorrock, die geschichtlichen Bilder sowie die Orgeln wurden beibehalten.[70] Ganz im Gegensatz dazu hatte Franz Davidis (Hertel) bereits 1564 in Klausenburg Altäre, Taufbecken und Orgeln weggeräumt und die vasa sacra unter kommunale Verwahrung überführt.[71]

Die Amtsführung des lutherischen Superintendenten Matthias Hebler (1556–1571) ist gekennzeichnet vom „Kampf gegen die revolutionären Strömungen in der Kirche, die Säkularisation des Kirchenregiments und die Rationalisierung des Kirchendogmas".[72] Dabei war er ein typischer „Vertreter der sächsischen Geistlichkeit, die ohne revolutionären Bruch mit der Vergangenheit den neuen Glaubensinhalt mit möglichster Bewahrung der überkommenen Formen des Kirchentums zu vereinigen sich für gebunden fühlte".[73]

1557 verfasste er die Glaubensschrift *Consensus doctrinae de sacramentis Christi pastorum et ministrorum ecclesiarum in inferiori Pannonia et nationis utriusque in tota Transsylvania*, in der sich die Generalsynode in Klausenburg auf die Wittenbergische Abendmahlslehre festlegte. Die weitere Zusammenarbeit der organisatorisch in eine ungarische und eine deutsche Superintendenz ausdifferenzierten Kirchen zerbrach aber schon 1559. Franz Davidis orientierte sich zwischenzeitlich mit dem Großteil seiner Gemeinden an der zeitgenössischen schweizerischen Reformationsbewe-

---

69 Karl Fabritius: Zur Reformationsgeschichte des Mediascher Kapitels. In: Archiv, Neue Folge 1 (1874), S. 442–445.

70 Wittstock: Beiträge (Anm. 27), S. 44f. – Matthias Hebler ließ sogar einen fürstlichen Befehl erwirken, um die Einheitlichkeit in der alten priesterlichen Amtstracht wiederherzustellen; vgl. dazu Teutsch (Hg.): Urkundenbuch, Zweiter Theil (Anm. 44), S. 78. Die Restituierung der vereinzelt bei turbulenten Bilderstürmen entfernten Altäre wurde auf derselben Synode behandelt (ebd., S. 105): „Altaria nullo modo diruantur, sed si ubi in nostris ecclesiis per homines turbulentos diruta sunt, dent operam pii pastores, ut sine tumultibus restituantur."

71 Schullerus: Luthers Sprache (Anm. 1), S. 256.

72 Ebd., S. 227f.

73 Ebd., S. 227.

gung.[74] Daraufhin integrierte die sächsische Kirche die ungarische Minderheit der Davidis-Gegner, und Hebler fasste 1561 diese Theologie in einer „Brevis confessio" zusammen, die von den Universitäten Wittenberg, Leipzig, Rostock und Frankfurt/Oder positiv begutachtet wurde.[75] Die theologische Entwicklung führte zur weiteren Diversifizierung der reformatorischen Bewegung; insbesondere das Zentrum Klausenburg[76] sah die Transformation der geistlichen Multiplikatoren über den Antitrinitarismus bis hin zum Sabbatarianismus.

Politisch wurde diese Entwicklung vom Landesherrn, König Johann Sigismund, gestützt, sodass auf dem Landtag 1571 Altgläubige, Lutheraner, Calvinisten und auch Antitrinitarier Religionsfreiheit erhielten.[77]

Diese Koordinaten prägen die Predigtsituation auch der Unterwälder Gemeinde Kleinpold und ihres seit 1568 dort wirkenden Pfarrers Damasus Dürr.

3. Damasus Dürr – Notizen zur Biographie

Der Pfarrer und Dechant von Kleinpold/Apoldu de Jos/Kisapold in Siebenbürgen Damasus Dürr wurde um 1535 wohl in Brenndorf/Bod/Botfalu geboren.[78] Erstmalig nachweisbar ist er durch den Matrikeleintrag 1553 des Kronstädter Gymnasiums (Abbildung).[79]

Nach eigenen Angaben studierte er in Wittenberg, wo er circa 1556 angekommen sein dürfte. Die Hälfte seiner Bibliotheksneuerwerbungen bezeugt Wittenberg als Druckort,[80] was seine Angaben stützt, er habe „selbs aus dem mund des ehrwir-

74 Ulrich A. Wien: Grenzgänger: Die siebenbürgischen Theologen Kaspar Helth und Franz Dávid unterwegs von Luther zu Calvin und Sozzini. In: Harm Klueting, Jan Rohls (Hg.): Reformierte Retrospektiven. Vorträge der zweiten Emder Tagung zur Geschichte des reformierten Protestantismus. Wuppertal 2001 (Emder Beiträge zum reformierten Protestantismus 4), S. 115–127.

75 Fata: Ungarn (Anm. 1), S. 104f.

76 Edit Szegedi: Die Reformation in Klausenburg. In: Leppin, Wien (Hg.): Konfessionsbildung (Anm. 1), S. 77–88.

77 Ulrich A. Wien: „Rex sum populorum, non conscientiarum" – Religionsfreiheit in der Pionierregion Siebenbürgen. Grundlagen und Grenzen religiöser Toleranz im 16. Jahrhundert. In: Elisabeth Reil, Rolf Schieder (Hg.): Wahrheit suchen – Wirklichkeit wahrnehmen. Festschrift für Hans Mercker zum 60. Geburtstag. Landau 2000 (Landauer Universitätsschriften, Theologie, 4), S. 273–280.

78 Vgl. dazu meinen Beitrag: Sozialdisziplinierung in der Predigt. In: Spiegelungen 1 (2006), S. 57–69. Brenndorf im Burzenland liegt in Sichtweite des „zaydesberg[es]", des Zeidener Berges, den Dürr (S. 38) erwähnt. Sein „Exlibris"-Vermerk DDB (Damasus Dürr Brenndorfensis) sowie die Todesnotiz im Capitelsbuch deuten auf diese Gemeinde als Geburtsort. Apoldia inferioris/Niederpold war bereits Anfang des 13. Jahrhunderts sicher sächsisch besiedelt, im 17. Jahrhundert ist der sächsische Bevölkerungsteil durch Kriegseinwirkungen fast völlig untergegangen. Heute ist Apoldu de Jos ein lebendiges, vorwiegend rumänisch bewohntes Dorf mit weit sichtbarer orthodoxer Kirche und einer griechisch-katholischen Kirchenruine.

79 Archiv der Honterusgemeinde/Schwarze Kirche, Kronstadt.

80 Gustav Gündisch: Die Bibliothek des Damasus Dürr. In: Ders.: Aus Geschichte und Kultur der Siebenbürger Sachsen. Ausgewählte Aufsätze und Berichte. Köln, Wien 1987 (Schriften zur Landeskunde Siebenbürgens 14), S. 340–350, hier S. 344.

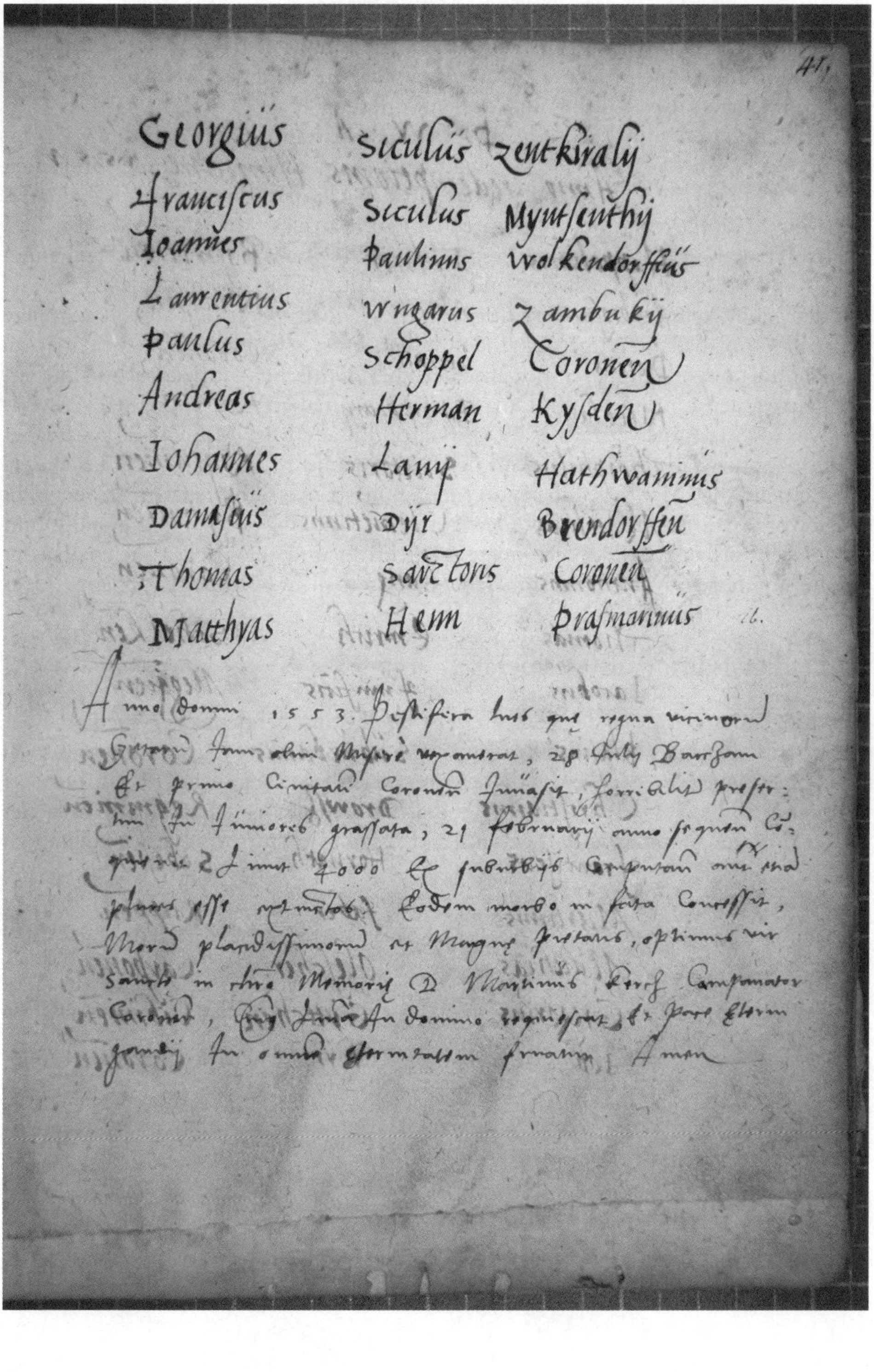
41
Georgiüs Siculüs Zentkiralij
Franciscus Siculus Myntsenthij
Ioannes Paulinus Wolkendorffiüs
Laurentius Wngarus Zambukij
Paulus Schoppel Coronen
Andreas Herman Kysden
Iohannes Lanij Hathwaninus
Damasiüs Dijr Brendorffen
Thomas Sartoris Coronen
Matthyas Henn Prasmanius

digenn hernn Philippi Melanthonis Witebergae gehört"[81] und an der Leucorea seine Bildung geschöpft. Doch über die Theologie hinaus erstreckte sich sein akademisches Studium auch auf die Naturwissenschaften sowie die Medizin. In dieser Disziplin lehrte Vitus Winshemius, dessen Vorlesung 1559 er besucht hat.[82]

Die Ordination zum Dienst „gen Newenstadt in transilvania"[83] wird am 3. September 1559 vollzogen. Doch trat er dort nicht an, sondern begann 1560 seinen geistlichen Beruf als Stadtprediger (Diaconus) in Hermannstadt – an der Seite des dortigen Stadtpfarrers und Superintendenten Matthias Hebler (1556–1571).[84] Schließlich wurde er zum Dorfpfarrer in Kleinpold, einer Gemeinde des Kirchenbezirks/Kapitels Unterwald, gewählt und am 19. Januar 1568 dorthin berufen.[85] Warum den gebildeten und sprachmächtigen Pfarrer keine größere und anspruchsvollere Gemeinde mit bedeutenderen Pfründen berief, muss offenbleiben. Vielleicht hatte er nicht die nötigen familiären Beziehungen zum städtischen Patriziat, das häufig auf die Pfarrwahlen Einfluss nahm. Dürr hat sich, zweimal verwitwet, dreimal verheiratet. Die Tochter Anna verstarb 1569, die Gattin Elisabeth 1570. Auch die zweite Gemahlin Sophia starb früh – während der Pestepidemie 1573. Bereits 1574 heiratete Dürr erneut, die „Margaris, Filia Pauli Klein, honesti civis Cibiniensis".[86] Zweimal in Folge wurde Dürr in das Amt des Dechanten des Unterwälder Kapitels gewählt und erwies sich in den Konfliktregelungen als tüchtiger und energischer Sachwalter der Kapitelsinteressen. Mitten im Amt stehend verstarb er in Kleinpold 1585.[87]

4. Predigt-Edition als Desiderat

Ein dringendes Desiderat der Forschung ist die Edition der deutschen Predigten des Kleinpolder Pfarrers Damasus Dürr (um 1535 bis 1585). Der Pfarrer hinterließ zwei handschriftliche Bände seiner Predigten, von denen einer bereits im 19. Jahrhundert verloren war. Den anderen hat der Mühlbacher Stadtprediger Dr. Albert Amlacher in der dortigen Kapitelsbibliothek entdeckt. Eine erste kursorische Darstellung zu

81 Damasus Dürr: Predigten 1554–1578. Hg. vom Unterwälder Kapitel. Mühlbach 1939 [bis 1941], S. 15.

82 Damasus Dürr: Predigten-Manuskript, S. 311. Gegenwärtig befindet sich der ledergebundene, großformatige Band im Zentralarchiv der Ev. Landeskirche in Rumänien, Hermannstadt/Sibiu, unter der Signatur: ZAEKR 209-DA 175.

83 Johann Duldner: Sächsische Geistliche unter den Wittenberger Ordinierten. In: Korrespondenzblatt des Vereins für siebenbürgische Landeskunde 28 (1905), S. 7–11.

84 Jekeli: Bischöfe (Anm. 1), S. 11–22.

85 Friedrich Teutsch: Zur Lebensgeschichte des Damasus Dürr. In: Korrespondenzblatt des Vereins für siebenbürgische Landeskunde 41 (1918), S. 33–35, hier S. 34.

86 Albert Amlacher: Damasus Dürr. Ein evangelischer Pfarrer und Dechant des Unterwälder Kapitels aus dem Jahrhundert der Reformation. Aus seinen Predigten und handschriftlichen Aufzeichnungen geschildert. Hermannstadt 1883, S. 8–14. Zitat aus dem Manuskript (Anm. 82), S. 647.

87 Amlacher: Dürr (Anm. 86), S. 8. Vgl. auch Dana J. Dogaru: Rezipientenbezug und -wirksamkeit in der Syntax der Predigten des siebenbürgisch-sächsischen Pfarrers Damasus Dürr (um 1535–1585). Hildesheim u.a. 2006 (Documenta Linguistica 7), S. 24–26.

dieser herausragenden Quelle stammt aus seiner Feder (1883); kurz vor dem Zweiten Weltkrieg begann ein erster, durch die Zeitverhältnisse rasch steckengebliebener Editionsversuch um den Urwegener Pfarrer und Unterwälder Dechanten Ludwig Klaster (1897–1973). Gegenwärtig befindet sich der ledergebundene, großformatige Band im Zentralarchiv der Evangelischen Landeskirche in Rumänien unter der Signatur ZAEKR 209-DA 175. Die Predigten sind sowohl unter germanistischer (literatur- und sprachwissenschaftlicher) als auch unter ethnologischer, mentalitäts-, sozial- und theologiegeschichtlicher Perspektive ein lohnendes Forschungsobjekt. Die Predigtsammlung Dürrs hätte es längst verdient gehabt, komplett ediert und wissenschaftlicher Rezeption zugeführt zu werden. Einige Aspekte, so z. B. zur Sozialdisziplinierung und zu raumsoziologischen Bezügen, konnten bisher bereits vorgestellt werden,[88] an dieser Stelle sollen weitere Erkenntnisse folgen.

5. Ausgewählte Predigtinhalte

5.1. Reformatorisches Beichtverständnis

Nachbarschaften bildeten in den siebenbürgisch-sächsischen Gemeinden der Neuzeit die Grundstruktur für das ländliche gesellschaftliche Leben im Ort. Zur „Nachbarschaft" gehörten gleichberechtigt alle Hausstände. Ökonomische und soziokulturelle Normierung, Erwartbarkeit sozialen Verhaltens und dessen Kontrolle prägten das Zusammenleben in den siebenbürgisch-sächsischen Gemeinden. Die Nachbarschaften bildeten die unterste Rechts- und Schlichtungsinstanz: Zur Beichte und zum Abendmahl wurden nur untereinander versöhnte Nachbarn zugelassen.[89]

Ein wichtiges, geradezu unentbehrliches Element gemeinschaftlichen Verhaltens und Redens in der nachbarschaftlich geordneten Gemeinschaft bis ins 20. Jahrhundert waren die Paraliturgien. Sie setzten die Einzelnen wie die Gemeinschaft durch traditionelles, kirchlich geprägtes Formelgut in den Stand, in sozialen und biographischen Grenzsituationen sprachfähig – und damit auch mündig – zu sein.

Anhand der Gründonnerstagspredigt von Damasus Dürr aus dem Jahre 1578 kann der Ursprung dieser Formeln aufgrund des Einflusses der Pfarrer aufgezeigt werden. Die ursprünglich geistliche Ebene der Beicht- und Abendmahlsvorbereitung wird verwoben mit der gemeinschaftlichen Konfliktlösungspraxis. Dürr geht nicht mehr vom katholischen Beichtverständnis aus, dass Sünde dem Pfarrer gebeichtet werden müsse, dieser die Schuldvergebung zuspreche und zugleich Bußleistungen auferlege, um das kirchliche Strafregister zu mindern. Nunmehr in reformatorischem Sinne legt der Pfarrer den Gemeindegliedern jetzt nahe, – als mutua

---

88 Ulrich A. Wien: Sozialdisziplinierung (Anm. 78); Ders.: Formierung des konfessionellen Raums in Siebenbürgen. Zur Wahrnehmung der Reformierten durch die siebenbürgisch-sächsischen Evangelischen im 16. und 17. Jahrhundert. In: Fata, Schindling (Hg.): Calvin und Reformiertentum (Anm. 1), S. 441–452.

89 Vgl. dazu auch Annemie Schenk: Deutsche in Siebenbürgen. Ihre Geschichte und Kultur. München 1992, S. 155–157.

consolatio fratrum – sich persönlich um die Klärung des Verhältnisses zu bemühen und sich zu versöhnen. Dürr fordert die Verursacher von Unfrieden, Streit oder Niedertracht auf, bei ihrem Gegenüber christlich bußfertig um Entschuldigung zu bitten, und spricht ihnen gewissermaßen vor, was sie in diesem Fall sagen sollen. Doch zugleich macht er die Empfänger des Schuldeingeständnisses aufmerksam, wie sie sich als generell ebenfalls sündige Menschen und zugleich als christliche Geschwister und Seelsorger an anderen Mitchristen bewähren sollen. Auch ihnen hilft er bei der Wortwahl, indem er ihnen gewissermaßen vorsagt, wie sie auf das Schuldbekenntnis demütig reagieren sollen, um das ihnen angetane Fehlverhalten zu verzeihen:

> Da iſts denn zeit, das du dein lebenn beſserſt, das du deine Sünd erkenneſt, klageſt ſie dem allmechtigenn gott, vnd biteſt ynn vmb gnad vnd vmb vergebung der ſundenn.
>
> Wenn du alſo dem himliſchenn vater gebeichtet haſt, ſoltu dich darnach auch mit dem beleidigtenn neheſtenn verſtehenn : Du ſolt ym zuhauſe gehenn, du ſollt dich fur ym demütigenn, denn zornn abbiten vnd ſprechenn : Lieber bruder, aber liebe ſchweſter, Mir ſind ein zeit vber zu zornn gegeneinander geweſenn, da vnd da hab ich dich beſchwert, ich hab dir ſchadenn thann, geſchmeht vnd etwas zugeredt : Jch erkennen mein ſchwacheit, vnd dieweil ich des ſinnes binn, das ich des hernn Abendmal empfahenn wollt : So bit ich dich vmb gottes willenn, du wolleſt mir meine ſünd verzeyhenn, was ich wider dich gehandelt hab, es iſt mir alls leid, vnd ich will durch beyſtand gottes deiner hinnfurt ymmerdar zu ehren gedenkenn.
>
> Wenn ſich aber nu der arm neheſt alſo erkennet, kompt ym vertrawenn zu dir vnd bitet vmb vergebung : So ſoltu nicht ſtoppelgrädicht ſeynn, wie mancher hornochs, der auß anderleut demut, ſtoltzer, mütiger vnd truziger wirdt, ſpricht bald : Noch hat er mirs muſſenn abbitenn, noch iſt er mir muſsenn zu hauſe gehenn, ich mein, ich habs ym ſaur gemacht, er wird einandermal drann gedenckenn. Nein, lieber freund, nicht alſo, Sondernn, du ſolt dich auch demütigenn, du ſollt ein gutes wort ein gutt ſtat laſsenn findenn, vnd ym auff ſeine bitt alſo antwortenn :
>
> Lieber bruder, aber liebe ſchweſter : Es iſt war, mir ſein zuſamen gewachſenn vnd miteynander gezürnet, du haſt mich geſchmeht, eins vnd dieſes zugeredet : Aber weil mir allzumal ſünder ſein, ich, gleich ſo woll, wie du, vnd niemand volkommenn iſt, ſo mög ich villeucht auch gevbriget habenn. Drumb bitt ich, du wolleſt mir desgleichenn auch meine miſsethat vergebenn, meinethalbenn ſoll alles vergeſsenn vnd vergebenn ſein.
>
> Sehet, ſolchs heiſt ein recht ynnwendige pruffung des menſchens, wie mann ſich geiſtlicher weyſe nach, wirdig ſchickt zur genieſſung des Abendmals : Mit rechter warhaftiger buß, das eyner ſeine ſünd erkenne, laſse ſie ym leid ſeynn, beichte ſie dem allmechtigenn got, vnd hab <617> das vertrawenn, das ſie ym vergebenn ſein vmb des mitlers Jhesu Chriſti wegenn. Darumb, damit der Bawm ann denn früchtenn erkennet werde, ſo muß der menſch denn glaubenn beweyſenn mit eüſserlichenn guten werckenn gegen got vnd gegen denn neheſtenn. Denn, wo die geiſtlich bereytung nicht verhandenn iſt, beſser wers, nymmermehr zum Abendmal gangenn, als das eyner dargeht, holet ym das gericht vnd ſchadenn vber die Seel.[90]

---

90 Dürr: Predigten-Manuskript (Anm. 82), S. 616f.

Damit wurden den Menschen klare Ratschläge gegeben, um in bewusst evangelischer Weise Unstimmigkeiten oder „Verdruss" in offenem Austrag zu regeln und Konflikte beizulegen. Nicht nur der kirchliche, religiöse Friede, sondern auch der – für eine Minderheit immer gefährdete – Zusammenhalt als Gemeinschaft konnte so gewahrt und gesichert werden. So haben die Pfarrer im Reformationsjahrhundert dafür gesorgt, die Menschen in unverkennbar evangelischem Sinn mündig, versöhnungsbereit und trostfähig zu machen. Aber sie haben dadurch die Gemeindeglieder auch zu vereinheitlichten gemeinschaftlichen Maßstäben und Lebensformen erzogen und diese Disziplin auch von ihnen hinterher eingefordert.

Denjenigen, die sich öffentlich als unwürdig zum Empfang des „heilthumb[s]" im Abendmahl erweisen sollten, drohte Dürr – wie in dieser Zeit üblich – mit der „Kirchenzucht", um die Kirchengemeinschaft zu schützen.

5.2 Soziale Not und ethisches Verhalten

Aus Dürrs Predigten können unter anderem konkrete sozialgeschichtliche Beobachtungen abgeleitet und spezifische Informationen erhoben werden. Dürr illustrierte den Gegensatz von bürgerlichem Wohlstand, ja sogar adligem Reichtum und Verschwendung, zu niederdrückender Armut. Er nannte Hausarme und ihre Lebensverhältnisse,[91] aber auch anderweitige prekäre familiäre Zustände, die im Suizid endeten.[92] Verhaltenskritik wurde mit Lösungsmodellen oder mit dem Appell an die

91 Ebd., S. 444, 452; 521f.

92 Ebd., S. 521f.: „Der gebewriſch Mann rechnet desgleychenn ſeyne rümp kornn die er auſseet, er weyſs auch entbeyenn zu entraten, wie vil kuffenn wein die weingartenn tragenn werdenn. Da denkenn ſie all: Was bedeütet das vnter ſo vill? Des geſindts iſt zimlich, du haſt weyb vnd kindt, vonn dem wenigenn vorrhad der diR einkompt, ſolltu das iar vber zins gebenn, ſchugenn, Röck, hemder kauffenn, dem geſindt lohnenn. 365 tag ſind ym iar, aber der maler ſind vill mehr. Die zeytt vber geht vil auff ann deR Zeerung, du muſt bisweylenn drey, bisweylenn vier maler ann eynem tag laſsenn auffſchlagenn. Woher wiltu es nemenn? Wie willtu auskommenn? Du muſt zum betler werdenn.
Diſs vmbſtend machenn manch leüt kleinmütig, vnd vervrſachenn etliche, das ſie ann got verzweyfflenn, verſellenn ſich zum meyſter <522> Hemmerleynn : Der furt ſie einsweder zum ſtrang, aber lernet ſie ſelzam handwerker, wie ſie ſich behelfenn ſollenn, mit ſtelenn, Raubenn, mit wuchernn, mit zaubernn vnd dergleychenn, das mancher gdenkt : Wo ſoll ich auſs? die noth iſt zu groſs, der kinder ym hauſs ſind zu vil, das handwerck gilt nicht mehr. Die ſaat auff dem feld ſteht gering, die weingartenn ſind erfrorenn, die ſchatzung der oberkeyt, vntreglich gifftenn nemenn vberhandt. Jch will mir ſelbſt helffenn wie ich kann, es gehe mit got aber mit dem teüffell tzu, helff recht abeR vnrecht.
Seht ſolcher ſchadenn volgt gewiſslich drauſs, wenn die leütt nuR Rechnenn was ierlich einkompt, was ſie bedürffenn fur yre noth, vnd vergeſsenn darnebenn des ſegens gottes, aber betenn nymmermehr zum himliſchenn vateR, das er denn wenigenn vorrhadt wollt ermehrenn vnd benedeyenn, Dawider aber iſt nu kein ſeliger noch beſserer Radt : Wenn ein hausvater ein klein generung fur ym hat, iſt dazu arm, notdurfftig, weyſs nicht, wie er ſich, ſein weib vnd kindt ſoll erhaltenn : Derſelbig ſoll nymmermehr verzagenn ann gotts barmherzikeyt, ſondernn ſoll auff die knie fallenn, die hend kenn himmell erhebenn zu dem hernn Chriſto, demſelbigenn die noth klagenn vnd ym die haushaltung bevelenn."

eschatologische Verantwortung kombiniert. Dürrs Kritik gipfelte in dem Vorwurf an die Männer der Gemeinde, aus Feigheit sich nicht um die Pesttoten gekümmert zu haben, sondern diese lebensgefährliche Aufgabe den Frauen überlassen zu haben:

> Aber, du lieber got, wie hat ir ewr herzenn vonn denn elendenn abgewendet, wie hat ir verlaſsenn, ir eygen blut, freund, nachbar vnd verwandtenn. Jnn der krankheit hat ir ſie nicht beſucht, ir ſeid nicht zu ynenn gangenn, niemand hat ſie getröſtet, niemand weder biſsenn noch zaar gereicht, ein ſchwager, ein bruder, ein freund, iſt fur dem andern gewichenn. Jr hat mund vnd naſenn zugeſtopft, ir hat die arm todtenn laſsenn zum begräbnis ſchlepenn, wenig ehrlicher, wie mann eynen todten hund ausſchlept. Mansperſonenn, durftenn nicht erfurtretenn, die warnn zu feig, ein ieder beſorgt ſich ſeyner haut, ſondernn etliche weyber wagtens, welche die armen todtenn trugenn, vnd denn verſtorbenenn die letzte trew beweyſetenn.
>
> Were nu irgent ein fünklein der rechtenn warhaftigenn liebdenn ynn ewrenn herzenn geweſenn, warlich, ewr gewiſsenn hett euch von ſolchem vnchriſtlichenn weſenn, heidniſchenn, vnfreundlichenn weſen abgezogenn. Nach dem aber ſolchs bey euch nicht geſchehen, ſo mögt es nicht fehlenn, got möchte euch am Jüngſten tag ewrer vnfreundlichkeyt wegenn ſeine gnad verſagenn, denn ſchlüſsel zum thor gebenn vnd vonn ſeynem himmel verweyſenn, Nach dem wort <635> des Apoſtels, der da ſagt : Veh denn vnbarmherzigenn, denn ſie werdenn ein vnbarmherziges vrteil hörenn.[93]

Schließlich unternahm er es, den jeweiligen Sozialgruppen eine biblisch fundierte ethische Grundhaltung zu empfehlen, die allerdings an den gesellschaftlichen Strukturen nicht rüttelte: Den Wohlhabenden stellte er die Sozialpflichtigkeit des Eigentums vor Augen,[94] den Armen die vertrauensvolle Hinwendung zu Gott im Gebet, denn allen Menschen sei ihre Position („ihr Amt") in der Gesellschaftsordnung zugewiesen.[95]

---

93 Ebd., S. 634f.

94 Ebd., S. 636: „Ann dieſes vrteil ſoltenn mir gedenkenn, vnd ſolt niemand ſo grob ſein, das er wolt wehnenn : Sihe, du biſt allein der beſte, der heyligeſt ynn der welt, nur fur dich, was geht dich dein neheſter ann, will ieyner vnd dieſer etwas habenn, ſo ſchaff er, das ym etwas werde. Nein, liebenn Chriſtenn, nicht alſo : Der himliſch vater gibt gold vnd gutt, hauſs, hoff, vnd allerley vorrhad, ſolchs gibt er fürnemlich, nicht vnſerer perſon halbenn, ſondernn deR armen wegenn, die vmb dich gehenn vnd ſtehenn, damit du ſeyeſt das mittl, dadurch andernn deſtbaſs durch deine milten hand mögenn erhaltenn werdenn, das du ynenn auch dermaſsenn mittfarenn ſollt."

95 Ebd., S. 681: „Sintemal die erfarung auſweyſet, das durch eynigkeitt, kirchenn, Schulenn vnd die weltlichenn Regiment erhaltenn, durch vneynikeit aber verſtöret werdenn.
Alſo ſein die Chriſtenenn alle glider eynes leibs Chriſti. Einer iſt ein eyner ymer hocher aber nidriger denn der ander. Einer iſt ein pharherr, der ander ein kirchenndiener, der dritt, ein Schulmeyſter, kleckner, der viert ein Burgermeyſter, ein Richter, ein Honn, ein amptman. Etliche ſein gemeine leüte, handwercker, Bawrenn, Mir alle gehörenn ynn die gemeinſchaft Jhesu Chriſti, vnd ſind auff ſeynenn namen getauft, Jung vnd alt, mann vnd fraw. Da ſollenn mir vns aneynander freündlich ſein, ynn eynikeit, brüderlichenn trewenn lebenn, eyner dem andern dienenn, ynn dem ampt, darinnen got eynenn iedenn geſetzt hat."

5.3 Ordnungs- und Standesdenken

Die Vorstellung des Verhältnisses der Stände zueinander, des Gegenübers von „Oberkeit" und Untertanen, aber auch die voneinander geschiedenen Zuständigkeiten von Politik und Geistlichkeit weichen bei Dürr nicht von den allgemein in Wittenberg vertretenen Positionen ab.

Für ein Amt und dessen Dauer wird man von Gott bestimmt;[96] analog zu Jesu Kenosis, die sein Amt als Knecht und Sklaven erwies, haben auch die Menschen in seinen Fußstapfen zu wandeln und sich in ihrem Stand zu bewähren.[97] Amt und Beruf sind von Gott auferlegt, weshalb niemand davor flüchten soll.[98] Jeder Stand

---

96 Ebd., S. 430: „Alle menſchenn, fürnemlich die frommenn, habenn ir ampt von dem himliſchenn vater auffgelegt. Ein itzlicher hat ſeynes tages werck, das er verbringenn vnd aufrichtenn ſoll, eyner dieſes, der ander ieyns. Jnn dem weſenn weyſs niemand, wie lang er ſeynes ampts wird auswartenn, es iſt eynem iedenn ein tag, ein ſtund vorgeſchribenn, wenn er ſterben muſs, doch niemand weyſs es, wens geſchehenn ſoll. Denn alſo ſingt der liebe Dauid : Herr deine augenn ſahenn mich, da ich noch vnbereytet waR, vnd alle meyne tage warnn auff dein buch geſchribenn, die da werdenn ſolltenn, da ich noch keyner waR. Jtem bey dem Job, Warlich, der menſch hat ſein beſtimte zeytt, die zaal ſeyner Monat ſtehenn bey got, der hat eynenn zill geſetzt, welchenn niemand wird können vbergehenn.
Diſs ſpruch zeügenn darvonn, das eynem iedenn menſchenn ein gewiſs zeyt des lebens ynn ſeynem ampt iſt furgeſehenn worden vonn dem ewigenn ſchöpfer, welch ordnung gottes, nirchenn Creatur, auch nicht der teuffell ſelbſt kann endernn noch verkürtzenn."

97 Ebd., S. 431: „Summa, Chriſtus hat hiemit wollenn zuverſtehenn gebenn, das er der erſt wollt ſeynn, der denn glaubigenn das Creütz wollt furtragenn, auff das ſie deſt beherzter ſeynenn fuſsſtapfenn mögtenn nachvolgenn."

98 Ebd., S. 464f.: „Wenn ein trewer leerer auff denn Cantzell ſteygt, Wenn der Burgermeyſter yns Radhaus gehet, der Richter tedigenn verhört, ſo gehenn die heylige Engel mit ynenn, die behütenn vnd beſchirmenn ſie. Alſo auch ynn andernn ſachenn, Wenn ein gebawr auff dem feld mit frommenn hertzenn hinter dem phlug geht ackernn. Wenn ein vleyſsiger ſchneyder, ein ſchuſter, aber ſonſt ein handwercker auff der werckſtadt ſitzt erbeytenn, Der knecht dem hernn gehorſam iſt, die magd irer frawenn, vnd mit trewem herzenn die ſtubenn keret: So ſeynn ymerdar die lieb heylige Engell verhandenn, die beſchirmenn ſie, ſie tragenn ſie, vnd freyenn ſich, wenn menſchenn yres berufs vleyſsig aufswartenn. Wie ſie ſich denn gewiſslich herzlich betrübenn vber die ieynigenn, die ir ampt laſsenn ſinckenn, vnd nehmen etwas anders fur, was ynn nicht bevolenn iſt.
Als wenn ſich die geiſtlich perſonenn ynn welltlich empter mengenn, habenn eynenn fuſs ynn der kirchenn, denn andernn ym Radhauſs. Jtem : Wenn der Burgermeyſter, die Richter, des Radhaus vergeſsenn, wollenn die pharhernn lernenn, was ſie predigenn vnd wie ſie predigenn ſollenn. Desgleychenn, wenn auch ander gemeyne leüt nicht bey yrem beruff bleybenn, geratenn zu faulenn ſchlingeln, flihenn fur der erbeyt, wie der Lucifern fur der hellenn. Das ſich ein kirſzner nicht bey der ſtadt will geneerenn, laufft auff ein dorff, vnd wirdt ein verdorbenn burghüter. Das ein müſsiger ſchneyder nicht will zum wochennlohn 10 f nemenn, ſchlecht ſich irgenſts ann eynenn hernn vnd wird ein ſcheybennlecker. Jtem, das eynn ſchuſter am handwerck verzagt, wird ein krämer, ein kauffman.
Solcheynenn tragenn freylicher die lieb Engell nicht auff denn hendenn, ſondernn der teuffell, der ſie vom beruff abwendet, derſelbig iſt ir Radgeber. Drumb befindenn ſie auch ein ſelzam glück darnebenn, das die fürwitzigenn ynn yrenn ſorgenn bleybenn klebenn, wie die <465> mauſe ynn der bech, könnenn ſich nicht erauswickelln, ſondern muſsenn drinnen ſterbenn. Die müſsiggenger aber, habenn denn ſchadenn ynn der hand, das ſie keyner eynenn phennings hernn könnenn werdenn, muſsenn ir lebenlang geflickt hoſenn tragenn, arm irtenntreger vnd hundtſteübrer bleybenn. Die drittenn darnach, die auſs handwerkernn krämer werdenn : Ob ſie gleich etwas groſses

und Beruf fordert Beständigkeit.[99] Vor Herrschaftskritik in Form einer Art Fürstenspiegels, verbunden mit Missbilligung von Verschwendungssucht, Protzerei oder auch Machtmissbrauch,[100] ist Dürr allerdings keineswegs zurückgeschreckt. Auch mangelnde erzieherische Konsequenz schon bei einfachen Leuten und Nötigung der

---

fürnemen, ob ſie gleich auff eynenn tag eynenn guldenn, zween, gewinnenn, ſo iſt kein gedeyen dabey, morgenn, vbermorgenn fallenn ſie ynn eynenn ſchadenn, das ſie zweymal, dreymall ſo vil dargegenn verlirenn, haben newnzehn vnglück bey achtzehn handwerkernn. Solchs alles darumb : Sie wandelnn nicht auff irenn wegenn, drumb ſind die lieb Engell nicht dabey, ſondernn der teuffell der alles verderbt, der iſt der recht ſchadenfro, vnd gibt denn menſchenn eytell vnglückſelikeyt zu lohnn."

99 Ebd., S. 645f.: „Nach denn geiſtlichenn vnd weltlichenn hernn, volgenn gemeyn leütt, denſelbigenn prediget Chriſtus auch ym heütigenn Euangelio. Biſtu ein herr aber fraw, haſtu kinder, geſind, ſo ſoltu ynenn die füſs waſchenn, das du ſie aufferziheſt ynn der furcht des hernn, züchtig, ehrlich, tugenthaftig. Merck, das deine kinder nicht zu landleüffernn, zu hurenn vnd bukenn werdenn, aber ſonſt zu ſchandenn komen durch dein vnachtſamkeyt, denn die rechnung wird got vonn dir fodernn, Dein geſind gewehne zu gotts wort, halt dich nicht tyranniſch kegenn ſie, gib nicht ergernüs mit böſenn wortenn, geberden vnd werkenn.
Dermaſsenn ſollenn ynen aneynander fromme eheleüt auch die füſs waſchenn, das eins dem andernn ſein gebrechenn zu gutt halte. Jſt der mann wünderlich vnd ſelzam, ſo ſoll die fraw vberhörn vnd bisweilenn ſtumm ſein, nicht zehen mal mit dem ſchwert vmb ſich hawenn, biſs der man ein wort geredt. Denn es kann bald geſchehenn, das ſich eyner vergiſset vnd nach der ſcheiden ſchlecht.
Der Mann ſol desgleichenn ſeines ehegemahls bürdenn tragenn, nicht ſtets kiffelnn, zunchelnn, greynenn vnd mordenn. Jſt dein fraw alte, nimm mit ir fur gutt, hat ſie dir ein mal gefallenn, ſie gefalle dir auch yzunder. Jſt ſie dir ein heſslich ſtaubicht kacheloffenn, denke, das du auch nicht der ſchönſt vogel, vnd villeücht ein heſslicher Marcolphus biſt, wenn du dich gleich ym ſpigel beſiheſt. Jſt ſie aber arm, du darffſt ir deswegenn nicht wundenn ſchlagenn, du darffſt ſie nicht vonn hauſe vnd hoff veriagenn vnd hinter denn zeünenn laſsenn ligenn, ſondernn gedenck, das ſie dein bein, dein fleiſch vnd blut iſt, der du ehr erzeygenn ſolt vnd ſchuldig biſt.
Darnach weyter. Biſtu ein Sonn aber tochter, haſtu deine elter, wiſse, das dir ſolchs vonn got iſt aufgelegt wordenn, das du deynem vater, deiner mutter, ſolt die füſse waſchenn mit gehorſam vnd vnterthenikeit. Nicht beſchwere ſie, nicht betrübe noch bekummer ſie, ſondern beweyſe ynenn kindliche trew, denck ann die mühe, was vater vnd mutter mit dir than habenn, biſs ſie dich auſs denn windeln aufferzogen haben. <646> Alſo : Biſtu ein knecht, eine magd, haſtu hernn vnd frawen denen du dieneſt, ſey getrew ynn der erbeit, Du ſolt ynen nicht dieben, du ſolt ſie nicht erzürnenn, nicht trutzenn noch davonn lauffen, wenn ſie dich ſtraffenn vnd gütiglich vermanen. Wie du ſolchs thuſt, ſo wirſtu ynen warhaftiglich nach dem bevehl Chriſti die füſs waſchenn."

100 Ebd., S. 644: „Denn der allemechtige got hat ſie nicht darumb ynn denn ſtandenn geſetzet, das ſie ſollen tyrannenn ſeynn vnd vbers volck tyranniſch herſchen, das ſie nur ſollenn zins nemenn, groſse ſchatzungenn anſchlagenn, Auch nicht, das ſie die arme vnterthanenn mit ſchweerenn bürdenn ſollenn ſchlagenn vnd iren ſchweis verſchlicknn, zur hochfart, zum mutwillenn, zun pracht vnd woluſt dieſes lebens, das ſie nur ſollen ftte belche ausmeſtenn. Nein, ſondernn ſollenn land vnd leüt verwachenn, widwenn vnd weyſenn recht haltenn, dieſelbigenn beſchirmenn, nicht bekümmernn, nichtbetrübenn,Vnd fur alle ding denn warhaftigenn gottsdienſt erhaltenn, damit das arm volck verſorgt werde, mit trewenn lehrernn, die gotts wort, rein lauter, vnverfelſcht verkundigenn. Solchs ſein Regentenn vnd Oberkeit ſchuldig zu thunn, got gebeüts ynenn, illorum eſt officium, es wird ynenn ernſtlich bevholenn." Vgl. dazu auch ebd., S. 576f.: „Denn dieſelbenn, wenn ſie es ym hurtigſten machenn <577> vnd groſsenn pracht treybenn, ſo laſsenn ſie geld vmb ſich ſtrewenn, ſie werffenn gantz gebratene Ochſenn auſs, mit rephünern, mit taubenn, mit haaſenn, mit mancherley fiſchenn, wiltpret vnd Specereyenn gefüllet. Sie richtenn öfne weinrohrenn ann, ſie helfenn dem verwiſenenn wider ynn die Stad, wenn ſie ſich ann yren ſtegreiff haltenn."

Amtspersonen kritisiert Dürr sehr deutlich;[101] sehr zum Unmut mancher seiner Zuhörer, wie Dürr zugleich festhielt.[102] Darüber hinaus hält Dürr den Wohlhabenden den Spiegel vor, indem er ihre Prasserei scharf geißelt.[103] Schließlich fügt sich in die-

---

101 Ebd., S. 471f.: „Vorzeyttenn ym Bapſtumb habenm die altenn groſsenn ernſt braucht, damit die iugendt gehorſam, ynn der zucht iſt erhaltenn wordenn, das ſie bey eyner iedenn gemeynn ein ſtock, ein fiddl (mans nent) auffgerichtet habenn, damit hat mann dem ieynigenn öffentlich ſchand <472> angelegt, welch ir elter ſchmehetenn vnd vnehretenn. Jzunder aber, wenn ein frommer Seelenſorger ſolcher böſer verfluchter kinder gewar wirdt, die ſo vnchriſtlich handelnn, vnd wollt gernn durch denn Richter mit ſtrafung des leibs ein Exempell laſsenn andernn zur beſserung : So kompt der vater, die mutter gelauffenn mit weynendenn augenn, es kommen die geſchworne Burger, es kompt die freundtſchafft vnd bittenn fur die heilloſe verflucht kinder, dass mann ſoll verſchönenn, es werd dem gantzenn gſchlecht ein nachteil gebenn.
Solch furbitt, ſolch vmbſtendt, ſihet eynn ſeelenſorger ann, vnd muß etwas vberſehenn ynn vnbillichenn ſachenn, will er anders nicht geneydet vnd gehaſset werdenn, ſonſt muſs eyner denn namenn tragenn, das er ſucht ſeyner zuhörer ſchmach vnd ſchandt. Wolt irs nu nicht beſseR habenn mit ewrenn kindernn, wolann, tantzt freylicher wie ſie euch pheifenn, das iſt, laſt euch ſchlagenn, ſchmehenn, vnehrenn, die ſchand wirdt ym allermeyſtenn ir eygenn ſeynn bey denn menſchenn auf erdenn, vnd fur dem allmechtigenn got auff denn Jüngſtenn tag, wenn ein ieder wird Rechnung gebenn, wie die elter mit yrenn kindernn hausgehaltenn habenn."

102 Ebd., S. 526f.: „Denn was fur andacht bey dem volck verhandenn iſt, ſtehet klärlich am tag. Der ewige got hat euch gebawrenn fur andernn menſchenn ein hartes iog auffgelegt, das ir ſeldenn ruhet vnd <527> ſeydt die gantz wochenn mit erbeit geplagt. Wen die zeytt komptt, ir merckt drauff, vnd muſt derſeltiger brauchenn, eyn mall akern, zum andern mall die weingartenn grabenn, zum drittenn, proffenn, druſsenn, erndtenn, dreſchenn etc. Solchs wird der allmechtig got vberſehenn, er kündts duldenn, denn es iſt ewr bruff. Vnd kund fur nötiger erbeit ann wercktegenn der kirchenn nicht auswartenn.
Nu verachtetenn mancheynenn denn gottesdienſt auch am Sontag mutwilliglich, das iſt zu grob. Bisweylenn iſt kaum die halb gmein ynn der kirchenn. Vil gehenn zum marck manſperſonenn vnd frausleütt. Mancher hausvater fürt eynenn rump korn dahinn, der kaufft ein paar ſolenn. Manch hausmutter tregt ein virtl hanfſſaam dar, die kauffenn topf. Die dienſtbotenn lauffenn dahinn mit eynem paar eyer vnd kauffenn meſser. Dort ſpacirn etliche mit denn iaghundenn auff dem feld, denenn ein wildpret braten beſser ſchmeckt, denn ir ſeelenſelikeyt.
Solch lauſigt ſachenn laſt ir euch ann dem ſeligenn wort gottes hindernn, das offtchein verechter ynn eynem Monat, zween, nicht ein predig hört. Die vbrigenn die erein kommenn, ſind desgleychenn gemengt, das der meyſt hauffenn gottes wort verdreſslich, mit groſsem vnwillenn hört, wenn das ampt nur etwas verzogenn wirdt. Etliche milchChriſtenenn ſitzenn darzwiſchenn, die ſolch zart ſchwach magenn habenn, das ſie die geſetz predig kurzumb nicht können verdeyenn. Strafft mann die vntugendenn, die laſter des volcks, ſo ſitzt eyner da, ſihet ſcheel, als wenn er wermutt ſafft getrunkenn hett. Dem andern gefelts vil weniger, der legts wunderlich auſs, es geſchehe auſs neid, auſs haſs vnd zornn. Dem drittenn ſchmekts auch nicht, der ſpricht : Jch hab nu etlich pharhernn vnd kirchendiener hie erlebt, noch weyſs ich nye, das mann vns die ohrenn ſo gefeilt hat, ich weyſs nicht, woher es kompt, aber was es bedeütenn ſoll. Seer trefflich wenig ſein der frommenn, die mit gedultigem geiſt die vnterweyſungenn des heyligenn geiſtes annemenn vnd eingezogener, ſidſamer lebenn."

103 Ebd., S. 534: „Derſelbig vnradt ſamlet nicht die vbrige brockenn, wie Chriſtus bevillt, ſondernn die leüt legenn ſich zu wolfeyler zeyt gar ynn denn luder. Wie es zuſehenn iſt, das vil der mutwilliger ſchlingell ſindt, wenn der barmherzig got ſenenn ſegenn reichlich mitgeteylet hat, die nacht vnd tag ſchlemmenn, ſchwelgenn vnd verpraſsenn ynn eyner wochenn Meer, als manch armen ynn eynem virtl iar fur ire nothdurft könnenn verzeerenn. Dieſelbenn bedenckenn nicht das zukunftige, vnd tretenn das liebe brodt, die brockenn mit füſsenn, dadurch ſie offt mildiglich geſpeyſet werdenn.

ses Bild – so die Geschichtsdeutung bei Dürr – Ungarns Niedergang: Er sei der internen politischen Zwietracht geschuldet gewesen.[104]

6. Edition der Synodalverhandlungen als Desiderat

Seit mehr als hundert Jahren ist es deutlich, dass im Corpus der Synodalakten der Superintendentur Birthälm für die Kirchen- und Gesellschaftsgeschichte Siebenbürgens wichtige Quellen vorhanden sind, die bislang nicht für die Forschung in einer Quellenedition zugänglich gemacht worden sind. Ein vom BKM gefördertes Projekt[105] hat diesem Mangel zwar durch die Digitalisierung und Transkription der wichtigsten Texte – mit Teilübersetzungen ins Deutsche – abgeholfen, dennoch ist die Edition selbst wegen bislang ausstehender Förderung noch nicht weitergekommen: Einige Aspekte der möglichen Untersuchungsgegenstände seien hier nur kursorisch genannt.

6.1 Verhältnis von weltlicher und geistlicher Universität

Das Verhältnis von Politik und Konfession in Siebenbürgen in der Frühen Neuzeit ist komplex, sicherlich noch komplexer als sich dies in Zentraleuropa zur selben Zeit darstellt. Hatte Siebenbürgen im ungarischen Königreich bereits im 15. Jahrhundert eine Sonderentwicklung erlebt, waren die Rahmenbedingungen nach der Schlacht bei Mohács (1526) unter der osmanischen Oberherrschaft mehr oder weniger rasch von dem Habsburg-dominierten Mittel- und Westeuropa abgekoppelt worden.[106] Dabei ist zu berücksichtigen, dass in der „Ständemonarchie" Siebenbürgen drei wichtige Rechtsräume unterhalb der Ebene des Fürstentums bestanden.

In Siebenbürgen bestimmten die drei Regionalmächte, die „nationes" des (ungarischen) Adels, der Szekler und der „Sachsen", auf den 299 Landtagen zwischen 1542

Drumb befindenn ſolch gotloſs geſellenn ire ſtraff auch ynn dem lebenn, gotts zornn, vnd ſein gewaltige handt. Weil ſie ir erbteyll, ire güter verſchwelgenn mit vbrigem freſsenn vnd ſauffenn, mit vnnötiger zeerung, ſo kompt mit der Zeit das armut vber ſie, das ſie lezlich vom ſchwarzenn Ochſenn, vom hunger gedrungenn werdenn, vnd muſsenn ynn irenn altenn tagenn denn bettelſack langſt die zeilenn tragen. Denn es iſt ein Reüm, welch nymmermehr leügt vnd betreügt :
Wer mehr will verzeerenn, denn ſein phlug kann erehrenn,
Der wirdt zu lezt verderbenn, vnd villeücht am galgenn ſterbenn."

104 Ebd., S. 502: „Was hat das guldenn königreich Athenn Vngariam ynn denn ſchwerenn türkiſchenn dienſt bracht, denn zwitracht? Das eyner vber denn andernn haſs, neid, getragenn hat, keyner iſt dem andernn huld geweſenn, habenn ſich verrhatenn, biſs ſie der türck alle auffgerieben vnd auffgefreſsenn hat."

105 Das Projekt, das vom Institut für Evangelische Theologie am Campus Landau beantragt worden war, sah die Transkription durch eine Arbeitsgruppe unter Prof. Dr. Mihály Balázs vor. Die Transkription erfolgte 2011, eine parallel dazu angefertigte Übersetzung ausgewählter Passagen konnte durch ein weiteres Projekt 2013 ergänzt werden, wodurch etwa 40% der zum Teil komplizierten neulateinischen Quellen in deutscher Übersetzung bereits vorliegen.

106 Fata: Ungarn (Anm. 1), S. 65–67, 97–118.

und 1690 die Politik. Sie wählten die – nichthabsburgischen – Szapolyai-Könige (1526 und 1540) und Fürsten (die katholischen Báthory und die reformierten Bocskai, Bethlen und Rákoczi, Barcsai und Apafi).

Als politische Organisation der „Sachsen“ bestand die endgültig 1486 begründete Nationsuniversität. Im Unterschied zu den beiden anderen Landständen, dem Adel und den Szeklern, gab es für die „Sachsen“ eine gemeinsame Vertretungsinstanz: die „Universitas Nationis Saxonicae“, die sogenannte Nationsuniversität – die Gesamtheit der Sachsen. Diese koordinierte die Politik für die privilegierten „Sachsen“ auf dem „fundus regius“ (dem Königsboden) nach zwei Richtungen: Einerseits verwaltete sie sich selbst im Binnenraum des Königsbodens und schuf eigenes Recht (Eigenlandrecht 1583),[107] andererseits agierte die Rechtsnation nach außen im Gegenüber zu den anderen „nationes“ und außerdem gegenüber den jeweiligen Fürsten.[108] So war es, wie erwähnt, die Nationsuniversität selbst gewesen, die der ursprünglich in Kronstadt begonnenen Stadtreformation eine Allgemeingültigkeit verschaffen wollte – sowohl auf ihrem Rechtsgebiet als auch darüber hinaus in den auf Komitatsboden liegenden sächsisch besiedelten Gemeinden –, und sie setzte diese auch durch. Bereits 1547 erschien auf ihre Anregung die „Kirchenordnung aller Deutschen in Sybembürgen“,[109] deren Geltungsbereich 1550 auf den gesamten Königsboden und 1557 vor dem Hintergrund eines Landtagsbeschlusses auf die sächsischen Komitatsgemeinden ausgedehnt wurde.[110] Die Weltlichen, deren Exponenten die Hermannstädter Königs- und Stuhlsrichter, die Bürgermeister sowie Stadträte waren, traten für ein geschlossenes Auftreten in Religionsfragen ein und behielten diese Linie aus strategisch-politischen Gründen auch dauerhaft bei. Das theologische Profil der an Wittenberg orientierten Reformation verdankt sich nicht zuletzt den sächsischen Politikern.[111]

Die Geistlichen dieser Kirchengemeinschaft waren zwangsläufig daran orientiert, sich mit dieser weltlich-politischen Interessensvertretung der Nationsuniversität abzustimmen.

---

107 VD 16, XL 35: Statuta iurium municipalium Saxonum in Transilvania. Der Sachsen in Siebenbürgen Statuta: Oder eygen Landtrecht, ed. Matthias Fronius. 1583. – Das Eigenlandrecht der Siebenbürger Sachsen. Hg. vom Arbeitskreis für Siebenbürgische Landeskunde. Mit einer Einführung v. Adolf Laufs und Worterläuterungen v. Wolfgang Bührer. Unveränderte Wiedergabe des Erstdrucks 1583. München 1973; Felix Sutschek: Das deutsch-römische Recht der Siebenbürger Sachsen. Sibiu 2000.

108 Georg Müller: Die sächsische Nationsuniversität in Siebenbürgen. Ihre verfassungs- und verwaltungsrechtliche Entwicklung 1224–1876. Hermannstadt 1928 (Archiv des Vereins für siebenbürgische Landeskunde 44/2–3); Wolfgang Kessler (Hg.): Gruppenautonomie in Siebenbürgen: 500 Jahre siebenbürgisch-sächsische Nationsuniversität. Köln, Wien 1990.

109 Die evangelischen Kirchenordnungen, Bd. 24 (Anm. 1), S. 206–225 (lat.), 226–246 (dt.).

110 Fata: Ungarn (Anm. 1), S. 103; Die evangelischen Kirchenordnungen, Bd. 24 (Anm. 1), S. 50–56.

111 Ulrich A. Wien: Wirkungen des Calvinismus in Siebenbürgen im 16. und 17. Jahrhundert. In: Dingel, Selderhuis (Hg.): Calvin und Calvinismus (Anm. 1), S. 127–153; Ders.: Die Reformation in Siebenbürgen. in: Vincenc Rajšp, Karl W. Schwarz, Bogusław Dybaś, Christian Gastgeber (Hg.): Die Reformation in Mitteleuropa. Beiträge anlässlich des 500. Geburtstages von Primus Truber, 2008. Wien, Ljubljana 2011 (Mitteleuropäische Wissenschaftsbibliothek 4), S. 247–262.

Organisatorisch gehörten diese Geistlichen zu der schon seit dem 15. Jahrhundert bestehenden „geistlichen Universität" bzw. zu der seit der Reformation installierten „Synode".

Die Geistlichkeit war also selbst zu einer „universitas" zusammengeschlossen.[112] Es war diese sog. „Geistliche Universität" – ein über den Kapiteln stehender Abgabenverband –, deren Kassenverwalter als „Generaldechant" alle kirchlichen Abgaben (aus den untergeordneten kirchlichen Abgabenverbänden, den Kapiteln) an übergeordnete Institutionen (Kathedralzins etc.) einzuheben und abzuliefern hatte. Diese Funktion blieb auch in der Frühen Neuzeit erhalten.

Nach Einführung der Reformation versammelten sich die (meist je zwei) Vertreter der Kapitel zu Synoden, um die theologischen, disziplinären und ökonomischen Fragen zu behandeln sowie die Wahl der Superintendenten durchzuführen. Es gab allerdings – gemäß dem kirchlichen Herkommen – Kapitel höheren Rechts, nämlich Hermannstadt und Kronstadt, deren Dechanten schon vorreformatorisch Episkopalrechte zugestanden worden waren, deren Privilegien nun weiterhin zäh gegenüber konkurrierenden Ansprüchen – insbesondere der evangelischen Superintendenten – verteidigt wurden.

Im Alltagsgeschäft des Politikbetriebes mussten sich die Geistlichen also, je nach Zugehörigkeit zu einem Kapitel und obrigkeitlichem Rechtsraum, an unterschiedlichen äußeren politischen Einflusszonen orientieren: entweder an der nahe gelegenen sächsischen Stadt und ihrem Stadtrat oder am zuständigen Stuhlsvorort und dem dortigen Königsrichter oder aber am adligen, ungarischen Grundherrn. Außerdem bildeten sich daneben in der zweiten Hälfte des 16. Jahrhunderts zwei Kapitel in Nordsiebenbürgen – Schogen/Şieu/Nagysajo und Tekendorf/Teaca/Teke – aus, die zwar auch auf Komitatsboden lagen und theologisch dem Birthälmer Superintendenten zugeordnet waren, aber jurisdiktionell der ungarischen (später reformierten) Diözese angehörten.[113]

Dogmatisch und kirchenpolitisch (außer Schogen und Tekendorf) aber war es schließlich unumgänglich, dass alle Geistlichen sich formal den Beschlüssen der Synode unterstellten – selbst wenn hinter den Kulissen heftig gestritten oder auch abweichende Haltungen mehr oder weniger offen erkennbar wurden.

Hinsichtlich der Landespolitik gab es allerdings zwei Pole, die von den kirchlichen Verantwortungsträgern beachtet werden mussten: Auf der einen Seite hatten die Synoden und Superintendenten die Beschlüsse der Landtage umzusetzen, auf der anderen Seite mussten sie auf die – davon nicht selten abweichenden – Zumutungen des Landesfürsten reagieren. Einerseits suchten die Geistlichen das im eigenen Verantwortungsbereich zu regeln, andererseits nötigten gerade diese Anforderungen aus

112 Konrad G. Gündisch: Die „Geistliche Universität" der sächsischen Kirchengemeinden im 15. und 16. Jahrhundert. In: Leppin, Wien (Hg.): Konfessionsbildung (Anm. 1), S. 105–113.

113 Georg Müller: Die deutschen Landkapitel in Siebenbürgen und ihre Dechanten 1192–1848. Ein rechtsgeschichtlicher Beitrag zur Geschichte der deutschen Landeskirche in Siebenbürgen. Hermannstadt 1936 (Archiv des Vereins für siebenbürgische Landeskunde 48/1–3), S. 31–37 (Burzenland und Hermannstadt), S. 64–69 (Schogen und Tekendorf), S. 504–517 (Visitation).

der Landespolitik die Geistlichen dazu, die unumgänglich nötige politische Unterstützung der Nationsuniversität zu suchen und zu erbitten. Dies galt nicht nur für rechtliche, ökonomische und militärische Aspekte, sondern auch im Blick auf die sich in der zweiten Hälfte des 16. Jahrhunderts und auch danach rasch verändernde Konfessionslandschaft bzw. hinsichtlich konfessionell bedingter Übergriffe auf die althergebrachten oder aber auch erst jüngst beschlossenen Rechte von Einzelgemeinden oder -kapiteln bzw. der Geistlichen Universität als Ganzer.

Darüber hinaus hatten die Synode bzw. der Superintendent es auch mit „Gelegenheitsgeschäften" einzelner Pfarrer oder Parteien zu tun, die sich vom Fürsten Sonderprivilegien hatten ausstellen lassen, die der Gesamtheit zu schaden drohten.

Nicht zuletzt kennzeichneten zeitweilig heftige Spannungen zwischen Bischof und Kapitelsdechanten oder kontroverstheologische Konflikte mit ganzen Kapiteln die Lage, woraufhin auch die Nationsuniversität mit Blick auf die drohende politische Gefährdung und hinsichtlich der praktisch-politischen Ziellinie der Geschlossenheit des Landstandes intervenierte bzw. ihre Unzufriedenheit mit mangelnder Konsequenz bei Kirchenvisitationen formulierte.

Bei den Gesamtvisitationen[114] in der „Landeskirche" (1577, 1618, 1650) war die Kooperation des weltlichen und des geistlichen Standes zwingend erforderlich, wur-

114 Im Artikel XIV,6 der Kirchenordnung von 1547 wird die kirchliche Jurisdiktion – „nach alter Gewohnheit" – bestätigt und anerkannt (Die evangelischen Kirchenordnungen, Bd. 24 [Anm. 1], S. 242). Dennoch kam es immer wieder neben dem einhelligen Zusammenwirken von Weltlichen und Geistlichen zu zum Teil schweren Auseinandersetzungen über die Grenzen der jeweiligen Kompetenzen. Insbesondere wenn die Geistlichen weltliche Exekutive für eigene Anordnungen/Ordnungsmaßnahmen in Anspruch nahmen, entzündeten sich die Konflikte. Schließlich einigten sich Synode und Nationsuniversität 1559 auf „Artickel aus der Reformation, in welche die weltlige öbrickeit Teutscher nation sampt ihren kirchendienern eins worden sein" (ebd., S. 267f.), die 1568 erweitert wurden. Angelegenheiten von Ehe, Feiertagen, (Kirchen-)Asyl, Pfarrgesinde und des Zehnten fielen ins geistliche Ressort, Lehrer wurden von beiden Teilen beaufsichtigt, die in der Visitation für schuldig erklärten Personen sollten ihre Strafe durch die weltliche Exekutive finden (Teutsch: Geschichte der evangelischen Kirche, Bd. 1 [Anm. 1], S. 302). Die Nationsuniversität erklärte sich – nach bereits in Mediasch und im Burzenland durchgeführten Visitationen – 1574 bereit, die Gesamt-Visitation zu unterstützen und die Kosten für die von ihr entsandten Visitatoren zu tragen (ebd., S. 304). Bereits 1572 – nach dem Erlass des Innovationsverbotes (Die evangelischen Kirchenordnungen [s. o.], S. 89f.) – war ein einheitliches Vorgehen sowie Visitationsformular durch die Synode beschlossen worden. Schließlich wurden die gemeinsam vorgelegten „Artikel in der Visitation fürzutragen" 1576/77 zur Grundlage der ersten Gesamtvisitation der „sächsischen Kirche" 1577 (ebd., S. 404–411). Aus noch vorhandenen Berichten lässt sich die starke Stellung der Weltlichen erkennen; so eröffnete der Kronstädter Richter (Lukas Hirscher) die Untersuchung, fragte, ob Hann (Ortsvorsteher) und Gemeinde fleißig das Abendmahl begehrten, das Spielstubenverbot eingehalten, Kirchenrechnung und Vermögensverwaltung ordentlich geführt und Abgaben sowie Kirchenzehnt ordnungsgemäß bezahlt worden seien. Der Dechant fragte nach Theologie und Religiosität. Visitationsartikel wurden öffentlich verlesen und das Auditorium ermahnt, alle Verletzungen der Vorschriften zu melden (Teutsch: Geschichte der Evangelischen Kirche [s. o.], S. 316). Was auf Königsboden recht unkompliziert verlief, stieß auf Komitatsboden teilweise auf nachdrücklichen Widerstand, insbesondere bei reformiert oder unitarisch gesinnten Grundherren, weswegen z. B. in Reen das Kapitel den Superintendenten um sein Eingreifen bat (ebd., S. 317).

de allerdings immer auch auf die Probe gestellt. Beispielsweise kam es zum Konflikt beider Parteien. Auf dem Hintergrund der durch die Kriegswirren bis 1613 und den Herrschaftsantritt der reformierten Fürsten drastisch veränderten Ausgangslage wollte die Nationsuniversität in ihrer Vorlage weitgehend die Fragen zum Alltagsverhalten der Gemeindeglieder streichen. Dadurch hatten sich die Spannungen zwischen weltlicher und geistlicher Universität so verschärft, dass zunächst nicht einmal eine Einigung über die Visitationsartikel zustande kam, weil die weltliche Seite fast nur religiöse Fragen ohne die die Sozialdisziplinierung berührenden Themen erkunden wollte.[115] Nach heftigem Schlagabtausch einigten sich beide Parteien auf die weitgehend unveränderten, alten Visitationsartikel von 1577, nach welchen allgemein vorgegangen wurde.[116]

1650 stand die dritte Gesamtvisitation ganz im Zeichen der Dominanz der reformierten Fürsten und der von ihnen geförderten Konfession, weswegen eine koordinierte und möglichst konfliktfreie Durchführung im Vordergrund stand. Gemäß dem kirchenpolitischen Blickwinkel der Nationsuniversität beinhaltete diese Visitation eine Sicherung der konfessionellen Ausrichtung der Kirche der sächsischen „natio".

Die weltlichen Vertreter waren mit der Visitation insbesondere in zwei Kapiteln ausdrücklich unzufrieden. Im Repser Kapitel mit der Schenker Surrogatie und im Kisder (Schäßburger) Kapitel habe der Superintendent nicht zielgerichtet und intensiv genug nach dem dort offensichtlich verbreiteten „kalvinischen Gift" geforscht. Der Superintendent hätte den hochwürdigen Geistlichen auf den Zahn fühlen sollen, doch habe er nur von den „armen Pauren" die Antwort verlangt, „ob ihr Seelsorger auch in Predigten die lutherische Religion predige und lehrete", worauf die unbedarften Leute natürlich mit „ja" geantwortet hätten.[117]

Geistliche und Weltliche arbeiteten selbstverständlich zusammen, sodass es wiederholt zu parallelen Tagungen der Nationsuniversität und der Synode in Hermannstadt kam, um das gemeinsame Vorgehen abzustimmen und zu koordinieren. Mit der weltlichen Vertretung durch die Nationsuniversität hatte die Superintendentur einen strategischen Vorteil gegenüber den anderen Kirchen im Land, die eines solchen politischen Arms ermangelten. Allerdings gab es auch immer wieder bezüglich der Zuständigkeit Auseinandersetzungen. Konfliktträchtig war die Kriminalgerichtsbarkeit über diejenigen, die der kirchlichen Jurisdiktion unterworfen waren. Trotz eines Verbots des Fürsten Georg Rákoczi I. 1631 und nachhaltiger Bekämpfung durch die Nationsuniversität behielt die Macht der Tradition die Oberhand: So haben kirchliche Kapitel durch das ganze 17. Jahrhundert hindurch das Todesurteil gesprochen, das die weltliche Obrigkeit ausführte.[118] Über Asylrecht der Kirchen oder Friedhofsangelegenheiten konnte man sich selten einigen. Ehefragen waren ein ständiger Konfliktherd. So meinte 1644 die Nationsuniversität festhalten zu müssen:

---

115 Synode vom 1.–8. Dezember 1616: Sessio 8 (5. Dezember), Punkt 2; Sessio 14 (8. Dezember); nach dem offiziellen Ende der Sitzung am 8. Dezember in der Resolutio Punkte 5 und 6.

116 Teutsch: Geschichte der evangelischen Kirche, Bd. 1 (Anm. 1), S. 413.

117 Ebd., S. 468.

118 Ebd., S. 433.

Wir hatten gedacht, die ehrwürdigen Herren strebten nach Einigkeit, nun aber erfahren wirs, dass sie mehr zur Uneinigkeit Ursach geben. Die würdigen Herren sollen strafen, aber nur mit dem Wort Gottes, ohne einige rachgierige Affektion. [... Mit ihren Klagen über die Nationsuniversität] Können die Herren Pastores Ihro fürstl. Gnaden suchen, der Fürst hat zwei Ohren. Und wir protestieren auch für Gott und dem Herrn Christo, dass wir unschuldig sein. Er wolle auch zwischen uns richten, denn wir haben auch ein Gewissen, so wir nicht gerne wollten verhuren.[119]

6.2 Aushandlungspraktiken anlässlich der Verhandlungen bezüglich der Approbaten

Als der Superintendent Barth und seine Entourage überraschend und unangekündigt während der Landtagsverhandlungen des Jahres 1653 am Verhandlungsort Weißenburg/Alba Iulia/Gyulafehérvár auftauchte, reagierte die Delegation der Nationsuniversität kühl. Auch wenn die Geistlichen den weltlichen Delegierten gegenüber behaupteten, sie hätten das feste Vertrauen, dass diese für die Rechte der Kirche sorgen würden, relativierte doch ihre Anwesenheit diese Aussage.[120] Vermutlich hegten die Kirchenvertreter die Befürchtung, dass das ihrer Meinung nach drohende Szenario, dass der Landtag erlaube, dass die unter sächsischer Jurisdiktion stehenden reformierten Pfarrer (aus Broos/Oraştie/Szászváros und Salzburg/Ocna Sibiului/Vízakna) sich dem reformierten Bischof unterstellten, von der Nationsuniversität nicht nachdrücklich genug verhindert würde. Doch die weltlichen Taktiker und diplomatisch versierten Praktiker in der Verhandlungsdelegation der Nationsuniversität zerstreuten die ihrer – realistischen – Einschätzung nach grundlosen Sorgen der Kirchenleute. Erstens schadeten sich die reformierten Pfarrer selbst, wenn sie den privilegierten Schutzraum der sächsischen „natio" verließen, weswegen ihr Ausscheiden nicht zu erwarten sei. Zweitens würde der Fürst deren Umorientierung nicht billigen, weil ihm selbst dadurch ein Steuerausfall drohe, weswegen auch aus diesem Grund keinerlei Änderung an der gegenwärtigen Praxis anstehe. Dann aber kehrten die Herren der Nationsuniversität den Spieß um: Die Synode und der Superintendent sollten viel eher gegen die verkappten Calviner in den eigenen Reihen vorgehen und sie – so der unüberhörbare Rat – bei Renitenz entlassen. „Solten diesze latitantes Calviniani [aus der gemeinsamen lutherischen Linie] herauszbrechen, so wirdt derentwegen universitas ecclesiastica nicht schiffbruch leiden; sobaldt solches geschehen [sei], kommen sie von der Pfarr und von ihrer ecclesi ut fidefragi [von ihrer Kirche als Eidbrüchige], denn die ecclesiae sind lutrisch, und nicht calvinisch".[121]

Damit war die der Staatsräson geschuldete Position der Nationsuniversität klar definiert. Das von Landesherr und Landtag 1572 verfügte konfessionelle Innovationsverbot wurde von ihren Repräsentanten als Existenzschutz begriffen: Ent-

119 Synode von 1644, Sessio 7.

120 Teutsch: Geschichte der evangelischen Kirche, Bd. 1 (Anm. 1), S. 429.

121 Monumenta Comitialia Regni Transsylvaniae. Erdélyi Országgyűlési Emlékek. Bd. 13. Budapest 1888, S. 443.

sprechend den 1653 im Kodifikationswerk der sogenannten „Approbatae" edierten Landtagsbeschlüssen galt für die rezipierten Religionen „der evangelisch-reformierten (insgemein die kalvinische genannt), der lutherischen oder der des Augsburgischen Bekenntnisses, der römisch-katholischen und der unitarischen oder der antitrinitarischen"[122] Konfession die Religionsfreiheit an den nach dem Gesetz üblichen Orten auch künftig; doch durften Grund und Artikel des Glaubens demgemäß keinesfalls geändert werden, sondern nur Organisation oder kirchliche Bräuche.

Dass die Nationsuniversität – immerhin nach den Erfahrungen der erst kürzlich abgeschlossenen dritten Gesamtvisitation aller Kapitel der Superintendentur – sich zu dieser überaus deutlichen Kritik genötigt sah, signalisiert erstens das weitere Vorhandensein sogenannter kryptocalvinistischer Theologie im Bereich der Superintendentur, zweitens die inkonsequente Haltung der offiziell lutherischen Kirchenleitung und drittens den indirekten Vorwurf an diese, die Verhandlungsposition der Nationsuniversität auf dem Landtag durch eventuelle Indiskretionen potentiell zu gefährden. Diese indirekte Drohung – so ist diese Entgegnung der weltlichen Seite meiner Auffassung nach zu verstehen – nötigte die Kirchenvertreter zur Anerkennung der alleinigen Verhandlungsführung durch die Nationsuniversität als Verhandlungspartner auf dem Landtag bei der endgültigen Zusammenstellung der Approbaten. Die Spannung zwischen offizieller theologischer Konfessionsmarkierung und inoffizieller Akzeptanz der Normabweichung führte zu kirchenpolitischen Differenzen auf höchster Ebene zwischen weltlicher und geistlicher Universität, welche die Nationsuniversität zur Stärkung der eigenen politischen Macht nutzte.

7. Fazit

Bereits die Edition der Kirchenordnungen 2012 hat die Forschung unmittelbar und grundlegend befruchtet.[123] Die Grundlagenforschung, um diese Desiderate in Editionen der maßgeblichen Quellen zur Reformationsgeschichte insbesondere auch an der europäischen Peripherie bereitzustellen, böte der internationalen Frühneuzeitforschung in den unterschiedlichsten Disziplinen auch im Blick auf die modernen wissenschaftlichen Fragestellungen und Methoden eine reichhaltige, ungemein aussagekräftige Basis, um die Rezeption und Realisierung der von Wittenberg ausgehenden Reformation an der europäischen Peripherie angemessen wahrzunehmen. Dabei wird noch einmal neu zu fragen sein, ob die Quellen das Konzept der Konfessionalisierung stützen oder ob es insbesondere im Blick auf Ostmitteleuropa und Südosteuropa zu differenzieren ist, also ob und inwieweit der Begriff der Konfessionsbildung nicht zutreffender wäre.

---

122 Teutsch: Geschichte der evangelischen Kirche, Bd. 1 (Anm. 1), S. 430.

123 Volker Leppins diesbezüglicher Beitrag zur 2012 abgehaltenen Tübinger Tagung zum Luthertum in Ungarn und Siebenbürgen beispielsweise wird demnächst im Tagungsband von Márta Fata und Anton Schindling veröffentlicht werden.

Martin Arnold

Das Luthertum im böhmischen Adel

1. Einleitung

„Herr König / Ich klage [...], das der Edell Herr Hans von Salhausen / hie ym lande zue Behemen / auff Tezschen gesessen / eynen münch prediger ordens / bey sich hatt // unnd predigen lasst / denn gift unn ketzerey Luterischer lere [...] die der Lutherischen lere anhengig seind / leyhet er pfarren und foddert sy nach vermuegen."[1] Dieser Auszug aus einer um 1522 vom Administrator des Erzbistums Prag an den böhmischen König gesendeten Beschwerde ist Zeugnis der Initiative des Hans von Salhausen (um 1480–um 1550) und seiner Brüder[2] zur Einführung des Luthertums auf ihren böhmischen Herrschaften. Er illustriert die Rolle des Adels bei der Reformation Martin Luthers (1483–1546) in Böhmen im 16. Jahrhundert. Sowohl Angehörige alteingesessener böhmischer Geschlechter als auch Vertreter kürzlich aus Sachsen eingewanderter Familien waren Träger der Verbreitung, Etablierung und Verteidigung der neuen Konfession. Anliegen dieses Beitrags soll es sein, diese Funktion zu dokumentieren und zu analysieren. Unverzichtbar wird dabei die Einbettung der Geschehnisse in die allgemeinen politisch-konfessionellen Entwicklungen in Böhmen sein. In diesem Zusammenhang muss auch die Rolle des lutherischen Adels in der Ständeopposition betrachtet werden. Weiterhin soll auch ein Einblick in die konkrete Durchsetzung des Luthertums auf den adligen Herrschaften gegeben werden.[3]

1 Mathias Blochinger (Hg.): Clag an konigliche Maiestet Ungern und Behem wider eynen Lutherischen Muench / Prediger ordens / uber viertzig artickel von yhm geprediget / zue Tetzschen im Behemer landt. Im Jar. 1522. Wittenberg 1523 (VD 16 B 5735), Bl. 1 v; vgl. auch Amand Anton Paudler: Zwei alte Drucke. In: Mitteilungen des Nordböhmischen Exkursions-Klubs 11 (1888), S. 146–156, hier S. 146–152.

2 Wolf (gest. um 1543) und Friedrich (um 1589–1562). Zu den Lebensdaten der Salhausen-Brüder vgl. Carl Jahnel: Zur Familienkunde derer von Salhausen. In: Mittheilungen des Nordböhmischen Excursions-Clubs 25 (1902), S. 186–191, hier S. 187; Ders.: Aus Großpriesens Vergangenheit. In: Mitteilungen des Nordböhmischen Exkursions-Klubs 33 (1910), S. 81–101, hier S. 82f., 89; Rudolf Müller: Die Gruftkapelle der Salhausen zu Bensen. In: ebd., S. 155–169, hier S. 157; Alois Friedrich Gregor Stumpfe: Die Kirchen in Bensen, Schwaden, Waltirsche und Schönpriesen. Ein Beitrag zur Geschichte der nordböhmischen Gotik unter besonderer Berücksichtigung der Bautätigkeit der Geschlechter Salhausen und Bünau. Berlin 1935, S. 86.

3 Aus Kapazitätsgründen konnten die Nebenländer der böhmischen Krone leider nicht in die Betrachtung einbezogen werden.

Jahrbuch des BKGE 22 (2014), S. 67–105

2. Forschungsstand

Das böhmische Luthertum wurde von der Geschichtswissenschaft bis heute eher vernachlässigt. Nach den wichtigen Arbeiten Winfried Eberhards[4] ist mit dem 2009 erschienenen Sammelband *Luteráni v českých zemích v proměnách staletí*[5] erst kürzlich eine breitere Darstellung veröffentlicht worden. Eine umfassende Monografie lässt jedoch immer noch auf sich warten. Die kulturgeschichtlichen Implikationen des Themas behandelte in den letzten Jahren mehrfach Petr Hlaváček.[6]

Was den hier vor allem interessierenden Themenkomplex ‚Reformation(en) bzw. Konfessionalisierung im böhmischen Adel'[7] anbetrifft, so existieren trotz wichtiger neuer Veröffentlichungen[8] noch immer bedeutende Forschungslücken. Es fehlt nicht

---

4 Vgl. Winfried Eberhard: Ständepolitik und Konfession. In: Ferdinand Seibt (Hg.): Bohemia Sacra. Das Christentum in Böhmen 973–1973. Düsseldorf 1974, S. 222–235; Ders.: Konfessionsbildung und Stände in Böhmen 1478–1530. München, Wien 1981 (Veröffentlichungen des Collegium Carolinum 38); Ders.: Monarchie und Widerstand. Zur ständischen Oppositionsbildung im Herrschaftssystem Ferdinands I. in Böhmen. München 1985 (Veröffentlichungen des Collegium Carolinum 54); Ders.: Entwicklungsphasen und Probleme der Gegenreformation und katholischen Erneuerung in Böhmen. In: Römische Quartalsschrift für christliche Altertumskunde und Kirchengeschichte 84 (1989), S. 235–257; Ders.: Die deutsche Reformation in Böhmen 1520–1620. In: Hans Rothe (Hg.): Deutsche in den böhmischen Ländern I. Köln, Weimar u. a. 1992 (Studien zum Deutschtum im Osten 25/I), S. 103–123; Ders.: Stände, Herrscher und Religion in den böhmischen Ländern in der frühen Neuzeit. In: Hugo Weczerka (Hg.): Stände und Landesherrschaft in Ostmitteleuropa in der frühen Neuzeit. Marburg 1995 (Historische und landeskundliche Ostmitteleuropa-Studien 16), S. 121–136; Ders.: Reformatorische Gegensätze, reformatorischer Konsens, reformatorische Formierung in Böhmen, Mähren und Polen. In: Joachim Bahlcke, Hans-Jürgen Bömelburg, Norbert Kersken (Hg.): Ständefreiheit und Staatsgestaltung in Ostmitteleuropa. Übernationale Gemeinsamkeiten in der politischen Kultur vom 16.–18. Jahrhundert. Leipzig 1996 (Forschungen zur Geschichte und Kultur des östlichen Mitteleuropa 4), S. 187–215.

5 Jiří Just, Zdeněk R. Nešpor, Ondřej Matějka u. a.: Luteráni v českých zemích v proměnách staletí [Die Lutheraner in den böhmischen Ländern im Laufe der Jahrhunderte]. Praha 2009.

6 Vgl. Petr Hlaváček: Kadaň mezi středověkem a novověkem. Deset kapitol z kulturních a náboženských dějin severozápadních Čech [Kaaden zwischen Mittelalter und Neuzeit. Zehn Kapitel aus der Kultur- und Religionsgeschichte Nordwestböhmens]. Ústí nad Labem 2005; Ders.: Der sächsisch-böhmische Grenzraum im Spätmittelalter und in der Frühneuzeit zwischen Integration und Desintegration. In: Miloš Řezník: Grenzraum und Transfer. Perspektiven der Geschichtswissenschaft in Sachsen und Tschechien. Berlin 2007 (Chemnitzer Europastudien 5), S. 83–94; Ders.: Die Familie von Lobkowicz als Vermittler der kulturellen Wechselwirkungen im böhmisch-sächsischen Grenzraum. In: Martin Arnold (Hg.): Adel in Sachsen und Böhmen. Aspekte einer Beziehungsgeschichte in Spätmittelalter und Früher Neuzeit (in Vorbereitung).

7 Zur Anwendung des Konfessionalisierungskonzepts auf die böhmischen Länder vgl. Josef Hrdlička: Die Rolle des Adels im Prozess der Konfessionalisierung der böhmischen Länder am Anfang der Frühen Neuzeit. In: Ronald G. Asch, Václav Bůžek, Volker Trugenberger (Hg.): Adel in Südwestdeutschland und Böhmen 1450–1850. Stuttgart 2013 (Veröffentlichungen der Kommission für geschichtliche Landeskunde in Baden-Württemberg, Reihe B: Forschungen, 191), S. 77–94, hier S. 78–84.

8 Beispielsweise Petr Mat'a: Vorkonfessionelles, überkonfessionelles, transkonfessionelles Christentum. Prolegomena zu einer Untersuchung der Konfessionalität des böhmischen und mährischen Hochadels zwischen Hussitismus und Zwangkatholisierung. In: Joachim Bahlcke, Karen Lambrecht, Hans-Christian Maner (Hg.): Konfessionelle Pluralität als Herausforderung. Koexistenz und Kon-

nur eine Gesamtschau für den Zeitraum von der Hussitischen Revolution bis zur habsburgischen Rekatholisierung.[9] Auch viele bedeutende Teilaspekte dieses großen Themenbereichs harren der eingehenderen Untersuchung mit modernen wissenschaftlichen Ansätzen. Immerhin wurde das reformatorische Wirken einiger adliger Geschlechter in Nordböhmen – vor allem jener mit scheinbar eindeutiger Zuordnung als ‚deutsch' und ‚lutherisch' – in den vier letzten Jahrzehnten vor dem Ersten Weltkrieg im Rahmen einer kleinen ‚Forschungskonjunktur' vergleichsweise umfangreich dokumentiert.[10] Der Schwerpunkt lag dabei auf jenen Familien, die sich erst zwischen 1480 und 1540 aus Sachsen kommend in Böhmen ansiedelten, wie die von Schleinitz, die von Salhausen und die von Bünau. Die betreffenden Arbeiten wurden aus privater Initiative von heimatgeschichtlich interessierten Vertretern der regionalen bildungsbürgerlichen Elite, meist Geistlichen und Lehrern, verfasst.[11] Sie beeindrucken durch ihren Kenntnisreichtum und ihre Fülle an Detailinformationen, genügen jedoch in aller Regel nicht heutigen wissenschaftlichen Ansprüchen. Die mitunter vom deutsch-tschechischen Nationalitätengegensatz geprägten[12] Beiträge gehen über eine rein positivistische Darstellung nicht hinaus. Zumeist wird der Leser außerdem über die Quellen dieser Veröffentlichungen im Unklaren gelassen. Trotzdem sind diese Publikationen für die Bearbeitung des Themas unverzichtbar, da die Verfasser in vielen Fällen auf Quellenmaterial zugreifen konnten, das heute nicht mehr existiert.

---

flikt in Spätmittelalter und Früher Neuzeit. Winfried Eberhard zum 65. Geburtstag. Leipzig 2006, S. 307–331; Hrdlička: Konfessionalisierung (Anm. 7).

9 Vgl. Mat'a: Prolegomena (Anm. 8), S. 307f.

10 Z. B. die einschlägigen Beiträge in den Mitteilungen des Nordböhmischen Exkursions-Klubs, Erscheinungsverlauf 1878 bis 1914, fortgesetzt durch die Mitteilungen des Nordböhmischen Vereines für Heimatforschung und Wanderpflege 1915 bis 1938; Rudolf Wolkan: Studien zur Reformationsgeschichte Nordböhmens, Tl. 1: Das Geschlecht der Herren Berka von Duba und Lípa und die Reformation in Böhmisch-Leipa. Wien 1882, Tl. 2: Das Geschlecht der Herren Berka von Duba und Lípa und die Reformation in Reichstadt und Gabel. Wien 1882, Tl. 3: Die Geschlechter der Herren von Wartenberg und von Salhausen und die Reformation in Kamnitz und Bensen. Prag 1883, Tl. 4: Die Ritter von Bünau und die Reformation in Tetschen. Benatek 1883, Tl. 5: Die Reformation im „Schleinitzer Ländchen". Prag 1884; Anton Frind: Die Kirchengeschichte Böhmens. Bd. 4: Die Administratorenzeit. Prag 1878; Franz Focke: Aus dem ältesten Geschichts-Gebiete Deutsch-Böhmens, Bd. 1–3. Königswald 1879–1889; Anton Tscherney: Schwaden a. d. Elbe. Bd. 1. Aussig 1900; Johann Hrdy: Die Bünauer in Böhmen. In: Mitteilungen des Vereines für die Geschichte der Deutschen in Böhmen 42 (1940), S. 346–377.

11 Vgl. František Šmahel: Neu entdeckte Geschichtsschreibung. Deutsche Mediävistik in den böhmischen Ländern 1848–1918. In: Eva Schlotheuber, Hubertus Seibert (Hg.): Soziale Bindungen und gesellschaftliche Strukturen im späten Mittelalter (14.–16. Jahrhundert). München 2013 (Veröffentlichungen des Collegium Carolinum 132), S. 7–28, hier v. a. S. 7f., 11–13.

12 Wolkan: Reformationsgeschichte, Tl. 4 (Anm. 10), S. 5f.: „[...] mit dem Auftreten neuer Herrengeschlechter, mit der Verbreitung der Lehre Luther's, wird dieses Gebiet, das lange genug unter der Herrschaft tschechisch gesinnter Adelsgeschlechter gestanden, [...] dem Deutschthum wieder zurückerobert, um von da an ein Bollwerk zu werden gegen das beständige Anstürmen der slavischen Fluth".

3. Eine kurze Geschichte des Luthertums in Böhmen bis 1620

Als die Ritter von Salhausen 1518 begannen, in Tetschen/Děčín das Luthertum einzuführen,[13] geschah dies in einem Land, dessen Bewohner sich schon hundert Jahre vorher einer kirchlichen Erneuerungsbewegung angeschlossen hatten – jener des Jan Hus (1369–1415). Die deutlich überwiegende Mehrzahl der böhmischen Bevölkerung gehörte deshalb um 1500 der utraquistischen Kirche an. Daneben fanden seit Ende des 15. Jahrhunderts die ebenfalls im Hussitentum wurzelnden Böhmischen Brüder zunehmend mehr Anhänger.[14]

Spiegelt diese Beschreibung die konfessionellen Haltungen der tschechischsprachigen Mehrheit in Kernböhmen wider, so nahm die deutschsprachige Bevölkerung Böhmens eine andere Entwicklung. Die hussitische Revolution der Jahre 1419 bis 1437 war mit dem vorübergehenden Erwachen eines frühen tschechischen Nationalgefühls verbunden gewesen. Entsprechend war das Hussitentum eng mit der tschechischen Sprache verknüpft. Deshalb fand es bei der deutschsprachigen Bevölkerung, die vor allem in den nördlichen und westlichen Randgegenden des Königreichs lebte, wenig Anklang. Diese blieb in ihrer großen Mehrzahl katholisch.[15]

Genau jene Gebiete waren es dann auch, in denen das Luthertum schon früh Fuß fassen konnte. Neben dem Fehlen sprachlicher Hürden und der Tatsache, dass hier noch ein ‚Bedarf' an Kirchenreform bestand,[16] spielten im Fall Nord- und Westböhmens auch die geografische Lage im sächsisch-böhmischen Grenzraum und die besonderen Umstände einer starken Einwanderungsbewegung aus Sachsen eine zentrale Rolle. Der aufblühende Silberbergbau im böhmischen Erzgebirge lockte Bergleute und andere Arbeitssuchende aus dem Nachbarland an, die das Luthertum in die schnell wachsenden Bergstädte wie Schlaggenwald/Horní Slavkov oder St. Joachimsthal/Jáchymov mitbrachten. Die ‚Boomregion' entwickelte auch eine große Anziehungskraft für Gelehrte, darunter nicht wenige in Wittenberg ausgebildete Theologen. Prominentestes Beispiel hierfür ist sicherlich der Reformator Johannes Mathesius (1504–1565), Rektor der Lateinschule in St. Joachimsthal und später Pfarrer der Stadt. Mathesius und seine Kollegen im Lehr- und Predigtamt schufen die geistige und intellektuelle Infrastruktur vor Ort, die die weitere Etablierung der Reformation in der Bergbauregion ermöglichte.[17]

Trotzdem vereinte die Lutheraner in den 1520er- und 1530er-Jahren im Gegensatz zu den Böhmischen Brüdern und zu den Utraquisten noch keine gemeinsame Organisationsstruktur. Dies war vorerst aber auch nicht nötig. Zwar widersprach die Ausbreitung des Luthertums dem Ziel der Rekatholisierung Böhmens, das der habs-

13 Vgl. Amand Böhm (Hg.): Pastor Schlegel's Chronik von Bensen. Aus dreierlei Ueberlieferungen zusammengestellt von Amand Anton Paudler. Bensen 1887, S. 35.

14 Vgl. Eberhard: Deutsche Reformation (Anm. 4), S. 105.

15 Vgl. Peter Moraw: Das Mittelalter. In: Friedrich Prinz (Hg.): Deutsche Geschichte im Osten Europas. Böhmen und Mähren. Berlin 1993, S. 24–178, hier S. 161–165; Hlaváček: Grenzraum (Anm. 6), S. 84f.

16 Vgl. Eberhard: Deutsche Reformation (Anm. 4), S. 106.

17 Vgl. Hlaváček: Grenzraum (Anm. 6), S. 85–91.

burgische König Ferdinand I. (1503–1564) seit seinem Regierungsantritt 1526 verfolgte, doch waren ihm aufgrund der Türkenkriege bis 1545 die Hände gebunden: Steuererhebungen und militärische Unternehmungen waren von der Zustimmung auch der ständischen Opposition abhängig. Signifikante politische Bedeutung entwickelte das sich langsam ausbreitende Luthertum deswegen erst ab 1546, als die oppositionellen böhmischen Stände im Zusammenhang mit dem Ausbruch des Schmalkaldischen Kriegs die Entsendung eines Heeres gegen die Protestanten verweigerten. An der Spitze des sich daran entzündenden Ständeaufstands standen lutherische Adlige. Die Rebellion scheiterte, aber dies verhinderte nicht die weitere, nun noch schnellere Ausbreitung der deutschen Reformation in Nord- und Westböhmen vor allem in den 1550er- und 1560er-Jahren.[18]

Gleichzeitig war in der zweiten Hälfte des 16. Jahrhunderts auch eine Annäherung von Linksutraquisten, Böhmischen Brüdern und Lutheranern zu beobachten.[19] Das Ergebnis war die gemeinsame Verabschiedung der Confessio Bohemica im Jahr 1575. Die Bekenntnisschrift war ein beeindruckendes Zeugnis religiöser Toleranz in Böhmen. In ihr spiegelte sich die konfessionelle Solidarisierung von Lutheranern, Utraquisten und Böhmischen Brüdern gegen die habsburgischen Rekatholisierungsbestrebungen wider. Unter maßgeblicher Beteiligung des lutherischen Adels entstanden, war sie stark an die Augsburger Konfession angelehnt. Kaiser Maximilian II. (1527–1576) nahm die Confessio Bohemica an, wenn auch nur mündlich. Ein letzter Höhepunkt der ständischen Religionsfreiheit war schließlich die Unterzeichnung des Majestätsbriefs von 1609 durch Rudolf II. (1552–1612). Damit bewilligte der Kaiser unter anderem eine evangelische Kirchenorganisation inklusive einer aus Lutheranern, Böhmischen Brüdern und Utraquisten zusammengesetzten Kirchenleitung.[20]

Der Habsburger hatte sich in die Unterzeichnung des Majestätsbriefs jedoch lediglich in einer vorübergehenden Zeit der Schwäche aufgrund des habsburgischen Bruderzwists gefügt.[21] Eigentlich war der Stern der evangelischen Sache Anfang des 17. Jahrhunderts schon deutlich im Sinken begriffen.[22] Die Konfrontation zwischen Katholizismus und Protestantismus bzw. zwischen den Habsburgern und den oppositionellen böhmischen Ständen verschärfte sich immer mehr. Die Spannung entlud sich im böhmischen Ständeaufstand 1618, der in der Schlacht am Weißen Berg

---

18 Vgl. Eberhard: Deutsche Reformation (Anm. 4), S. 111–113; Erik Turnwald: Das Luthertum in Böhmen. In: Ulrich Hutter (Hg.): Martin Luther und die Reformation in Ostdeutschland und Südosteuropa. Sigmaringen 1991, S. 109; Eberhard: Entwicklungsphasen (Anm. 4), S. 235.

19 Vgl. ebd., S. 236; Ders.: Deutsche Reformation (Anm. 4), S. 106–108; Ders.: Ständepolitik und Konfession (Anm. 4), S. 223.

20 Vgl. ebd., S. 234f.; Ders.: Deutsche Reformation (Anm. 4), S. 114f.; Joachim Bahlcke: Geschichte Tschechiens. Vom Mittelalter bis zur Gegenwart. München 2014 (C. H. Beck Wissen 2797), S. 48.

21 Vgl. Jörg K. Hoensch: Geschichte Böhmens. Von der slavischen Landnahme bis zur Gegenwart. München 1987, S. 205–208; Václav Bůžek (Hg.): Ein Bruderzwist im Hause Habsburg (1608–1611). České Budějovice 2009 (Opera Historica 14).

22 Vgl. Eberhard: Entwicklungsphasen (Anm. 4), S. 240–243.

1620 scheiterte.[23] Die in den folgenden Jahren und Jahrzehnten durchgeführten Ausweisungen aller nicht konvertierten Lutheraner beschloss endgültig die Blütezeit des Luthertums im Königreich.

4. Adelsreformation im Heiligen Römischen Reich deutscher Nation

Die bedeutende Rolle des Adels bei der Einführung des Luthertums in Böhmen klang im letzten Abschnitt schon an. Nachfolgend soll die Ausbreitung der evangelischen Lehre im Adel genauer untersucht werden, beginnend mit allgemeineren Betrachtungen zur Adelsreformation im Heiligen Römischen Reich.

Als Martin Luther 1520 seine Flugschrift *An den Christlichenn Adel deutscher Nation von des Christlichen standes besserung*[24] veröffentlichte, zielte er damit wohl vor allem auf die Fürsten. Jedoch fühlte sich auch der niedere Adel durch Inhalte wie die Kritik an den neuartigen Formen frühkapitalistischen Wirtschaftens („Hie must man werlich auch den Fuckern / und dergleychen geselschafften / ein zawm ynß maul legen")[25] angesprochen, denn der Reformator stellte damit genau jene gesellschaftlichen Entwicklungen an den Pranger, die die Privilegien dieser Gruppe zu jener Zeit bedrohten. Um die Reformation gewaltsam durchzusetzen, zogen oberdeutsche Ritter unter der Führung Franz von Sickingens (1481–1523) im Jahr 1523 gegen Trier. Dieses Vorhaben scheiterte jedoch, das Heer wurde geschlagen. Weitere Versuche im großen Maßstab zur Durchsetzung der Reformation im Reich unternahm der niedere Adel als eine eigenständige Gestaltungsmacht danach nicht mehr. Fortan orientierte er sich in aller Regel an den konfessionellen Entscheidungen der jeweiligen Landesherren.[26]

Aufgrund dieser Zurückhaltung wurde die Geschichte der Reformation im Reich lange Zeit fast ausschließlich als die einer Fürstenreformation geschrieben. Hinzu kamen noch Konzepte der Stadt-[27] bzw. Gemeindereformation,[28] die das Bild des reformatorischen Geschehens differenzierter gestalteten.[29] Die Erörterung der Rolle des Adels beschränkte sich dagegen zumeist auf sein vorgeblich lediglich reaktives Handeln im Rahmen seines Bestrebens zur Wahrung und Aufwertung seiner Privilegien

23 Vgl. Hoensch: Böhmen (Anm. 21), S. 199–210, 220–227; Bahlcke: Geschichte Tschechiens (Anm. 20), S. 47–51; Hans Sturmberger: Aufstand in Böhmen. Der Beginn des Dreißigjährigen Krieges. München, Wien 1959.

24 Martin Luther (Hg.): An den Christlichenn Adel deutscher Nation von des Christlichen standes besserung. Wittenberg 1520 (VD16 L 3759).

25 Ebd., Bl. M iv r.

26 Vgl. Peter Blickle: Die Reformation im Reich. Stuttgart 2000 (UTB 1181), S. 93–101.

27 Vgl. ebd., S. 130.

28 Vgl. ebd., S. 173–180.

29 Vgl. Ernst Schubert: Fürstenreformation. Die Realität hinter einem Vereinbarungsbegriff. In: Enno Bünz, Stefan Rhein, Günther Wartenberg (Hg.): Glaube und Macht. Theologie, Politik und Kunst im Jahrhundert der Reformation. Leipzig 2005 (Schriften der Stiftung Luthergedenkstätten in Sachsen-Anhalt 5), S. 23–47; Blickle: Reformation (Anm. 26).

und Besitzstände. Dies betraf z. B. die Verwendung des Kirchenguts oder die Gefahr des Wegfalls von Pfründen sowie von Versorgungsmöglichkeiten für unverheiratete Töchter in Klöstern.[30]

Erst in jüngerer Zeit mehren sich die Stimmen, die den Begriff der *Adelsreformation* ins Spiel bringen und eine eingehendere Beschäftigung mit der Rolle des Adels anmahnen.[31] Zwar war dieser nach 1523 nicht mehr auf der Reichsebene aktiv, doch verdienen das adlige Patronat bzw. die adlige Grund- oder Gutsherrschaft als kleinmaßstäbliche Wirkungsfelder niederadligen reformatorischen Handelns durchaus größere Beachtung.

Darüber hinaus müssen die stärker von ständischer Herrschaft geprägten Staaten Ostmitteleuropas gesondert betrachtet werden. Besonders im vorweißenbergischen Böhmen als einem klassischen Ständestaat[32] mit seinen großen adligen Freiheiten hatten die Ritter und Herren einen Einfluss auf die Konfession ihrer Untertanen, der mit Sicherheit weit über das im Reich übliche Maß hinausging.[33]

Insgesamt gesehen ist für das Thema ‚Adel und Reformation' ein ausgeprägtes Forschungsdesiderat zu konstatieren. Untersucht wurde z. B. die schon erwähnte ritterschaftliche Bewegung unter Franz von Sickingen.[34] Daneben existieren diverse biografische Skizzen[35] sowie kleinere Beiträge mit regionalem Bezug.[36] Eine umfassendere Darstellung zur Rolle des Adels in der Reformationszeit bzw. im konfessio-

---

30 Vgl. Martina Schattkowsky: Adel und Reformation. Grundherrliches Engagement zur Konfessionsbildung im ländlichen Raum. In: Winfried Müller (Hg.): Perspektiven der Reformationsforschung in Sachsen. Ehrenkolloquium zum 80. Geburtstag von Karlheinz Blaschke. Dresden 2008 (Bausteine aus dem Institut für Sächsische Geschichte und Volkskunde 12), S. 125–133, hier S. 126; Dies.: Zwischen Rittergut, Residenz und Reich. Die Lebenswelt des kursächsischen Landadligen Christoph von Loß auf Schleinitz (1574–1620). Leipzig 2007 (Schriften zur sächsischen Geschichte und Volkskunde 20), S. 138.

31 Vgl. Schubert: Fürstenreformation (Anm. 29), S. 24; Schattkowsky: Adel und Reformation (Anm. 30), S. 126.

32 Vgl. Hugo Weczerka (Hg.): Stände und Landesherrschaft in Ostmitteleuropa in der Frühen Neuzeit. Marburg 1995 (Historische und landeskundliche Ostmitteleuropa-Studien 16); speziell zu Böhmen z. B. Eberhard: Stände, Herrscher und Religion (Anm. 4) sowie Ders.: Monarchie und Widerstand (Anm. 4).

33 Vgl. Mat'a: Prolegomena (Anm. 8), S. 328–331.

34 Vgl. z. B. Volker Press: Franz von Sickingen – Wortführer des Adels, Vorkämpfer der Reformation und Freund Huttens. In: Ders.: Adel im Alten Reich. Tübingen 1998 (Frühneuzeit-Forschungen 4), S. 319–331.

35 Vgl. z. B. Horst Nieder: Eberhard von der Tann – Politiker und Gesandter im Dienst der Reformation. In: Jahrbuch der Hessischen Kirchengeschichtlichen Vereinigung 64 (2013) (Schwerpunktthema: Adel und Reformation), S. 67–87; J. Friedrich Battenberg: Eustachius von Görtz und die Reformation in der Herrschaft Schlitz: In: ebd., S. 89–107.

36 Vgl. z. B. Schattkowsky: Adel und Reformation (Anm. 30); die regionalen Skizzen in Volker Press: Adel, Reich und Reformation. In: Wolfgang J. Mommsen (Hg.): Stadtbürgertum und Adel in der Reformation. Studien zur Sozialgeschichte der Reformation in England und Deutschland. Stuttgart 1979 (Veröffentlichungen des Deutschen Historischen Instituts London 5), S. 330–383; Alexander Jendorff: Niederadel und Reformation in Hessen: eine Konflikt- oder eine Konsensgeschichte? In: Jahrbuch der Hessischen Kirchengeschichtlichen Vereinigung 64 (2013) (Anm. 35), S. 17–65.

nellen Zeitalter steht jedoch noch immer aus. Dies betrifft sowohl die einzelnen Territorien als auch das Reich als Ganzes.[37]

So stellt der 1979 von Volker Press veröffentlichte Beitrag *Adel, Reich und Reformation*[38] noch immer den Ausgangspunkt jeder wissenschaftlichen Beschäftigung mit dem Thema dar. Viel zitiert wurde vor allem Press' Dreistufenmodell zur Positionierung des landsässigen Adels und der Reichsritter zur lutherischen Reformation:[39] Phase 1 (bis ca. 1530): Spontane Einzelaktionen weniger Adliger; Phase 2 (bis ca. 1555): Abwarten des Großteils des Adels und vorsichtige Orientierung an den konfessionellen Entscheidungen des landesfürstlichen Umfelds; Phase 3 (ab 1555): Adlige Konfessionsbildung nach den Vorgaben des Augsburger Religionsfriedens.

Wie im nächsten Abschnitt zu zeigen sein wird, bietet dieses Modell auch für Böhmen Anwendungsmöglichkeiten, stößt jedoch aufgrund des böhmischen Sonderwegs im Rahmen der Auseinandersetzungen zwischen den Ständen und den Habsburgern auch an seine Grenzen.

5. Die Ausbreitung des Luthertums im böhmischen Adel

Die Ausbreitung des Luthertums im böhmischen Adel verlief weder schnell noch gleichmäßig, sondern in einem 40 bis 50 Jahre andauernden Prozess. Dabei zeichnen sich in chronologischer Abfolge zwei Kerngruppen adliger Lutheraner ab: zum einen die Lutheraner der ersten Stunde und zum anderen jene böhmischen Adligen, für die eine Hinwendung zur Wittenberger Reformation im Zuge der schnellen Ausbreitung des Luthertums in der zweiten Hälfte des 16. Jahrhunderts belegt ist. Beide Gruppen sollen im Folgenden betrachtet werden.

5.1 Lutheraner der ersten Stunde

Schon kurz nach Luthers Thesenanschlag 1517 erreichte seine Lehre auch das Königreich Böhmen. Vor allem zwei Familien zählten bereits sehr früh zu den Anhängern der Reformation: die Ritter von Salhausen und die Grafen Schlick. Dabei erfolgten die konfessionellen Initiativen jeweils unabhängig voneinander. Kontakte zwischen beiden Familien sind nicht bekannt. Entsprechenden lutherischen Netz-

37 Das Königreich Böhmen stellt hier insofern eine Ausnahme dar, als die Rolle des Adels in der hussitischen Revolution sehr gut untersucht ist, vgl. z. B. František Šmahel: Die Hussitische Revolution. Bd. 1–3. Hannover 2002.

38 Vgl. Press: Adel, Reich und Reformation (Anm. 36), S. 380f.

39 Vgl. ebd.; Richard J. Ninness: Volker Press' „Adel, Reich und Reformation" aus der Sicht des 21. Jahrhunderts und neue Perspektiven für die Erforschung der Reichsritterschaft. In: Jahrbuch der Hessischen Kirchengeschichtlichen Vereinigung 64 (2013) (Anm. 35), S. 109–125; eine gute Zusammenfassung bei Schattkowsky: Adel und Reformation (Anm. 30), S. 125f.

werken[40] standen wohl räumliche Distanzen (Schlick: Nordwestböhmen, Salhausen: Nordböhmen) und Standesunterschiede (Schlick: Grafen- und böhmischer Herrenstand, Salhausen: böhmischer Ritterstand) entgegen.

Schon 1518 sollen die Brüder Hans, Friedrich (um 1489–1562) und Wolf (gest. um 1543)[41] von Salhausen im drei Jahre zuvor erworbenen Bensen/Benešov nad Ploučnicí lutherische Prediger unterhalten haben.[42] Wenig später ließen die Grundherren auch in ihrer an der Elbe gelegenen Stadt Tetschen evangelisch predigen.[43] Dies wurde von den Untertanen jedoch keinesfalls einhellig begrüßt. Im Gegenteil: Die Ablehnung war groß.[44] (Näheres hierzu im Abschnitt „Durchsetzung des Luthertums auf den adligen Grundherrschaften".) Der Streit gipfelte in einer in der medialen Öffentlichkeit geführten Auseinandersetzung, die in vier Flugschriften dokumentiert ist.[45] An einem Schreiben Hans von Salhausens an den böhmischen König Ferdinand I. wird das Selbstverständnis des Patronatsherrn erkennbar: „Ich bekenne, das ich meynem volck zu Tetzschen mit grossen Fleiß (wie ich denn zu tůn schuldig bynn) eynen prediger des wortt Gottis verordent habe."[46] Dieses Zitat macht deutlich: Die frühe Reformation auf den salhausischen Herrschaften war eine obrigkeitliche Reformation, eine klassische *Adelsreformation*,[47] die von den Grundherren initiiert und notfalls auch gegen den Willen der Gemeinde durchgesetzt wurde.

Anders war dies auf den Herrschaften der Grafen Schlick. In die blühenden schlickischen Bergstädte im böhmischen Erzgebirge wie St. Joachimsthal, Abertham/Abertamy oder Graslitz/Kraslice kamen Bergleute und andere Arbeitssuchende in großer Zahl aus dem benachbarten Sachsen und brachten von dort die reformatorischen Ideen Martin Luthers mit.[48] Die Herrschaften der Grafen Schlick füllten sich mit Menschen, die ihre Heimat verlassen hatten, um ihr Glück in der Fremde zu suchen. Es sammelten sich dort also Charaktere, die besonders offen für Neues waren. Gleichzeitig trafen diese in den neu gegründeten Bergbauorten aber auf relativ wenig etablierte Strukturen und Traditionen. Eine solche Gemengelage war der

---

40 In Sachsen existierten solche frühen lutherischen Verwandtschaftsnetzwerke z. B. zwischen den Familien von Schleinitz und von Rechenberg, vgl. Schattkowsky: Rittergut, Residenz und Reich (Anm. 30), S. 145f.

41 Vgl. Anm. 2.

42 Vgl. Böhm (Hg.): Schlegel's Chronik (Anm. 13), S. 34f.

43 Vgl. z. B. Wolkan: Reformationsgeschichte, Tl. 4 (Anm. 10), S. 4f.

44 Vgl. z. B. Paudler: Zwei alte Drucke (Anm. 1), S. 149f.

45 Vgl. ebd., S. 146–156; Rudolf Wolkan: Alte Drucke. In: Mitteilungen des Nordböhmischen Excursions-Clubs 11 (1888), S. 329.

46 Blochinger (Hg.): Clag an konigliche Maiestet (Anm. 1), Bl. C iii r.

47 Vgl. Schubert: Fürstenreformation (Anm. 29), S. 24.

48 Vgl. Frind: Kirchengeschichte (Anm. 10), S. 379; Hlaváček: Grenzraum (Anm. 6), S. 85f., 88–91; Heribert Sturm: Der erzgebirgische Bergbau im 16. Jahrhundert. In: Probleme der böhmischen Geschichte. Vorträge der wissenschaftlichen Tagung des Collegium Bohemicum in Stuttgart vom 29. bis 31. Mai 1963. München 1964 (Veröffentlichungen des Collegium Carolinum 16), S. 31–47, hier S. 33.

ideale Ausgangspunkt für die Ausbreitung der Reformation ‚von unten'.[49] Anders als im Fall der salhausischen Herrschaften kann hier von einer *Gemeindereformation*[50] gesprochen werden. Jedoch griffen die Grafen Schlick schon früh diese Strömungen auf und beförderten sie nach Kräften. So setzte Sebastian Graf Schlick, Herr zu Elbogen/Loket, schon 1521 einen lutherischen Prediger ein und verordnete seinen Untertanen eine Kirchenordnung „geläutert von den alten Ceremonien als wider Gottes Ehre und der Seelen Seligkeit."[51]

Bei Anwendung der oben vorgestellten Kategorisierung von Volker Press sind die reformatorischen Aktivitäten der Familien Schlick und Salhausen der Phase 1 des Modells zuzuordnen: Zu einem sehr frühen Zeitpunkt im Reformationsgeschehen setzten sie sich aktiv für das Luthertum ein und standen damit relativ allein da. Warum aber diese besondere Positionierung? Was zeichnete diese Familien aus? Was unterschied sie von der Mehrheit des böhmischen Adels? Drei Punkte fallen auf.

Erstens: Kontakt mit Martin Luther. Auffällig ist, dass Vertreter beider Familien mit Wittenberg in Verbindung standen. Zweimal bat Wolf von Salhausen den Reformator schriftlich um ein Urteil in theologischen Streitfragen, die auf seinen Herrschaften die Gemüter erhitzten.[52] Auch mehrere Mitglieder der Grafen Schlick standen in persönlichem oder brieflichem Kontakt mit ihm oder seinem Umfeld.[53] Umgekehrt war das Vertrauen des Wittenbergers offenbar so groß, dass er sich bei Sebastian Graf Schlick auf Elbogen, den er als den „allerchristlichsten Laien" bezeichnete, eine sichere Zuflucht im Falle einer Bedrohung erbat. Diesem widmete er auch seine Schrift *Contra Henricum Regem Angliae*.[54]

Zweitens: Aufsteigergeschlechter mit einer Außenseiterposition. Die Ursachen für den reformatorischen Alleingang der Grafen Schlick und der Ritter von Salhausen müssen wohl in besonderen sozialen Konstellationen gesucht werden: Beiden Familien war gemeinsam, dass ihr jeweiliger sozialer Status keinesfalls fest etabliert, sondern im Gegenteil neu und instabil war. Der parvenühafte Aufstieg der Familie Schlick aus dem Patriziat der Stadt Eger/Cheb in den Adel im 15. Jahrhundert, verbunden mit dem Erwerb eines dubiosen und mit keiner realen Herrschaftsausübung verbundenen italienischen Grafentitels (Grafschaft Bassano), bedingte einen Man-

49 Vgl. Blickle: Reformation (Anm. 26), S. 126.

50 Vgl. ebd., S. 173.

51 Vgl. Frind: Kirchengeschichte (Anm. 10), S. 376f.; zitiert nach ebd.; Jiří Just: Luteráni v našich zemích do Bílé hory [Die Lutheraner in unseren Ländern bis zur Schlacht am Weißen Berg]. In: Just, Nešpor, Matějka u. a.: Luteráni (Anm. 5), S. 23–126, hier S. 51.

52 Vgl. Sendbrieve Errn Wolffen von Salhausen an D. Mart. Luth. In: Der Neundte | Teil der Buecher des Ehrnwir=| digen Herrn D. Martini Lutheri. Wittenberg 1590, Bl. 198 r–198 v; Ein ander Schrifft Errn Wolffen von Salhausen / an D. Mart. Luth. In: ebd., Bl. 198 v–199 r.

53 Vgl. Miroslava Durajová, Rostislav Smíšek (Hg.): Hieronymus der Ältere Schlick: Das Tagebuch. Eine Selbstdarstellung aus den Jahren 1580–1582. České Budějovice 2008 (Prameny k českým dějinám 16.–18. století. Documenta res gestas Bohemicas saeculorum XVI.–XVIII. illustrantia, Řada/Ser. B, Svazek/Vol. II), S. 72.

54 Vgl. Martin Luther: Contra Henricum Regem Angliae. Wittenberg 1522 (VD16 L 4244), Bl. A i v, A ii v.

gel an Akzeptanz im böhmischen Adel. Das Verhältnis zur Mehrheit der Ritter und Herren des Königreichs war deshalb gestört. Entsprechend nahm die Familie auch kaum an den böhmischen Ständeversammlungen teil. Wenn sich ihre Integration im Laufe des 16. Jahrhunderts auch verbesserte,[55] so ist noch für die 1520er-Jahre und danach von einer deutlichen Außenseiterposition der Grafen Schlick auszugehen.[56]

Ähnliches gilt für die Ritter von Salhausen. Noch Mitte des 15. Jahrhunderts waren sie eine unbedeutende, nicht sehr vermögende sächsische Niederadelsfamilie[57] mit einem regional begrenzten Aktionsradius. Sie zählten keinesfalls zur Spitzengruppe des sächsischen Adels. Über einen Zugang zum wettinischen Hof- und Fürstendienst verfügten sie nicht.[58] Umso bemerkenswerter war die 1487 erfolgte Wahl des Johannes von Salhausen (1444–1518) zum Bischof von Meißen. Johannes VI. war ein sehr begabter Wirtschafter.[59] Als solcher förderte er auch seinen Bruder Georg und dessen Söhne, die schon erwähnten Hans, Wolf und Friedrich von Salhausen, nach Kräften. Im Jahr 1516 bekannte der Bischof, er sei seit 50 Jahren der Vermögensverwalter seiner Verwandten gewesen.[60] Wenn auch die genauen Umstände unklar bleiben, so ist davon auszugehen, dass Johannes VI. seinen Neffen den Güterankauf in Böhmen ermöglichte. Ein anonymer Zeitgenosse schrieb: „Der Bischof hat viele Güter den [...] Neffen gegeben; denn vorher waren sie arm und in seiner Zeit fingen sie an so reich zu werden, dass sie sowohl die Herrschaft wie die Burg Tetschen mit ihren Zugehörungen kauften, weil sie die Zahlung von dem Bischof völlig erhielten."[61] Der Kaufpreis für die Herrschaften Tetschen, Sperlingstein/Vrabinec, Kamnitz/Česká Kamenice und Scharfenstein/Šarfenštejn (mit Bensen) betrug

55 Die Grafen Schlick waren in den 1520er-Jahren mit den mächtigen Herren von Rosenberg befreundet und Parteigänger des einflussreichen Obersthurggrafen Zdeněk Lev von Rožmitál (um 1470–1535), vgl. Eberhard: Konfessionsbildung und Stände (Anm. 4), S. 229f.

56 Vgl. Uwe Tresp: Zwischen Böhmen und Reich, Ständen und Königtum. Integration und Selbstverständnis der Grafen Schlick in Böhmen um 1500. In: Eva Schlotheuber (Hg.): Böhmen und das Deutsche Reich: Ideen- und Kulturtransfer im Vergleich (13.–16. Jahrhundert). München 2009 (Veröffentlichungen des Collegium Carolinum 116), S. 177–202, hier S. 179–189; Durajová: Schlick-Tagebuch (Anm. 53), S. 20–24.

57 Vgl. Codex Diplomaticus Saxoniae Regiae, Zweiter Haupttheil. Bd. 3: Urkundenbuch des Hochstifts Meißen. Hg. v. Ernst Gotthelf Gersdorf. Leipzig 1867, S. XVI.

58 Vgl. Uwe Schirmer: Der Adel in Sachsen am Ende des Mittelalters und zu Beginn der Frühen Neuzeit. Beobachtungen zu seiner Stellung in Wirtschaft und Gesellschaft. In: Katrin Keller, Josef Matzerath (Hg.): Geschichte des sächsischen Adels. Köln, Weimar u.a. 1997, S. 53–70, hier S. 62.

59 Vgl. ebd.; Ders.: Der Verwaltungsbericht des Bischofs Johannes von Meißen aus dem Jahr 1512. Johannis de Salhausen XLII. Episcopi administrationis epitome (Mit Edition). In: Neues Archiv für sächsische Geschichte 66 (1995), S. 69–101, hier v. a. S. 69–78; zu Bischof Johannes VI. von Salhausen vgl. auch Julius Leopold Pasig: Johannes VI. Bischof von Meißen. Ein Beitrag zur Sächsischen Kirchen- und Landesgeschichte. Leipzig 1867.

60 Vgl. Jahnel: Großpriesen (Anm. 2).

61 Vgl. Codex Diplomaticus II/3 (Anm. 57), S. XVf.; Übersetzung nach Jahnel: Großpriesen (Anm. 2), S. 84.

70.000 Schock Groschen[62] – eine enorme Summe, deren Zahlung entgegen den Angaben des unbekannten Chronisten aber schließlich wohl doch zu einer großen, außer Kontrolle geratenden Verschuldung der Brüder bei ihren Gläubigern in Meißen führte.[63] Hans, Wolf und Friedrich waren jedoch ambitionierte junge[64] Adlige, die ihre neu erworbene grundherrliche Stadt Bensen trotz prekärer Finanzsituation zu einer Art Residenz mit zwei neuen Renaissanceschlössern ausbauten.[65] So wie auch die Grafen Schlick um Anerkennung rangen, war dies sicher ebenfalls ein Versuch, ihren neu erlangten Status zu manifestieren und Akzeptanz bei den böhmischen Standesgenossen zu erlangen. Denn über letztere verfügten die Salhausen-Brüder in den ersten böhmischen Jahren ab 1515 sicher nicht: Mit dem Erwerb des Inkolats gehörten sie zwar dem Ritterstand des Königreichs an,[66] jedoch muss ihnen die böhmische Adelsgesellschaft zunächst eher fremd gewesen sein. Zusätzlich war ihr Status auch im (albertinischen) Sachsen durch eine massive Verschuldung gefährdet. Auch bei den Rittern von Salhausen ist also von einer Außenseiterposition auszugehen.

Die isolierte Situation in der böhmischen Adelslandschaft und die damit verknüpfte relative Bindungslosigkeit beider Geschlechter brachte Nachteile und soziale Kränkungen mit sich. Sie trug aber wohl auch die Freiheit in sich, sich aus einer reinen Gewissensentscheidung heraus schon sehr früh dem Luthertum zu öffnen.

---

62 Vgl. Böhm (Hg.): Schlegel's Chronik (Anm. 13), S. 34. Der in der böhmischen Landtafel (NA Prag, DZ 84 C 23) genannte Betrag von ca. 8.000 Schock Groschen ist wohl nur als Abschlag auf die Kaufsumme zu verstehen. Dafür spricht auch die Tatsache, dass der Verkäufer Nikolaus Trčka von Lípa die Herrschaften nur drei Jahre zuvor für 60.000 Schock Groschen erworben hatte, vgl. Emil Neder: Ankauf der Salhausen in Böhmen am 24. Juli 1515. In: Mitteilungen des Nordböhmischen Exkursions-Klubs 27 (1904), S. 60–63, hier S. 60–62.

63 Vgl. Hauptstaatsarchiv Dresden, Genealogica 171: Salhausen, Derer von Saalhausen zu Tetzschen und Welen Schuldwesen bel. 1513–1522, Nr. 137; vgl. auch Jahnel: Großpriesen (Anm. 2), S. 85. Zu den Umständen der genannten Schuldensache vgl. die am Institut für Sächsische Geschichte und Volkskunde e. V. in Dresden im Entstehen begriffene Dissertation des Autors mit dem Titel *Standesgleich und landesfremd. Adel im sächsisch-böhmischen Grenzraum (16./17. Jahrhundert)*. Das Verfassen dieser Arbeit wurde ermöglicht durch ein Immanuel-Kant-Promotionsstipendium. Vgl. Verf.: „Daß wir umb unser Recht und Freyheiten bey E. Mayh. Gebürlichen Schuz suchen thun." Bürgerlicher Widerstand in der grundherrlichen Stadt Tetschen um 1600. In: Jahrbuch des Bundesinstituts für Kultur und Geschichte der Deutschen im östlichen Europa 20 (2012), S. 512–518.

64 Vgl. Jahnel: Großpriesen (Anm. 2), S. 83.

65 Vgl. Lenka Bobková: Rezidenční představy rytířů ze Salhausenu v severozápadních Čechách [Die Residenzvorstellungen der Ritter von Salhausen in Nordwestböhmen]. In: Václav Bůžek, Pavel Král: Aristokratické rezidence a dvory v raném novověku. České Budějovice 1999 (Opera Historica 7), S. 251–273; Dies.: Rezidence pánů ze Salhausenu v Benešově nad Ploučnicí. Příspěvek k podílu saské šlechty na kulturním obraze severozápadních Čech doby předbělohorské [Die Residenzstadt der Herren von Salhausen in Bensen. Ein Beitrag zum Anteil des sächsischen Adels am kulturellen Erscheinungsbild Nordwestböhmens im vorweißenbergischen Zeitalter]. In: Michaela Kokojanová (Red.): Měšťané, šlechta a duchovenstvo v rezidenčních městech raného novověku (16.–18. století). Sborník příspěvků z konference uspořádané v Prostějově ve dnech 25.–27. dubna 1995. Prostějov 1997, S. 428–440.

66 Vor 1616 wurden die von Salhausen in den Herrenstand aufgenommen, vgl. Karl Richter: Die böhmischen Länder von 1471–1740. In: Karl Bosl (Hg.): Handbuch der Geschichte der böhmischen Länder. Stuttgart 1974, S. 97–412, hier S. 243.

Drittens: Verbindungen nach Sachsen: Da die lutherische Reformation von Sachsen aus ihren Ausgang nahm, sollen schließlich noch die Beziehungen zu diesem Nachbarland Beachtung finden. Sowohl bei den Grafen Schlick als auch bei den Rittern von Salhausen lassen sich bezüglich des Konnubiums keine eindeutigen Orientierungen feststellen. Das Konnubium war teilweise böhmisch, teilweise sächsisch. Letzteres dürfte die Kommunikation mit dem Mutterland der Reformation gefördert haben.[67]

Daneben verdienen aber vor allem die sonstigen Verbindungen nach Sachsen besondere Aufmerksamkeit. Für die Grafen Schlick ist seit der ersten Hälfte des 15. Jahrhunderts eine deutliche Orientierung auf den wettinischen Herrschaftsbereich festzustellen. So war Leipzig der bevorzugte Studienort des Geschlechts, und die Grafen hielten auch verschiedene sächsische Besitzungen, beispielsweise 1447 bis 1473 die Herrschaft Stollberg im Erzgebirge.[68] Unter diesen Umständen erreichte das reformatorische Gedankengut Martin Luthers die Familie natürlich besonders rasch. Die Nähe der Grafen Schlick zu Sachsen äußerte sich aber hauptsächlich in einer engen Bindung an die Wettiner. Die jungen Männer der Familie traten bevorzugt in sächsische Hofdienste. Im Rahmen eines Schutzverhältnisses erhielt das Geschlecht Unterstützung gegen konkurrierende Adelsfamilien wie die Herren von Plauen. 1471 und 1504 schickte Sachsen sogar Truppen zu ihrer Unterstützung

67 Die Männer aus dem Hause Schlick verbanden sich mit Partnerinnen sowohl aus dem deutschen als auch aus dem böhmischen Adel. Von Bedeutung scheint dabei vor allem die Herkunft der Ehepartnerinnen aus dem Grafen- bzw. dem Herrenstand gewesen zu sein. Naturgemäß musste es den Grafen Schlick mit ihren großen Ambitionen bei gleichzeitig unsicherem Rang in der böhmischen Ständegesellschaft ein besonderes Anliegen sein, ihren Stand durch entsprechende Heiraten zu betonen. Die Ritter von Salhausen pflegten ebenfalls ein sowohl böhmisches als auch sächsisches Konnubium. Besondere Orientierungen darüber hinaus sind nicht zu erkennen. Bemerkenswert erscheint immerhin, dass die Konfession für die Wahl der Ehepartner bzw. -partnerinnen offenbar mitunter keine große Rolle spielte. So heiratete der offen das Luthertum unterstützende Hans von Salhausen um das Jahr 1526 Anna von Bünau (1505–nach 1567), die Tochter des überzeugten Katholiken Rudolf von Bünau (gest. um 1540). Dieser Befund korrespondiert mit Forschungsergebnissen, die nahelegen, dass gemischtkonfessionelle Ehen im böhmischen Adel im 16. Jahrhundert keine Seltenheit waren, vgl. die Beispiele in Jahnel: Großpriesen (Anm. 2), S. 88f. sowie Tresp: Zwischen Böhmen und Reich (Anm. 56), S. 190; zu gemischtkonfessionellen Ehen allgemein vgl. Martin Arnold: Ehe und Familie. In: Martina Schattkowsky (Hg.): Adlige Lebenswelten in Sachsen. Kommentierte Bild- und Schriftquellen. Köln, Weimar u. a. 2013, S. 70–77, hier S. 74; Ders.: Adel im sächsisch-böhmischen Grenzraum. Lebenswelten im Spannungsfeld konfessioneller und politischer Gegensätze. In: Martina Schattkowsky (Hg.): Das Erzgebirge im 16. Jahrhundert. Gestaltwandel einer Kulturlandschaft im Reformationszeitalter. Leipzig 2013 (Schriften zur sächsischen Geschichte und Volkskunde 44), S. 297, Fußnote 105; Mat'a: Prolegomena (Anm. 8), S. 325; Václav Bůžek, Pavel Král, Zdeněk Vybíral: Der Adel in den böhmischen Ländern (1526–1740). Stand und Tendenzen der Forschung. In: Anzeiger der philosophisch-historischen Klasse der Österreichischen Akademie der Wissenschaften 137 (2002), S. 55–98, hier S. 83; Hrdlička: Konfessionalisierung (Anm. 7), S. 77.

68 Vgl. Uwe Tresp: Nachbarschaft zwischen Erbeinung und Hegemoniestreben. Die Wettiner und das jagiellonische Böhmen 1471–1490. In: Miloš Řezník (Hg.): Grenzraum und Transfer. Perspektiven der Geschichtswissenschaft in Sachsen und Tschechien. Berlin 2007 (Chemnitzer Europastudien 5), S. 33–67, hier S. 60.

nach Nordböhmen.[69] Mit dem Aufblühen des Silberbergbaus traten dann die wirtschaftlichen Beziehungen in den Vordergrund. Die Grafen Schlick orientierten sich an der sächsischen Münze und ließen zu diesem Zweck ihre unter Aufsicht eines sächsischen Münzmeisters geprägten „Joachimsthaler" in Leipzig zur Probation vorlegen.[70] Wie das Bekenntnis zum Luthertum die Beziehungen der Grafen Schlick zu den Wettinern beeinflusste, ist derzeit noch ein Forschungsdesiderat. Denkbar wären eine Abkühlung des Verhältnisses zur bis 1539 katholisch bleibenden albertinischen Linie der Wettiner und eine Fokussierung auf die lutherischen Ernestiner. Ein 1526 zwischen Stephan Graf Schlick (1487–1526) und dem ernestinischen Fürsten Johann (dem Beständigen, 1468–1532) abgeschlossener Dienstvertrag (einschließlich einer Zusicherung rechtlichen und militärischen Beistands durch den Wettiner) spricht jedenfalls für eine große Nähe zu dem lutherischen Kurfürsten.[71] Und noch 1544/45 sollen die Grafen Schlick bei Johann Friedrich I. (dem Großmütigen, 1503–1554) im Konflikt mit dem böhmischen König um die Münzordnung um Hilfe nachgesucht haben.[72]

Auch die Ritter von Salhausen verbanden aufgrund ihrer Herkunft enge Beziehungen mit Sachsen. Zugang zum wettinischen Fürstendienst hatten sie aber aufgrund ihrer in ihrem Herkunftsland eher geringen Bedeutung nicht. Entsprechend sind aus den 1520er- und 1530er-Jahren keine Dienstverhältnisse mit den Wettinern bekannt. Jedoch berichten die Quellen, dass Hans und Wolf von Salhausen 1521 persönlich vor Kurfürst Friedrich (dem Weisen, 1463–1525) und seinem Bruder erschienen, um diese um Fürsprache bei dem katholischen Albertiner Herzog Georg (dem Bärtigen, 1471–1539) zu bitten, auf dass sie „aus der ungnade, darynne sie yzo hafften", entlassen würden.[73] Ob neben der oben erwähnten hohen Verschuldung auch das lutherische Bekenntnis der Brüder für die Verärgerung Georgs verantwortlich war, muss offenbleiben. Ein Zusammenhang ist jedoch gut vorstellbar.

Das Engagement für das Luthertum könnte sich für die Grafen Schlick und die bis dahin eher ‚hof-ferne' Familie von Salhausen in Form einer besonderen Orientierung auf die Ernestiner ausgewirkt haben. Das Bekenntnis zum Luthertum begünstigte den Aufbau von Klientel- und Patronagebeziehungen zu diesem Fürstenhaus.

Zusammenfassend ist zu sagen: Die Ritter von Salhausen und die Grafen Schlick zählten zu den ‚Lutheranern der ersten Stunde', die sich schon in den frühen Jahren nach dem Thesenanschlag 1517 zur deutschen Reformation bekannten. Sie sind damit nach Volker Press dem Typus jener Adligen zuzurechnen, die sich an exponierter Stelle aktiv für das Luthertum einsetzten und damit in ihrem Umfeld weitgehend al-

69 Vgl. Tresp: Zwischen Böhmen und Reich (Anm. 56), S. 193; Ders.: Nachbarschaft (Anm. 68), S. 58–65.

70 Vgl. Adolf Jäger: Die Münzprägungen der Grafen Schlick. In: Berliner Numismatische Zeitschrift 6 (1954), Sonderdruck, zusammengestellt aus H. 17 und 18, S. 2, http://www.coingallery.de/Texte/PDF/Schlick.pdf.

71 Vgl. Tresp: Nachbarschaft (Anm. 68), S. 60f.

72 Vgl. Eberhard: Monarchie und Widerstand (Anm. 4), S. 391.

73 Vgl. Hauptstaatsarchiv Dresden, Genealogica 171: Salhausen, Derer von Saalhausen zu Tetzschen und Welen Schuldwesen bel. 1513–1522, Nr. 137.

lein standen. Diese besondere Positionierung beider Familien kann im Zusammenhang mit ihrer Situation als adlige Aufsteigergeschlechter mit einer Außenseiterrolle gesehen werden. Intensive Kommunikation und Interaktion mit Sachsen sorgten für einen besonders frühen Kontakt mit der neuen Lehre. In mehreren Fällen resultierte Letzterer in einer persönlichen Korrespondenz mit Martin Luther. Das lutherische Engagement schlug sich nicht auffällig im Konnubium nieder, jedoch aber mutmaßlich in einer Orientierung auf die sächsischen Ernestiner.

5.2 Hinwendung zur Wittenberger Reformation im Zuge der schnellen Ausbreitung des Luthertums in der zweiten Hälfte des 16. Jahrhunderts

Bis um 1540 fand das Bekenntnis der Grafen Schlick und der Ritter von Salhausen zu Martin Luther – mit wenigen Ausnahmen[74] – keine Nachahmer unter den bekannten Geschlechtern des Königreichs. Dabei mangelte es unter diesen nicht an Familien, die durch ihre Herkunft besonders eng mit Sachsen, dem Mutterland der deutschen Reformation, verbunden waren und deshalb besonders leicht und früh in Kontakt mit dem Luthertum kommen konnten.

Die Geschlechter von Bünau und von Schleinitz zählten z. B. traditionell zur Spitzengruppe des sächsisch-albertinischen Adels.[75] Vertreter beider Familien wagten den Schritt nach Böhmen, blieben aber – zumindest im öffentlichen Erscheinen und Wirken – noch längere Zeit katholisch: 1481 hatte Hugold von Schleinitz die böhmische Herrschaft Schluckenau/Šluknov erkauft, vier Jahre später folgte Tollenstein/Rozhled. Die lutherische Reformation im „Schleinitzer Ländchen" erfolgte jedoch erst um 1550.[76] Oder ein weiteres Beispiel: Heinrich von Bünau (gest. um 1528) erwarb 1527 die Herrschaft Blankenstein/Blansko von Johann von Wartenberg. Sein Bruder Rudolf (gest. um 1540) folgte ihm 1534 nach Böhmen, wo er von dem schon bekannten Hans von Salhausen die Herrschaft Tetschen erwarb. Obwohl das reformatorische Gedankengut in Tetschen also schon mindestens seit 1522 verbreitet worden war (Näheres hierzu im Abschnitt „Durchsetzung des Luthertums

74 Einige Beispiele: Joachim von Biberstein, Besitzer von Reichenberg/Liberec, Friedland und Seidenberg/Zawidów, erließ 1535 den Befehl, dass alle Bürger von Reichenberg den lutherischen Glauben annehmen müssten. Sein Erbe Christoph von Biberstein wendete sich ab 1544 wieder gegen das Luthertum, vgl. Frind: Kirchengeschichte (Anm. 10), S. 415f.; wohl unter dem Einfluss seiner Frau Anna von Salhausen ließ Prokop von Wartenberg auf Kamnitz/Česká Kamenice ab 1532 auf seiner Herrschaft lutherisch predigen, vgl. Wolkan: Reformationsgeschichte, Tl. 3 (Anm. 10), S. 5f.; der böhmische Kanzler Johannes Pflug von Rabstein (gest. 1537) duldete (und förderte?) das Luthertum in dem ihm verpfändeten Stift Tepl, vgl. Frind: Kirchengeschichte (Anm. 10), S. 381f.; vgl. außerdem Hrdlička: Konfessionalisierung (Anm. 7), S. 86.

75 Vgl. Schattkowsky: Rittergut, Residenz und Reich (Anm. 30), S. 49.

76 Vgl. Wolkan: Reformationsgeschichte, Tl. 5 (Anm. 10), S. 3, 14f., 26; Frind: Kirchengeschichte (Anm. 10), S. 414, 417–421.

auf den adligen Grundherrschaften"), unterdrückten die Ritter von Bünau die neue Konfession vorerst und schlossen sich erst nach 1550 der Reformation an.[77]

Doch auch unter dem alteingesessenen böhmischen Adel fanden sich Geschlechter, die, genau wie die Grafen Schlick, dem sächsischen Nachbarland besonders eng verbunden waren, sich aber bis zur Mitte des Jahrhunderts nicht zum Luthertum bekannten. Die Familie Hassenstein von Lobkowicz, ab 1479 dem Herrenstand zugehörig, war unter anderem im Besitz der Herrschaft Hassenstein-Pressnitz/Hasištejn-Přísečnice, die unmittelbar an Sachsen grenzte. Der Kontakt mit Sachsen und zum wettinischen Fürstenhaus, aber auch der Kulturaustausch mit dem Nachbarland hatten in der Familie eine lange Tradition. Der berühmte Humanist Bohuslav Hassenstein von Lobkowicz (1461–1510) korrespondierte mit zahlreichen sächsischen Gelehrten. Martin Luther und Philipp Melanchthon (1497–1560) entliehen sich später zahlreiche Bücher aus der von ihm hinterlassenen umfangreichen Bibliothek nach Wittenberg. Bohuslavs Neffe Sigmund (gest. 1546) war Rektor der Universität Wittenberg. Sein Verwandter Jaroslaus Hassensteiner von Lobkowicz ließ zwischen 1520 und 1530 das Presbyterium der Franziskanerkirche der Vierzehn heiligen Nothelfer in Kaaden/Kadaň von Künstlern der Wittenberger Cranach-Werkstatt ausmalen. Das theologische Programm dieser Bilderfolge war jedoch noch kein lutherisches, denn Jaroslav und seine Frau Margaretha, eine geborene von Plauen aus dem Haus der Burggrafen von Meißen, waren keine Lutheraner. Stattdessen hingen sie dem erasmianischen Konzilianismus an,[78] einer reformkatholischen Strömung, der z. B. auch viele Räte am Dresdner Hof verbunden waren.[79] Erst nach dem Tod Georgs 1539 wandten sich dann auch die Hassensteiner von Lobkowicz der Reformation zu.[80]

Viele weitere Beispiele für eine verzögerte Öffnung böhmischer Adelsfamilien zum Luthertum trotz ihrer Kontakte nach Sachsen ließen sich anführen. Der Befund scheint klar: Abgesehen von sehr wenigen, oft instabilen Einzelfällen bekannte sich die Mehrzahl des böhmischen Adels erst ab der Mitte des 16. Jahrhunderts zum Luthertum und begann, die neue Konfession auf den Herrschaften durchzusetzen bzw. aktiv zu fördern. Die Gründe hierfür sind mehrschichtig.

Erstens: Anschluss an die Gemeindereformation*:* Wie oben beschrieben, kam es ab den 1550er-Jahren generell zu einer Durchsetzung der deutschen Reformation in Nord- und Westböhmen. Stimuliert wurde dieser Prozess durch einen verstärkten, von den adligen Gutsherren geförderten Zuzug von Glas- und Textilhandwer-

77 Vgl. Wolkan: Reformationsgeschichte, Tl. 4 (Anm. 10), S. 6–11; Frind: Kirchengeschichte (Anm. 10), S. 402.

78 Vgl. Hlaváček: Lobkowicz (Anm. 6); Friedrich Bernau: Hassenstein. Ein Beitrag zur Geschichte des Erzgebirges. Böhmisch Leipa 1893, S. 69–180.

79 Vgl. Schattkowsky: Rittergut, Residenz und Reich (Anm. 30), S. 142; Günther Wartenberg: Landesherrschaft und Reformation. Moritz von Sachsen und die albertinische Kirchenpolitik bis 1546. Gütersloh 1988 (Quellen und Forschungen zur Reformationsgeschichte 55), S. 140.

80 Vgl. Hlaváček: Lobkowicz (Anm. 6); Frind: Kirchengeschichte (Anm. 10), S. 386f.; Mat'a: Prolegomena (Anm. 8), S. 323.

kern aus lutherischen Gebieten.[81] Dieser beschleunigte sicher eine Durchsetzung des Luthertums ‚von unten', also eine Gemeindereformation,[82] der sich schließlich auch die adligen Grundherren anschlossen.

Zweitens: Überkonfessionelles Christentum: Der Historiker Josef Válka hat mit seinem Konzept eines „überkonfessionellen Christentums" ein Erklärungsangebot für das Funktionieren von gelebter und rechtlich verankerter Multikonfessionalität und religiöser Toleranz im Böhmen des 15. und 16. Jahrhunderts vorgelegt. Er geht davon aus, dass der Utraquismus aufgrund des Fehlens einer dazugehörigen Theologie eigentlich einen vorkonfessionellen Charakter trug. Mangels verpflichtender theologischer Dogmen entwickelten die Utraquisten und Katholiken Böhmens eine Kultur der religiösen Toleranz, die Züge eines überkonfessionellen Christentums annahm.[83] Volker Press' Begriff eines „konfessionellen Niemandslands", der die tiefe Religiosität der Reichsritter bei gleichzeitiger konfessioneller Indifferenz beschreibt, meint ein ähnliches Phänomen.[84] Beispielhaft für diese Haltung soll hier Johann von Pernstein (1487–1548) stehen, der 1542 schrieb: „Gern möchte ich sehen, dass überall Liebe und Einigkeit herrsche. Denn jene Unterschiede, die es unter uns gibt, sind nach meinem Verständnis und Dafürhalten keine Glaubensunterschiede. Vielmehr glaube ich, dass alle, die an Christus glauben, Christen sind."[85] Eine solche Grundhaltung könnte in Böhmen auch die Neigung des Adels, sich auf die Dogmen des Luthertums zu verpflichten, reduziert haben. Im nach 1550 einsetzenden Zeitalter der Konfessionalisierung (mit zunehmenden Tendenzen zu orthodoxen Einstellungen und starreren religiösen Festlegungen) verschwand diese Kultur der Überkonfessionalität zunehmend. Es folgte dann eine Festlegung des böhmischen Adels auf die verschiedenen Konfessionen, z. B. auf das Luthertum.

Drittens: Abwartende Haltung aufgrund der Nähe zum albertinischen Sachsen: Einige der im sächsisch-böhmischen Grenzraum ansässigen und stark nach Sachsen orientierten Familien, wie die genannten von Bünau, von Schleinitz und Hassenstein von Lobkowicz, gehörten zur sächsisch-albertinischen Klientel und waren

---

81 Vgl. Eberhard: Stände, Herrscher und Religion (Anm. 4), S. 127; Ders.: Gegenreformation (Anm. 4), S. 235f.

82 Vgl. Blickle: Reformation (Anm. 26), S. 126, 173–180.

83 Zitiert nach Josef Válka: Die „Politiques": Konfessionelle Orientierung und politische Landesinteressen in Böhmen und Mähren (bis 1630). In: Bahlcke, Bömelburg, Kersken (Hg.): Ständefreiheit und Staatsgestaltung (Anm. 4), S. 229–241, hier S. 234; vgl. außerdem ebd., S. 234–236; Mat'a: Prolegomena (Anm. 8), S. 313–317; Eberhard: Toleranz (Anm. 4), S. 63; Hrdlička: Konfessionalisierung (Anm. 7), S. 84f.

84 Vgl. Volker Press: Adel im Reich um 1600. In: Grete Klingenstein, Heinrich Lutz (Hg.): Spezialforschung und Gesamtgeschichte. Beispiele und Methodenfragen zur Geschichte der Frühen Neuzeit. München 1982 (Wiener Beiträge zur Geschichte der Neuzeit 8), S. 15–47, hier S. 28; Ninness: Volker Press' „Adel, Reich und Reformation" (Anm. 39), S. 110, 118f.

85 Vgl. Válka: „Politiques" (Anm. 83), S. 234.

durch Vorteile (Fürstendienste,[86] Wirtschaftsbeziehungen nach Sachsen[87] etc.) und sonstige Abhängigkeiten vor allem an den albertinischen Herzog Georg (und weniger an die lutherischen Ernestiner) gebunden. Dies äußerte sich in einer abwartenden Haltung und einer fortdauernden Orientierung an den jeweils geltenden religionspolitischen Entscheidungen im albertinischen Sachsen. Herzog Georg bekämpfte bis zu seinem Tod 1539 das Luthertum mit allen Mitteln. Lutherische Adlige waren angehalten, sein Herzogtum zu verlassen und entweder ihren Besitz zu verkaufen oder aber einen Verwalter mit der Wirtschaftsführung zu beauftragen.[88] Für die Zeitgenossen war aber gleichzeitig absehbar, dass sein Bruder Heinrich (der Fromme) (1473–1541) nach Georgs Tod die Reformation auch im albertinischen Sachsen einführen würde. Die Gruppe der in Böhmen ansässigen, aber stark auf das albertinische Sachsen orientierten Familien reagierte entsprechend abwartend.[89] In den Jahren nach dem Tod Georgs 1539 vollzogen sie dann die Einführung der lutherischen Reformation im albertinischen Sachsen auch auf ihren böhmischen Herrschaften nach. Bei erneuter Bezugnahme auf das Modell von Volker Press werden die Parallelen zu Phase 2 hier sehr deutlich: Ähnlich der Situation der Reichsritter verfügten auch die böhmischen Adligen über sehr weit gehende adlige Freiheiten, waren aber doch auch abhängig von ihren fürstlichen Nachbarn, warteten ab und orientierten sich an deren Entscheidungen.

Zusammenfassend ist zu sagen: In einer Kombination aus Aufgreifen der Gemeindereformation und den Auswirkungen einer böhmischen Sonderkultur des überkonfessionellen Christentums sowie durch Bezugnahme auf die religionspolitischen Entscheidungen im albertinischen Sachsen setzte sich das Luthertum im Adel Nord- und Westböhmens erst nach 1550 in größerem Maße durch. Seitdem aber hing die große Mehrheit des dort ansässigen Adels der lutherischen Konfession an.

---

86 Beispielsweise standen Vertreter der Tetschener Bünaus üblicherweise auch in sächsischen Diensten, so Heinrich von Bünau (1555–1614), von dem es heißt: „Bey dem […] Churfürsten Augusto zu Sachssen […] hat er sich viel Jahr auffgehalten / und ist […] in einer gar ansehnlichen Dienstsbestallung unterhalten worden", vgl. Klag und Trostpredigten / gehalten uber dem tödlichen abgang des […] Heinrichs von Bünau […]. Dresden 1615, Bl. K r. Auch sein Bruder Günther (1557–1619) und beider Vater Günther pflegten Kontakte zum Dresdner Hof, vgl. Elisabeth Schwarm: Adlige Frömmigkeit und Repräsentation – die Ausstattung der Kirche zu Lauenstein. Eine Stiftung Günther von Bünaus (1557–1619). In: Martina Schattkowsky (Hg.): Die Familie von Bünau. Adelsherrschaften in Sachsen und Böhmen vom Mittelalter bis zur Neuzeit. Leipzig 2008 (Schriften zur sächsischen Geschichte und Volkskunde 27), S. 413–435, hier S. 415.

87 Vgl. Miloslav Košťál: Příjmy děčínskěho panství v letech 1555–1614 [Die Einnahmen der Tetschener Herrschaft in den Jahren 1555–1614]. In: Z minulosti děčínska a českolipska III, S. 67–100 (deutsche Zusammenfassung: S. 99f.), hier S. 99.

88 Vgl. Helmar Junghans: Die Ausbreitung der Reformation von 1517 bis 1539. In: Ders. (Hg.): Das Jahrhundert der Reformation in Sachsen. Leipzig 2005, S. 37–67, hier S. 65.

89 Vgl. Frank Göse: Adlige Führungsgruppen in nordostdeutschen Territorialstaaten des 16. Jahrhunderts. In: Peter-Michael Hahn, Hellmut Lorenz (Hg.): Formen der Visualisierung von Herrschaft. Studien zu Adel, Fürst und Schlossbau vom 16. bis zum 18. Jahrhundert. Potsdam 1998 (Quellen und Studien zur Geschichte und Kultur Brandenburg-Preußens und des Alten Reiches 6), S. 139–210, hier S. 180.

6. Lutherische Adelsgeschlechter in Böhmen

Der Versuch, eine vollständige Liste der lutherischen Adelsfamilien in Böhmen zu erstellen, ist von vornherein zum Scheitern verurteilt. Er trägt die Gefahr in sich, eine Einordnung in Kategorien vorzunehmen, die der historischen Wahrheit nicht gerecht wird. Zumindest beim alteingesessenen böhmischen Adel ist die Grenze zwischen Linksutraquismus und Luthertum wohl nicht in jedem Fall klar zu ziehen. Die alten böhmischen Familien waren naturgemäß mit theologischen Inhalten der böhmisch-hussitischen Reformation mehr oder weniger vertraut. Es ist deshalb zu vermuten, dass es nahelag, Elemente des Luthertums mit diesen in Beziehung zu setzen und individuell eigene Glaubensüberzeugungen zu entwickeln. Darüber hinaus fand, wie oben beschrieben, in der zweiten Hälfte des 16. Jahrhunderts in Böhmen generell eine Annäherung von Utraquismus und Luthertum statt, die 1575 in der gemeinsamen Erarbeitung der stark an der Augsburger Konfession orientierten Confessio Bohemica bzw. 1609 in der Etablierung einer gemeinsamen Kirchenorganisation gipfelte. Wenn auch dadurch die Unterschiede zwischen den evangelischen Konfessionen keinesfalls aufgehoben wurden, so wurden durch diese Entwicklung doch die Gemeinsamkeiten betont. Auf die in diesem Zusammenhang ebenfalls relevante, von Josef Valká entwickelte Theorie eines überkonfessionellen Christentums in Böhmen wurde schon verwiesen. Die Neigung zur religiösen Toleranz ging zwar im anbrechenden konfessionellen Zeitalter nach 1550 immer mehr verloren,[90] jedoch waren ihre Auswirkungen auch in der zweiten Hälfte des 16. Jahrhunderts im religiösen Selbstverständnis des Adels sicher noch spürbar. Die Hinwendung zu einem orthodoxen Luthertum war für einen entsprechend geprägten böhmischen Herrn deshalb weniger naheliegend als z. B. für einen in Sachsen ansässigen Adligen. Insofern sagt auch das Anstellen lutherischer Pfarrer durch die Patronatsherren nur bedingt etwas über deren Haltung zu lutherischen Dogmen und zur zunehmenden religiösen Polarisierung aus. Es bleibt also festzuhalten: Linksutraquist oder Lutheraner – diese Unterscheidung ist oft schwer zu treffen und in Teilen anachronistisch.

Neben der schwierigen Operationalisierung des Begriffs ‚lutherischer Adel' stellt sich auch die Frage, ob der ausschließliche Bezug auf das gesamte Geschlecht bzw. auf die Gesamtheit der Agnaten – also auf jene Gruppe von Trägern des gleichen Namens, die eine durch Männer vermittelte Verwandtschaft verband[91] – sinnvoll ist. Durch einen derart einseitigen Fokus ist die Bedeutung der adligen Kernfamilie in der Forschung lange Zeit unterschätzt worden.[92] Vernachlässigt wurden dabei wichtige anthropologische Grundkonstanten: Nahe biologische Verwandtschaft, persönlicher Umgang, gemeinsame Erfahrungen und materielle Abhängigkeiten entfalte-

90 Vgl. Hrdlička: Konfessionalisierung (Anm. 7), S. 84f.

91 Vgl. Friederike von Gadow: Haus und Geschlecht bei den Bünaus. Soziale Strategien einer sächsischen Niederadelsfamilie im 18. Jahrhundert. In: Schattkowsky (Hg.): Die Familie von Bünau (Anm. 86), S. 215–245, hier S. 216f.

92 Vgl. Petr Maťa: Svět české aristokracie (1500–1700) [Die Welt des böhmischen Adels (1500–1700)]. Prag 2004, S. 573f.; Arnold: Ehe und Familie (Anm. 68), S. 75.

ten mit Sicherheit ebenfalls eine keinesfalls zu vernachlässigende, unter Umständen sogar stärkere Bindungskraft. Andererseits sind jedoch die Identität und Disziplin stiftenden Wirkungen von Geschlechtsverbänden gut belegt.[93] Wenn auch vielleicht kein komplettes Umdenken, so ist hier also eine Differenzierung erforderlich: Familien mit starker Kohäsion, festen Organisationsstrukturen und konfessionellen Festlegungen in Erbeinigungsverträgen standen Geschlechtern mit deutlich geringeren intrafamilialen Normierungen und Bindungen gegenüber. So bildete sich die jeweilige konfessionelle Positionierung also in einem Prozess, der die individuell vorhandenen Ziele, Erfahrungen, Bindungen und Verpflichtungen integrierte und gewichtete, heraus. Entsprechend war auch im vorweißenbergischen, multikonfessionell geprägten Böhmen eine eindeutige Orientierung der gesamten Familie auf das Luthertum zumindest nicht selbstverständlich. Stattdessen betraf die Hinwendung zur evangelischen Konfession oft nur einen Zweig des Geschlechts oder gar bloß einzelne Protagonisten. Weiterhin war auch die Konversion – ob aus opportunistischen oder aus Gewissensgründen – eine schon vor 1620 nicht selten gewählte Handlungsoption.[94]

Deshalb soll im Folgenden nur der Versuch gewagt werden, Gruppen von Hauptträgern des Luthertums zu charakterisieren. Eine wichtige Quelle für entsprechende Betrachtungen ist Anton Frinds *Kirchengeschichte Böhmens* (Band 4: *Die Administratorenzeit*)[95] aus dem Jahr 1878. Das aufwendig erstellte und – ungewöhnlich für die Entstehungszeit – ausführlich mit Quellenverweisen ausgestattete Werk bietet einen detailreichen Überblick über die Ausbreitung der Reformation in ganz Böhmen. Insbesondere enthält es eine über 50 Seiten umfassende Zusammenstellung der lutherischen Adelsgeschlechter Böhmens einschließlich der Vorstellung bedeutender Protagonisten aus diesen Familien. Für weitergehende Recherchen sei auf diese Sammlung hier nachdrücklich verwiesen.

Dem Luthertum wandte sich insbesondere der Adel derjenigen katholischen Randgebiete zu, die an deutschsprachige Territorien des Reichs grenzten, in denen die Reformation schon offiziell eingeführt worden war oder doch jedenfalls starke Verbreitung fand. Namentlich waren dies jene Regionen im Norden und Westen Böhmens, die Schlesien, der Oberlausitz, dem albertinischen und ernestinischen Sachsen, der Markgrafschaft Brandenburg-Kulmbach sowie der Oberpfalz benachbart waren.[96] Bis um 1580 führte ein Großteil der Patronatsherren in diesen Gebieten die neue Lehre ein. In dieser Zeit waren die katholischen Gemeinden dann in der deutlichen Minderzahl und die nördlichen und westlichen Grenzgebiete des Königreichs wurden konfessionell vom Luthertum bestimmt.[97]

---

93 Vgl. Gadow: Haus und Geschlecht (Anm. 91); Vicky Rothe: Geschlechts- und Familienordnungen. In: Schattkowsky (Hg.): Adlige Lebenswelten in Sachsen (Anm. 67), S. 85–95.

94 Vgl. Mat'a: Prolegomena (Anm. 8), S. 309–311.

95 Frind: Kirchengeschichte (Anm. 10).

96 Vgl. ebd., S. 376–431, v. a. S. 423; Heinrich Richard Schmidt: Konfessionalisierung im 16. Jahrhundert. München 1992 (Enzyklopädie deutscher Geschichte 12), S. 9f.; Winfried Müller: Die Oberlausitz in der Frühen Neuzeit (1526–1815). In: Ders., Lars-Arne Dannenberg, Edmund Pech, Swen Steinberg (Hg.): Oberlausitz. Leipzig 2011 (Kulturlandschaften Sachsens 4), S. 64–67.

97 Vgl. Frind: Kirchengeschichte (Anm. 10), S. 376–431.

Unterzieht man die Gruppe der lutherischen Adligen einer prosopographischen Analyse, so ist zu bemerken, dass sie um 1580 sowohl Mitglieder des Herren- als auch des ungleich zahlreicheren Ritterstands umfasste.[98] Wie sich die nach 1600 im böhmischen Herrenstand einsetzende Konversionswelle zum Katholizismus[99] speziell unter den lutherischen Herren auswirkte, wäre ein interessantes Forschungsthema.

Systematische Unterschiede zeichnen sich bei der Betrachtung der Herkunft der Familien ab. Jene Geschlechter, die erst vor einigen Jahrzehnten das Inkolatsrecht erworben hatten (wie die von Schleinitz, von Salhausen, von Bünau oder von Redern),[100] wandten sich in der zweiten Hälfte des 16. Jahrhunderts anscheinend geschlossen dem Luthertum zu.[101] Ursächlich hierfür waren wohl der zumeist sächsische Ursprung dieser Gruppe mit entsprechenden Netzwerken ins lutherische Sachsen sowie der fehlende Bezug zur hussitischen Tradition des Königreichs. Anders hingegen die alteingesessenen böhmischen Familien: In ihrem Fall ist tendenziell mehr Diskontinuität und Variabilität sowohl innerhalb einer Generation als auch in der längsschnittlichen Perspektive zu beobachten. Die erwähnten, im vorweißenbergischen Böhmen nicht seltenen Phänomene von Glaubenswechsel und Multikonfessionalität innerhalb eines Geschlechts waren insbesondere hier anzutreffen. Beispielsweise fanden sich in der traditionell katholischen Familie der Herren Popel von Lobkowicz mit Ladislav (1537–1609) und Wilhelm Ende des 16. Jahrhunderts zwei Vertreter, die beide Konvertiten vom Katholizismus zum Luthertum waren.[102] Zeitgleich, im Jahr 1591, unterdrückte jedoch ihr katholischer Vetter Georg Popel von Lobkowicz unnachgiebig einen Aufstand seiner lutherischen Untertanen in Komotau/Chomutov.[103] Inwiefern sich diese Variabilität nicht nur auf den Herrenstand mit seinem tendenziell größeren Aktionsradius und den sich daraus ergebenden vielfältigeren geistigen Impulsen, sondern auch auf den Ritterstand erstreckte, muss hier offengelassen werden.

7. Der lutherische Adel als Teil der böhmischen Ständeopposition

Der Glaube und die adligen Freiheiten, das waren die beiden Leitmotive der Auseinandersetzung von Ständen und Königtum, die die böhmische Geschichte in den Jahrzehnten zwischen der Thronbesteigung Ferdinands I. 1526 und der Konversi-

98 Vgl. ebd.

99 Vgl. Mat'a: Prolegomena (Anm. 8), S. 308f.

100 Zur nicht aus Sachsen, sondern aus Schlesien ab 1558 in die Region Reichenberg eingewanderten Familie von Redern vgl. die umfangreiche Arbeit von Milan Svoboda: Redernové v Čechách. Nalézání zapomenutých příběhů 16. a 17. věku [Die von Redern in Böhmen. Eine Entdeckung vergessener Geschichten des 16. und 17. Jahrhunderts]. Praha 2011 (mit einer deutschen Zusammenfassung).

101 Vgl. Frind: Kirchengeschichte (Anm. 10), S. 376–423.

102 Vgl. Mat'a: Prolegomena (Anm. 8), S. 309f., 330.

103 Vgl. Hlaváček: Grenzraum (Anm. 6), S. 87.

ons- und Ausweisungswelle nach 1620 prägte. Der lutherische Adel des Königreichs war in diesen Konflikt hineingestellt und beteiligte sich an der Auseinandersetzung. Nachfolgend soll der Anteil der lutherischen Ritter und Herren am Kampf um die Religionsfreiheit dargestellt werden.

Die religionspolitische Leitlinie Ferdinands I. war die Anerkennung des traditionellen Utraquismus, der sich streng an den Basler Kompaktaten[104] orientierte, als einzige nichtkatholische Konfession. Dies sollte die Brücke zu seinem Ziel sein, das gesamte Land wieder geschlossen im Katholizismus zu vereinen. Zur Logik dieses Plans gehörte es, dass neben Linksutraquismus und Böhmischen Brüdern auch das Luthertum keine Zukunft in Böhmen haben sollte. Das hatte jedoch in den 1520er- und 1530er-Jahren kaum Auswirkungen, weil Ferdinand aus außenpolitischen Zwängen heraus (Türkenkriege) eine Konfrontation mit den Ständen vermeiden wollte.[105] Als eine konziliante Einigung auf diesem Weg angesichts der religionspolitischen Lage im Reich und des Widerstands der Stände immer unwahrscheinlicher wurde, gab der König diese Politik der Zurückhaltung jedoch in den Jahren nach 1539 zunehmend auf.[106] 1545 endete dann auch der Zweite Türkenkrieg,[107] sodass Ferdinand nun an die Durchsetzung seiner religiösen Vorstellungen gehen konnte.

Sofort wandte er seine Aufmerksamkeit den herausragenden Vertretern des Luthertums in Nordwestböhmen zu: den mächtigen Grafen Schlick. Einen Streit aus dem Jahr 1541 um eine von ihnen erlassene neue Bergordnung für St. Joachimsthal, die Bestimmungen des Bergwerksvertrags zwischen Ständen und König von 1534 widersprach, nutzte der Habsburger: Der Fall sollte von einer königlichen Kommission in Prag beurteilt werden. Die Familie verweigerte sich jedoch dem Prozedere, bestand auf einer Verhandlung vor dem ständischen Landrecht, zettelte einen Aufruhr der Bergleute in St. Joachimsthal gegen die königlichen Kommissare und Beamten an und bat (vermutlich) sogar den sächsischen Kurfürsten um Hilfe. Daraufhin strengte Ferdinand I. einen Hochverratsprozess an, der mit der Unterwerfung der Grafen Schlick am 19. September 1545 endete. Die bisherige Pfandherrschaft Elbogen nahmen sie jetzt vom König zu Lehen. Vor allem aber mussten sie ihre Bergwerke, einschließlich der Joachimsthaler Silbergruben, abtreten. Aus Gnade wurde ihnen lediglich der Grubenzehnt unter Bezugnahme auf eine ältere Anleihe bis zum Jahr 1555 zugesprochen.[108] Damit war ein Exempel statuiert und die herausragende Machtposition der Grafen Schlick bedeutend eingeschränkt. Ein ähnliches Schick-

---

104 Zu den Basler Kompaktaten vgl. Eberhard: Konfessionsbildung und Stände (Anm. 4), S. 41–46.

105 Vgl. Eberhard: Monarchie und Widerstand (Anm. 4), S. 209–216; Ders.: Deutsche Reformation (Anm. 4), S. 111.

106 Vgl. Eberhard: Monarchie und Widerstand (Anm. 4), S. 356.

107 Vgl. Ders.: Deutsche Reformation (Anm. 4), S. 111; Ders.: Monarchie und Widerstand (Anm. 4), S. 338–344.

108 Vgl. ebd., S. 391f.; Kenneth J. Dillon: King and estates in the Bohemian lands 1526–1564. Bruxelles 1976, S. 103f.

sal der Teilenteignung im Rahmen königlicher Sonderprozesse ereilte zeitgleich auch den mächtigen nordwestböhmischen Lutheraner Kaspar Pflug von Rabstein.[109]

Das hier dokumentierte Beispiel scheint auf den ersten Blick nur machtpolitische Implikationen aufzuweisen. Jedoch sind die innenpolitischen Auseinandersetzungen zwischen Ständemacht und Königtum nicht vom Kampf um die religiösen Freiheiten in Böhmen zu trennen. Dies wird daran deutlich, dass der König am 24. Februar 1545, genau zeitgleich mit dem gerichtlichen Vorgehen gegen die Brüder und Vettern Schlick, Schreiben an böhmische Adlige verschickte, worin er die Adressaten mit scharfen Worten beschuldigte, die Protestanten zu fördern. Offenbar hatte das katholische Konsistorium eine Beschwerde verfasst. Ferdinand drohte mit Strafen für den Fall, dass die „unordentlichen Priester und Prediger“[110] nicht ausgewiesen würden. Die Hälfte der derart zur Ordnung Gerufenen gehörte zur Familie der Grafen Schlick (Albin, Albrecht, Heinrich, Hieronymus, Lorenz, Moritz und Wolf), daneben gingen Briefe an Kaspar Pflug von Rabstein, Sebastian und Heinrich Nikolaus Hassenstein von Lobkowicz, den Oberstkanzler Heinrich von Plauen, Wilhelm von Duppau sowie Wolf d. J. von Krajek auf Schwamberg/Švamberk.[111]

Zu jener Zeit, als die Schreiben versendet wurden, begann gerade die erwähnte starke Ausbreitung der Wittenberger Reformation in Nord- und Westböhmen, die das Luthertum dann in der zweiten Hälfte des 16. Jahrhunderts zur vorherrschenden Konfession in den böhmischen Grenzregionen machen sollte. Bei den Besitzungen der Angeschriebenen handelte es sich fast ausschließlich um deutschsprachige, nominell noch katholische Herrschaften in eben diesen Gebieten des Königreichs. Die Reformation breitete sich dort in der Bevölkerung aus und wurde in der Regel auch nicht von der Obrigkeit behindert. Aber wohl nicht alle der adligen Adressaten (mit Ausnahme der Grafen Schlick) waren zu diesem Zeitpunkt selbst schon überzeugte Lutheraner. Eine eindeutige konfessionelle Zuordnung ist hier schwierig[112] (siehe auch den vorhergehenden Abschnitt „Lutherische Adelsgeschlechter in Böhmen“). Auf jeden Fall steht fest: Zum ersten Mal wendete sich der böhmische König hier nachdrücklich gegen die Ausbreitung der neuen Lehre in den deutschsprachigen Gebieten im Norden und Westen seines Königreichs.[113] Interessant ist dabei, dass er die Ritter von Salhausen, die das Luthertum schon seit 1515 auf ihren Herrschaften verbreiteten, nicht anschrieb. Vielleicht hatte sich das katholische Konsistorium in ihrem Fall nicht beschwert. Vielleicht waren sie in diesem Fall auch einfach zu unbedeutend: Während die meisten der Adressaten dem Herrenstand angehörten und herausgehobene Macht- und Gesellschaftspositionen bekleideten, waren die von Salhausen schließlich nur niederadlige Ritter. Außerdem hatte die Familie zu dieser

---

109 Vgl. Eberhard: Monarchie und Widerstand (Anm. 4), S. 495; Frind: Kirchengeschichte (Anm. 10), S. 382.

110 Zitiert nach ebd., S. 393.

111 Nahe Konstantinsbad/Konstantinovy Lázně.

112 Vgl. Frind: Kirchengeschichte (Anm. 10), S. 380–392.

113 Vgl. Eberhard: Monarchie und Widerstand (Anm. 4), S. 392f.

Zeit einen bedeutenden Teil ihrer in Nordböhmen erworbenen Herrschaften schon wieder verkaufen müssen.[114]

Der Prozess gegen die Grafen Schlick mit der Teilentmachtung und -enteignung der Familie sowie die Versendung der genannten Schreiben machten dem lutherischen Adel deutlich, dass der König in Zukunft seine pro-katholische Religionspolitik nachdrücklich durchzusetzen beabsichtigte und dass die Macht der adligen Stände ernsthaft gefährdet war.[115] Diese immer deutlichere Einschränkung der ständischen Freiheiten und das Ausbrechen des Schmalkaldischen Kriegs führten zwei Jahre später zu einem ersten Ständeaufstand.[116] Am Widerstandsbündnis von 1546/47 waren bis auf den Oberstkanzler Heinrich von Plauen alle der genannten Adressaten von Ferdinands Schreiben aktiv beteiligt.[117] Mehr noch, mehrere unter ihnen zählten zu den führenden Köpfen des Aufstands:[118] Kaspar Pflug von Rabstein sollte als Feldhauptmann die Truppen der Aufständischen führen (die jedoch letztlich nicht mehr zum Kampfeinsatz kamen),[119] andere – nicht zuletzt aus ihrer engen Bindung an Sachsen heraus – arbeiteten aktiv am Zustandekommen einer Kooperation mit dem benachbarten Kurfürstentum, so z. B. Sebastian Hassenstein von Lobkowicz und die Grafen Albin, Heinrich, Kaspar und Moritz Schlick.[120] Von einer Positionierung oder gar aktiven Teilnahme der aus Sachsen eingewanderten Familien ist jedoch wiederum nichts bekannt. Weder die zum Zeitpunkt der Rebellion schon drei Jahrzehnte lang dem Luthertum anhängenden Ritter von Salhausen noch die Geschlechter von Bünau und von Schleinitz, die zu jener Zeit gerade begannen, sich dem Luthertum zuzuwenden, gingen das Wagnis ein. Ihre Identifikation mit der böhmischen Ständegemeinde mag (noch) nicht stark genug gewesen sein. Andererseits war es jedoch auch hier wiederum nicht ungewöhnlich, dass sich minder bedeutende und weniger vermögende Vertreter der böhmischen Ritterschaft von den Geschäften der Stände fernhielten. Sie beschränkten sich oft auf die Teilnahme an den Kreistagen, wo sie Vertreter wählten, die zu den Ständeversammlungen nach Prag entsendet wurden.[121] Zumindest die von Salhausen müssen zu dieser Kategorie gehört haben.

Die Ursache für das Scheitern des Ständeaufstands lag u. a. auch darin, dass sich die verschiedenen religiösen Teilgruppen der Ständeopposition noch nicht – wie dann dreißig Jahre später in der Confessio Bohemica realisiert – in ihrem Widerstand gegen die habsburgische gegenreformatorische Religionspolitik vereinigten. Stattdessen blieben die einzelnen Fraktionen (Linksutraquisten, Böhmische Brüder

114 Vgl. Jahnel: Großpriesen (Anm. 2), S. 85–89; Bobková: Rezidenční představy (Anm. 65), S. 255.

115 Vgl. Eberhard: Monarchie und Widerstand (Anm. 4), S. 393.

116 Vgl. Ders.: Stände, Herrscher und Religion (Anm. 4), S. 125.

117 Vgl. Ders.: Monarchie und Widerstand (Anm. 4), S. 393.

118 Jedoch war (aus religiösen Differenzen heraus?) kein einziger Lutheraner in den offiziellen ständischen Exekutivausschuss „Verordnete Personen von den Ständen des Königreichs Böhmen" gewählt worden, sondern ausschließlich Linksutraquisten und Brüder, vgl. ebd., S. 451.

119 Vgl. Dillon: King and estates (Anm. 108), S. 127–132.

120 Vgl. Eberhard: Monarchie und Widerstand (Anm. 4), S. 461–468.

121 Vgl. Dillon: King and estates (Anm. 108), S. 14f.

und Lutheraner) aus religiöser Uneinigkeit heraus auf sich selbst bezogen. Die Ziele des gemeinsamen Kampfs der Ständeopposition beschränkten sich damit ‚nur' auf Wiederherstellung der althergebrachten, auf Gewohnheitsrecht beruhenden ständischen Freiheiten (z. B. freies Versammlungsrecht der Stände, Mitsprache bei der Besetzung der hohen Landesämter etc.)[122] und die Etablierung einer ständischen Monarchie. Deshalb trug die Rebellion von 1546/47 allgemein kaum Charakteristika eines Glaubenskampfs.[123]

Eine Ausnahme bildete hier aber die (vergleichsweise kleine) Gruppe der lutherischen Stände, für die der Kampf um die Zukunft ihrer Konfession vielleicht sogar das wichtigste Motiv der Teilnahme am Ständeaufstand war. Legitimiert und motiviert durch Schriften Philipp Melanchthons, der für ein aktives Widerstandsrecht im Glaubenskampf eintrat, wähnten sich die Lutheraner in einem eschatologischen Ringen um die Verwirklichung von Gottes Willen. Deutlich wird dies beispielsweise in einem Schreiben Kaspar Pflug von Rabsteins, wo er seine Mitkämpfer beschwört, „dass ihr [...] als wahre, ehrbare Böhmen und Liebhaber der göttlichen Wahrheit [...] dem Teufel mit seiner Macht [...] widerstrebt." Noch symbolhafter: Die Feldfahnen der Grafen Schlick trugen ein Kreuz und das Bibelwort „Verbum domini manet in aeternum" („Das Wort des Herrn bleibt in Ewigkeit", Jesaja 40,8 und 1. Petrus 1,25). Diese Devise wurde auch vom ernestinischen Kursachsen benutzt, einem der führenden Mitglieder des Schmalkaldischen Bunds. Einmal mehr wird hier die enge Bindung an Sachsen deutlich, die, wie erwähnt, nach den Vorstellungen der lutherischen Adligen auch zu einer militärischen Kooperation führen sollte. Wenn mehrere Vertreter genau dieser Gruppe aber in ihren Briefen gleichzeitig von ihrem „böhmischen Vaterland" sprechen, so wird deutlich, dass die Bindung an den böhmischen Ständestaat dabei trotzdem nicht in Frage gestellt war.[124] So kann also gesagt werden: Trotz seiner geringen Personenzahl war der lutherische Adel ein einflussreicher Teil der Ständeopposition von 1546/47. Aufgrund seiner religiösen Motivation und seiner Verbindungen zum Kurfürstentum Sachsen ragte er aus der Gruppe der rebellierenden Stände heraus. Zum ersten Mal traten die Lutheraner hier als eigene ständische Gruppierung auf.[125]

Nach dem endgültigen Scheitern der Rebellion Anfang Juli 1547 folgte die Bestrafung der Aufständischen. Dabei fielen die Strafen gegen die teilnehmenden Adligen im Allgemeinen relativ milde aus, jedoch wurden die führenden Köpfe zum Tod sowie zum Verlust von Titel und Besitz verurteilt. Dies betraf auch Albin Graf Schlick und Kaspar Pflug von Rabstein. Beiden gelang jedoch die Flucht ins sichere Exil. Andere, weniger zentral Beteiligte, wie die übrigen Grafen Schlick, hatten Konfiskationen und Strafzahlungen zu erleiden.[126]

---

122 Vgl. Eberhard: Monarchie und Widerstand (Anm. 4), S. 73f.

123 Vgl. Eberhard: Stände, Herrscher und Religion (Anm. 4), S. 125; Ders.: Monarchie und Widerstand (Anm. 4), S. 498f.

124 Vgl. ebd., S. 491–499.

125 Vgl. Ders.: Stände, Herrscher und Religion (Anm. 4), S. 125f.

126 Vgl. Dillon: King and estates (Anm. 108), S. 134–136.

Wie oben beschrieben, bedeutete das Scheitern des Ständeaufstands von 1546/47 keinesfalls das Ende des Luthertums in Böhmen. Seine weitere Entwicklung erfuhr nur vorübergehend Einschränkungen. Um 1555 erhielten ca. 200 evangelische Prädikanten den königlichen Befehl, Böhmen zu verlassen. Einzig der lutherische Pfarrer Bonifacius Schiebchen, aus dem sächsischen Pirna gebürtig, soll unter dem Schutz des Hans von Salhausen in die Tetschen-Bensener Region zurückgekommen sein und die geistige Grundversorgung in der Gegend übernommen haben.[127] Wohl in Zusammenhang mit diesen Vorgängen stand eine Ladung Friedrich von Salhausens auf das Prager Schloss im Jahr 1557,[128] „weil er dieselben unordinirten Priester hinweggethan, hernach sie aber wider angenomben."[129] Der Ritter wurde zu einer Gefängnisstrafe im Schwarzen Turm zu Prag verurteilt. Ob er sie antrat, ist nicht bekannt.[130] Generell entzogen sich viele Adlige den Aufforderungen zur Auslieferung ihres lutherischen Geistlichen auch, indem sie angaben, dieser sei ‚entflohen', oder indem sie den Pfarrer offiziell als Schlosskaplan anstellten.[131] Überhaupt kamen jene Fälle wohl nicht selten vor, in denen die adlige Herrschaft schon einen Lutheraner als Schlosspfarrer (der jedoch auch zur Stadt- bzw. Dorfgemeinde predigte) angestellt hatte, während der katholische Priester gleichzeitig noch in der örtlichen Kirche wirkte.[132] In den 1560er-Jahren scheint die Position des lutherischen Adels dann wieder so gesichert gewesen zu sein, dass kirchliche und kaiserliche Ermahnungen, die unordinierten evangelischen Prädikanten wegzuschicken, ignoriert werden konnten. Entsprechend blieb auch eine Klage des Pfarrers von Aussig/Ústí nad Labem beim katholischen Konsistorium in Prag ohne Folgen. Er hatte das Auslaufen der Bürger seiner Stadt zum lutherischen Gottesdienst der in der Nähe gelegenen salhausischen Herrschaft Schwaden verhindern wollen.[133]

In den folgenden Jahrzehnten breitete sich die lutherische Konfession immer stärker aus und dominierte schließlich in den 1580er-Jahren ganz Nord- und Westböhmen.[134] Die Verabschiedung der stark von der Augsburger Konfession beeinflussten Confessio Bohemica 1575 und die Unterzeichnung des Majestätsbriefs 1609 waren Meilensteine auf einem Weg, der nunmehr eindeutig in Richtung einer Etablierung der evangelischen Konfessionen zu führen schien.[135] Als Ausdruck des Selbstbewusstseins und als sichtbares Zeichen für die Zugehörigkeit des Luthertums zur konfessionellen Landschaft Böhmens errichtete die deutsche Gemeinde lutherischer

127 Vgl. Böhm (Hg.): Schlegel's Chronik (Anm. 13), S. 41; Frind: Kirchengeschichte (Anm. 10), S. 402; Focke: Geschichts-Gebiete, Bd. 1 (Anm. 10), S. 230.

128 Vgl. Wolkan: Reformationsgeschichte, Tl. 3 (Anm. 10), S. 20, 22f.

129 Zitiert nach ebd., S. 22.

130 Vgl. ebd., S. 22f.

131 Vgl. Just: Luteraní (Anm. 51), S. 73.

132 Vgl. z. B. Tscherney: Schwaden (Anm. 10), S. 201.

133 Vgl. ebd., S. 200.

134 Vgl. Frind: Kirchengeschichte (Anm. 10), S. 376–431.

135 Vgl. Eberhard: Ständepolitik und Konfession (Anm. 4), S. 234f.; Ders.: Deutsche Reformation (Anm. 4), S. 114f.

Konfession in der Prager Altstadt 1611 bis 1614 ein eigenes Gotteshaus.[136] Für die Errichtung der St.-Salvator-Kirche gingen Spenden aus ganz Böhmen und darüber hinaus ein.[137] Im Spenderbuch der Kirche sind die Förderer verzeichnet.[138] Als besonders herausragend unter ihnen ist Joachim Graf Schlick zu nennen. Er war wohl die Haupttriebkraft des Unternehmens und steuerte die selbst von keinem der protestantischen Reichsfürsten auch nur annähernd erreichte sehr hohe Summe von 1.200 Talern bei,[139] dazu vermutlich auch noch den Baugrund.[140] Heinrich von Bünau auf Tetschen, Lauenstein und Schönstein/Šenštejn (1557–1619) spendete 50 Taler, Antonius von Salhausen auf Bensen[141] 10 Taler.[142]

Angesichts von Errungenschaften wie den lutherischen Kirchenbauten in Prag und vor allem der Unterzeichnung des Majestätsbriefs 1609 schien dem Luthertum in Böhmen, oberflächlich betrachtet, eine durchaus gute Zukunft bevorzustehen. Tatsächlich aber forcierten die Habsburger in enger Kooperation mit der katholischen Kirche im beginnenden 17. Jahrhundert ihre gegenreformatorischen Pläne.[143] Dies war zuerst in der Provinz spürbar,[144] wo die religiösen Freiheiten der protestantischen Adligen auf ihren Herrschaften nun wieder ernsthaft in Frage gestellt wurden. Nachdem Rudolf III. von Bünau (1547–1622)[145] im Jahr 1597 begonnen hatte, bei seinem Schloss in Schönpriesen/Krásné Březno einen neuen Kirchbau errichten zu lassen,[146] verdächtigte ihn sein habsburgischer Landesherr drei Jahre später, dass er in dem Gotteshaus „aigenmechtiger weiß einen sectischen Predicanten

136 Außerdem wurden zeitgleich in Prag der Bau der Dreifaltigkeitskirche auf der Kleinseite sowie der Barmherzigenkirche in der Neustadt in Angriff genommen, vgl. Horst Preiss: Die Entwicklung der evang.-lutherischen Gemeinde in Prag-Altstadt und ihre Salvatorkirche. In: Rudolf Schreiber (Hg.): Das Spenderbuch für den Bau der protestantischen Salvatorkirche in Prag (1610–1615). Freilassing, Salzburg 1956 (Forschungen zur Geschichte und Landeskunde der Sudetenländer. Veröffentlichungen der Historischen Kommission der Sudetenländer 111), S. 147–155, hier S. 149.

137 Vgl. Eberhard: Deutsche Reformation (Anm. 4), S. 115.

138 Vgl. Schreiber (Hg.): Spenderbuch (Anm. 136).

139 Vgl. ebd., S. 27; Kurfürst Johann Sigismund von Brandenburg (1572–1620) spendete z. B. 600 Taler, Kurfürst Christian II. von Sachsen (1583–1611) 500 Taler, vgl. ebd., S. 21.

140 Vgl. Preiss: Salvatorkirche (Anm. 136), S. 150.

141 Gemeint ist wohl Antonius d. Ä. von Salhausen auf Bensen (1548–1620), vgl. Stumpfe: Kirchen (Anm. 2), S. 88.

142 Vgl. Schreiber (Hg.): Spenderbuch (Anm. 136), S. 60.

143 Vgl. Eberhard: Gegenreformation (Anm. 4), S. 240–243.

144 Vgl. Preiss: Salvatorkirche (Anm. 136), S. 153.

145 Vgl. Jens Kunze: Das Testament Rudolf von Bünaus auf Weesenstein und Giessenstein (1546–1627). In: Schattkowsky (Hg.): Die Familie von Bünau (Anm. 86), S. 295–317, hier S. 301, Fußnote 30.

146 Vgl. Michaela Hrubá, Táňa Nejezchlebová, Michaela Ottová: Kulturtransfer im böhmisch-sächsischen Grenzgebiet im Spätmittelalter und in der Frühneuzeit. Aktuelle Forschungen zur „Sächsischen Renaissance“ in Böhmen. In: Frank-Lothar Kroll, Miloš Řezník, Martin Munke (Hg.): Sachsen und Böhmen. Perspektiven ihrer historischen Verflechtung. Berlin 2014 (Chemnitzer Europastudien 16), S. 53–66, hier S. 62f.

einzuführen und der gemein vorzustellen“[147] beabsichtige. Er solle deshalb die Bauarbeiten einstellen.[148] Der Lutheraner argumentierte, dass in Böhmen das Abendmahl sowohl in einer als auch in beider Gestalt erlaubt sei. In der Reaktion aus Prag wurde er jedoch darauf hingewiesen, dass diese von ihm behauptete religiöse Freiheit neben dem Katholizismus nur auf die Kompaktaten-Utraquisten zutreffe, nicht aber auf die Anhänger der Confessio Augustana.[149] Nach einer Bitte an den sächsischen Kurfürsten Christian II. (1583–1611) um Fürsprache beim Kaiser[150] wurde Rudolf III. von Bünau schließlich gestattet, die Kirche fertigzustellen – jedoch nur unter der Bedingung, sie ausschließlich für die eigene Familie und die Dienerschaft zu nutzen.[151]

Mit dem Ausbruch des Ständeaufstands 1618 war die Zeit der Kompromisse vorbei. Der bekannteste lutherische Name aus den Reihen der Aufständischen war der schon erwähnte Joachim Andreas Graf von Schlick (1569–1621). Er befand sich unter jenen 27 unglücklichen Bürgern, Rittern und Herren, die am 21. Juni 1621 wegen ihrer führenden Beteiligung an der Rebellion auf dem Altstädter Ring in Prag hingerichtet wurden.[152] Unter dem „Winterkönig“ Friedrich V. von der Pfalz (1596–1632) war er Landvogt der Oberlausitz gewesen. Nach der Niederlage am Weißen Berg hatte er sich erst zu seinem Schwager Christoph von Redern (1591–1641/1642) nach Friedland/Frydlant geflüchtet, war dann aber im Auftrag von Kurfürst Johann Georg I. von Sachsen (1585–1656) gefangen genommen und später nach Böhmen ausgeliefert worden.[153] Zu den Teilnehmern am Ständeaufstand gehörten diesmal auch Vertreter der Familie von Salhausen, z. B. Wolf von Salhausen (1584–1642) auf Böhmisch Leipa/Česká Lípa und Bürgstein/Sloup,[154] der sich dem Urteil des Konfiskationsgerichtshofs zufolge in einem außergewöhnlichen Ausmaß an der Rebellion beteiligt hatte.[155] Im Jahr 1621 war er auch zeitweise inhaftiert

147 NA Prag, SM, sign. T26/4, karton 2393, Nr. 47. Herzlichen Dank an Frau Táňa Nejezchlebová-Šimková, Ústí nad Labem, für ihre diesbezüglichen Hinweise.

148 Vgl. ebd., Nr. 47.

149 Vgl. ebd., Nr. 59; Eberhard: Konfessionsbildung und Stände (Anm. 4), S. 41f.

150 Vgl. NA Prag, SM, sign. T26/4, karton 2393, ohne Nr.; Die böhmischen Landtagsverhandlungen und Landtagsbeschlüsse vom Jahre 1526 an bis auf die Neuzeit. Hg. vom Königlich Böhmischen Landesarchiv. Tl. 10: 1600–1604. Prag 1900, S. 613f.

151 Vgl. Hrubá: Kulturtransfer (Anm. 146), S. 63f.

152 Vgl. Sturmberger: Aufstand in Böhmen (Anm. 23), S. 93f.; Anton Gindely: Geschichte des Dreissigjährigen Krieges. Zweite Abtheilung: Die Strafdekrete Ferdinands II. und der Pfälzische Krieg (1621–1623). Bd. 4. Prag 1880, S. 49–86; Ders.: Geschichte der Gegenreformation in Böhmen. Leipzig 1894, S. 9–36.

153 Vgl. Gindely: Geschichte des Dreissigjährigen Krieges, Zweite Abth., Bd. 4 (Anm. 152), S. 56; Rudolf Anděl: Joachim Andreas Graf Schlick von Passaun und Weißkirchen, Landvogt der Oberlausitz und seine Rolle in den Jahren 1610–1621. In: Neues Lausitzisches Magazin, Neue Folge 7 (2004), S. 51–66.

154 Vgl. Tomáš Bílek (Hg.): Dějiny konfiskací v Čechách po r. 1618 dle pramenů sepsal [Geschichte der Konfiskationen in Böhmen nach dem Jahr 1618 gemäß den Quellen aufgeschrieben]. Bd. 1. Prag 1882, S. 536.

155 Vgl. Gindely: Gegenreformation (Anm. 152), S. 44.

gewesen.[156] Von einer geschlossenen Beteiligung aller Lutheraner im Adel kann jedoch nicht ausgegangen werden. Beispielsweise scheinen die Ritter von Bünau konsequent Abstand zum Aufstandsgeschehen gewahrt zu haben.

In seiner Angst vor einer Bestrafung durch den siegreichen Habsburger Ferdinand II. (1578–1637) besann sich der lutherische Adel ein weiteres Mal auf seine enge Verbindung mit Sachsen. Die Ritterschaft des Leitmeritzer Kreises bat den Kurfürsten Johann Georg I., der dem Habsburger Maximilian Unterstützung leistete,[157] Mitte November 1620, also ca. eine Woche nach der Schlacht am Weißen Berg, um Vermittlung in der Frage der religiösen Freiheiten. Interessanterweise berief sie sich dabei ausschließlich auf die Augsburger Konfession. In dieser Notsituation bezog sich der Adel also nicht mehr auf die 1575 mit der Confessio Bohemica erreichte evangelische Gemeinschaft mit Utraquisten und Böhmischen Brüdern, sondern er wandte sich dem sächsischen orthodoxen Luthertum zu. Tatsächlich garantierte Kurfürst Johann Georg I. schließlich dem gesamten Leitmeritzer Kreis, dass er die dortigen religiösen Freiheiten und Privilegien schützen werde. Durch diesen Erfolg ermutigt, suchten einzelne Adlige nun auch um kurfürstliche Schutzbriefe für ihre Besitzungen nach. Als die kaiserlichen Truppen Anfang Dezember 1620 in Nordböhmen einzogen, blieben die Garantien Johann Georgs jedoch letztlich wirkungslos. Konfiskationen, Einquartierungen und Plünderungen trafen auch den lutherischen Adel im Leitmeritzer Kreis.[158]

Selbst das Kriterium Teilnahme oder Nicht-Teilnahme an der Ständerebellion erwies sich letztlich als nicht entscheidend für das weitere Schicksal der meisten Ritter und Herren in Nord- und Westböhmen. Bedeutsam war am Ende nur die religiöse Frage. Wer sich einer Konversion zum katholischen Glauben verweigerte, musste dem von Kaiser Ferdinand II. am 30. Juli 1627 unterschriebenen Ausweisungserlass zufolge das Land binnen sechs Monaten (später auf neun Monate verlängert) verlassen.[159] Die meisten der adligen Lutheraner gingen als Böhmische Exulanten nach Sachsen.[160] So wurden die wettinischen Fürstentümer, die ihnen über ein Jahrhundert stets als bedeutender Bezugspunkt gedient hatten, zu ihrem Exilland.

8. Durchsetzung des Luthertums auf den adligen Grundherrschaften

Der Kuttenberger Religionsfrieden von 1485 beinhaltete bemerkenswerterweise auch eine Einschränkung des adligen Patronatsrechts. Nicht die Grundherrschaft, sondern die einzelnen Pfarrgemeinden sollten die Einheiten der konfessionellen Zu-

156 NA Prag, inv. č. 664, sign. C 215/O1, karton 439, ohne Nr.

157 Vgl. Sturmberger: Aufstand (Anm. 23), S. 76f.

158 Vgl. Gindely: Geschichte des Dreissigjährigen Krieges, Zweite Abth., Bd. 4 (Anm. 152), S. 11–15; Frank Müller: Kursachsen und der Böhmische Aufstand 1618–1622. Münster 1997 (Schriftenreihe der Vereinigung zur Erforschung der Neueren Geschichte 23), S. 423.

159 Vgl. Gindely: Gegenreformation (Anm. 152), S. 261–263.

160 Vgl. Richard Schmertosch von Riesenthal: Die böhmischen Exulanten unter der kursächsischen Regierung in Dresden. In: Neues Archiv für sächsische Geschichte 22 (1901), S. 291–343.

ordnung bilden. Praktisch wurde damit der Status quo festgeschrieben. Die einzelnen Gemeinden in Böhmen durften entweder katholisch oder utraquistisch sein, und der adlige Grundherr war nicht berechtigt, dies zu ändern. Da das neue Landesgesetz den Untertanen jedoch gerade in dieser Sache keine Garantie gewährte, gehen manche Historiker davon aus, dass der Schutz der religiösen Freiheit für die Untertanen real nicht existierte.[161] Insbesondere in der zweiten Hälfte des 16. Jahrhunderts sei dieser nur noch Makulatur gewesen.[162]

Den Herrschaftsbesitzern boten sich dabei verschiedene Möglichkeiten der Einflussnahme auf die Konfession der Untertanen. Neben dem Erlass von Kirchenordnungen waren dies die Nutzung des obrigkeitlichen Patronatsrechts (das auch die Verfügungsmacht über Kirchen, Pfründen und die Pfarrer selbst beinhaltete),[163] die Einbeziehung missionierender Geistlicher (insbesondere der Jesuiten zur Rekatholisierung adliger Herrschaften), die Gewährung von Privilegien zur Förderung der präferierten Konfession, religiöses Mäzenatentum (Kirchenbau, Altarstiftungen etc.), die Instrumentalisierung obrigkeitlicher Amtsträger sowie nicht zuletzt auch Gewalt gegen die Untertanen.[164]

Die durch diese Maßnahmen erreichte konfessionelle Vereinheitlichung nach den Vorstellungen des adligen Gutsherrn war dabei auch ein probates Mittel der herrschaftlichen Durchdringung des adligen Gutsbesitzes.[165] Mit dieser Einschätzung korrespondieren auch Erkenntnisse zu allgemeinen sozial- und agrargeschichtlichen Entwicklungen jener Zeit. Spätestens ab der Mitte des 16. Jahrhunderts sind für Böhmen verstärkt Phänomene des Herrschaftsausbaus und der Sozialdisziplinierung zu beobachten. Ziel war eine Entwicklung der adligen Herrschaften hin zu „semisouveränen Miniterritorien“[166] und im Zuge dessen auch eine völlige Unterwerfung der Untertanen unter die Gewalt des Gutsherrn.

Im Folgenden soll an dem vergleichsweise gut rekonstruierbaren Beispiel der Familie von Salhausen mit ihren neu erworbenen böhmischen Herrschaften Bensen

---

161 Vgl. Mat'a: Prolegomena (Anm. 8), S. 328; Eberhard: Konfessionsbildung und Stände (Anm. 4), S. 56f.; Frind: Kirchengeschichte (Anm. 10), S. 111f.; Hrdlička: Konfessionalisierung (Anm. 7), S. 85.

162 Vgl. Winfried Eberhard: Toleranz und Religionsfreiheit im 15.–17. Jahrhundert in Mitteleuropa. Probleme und Prozesse. In: Heinz Duchhardt, Petr Hlaváček, Winfried Eberhard u. a. (Hg.): Bruncvík a víla – Přemýšlení o kulturní a politické identitě Evropy. Bruncwik und die Nymphe – Die Überlegungen zur kulturellen und politischen Identität Europas. Praha 2010 (Europeana Pragensia 2), S. 55–72, hier S. 61f.

163 Vgl. Thomas Winkelbauer: Grundherrschaft, Sozialdisziplinierung und Konfessionalisierung in Böhmen, Mähren und Österreich unter der Enns im 16. und 17. Jahrhundert. In: Joachim Bahlcke (Hg.): Konfessionalisierung in Ostmitteleuropa. Wirkungen des religiösen Wandels im 16. und 17. Jahrhundert in Staat, Gesellschaft und Kultur. Stuttgart 1999 (Forschungen zur Geschichte und Kultur des östlichen Mitteleuropa 7), S. 307–338, hier S. 307–313; Eberhard: Deutsche Reformation (Anm. 4), S. 110.

164 Vgl. Hrdlička: Konfessionalisierung (Anm. 7), S. 88–92.

165 Vgl. Winkelbauer: Grundherrschaft (Anm. 163), S. 307–313; Eberhard: Deutsche Reformation (Anm. 4), S. 110.

166 Winkelbauer: Grundherrschaft (Anm. 163), S. 311.

und Tetschen gezeigt werden, wie die Versuche zur Einführung des Luthertums durch die Obrigkeit konkret ablaufen konnten. Das Hauptinteresse soll dabei der Klärung der Frage gelten, wer in der Praxis die konfessionelle Entwicklung bestimmte. Welche Wirkungsmacht hatten der adlige Gutsherr, die Gemeinde oder andere Kräfte, wie z. B. der König oder die kirchliche Administration? Die Vorgänge spielten sich in der Zeit zwischen 1518 und 1529 ab. Sie beleuchten damit einen besonders frühen Entwicklungsabschnitt adliger Herrschaftsdurchsetzung in Böhmen.

Pastor Schlegels Chronik von Bensen berichtet, dass das Rittergeschlecht von Salhausen bereits 1518 – also schon kurz nach dem Wittenberger Thesenanschlag – begann, evangelische Prädikanten anzustellen.[167] Diese Männer hatten wohl vorerst noch kein Pfarramt inne, durften aber trotzdem zu den Gemeinden in den Kirchhäusern predigen.[168] Darüber soll sich ein Bensener Bürger mit Namen Hemmerlin mehrmals in Prag beschwert haben.[169]

Ähnliches geschah auch in der nahe gelegenen grundherrlichen Stadt Tetschen. Als der lutherische Prädikant Dominicus Beyer (um 1477–1552) im Auftrag des Hans von Salhausen spätestens 1522[170] begann, dort zu predigen,[171] entbrannten bald darauf heiße Auseinandersetzungen. Der (noch) altgläubige Altarist Balthasar Harzer (um 1485–1544, heute besser bekannt unter dem Namen Balthasar Resinarius)[172] notierte die Inhalte der evangelischen Predigten, formulierte sie in vierzig Artikeln aus und sandte sie an den Administrator des Erzbistums Prag,[173] Johannes Žak.[174] Dieser leitete die Artikel an den König weiter und fügte hinzu, dass Hans von Salhausen und seine Brüder einen lutherischen Prädikanten unterhielten, der „gift unn ketzerey Luterischer lere" verbreite. Er warf den Rittern von Salhausen vor,

167 Vgl. Böhm (Hg.): Schlegel's Chronik (Anm. 13), S. 35. In Wolkan: Reformationsgeschichte, Tl. 3 (Anm. 10), S. 18, wird angegeben, Hans von Salhausen habe bereits 1517 die Schriften Luthers in Bensen verlesen lassen. Die Quelle für diese Behauptung bleibt jedoch unklar.

168 Vgl. Frind: Kirchengeschichte (Anm. 10), S. 401.

169 Vgl. Böhm (Hg.): Schlegel's Chronik (Anm. 13), S. 35; vielleicht handelte es sich hier um jenen Christoph Hemmerlin, der Hans von Schwarzenberg 1517 als Dolmetscher ins Heilige Land begleitete, vgl. Reinhold Röhricht: Deutsche Pilgerreisen nach dem Heiligen Lande. Neue Ausgabe. Innsbruck 1900, S. 209.

170 Vgl. Blochinger (Hg.): Clag an konigliche Maiestet (Anm. 1), Bl. 1 r.

171 Zusammen mit seinem Bruder hatte der Dominikanermönch Dominicus Beyer 1522 das Freiberger Kloster verlassen, um kurz darauf in Tetschen lutherisch zu predigen. 1524 heiratete er, vgl. Johann Karl Seidemann: Dr. Jacob Schenk, der vermeintliche Antinomer, Freibergs Reformator. Zum ersten Male aus den unbekannten urkundlichen Quellen dargestellt. Leipzig 1875, S. 2f., 89–91; Otto Clemen: Miszellen II. Dominikus Beyer. In: Beiträge zur sächsischen Kirchengeschichte 14 (1899), S. 224–229; Alfred Eckert: Die deutschen evangelischen Pfarrer der Reformationszeit in Nord- und Ostböhmen. Rappenau-Obergimpern 1977, S. 37.

172 Später schloss sich auch Harzer der lutherischen Reformation an und wurde unter dem Namen Balthasar Resinarius als Komponist evangelischer Kirchenmusik bekannt, vgl. Amand Anton Paudler: Das Luthertum in Leipa um 1550. In: Mitteilungen des Nordböhmischen Excursions-Clubs 25 (1902), S. 132f.; Deutsche Biographische Enzyklopädie 8, S. 249.

173 Vgl. Paudler: Zwei alte Drucke (Anm. 1), S. 148–152; Blochinger (Hg.): Clag an konigliche Maiestet (Anm. 1).

174 Zu seiner Person vgl. Frind: Kirchengeschichte (Anm. 10), S. 98.

katholische Priester zu verfolgen und zu vertreiben und Lutheraner an ihrer Stelle als Pfarrer einzusetzen.[175]

Es scheint also klar zu sein, dass die Ritter von Salhausen aus ihrer eigenen Entscheidung heraus eine nachdrückliche reformatorische Initiative begonnen hatten. Diese Einführung des Luthertums entsprach offensichtlich nicht den Wünschen der Mehrzahl der Untertanen, im Gegenteil: Durch den Abdruck der Inhalte der Predigten des lutherischen Prädikanten Dominicus Beyer in einer Flugschrift aus dem Jahr 1523 sind wir über die Ablehnung des Luthertums durch die Gemeinde gut informiert. Dieser warf den Tetschenern vor: „Ihr verschmechtt unn verachtet Ewer Christliche Herren von Salhaußen / die so Christlich zů der ehre Gottis und ewer seelen selickeytt euch trewlichen lassen predigen / das reyne klar wortt Gottis / unn darvber Ketzer unn Pyckard geschollten werden."[176]

Jedoch hielten auch nicht alle Tetschener am alten Glauben fest. Scheinbar gab es in Teilen der Gemeinde auch Offenheit für religiöse Neuerungen. Aber auch bei den der Reformation zugeneigten Untertanen herrschte Verwirrung und Streit in Bezug auf die theologischen Inhalte der Predigten. Beispielsweise wurde leidenschaftlich darüber diskutiert, ob die Gläubigen verpflichtet seien, sich an das biblische Gesetz zu halten. Um die Unruhe zu beenden, sendete Wolf von Salhausen 1524 ein Schreiben an Martin Luther mit der Bitte um theologischen Rat. Damit nicht genug: Sein Bruder Friedrich schickte Dominicus Beyer und einen seiner Widersacher mit Namen Martin Becker sogar auf eigene Kosten nach Wittenberg zu Luther, Melanchthon und Johannes Bugenhagen (1485–1558), auf dass diese die Fragen klären sollten.[177]

Der altgläubige Tetschener Priester und sein Altarist Balthasar Hartzer gaben schließlich ihre Pfarrlehen auf.[178] Wenn auch Hans von Salhausen angibt, sie hätten dies freiwillig getan, so ist dies doch sehr zweifelhaft. Vorstellbar ist eher folgendes Szenario: In einer Situation, in der ihnen der Patronatsherr die Unterstützung entzog und einen lutherischen Prädikanten, den er an ihre Seite gestellt hatte, einseitig förderte, blieb ihnen letztlich nur die Wahl des Fortgehens aus der Stadt.

Wenn die Zusammenhänge auch in vielen Details unklar bleiben, so wird doch deutlich, dass die Reformation von der salhausischen Obrigkeit initiiert und durchgesetzt wurde. Wichtigstes obrigkeitliches Mittel der konfessionellen Einflussnahme war hier die Einsetzung lutherischer Geistlicher in den Gemeinden unter Ausnutzung des adligen Patronatsrechts. Der Kuttenberger Religionsfrieden stellte also lediglich eine rechtliche Norm dar, deren erfolgreiche Einforderung und Verwirklichung in der Praxis den Untertanen vor Ort nicht gelang. Sie mussten sich den Entscheidungen der Patronatsherren fügen. Immerhin konnten oder wollten diese

175 Blochinger (Hg.): Clag an konigliche Maiestet (Anm. 1), Bl. 1 v; vgl. Paudler: Zwei alte Drucke (Anm. 1), S. 146–152.

176 Blochinger (Hg.): Clag an konigliche Maiestet (Anm. 1), Bl. A iv r.

177 Sendbrieve Errn Wolffen von Salhausen (Anm. 52), Bl. 198; Ein ander Schrifft Errn Wolffen von Salhausen (Anm. 52), Bl. 198 v.–199 r.

178 Vgl. Blochinger (Hg.): Clag an konigliche Maiestet (Anm. 1), Bl. C iii v.

den Unfrieden und die Verunsicherung in der Stadt offensichtlich nicht völlig ignorieren, sondern reagierten darauf mit Beruhigungsversuchen. Die Art der Reaktion und den Takt der Veränderungen gaben die Ritter von Salhausen jedoch selbst vor.

Die beschriebenen Vorgänge spiegeln die Verhältnisse in einer nordböhmischen Gemeinde in einer sehr frühen Phase der lutherischen Reformation wider. Die evangelische Botschaft war neu, Unsicherheit und Uneinigkeit überall groß. Aus späteren Jahrzehnten sind dann kaum[179] mehr religiöse Auseinandersetzungen zwischen Adel und Untertanen bekannt. Zum einen verschoben sich die Machtverhältnisse auf den Herrschaften immer mehr zugunsten der adligen Herrschaft.[180] Zum anderen vollzog sich die Annahme des Evangeliums im Zuge der schnellen Ausbreitung des Luthertums nach 1550 sicherlich auch immer mehr im Konsens.[181]

Immerhin: Aufgrund der Beschwerde Balthasar Hartzers in Prag war Hans von Salhausen aufgefordert, sich bei König Ludwig II. (1506–1526) zu rechtfertigen. Mit den nachfolgenden, oben schon einmal wiedergegebenen Worten bezog er Stellung: „Ich bekenne, das ich meynem volck zu Tetzschen mit grossen Fleiß (wie ich denn zu tůn schuldig bynn) eynen prediger des wortt Gottis verordent habe."[182] Offensichtlich fühlte er sich im Recht und verhehlte dies selbstbewusst auch dem König nicht. Anscheinend befürchtete der Ritter keine negativen Konsequenzen seines Bekenntnisses. Neben der ausgeprägten Schwäche des jagiellonischen Königtums[183] sollte als mögliches Motiv einer solchen Haltung auch folgender Faktor in den Blick genommen werden: 1523 kam es im Rahmen der stände- und konfessionspolitischen Auseinandersetzungen in Böhmen zu einem vorübergehenden Regierungswechsel. Die Regentenpartei des mächtigen katholischen Hochadels wurde gestürzt. Die obersten Landesämter wurden nun durch eine Widerstandspartei aus Vertretern der Städte, des Ritterstandes und einigen den Böhmischen Brüdern nahestehenden Herren besetzt. Konfessionell stand diese Gruppierung einem brüderisch geprägten und dem Luthertum freundlich gesinnten Linksutraquismus nahe.[184] Dieses neue politische Klima war für ein offenes Bekenntnis zum Luthertum günstig. Nach nur kurzer Zeit endete diese Episode der linksutraquistisch dominierten Politik im Königreich Böhmen schon wieder um die Jahreswende 1524/25. Erneut besetzte der katholische Hochadel die wichtigsten Landesämter.[185]

---

179 Zwei Beispiele für Ausnahmen: 1566 und 1569 setzte Otto Kölbl von Geising in Kulm/Chlumec u Chabařovic gegen den Widerstand seiner Untertanen lutherische Prädikanten ein, vgl. Frind: Kirchengeschichte (Anm. 10), S. 399. Eine Ausnahme in umgekehrter Richtung war der evangelische Aufstand in Komotau 1591 gegen den katholischen Stadtherrn Georg Popel von Lobkowicz, vgl. Hlaváček: Grenzraum (Anm. 6), S. 87.

180 Vgl. Winkelbauer: Grundherrschaft (Anm. 163), S. 307–311.

181 Vgl. Mat'a: Prolegomena (Anm. 8), S. 328.

182 Blochinger (Hg.): Clag an konigliche Maiestet (Anm. 1), Bl. C iii r.

183 Vgl. Dillon: King and estates (Anm. 108), S. 20f.

184 Vgl. Eberhard: Konfessionsbildung und Stände (Anm. 4), S. 121–149; Ders.: Ständepolitik und Konfession (Anm. 4).

185 Vgl. Eberhard: Konfessionsbildung und Stände (Anm. 4), S. 182–187.

Vielleicht stehen mit diesem neuerlichen Wandel in der ständischen Politik auch die folgenden Entwicklungen in Zusammenhang: Überraschenderweise verließ der lutherische Prädikant Dominicus Beyer Tetschen (Ende?) 1524.[186] Erst deutlich später, um 1530, hatte die Stadt wieder einen lutherischen Prädikanten.[187] Einen ganz ähnlichen Vorgang gab es zeitgleich in Bensen. Als erster offizieller lutherischer Pastor hatte Michael Celius (1492–1559)[188] hier 1521[189] sein Amt angetreten.[190] Wie die Schlegel'sche Chronik berichtet, musste er dann Anfang des Jahres 1525 ebenfalls die Stadt verlassen.[191] Ein von Martin Luther wohl im August 1525 verfasster Ermutigungsbrief *Dem kleinen Häuflein der christlichen Gemeine zu Bensa* bezog sich wahrscheinlich auf die sich daraus ergebende bedrängte Situation der evangelischen Bensener.[192] Erst 1529 trat der Lutheraner Sebastian Riemer in der Stadt die Nachfolge Celius' an.[193] Es ist zu vermuten, dass die Ursachen für diese parallele Entwicklung in beiden Städten in Maßnahmen der kirchlichen Administration lagen: Schon Ende 1523 hatte der Domprobst zu Prag und Meißen Ernst von Schleinitz (gest. 1548) – aus sächsischem Adel stammend und Mitbesitzer der böhmischen Herrschaften Schluckenau, Tollenstein und Hainspach/Lipová[194] – eine Visitationsreise durch Nordböhmen unternommen. Vermutlich war diese eine direkte Auswirkung der schon erwähnten, 1522 erfolgten Beschwerde Balthasar Harzers beim Administrator des Erzbistums Prag. Am 3. Advent des Jahres 1523 nahm Ernst von Schleinitz persönlich am Gottesdienst in Bensen teil und schalt Pfarrer Celius dort öffentlich einen Verführer und einen Abtrünnigen.[195] In der Folge wurde er mit dem Scheiterhaufen bedroht. Ein Jahr nach der Visitation verließ er die Stadt. Zusätzlich zu sei-

186 Vgl. Clemen: Beyer (Anm. 171), S. 228.

187 Vgl. Eckert: Pfarrer (Anm. 171), S. 164.

188 Geboren in Döbeln, wo er 1512 als Lehrer den späteren St. Joachimsthaler Reformator Johannes Mathesius unterrichtete. 1518 wurde er zum Priester geweiht, 1519 war er bei der Leipziger Disputation anwesend, vgl. ebd., S. 43.

189 Vgl. ebd.; laut Böhm (Hg.): Schlegel's Chronik (Anm. 13), S. 36, trat Celius erst 1523 sein Amt an.

190 Vgl. ebd.

191 Vgl. Eckert: Pfarrer (Anm. 171), S. 43; Frind: Kirchengeschichte (Anm. 10), S. 401, legt eine Vertreibung durch die Gemeinde nahe. Dem Autor war aber wohl weder die Androhung des Scheiterhaufens durch Ernst von Schleinitz noch die Stellungnahme Celius' bekannt, in der der Bensener Pfarrer behauptete, er könne beweisen, „daß mich der edle Herr Friderich von Salhausen aus Verwilligung einer ganzen Gemeinde schriftlich und mündlich gefordert hat", zitiert nach Michael Caelius: Wie der Probst zu Prage vnd Meyssen die Evangelischen prediger liegen heyst/ vnd Gottis wortt vervolget. Wittenberg 1524 (VD16 C 1859), Bl. A iv v.

192 D. Martin Luthers Werke. Kritische Gesamtausgabe. Briefwechsel. Bd. 3: 1523–1525. Weimar 1933, S. 559–601.

193 Vgl. Frind: Kirchengeschichte (Anm. 10), S. 401; Eckert: Pfarrer (Anm. 171), S. 102, 141. In Bezugnahme auf Miloslav Košťál: Počátky luterské reformace [Die Anfänge der lutherischen Reformation]. In: Z minulosti Děčínska 2 (1974), S. 26–41, gibt Just: Luteráni (Anm. 51), 1526 als Antrittsjahr Riemers an. Die diesbezüglichen Angaben in Böhm (Hg.): Schlegel's Chronik (Anm. 13), S. 37, sind nicht sicher zu deuten.

194 Vgl. Frind: Kirchengeschichte (Anm. 10), S. 118–124.

195 Vgl. Caelius: Probst (Anm. 191), Bl. A i v–A iv r.

nem Besuch in Bensen hatte Ernst von Schleinitz auch eine Predigt des Lutheraners Dominicus Beyer in Tetschen gehört. Auch hier waren wohl ernsthafte Drohungen gefolgt.[196] Das Ergebnis war in beiden Fällen das gleiche: die Abreise des lutherischen Prädikanten (Ende?) 1524.

Die Vorgänge um Beyer und Celius zeigen: Die Beziehungen der adligen Gutsherren zur kirchlichen Administration sollten in der Forschung mehr Beachtung finden, denn Ernst von Schleinitz gelang es in den beiden beschriebenen Fällen immerhin für einige Jahre, die reformatorischen Initiativen der lutherischen Patronatsherren zu unterbinden. Dabei kann dieser Befund aber keinesfalls verallgemeinert werden, so sind von den ungleich mächtigeren Grafen Schlick für dieselbe Zeit keine ähnlichen Vorgänge bekannt. In der anbrechenden zweiten Hälfte des 16. Jahrhunderts war die kirchliche Administration dann auch in Tetschen nicht mehr so durchsetzungsstark wie in den 1520er-Jahren. Proteste gegen die Einsetzung eines lutherischen Pfarrers durch Günther von Bünau (1522–1576) verhallten z. B. wirkungslos.[197]

Wenn die Durchsetzung des Luthertums auch zweifelsohne ein Mittel der Herrschaftsverdichtung war, so sollte den lutherischen Adligen doch auch nicht das Vorhandensein ‚echter' religiöser Motive abgesprochen werden. Die Leichenpredigt[198] des Heinrich von Bünau auf Tetschen und Bodenbach/Podmokly (1555–1614)[199] erlaubt einen Einblick in das private Glaubensleben eines lutherischen Adligen in Nordböhmen an der Wende vom 16. zum 17. Jahrhundert. Dort heißt es, der Ritter habe die Bibel zwischen 1590 und 1613 insgesamt 24-mal, also einmal jährlich, durchgelesen. Zwar ist eine solche Angabe ein üblicher Topos von Leichenpredigten,[200] jedoch lässt der Verweis auf die von dem Verstorbenen vor seinem Tod zuletzt gelesenen Kapitel des Galaterbriefs[201] vermuten, dass die Angabe der Wahrheit entspricht. Der Trauerprediger bemerkte weiterhin, Heinrich von Bünau sei sowohl der Augsburger Konfession als auch der Confessio Bohemica mit „gantzem ernst

196 Vgl. ebd., Bl. A i v–A ii r.

197 Vgl. Just: Luteráni (Anm. 51), S. 71; Wolkan: Reformationsgeschichte, Tl. 4 (Anm. 10), S. 10f. Zwei weitere Beispiele für Auseinandersetzungen mit der katholischen Administration in jenen Jahren: 1565 wurde der Kaplan Andreas von Graupen/Krupka in das bünauische Leukersdorf/Čermná geschickt, weil die dortigen Einwohner nach einem Katholiken verlangten. Das Konsistorium argumentierte, „es würde schon dafür sorgen, dass Der von Bünau ihn aufnehmen müsse", vgl. Focke: Geschichts-Gebiethe, Bd. 1 (Anm. 10), S. 237; 1571 drohte Hugold [?] von Schleinitz auf Lobositz/Lovosice, den katholischen Pfarrer, der ihm zugewiesen werden sollte, um den von ihm selbst eingesetzten lutherischen Geistlichen zu ersetzen, totzuschlagen, falls er käme, vgl. Frind: Kirchengeschichte (Anm. 10), S. 408.

198 Zum Aussagewert dieser Gattung vgl. Martina Schattkowsky: „... und wolte ich mit ihnen in frieden und ruhe leben". Hintergründe zum Herrschaftsverständnis adliger Rittergutsbesitzer in Kursachsen um 1600. In: Jan Peters (Hg.): Konflikt und Kontrolle in Gutsherrschaftsgesellschaften. Über Resistenz- und Herrschaftsverhalten in ländlichen Sozialgebilden der Frühen Neuzeit. Göttingen 1995 (Veröffentlichungen des Max-Planck-Instituts für Geschichte 120), S. 359–403, hier S. 380f.

199 Trostpredigten Heinrichs von Bünau (Anm. 86).

200 Vgl. Schattkowsky: Rittergut, Residenz und Reich (Anm. 30), S. 149.

201 Vgl. Trostpredigten Heinrichs von Bünau (Anm. 86), Bl. K ii v.

zugethan und verwandt" gewesen.[202] Die Bindung zum ‚reinen' Luthertum und die Orientierung auf die Gemeinschaft aller evangelischen Konfessionen in Böhmen erscheinen in der Leichenpredigt also gleich gewichtet – und dies trotz Heinrichs Zugehörigkeit zur hauptsächlich im lutherischen Sachsen ansässigen und durch eine besonders starke geschlechtsinterne Kohäsion geprägten Familie von Bünau[203] sowie trotz seiner Tätigkeit als Adliger im sächsisch-albertinischen Fürstendienst. Als einen weiteren Ausweis seiner Religiosität stiftete Heinrich von Bünau der Kirche zu Tetschen eine neue Kanzel sowie einen Altar.[204] Wie oben erwähnt, war ein derartiges Mäzenatentum jedoch gleichzeitig ein Mittel der konfessionellen Einflussnahme. Der Patronatsherr nutzte seine Machtposition auch zur Durchsetzung seiner eigenen theologischen Vorstellungen auf der Kanzel. Offensichtlich übte er Kontrolle über die Inhalte der Predigt seines Pastors Urban Killer aus. In der Leichenpredigt ist zu lesen: „Er war ein fleißiger Zuhörer Göttliches worts [...] der die textpredigten ihm hertzlich belieben / unnötige sachen aber / als weitgeholte Historien / ungleubige Fabeln / und andere heteroclita und heterogenia, so auff die Cantzeln nicht gehören / niemals wollte gefallen lassen."[205]

Pfarrer Urban Killer war von seinem Patronatsherrn abhängig und vermittels dieser Abhängigkeit auch eine wichtige Stütze der Durchsetzung des Luthertums, aber auch des obrigkeitlichen Herrschaftsanspruchs. Als „Bünawischer Herrschafft pastorem & inspectorem"[206] war er auch für die Sicherung der Kirchenzucht und der Ordnung im Schulbetrieb zuständig. Aus seinem Anstellungsvertrag von 1605[207] geht hervor, dass auch die Kontrolle der Pastoren auf den Dörfern, ob sie „Ihre Pfarr Kinder mit reiner vnverfalschter Lehre des heilig Evangilij vnterrichten", sowie die Inspektion der Schuldiener zu seinen Aufgaben gehörten.[208] Der Tetschener Bünau forderte von seinem obersten Geistlichen die strenge Einhaltung der Augsburgischen Konfession von 1530 und den Verzicht auf jedwede Neuerung, auf dass „der gemeine Man vndt Arme Leye nicht Irre gemacht" werde.[209] Aus diesen Worten spricht

202 Vgl. ebd., Bl. K ii r.

203 Vgl. Friederike von Gadow: Haus und Geschlecht bei den Bünaus. Soziale Strategien einer sächsischen Niederadelsfamilie im 18. Jahrhundert. In: Schattkowsky (Hg.): Die Familie von Bünau (Anm. 86), S. 215–245.

204 Vgl. Trostpredigten Heinrichs von Bünau (Anm. 86), Bl. K ii v.

205 Ebd.

206 Ebd., Bl. A i r.

207 Vgl. Focke: Geschichts-Gebiethe, Bd. 1 (Anm. 10), S. 232f., sowie den Abdruck der Anstellungsurkunde in Wolkan: Reformationsgeschichte, Tl. 4 (Anm. 10), S. 15–18.

208 Ein im nordböhmischen Friedland ungefähr zeitgleich begründetes Anstellungsverhältnis zwischen Melchior von Redern und seinem ‚Superintendenten' Martin Nussler umfasste sehr ähnliche Aufgaben, vgl. Milan Svoboda: Der Fall Haindorf – Katholiken versus Protestanten: Konfessionalisierung oder Disziplinierung. In: Řezník: Grenzraum und Transfer (Anm. 6), S. 95–118, hier S. 113.

209 Einen etwas ‚demütigeren' Zugang wählte Melchior von Redern auf Friedland (1555–1600), der 1583 eine Synode von über 80 Geistlichen zusammenrief, um sich mit Kircheneinheit und Kirchenordnung auseinanderzusetzen, vgl. Milan Svoboda: Lutherische Eliten? Geistliche von der Wende des 16. zum 17. Jahrhundert an der Grenze Nordböhmens und der Oberlausitz (Untersuchungen zu den Herrschaften Friedland und Reichenberg). In: Lenka Bobková, Jan Zdichynec

ein für lutherische Herrschaftsträger jener Zeit typisches patriarchalisches Selbstverständnis.[210] Dieses schloss ein, dass die Obrigkeit – wie hier durch Wolf von Salhausen in einem Brief an Martin Luther formuliert – ihre Untertanen „aus göttlichem befehl [...] zu straffen habe / und zu treiben das sie hören / lernen und halten / was Gott jnen [...] zu thun [...] geboten hat."[211] Heinrich von Bünau führte Tauf-, Trau- und Totenbücher ein. Er bzw. seine Vorgänger verbesserten ebenso das Schulwesen und führten Geldstrafen bei Entheiligung der Sonn- oder Feiertage ein.[212] Individuell gelebte Frömmigkeit, konfessionelle Normierung und Sozialdisziplinierung gingen Hand in Hand.[213]

Geistliche waren also in mehrfacher Hinsicht von großer Bedeutung für die lutherischen Adligen. Zum einen ermöglichten sie eine herrschaftliche Durchdringung, und zum anderen erfolgte, wie schon gezeigt werden konnte, die Durchsetzung des Luthertums in Böhmen vor allem auf dem Weg der Einsetzung lutherischer Prädikanten und Pfarrer. Ein möglichst großer Einfluss auf diese Personalie war deshalb sehr erstrebenswert. Dabei spielte den Patronatsherren die Tatsache in die Hände, dass im Erzbistum Prag ein empfindlicher Priestermangel herrschte. Erst ab 1547 wurden im Rahmen der gegenreformatorischen Initiativen von König und katholischer Kirche Maßnahmen ergriffen, um die Priesterausbildung in Böhmen in Quantität und Qualität zu verbessern.[214] Also hatten die Adligen lange Zeit gute Argumente dafür, dass sie selbst Geistliche suchen und auswählen mussten. So drohte Günther von Bünau im Jahr 1552 dem Konsistorium damit, in Königswald/Libouchec einen Lutheraner anzustellen, wenn er nicht bis Galli einen katholischen Priester erhalte. Seiner Forderung wurde daraufhin termingerecht entsprochen – bei seiner Ankunft traf der neue Geistliche jedoch trotzdem schon auf zwei evangelische Prädikanten.

Die ersten lutherischen Prediger und Pfarrer auf den adligen Grundherrschaften waren in der Regel aus Sachsen gebürtig. Mitunter wohl überhaupt nicht dem geistlichen Stand entstammend,[215] waren sie doch zumeist entlaufene Mönche (wie Domenicus Beyer) oder apostasierte Priester (wie Michael Celius), die im Mutterland der Reformation mit der Lehre Luthers in Berührung gekommen waren und diese nun im Nachbarland verbreiteten. Bald begannen die Adligen aber auch selbst, begabte junge Männer aus ihren Herrschaften nach Wittenberg, später auch nach

(Hg.): Geschichte – Erinnerung – Selbstidentifikation. Die schriftliche Kultur in den Ländern der Böhmischen Krone im 14. – 18. Jahrhundert. Praha 2012, S. 507 – 524, hier S. 509.

210 Vgl. Schattkowsky: Rittergut, Residenz und Reich (Anm. 30), S. 146.

211 Ein ander Schrifft Errn Wolffen von Salhausen (Anm. 52), Bl. 198 v – 199 r.

212 Vgl. Focke: Geschichts-Gebiethe, Bd. 1 (Anm. 10), S. 209, 240 – 245.

213 Eine ausführliche Erörterung der Verflechtung dieser Motive im Handeln lutherischer Adliger findet sich bei Svoboda: Haindorf (Anm. 208), dargestellt an einem sehr prägnanten Fall aus Nordböhmen um 1580.

214 Vgl. Eberhard: Entwicklungsphasen (Anm. 4), S. 237f.; Ders.: Deutsche Reformation (Anm. 4), S. 110; Frind: Kirchengeschichte (Anm. 10), S. 113.

215 So soll Heinrich Abraham von Salhausen auf Schwaden 1555 einen Schneider als Pfarrer beschäftigt haben, vgl. Tscherney: Schwaden (Anm. 10), S. 198 – 200.

Leipzig, zum Studium zu schicken.[216] Dies traf z. B. auf Valentin Faber aus Bensen zu. Die Förderung der salhausischen Obrigkeit ermöglichte ihm ein Studium in Wittenberg. Danach kehrte er um 1570 als Diakon in seine Heimatstadt zurück.[217]

9. Zusammenfassung

Anliegen dieser Arbeit war, den Beitrag des Adels zur Ausbreitung des Luthertums in Böhmen zu untersuchen. Es wurde deutlich, dass die Ritter und Herren des Königreichs einen signifikanten Anteil an der Durchsetzung der neuen Konfession hatten. Anhänger der Confessio Augustana fanden sich hauptsächlich im Adel Nord- und Westböhmens, der in der zweiten Hälfte des 16. Jahrhunderts mehrheitlich lutherisch wurde. Dabei scheint es in den „alteingesessenen" böhmische Geschlechtern eine größere konfessionelle Variabilität gegeben zu haben, während sich die in den Jahrzehnten um 1500 aus Sachsen zugewanderten Familien geschlossen zum Luthertum bekannten.

Die Ausbreitung des Luthertums im böhmischen Adel erfolgte in zwei Schritten: Wenigen „Lutheranern der ersten Stunde", die sich dem evangelischen Glauben schon im ersten Jahrzehnt nach dem Wittenberger Thesenanschlag zuwandten, folgte eine breite Bewegung der „Hinwendung zur Wittenberger Reformation im Zuge der schnellen Ausbreitung des Luthertums in der zweiten Hälfte des 16. Jahrhunderts".

Zur ersten Gruppe gehörten vor allem die Ritter von Salhausen und die Grafen Schlick. Beide Geschlechter standen in Kontakt mit Martin Luther und sind vor allem durch eine gewisse Außenseiterposition im böhmischen Adel zu charakterisieren, die ihnen mutmaßlich die Hinwendung zur Wittenberger Reformation erleichterte. Beide Familien waren auch mit Sachsen eng verbunden. Dabei intensivierten sich durch das frühe Bekenntnis zu Luther vermutlich besonders die Bindungen an die Ernestiner. Dies könnte sich im Aufbau vorteilhafter Klientel- und Patronagebeziehungen ausgewirkt haben.

Die verzögerte Hinwendung der meisten anderen Ritter und Herren zum Luthertum erst ab der zweiten Hälfte des 16. Jahrhunderts ist dagegen mit einem Anschluss des Adels an die allgemeinen Phänomene der Ausbreitung der Wittenberger Reformation in großen Teilen der Bevölkerung (Gemeindereformation, Reformation ‚von unten') in der zweiten Hälfte des 16. Jahrhunderts zu erklären. Daneben müssen wohl besonders jene Familien mit enger Bindung an die sächsischen Albertiner den Tod des altgläubigen Herzogs Georg 1539 abgewartet haben. Schließlich sind auch böhmische Traditionen eines überkonfessionellen Christentums (Josef Válka) als weiterer Faktor einzubeziehen.

216 Vgl. Svoboda: Eliten (Anm. 209), S. 509; Carl Jahnel: Zur Reformationsgeschichte Nordböhmens. In: Mittheilungen des Nordböhmischen Excursions-Clubs 20 (1897), S. 305–313, hier S. 305.
217 Vgl. ebd., S. 307.

Als Teil der ständischen Opposition gegen Ferdinand I. trat der lutherische Adel beim Ständeaufstand von 1546/47 zum ersten Mal als Gruppe deutlich in Erscheinung. Lutherische Aufständische beteiligten sich an der Rebellion in exponierten Positionen und versuchten, eine Kooperation mit dem Kurfürstentum Sachsen ins Leben zu rufen. Als einzige Gruppierung der Aufständischen können ihnen auch ausgeprägt religiöse Motive bescheinigt werden, die über das allgemeinere Ziel einer Wiederherstellung der ständischen Freiheiten hinausgingen. In der zweiten Hälfte des 16. Jahrhunderts gewann das Luthertum stärkeren Einfluss in der ständischen Opposition, beispielsweise war die Confessio Bohemica stark an der Augsburger Konfession orientiert. Die zunehmend gegenreformatorische Politik der Habsburger schränkte jedoch schon zu Beginn des 17. Jahrhunderts die Entfaltung des Luthertums zunehmend ein. Mit dem Scheitern des erneuten Ständeaufstands in der Schlacht am Weißen Berg 1620 war dann das Schicksal des evangelischen Glaubens besiegelt. Sachsen wurde zum Fluchtpunkt auch vieler adliger Glaubensflüchtlinge aus Böhmen.

Der Fokus des Beitrags lag schließlich auch auf den Mitteln und Möglichkeiten der Einführung des Luthertums auf den adligen Herrschaften. Trotz anderslautender Regelungen des Kuttenberger Religionsfriedens von 1485, die dies verboten, scheint der Adel seine eigenen religiösen Ansichten in der Regel auch bei seinen Untertanen durchgesetzt zu haben. Das wichtigste Mittel dazu war die eigenmächtige Einsetzung von Prädikanten und Pfarrern. Die auf diese Weise erfolgte konfessionelle Vereinheitlichung der Besitzungen war nicht zuletzt auch ein Mittel der Sozialdisziplinierung und der adligen Herrschaftsdurchsetzung. Die teilweise erfolgreichen Bestrebungen der kirchlichen Administration zur Eindämmung der adligen Initiativen zur Einführung des Luthertums auf den Herrschaften verdienen in Zukunft eine eingehendere Betrachtung.

Henning P. Jürgens

Est mihi cum multis et doctis viris in Polonia dulcis amicitia. Die Wirkung Melanchthons in Polen im 16. Jahrhundert[1]

1. Einleitung

„Est mihi cum multis et doctis viris in Polonia et in Pannonia dulcis amicitia, qua, ut non dubito, fruemur in coelesti consuetudine." – mit diesen Worten schildert Philipp Melanchthon in einem Brief kurz vor Lebensende seine Kontakte nach Polen.[2] Melanchthon erfreute sich also der angenehmen Freundschaft mit vielen Gelehrten in Polen und Ungarn.

Dieser Aufsatz soll den Kontakten und Wirkungen Melanchthons in Polen gelten. Aber in Kontrast zu Melanchthons rosigem Selbstzeugnis müssen diese Ausführungen mit einigen Fehlanzeigen beginnen: Im Ortsregister der Melanchthon-Biographie von Heinz Scheible findet sich zu Polen, anders als zu vielen anderen europäischen Ländern, kein Eintrag.[3] Ebenso wenig weist das Personenregister der Gesamtdarstellung zur Reformation in Polen, *Auf Felsen gesät* von Christoph Schmidt, ein Lemma „Melanchthon" auf.[4]

---

1 Der vorliegende Text ist die aktualisierte und erweiterte Fassung eines Vortrags im „Melanchthonjahr 2009" auf einer Tagung des Theologischen Arbeitskreises für Reformationsgeschichtliche Forschung (TARF) vom 17. bis 19. September 2009 in Bretten, die der europäischen Bedeutung Melanchthons gewidmet war. Eine gekürzte Fassung ohne Fußnoten erschien unter dem Titel „Melanchthons Wirkung in Polen im 16. Jahrhundert", in: epd – Evangelischer Pressedienst Dokumentation, 26. Januar 2010, Nr. 4, S. 32–41.

2 „Mich verbindet süße Freundschaft mit vielen gelehrten Männern in Polen und Ungarn, die wir zweifellos im Himmel miteinander genießen werden." Brief Melanchthons an Johannes Krzysztoporski MBW 8943 vom 3.5.1559, CR 9, 813f. Der Gedanke von Freundschaft, die auf Erden nur in Briefen gepflegt werden kann, im Himmel aber im direkten Umgang miteinander ausgelebt werden wird, findet sich mehrfach in Melanchthons Briefen und auch bei seinen Schülern, etwa bei David Chyträus. – Die Briefe Melanchthons werden im Folgenden nach der Nummer in der neuen Briefwechselausgabe nachgewiesen: Melanchthons Briefwechsel. Kritische und kommentierte Gesamtausgabe. Hg. v. Heinz Scheible. Stuttgart-Bad Cannstatt 1977ff. Texte, bisher 14 Bde. [= MBW.T]. Regesten, 8 Bde. Addenda sowie Konkordanzen, Register und Itinerar, bisher 4 Bde. Wenn die Texte der Briefe noch nicht in den Textbänden des MBW ediert sind, folgt der Nachweis nach Corpus Reformatorum [= CR].

3 Heinz Scheible: Melanchthon. Eine Biographie. München 1997, S. 293. Dieses Schicksal teilt Polen mit England, Schweden, Finnland oder Russland, während Frankreich, Italien, Dänemark, Spanien, die Schweiz, die Niederlande und andere Länder verzeichnet sind.

4 Christoph Schmidt: Auf Felsen gesät. Die Reformation in Polen und Livland. Göttingen 2000, S. 338. Die Arbeit von Schmidt wird zu Recht vielfach kritisiert, bietet aber eine Übersicht über die ältere Forschung.

Weil man die begrenzte Aussagekraft von Registern kennt, soll dieser Befund hier nicht überbewertet werden. Aber er mag als Problemanzeige dienen: Die Wirkung Philipp Melanchthons in Polen ist kein Thema, das sich unmittelbar aufdrängt, sondern vielmehr eines, das genaues Hinschauen, vielleicht auch deutende Interpretation benötigt, das sich vor allem auf Einzelbeobachtungen stützen muss. Im Folgenden soll den Wirkungen Melanchthons in Polen anhand einiger Themenfelder nachgegangen werden, die zusammengenommen kein genaues Bild, aber vielleicht eine Art grobes Mosaik ergeben. Dies ist so vorsichtig formuliert, weil auch die ältere Forschung nicht über diesen Stand hinausgekommen ist. Eine detaillierte Untersuchung zu dem Thema fehlt (und ist vielleicht auch gar nicht möglich). In den vergangenen 50 Jahren seit dem Melanchthon-Jubiläum 1960 sind mehrere Übersichtsartikel erschienen,[5] die alle auf ähnliche Weise Einzelbeobachtungen summieren, weil sie alle vor demselben Problem standen: Die bis heute andauernden Wirkungen Melanchthons sind in einem der katholischsten Länder Europas schon rein zahlenmäßig marginal. Erkennbar sind viele einst vorhandene Zeugnisse seiner Wirkung verlorengegangen oder gezielt beseitigt worden. Und die deutsch-polnischen Beziehungen der vergangenen 450 Jahre sind überschattet von einigen der dunkelsten Kapitel der deutschen Geschichte. Der Nationalismus der Neuzeit und die nationalsozialistischen Verbrechen der jüngeren Vergangenheit erschweren den Blick auf eine Epoche, in der deutsche Sprache und Kultur einen integralen Bestandteil weiter Gebiete der Rzeczpospolita Polska bildeten und in der zugleich die Renaissancekultur des *złoty wiek*, des goldenen Zeitalters Polens, humanistische Bildung, hochstehende Latinität und intensive Kontakte mit Italien und den humanistischen Zentren des Reichs hervorbrachte. Für uns ist es heute eine anspruchsvolle Aufgabe, an diesen intensiven geistigen und kulturellen Austausch zu erinnern. Dies soll im Folgenden anhand der Themenfelder ‚Studium in Wittenberg', ‚Korrespondenzen' und ‚gedruckte Schriften' geschehen. Anschließend sollen an Beispielen verschiedene Wirkungen der Theologie Melanchthons in Polen aufgezeigt werden.

5 Oskar Bartel: Melanchthon und Polen. In: Philipp Melanchthon. Humanist – Reformator – Praeceptor Germaniae. Berlin 1963, S. 227–236; Ders.: Filip Melanchton w Polsce [Philipp Melanchthon in Polen]. In: Odrodzenie i reformacja w Polsce 6 (1961), S. 73 – 89; Robert Stupperich: Melanchthon und der polnische Humanismus. In: Reinhold Olesch (Hg.): Fragen der polnischen Kultur im 16. Jahrhundert. Vorträge und Diskussionen der Tagung zum ehrenden Gedenken an Alexander Brückner Bonn 1978. Köln u. a. 1980 (Bausteine zur Geschichte der Literatur bei den Slawen 14), S. 367–378; Janusz Małłek: Filip Melanchton i Prusy Polskie (w 500 rocznicę urodzin) [Philipp Melanchthon und das polnische Preußen (zum 500. Geburtstag)]. In: Jan Iluk, Danuta Mariańska (Hg.): Protestantyzm i protestanci na Pomorzu [Protestantismus und Protestanten im Gebiet an der Ostsee]. Koszalin 1997, S. 9–18; Janusz Tazbir: Philipp Melanchthon im Gedächtnis der Polen. In: Günter Frank, Martin Treu (Hg.): Melanchthon und Europa. Skandinavien und Mittelosteuropa. Stuttgart 2001 (Melanchthon-Schriften der Stadt Bretten 6,1), S. 157–173. Keine dieser Studien ist viel länger als 15 Seiten.

2. Studium in Wittenberg

Wichtigste Trägerschicht der polnischen Renaissancekultur war der polnische Adel, die *Szlachta*, die einen deutlich größeren Teil der Bevölkerung ausmachte als in anderen Ländern Europas. Auf bis zu zehn Prozent wird ihr Anteil geschätzt. Allerdings zählten zur Schlachta auch Grundbesitzer, die weniger als ein Dorf besaßen, sodass die Zahl der wirklich reichen Schlachtschitzen und Magnaten, denen ein oder mehrere Dörfer gehörten, deutlich geringer anzusetzen ist. Diese hatten jedoch durchaus die finanziellen Möglichkeiten und auch den Anspruch, ihre Söhne an den besten Schulen ausbilden zu lassen. So studierten schon zu Beginn des 16. Jahrhunderts etliche junge polnische Adlige im Ausland, vorzugsweise in Italien, aber auch im Reich. Hinzu kamen die Mitglieder der häufig deutschsprachigen Oberschichten der Städte in den polnischen Kronlanden und in Preußen.

Schnell verbreitete sich in diesen Kreisen der Ruf der neugegründeten Leucorea. Zwar erließ der polnische König Zygmunt I., genannt der Alte, schon ab 1520 Verbote gegen ein Studium in Wittenberg, um den reformatorischen Einfluss auf sein Land zurückzudrängen. Doch ließen sich diese Verbote leicht umgehen und wurden unter dem Einfluss der Schlachta bald wieder gelockert. In der nach wie vor besten deutschen Darstellung, Gottfried Schramms *Der Polnische Adel und die Reformation* von 1965, heißt es dazu:

> Das Zugeständnis wurde gewiß durch die Versicherung erwirkt, daß die Adligen, die nach Deutschland reisten, nicht etwa Sympathien für die Reformation hegten, sondern sich nur bilden wollten. In der Tat gab zunächst das humanistische Interesse den Ausschlag. Eine Generation aufgeschlossener junger Polen wurde – um in dem bezeichnendsten Beispiel zu sprechen – weniger von Luther als von Melanchthon angezogen, der nach dem Tode des Erasmus von Rotterdam im Jahre 1536 als der hellste Stern der erneuerten Wissenschaft in Mitteleuropa leuchtete. Daß die beiden in Polen aufrichtig verehrten Geister, Erasmus und Melanchthon, über die von Luther aufgeworfenen Glaubensfragen verschieden dachten, musste auf der Ebene des Triviums, über das die polnischen Adligen bei ihren Studien kaum hinausgelangten, nicht unbedingt heraustreten. Was freilich die Beweggründe waren, die einen Polen in dem für geistige Umbrüche empfänglichsten Lebensalter an protestantische Universitäten führte: es konnte nicht ausbleiben, daß manch einer dort in den Bann der evangelischen Verkündigung geschlagen wurde und, in die Heimat zurückgekehrt, die Lehre Luthers unter den Landsleuten verbreitete. Wie in Böhmen und Ungarn, so geht auch in Polen ein bedeutsamer Strang der Reformation auf Studienaufenthalte in Deutschland zurück.[6]

Die Studienaufenthalte polnischer Studenten in Wittenberg haben von jeher in der Forschung viel Aufmerksamkeit gefunden und sind in mehreren Veröffentlichungen untersucht worden.[7] Die Studentenzahlen sind anhand der Matrikeln er-

6 Gottfried Schramm: Der polnische Adel und die Reformation. 1548–1607. Wiesbaden 1965 (Veröffentlichungen des Instituts für Europäische Geschichte Mainz, Abt. Universalgeschichte 36), S. 164f.

7 Theodor Wotschke: Polnische Studenten in Wittenberg. In: Jahrbücher für Kultur und Geschichte der Slawen 2 (1926), S. 169–200; Henryk Barycz: Z dziejów polskich wędrówek naukowych za

hoben worden, die Aufenthalte prominenterer Studenten lassen sich auch durch andere Quellen belegen. Natürlich sind viele der späteren Träger und Unterstützer der reformatorischen Bewegung in Polen durch ihr Studium in Wittenberg für die Reformation gewonnen worden, doch der kulturelle Transfer reicht auch über die Theologie hinaus in andere Wissenschaftsbereiche. Zu nennen ist hier besonders Andrzej Frycz Modrzewski, der bedeutendste politische Denker Polens im 16. Jahrhundert, der mit seinen *Commentariorum de republica emendanda libri quinque* von 1554[8] die polnische Staatsrechtstheorie prägte. Er studierte seit 1531 mehrere Jahre bei Melanchthon und blieb mit ihm in Kontakt.[9] Und auch Jan Mączyński, der Verfasser des ersten Wörterbuchs der polnischen Sprache, war ein Schüler Melanchthons und stützte sich auf dessen Methoden.

Ein Beispiel für einen solchen Studienaufenthalt sei hier näher erörtert: Auch der erste Kontakt zwischen Johannes a Lasco, polnisch Jan Łaski, dem Humanisten und später wichtigsten Theologen der Reformation in Polen, und Philipp Melanchthon entspringt vornehmlich dem Ruf Melanchthons als humanistischer Lehrer. A Lasco, der selber lange Jahre im Ausland studiert hatte und dessen Biographie in vieler Hinsicht typisch ist für die eben geschilderte humanistische Adelskultur Polens,[10] hatte auf einer seiner Auslandsreisen einen jungen Franzosen getroffen und als Mäzen unter seine Fittiche genommen. Er ermöglichte diesem Nikolaus Anianus Burgonius ein Studium in Bologna bei Lazarus Bonamicus, das er gemeinsam mit Stanisław Hosius absolvierte. Anschließend schickte er ihn 1534 zu Melanchthon nach Wittenberg. In seinem Begleitschreiben an Melanchthon, das einen Briefwechsel aus elf erhaltenen und mindestens zwölf weiteren, heute verlorenen Briefen nach sich zog,[11] schilderte a Lasco seine Motivation mit den folgenden Worten:

---

granicę [Aus der Geschichte der polnischen akademischen Reisen ins Ausland]. Wrocław 1969; für Preußen: Hermann Freytag: Die Preussen auf der Universität Wittenberg und die nichtpreussischen Schüler Wittenbergs in Preussen von 1502 bis 1602. Eine Festgabe zur vierhundertjährigen Gedächtnisfeier der Gründung der Universität Wittenberg. Leipzig 1903; Marian Pawlak: Studia uniwersyteckie młodzieży z Prus Królewskich w XVI–XVIII w [Universitätsstudien der Jugend aus dem königlichen Preußen im 16.–18. Jahrhundert]. Toruń 1988.

8 ANDREAE FRICII || Modreuij Commentariorum || de Republica emenda-||da Libri quinque:|| Quorum || PRIMVS, DE MORIBVS.|| SECVNDVS, DE LEGIBVS.|| TERTIVS, DE BELLO.|| QVARTVS, DE ECCLESIA.|| QVINTVS, DE SCHOLA.|| ... || BASILEAE, PER IOAN-||nem Oporinum.||(Anno Salutis humanae M.D.LIIII.|| Mense Augusto.||) VD16 F 3194.

9 Janusz Małek: Die Rezeption der Wittenberger Reformation. Die Entstehung der protestantischen Partei und die Veränderung des politischen Systems in Polen zwischen 1550 und 1570. In: Archiv für Reformationsgeschichte 91 (2000), S. 377–384, 378.

10 Vgl. hierzu meine Dissertation: Henning P. Jürgens: Johannes a Lasco in Ostfriesland. Der Werdegang eines europäischen Reformators. Tübingen 2002 (Spätmittelalter und Reformation N. R. 18), Kap. II.1 und II.2, S. 19–91.

11 Vgl. hierzu allgemein Henning P. Jürgens: Drei Jahrzehnte Korrespondenz zwischen Philipp Melanchthon und Johannes a Lasco. In: Günter Frank, Sebastian Lalla (Hg.): Fragmenta Melanchthoniana. Zur Geistesgeschichte des Mittelalters und der frühen Neuzeit. Heidelberg u. a. 2003 (Fragmenta Melanchthoniana 1), S. 147–162, passim.

> Schon längst hat mich die Bewunderung deiner sowohl glücklichen als auch strahlenden Fähigkeiten und Gelehrsamkeit zur Liebe zu dir so fortgerissen, hochgelehrter Mann, dass es nichts gibt, was ich lieber wollte und mir willkommener sein könnte, als dass ich dir in jeder Hinsicht gefallen oder wohltun wollte. Als Zeugen dieser meiner Geneigtheit gegen dich kann ich deinen hochzuverlässigen Andreas Tricesimus anführen, ein Mann, der deiner Liebe ebenso würdig ist, wie er mir lieb und teuer ist, und der nie aufhört, bei mir dein Lob zu singen. Als es nun für mich galt, meinen Anianus hier, den ich kürzlich aus Italien zurückrief, zur Fortsetzung seiner Studienlaufbahn wieder auszuschicken, wollte ich ihn nirgends lieber hinschicken als zu dir. Denn ich zweifle nicht, dass Du in deiner Güte nichts auslassen wirst, was ihm in dieser Hinsicht zu Hilfe und Förderung gereicht. Darüber hinaus wollte ich, dass er zu seinen weltlichen Studien auch noch die geistlichen hinzufügt, die nun nirgends mehr als bei Euch blühen, und das ganz besonders unter deinen Auspizien. Und ich sehe nicht, wo er darin größere Erträge als bei dir ernten kann. So frage ich dich, ob du wohl so gut bist, sein Bemühen darum so viel du kannst zu unterstützen, wobei ich sicher bin, dass dich seine Gesinnung und Begabung nicht enttäuschen werden. Damit Du aber etwas hast, was die Erinnerung an mich von nun an auffrischt, schicke ich dir einen Edelstein, wie es auch Anian einer ist, als Symbol meiner Zuneigung zu dir. Lebe wohl, Du Zierde unseres Zeitalters.[12]

Der Brief verdeutlicht, neben der Berufung auf einen anderen polnischen Schüler Melanchthons, den humanistischen Dichter Andrzej Trzecieski, die Verbindung von großzügigem Mäzenatentum, humanistischer Freundschaftspflege und einer gewissen Offenheit für die neue, in Wittenberg gelehrte Theologie, allerdings eher in Melanchthons als Luthers Prägung.

Auf die Übersendung des Schülers und des Ringes dankte Melanchthon in ähnlich wohlgesetzten Worten. Er nahm Anian unter seine Hausschüler auf und berichtete a Lasco über die Studienerfolge seines neuen Zöglings.[13] Der Studienaufenthalt in Wittenberg sollte allerdings nicht glücklich enden. Anian, der Melanchthon auf einer Reise zu Philipp von Hessen begleitet hatte, erkrankte auf der Rückreise in Leipzig und starb. Da ihm in der damals noch altgläubigen Stadt ein Begräbnis verweigert wurde, holte eine Gruppe Wittenberger Studenten den Leichnam nach Wittenberg, wo er in der Schlosskirche beigesetzt wurde. Melanchthon hielt die Traueransprache auf ihn und bezeichnete ihn als „Apostolus Polonus"; durch seinen Tod habe Polen einen schweren Verlust erlitten, denn er wäre in der Lage gewesen, durch seine Lehre die Polen auf den Weg des Heils zurückzuführen.[14] Eine solche mögliche Wirkung auf die Ausbreitung der Reformation sah bzw. befürchtete auch die Gegenseite: Der altgläubige Theologe und vielfache Kontrahent Melanchthons, Johannes Cochläus, berichtete in Briefen ebenfalls über den Todesfall Anians. Er nutzte die Gelegenheit, die polnischen Bischöfe zu warnen:

---

12 Brief a Lascos an Melanchthon MBW 1416 vom 7.3.1534, MBW.T 6, 60f., eigene Übersetzung.

13 Brief Melanchthons an a Lasco MBW 1445 vom Mai 1534, MBW.T 6, 100f.

14 Die Rede Melanchthons ist in einer Kurzform in CR 2, 838, Nr. 1250 aufgenommen, dort fehlen aber die Aussagen über Polen. Vgl. die Wiedergabe eines Briefes des Erzbischofs Marcin Drzewicki an den Kulmer Bischof Johannes Dantiscus, in dem eine Schilderung der Ereignisse enthalten ist, bei Jürgens: Johannes a Lasco in Ostfriesland (Anm. 9), S. 131.

Hätte nicht ein solcher junger Mann in der Heimat [gemeint ist Polen] den größten Teil des Adels und der reicheren Bürger mit dem lutherischen Gift infizieren können? Deswegen freue ich mich sehr über euch Bischöfe und Prälaten und beglückwünsche Euch, dass Ihr das kürzlich ergangene Edikt des Königs begrüßt habt, mit dem die polnischen Scholaren von Wittenberg abgeschreckt werden sollen. Hoffentlich bleiben es nicht leere Worte, wie es mit vielen deutschen Edikten gegangen ist.[15]

Die Hoffnung von Cochläus, dass die königlichen Edikte wirksam sein könnten, hat sich wohl nicht bestätigt; sie ließen sich leicht umgehen – viele polnische Studenten schrieben sich zum Beispiel im unverdächtigen Leipzig ein und studierten dann in Wittenberg – und wurden auch nicht ernsthaft verfolgt. Schon 1543, fünf Jahre vor dem Tod König Zygmunts I., wurden die Edikte wieder aufgehoben.

Entsprechend sind auch die absoluten Zahlen der polnischen Studenten zu werten: Bis zum Sejm 1555, auf dem sich die Protestanten durchsetzen konnten und ein „Interim", eine Art Moratorium, für die Behandlung der Religionsfrage beschlossen wurde, studierten in Wittenberg über 300 Studenten aus Polen. Bis zu Melanchthons Tod waren es schon mehr als 420.[16] Hinzunehmen muss man wohl noch eine Dunkelziffer von Studenten, deren Aufenthalt in Wittenberg sich nicht aus der Matrikel erschließen lässt, aber anderweitig belegt ist.[17] Auf jeden Fall stellten die Wittenberger Studenten eine einflussreiche Größe der polnischen Politik in der Jahrhundertmitte dar: Von den 80 Protestanten, die auf dem Sejm in der Regierungszeit Zygmunt Augusts (1548 – 1572) vertreten waren, hatten 16 direkt bei Melanchthon studiert.

Zu fragen bleibt aber trotzdem, ob die Wirkung des Studiums in Wittenberg in Polen nicht geringer gewesen ist als in vergleichbaren Ländern. Dazu noch einmal Gottfried Schramm:

Hervorzuheben ist allerdings, daß der Kreis derer, die solche Aufenthalte bezahlen und – bis 1543 – trotz königlicher Verbote riskieren konnten, nur klein war. Zudem scheint der Drang nach Wittenberg nicht so groß gewesen zu sein wie in Ungarn – dem Lande, das zu Polen die auffälligsten Parallelen bietet [...]. Auch nachdem Sigismund I. das Verbot von Studien in Deutschland aufgehoben hatte, strömten fast durchweg mehr Ungarn als Polen an die Leucorea. An die Zahl von 1018 Ungarn und 870 Deutschen und Tschechen aus Böhmen-Mähren, die hier zwischen 1522 und 1600 studierten, reichen die Ziffern der Polen bei weitem nicht heran.[18]

---

15 Brief Johannes Cochläus' an Johannes Dantiscus, 16.4.1535, zitiert nach Jürgens: Johannes a Lasco in Ostfriesland (Anm. 9), S. 131; eigene Übersetzung.

16 Nach den Zahlen bei Sven Tode: Bildung und Wissenskultur der Geistlichkeit im Danzig der Frühen Neuzeit. In: Herman J. Selderhuis, Markus Wriedt (Hg.): Bildung und Konfession. Theologenausbildung im Zeitalter der Konfessionalisierung. Tübingen 2006 (Spätmittelalter und Reformation, N. R. 27), S. 61 – 102, nach Pawlak: Studia uniwersyteckie młodzieży z Prus Królewskich (Anm. 6).

17 Einige Namen nennt Wotschke: Polnische Studenten in Wittenberg (Anm. 6), S. 180.

18 Schramm: Der polnische Adel und die Reformation (Anm. 5), S. 164. Bei Wotschke wird die Zahl polnischer Studenten für das 16. Jahrhundert mit 500 angegeben. Aber auch er betont, dass Wittenberg für Ungarn seine Anziehungskraft behalten habe, als sie seit 1560 für Polen zurückging; vgl. Wotschke: Polnische Studenten in Wittenberg (Anm. 6), S. 197.

Schramm verknüpft mit dieser Beobachtung und anderen Vergleichsmomenten mit Ungarn in seinem Buch weitergehende Schlüsse, mit denen er letztlich die Unterschiede zwischen dem Erfolg der reformatorischen Bewegung in Ungarn und dem Scheitern in Polen zu erklären versucht. Trotzdem schließt er: „Aber auch, wenn man diesen bezeichnenden Unterschied im Auge behält, bleibt die Rolle der deutschen Hochschulen für die Entfaltung der Reformation erheblich."

Im Vergleich mit Ungarn oder Böhmen mag also die Ausstrahlung der Universität Wittenberg nach Polen zahlenmäßig geringer gewesen sein. Allerdings war Wittenberg bei weitem nicht die einzige deutsche Universität, die polnische Studierende angezogen hat. Frankfurt an der Oder und Rostock, Heidelberg und Basel trugen zu den reformatorischen Einflüssen bei, ganz zu schweigen von Leipzig und Königsberg, wo mit Camerarius und Sabinus enge Vertraute Melanchthons dessen Vorstellungen weiterführten. Wenn es um die Wirkung Melanchthons auf Polen geht, darf dieser mittelbare Einfluss vor allem über Königsberg keinesfalls vergessen werden.

Andererseits kann man natürlich einen Aufenthalt eines polnischen Studenten in Wittenberg nicht automatisch gleichsetzen mit der Annahme einer reformatorischen oder gar lutherischen Überzeugung. Nicht wenige ehemalige Studenten Melanchthons blieben katholisch oder wurden nur vorübergehend protestantisch, bis sie am Ende ihres Lebens wieder in die katholische Kirche zurückkehrten. Wieder andere schlossen sich später den Antitrinitariern an.[19] Nur ein Teil der polnischen Studenten übernahm von ihrem Lehrer Melanchthon nicht nur die humanistischen, sondern auch die reformatorischen Überzeugungen. Zur Beurteilung der Wirkung Melanchthons durch seine Schüler reicht es also nicht, allein die Zahlen zu betrachten, vielmehr muss man die Einzelfälle untersuchen.

3. Korrespondenzen

Nun zu einer zweiten Quellengruppe, die einen Blick auf die Wirkungen Melanchthons auf Polen erlaubt: Eine Fortsetzung fanden die persönlichen Begegnungen zwischen Melanchthon und seinen Schülern aus Polen in den anschließenden Briefen. Sie waren das Mittel, um neue Kontakte zu vermitteln, wie wir es am Beispiel a Lascos gesehen haben, oder Kontakte aufrechtzuerhalten. In Form von Empfehlungsschreiben dienten sie dazu, Studenten den Weg in gute Positionen zu bahnen oder ihnen einfach ein Zeugnis auszustellen, das durch den Namen eines der berühmtesten Gelehrten Europas geadelt war. Ein nennenswerter Anteil des Briefwechsels Melanchthons besteht aus solchen Empfehlungsschreiben, und das ist auch im Fall Polens nicht anders. Umgekehrt wandten sich auch polnische Korrespondenten an Melanchthon mit der Bitte um Vermittlung geeigneter Lehrer oder Prediger, so im Fall des Petrus Vincentius, den Melanchthon, wenn auch letztlich nicht

19 Vgl. Wotschke: Polnische Studenten in Wittenberg (Anm. 6), passim, bes. S. 197.

erfolgreich, als Lehrer für Griechisch und Latein nach Posen vermitteln wollte.[20] In einigen Briefen berichtet Melanchthon auch über den Studienerfolg ihm anvertrauter Zöglinge.

Allerdings gilt, wenn man den Briefwechsel anhand des Ortsregisters der Melanchthon-Briefwechsel-Ausgabe[21] durchforstet, dieselbe Beobachtung, die Schramm für die Studierendenzahlen formuliert hat: Verglichen mit Ungarn ist die Zahl der Briefe nach Polen geringer, ebenso wie die Zahl der Orte, in denen er Korrespondenzpartner fand. Gemessen daran, dass die polnisch-litauische Doppelmonarchie im 16. Jahrhundert das flächengrößte Staatsgebilde Europas war, nimmt Polen einen weniger bedeutenden Platz in Melanchthons Briefwechsel ein. Selbst die wichtigsten polnischen Orte wie Posen oder Krakau sind mit 11 bzw. 17 Einträgen als Absender- oder Empfängerort nicht besonders zahlreich vertreten. Diese Beobachtung bedarf jedoch der Präzisierung: Eine Stadt in Polen weist überdurchschnittlich viele Briefkontakte auf, nämlich Danzig.

Als wichtigste Stadt des königlichen Preußen, also des Teils Preußens, der der polnischen Krone unterstand, hatte Danzig eine Sonderrolle inne. Politisch waren die Oberhoheit des polnischen Königs und die Zugehörigkeit zur polnischen Adelsrepublik im 16. Jahrhundert eindeutig, wurden mehrfach militärisch durchgesetzt und auch nicht in Frage gestellt. Gleichzeitig waren aber große Teile der Bevölkerung und das gesamte Stadtregiment deutschsprachig, und die Stadt blieb auch nach der gewaltsamen Unterdrückung der reformatorischen Unruhen 1525 deutlich auf Wittenberg ausgerichtet. Das schlägt sich auch in Melanchthons Briefwechsel nieder: 20 Briefe aus oder nach Danzig sind erhalten. Die beiden anderen größeren Städte des königlichen Preußens, Elbing und Thorn, sind dagegen nur mit einem bzw. gar keinem Brief verzeichnet.

All diese Kontakte werden aber bei weitem überstrahlt durch die Verbindungen, die Melanchthon mit Königsberg pflegte: 170 Briefe wechselten zwischen ihm und dem Hauptort des herzoglichen Preußens hin und her, das formal ein Lehen des polnischen Königs war, aber angesichts seiner kirchlichen und politischen Sonderentwicklung nicht als Teil Polens angesehen werden kann. Annähernd dieselbe Zahl Briefe hat sich auch für Breslau, den Hauptort Schlesiens, erhalten, das zu dieser Zeit ebenfalls nicht zu Polen zu rechnen ist. Betrachtet man die Zahl der mit dem herzoglichen Preußen und Schlesien gewechselten Briefe, so entsteht der Eindruck, dass Melanchthon einen Teil des Gedankenaustauschs mit und des Nachrichtenaustauschs über Polen – denn er zeigt sich in seinen Briefen immer wieder gut informiert etwa über die militärische Situation bei den Kämpfen mit den Osmanen etc. – im Wesentlichen durch seine Kontakte nach Königsberg und Breslau abgewickelt hat. Beide Städte scheinen eine Art Brückenfunktion gehabt zu haben.

---

20 Die Bemühungen um die Berufung als Lehrer für Griechisch und Latein in Posen zugunsten von Petrus Vincentius ziehen sich vom Mai 1549 bis Juni 1550 hin und nehmen einen großen Teil der erhaltenen Briefe Melanchthons nach Posen ein; vgl. die Nummern MBW 5602, 5639, 5676, 5725, 5735, 5755, 5764, 5802, 5818.

21 MBW, Bd. 10, 1998.

Denkbar ist allerdings auch, dass die relativ geringe Zahl an Briefen aus und nach Polen auf die schlechte Überlieferung zurückzuführen ist. Viele Briefe, die es heute nicht mehr gibt, lassen sich aus den Antworten oder anderen Quellen erschließen. Es mag sein, dass im Zuge der polnischen Gegenreformation, die diese Bezeichnung zu Recht trägt, neben vielen anderen Spuren der Reformation auch Korrespondenzen mit Melanchthon gezielt zerstört wurden, die in vergleichbaren Ländern wie Ungarn oder Böhmen eher erhalten geblieben sind.[22] Aber dies muss Spekulation bleiben.

In den relativ wenigen Briefen, in denen sich Melanchthon direkt über Polen äußert, verwendet er typische Bestandteile des humanistischen geographischen Wissens und populäre Topoi. So etwa die Auffassung von Polen als *„murus reliquae Europae adversus Tartaros et Turcas“*,[23] die er in den aktuellen Kämpfen bestätigt findet.[24] In den Europa heldenhaft verteidigenden Polen sieht er die Nachfahren der Heneter, eines Nachbarvolks der Trojaner, und stellt ihren Siegen den Niedergang anderer europäischer Völker wie der Griechen und Italiener gegenüber.[25] Solche Aussagen, gerichtet an führende Magnaten wie Jan Tarnowski in Krakau oder die Brüder Górka in Posen, verbindet er mit der Aufforderung zu religiösen Reformen. Noch in einem seiner letzten Briefe, einem Empfehlungsschreiben, aufgesetzt zwei Wochen vor seinem Tod, betont Melanchthon das Miteinander von Henetern und Teutonen: Sie

---

22 Vgl. die Formulierungen Theodor Wotschkes: „Aber in dem Briefwechsel Melanchthons, wie er im Corpus Reformatorum vorliegt, spiegeln sich diese Beziehungen kaum wider. Verschwindend klein ist hier die Zahl der Schreiben, die nach Polen gerichtet oder von dort datiert sind. Auch neuere Veröffentlichungen haben nur einen ganz geringen Beitrag zu dem Briefwechsel Melanchthons nach dieser Seite hin gebracht. Polnische Archive und Bibliotheken werden auch hier in Zukunft unsere Kenntnis nicht erweitern. Die Vernichtung, welche die älteste evangelische Literatur in Polen getroffen, der glühende Haß, mit dem einst alles vernichtet wurde, was an die großen Tage erinnerte, da auch Polen ein evangelisches Land zu werden versprach, hat gründlich aufgeräumt.“ Theodor Wotschke: Zum Briefwechsel Melanchthons mit Polen. In: Archiv für Reformationsgeschichte 6 (1909), S. 350–357, hier S. 351. Wotschke, als lutherischer Theologe tätig in Schlesien und der Provinz Posen, war in dieser Frage eindeutig Partei, zugleich aber auch einer der besten Kenner des Quellenbestands zur polnischen Reformationsgeschichte seiner Zeit.

23 Brief Melanchthons an Johannes Krzysztoporski MBW 8943 vom 3.5.1559, CR 9, 813f.

24 Zum Topos des *antemurale christianitatis*, der schon im 15. Jahrhundert bei Jan Długosz belegt ist, vgl. den Aufsatz von Małgorzata Morawiec: Antemurale christianitatis. Polen als Vormauer des christlichen Europa. In: Jahrbuch für Europäische Geschichte 2 (2001), S. 249–260, auf Basis von Janusz Tazbir: Polskie przedmurze chrześcijańskiej Europy. Mity a rzeczywistość historyczna [Polen als Vormauer des christlichen Europa. Mythen und historische Wirklichkeit]. Warszawa 1987.

25 Vgl. Melanchthon an Hetman Jan Tarnowski MBW 2747 vom 9.7.1541, MBW.T 10, 334–336: „Ego vero, cum de naturae humanae imbecillitate ac inconstantia cogito, saepe omnium Europae gentium historias animo reputo, ac collapsa imperia, fractam virtutem plurimorum deploro. Graecia, quae olim domicilium erat virtutis et libertatis, nunc barbarica servitute oppressa est. Italia non solum vetus Imperii decus, sed etiam militiae studia amisit. In Germania extincta veteri disciplina et gravitate, qui nunc sunt clari duces? Haec cum cogito, mirari soleo gentem Henetam, quae etsi antiquitate caeteris anteit, nondum tamen effoeta tot seculis, gloriam rei militaris, et regni decus inter florentissimas nationes tuetur, ac perpetuo clarissimos duces gignit. [...] Hoc decus et Reipublicae Christianae et tibi gratulor, et opto, ut Deus rerum conditor te servet, et vocet aliquando ad res gerendas maiores, ac liberandam a Turcica barbarie et tyrannide universam Europam.“

seien über viele Jahrhunderte zwischen Elbe, Oder und Weichsel vermischt gewesen und miteinander verbunden durch Heiraten, Bündnisse, Verträge und Verpflichtungen, wenn auch gelegentlich untereinander zerstritten. Schon seit 500 Jahren wehrten die Polen in unablässigen Kämpfen die tartarische Barbarei von den Deutschen ab, was diese als Wohltat anerkennen und wofür sie ihre Dankbarkeit öffentlich und privat bezeugen würden.[26]

Ein Sonderfall der Korrespondenz Melanchthons mit Polen soll hier nicht verschwiegen werden, weil er in fast allen Veröffentlichungen zu diesem Thema erwähnt wird: die Versuche, Melanchthon nach Polen einzuladen, um ihn damit der Reformation zu entfremden. Ihren Ausgang nahmen diese Versuche von dem humanistisch gebildeten Bischof von Płock, Andrzej Krzycki oder Cricius. Dieser lud Melanchthon wohl, vermittelt durch einen polnischen Humanisten, der nach Deutschland reiste, im Frühjahr 1530 ein, nach Polen zu kommen. Er scheint ihm einen zurückgezogenen Aufenthalt ohne politische oder universitäre Verpflichtungen in Aussicht gestellt zu haben, bei dem Melanchthon in Ruhe seinen humanistischen Studien hätte frönen können. Erhalten hat sich die höflich-zurückhaltende Antwort Melanchthons auf dieses Angebot, verfasst auf dem Weg zum Augsburger Reichstag.[27] Allein die Tatsache, dass er den Vorschlag eines polnischen Bischofs nicht in Bausch und Bogen verwarf, sondern eine offene Ablehnung vermied und das Angebot als reizvoll bezeichnete, hat Gustav Kawerau 1902 in seiner Untersuchung zu diesen Einladungen als Anlass zu weitreichenden negativen Charakterurteilen über Melanchthon gedient.[28] Auch auf einen weiteren, verlorenen Brief von Krzycki im Herbst 1532 antwortete Melanchthon freundlich, lobte seinen Stil und seine Humanität und übersandte dem Bischof den gerade fertiggestellten Römerbriefkommentar. Die Klage über die zahlreichen Streitigkeiten, in die er verwickelt sei, findet sich in der Antwort an Krzycki ebenso wie in anderen Briefen der Zeit. Und auch der humanistentypische Wunsch nach einem stillen Rückzugsort, den Melanchthon äußert, formuliert er nicht nur gegenüber Krzycki.[29] Bei Krzycki scheint Melanchthons Antwort aber den Eindruck erweckt zu haben, er sei wirklich bereit zu kommen, denn Krzycki verbreitete die Nachricht von seiner Einladung weiter, unter anderem in Briefen an den Krakauer Bischof Jan Tomicki und an Erasmus von Rotter-

---

26 Melanchthon, Empfehlungsschreiben für einen ungenannten polnischen Theologen MBW 9281 vom 1.4.1560, CR 9, 1084f.: „Multis saeculis usque a Vistula et Viadro usque ad Albim permixtae gentes fuerunt *Heneta* et *Teutonica,* plerunque sociae, iunctae connubiis, foederibus, contractibus et multis officiis: interdum etiam, ut fit, inter se dimicarunt. Sed annis iam quingentis Poloni a nobis saevam barbariem Tartaricam assiduis bellis depulerunt. Id ingens beneficium agnoscamus, et gratitudinem erga eos publice et privatim ostendamus."

27 Brief Melanchthons an Krzycki MBW 884 vom 28.3.1530, MBW.T 4, 109f.

28 Gustav Kawerau: Die Versuche, Melanchthon zur katholischen Kirche zurückzuführen. Halle 1902 (Schriften des Vereins für Reformationsgeschichte 73), S. 12f.

29 Brief Melanchthons an Krzycki MBW 1288 vom 27.10.1532, MBW.T 5, 355–357, deutsch bei Kawerau: Versuche (Anm. 27), S. 13f. Dort, S.17f., auch Beispiele für andere Briefe ähnlichen Inhalts.

dam.[30] Spuren der Nachricht, Melanchthon wolle nach Polen kommen, finden sich auch in Briefen Pier Paolo Vergerios und Jan Flachsbinders, genannt Dantiscus, des ebenfalls humanistisch gebildeten und mit Melanchthon befreundeten Bischofs von Kulm. Im Januar 1535 schließlich verdeutlicht ein Schreiben Krzyckis an Melanchthon, dass die Einladung weiterhin galt und Krzycki sich dafür sogar an der Kurie eine Vollmacht eingeholt hatte. Auch nach seiner Weihe zum Gnesener Erzbischof im selben Jahr scheint Krzycki seine Pläne weiterverfolgt zu haben – ohne dass sich von Melanchthon irgendeine Andeutung erhalten hätte, jemals ernsthaft die Annahme des Angebots Krzyckis erwogen zu haben.[31]

Eine realistische Einschätzung des Vorgangs, auch gemessen an den Insinuationen Kaweraus, scheint ein Brief des vorhin schon erwähnten Johannes Cochläus zu bieten, den dieser nach dem Tod Krzyckis 1537 an Hieronymus Aleander sandte und der zugleich eine interessante Beurteilung der Wirkung Melanchthons auf Polen bietet.[32] Dort heißt es:

> Seine [Melanchthons] Schriften sind vor allem Schuld daran, daß auswärtige Nationen, die Dänen, Schweden, Norweger, Preußen, Livländer so viel Haß gegen die Bischöfe wie gegen die römische Kirche geschöpft haben. Endlich sind aus seiner Schule die polnischen Edelleute hervorgegangen, die jetzt in jenem weitausgedehnten Reiche Aufruhr erregen sollen nicht nur gegen die Bischöfe, sondern auch gegen den König selbst. Zwar nahm es der hochwürdige Herr Andreas Cricius, Bischof von Plotzk und schließlich Erzbischof von Gnesen, ein hochgebildeter Mann, der jetzt im Herrn entschlafen ist, mir übel, daß ich gegen diesen Philippus im Jahre 1534 etliche meiner kleinen Schriften hatte ausgehen lassen, als wenn ich dadurch seine Anschläge gestört hätte, die doch von Clemens VII. und dem ganzen Kardinalskollegium gebilligt worden waren. Aber jener gute geistliche Herr kannte nicht des Philippus betrügerischen Geist und seine Kunst zu heucheln und zu verschweigen. Was waren es aber für Pläne, die er verfolgte? Philippus hatte ihm die falsche Hoffnung erreget, daß er zu ihm kommen würde, gleich als wenn er mit Verlassung Wittenbergs zugleich das Luthertum verlassen würde. Die Hoffnung stachelte den Bischof, daß er dem Menschen große Versprechungen machte, mit Geschenken und mit Briefen voll Schmeichelworten, aber er wußte nicht, daß von Philippus nichts aufrichtig von Herzen gethan oder versprochen wird. Und jetzt nach seinem Tod tritt plötzlich die Frucht dieser polnischen Kunst im Königreich Polen zutage, wenn das Gerücht darüber nicht täuscht.

Zieht man von dieser Schilderung die persönlichen Schmähungen ab, dann ergibt sich ein deutliches Bild der reformatorischen Wirkung, die Melanchthon durch seine adligen Schüler ausübte, und es zeigt sich, dass er vor allem versuchte, mit den humanistisch gesinnten polnischen Bischöfen in Kontakt zu bleiben. Letzteres bedeutet allerdings nicht, dass Melanchthon ernsthaft beabsichtigte, Wittenberg zu

30 Kawerau: Versuche (Anm. 27), S. 18f.

31 So beurteilt auch Heinz Scheible die ganze Angelegenheit; er wischt sie ohne Schilderung der Umstände schon in seiner Einleitung beiseite: „Wenn er sich schon dem väterlichen Verwandten [Reuchlin] versagte, so würde er einem päpstlichen Legaten oder polnischen Bischof gewiss nicht auf den Leim gehen." Scheible: Melanchthon (Anm. 2), S. 10.

32 Kawerau: Versuche (Anm. 27), S. 28f.

verlassen oder gar seine reformatorischen Überzeugungen aufzugeben, sondern dass er umgekehrt hoffte, die polnischen Bischöfe für die Reformation zu gewinnen.

4. Melanchthons Schriften

Eine dritte Weise der Einflussnahme Melanchthons auf andere Länder ist in dem zitierten Brief von Cochläus ebenfalls angesprochen: Melanchthons Wirkung durch seine Schriften. Cochläus zeichnet ein Bild großer Erfolge dieser Schriften vor allem im Ostseeraum. Wenn man von solchen direkten Aussagen absieht, ist man für die Einschätzung dieses Einflusses durch gedruckte Texte heute auf die Realien angewiesen. Und wieder ergibt sich, wie bei Studentenzahlen und Briefen, ein undeutliches Bild: Ein Blick in die *Biblioteka Staropolska* von Karol Estreicher, die polnische Nationalbibliographie für Drucke des 15. – 18. Jahrhunderts,[33] zeigt, dass Bücher Melanchthons nur in ganz geringer Zahl in Polen gedruckt wurden. 1524 erschien in Krakau ein Druck der *Grammatica*, 1537 ebenfalls dort bei Johann Scharffenberger eine Disputation über Cicero. Zwei Jahre später veröffentlichte dieselbe Druckerei eine Ausgabe der *Syntaxis*, 1546 erschienen die *Rhetoricae institutiones* in der Edition von Georg Major. An theologischen Schriften wurde in Polen nur 1559 unter der Ägide Johannes a Lascos in Pińczów die *Responsio de controversia Stancari* gedruckt. Die Vorrede zum polnischen Atlas von Wacław Grodecki, in der Melanchthon seine Etymologie der Heneter entfaltet, wird zwar auch bei Estreicher nachgewiesen, erschien aber 1558 in Basel bei Johannes Oporinus. Einen Teil der Einträge zu Melanchthon im Register Estreichers nehmen Schriften von Cochläus gegen ihn ein, die in Polen gedruckt wurden.

Noch geringer ist die Zahl der Schriften Melanchthons, die in polnischer Übersetzung erschienen; darunter sind eine Postillenübersetzung aus der Feder von Jan Seklucjan 1556 und eine Übersetzung des *Examen ordinandorum* 1566 bei Daubmann in Königsberg. Außerdem entstanden im Verlauf des 16. Jahrhunderts drei verschiedene Übersetzungen der Confessio Augustana.

Dieses eher magere Ergebnis bedarf der Interpretation: Dass Melanchthons lateinische Schriften in Polen nicht gedruckt wurden, heißt nicht, dass sie dort nicht gelesen wurden. Der Import solcher Schriften war gang und gäbe; nicht von ungefähr stellten die königlichen Edikte gegen das Studium im Ausland den Import häretischer Schriften unter besondere Strafe. Die Klagen über die Unwirksamkeit dieser Edikte sind ja schon bei Cochläus laut geworden. Studenten und Reisende brachten die Bücher mit, Buchführer lieferten sie nach Polen, wobei wiederum Breslau und Königsberg eine Brückenfunktion einnahmen. Allerdings stellt die Frage nach

---

33 Karol Estreicher (Hg.): Bibliografia polska [Polnische Bibliographie]. Cz. [Tl.] 3: Stolecie XV–XVIII w. ukladzie abecadlowym [15. – 18. Jahrhundert in alphabetischer Reihenfolge]. Kraków 1891 – 1939. Das umfangreiche Werk ist zur Benutzung im Internet erschlossen: <http://www.estreicher.uj.edu.pl/> (zuletzt besucht am 13.01.2015). Neben einer Suchmaske besteht Zugriff auf Digitalisate der Originalbände.

der individuellen Rezeption von Werken Melanchthons, die sich durch Analyse von Buchbesitz und Büchernutzung erhellen ließe, ein großes Forschungsdesiderat dar.[34] Ob sich heute noch deutlich erkennen lässt, in welchem Umfang Bücher Melanchthons besessen und gelesen wurden, ist dabei fraglich.[35]

Etwas anders als bei den lateinischen Werken liegen die Dinge bei den Übersetzungen ins Polnische. Eine verdienstvolle Zusammenstellung der im westlichen und nördlichen Polen erschienenen polnischen evangelischen Schriften von Władysław Chojnacki[36] führt nur die schon erwähnte polnische Ausgabe des *Examen Ordinandorum* und die *Confessio-Augustana*-Übersetzungen auf. Wenn man jedoch diese Bibliographie auf das Gesamtbild der polnischen evangelischen Schriften hin betrachtet, dann zeigt sich, dass im 16. Jahrhundert fast nur Frömmigkeitsliteratur – Postillen, Gebetbücher, Katechismen, Gesangbücher und anderes – übersetzt wurde. Auch die wissenschaftlich-theologischen Werke anderer bedeutender protestantischer Autoren fanden kaum den Weg ins Polnische. Derselbe Befund gilt für die Schriften der langandauernden nachinterimistischen Kontroversen, denen sich das Mainzer Forschungsprojekt von Irene Dingel[37] widmet: Auch sie wurden so gut wie nicht auf Polnisch veröffentlicht.[38] Die wissenschaftlichen Werke Melanchthons und seiner Zeitgenossen erreichten ihr gebildetes Publikum in Polen auf Latein und auf Deutsch, das Polnische blieb den Schriften privater Frömmigkeit und des Gemeindealltags vorbehalten.

---

34 Vgl. zur Rezeption der hermeneutischen Konzepte und Lehrbücher Melanchthons in Polen-Litauen Kęstutis Daugirdas: Die Nachwirkung Melanchthons im polnisch-litauischen Gemeinwesen. In: Irene Dingel (Hg.): Philipp Melanchthon. Lehrer Deutschlands, Reformator Europas. Leipzig 2011 (Leucorea-Studien zur Geschichte der Reformation und der Lutherischen Orthodoxie 13), S. 353–364. Weiterhin: Klaus Garber: Alte Deutsche Bücher in Bibliotheken Mittel- und Osteuropas. Ein Reisebericht. In: Hans-Werner Rautenberg (Hg.): Wanderungen und Kulturaustausch im östlichen Mitteleuropa. Forschungen zum ausgehenden Mittelalter und zur jüngeren Neuzeit. München 2006 (Völker, Staaten und Kulturen in Ostmitteleuropa 1), S. 293–320, über deutsche Bücher, was natürlich gerade bei Melanchthon nur einen kleinen Teil der Rezeption erfasst.

35 Bei der Vorbereitung des Beitrags konnte ich diesen bibliotheksgeschichtlichen Forschungen noch nicht nachgehen. Einen allerersten Eindruck erlauben Zählungen, die ich in Bibliotheken in Elbing/Elbląg und Danzig/Gdańsk vornehmen konnte: Die *Biblioteka Elbląska im. C. Norwida*, die unter anderem die Bibliothek des früheren Akademischen Gymnasiums Elbing, gegründet 1531, bewahrt, verzeichnet mehr als 30 Werke oder Textausgaben Melanchthons aus dem 16. Jahrhundert; die *Biblioteka Gdańska Polskiej Akademii Nauk* (BG PAN), die die Tradition der *Bibliotheca Senatus Gedanensis* von 1596 weiterführt und auch die Bestände des Akademischen Gymnasiums enthält, weist sogar ca. 300 Werke oder Ausgaben Melanchthons auf. Ähnliche Ergebnisse ließen sich wohl auch für andere traditionsreiche Bibliotheken erzielen.

36 Władysław Chojnacki: Bibliografia polskich druków ewangelickich ziem zachodnich i północnych 1530–1939 [Bibliographie der polnischen evangelischen Drucke in den westlichen und nördlichen Gebieten 1530–1939]. Warszawa 1966.

37 Vgl. die Webseite des Projekts: <www.controversia-et-confessio.adwmainz.de/> (zuletzt besucht am 19.07.2014).

38 Mit Ausnahme einer Schrift Osianders; vgl. dazu Henning P. Jürgens: Die Beteiligung der beiden Preußen an den nachinterimistischen Streitigkeiten. In: Zeitschrift für die Geschichte und Altertumskunde Ermlands 55 (2011), S. 30–63.

Immerhin lässt sich auch in diesem Bereich eine vermittelte, sekundäre Wirkung Melanchthons auf Polen konstatieren: Zahlreiche Übersetzungen, die evangelische Frömmigkeitsliteratur in polnischer oder litauischer Sprache zugänglich machten, entstanden in Königsberg, zum Teil auf Initiative Herzog Albrechts von Preußen. Die beiden wichtigsten Übersetzer waren Eustachius Trepka für die polnische Sprache und Stanislaus Rapolionis/Rapagelan für das Litauische. Beide studierten Anfang der vierziger Jahre bei Melanchthon.

5. Der Einfluss Melanchthons auf die Reformation in Polen

Das hier präsentierte vielfältige und mehrdeutige Bild der Wirkung Melanchthons in Polen findet seine Entsprechung in der Entwicklung der Reformation in Polen allgemein, die nur ganz knapp skizziert sei: Nachdem erste Anfänge in Danzig 1526 gewaltsam unterdrückt worden waren, dauerte es bis in die letzten Jahre der Regentschaft Zygmunts I., bis sich die reformatorische Bewegung in Polen deutlicher zu formieren begann. Erst nach der Jahrhundertmitte konnten sich evangelische Gemeinden in größerem Umfang etablieren, fast immer gebunden an die Unterstützung der Adligen. Dabei zeigte sich eine deutliche Dreiteilung der evangelischen Richtung in Polen: In den westlichen Gebieten, in Großpolen und dem königlichen Preußen, wurde die Orientierung nach Wittenberg tragend; in Kleinpolen und Litauen dominierten dagegen die Reformierten; es bestanden intensive Kontakte in die Schweiz. Außerdem waren als dritte evangelische Gruppe die Böhmischen Brüder seit ihrer Vertreibung aus Böhmen 1548 in Polen ansässig geworden und hatten Gemeinden gegründet. Nachdem auf dem Sejm von 1555 eine vorläufige Duldung evangelischer Gemeindebildung erreicht worden war, konnten sich die verschiedenen Richtungen stabilisieren. Die preußischen Städte Danzig, Elbing und Thorn erreichten 1557 eine königliche Erlaubnis zur evangelischen Predigt und Feier des Abendmahls unter beiderlei Gestalt. In Kleinpolen begann nach der Rückkehr Johannes a Lascos Ende 1556 der Aufbau von Synodalstrukturen der kleinpolnischen reformierten Gemeinden. Erste Versuche, Reformierte und Böhmische Brüder zusammenzuschließen, blieben ebenso erfolglos wie die Bemühungen a Lascos, die Unterstützung Herzog Albrechts für einen Zusammenschluss der Reformierten mit den lutherischen Gemeinden zu gewinnen. Die innerprotestantischen Gegensätze vor allem in der Abendmahlslehre fanden auch auf polnischem Boden ihre Entsprechung. Erschwert wurden diese theologischen Einigungsversuche noch zusätzlich durch das Aufkommen antitrinitarischen Gedankenguts in den kleinpolnischen reformierten Gemeinden, das letztlich zur Spaltung in eine reformierte *Ecclesia maior* und eine antitrinitarische *Ecclesia minor* führte. Die theologische Uneinigkeit schwächte die Evangelischen in Polen auch politisch, sodass es immer wieder Versuche zur Einigung gab.[39]

---

39 Vgl. als ersten Überblick die Artikel Polen in: Theologische Realenzyklopädie (TRE) 26, S. 758–778 (Jerzy Kłoczowski), und in: Religion in Geschichte und Gegenwart (RGG^4) 6, Sp. 1441–1449 (Peter Hauptmann), sowie Schmidt: Auf Felsen gesät (Anm. 3).

Auf diese Entwicklung hatte Melanchthon in mancher Hinsicht Einfluss. Nicht von ungefähr lässt sich in seinem Briefwechsel mit und seinen Äußerungen zu Polen ein deutliches Schwergewicht in seinem letzten Lebensjahrzehnt ausmachen. Als theologische Instanz genoss er im evangelischen Polen höchstes Ansehen. So kam es, zwanzig Jahre nach den vergeblichen Bemühungen Krzyckis, wieder zu Einladungen an Melanchthon, nach Polen zu kommen: Die Synode von Secymin 1556 versuchte ihn ebenso dazu zu bewegen wie der großpolnische Magnat Rafał Leszczyński. Melanchthons Schüler Eustachius Trepka, Prediger in Posen, reiste nach Wittenberg, um die Einladung an ihn persönlich auszusprechen, doch Melanchthon lehnte auch diese Bitten durchweg ab. Er empfahl jedoch die sächsische Kirchenordnung als Muster für den Aufbau der lutherischen Kirche in Großpolen.

Auch die kleinpolnischen Reformierten sahen in Melanchthon einen Ansprechpartner und eine theologische Instanz. Auf der Synode von Secymin wurde 1556 auch eine Einladung an Johannes a Lasco ausgesprochen, der dieser gegen Jahresende Folge leistete, nachdem auf politischer Ebene die Aufhebung der königlichen Edikte gegen ihn erreicht worden war. Die Reise von Frankfurt am Main, wo a Lasco zusammen mit einer Gruppe aus London geflohener niederländischer Glaubensflüchtlinge lebte, nach Polen führte ihn über Wittenberg. Von Melanchthon und den übrigen Wittenberger Professoren wurde a Lasco überaus ehrenvoll empfangen. Ein Fest im Kreis der zahlreichen in Wittenberg studierenden Polen krönte seinen Aufenthalt. In den folgenden drei Jahren bis zu seinem Tod vier Monate vor dem Tod Melanchthons standen beide Reformatoren in engem Briefkontakt, wobei sich leider nur ein Teil der Briefe erhalten hat.[40] Zwar traten bei dem Besuch a Lascos auch Meinungsverschiedenheiten zutage, aber sie führten nicht zur Trennung.

Mehrfach wandten sich auch die kleinpolnischen Protestanten an Melanchthon als Instanz in theologischen Fragen. So wurde der kleinpolnische Prediger Petrus z Goniądz (Gonesius) ebenfalls auf der Synode von Secymin 1556 nach Wittenberg gesandt, um seine antitrinitarischen Ansichten durch Melanchthon prüfen zu lassen, sehr zum Leidwesen Melanchthons, der ihn rasch aus der Stadt verweisen ließ und ihm die verlangte öffentliche Disputation verweigerte. Und auch als Francesco Stancaro mit seiner Rechtfertigungslehre unter den kleinpolnischen Predigern Unterstützer fand, wurde mit der schon erwähnten Veröffentlichung der Schrift Melanchthons gegen Stancaro in Pinczów seine Autorität in Anspruch genommen. Durch solche Voten ließ sich allerdings nicht verhindern, dass sich nach dem Tod a Lascos und Melanchthons die antitrinitarische *Ecclesia minor* abspaltete.

Die schon erwähnte besondere Beziehung Danzigs zu Wittenberg und Melanchthon konnte sich erst ab 1557 und damit nur wenige Jahre vor seinem Tod offen entfalten. Schon vorher hatte Danzig zahlreiche Studenten an die Leucorea entsandt und sich auch für die Besetzung von Lehrer- und Syndicus-Positionen Vorschläge aus Wittenberg eingeholt, sodass man von einer direkten Orientierung Danzigs auf

40 Vgl. Jürgens: Drei Jahrzehnte Korrespondenz (Anm. 10).

Wittenberg sprechen kann.[41] Aber erst ab 1557 waren evangelische Gottesdienste und die Umgestaltung des Kirchenwesens möglich geworden. Schon bald danach, 1561, entstand ein Streit über eine abendmahlstheologische Frage, in dem sich die Parteiungen der innerprotestantischen Kontroversen im Reich widerspiegelten, um die sogenannten *Reliquiae* der Abendmahlsfeier, also die übriggebliebenen Elemente Brot und Wein. Mussten sie auch nach Ende der Feier weiterhin als Sakrament betrachtet werden oder konnte man sie als gewöhnliches Brot und Wein verzehren? Dahinter stand die Frage nach der Dauer der Gegenwart Christi im Abendmahl. Als der Streit eskalierte, griff der Rat ein und beauftragte den auch theologisch gebildeten Juristen Dr. Jacob von Barthen, einen Absolventen der Leucorea, mit der Formulierung einer Kompromissformel. Barthen stellte eine *Notula* oder *Notel* genannte *confessio doctrinae* in 13 Artikeln auf. Sie formulierte eine Antwort auf der Linie der Abendmahlslehre Melanchthons, dass „nichts ein Sakrament sei außerhalb seines Gebrauchs". Man solle die übriggebliebenen Abendmahlselemente aus Reverenz gegenüber dem Mysterium des Abendmahls, nicht aber weil sie sakramentale Kraft hätten, vor Profanation schützen und würdig behandeln.[42] Der Rat verlangte die Annahme der *Notula* von allen Predigern; wer die Unterschrift verweigerte, verlor sein Amt.

Gegen die *Notula* erhob vor allem Benedikt Morgenstern[43] seine Stimme, ein Theologe, der wegen seiner Ablehnung der Rechtfertigungslehre Andreas Osianders das herzogliche Preußen hatte verlassen müssen und auch aus Danzig nach Konflikten mit dem Rat ausgewiesen worden war. Er war ein glühender Verfechter gnesiolutherischer Positionen und erreichte, dass auch Flacius und die Mansfelder Prediger um Cyriakus Spangenberg in der Kontroverse das Wort ergriffen. Der Rat Danzigs sandte daraufhin die *Notula* zur Prüfung nach Wittenberg und Rostock. Während Johann Wigand eine Stellungnahme der Rostocker Fakultät verhinderte, stützten die Theologen der Leucorea erwartungsgemäß die Danziger Formel. Mit einer umfangreichen eigenen Schrift gegen die *Notula* erreichte Morgenstern 1567 nur, dass sich die Danziger Prediger in einer *Apologia* einmütig zur *Notula* und zur Religionspolitik ihres Rates bekannten. 1575 nahm die Stadt zusätzlich das *Corpus Doctrinae Philippicum* als Bekenntnisgrundlage an und lehnte bald darauf die Unterzeichnung der Konkordienformel ab. So blieb Danzig auch nach dem Sturz der Philippisten in Wittenberg eine Hochburg des Philippismus. Unter dem Einfluss des Pezel-Schülers David Fabricius, des langjährigen Leiters des Danziger *Gymnasium illustre*, wandten sich die Theologen und die städtischen Oberschichten gegen Ende des 16. Jahrhunderts schließlich der reformierten Theologie zu, ehe sich Anfang der dreißiger Jahre des 17. Jahrhunderts nach langen Konflikten die konkordienlutherische Mehrheit in der Stadt durchsetzen konnte. In Danzig blieb so die Wirkung Melanchthons län-

41 Vgl. die umfangreiche Studie von Hermann Freytag: Die Beziehungen Danzigs zu Wittenberg in der Zeit der Reformation. In: Zeitschrift des westpreußischen Geschichtsvereins 38 (1898), S. 1–137.

42 Vgl. zur Kontroverse insgesamt Jürgens: Die Beteiligung (Anm. 37), S. 49–61.

43 Zu ihm und ausführlicher zu der Auseinandersetzung vgl. meinen Beitrag in diesem Band.

ger als anderswo im Reich wirksam, ehe auch hier die vermittelnden Positionen zwischen den konkurrierenden Lagern zerrieben wurden.

Kaum zu überschätzen ist dagegen die Wirkung, die Melanchthon mittelbar und unmittelbar in Polen dadurch hinterlassen hat, dass er als einer der geistigen Väter des *Consensus Sendomirensis* von 1570 anzusehen ist. Zehn Jahre nach seinem Tod und dem Tod a Lascos gelang es den polnischen Protestanten auf einer Generalsynode in Sandomierz bei Krakau, sich auf eine Konsensformel zu einigen.[44] Dahinter stand ein erheblicher politischer Druck: Auf dem Sejm in Lublin 1569 hatten sich das Königreich Polen und das Großherzogtum Litauen in der Union von Lublin zu einer Doppelmonarchie zusammengeschlossen. Die politische Union, die unter anderem einen gemeinsamen Sejm zur Folge hatte, erhöhte auch den Druck auf das protestantische Lager zu einem gemeinsamen Auftreten, zumal der König angekündigt hatte, auf dem Sejm in Warschau 1570 auch über die kirchliche Situation verhandeln zu wollen, und die Protestanten aufgefordert hatte, ihm ein gemeinsames Bekenntnis zu übergeben. Entsprechend waren die adligen Patrone auf der Synode in Sandomierz die treibende Kraft hinter den Konsensbemühungen.

Auf der Synode hatten die Reformierten unter der Bezeichnung *Confessio Sendomirensis* eine polnische Übersetzung der *Confessio Helvetica Posterior* als gemeinsames Bekenntnis vorgelegt. Sie fanden damit aber ebenso wenig bei Böhmischen Brüdern und Lutheranern Zustimmung wie diese mit ihren Plädoyers für die *Confessio Bohemica* oder die *Confessio Augustana*. Haupthindernis blieb die Abendmahlslehre. Eine Einigung auf ein gemeinsames Bekenntnis kam so nicht zustande; der *Consensus Sendomirensis*, der immer wieder einmal als Bekenntnisunion missverstanden oder gar mit der *Confessio Sendomirensis* verwechselt wird, war allein eine Konsensformel.

In dieser Formel bestätigten sich die beteiligten Gruppen gegenseitig, in den Hauptpunkten der christlichen Lehre, vor allem der Trinitätslehre, der Zwei-Naturen- und der Rechtfertigungslehre, nie von der orthodoxen Wahrheit abgewichen zu sein, und versicherten, diese gegen Sektierer, Päpstliche und alle Feinde der Wahrheit verteidigen zu wollen. In der strittigen Frage der Abendmahlslehre wird neben die Formel des Irenäus, dass das Mysterium des Abendmahls in einem himmlischen und einem irdischen Element bestehe, der Abendmahlsartikel der *Helvetica Posterior* und die Formulierung der *Confessio Saxonica* Melanchthons gestellt. Zur Vertiefung des Konsenses wird die gegenseitige Predigt- und Abendmahlsgemeinschaft vereinbart. Dabei sollen die jeweiligen Riten unverändert bleiben können, denn wenn das Fundament des Glaubens gewahrt sei, komme es auf die Riten nicht an. Man wolle in Zukunft die Kirchen des ganzen Königreichs als eine Körperschaft betrachten und sich gegenseitig zu den Synoden einladen.

Die Erreichung dieser Konsensformel, der übrigens nie das geplante gemeinsame Bekenntnis hinzugefügt wurde, ermöglichte eine zeitweilige politische Stärkung des protestantischen Lagers in Polen. Nach dem Tod Zygmunt Augusts gelang es, auf

---

44 Vgl. hierzu neuerdings: Kęstutis Daugirdas, Henning P. Jürgens: Konsens von Sandomierz – Consensus Sendomirensis, 1570. Einleitung und kritische Edition. In: Heiner Faulenbach (Hg.): Reformierte Bekenntnisschriften. Bd. 3,1: 1570–1599. Neukirchen-Vluyn 2012, S. 1–20.

dem Sejm in Warschau 1573 mit der Konföderation von Warschau eine rechtliche Anerkennung aller in Polen vertretenen Glaubensgruppen, also auch der Orthodoxen und der Antitrinitarier, mit politischen Mitteln zu sichern, ohne die Wahrheitsfrage der einzelnen Auffassungen zum Gegenstand zu machen.

Im Zustandekommen des Konsenses von Sandomierz und seinen politischen Konsequenzen kann man mit Fug und Recht die wichtigste Wirkung Melanchthons in Polen sehen. Nicht von ungefähr gelang die Einigung unter Berufung auf eine Formel Melanchthons: Er hatte für alle Beteiligten die Rolle einer akzeptierten Instanz. Dass die Einigung überhaupt zustande kam, erklärt sich auch aus dem besonderen historischen Moment: Sowohl die Vertreter der Lutheraner Großpolens, die beiden Brüder Erasmus und Nikolaus Gliczner, als auch die Böhmischen Brüder orientierten sich theologisch nach Wittenberg, also auf die dort tätigen philippistischen Theologen, die die Abendmahlslehre des späten Melanchthon weiterführten. Wäre es zu den polnischen Einigungsbemühungen erst vier Jahre später gekommen, hätten sie nach dem Sturz der Wittenberger Philippisten 1574 dort sicher keine Unterstützung für eine Konsensformel mit den Reformierten mehr gefunden.[45]

Entsprechend war auch dem *Consensus Sendomirensis* keine dauerhafte Geltung beschieden. Schon bald wurde er von konkordienlutherischen Theologen in Frage gestellt, unter anderem von dem oben erwähnten Benedikt Morgenstern. Zwar wurde der Konsens noch mehrfach von gemeinsamen protestantischen Synoden bekräftigt, zuletzt 1595 in Thorn, doch fand er nach dem Tod der Brüder Gliczner keine entschiedenen Befürworter auf lutherischer Seite mehr und wurde im 17. Jahrhundert nicht weiter erneuert.

Das Ende der polnischen Toleranz, die Erfolge der Gegenreformation und die Verhärtung der konfessionellen Fronten führten dazu, dass die Wirkung Melanchthons in Polen, nicht nur in Form des *Consensus Sendomirensis*, mehr und mehr nachließ und in Vergessenheit geriet. Die Erfolge der Gegenreformation und die Zerstörungen der folgenden Jahrhunderte haben dazu beigetragen, dass viele Zeugnisse dieser Wirkung verwischt wurden. So bedarf es heute einer gezielten Spurensuche, um das vielfach verbundene Miteinander von *Henetern* und *Teutonen*, wie Melanchthon sagen würde, wieder freizulegen. Sie ermöglicht einen Blick auf eine Zeit intensiven Austauschs und gegenseitiger Anerkennung, in der Philipp Melanchthon als wahrhaft europäischer Reformator eine wichtige Rolle spielte.

45 Zur theologischen Entwicklung in Wittenberg in dieser Zeit vgl. Johannes Hund: Das Wort ward Fleisch. Eine systematisch-theologische Untersuchung zur Debatte um die Wittenberger Christologie und Abendmahlslehre in den Jahren 1567 bis 1574. Göttingen 2006 (Forschungen zur systematischen und ökumenischen Theologie 114).

Henning P. Jürgens

Innerprotestantische Konflikte in Polen und im Preußenland im 16. Jahrhundert. Das Beispiel Benedikt Morgenstern[1]

1. Einleitung

Im Jahr 2017 steht der 500. Jahrestag der Veröffentlichung von Martin Luthers 95 Thesen über den Ablass an. Dieses Jubiläum dient als Anlass, um noch einmal die Bedeutung der Reformation und ihrer historischen, theologischen, politischen und sozialen Auswirkungen zu würdigen und dabei nicht allein die Person des Wittenberger Theologieprofessors, sondern auch viele andere Akteure des komplexen Geschehens zu untersuchen. In der Reformationsforschung der vergangenen Jahre sind jedoch nicht nur die Entwicklungen und Ereignisse vor 1517 und in den ersten Jahrzehnten der reformatorischen Bewegung in Europa analysiert worden: Auch die Phase der theologischen Konsolidierung der neuen Theologien in der zweiten Hälfte des 16. Jahrhunderts hat wieder das Interesse der Forschung gefunden. Zumal in vielen Ländern Europas die reformatorischen Veränderungen erst lange nach 1517 zum Tragen kamen und die Bekenntnisformulierungen und doktrinären Festlegungen der großen Konfessionen erst ein halbes Jahrhundert nach den Anfängen erreicht wurden.

In diesen großen Zusammenhang ordnet sich auch ein Forschungs- und Editionsprojekt der Mainzer Akademie der Wissenschaften und der Literatur unter Leitung von Irene Dingel ein, das die innerprotestantischen Streitigkeiten zwischen Augsburger Interim und Konkordienformel (1548 – 1577/80) untersucht und erschließt.[2] Eine Datenbank des Projekts hat über 2.000 gedruckte Streitschriften aus diesem Zeitraum erfasst; die jeweils wichtigsten Schriften zu einzelnen theologischen Streitthemen werden in neun Bänden ediert. Ein daran anschließendes Auswertungsprojekt des Autors am Leibniz-Institut für Europäische Geschichte Mainz

---

1 Der vorliegende Artikel basiert auf einem Vortrag auf der gemeinsamen Sitzung der Calvin Studies Society und des North American Luther Forum in St. Paul/MI am 7.4.2011. Die englische Originalfassung erschien unter dem Titel: Inner-Protestant Conflicts in 16th Century Poland and Prussia. The Case of Benedict Morgenstern. In: R. Ward Holder (Hg.): Calvin and Luther. The Continuing Relationship. Göttingen 2013 (Refo500 academic studies [R5AS] 12), S. 143–163. Die deutsche Fassung wurde aktualisiert und leicht erweitert.

2 Controversia et Confessio. Theologische Kontroversen 1548–1577/80. Kritische Auswahledition. Hg. im Auftrag der Akademie der Wissenschaften und der Literatur Mainz v. Irene Dingel. Göttingen 2008ff. Zu dem Projekt und zur theologischen Einordnung vgl. Irene Dingel: Einleitung. In: Dies. (Hg.), Johannes Hund, Jan Martin Lies, Hans-Otto Schneider (Bearb.): Reaktionen auf das Augsburger Interim. Der Interimistische Streit (1548–1549). Göttingen 2010 (Controversia et Confessio 1), S. 3–34.

widmete sich der Frage, welche Auswirkungen die innerprotestantischen Kontroversen auf den Verlauf der Reformation in Polen, Preußen und Schlesien hatten und in welcher Weise Theologen dort daran beteiligt waren. Denn die innerprotestantischen Debatten waren ein europäisches Phänomen: Sie wurden von London bis Riga, von Kopenhagen bis Hermannstadt ausgetragen oder rezipiert und waren durchaus nicht nur ein „Höhenkamm"-Phänomen der akademischen Theologie, sondern erfassten breite Bevölkerungskreise und zahlreiche, heute weithin unbekannte Akteure in vielen Regionen Europas. Der vorliegende Beitrag soll sich in einer Fallstudie einem dieser Akteure und an seinem Beispiel dem Verlauf der Kontroversen in den beiden Preußen und im nördlichen Polen widmen.

2. Benedikt Morgenstern

Benedikt Morgenstern ist auch unter Experten kein bekannter Name. Geboren 1525, ist er nicht unter die bedeutenden Theologen seiner Zeit zu rechnen. Er war kein origineller Denker und hätte das auch nicht für sich in Anspruch genommen. Seine Schriften sind vielfach stereotyp, seine Argumentationen vorhersehbar. Mehr noch: In der historischen und theologischen Literatur des 17. und 18. Jahrhunderts findet man zahlreiche negative Einschätzungen seiner Person. Er wird als „streitbar" oder sogar „streitsüchtig" bezeichnet, ein ruheloser „Streittheologe",[3] „qui sine rixis vivere non possit"[4] – einer, der ohne Zank nicht leben konnte. Selbst Autoren, die mit seiner konfessionellen Position übereinstimmen, beschreiben ihn nicht in wirklich positiver Weise.

Gleichwohl könnte es sich lohnen, ihm aus eben diesen Gründen eine nähere Untersuchung zu widmen: gerade weil er nicht originell war, sondern beispielhaft. Er verkörpert den Archetyp eines gnesiolutherischen Theologen des späten 16. Jahrhunderts, der sich an den theologischen Konflikten und Debatten beteiligte, die im erwähnten Mainzer Editionsprojekt erschlossen werden. Seine unermüdliche Streitbarkeit in Verbindung mit seinen unbeugsamen Ansichten machte ihn zu einem Protagonisten oder gar zum Auslöser einer ganzen Reihe von theologischen Kontroversen, die das Preußenland in der zweiten Hälfte des 16. Jahrhunderts erlebte.

Benedikt Morgenstern durchlief die typische Karriere eines Theologen seiner Zeit. An ihr lassen sich viele Elemente und Phänomene aufzeigen, die für das Verständnis des Verlaufs der Reformation in Ostmitteleuropa wichtig sind. An seinen verschie-

---

3 Walther Hubatsch: Geschichte der evangelischen Kirche Ostpreußens. 3 Bde. Göttingen 1968, Bd. 1, S. 113.

4 Daniel Ernst Jablonski: HISTORIA CONSENSUS SENDOMIRIENSIS, INTER EVANGELICOS REGNI POLONIAE, ET M. D. LITHVANIAE IN SYNODO GENERALI EVANGELICORUM UTRIUSQVE PARTIS, SENDOMIRIAE An. MDLXX. Die 14. Aprilis INITI: CONTINUA SERIE, QUAE SYNODUM SENDOMIRIENSEM ANTEGRESSA, QUAE IN IPSA SYNODO ACTA, QUAEQUE EAM CONSECUTA SUNT [...]. Cui subjicitur ipse CONSENSUS, nec non SYNODI GENERALES, CONSENSUI jungi solitae [...]. Berlin: Ambrosius Haude 1731, S. 28f.

denen Tätigkeitsorten erlebte er am eigenen Leib die Interdependenz von theologischen und sozialen Entwicklungen im Prozess der Herausbildung der verschiedenen Konfessionen und deren Abhängigkeit von politischen Rahmenbedingungen. Er war Mitglied einer hochmobilen Gruppe theologischer Spezialisten – und musste mehrfach aufgrund seiner konfessionellen Position den Ort wechseln. Er lebte in den kulturellen Kontaktzonen zwischen polnischen und deutschen Einflüssen, zwischen Stadtbürgertum und Adelsherrschaft, und wirkte – willentlich oder nicht – als ein Vermittler zwischen diesen Sphären. Er nutzte die Medien und Kommunikationsformen eines Gelehrten seiner Zeit und nahm so an dem theologischen Diskurs teil, der weite Teile des europäischen Kontinents überspannte. Ohne Menschen wie ihn hätte die Herausbildung des Protestantismus eine andere Richtung genommen. Deshalb ist es vielleicht doch gerechtfertigt, dem Leben und den Meinungen von Benedikt Morgenstern eine Untersuchung zu widmen.

3. Frühe Jahre

Morgenstern ist eindeutig der zweiten Generation der Reformation zuzuordnen. Geboren wurde er 1525 in Stolp/Słupsk in Pommern als Sohn eines Pastors.[5] Sein Vater Laurentius siedelte später ins Herzogtum Preußen über, vermutlich in der Begleitung von Bischof Paul Speratus, und übernahm eine Stelle in Riesenburg/Prabuty, zuerst als Pastor, später als Archipresbyter. Benedikt besuchte die Schule in Riesenburg, wo ihn der bekannte Gelehrte Peter Hegemon unterrichtete, und setzte seine Studien an der Akademie und später der Universität in Königsberg/Kaliningrad fort, wo er 1547 den Magistergrad erwarb. Anschließend kehrte er als Nachfolger Hegemons an seine Schule in Riesenburg zurück. Über weitere Studien ist nichts

5 Der Großteil der biographischen Informationen über Morgensterns frühe Jahre lässt sich auf die Leichenpredigt zurückführen, die Hartknoch noch zur Verfügung stand, heute aber verloren zu sein scheint; jedenfalls ist sie im *Gesamtkatalog deutschsprachiger Leichenpredigten Marburg* nicht verzeichnet. Hartknoch zitiert die Leichenpredigt vielfach. Die weitere Forschung ist von seinen Angaben abhängig. Vgl. Christoph Hartknoch: Preussische Kirchen-Historia / darinnen von Einführung der christlichen Religion in diese Lande wie auch von der Conservation, Fortpflantzung / Reformation und dem heutigen Zustande derselben ausführlich gehandelt wird. Nebst vielen denckwürdigen Begebenheiten / so sich biß an diese Zeiten in dem Kirchen-Wesen daselbst zugetragen: Aus vielen gedruckten und geschriebenen Documenten, nicht allein den Inwohnern dieser Lande / sondern auch wegen der genauen Connexion deß Geschicht-Wesens / allen Teutschen zu gut; mit sonderbarem Fleiß zusammen getragen [...]. Frankfurt am Main, Danzig: Simon Beckenstein 1686. VD17 12:116940P, S. 502f.; Gesamtkatalog deutschsprachiger Leichenpredigten (GESA) <http://www.personalschriften.de/datenbanken/gesa.html>. Darüber hinaus gibt es nur wenige biographische Arbeiten über Morgenstern, etwa: Christian Gottlob von Friese: Kirchengeschichte des Königreichs Polen vom Ursprunge der christlichen Religion [...] wie auch der verschiedenen Religions-Streitigkeiten dieses Landes bis auf jetzige Zeit. Theil 2: Beyträge zu der Reformationsgeschichte in Polen und Litthauen besonders. Breslau: Korn 1786, S. 380–387; Carl A. Hase: Morgenstern, Benedict. In: Allgemeine Deutsche Biographie. Bd. 22 (1885), S. 228–230, <http://www.deutsche-biographie.de/sfz65416.html>; Henryk Rietz: Morgenstern, Benedykt. In: Polski Słownik Biograficzny. Bd. 21 (1976), S. 771f.

bekannt. 1552 wurde er Pastor in Preußisch Eylau/Bagrationovsk, ebenfalls im herzoglichen Preußen.

In dieser Zeit wurde auch Morgenstern von einer der schärfsten und an die theologischen Grundlagen der Reformation rührenden innerprotestantischen Kontroversen erfasst, nämlich dem Osiandrischen Streit über die Rechtfertigungslehre, die der frühere Nürnberger Reformator und Königsberger Theologieprofessor Andreas Osiander 1549 auslöste.[6] Der Streit erschütterte und spaltete die Königsberger Albertina und später die ganze Kirche im Herzogtum Preußen. Er zog sich über Jahre hin, selbst über den Tod Osianders 1553 hinaus, und führte schließlich sogar bis zur Hinrichtung eines glühenden Anhängers Osianders, Johannes Funck.[7] Entscheidend für den Verlauf der Kontroverse war, dass Osiander die Unterstützung von Herzog Albrecht genoss. Als sich abzeichnete, dass der Konflikt nicht mit einer akademischen Disputation, einer öffentlichen Debatte oder einer Landessynode beigelegt werden konnte – vor allem, weil die Mehrheit der preußischen Theologen Osianders Lehre ablehnte –, unternahm Albrecht auf Empfehlung seiner Räte den Versuch, durch die Einholung von Stellungnahmen bei Universitäten oder Territorialsynoden der Anhänger der Wittenberger Reformation zu einer Lösung zu gelangen. Auch wenn sich der Königsberger Hof bemühte, die öffentliche Debatte zu kontrollieren, rief er mit diesem Schritt nur noch heftigere Auseinandersetzungen hervor.[8] Die Schärfe der Polemik, mit der sich die beiden Seiten in ihren Streitschriften bekämpften, beeinträchtigte darüber hinaus auch die Rolle, die die Königsberger Universität für die Ausbreitung der evangelischen Lehre in Osteuropa übernehmen sollte. Viele polnische und litauische Adelige entschieden sich nun, ihre Söhne nicht zum Studium nach Königsberg zu senden.[9]

---

6 Zum Osiandrischen Streit vgl. Martin Stupperich: Osiander in Preußen 1549–1552. Berlin 1973 (Arbeiten zur Kirchengeschichte 44); Jörg Rainer Fligge: Herzog Albrecht von Preußen und der Osiandrismus, 1522–1568. Diss. phil. Bonn 1972; und Gottfried Seebaß: Andreas Osiander d. Ä. und der Osiandrische Streit. Ein Stück preußischer Landes- und reformatorischer Theologiegeschichte. In: Dietrich Rauschning, Donata von Nerée (Hg.): Die Albertus-Universität zu Königsberg und ihre Professoren. Aus Anlaß der Gründung der Albertus-Universität vor 450 Jahren. Berlin 1995 (Jahrbuch der Albertus-Universität zu Königsberg 29), S. 33–48. Die Schriften Osianders aus dieser Kontroverse sind ediert in Andreas Osiander: Schriften und Briefe 1549 bis August 1551. Hg. v. Gerhard Müller u. Gottfried Seebaß. Gütersloh 1994 (Andreas Osiander Gesamtausgabe 9), und Ders.: Schriften und Briefe September 1551 bis Oktober 1552 sowie Posthumes und Nachträge. Gütersloh 1997 (Andreas Osiander Gesamtausgabe 10). Zur umfangreichen Debatte über Osianders Theologie neuerdings: Timothy J. Wengert: Defending faith. Lutheran responses to Andreas Osiander's doctrine of justification, 1551–1559. Tübingen 2012. Zusätzliche Quellen finden sich bei Hartknoch: Preussische Kirchen-Historia (Anm. 4), S. 309–417.

7 Funck wurde wegen Hochverrats angeklagt und verurteilt, nicht wegen seiner Unterstützung Osianders, sondern der politischen Ambitionen, die er damit verband. Nach seiner Hinrichtung mussten die verbliebenen Anhänger von Osianders Theologie Preußen verlassen. Vgl. Fligge: Herzog Albrecht und der Osiandrismus (Anm. 5), S. 512–518.

8 Vgl. dazu Henning P. Jürgens: Das „Urteil der Kirche" im Osiandrischen Streit. Theologische Öffentlichkeit als Schiedsinstanz. In: Ders., Thomas Weller (Hg.): Streitkultur und Öffentlichkeit im Konfessionellen Zeitalter. Göttingen 2013 (Veröffentlichungen des Instituts für Europäische Geschichte Mainz, Beiheft 95), S. 229–252, sowie Wengert: Defending faith (Anm. 5), S. 26–66.

9 Vgl. Henning P. Jürgens: Die Beteiligung der beiden Preußen an den nachinterimistischen Streitig-

Es bleibt unklar, wieweit Morgenstern eine aktive Rolle in der Kontroverse um Osiander übernahm, doch er hat augenscheinlich zu den Kritikern an dessen Lehre gezählt, denn er verließ seine Gemeinde in Eylau 1553, vermutlich zur selben Zeit, als Joachim Mörlin, der prominenteste Opponent Osianders, gezwungen war, seine Stelle in Königsberg aufzugeben.[10]

Zum ersten, aber nicht zum letzten Mal in seinem Leben musste Morgenstern eine Stelle aufgrund seiner konfessionellen Position räumen. Er wurde damit zu einem der selbsternannten *Exules Christi*, meist Gnesiolutheraner, die nach einem Konflikt mit ihrer jeweiligen politischen Obrigkeit zur – häufig nur kleinräumigen – Migration gezwungen waren.[11]

Morgenstern wandte sich nun nach Mitteldeutschland. Wiederum sind die genauen Umstände nicht bekannt, aber er muss wohl in Mansfeld und/oder Magdeburg gewesen sein, denn er knüpfte eine Verbindung mit Johannes Wigand, einem der profiliertesten gnesiolutherischen Theologen.[12] Bis zum Ende seines Lebens blieb Wigand für Morgenstern der einflussreichste Freund und die wichtigste theologische Autorität.

Ein weiteres Element in Morgensterns Lebenslauf ist typisch für eine ganze Theologengruppe: Er fand seine nächste Anstellung in Preußen königlichen Anteils.[13] Viele der Pastoren und Lehrer, die das Herzogtum Preußen während des Osiandrischen Streits verlassen mussten, gingen in die Nachbarregion, die der polnischen Krone unterstand und von den drei Städten Danzig/Gdańsk, Thorn/Toruń und Elbing/Elbląg dominiert wurde.[14] Obwohl erst seit 1557 die evangelische Predigt mit

keiten. In: Zeitschrift für die Geschichte und Altertumskunde Ermlands 55 (2011), S. 1–33, hier S. 18–20.

10 Also im Februar oder März 1553; vgl. Stupperich: Osiander in Preußen (Anm. 5), S. 359–362.

11 Ein weiteres Forschungsprojekt am Leibniz-Institut für Europäische Geschichte unter Leitung von Irene Dingel hat sich dieser kleinen, aber einflussreichen Gruppe religiöser Exulanten gewidmet; vgl. Irene Dingel: Die Kultivierung des Exulantentums im Luthertum am Beispiel des Nikolaus von Amsdorf. In: Dies. (Hg.): Nikolaus von Amsdorf (1483–1565) zwischen Reformation und Politik. Leipzig 2008 (Leucorea-Studien zur Geschichte der Reformation und der Lutherischen Orthodoxie 9), S. 153–175; eine Fallstudie dazu: Vera von der Osten-Sacken: Erzwungenes und selbstgewähltes Exil im Luthertum. Bartholomäus Gernhards Schrift „De Exiliis" (1575). In: Henning P. Jürgens, Thomas Weller (Hg.): Religion und Mobilität. Zum Verhältnis von raumbezogener Mobilität und religiöser Identitätsbildung im frühneuzeitlichen Europa. Göttingen u. a. 2010 (Veröffentlichungen des Instituts für Europäische Geschichte Mainz, Beiheft 81), S. 41–57.

12 Zu ihm vgl. Irene Dingel: Wigand, Joachim. In: Theologische Realenzyklopädie (TRE) 36 (2004), S. 33–38; Robert Kolb: Philipp's Foes, but Followers Nonetheless. Late Humanism among Gnesio-Lutherans. In: Manfred P. Fleischer (Hg.): The Harvest of Humanism in Central Europe. Essays in Honor of Lewis W. Spitz. St. Louis, MO 1992, S. 159–176; sowie Ronald E. Diener: Johann Wigand. In: Jill Raitt (Hg.): Shapers of religious traditions in Germany, Switzerland, and Poland. 1560–1600. New Haven u. a. 1981, S. 19–38.

13 Zum Sonderfall des Königlichen Preußens im Rahmen der polnischen Reformationsgeschichte vgl. weiterhin die klassische Studie von Gottfried Schramm: Der polnische Adel und die Reformation. 1548–1607. Wiesbaden 1965 (Veröffentlichungen des Instituts für Europäische Geschichte Mainz, Abt. Universalgeschichte 36), S. 116–136.

14 Vgl. Karin Friedrich: The other Prussia. Royal Prussia, Poland and Liberty, 1569–1772. Cambridge 2000 (Cambridge studies in early modern history), S. 46–70.

einem königlichen Privileg erlaubt war, wurden seit Beginn der 1550er Jahre an einigen Orten evangelische Prediger ohne die Zustimmung der Diözesanbischöfe von Leslau/Włocławek und Kulm/Chełmno berufen. Morgenstern kam 1554 zuerst nach Schöneck/Skarszewy südlich von Danzig, fünf Jahre später dann übernahm er eine Stelle in der Stadt selbst, an der Katharinenkirche.

4. Danzig

In Danzig, der wichtigsten und reichsten Stadt unter der Herrschaft des polnischen Königs, waren die evangelische Predigt und die Austeilung des Abendmahls unter beiderlei Gestalt erst seit zwei Jahren offiziell erlaubt, als Morgenstern dort seine Stelle antrat.[15] Nach einem auch reformatorisch motivierten Aufstand 1525, der unter König Zygmunt I. gewaltsam niedergeschlagen wurde, blieb die Stadt formell altgläubig, hielt aber den Kontakt zu den evangelischen Zentren in Deutschland. Zahlreiche Danziger studierten in Wittenberg und an anderen deutschen Universitäten.[16] Nachdem 1548 Zygmunt II. August den Thron bestiegen hatte, erzielten die polnischen Protestanten auf dem Sejm in Petrikau/Piotrków 1555 einige politische Erfolge, und auch den drei preußischen Städten gelang es, königliche Privilegien zu erwirken, die die evangelische Predigt offiziell erlaubten.[17] Doch die Lage der Kirche in Danzig, Elbing und Thorn war damit noch nicht fest etabliert, sondern sah sich den fortdauernden Ansprüchen der benachbarten Diözesanbischöfe gegenüber. Keine der Städte hatte eine Kirchenordnung erlassen oder die liturgischen Formen fest-

15 Zur Kirchengeschichte Danzigs vgl. die älteren Arbeiten von Theodor Hirsch: Kirchengeschichte von Danzig seit Einführung der Reformation. Die Ober-Pfarrkirche von St. Marien in Danzig in ihren Denkmälern und in ihren Beziehungen zum kirchlichen Leben Danzigs überhaupt. Bd. 2. Danzig 1847; Eduard Schnaase: Geschichte der evangelischen Kirche Danzigs. Actenmäßig dargestellt. Danzig 1863; sowie die neueren Titel: Maria Bogucka: Die Wirkungen der Reformation in Danzig. In: Zeitschrift für Ostforschung 42 (1993), S. 195–206; Janusz Małłek: Martin Luther und die Reformation in Danzig, im übrigen Königlichen Preußen und im Herzogtum Preußen. In: Heinz Radke (Hg.): Deutsch-slawische Wechselbeziehungen: 1. Kaschubei und Danzig; 2. Masuren. München 2003 (Publikationsreihe der Ost- und Westpreußenstiftung in Bayern 28), S. 39–52; Gottfried Schramm: Danzig, Elbing und Thorn als Beispiele städtischer Reformation (1517–1588). In: Hans Fenske (Hg.): Historia integra. Festschrift für Erich Hassinger zum 70. Geburtstag. Berlin 1977, S. 125–154, und Michael G. Müller: Zweite Reformation und städtische Autonomie im Königlichen Preußen. Danzig, Elbing und Thorn in der Epoche der Konfessionalisierung (1557–1660). Berlin 1997 (Publikationen der historischen Kommission zu Berlin); sowie die Beiträge der Aufsatzsammlung von Jan Iluk, Danuta Mariańska (Hg.): Protestantyzm i protestanci na Pomorzu [Protestantismus und Protestanten in Pommerellen]. Koszalin, Gdańsk 1997.

16 Vgl. Hermann Freytag: Die Beziehungen Danzigs zu Wittenberg in der Zeit der Reformation. In: Zeitschrift des westpreußischen Geschichtsvereins 38 (1898), S. 1–137.

17 Schramm: Danzig, Elbing und Thorn (Anm. 14), S. 147–155.

gelegt. Die Einführung der Reformation im königlichen Preußen ist daher von Michael G. Müller als „späte Reformation" bezeichnet worden.[18]

Die neu gewonnene Eigenständigkeit der preußischen Kirchen brachte allerdings auch einige Probleme mit sich. Schon unter der offiziellen Oberhoheit der katholischen Bischöfe hatten die protestantischen Theologen im königlichen Preußen engen Kontakt mit den theologischen Entwicklungen im Reich gehalten. Dementsprechend kam die theologische Differenzierung im Lager der Wittenberger Reformation auch in den preußischen Städten zum Tragen. Konflikte, die in der Zeit der geheimen oder bestenfalls stillschweigend tolerierten Ausübung der evangelischen Religionspraxis unter der Oberfläche geblieben waren, brachen nun offen aus. Darin sahen die Zeitgenossen den Einfluss des Teufels am Werk. So heißt es in einer Schrift der Danziger Prediger einige Jahre später: „Wie es denn nimmermehr fehlet / wo Gott sein Kirchen bawet / da schlecht [schlägt] der böse Feind seinen Kretzschmar [seine Kneipe] auch daneben auff."[19]

Der wachsende Dissens zwischen der in Wittenberg vertretenen melanchthonischen Theologie und ihren Kritikern in Magdeburg, Regensburg, Jena und anderswo fand auch seine jeweiligen Parteigänger in Danzig. Benedikt Morgenstern stand dabei zweifellos im Lager der Gegner Wittenbergs. Sein erstes eindeutig belegtes Auftreten als „Streittheologe" brachte ihm prompt die nächste Ausweisung ein. Er bezog Stellung zugunsten eines Predigers, der mit einem Mitglied des Danziger Stadtrats im Streit lag – und wurde deshalb seines Amtes enthoben: Morgenstern und zwei andere Pastoren hatten ihre Sonntagspredigten über die Perikope vom Guten Hirten (Joh 10,11–14) am 8. April 1560 zur offenen Kritik am Rat genutzt und beriefen sich dabei auf ihre pastorale Autorität. Das obrigkeitliche Kirchenregiment des Danziger Rats war vielleicht zu diesem Zeitpunkt noch nicht so weit etabliert, dass er derartige Kritik ignorieren konnte. Jedenfalls zögerte der Rat nicht lange, enthob alle drei Prediger ihrer Ämter und verwies sie binnen Tagesfrist aus der Stadt.[20] Morgenstern ging nun nach Thorn, der zweitgrößten Stadt des königlichen Preußens, ca. 100 Kilometer südlich ebenfalls an der Weichsel gelegen, wo er am 30. Juli 1560 zum Prediger an der Marienkirche ernannt wurde. Wegen der engen Verbindungen

---

18 Vgl. Müller: Zweite Reformation (Anm. 14), passim, und besonders Ders.: Late Reformation and Protestant Confessionalization in the Major Towns of Royal Prussia. In: Karin Maag (Hg.): The Reformation in Eastern and Central Europe. Aldershot 1997 (St. Andrews Studies in Reformation History), S. 192–210.

19 APOLOGIA. Gründlicher Gege(n)bericht / warhafftige erzelung der Histori des erhabenen vnd gefürten streits / vn(d) Ablehnung der vnchristlichen geachten beschwerlichen aufflagen / damit Benedict Morgenstern in seiner vormeinten Widerlegung der Formulae Concordiae oder Notel / so alle Prediger zu Dantzigk / zu gemeiner einigkeit vnterschrieben / Beide einen Erbaren Hochweisen Rath / vnd alte auch newe ankomende Prediger / wider sein Gewissen / mit vngrund beschweret / Gestellet durch gemeine vorwilligung aller Prediger daselbs. Vnd Mit wissen / zulaß / vnd zeugnis / eines Erbaren / Namhafften Hochweisen Raths in Druck vorfertiget. [...] Danzig: Jakob Rhode 1567. VD16 A 3149, Einleitung, A 2v.

20 Vgl. zu diesen Vorgängen Hartknoch: Preussische Kirchen-Historia (Anm. 4), S. 681f.

zwischen Danzig und Thorn[21] konnte er seinen Einfluss auf die Situation in Danzig auch von seiner neuen Stelle aus fortsetzen.

5. Die Debatte um die *reliquiae*

Im folgenden Jahr 1561 entbrannte in Danzig eine öffentliche Debatte über die Abendmahlslehre.[22] Zwei Pastoren, Erhard Sperber und Vitus Neuber, die beide ebenfalls vorher im herzoglichen Preußen tätig gewesen waren und schon dort über dieselbe Frage in Streit geraten waren, setzten ihren Disput auf den Kanzeln ihrer Kirchen in Danzig fort. Gegenstand der Debatte war die Frage, wie man mit den sogenannte *reliquiae* umgehen solle, also mit den nach der Austeilung des Abendmahls übrigbleibenden Elementen. Waren sie lediglich als Brot und Wein zu betrachten oder als Leib und Blut Christi? Im Hintergrund dieser Frage standen natürlich die Abendmahlslehre insgesamt und besonders die Frage der realen oder spiritualen Präsenz Christi beim Abendmahl. Die Danziger *reliquiae*-Debatte steht somit eindeutig im Zusammenhang mit dem ‚Zweiten Abendmahlsstreit', an dem sich unter anderem Joachim Westphal, Johannes Calvin und der polnische Reformator Johannes a Lasco beteiligten. Letzterer – er war im Jahr zuvor, am 8. Januar 1560, verstorben – hatte bis zu seinem Lebensende vergeblich versucht, eine Einigung der verschie-

---

21 In seinen eigenen Worten: „Nu weiß man in Preußen wol, das man zu Thorn nicht einen Finger in die Aschen stecken kan, es ist zu Danzig den dritten Tag lautbar." Benedikt Morgenstern: Widerlegung der Notel / damit die Sacramentirer zu Dantzig / jhren Irthumb vnd Verfolgung / verkleistern vnd bedecken wollen / vnd die arme Kirche daselbst / höchlich drucken vnd beschweren / Geschrieben an die Prediger daselbst / Die ferner am Sawerteig der Sacramentirer nicht schuldig / denn das sie derselben Notel vnterschrieben haben. Sampt zweien Vorreden: Eine der Prediger in der Herrschafft Mansfeldt / an die Diener Götliches Worts zu Dantzig vnd Thorn. Die andere / An einen Erbaren / Namhafftigen vnd Wolweisen Rath / der Königlichen Stad Thorn / [...] Durch Benedictum Morgenstern Predigern der Königlichen altenstad Thorn in Preussen. Eisleben: Andreas Petri 1567. VD16 M 6341, Vorrede, D 4v.

22 Die Hauptquellen für den Streit um die *reliquiae* in Danzig sind – neben den zeitgenössischen gedruckten Quellen, die in den folgenden Anmerkungen angeführt werden – die handschriftlich erhaltene *Historia Notulae Gedanensis* aus der Feder des Danziger reformierten Theologen David Fabricius, der selber kein Augenzeuge der Ereignisse war und seine Darstellung 1602 im Zuge einer Kontroverse mit seinem lutherischen Opponenten Michael Coletus verfasste (Archiwum Państwowe w Gdańsku), sowie Reinhold Curicke: Der Stadt Dantzig historische Beschreibung. Danzig: Jansson 1687. VD17 1:074660U, der sich auf Fabricius stützt. Hartknochs große Darstellung der preußischen Kirchengeschichte (Anm. 4), S. 680–709, folgt im Wesentlichen Curicke. Hirsch: Kirchengeschichte von Danzig (Anm. 14) gibt einen detaillierten Bericht der Ereignisse, wiederum in Anlehnung an Fabricius als Hauptquelle, aber unter Verwendung zusätzlicher Archivüberlieferungen. Dasselbe gilt für Freytag: Die Beziehungen Danzigs zu Wittenberg (Anm. 15). Gustav Kötz: Die Danziger Konkordienformel über das Heilige Abendmahl, Notel genannt, und ihre Apologie (1561–1567), Univ. Diss. Königsberg. Königsberg 1901, berücksichtigt alle zuvor genannten Quellen und ergänzt Detailinformationen aus den Danziger Archiven, aber seine Untersuchung ist nur teilweise veröffentlicht und bleibt eine kohärente Schilderung der Ereignisse schuldig. Eine gründliche Untersuchung auf der Basis aller erhaltenen Überlieferungen ist nach wie vor ein Desiderat.

denen Gruppen unter den polnischen Protestanten herbeizuführen; diese war unter anderem auch an der Abendmahlsfrage gescheitert.[23] Der Verlauf der Abendmahlskontroverse und die Positionen der beteiligten Theologen waren in der Stadt Danzig, die enge Beziehungen nach Polen und zu anderen Hansestädten unterhielt, zweifellos bekannt, denn in Hamburg war Joachim Westphal als Hauptpastor tätig, und in Bremen wurde der Domprediger Albert Hardenberg im selben Jahr wegen seiner melanchthonischen Abendmahlslehre aus seinem Amt vertrieben.[24]

Dementsprechend war die *reliquiae*-Debatte nicht nur ein Streit zwischen zwei unleidlichen Theologen. Wie am Beispiel Morgensterns erkennbar ist, hätte der Danziger Rat sicher nicht lange gezögert, beide einfach der Stadt zu verweisen, wenn es sich nur um eine Auseinandersetzung zwischen Sperber und Neuber gehandelt hätte. Aber die Streitfrage erfasste und spaltete die Danziger Predigerschaft, die Gemeinden und letztlich die ganze Stadt. Die Beteiligten belegten einander mit Bezeichnungen wie „Schwärmer“ oder „Sakramentier“ bzw. „Kryptopapist“. Zudem hatte die Kontroverse natürlich eine erhebliche politische Bedeutung: Weniger als fünf Jahre nach dem Erreichen des königlichen Privilegs für die Austeilung des Abendmahls unter beiderlei Gestalt lagen die Pastoren genau darüber miteinander im Streit. Dieser Umstand wurde sowohl auf den lokalen preußischen Landtagen als auch am polnischen Hof genau wahrgenommen.[25] Der Danziger Rat musste deshalb umgehend handeln, um nicht nur Frieden und Stabilität im Kirchenwesen der Stadt wiederherzustellen, sondern um dem polnischen König und den benachbarten Bischöfen nicht wieder Einflussmöglichkeiten zu eröffnen.

6. Eskalationsstufen einer Debatte

Die Danziger *reliquiae*-Debatte liefert ein gutes Beispiel dafür, wie im 16. Jahrhundert eine theologische Frage zu einem öffentlichen Ereignis werden konnte und welche Steigerungsformen dabei möglich waren. Die Streitfrage kam zuerst in privaten Gesprächen auf, wie man aus Berichten von Augenzeugen weiß. Sie erreichte die Stufe der Stadtöffentlichkeit dadurch, dass sie von den Kontrahenten auf die Kan-

---

23 Vgl. hierzu Andrew Pettegree: The London Exile Community and the Second Sacramentarian Controversy. In: Archiv für Reformationsgeschichte 78 (1987), S. 232–252; Henning P. Jürgens: Die Vertreibung der reformierten Flüchtlingsgemeinden aus London. Jan Utenhoves „Simplex et fidelis narratio“. In: Ders., Thomas Weller (Hg.): Religion und Mobilität. Zum Verhältnis von raumbezogener Mobilität und religiöser Identitätsbildung im frühneuzeitlichen Europa. Göttingen 2010 (Veröffentlichungen des Instituts für Europäische Geschichte Mainz, Beiheft 81), S. 13–39; zu a Lascos letzten Lebensjahren in Polen Halina Kowalska: Działalność reformatorska Jana Łaskiego w Polsce 1556–1560 [Die reformatorische Tätigkeit Johannes a Lascos in Polen 1556–1560]. 2. Aufl. Warszawa 1999.

24 Zu Westphals Rolle in der Abendmahlskontroverse vgl. Wim Janse: Joachim Westphal's Sacramentology. In: Lutheran Quarterly 22 (2008), S. 137–160; zu Hardenberg vgl. Ders.: Albert Hardenberg als Theologe. Profil eines Bucer-Schülers. Leiden 1994 (Studies in the history of Christian thought 57), bes. S. 32–89.

25 Vgl. das Zitat in Anm. 37.

zeln gebracht wurde. Der Rat reagierte darauf mit einem Verbot, über diesen Gegenstand zu predigen. Als damit keine Beruhigung erreicht werden konnte, folgte als nächste Stufe eine gemeinsame öffentliche Anhörung aller Beteiligten im Rathaus. Hier traten die Fronten offen zutage:

Neuber und seine Anhänger beriefen sich auf eine Formel Melanchthons: „Nihil habet rationem Sacramenti extra usum divinitus institutum" – es gibt keine Sakramente außerhalb ihres göttlich eingesetzten Gebrauchs.[26] Demzufolge sind die *reliquiae* als Brot und Wein zu betrachten.

Sperber und seine Unterstützer nannten diese Position „calvinistisch" und hielten dagegen, dass Melanchthon diese Aussage nur gegen die papistischen Missbräuche des Sakraments getroffen habe. Sie führten ihrerseits eine Formulierung Augustins an: „Accedit verbum ad elementum et fit sacramentum" (Das Wort tritt zum Element hinzu und es entsteht das Sakrament),[27] also seien die Elemente auch nach Abschluss der Kommunion noch als Leib und Blut Christi zu betrachten. Diese Auffassung bezeichneten Neuber und seine Gruppe hingegen als „papistische Idolatrie".

Nachdem alle Versuche, die Streitenden im Gespräch zu versöhnen, gescheitert waren, wurden beide Seiten aufgefordert, ihre Position in Bekenntnisartikeln niederzulegen. Bei einer öffentlichen Verlesung dieser Texte einige Tage später wurde jedoch wiederum keine Einigung erreicht, sodass die Opponenten aufgefordert wurden, jeweils zu den Artikeln der Gegenseite Stellungnahmen abzugeben.[28]

Noch bevor es dazu kam, beauftragte der Rat den gelehrten Juristen Jakob von Barten, der unter anderem in Wittenberg studiert hatte, eine Konsensformel zu verfassen. Barten schrieb die sogenannte *Notula* oder *Notel*, nach der auch die ganze Auseinandersetzung als *Notel*-Streit bezeichnet wird. Er orientierte sich dabei an der oben genannten Formel Melanchthons und formulierte ein Abendmahlsbekenntnis Wittenberger Prägung auf Grundlage der Confessio Augustana und der Wittenberger Konkordie und unter expliziter Verwerfung der Lehren Zwinglis und Calvins sowie der Transsubstantiationslehre. Die den Streit auslösende praktische Frage, wie man mit den *reliquiae* umgehen solle, beantwortete er pragmatisch: Man solle versuchen, Reste bei der Austeilung zu vermeiden; andernfalls sollten die *reliquiae* mit Reverenz behandelt, dabei aber jeder idolatrische Gebrauch ausgeschlossen werden.[29] Die *Notel* wurde offizielle Bekenntnisschrift der Danziger Kirche, jeder Pastor musste sie unterzeichnen. Die meisten an der Kontroverse beteiligten Theologen der Stadt

26 Philipp Melanchthon verwendete diese Formulierung zuerst beim Regensburger Religionsgespräch am 8. Mai 1541 in der Debatte über das Abendmahl mit Johannes Eck und Nikolaus Granvella. Später nahm er sie in sein *Bedencken vom Synodo aller Chur und Fürsten und Stände Augsburgischer Confession* auf; vgl. CR 9, Sp. 409, (MBW 8494); CR 9, Sp. 471f. (MBW 8543).

27 Augustin, Tractatus in Iohannis Evangelium 80,3 (CChr SL 36, S. 529, 5f.; PL 35, Sp. 1840).

28 Eine detaillierte Schilderung der Vorgänge mit Nachweisen der Quellen findet sich bei Jürgens: Die Beteiligung (Anm. 8), S. 24–28.

29 Eine erste Veröffentlichung im Druck erfuhr die *Notel* in der APOLOGIA. Gründlicher Gege(n) bericht (Anm. 18) der Danziger Pastoren. Ein vollständiger Abdruck findet sich auch bei Hartknoch: Preussische Kirchen-Historia (Anm. 4), S. 690–700.

leisteten dem Folge. Nur Sperber und drei seiner Unterstützer verweigerten sich und mussten schließlich die Stadt verlassen.

Alle Ereignisse in der Kontroverse – die Predigten, die Anhörung im Rathaus, die handschriftlichen Artikel, Stellungnahmen und schließlich die Formulierung einer *confessio doctrinae* – blieben bis zu diesem Punkt bei einem Grad der Öffentlichkeit, den man mit Rudolf Schlögl als „Kommunikation unter Anwesenden" bezeichnen kann und den er als typische Form der frühmodernen politischen Kommunikation beschreibt.[30] Doch eine theologische Lehrfrage dieser Tragweite ließ sich in der zweiten Hälfte des 16. Jahrhunderts nicht mehr auf die Ebene der Anwesenheitskommunikation beschränken.

7. Publikationen

An diesem Punkt kommt Benedikt Morgenstern wieder ins Spiel. Er hatte die Gruppe von Sperber und seinen Mitstreitern schon in den Anfängen der Kontroverse durch Briefe und sogar heimliche Besuche in Danzig unterstützt. Nach der Ausweisung Sperbers ermutigte er ihn, im folgenden Jahr 1563 ein Buch unter dem Titel *Verantwortung* in Erfurt drucken zu lassen, in dem Sperber eine Apologie seiner Haltung mit weiteren Dokumenten und scharfen Angriffen auf den Stadtrat und seine Opponenten verband.[31]

Der Rat der Stadt Danzig bemühte sich seinerseits um Unterstützung für seine Entscheidung außerhalb der Stadtgrenzen: Er sandte Bitten um Gutachten über die *Notel* an die theologischen Fakultäten der Universitäten Wittenberg und Rostock. Während die Antwort der Wittenberger – wenig überraschend – überaus positiv ausfiel,[32] erging aus Rostock überhaupt keine Antwort. Denn Benedikt Morgenstern hatte sich brieflich an seinen Mentor Johannes Wigand gewandt, der damals Superintendent im benachbarten Wismar war, und hatte ihn veranlasst, das Gutachten zu hintertreiben.[33] Mehr noch: Morgenstern nutzte seine Kontakte und brachte Matthias Flacius Illyricus, den prominentesten Vorkämpfer der Gnesiolutheraner, dazu, einen Widmungsbrief an den Danziger Rat zu verfassen, den er einer Streitschrift gegen den Reformierten Caspar Olevian voranstellte, die 1564 in Oberursel erschien. Flacius warnte den Rat vor „Sakramentierern" und „Wölfen in Schafsfell".

---

30 Rudolf Schlögl: Kommunikation und Vergesellschaftung unter Anwesenden. Formen des Sozialen und ihre Transformation in der Frühen Neuzeit. In: Geschichte und Gesellschaft 34/2 (2008), S. 155–224.

31 Erhard Sperber: Christliche vnd notwendige verantwortung Erhardi Sperbers / wider die grewliche bezichtigung [...] der Sacramentirer vnd Rottengeister zu Dantzig / Sampt einer trewen Warnung [...] sich für Jnen zu hüten [...]. Erfurt: Melchior Sachse 1563. VD16 S 8281.

32 Das Wittenberger Gutachten vom 18. August 1564 wird wiedergegeben bei Hartknoch: Preussische Kirchen-Historia (Anm. 4), S. 703–705.

33 Morgenstern bekannte sich dazu in der Vorrede seiner Widerlegung der Notel (Anm. 20), E 1v.

Er stellte die Danziger Kontroverse in eine Reihe mit den Adiaphoristischen, Majoristischen und Osiandrischen Streitigkeiten und lobte Morgenstern und Sperber für ihre Standhaftigkeit.[34]

Schließlich veröffentlichte Morgenstern auch selbst eine Schrift, die 1567 in Eisleben gedruckt wurde und den Titel trug: *Widerlegung der Notel / damit die Sacramentirer zu Dantzig / jhren Irthumb vnd Verfolgung / verkleistern vnd bedecken wollen / vnd die arme Kirche daselbst / höchlich drucken vnd beschweren.*[35] Darin weist er die *Notel* zurück und versucht die Danziger Pastoren dazu zu bewegen, sie ebenfalls zu verwerfen. Die langatmige Polemik – der Text umfasst mehr als 250 Seiten im Quartformat – wird ergänzt durch ein Vorwort der Prediger der Grafschaft Mansfeld, vermutlich aus der Feder von Cyriakus Spangenberg, an alle Christen in Danzig und Thorn und durch eine Widmungsvorrede Morgensterns an den Rat der Stadt Thorn. Daraus wird die doppelte Stoßrichtung der Veröffentlichung deutlich: Morgenstern wollte nicht nur auf die Situation in Danzig Einfluss nehmen, sondern auch verhindern, dass sich der Thorner Rat dieser Formel anschloss.

Morgenstern gewann nicht viele Sympathien mit seiner *Widerlegung*, weder unter den Adressaten im Königlichen Preußen noch in der Sekundärliteratur der folgenden Jahrhunderte. Sein polemischer Tonfall, seine scharfe Verurteilung aller, die nicht mit ihm übereinstimmten, und seine kompromisslose Härte in der Sache machen es leicht, ihn als unkultiviert und unangenehm abzutun. Doch im Vergleich mit vielen anderen Streitschriften seiner Zeit, etwa von Flacius und anderen, ist der Duktus der Schrift Morgensterns alles andere als ungewöhnlich. Er bediente sich beim Verfechten seines Anliegens der Werkzeuge von Rhetorik und Polemik in einer durchaus typischen Weise. Um es mit seinen Worten zu sagen: „Es reicht nicht, dass man einen glatten und scharfen Keil hat, von alleine wird er nicht ins Holz kriechen, man muss ihn mit macht hineintreiben."[36]

Als Antwort auf Morgenstern veröffentlichten alle Danziger Pastoren im selben Jahr 1567 eine Erklärung im Druck, in der sie einmütig die *Notel* verteidigten.[37] In der Vorrede der *Apologia* warfen sie Morgenstern mit Nennung seines Namens seinen „ärgerlichen Zanck" vor, bezeichneten ihn als „Herostratus" und als neuen

---

34 Matthias Flacius Illyricus: Trewe Warnung vnd Vermanung / das man das heilige Testament des hochwirdigen Nachtmals / vnsers Herrn Jesu Christi vnuerfelscht / vnd in seinem rechten eigentlichen verstande / rein behalten sol / In dieser vnserer zeit / wider so manicherley Verfürer / Sophisterey vnd Betriegerey / Sehr nützlich zulesen. Item / Widerlegung vier Predigten eines Sacramentirers / mit zunamen Oleuianus. Item Beweisung / Das auch die vnwirdigen den Leib vnd Blut Jesu Christi im Abendmal empfahen / Wider ein Schwenckfeldisch Büchlein / so newlich ohne Namen durch den Druck ausgestrewet worden. [...] Oberursel: Nikolaus Heinrich 1564. VD16 F 1398, Vorrede, A 2r–)(6v: „Den ERbaren vnd Hochweisen Herrn / Burgermeistern / Rhat vnd Gemein der Statt Dantzig / meinen grossgünstigen Herrn / Wünscht M. Flacius Illyr. die ware vnd reine Religion Jesu Christi / sampt einem ernsten Eyffer vnd bestendigkeit in derselben." Die Vorrede fiel mit 26 Seiten ungewöhnlich lang aus, so dass der Drucker noch einen weiteren Druckbogen mit der Bogensignatur)(einfügen musste.

35 Morgenstern: Widerlegung der Notel (Anm. 20).

36 Ebd. C 3r.

37 APOLOGIA. Gründlicher Gege(n)bericht (Anm. 18).

Papst. Besonders scharf kritisierten sie ihn dafür, dass er nicht die möglichen politischen Konsequenzen seiner Polemik berücksichtigt habe: Indem er sie als Häretiker bezeichne und seine Bücher an Adlige und auswärtige Städte versende, stachele er die Feinde des Evangeliums gegen Danzig auf und rufe Verdächtigungen am Hof des polnischen Königs hervor, dass die Stadt nicht mehr zu den Augsburger Konfessionsverwandten zähle.[38] Außerdem schildern die Autoren, welche Maßnahmen unternommen wurden, um die Kontroverse in der Stadt beizulegen: Sie hätten jede Form christlicher Verhandlung akzeptiert, von Anhörungen über Erklärungen und Kolloquien bis zu Befragungen, und dabei nicht das Licht der Öffentlichkeit gescheut, sondern sich dem Urteil der christlichen Kirche Augsburgischer Konfession und unparteilicher Gelehrter unterworfen. Sie hätten alle Arten von Bosheiten ausgehalten, wenn Morgenstern nicht nackte Lügen über sie im Druck verbreitet hätte.[39] Mit anderen Worten: Indem Morgenstern seine *Widerlegung* außerhalb Danzigs und sogar außerhalb Preußens veröffentlicht hatte, hatte er die lokale Begrenzung der Debatte endgültig überschritten und sie auf eine neue Eskalationsstufe gehoben, die eine Reaktion der Danziger Prediger auf demselben Niveau notwendig machte.

Immerhin lässt sich sagen, dass die Debatte über die *Notel* mit der Publikation der *Apologia* beendet wurde. Die *Notel* wurde zur offiziellen Confessio Doctrinae der Kirche der Stadt Danzig. Jeder neu berufene Pastor musste in den folgenden drei Jahrhunderten die *Notel* unterschreiben. Auch darin lässt sich eine typische Verlaufsform für diese theologischen Streitigkeiten erkennen: Beigelegt wurde die Kontroverse durch ein Bekenntnis, das von der weltlichen Obrigkeit durchgesetzt wurde.

---

38 Ebd., B 1r–v: „Vnd welchs das aller beschwerlichste / weil er dieser Kirchen Prediger / für declarirte / vnd vberwundene Ketzer / Sacramentirer vnd Schwermer /mit vnwarheit / in seinem Buche außschreiet / vnd dasselb vielen hohen Potentaten / im löblichen Königreich Polen / neben falschem bericht / auffgedrungen / auch in berhümte Stedte / ausserhalb landes / zu vorhandeln vorschicket: Suchet er nichts anders / als das er / die feinde des Euangelij / an diese Kirchen vorhetze / E. H. vnd E.W. auch diese Kirche vnd Stadt / bey vnserer löblichen Hohen Obrigkeit Kö. May. zu Polen / [...] in ein nachteiligen vordacht bringe / vnd aus dem Religions fried der H. Augspurgischen Confession / damit diese Kirche vnd Stadt allergnedigst vorsehen / in ein betrübtes hertzleid vnd gantzen verlust Göttliches wortes vnd der Heiligen Sacrament setzen müge."

39 Ebd., A 3v: „Vmb dieser vrsach willen / haben wir es auch nindert an vns mangel lassen / zu allen vnd jeden handlungen vns willig eingestellet / kein Christlich mittel außgeschlagen / Ja selber zu verhör / erklerung Colloquijs vnd Examinibus vns erbotten vnd genötigt / vnd also das licht niemals geschewet / Sondern vns vnd alle sachen / der gantzen Christlicht Kirchen / so sich einhellig zur Augspurgischen Confession bekennet / auch aller vnparteischen gelerter leut / vnd guthertziger Christen vrtheil vnterworffen / Vnd vber das alles solemni & multiplici protestatione, an ein richtig erkenntnis vns beruffen / Vnd so viel grewliches vnwarhaftiges geschreies vnd Calumnien / so vnsere widerwertige allenthalben / jnner vnd ausser lands außgegossen geduldet."

8. Thorn

Benedikt Morgenstern veröffentlichte keine Replik auf die *Apologia*,[40] vermutlich vor allem, weil er in der Zwischenzeit seine nächste Ausweisung provoziert hatte. Bei seiner Ernennung zum Pastor in Thorn 1560 hatte ihm der Rat der Stadt explizit auferlegt, „sich der Moderation zu bedienen, keine Meinung in der Kirche aufzustellen, auch die andern als Philippici, Illyrici, Sektarii, nicht zu schmähen, noch anzutasten."[41] Doch es brauchte nicht lange, bis neue Konflikte entbrannten.

Zuerst hielt Morgenstern eine öffentliche Debatte mit einem Dominikanermönch. Darin wurde er vom Rat der Stadt unterstützt. Wahrscheinlich sollte diese Disputation das evangelische Kirchenwesen in Thorn, wo ein Teil der Bevölkerung weiterhin dem katholischen Ritus folgte, stabilisieren und weiter durchsetzen.[42] Doch Morgenstern beließ es nicht bei dieser obrigkeitlich unterstützten Auseinandersetzung, sondern attackierte auch die Gemeinschaft der Böhmischen Brüder, die sich in Thorn niedergelassen hatte. Sie hatte keinen eigenen Prediger, sondern feierte gesonderte Abendgottesdienste in Privathäusern, wenn wandernde Prediger der Unität in die Stadt kamen.

Morgenstern griff diese Praxis öffentlich von der Kanzel an und drängte die Brüder, sich seiner Gemeinde anzuschließen. Er traf sich zweimal mit Jan Laurentius, einem Theologen der Gemeinschaft, und forderte ihn auf, die Confessio Augustana zu übernehmen. Laurentius antwortete, dass die Brüder die CA nicht ablehnten, aber

---

40 Von Friese: Kirchengeschichte (Anm. 4), S. 385, hält ihm diesen Umstand zugute: „Als aber Morgenstern sahe, daß er zu weit gegangen, so hat er sich nicht getraut, weiter etwas in dieser Sache zu antworten, woraus wenigstens zu erkennen, daß er bey alle dem einen billigen Charakter gehabt haben müsse."

41 Julius Wernicke: Geschichte Thorns aus Urkunden, Dokumenten und Handschriften. Zweiter Band, die Jahre 1531–1840 umfassend. Thorn 1842, S. 131: „Als daher den 30. Juni 1560 M. Benedikt Morgenstern, von Stolpe gebürtig, aus Danzig an die Kirche zu St. Marien berufen wurde, erhielt er ausdrücklich in seiner Vocation folgende Weisung: ‚sich der Moderation zu bedienen, keine Meinung in der Kirche aufzustellen, auch die andern als Philippici, Illyrici, Sektarii, nicht zu schmähen, noch anzutasten, sonsten aber Kirchenzucht cum scitu Magistratu zu halten.'"

42 Zur Kirchengeschichte Thorns vgl. Hartknoch: Preussische Kirchen-Historia (Anm. 4), S. 863–974, zu Morgensterns Zeit in der Stadt besonders S. 879–885; Hartknoch stützt sich bei seiner Darstellung teilweise auf Morgensterns eigene Darstellung, die dieser in seinem letzten Werk gegeben hatte: Benedikt Morgenstern: TRACTATVS DE ECCLESIA DOMINI NOSTRI IESV CHRISTI VERA ET CATHOLICA: ET DE ECCLEsijs falsis, hoc est, de papatv, eivs ortv & incrementis qvędam. ET AN IS IVRE POSTVLET RESTITVtionem AEdivm sacrarvm & reditvvm Ecclesiasticorvm. ITEM DE CALVINISTARVM VALDENSIVMque Ecclesiis, & harvm in Religione Consensv Sendomiriae in Polonia anno 1570. fabricato. AVTHORE REVERENDO VIRO D. BENEDICTO Morgenstern Pastore Graudentino in Prussia. Frankfurt am Main: Collitius/Kopff 1598. VD16 M 6340. Literatur: Stanisław Salmonowicz: Religiöses Leben in Toruń im 16. und 17. Jahrhundert. In: Bruno Schrage (Hg.): Probleme der Reformation in Deutschland und in Polen. Rostock 1983 (Studien zur Geschichte der deutsch-polnischen Beziehungen 8), S. 41–55; Schramm: Danzig, Elbing und Thorn (Anm. 14) und Müller: Zweite Reformation (Anm. 14), speziell zu Morgenstern S. 73–76.

lieber an ihrem Bekenntnis festhalten wollten.[43] Auf die Frage, was die Brüder an der Thorner Gemeinde auszusetzen hätten, nannte Laurentius den Mangel an Kirchenzucht, den Umstand, dass die Prediger verheiratet waren, den Fortbestand katholischer Formen in der Liturgie und die Verwendung liturgischer Kleidung[44] sowie den Einfluss des Stadtrates auf die Ernennung der Prediger.

Hier trafen offenkundig zwei verschiedene ekklesiologische Konzepte aufeinander: eine lutherisch-obrigkeitliche, liturgisch konservative, städtische Kirche und eine Flüchtlingskirche mit einem segregationistischen Gemeindeverständnis und dem hohen ethischen Anspruch einer Bekenntnisgemeinschaft.

Morgenstern und Laurentius einigten sich auf die Veranstaltung einer öffentlichen Disputation.[45] Sie fand am 8. September 1563 in Thorn in der Anwesenheit von mehr als 200 Thorner Bürgern und Mitgliedern des Rats statt. Darüber hinaus nahmen auch zwei polnische Woiwoden, Mitglieder des Senats,[46] der oberen Kammer des Sejms, sowie weitere polnische Adlige[47] teil. Alle zählten zu den Unterstützern der Böhmischen Brüder oder der Lutheraner in der angrenzenden polnischen Region Großpolen. Natürlich war eine öffentliche Debatte wie diese von großer Bedeutung für beide konfessionellen Gruppen in den benachbarten polnischen Regionen, wo seit dem Sejm von 1555 jeder Adlige das *ius reformandi* auf seinen eigenen Besitztümern hatte und die Entstehung protestantischer Gemeinden weitgehend von der Gewinnung adliger Unterstützer abhing.

---

43 Morgenstern: TRACTATVS (Anm. 41), S. 83–91.

44 Ebd., S. 96. Man kann eine gewisse historische Ironie darin erkennen, dass Morgenstern den Gebrauch der liturgischen Gewänder gegen die Böhmischen Brüder verteidigte. Denn einer der Steine des Anstoßes bei der Debatte um die vom Augsburger Interim 1548 geforderten altgläubigen liturgischen Formen war die Wiedereinführung des Chorrocks gewesen. Flacius und seine Mitstreiter hatten erklärt, dieser sei kein Adiaphoron *in casu confessionis et scandali*, also wenn vom Kaiser verlangt, und dürfe deshalb nicht wieder genutzt werden. In der Thorner Situation vertrat der überzeugte Gnesiolutheraner Morgenstern hingegen die Verwendung der alten liturgischen Gewänder gegen die Böhmischen Brüder – vermutlich in Übereinstimmung mit dem Rat der Stadt, der eine allzu scharfe Abgrenzung von der katholischen Tradition vermeiden wollte. Zu den Argumenten in der Debatte vgl. die Schriften in der Edition von Irene Dingel (Hg.): Reaktionen auf das Augsburger Interim (Anm. 1) sowie die dort nicht aufgenommenen Schriften: Matthias Flacius, Nicolaus Gallus: Antwort [...] auff den brieff etlicher Prediger in Meissen / von der frage / Ob sie lieber weichen / denn den Chorrock anzihen sollen. [...] Magdeburg: Christian Rödinger 1550. VD16 G 252; Georg Major: Auslegung des Glaubens / welcher das Symbolum Apostolicum genand wird / den einfeltigen Pfarherrn vnd allen Hausuetern zu dienste [...]. Mit einer Vorrede / des M. Flacij Illyrici schreien und schreiben belangend. [...] Wittenberg: Georg Rhau 1550. VD16 M 2003, Vorwort, * 7r–A 2v.

45 Morgenstern: TRACTATVS (Anm. 41), S. 94–96; Hartknoch: Preussische Kirchen-Historia (Anm. 4), S. 882; Jablonski: Historia Consensus Sendomiriensis (Anm. 3), S. 17.

46 Jan Słuszewski, Woiwode von Brest/Brześć/Brėst, und Jan Krotoski, Woiwode von Inowrazlaw/Inowrocław.

47 Darunter Stanisław Ostoróg, Kastellan von Międzyrzeć Podlaski, und Rafał Leszczyński, Starost von Radziejów.

Morgenstern schreibt in seinem Bericht über die Debatte, dass sie mit einem Kompromiss zu Ende ging, nämlich dass sich die Böhmischen Brüder in Thorn der Stadtgemeinde anschließen sollten.[48] Doch nur wenige Brüder leisteten dem Folge, die meisten zogen es vor, die Stadt wieder zu verlassen. Morgenstern setzte daraufhin seine Angriffe fort. Er legte 1565 auf einer Synode von polnischen Protestanten eine Streitschrift *De Valdensium schismate ex publico colloquio Thornae cum fratribus Bohemicis habito* als Manuskript vor.[49] Zwei Jahre später, am 29. Januar 1567, sandte er seine *Articuli ex libris et actionibus fratrum Bohemicorum* an die Synode von Posen/Poznań. Darin kritisierte er die Brüder scharf für ihre Ablehnung der Confessio Augustana, aber auch für ihre Abendmahlslehre, die in seinen Augen klare Aussagen zur Frage der Realpräsenz Christi im Abendmahl vermissen ließ.[50] Die Antwort der Brüder erfolgte acht Monate später, stellte ihn aber nicht zufrieden.

Noch während diese Kontroverse andauerte, geriet Morgenstern auch mit seinem früheren Danziger Kampfgenossen Franz Burchard aneinander, der gleichzeitig mit ihm aus der Stadt ausgewiesen worden war und ebenfalls als Prediger in Thorn Aufnahme gefunden hatte. Die beiden waren uneins über die angemessene Reaktion auf die Ereignisse in Danzig und trugen ihren Zwist wiederum auf den Kanzeln aus.[51] Auch in diesem Fall bemühte sich der Rat der Stadt um eine Versöhnung der beiden Seiten, indem Morgenstern und Burchard aufgefordert wurden, ihre Positionen schriftlich niederzulegen. Diese wollte man dann „auf einen unverdechtigen Ort Augsburgischer Confession pro decisione schicken."[52] Doch ohne Erfolg: Burchard veröffentlichte ein Buch über seine Auseinandersetzungen mit den Danziger Pastoren, in dem er sich gegen den Vorwurf verteidigte, allzu kompromissbereit gewesen

48 Hartknoch: Preussische Kirchen-Historia (Anm. 4), S. 882f. Hartknoch erwähnt in seinem Bericht allerdings nicht, dass Jan Laurentius, der böhmische Prediger, 1565 zum Pastor an der St.-Georgs-Kirche in Thorn ernannt wurde. Im selben Jahr wurde Erasmus Gliczner, Superintendent der polnischen Verwandten der Augsburger Konfession, ebenfalls Prediger in Thorn. So lebten zwei Väter des *Consensus Sendomirensis* von 1570 gleichzeitig mit Morgenstern in Thorn. Vgl. Wernicke: Geschichte Thorns (Anm. 40), S. 132.

49 Es ist unklar, auf welcher Synode dies geschah, vielleicht bei der Zusammenkunft in Gostyń, 15. Juni 1565, aber in deren Protokoll wird der Vorgang nicht verzeichnet. Vgl. Gottfried Smend: Die Synoden der Kirche Augsburgischer Konfession in Großpolen im 16., 17. und 18. Jahrhundert. Poznań 1930 (Jahrbuch des Theologischen Seminars der Unierten Evangelischen Kirche in Polen 2), S. 15, 53.

50 Morgenstern: TRACTATVS (Anm. 41), S. 97–147, dort Wiedergabe der Artikel; zur Synode von Posen vgl. Valerian G. Krasiński: Historical sketch of the rise, progress, and decline of the reformation in Poland, and of the influence which the scriptural doctrines have exercised on that country in literary, moral, and political respects. 2 Bde. London 1838–1840, Bd. 1, S. 373–377; Maria Sipayłło (Hg.): Akta Synodów Różnowierczych w Polsce [Akten der Synoden der Andersgläubigen in Polen]. Tom [Bd.] II: 1560–1570. Warszawa 1972, S. 210–212; Smend: Die Synoden der Kirche Augsburgischer Konfession (Anm. 48), S. 15–17, 56–58.

51 Wernicke: Geschichte Thorns (Anm. 40), S. 132f.

52 Beschluss des Thorner Rats vom 26. Februar 1565, zitiert nach Müller: Zweite Reformation (Anm. 14), S. 75.

zu sein.[53] Morgenstern widersprach ihm im Vorwort seiner Schrift *Widerlegung der Notel*.[54]

Im Jahr 1567 stand Morgenstern so nicht nur mit seinem Kollegen Franz Burchard, den Danziger Theologen und den Böhmischen Brüdern gleichzeitig im Konflikt, er geriet schließlich auch noch in politische Schwierigkeiten zuhause: Er tadelte öffentlich den Thorner Rat, weil man einen Juden als Stadtarzt angestellt hatte, und warf einem Thorner Bürger vor, Anhänger des Spiritualisten Kaspar von Schwenckfeld zu sein. Und als er einen Brief von Johannes Wigand erhielt, der ihn in seiner Kritik bestärkte, ließ er diesen auch noch drucken.[55] Damit war für den Rat das Maß voll, Morgenstern wurde – zum dritten Mal in seinem Leben – seines Amtes entsetzt und musste Thorn verlassen. Nicht allein sein kompromissloses Eintreten für seine konfessionellen Überzeugungen hatte dazu geführt, sondern ebenso seine fehlende Rücksichtnahme auf die politischen Rahmenbedingungen: Öffentliche, gar gedruckte Kritik eines Predigers an der Politik des Rats war in der religionspolitisch immer noch prekären Situation der Stadt nicht tolerabel.

9. Königsberg

Nach einer kurzen Tätigkeit in Polen[56] folgte Morgenstern seinem Mentor Johannes Wigand nach Königsberg, als jener 1568 zum Professor für Theologie an die Albertina berufen wurde.[57] Morgenstern übernahm die Pfarrstelle im Königsberger Stadtteil Kneiphof und wechselte 1577 auf die Dompfarrei in der Altstadt Königsberg.[58] Auch von Königsberg aus griff Morgenstern erneut die Böhmischen Brüder an und

---

53 Franz Burchard: Das dis Colloquium oder Gesprech / mit den herren Predigern zu Dantzigk gehalten vber dem streitigen Artickel des Abendmals [...] Christi kein Amnistia sein kan / noch sol / Wider das schendtliche [...] geschrey [...] meiner widersacher / Auffs vrteil vnd gericht des Heiligen Geists / [...] gestellet. Danzig: Jacob Rhode 1566. VD16 B 9815.

54 Morgenstern: Widerlegung der Notel (Anm. 34), Vorwort, C 2r–D 1r; Hartknoch: Preussische Kirchen-Historia (Anm. 4), S. 689f. Hartknoch, der weithin als „orthodoxer Lutheraner" bezeichnet wird (vgl. etwa Müller: Zweite Reformation [Anm. 14], S. 38f.), bietet eine kritische Einschätzung von Morgensterns Bericht über die Ereignisse und zeigt größere Sympathien für die philippistische Seite.

55 Der Druck ist zwar bei Hartknoch: Preussische Kirchen-Historia (Anm. 4), S. 885, belegt; ein überliefertes Exemplar ist jedoch nicht nachzuweisen.

56 Morgenstern scheint versucht zu haben, in Elbing, der dritten der großen Städte des königlichen Preußens, unterzukommen, doch wurde das durch Johann Bochmann, einen philippistischen Prediger in Elbing, verhindert. Vgl. Müller: Zweite Reformation (Anm. 14), S. 104.

57 Zu Wigand in Preußen vgl. Irene Dingel: Calvinism at the borders of the empire: Johannes Wigand and the Lutheran reaction to Calvinism. In: Amy Nelson Burnett (Hg.): John Calvin, myth and reality. Images and impact of Geneva's Reformer. Eugene, OR 2011, S. 139–161.

58 In dieser Zeit erscheint er als Mitunterzeichner in einer Druckschrift Wigands gegen die Wittenberger Abendmahlstheologie: Johannes Wigand: Christliche Erinnerung Von der Bekentnis der Theologen in Meissen vom Abendmal Jetzt newlich außgangen. Durch D. Johannem Wigandum / Vnd haben etliche andere Theologen vnterschrieben. Königsberg: Johan Daubmans Erben 1574. VD16 W 2731.

kritisierte sie wegen ihrer Privatgottesdienste. Und erneut war er unter den Klägern zu finden, als neue Lehrstreitigkeiten in der preußischen Kirche aufbrachen. Gemeinsam mit Konrad Schlüsselburg und anderen attackierte er Tilemann Heshusius, den Bischof von Samland und früheren Kollegen Wigands als Professor für Theologie in Jena.[59] Die Kritiker nahmen Anstoß an einigen christologischen Aussagen in Heshusius' Schrift *Assertio testamenti Christi*, nämlich, dass nicht allein der Mensch Christus (*in concreto*) allmächtig und anzubeten sei, sondern auch der menschlichen Natur in Christus (*in abstracto*) diese Epitheta zukämen. Daraus folgerten Morgenstern und seine Mitstreiter, dass Heshusius lehre, die menschliche Natur Christi solle auch ohne die göttliche Natur angebetet werden, was sie natürlich verwarfen. Die anschließende Kontroverse zog sich über Jahre hin, die streitenden Parteien konnten selbst durch eine Synode der preußischen Kirche nicht versöhnt werden. Letztlich wurde Heshusius seines Bistums entsetzt und Wigand wurde zu dessen Administrator ernannt. Morgenstern scheint in der Auseinandersetzung mit Heshusius zwar keine Schriften veröffentlicht zu haben, griff ihn aber in Predigten und öffentlichen Debatten scharf an.[60]

10. Die letzten Lebensjahre – der *Tractatus*

Mit dem Tod Johannes Wigands 1587 verlor Morgenstern seinen wichtigsten Unterstützer und sah sich gezwungen, seine Stelle in Königsberg aufzugeben. Er zog nach Graudenz/Grudziądz im königlichen Preußen, einer kleinen Stadt im Besitz des polnischen Adligen Jan Zborowski. Hier lebte er in den letzten zwölf Jahren seines Lebens. Im Jahr 1598, ein Jahr vor seinem Tod, veröffentlichte er sein Werk *Tractatus de ecclesia*,[61] das er ausdrücklich als sein Bekenntnis und sein Vermächtnis bezeichnete. Schon der volle Titel verrät, worum es in dem Buch geht: „Ein Traktat über die wahre und katholische Kirche unseres Herrn Jesu Christi und über die falschen Kirchen, das heißt über das Papsttum [...] sowie über die Kirchen der Calvinisten und Waldenser [d. h. der Böhmischen Brüder] und deren 1570 in Sendomir in Polen geschmiedeten Konsens." Die Botschaft des umfangreichen Werks ist schnell zusammengefasst: Die lutherische Kirche ist die wahre katholische und apostolische Kirche, und nicht die Katholiken, die Calvinisten und schon gar nicht die Böhmischen Brüder, die sich der besonderen Nähe zur Kirche der Apostel rühmen.

---

59 Zu dieser Kontroverse vgl. Hartknoch: Preussische Kirchen-Historia (Anm. 4), S. 462–487, sowie Peter F. Barton: Um Luthers Erbe. Studien und Texte zur Spätreformation. Tilemann Heshusius (1527–1559). Witten 1972 (Untersuchungen zur Kirchengeschichte 6). Barton, S. 230–232, erwähnt die Debatte nur kurz auf den letzten Seiten seiner Biographie. Vgl. auch Ders.: Heshusius, Tilemann (1527–1588). In: Theologische Realenzyklopädie (TRE) 15 (1986), S. 256–260, hier S. 257f.

60 Die Kontroverse und Morgensterns Rolle darin verdiente eine ausführlichere Untersuchung, die aber hier nicht geleistet werden kann.

61 Morgenstern: TRACTATVS (Anm. 41).

Morgenstern beginnt mit einer Definition der Kirche nach Artikel 7 der Confessio Augustana. Er verwendet nur wenige Seiten darauf zu behaupten, dass allein die lutherische Kirche die rechte Verkündigung des Evangeliums praktiziere und vor allem über die rechte Abendmahlslehre verfüge.[62] Sehr viel ausführlicher, auf mehr als 50 Seiten, bemüht er sich darzulegen, dass das Papsttum nicht die katholische Kirche sei, der Papst vielmehr der Antichrist, und dass die Katholiken keinen Rechtsanspruch auf Restitution kirchlicher Besitztümer erheben könnten.[63] Bei der Behandlung der Jesuiten verspottet er deren akademische Attitüde, indem er in dieser Passage in Syllogismen argumentiert.[64] Die Calvinisten erfahren relativ geringe Aufmerksamkeit, ihnen widmet er nur elf Seiten.[65]

Der Hauptteil des Buches richtet sich wieder einmal gegen die Böhmischen Brüder. Auf mehr als 40 Seiten druckt Morgenstern die 14 Artikel ab, die er schon drei Jahrzehnte vorher auf der Synode von Posen gegen sie vorgelegt hatte.[66] Auf weiteren 30 Seiten beschäftigt er sich mit Luthers Haltung zu den Brüdern. Er versucht nachzuweisen, dass diese sich zu Unrecht auf Luthers Zustimmung zu ihrem Bekenntnis beriefen, denn sie hätten es seitdem viele Male geändert.[67] Besonderes Augenmerk legt er auf die Abendmahlslehre der Brüder, denen er vorwirft, über die Wittenberger Kryptocalvinisten erst kürzlich die Interpretation Theodor Bezas von Apg 3,21 übernommen zu haben – also in der Abendmahlsfrage endgültig ins calvinistische Lager gewechselt zu sein.[68]

Der Rest des Buchs ist dem *Consensus Sendomirensis* gewidmet. Wenig überraschend lehnt Morgenstern den Konsens in Bausch und Bogen ab, der zwischen den polnischen Anhängern der Wittenberger Reformation, den Böhmischen Brüdern und der *Ecclesia maior* der polnischen Reformierten auf einer Synode im April 1570 erreicht worden war.[69] Er bezeichnet den Consensus als „Büchse der Pandora", als

---

62 Ebd., S. 1–12.
63 Ebd., S. 12–64.
64 Ebd., S. 56–58.
65 Ebd., S. 64–75.
66 Ebd., S. 97–141.
67 Ebd., S. 141–171.
68 Ebd., S. 177–200. Zu den theologischen Hintergründen dieses Vorwurfs vgl. Irene Dingel (Hg.): Die Debatte um die Wittenberger Abendmahlslehre und Christologie (1570–1574). Göttingen 2008 (Controversia et Confessio 8); sowie Johannes Hund: Das Wort ward Fleisch. Eine systematisch-theologische Untersuchung zur Debatte um die Wittenberger Christologie und Abendmahlslehre in den Jahren 1567 bis 1574. Göttingen 2006 (Forschungen zur systematischen und ökumenischen Theologie 114).
69 Die als ecclesia minor bezeichneten, von den Reformierten abgespaltenen Antitrinitarier waren nicht in den Konsens einbezogen. Eine kommentierte Edition des Texts neuerdings bei Henning P. Jürgens, Kęstutis Daugirdas: Konsens von Sandomierz – Consensus Sendomirensis, 1570. Einleitung und kritische Edition. In: Heiner Faulenbach (Hg.): Reformierte Bekenntnisschriften. Bd. 3,1: 1570–1599. Neukirchen-Vluyn 2012, S. 1–20; vgl. dazu Kai Eduard Jordt Jørgensen: Ökumenische Bestrebungen unter den polnischen Protestanten bis zum Jahre 1645. København 1942, S. 252–279; Michael G. Müller: Der Consensus Sendomirensis – Geschichte eines Scheiterns? Zur Diskussion über Protestantismus und protestantische Konfessionalisierung in Polen-Litauen im 16. Jahrhundert. In: Joachim Bahlcke, Karen Lambrecht, Hans-Christian Maner (Hg.):

„Synkretismus" und „Amnestie" und klagt seine Urheber an, die *Doctrina fidei* verraten zu haben, um Einigkeit zu erreichen. Morgenstern verwirft grundsätzlich jede Berücksichtigung politischer Argumente, etwa über die Notwendigkeit des Zusammenstehens gegen die Feinde des Evangeliums – das Zustandekommen des *Consensus* war für ein gemeinsames Auftreten der polnischen Protestanten auf dem bevorstehenden Reichstag 1570 von großer Wichtigkeit gewesen. Gleichzeitig beklagt er, dass die wahren Anhänger Luthers in Polen-Litauen zu einer absoluten Minderheit geworden seien. Nur zwei Gemeinden, eine in Kaunas und eine in Wilna, seien übriggeblieben, die sich nicht dem *Consensus Sendomirensis* angeschlossen hätten. Entsprechend scharf fällt auch die Kritik Morgensterns an der Generalsynode aus, die 1595 in Thorn gehalten wurde und die den *Consensus Sendomirensis* erneuert hatte[70] – ausgerechnet an dem Ort, wo Morgenstern drei Jahrzehnte vorher seinen unablässigen Kampf gegen die Böhmischen Brüder begonnen hatte.

Morgenstern widmete[71] den *Tractatus de ecclesia* dem Patron seiner Gemeinde in Graudenz, Jan Zborowski,[72] damals der glühendste Unterstützer der Lutheraner unter den polnischen Adligen. Er berief Morgensterns Schwiegersohn Andreas Luperian auf die Predigerstelle seiner Kirche in Pleschen/Pleszew, als dieser wegen seines Widerstands gegen den *Consensus Sendomirensis* aus Posen vertrieben worden war. Morgenstern und Zborowski bestärkten sich offensichtlich gegenseitig in ihrer Ablehnung des „faulen Kompromisses" von Sendomir/Sandomierz.[73]

Der *Tractatus de Ecclesia* wurde zum Schwanengesang von Benedikt Morgenstern. Er starb an der Pest im folgenden Jahr am 11. April 1599 während einer ärztlichen Behandlung in Königsberg, nachdem er auf der Kanzel zusammengebrochen war.[74]

Konfessionelle Pluralität als Herausforderung. Koexistenz und Konflikt in Spätmittelalter und Früher Neuzeit. Leipzig 2006, S. 397–408; Alfons Brüning: Unio non est unitas. Polen-Litauens Weg im konfessionellen Zeitalter (1569–1648). Wiesbaden 2008 (Forschungen zur osteuropäischen Geschichte 72), S. 172–182.

70 Morgenstern: TRACTATVS (Anm. 41), S. 77, 220. Zur Thorner Synode vgl. Wojciech Sławiński: Toruński synod generalny 1595 roku. Z dziejów polskiego protestantyzmu w drugiej połowie XVI wieku [Die Thorner Generalsynode des Jahres 1595. Zur Geschichte des polnischen Protestantismus in der zweiten Hälfte des 16. Jahrhunderts]. Warszawa 2002, der Morgensterns Tractatus auch einige Male heranzieht.

71 Morgenstern: TRACTATVS (Anm. 41), A 2r–B 3v. Peinlicherweise wird in der Widmung der Name seines Patrons falsch als „Zbobocovius" angegeben.

72 Zu ihm vgl. Jolanta Dworzaczkowa: Zborowski, Jan. In: Wielkopolski Słownik biograficzny. Bd. 5. Warszawa, Poznań 1981, S. 39f. Zborowski hatte anfangs die Böhmischen Brüder unterstützt, wandte sich dann aber den Unterstützern der Konkordienformel zu und verweigerte die Teilnahme an der Synode von Thorn 1595.

73 Vgl. Wilhelm Bickerich: Zur Geschichte der Auflösung des Sendomirer Vergleichs. In: Zeitschrift für Kirchengeschichte 12, Nr. 3 (1930), S. 365–369. Bickerich bezeichnet Pleschen als das Zentrum der radikal-lutherischen Opposition, stellt jedoch den Einfluss Morgensterns als spiritueller Vater für Zborowskis Hardlinerposition in Frage. Dagegen sieht Arthur Rhode: Geschichte der evangelischen Kirche im Posener Lande. Würzburg 1956 (Marburger Ostforschungen 4), S. 66f., ihn „unter dem Einfluß des Graudenzer Eiferers Morgenstern".

74 Von Friese: Kirchengeschichte (Anm. 4), S. 382.

11. Schluss

Wenn man über die innerprotestantischen theologischen Kontroversen in Preußen und Polen in der zweiten Hälfte des 16. Jahrhunderts spricht, ist es nahezu unvermeidlich, den Namen Benedikt Morgenstern zu erwähnen. Als Mitglied der zweiten Generation protestantischer Prediger nahm er ein halbes Jahrhundert lang eine aktive Rolle in der reformatorischen Bewegung dieser europäischen Region ein. Er mag kein origineller Denker gewesen sein (und wollte es wohl auch nicht sein), doch er kämpfte mit Entschlossenheit für seine Überzeugungen und nahm lieber den Verlust seiner Ämter in Kauf, als in Konflikten nachzugeben. Als durchaus begabter Polemiker und Rhetor – leider hat sich nur eine seiner Predigten gedruckt erhalten[75] – bediente er sich des gesprochenen und geschriebenen Worts, aber auch der Druckerpresse effektiv, wenn auch nicht immer wohlüberlegt, um seine Position zu vertreten. Damit gewann er allerdings weder bei seinen zahlreichen Widersachern unter den Zeitgenossen noch bei der Nachwelt große Sympathien. Man findet praktisch keine positive Würdigung seines Wirkens in der Sekundärliteratur.[76]

Aber wenn man versucht zu verstehen, wie die Konfessionskirchen in der zweiten Hälfte des 16. Jahrhunderts in einem Prozess von unablässiger Debatte und Kontroverse Gestalt annahmen, muss man sich mit Menschen wie Morgenstern beschäftigen, auch wenn man wenig Sympathie für seine Rigidität und die Wahl seiner Mittel aufbringt. Denn Morgenstern vertrat in all seinen theologischen Auseinandersetzungen Positionen, die durchaus auch ihre Unterstützerkreise fanden und nicht einfach als Ansichten eines radikalen Einzelnen abgetan werden können. Er verfolgte, etwa in der *reliquiae*-Debatte, bei der es letztlich um die Gewissheit der Gegenwart Christi in der Abendmahlsfeier ging, legitime theologische Anliegen und verfügte auch über das theologische Rüstzeug, diese exegetisch zu entwickeln und zu vertreten. Er bewegte sich mit seiner Theologie weitgehend in der Traditionslinie lutherischer Theologie, wie sie in der Konkordienformel 1577 eine konfessionell verbindliche Formulierung fand. Dass er dennoch oder deswegen mehrfach angesehene Stellen aufgeben musste, lag neben seiner persönlichen Unnachgiebigkeit auch an den besonderen religionspolitischen Rahmenbedingungen, unter denen er tätig war und auf die Rücksicht zu nehmen er sich mehrfach weigerte.

---

75 Vgl. Benedikt Morgenstern: Ein Sermon Von Göttlicher lauterkeit / deren sich alle reine vnd trewe Lerer Göttliches Worts in jrem Ampt bevleissigen sollen / gethan / Durch Benedictum Morgenstern / der Altenstad Königsperg in Preussen Pfarrherrn. [...] Königsberg: Georg Osterberger 1577. VD16 M 6339. Eine „Predigt von der Gewißheit der Auferstehung von den Todten, Thorn 1593, 8°“ wird bei von Friese: Kirchengeschichte (Anm. 4), S. 385, erwähnt, doch weder VD16 noch Estreicher verzeichnen ein Exemplar.

76 Die positivste Bewertung Morgensterns findet sich bei von Friese: Kirchengeschichte (Anm. 4), S. 370–386, doch selbst dieser überzeugte Lutheraner schreibt: „Ich verteidige Morgenstern gar nicht; daß er ein unruhiger Kopf gewesen, kann man aus verschiedenen Umständen seines Lebens erkennen; daß er aber auch ein gelehrter und geschickter Mann gewesen, kann man daraus sehen, weil er nicht nur in Thorn *Referendi ministerii Senior* gewesen, sondern auch zu Königsberg in großem Ansehen gestanden und öfters bei wichtigen Sachen zu Rathe gezogen worden.“ Ebd., S. 380.

Morgensterns Lebensweg bietet damit einiges Anschauungsmaterial für das Verständnis der Entwicklung, die die reformatorische Bewegung in Polen und Preußen genommen hat. So ist seine frühe Karriere beispielhaft für die negativen Auswirkungen des Osiandrischen Streits. Durch die Schärfe der Auseinandersetzungen wurden nicht nur Studenten aus Polen und Litauen vom Besuch der Albertina abgeschreckt und damit die intendierte Strahlkraft für die Ausbreitung der Reformation konterkariert. Zugleich wurden auch lutherische Theologen, die sich nicht mit der Lehre Osianders einverstanden erklären wollten, außer Landes getrieben und gingen ins königliche Preußen und Polen, und das zu einem Zeitpunkt, als die Reformation dort noch keineswegs etabliert war. Während sich die politische Lage aller polnischen Protestanten durch die Beschlüsse des Sejms in Petrikau/Piotrków 1555 stabilisierte, wurden im selben Jahr auf dem Augsburger Reichstag allein die Anhänger der Confessio Augustana im Reich unter den Schutz des Augsburger Religionsfriedens gestellt. Das bestärkte intransigente Lutheraner wie Morgenstern darin, jeden Kompromiss mit anderen protestantischen Gruppen, die nicht unter diesem Schutz standen, unter Verweis auf die politischen Gegebenheiten abzulehnen. Ließ sich diese Position im herzoglichen Preußen mit seiner engen Anbindung an die Vorgänge im Reich noch halbwegs durchhalten, erwies sie sich im königlichen Preußen, das seine religionspolitischen Gestaltungsmöglichkeiten erst vorsichtig ausweitete, und mehr noch in Polen-Litauen als höchst problematisch: Im königlichen Preußen mussten die städtischen Obrigkeiten darauf bedacht sein, der katholischen Seite keine Angriffsmöglichkeiten zu bieten, und reagierten deshalb schnell auf alle Art theologischer Streitigkeiten mit Ausweisung der Protagonisten. In Polen hingegen, wo die evangelischen Gemeinden von der Gunst eines adligen Patrons abhängig waren, waren die konfessionelle Starrheit und ekklesiologische Exklusivität von Predigern wie Morgenstern weniger attraktiv für die adligen Unterstützer als die Konzepte der Böhmischen Brüder, die verschiedene Bekenntnisse nebeneinander bestehen lassen konnten. Vielleicht erklärt diese Art von Konkurrenz, warum Morgenstern ausgerechnet die Brüder so unnachgiebig bekämpfte. In den letzten drei Jahrzehnten des 16. Jahrhunderts (und damit der Lebenszeit Morgensterns) überwogen hingegen unter den Anhängern der Confessio Augustana in Polen und Preußen die melanchthonisch geprägten Schüler der Wittenberger Theologie, die eine gegenüber den Reformierten und den Böhmischen Brüdern kompromissbereitere Linie vertraten und den auch politisch so wichtigen *Consensus Sendomirensis* einzugehen bereit waren – zur bleibenden Verbitterung von Morgenstern. Erst im Jahrhundert nach seinem Tod setzte sich eine andere Haltung durch, die er wahrscheinlich unterstützt hätte. Aber das ist eine andere Geschichte.

Tomasz Łopatka

Die politischen Einstellungen der polnischen Antitrinitarier in der zweiten Hälfte des 16. Jahrhunderts und ihre Wurzeln in den Lehren der westeuropäischen Täufer

1. Einführung

Die Religionstoleranz in der Rzeczpospolita des 16. Jahrhunderts ermöglichte eine fast uneingeschränkte Entwicklung unterschiedlicher Konfessionen, darunter auch solcher mit einer radikalen Lehre. Unter anderem entwickelte sich ab Mitte des 16. Jahrhunderts der Antitrinitarismus, der in seiner polnischen Version nicht nur die traditionelle Dreifaltigkeitslehre ablehnte, sondern auch in Bezug auf den Umgang mit gesellschaftspolitischen Fragen als Teil des linken Flügels der Reformation zu betrachten ist. Dabei kam es zu einer Verbindung von antitrinitarischen und täuferischen Ideen innerhalb dieser Bewegung. Während die Quellen ihrer antitrinitarischen Ansichten gut erforscht sind,[1] ist die Frage der Ursprünge der täuferischen Ideen weiterhin ungeklärt. Bisherige Forscher beschränkten sich bei der Suche nach deren Quellen auf diejenigen Gruppen, die in den an Polen und Litauen angrenzenden Gebieten lebten, das heißt auf die Mährischen Brüder und die Mennoniten aus Pommerellen. Kaum betrachtet wurde bisher jedoch der Einfluss der Schweizer oder deutschen Täufer, obwohl ein solcher nicht auszuschließen ist. In diesem Aufsatz wird daher die ideelle Abhängigkeit der polnischen Antitrinitarier von den westeuropäischen Täufern in Bezug auf ihre politischen Anschauungen, das heißt die Einstellung gegenüber der Obrigkeit und der Anwendung von Gewalt durch einen Christen, untersucht. Im polnischen Antitrinitarismus wurden diese Fragen vor allem in den 1570er Jahren stark diskutiert, und in dieser Zeit gewann die radikale pazifistische Richtung die größte Bedeutung. Daher sollen in dieser Untersuchung vor allem die Ideen der polnischen Antitrinitarier aus dem pazifistisch eingestellten und vorwiegend in Kleinpolen vertretenen Lager betrachtet werden, die sich in den Schriften der führenden Personen dieser Bewegung, Marcin Czechowic, Grzegorz Paweł aus Brzeziny und Jan Niemojewski, widerspiegeln. Es gilt, ihre Ideen mit den Ansichten der westeuropäischen Täufer zu vergleichen, um somit auf der Grundlage der Ähnlichkeiten und Unterschiede die Möglichkeit einer ideellen Abhängigkeit zu diskutieren. Unter den Täufern werden konkret die Vertreter der friedlichen Be-

1 Siehe z. B. Marek Wajsblum: O genezę antytrynitaryzmu polskiego [Über den Ursprung des polnischen Antitrinitarismus]. In: Reformacja w Polsce [Reformation in Polen] 6 (1934), S. 78 – 90; Lorenz Hein: Italienische Protestanten und ihr Einfluss auf die Reformation in Polen während der beiden Jahrzehnte vor dem Sandomirer Konsens (1570). Leiden 1974; Konrad Górski: Grzegorz Paweł z Brzezin. Monografia z dziejów polskiej literatury ariańskiej [Grzegorz Paweł aus Brzeziny. Eine Monographie über die Geschichte der polnischen arianischen Literatur]. Kraków 1929.

wegungen, also Konrad Grebel und die Autoren des Schleitheimer Bekenntnisses, Balthasar Hubmaier und Peter Riedemann, betrachtet. Ihre Lehren hatten eine große Bedeutung für die Entwicklung der täuferischen Bewegung in Europa und ihre Schriften waren weit verbreitet, sodass die Frage ihres Einflusses auf die polnischen Antitrinitarier von großem Interesse ist. Von den Ideen der revolutionären Täufer, wie Thomas Müntzer oder Jan Matthys, distanzierten sich die polnischen Antitrinitarier hingegen explizit,[2] sodass ihre Ansichten hier nicht berücksichtigt werden.

Die folgende Untersuchung ist in drei Abschnitte gegliedert. Zunächst wird ein kurzer Überblick über die Entwicklung der Diskussion politischer Fragen innerhalb des polnischen Antitrinitarismus und seiner verschiedenen Strömungen gegeben. Anschließend werden die Ansichten der pazifistisch eingestellten polnischen Antitrinitarier auf der Grundlage der von ihnen verfassten Texte genauer dargestellt, um diese abschließend den Ideen der westeuropäischen Täufer gegenüberzustellen und deren mögliche Einflüsse zu diskutieren.

2. Die politischen Streitthemen der polnischen Antitrinitarier in den 1560er und 1570er Jahren

Der Höhepunkt der antitrinitarischen Diskussionen über gesellschaftspolitische Fragen wurde in den 1570er Jahren erreicht, jedoch wurde diese Thematik bereits seit den Anfängen der Bewegung kontrovers diskutiert. Schon im Jahre 1556 erschien Petrus Gonesius auf der Synode zu Secemin allein mit einem Holzschwert bewaffnet, eine Geste, die als Zeichen des Verzichts auf Gewalt zu interpretieren war.[3] Die Informationen aus den ersten Jahren des Antitrinitarismus sind allerdings rar und nicht verifizierbar. Ein klarer Hinweis darauf, dass die Fragen der Ausübung eines Amtes durch einen Christen, der Todesstrafe sowie der Teilnahme an einem Krieg intensiv diskutiert wurden, ist im Katechismus von Szymon Budny aus dem Jahr 1562 zu finden. Budny war der Ansicht, dass eine Machtausübung, auch wenn sie mit Gewaltanwendung verbunden war, in keinem Widerspruch zu den ethischen Werten eines Christen stehe und somit alle Ämter auch den Christen zugänglich seien. Mit seinen Ansichten gehörte Budny jedoch zu einer Minderheit, insbesondere wenn man die führenden Personen der Bewegung betrachtet. Im Jahre 1563 verfasste Petrus Gonesius das heute leider verlorene Werk *De primatu*, in dem er mit Hilfe der Bergpredigt die Argumente Budnys ablehnte.[4] Mehr Informationen kann man dem Werk von

---

2 Marcin Czechowic: Trzech dni rozmowa [Ein Dreitagesgespräch]. Łosk 1578, S. 71.

3 Stanisław Kot: Ideologja polityczna i społeczna Braci Polskich zwanych arjanami [Die politischen und sozialen Ideen der Arianer genannten Polnischen Brüder]. Warszawa 1932, S. 15. George Huntston Williams schreibt in The radical Reformation. 3rd ed., rev. and expanded. Kirksville, Mo. 2000 (Sixteenth century essays & studies 25), S. 647, dass die erste Erwähnung eines hölzernen Schwertes erst im Brief von Jan Łasicki an Theodor von Beza aus dem Jahr 1566 stammt.

4 Der Inhalt des Werkes ist nur aus der Überlieferung Budnys bekannt: Szymon Budny: O urzędzie miecza używającem [Über ein das Schwert gebrauchendes Amt]. Łosk 1583. Bearb. v. Stanisław Kot. Warszawa 1932, S. 219.

Marcin Czechowic *Trzech dni rozmowa* (Ein Dreitagesgespräch) entnehmen, in dem neben der Frage der Taufe auch alle für die Antitrinitarier wichtigen sozialen Fragen besprochen wurden. In Bezug auf die Einstellung gegenüber der Obrigkeit weist Czechowic die Vorwürfe der Gegner zurück, laut denen die Antitrinitarier dem Staat gegenüber feindlich eingestellt seien, indem er auf den von den Antitrinitariern anerkannten göttlichen Ursprung der weltlichen Macht und auf ihren daraus resultierenden Gehorsam verweist. Gleichzeitig betont er jedoch, dass es einem Christen möglich sei, den Gehorsam zu verweigern, wenn die Obrigkeit in Widerspruch zu den göttlichen Geboten handle. Czechowic ist der Meinung, dass ein Christ in einer solchen Situation verpflichtet sei, Gehorsam gegenüber Gott und nicht der weltlichen Obrigkeit zu leisten.[5] Darüber hinaus spricht er sich gegen die Ausübung von Macht durch einen Christen aus, wofür er zwei Gründe nennt: Christus habe keine Übernahme weltlicher Ämter angestrebt, und die Ausübung von Macht sei in vielen Fällen nicht mit den Geboten Christi zu vereinbaren.[6] Bei seiner Diskussion der sozialpolitischen Fragen erwähnt Czechowic in dem umfangreichen Werk kein einziges Mal die Frage der Teilnahme an einem Krieg, was auf den ersten Blick überraschen mag, da sein Werk im Jahre 1578 erschien und diese Thematik in den 1570er Jahren zu den am stärksten diskutierten Fragen gehörte. Allerdings beendete Czechowic sein Werk bereits im Jahre 1564, es spiegelt also die Diskussion der frühen 1560er Jahre wider, als diese Thematik noch keine starke Bedeutung erlangt hatte.

Ihre Wichtigkeit gewann die Frage der Kriegsteilnahme durch einen Christen insbesondere dadurch, dass König Sigismund II. August im Jahre 1572 ein Adelsaufgebot ankündigte, das jeden Adligen verpflichtete, sich bewaffnet den Befehlen des Königs zu unterstellen. Den Gemeinden der polnischen Antitrinitarier gehörten zahlreiche Adlige an, für die nun durch die Ankündigung des Königs die Frage der Kriegsteilnahme sehr aktuell wurde.[7] Es überrascht daher nicht, dass die ersten intensiven Auseinandersetzungen in den antitrinitarischen Kreisen zur Frage der Kriegsteilnahme genau aus dem Jahr 1572 stammen. In diesem Jahr äußerte sich der griechische Reformator Jacobus Palaeologus[8] kritisch gegenüber den pazifisti-

---

5 Czechowic: Trzech dni (Anm. 2), S. 71.

6 Ebd, S. 73f.

7 Kazimierz Dobrowolski: Nieznana kronika arjańska [Eine unbekannte arianische Chronik]. In: Reformacja w Polsce 4 (1926), S. 158–172, hier S. 166; Peter Brock: Conscientious Objectors in the Polish Brethren Church, 1565–1605. In: Slavonic and East European Review 70 (1992), S. 670–687, hier S. 673.

8 Vgl. zum Leben und zur Theologie des Palaeologus: Lech Szczucki: Jakub z Chios – Paleolog [Jakob von Chios – Palaeologus]. In: Odrodzenie i Reformacja w Polsce 11 (1966), S. 63–91; 13 (1968), S. 5–50; Antal Pirnat: Jacobus Palaeologus. In: Ludwik Chmaj (Red.): Studia nad arianizmem. Warszawa 1959, S. 73–130; Karl Landsteiner: Jakobus Palaeologus. In: Jahres-Bericht über das k. k. Josefstädter Ober-Gymnasium für das Schuljahr 1873, S. 1–15; Gerhard Rill: Jacobus Palaeologus (ca. 1520–1585). Ein Antitrinitarier als Schützling der Habsburger. In: Mitteilungen des Österreichischen Staatsarchivs 16 (1963), S. 28–85; Ruzena Dostalova-Jenistova: Jakob Palaeologus. In: Johannes Irmscher (Hg.): Byzantinische Beiträge. Berlin 1964, S. 153–175.

schen Ideen.[9] Seine Ansichten legte er in der für eine Synode in Raków vorbereiteten Schrift *De Bello Sentetnia* dar, da dort diese Fragen diskutiert werden sollten. Palaeologus unterscheidet in dieser Schrift zwischen zwei Kriegsarten, nämlich einem Angriffs- und einem Verteidigungskrieg. Letzteren bezeichnet er als einen gerechten Krieg, auf den die Christen nicht verzichten sollten. Er ist der Meinung, dass eine solche Kriegsteilnahme nicht im Widerspruch zu den Lehren Christi stehe, da dieser zwar den Geistlichen die Waffennutzung verboten, jedoch zum Ausdruck gebracht habe, dass weltliche Personen der Wehrpflicht nachgehen sollten. Darüber hinaus betont Palaeologus, dass die weltliche Macht von Gott gegeben sei und die Menschen ihr aus diesem Grund in allen Fragen Gehorsam leisten müssten, auch wenn dies eine Teilnahme an einem Krieg bedeute. Er äußert die Ansicht, dass jemand, der alle Vorteile des friedlichen Lebens genossen habe, auch verpflichtet sei, bei einer Gefahr für diese Vorteile zu kämpfen, und sich nicht hinter den Geboten Gottes verstecken und anderen deren Verteidigung überlassen dürfe. Die Verweigerer eines Militärdienstes bezeichnet er als Verräter und Deserteure.[10] Palaeologus beruft sich in seiner Argumentation auf das Alte Testament und die von Moses beschlossenen Gesetze über die Teilnahme an einem Krieg und über den Gehorsam gegenüber der Obrigkeit. Seiner Meinung nach gelten diese Gesetze immer noch, denn in der Heiligen Schrift gebe es keine Hinweise darauf, dass Christus sie als ungültig bezeichnet habe.[11] Ludwik Chmaj kommt daher zu dem Schluss, dass für Palaeologus die Gebote des Alten Testaments offensichtlich stärker den Bedürfnissen der Gesellschaft und des Staates entsprachen als diejenigen des Neuen Testaments. Darüber hinaus sei Palaeologus der Meinung gewesen, dass das Neue Testament keine neuen Lehren in dieser Frage enthalte. Das sei einer der Gründe, warum seine sozialen Ansichten vor allem auf dem Alten Testament beruhten.[12] In seiner Schrift diskutiert Palaeologus die Überlegungen der pazifistisch eingestellten Antitrinitarier, die versuchten, ihre Kampfverweigerung mit der Loyalität gegenüber dem Staat in Einklang zu bringen. Dazu gehörte der Vorschlag, solchen Personen, die aus religiösen Gründen eine Kriegsteilnahme ablehnten, nur Überwachungsaufgaben zu übertragen. In diesem Fall wären sie nicht direkt in Kampfhandlungen einbezogen, sondern sie sollten den Feind verfolgen und Alarm schlagen oder dessen Versteck verraten. Palaeologus meint jedoch, dass Menschen, die keine anderen Menschen töten wollen, auch nicht das Versteck von Feinden verraten würden, da das für diese den Tod bedeuten würde. Als Heuchelei bezeichnet er ebenso den Vorschlag der Einführung einer Kriegssteuer, dank der die Zahlenden von einer Kriegsteilnahme befreit wären. Am schlimmsten und eines Christen nicht würdig ist für ihn die Idee, eine Person von der Kriegsteil-

9 Synody arian polskich od założenia Rakowa do wygnania z kraju [Synoden der polnischen Arianer seit der Gründung Rakows bis zu ihrer Vertreibung aus dem Lande]. In: Reformacja w Polsce 7–8 (1935–36), S. 27.

10 Kot: Ideologja (Anm. 3), S. 39.

11 Górski: Grzegorz Paweł (Anm. 1), S. 267; Pirnat: Jacobus Palaeologus (Anm. 8), S. 85.

12 Ludwik Chmaj: Faust Socyn (1539–1604) [Fausto Sozzini (1539–1604)]. Warszawa 1963, S. 147.

nahme zu befreien, wenn sie einen Freiwilligen findet, der den Dienst an ihrer Stelle übernehmen würde.[13]

Kurz nach der Veröffentlichung der Schrift von Palaeologus erschien eine Antwort aus dem pazifistischen Lager. Grzegorz Paweł verfasste den Traktat *Adversus Jacobi Palaeologi de Bello sententiam Responsio*.[14] Der Inhalt dieser Schrift wird an späterer Stelle genauer besprochen, hier sollen nur die argumentativen Grundzüge skizziert werden. Grzegorz Paweł antwortet Palaeologus, dass ein wahrer Christ die Leiden des irdischen Lebens würdig, das heißt ohne Racheversuche oder Anklagen bei irdischen Ämtern, ertragen solle. Die einzige Rettung sei für ihn der Glaube an Gott sowie seine Gebete. Grzegorz Paweł ist der Meinung, dass die Christen in ihrer Handlung Christus nachfolgen sollten, der das Hinhalten der anderen Wange geboten und den Einsatz des Schwertes verboten hatte. Anders sah dies Marcin Krowicki, der nach der Synode zu Lutomierz im Jahre 1573 einen Brief verfasste, in dem er die Meinung vertritt, dass Gott der Obrigkeit das Schwert gegeben habe, was bedeuten würde, dass durch die Ämter nicht der Mensch, sondern Gott selbst die Bösen bestrafe.[15] Er beruft sich dabei auf zahlreiche Stellen aus dem Neuen Testament, die darauf hinweisen würden, dass Christus die Machtausübung nicht verboten und verdammt habe. In diesem Geiste verfasste auch Palaeologus seine Antwort auf das Schreiben von Grzegorz Paweł, in der er anmerkt, dass Ämter, die auch das Recht hatten, eine Prügelstrafe zu verhängen, bereits zu Jesu Zeiten existiert hätten und Christus sie nicht verboten habe. Darüber hinaus war er der Meinung, dass bei einer Verurteilung eines Mörders zur Todesstrafe ein Amtsinhaber keinen Mord begehe, sondern seine sozialen Pflichten erfülle. Für Palaeologus bedeutete der Verzicht auf die Ausübung von Ämtern einen Verzicht auf die Macht im Allgemeinen, was in seinen Augen zur Aufhebung jeglicher Hierarchie führte und in der Folge zum Zerfall der menschlichen Moral.[16] Die Schriften von Palaeologus standen im Widerspruch zu der Überzeugung der in ihrer Mehrheit pazifistisch eingestellten Antitrinitarier und wurden daher von ihnen nicht gedruckt und verbreitet. Dies hemmte allerdings die weiteren Diskussionen nicht, die zum Beispiel auf einer Synode in Raków 1574 geführt wurden.[17]

Im Jahre 1575 veröffentlichte Marcin Czechowic sein Werk *Rozmowy chrystjańskie* (Christliche Gespräche), in dem die gesamte Lehre der polnischen Antitrinitarier dargelegt wird. Dies war bereits die zweite Schrift polnischer Antitrinitarier, die den Charakter eines Katechismus hatte. Im Jahre 1574 verfasste Georg Schomann seinen Katechismus, der allerdings allein für gebildete Personen bestimmt war. Die

---

13 Brock: Conscientious Objectors (Anm. 7), S. 674f.

14 In dieser Untersuchung wird die polnische Übersetzung des Werkes verwendet: Grzegorz Paweł z Brzezin: Przeciwko zdaniu o wojnie Jakuba Paleologa [Gegen die Ansichten des Jacobus Palaeologus über den Krieg]. In: Lech Szczucki, Janusz Tazbir (Bearb.): Literatura ariańska w Polsce XVI w. Warszawa 1959, S. 33–58.

15 Dieser Brief wurde als Anhang in Szymon Budnys Werk *O urzędzie miecza używającem* veröffentlicht. Budny: O urzędzie (Anm. 4), S. 173.

16 Kot: Ideologja (Anm. 3), S. 44f.

17 Synody arian (Anm. 9), S. 28.

Schrift von Czechowic hatte dagegen zum Ziel, die Lehren in einer verständlichen Weise darzulegen und somit breitere Kreise zu erreichen. Der Schwerpunkt dieses Werkes liegt auf christologischen Themen; die sozialen Fragen werden erst im letzten, zwölften Teil angesprochen. Darüber hinaus hängt Czechowic am Schluss einen lateinischen Appendix an, in dem er seine pazifistischen Ansichten mithilfe der frühchristlichen Autoren rechtfertigt. Dadurch wollte er Vorwürfe zurückweisen, die täuferischen Lehren zu übernehmen. Lech Szczucki sieht dafür jedoch auch andere Gründe. Seiner Meinung nach war es für die polnischen Antitrinitarier, deren Ziel es war, nach dem Vorbild der ersten christlichen Gemeinden zu leben, wichtig, sich nicht nur auf das Evangelium, sondern auch auf die Tradition zu berufen.[18]

Nach dem Erscheinen des Werkes von Czechowic wurde die Diskussion über soziale Fragen in den folgenden drei Jahren nicht fortgeführt. Die Diskussion kehrte erst mit der Frage der Taufe in den litauischen Gemeinden im Jahre 1578 zurück. Auf einer Synode in Łosk versuchte Czechowic gemeinsam mit Aleksander Witrelin, Szymon Budny und seine Anhänger von der Praxis der Kindertaufe abzubringen. Dabei kamen auch andere Themen, darunter die sozialen, zur Sprache. Während in der Frage der Taufe ein Konsensus möglich war und beschlossen wurde, zukünftig allein die Erwachsenentaufe zu praktizieren, konnten sich beide Seiten in Bezug auf die sozialen Fragen nicht einigen. Die litauischen Antitrinitarier wollten diese Themen genauer diskutieren, während die polnischen dies ablehnten.[19] Möglicherweise wollten sie keine Aufmerksamkeit auf sich ziehen, denn es muss bedacht werden, dass es die Zeit der Herrschaft von Stefan Báthory war, für den die militärischen Fragen von großer Bedeutung waren. Die litauischen Antitrinitarier wollten eine ausführliche Diskussion führen, man ließ sie jedoch auf der Synode zu Lucławice 1578 nicht zu Wort kommen, mit dem Hinweis, dass sich alle Lehren bereits in der Schrift *Rozmowy chrystjańskie* von Czechowic befinden würden.[20] Das Ziel der Litauer war es, an das Werk von Palaeologus zu gelangen und dies zu verbreiten. Nachdem die Antitrinitarier um Czechowic nicht bereit dazu waren, das Werk weiterzugeben, erreichte es Szymon Budny tatsächlich, das Schreiben des griechischen Autors direkt von ihm zu erhalten, worauf er es im Jahre 1580 veröffentlichte. Budny erhoffte sich, mit Hilfe dieser Schrift einen Teil der pazifistischen Antitrinitarier von ihrer Lehre abzubringen,[21] was ihm letztendlich jedoch nicht glückte.

Nach der Veröffentlichung des Werkes von Palaeologus baten Vertreter der polnischen antitrinitarischen Gemeinden Faustus Sozzini, der seit 1579 in Polen lebte, eine Antwort auf diese Schrift zu verfassen. Diese erschien im Jahre 1581 unter dem Titel *Ad Jacobi Palaeologi librum cui titulus est: Defensio verae sententiae de Magistratu Polotico etc pro Racoviensibys Responsio*. In seiner Schrift analysiert Sozzini ausführlich

18 Lech Szczucki: Marcin Czechowic. Studium z dziejów antytrynitaryzmu polskiego XVI w. [Marcin Czechowic. Eine Studie über die Geschichte des polnischen Antitrinitarismus des 16. Jahrhunderts]. Warszawa 1964, S. 96f.

19 Budny: O urzędzie (Anm. 4), S. 22 und 231.

20 Ebd., S. 23.

21 Ebd., S. 24.

die Bergpredigt, deren Lehre er als verpflichtend für alle Christen ansieht, da Jesus eine Erneuerung des menschlichen Lebens angestrebt habe. Mithilfe von Passagen aus der Bergpredigt lehnt er die Argumente von Palaeologus ab. Sozzini ist der Meinung, dass es einen Unterschied zwischen der Bestrafung durch Christus und durch einen Amtsinhaber gebe, da Jesus durch seine übernatürliche Kraft die Fähigkeit gehabt habe, in die Seele jedes Menschen zu schauen, sodass seine Urteile fehlerfrei gewesen seien. Ein Amtsinhaber habe diese Möglichkeit hingegen nicht, sodass er bei seinen Urteilen Fehler mache, was bedeute, dass unschuldige Menschen bestraft würden. Sozzini konstatiert zudem, dass Christus die Bedeutung des Alten Testaments völlig verändert habe, wodurch den Menschen anstelle von Rache geboten sei, den Feind zu lieben.[22] Darüber hinaus sei durch Christus der Begriff der Nächstenliebe erweitert worden, denn während Moses, auf den sich Palaeologus berufen hatte, gesagt habe, dass man die anderen Menschen mit ganzem Herzen lieben solle, habe Christus durch seinen Tod gezeigt, dass man die Anderen mehr als sich selbst lieben solle und für sie bereit sein müsse, alles hinzugeben, auch wenn dies eigenes Leiden bedeute.[23] Für Sozzini war das Gebot der Nächstenliebe nicht mit der Teilnahme eines Christen an einem Krieg vereinbar, auch dann nicht, wenn es sich um einen Verteidigungskrieg handle. Sozzini lehnte dabei den Vorwurf ab, dass durch eine Kriegsdienstverweigerung unschuldige Personen zum Tod verurteilt seien. Er war der Meinung, dass man nichts Böses tun dürfe, selbst wenn daraus etwas Gutes entstünde, denn nur Gott selbst habe die Macht, das Böse zu besiegen und von der Welt zu entfernen. Aus diesem Grund war er skeptisch gegenüber einer Amtsausübung eingestellt. Zwar lehnte er eine Amtsübernahme nicht vollständig ab, jedoch müsse eine solche Tätigkeit mit den Geboten Christi vereinbar sein. Jeder Christ könne zwar König in einer weltlichen Gesellschaft sein, sein übergeordnetes Ziel müsse dabei allerdings das Streben nach dem Himmelreich sein, also nach der wahren Heimat aller Christen. Aus der Überzeugung, dass die Erde nur ein vorläufiges Zuhause für die Christen sei, entstand für Sozzini ein Interessenkonflikt zwischen einer christlichen Gemeinschaft und einem weltlichen Staat. Dadurch war es sehr schwierig für ihn, die Amtsausübung mit dem Christsein zu vereinbaren, sodass er letztendlich dazu riet, die Übernahme eines Amtes zu vermeiden.[24]

Das Werk von Sozzini hatte zwei Ziele. Einerseits wollte er Szymon Budny und dessen Anhänger vom Pazifismus überzeugen. Andererseits versuchte er, für Nicht-Antitrinitarier darzulegen, dass die Polnischen Brüder, wie die polnischen Antitrinitarier auch genannt werden, keine Feinde des Staates seien. Keines dieser zwei Ziele erreichte er jedoch. Der polnische König, Stefan Báthory, erfuhr von Hieronymus Powodowski, einem katholischen Prediger, der zahlreiche Schriften gegen die Antitrinitarier veröffentlichte, von ihren politischen Ansichten[25] und verbot ihnen das Errichten von neuen Gebäuden in Lublin, wo sich eine der wichtigs-

22 Chmaj: Faust Socyn (Anm. 12), S. 151f.
23 Ebd., S. 156f.
24 Ebd., S. 158–160.
25 Kot: Ideologja (Anm. 3), S. 65.

ten Gemeinden befand.[26] Auch Budny wurde nicht überzeugt und veröffentlichte 1583 sein Werk *O urzędzie miecza używającem* (Über ein das Schwert gebrauchendes Amt), in dem er sich eindeutig für die Amtsübernahme ausspricht. Er war der Auffassung, dass jeder Christ das Recht habe, ein Amt auszuüben, um so an ihm begangenes Unrecht bestrafen zu können. Die Schrift von Budny blieb ohne Antwort, da die pazifistisch eingestellten Antitrinitarier einerseits keine weitere Aufmerksamkeit der katholischen Kirche und des Staates auf sich ziehen wollten und andererseits die ideologischen Unterschiede innerhalb der *ecclesia minor* nicht nach außen tragen wollten. Im 16. Jahrhundert sind trotzdem noch zwei weitere Schriften von Marcin Czechowic und Jan Niemojewski erschienen, in denen sozialpolitische Themen angesprochen werden. In *Epistomium na Wędzidło X. Hieronima Powodowskiego* (Ein Antwortschreiben auf die Kandare des Pfarrers Hieronymus Powodowski) erwähnt Czechowic am Rande seiner Ausführungen über die Toleranz, dass die Antitrinitarier nichts tun würden, was gegen die weltliche Obrigkeit gerichtet sei.[27] Jan Niemojewski geht auf diese Thematik in zwei Kapiteln seiner Schrift gegen den früheren, nun zum Katholizismus zurückgekehrten Antitrinitarier Kacper Wilkowski ein.[28] Allerdings brachte er dabei keine neuen Argumente in die Diskussion ein. Er war der Meinung, dass ein Christ sein Streben nach Erlösung nicht mit dem Dienst für einen weltlichen Staat vereinbaren könne, da beides im Widerspruch zueinander stünde. Interessant ist allerdings, dass Niemojewski jegliche Begriffe vermied, die für seine Gegner hätten Anlass sein können, ihm antistaatliches Handeln vorzuwerfen.[29]

Die Schrift von Niemojewski beendete die im 16. Jahrhundert geführten Diskussionen der polnischen Antitrinitarier über die Einstellung gegenüber dem Staat. Der Grund dafür war sicherlich der Sieg des pazifistischen Lagers über Szymon Budny, der 1582 aus der Gemeinde ausgeschlossen wurde und in späterer Zeit keine bedeutende Rolle mehr spielte.[30] Erst in der Zeit, als Faustus Sozzini bei den polnischen Antitrinitariern an Bedeutung gewann, kehrten diese Diskussionen zurück. Dies führt jedoch über den zeitlichen Rahmen dieser Ausführungen hinaus.

26 Jan Riabinin: Materiały do historii miasta Lublina 1317–1792 [Materialien zur Geschichte der Stadt Lublin 1317–1792]. Lublin 1938, S. 84f.

27 Kot: Ideologja (Anm. 3), S. 71.

28 Jan Niemojewski: Odpowiedź na potwarzy Wilkowskiego [Antwort auf die Verleumdungen Wilkowskis]. In: Ders.: Ukazanie, iż kościół Rzymski Papieski nie iest Apostolski ani święty, ani jeden, ani powszechny [Darstellung, dass die römische päpstliche Kirche weder apostolisch noch heilig noch einzig noch allgemein ist]. Ohne Ort 1583.

29 Kot: Ideologja (Anm. 3), S. 72.

30 Stanisław Kot: Szymon Budny. Der größte Häretiker Litauens im 16. Jahrhundert. In: Günther Stökl (Hg.): Studien zur älteren Geschichte Osteuropas, Teil 1: Festschrift für Felix Schmid. Graz 1956 (Wiener Archiv für Geschichte des Slawentums und Osteuropas 2), S. 63–118, hier S. 107.

3. Die Einstellung der polnischen Antitrinitarier gegenüber der Amtsübernahme und der Kriegsteilnahme

3.1 Das Vertrauen auf göttliche Hilfe als ein Argument gegen die Amtsübernahme

Die Grundlagen der politisch-sozialen Lehren der polnischen Antitrinitarier liegen in ihrem Taufverständnis, nach dem in dieser Zeremonie der Mensch wiedergeboren wird und sich für ein Leben nach den Geboten Christi entscheidet.[31] Marcin Czechowic definierte diese innere Wiedergeburt sowohl als Glaube an Gott Vater und Jesus Christus als auch als ein Leben nach dem Beispiel Christi. Ein wahrer Christ war für Czechowic nur derjenige, der in all seinen Taten Christus folgen wollte.[32] Der Glaube an Gott Vater umfasste für ihn nicht nur ein Leben nach seinen Geboten, sondern auch den Glauben an seine schaffende Kraft in sämtlichen Bereichen des menschlichen Lebens. Für die polnischen Antitrinitarier war alles, was auf der Erde geschah, eine Folge göttlichen Handelns und Willens. Aus diesem Grund müsse man sich, so die Überzeugung Czechowic', auf das Schicksal einlassen, auch wenn dies für einen Menschen Leiden bedeute. Ein Christ solle nach den Worten aus dem Buch Hiob handeln: „Dann sagte er: Nackt kam ich hervor aus dem Schoß meiner Mutter; nackt kehre ich dahin zurück. Der Herr hat gegeben, der Herr hat genommen; gelobt sei der Name des Herrn." (Hiob 1,21)[33] Czechowic war der Meinung, dass alle gläubigen Personen unter einem göttlichen Schutz stünden und aus diesem Grund nichts Schlimmes fürchten müssten. Dabei berief er sich auf das Beispiel von Schadrach, Meschach und Abed-Nego, die ins Feuer geworfen wurden, denen aber dank ihres Vertrauens in den göttlichen Schutz kein Leid geschehen sei: „Sie gingen mitten in den Flammen umher, lobten Gott und priesen den Herrn." (Dan 3,19–24)[34] Czechowic führte noch weitere biblische Beispiele für den göttlichen Schutz an, wie zum Beispiel das Lukasevangelium, in dem den Gläubigen versprochen wird, dass ihnen trotz Verfolgungen nichts

---

31 Georg Schomann definierte die Taufe in seiner *Catechesis* folgendermaßen: „Baptismus, est hominis Euangelio credetis & poenitentiam agentis in nomine patris & filij & spiritus sancti, velin nomine Iesu Christi, in aquam immersio & emersio, quapublice profiterur se gratia Dei patris, in sanguine Christi, opera Spiritus sancti, ab omnibus peccatis ablutum esse, vt in corpus Christi insertus, mortisicet veterem Adamum, & transformetur in Adamum illum coelestem, certus, se post resurrectionem cosequuturum esse vitam eternam." Georg Schomann: Catechesis et confessio fidei, coetus per poloniam congragati. [Krakau] 1574, Bl. i6a. Petrus Gonesius ergänzte diese Definition durch das Gebot der Nachfolge Christi: „diejenigen, die untergetaucht [polnische Antitrinitarier sahen im Untertauchen die wahre Art des Taufens und bezeichneten daher die von ihnen praktizierte Taufzeremonie als „ponurzanie" (Untertauchen) – T. Ł.] sind, diese haben – wie Petrus bezeugt hat – Christus auf sich genommen." („Którzykolwiek są ponurzeni, ci – jako Paweł świadczy Chrystusa na się przyoblekli.") Piotr z Goniądza: O ponurzaniu chrystjańskim [Über das christliche Untertauchen]. Węgrów 1570. Hg. v. Lech Szczucki. Warszawa 1970, S. 14.

32 Marcin Czechowic: Rozmowy chrystjańskie [Christliche Gespräche]. Kraków 1578. Bearb. v. Alina Linda u. a. Warszawa 1979, S. 244.

33 Ebd., S. 248.

34 Ebd., S. 249.

Schlechtes geschehen werde (Lk 21,17–18), oder die Worte des Matthäus, dass jeder Mensch unter dem ständigen Schutz Gottes stehe (Mt 10,30). Ähnlich äußerte sich diesbezüglich Jan Niemojewski, der die Christen dazu aufrief, sich nicht auf die weltlichen Dinge zu konzentrieren, sondern auf das Streben nach der Erlösung nach dem Tod.[35] Den Antitrinitariern war jedoch bewusst, dass trotz des göttlichen Schutzes auch gläubige Personen leiden konnten. Dieses irdische Leiden sollten die Christen jedoch auf sich nehmen, da durch das Tragen eines eigenen Kreuzes die Nachfolge Christi vollkommen sei.

In der Konzeption der Polnischen Brüder beschränkte sich die Rolle Gottes nicht nur auf den Schutz der Gläubigen, sondern sie umfasste auch seine Entscheidung, ob Menschen, die Böses taten, bestraft werden sollten oder nicht. Den Christen sei es demnach nicht völlig verboten, einen anderen Menschen zu töten; es war ihnen jedoch nur in dem Fall erlaubt, dass Gott ihnen dies befehlen würde. Da jedoch der Satan das menschliche Handeln beeinflussen könne und der Mensch nicht in der Lage sei, die Befehle Gottes von denjenigen des Bösen zu unterscheiden, sei besondere Vorsicht geboten. Darüber hinaus sei es verboten, einen anderen Menschen aus Rache zu bestrafen, da dies immer ein Handeln auf Satans Initiative hin bedeute. Czechowic war der Meinung, dass man andere Menschen aus Liebe und aus großer Trauer bestrafen könne, so wie Petrus Hananias und Saphira (Apg 5, 1–5) oder Paulus Elymas (Apg 13,8–11) bestraft hätten.[36] Diese Strafe solle der Abschreckung für Andere dienen, damit sie nicht dieselben Fehler begingen.

Die göttliche Allmächtigkeit umfasste für die Antitrinitarier auch die Schaffung der Ämter sowie deren Besetzung mit konkreten Personen. Trotzdem war den polnischen Antitrinitariern die Übernahme von Ämtern verboten. Ein Grund dafür war, dass, während die Christen allein der göttlichen Ordnung unterstanden, die weltliche Obrigkeit allein dazu geschaffen worden sei, die Ungläubigen zu bestrafen, damit diejenigen, die keine Strafe nach dem Tod fürchteten, trotzdem vom Begehen eines Verbrechens abgeschreckt würden.[37] Die Ämter seien also zum Schutz der friedlichen, noch ungläubigen Personen eingerichtet worden. Zugleich sollten sie damit für Ungläubige als ein Zeugnis der göttlichen Gerechtigkeit auf Erden dienen.[38] In dieser Funktion konnte man die Ämter auch als ein Missionierungsinstrument ansehen, das den Ungläubigen die Liebe Gottes zeigen und diese zu Gott führen sollte. Ein weiterer Grund für die Ablehnung der Amtsübernahme durch Christen war aus Sicht der Antitrinitarier die Tatsache, das die Obrigkeit über Bestrafungsmöglichkeiten verfügte, die zur Disziplinierung von Nichtgläubigen genutzt werden konnten und auch körperliche Strafen und die Todesstrafe umfassten.[39] Die Antitrinitarier waren jedoch der Überzeugung, dass einerseits jedes Amt und die damit verbundene Macht einen Menschen verderbe und dass andererseits jeder Christ das Leiden auf

35 Niemojewski: Odpowiedź (Anm. 28), S. 207.
36 Czechowic: Rozmowy (Anm. 32), S. 259.
37 Niemojewski: Odpowiedź (Anm. 28), S. 208.
38 Ebd., S. 209.
39 Czechowic: Rozmowy (Anm. 32), S. 269.

sich nehmen solle und es ihm verboten sei, auf die gegen ihn begangenen schlechten Taten mit Rache zu antworten. Dies leitete sich für sie aus dem Gebot der Nachfolge Christi ab, das im Folgenden noch ausführlicher behandelt wird, und war mit der von ihnen beobachteten Amtsausübung nicht vereinbar. Die polnischen Antitrinitarier beriefen sich in ihrer Argumentation auf die mittelalterlichen Kirchen, in denen den Geistlichen eine Amtsübernahme verboten war, da dies nicht mit einem guten Christsein vereinbar sei.[40] Aus Sicht von Jan Niemojewski waren dafür die Beschlüsse des Mainzer Konzils aus dem Jahr 813 grundlegend, in denen festgelegt wurde, dass Geistliche keine weltlichen Ämter übernehmen dürften. Er nutzte diese Beschlüsse, um zu zeigen, dass die Christen schon zu damaliger Zeit zu der Ansicht gekommen seien, dass Macht die Menschen verderbe. Gleichzeitig kritisierte er jedoch die damals vorgenommene Unterscheidung zwischen geistlichen und weltlichen Personen und die unterschiedlichen moralischen Maßstäbe für beide Gruppen. Für ihn bildeten alle Christen eine Gemeinschaft, und Christus habe allen geboten, ihre Mitmenschen zu lieben und nach seinem Beispiel zu leben.[41]

Die einzigen Ämter, die Christen entsprechend der Überzeugung der Antitrinitarier bekleiden konnten, waren Ämter innerhalb der Gemeinde, da diese über keine Möglichkeit verfügten, körperlich zu strafen, sondern lediglich Sündige aus der Gemeinde ausschließen könnten.[42] Darüber hinaus seien sie schon in den ersten christlichen Gemeinden begründet worden, sodass sogar im Neuen Testament Hinweise auf diese Ämter zu finden seien (1 Tim 3,1, Tit 1,5, 1 Petr 4,10–11). Außerdem glich für die polnischen Antitrinitarier ein Dienst innerhalb der Kirche einem Dienst in einem christlichen Königreich und war damit eine Annäherung an die Erlösung. Ein Staatsdienst würde dagegen einen Menschen von diesem Ziel entfernen.[43] Somit brachte der Staatsdienst für die Polnischen Brüder ein Problem der Loyalität mit sich. Ein Christ, der weltliche Ämter bekleidete, stand für sie vor einem Interessenkonflikt, da er gleichzeitig zwei Herren diene, einem weltlichen König und Christus. Wenn ein Christ die Gerechtigkeit bei weltlichen Ämtern suche, verrate er seinen Gott, dem er ganz vertrauen solle. Wenn er allerdings im Staatsdienst stehe und auf das begangene Unrecht nicht mit den ihm zustehenden Mitteln reagiere, verstoße er gegen die Regeln des Königs, dem er dient.[44] Für die Antitrinitarier war für ihre Argumentation die Lehre des Neuen Testaments ausschlaggebend. Zwar seien auch im Alten Testament die Könige von Gott eingesetzt worden, ihre Rolle habe aber mit der Geburt Christi, des neuen Königs, geendet. Außerdem seien im Neuen Testament auch moralische Normen revidiert worden, und da das Streben nach der weltlichen Gerechtigkeit verboten worden sei, würden nun keine weltlichen Könige mehr gebraucht.[45]

---

40 Niemojewski: Odpowiedź (Anm. 28), S. 211.
41 Ebd., S. 212.
42 Czechowic: Rozmowy (Anm. 32), S. 268.
43 Ebd., S. 270.
44 Ebd., S. 271.
45 Ebd., S. 259.

3.2 Die Nachahmung Christi als Grundlage für die pazifistische Einstellung der Polnischen Brüder

Das Leben nach dem Beispiel Christi bildete für die polnischen Antitrinitarier – neben dem Vertrauen auf Gott – eine zweite Grundlage für ihre sozialen und politischen Ansichten. Wichtig waren für sie sowohl Jesu Worte, die in der Heiligen Schrift überliefert sind, als auch seine Taten. Für die Antitrinitarier waren die wichtigsten Elemente der Lehre Christi die Geduld, die Hingabe und die Nächstenliebe.[46] Im Folgenden werden diese Elemente und deren Verständnis durch die polnischen Antitrinitarier näher erläutert.

In der Bergpredigt verspricht Jesus die Erlösung derjenigen, die arm im Geiste, sanftmütig und friedensstiftend sind (Mt 5,1–11). Er spricht auch darüber, dass seine Anhänger, selbst wenn sie verfolgt würden, keine Gewalt gegenüber ihren Feinden anwenden dürften. Diese Fragen hatten eine zentrale Bedeutung für die Polnischen Brüder. Die Annahme eigenen Leidens war für sie einerseits von Christus angekündigt und befohlen worden, zugleich hatte das Leiden für sie eine geistige Dimension. Durch das Leiden näherten sie sich, so ihre Überzeugung, dem das Kreuz tragenden und an ihm sterbenden Christus an. Am wichtigsten waren für sie jedoch die Worte Christi, in denen er von Verfolgung sprach. Czechowic zitierte zum Beispiel die Worte des Lukasevangeliums, in denen die Rede vom Verrat durch die Eltern, Brüder, Verwandten und Freunde ist (Lk 21,16). Dies sei eine Folge der Verfolgungen von Christus selbst, wie es Johannes in seinem Evangelium beschrieben habe (Joh 15,18 und 15,20). Das Leiden war jedoch nach Ansicht der Antitrinitarier nicht vergeblich. Sie beriefen sich dabei auf die Bergpredigt, in der den Leidenden die Erlösung versprochen werde (Mt 5,11–12). Czechowic interpretierte das Leiden somit als einen natürlichen Weg zum Himmelreich, den alle Christen beschreiten müssten.[47] Die Erlösung als Entlohnung für das Leiden auf der Erde wird auch im zweiten Brief an Timotheus thematisiert (2 Tim 3,10–17), auf den sich Czechowic ebenso berief. Unter anderem aus diesem Grund war es laut der Antitrinitarier den Christen verboten, sich für das von ihnen erlittene Leiden zu rächen. Die Ausführungen Czechowic' über die Vergeltung verdienen eine besondere Aufmerksamkeit. In seinen Schriften unterscheidet er zwischen einer schlechten und einer guten Art von Vergeltung (Czechowic benutzt dafür das Wort *pomsta*). Die erste Art beschreibt er als eine durch die Täuschung von bösen Geistern verursachte oder aus Erzürnung und Hass entstandene. Als Beispiel dafür nennt er das Gleichnis von Jakob, Simeon und Levi, die sich für die Vergewaltigung ihrer Schwester rächten und den Täter sowie alle seine Untertanen töteten (Gen 34). Auch die Geschichte aus dem zweiten Buch Samuel, in der Abschalom sich für die Vergewaltigung seiner Schwester Tamar durch Amnom rächt und ihn ebenso tötet (2 Sam 13), dient Czechowic als Beispiel für eine schlechte Art der Vergeltung. In beiden Fällen sei die Rache bestraft worden, denn Jakob sei von den Kanaanitern und Perisitern gehasst worden und Abschalom

---

46 Niemojewski: Odpowiedź (Anm. 28), S. 206.
47 Cechowic: Rozmowy (Anm. 32), S. 248.

habe aus seinem Land fliehen müssen und den Zorn seines Vaters David auf sich gezogen.[48]

Die guten Vergeltungen kämen dagegen aus dem wahren Glauben und aus Gottes Liebe, denn ein guter Christ vergelte das Böse mit dem Guten, bete für seine Verfolger und wünsche ihnen trotz ihrer schlechten Taten das Beste. Als zentrales Beispiel nennt Czechowic dafür das Gebet *Vater unser*, in dem die Bitte um Schuldenvergebung an Gott gerichtet wird (Mt 6,12). Darüber hinaus beruft er sich auf den Epheserbrief: „Seid gütig zueinander, seid barmherzig, vergebt einander, weil auch Gott euch durch Christus vergeben hat." (Eph 4,32)[49] Bemerkenswert bei den Ausführungen über die schlechte Art der Vergeltung ist die Berufung auf das Alte Testament und bei der guten Vergeltung auf das Neue Testament. Dies war sicherlich eine Folge der Überzeugung der Antitrinitarier, dass die Gesetze des Neuen Testaments den Geboten aus der Zeit vor Jesus Christus überlegen seien. Für die polnischen Antitrinitarier hatten die Gebote und Lehren des Alten Testaments mit dem Wirken Christi ihre Gültigkeit verloren, manche Handlungen waren für Christen gar unwürdig geworden.[50] Als Beispiel für eine nun als unwürdig anzusehende Tat nennt Czechowic die Bereitschaft Abrahams, seinen Sohn zu opfern. Er war der Meinung, dass dies zu damaliger Zeit zwar richtig gewesen sei, dass Christen diesem Beispiel jedoch nicht folgen sollten. Die Gegenüberstellung der Gesetze des Alten Testaments und der Gebote des Neuen Testaments spielte auch eine große Rolle bei der Argumentation für die Ablehnung einer Kriegsteilnahme durch die polnischen Antitrinitarier, worauf in den folgenden Abschnitten näher eingegangen wird.

Trotz der Akzeptanz der Gebote aus dem Neuen Testament als Wegweiser für ein christliches Leben nahmen die polnischen Antitrinitarier nicht alle dort festgeschriebenen Gesetze kritiklos an. Als Beispiel kann hier die Auslegung einer Stelle aus der Apostelgeschichte (Apg 23,1–3) dienen, in der Paulus einen Fluch über den Hohepriester Hananias ausspricht. Czechowic schreibt, dass dies keine Tat im Geiste Christi sei und dass Christen sie nicht nachahmen sollten. Er merkt jedoch an, dass trotz der geistigen Wiedergeburt kein Mensch ideal und sündenlos sei, da die Neigung zu schlechten Taten in jeder Person verankert sei.[51] Czechowic ist der Meinung, dass die Stelle der Apostelgeschichte über Paulus nicht die einzige sei, bei der man vorsichtig mit der Interpretation sein solle. Das Gleiche betreffe die Worte Jesu aus dem Lukasevangelium (Lk 22,36), in denen er den Aposteln gebietet, den Mantel zu verkaufen und dafür ein Schwert zu kaufen. Czechowic analysiert diese Stelle ausführlich in Bezug auf die Frage der Gewaltausübung. Er ist der Meinung, dass diese Stelle – auch wenn hier Christus selbst zitiert werde – für Christen nicht als moralischer Maßstab anzusehen sei, da sie zu der ganzen früheren Lehre Jesu und vor al-

48 Ebd., S. 248.

49 Ebd., S. 263.

50 Niemojewski: Odpowiedź (Anm. 28), S. 208; Czechowic: Rozmowy (Anm. 32), S. 252.

51 Czechowic: Rozmowy (Anm. 32), S. 264. Durch diese Anmerkung wollte Czechowic sicherlich den von den Gegnern der Antitrinitarier erhobenen Vorwurf zurückweisen, die Polnischen Brüder sähen sich als sündenlos an. Mehr zu diesem Vorwurf: Czechowic: Trzech dni (Anm. 2), S. 70.

lem zur Bergpredigt im Widerspruch stehe. Czechowic erklärt, dass die Menschen zur Zeit Jesu Christi noch nicht auf eine Erneuerung der Moral vorbereitet gewesen seien und Christus aus diesem Grund seine Lehren langsam eingeführt habe, damit alle sich an sie gewöhnen konnten. Er vergleicht dies mit der Rodung eines dichten Waldes, wo man auch sehr langsam vorankomme und sich auf die größten Hindernisse konzentrieren müsse. Für Czechowic war es eindeutig, dass die Erlaubnis zum Tragen eines Schwertes nur zeitlich begrenzt war. Schon bei seiner Verhaftung habe Christus die Nutzung des Schwertes verboten (Mt 22,50–51), und mit der Entsendung des Heiligen Geistes seien die Schwerter den Aposteln ganz abgenommen worden.[52] Czechowic verstand somit die Akzeptanz von Fehlern der Apostel durch Jesus als eine Art, ihnen Geduld gegenüber anderen Menschen beizubringen. Gleichzeitig sah er diese Zeit als den letzten Moment an, in dem die alttestamentlichen Regeln ihre Geltung hatten. Christus habe gewusst, dass man in allen Fragen Gottvater vertrauen solle, aber da die Apostel noch nicht die ganze Bedeutung der Offenbarung verstanden hätten und an die bisherige Art der Verteidigung gewöhnt gewesen seien, habe er ihnen diese erlaubt.

3.3 Die Einstellung gegenüber der weltlichen Obrigkeit

Obwohl die pazifistisch eingestellten Antitrinitarier die Übernahme von Ämtern durch Christen ausschlossen, stellten sie ihre Existenz nicht in Frage. Dies ist darauf zurückzuführen, dass sie die wichtigste Rolle der Ämter – wie bereits erwähnt – darin sahen, Schutz für schwache und ungläubige Personen sicherzustellen. Die Polnischen Brüder waren daher der Meinung, dass man der Obrigkeit gegenüber gehorsam sein müsse. Wie in anderen Fragen, so beriefen sie sich auch hier auf die Heilige Schrift. So zitierten sie zum Beispiel das 13. Kapitel des Römerbriefes, in dem die Notwendigkeit des Gehorsams gegenüber der Obrigkeit betont wird, da diese ein Werkzeug Gottes sei, das zum Guten führe. Die Einhaltung ihrer Anordnungen sei nicht wegen möglicher Strafen ihrerseits notwendig, sondern aufgrund des eigenen Gewissens (Röm 13,1–5). Zudem beriefen sie sich auf Paulus, der im Ersten Timotheusbrief auf die Notwendigkeit des Gebetes für die Könige hinweist, was die Polnischen Brüder ebenfalls als Gebot des Gehorsams gegenüber der Obrigkeit interpretierten.[53] Czechowic betont in seiner Schrift *Trzech dni rozmowa*, dass die Vorwürfe, die Antitrinitarier seien gegen den Staat gerichtet, ungerechtfertigt seien, wobei er sich eindeutig von den Ansichten Thomas Müntzers oder Johannes' von Leiden abgrenzt.

Der Gehorsam war für die Antitrinitarier jedoch nicht grenzenlos. Sollten die Gebote der Obrigkeit gegen die Gesetze Christi verstoßen, so war ihrer Ansicht nach ein Christ verpflichtet, die Anordnungen der weltlichen Amtsträger nicht auszuführen, da sie vor allem Gott unterstanden. Als Beispiel führten sie die Worte aus der

52 Czechowic: Rozmowy (Anm. 32), S. 255.
53 Czechowic: Trzech dni (Anm. 2), S. 71f.

Apostelgeschichte an, in denen Petrus und Johannes die Überlegenheit des Wortes Gottes über obrigkeitliche Entscheidungen ansprechen (Apg 4,19). Darüber hinaus beriefen sich die Polnischen Brüder auf zahlreiche Stellen des Alten Testaments, was im Hinblick auf ihre kritische Einstellung gegenüber diesem Teil der Heiligen Schrift ein wenig überrascht. Diese Stellen waren aus ihrer Sicht jedoch hilfreich, um ihre Argumentation zu stärken. So führt Czechowic ein Beispiel aus dem Ersten Buch Samuel an, in dem die Untertanen des Königs Saul sich weigern, Ahimelech zu töten (1 Sam 22,17). Ein weiteres Beispiel stellt die Geschichte aus dem Buch Daniel dar, in dem die Juden sich weigern, der Anordnung des Königs Nebukadnezar zu folgen und ein auf seinen Wunsch aufgestelltes goldenes Standbild anzubeten (Dan 3). Nebukadnezar verurteilt die Juden zum Tod durch Verbrennung, die Flammen tun ihnen jedoch kein Leid an.[54] Diese Stelle war für die Antitrinitarier ein weiterer Beleg für die erlösende Wirkung des Glaubens an Gott.

Trotz des generellen Gehorsams der polnischen Antitrinitarier gegenüber der Obrigkeit waren sie der Meinung, dass Christen nicht Amtsträger um Gerechtigkeit ersuchen sollten. Dies hatte drei Gründe. Der erste war das Gebot der Leidensannahme und des Glaubens daran, dass alles Leiden nach der Auferstehung wieder gutgemacht würde.[55] Der zweite Grund stellte die Notwendigkeit der Nachfolge Christi dar[56] und der dritte die Beobachtung, dass ein Teil der Ämter durch nichtgläubige Personen bekleidet wurde.[57] In ihrer Argumentation für dieses Verbot beriefen sich die Antitrinitarier auf die Worte der Bergpredigt:

> Wenn du deine Opfergabe zum Altar bringst und dir dabei einfällt, dass dein Bruder etwas gegen dich hat, so lass deine Gabe dort vor dem Altar liegen; geh und versöhne dich zuerst mit deinem Bruder, dann komm und opfere deine Gabe. Schließ ohne Zögern Frieden mit deinem Gegner, solange du mit ihm noch auf dem Weg zum Gericht bist. Sonst wird dich dein Gegner vor den Richter bringen und der Richter wird dich dem Gerichtsdiener übergeben und du wirst ins Gefängnis geworfen. (Mt 5,23–25)

Christus spricht dabei auch von der Notwendigkeit, eine eigene Anklage zu vermeiden, was die Antitrinitarier für sich ebenfalls als verpflichtend ansahen. Czechowic schreibt, dass ein Christ alles tun solle, um nicht angeklagt zu werden, von einer Gefängnisstrafe spricht er jedoch nicht.[58] Der Grund dafür könnte darin liegen, dass er diese Strafe als eine Art der von Christus angekündigten Verfolgung und der Nachahmung Christi ansah. In den Schriften der Antitrinitarier sind jedoch keine Äußerungen hierzu zu finden, sodass diese Vermutung eine Hypothese bleiben muss.

Das Verbot des Auftretens vor Gericht war auch eine Folge der Eidverweigerung, die für die Antitrinitarier verpflichtend war. Grzegorz Paweł schreibt, dass ein Ge-

54 Ebd., S. 72f.
55 Czechowic: Rozmowy (Anm. 32), S. 267.
56 Grzegorz Paweł: Przeciwko zdaniu (Anm. 14), S. 41.
57 Czechowic: Rozmowy (Anm. 32), S. 266.
58 Ebd., S. 267.

richtseid für Christen genauso wie eine Gerichtsverhandlung verboten sei.[59] Aber nicht nur ein Gerichtseid, sondern auch ein Eid im Allgemeinen war für die Polnischen Brüder verboten, da es ein grundsätzliches Gebot Christi sei, ausschließlich klare und ehrliche Antworten – ja oder nein – zu geben (Mt 5,37). Grzegorz Paweł betont in diesem Zusammenhang die Überlegenheit des Neuen Testaments über das Alte. Im alten Bund sei es den Menschen verboten gewesen, andere zu verfluchen, ein Eid sei dagegen zulässig gewesen. Christus habe jedoch in seiner Lehre mehr von seinen Anhängern verlangt und dieses Verbot auch auf den Eid erweitert.[60] Grzegorz Paweł beruft sich in seiner Argumentation nicht nur auf das Matthäusevangelium, sondern auch auf den Jakobusbrief, in dem das Eidsverbot noch klarer ausgesprochen wird: „Vor allem, meine Brüder, schwört nicht, weder beim Himmel noch bei der Erde noch irgendeinen anderen Eid. Euer Ja soll ein Ja sein und euer Nein ein Nein, damit ihr nicht dem Gericht verfallt." (Jak 5,12) Das Eidverbot war für die polnischen Antitrinitarier also eine Folge der höheren Stellung der Gebote des Neuen Testaments über die Gesetze des ersten Teils der Bibel.

3.4 Die Frage der Kriegsteilnahme

In Bezug auf diese Thematik bildeten die gleichen Argumente die Grundlage für die Überzeugungen der Polnischen Brüder wie bei der Frage einer Amtsübernahme durch Christen. Die radikal pazifistische Einstellung der Antitrinitarier folgte aus den in der Bergpredigt dargelegten Lehren sowie aus dem Gebot der Nachfolge Christi. Grzegorz Paweł schreibt, dass Christus seine Feinde nicht durch Rache und mithilfe des Schwertes besiegt habe, sondern durch sein Leiden und seinen Tod am Kreuz. Christen sollten seiner Meinung nach ähnlich vorgehen, sie sollten den Kopf mit Asche bestreuen und ihre Feinde segnen statt sie zu töten.[61]

Das Kriegsverständnis der Antitrinitarier lässt sich am deutlichsten in den Schriften von Marcin Czechowic beobachten. Für ihn stand fest, dass Christen in einem Krieg nicht mit Waffen, sondern mit den Geboten des Neuen Testaments kämpfen sollten. Der Unterschied zwischen diesen beiden Arten des Kampfes leitete sich für ihn aus den Folgen ab, die ein Kampf mit sich brachte. Während eine Auseinandersetzung mit Waffen das irdische Leben nehmen könne, bedeute ein Gefecht mithilfe der Gebote Christi die Sperrung des Zugangs zum ewigen Leben.[62] Auch wenn die Folgen des Kampfes ohne Waffen größere Konsequenzen für den Bekämpften haben konnten, enthielt seiner Ansicht nach diese Art des Krieges auch eine Hoffnung für den Feind. Ein Krieg war für die Antitrinitarier ein Kampf um Überzeugungen, ein Versuch, die Menschen zum richtigen Glauben zu bekehren und sie somit zum ewigen Leben zu führen. Aus diesem Grund war es den Antitrinitariern geboten, ihre

59 Grzegorz Paweł: Przeciwko zdaniu (Anm. 14), S. 40.
60 Ebd., S. 39.
61 Ebd., S. 37.
62 Czechowic: Rozmowy (Anm. 32), S. 260.

Feinde zu lieben und für diese zu beten. Grzegorz Paweł schreibt sogar, dass je größer und verbissener der Feind sei, desto mehr ein Christ für ihn Gutes tun und für ihn beten solle.[63] Die Feindesliebe war für ihn eine Bedingung dafür, einen Menschen als Gottes Sohn bezeichnen zu können, und auch ein Zeichen seiner Vollkommenheit.[64] Diese Vollkommenheit war ein weiteres Merkmal des Neuen Testaments. Die Bücher des Alten Testaments waren für die Antitrinitarier lediglich eine Ankündigung, ein Erzieher, wie Grzegorz Paweł es bezeichnet, während Christus ein zur Vollkommenheit führender Meister gewesen sei. Entsprechend den Lehren Moses sei es möglich gewesen, sich zu rächen, zu hassen und Feinde zu töten; bei Christus sei dies alles jedoch streng verboten.[65] Diejenigen, die sich nicht an die Gebote Christi halten, gehörten nicht mehr zum Reich Christi und könnten auf keine Erlösung hoffen.[66]

Die Polnischen Brüder lehnten daher nicht nur eine aktive, kämpferische Teilnahme an einem Krieg eindeutig ab, sondern auch die Teilnahme an einem Kriegszug überhaupt, da sie der Auffassung waren, der Mensch werde dabei in Versuchung geführt und es sei wegen seiner Schwäche möglich, dass er dieser Versuchung nachgeben werde.[67]

4. Die Einstellung der westeuropäischen Täufer gegenüber der Obrigkeit und der Kriegsteilnahme

4.1 Die Macht als ein Teufelswerk in den Lehren der Schweizer Täufer

Die wichtigste programmatische Schrift der Schweizer Täufer bilden die Schleitheimer Artikel aus dem Jahre 1527. Diese Bekenntnisschrift entstand als Ergebnis einer Synode, die in Schleitheim auf Initiative von Michael Sattler einberufen wurde. Diese Synode sollte der Konsolidierung der täuferischen Bewegung dienen, der durch zwei Entwicklungen eine völlige Zersplitterung drohte. Einerseits hatte sie nach dem Tod Konrad Grebels und Felix Mantz' keine charismatischen Persönlichkeiten mehr an ihrer Spitze. Andererseits wurde sie von der Obrigkeit verfolgt, die in den Täufern Gegner der Staatlichkeit sah.[68] Die in Schleitheim geschriebene Konfession besteht aus sieben Artikeln, die die Fragen der Taufe, des Bannes, des Abendmahls, der Absonderung von der Welt, der Rolle der Geistlichen in den Gemeinden, der Nutzung des Schwertes sowie des Eides behandeln. Ausführungen über die Obrigkeit sind im gesamten Text des Bekenntnisses zu finden. Die Schweizer Täufer stellten die Berechtigung der weltlichen Obrigkeit nicht infrage, gleichzeitig waren sie der Mei-

63 Grzegorz Paweł: Przeciwko zdaniu (Anm. 14), S. 43.
64 Ebd., S. 44–46.
65 Ebd., S. 38f.
66 Ebd., S. 48.
67 Czechowic: Rozmowy (Anm. 32), S. 273.
68 Andrea Strübind: Eifriger als Zwingli. Die frühe Täuferbewegung in der Schweiz. Berlin 2003, S. 551.

nung, dass diese nichts mit dem christlichen Leben zu tun habe: „Das Schwert ist eine Gottesordnung ausserhalb der Vollkommenheit Christi".[69] Ihrer Ansicht nach sollten beide Institutionen – die weltlichen Ämter sowie die Kirche – nebeneinander leben und jeweils nicht in die Tätigkeit der anderen eingreifen. Dies bedeutet, dass es den Täufern verboten war, weltliche Ämter anzunehmen und Macht auszuüben. Nicht nur die Trennung der beiden Welten war für die Täufer ausschlaggebend für ihre Ablehnung einer Beteiligung am weltlichen Leben. Auch die Gebote der Heiligen Schrift spielten dafür eine große Rolle. Nach Ansicht der Autoren der Bekenntnisschrift sollte ein wahrer Christ nach dem Beispiel Christi leben, der im Matthäusevangelium als gütig und demütig bezeichnet wird (Mt 11,29). Darüber hinaus habe Christus es geboten, den Mitmenschen ihre Sünden zu verzeihen und sie nicht körperlich für diese zu bestrafen. Als Beispiel dafür beriefen sie sich auf die Gleichung aus dem Johannesevangelium (Joh 8,3–11), in der die Schriftgelehrten eine beim Ehebruch ertappte Frau steinigen wollen und Christus dies unterbinden kann, indem er denjenigen ohne Sünde aufruft, den ersten Stein zu werfen. Die Aufgabe der weltlichen Obrigkeit sei, so die Schweizer Täufer, die Bestrafung des Bösen und der Schutz des Guten. Als Werkzeug sei sie mit dem Schwert ausgestattet und dürfe Verbrecher auch mit dem Tode bestrafen.

Darüber hinaus sollten Christen keine Ämter bekleiden, da auch Christus dies auf der Erde nicht angestrebt habe. Als Beleg hierfür werden die Worte des Petrus (1 Petr 2,21) zitiert, in denen der Apostel erklärt, dass Christus auf der Erde nicht regiert, sondern gelitten habe und daher seine Schüler dies auch tun sollten.[70] Die Täufer wollten also keine weltlichen Ämter übernehmen, da sie der Ansicht waren, dass die Christen nicht viel mit der irdischen Welt gemeinsam hätten, da sich ihr Königreich im Himmel befinde:

> Das Regiment der Obrigkeit ist nach dem Fleisch, das der Christen nach dem Geist. Ihre Häuser und Wohnung sind mit dieser Welt verwachsen; die der Christen sind im Himmel. Ihre Bürgerschaft ist in dieser Welt; die Bürgerschaft der Christen ist im Himmel. Die Waffen ihres Streits und Krieges sind fleischlich und allein wider das Fleisch, die Waffen der Christen sind geistlich wider die Befestigung des Teufels. Die weltlichen werden gewappnet mit Stachel und Eisen; die Christen aber sind gewappnet mit dem Harnisch Gottes, mit Wahrheit, Gerechtigkeit, Friede, Glaube, Heil und mit dem Wort Gottes.[71]

Andrea Strübind schreibt, dass in diesem Artikel die weltliche Obrigkeit überraschend stark kritisiert wird, obwohl sie im 13. Kapitel des Römerbriefes als eine von Gott gesetzte anerkannt wird. Sie merkt an, dass die Täufer nicht nur zwischen unterschiedlichen Aufgaben einer weltlichen und einer kirchlichen Obrigkeit unterschieden, sondern dass sie die erste als Teufelswerk darstellten, von dem sich wahre Christen fernhalten sollten.[72]

---

69 Das Schleitheimer Bekenntnis 1527. Einleitung, Faksimile, Übersetzung und Kommentar. Hg. v. Urs B. Leu u. Christian Scheidegger. Zug 2004, S. 69.

70 Ebd., S. 70.

71 Ebd., S. 69f.

72 Strübind: Eifriger (Anm. 68), S. 562f.

Im Schleitheimer Bekenntnis wird im siebten Artikel die Frage des Eides angesprochen. Die Schweizer Täufer lehnen die Eidpraxis eindeutig ab und argumentieren dabei sehr ähnlich wie die polnischen Antitrinitarier. Die zentrale Bibelstelle, auf die sie sich berufen, bilden die Worte Christi aus der Bergpredigt:[73]

> Ihr habt gehört, dass zu den Alten gesagt worden ist: Du sollst keinen Meineid schwören, und: Du sollst halten, was du dem Herrn geschworen hast. Ich aber sage euch: Schwört überhaupt nicht, weder beim Himmel, denn er ist Gottes Thron, noch bei der Erde, denn sie ist der Schemel für seine Füße, noch bei Jerusalem, denn es ist die Stadt des großen Königs. Auch bei deinem Haupt sollst du nicht schwören; denn du kannst kein einziges Haar weiß oder schwarz machen. Euer Ja sei ein Ja, euer Nein ein Nein; alles andere stammt vom Bösen. (Mt 5,33–37)

In ihrem Kommentar zu den Schleitheimer Artikeln argumentieren Urs Leu und Christian Seidegger, dass die Täufer die Eidpraxis ablehnten, weil ein Eid gegenüber der weltlichen Obrigkeit sie dazu verpflichtet hätte, deren Gesetze einzuhalten. Diese standen ihrer Überzeugung nach jedoch im Widerspruch zu den Geboten Christi, sodass ein Eid für sie die Verneinung des eigenen Glaubens bedeutet hätte. Darüber hinaus hätten die Täufer eine Verpflichtung gegenüber Gott und nicht gegenüber anderen Menschen empfunden:

> Es ging auch um die Frage, wem der Christ unbedingten Gehorsam schuldet. Gott gegenüber tut er es zweifellos, aber tut er es auch der weltlichen Obrigkeit gegenüber? Die Antwort der Täufer lautete, dass es nur *eine* letzte Bindung, die Bindung an Jesus Christus, gäbe, während der Eid ein Versuch sei, aus relativen Bindungen absolute zu machen. Die Eidesverweigerung war darum ein Ungehorsam gegenüber dem Absolutheitsanspruch der Gesellschaft.[74]

Edmund Pries merkt an, dass in den Schleitheimer Artikeln zum ersten Mal die Eidpraxis so eindeutig in Frage gestellt worden sei, während es in den früheren Jahren der Täuferbewegung keine theologische Verneinung des Schwurs gegeben habe. Darüber hinaus ist er jedoch der Überzeugung, dass die Frage des Eides bei der Entstehung des Schleitheimer Bekenntnisses umstritten war.[75] Für diese These spricht die Art und Weise, in der das letzte Argument aufgebaut ist. Die Autoren der Konfession diskutieren in gewisser Weise mit ihrem Gegner und zweifeln die Beständigkeit des menschlichen Versprechens an. Sie sind der Meinung, dass der Mensch nicht in der Lage sei, für sein Versprechen zu bürgen, da er keine göttlichen Eigenschaften habe und somit die Zukunft nicht bestimmen könne. Deswegen solle er ganz auf Versprechen verzichten. Die Autoren des Bekenntnisses unterscheiden dabei zwischen einem Eid und einer Bezeugung einer Begebenheit mit Berufung auf Gott. Ein Eid war in ihren Augen den Christen verboten, da dieser sich auf die Zu-

---

73 Schleitheimer Bekenntnis (Anm. 69), S. 70f.

74 Ebd., S. 110f.

75 Edmund Pries: Oath Refusal in Zurich from 1525 to 1527. The Erratic Emergence of Anabaptist Practice. In: Walter Klaassen (Ed.): Anabaptism Revisited. Essays on Anabaptist/Mennonite studies in honor of C. J. Dyck. Scottdale, Pa. u. a. 1992, S. 87.

kunft bezog, eine Bestätigung, deren Schwerpunkt auf der Gegenwart oder Vergangenheit lag, war dagegen erlaubt.[76]

Wenn man die Lehren der Schleitheimer Artikel mit den Ideen der polnischen Antitrinitarier vergleicht, stößt man auf viele Ähnlichkeiten, auch wenn die Argumentation der Schweizer Täufer komplexer war. Während die Polnischen Brüder sich allein auf die Verbote Christi beriefen, führten die Schweizer auch andere Belege an. Die Ähnlichkeit der Lehren besteht in der eindeutigen Ablehnung der Eidpraxis und der Berufung auf die Bergpredigt. In diesen beiden Elementen kann man eine ideelle Abhängigkeit der polnischen Antitrinitarier von den frühen Täufern vermuten, jedoch lässt sich aufgrund ihrer rudimentären Argumentationsweise nicht eindeutig belegen, dass die Wurzeln ihrer Ideen im Schleitheimer Bekenntnis liegen.

4.2 Balthasar Hubmaiers Akzeptanz einer Amtsübernahme

Kurz nach dem Erscheinen der Schleitheimer Artikel verfasste Balthasar Hubmaier, ein bedeutender, vor allem in Süddeutschland und Mähren wirkender Theologe der Täuferbewegung,[77] den Traktat *Von dem Schwert*, in dem er sich mit den sozial-politischen Fragen der Schweizer Täufer auseinandersetzte. Hubmaier sieht die Wurzeln der Obrigkeit und der Kriege in der Sünde von Adam und Eva und ist der Meinung, dass ohne diese Sünde keine Gesetze sowie keine mit dem Schwert bestrafenden Ämter nötig gewesen wären. Als den biblischen Anfang der Obrigkeit interpretiert er die Worte aus dem Buch Genesis 3,16: „Zur Frau sprach er: Viel Mühsal bereite ich dir, sooft du schwanger wirst. Unter Schmerzen gebierst du Kinder. Du hast Verlangen nach deinem Mann; er aber wird über dich herrschen." Da er die Obrigkeit und die Ämter als eine Strafe Gottes für die Sünden interpretiert, ist er der Überzeugung, dass kein Mensch ihnen widersprechen dürfe.[78]

Die Instrumente zur Amtsausübung, auch diejenigen, die mit der Nutzung von Gewalt verbunden sind, seien der Obrigkeit, so die Ansicht Hubmaiers, durch Gott gegeben. Aus diesem Grund dürften alle Menschen, auch die Christen, diese Instrumente nutzen. Der Grund für seine Denkweise war die Annahme, dass die Obrigkeit nicht aus Hass, sondern aus einem Willen nach Gerechtigkeit handle, so wie dies auch Gott tue. Die Ämter seien ins Leben gerufen worden, um vor Sünden zu schützen und diese zu bestrafen. In seinem Verständnis wurden sie also geschaffen, um

76 Schleitheimer Bekenntnis (Anm. 69), S. 71f.

77 Vgl. zum Leben und zur Theologie Hubmaiers: Torsten Bergsten: Balthasar Hubmaier. Seine Stellung zu Reformation und Täufertum 1521–1528. Kassel 1961 (Studia historico-ecclesiastica Upsaliensia 3); Wilhelm Wiswedel: Balthasar Hubmaier, der Vorkämpfer für Glaubens- und Gewissensfreiheit. Kassel 1939; Carl Sachsse: D. Balthasar Hubmaier als Theologe. Berlin 1914 (Neue Studien zur Geschichte der Theologie und der Kirche 20); Christoph Windhorst: Balthasar Hubmaier. Professor, Prediger, Politiker. In: Hans-Jürgen Goertz (Hg.): Radikale Reformatoren. 21 biographische Skizzen von Thomas Müntzer bis Paracelsus. München 1978 (Beck'sche Schwarze Reihe 183), S. 125–136.

78 Carl Sachsse: D. Balthasar Hubmaiers Anschauungen von der Kirche, den Sakramenten und der Obrigkeit. Bonn 1913, S. 50.

Gutes zu tun. Dies ähnelt den Ansichten der Polnischen Brüder. Hubmaier vertrat jedoch die Auffassung, dass Christen gehorsam gegenüber der Obrigkeit sein sollten und sie unterstützen müssten, auch im Falle eines Krieges, was wiederum einen Unterschied zu den Lehren der polnischen Antitrinitarier darstellt.

In seinen Ausführungen beschreibt Hubmaier auch die Rolle der Untertanen als ein Kontrollinstrument über die Obrigkeit. Die Untertanen haben in seinen Augen die Aufgabe, die Beamten zu kontrollieren und den Herrscher auszutauschen, sollten seine Handlungen im Widerspruch zu den Gesetzen Gottes stehen. Allerdings dürften die Untertanen dies nur dann tun, wenn die bestehende gesellschaftliche Ordnung dabei nicht gefährdet werde:

> Sollent die vnderthanen zu uoran den geyst irer Oberkaitten wol probiern, ob die selben nit mer auß hochfart, stolz, geytigkayt, neyd, haß oder von aigens nutzes wegen denn auß liebe des gmainen nutzs vnnd landßfridens, bewegt vnd erregt werdent. [...] So aber ein Oberkhayt khinndisch oder thorechttig were, ja etwan gar nichts geschckt zuu regieren, mag man jr alßdann mit fueg abkhummen vnd ein anndere annemen, ist es gut. Wann von wegenn einer bösenn Oberkhayt hat Gott offt ein ganntzes lannd gstraffet.[79]

Wenn ein friedlicher Machtwechsel nicht möglich sei, sollten die Christen zum Schutz des Gemeinguts im Einklang mit der Obrigkeit handeln.[80] Die Polnischen Brüder führen zwar in ihren Texten nicht aus, was zu tun sei, sollte das Handeln der Obrigkeit im Widerspruch zu ihrer Lehre stehen; man kann aber vermuten, dass sie die Beschlüsse einer solchen Obrigkeit nicht akzeptiert hätten.

Hubmaier reflektiert auch, ob es miteinander vereinbar sei, ein guter Christ zu sein und gleichzeitig ein Amt zu übernehmen, kraft dessen man körperliche Strafen verhängen kann. Den Ausgangspunkt seiner diesbezüglichen Ausführungen bildet seine Interpretation der Worte Christi aus dem Johannesevangelium, nach denen das Reich Christi nicht von dieser Welt ist (Joh 18,36). Hubmaier ist der Meinung, dass Christus dies so sagen konnte, da er ohne Sünde war. Die Menschen seien dagegen mit der Erbsünde belastet und gehörten daher während ihres irdischen Werdeganges nicht dem Himmelreich, sondern der irdischen Welt an, auf der das Böse und die Sünde herrschten. Aus diesem Grund müssten sie sich nach den irdischen Gesetzen richten.[81]

Obwohl Hubmaier die weltliche Obrigkeit somit akzeptierte, war es für ihn eindeutig, dass ein Christ seine Ansprüche in weltlichen Fragen nicht vor einem Gericht geltend machen sollte. Schließlich sollte jeder Christ nach dem Beispiel Christi handeln und das ganze ihm auferlegte Leiden auf sich nehmen, ohne dafür eine Wie-

79 Balthasar Hubmaier: Schriften. Hg. v. Gunnar Westin u. Torsten Bergsten. Heidelberg 1962, S. 455.

80 Clarence Bauman: Gewaltlosigkeit im Täufertum: Eine Untersuchung zur theologischen Ethik des oberdeutschen Täufertums der Reformationszeit. Leiden u. a. 1968 (Studies in the history of Christian thought 3), S. 60f.

81 Rudolph Henry Wiens: Balthasar Hubmaier's Sword: A Circumstantial Development. Waterloo, Ont. 2010, S. 68 <http://uwspace.uwaterloo.ca/bitstream/10012/5123/1/Wiens_Rudolph.pdf>, Zugriff am 12.10.2014.

dergutmachung zu fordern. In diesem Punkt lässt sich eine Ähnlichkeit mit den Lehren der polnischen Antitrinitarier beobachten; diese ist allerdings sehr oberflächlich, da Hubmaier der Meinung war, dass die Christen trotzdem vor Gericht als Schlichter auftreten könnten. Seiner Ansicht nach war es sogar gut, wenn diese Funktion von einer gläubigen Person übernommen wurde, da ein Christ bessere Entscheidungen treffen könne als ein Heide.[82] Darüber hinaus entsprang diese Überzeugung der Sorge um diejenigen Christen, die ihre Ansprüche doch vor einem Gericht geltend machten. Hubmaier war der Ansicht, dass ein Christ eine zusätzliche Sünde begehe, wenn er vor ein mit einer ungläubigen Person besetztes Gericht trete, sodass es für ihn besser sei, vor ein Gericht zu treten, das mit einem Christen besetzt sei, da er in diesem Fall nur eine Sünde begehe. Zudem war er der Meinung, dass die Gerichte ebenfalls die gläubigen Personen schützen sollten, die vor ihm keine Klage einreichten. In diesem Verständnis eines Amtes kommt deutlich zum Ausdruck, dass Hubmaier in seinen Lehren von einer Überlegenheit des Neuen Testaments gegenüber dem Alten ausging. Die Israeliten wurden durch die Obrigkeit nämlich nur im Falle einer eigenen Klage geschützt, während nach der Ankunft Christi die Menschen von Amts wegen geschützt werden sollten.[83] Hubmaier ist in seinen Ausführungen der Meinung, dass Gerichte für die Vollstreckung ihrer Macht gewisse Werkzeuge bräuchten und deswegen durch Gott mit der Möglichkeit der körperlichen Bestrafung ausgestattet worden seien. Dadurch ist es für ihn offensichtlich, dass Richter, die ihr Schwert von Gott erhalten hätten, dieses auch ohne Konsequenzen für sich selbst einsetzen dürften. Hubmaier sieht die Richter somit als Gottesdiener und – genauso wie Krankheiten oder Naturkatastrophen – als Gottes Werkzeuge zur Bekämpfung des Bösen an.[84] Auch den Henkern spricht er die gleiche Rolle zu, da er der Meinung ist, dass sie ihre Arbeit nicht mit Hass, sondern mit Trauer und Liebe gegenüber den Verurteilten ausüben. Darüber hinaus sei die Vollstreckung der Strafe nicht die Folge eines weltlichen, sondern eines göttlichen Rechts. Der wichtigste Punkt für Hubmaier ist, dass die Amtsausübung für ihn nicht dem reinen Regieren über andere Menschen dient, sondern Ausdruck eines Dienstes für Gott und der Zugehörigkeit zu ihm war.[85] Ähnlich versteht er die Regierungsämter und die damit verbundenen Entscheidungen über Krieg. Auch diese Ämter seien durch Gott geschaffen, sodass Christen sie bekleiden dürften. Nach Carl Sachsse folgten diese Ansichten einerseits aus der Tatsache, dass in der Gegend, wo Hubmaier lebte, die Gerichts- und Regierungsfunktionen in einem Amt verbunden waren, und andererseits aus seiner Auffassung, dass Krieg ein Mittel zur Bekämpfung des Bösen sei.[86] Somit war aus Sicht Hubmaiers auch ein Wehrdienst keine Sünde – anders als bei den Polnischen Brüdern –, und die einberufenen Untertanen durften sich nach Auffassung Hubmaiers dem Willen der Herren nicht widersetzen. Obwohl Hubmaier

82 Hubmaier: Schriften (Anm. 79), S. 441.
83 Ebd., S. 444f.
84 Ebd., S. 438f.
85 James M. Stayer: Anabaptists and the Sword. Eugene, Or. 2002, S. 145.
86 Sachsse: Balthasar Hubmaiers Anschauungen (Anm. 78), S. 56.

grundsätzlich von den Untertanen Gehorsam einforderte, sah er jedoch in wenigen Ausnahmefällen auch die Möglichkeit, ihn zu versagen. Dies sei zum einen möglich, wenn die Obrigkeit Einfluss auf die religiösen Überzeugungen und das geistige Leben nehmen wollte. Außerdem sei es dem Volk erlaubt, die Obrigkeit zu kontrollieren und im Falle eines Handelns gegen das Gemeinwohl und die Gesetze Gottes diese Obrigkeit durch eine andere zu ersetzen, um somit das ganze Volk vor dem Zorn Gottes zu schützen.[87]

Einen Unterschied in den Lehren Hubmaiers und der Polnischen Brüder kann man in der Auslegung der Worte Christi aus dem Matthäusevangelium (Mt 22,51–52) sehen, mit denen er Petrus befiehlt, das Schwert in die Scheide zu stecken. Marcin Czechowic interpretiert diese Worte als einen Wendepunkt im Einsetzen von Gewalt durch Christen. Bis zu diesem Geschehen auf dem Ölberg sei es den Menschen erlaubt gewesen, Schwerter zu benutzen; mit dieser Aussage Christi sei ihnen diese Erlaubnis entzogen worden. Hubmaier war nicht so streng in der Auslegung dieser Stelle. Seiner Meinung nach musste Petrus das Schwert in diesem Moment zwar einstecken, aber nur weil er Jesus als private Person und nicht als Vertreter eines Amtes begleitet habe. Wenn er jedoch als ein Beamter dabei gewesen wäre, wäre ihm der Einsatz des Schwertes erlaubt gewesen. Darüber hinaus habe Petrus das Schwert nicht ganz ablegen müssen, sondern es bei sich behalten dürfen, um es gegebenenfalls, das heißt, wenn er durch Gott dazu berufen worden wäre, einsetzen zu können.[88] In den Worten Christi sah Hubmaier kein vorbehaltloses Verbot der Gewaltanwendung durch Christen. Er machte vielmehr einen Unterschied zwischen der Benutzung des Schwertes als Privatperson und als Vertreter eines Amtes. Im ersten Fall sei die Ausübung der Gewalt streng verboten, im zweiten nicht. In Hubmaiers Auslegung der zitierten Stelle des Matthäusevangeliums sind auch seine Ansichten über den Gehorsam gegenüber dem göttlichen Willen zu sehen. Er war der Meinung, dass die Obrigkeit die Schwachen vor dem Bösen schützen solle, jedoch nur bis zu dem Zeitpunkt, in dem Gott über den Tod entscheide. In dem Moment, wo Gott jemanden töten lassen wolle, müsse man sich dieser Entscheidung unterwerfen. So sei es auch gewesen, als Christus verhaftet wurde. Er habe Petrus den Gebrauch des Schwertes verboten, weil er gewusst habe, dass der Wille Gottes erfüllt werden musste.[89]

Für Hubmaier war die Übernahme eines weltlichen Amtes durch einen Christen damit ein Zeichen seines Engagements in der Welt. Er war der Meinung, dass die Christen die damit verbundenen Aufgaben besser erfüllen könnten und dadurch die Ämter besser und gerechter würden.[90] James M. Stayer charakterisiert diese Einstellung Hubmaiers als politischen Realismus:

87 Hubmaier: Schriften (Anm. 79), S. 455.

88 Ebd., S. 436f.

89 Wiens: Balthasar Hubmaier's Sword (Anm. 81), S. 69; Sachsse: Balthasar Hubmaiers Anschauungen (Anm. 78), S. 53f.

90 Hubmaier: Schriften (Anm. 79), S. 457.

The Christian realpolitical standpoint was that no act was (or could be) completely pure, hence that the inescapable sin in any act might be redeemed by the Christian intention as to its outcome. All of this can be reduced, of course, to the familiar realpolitical maxim that the end justifies the means. Theses most explicitly realpolitical statements express with greatest force Hubmaier's polemic against the nonresistants.[91]

Die Lehren Balthasar Hubmaiers und der Polnischen Brüder bezüglich der Obrigkeit und der Kriegsteilnahme weisen mehr Unterschiede als Gemeinsamkeiten auf. Aus diesem Grund kann man einen ideellen Einfluss des süddeutschen Reformators auf die radikalen Reformatoren in der Rzeczpospolita ausschließen. Der größte Unterschied besteht in der Einstellung gegenüber einer Amtsübernahme durch Christen. Während Hubmaier dies erlaubte, weil er der Meinung war, dass auch Christen die von Gott gegebenen Gewaltinstrumente einsetzen dürften, lehnten die polnischen Antitrinitarier dies eindeutig ab, da sie der Ansicht waren, dass jede Art von Gewaltanwendung Christen verboten sei. In den Lehren Hubmaiers und der polnischen Antitrinitarier gab es zwar auch eine Gemeinsamkeit, die in der Ablehnung der Suche nach Gerechtigkeit vor einem Gericht ihren Ausdruck fand. Diese einzige Gemeinsamkeit erlaubt es jedoch nicht, von einem Einfluss Hubmaiers zu sprechen.

4.3 Die Obrigkeit als Strafe Gottes für die Sünden in der Lehre Peter Riedemanns

Bei den Anschauungen Peter Riedemanns, einer führenden Person der hutterischen Bewegung,[92] zur Obrigkeit wird der erste Unterschied zu den Lehren der polnischen Antitrinitarier bereits in seiner Begründung ihrer Herkunft sichtbar. Er sah ihren Ursprung in der Absicht Gottes, die Menschheit zu bestrafen. Riedemann war der Meinung, dass nach der Vertreibung der Menschen aus dem Paradies Gott selbst die Macht über die Menschen ausgeübt, die Gläubigen geschützt und das Böse bestraft habe. Mit der Zeit seien die Menschen jedoch immer böser geworden und hätten sich der Macht Gottes nicht mehr unterworfen. Aus diesem Grund, und um die Gläubigen zu beschützen, habe Gott beschlossen, die menschliche Obrigkeit einzusetzen. Sie war damit die Folge seiner Erbitterung und seiner Rache: „Aus diesen Worten allen wird offenbar, daß Gott nur aus Zorn und nicht aus Gunst die Menschen zu Oberen geordnet hat."[93] Von dieser Rache sowie von dem völligen Untergang der Menschheit würde der Missbrauch der Macht zu eigenen Zwecken durch

91 Stayer: Anabaptists (Anm. 85), S. 145.

92 Vgl. zum Leben und der Theologie Riedemanns: Andrea Chudaska: Peter Riedemann. Konfessionsbildendes Täufertum im 16. Jahrhundert. Gütersloh 2003 (Quellen und Forschungen zur Reformationsgeschichte 76); Werner O. Packull: Peter Riedemann. Shaper of the Hutterite Tradition. Kitchener, Ont. 2007 (Anabaptist and mennonite studies 7); Ursula Lieseberg: Die Lieder des Peter Riedemann. Studien zum Liedgut der Täufer im 16. Jahrhundert. Frankfurt a. M. 1998 (Europäische Hochschulschriften, Reihe 1: Deutsche Sprache und Literatur 1692).

93 Peter Riedemann: Rechenschaft unsrer Religion, Lehre und Glaubens. Bearb. v. Verlag der Huterischen Brüder Gemeine. Berne, Ind. 1902, S. 217.

die Obrigkeit zeugen. Riedemann war der Meinung, dass Gott dadurch die Menschen zur Buße zwingen wolle. Seine Ansichten in dieser Frage unterscheiden sich deutlich von den Lehren der polnischen Antitrinitarier, die gerade in der Gnade Gottes und in seinem Schutz der Schwachen ein Mittel sahen, durch das Gott die Menschen an sich binden wollte.

Für Riedemann war für die Gläubigen mit der Geburt Christi eine neue Ordnung in die Welt gekommen, denn „der kommt nun nicht zum Zorn, nicht zur Rache, nicht zum Verderben, sondern selig zu machen".[94] Die an Christus glaubenden Personen, die nach seinem Beispiel lebten, würden von der Herrschaft der weltlichen Obrigkeit ausgenommen. Christus habe seinen Schülern verboten, sich zu rächen oder anderen Menschen etwas Schlechtes zu wünschen, denn er habe nicht verdammen, sondern Erlösung bringen wollen. In seinem Reich gebe es deswegen keinen Platz für menschliche Strafen, an deren Stelle würde wieder die direkte Bestrafung durch Gott treten, so wie es im Römerbrief stehe (Röm 12,19). Darüber hinaus sei es Christen verboten, an einem Krieg teilzunehmen, da Christus selbst dies nicht getan habe. Stattdessen sollten sie für ihre Feinde beten.[95] Aus seiner Abgrenzung der weltlichen und der christlichen Welt schlussfolgerte Riedemann, dass diejenigen, die das Schwert benutzen, keine Christen seien.

Um dem Christenreich anzugehören, dürften die Gläubigen zudem keine Ämter übernehmen.[96] Dieses Verbot folge unmittelbar aus den Worten Christi im Lukasevangelium: „Die Könige herrschen über ihre Völker und die Mächtigen lassen sich Wohltäter nennen. Bei euch aber soll es nicht so sein, sondern der Größte unter euch soll werden wie der Kleinste und der Führende soll werden wie der Dienende." (Lk 22,25–26)[97] Auch die Kriegsteilnahme lehnte Riedemann, ähnlich wie die polnischen Antitrinitarier, gänzlich ab, da er der Meinung war, dass sich die Christen nicht auf einen Kampf gegen andere Menschen, sondern auf den Kampf gegen den Teufel konzentrieren sollten, genauso wie dies Christus getan habe.[98]

Interessant ist die Einstellung Riedemanns zum Verhältnis eines Christen zur Obrigkeit, die als antistaatlich bezeichnet werden kann. Wie bereits erwähnt, wurden in seinem Verständnis die Gläubigen mit dem Eintreten in das Christentum aus der Jurisdiktion der Obrigkeit herausgenommen. Der Übergang unter die geistliche Herrschaft Christi erfolgte für ihn jedoch nicht für die Ewigkeit. Wenn ein Christ Sünden begehe, kehre er wieder unter die Herrschaft der weltlichen Obrigkeit zurück:

> Also auch sind wir frei von der Obrigkeit in Christo, verstehe, von ihrer Strafe [...], die Gottes Rache ist, dieweil wir ihm versühnet sind [...]. Sobald aber der Mensch sich wieder der Sünden begiebt und Unrecht thut [...] fällt er in zorn und Fluch, und wird der Obrigkeit in ihre Hand fallen, an ihm Gottes Rache zu üben [...]. Das ist die Strafe au-

94 Ebd., S. 218.
95 Ebd., S. 219.
96 Ebd., S. 220.
97 Ebd., S. 224.
98 Ebd., S. 226.

ßer Christo, darein fallen alle, die Gott verlassen, [...] denn außer Christo hat die Gewalt noch ihren Bestand.[99]

Riedemann war dennoch der Meinung, dass die Christen, obwohl sie sich unter der Herrschaft Christi befänden, der weltlichen Obrigkeit in gewissen Belangen Gehorsam zeigen sollten, so wie dies Matthäus in seinem Evangelium formuliert: „So gebt dem Kaiser, was dem Kaiser gehört, und Gott, was Gott gehört!" (Mt 22,21). Dazu gehörte das Abführen der Steuer, allerdings mit der Ausnahme der Kriegssteuer, denn diese trug seiner Meinung nach zum Töten von Menschen bei, sodass die Zahlenden dadurch einen Anteil an der Sünde der Tötenden hätten. Um ein reines Gewissen zu haben, sei es Christen geboten, nach dem Beispiel Christi zu leben, auch wenn dies einen Verstoß gegen die weltlichen Gesetze bedeute, da die Menschen mehr auf Gott als auf andere Menschen hören sollten (Apg 5,29).[100]

Den Eid lehnte Riedemann gänzlich ab, genauso wie die Polnischen Brüder. Er akzeptierte das Argument der Befürworter des Eides nicht, die anführten, dass der Eid im Alten Testament praktiziert werde und dass dies weiter fortgesetzt werden solle, da Christus seiner Ansicht nach diesbezüglich eine neue Regel eingeführt habe. Für Riedemann gab es nämlich einen grundsätzlichen Unterschied zwischen dem Alten und dem Neuen Testament, den Andrea Chudaska so charakterisiert: Israel habe das Gesetz gebraucht, um zur wahren Gotteserkenntnis und -verehrung zu kommen. Mit Christus aber sei eine neue Zeit angebrochen, die Zeit des Geistes. An die Stelle des Gesetzes trete nun die direkte Offenbarung des göttlichen Willens. Die Kinder Gottes, die im Geist und in dieser Wahrheit lebten, bedürften des alttestamentlichen Gesetzes nicht mehr.[101]

Es ist allerdings zu überlegen, ob Riedemann das Alte Testament in seinen Lehren gänzlich verworfen hat, wie Andrea Chudaska schreibt, oder ob er im Neuen Testament vielmehr eine Ergänzung und eine Erweiterung der alttestamentlichen Gesetze gesehen hat. Dafür würden seine Ausführungen über die Bergpredigt sprechen, in der Christus den Menschen nicht nur die alttestamentliche Nächstenliebe, sondern auch die Feindesliebe aufträgt.[102]

Riedemann lehnte den Eid auch deswegen ab, weil er der Meinung war, dass seit seiner Geburt Christus beziehungsweise sein Geist durch die gläubigen Christen spreche und dies bedeute, dass ihre Aussagen nur die Wahrheit beinhalteten, die keine weitere Vergewisserung benötige. Darüber hinaus war er überzeugt, dass der Mensch im Vergleich zu Gott keinen Einfluss auf die Zukunft habe und somit nicht garantieren könne, dass er sein Versprechen halte.[103]

Beim Vergleich der Ideen Peter Riedemanns und derjenigen der polnischen Antitrinitarier ist einerseits ein großer Unterschied in der Betrachtung der Gründe, die

99 Ebd., S. 228.
100 Ebd., S. 229.
101 Chudaska: Peter Riedemann (Anm. 92), S. 225.
102 Riedemann: Rechenschaft (Anm. 93), S. 221f.
103 Chudaska: Peter Riedemann (Anm. 92), S. 225f.

zur Schaffung der Obrigkeit durch Gott führten, zu sehen. Riedemann betrachtete die Obrigkeit als Gottes Strafe für menschliche Sünden, während sie für die Polnischen Brüder ein Ausdruck der Gnade Gottes war. Andererseits argumentierten sowohl Riedemann als auch die Polnischen Brüder sehr ähnlich in Fragen des Eides sowie des Verbotes der Amtsübernahme, das eine Folge der Überlegenheit des Neuen Testaments über den alten Teil der Heiligen Schrift war. Trotz dieser Ähnlichkeiten ist es eher unwahrscheinlich, dass die Polnischen Brüder die Ideen Riedemanns übernommen haben, da am Anfang seiner Ausführungen zu diesem Thema eine ausführliche Begründung der Einsetzung der weltlichen Obrigkeit steht, die völlig anders ist als das Verständnis der Antitrinitarier.

5. Zusammenfassung

In den Lehren der polnischen Antitrinitarier und der westeuropäischer Täufer gab es in Fragen des Umgangs mit der Obrigkeit und der Kriegsteilnahme viele gemeinsame Elemente. Zu den am häufigsten auftretenden gehört die Aussage, dass Gott die Obrigkeit zum Schutz der Ungläubigen und Schwachen eingerichtet habe. Eine Ausnahme bildet hierbei Peter Riedemann, in dessen Konzeption die Obrigkeit als Strafe Gottes für die menschlichen Sünden angesehen wird. Bei allen hier besprochenen Bewegungen wurde akzeptiert, dass die Menschen durch die Einrichtung der Obrigkeit durch Gott verpflichtet seien, ihr gegenüber Gehorsam zu leisten. Diese Pflicht, der Obrigkeit zu gehorchen, war jedoch nicht bedingungslos, und in allen Lehren wurde die Möglichkeit benannt, den Gehorsam zu verweigern, wenn die Obrigkeit Einfluss auf das geistliche Leben der Untertanen nehmen wollte. Für Hubmaier war es zudem möglich, die Obrigkeit durch eine andere zu ersetzen, wenn diese nicht zugunsten der Allgemeinheit, sondern nur im eigenen Interesse handle. Die Lehren Hubmaiers unterscheiden sich am stärksten von den Ideen der anderen Bewegungen und insbesondere der Polnischen Brüder. Der wichtigste Unterschied besteht in der von ihm zum Ausdruck gebrachten Erlaubnis einer Amtsübernahme und der Anwendung von körperlichen Strafen durch einen Christen. Da die polnischen Antitrinitarier in diesen Fragen völlig anderer Meinung waren, kann ein Einfluss Hubmaiers auf ihre Lehren ausgeschlossen werden. Die Schweizer Täufer sowie Peter Riedemann sprachen sich, wie die polnischen Antitrinitarier, gegen eine Amtsübernahme durch Christen aus, da dies im Gegensatz zu den Geboten Christi stünde. Ähnliche Ansichten beinhalten diese drei Lehren zudem in der Frage des Eides. Während sich Hubmaier gar nicht zu dieser Thematik äußerte, lehnten die anderen den Eid vollständig ab. Der Hauptgrund dafür war das im Neuen Testament zum Ausdruck kommende Verbot durch Christus. Darüber hinaus leitete sich diese Position bei den Polnischen Brüdern und Peter Riedemann aus ihrer Überzeugung von einer Überlegenheit des Neuen Testaments gegenüber dem Alten und dem Versuch einer konsequenten Einhaltung der Gebote aus dem Neuen Testament ab. Die Schweizer Täufer und Riedemann führten darüber hinaus noch ein weiteres, von den polnischen Antitrinitariern nicht genanntes, Argument gegen den Eid ein, denn sie waren der Meinung, dass der Mensch die Zukunft nicht vorhersehen und daher keine Garantie für seine Worte geben könne.

Die hier durchgeführte Analyse zeigt, dass die Lehren der Polnischen Brüder am stärksten den Ideen der Schweizer Täufer ähneln. Das Konzept der Nachahmung Christi, die Annahme des Leidens sowie die komplette Ablehnung einer Amtsübernahme waren beiden Bewegungen gemeinsam. Sehr ähnlich sind auch die Lehren Peter Riedemanns, mit Ausnahme allerdings seiner Ansichten bezüglich des Ursprungs der Obrigkeit. Da diese Frage jedoch eine zentrale Rolle in den Ausführungen Riedemanns bildet, kann angenommen werden, dass die Polnischen Brüder ihre Ideen nicht von ihm übernommen haben. Sehr warscheinlich ist hingegen, dass ihnen das Schleitheimer Bekenntnis bekannt war und diese Schrift ihnen Impulse für die Entwicklung eigener Ideen gab.

Liliana Lewandowska

Kampf gegen den pietistischen „Schwarm-Teuffel". Zu Samuel Schelwigs Streitschriften aus dem Danzig des 17. und 18. Jahrhunderts

> Und er trieb einen bösen Geist aus, der war stumm. Und es geschah, als der Geist ausfuhr, da redete der Stumme. Und die Menge verwunderte sich.
> (Lk 11,14)

Die Reformation begann in Danzig/Gdańsk, einem der bedeutendsten Kultur- und Wissenschaftszentren des Königreichs Polen, früh, unter anderem mit der Veröffentlichung von Luthers Schrift über die zehn Gebote 1520 und den ersten reformatorischen Predigten von Jakob Hegge 1522. Um die Mitte des 16. Jahrhunderts kam es zu den ersten konfessionellen Auseinandersetzungen zwischen Lutheranern und Calvinisten. Sie bezogen sich sowohl auf die kirchliche Lehre als auch auf die religiöse Praxis und schlugen häufig in persönliche Konflikte um. Um die Mitte des 17. Jahrhunderts war Danzig vornehmlich lutherisch. Mit ungefähr 83–84 % Lutheranern, denen fünf Pfarrkirchen gehörten, etwa 9–10 % Katholiken mit drei Klosterkirchen und 6–7 % Calvinisten mit nur einer Pfarrkirche war es typisch für die differenzierte Konfessionslandschaft Königlich-Preußens. Im ersten Quartal des 18. Jahrhunderts änderte sich diese Aufteilung nur unmerklich (86 % Lutheraner, 10 % Katholiken, 4 % Calvinisten).[1]

1. Pietismus und Orthodoxie

Der Pietismus, der am Ausgang des 17. Jahrhunderts in Danzig eindrang, bewirkte nicht nur eine Intensivierung des christlichen Lebens, sondern beeinflusste auch das politische und soziale Verhalten der Bürger. Er entsprang der Orthodoxie, die als Inbegriff der öffentlichen Lehre der Kirche galt und als Orientierungsrahmen für die Theologie diente. In die Jahre 1555 – 1600 fiel die erste Periode der Orthodoxie (Frühorthodoxie), d. h. der Konfessionsbildung innerhalb der Anhänger der *Confessio Augustana* vom 25. Juni 1530. Um 1600 begann die Periode der wissen-

---

1 Vgl. Jan Baszanowski: Przemiany demograficzne w Gdańsku w latach 1601–1846 [Der demographische Wandel in Danzig in den Jahren 1601–1846]. Gdańsk 1995, S. 59, vgl. S. 38–60. Vgl. Edmund Cieślak: Obraz społeczeństwa gdańskiego i jego życia codziennego [Das Bild der Danziger Gesellschaft und ihres Alltagslebens]. In: Ders. (Hg.): Historia Gdańska [Geschichte Danzigs]. Bd. III/1: 1655–1793. Gdańsk 1993, S. 246–278, hier S. 250; Ders.: Mieszkańcy Gdańska w życiu codziennym [Die Einwohner Danzigs im Alltagsleben]. In: Ebd., S. 640–667, hier S. 641.

schaftlichen Blüte (Hochorthodoxie), die zunächst als Erweiterung und Vertiefung der Schulphilosophie und dann bis etwa 1675 als Systematisierung der dogmatischen Theologie verstanden wurde und wissenschaftliche Beweise für die Wahrheit des Glaubens lieferte. Die Spätorthodoxie, 1675–1740, endete in der Auseinandersetzung mit dem Rationalismus und der Aufklärung.[2] Der Begriff der Orthodoxie entsprach grundsätzlich dem Selbstverständnis der in dieser Zeit begründeten Kirchentheologie, aber schon im Zuge des 17. Jahrhunderts setzte sich eine für die orthodoxe Lehre gefährliche Durchmischung der reformatorischen Tendenzen durch. „Der Pietismus [galt] als die bedeutendste Frömmigkeitsbewegung oder religiöse Erneuerungsbewegung des Protestantismus nach der Reformation".[3] Die Bezeichnung „Pietisten" wurde erstmals 1680 von dem deutschen lutherischen Theologen Philipp Jacob Spener, einem der bekanntesten Vertreter des Pietismus, erwähnt, Publizität erlangte sie jedoch 1689 durch das Epicedium Joachim Fellers: „Es ist jetzt stadtbekannt der Nam' der Pietisten / Was ist ein Pietist? Der Gottes Wort studiert / Und nach demselben auch ein heilig Leben führt".[4] „Im Konflikt der lutherischen Orthodoxie mit Spener und seinen Anhängern am Ende des 17. Jahrhunderts wurde der Begriff Pietismus dann vollends etabliert".[5]

Der Pietismus führte zur Verinnerlichung des Christentums beim Individuum, lehnte moderne kritische (auch wissenschaftliche) Theologie ab und sonderte sich von der Welt und dem Zeitgeist ab. „Predigt, geistliches Lied, Gebetspraxis und Persönlichkeitskultur erhielten durch ihn starke Impulse. [...] Als Reformbewegung [war er] mit seinen das bestehende kirchliche und theologische System auflösenden Tendenzen einerseits eine moderne Erscheinung. Daneben steht andererseits im bewußten Gegensatz zur etwas später auftretenden Aufklärung sein konservatives Festhalten an biblischen Vorstellungen, das gegen die fortschreitende Säkularisierung christliche Gehalte bewahrt, sich aber zugleich gegen fällige Neuartikulierung sträubt".[6] Während die lutherische Orthodoxie die Vertiefung des systematischen theologischen Zugangs zum christlichen Glauben und eine wissenschaftliche Reflexion anstrebte, das kirchliche Leben prägen und die Herausbildung einer protestantisch-lutherischen Kultur (Konfessionalisierung) beeinflussen wollte, legte der Pietismus Wert auf die Pflege der eigenen Gemeinschaft und schuf zu diesem Zweck die sogenannten Konventikel, die das praktische Christentum förderten. Die Frömmigkeitshaltung offenbarte sich im Dringen auf Bekehrung und Wiedergeburt, und die fleißig gelesene Bibel galt als Basis des christlichen Lebens. Im Gegensatz zur methodisch geordneten Schriftauslegung der Orthodoxie und ihren reflektierten Methoden, die biblischen Texte logisch und ordentlich auszulegen und zu vermitteln,

2 Vgl. Markus Matthias: Orthodoxie I. In: Gerhard Müller (Hg.): Theologische Realenzyklopädie. Bd. 25. Berlin u. a. 1995, S. 464–485, hier S. 465.

3 Martin Brecht: *Pietismus*. In: Gerhard Müller (Hg.): Theologische Realenzyklopädie. Bd. *26*. Berlin u. a. 1996, S. 606–631, hier S. 606.

4 Ebd., S. 606f.

5 Ebd., S. 607.

6 Martin Brecht: Einleitung. In: Ders. (Hg.): Geschichte des Pietismus. Bd. 1: Der Pietismus vom siebzehnten bis zum frühen achtzehnten Jahrhundert. Göttingen 1993, S. 1–10, hier S. 2.

und zwar sowohl in der privaten Lektüre als auch in der wissenschaftlichen Theologie und der Predigt, zielte der Pietismus unter Einfluss der Spener'schen Reformbewegung auf die Verstärkung der Bibelfrömmigkeit und die Verbesserung der Katechismusunterweisung. Das praktische Christentum, das sich dem Intellektualismus der orthodoxen Theologie widersetzte, förderte auch das geistliche Priestertum aller Gläubigen, die die Schrift interpretieren konnten. Die Erneuerung umfasste nicht zuletzt die Predigten, die einfach, aber wirkungsvoll sein sollten. Dagegen lagen gründliche Lektüre und das philologische Studium der Schrift der orthodoxen Predigt zugrunde, die sich der verschiedenen Hilfswissenschaften und darunter der Exegese bediente.

2. Samuel Schelwig – Verfechter der Orthodoxie

Zu den eifrigsten Vertretern der lutherischen Orthodoxie im Gebiet des Königlichen Preußen gehörte Dr. Samuel Schelwig (am 8. März 1643 zu Lissa/Leszno in Großpolen geboren, am 18. Januar 1715 in Danzig verstorben), der die orthodoxe Lehre gegen die Danziger Pietisten Constantin Schütz und Ernest Lange verfocht. Er war lutherischer Pädagoge, Theologe, Doktor und Professor der Philosophie und der Theologie. 1668 wurde er Konrektor an dem vom Krieg und von der Pest verwüsteten Akademischen Gymnasium in Thorn/Toruń, 1673 Professor der Philosophie und Bibliothekar in Danzig, 1675 Professor der Theologie daselbst, 1685 Rektor des Gymnasiums Athenäum in Danzig. 1681 wurde er Prediger an der Katharinenkirche und ab 1685 Pastor an der Heilige-Dreifaltigkeits-Kirche zu Danzig. Am 9. September 1670 heiratete er Regina Hollfeldin. Aus dieser Ehe gingen zehn Kinder hervor. Nach dem Tod seiner Gattin schloss Schelwig am 5. November 1686 eine zweite Ehe mit Adelgunda Schröderin; sie hatten zwei Kinder.

Sowohl in seinen Schriften als auch in der kirchlichen Verkündigung ließ sich Schelwig als streng orthodox und ehrgeizig erkennen. Seine private Bibliothek umfasste über 1.300 Bände, darunter religiöse und literarische Werke, Gelegenheitsschriften, Bücher aus dem medizinischen und naturwissenschaftlichen Bereich, Musikalien sowie Polonica, Abhandlungen der polnischen Historiographen und Lehrbücher für den Polnischunterricht. Schelwig genoss große Popularität und wurde zu den führenden lutherischen Theologen Europas gezählt.[7]

7 Vgl. Liliana Górska: Theatrum atrocissimorum fatorum. Religiöse Pestbewältigung in Danzig 1709. Tönning 2010, S. 151f. Personalia (der eigenhändige Lebenslauf von S. Schelwig) in: Joachim Weickhmann, Eines rechtschaffenen Theologi Gnug / und Alles / ward zu Christ-schuldigem Andencken des Hochwürdigen / in Gott Andächtigen / und Hochgelahrten Hn. Samuel Schelwigs / Der Heil. Theologie weitberühmten Doctoris / und hochverdienten Pastoris an der Kirchen zur H. Dreyfaltigkeit / auch Professori und Rectoris des Gymnasii in Dantzig / Als derselbe am achtzehnden Tage Januarii / Anno 1715. in seinem Erlöser / JEsu Christo / sanfft und seelig eingeschlaffen / und der entseelte Cörper / den 7. Februarii / zu seiner Ruhe-Stätte / mit ansehnlichem Gefolge / gebracht wurde / Aus seinem selbst-erwehlten Leichen-Text / Johannis XII.26 [...]. Danzig 1715, S. 27–40. Siehe auch: David Erdmann: Schelwig, Samuel S. In: Allgemeine Deutsche Biographie. Bd. 31. Leipzig 1890, S. 30–35; Gelehrten-Lexicon, Darinnen Die Gelehrten, als Fürsten und Staats-Leute,

3. Konfessionelle Auseinandersetzungen in Danzig um 1700

Die Konfessionalisierung in Danzig wurde durch das Auftreten Schelwigs gegen den Konsistorialrat an der Nikolaikirche in Berlin Philipp Jacob Spener und dessen „Secte der Pietisten“[8] definiert. Die anfängliche Auseinandersetzung von 1693, die mit der ein Jahr vorher in Leipzig verfassten Schrift *Gründliches und wolgesetztes Bedencken / Von der Pietisterey* von Johann Benedikt Carpzov[9] begann, zu der Schelwig eine Vorrede schrieb, womit er als Gegner des Pietismus auftrat, schlug zuletzt in einen eifrigen Streitschriftenwechsel über die dogmatischen Unterschiede zwischen der Orthodoxie und dem Pietismus um. Wenn „Deus und Deaster“ dem unterscheidenden Designat ‚Gott und Abgott‘ entsprechen, soll auch „Pius und Pietista“ eine Unterscheidung andeuten: Während „Pius“ „einen wahrhafftig Gottesfürchtigen bezeichnet“, wird „Pietista“ als „[ein Affe] in der Gottesfurcht“ verstanden, als derjenige, der „nicht seinem eigenen Gutdüncken folget / sonst / was andere auf Gott wohlgefällige Art thun oder gethan haben / auf Gott mißfällige Art nachmachet“.[10]

Zur selben Zeit ließ sich Schelwig auf eine interne Debatte über die reinen Glaubensgrundsätze mit einem der Danziger Prediger, Constantin Schütz, ein und beschwerte sich in seinen öffentlichen Predigten über die Verspottung der reinen Kirchenlehre. Dieser persönliche Streit wurde vom Danziger Stadtrat, der unter anderem 1693 und 1694 Deklarationen über die Übereinstimmung der beiden Streitenden in dogmatischen Fragen erließ, für kurze Zeit beigelegt. Beide Theologen sollten sich laut dieser Beschlüsse aller Polemik auf der Kanzel und in ihren Schriften bis zu einer verbindlichen Entscheidung des Rates enthalten. Bald kam es jedoch zu

die in der Literatur erfahren, Theologi, Prediger, Juristen, Politici, Medici, Philologi, Philosophi, Historici, Critici [...]. Leipzig 1715, Sp. 2010f.; Christian Gottlieb Jöcher: Allgemeines Gelehrten-Lexicon. Bd. 4. Leipzig 1751. Neudruck Hildesheim 1961, Sp. 246f.; Walther Killy, Rudolf Vierhaus (Hg.): Deutsche Biographische Enzyklopädie. Bd. 8. München 1998, S. 599; Henryk Markiewicz (Hg.): Polski Słownik Biograficzny [Polnisches biographisches Lexikon]. Bd. 35. Warszawa u. a. 1994, S. 441–443; Stanisław Gierszewski, Zbigniew Nowak (Hg.): Słownik Biograficzny Pomorza Nadwiślańskiego [Biographisches Lexikon Pommerellens]. Bd. 4. Gdańsk 1997, S. 154–156. Siehe auch: World Biographical Information System (WBIS) Online; Johann Caspar Wetzel: Historische Lebensbeschreibung der berühmtesten Liederdichter. Bd. 4. Nürnberg 1728; Gottfried Lebrecht Richter: Allgemeines biographisches Lexikon alter und neuer geistlicher Liederdichter. Leipzig 1804; Friedrich Carl Gottlob Hirsching (Hg.): Historisch-literarisches Handbuch berühmter und denkwürdiger Personen, welche in dem 18. Jahrhundert gestorben sind. Bd. 11. Leipzig 1808; Albert Hauck (Hg.): Realencyklopädie für protestantische Theologie und Kirche. Bd. 17. Leipzig 1906; Die Religion in Geschichte und Gegenwart. Bd. 5. 3. Aufl. Tübingen 1961.

8 Daniel Gralath: Versuch einer Geschichte Danzigs aus zuverläßigen Quellen und Handschriften. Bd. 3. Berlin 1791, S. 169.

9 Johann Benedikt Carpzov: Der Hochwürdigen Theologischen Facultät / In der Rechtgläubigen Universität Leipzig / An Chur-Fürstl. Durchlaucht. zu Sachsen / Gründliches und wolgesetztes Bedencken / Von der Pietisterey / Welches Zum Unterschied und Warnung / für die Christl. Gemeine / hier und an andern benachbarten Orten / Nebst Einer Vorrede / Dem öffentlichen Druck übergiebet / Und zu bedachtsamer Lesung und fleißiger Behertzigung / wolmeinend recommendiret D. Samuel Schelwig / Des Athenäi in Dantzig Rector, der Gemeine zur H. Dreyfaltigkeit Pastor / und S.S. Theol. Professor. Danzig 1693, unpag.

10 Ebd., unpag.

neuen Streitigkeiten, diesmal auch unter Beteiligung von anderen Danziger Theologen, unter ihnen Dr. Andreas Kühn, Senior des Ministeriums, Michael Strauß, Diakon zu St. Marien, und M. Friedrich Christian Bücher, Diakon zu St. Katharinen.[11]

Als Schelwig 1694 eine Deutschlandreise antrat, entbrannte der lutherisch-pietistische Streit aufs Neue, denn beim Besuch protestantischer Universitäten und Höfe nutzte er die Gelegenheit, Kenntnisse über die Pietisten zu erlangen und sich mit Philipp Jacob Spener zu treffen.[12] Einen Monat nach der Rückkehr nach Danzig, am 30. August 1694, reichte Schelwig beim Stadtrat ein Schreiben unter dem einheitlichen Titel *Catalogus Errorum Schützianorum*[13] ein, in dem er auf die pietistischen Irrtümer seines Gegners Constantin Schütz hinwies und die ordentliche lutherische Theologie und die kirchliche Lehre und Praxis verfocht. Schütz antwortete darauf mit seiner *Apologia Catalogo Schelguigiano Opposita*.[14] Auch die spätere Aufforderung der Dritten Ordnung (Kaufleute, Handwerker) vom 4. März 1695, die Streitsache mit mehr Aufmerksamkeit zu betrachten, hinderte die beiden Gegner, Schelwig und Schütz, nicht, die Streitschriften erneut zu drucken und die heiklen Themen wieder auf der Kanzel aufzugreifen.[15]

1695 gab Schelwig seine *Kurtze Wiederholung Der Evangelischen Warheit*[16] in Frankfurt am Main und Leipzig heraus, worin er gegen den Pietismus Speners auftrat. Anschließend erfolgte ein Streitschriftenwechsel zwischen Spener (*Freudiges Gewissen / gegen Herrn D. Samuel Schelwigs / unbillige Zunötigungen*)[17] und Schelwig

11 Eduard Schnaase: Geschichte der evangelischen Kirche Danzigs actenmässig dargestellt. Danzig 1863, S. 335f. Die Streitenden sollten laut der Beschlüsse des Stadtrates ein Schreiben unterzeichnen, worin sie erklärten: „1) daß sie Alles, was bis dahin gesprochen und geschrieben, vergessen wollen; 2) daß sie nach den symbolischen Büchern, die Gegner bekämpfen und keine verdächtigen Bücher und Streitschriften verbreiten wollen; 3) daß sie Jeden, der diese Schrift unterzeichnet, als ihren Amtsbruder lieb und werth halten wollen; 4) daß Jeder sich bemühen wolle, Frieden und Eintracht in der Bürgerschaft zu stiften und zu erhalten, und dieser Stadt Kirchenordnung und Verfassung Folge zu leisten“. Die beiden weigerten sich aber, das Schreiben zu unterzeichnen, und setzten ihren Kampf fort. Ebd., S. 338.

12 Vgl. Martin Gierl: Pietismus und Aufklärung. Theologische Polemik und die Kommunikationsreform der Wissenschaft am Ende des 17. Jahrhunderts. Göttingen 1997, S. 170f.

13 Samuel Schelwig: Denvnciation, gegen Herrn Constantin Schützen / Pfarern zu S. Marien / unter dem Titul CATALOGI ERRORUM, Das ist Eines Registers Der Irrthümer / Vor E. WolEdlen und Hochweisen Rathe der Stadt Dantzig / Den 30. Augusti 1694. abgelegt von Samuel Schelwigen / SS. Theol. D. Prof. Publ. Athenaei Rectore und zur Heil. Dreyfaltigkeit Pastore. Danzig 1695.

14 Constantin Schütz: Apologia Catalogo Schelguigiano Opposita ad Magnificum Senatum Gedanensem. Das ist Constantini Schützens / Pastoris an der Ober-Pfarr-Kirchen zu Sanct Marien: Gäntzliche Verantwortung / Wider den von Hr. D. Sam. Schelwig aufgebrachten Catalogum Errorum Schützianorum. Danzig 1695.

15 Vgl. ebd.

16 Samuel Schelwig: Kurtze Wiederholung Der Evangelischen Warheit / In einigen Lehr-Puncten / Betreffende die Artickel Vom Gesetz und Evangelio / Vom Glauben und den Wercken / Von der Rechtfertigung und Heiligung. Um der unverantwortlichen Neugierigkeit zu steuren / und die Recht-Gläubige für Gefahr und Schaden zu warnen. Frankfurt a. M. u. a. 1695. Nach: Gierl: Pietismus und Aufklärung (Anm. 12), S. 172.

17 D. Philipp Jacob Speners / Freudiges Gewissen / gegen Herrn D. Samuel Schelwigs / unbillige Zunötigungen / mit Versicherung vermittels göttlicher gnaden bald folgender gründlichen verantwor-

(*Unerschrockenes Gewissen*),[18] der sich allmählich zu einem persönlichen Konflikt auswuchs, in dem die beiden Streitparteien einander „Geitzes und Geldsucht / Ehrgeitzes und Streits um den Fürzug / Hoffarts in Kleidern oder übrigen Lebens-Art / Faulheit / Trunckenheit / Ehebruchs oder Onanistischer Sünden etc.“[19] beschuldigten.

Im Frühjahr 1695, am dritten Sonntag der Passionszeit, Okuli, hielt Schelwig in der Heilige-Dreifaltigkeits-Kirche in Danzig „bey sehr Volckreicher Versammlung“ seine *Christliche Predigt / Von Außtreibung Des Schwarm-Teuffels*,[20] und noch im selben Jahr verfasste er eine *Schrifftliche Nachricht / An E. Ehrw. Ministerium in Dantzig*, in der er seinen Gegner Schütz angriff. Inzwischen schlug er dem Danziger Stadtrat vor, die Verhandlungen über den Kirchenstreit solange zu unterlassen, wie der Streit zwischen ihm und Spener nicht geklärt sei.[21] Wegen des Veröffentlichungsverbots, das der Stadtrat erneut über ihn verhängte, ließ er in Stockholm sein *Itinerarium Antipietisticum* veröffentlichen.[22] In dieser Schrift wies er die aus seiner Sicht lügnerischen Behauptungen eines anonymen Pasquillanten aus Deutschland zurück und setzte die Leser in Kenntnis, dass seine Absicht gewesen sei, nicht jemanden zu beschimpfen, sondern den Pietisten zu dienen, damit sie erfahren, was man von ihnen halte und wie man über sie urteile, sodass sie künftig ihre Irrtümer bemerken und berichtigen könnten.[23] Am 9. Juni 1695 wurde beim Stadtrat ein Entwurf einer Entscheidung eingereicht, nach der alle Streitschriften für ungültig erklärt werden sollten.

Der weitere Schriftwechsel zwischen den beiden Widersachern, den zunächst Speners *Gewissens-Rüge*[24] und danach Schelwigs *Gewissenhaffte Rüge Der Gewissenlosen*

tung. Berlin 1695.

18 Schelwig: D. Samuel Schelwigs Unerschrockenes Gewissen, Für Herrn D. Philip Jacob Spenern, Mit welchem Er den nicht gesuchten, aber numehr öffentlich angebotenen Krieg des Herrn, Zur Beschirmung der Evangelischen Warheit, gegen die Pietistische Schwärmerey, freudig antrit, Rom. IIX. 31. Ist Gott für uns / wer mag wider uns seyn. [S. l.] 1695.

19 Ebd., S. 5.

20 Samuel Schelwig: Eine Christliche Predigt / Von Außtreibung Des Schwarm-Teuffels / Am dritten Sonntage in der Fasten / Oculi genandt / Des 1695. Jahres auß Luc. XI. 14. seqq. In der Kirchen zur H. Dreyfaltigkeit / bey sehr Volckreicher Versammlung / gehalten von D. Samuel Schelwigen / Prof. Publ. des Athenaei Rectore, und selbiger Kirchen Pastore: Nebenst einem Anhange / worinnen unter andern Von dem schwärmerischen Büchlein / Informatorium Biblicum genandt / kurtze Anregung gethan / Und ein Mittel Zum gütlichen Vergleiche fürgeschlagen wird. Danzig 1695, S. 17f.

21 Vgl. Schnaase: Geschichte der evangelischen Kirche Danzigs (Anm. 11), S. 340.

22 Samuel Schelwig: D. Samuel Schelwigs Itinerarium Antipietisticum, Das ist Kurtze Erzehlung einiger Dinge / so Er auff seiner / schon im vorigen 1694sten Jahre verrichteten Reise / der Pietisten wegen / in Teutschland wahrgenommen / Auff Veranlassung zweyer Pasqvillen / numehr Durch offentlichen Druck gemein gemacht 1695. Stockholm 1695.

23 Vgl. ebd., Vorrede, unpag. Im Zusammenhang mit den anonymen Jenaer Schriften: „Nach bey der Durchlesung / erstaunete ich fast / und wolte meinen Augen kaum trauen / daß Leute / so von der Pietät oder Gottes Furcht so viel Geblärre machen / auff dergleichen Art / die sie sonst an andern zu tadeln pflegen / ihren Nechsten / der es umb sie nicht verschuldet hat / anfallen dürfften“. Schelwig: Itinerarium Antipietisticum (Anm. 22), S. 1.

24 D. Philipp Jacob Speners / Churfürstl. Brandenburgis. Consistorial-Rahts und Propsten zu Berlin / An Hn. D. Samuel Schelwigen / Pfarrherrn und Rectorem in Dantzig / Gerichtete Gewissens-Rü-

Gewissens-Rüge (1696)[25] definierten, trieb den bereits allzu persönlich gewordenen Streit auf die Spitze. Die Pietisten wurden mit einer Sekte identifiziert, weil sie sich an der allgemeinen Kirche mit dem Chiliasmus, falscher Lehre und Verletzung der Wahrheit und Liebe versündigten.[26] Aber erst mit der nächsten Schrift Schelwigs, seiner dreiteiligen *Sectirischen Pietisterey*[27] von 1696, nahm er Bezug auf die Bezeichnung ‚Pietist'. Ein rechtgläubiger, wahrer Christ ärgere sich demnach weder über den Beinamen noch mache er sich Gedanken, dass er der Pietät und Gottesfurcht wegen könne verspottet werden.[28] Man müsse sich aber vor der schädlichen Schwärmerei hüten, um nicht als „Teuffels-Apostel / Sathans-Werckzeuge / Schrifftgelehrte / Hohepriester / der Drachen Saamen / Weltgeistliche / nur Fleischlichgesinnete"[29] seine täglichen Dienste zu verrichten. Schelwig schilderte in seiner Schrift die Gefahren, die sich aus dem Irren in dem pietistischen Schlaraffenland ergäben und zur Verachtung des wahren christlichen Predigtamtes, des geistlichen Priestertums und der christlichen Lehre führen könnten.

Zu den Unterstützern Schelwigs gehörte auch Friedrich Christian Bücher (1651–1714), lutherischer Theologe, Bibliothekar des Gymnasiums und Prediger an der Katharinenkirche in Danzig, der 1701 eine Schrift mit dem Titel *Lutherus Anti-Pietista* veröffentlichte[30] und darin die pietistischen Irrtümer aufgrund der lutherischen Lehre, die „dem Pietismo selbst das Schwerd an die Gurgel gesetzt",[31] aufzeigte und widerlegte.

Nachdem Constantin Schütz am 4. Oktober 1702 zum *Vice-Senior* des Danziger Geistlichen Ministeriums gewählt worden war, entflammte der Streit aufs Neue

---

ge / über dessen Itinerarium Anti-Pietisticum: Samt einem Anhang gegen Hn. D. Johann Benedict Carpzoven und Hn. D. Philipp Ludwig Hannekenium, Professores Theol. zu Leipzig und Wittenberg. Berlin 1696, Vorrede [datiert auf den 4. April 1696], unpag.

25 Samuel Schelwig: Samuel Schelwigs / SS. Theol. D. und Prof. Publ. des Athenaei zu Dantzig Rectoris und zur Heil. Dreyfaltigkeit Pastoris Gewissenhaffte Rüge Der Gewissenlosen Gewissens-Rüge / Welche Hr. D. Philipp Jacob Spener / Consistorial-Raht und Propst zu Berlin / Wegen des Itinerarii Antipietistici angestellet: Nebenst einer Brüderlichen Auffmunterung / An Herrn D. Carpzovium und Herrn D. Hannekenium, Der neuen Pietistischen Secte / wie bißher Christlich geschehen / also auch hinführo / in Hoffnung auff den GOTT der Warheit / hertzhafftig zu widerstehen. Danzig 1696.

26 Ebd., S. 10.

27 Samuel Schelwig: Die Sectirische Pietisterey / In denen Artickeln Vom Verfall der Kirchen / von der Reformation, vom H. Predig-Ampte / vom Kirchen-Regimente / von hohen Schulen / Professoren / Ehren-Gradibus, Disputationen und dergl. / von der Philosophie und andern weltl. Studiis / vom Geistl. Priesterthum / von den Hauß-Versamlungen / die Collegia Pietiatis genandt werden / Aus Hn. D. Philipp Jacob Speners und seines Anhangs Schrifften / Zur Unterricht und Warnung Fürgestellet von Samuel Schelwigen. SS. Theol. D. Prof. Publ. Athenaei Rectore, und zur Heil. Dreyfaltigkeit Pastore in Dantzig. Danzig 1696.

28 Ebd., S. 8.

29 Ebd., S. 66.

30 Friedrich Christian Bücher: Lutherus Anti-Pietista, d. i. D. Martin Luthers Schrifftmäßiges Urtheil Von dem Pietismo Aus seinen Schrifften / und denen / von den Fanaticis Selbst angeführten Zeugnissen treulich colligiret Von Fridrich Christian Büchern / Predigern an der Altstädtischen Pfar-Kirchen in Dantzig. Wittenberg 1701.

31 Ebd., S. 3.

und erreichte seinen Höhepunkt in einer im selben Jahr veröffentlichten Schrift unter dem Titel *Pomum Eriolos, das ist: Der unglückseelige Zanck-Apffel.*[32] Schelwig protestierte darin gegen eine Wahlentscheidung, infolge derer ein Enthusiast zum *Pastor secundus*[33] gewählt worden sei.

„So wurde bis zum Jahre 1703 auf der Kanzel und in den Conventen des Ministerii gestritten; doch hütete sich der Rath, unmittelbar einzuschreiten, und vor Ueberschreitung der Raths-Declaration hüteten sich die Streitenden ebendfalls auf beiden Seiten. Obwohl Schelwig schon im Jahre 1696 im Ministerium geklagt hatte, ‚der Rath scheine den Kirchenstreit auf die lange Bank zu schieben', [...] so war bis zum Jahre 1703 wenig Hoffnung auf einen friedlichen Zustand in der Kirche vorhanden".[34] „Unter den vielen orthodoxen und pseudoorthodoxen Gegnern des Pietismus [gilt] Schelwig sicher [als] keiner der ungeschicktesten, aber einer der unwürdigsten, [denn] er trägt eine Hauptschuld an der Verbitterung des Streits und der ungeistlichen Art der Streitführung".[35]

4. Schelwigs *Christliche Predigt / Von Außtreibung Des Schwarm-Teuffels*

Die ausschlaggebenden Angriffspunkte in diesem Kampf gegen den pietistischen „Schwarm-Teuffel" sind an der bereits erwähnten, 1695 von Schelwig gehaltenen und später auch veröffentlichten *Christlichen Predigt / Von Außtreibung Des Schwarm-Teuffels* erkennbar. Der Prediger setzte sich mit den bestmöglichen Wegen, zur lutherischen Orthodoxie zurückzukehren, auseinander und deutete auf den daraus hervorgehenden Nutzen hin. Die Schrift schloss er mit einer Ermahnung ab, bevor er im Anhang auf den Kollegen Constantin Schütz und dessen im Herbst 1694, am 23. Sonntag nach Trinitatis, gehaltene polemische Predigt zu sprechen kam, zwar ungern, wie er anmerkte, aber doch mit Nachdruck, um die Streitsache endgültig zu klären.

Der gedruckte Text der Predigt besteht aus zwei Teilen. Den einen bildet die eigentliche Predigt, den zweiten der Anhang, in dem Schelwig die lutherische Lehre eingehend verficht. Die Predigt beginnt mit der Bibelperikope Lk 11,14–23 über die Verteidigungsrede Jesu. Schelwig schildert verschiedene Menschentypen, von denen sich die einen über das Gotteswerk verwundern und Christus preisen und die anderen es lästern, Gott auf die Probe stellen und von ihm ein Zeichen vom Himmel begehren. Dies ist nach Schelwig ein Indiz für die teuflische Besessenheit, wovon die „allerhand herrschende[n] Sünden / als Hurerey / Ehebruch / Geitz / Zorn / Haß /

---

32 Samuel Schelwig: Pomum Eriolos, das ist: Der unglückseelige Zanck-Apffel, so unter e. ehrw. Ministerium zu Dantzig gefallen, in einer Manifestation [...] fürgestellet [...] von D. Samuel Schelwigen. [S. l.] 1702.

33 Vgl. ebd., S. 5.

34 Schnaase: Geschichte der evangelischen Kirche Danzigs (Anm. 11), S. 347f.

35 Julius August Wagenmann: Schelwig, Samuel. In: Albert Hauck (Hg.): Realencyklopädie für protestantische Theologie und Kirche. Bd. 17. Leipzig 1906, S. 555.

Neid und dergl.“[36] zeugen sollten. Die Macht und die Wirkung des Teufels seien daran eindeutig zu erkennen, und der Prediger fühle sich aufgrund dessen dazu bewogen, die Austreibung dieses Teufels zu vollbringen.

Wer ist eigentlich der Teufel? Es ist die Schwärmerei, unter der der (hier aber an keiner Stelle ausdrücklich genannte) Pietismus verstanden wird. Es ist „alle irrige Lehre / derer / so fürgeben / daß sie Christo gläuben / und doch was anders / als der Christliche Glaube leydet / außstreuen“.[37] Jene, die sich zur falschen Lehre bekennen und die Irrgeister verherrlichen, heißen „Schismatici“, „Singularisten“, „Sonderlinge“, „Novati“ oder „Neulinge“,[38] weil sie den alten Irrglauben wiederbeleben. Schelwig vereinheitlicht die Benennung folgendermaßen:

> Damit wir mit dem subtilen und bey den Gelehrten selbst nicht völlig außgemachten Unterscheide (inter Haereticos & Schismaticos) zwischen den Ketzern und denen zu den Ketzern noch nicht gehörigen Rottenmachern / uns nicht verweilen dürffen / wollen wir einen Nahmen / so beyden gemein ist / gebrauchen / und sie zusammen Schwärmer heissen.[39]

Es sind Menschen von zerrütteten Sinnen, halsstarrig und untüchtig im Glauben, die dem verführerischen Geist, dem „Schwarm-Teuffel“, vertrauen.

Die Frage der Besessenheit legt Schelwig ferner auf dreierlei Weise aus. Zunächst wird auf die Rolle der Prediger hingewiesen, welche sie bei der Austreibung des Teufels spielen. Dann wird auf die Mittel und schließlich auch auf die Folgen dieses Vorhabens hingedeutet. Nach dem Vorbild Jesu gehört dieses Geschäft zur Berufung und Sendung seiner Diener und Boten: „Wer nicht für mich ist, der ist gegen mich; wer nicht mit mir sammelt, der zerstreut“ (Mt 12,30). Dieser Dienst schließt die Teilnahme an jedem anderen Kult aus und gilt im Zusammenhang mit der Liebe als vollständige Hingabe an Gott. Die Diener Christi sind in erster Linie die Diener des Wortes (Apg 6,4; Lk 1,2), die unter den Heiden wirken und das Evangelium Gottes verwalten, d. h. unter die Leute bringen (vgl. Röm 15,16).[40]

Schelwig argumentiert folgendermaßen: Christus gab den Aposteln und durch sie auch seinen künftigen Dienern die Macht über die unsauberen Geister, damit sie sie „durch das Predigt-Ampt und die heiligen Sacramente“[41] austreiben, gegen den Irrglauben der Schwärmerei und die Lügenreden des Teufels kämpfen und die Gläubigen bekehren. Dies geschieht selbstverständlich „durch Gottes Finger“[42] vermittels des Wortes und der Sakramente. Und das Wort Gottes ist das Schwert des Geistes, so der Brief an die Epheser 6,17, und stützt sich nicht so sehr auf eine Sammlung

---

36 Schelwig: Eine Christliche Predigt / Von Außtreibung Des Schwarm-Teuffels (Anm. 20), S. 2.

37 Ebd., S. 3.

38 Ebd.

39 Ebd., S. 3f.

40 Vgl. Charles Augrain, Marc-François Lacan: Służyć [Dienen]. In: Xavier Léon-Dufour (Hg.): Słownik teologii biblijnej [Lexikon der biblischen Theologie]. Übersetzt u. bearb. v. Kazimierz Romaniuk. Poznań u. a. 1985, S. 890.

41 Schelwig: Eine Christliche Predigt / Von Außtreibung Des Schwarm-Teuffels (Anm. 20), S. 9.

42 Ebd., S. 10.

von Geboten Christi, denn es ist vielmehr das Evangelium in der christlichen Lehre, dank dem die Erlösung erfolgt und die Gemeinde im Glauben wächst.[43] Der Missbrauch des Wortes Gottes führt notwendigerweise zu Verderben und Tod und offenbart die Tücke der Schwärmer, die zuschanden gemacht wird. Die Lästerer selbst entsagen der wahren Lehre Christi. Sie sind unabhängig von ihrem sozialen Status und gesellschaftlichen Stande bereits verurteilt worden. Die Lehrer und Prediger sind daher dazu berufen, die falsche Lehre zu widerlegen, und niemand darf ihnen dieses Recht entziehen. Die Predigt ist zugleich quasi ein Aufruf Schelwigs an die Danziger Obrigkeit, dem Geistlichen Ministerium seine Freiheit einzuräumen und es in den entstandenen Streitigkeiten in Religionssachen zu unterstützen.

Zu den Folgen der Austreibung des Teufels, die sowohl beim Schwärmer selbst als auch bei der Gemeinde zu sehen sind, gehört nach Schelwig die ‚Heilung eines Stummen', d. h. die Wiederherstellung der Fähigkeit, zu hören und zu reden (vgl. Mt 9,32–34). Das bedeutet, dass derjenige, der einst vom Dämon besessen war, durch Gottes Gnade „recht für den Christlichen Glauben und wider die falsche Meinung"[44] redet. Die Besessenheit zeigt sich daher in der falschen Rede, die die christliche Lehre zunichte macht: „Sein Mund ist voll Fluch und Trug und Gewalttat; auf seiner Zunge sind Verderben und Unheil" (Ps 10,7). Mit dem fehlenden Sprachvermögen ist auch die Taubheit verbunden. Hören bedeutet demzufolge für die Wahrheit aufgeschlossen zu sein und sie im Leben zu verwirklichen.[45] Da die Offenbarung Gottes als das Wort Gottes verstanden wird, gründet der Glaube in der Botschaft und die Botschaft im Wort Christi (Röm 10,17). Die Heilung von der Stummheit und Taubheit wird als Werk Gottes verstanden und ermöglicht den Menschen, Gott zu lobpreisen:

> Ich will dich preisen, mein Herr und König, / ich will dich loben, Gott meines Heils. Ich will deinen Namen verkünden, / du Hort meines Lebens, denn du hast mich vom Tod errettet. / Du hast meinen Leib vor dem Grab bewahrt, / meinen Fuß dem Griff der Unterwelt entrissen. Du hast mich befreit von der Geißel böser Zungen, / von den Lippen treuloser Lügner. Gegen meine Widersacher standest du mir zur Seite, / in deiner großen Huld hast du mir geholfen aus der Schlinge derer, die auf meinen Fall lauern, / aus der Hand jener, die mir nach dem Leben trachten. Aus vielen Nöten hast du mich erlöst, / aus der Bedrängnis der Flammen, die mich umringten, / aus Gluten, die nicht (wirklich) geschürt, aus dem Schoß der Flut, nicht (wirklich) von Wasser, / (sondern) von schändlichen Lippen und Erfindern von Lüge, / von den Pfeilen der falschen Zunge. Schon war ich dem Tod nahe / und mein Leben den Tiefen der Unterwelt (Sir 51,1–6).

Der von Schelwig herangezogene „Schwarm-Teuffel" verursache jenen Krankheitszustand der Seele, dem die Christen durch die falschen Lehrer, die die Irrlehren

---

43 Vgl. *André* Feuillet, Pierre Grelot: Słowo Boże [Wort Gottes]. In: Léon-Dufour (Hg.): Słownik teologii biblijnej (Anm. 40), S. 881.

44 Schelwig: Eine Christliche Predigt / Von Außtreibung Des Schwarm-Teuffels (Anm. 20), S. 15.

45 Vgl. Charles Augrain: Słuchać [Hören]. In: Léon-Dufour (Hg.): Słownik teologii biblijnej (Anm. 40), S. 885; Antoni Paciorek: Ewangelia według świętego Mateusza. Rozdziały 1–13 [Das Evangelium nach dem hl. Matthäus, Kapitel 1–13]. T. [Bd.] 1. Częstochowa 2005, S. 393.

verbreiten, ausgesetzt seien. Die Aufgabe jedes Dieners Christi sei es daher, den Teufel auszutreiben und den Menschen die wahre Lehre aufs Neue einzupflanzen. Die Austreibung des Teufels wird mit der Heilung gleichgesetzt.

Im Anhang der Predigt setzte sich Samuel Schelwig mit der Verkörperung des „Schwarm-Teuffels", nämlich mit der pietistischen Lehre des Danziger Predigers Constantin Schütz, seines Gegners, auseinander. Ungern nennt er ihn mit dem Namen, so wie er sich auch in anderen Schriften weigert, ihn zu nennen. Er weist auf den Ablauf der Auseinandersetzung in Danzig hin, die bestimmt von Nachteil für die konfessionelle Situation in der Stadt sei. Schelwig, der „mit gebührender Ehrerbietigkeit und Gehorsam / biß zum Altar / treu verbleiben"[46] wollte, bemühte sich nach dem Wortlaut seiner Schrift um eine Lösung der Frage, „wie die Evangelische Kirche / in dieser werthen Stadt / die [ihm] nun ins 23ste Jahr so viel Gutes erzeiget / für falscher Lehre / besonders der leydigen Pietisterey / gesichert werden könne".[47] Um zur Erfüllung dieser Aufgabe beizutragen, führte er neben einem Bericht über das polemische Schrifttum dieser Zeit seine orthodox-lutherischen Lehrsätze an, die als Kontrapunkt der Schütz'schen ‚Religions-Puncte' gelten sollten.

Der Prediger vertrat den Standpunkt, dass Gott um der Sünde willen den Teufel auf die Menschen zukommen und „den Saamen der Uneinigkeit / in der Evangelischen Kirche / durch die so genandten Pietisten"[48] ausstreuen ließ. Weil die Pietisten von der reinen Lehre abwichen, zieme es dem lutherischen Prediger, ihren Irrglauben zu missbilligen, sie selbst zu mahnen und als Schwärmer abzuweisen. Im Hinblick auf die schwache menschliche Verfassung werde die Kirche immer eine Besserung brauchen. Jene, die irren, würden sich nach Schelwig als undankbar gegenüber dem ‚heiligen Dienst Lutheri' erweisen und die ganze Gemeinde der Gefahr aussetzen, den rechten Glauben zunichte zu machen. Der Lehrer der evangelischen Kirche solle sich an die symbolischen Bücher, das heißt an die Bekenntnisschriften,[49] halten, und zwar nicht durch Zwang, sondern aufgrund einer tiefen Überzeugung, „daß sie in allen ihren Lehr-Sätzen mit der H. Schrifft überein kommen".[50] Seine Schuldigkeit sei es, alle seine Irrtümer zu berichtigen. Die Verteidigung falscher Lehre bzw. jener, die diese Lehre verkündigen, sei eine treulose Handlung, die das Predigeramt herabwürdige. Aufgrund dessen verdiene ein solcher Prediger eine Strafe. Eine Lehre, nach der das Verdienst Christi keinem Sünder Vergebung der Sünden, Gerechtigkeit und Seligkeit gewährt, solange er in Unbußfertigkeit verharrt, die ihm aber alles dies durch die Predigt des Evangeliums anbietet, weswegen die Verkündigung darüber auf den Kanzeln von so großer Bedeutung sei, verursacht nach Schelwig

---

46 Schelwig: Eine Christliche Predigt / Von Außtreibung Des Schwarm-Teuffels (Anm. 20), S. 21.

47 Ebd.

48 Ebd., S. 24.

49 Die *Confessio Augustana*, Philipp Melanchthons *Apologie des Augsburgischen Bekenntnisses* (1531), Martin Luthers *Schmalkaldische Artikel* (1537), die beiden Formulierungen des *Katechismus* und die *Formula Concordiae* von 1580. Vgl. Manfred Uglorz: Od samoświadomości do świadectwa wiary. Wprowadzenie do dogmatyki ewangelickiej [Vom Selbstbewusstsein zu Zeugnissen des Glaubens. Einführung in die evangelische Dogmatik]. Warszawa 1995, S. 118, 123–126.

50 Schelwig: Eine Christliche Predigt / Von Außtreibung Des Schwarm-Teuffels (Anm. 20), S. 26.

mehr Schaden als Nutzen[51] und ist abzulehnen. Inakzeptabel ist seiner Auffassung nach auch die Formulierung, dass die guten Werke zur Seligkeit notwendig sind – mögen sie als Verdienst, Bedingung, Eigenschaft des Menschen oder eine Frucht des Glaubens verstanden sein: Der Sünder kann durch den tätigen und aktiven Glauben allein nicht gerechtfertigt werden, daher besteht das geistliche Leben und das Wesen eines Christen nicht in den Werken, sondern im Glauben. Ebenso kann ein gottloser Prediger aufgrund seiner rechten und kräftigen Predigten nicht gerechtfertigt werden. Gott ist barmherzig und gerecht und schuf den Menschen nicht zum Verderben, auch wenn er sündigt. Die Reinigung durch das Verdienst Christi gehört in die Rechtfertigung, nicht zur Heiligung.

Neben den Glaubensgrundsätzen setzte sich Schelwig auch mit den Regeln des Ehestandes und des christlichen Lebens sowie der Rolle der Wissenschaften auseinander. Zum Beispiel leisteten die Wissenschaften (wie Logik oder Metaphysik) den Christen, darunter vor allem den Studierenden, eine Unterstützung, und die Theologiestudiengänge seien nicht nur für den Predigerberuf, sondern auch für jene, die im Laienstand bleiben, von besonderer Bedeutung. Auf diese Weise verfocht Schelwig die lutherische Lehre gegenüber den pietistischen „Gelüsten" und wies auf die Rolle des Predigers im Prozess der Konfessionalisierung hin, das heißt auf dessen von der Verkündigung Christi bestimmten Dienst innerhalb der Kirche (und nicht außerhalb von ihr), auf die Notwendigkeit, das Wort Gottes zu Gehör zu bringen, auf das reine, kraftvolle Predigen, das die Wahrheit verkörpert und das Böse ablehnt. Darüber hinaus, so Schelwig, darf der Prediger seine Gemeindemitglieder mit für sie schwer verständlichen Phrasen nicht überhäufen, sondern sollte ihren Glauben unterstützen und in einfachen, aber fruchtbaren Worten predigen.[52]

5. Die Fortsetzung der Auseinandersetzung

Kurz nach Schelwigs Predigt *Von Außtreibung Des Schwarm-Teuffels* verfasste der Angegriffene, Constantin Schütz, seine Schrift *Versicherung An die Christliche Gemeine,*[53] die als Einblattdruck 1695 herausgegeben wurde. In ihr ergriff der Prediger erneut das Wort in der Diskussion über einen anscheinend nicht unerheblichen Streitpunkt, nämlich über Johann Arndts *Informatorium Biblicum*. Zugleich kündigte er seine Antwortschrift *Apologia* an.[54]

Schütz betonte, dass sich die Gemeinde ihres Lehrers gewiss sein und auf ihn vertrauen sollte, und der Lehrer sollte seiner Gemeinde versichern, „des Vaterlandes und der Kirchen zu schonen".[55] Da der „erleuchtete Theologus" Arndt für einen

---

51 Vgl. ebd., S. 27.

52 Vgl. Uglorz: Od samoświadomości do świadectwa wiary (Anm. 49), S. 127.

53 Constantin Schütz: Constantini Schützens / Pastoris an der Ober-Pfarr-Kirchen Versicherung An die Christliche Gemeine / Daß eine gründliche nud gnugsame Verantwortung Wider Hr. D. Sam. Schelguigs ungegründete Aufflagen bald folgen soll. [S. l.] 1695.

54 Ebd., unpag.

55 Ebd.

„Schwarm-Teuffel" gehalten worden sei, fühlte sich der Prediger dazu bewogen, auf die Irrtümer Schelwigs hinzuweisen. Dieser war in seiner Predigt auf die inakzeptable Gegenüberstellung von Evangelium und Gesetz eingegangen und hatte die kirchliche Gemeinde, ihre Entstehung und Erhaltung vom Gesetz abhängig gemacht. Schütz wies diese Erklärung zurück, indem er die in der Argumentation seines Gegners sehr oft erwähnte, aber von diesem offenbar falsch verstandene *Formula Concordiae* in Erinnerung rief:

> Gott lässet aus unermäßlicher Güte und Barmhertzigkeit sein Göttlich ewig Gesetz und den wunderbahren Raht von unser Erlösung / nemlich das heilig allein selig machende Evangelium von seinem einigen Sohn / unserm einigen Heyland und seligmacher Jesu Christo offentlich predigen / dadurch er ihm eine ewige Kirche aus dem Menschlichen Geschlechte samlet.[56]

Die theologische Argumentationsweise Schelwigs, der in seiner Predigt von dem Gesetzesbedürfnis bei den Wiedergeborenen geschrieben hatte, erlaubte Schütz, seine Gemeinde nach Arndts *Informatorium Biblicum* zu unterrichten und alle Angriffe seiner Gegner zurückzuweisen. Auf diese Weise galt er nicht als Abtrünniger, als einer, der sich gegen die *Libris Symbolicis* versündigte.

Als Vertreter der reformatorischen Frömmigkeitsbewegung des Pietismus traten in Danzig vor allem Stadtprediger und Gymnasialtheologen in Erscheinung. „Die engagierten Theologen und Kirchenmänner [beider Parteien] gaben sich mit den bestehenden kirchlichen Verhältnissen und den erreichten Verbesserungen keineswegs zufrieden, sondern konnten die Zustände, wie die Reformschriften und Predigten zeig[t]en, scharf kritisieren".[57] Der Kampf gegen den Danziger „Schwarm-Teuffel", der sich zwischen dem orthodoxen Wortführer Samuel Schelwig und den pietistisch angeregten Predigern abspielte, hatte vorübergehend einen persönlichen Charakter und war dabei nicht minder erbittert und niederträchtig als viele andere konfessionelle Auseinandersetzungen jener Zeit. Danzig tat sich jedoch mit keiner so heftigen konfessionellen Auseinandersetzung hervor wie jener in Thorn 1724, die heute als Thorner Blutbad in die große Geschichte Europas gehört.

---

56 Ebd.

57 Martin Brecht: Das Aufkommen der neuen Frömmigkeitsbewegung in Deutschland. In: Ders. (Hg.): Geschichte des Pietismus, Bd. 1 (Anm. 6), S. 113–203, hier S. 187.

Mihai-D. Grigore

Reformatorische Ideen in der Walachei und der Moldau zwischen 1519 und 1521? Mögliche Transferwege von reformatorischem Gedankengut südlich und östlich der Karpaten

1. Einleitung

Die Komplexität der Wirkungsgeschichte der Reformation im Donau-Karpaten-Raum ermöglicht es, das Thema mithilfe der Verflechtungsgeschichte zu untersuchen.[1] Denn diese Forschungsrichtung versteht Großregionen wie den Donau-Karpaten-Raum als „Geschehenseinheiten",[2] die durch die grenzüberschreitende Mobilität und Kommunikation der Menschen sowie den Transfer von Gütern und Ideen als zusammenhängende Räume konstituiert werden.[3]

Als ein besonderes Beispiel für die historischen und kulturellen Verflechtungen können die intensiven Verbindungen zwischen dem hauptsächlich durch das westliche Christentum geprägten Fürstentum Siebenbürgen im Karpatenbecken und den durch das östliche Christentum geprägten Fürstentümern Moldau und Walachei jenseits der Karpaten genannt werden. Die Kontakte zwischen den drei Fürstentümern waren seit der Ankunft der deutschsprachigen Kolonisten in Siebenbürgen im 12. und 13. Jahrhundert und ihrer Ansiedlung in den Grenzgebieten zu den Donaufürstentümern nicht nur wirtschaftlicher, sondern auch kultureller Art. Nach dem Fall Konstantinopels 1453 und dem Zusammenbruch einer staatlich organisierten Infrastruktur für die byzantinische und südosteuropäische Orthodoxie[4] wurden die Do-

1 Michael Werner, Bénédicte Zimmermann: Vergleich, Transfer, Verflechtung. Der Einsatz der histoire croisée und die Herausforderung des Transnationalen. In: Geschichte und Gesellschaft 28 (2002), H. 4, S. 607–636; Birgit Schäbler: Das Studium der Weltregionen (Area Studies) zwischen Fachdisziplinen und der Öffnung zum Globalen. Eine wissenschaftsgeschichtliche Annäherung. In: Dies. (Hg.): Area Studies und die Welt. Weltregionen und neue Globalgeschichte. Wien 2007 (Globalgeschichte und Entwicklungspolitik 5), S. 11–45.

2 Vgl. dazu Konrad Clewing, Oliver Jens Schmitt: Südosteuropa: Raum und Geschichte. In: Dies. (Hg.): Geschichte Südosteuropas. Vom frühen Mittelalter bis zur Gegenwart. Regensburg 2011, S. 1–16.

3 Vgl. Ulf Brunnbauer: Der Balkan als translokaler Raum. Verflechtung, Bewegung und Geschichte. In: Südosteuropa Mitteilungen 51 (2011), H. 3, S. 78–93; Mihai-D. Grigore, Radu Harald Dinu, Marc Živojinović: Herrschaft (nicht) beherrschen. Zentrale Begriffe und Area Studies. Eine Einleitung. In: Dies. (Hg.): Herrschaft in Südosteuropa. Kultur- und sozialwissenschaftliche Perspektiven. Göttingen 2012, S. 7–20, hier S. 15.

4 Mihai-D. Grigore: Ruling Christian. Neagoe Basarab and the Beginning of 'Political Proto-Modernity' in the 16th Century Wallachia: A Case Study. In: Religion, State, and Society 40 (2012), H. 3–4, S. 286–300, hier S. 286f.

Jahrbuch des BKGE 22 (2014), S. 189–211

naufürstentümer zum Zufluchtsort für Geistliche und Adlige,[5] die aus ihrer von den Osmanen eroberten Heimat ihre kulturellen Schätze, insbesondere ihre Manuskripte und Bücher, mitbrachten. Das Kloster Bistritz/Bistrița/Beszterce in den oltenischen Vorkarpaten beispielsweise, eine Stiftung des mächtigen Bojarengeschlechts Craiovescu, gewährte serbischen und bulgarischen Mönchen Asyl, die ihre wertvollsten Handschriften aus den berühmten südslawischen Kalligraphieschulen mit sich führten.[6] Der von den Südslawen praktizierte kalligraphische Stil erfuhr in Bistritz eine Weiterentwicklung, sodass die in Altkirchenslawisch verfassten walachischen Handschriften in der orthodoxen Welt des 15. und 16. Jahrhunderts ihresgleichen suchten.[7]

Auch die Erfindung des Buchdrucks fand bald ihren Weg in die Walachei. Der montenegrinische Mönch Makarios, der das Druckhandwerk vermutlich in Venedig erlernt hatte, druckte ab 1508 Bücher für den orthodoxen liturgischen Gebrauch im Kloster Dealu, unweit der Hauptstadt des Fürstentums Walachei, Târgoviște. Das Jahr 1512 stellte den Höhepunkt dieser Bemühungen dar: Makarios druckte mehrere kunstvolle Exemplare der vier Evangelien, des sogenannten Tetraevangelion.[8] Zur selben Zeit gaben die Herrscher der Walachei siebenbürgischen, oberdeutschen oder italienischen Werkstätten die Herstellung von Gold- und Silbergeschirr für liturgische Zwecke in Auftrag,[9] das sie den Klöstern und Kirchen ihres Landes oder den Klostergemeinschaften vom Berg Athos bis zum Berg Sinai spendeten.[10] Nicht nur

5 Mihai-D.Grigore: Legitimation von Herrschaft zwischen Verfahren und Tradition am Beispiel Neagoe Basarabs (1512–1521). In: Grigore, Dinu, Živojinović (Hg.): Herrschaft (Anm. 3), S. 79–96, hier S. 88–90.

6 Ion D. Sandu: Neagoe Basarab apărător și sprijinitor al ortodoxiei [Neagoe Basarab – Beschützer und Unterstützer der Orthodoxie]. Sibiu 1938, S. 6; Nicolae Stoicescu: La politique de Neagoe Basarab et ses *Préceptes* pour son fils Teodosie. In: Revue Roumaine d'Histoire 9 (1970), H. 1, S. 18–42, hier S. 21; Ioan Ionescu: Neagoe Basarab și ctitoriile sale [Neagoe Basarab und seine Stiftungen]. In: Mitropolia Olteniei 23 (1971), H. 9/10, S. 653–675, hier S. 663.

7 Ecaterina Șt. Piscupescu: Literatura slavă din principatele române în veacul al XV-lea [Die slawische Literatur in den Donaufürstentümern des 15. Jahrhunderts]. București 1939, S. 129–131; Vasile Grecu: Bulgaria în nordul Dunării în veacurile al IX–X-lea [Bulgarien nördlich der Donau im 9.–10. Jahrhundert]. In: Studii și cercetări de istorie medie 1 (1950), S. 223–236, hier S. 234f.; Ștefan Ciobanu: Istoria literaturii române vechi [Geschichte der altrumänischen Literatur]. București 1989, S. 25, 27f., 33; Stojan Romanski: Mahnreden des walachischen Wojwoden Něgoe Basarab an seinen Sohn Theodosius. Diss. Leipzig 1908, S. 119.

8 Ion St. Toma: Domnia în concepția Învățăturilor lui Neagoe Basarab [Die Auffassung der Herrschaft in den *Lehrworten Neagoe Basarabs*]. Sonderdruck aus: Revista de drept public (1943), H. 3/4, S. 3–49, hier S. 6; Ionescu: Neagoe Basarab (Anm. 6), S. 662f.; Iuvenalie Ionașcu: Neagoe Basarab, principe isihast [Neagoe Basarab, ein hesychastischer Fürst]. Curtea de Argeș 2005, S. 7.

9 Valeria Costăchel, Petre P. Panaitescu, Anton Cazacu: Viața feudală în Țara Românească și Moldova (sec. XIV–XVII) [Das Feudalleben in der Walachei und der Moldau (14.–17. Jahrhundert)]. București 1957, S. 247; Corina Nicolescu: Argintăria laică și religioasă în Țările Române (sec. XIV–XIX) [Profanes und sakrales Silbergerät in den Donaufürstentümern (14.–19. Jahrhundert)]. București 1968, S. 136, 171, 200f., 202–204; Ionescu: Neagoe Basarab (Anm. 6), S. 664–667.

10 Claudia Tița: Neagoe Basarab „Ctitor mare a toată Sfetagora". Icoanele și avatarurile lor sau despre un tezaur în mișcare [Neagoe Basarab: „Großer Ktetor der ganzen Sfetagora". Die Ikonen und ihre Avatare oder über einen beweglichen Schatz]. In: Daniel Gligore (Hg.): Sfântul Voievod Neagoe Basarab, Domnul Țării Românești (1512–1521). Curtea de Argeș 2009, S. 127–170.

siebenbürgische Händler aus Hermannstadt/Sibiu/Nagyszeben, Kronstadt/Braşov/Brassó oder Schässburg/Sighişoara/Segesvár, die großzügige Handelsprivilegien in der Walachei und der Moldau erhielten, reisten durch die Donaufürstentümer, sondern auch Geschäftsleute aus Leipzig oder Nürnberg.[11] Im Gegenzug erreichten in den ersten Jahrzehnten des 16. Jahrhunderts walachische Händler und Gesandtschaften wichtige abendländische Zentren wie Rom, Venedig, Wien, Leipzig, Nürnberg, Regensburg, Trier oder Worms.[12]

Im Folgenden soll eine ins Auge stechende Parallele näher untersucht werden, die zwischen der *merita*-Theologie des walachischen Fürsten und politischen Autors Neagoe Basarab und der Verdienstlehre Martin Luthers festgestellt werden kann. Als Luther 1520 seinen *Sermon von den guten Werken* verfasste, in dem er die römische „Werkgerechtigkeit" scharf verurteilte, und seine Adels- sowie Freiheitsschrift veröffentlichte, in denen er sich unter anderem mit der Dienstbarkeit auseinandersetzte, brachte in der entfernten Walachei Fürst Neagoe Basarab erstaunlich ähnliche Gedanken über die guten Werke und ihr Verhältnis zum Gottesgnadentum der Herrschaft zu Papier.

2. Neagoe Basarab (ca. 1482–1521)

Neagoe Basarab stammte aus dem oltenischen Bojaren-Geschlecht Craiovescu und wurde 1481 oder 1482 geboren. Nachdem der junge Neagoe als Lehrling des Landesmetropoliten Niphon bei den gelehrten Mönchen des Klosters Bistritz einen umfassenden Bildungsweg durchlaufen hatte, bekleidete er mehrere Ämter im Bojarenrat der Fürsten der Walachei. Als er 1512 den Fürsten Vlad V. den Jüngeren (1500–1512) hatte töten lassen, kam er mit osmanischer militärischer Hilfe auf den walachischen Thron. Neagoe war der erste Fürst der Walachei, der nicht aus der Dynastie der Basaraben stammte. Um sich aber als Herrscher vor dem Volk zu legitimieren, nahm er den Namen Basarab an, und er förderte auch die Verbreitung jenes Gerüchtes, wonach er ein illegitimer Sohn des Fürsten Basarab IV. des Jüngeren (1477–1482) sei, um so seinen Anspruch auf den Thron zu begründen. Die

11 Alexandru Neamţiu: Un capitol din relaţiile Ţării Româneşti cu Transilvania în veacul al XVI-lea. Relaţiile lui Neagoe Basarab cu Sibiul (1512–1521) [Ein Kapitel der Beziehungen der Walachei zu Siebenbürgen. Die Beziehungen Neagoe Basarabs zu Hermannstadt (1512–1521)]. In: Anuarul Institutului de Istorie Naţională 10 (1945), S. 350–376; Virgil Vătăşianu: Istoria artei feudale în Ţările Române [Geschichte der feudalen Kunst in den Donaufürstentümern]. Bucureşti 1959, S. 898, 903; Nicolescu: Argintăria laică (Anm. 9), S. 17. – Eine Studie zeigt, dass die walachischen Herrscher Luxusbekleidung aus Flandern, Frankreich, Venedig, Florenz, dem Deutschen Reich, Bursa, Damaskus, Aleppo usw. bestellten, vgl. dazu Corina Nicolescu: Costumul de curte Ţările Române (sec. XIV–XVIII) [Die Hoftracht in den Donaufürstentümern (14.–18. Jahrhundert)]. Bucureşti 1970, S. 17–21.

12 Virgil Cândea, Dinu C. Giurescu, Mircea Maliţa: Pagini din trecutul diplomaţiei româneşti [Aus der Vergangenheit der rumänischen Diplomatie]. Bucureşti 1966, S. 112; Raymond Warnier: La découverte des Pays Balkaniques par l'Europe occidentale de 1500 à 1815. In: Cahiers d'histoire mondiale 2 (1955), H. 4, S. 915–948, hier S. 919–921.

historischen Quellen untermauern dies allerdings nicht. Es spricht mehr dafür, dass Neagoe ein Usurpator gewesen ist.[13] Seine Herrschaft markiert einen Höhepunkt der diplomatischen Beziehungen der Walachei vor allem mit Ungarn und Venedig, um gemeinsam gegen die Osmanen vorzugehen, und ebenso einen Höhepunkt der Blüte der religiösen Kultur. Die Rumänisch-Orthodoxe Kirche hat 2008 den Fürsten Neagoe Basarab heiliggesprochen und somit seine Lehren und seine Theologie als ‚rechtem Glauben' gemäß anerkannt.[14]

3. Ein Fürstenspiegel südlich der Karpaten

Die Mahnschrift des walachischen Fürsten Neagoe Basarab an seinen Sohn unter dem Titel *Die Lehrworte Neagoe Basarabs an seinen Sohn Theodosius* (*Învăţăturile lui Neagoe Basarab către fiul său Teodosie*) stellt für den südosteuropäischen post-byzantinischen Raum eine einmalige *ars regnandi* in Form der literarischen Gattung der Fürstenspiegel dar.[15] Basarabs Schrift entstand sukzessive und besteht aus mehreren Einzelschriften, darunter Predigten und Geschichten, die im Laufe der Zeit zusammengeführt und erweitert wurden.[16] Die Originalschrift, von der nur wenige Fragmente erhalten geblieben sind,[17] war in Altkirchenslawisch verfasst, worin sich heute die meisten Experten einig sind.[18] In Kreisen der südosteuropäischen und russischen

13 Eine Biographie Neagoe Basarabs in: Manole Neagoe: Neagoe Basarab. Bucureşti 1971.

14 Nicolae-C. Câdă (Hg.): Sfântul Voievod Neagoe Basarab – ctitor de biserici şi cultură românească [Der heilige Woiwode Neagoe Basarab – Stifter von Kirchen und rumänischer Kultur]. Bucureşti 2012.

15 Herbert Hunger: Die hochsprachliche profane Literatur der Byzantiner. 2 Bde. München 1978, Bd. 1, S. 157; Wilhelm Blum: Einleitung. In: Byzantinische Fürstenspiegel: Agapetos, Theophylakt von Ochrid, Thomas Magister. Übers. u. erläut. v. W. Blum. Stuttgart 1981 (Bibliothek der griechischen Literatur, Abteilung Byzantinistik 14), S. 1–58, hier S. 31; Hans Hubert Anton: Einleitung. In: Fürstenspiegel des frühen und hohen Mittelalters. Ausgew., übers. u. komment. v. H. H. Anton. Darmstadt 2006 (Ausgewählte Quellen zur deutschen Geschichte des Mittelalters, Freiherr-vom-Stein-Gedächtnisausgabe 45), S. 3–44, hier S. 3; Otto Eberhardt: Via regia. Der Fürstenspiegel Smaragds von St. Mihiel und seine literarische Gattung. München 1977 (Münstersche Mittelalter-Schriften 28), S. 280f.

16 Pavel Chihaia: Învăţăturile lui Neagoe Basarab [*Die Lehrworte Neagoe Basarabs*]. In: Luceafărul Nr. 3, 6. Februar 1971, S. 3.

17 Petre P. Panaitescu: Introducere [Einleitung]. In: Ders. (Hg.): Cronicile slavo-române din sec. XV–XVI publicate de Ion Bogdan [Die slawisch-rumänischen Chroniken aus dem 15./16. Jahrhundert, veröffentlicht von Ion Bogdan]. Bucureşti 1959, S. 215–218, hier S. 216; Dan Zamfirescu: Marea carte a identităţii româneşti în Europa Renaşterii şi în cultura universală [Das große Buch der rumänischen Identität im Europa der Renaissance und in der Weltkultur]. In: Gheorghe Mihăilă (Hg.): Învăţăturile lui Neagoe Basarab către fiul său Theodosie. Bucureşti 1996, S. V–XXIV, hier S. XVIIIf.; Gheorghe Mihăilă: Originalul slavon al „Învăţăturilor" lui Neagoe Basarab către fiul său Theodosie [Das altkirchenslawische Original der *Lehrworte Neagoe Basarabs an seinen Sohn Theodosius*]. In: Ders. (Hg.): Învăţăturile lui Neagoe Basarab (wie oben), S. XLVI–CXVIII, hier S. XLVI.

18 Moses Gaster: Literatura populară română [Die rumänische Volksliteratur]. Bucureşti 1883, S. 35; Romanski: Mahnreden (Anm. 7), S. 137, 152; Nicolae Iorga: Istoria literaturii româneşti [Geschichte der rumänischen Literatur]. 3 Bde. Bucureşti 1925, Bd. 1, S. 142f.; Dan Zamfirescu: Nea-

Orthodoxie war die Schrift bekannt, da sie kurz nach dem Tod Basarabs um 1525 auch ins Griechische übertragen und am Ende des 16. Jahrhunderts häufig plagiiert wurde.[19] Der Gesamttext der *Lehrworte* ist in altrumänischen Übersetzungen überliefert, die alle zwischen dem 17. und 19. Jahrhundert entstanden sind.[20] Die früheste Übertragung der Schrift ins Altrumänische fand um 1650 statt; sie wurde 1843 von Ioan Eclisiarhul in der Druckstätte des Bukarester Hl.-Sava-Kollegs herausgegeben. Erste Versuche einer kritischen Edition der altkirchenslawischen Fragmente unternahmen die rumänischen Slawisten Petre P. Panaitescu und Gheorghe Mihăilă in den 1950er- und 1960er-Jahren. Die erste kritische Edition der altrumänischen Fassung des Textes erschien erst 1970 in Bukarest in der Herausgeberschaft von Florica Moisil und Dan Zamfirescu.[21] Die altkirchenslawischen Fragmente wurden von Gheorghe Mihăilă 1996 faksimiliert, kritisch ediert, übersetzt und kommentiert.[22]

Obwohl die *Lehrworte* als reicher Schatz ostkirchlicher Theologie und politischer Literatur bereits um die Mitte des 19. Jahrhunderts wiederentdeckt wurden, hat sich die rumänische Forschung mit dem Inhalt der Schrift nicht tiefergehend auseinandergesetzt. So wurde in Frage gestellt,[23] dass die *Lehrworte* von Neagoe Basarab verfasst worden sind. Seit der Veröffentlichung Dan Zamfirescus im Jahre 1973[24] tendierten allerdings die meisten Forscher dazu, den Fürsten Basarab als Autor der *Lehrworte* anzusehen und die Entstehung der Schrift zwischen 1519 und 1520 zu datieren.

4. Die Verdienstlehre in den *Lehrworten Neagoe Basarabs an seinen Sohn Theodosius*

Dass Fürst Basarab die *Lehrworte* verfasste, hatte zwei Gründe: Erstens wusste er, dass er krank war und vielleicht nicht mehr lange zu leben hatte.[25] Deshalb wollte

---

goe Basarab şi Învăţăturile către fiul său Theodosie. Problemele controversate [Neagoe Basarab und die *Lehrworte an seinen Sohn Theodosius*. Strittige Fragen]. Bucureşti 1973; Panaitescu: Introducere (Anm. 17), S. 217; Gheorghe Mihăilă: Date noi despre originalul slavon al „Învăţăturilor lui Neagoe Basarab" şi critica unei ipoteze neîntemeiate [Neue Daten über das altkirchenslawische Original der *Lehrworte Neagoe Basarabs* und Kritik an einer unbegründeten Hypothese]. In: Ders.: Contribuţii la istoria culturii şi literaturii române vechi. Bucureşti 1973, S. 327–383, hier S. 355.

19 Ioan Dumitriu-Snagov: Monumenta Romaniae Vaticana. Roma 1996, S. 92.

20 Zamfirescu: Neagoe Basarab (Anm. 18), S. 162–164.

21 Erschienen beim Verlag Minerva in Bukarest unter dem Titel: Învăţăturile lui Neagoe Basarab către fiul său Theodosie [Die Lehrworte Neagoe Basarabs an seinen Sohn Theodosius].

22 Mihăilă (Hg.): Învăţăturile lui Neagoe Basarab (Anm. 17).

23 Demosthene Russo: Elenizmul în România. Epoca bizantină şi fanariotă [Griechische Kultur in Rumänien. Die byzantinische und phanariotische Epoche]. Bucureşti 1982; Ders.: Studii istorice greco-române. Opere postume [Griechisch-rumänische Studien in Geschichte. Posthume Werke]. Hg. v. Constantin G. Giurescu, Ariadna Camariano, Nestor Camariano. 2 Bde. Bucureşti 1939.

24 Zamfirescu: Neagoe Basarab (Anm. 18).

25 Matei Cazacu: De ce a clădit Neagoe Basarab biserica Mănăstirii Argeşului? [Warum hat Neagoe Basarab die Klosterkirche von Argeş gestiftet?]. In: Glasul Bisericii 26 (1967), H. 7/8, S. 111.

er seinem unmündigen Sohn eine Herrschaftsanleitung zur Verfügung stellen und ihn über jene Gefahren aufklären, der ein Herrscher der Walachei im 16. Jahrhundert ausgesetzt war.[26] Zu jener Zeit gab es zahlreiche Thronrivalen und diese hatten einen legitimeren Anspruch auf den Thron als Neagoe Basarab und sein Sohn: Wie oben dargelegt, entstammten Neagoe und Theodosius nicht der alten Herrscherdynastie der Basaraben. Neagoe war ein Usurpator, der dem Adel angehörte und dem das Schicksal seines Sohnes als Nachfolger besonders am Herzen lag. Diese Sorge vermischte sich vermutlich mit einer gewissen Reue Neagoes, dass er im Strudel der politischen Ereignisse überhaupt zum Usurpator werden musste, indem er den legitimen Herrscher Vlad den Jüngeren töten ließ und seine eigene Einsetzung als Herrscher der Walachei erzwang. Die Chronisten berichten von der schillernden Episode der Wahl des Fürsten durch Volk und Adel, als Neagoe seine Ausrufung zum Herrscher abgelehnt haben soll.[27] Die Szene entspricht sicher den Tatsachen, denn die Ablehnung des Herrschertitels war in dem Wahlverfahren vormoderner Art Usus; sowohl byzantinische Kaiser als auch Patriarchen, sogar Päpste lehnten traditions- und ritualgemäß die Würde, zu der sie ausgerufen wurden, ab, während das Volk vorlaut entgegnete: *Axios!* oder *Dignus est!* Erst dann wurde die Würde von dem Kandidaten angenommen.[28] Trotz dieses traditionellen Wahlverfahrens[29] ist die Frage nicht ganz

26 Zamfirescu: Marea carte (Anm. 17), S. V.

27 Ὁ δὲ πασᾶς [...] εἶπεν εἰς τοὺς παρεστῶτας ἄρχοντας ποῖον θέλουν νὰ κάμουν αὐθέντην; καὶ πάντες ἀπεκρίθησαν, ὅτι θέλουν τὸν εὐσεβέστατον Νεάγγον Βασαράβαν. Ὁ δὲ Νεάγγος ἀκούσας ἔλεγε μεγάλῃ τῇ φωνῇ·«Ἄλλον ἄς κάμουν, ὅτι ἐγώ δὲν εἶμαι ἄξιος·» Ὁ δὲ λαὸς ἔκραζον· «Δὲν θέλομεν ἄλλον, μόνον ἐσένα, χριστιανικώτατε Νεάγγουλε·» Ὅθεν ὁ πασᾶς κατὰ τὴν ζήτησιν τοῦ λαοῦ ἔδοκε τὴν ἐξουσίαν εἰς τὸν Νεάγγον καὶ ἀνεβίβασαν αὐτὸν εἰς τὸν θρόνον τῆς ἡγεμονίας πάσης Οὐγκροβλαχίας. [Und somit fragte der Pascha (Mehmed, Anm. d. Verf.) ... die Bojaren, wen sie als Herrn haben wollten. Und alle antworteten, dass sie den allergläubigsten Neagoe Basarab haben wollen. Als Neagoe dies hörte, schrie er mit lauter Stimme: „Einen anderen sollen sie sich aussuchen, denn ich bin nicht würdig!" Das Volk rief jedoch: „Keinen anderen wollen wir außer dir, Neagoe, dem Allerchristlichsten." Und so hat der Pascha auf Geheiß des Volkes die Macht dem Neagoe anvertraut und ihn auf den Thron der Großwalachei gesetzt.] Zitiert nach Gavriil Protul: Viața Sfântului Nifon [Das Leben des hl. Niphon]. Hg. v. Vasile Grecu. 2 Bde. București 1944, Bd. 2, S. 138. Vgl. auch den Bericht des Cantacuzinischen Anonymus: Istoriia Țării Românești de când au descălecat pravoslavnicii creștini [Geschichte der Walachei seit der Gründung durch die rechtgläubigen Christen]. In: Mihail Gregorian (Hg.): Cronicari munteni. București 1961, S. 81–224, hier S. 99.

28 Constantin VII Porphyrogénète: Le Livre des cérémonies. Texte établi et traduit par Albert Vogt. 2 Bde. Paris 1935–1939, Bd. 1, S. 3; Mihai-D. Grigore: Ehre und Gesellschaft. Ehrkonstrukte und soziale Ordnungsvorstellungen am Beispiel des Gottesfriedens (10. bis 11. Jahrhundert). Darmstadt 2009 (Symbolische Kommunikation in der Vormoderne), S. 267f.

29 Neagoe Basarab war es innenpolitisch wichtig, dass seine Thronbesteigung auch im Wahlverfahren legitimiert wurde. Die Woiwoden-Institution war in der Walachei von Beginn an eine Form konsensualer Herrschaft. Obwohl der Herrscher sein Amt zumeist erbte, bedurfte er dennoch der Bestätigung oder, wenn es mehrere berechtigte Anwärter gab, der Wahl durch den Adel. Die Stärke der elektiven Macht der Bojaren oszilliert im Laufe der Geschichte. Zur Zeit Neagoe Basarabs war sie – auch wegen der osmanischen Vormacht – zu einer Beifallsformalität geschrumpft. Dieses elektive System in der Walachei überdauerte bis ins 17. Jahrhundert hinein. Vgl. dazu Alexandru I. Buzescu: Domnia în Țările Române până la 1866 [Fürstliche Herrschaft in den rumänischen Fürstentümern bis 1866]. București 1943, S. 66–70. Es gab auch Fälle, dass Woiwoden ihre Herrschaft

verfehlt, ob bei Basarabs Ablehnung nicht doch auch Bedenken angesichts der bevorstehenden schweren Aufgabe eines walachischen Fürsten, der von Thronrivalen umgeben war und unter dem Druck der miteinander rivalisierenden Großmächte auf dem Balkan stand, eine Rolle spielten.

Demzufolge wird deutlich, warum Basarab zweitens zum Vertreter jener Ansichten über den guten und rechtmäßigen Herrscher wurde,[30] mit denen sich sowohl Erasmus von Rotterdam als auch Martin Luther in dieser Zeit auseinandergesetzt hatten. Beide hielten fest, dass der christliche Herrscher keinem anderen außer Gott Rechenschaft schulde, da der gute rechtmäßige Herrscher lediglich jener sein könne, der von Gott unabhängig von seiner Abstammung, seinem Geblüt und Erbe sowie seinen verdienstvollen Taten eingesetzt wird. Die gleichen Gedanken tauchen in Basarabs Mahnungen an seinen Sohn auf: „Ich denke, du weißt schon, dass nicht sie [die Menschen, Anm. d. Verf.] dich auserwählt und gesalbt haben [...], sondern Gott hat dich auserkoren, er hat dich gesalbt und allein ihm hast du zu gefallen."[31] Es gibt nichts, so Basarab, was einem Menschen Berechtigung auf die christliche Herrschaft verschaffen könnte. Herrschaft sei ein reines Geschenk Gottes, der dadurch, dass er den einen oder anderen Fürsten einsetzt, seine für den Menschen unergründlichen und verborgenen Absichten verfolge. Der weltliche Herrscher sei ganz in Gottes Hand und werde ohne Rücksicht auf dynastische Abstammung, edles Geblüt oder reiche Erbschaft eingesetzt.

Für Basarab gibt es keine Verdienste als heilsverursachende und gewinnbringende Handlungen wie in der katholischen Theologie, ganz zu schweigen von einer *merita*-Akkumulation, die dem Menschen vor Gott zum Heilserwerb und zur Vergebung der Sünden dienen könnte, wie etwa der sonst streng ‚orthodoxe' Agapetos, einer der in der Ostkirche einflussreichsten byzantinischen Autoren des 6. Jahrhunderts, behauptete:

> Mehr als Gold und Edelstein wollen wir als unsere Schätze den Reichtum der Wohltätigkeit sammeln. Dieser Reichtum nämlich erfreut uns hier auf Erden in der Hoffnung auf die künftige Freude im Jenseits, und dort im Jenseits versüßt er uns das Leben in der wirklichen Erfahrung der einst erhofften Glückseligkeit.[32]

---

wegen der Nichtanerkennung durch die Bojaren nicht antreten konnten. Es handelte sich also nicht immer um eine reine Formalität. Vgl. dazu Ioan Platon: Domnia în Țările Române până la instaurarea regimului fanariot (sec. XIV–XVII) [Fürstliche Herrschaft in den rumänischen Fürstentümern bis zum Anfang der Phanarioten-Herrschaft (14.–17. Jahrhundert)]. Diss. Univ. București 1992, S. 70f.

30 Radu G. Păun: «La couronne est à Dieu». Neagoe Basarab (1512–1521) et l'image du pouvoir pénitent. In: Petre Guran (Hg.): L'empereur hagiographe. Bucarest 2001, S. 186–223, hier S. 198.

31 „Crez, ştii, că nu te-au ales, nici te-au unsu ei domn, ci Dumnezeu, ca să fii tuturor dreptate bzw. Că nu te-au ales, nici te-au unsu oamenii spre domnie, ci Dumnezeu te-au ales şi te-au unsu şi a acéluia plăcére să faci." Neagoe Basarab: Învățăturile lui Neagoe Basarab către fiul său Theodosie [Die Lehrworte Neagoe Basarabs an seinen Sohn Theodosius]. Hg. v. Florica Moisil, Dan Zamfirescu. 3. Aufl. Bucureşti 1984, S. 151, 153f.

32 Agapetos: Die Ekthesis des Diakons Agapetos. In: Byzantinische Fürstenspiegel (Anm. 15), S. 59–80, hier S. 70.

Natürlich hat Basarab, wenn er von Verdiensten spricht, deren politische Relevanz für das Verhältnis zwischen Gott und Herrscher im Auge, ganz im Gegensatz zu Luther, der eher im soteriologischen Sinne nach dem Nutzen der guten Werke und des meritorischen Handelns für den gläubigen Christen fragt. Und doch, angesichts der Tatsache, dass Basarab die Herrschaft als den einzig möglichen Weg des Fürsten zur Erlösung, zur Gnade und ins Paradies betrachtet, kann man auch bei ihm von einer Beschäftigung mit den *merita* angesichts der persönlichen Rechtfertigung des Herrschers vor Gott beziehungsweise Christus, also von einem soteriologischen Ansatz, sprechen.

Basarab ist es wichtig zu zeigen, dass die Berufung zum Herrscher, das heißt in den Dienst, eine Berufung zur Aufopferung darstellt – was Luther unter dem Begriff der Dienstbarkeit subsumiert.[33] So schreibt Basarab: „Siehe, dass wir, die Mächtigen, verpflichtet sind, den Schwachen zu helfen und diese aufzurichten, und dass wir nicht so sehr unseren Willen durchsetzen als vielmehr dem Willen des Nächsten, des Armen und des Machtlosen dienen [...].“[34]

Bei Basarab wird der Herrscher aus Gleichen zur Herrschaft berufen, ganz ähnlich wie bei Luther. Alle Christen sind, so Luther in der Adelsschrift, durch Taufe, Evangelium und Glauben gleich.[35] Sie sehen sich jedoch aus Not gezwungen, einen von ihnen zum Regieren zu befehlen.[36] Der walachische Fürst erklärt wiederum, dass die Berufung zum Regieren nach dem Willen Gottes geschehe, der jenseits aller menschlichen Berechtigung durch Abstammung oder aller guten Werke stehe:

> Daher soll sich niemand täuschen und in der falschen Hoffnung wiegen, dass er irgendetwas als eigenes Verdienst und eigene Weisheit aufweisen könnte. Denn all diese kommen von Gott und allein er gibt sie den Menschen [...]. Und wir sind schuldig, Gott das zurückzuzahlen, was er uns gegeben hat. [...] Und niemand soll sich selbst täuschen und eingebildet sein, auch wenn er Fürst, Bojar oder was auch immer sei, weil Gott all diese [Ämter, Anm. d. Verf.] gibt und diese wieder zurücknimmt.[37]

---

33 WA [= D. Martin Luthers Werke, Weimarer Ausgabe] 6: 409, 8; WA 11: 273, 13–15; WA 11: 253, 23–26.

34 „Iată că suntem datori, noi ceşti puternici, să ajutăm celor slabi şi să-i îndreptăm, şi să nu facem atâta în voia noastră, cât în voia vecinului şi săracului şi a neputernicului [...].“ Basarab: Învăţăturile (Anm. 31), S. 33.

35 WA 6: 407, 17.

36 „[G]leich als wen zehen bruder, kuniges kinder, gleich erben, einen erweleten, das erb fur sie buregieren [...].“ WA 6: 407, 32–33.

37 „Dreptu acéia nimeni să nu să înşale şi să să amăgească gândidu că doar are cevaşi întru înţelepţiia şi vrédnicia sa. Că toate suntu de la Dumnezeu şi de la Dumnezeu suntu dăruite oamenilor [...]. [P]entru că suntem datori să plătim lui Dumnezeu ce ne-au dat. [...] [D]reptu acéia nimeni să nu să amăgească şi să să ţie mare, măcar să fie împărat, măcar domnu, măcar boiariu, măcar fieşte ce va fi; că acéstea toate Dumnezeu le dă, Dumnezeu le ia.“ Basarab: Învăţăturile (Anm. 31), S. 29, 39. Vgl. auch die Aussage: „Dreptu acéia, fieştecărui împărat sau domn căruia i să dă împărăţiia şi domniia, den mila lui Dumnezeu să dă şi să trimete pre cinei-i iaste lui voia“ [Daher wird die Herrschaft jedem Kaiser oder Herrscher, der zur Herrschaft berufen wird, aus dem Erbarmen Gottes gegeben, und er setzt ein, wen er nach seinem Willen gedenkt]. Neagoe Basarab: Învăţăturile lui Neagoe Basarab către fiul său Theodosie [Die Lehrworte Neagoe Basarabs an seinen Sohn Theodosius]. Hg. v. Florica Moisil, Dan Zamfirescu. Chişinău 2001, S. 95.

Aus eigener Erfahrung konnte Basarab lernen, dass, wenn Gott will, auch Menschen aus nicht herrschenden und ‚illegitimen' Dynastien, wie er selbst, zum Regenten werden können. Seine Wahl wie auch die Tatsache, dass seine Vorgänger trotz dynastischer Legitimation gestürzt und getötet wurden, haben ihn gelehrt, dass ein Herrscher nichts zu seinem eigenen Schicksal beitragen kann, wodurch ihm nichts anderes übrigbleibt, als sich vollkommen auf Gott zu verlassen – ein Gedankengang, der auch in der Obrigkeitsschrift Luthers nachdrücklich betont wird.[38]

Basarab unterlässt es nicht, seinem Sohn immer wieder die Herrschaft aus Gottes Gnade, die ohne jegliche Interzession der Kirche oder der Menschen geschieht, zu erklären. Theodosius soll wissen, dass er seine Herrschaft niemandem außer Gott allein verdanke und keine menschliche Instanz zwischen ihm und seinem Schöpfer stehe.[39] Diese Unmittelbarkeit des Verhältnisses zwischen Gott und Herrscher, die Basarab am Herzen liegt, kommt sowohl bei Luther als auch bei dem lutherischen Autor Thomas Birk (1550–1629) zur Sprache. Letzterer argumentiert ganz ähnlich wie Basarab.[40]

Durch die persönlichen Anfechtungen im Kloster erfährt Luther,[41] dass der Mensch durch Werke der Liebe und der Hoffnung keine Gewissheit der Gnade Gottes erlangen und dass dies lediglich durch den von Gott geschenkten Glauben erfolgen könne.[42] Basarab lernte ebenfalls durch seine politischen Anfechtungen, durch seine Erfahrung mit Verfolgung und Verbannung unter seinem Thronvorgänger Vlad V. dem Jüngeren,[43] dass mit Gottes Beistand sogar ein Geächteter zum Herr-

---

38 „[D]enn Gott soll man trawen alleyn". WA 11: 275, 12; „Befehlen unnd wagen solltu vertrawen unnd dich drauff verlassen solltu nicht on alleyn auff Gott". WA 11: 275, 25–26. Berndt Hamm vermutet die Wurzel dieses „unbedingten Gehorsams und der vollkommenen Christusnachfolge" in der Frömmigkeitspraxis der Observanten. Vgl. dazu Berndt Hamm: Naher Zorn und nahe Gnade. Luthers frühe Klosterjahre als Beginn seiner reformatorischen Umorientierung. In: Athina Lexutt, Volker Mantey, Volkmar Ortmann (Hg.): Reformation und Mönchtum. Aspekte eines Verhältnisses über Luther hinaus. Tübingen 2008 (Spätmittelalter, Humanismus, Reformation 43), S. 103–143, hier S. 119f.

39 Mircea Muthu: Literatura română şi spiritul sud-est european [Rumänische Literatur und der südosteuropäische Geist]. Bucureşti 1976, S. 36; Dan I. Mureşan, Petre Năsturel: Du καθολικός βασιλεὺς à l'αὐθέντης καθολικός. Notes sur les avatars d'une idée politique. In: Emilian Popescu, Tudor Teoteoi, Mihai O. Căţoi (Hg.): Études Byzantines et Post-Byzantines. Bd. 5. Bucureşti 2011, S. 251–281, hier S. 272.

40 Michael Görz: Gottes Wort als Einleitung zum Handeln für den lutherischen Fürsten. In: Hans-Otto Mühleisen, Theo Stammen (Hg.): Politische Tugendlehre und Regierungskunst. Tübingen 1990 (Studia Augustana. Augsburger Forschungen zur europäischen Kulturgeschichte 2), S. 117–139, hier S. 119.

41 Berndt Hamm: Der frühe Luther. Etappen reformatorischer Neuorientierung. Tübingen 2010, S. 75, 77.

42 „Die Gebote [des Alten Testaments, Anm. d. Verf.] lehren und schreiben uns mancherlei gute Werke, aber damit sind sie noch nicht geschehen. [...] Darum sind sie nur dazu bestimmt, dass der Mensch drin sehe sein Unvermögen zu, dem Guten und lerne, an sich selbst zu verzweifeln [...]." WA 6: 23, 34–35.

43 Protul: Viaţa Sfântului Nifon (Anm. 27), Bd. 2, S. 135–137; Cantacuzinischer Anonymus: Istoria Ţării Româneşti (Anm. 27), S. 97; Radu Popescu: Istoriile Domnilor Ţărâi Rumâneşti [Die Geschichte der Herrscher der Walachei]. In: Mihail Gregorian (Hg.): Cronicari munteni. Bucureşti 1961, S. 225–577, hier S. 259f.

scher erhoben werden kann, ohne jegliche persönliche meritorische Leistung, allein aus Gottes Gnade, ja sogar gewissermaßen gegen den eigenen persönlichen Willen.

Erst aus dem Status des christlichen Herrschers heraus ergeben sich die Werke der Liebe. Basarab spricht von guten Werken als Werken der Gerechtigkeit, mit denen der Herrscher dem Willen Gottes entspreche, mit denen er aber Gott nicht zur Belohnung etwa in Form der Herrschaftsverleihung bewegen könne.[44] Die Werke als Entsprechung bilden den Unterschied zwischen schlechten „tyrannischen" und guten „christlichen" Herrschern:

> Siehe doch, mein geliebter Sohn, den großen König [Gott, Anm. d. Verf.], der uns so geliebt hat und uns zu irdischen Königen erhoben hat [...] und seinen Wunsch in uns gesetzt hat, dass wir auch noch zu himmlischen Königen werden; und dies werden wir auch sein. Solange wir tatsächlich bestrebt sind, ohne Unterlass das Gute zu tun, werden wir hier und in der Ewigkeit herrschen. Denn die Königreiche und die Herrschaft dieser Welt sind in seiner Hand und nur von seinem Willen abhängig und werden wegen unserer guten Bemühungen verliehen.[45]

„Verliehen" in dem Sinne, dass wir uns als Herrscher um gute Werke zu bemühen haben. Wir haben es folglich bei Basarab mit einer Werksfrömmigkeit *postponem*, aus dem Gnadenstatus heraus, nach dem Empfang der Gnade, zu tun, aber immerhin mit einer, die nach dem Muster Davids und der alttestamentlichen Könige Gott umstimmen kann. Von Johannes Chrysostomos und Agapetos übernimmt Basarab den Gedanken, dass wir uns durch gute Werke Gott zum Schuldner (*debitor*) machen.[46]

Der antimeritorische Gedanke Basarabs stimmt mit jenem Luthers nur in der Behauptung überein, dass kein Menschenwerk und kein Verdienst einen dazu berechtigen, Herrscher zu werden. Eine solche Ehre wird dem Menschen ausschließlich von Gott erwiesen. Basarab würde jedoch nicht so weit gehen – wie etwa Melanchthon in der *Confessio Augustana* –, die Rechtfertigung (bei Basarab die christliche heilsbringende Herrschaft) absolut von der Bedingung unserer Würdigkeit (*ex condicio-*

44 Basarab: Învățăturile (Anm. 31), S. 63.

45 „Vezi iubitul mieu, pre împăratul cel mare, care ne-au iubit și ne-au făcut și pre noi împărați pre pământu, ca și pre sine, și-i iaste voia să fim și în cer; și deaca vom vrea noi vom fi, numai să facem bine și vom fi împărați în véci. Însă împărățiile și domniile céste după pământu suntu în mâna și voia lui Dumnezeu și în nevoințile noastre céle bune se-au dat." Basarab: Învățăturile (Anm. 31), S. 9.

46 John Chrysostom: Commentary on the Psalms. 2. Bde. Hg. v. Robert C. Hill. Brookline 1998, S. 78; Agapetos: Ekthesis (Anm. 32), Kap. L, S. 73; Basarab: Învățăturile (Anm. 31), S. 204: „Deci, o suflete, împrumutează pre Dumnezeu pre pământu, ca să iai în cer plată după vrédnicie-ți și ți-l fă să-ți fie el ție dator, că bun datornic iaste. Și nu va prinde tagă, nici va zăbovi cu plata, ci-ți va plăti cu o sută de ori mai mult, și încă îți va da și dobândă viața cea de veci." [Oh, meine Seele, unserem Gott sollst du auf Erden borgen, um im Himmel nach deinen Verdiensten Zurückzahlung zu erhalten. Mach dir Gott zum Schuldner, da er ein ausgesprochen guter Schuldner ist. Er wird nicht überfällig und mit der Zahlung in Verzug kommen, sondern wird dir hundertmal mehr zurückzahlen und noch dazu das ewige Leben als Zins schenken.]

ne nostrae dignitatis) abzukoppeln.[47] Basarab deutet Matthäus 7,18 anders als Luther. Basarab ist wie Platon der Auffassung, dass Herrschaft eine schwere Bürde darstelle.[48] Darüber hinaus stelle sie sowohl eine Probe als auch eine Versuchung dar, die dem herausgeforderten Menschen die Chance gebe, sich zu bewähren und vor Gott zu bestehen: „Seht doch, wozu uns Gott in dieser Welt der Täuschung berufen hat, denn es handelt sich nicht um etwas, worauf wir ein Recht hätten, sondern um eine Versuchung, sodass Gott sehen kann, ob wir uns Mühe geben und uns anstrengen werden, seine Herde zu beschützen."[49]

In der Lehre über die Werkfrömmigkeit unterscheiden sich Basarab und Luther in der Beurteilung der Folgen des Sündenfalls. Während für Basarab der Sündenfall ‚nur' mit dem Tod bestraft werde,[50] ohne dass der Mensch seinen Status als Liebling, Freund und Genosse Gottes verlöre, hat für Luther der Sündenfall verheerende Konsequenzen für die Natur des Menschen.[51] Da der Mensch über die Schöpfung herrscht, ist er für Basarab ein Koregent, ein Genosse Gottes. Der Mensch ist als Mikrokosmos der Inbegriff der gesamten Schöpfung, und nicht einmal nach dem Fall verliert er seinen herausragenden ontologischen Status. Anders als bei Luther bildet der Tod für Basarab eine existenzielle und keine ontologische Folge. Der Mensch trägt nach dem Sündenfall weiterhin das unverwüstliche Bild Gottes in sich, wie der einflussreiche orthodoxe Theologe Nikolaos Kabasilas (gest. 1397) zeigte, der den Tod aristotelisch als ‚ἕξις' bezeichnete, also ethisch-existenziell und nicht ontologisch-naturgemäß.[52]

---

47 Berndt Hamm: Was ist reformatorische Rechtfertigungslehre? In: Zeitschrift für Theologie und Kirche 83 (1986), S. 1–38, hier S. 11.

48 Die Herrschaft beruht nach Platon auf einer doppelten Notwendigkeit: Einerseits ist sie notwendig, um den Untertanen zu helfen, ihre Nöte zu überwinden; andererseits ist sie eine Art Nötigung des Herrschers, sein Tun in den Dienst seiner Untertanen zu stellen, also unfreiwillig für den Vorteil anderer zu agieren. Vgl. dazu Platon: Der Staat. Übers. u. hg. v. Karl Vretska. Stuttgart 1982 (Reclams Universal-Bibliothek 8205), S. 112, 347.

49 „[V]edeți ce tocmeală ne-au dat noao Dumnezeu într-această lume înșelătoare și apoi iaste fără nici un temeiu, ce numai ce ne iaste ispitire, ca să vază cum ne vom nevoi și ne vom osteni să păzim turma lui." Basarab: Învățăturile (Anm. 31), S. 124.

50 „Deci, ia aminte, să știi câtă grijă are Dumnezeu pentru oameni, că zice prorocul: ‚Cu puțintel oarece l-ai mai micșorat decât îngerii?' Aici zice prorocul și grăiaște această micșorare, pentru că cu puțintel oarece au mai micșoratu Dumnezeu pre omu decât pre îngerii, pentru greșala și călcarea ce greși dentâi strămoșul nostru Adam în rai. Dar cu ce l-au micșorat puțintel decât pre îngeri? Micșoratu-l-au cu moartea!" [Und wisse, wie viel Gott für die Menschen gesorgt hat, denn der Prophet sagt: ‚Du hast ihn eine kleine Zeit niedriger sein lassen als die Engel.' (Ps 8, 5; Hebr 2, 7, Anm. d. Verf.). Hier meint der Prophet, diese unbedeutende Verkleinerung im Vergleich zu den Engeln sei aufgrund des Falls und des einstigen Verstoßes unseres Vorvaters Adam im Paradies geschehen. Aber womit wurde der Mensch ein bisschen kleiner als die Engel gestellt? Mit dem Tod wohl!] Basarab: Învățăturile (Anm. 31), S. 12.

51 Martin Luther: Die Freiheit eines Christenmenschen. In: Ders.: An den christlichen Adel deutscher Nation / Von der Freiheit eines Christenmenschen / Sendbrief vom Dolmetschen. Hg. v. Ernst Kähler. 2. Aufl. Stuttgart 2000 (Reclams Universal-Bibliothek 1578), S. 124–150, hier S. 141.

52 Antonie Plămădeală: Cuprinsul teologic al „Învățăturilor lui Neagoe Basarab" [Die theologischen Ideen der *Lehrworte Neagoe Basarabs*]. In: Studii Teologice 20 (1969), H. 3/4, S. 245–262, hier

Der Mensch ist, so Basarab, als Gottes Liebling zunächst zu nichts verpflichtet, um Herrschaft über die Schöpfung zu erhalten. Doch der Mensch hat seine Größe vergessen und sich auf die Machenschaften des Teufels eingelassen und diesem die Herrschaft über die Schöpfung überlassen. Die Herrschaft des Teufels in der Welt stellt jedoch ein bloßes Akzidens, keine Gegebenheit dar.[53] Dieser Situation steuert Gott entgegen, indem er Menschen auserwählt, denen er seine Herde anvertraut, sodass die Menschen wieder zu ihrem ursprünglichen Status der Freiheit und Seligkeit geführt werden:

> Denn auch wenn du ja Monarch oder Herr bist, das Gericht gehört Gott allein. Du bist letztendlich mit seiner Entscheidung und auf sein Geheiß zum Hirten und Verwalter seiner Werke [in der Welt; Anm. d. Verf.] eingesetzt worden. [...] [I]hr seid die Gesalbten Gottes und christliche Herrscher und Herren, die er sich aussucht, in eure Hand wird er die kaiserliche Herde Christi geben.[54]

Die Fürsten haben, wie erwähnt, kein besonderes Verdienst, das sie zur Herrschaft berechtigt. Wenn von Gott einmal auserwählt, befindet sich jedoch der Herrscher paradoxerweise im Besitz aller möglichen Berechtigung und Rechtfertigung, um zu handeln, wie es Luther in der Freiheitsschrift bezüglich des Christenmenschen auf den Punkt bringt: „Ein Christenmensch ist ein dienstbarer Knecht und jedermann untertan: insofern er frei ist, braucht er nichts zu tun, insofern er Knecht ist, muss er alles tun."[55] Dies zeigt sich äußerlich in den Taten, die vom christlichen Herrscher erwartet werden. Wenn der Herrscher diese Werke der Frömmigkeit und Gerechtigkeit nicht erfüllt, erfüllt er auch seine Funktion nicht. Der Herrscher ist, so Basarab, einerseits frei von Leistungen, da er Liebling, Genosse und Erbe Gottes ist, muss andererseits aber alles tun, sobald er herrscht, sich also aufopfern, sich in den Dienst der Mitmenschen stellen und ihnen beistehen.

S. 255; Muthu: Literatura română (Anm. 39), S. 39; Seraphim Joantă: Romania. Its Hesychast Tradition and Culture. St. Xenia Skete 1992, S. 92f.; Yannis Spiteris: Nicola Cabasila Chamaetos. In: Carmelo Giuseppe Conticello, Vassa Conticello (Hg.): La théologie byzantine et sa tradition. 2 Bde. Turnhout 2002, Bd. 2, S. 315–410, hier S. 364.

53 Im zweiten Teil der *Lehrworte* spricht Basarab durchaus über die schlimmen Folgen des Sündenfalls, wenn er anführt, dass Gott sein Angesicht von den Menschen abgewendet und sie aus dem Garten Eden vertrieben habe. In der postlapsarischen Geschichte haben sich die Menschen anstelle des „süßen" Angesichts Gottes das „Furcht erregende und finstere" Antlitz des Satans ansehen müssen. Diese Aussagen widersprechen dem biblischen Bericht nicht. Außerdem ist diese gesteigerte Dramatik dazu gedacht, die Kluft zwischen dem ursprünglichen paradiesischen Ideal und der bitteren historischen Realität zu verdeutlichen. Die Ankunft Christi hat, so Basarab, die Herrschaft des Teufels jäh beendet. Vgl. dazu Basarab: Învățăturile (Anm. 31), S. 109.

54 „Că măcară de eşti şi împăratu sau domnnu, iar judecata tot iaste a lui Dumnezeu şi cu porunca lui eşti pus păstor tu şi tocmitor faptelor lui. [...] [S]unteți unşii lui Dumnezeu şi împărați creştineşti şi domni pre carele va alége Dumnezeu şi va da în mâna lui să păzească turma cea împărătească a lui Hristos [...]." Basarab: Învățăturile (Anm. 31), S. 11, 123. Vgl. auch Agapetos: Ekthesis (Anm. 32), Kap. XXX, S. 68.

55 Luther: Die Freiheit (Anm. 51), S. 139.

Dort, wo er zeigt, dass die Werke nur eine Folge, eine Frucht des von Gott gegossenen Glaubens darstellen,[56] dass sie sich aus dem geschenkten Glauben ergeben, bezieht sich Luther auf Matthäus 7,18: „Ein guter Baum kann nicht arge Früchte bringen, und ein fauler Baum kann nicht gute Früchte bringen."[57] Wenn man bei dieser Aussage bleibt, sind die Früchte ein Beweis dafür, dass der Baum gut ist. Der gute Baum ist demnach Ursache für die guten Früchte, wodurch der Baum und nicht die Frucht maßgebend ist. Luther zitiert aber die wichtigen Verse Matthäus 7,19–20 nicht: „Ein jeglicher Baum, der nicht gute Früchte bringt, wird abgehauen und ins Feuer geworfen. Darum an ihren Früchten sollt ihr sie erkennen." Gerade auf diese Verse stützt sich Basarab in seinem Fürstenspiegel.[58] Er kommentiert:

> Seid also wachsam, meine Söhne, denn, wenn der Herr des Weinbergs kommen wird, soll er seinen Obstbaum in Blüte und mit Früchten vorfinden. Wenn er ihn in Blüte und mit Früchten vorfindet, wird er ihm Erbarmen entgegenbringen; er wird ihn mit einem Zaun schützen und die Vögel, die ihm schaden, wird er verscheuchen. Aber wenn er seinen Baum ohne Blüten und Früchte finden wird, wird er ihn hassen und wird den Schutzzaun auf der Stelle einreißen sowie die verheerenden schlimmen Vögel auf den Baum loslassen und wird diesen aus der Erde reißen und ihn in die Glut des ewigen Feuers werfen.[59]

Gott hat demzufolge gute Bäume gepflanzt und erwartet von ihnen gute Früchte. So sind auch alle Menschen gut, und man erwartet von ihnen gute Werke. Manche Früchte sind jedoch schlecht, obwohl der Baum eigentlich gut sein sollte. Die schlechten Früchte bezeugen also, dass der Baum faul geworden ist. In der Logik Basarabs sind die Früchte eher Zeugnisse als Folgen des guten Baums, das heißt, die Werke sind als Beweis der Qualität des Menschen unentbehrlich. Der Baum wird nicht durch seine Früchte besser, er wird allerdings durch seine guten Früchte als gut ausgewiesen. Die Früchte sind syllogistisch gesehen unentbehrlich für das Gutsein des Baumes. In der Hauptsache sind sich Basarab und Luther einig: Die Werke kommen aus der Freiheit des Menschen als Geschöpf Gottes hervor. Sie sind die Früchte der Freiheit und des Auserkorenseins und sie werden nicht geleistet, um die Gnade Gottes, die absolut frei geschenkt wird, zu erlangen, sondern um etwas aus der Fülle der Gnade, die einem zuteil wurde, an die Mitmenschen weiterzugeben.

Aus der Sicht der reinen orthodoxen Lehre über die Werke, die auf dem Brief des Jakobus 2,14–26 basiert, ist Neagoe Basarab ein unkonventioneller Theologe. Denn die orthodoxe Lehre besagt, dass man auch außerhalb des Gnadenstatus gute Werke vollbringen kann, die einem beim Jüngsten Gericht angerechnet werden. Mit

56 Ebd., S. 130; WA 6: 24, 5–35.

57 Luther: Die Freiheit (Anm. 51), S. 143.

58 Basarab: Învățăturile, 2001 (Anm. 37), S. 173.

59 „Deci, feții miei, privighiați ca, când u va veni Domnul viei, să afle pomul său cu rod și înflorit și cu poame. Deaca-l va afla înflorit și cu poame, lui îi va fi milă de dânsul și-l va îngrădi și-l va pązi de paserile cele rele și zvăpăiate. Iar de va afla pomul său făr' de roadă și neînflorit, el îl va urî și va sparge și gardul numaidecât, și va slobozi la dânsul paserile cele rele și cumplite, și-l va tăia den pământ, și-l va dezrădăcina, și-l va arunca în matca focului celui de veac." Basarab: Învățăturile, 2001 (Anm. 37), S. 280.

anderen Worten, auch Heiden, die Christus nicht kennen, können gute Werke vollbringen und durch diese die Erlösung erlangen, auch wenn sie sonst doch kein Teil des Neuen Bundes mit Gott sind. Was die Christen angeht, ist die orthodoxe Lehre deutlich auf den oben genannten Jakobus 2 zentriert: Sie besagt, dass der aktive Glaube des Christen die guten Werke darstelle, oder anders gesagt, ohne gute Werke gebe es keinen Glauben, denn der Glaube ohne gute Werke sei tot. So werden nach der orthodoxen Lehre gute Werke immer von Gott belohnt, sei es hier auf Erden, sei es im Himmel. Erst sie führen zur Aneignung der Gnade Christi und sind keine Frucht des Gnadenstatus. In diesem Punkt ist Basarab unkonventionell, weil er seinen Sohn lehrt, dass die guten Taten des Christen sich aus dem Gnadenstatus ergeben, der uns schon bei der Schöpfung zuteil wurde. Werke sind keine Ursache unserer Erlösung und Seligkeit, sondern ihr Ergebnis.

Trotz Unterschieden zu Luther kann man doch bemerkenswerte Parallelen in Basarabs Gedankengang aufzeigen. Die wichtigsten sind folglich, dass sowohl Luther als auch Basarab den Werken keine rechtfertigende und verdienstvolle Rolle beimessen und dass sie diese als Früchte des Gnadenstatus betrachten, in dem sich der Christenmensch im Allgemeinen (Luther) oder der christliche Herrscher (Basarab) befindet.

„Die Rechtfertigung selbst geschieht nie aus Werken, sondern immer ‚sola gratia'; doch wird sie zum Ursprung der guten Werke. Es ist das Heilswerk der Passion Jesu Christi und die durch den Heiligen Geist gestiftete Gemeinschaft der Gläubigen mit Christus, die Gottes Gnadengabe in ihrem Herzen wirksam werden und so aus der Rechtfertigung den Lebensweg der Heiligung samt allen guten Werken des inneren und äußeren Menschen hervorwachsen lassen – wie die guten Früchte aus dem guten Baum."[60] Diese durch den evangelischen Kirchenhistoriker Berndt Hamm beschriebene spätmittelalterliche katholische Haltung gegenüber den Werken, die Luther in vielerlei Hinsicht ebenfalls vertritt, trifft auch im Falle Basarabs zu. Der Herrscher kann durch nichts gerechtfertigt werden beziehungsweise zur Herrschaft keine Berechtigung aufweisen. Lediglich aus dem verheißungsvollen Stand eines christlichen Herrschers ergeben sich die Früchte der Werke und die Frömmigkeit. Diese sind die Bestätigung der guten Wahl Gottes. Oder anders gesagt: Gott setzt stets den Richtigen ein, um seine Pläne mit der Welt Wirklichkeit werden zu lassen. Deswegen stellt das Abfallen des Herrschers vom richtigen Handeln sowohl einen Verrat am Vertrauen Gottes in die Menschen als auch ein Verderben der ontologischen Anlage dar, die den Menschen durch den Schöpfungsakt eingepflanzt wurde.

Man kann folglich den Schluss ziehen, dass Basarab eher der typisch spätmittelalterlichen lateinischen Betonung der *sola gratia* in der Theologie Luthers nahesteht. Basarab folgt der völligen Abwendung Luthers von der traditionellen Soteriologie nicht, sondern bleibt weiterhin in der orthodoxen Frömmigkeit verankert, obwohl sich in manchen Zügen seine Lehre für die orthodoxe Theologie als unkonventionell erweist.

---

60 Hamm: Der frühe Luther (Anm. 41), S. 253, 66–68, 75–77, 84.

5. Ein unerschlossenes Feld

Im Folgenden soll die Frage gestellt werden, ob die Parallelen in der theologischen Argumentation bei Luther und Basarab reiner Zufall sind. Die neuere Forschung weist auf ein Dokument aus dem Jahr 1532 hin, das belegen soll, dass Luther Besuch von einem Walachen bekam, der im Sinn hatte, das Evangelium und die paulinischen Briefe ins Rumänische zu übersetzen:

> Dives quidam doctor ex Walachia, vir canus, qui non germanice, sed latine et polnice loquitur, venit Wittembergam, ut videat audiatque Martinum Lutherum, vultque quattuor Evanghelia et Paulum in lingua walachica, polnicaque et theutonica excudi curare, quasi Cracoviae in Universitate tam eruditi doctores non sint. Miror tamen senem doctorem sic infatuari a seductore isto et tam longe ex sua provincia Wittembergam evocari. Datum feria 2 post Laetare 1532.[61]

Auch wenn man diesen Besucher bis heute nicht identifizieren konnte, ist die Tatsache des Besuchs einer Person aus der Walachei bei Luther bedeutsam, weil sie darauf hinweist, dass man auch in den Donaufürstentümern über Luthers reformatorische Lehren Bescheid wusste. Obwohl die Episode elf Jahre nach dem Tod Basarabs geschah, spricht nichts dagegen, dass schon in den 1510er-Jahren Nachrichten über die Kirchenreformen im Römisch-deutschen Reich in die Walachei gelangten und dass die dortigen politischen Kreise mehr oder weniger über die Lage in Mitteleuropa informiert waren.[62]

Die Quellen dokumentieren auf jeden Fall, dass die Walachei[63] als eine Drehscheibe diplomatischen Austausches zwischen den Osmanen, Polen und Ungarn fungierte. Die europäischen Gesandtschaften, die in Bukarest oder Târgovişte auf ihrer Reise Unterkunft fanden, wurden gezielt über die Situation in ihren Ländern, in Europa und in Istanbul ausgefragt. Sie waren dazu angehalten, den walachischen Hof über ihre Angelegenheiten zu informieren.[64] Das walachische Fürstentum war jedoch kei-

61 Acta Tomiciana. Tomus quartus decimus (XIV) epistolarum, legationum, responsorum, actionum et rerum gestarum serenissimi principis Sigismundi Primi Regis Poloniae Magni Ducis Lithuaniae, 1532, edidit Vladislaus Pociecha. Posnanie 1952, S. 203. Hinweis und Zitat bei Daniel Benga: David Chytraeus (1530–1600) als Erforscher und Wiederentdecker der Ostkirchen. Seine Beziehungen zu orthodoxen Theologen, seine Erforschung der Ostkirchen und seine ostkirchlichen Kenntnisse. Diss. Erlangen 2001, S. 30. Seinerseits ist Daniel Benga einem Hinweis des rumänischen Historikers Şerban Papacostea nachgegangen, vgl. dazu Şerban Papacostea: Nochmals Wittenberg und Byzanz. Die Moldau im Zeitalter der Reformation. In: Archiv für Reformationsgeschichte 61 (1970), S. 248–262, hier S. 251–253.

62 Şerban Papacostea vermutet ebenfalls, dass die Diffusion reformatorischen Gedankenguts in den rumänischen Fürstentümern nicht erst mit dieser Episode begann, vgl. Papacostea: Nochmals Wittenberg (Anm. 61), S. 251.

63 Ebenso die Moldau, vgl. dazu ebd., S. 248.

64 Eudoxiu Hurmuzaki (Hg.): Documente privitoare la Istoria Românilor [Dokumente zur Geschichte der Rumänen]. 35 Bde. Bucureşti 1887–1942, Bd. 2, Teilbd. 3: 1510–1530, hg. v. Eudoxiu Hurmuzaki, Nicolae Densuşianu. Bucureşti 1892, Nr. 83, S. 79, Nr. 136, S. 147. Das war z. B. der Fall bei dem polnischen Gesandten Georg Krupski, der im Jahre 1512 auf dem Weg nach Istanbul Gast Basarabs gewesen war. Anscheinend wurde die Hauptstadt Basarabs, Târgovişte, zu jener Zeit

neswegs nur eine Station, sondern oftmals Destination polnischer oder ungarischer Gesandtschaften, wie etwa 1520, als ein Ungar namens Horwath dem Fürsten Basarab Informationen hinsichtlich der Pläne seines Königs für eine antiosmanische Offensive überbrachte.[65] Könnte auch Luthers Stellungnahme gegen die Kreuzzugspläne Leos X. und der Venezianer Thema dieser Unterhaltungen gewesen sein?

Im Jahre 1519 erreichte auch eine Gesandtschaft des walachischen Fürsten die römische Kurie,[66] zu einer Zeit also, als Luthers ‚Ketzerei' gegen Ablässe, Fegefeuer, Verdienste und die Macht der Konzile in Rom bereits hohe Wellen schlug. Ein Jahr früher, am 26. April 1518, fand die Heidelberger Disputation statt, wo der Grundstein der Rechtfertigungslehre Luthers gelegt wurde. Hier formulierte Luther die Grundzüge seiner *theologia crucis* über die Sündhaftigkeit der Menschennatur, den gebundenen, unfreien Willen, die Alleinwirksamkeit der Gnade in und durch den Glauben und die soteriologische Zentralität des Opfers Christi, die er der *theologia gloriae* der Scholastik gegenüberstellte. Wäre es möglich, dass die zurückgekehrten Gesandten ihrem walachischen Herrn etwas von diesen Unruhen und Luthers Gedanken berichteten?

Wir wissen, dass Neagoe Basarab gebildet war und dass er seine Kindheit im Kloster Bistritz, der Stiftung seiner Familie, verbrachte.[67] Er kam somit in den Genuss der reich ausgestatteten Bibliothek des Klosters. Bis heute sind Bücher erhalten, die Randnotizen aus der Feder Basarabs überliefern.[68] Wir wissen auch, dass der Fürst an den theologischen Unterschieden zwischen Katholizismus und Orthodoxie interessiert war: Er gab um 1515 bei dem gelehrten Großrhetor der Hagia Sophia zu Istanbul, Manuel von Korinth (gest. ca. 1530), ein kurzes systematisches Traktat in Auftrag, das diese Unterschiede ausführen und erläutern sollte.[69] Ausgerechnet die *merita*-Theologie der katholischen Kirche wird in diesem Traktat scharf angeprangert.[70] Ebenso bekannt ist, dass Neagoe Basarab als Kind in Begleitung seines Vaters und seines Onkels Hermannstadt und Kronstadt, die späteren Zentren des sie-

---

zum Treffpunkt christlicher Gesandtschaften auf dem Weg zur Hohen Pforte, um ein gemeinsames Auftreten vor dem Sultan abzusprechen, vgl. ebd., Nr. 139, 151, 140, 152.

65 Ionescu: Neagoe Basarab (Anm. 6), S. 670; Constantin Şerban: Protocolul şi ceremonialul diplomatic la curtea lui Neagoe Basarab [Diplomatisches Zeremoniell und Protokoll am Hofe Neagoe Basarabs]. In: Societatea culturală „Neagoe Basarab" din Curtea de Argeş (Hg.): Neagoe Basarab 1512–1521. La 460 de ani de la urcarea sa pe tronul Ţării Româneşti. Bucureşti 1972, S. 51–61, hier S. 56f.

66 Hurmuzaki, Densuşianu (Hg.): Documente, 1510–1530 (Anm. 64), Nr. 224, S. 307–309; George Lăzărescu, Nicolae Stoicescu: Ţările Române şi Italia până la 1600 [Die rumänischen Fürstentümer und Italien bis 1600]. Bucureşti 1972, S. 97–99; Eugen Denize: Ţările Române şi Veneţia. Relaţiile politice (1441–1541) [Die rumänischen Fürstentümer und Venedig. Politische Beziehungen (1441–1541)]. Bucureşti 1995, S. 186.

67 Toma: Domnia în concepţia (Anm. 8), S. 8; Radu Ş. Vergatti: Neagoe Basarab. Viaţa, opera, domnia [Neagoe Basarab. Leben, Werk, Regierungszeit]. 2. Aufl. Curtea de Argeş 2009, S. 38f.

68 Nicolae-Ş. Tanaşoca (Hg.): Scrisoarea marelui ritor al Patriarhiei Ecumenice Manuil din Corint către Neagoe Basarab [Der Brief des Großrhetors Manuel von Korinth an Neagoe Basarab]. In: Tabor 8 (2011), S. 5–15.

69 Ebd., 137^{r}.

70 Ebd., 139^{v}.

benbürgischen Luthertums, mehrmals besuchte und zeit seines Lebens einen regen Briefwechsel mit den Patriziern dieser Städte unterhielt.[71] Vom humanistischen Pragmatismus geprägte, reformatorische Ideen fanden schon früh im 16. Jahrhundert Eingang in das mit dem deutschen Raum eng verbundene Siebenbürgen.[72]

Während der Transfer reformatorischen Gedankenguts aus Wittenberg nach Ungarn und Siebenbürgen bereits in den frühen Jahren nach 1517 ausgiebig in der Forschung diskutiert worden ist, gibt es kaum Studien über eine mögliche Ausstrahlung jenseits der siebenbürgischen Grenzen. Bisher liegen nur die Studien von Şerban Papacostea und Hugo Weczerka über die Reformation in der Moldau des 16. und 17. Jahrhunderts, die einigermaßen das Thema anreißen, vor.[73] Die weitaus wichtigere Rolle dieser Studien aus den 1950er und 1960er Jahren besteht allerdings darin, dass gezeigt wird, wie einseitig die bisherige Reformationsforschung gewesen ist. Man nahm mehr oder weniger ausdrücklich an, dass die Karpaten wie eine natürliche Barriere gewirkt hätten, welche die Verbreitung reformatorischer Ideen in den Osten und Süden bis zum Ende des 16. Jahrhunderts hinausgezögert hat.

Wenn man jedoch die Lage der Donaufürstentümer, der Königreiche Ungarn und Polen sowie der deutschen Städte Leipzig, Nürnberg oder Augsburg am beginnenden 16. Jahrhundert vor Augen hat,[74] versteht man, dass die Karpaten keineswegs ein Hindernis, sondern „Rückgrat"[75] eines zusammenhängenden Kommunikations-, Mobilitäts- und Austauschraumes gewesen sind. Die kulturelle Permeabilität solcher geographischen ‚Grenzen' wie der Donau, der Karpaten oder des Schwarzen Meeres wurde in der Reformationsforschung bislang ziemlich unterschätzt.

Die Quellen, die bislang erschlossen worden sind, bieten relativ wenige konkrete Informationen hinsichtlich einer frühen (1517–1521) Ausstrahlung reformatorischer Ideen nach Südosteuropa. Sogar für Länder, die mit dem deutschen Raum viel enger als die Donaufürstentümer verbunden waren, haben wir Schwierigkeiten, sichere Aussagen über die frühe Wirkung Wittenbergs zu machen. Und dennoch

71 Vergatti: Neagoe Basarab (Anm. 67), S. 17.

72 Rosa Del Conte: Presenza italiane sullo sfondo dei fermenti ereticali del XVI secolo in Transilvania e Moldavia. In: Cultura neolatina 30 (1970), H. 3, S. 1–22; Ulrich A. Wien: Die Humanisten Johannes Honterus und Valentin Wagner als Vertreter einer konservativen Stadtreformation in Kronstadt. In: Volker Leppin, Ulrich A. Wien (Hg.): Konfessionsbildung und Konfessionskultur in Siebenbürgen in der Frühen Neuzeit. Stuttgart 2005 (Quellen und Studien zur Geschichte des östlichen Europa 66), S. 88–104; Thomas Wilhelmi: Korrespondenz siebenbürgischer Gelehrter mit deutschen Gelehrten – Skizze eines Projekts. In: ebd., S. 133f.

73 Şerban Papacostea: Moldova în epoca reformei [Die Moldau im Zeitalter der Reformation]. In: Studii. Revistă de istorie 11 (1958), H. 4, S. 55–76; Hugo Weczerka: Das mittelalterliche und frühneuzeitliche Deutschtum im Fürstentum Moldau. München 1960 (Buchreihe der Südostdeutschen Historischen Kommission 4).

74 Samuel Goldberg: Die Rolle der Siebenbürgisch-sächsischen Städte in den Handelsbeziehungen zur Moldau und zur Walachei im Mittelalter. In: Paul Philippi (Hg.): Siebenbürgen als Beispiel europäischen Kulturaustausches. Köln u. a. 1975, S. 11–18, hier S. 11.

75 „Die Karpaten, mit ihren 15 Pässen, die den Zugang zu den rumänischen Ländern und ins Banat öffneten, bildeten kein Hindernis, sondern waren im Gegenteil das Rückgrat dieses ständigen Austausches und einer der wesentlichen Faktoren für die Blüte der siebenbürgisch-sächsischen Städte", ebd., S. 13.

können wir zumindest Stoßrichtungen skizzieren, Quellen nennen, Sachverhalte beschreiben, welche die künftige Forschung, die sich des erwähnten Desiderats annehmen wird, berücksichtigen könnte.

6. Siebenbürgen und Polen als kulturelle Drehscheiben

Für die Beziehungen der Walachei und der Moldau zum Westen im Allgemeinen und zu vorreformatorischen, humanistischen und reformatorischen Entwicklungen waren das Königreich Ungarn bzw. das Fürstentum Siebenbürgen und das Königreich Polen (mit seinen wichtigen Städten Krakau/Kraków und Lemberg/Ľviv/Lwów) von maßgeblicher Bedeutung.[76]

Allgemein bekannt sind die intensivsten Verbindungen aller Art zwischen dem durch das westliche Christentum geprägten Siebenbürgen und den walachischen und moldauischen, durch das östliche Christentum geprägten Fürstentümern jenseits der Karpaten.[77] Man darf nicht vergessen, dass in den Austauschprozessen zwischen Siebenbürgen, der Moldau und der Walachei nicht nur Handel und Verkehr, sondern auch Migrationen eine entscheidende Rolle spielten. Sowohl in der Moldau als auch in der Walachei sind ab dem 13. Jahrhundert Einwanderungsströme deutschstämmiger Kolonisten aus Siebenbürgen zu verzeichnen. Sie trugen vornehmlich zur Entstehung einer in Ansätzen urbanen, bürgerlichen Kultur bei.[78] Diese neuen Märkte, Städte und Gemeinden standen in engem Kontakt zur siebenbürgischen Heimat und sollten sich im Konfessionalisierungszeitalter[79] ebenfalls zur Reformation bekennen.[80]

Die deutschsprachigen Gemeinden in der Walachei und der Moldau blieben folglich mit der alten Heimat in Verbindung und trugen entscheidend dazu bei, dass auch die Bürgerschaft der walachischen Kleinstädte offen für neue Ideen, Trends und Entwicklungen war. Dies trifft besonders im Fall des reformatorischen Gedankengutes zu, welches in Siebenbürgen bereits vor 1520 eingezogen war.[81] Durch die ‚siebenbürgische Verbindung' waren die Eliten der Walachei und der Moldau stets

76 Papacostea: Moldova (Anm. 73), S. 56.

77 Fritz Valjavec: Geschichte der deutschen Kulturbeziehungen zu Südosteuropa. II: Reformation und Gegenreformation. München 1955, S. 191; Krista Zach: Konfessionelle Pluralität, Stände und Nation. Ausgewählte Abhandlungen zur südosteuropäischen Religions- und Gesellschaftsgeschichte. Münster 2004 (Religions- und Kulturgeschichte in Ostmittel- und Südosteuropa 6), S. 107.

78 Weczerka: Deutschtum (Anm. 73), S. 109–127; Hugo Weczerka: Die deutschrechtliche Stadt des Mittelalters und das Städtewesen in der Walachei und der Moldau. In: Philippi (Hg.): Siebenbürgen als Beispiel (Anm. 74), S. 1–10, hier S. 3; Constantin Pătuleanu: Die Begegnung der rumänischen Orthodoxie mit dem Protestantismus (16. bis 20. Jahrhundert). Hamburg 2000 (THEOS Studienreihe Theologische Forschungsergebnisse 40), S. 42f.

79 Zur Konfessionalisierung Siebenbürgens siehe Leppin, Wien (Hg.): Konfessionsbildung und Konfessionskultur (Anm. 72).

80 Weczerka: Deutschtum (Anm. 73), S. 188–196.

81 Krista Zach: Zur Geschichte der Konfessionen in Siebenbürgen im 16. bis 18. Jahrhundert. In: Südostdeutsches Archiv 24–25 (1981–1982), S. 40–89, hier S. 57.

auf dem Laufenden über das, was sich in Mittel- und Westeuropa ereignete. Sobald man in Ofen/Buda, in Klausenburg/Cluj-Napoca, Hermannstadt, Kronstadt oder Bistritz Neuigkeiten aus dem Reich erfuhr, dauerte es nicht lange, bis sie auch den Weg durch die Karpatenpässe in die Moldau oder die Walachei fanden. Die deutschen Gemeinden jenseits der Karpaten bekannten sich unmittelbar nach den Hermannstädtern oder Kronstädtern zur Reformation und trugen durch ihre Entscheidung dazu bei, dass reformatorisches Ideengut auch in den städtischen, mehrheitlich orthodoxen Kreisen Widerhall fanden. Ebenso wie in Polen blieb die Option für das Luthertum in der Walachei und der Moldau am Anfang auf den deutschen Kulturkreis beschränkt, in dem Sinne, dass sich in diesen Ländern überwiegend die deutschsprachigen Siedler und Gemeinden zur Reformation bekannten.[82]

Die Affinität zwischen reformatorischem Bestreben und städtischer Gesellschaft war in der Moldau beispielsweise so stark, dass breite Schichten nicht nur der deutschsprachigen Bevölkerung vom freiheitlichen Versprechen der Reformation angelockt wurden.[83] Das erste konfessionelle Projekt einer evangelisch-lutherischen Territorialherrschaft nach deutschem Muster in Osteuropa, die Reform des moldauischen Fürsten Jakob Heraclides Despota (1561–1563),[84] fand eine tatkräftige Unterstützung ausgerechnet bei der wohlhabenden städtischen Bevölkerung des Landes.[85] Die Moldau hatte genau wie Siebenbürgen auch für vorreformatorische Strömungen, namentlich für das Hussitentum, als Zufluchtsort gedient.[86] Eine gewisse Neigung der orthodoxen Rumänen in den Donaufürstentümern zur vorreformatorischen und reformationstypischen Abendmahl- und Papstkritik könnte man wohl durch die traditionell misstrauische Haltung aller Orthodoxen gegenüber der lateinischen Kirche und Praxis, insbesondere ihrer Papstprimat-Ideologie, erklären. Diese Erklärung würde jedoch der komplexen Lage nicht gerecht werden. Es muss auch eine direkte, bewusste Wirkung aus Mittel- und Ostmitteleuropa gegeben haben, nicht nur ei-

---

82 Ambroise Jobert: De Luther à Mohila. La Pologne dans la crise de la Chrétienté, 1517–1648. Paris 1974, S. 45.

83 Melanchthon begrüßte 1539 das Vordringen der reformatorischen Lehre bei den Walachen, und der Hermannstädter Reformator Johannes Honterus (ca. 1498–1549) sprach 1544 über die Verkündung des Evangeliums bei den siebenbürgischen Walachen, Papacostea: Moldova (Anm. 73), S. 60.

84 Johannes Sommer: De clade Moldavica elegiae XV / Vita Jacobi Basilici Heraclidis Despotae. Hg. v. Lore Poelchau. Heidelberg 2001 (Biblioteca Neolatina 8).

85 Papacostea: Moldova (Anm. 73), S. 62 u. 69.

86 Karl K. Klein: Beiträge zur Geschichte des Protestantismus in der Moldau. Bd. 1. Bukarest 1924, S. 5; Ioan V. Leb: Relațiile husiților cehi cu Patriarhia Constantinopolului în secolul al XV-lea [Die Beziehungen der Hussiten zum Konstantinopler Patriarchat im 15. Jahrhundert]. In: Studii Teologice 30 (1978), S. 254–263, hier S. 255, 258; Mihály Bucsay: Der Protestantismus in Ungarn 1521–1978. Teil I: Im Zeitalter der Reformation, Gegenreformation und katholischen Reform. Wien u. a. 1977 (Studien und Texte zur Kirchengeschichte und Geschichte), S. 37, 39; Peter F. Barton: Die Geschichte der Evangelischen in Österreich und in Südostmitteleuropa. Wien 1985, S. 144; Márta Fata: Ungarn, das Reich der Stephanskrone, im Zeitalter der Reformation und Konfessionalisierung. Münster 2000 (Katholisches Leben und Kirchenreform im Zeitalter der Glaubensspaltung 60), S. 61f.

ne reaktiv-unbewusste.[87] Wie wäre es sonst zu deuten, dass all dies in den 1540er-, 1550er- und 1560er-Jahren zu einer regelrechten orthodoxen Gegenreformation mancher moldauischer Fürsten führte, die sich vor allem in den Verfolgungen, Hinrichtungen, Enteignungen usw. von deutschen ‚Häretikern' konkretisierte?[88]

Polen war mit der Moldau und der Walachei ebenfalls stark vernetzt, nicht nur im politischen Bereich – die polnischen Könige beanspruchten im Spätmittelalter und in der Frühen Neuzeit die Oberhoheit über die Woiwoden der Moldau –, sondern auch im wirtschaftlichen und kulturellen. Insbesondere Lemberg fungierte als Drehscheibe zwischen moldauischen oder walachischen Händlern, Gesandten oder Reisenden und polnischen beziehungsweise deutschen Kaufleuten.[89] Eine ergiebige Quelle an Erkenntnissen über den Transfer von Ideen in den ersten Jahren der Reformation stellt die oft angesprochene *academica peregrinatio* dar.[90] Die Matrikel der Universitäten Leipzig, Wittenberg, Heidelberg, Tübingen, Wien, Ingolstadt oder Krakau bieten Auskunft über die Kommunikationswege der Gelehrten und Studenten[91] zwischen Deutschland, Ungarn, Siebenbürgen und Polen.[92] Künftige Forschungen könnten aber eventuell auch Studierende und Gelehrte aus der Walachei oder der Moldau in der Zeitspanne zwischen 1517 und 1521 ausfindig machen. Die *peregrinatio academica* ist folglich für alle Untersuchungen der Auswirkung der frühen Reformation unentbehrlich.[93] Seit 1409 sind polnische Studenten aus Lemberg an der Universität Leipzig nachgewiesen; aus Siebenbürgen treffen die ersten Studenten in den 1440er-Jahren in Leipzig ein.[94] Bedenkt man die engen Verbindungen zwischen der Walachei, der Moldau, Siebenbürgen, Ungarn und Polen, insbesondere Lemberg, sind mögliche Kommunikationsstränge zwischen diesen Regionen leicht vorstellbar.

---

87 Papacostea: Moldova (Anm. 73), S. 61.

88 Ebd., S. 64–72.

89 Ute M. Schwob: Kulturelle Beziehungen zwischen Nürnberg und den Deutschen im Südosten im 14. bis 16. Jahrhundert. München 1969, S. 17f.; Valjavec: Kulturbeziehungen (Anm. 77), S. 195; Weczerka: Stadt (Anm. 78), S. 2.

90 Wolfgang Schmale: Eine transkulturelle Geschichte Europas – migrationsgeschichtliche Perspektiven, <http://ieg-ego.eu/de/threads/theorien-und-methoden/transkulturelle-geschichte/wolfgang-schmale-eine-transkulturelle-geschichte-europas-migrationsgeschichtliche-perspektiven> (abgerufen am 23.10.2014), § 21.

91 Mircea Păcurariu: Istoria Bisericii Ortodoxe Române [Geschichte der Rumänisch-Orthodoxen Kirche]. Bd. 1. Bukarest 1991, S. 497.

92 Ádám Dankanits: Lesestoffe des 16. Jahrhunderts in Siebenbürgen. Bukarest 1982, S. 21. Siebenbürgische Studenten sind bereits im Spätmittelalter an deutschen Universitäten oder an der Universität Krakau anzutreffen, Matthias Asche: Bildungsbeziehungen zwischen Ungarn, Siebenbürgen und den deutschen Universitäten im 16. und frühen 17. Jahrhundert. In: Wilhelm Kühlmann, Anton Schindling (Hg.): Deutschland und Ungarn in ihren Bildungs- und Wissenschaftsbeziehungen während der Renaissance. Stuttgart 2004 (Contubernium. Tübinger Beiträge zur Universitäts- und Wissenschaftsgeschichte 62), S. 27–52, hier S. 27, 33.

93 Dazu auch Theodor Wotschke: Geschichte der Reformation in Polen. Leipzig 1911, S. 41. Zu Siebenbürgen siehe auch Zach: Pluralität (Anm. 77), S. 112, 123.

94 Georg Erler: Die Matrikel der Universität Leipzig. Bd. 2: Die Promotionen von 1409–1559. Leipzig 1897, S. 90; Bd. 3: Register. Leipzig 1902, S. 810.

7. Kaufleute und Handelsrouten

Wie bereits angedeutet, bilden für den Donau-Karpaten-Raum und für die benachbarten Regionen die Handelsbeziehungen den Hauptfaktor der Vernetzung, Kommunikation und des Austausches, nicht nur von Gütern, sondern vor allem von Informationen und Ideen.[95] Hinzuweisen ist auf die wichtige Rolle, welche die Kaufleute bei der Verbreitung frühreformatorischer Ideen in Polen gespielt haben.[96] Deswegen müssen sie in einer Untersuchung des Transfers von reformatorischem Gedankengut in den Jahren der Entstehung der *Lehrworte an Theodosius* meines Erachtens an erster Stelle berücksichtigt werden: „Neben den Klerikern wirkten als wichtige Ideenvermittler auch die Kaufleute, die die Märkte zu Krakau, Wien, Breslau, Nürnberg, Frankfurt am Main, Leipzig und Frankfurt an der Oder besuchten. Sie erhielten von fahrenden Studenten, Buchhändlern oder ihren Geschäftspartnern Informationen über die Fortschritte der Reformation [...]."[97]

Kaufleute brachten 1519 die ersten lutherischen Schriften von der Leipziger Messe nach Siebenbürgen.[98] Kaufleute waren es, die Nachrichten über die Umwälzungen im Reich verbreiteten. Die Handelsrouten der siebenbürgischen deutschen Städte erstreckten sich bis zum Schwarzen Meer und – in entgegengesetzter Richtung – bis nach Leipzig, Nürnberg oder Augsburg, allesamt wichtige Zentren der Reformation.[99] Ebenso waren Kaufleute aus der Walachei und der Moldau in Siebenbürgen präsent, wo sie sich nicht selten an (kirchen-)politischen Debatten beteiligten. Johannes Honterus berichtet in den Jahren der Kronstädter Reformation über die zahlreiche Präsenz ‚muntenischer' (‚Muntenia' ist einer der rumänischen Namen der Walachei) Kaufleute in Kronstadt, die sich nebst Griechen, Bulgaren und Moldauern in die heftigen Diskussionen über Kirchlichkeit und kirchliches Leben einbrachten.[100]

In diese wirtschaftlichen Netzwerke reihen sich ebenfalls wandernde Handwerker und Handwerksgesellen ein, die auf ihrem Weg in die für den Transithandel wichti-

---

95 Peter F. Barton: Martin Luther und der Südosten. In: Georg u. Renate Weber (Hg.): Luther und Siebenbürgen. Ausstrahlungen von Reformation und Humanismus nach Südosteuropa. Köln u. a. 1985, S. 3–35, hier S. 20; Schmale: Geschichte Europas (Anm. 90), § 19.

96 Wotschke: Geschichte (Anm. 93), S. 7.

97 Bucsay: Protestantismus (Anm. 86), S. 43. Dazu auch Heinz Scheible: Melanchthons Beziehungen zum Donau-Karpaten-Raum bis 1546. In: Weber (Hg.): Luther und Siebenbürgen (Anm. 95), S. 36–67, hier S. 43f.

98 Erich Roth: Die Reformation in Siebenbürgen. Ihr Verhältnis zu Wittenberg und der Schweiz. Teil I: Der Durchbruch. Köln u. a. 1962, S. 9; Zach: Pluralität (Anm. 77), S. 113.

99 Weczerka: Deutschtum (Anm. 73), S. 46–52; Tibor Fabiny: Luthers Beziehungen zu Ungarn und Siebenbürgen. In: Helmar Junghans (Hg.): Leben und Werk Martin Luthers (1526 bis 1546). Göttingen 1983, S. 641–646. Zur bedeutenden Rolle, die Nürnberg in der siebenbürgischen Reformation gespielt hat, siehe Ludwig Binder: Neuere Forschungsergebnisse zur Reformation in der Siebenbürgisch-sächsischen Kirche – Darstellung und Kritik. In: Weber (Hg.): Luther und Siebenbürgen (Anm. 95), S. 95–113, hier S. 99.

100 Papacostea: Moldova (Anm. 73), S. 61.

gen Donaufürstentümer nicht nur ihr handwerkliches Geschick mitbrachten, sondern auch Neuigkeiten aus Mitteleuropa übermittelten.[101]

Für dieses Forschungsfeld bilden die Rechnungsbücher der siebenbürgischen Städte Hermannstadt, Kronstadt, Bistritz usw. eine nicht einmal annähernd ausgeschöpfte Quelle, denn die Rechnungen geben Auskunft über Handelspartner, über Geschäftsreisen, über die jeweiligen Kontakte der Händler oder über die Waren, die sie kauften oder verkauften.[102]

8. Ausblick

Ich habe in diesem Beitrag versucht, eine mögliche Annäherung an eine wenig erforschte, jedoch – wie das politische Traktat des Neagoe Basarab zeigt – wichtige Problematik kultureller Transferprozesse im Europa der Frühen Neuzeit zu skizzieren: Wie früh tritt das reformatorische Gedankengut in Kontakt mit der orthodoxen Welt?

Es liegt auf der Hand, dass der Donau-Karpaten-Raum beziehungsweise die Donaufürstentümer durch ihre Pluralität, Komplexität, Verflochtenheit und Positionierung im europäischen Gesamtraum historisch den optimalen Kontext für einen Transfer dieser Art boten; daher ist gezielte Forschung in dieser Richtung wünschenswert und notwendig. Freilich muss eine solche Analyse auch Schwierigkeiten in Kauf nehmen, und dabei meine ich nicht nur das für die Jahre 1517–1520 spärliche Quellenmaterial: Auch die wenigen Quellen, die wir besitzen, müssen kritisch betrachtet und dürfen nicht überinterpretiert werden.

Ein strukturelles Problem besteht in der prinzipiell misstrauischen und zurückhaltenden Haltung aller Orthodoxen, also auch jener der Walachei und Moldau, gegenüber Entwicklungen, Phänomenen oder Einflüssen aus der lateinischen Kirche; die Frühreformation erschien in den Augen der Zeitgenossen eher als Disput innerhalb der lateinischen Kirchlichkeit, daher könnte sie in den Augen orthodoxer Zeitgenossen aus (Süd-)Osteuropa auf prinzipielle Ablehnung und Indifferenz gestoßen sein. Ich habe bereits dargelegt, dass die Anhänger der Reformation im Fürstentum Moldau der 1540er- bis 1560er-Jahre als „Ketzer" abgestempelt wurden und als solche auch Opfer von Verfolgungen waren. Solche Zusammenhänge müssen uns, wie gezeigt, zur Vorsicht veranlassen.

Herauszugreifen sind z. B. die Matrikel der deutschen Universitäten, in denen man versuchen könnte, Studenten aus der Walachei oder der Moldau zu identifizieren, um somit eine transferleistende *peregrinatio academica* auszumachen: Zwischen dem deutschen Raum und den beiden außerkarpatischen Donaufürstentümern bestand eine doppelte Sprachbarriere: jene der deutschen und jene der lateinischen Sprache. In der Walachei und der Moldau des 14.–16. Jahrhunderts war die Amts- und Kultursprache das Kirchenslawische. Um reformatorische Ideen zu rezipieren,

101 Ebd., S. 57, 61; Wotschke: Geschichte (Anm. 93), S. 7; Weczerka: Stadt (Anm. 78), S. 5f.
102 Goldberg: Rolle (Anm. 74), S. 13.

hätte man Übersetzungen ins Rumänische oder zumindest ins Kirchenslawische gebraucht, die für die genannte frühe Zeitspanne noch nicht identifiziert worden sind. Es gab wohl einzelne Kenner des Lateinischen in diesen beiden Donaufürstentümern, welche die Korrespondenz mit den abendländischen Kanzleien und Partnern abwickelten, von einer verbreiteten Kenntnis des Lateinischen in diesen Ländern kann allerdings schwerlich gesprochen werden. Daher könnte eine gründliche Analyse der Matrikel zu dem Ergebnis führen, dass in den 1510er-Jahren kein einziger Student aus der Walachei oder der Moldau an den für das reformatorische Geschehen einschlägigen Universitäten studierte. Man muss noch dazu bedenken, dass sich nicht alle Studenten immatrikulierten, dass nicht alle Orte der Matrikel einwandfrei auf der Karte des frühneuzeitlichen Europas identifizierbar sind und dass sich viele falsche Zuschreibungen von Namen oder Provenienz in die Matrikel einschlichen,[103] was jedoch nicht unbedingt einen möglichen Transfer in Frage stellen würde, angesichts der Vielfalt anderer genannter Kommunikationskanäle. Es muss geklärt werden, ob solche dogmatisch-theologischen Parallelen, die ich angedeutet habe, Zufall sind oder – wenn nicht – wie sie in das Werk eines Autors eingeflossen sind, dessen ‚Orthodoxie' von den ostkirchlichen Kreisen als einwandfrei eingestuft und mit der Heiligsprechung ‚belohnt' wurde. Eine solche interdisziplinäre Annäherung zwischen Kultur-, Sozial-, Wirtschafts- und schließlich Kirchengeschichte wäre meines Erachtens der einzige plausible und erfolgversprechende Zugang zu einem Forschungsdesiderat, das noch auf eingehende Behandlung wartet.

103 András Szabó: Die Universität Wittenberg als zentraler Studienort im 16. Jahrhundert. In: Márta Fata, Gyula Kurucz, Anton Schindling (Hg.): Peregrinatio Hungarica. Studenten aus Ungarn an deutschen und österreichischen Hochschulen vom 16. bis zum 20. Jahrhundert. Stuttgart 2006 (Contubernium. Tübinger Beiträge zur Universitäts- und Wissenschaftsgeschichte 64), S. 54–63, hier S. 54.

Georg Ziaja

Die protestantischen Buchdrucker in Polen-Litauen im 16. Jahrhundert[1]

1. Einleitung

In der zweiten Hälfte des 16. Jahrhunderts beginnt in der Rzeczpospolita Polen-Litauen die kurze Blüte der Reformation, die der berühmte polnische Professor für Slawistik an der Friedrich-Wilhelms-Universität Berlin Aleksander Brückner sehr treffend so charakterisierte: „Słomiany ogień, rozdmuchany na chwilę do potwornych rozmiarów – oto polska reformacja" („Ein Strohfeuer für eine Weile zu einem riesigen Brand angefacht – das ist die polnische Reformation").[2]

In der Zeit von 1553 bis 1600 wurden in Polen-Litauen (ohne Preußen) zehn calvinistische und acht antitrinitarische Buchdruckereien sowie drei lutherische und eine Druckerei der Böhmischen Brüder gegründet, insgesamt 22 protestantische Werkstätten in fast fünfzig Jahren. Die erste calvinistische Druckerei der Rzeczpospolita wurde im Jahre 1553 in Brest/Brześć Litewski/Brestas eröffnet und nach dem Namen des Stifters „Drukarnia Radziwiłłowska" genannt; erster Buchdrucker war Bernard Wojewódka. Die erste antitrinitarische Druckerei wurde im Jahre 1562 in Nieśwież/Njasviž gegründet; erster Buchdrucker war Daniel z Łęczycy. Die Lutheraner haben schon etwas früher im Herzoglichen Preußen gedruckt (Königsberg/Kaliningrad 1523, Lyck/Ełk 1551), da dort die Lehre Luthers seit 1525 als Staatsreligion galt. Auch im Königlichen Preußen (Danzig/Gdańsk 1538, Elbing/Elbląg 1558 und Thorn/Toruń 1568) druckten die Lutheraner ihre Bücher. Ich begrenze mich aber in dieser Arbeit auf die rein polnisch-litauischen Gebiete, weil für Preußen bereits zahlreiche umfangreiche Untersuchungen existieren (unter anderem von Esther-Beate Körber).[3]

Von den 22 protestantischen Buchdruckereien in Polen-Litauen im 16. Jahrhundert arbeiteten dreizehn in Litauen und neun in Polen (fünf in Kleinpolen und vier in Großpolen). In Litauen druckte man vor allem im Auftrag der reichen Magnaten, z. B. in der „Drukarnia Radziwiłłowska" (Radziwiłł-Druckerei) in Brest sowie in der „Drukarnia Zamkowa Jana Kiszki" (Schlossdruckerei von Jan Kiszka) in Łosk/Losk/Laskas. Die mit Abstand größte Werkstatt bezüglich der Auflage war die Druckerei

1 Dieser Beitrag basiert auf der Magisterarbeit des Verfassers: Der Einfluss der Reformation auf die Entwicklung des Buchdrucks in Polen. Johann Wolfgang Goethe-Universität Frankfurt am Main 1999.

2 Aleksander Brückner: Różnowiercy polscy [Die polnischen Andersgläubigen]. Warszawa 1962, S. 11.

3 Esther-Beate Körber: Öffentlichkeiten der Frühen Neuzeit. Teilnehmer, Formen, Institutionen und Entscheidungen öffentlicher Kommunikation im Herzoglichen Preußen von 1525 bis 1618. Berlin, New York 1998 (Beiträge zur Kommunikationsgeschichte 7).

Jahrbuch des BKGE 22 (2014), S. 213–235

der Calvinisten in Krakau/Kraków von Maciej Wirzbięta. Bevor die statistische Analyse fortgeführt wird, soll die Arbeit der drei berühmtesten protestantischen Buchdrucker des 16. Jahrhunderts in Polen-Litauen vorgestellt werden: Maciej Wirzbięta, der für die Calvinisten druckte, Aleksy Rodecki, der für die Antitrinitarier arbeitete, und Daniel z Łęczycy, der zuerst für die Calvinisten, dann für die Antitrinitarier und schließlich für die Katholiken die Bücher druckte.

2. Daniel z Łęczycy (Daniel aus Łęczyca)

Daniel wurde um 1530 geboren, also etwa im gleichen Jahr wie die größte Persönlichkeit des polnischen Humanismus, der Dichter Jan Kochanowski. Die Buchdruckerkunst erlernte er in Krakau, wahrscheinlich bei Markus (Marek) Scharffenberg.[4] Seine selbständige Tätigkeit als Drucker begann er um das Jahr 1557 in der inoffiziellen Hauptstadt der polnischen Calvinisten, im kleinpolnischen Pińczów (also dort, wo im Jahre 1560 der berühmteste polnische Reformator Johannes a Lasco [Jan Łaski] starb),[5] wo er bis 1562 blieb. Danach wanderte er nach Litauen aus. Dieser Schritt war wahrscheinlich finanziell bedingt, obwohl auch familiäre Probleme eine Rolle gespielt haben könnten, z. B. die Scheidung von seiner Frau im selben Jahr. In Pińczów plagten ihn ständig finanzielle Probleme, weil die Gemeinde nicht genug Geld besaß, um teure typographische Projekte zu realisieren und den Buchdrucker zu entlohnen. In Litauen arbeitete er zuerst für die Antitrinitarier in Nieśwież (1562–1571); sein Auftraggeber war Maciej Kawieczyński. Im Jahre 1571 bekam Nieśwież einen neuen Eigentümer, den konvertierten Katholiken Mikołaj Krzysztof Radziwiłł „Sierotka". Dieser vertrieb alle Antitrinitarier aus Nieśwież, darunter auch den Drucker. Sie gingen nach Zasław/Zaslaŭe, wo Szymon Budny (über ihn siehe unten) seine Pfarrei hatte, was aber nicht vollständig belegt ist. Einige Forscher – wie Stanisław Kot – meinen, die Werkstatt sei nach Uzda verlegt worden; für Zasław sprachen sich – neben anderen – Henryk Merczyng und Alodia Kawecka-Gryczowa aus; deren Meinung schließe ich mich an. In Zasław arbeitete Daniel in den Jahren 1571–1572.[6]

Die frühere Werkstatt in Nieśwież kaufte später einer der reichsten Magnaten Litauens, Jan Kiszka, der den Antitrinitarismus förderte und enge Kontakte zu Szymon Budny unterhielt. Die Druckerei wurde auf seinem Schloss in Łosk eingerichtet. Daniel z Łęczycy arbeitete hier im Jahr 1574. Danach zog er nach Wilna/Vilnius/Wilno und begann dort 1576 für Mikołaj Krzysztof Radziwiłł zu arbeiten. (An dieser Stelle ein Hinweis, weil wir drei Personen namens Radziwiłł mit demselben Vornamen Mikołaj aus der Zeit kennen: Mikołaj Krzysztof Radziwiłł „Sierotka" war Katholik; Mi-

4 Alodia Kawecka-Gryczowa: Drukarze dawnej Polski [Die Buchdrucker des alten Polen]. T. [Bd.] 5: Wielkie Księstwo Litewskie [Großfürstentum Litauen]. Warszawa 1959, S. 70.

5 Über das Leben und Wirken von Jan Łaski siehe Henning P. Jürgens: Johannes a Lasco in Ostfriesland. Der Werdegang eines europäischen Reformators. Tübingen 2002 (Spätmittelalter und Reformation. Texte und Untersuchungen, Neue Reihe 18).

6 Kawecka-Gryczowa: Drukarze (Anm. 4), S. 79.

kołaj Radziwiłł „Czarny" und Mikołaj Radziwiłł „Rudy" waren Calvinisten.) Zwei Jahre lang (1576–1578) druckte Daniel Bücher für die Katholiken in Wilna in der „Drukarnia Mikołaja Krzysztofa Radziwiłła", danach führte die Werkstatt zwei Jahre lang Jan Ślęcki und ab 1580 wieder Daniel. Nach religiösen Unruhen in Wilna (1580/81) wechselte Daniel zu den Calvinisten und wurde Drucker der Gemeinde. Seine Arbeitsstätte war die sogenannte „Drukarnia Zborowa" (Gemeindedruckerei) in Wilna. Schließlich, wahrscheinlich unter dem Einfluss seines Sohnes, der Jesuit wurde, konvertierte Daniel im Jahre 1591 zurück zum katholischen Glauben.[7] In den Jahren 1592–1594 leitete er die Werkstatt der Jesuiten „Drukarnia Akademicka" in Wilna, die gleichzeitig eine Universitätsdruckerei war. In den letzten Jahren seines Lebens gründete Daniel seine eigene Werkstatt in Wilna, wo er bis zu seinem Tod für die Katholiken arbeitete (1594–1600).

Es folgen eine Übersicht über alle Arbeitsstätten von Daniel z Łęczycy und eine kurze Charakteristik der einzelnen Werkstätten:
1. Pińczów, 1557–1562, für die kleinpolnischen Calvinisten,
2. Nieśwież, 1562–1571, für die Antitrinitarier (Maciej Kawieczyński),
3. Zasław, 1571–1572, für die Antitrinitarier (Maciej Kawieczyński),
4. Łosk, 1574, „Drukarnia Zamkowa Jana Kiszki" (Antitrinitarier),
5. Wilna, 1576–1578 und 1580, „Drukarnia Mikołaja Krzysztofa Radziwiłła" (Katholiken),
6. Wilna, 1582–1591, „Drukarnia Zborowa" (Calvinisten),
7. Wilna, 1592–1594, „Drukarnia Akademicka" (Katholiken),
8. Wilna, 1594–1600, eigene Werkstatt (Katholiken).

1. Pińczów, 1557–1562:
Neben vielen polemischen Schriften der Calvinisten wurden hier auch die Werke *Narratio simplex* von Andrzej Frycz-Modrzewski und *Trajedyia o mszej* („Eine Tragödie über die Messe") von Bernardino Ochino herausgegeben. Einen Skandal brachte die Veröffentlichung der Arbeit von Francesco Stancaro (Franciszek Stankar) *Collatio doctrinae Arrii, et Philippi Melanchthonis et sequatium*, weil sie ohne die Zustimmung der Gemeinde erschien. Die Mitglieder der Gemeinde verbrannten offiziell das Buch, und der Drucker wurde auf der Synode in Wodzisław am 29. Juni 1559 ermahnt.[8] Im Jahre 1562 gaben die Calvinisten eine gemeinsame Arbeit der Mitglieder der Gemeinde heraus: *Confessio de S. Trinitate*. Ende 1562, nach der Scheidung von seiner Frau, verließ Daniel Pińczów, aber die Werkstatt blieb bestehen, da sie nicht ihm, sondern seiner Frau Dorota gehörte.[9] In Pińczów druckte Daniel mindestens 25 Bücher (219 Druckbögen).

7 Ebd., S. 84.
8 Ebd., S. 73.
9 Henryk Barycz: Daniel z Łęczycy. In: Polski Słownik Biograficzny. Hg. v. PAN [Polnische Akademie der Wissenschaften], Instytut Historii. T. [Bd.] IV. Kraków 1938, S. 405f., hier S. 405.

2. Nieśwież, 1562–1571:
Der geistige Führer der Werkstatt war Szymon Budny, die originellste Persönlichkeit der litauischen Reformation, der, obwohl er aus Masowien stammte, fast sein ganzes Leben in Litauen zubrachte.[10] Neben seinen Schriften wurden in Nieśwież auch zahlreiche Werke von Grzegorz Paweł z Brzezin gedruckt, darunter 1564 *Prawdziwej nauki krześciańskiej krótkie opisanie* („Kurze Beschreibung der wahren christlichen Lehre"), *Antidotum contra articulos fidei novae* und *Różność wiary uczniów Stankarowych* („Die Verschiedenheit des Glaubens bei Schülern Stancaros"). Nach 1564 kam es zu einer scheinbaren Unterbrechung in der Arbeit der Druckerei, die bis 1570 dauerte. Es wurde in dieser Zeit bestimmt auch weiterhin gedruckt, nur verfügen wir über keine Materialien. Der Grund ist, dass der spätere Besitzer von Nieśwież, Mikołaj Krzysztof Radziwiłł „Sierotka", alle protestantischen Werke aufkaufte und verbrannte. Im Jahre 1570 wurde das Neue Testament von Szymon Budny herausgegeben.[11] Insgesamt kennen wir zehn von Daniel in Nieśwież gedruckte Bücher (213 Druckbögen).

3. Zasław, 1571–1572:
Nach der Vertreibung der Antitrinitarier aus Nieśwież kamen diese nach Zasław. Die Stadt gehörte dem Kastellan von Minsk, Jan Hlebowicz. Szymon Budny fungierte hier als Prediger („Minister") der Gemeinde. Wahrscheinlich in Zasław erschien im Jahre 1572 die Bibel der Polnischen Brüder (Bracia Polscy) in der Übersetzung von Budny („Biblia nieświeska"), allerdings ohne Angabe des Druckortes, unter dem Datum 15. Juni 1572.[12] Nur diese eine Position ist uns bekannt (186 Druckbögen).

4. Łosk, 1574:
Die Werkstatt in Nieśwież verlegte der Magnat Jan Kiszka nach Łosk (südöstlich von Wilna). In den nächsten Jahren wurde die Druckerei nicht nur in Polen, sondern auch in allen intellektuellen Zentren Europas bekannt. Die Ursache für dieses Interesse waren die Schriften von Szymon Budny. Es muss betont werden, dass das Interesse nicht nur positiver Natur war; Budny hatte auch, vor allem wegen seiner radikalen Ansichten (Nonadorantismus), viele Kritiker.[13] Die erste Arbeit der Druckerei war die Übersetzung des Neuen Testaments von Szymon Budny mit eigenen Kommentaren, die nach dem 8. Juli 1574 erschien. Unter den Kritikern waren nicht nur Calvinisten, sondern auch die kleinpolnischen Antitrinitarier. In Łosk druckte Daniel auch Werke anderer Autoren, darunter die Arbeit von Andrzej Wolan (Andreas Volanus) *Vera et orthodoxa [...] sententia de sacramento corporis et sanquinis Christi* (1574). Bekannt sind vier Bücher (60 Druckbögen).

---

10 Über Szymon Budny vgl. Stefan Fleischmann: Szymon Budny. Ein theologisches Portrait des polnisch-weißrussischen Humanisten und Unitariers (ca. 1530–1593). Köln u. a. 2006 (Bausteine zur slavischen Philologie und Kulturgeschichte, Neue Folge, Reihe A: Slavistische Forschungen 53).
11 Kawecka-Gryczowa: Drukarze (Anm. 4), S. 78.
12 Ebd.
13 Ebd., S. 80.

5. Wilna, „Drukarnia Mikołaja Krzysztofa Radziwiłła", 1576–1578 und 1580:
Im Gegensatz zu der Druckerei in Łosk, wo keiner der Drucke mit dem Namen des Druckers versehen war, erschienen in Wilna sämtliche Arbeiten von Daniel unter seinem Namen. Insgesamt druckte Daniel dort zwölf Bücher – selbstverständlich alle für die Katholiken.[14]

6. Wilna, „Drukarnia Zborowa" (Gemeindedruckerei), 1582–1591:
Der erste Druck Daniels für die litauischen Calvinisten erschien im Jahre 1582: *Hodoeporicum Moschicum Christophori Radivilonis* von Franciszek Gradowski. Nach dem Tode von Mikołaj Radziwiłł „Rudy" (1584) wurde der Kastellan von Minsk Jan Hlebowicz zum Hauptförderer der Gemeinde und des Druckers. Nachdem im Jahre 1582 auf Daniels Büchern gestanden hatte: „*Typis et sumptibus Nicolai Radivili per Danielem Lancicium*", stand dort ab 1584: „*Typis et sumptibus Joannis Hlebovicii per Danielem Lancicium*".[15] Der letzte uns bekannte Druck Daniels aus der Zeit der „Drukarnia Zborowa" stammt aus dem Jahr 1589, obwohl der Drucker dort wahrscheinlich noch bis 1591 arbeitete (er konvertierte erst 1591 zum katholischen Glauben).[16] Es war jedoch die Zeit heftiger Glaubenskämpfe zwischen Katholiken und Protestanten (Gegenreformation), und viele Drucke wurden zu der Zeit verbrannt oder verschwanden. Obwohl die Druckerei zumeist polemische Schriften druckte, erschienen dort auch interessante Bücher, z. B. von Domenico Mora *Il Cavaliere in riposta del gentil huomo del Mutio Justinopolitano, nella precedenza del armi et della lettere* (1589) oder von Erdman Tolgsdorf eine lettische Übersetzung des *Catechismus catholicorum* von Petrus Canisius (1585).[17] Die Zahl der Drucke betrug (nach Maria Barbara Topolska) 16 Bücher.[18]

7. Wilna, „Drukarnia Akademicka" (Universitätsdruckerei), 1592–1594:
Es handelt sich hier um eine Werkstatt der Jesuiten. Für das Jahr 1592 findet man in der Bibliographie von Karol Estreicher (abgekürzt: Estr.) drei Drucke von Daniel z Łęczycy: Stanisław Grodzicki, *Kazanie na pogrzeb Katarzyny Radziwiłłowej o czyścu* („Predigt beim Begräbnis von Katarzyna Radziwiłł über das Fegefeuer"), *Teogonides Megarensis Wybranych zdań księga* („Buch mit ausgewählten Sätzen des Theognis von Megara"), eine Übersetzung von Stanisław Kołakowski, und von Marcin Tworzydło (Pseudonym des Jesuiten Marcin Łaszcz [Martinus Lascius]) *O kontradykcyach Chrząstowskiego* („Über die Widersprüche bei Chrząstowski"). Für das Jahr 1594 ist nur eine Position bekannt: *Wieczerza ewangelicka w obronie szafunku Wieczerzy Ministrów wypisana i Odpowiedź na contradictie Chrząstowskiego* („Evangelisches Abendmahl, beschrieben zur Verteidigung des Abendmahlsritus der Minister, und

---

14 Ebd.
15 Ebd., S. 83.
16 Ebd., S. 84.
17 Ebd.
18 Maria Barbara Topolska: Książka na Litwie i Białorusi w latach 1553–1660 [Das Buch in Litauen und Weißrussland in den Jahren 1553–1660]. In: Odrodzenie i Reformacja w Polsce XXI (1976), S. 145–164.

Antwort auf die Widersprüche bei Chrząstowski") von Marcin Tworzydło.[19] Zusammen: vier Bücher.

8. Wilna, eigene Werkstatt, 1594–1600:
In der Druckerei wurden hauptsächlich Werke der katholischen polemischen Schriftsteller publiziert, unter anderem von Łaszcz, Śmigielski, Jurgiewicz. Bei Estreicher fand ich zwei Bücher aus der Werkstatt: *De deo mediatore* von Petrus (Pierre) Statorius (Piotr Stoiński) (1599) und *Antirrhisis albo apologia przeciw k. Philaletowi Smotryckiemu* („Antirrhisis oder Apologie gegen Philalet Smotrycki") von Piotr Arkadyusz (Petrus Arcudius) (1600).[20] Die Zahl der Drucke betrug (nach M. B. Topolska) sechs Bücher.[21]

Zusammenfassend lässt sich zunächst sagen, dass die lange Arbeitspraxis von Daniel (über 42 Jahre), die ungewöhnlich große Zahl der Werkstätten, die er führte (acht verschiedene Buchdruckereien in fünf Städten), sowie die verschiedenen Glaubensrichtungen, denen er diente (Calvinismus, Antitrinitarismus, Katholizismus), auf den ersten Blick erstaunlich wirken. Doch war in der damaligen Zeit der Reformation und Gegenreformation die Praxis, für verschiedene Arbeitgeber zu drucken, keine Seltenheit. Zum Beispiel druckten Jan Karcan in Wilna (1580–1611) oder Melchior Nehring in Posen/Poznań (1576–78) ebenfalls sowohl für die Katholiken als auch für die Protestanten. Daniel z Łęczycy war eigentlich ein typischer Vertreter der kleinpolnischen und der litauischen Reformation. Zuerst, in den 1550er Jahren, interessierte er sich für den Calvinismus (und nicht für das Luthertum, wie in Preußen oder Großpolen), danach, Ende der 1560er und Anfang der 1570er Jahre, tendierte er mehr zu radikalen Richtungen (Antitrinitarismus), in den 1570er und 1580er Jahren plagte ihn die Unentschlossenheit – er schwankte zwischen Calvinismus und Katholizismus –, um in den letzten Jahren seines Lebens (seit 1591) offiziell zum Glauben seiner Väter zurückzukehren. Ähnlich verlief die Entwicklung bei vielen kleinpolnischen sowie litauischen Magnaten (bei denen als weitere Option noch die Orthodoxie hinzukam). Nach meinen Berechnungen beträgt die Zahl der Druckbögen, die Daniel in den Jahren 1558–1578 gedruckt hat, 1.517. Die Gesamtzahl der bibliographisch erfassten Publikationen für die Jahre 1558–1600 beträgt 78 Bücher. Allerdings sind dies nur die bekannten Ausgaben, die wirkliche Zahl dürfte viel höher sein.

3. Maciej Wirzbięta

Maciej Wirzbięta wurde um 1523 in Krakau geboren und lebte dort bis zu seinem Tode 1605. Er ist vor allem als Drucker der Calvinisten bekannt und berühmt als

19 Karol Estreicher: Bibliografia Polska XV.–XVI. stólecia [Polnische Bibliographie des 15. und 16. Jahrhunderts]. Kraków 1875, S. 77ff.
20 Ebd., S. 90ff.
21 Topolska: Książka na Litwie i Białorusi (Anm. 18), S. 145ff.

Herausgeber fast aller Schriften von Mikołaj Rej.[22] Als aktives Mitglied der calvinistischen Gemeinde pflegte er auch Kontakte zu seinen Glaubensbrüdern in Litauen, insbesondere mit Brest, wo Bernard Wojewódka die erste protestantische Druckerei in der Rzeczpospolita außerhalb Preußens im Jahre 1553 eröffnete. Nach dem Tod Wojewódkas kaufte Wirzbięta am 25. Juli 1555 dessen Werkstatt von der Witwe.[23] Wirzbięta war als Bürger Krakaus sehr geschätzt. Ab 1574 übte er einige Zeit die Funktion eines Schöffen aus. Seinen Beruf als Buchdrucker erlernte er wahrscheinlich bei Florian Ungler.[24] Man kann die Tätigkeit seiner Druckerei in drei Perioden einteilen:

1. Erste Periode, 1555–1560:

Es war die Zeit der engsten Zusammenarbeit zwischen Maciej Wirzbięta, Mikołaj Rej und Jakub Lubelczyk. Von den zwölf Drucken aus jener Zeit stammen fünf von Rej und sechs von Lubelczyk. Die Anfänge der Werkstatt sind untrennbar mit der Person des Adligen und Dichters Mikołaj Rej verbunden. Elżbieta Stankiewicz meint, dass Rej nicht nur ein Mäzen der Buchdruckerei von Wirzbięta, sondern auch der Mitbegründer der Werkstatt war.[25] Die erste Arbeit der Druckerei wurde mit größter Sorgfalt ausgeführt. Es war die *Postylla* von Rej (Estr. XXVI 180), eine große Ausgabe (172 Druckbögen) mit 83 Holzschnitten, in jeder Hinsicht eine herrliche Arbeit. Eine günstige Wirkung auf die weitere Entwicklung der Werkstatt hatte ausgerechnet die Schließung der calvinistischen Buchdruckerei von Daniel z Łęczycy in Pińczów im Jahre 1562. Wirzbięta hatte auf diese Weise einen Konkurrenten verloren: Die Calvinisten in Kleinpolen konnten seitdem nur in Krakau ihre Bücher drucken.

Hier die ersten Drucke der ersten Periode:[26]

1557: Mikołaj Rej, *Postylla* („Postille") (Estr. XXVI 180).

1557: Marcin Bielski, *Komedia Justyna i Konstancjej* („Komödie von Justinian und Konstantia") (Estr. XIII 84).

1557: Jakub Lubelczyk, *Pieśń z Ewangieliej wyjęta* („Lied aus dem Evangelium").

1558: Mikołaj Rej, *Wizerunek własny człowieka poczciwego* („Getreues Lebensbild eines gutmütigen Menschen") (Estr. XXVI 183).

1558: Jakub Lubelczyk, *Psałterz Dawida* („Die Psalmen Davids") (Estr. XV 67).

1559: Martin Luther, *In Hoseam Prophetam enarratio*, Übersetzung von Rej (Estr. XXVI 176).

22 Zbigniew Nowak: Mikołaja Reja literacka służba reformacji [Mikołaj Rejs literarischer Dienst für die Reformation]. In: Odrodzenie i Reformacja w Polsce XV (1970), S. 23–55.

23 Alodia Kawecka-Gryczowa: Drukarze dawnej Polski. T. [Bd.] 1: Małopolska. Wrocław u. a. 1983, S. 358.

24 Ebd., S. 360.

25 Ebd., S. 358.

26 Polonia Typographica Saeculi Sedecimi. T. [Bd.] IX: Maciej Wirzbięta. Wrocław 1974.

2. Zweite Periode, 1560–1569:
Wirzbięta wird offiziell zum Drucker der Gemeinde der kleinpolnischen Calvinisten. Die Kontakte mit Mikołaj Rej bestehen weiterhin, aber sie sind nicht mehr so bedeutsam wie früher (von 53 Positionen aus dieser Zeit sind nur vier Bücher von Rej). Außer der oben beschriebenen Schließung der Werkstatt in Pińczów (1562) fällt in dasselbe Jahr noch ein anderes wichtiges Ereignis, nämlich die für die polnische Reformation folgenschwere Spaltung der polnischen Protestanten in zwei Lager: die Antitrinitarier (*ecclesia minor*) und die Calvinisten (*ecclesia maior*). An dem Bruderkampf beteiligten sich die Buchdrucker auch aktiv. In den 1560er Jahren druckten die Antitrinitarier in Nieśwież und die Calvinisten in Brest sowie in Krakau bei Wirzbięta. Elżbieta Stankiewicz schreibt, dass Wirzbięta seit Ende des Jahres 1562 nicht mehr nur Herausgeber der Werke von Rej war, er übernahm vielmehr auch die Funktion des Herausgebers für das calvinistische Lager.[27] Er beschränkte sich jedoch nicht auf die Aufträge der Gemeinde, wie 1566 das Buch von Jakub Niemojewski *O jedności boskiej nierozdzielonej przeciw błędom ariańskim* („Über die ungeteilte göttliche Einheit gegen arianische Irrtümer"), sondern druckte auch die Werke anderer Verfasser, darunter die des größten Dichters der polnischen Renaissance, Jan Kochanowski: 1562 *Pieśń: Czego chcesz od nas Panie* („Lied: Was verlangst Du von uns, Herr") und 1564 *Szachy* („Das Schachspiel"). Die letzten Arbeiten des „Vaters der polnischen Literatur" Mikołaj Rej erschienen selbstverständlich ebenfalls in der Offizin von Wirzbięta: 1562 *Zwierzyniec* („Der Tierkreis"), 1565 *Apocalypsis* („Die Apokalypse"), 1568 *Zwierciadło* („Der Spiegel").[28] Bei Wirzbięta wurde auch die erste polnische Grammatik *Polonicae grammatices institutio* von Petrus Statorius (1568) gedruckt.

3. Dritte Periode, 1569–1605:
Im Jahre 1569 starb Mikołaj Rej, die Hauptstütze der Buchdruckerei, und es war nicht zu übersehen, dass auch die Glanzzeit der polnischen Reformation unweigerlich zu Ende ging. Die Zusammenarbeit mit den Calvinisten wurde fortgesetzt, aber gleichzeitig ist eine Produktionsabnahme festzustellen. Der Grund ist nicht schwer nachvollziehbar: Am Ende des 16. Jahrhunderts gewannen die Katholiken in Polen ihr Monopol auf Religion zurück. Die Gegenreformation siegte. Auch Krakau war zu jener Zeit ein Ort religiöser Unruhen. Es erlebte zahlreiche Angriffe auf das Haus der protestantischen Gemeinde (1574, 1577, 1579 und 1587) und schließlich die endgültige Zerstörung der Kirche am 23. Mai 1591.[29] Die katholische Kirche und die Jesuiten begannen die polnische Reformation allmählich zu zersetzen. Die Buch-

27 Elżbieta Stankiewicz: Maciej Wirzbięta – wydawca Reja [Maciej Wirzbięta, der Verleger Rejs]. In: Tadeusz Bieńkowski, Janusz Pelc, Krystyna Pisarkowa (Hg.): Mikołaj Rej. W czterechsetlecie śmierci. Wrocław 1971 (Studia staropolskie 30), S. 257–268, hier S. 264.

28 Über Rejs Leben und Schaffen siehe Zbigniew Nowak: „Vates Polonus alias Rymarz" – Mikołaj Rej. In: Pisarze staropolscy. Sylwetki. T. [Bd.] 1. Hg. v. Stanisław Grzeszczuk. Warszawa 1991, S. 474–547.

29 Eine Einführung in das Thema bietet Gottfried Schramm: Reformation und Gegenreformation in Krakau. In: Zeitschrift für Ostforschung 19 (1970), S. 1–41.

druckerei ging schrittweise zur Produktion von Lehrbüchern und schöner Literatur über. Seit 1586 verzeichnete die Werkstatt von Wirzbięta einen Rückgang der Produktion. Allerdings blieb der Drucker bis zum Ende seines Lebens der reformierten Kirche treu und arbeitete für die Calvinisten.

Hier einige der bekanntesten Ausgaben der dritten Periode:[30]

1572: Andrzej Wolan (Andreas Volanus), *De libertate politica sive civili* (Estr. XXXIII 245).

1572: Jakub Niemojewski, *Apologia. To jest dowody i obrona Confessyjej Kościołów Polskich* („Apologie. Das ist der Beweis und die Verteidigung der Konfession der polnischen Kirche") (Estr. XXIII 121).

1574: Filip Kallimach (Filippo Buonaccorsi), *Historya spraw Atylle króla węgierskiego* („Geschichte der Taten des ungarischen Königs Attila"), Übersetzung: Cyprian Bazylik.

1578: Aleksander Gwagnin (Alessandro Guagnini), *Sarmatiae Europeae descriptio*, nach Elżbieta Stankiewicz die – neben der *Postylla* von Rej – schönste Ausgabe der Werkstatt Wirzbiętas.[31]

1588: Feliks Kryski, *Philopolit to jest miłośnik ojczyzny* („Philopolit, das ist der Freund des Vaterlandes").

1600: Owidiusz (Ovid), *Tysbes z Piramusem* („Pyramus und Thisbe"), Übersetzung: Andrzej Dębowski.

Wie die Tradition der Krakauer Buchdrucker zeigt, war Maciej Wirzbięta, ebenso wie seine Vorgänger, z. B. Florian Ungler oder Hieronymus Vietor (Hieronim Wietor), ein gebildeter Mann. Im Jahre 1575 gab er ein selbst verfasstes lateinisches Lehrbuch heraus: *Elementaria institutio Latini sermonis.*[32] Abschließend sei noch die hohe Qualität der Publikationen der Werkstatt von Wirzbięta hervorgehoben. Berühmt wurden die Ausgaben *Postylla* (1557) und *Zwierciadło* (1568) von Rej, die zu den schönsten polnischen Büchern des 16. Jahrhunderts gehören. Bei Wirzbięta haben auch Protestanten aus Siebenbürgen publiziert, unter ihnen Bálint Balassi und Kaspar Karolyi.[33] Insgesamt hat Wirzbięta 175 Bücher (3.730 Druckbögen) gedruckt.

4. Aleksy Rodecki

Die Tätigkeit dieses Druckers – ähnlich wie die von Daniel z Łęczycy – konnte bisher nur unvollständig erforscht werden. Die Gründe dafür liegen im Glaubensbekenntnis des Typographen, der wie (zeitweise) Daniel den Antitrinitariern diente, al-

30 Polonia Typographica Saeculi Sedecimi. T. [Bd.] XI: Maciej i Paweł Wirzbięta [Maciej und Paweł Wirzbięta]. Wrocław 1981.

31 Stankiewicz: Maciej Wirzbięta (Anm. 27), S. 264.

32 Kawecka-Gryczowa: Drukarze (Anm. 23), S. 363.

33 Ebd., S. 364.

so der vor allen anderen am meisten bekämpften Glaubensgruppe. Sein Geburtsort und Geburtsdatum sind nicht bekannt. Man nimmt an, dass er im zweiten Viertel des 16. Jahrhunderts geboren wurde.[34] Da Rodecki das Pseudonym „Aleksander Turobińczyk“ benutzte, wird vermutet, dass sein Geburtsort Turobin (bei Lublin) war. Seit 1556 besuchte er die berühmte Schule in Pińczów, wo zu dieser Zeit Petrus Statorius, ein Dytheist, lehrte. Rodecki lernte also sehr früh die antitrinitarischen Ansichten kennen. Kein Wunder, dass er später selbst für die Antitrinitarier arbeitete. Wo er den Beruf des Buchdruckers erlernt hat, ist nicht ganz geklärt. Es ist möglich, dass er in Pińczów bei Daniel z Łęczycy, der dort in den Jahren 1557–1562 arbeitete, sein Praktikum absolvierte.[35] Gestorben ist er im Jahre 1606 in Raków, wo er seit etwa 1600 lebte. Die Gründung der im Produktionsprofil noch radikaleren (als der von Wirzbięta) Buchdruckerei von Rodecki in Krakau war nur dank der in Polen in den 1570er Jahren herrschenden Toleranz (Consensus von Sandomir 1570, Konföderation von Warschau 1573) möglich. Dank der ebenfalls toleranten Politik des Königs Stefan Báthory in den 1580er Jahren konnte Rodeckis Werkstatt auch in den nächsten Jahren überleben. Der Drucker musste trotzdem teilweise im Untergrund – das hieß: ohne Angabe des Ortes oder mit falsch angegebenem Ort oder unter einem Pseudonym wie „Turobińczyk“ oder „Adamides“ – arbeiten. Die letzten Jahre der Werkstatt (1593–1600) liegen ganz im Dunkeln. Man ist sogar gar nicht sicher, ob Rodecki weiterhin in Krakau oder schon in Raków gedruckt hat. Höchstwahrscheinlich wurde in dieser Zeit ein Teil der Werkstatt nach Raków verlegt, während noch bis Ende des Jahrhunderts die antitrinitarischen Bücher in Krakau gedruckt wurden. Finanziell wurde die Buchdruckerei durch den reichen Adel, Mitglieder der Gemeinde wie Florian Morsztyn und Stanisław Taszycki, unterstützt.[36]

Die erste Veröffentlichung der Werkstatt Rodeckis war ein Katechismus von Georg Schomann (Jerzy Szoman). In der Anfangsphase wurden vor allem die Werke der Führer der Lubliner Gruppe der Antitrinitarier, Marcin Czechowic und Jan Niemojewski, gedruckt. In den Jahren 1575–1583 erschienen acht Bücher von Czechowic (insgesamt 375 Druckbögen) und zwei von Niemojewski. Eine wichtige Quelle zum Kennenlernen der Ansichten der Polnischen Brüder aus der Zeit vor Sozzini (Fausto Sozzini lebte seit 1578 in Polen; gestorben ist er 1604 in Lusławice) ist die Publikation von Czechowic aus dem Jahr 1575 *Rozmowy Christiańskie […] w których są rozmaite gadania o przedniejszych artykułach wiary Christiańskiej, a z osobna o* żydowskich *gadkach, którymi Pana Jezusa Christusa i ewanieljç wyniszczyć chcą* („Christliche Gespräche […] mit verschiedenem Gerede über die wichtigsten Artikel des christlichen Glaubens und besonders über das jüdische Geschwätz, mit dem man den Herrn Jesus Christus und das Evangelium vernichten will“). Diese Arbeit, eine Art Glaubensbekenntnis der kleinpolnischen Gemeinde, enthält auch eine Kritik der ra-

34 Alodia Kawecka-Gryczowa: Ariańskie oficyny wydawnicze Rodeckiego i Sternackiego. Dzieje i bibliografia [Die arianischen Offizinen von Rodecki und Sternacki. Geschichte und Bibliographie]. Wrocław u. a. 1974, S. 25.

35 Kawecka-Gryczowa: Drukarze (Anm. 23), S. 175.

36 Ebd., S. 177.

dikalen Ansichten der litauischen Gemeinde, insbesondere von Szymon Budny, der wegen seines „Judaisierens" besonders angegriffen wurde.[37] Interessant ist auch die Übersetzung des Neuen Testaments von Marcin Czechowic (1577), die, wie er selbst sagte, auf der calvinistischen „Biblia brzeska" (Brester Bibel) basierte, welche er „auf der Grundlage eines griechischen Textes verbesserte".[38]

In den Jahren 1579 und 1580 verzeichnete die Buchdruckerei – nach einem Anschlag der Studenten der Krakauer Akademie im März 1578 – eine erzwungene Pause. Ende des Jahres 1580 begann man wieder zu arbeiten, beginnend mit der Herausgabe des Buches *Rozsądek* („Die Vernunft") von Czechowic.[39] Im nächsten Jahr erschien bei Rodecki die Entgegnung von Czechowic auf die Kritik des Rabbiners Jakub Nachman, der sein Buch *Rozmowy Christiańskie* („Christliche Gespräche") angegriffen hatte. Die Duplik trug den langen Titel *Odpis Jakoba Żyda z Bełżyc na Dyalogi M. Czechowica, na który zaś odpowiada Jakobowi tenże Marcin Czechowic* („Die Antwort des Juden Jakob aus Bełżyce auf die Dialoge von M. Czechowic, auf welche dem Jakob dieser Marcin Czechowic antwortet").[40] Einen Skandal brachten die Jahre 1584 und 1585: den Druck *Praecipuarum enumeratio causarum, cur christiani cum in multis religionis doctrinis mobiles saint et varii [...]* von Christian Francken, eine gegen Christus gerichtete Schrift, deren Herstellung nicht nach Absprache mit der Gemeinde erfolgte. Der Drucker wurde nach Interventionen des katholischen Klerus beim König sogar kurzfristig verhaftet und musste sich wegen des Verstoßes gegen die Zensur dem königlichen Tribunal stellen (12. März 1585). Dank der toleranten Haltung des Königs Stefan Báthory und der Unterstützung der Gemeinde (Stanisław Taszycki) trug der Drucker, außer einer Ermahnung und der vorübergehenden Schließung seiner Werkstatt, keine weiteren Konsequenzen.[41] Das Jahr 1586 brachte deshalb keine Drucke. Gleichzeitig, etwa seit 1586, wuchs bei den Antitrinitariern in Polen die Bedeutung von Fausto Sozzini immer mehr. In den Jahren 1588–1595 wurden bei Rodecki sieben seiner großen Werke herausgegeben. Ab 1593 wird neben Aleksy Rodecki auch Sebastian Sternacki, sein Schwiegersohn, als Drucker angegeben, der vielleicht die Leitung der Krakauer Werkstatt übernommen hatte.[42] Bezüglich der Qualität der Erzeugnisse der Buchdruckerei von Rodecki ist zu betonen, dass trotz der bescheidenen finanziellen Möglichkeiten der Werkstatt (im Vergleich zu Wirzbięta oder Piotrowczyk) die Arbeiten von Rodecki zu den besten gehörten. Besonders sorgfältig gedruckt wurden die Werke von Stanisław Sar-

---

37 Stanisław Kot: Marcin Czechowic. In: Polski Słownik Biograficzny, T. [Bd.] IV (Anm. 9), S. 307–309, hier S. 307.

38 Ebd., S. 307ff. („poprawiał ją na podstawie tekstu greckiego").

39 Kawecka-Gryczowa: Ariańskie oficyny (Anm. 34), S. 30.

40 Kot: Marcin Czechowic (Anm. 37), S. 307ff.

41 Alodia Kawecka-Gryczowa: Aleksy Rodecki. In: Polski Słownik Biograficzny. Hg. v. PAN [Polnische Akademie der Wissenschaften], Instytut Historii. T. [Bd.] XXXI. Warszawa 1988–1989, S. 352f., hier S. 352.

42 Kawecka-Gryczowa: Drukarze (Anm. 23), S. 179.

nicki, *Descriptio*, Milewski, *Psalmy* („Psalmen"), und Czechowic, *Nowy Testament* („Das Neue Testament").[43]

Hier einige Beispiele aus der Produktion von Rodecki:
1574: Jerzy Szoman, *Catechesis et confessio fidei* (als Drucker: „Alexander Turobinius").
1575: Marcin Czechowic, *Rozmowy christiańskie* („Christliche Gespräche").
1577: Marcin Czechowic, *Nowy Testament* (Übersetzung aus dem Griechischen).
1578: Aristeas, *Kronika starodawna i k temu pobożna* („Eine uralte und zudem fromme Chronik"), Übersetzung: W. Rzymski.
1581: Marcin Czechowic, *Respons na skrypt Stanisława Farnowskiego* („Antwort auf das Skript von Stanisław Farnowski").
1583: Jan Niemojewski, *Obrona przeciw niesprawiedliwemu obwinieniu ks. Powodowskiego* („Verteidigung gegen die unberechtigte Beschuldigung durch den Pastor Powodowski").
1587: Pseudo-Albertus Magnus (Albert von Orlamünde), *Philosophia pauperum*, herausgegeben von A. Schonens.
1590: Fausto Sozzini, *Reputacya xiążek które X. Iakub Wuiek, Iesuita wydał roku Pan. 1590, O bóstwie syna Bożego y ducha ś* („Das Ansehen der Bücher, die der Priester Jakub Wujek, Jesuit, im Jahre des Herrn 1590 herausgegeben hat, Über das Göttliche des Sohnes Gottes und des Heiligen Geistes").
1594: Fausto Sozzini, *De Jesu Christo Servatore*.
1594: Marcin Czechowic, *Nowy Testament* (eine veränderte Version des Neuen Testaments von 1577).
1600: Sebastian Fabian Klonowic, *Worek Judaszów* („Der Judasbeutel").

Insgesamt hat Rodecki in Krakau 82 Bücher (1.648 Druckbögen) herausgegeben.[44]

5. Zur Statistik des polnischen Buchdrucks im 16. Jahrhundert unter besonderer Berücksichtigung der Protestanten

In der Kernphase der polnischen Reformation (1550–1575) entstanden auch die ersten protestantischen Buchdruckereien in Polen und Litauen. Den Anfang machte die „Drukarnia Radziwiłłowska" in Brest im Jahre 1553. Dort erschien 1563 auch die erste protestantische Bibel der Calvinisten in Polen, „Biblia brzeska", die der litauische Magnat Mikołaj Radziwiłł „Czarny" finanzierte und die deshalb auch „Biblia radziwiłłowska" („Radziwill-Bibel") genannt wurde. Der Buchdrucker war Bernard Wojewódka. Es war eine großformatige, prächtige Gemeinschaftsausgabe der polnischen Calvinisten – eine der schönsten Buchproduktionen des 16. Jahrhun-

43 Kawecka-Gryczowa: Ariańskie oficyny (Anm. 34), S. 44.
44 Kawecka-Gryczowa: Aleksy Rodecki (Anm. 41), S. 352.

derts in Polen.[45] Seit 1555 druckte auch Maciej Wirzbięta in Krakau Bücher für die Calvinisten. Zwei Jahre später (1557) begann Aleksander Augezdecki in Samter/Szamotuły Bücher für die großpolnischen Lutheraner sowie für die Böhmischen Brüder zu drucken. In Großpolen arbeitete noch eine weitere Druckerei der Lutheraner, nämlich in Grätz/Grodzisk, wo in den Jahren 1572–1573 Jan Gliczner tätig war. 1558 begann Daniel z Łęczycy seine lange ‚Wanderschaft' als Drucker – zuerst in Pińczów (1558), danach in Nieśwież (1562), Zasław (1571) und Łosk (1574). 1572 publizierten auch die Antitrinitarier ihre Bibel – nach dem Druckort Nieśwież in Litauen „Biblia nieświeska" genannt, übersetzt von Szymon Budny. (Allerdings wurde diese von Daniel z Łęczycy gedruckte Ausgabe, wie erwähnt, wegen Vertreibung der Antitrinitarier aus Nieśwież wahrscheinlich in Zasław zu Ende gedruckt.) Seit 1574 schockierte Szymon Budny die Welt mit seinen antitrinitarischen Schriften, die in der „Drukarnia Zamkowa" des Magnaten Jan Kiszka in Łosk erschienen. Über Szymon Budny schrieb David A. Frick, die Werke Budnys repräsentierten einen der Gipfel im polnischen geistlichen Schrifttum der Reformation und Gegenreformation.[46] Diese Phase stellt die Glanzzeit der polnischen Reformation dar und einen intellektuellen Höhepunkt des Buchdrucks in Polen-Litauen.

In der nächsten Phase der polnischen Reformation (1575–1600) gingen die Katholiken mit den Jesuiten an der Spitze zur Gegenoffensive über. Es begann die Gegenreformation. Ein langsamer Rückzug der Protestanten setzte ein. Trotzdem hatten die reformierten Kirchen in Polen-Litauen in den 70er und 80er Jahren des 16. Jahrhunderts immer noch eine starke Position, besonders nach der Unterzeichnung der „Warschauer Konföderation" im Jahre 1573 und später in der Regierungszeit von Stefan Báthory (1576–1586).[47] Eine unerwartete Verstärkung kam aus Italien: die Ankunft der italienischen Glaubensflüchtlinge mit Fausto Sozzini an der Spitze. Aber die Jesuiten (und Kardinal Stanislaus Hosius) zersetzten nach und nach die polnische Reformation. Die dogmatischen Streitigkeiten zwischen den litauischen (um Szymon Budny) und den kleinpolnischen Antitrinitariern (der Lubliner Gruppe mit Jan Niemojewski und Marcin Czechowic) erbrachten zwar herausragende intellektuelle Werke für den Buchdruck (und für die polnische Kultur überhaupt), aber wegen ihrer radikalen (epochalen oder zu modernen?) Ansichten kam es auch zu Kritik von allen Seiten und im Endergebnis zur Niederlage der Reformation in Polen. Trotz aller Schwierigkeiten druckten die Antitrinitarier bis zum Ende des 16. Jahrhunderts die Bücher weiterhin in Krakau (Aleksy Rodecki, 1574–1600) und danach im kleinpolnischen Raków (Sebastian Sternacki). Bei Rodecki erschien

45 Konrad Górski: Biblia polska do r. 1632 [Die polnische Bibel bis zum Jahre 1632]. In: Reinhold Olesch, Hans Rothe (Hg.): Fragen der polnischen Kultur im 16. Jahrhundert. Vorträge und Diskussionen der Tagung zum ehrenden Gedenken an Alexander Brückner, Bonn 1978, Bd. 1. Gießen 1980 (Bausteine zur Geschichte der Literatur bei den Slaven 14,1), S. 172–182, hier S. 177.

46 David A. Frick: Polish Sacred Philology in the Reformation and the Counter-Reformation. Berkeley 1989 (University of California Publications in Modern Philology 123), S. 111.

47 Gottfried Schramm: Die polnische Literatur in der zweiten Hälfte des 16. Jahrhunderts: Eine Würdigung aus deutschem Blickwinkel. In: Olesch, Rothe (Hg.): Fragen der polnischen Kultur (Anm. 45), S. 345–350, hier S. 347.

im Jahre 1577 unter anderem das Neue Testament in der Übersetzung von Marcin Czechowic. Als Grundlage hatte er die Bibel der Calvinisten „Biblia brzeska" benutzt, die er im Sinne der Antitrinitarier verbesserte.[48] In Litauen arbeitete in jener Zeit für die Antitrinitarier die „Drukarnia Zamkowa" in Łosk (1574–1589). Die Calvinisten hatten nicht so viele Feinde wie die Antitrinitarier und konnten ziemlich ungestört in Krakau in der Druckerei von Wirzbięta ihre Bücher produzieren (1555–1605). In Litauen, in Wilna, waren in den 1580er Jahren für die Calvinisten zahlreiche Buchdrucker tätig, unter ihnen Jan Karcan, Jan Markowicz und die Brüder Sultzer, deren Auflagen jedoch klein waren. Obwohl die Reformation in Polen scheiterte, arbeitete noch in der ersten Hälfte des 17. Jahrhunderts (bis 1638) die berühmte Druckerei der Polnischen Brüder in Raków mit Sebastian Sternacki als Drucker der Gemeinde.[49]

Die Reformation hat im Gegensatz zum Humanismus, der sich des Lateins als Schriftsprache bediente, die Nationalsprache, das Polnische, gefördert. Und hier liegt vielleicht das größte Verdienst des Protestantismus in Polen. Um zu einem breiten Publikum zu gelangen, haben die reformatorischen Schriftsteller das Polnische benutzt. Der Buchdruck hat wiederum dieses Schrifttum im ganzen Lande verbreitet. Im Jahr 1553 (Gründung der ersten protestantischen Buchdruckerei in Brest) begann die reformatorische Periode im polnischen Buchdruck. Sie dauerte bis 1638 (Schließung der arianischen Buchdruckerei in Raków), also etwa 85 Jahre. Wenn man noch das protestantische Königsberger Schrifttum in polnischer Sprache berücksichtigt, sind es fast hundert Jahre, in denen die Reformation auf die Entwicklung des Buchdrucks in Polen einwirkte. Es bildeten sich zwei große Zentren des protestantischen Buchdrucks in Polen-Litauen: 1. Kleinpolen, vor allem mit Krakau (mit den Buchdruckern Wirzbięta und Rodecki) und kurzzeitig mit Pińczów (1558–1562) und Lusławice (1572–1575), und 2. Litauen mit einer ganzen Reihe kleinerer Zentren, Brest, Nieśwież, Zasław, Łosk, und ab 1580 auch mit Wilna (und dem bekanntesten Buchdrucker Daniel z Łęczycy). Darüber hinaus bildete 3. Großpolen ein kleineres Nebenzentrum (Posen, Grätz, Samter). Schließlich darf man die Rolle Preußens nicht vergessen: 4. Königliches Preußen (Danzig, Elbing, Thorn) und 5. Herzogliches Preußen (Königsberg, Lyck).

Von allen Provinzen der Rzeczpospolita war der Einfluss der Reformation auf die Entwicklung des Buchdrucks am stärksten in Litauen. Lässt man die orthodoxen Buchdruckereien (Skoryna, 1524) unberücksichtigt, wurden die ersten Werkstätten in Litauen von den Protestanten gegründet: in Brest (1553), Nieśwież (1562), Zasław (1571) und Łosk (1574). Die erste katholische Werkstatt Litauens entstand erst im Jahre 1576 in Wilna („Drukarnia Mikołaja Krzysztofa Radziwiłła"),[50] also über hundert Jahre später als in Krakau! Die Buchdruckereien Litauens entstanden

---

48 Górski: Biblia polska (Anm. 45), S. 180.

49 Vgl. Kawecka-Gryczowa: Ariańskie oficyny Rodeckiego i Sternackiego (Anm. 34). Es gibt auch eine Version dieses Buches in französischer Sprache: Dies.: Les Imprimeurs des Antitrinitaires Polonais Rodecki et Sternacki. Genève 1973.

50 Topolska: Książka na Litwie i Białorusi (Anm. 18), S. 145ff.

nicht im Zeichen des Frühhumanismus, sondern in der Zeit der Reformation und der Gegenreformation.

Dank des Buchdrucks, und ebenfalls unter Beteiligung der Protestanten, kam es im 16. Jahrhundert zu einer Vereinheitlichung der Grammatik und der Orthographie der polnischen Sprache sowie zur Ersetzung der verschiedenen Dialekte durch eine Nationalsprache. Die Buchdrucker in Litauen, in Kleinpolen und Großpolen sowie in Preußen benutzten die gleiche Schriftsprache – ohne regionale Unterschiede. Die erste vollständige Grammatik der polnischen Sprache schrieb ein Protestant, Petrus Statorius;[51] sie erschien 1568 bei Wirzbięta in Krakau. Der Superintendent der lutherischen Kirche Großpolens, Erasmus (Erazm) Gliczner, verfasste das erste pädagogische Buch in polnischer Sprache, *Książki o wychowaniu dziatek* („Bücher über die Erziehung der Kinder"), ebenfalls in Krakau 1558 erschienen. Auch die preußischen Lutheraner Jan Seklucjan (1547 und 1549) und Stanisław Murzynowski (1551) schrieben Werke zur Orthographie der polnischen Sprache. Jan Mączyński war der Autor des ersten polnisch-lateinischen Wörterbuchs *Lexicon Latino-Polonicum*, erschienen 1564 bei Johann Daubmann in Königsberg. Oskar Bartel schrieb (1968): „Die polnischen Protestanten trugen viel zur Entwicklung der polnischen Sprache und Literatur bei; ihr Kraftaufwand auf diesem Gebiet war außerordentlich".[52] Über die Verdienste der Protestanten bei der Herausgabe der Bibel urteilte Stanisław Urbańczyk (1980): „Sie haben auch als erste den polnischen Lesern eine Evangeliumübersetzung und später eine vollständige Bibelübersetzung gegeben, letztere im Vergleich zur katholischen Bibelübersetzung des Leopolita zwar mit einiger Verspätung, dafür aber in philologischer Hinsicht diese übertreffend."[53]

Wenn man den größten Dichter der polnischen Renaissance, Jan Kochanowski, außer Acht lässt, der mit seiner stoischen Philosophie über den religiösen Streitigkeiten stand und keiner Glaubensrichtung offiziell seine Unterstützung gab, stellten die Protestanten in ihren Reihen die intellektuelle Elite des Landes, unter ihnen Łaski, Modrzewski, Rej, Niemojewski, Grzegorz Paweł z Brzezin, Budny, Czechowic, Bazylik, Schomann, Sozzini. Ebenfalls wurden die protestantischen Buchdrucker, Wirzbięta, Rodecki, Daniel z Łęczycy, Wojewódka, Karcan, Bolemowski, Augezdecki und andere, zu einer starken Konkurrenz für die katholischen Werkstätten. Eine besondere intellektuelle Rolle innerhalb der polnischen Protestanten spielten die Antitrinitarier, und ich würde den Einfluss der Polnischen Brüder auf die Entwicklung des Buchdrucks in Polen am höchsten einschätzen. Zwar wurden die Arbeiten von Fausto Sozzini und anderen in Polen lebenden Italienern in Latein publiziert, aber Marcin Czechowic, Jan Niemojewski, Marcin Krowicki oder Szymon Budny, um nur einige zu nennen, schrieben in polnischer Sprache. Und alle Publi-

51 Petrus Statorius: Polonicae Grammatices Institutio. Kraków 1558. Reprint. Hg. v. Reinhold Olesch. Köln u. a. 1980 (Slavistische Forschungen 26).

52 Oskar Bartel: Beitrag der Reformation zur polnischen Kultur. In: Luther-Jahrbuch 35 (1968), S. 78–96.

53 Stanisław Urbańczyk: Die sprachliche Situation in Polen im 16. Jahrhundert. In: Olesch, Rothe (Hg.): Fragen der polnischen Kultur (Anm. 45), S. 157–171, hier S. 163.

kationen der Werkstatt in Brest erschienen auf Polnisch. Von allen protestantischen Gruppierungen in Polen entwickelten namentlich die Antitrinitarier eine selbstständige, originelle Lehre, und ihr Einfluss verbreitete sich auch im Ausland, vor allem in den Niederlanden, in England und später in den Vereinigten Staaten. Stanisław Kot schrieb, dass England in den 30er Jahren des 17. Jahrhunderts von Drucken aus Raków überflutet worden sei.[54] Die polnische Reformation war weniger eine religiöse oder politische Bewegung – sie war vor allem eine geistige Revolution, die das kulturelle Leben des Landes intellektuell erschütterte. Der Buchdruck war eines der Instrumente der Reformation, und die Buchdruckereien wurden zu intellektuellen Propagandazentralen der Protestanten.

Insgesamt arbeiteten im 16. Jahrhundert in Polen-Litauen zehn Druckereien für die Calvinisten, acht für die Antitrinitarier und vier für die Lutheraner bzw. Böhmischen Brüder. Man merkt hieran die schwache Stellung des Luthertums in Polen, das eigentlich nur in Großpolen, bei einigen Magnaten, Fuß fassen konnte. Die meisten protestantischen Buchdruckereien waren kurzlebig, nur die Werkstätten von Maciej Wirzbięta (50 Jahre) sowie Aleksy Rodecki (26 Jahre) bewiesen Kontinuität. Eine Ausnahme stellt Daniel z Łęczycy dar, der zwar an mehreren Orten jeweils nur eine verhältnismäßig kurze Zeit arbeitete, aber insgesamt als Buchdrucker 42 Jahre lang tätig war (davon fast 33 Jahre für die Protestanten). Diese drei Buchdrucker waren die „drei großen Typographen" der polnischen Reformation.

Bis Ende des 16. Jahrhunderts wurden in Polen-Litauen und Preußen insgesamt 105 Buchdruckereien gegründet, davon etwa ein Drittel (37) protestantische (22 in Polen-Litauen, die restlichen in Preußen und Livland), zwölf orthodoxe und sechs hebräische Werkstätten. Zur besseren Übersicht sind im Folgenden vier Tabellen beigefügt, eine (Tabelle 1) mit den protestantischen Buchdruckereien, die zweite (Tabelle 2) mit allen Buchdruckern Polens, Preußens und Litauens von den Anfängen bis zum Ende des 16. Jahrhunderts (1473–1599), die dritte (Tabelle 3) mit dem Produktionsumfang der Werkstätten und die vierte (Tabelle 4) mit der Gesamtzahl der Druckereien nach Glaubensbekenntnis im Zeitraum von 1473 bis 1599. Die Angaben basieren hauptsächlich auf der Bibliographie von Karol Estreicher sowie Arbeiten von David A. Frick, Alodia Kawecka-Gryczowa, Maria Barbara Topolska und Paul Heinz Vogel.[55]

---

54 Stanisław Kot: Oddziaływanie Braci Polskich w Anglii [Das Wirken der Polnischen Brüder in England]. In: Reformacja w Polsce VII–VIII (1935–1936), S. 217–244, hier S. 227.

55 Die Tabellen 1–4 beruhen auf folgenden Arbeiten: Estreicher: Bibliografia polska XV.–XVI. stólecia (Anm. 19); Karol Estreicher, Stanisław Estreicher: Bibliografia polska [Polnische Bibliographie]. Cz. [Teil] 3, T. [Bd.] 12–34. Kraków 1891–1957; Frick: Polish Sacred Philology (Anm. 46); Małgorzata Gołuszka, Marian Malicki (Bearb.): Polnische Drucke und Polonica 1501–1700. Katalog der Herzog August Bibliothek Wolfenbüttel. Bd. 1: 1501–1600 (Teil 1–2). München u. a. 1992; Alodia Kawecka-Gryczowa: Drukarze dawnej Polski. Od XV do XVIII wieku [Die Drucker im alten Polen. Vom 15. bis 18. Jahrhundert]. [Bde. 1–6]. Wrocław u. a. 1959–1983 (Książka w dawnej kultury polskiej 10); Topolska: Książka na Litwie i Białorusi (Anm. 18); Paul Heinz Vogel: Europäische Bibeldrucke des 15. und 16. Jahrhunderts in den Volkssprachen. Ein Beitrag zur Bibliographie des Bibeldrucks. Baden-Baden 1962 (Bibliotheca bibliographica Aureliana 5).

Abkürzungen: *antitr.* = antitrinitarisch; *Böhm. Br.* = Böhmische Brüder; *calv.* = calvinistisch; hebr. = hebräisch; kath. = katholisch; *luth.* = lutherisch; orth. = orthodox. Die protestantischen Werkstätten sind durch Kursivdruck hervorgehoben.

Pos.	Jahre	Buchdrucker	Ort	Religion
1	*1553 – 1554*	*Bernard Wojewódka*	*Brest/Brześć Litewski/ Brestas („Drukarnia Radziwiłłowska")*	*calv.*
2	*1555 – 1605*	*Maciej Wirzbięta*	*Krakau/Kraków*	*calv.*
3	*1557 – 1561*	*Aleksander Augezdecki*	*Samter/Szamotuły (Großpolen)*	*luth./ Böhm. Br.*
4	*1558 – 1562*	*Daniel z Łęczycy*	*Pińczów (Kleinpolen)*	*calv.*
5	*1558 – 1561*	*Stanisław Murmelius*	*Brest („Drukarnia Radziwiłłowska")*	*calv.*
6	*1562 – 1571*	*Daniel z Łęczycy*	*Nieśwież/Njasviž (Litauen)*	*antitr.*
7	*1562 – 1570*	*Cyprian Bazylik*	*Brest („Drukarnia Radziwiłłowska")*	*calv.*
8	*1568*	*„Drukarz Grzegorza Pawła"*	*Krakau*	*antitr.*
9	*1571 – 1572*	*Daniel z Łęczycy*	*Zasław*	*antitr.*
10	*1572 – 1575*	*Stanisław Wiśniowski*	*Lusławice (Kleinpolen)*	*antitr.*
11	*1572 – 1573*	*Jan Gliczner*	*Grätz/Grodzisk (Großpolen)*	*luth.*
12	*1574 – 1600*	*Aleksy Rodecki*	*Krakau*	*antitr.*
13	*1574*	*Daniel z Łęczycy*	*Łosk/Losk/Laskas („Drukarnia Zamkowa") (Litauen)*	*antitr.*
14	*1576 – 1580*	*Jan Karcan*	*Łosk („Drukarnia Zamkowa")*	*antitr.*
15	*1576 – 1578*	*Melchior Nehring*	*Posen/Poznań*	*luth.*
16	*1578 – 1581*	*Melchior Nehring*	*Grätz*	*luth.*
17	*1580 – 1611*	*Jan Karcan*	*Wilna/Vilnius/Wilno*	*calv.*
18	*1582 – 1591*	*Daniel z Łęczycy*	*Wilna*	*calv.*
19	*1586 – 1589*	*Feliks Bolemowski*	*Łosk („Drukarnia Zamkowa")*	*antitr.*
20	*1592 – 1607*	*Jan Markowicz*	*Wilna*	*calv.*
21	*1596 – 1603*	*Salomon und Ulrich Sultzer*	*Wilna*	*calv.*
22	*1598*	*Melchior Pietkiewicz*	*Wilna*	*calv.*

Tabelle 1: Die protestantischen Buchdrucker Polens und Litauens im 16. Jahrhundert

Pos.	Jahre	Buchdrucker	Ort	Religion
1	1473 – 1477	Kasper Straube	Krakau/Kraków	kath.
2	1483 – 1484	Jan Pepelau / Jan Krüger	Krakau	kath.
3	1490 – 1492?	Szwajpolt Fiol	Krakau	orth.
4	1492	Jakub Karweyse	Marienburg/Malbork	kath.
5	1498 – 1499	Konrad Baumgarten	Danzig/Gdańsk	kath.
6	1503 – 1505	Kasper Hochfeder	Krakau	kath.
7	1505 – 1525	Jan Haller	Krakau	kath.
8	1505 – 1506	Martin Tretter	Danzig	kath.
9	1510 – 1516	Florian Ungler („1. Werkstatt“)	Krakau	kath.
10	1512 – 1513?	Hans Weinreich	Danzig	kath.
11	1513 – 1515	Wolfgang Lern (bei Ungler)	Krakau	kath.
12	1518 – 1546	Hieronim Wietor	Krakau	kath.
13	1520 – 1524	Hans Weinreich	Danzig	kath.
14	1521 – 1536	Florian Ungler („2. Werkstatt“)	Krakau	kath.
15	*1523 – 1553*	*Hans Weinreich*	*Königsberg/ Kaliningrad*	*luth.*
16	1524 – 1526?	Franciszek Skoryna	Wilna/Vilnius/Wilno	orth.
17	1526 – 1547	Matthias (Maciej) Scharffenberg	Krakau	kath.
18	1530	Jan Sandecki-Małecki	Krakau	kath.
19	1532 – 1533?	Jan Sandecki-Małecki	Pułtusk	kath.
20	1534 – 1539	Samuel Helicz und Familie	Krakau	hebr.
21	1536 – 1551	Helena Unglerowa	Krakau	kath.
22	*1538 – 1618*	*Familie Rhode*	*Danzig*	*luth.*
23	1539 – 1540	Jan Helicz (bei Ungler)	Krakau	kath.
24	1540 – 1541	Aszer-Paweł Helicz	Krakau	hebr.
25	1540 – 1548	Eliakim-Jan Helicz	Krakau	hebr.
26	1543 – 1545	Markus (Marek) Scharfenberg	Krakau	kath.
27	1546 – 1564	Agnieszka Scharfenbergowa und die Erben („Dziedzice“)	Krakau	kath.
28	1546	Bernardyni (Die Bernhardiner)?	Krakau	kath.
29	1547 – 1554	Izaak, der Sohn von Chaim	Lublin	hebr.

Pos.	Jahre	Buchdrucker	Ort	Religion
30	1547 – 1550	Barbara Wietorowa	Krakau	kath.
31	1547 – 1548	Helena Scharffenbergowa	Krakau	kath.
32	1548 – 1555	Hieronymus Scharffenberg	Krakau	kath.
33	*1549 – 1556*	*Aleksander Augezdecki*	*Königsberg*	*luth.*
34	*1549 – 1554*	*Hans Lufft*	*Königsberg*	*luth.*
35	*1551 – 1558?*	*Jan und Hieronim Małecki (Maletius)*	*Lyck/Ełk (Hzgt. Preußen)*	*luth.*
36	1551 – 1577	Łazarz Andrysowic	Krakau	kath.
37	1551 – 1553	Jakub Przyłuski	Szczucin (Kleinpolen)	kath.
38	*1553 – 1554*	*Bernard Wojewódka („Drukarnia Radziwiłłowska")*	*Brest/Brześć Litewski/ Brestas*	*calv.*
39	*1554 – 1575*	*Familie Daubmann*	*Königsberg*	*luth.*
40	*1554 – 1555*	*Hans Weinreich*	*Danzig*	*luth.*
41	*1555 – 1605*	*Maciej Wirzbięta*	*Krakau*	*calv.*
42	1556 – 1564?	Chaim, der Sohn von Izaak	Lublin	hebr.
43	1556?	Peter Sextilis aus Obrzycko	Posen/Poznań	kath.
44	1557 – 1582	Matthäus (Mateusz) Siebeneicher	Krakau	kath.
45	*1557 – 1561*	*Aleksander Augezdecki*	*Samter/Szamotuły (Großpolen)*	*luth./ Böhm. Br.*
46	*1558 – 1563*	*Wolfgang Dietmar*	*Elbing/Elbląg*	*luth.*
47	*1558 – 1562*	*Daniel z Łęczycy*	*Pińczów (Kleinpolen)*	*calv.*
48	*1558 – 1561?*	*Stanisław Murmelius („Drukarnia Radziwiłłowska")*	*Brest*	*calv.*
49	*1562 – 1571*	*Daniel z Łęczycy*	*Nieśwież (Litauen)*	*antitr.*
50	*1562 – 1570?*	*Cyprian Bazylik („Drukarnia Radziwiłłowska")*	*Brest*	*calv.*
51	*1564 – 1595*	*Familie Felbinger*	*Königsberg*	*luth.*
52	1565 – 1606	Nikolaus (Mikołaj) Scharffenberg	Krakau	kath.
53	1565 – 1604?	Wasilij Ciapiński (Eigentümer)	Ciapin (Litauen)	orth.
54	1565 – 1584	Stanislaus (Stanisław) Scharffenberg	Krakau	kath.
55	1566?	Stanisław Murmelius	Łowicz	kath.

Pos.	Jahre	Buchdrucker	Ort	Religion
56	*1568*	*„Drukarz Grzegorza Pawła“ (Drucker von Grzegorz Paweł)*	*Krakau?*	*antitr.*
57	1568 – 1599	Izaak, der Sohn von Aaron aus Prościejów	Krakau	hebr.
58	1568 – 1570	Iwan Fedorow und Piotr Mścisławiec	Zabłudów (Litauen)	orth.
59	*1568 – 1569*	*Stanislaus Worffschaufel*	*Thorn/Toruń*	*luth.*
60	*1571 – 1572*	*Daniel z Łęczycy*	*Zasław/Zaslaŭe? (Litauen)*	*antitr.*
61	*1572 – 1575?*	*Stanisław Wiśniowski?*	*Lusławice (Kleinpolen)*	*antitr.*
62	1572 – 1577	Stanisław Siennik	Krakau	kath.
63	1572 – 1574	Iwan Fedorow	Lemberg/L'viv/Lwów	orth.
64	*1572 – 1573*	*Jan Gliczner*	*Grätz/Grodzisk (Großpolen)*	*luth.*
65	1574 – 1620	Andrzej Piotrowczyk (I)	Krakau	kath.
66	*1574 – 1600?*	*Aleksy Rodecki*	*Krakau*	*antitr.*
67	1574 – 1576?	Piotr Mścisławiec	Wilna	orth.
68	*1574*	*Daniel z Łęczycy („Drukarnia Zamkowa“)*	*Łosk/Losk/Laskas (Litauen)*	*antitr.*
69	*1575 – 1623*	*Familie Osterberger*	*Königsberg*	*luth.*
70	*1576 – 1580*	*Jan Karcan („Drukarnia Zamkowa“)*	*Łosk*	*antitr.*
71	1576 – 1578	Daniel z Łęczycy („Drukarnia Mik. Krz. Radziwiłła“)	Wilna	kath.
72	*1576 – 1578*	*Melchior Nehring*	*Posen*	kath./ *luth.*
73	1577	„Drukarnia Latająca“ (Filiale Nikolaus Scharffenberg)	Leslau/Włocławek (Großpolen)	kath.
74	1578	„Drukarnia Latająca“ (Filiale Nikolaus Scharffenberg)	Warschau/Warszawa	kath.
75	1578 – 1605	Jan Januszowski („Drukarnia Łazarzowa“)	Krakau	kath.
76	1578 – 1591	Jan Wolrab	Posen	kath.
77	*1578 – 1581*	*Melchior Nehring*	*Grätz*	*luth.*
78	1578 – 1585	Maciej Garwolczyk	Krakau	kath.

Pos.	Jahre	Buchdrucker	Ort	Religion
79	1578 – 1612	Ivan Fedorov (1578 – 1581) u. a.	Ostrog/Ostroh/ Ostróg (Ukraine)	orth.
80	1578 – 1581	Paweł Szczerbic	Lemberg	kath.
81	*1580 – 1611*	*Jan Karcan*	*Wilna*	*calv.*/kath.
82	1580 – 1586	Jan Ślęcki u. a. („Drukarnia Mik.Krz.Radziwiłła")	Wilna	kath.
83	*1581 – 1587*	*Melchior Nehring*	*Thorn*	*luth.*
84	*1582 – 1591*	*Daniel z Łęczycy („Drukarnia Zborowa")*	*Wilna*	*calv.*
85	1582 – 1607	Wasyl Harabuda u. a.	Wilna	orth.
86	1583 – 1604	Jakub Siebeneicher	Krakau	kath.
87	1584 – 1586	Anna Scharffenbergowa	Krakau	kath.
88	1586 – 1788	„Drukarnia Stauropigialna"	Lemberg	orth.
89	1586 – 1660	„Drukarnia Akademicka" (Jesuiten)	Wilna	kath.
90	*1586 – 1589*	*Feliks Bolemowski („Drukarnia Zamkowa")*	*Łosk*	*antitr.*
91	1586 – 1588	Saczko Sienkowicz und Symeon Korunka?	Lemberg	orth.
92	*1587 – 1609*	*Andreas Cotenius (Andrzej Koteniusz)*	*Thorn*	*luth.*
93	*1588 – 1625*	*Nikolaus Mollin*	*Riga (1561 – 1621 polnisch)*	*luth.*
94	1589 – 1592	Johannes Saxo (Johann Sachse)	Braunsberg/Braniewo (Kgl. Preußen)	kath.
95	*1592 – 1607*	*Jan Markowicz („Drukarnia Zborowa")*	*Wilna*	*calv.*
96	1592 – 1606	Maciej Garwolczyk u. a.	Lemberg	kath.
97	1592 – 1602	Barbara Wolrabowa und die Erben („Dziedzice")	Posen	kath.
98	1592 – 1594	Daniel z Łęczycy („Drukarnia Akademicka")	Wilna	kath.
99	1594 – 1784	„Drukarnia Akademii Zamoyskiej" (Marcin Łęski, 1597 – 1616, u. a.)	Zamość	kath.
100	1594 – 1600	Daniel z Łęczycy	Wilna	kath.

Pos.	Jahre	Buchdrucker	Ort	Religion
101	*1596 – 1603*	*Salomon und Ulrich Sultzer*	*Wilna*	*calv.*
102	1596 – 1610	„Drukarnia Bractwa Św. Ducha“	Wilna	orth.
103	1596 – 1597?	Eigentümer Józef Wereszczyński (kath. Bischof von Kiew)	Nowy Wereszczyn (Ukraine)	kath.
104	1598 – 1626	Georg Schönfels	Braunsberg/Braniewo (Kgl. Preußen)	kath.
105	*1598*	*Melchior Pietkiewicz*	*Wilna*	*calv.*

Tabelle 2: Die Buchdrucker Polens, Litauens und Preußens von den Anfängen bis zum Ende des 16. Jahrhunderts (1473 – 1599)

	Name des Druckers bzw. der Buchdruckerei	Ort	Produktion in Druckbögen
1	Jan Januszowski („Drukarnia Łazarzowa“)	Krakau/Kraków	7.243
2	Andrzej Piotrowczyk (I)	Krakau	3.510
3	*Maciej Wirzbięta*	*Krakau*	*3.370*
4	Johann Haller	Krakau	3.265
5	Nikolaus Scharffenberg	Krakau	3.149
6	Hieronymus Wietor	Krakau	3.010
7	Matthias Scharffenberg	Krakau	2.153
8	Łazarz Andrysowic	Krakau	1.970
9	Jan Wolrab	Posen/Poznań	1.802
10	*Jan Karcan*	*Łosk/Losk/Laskas und Wilna/Vilnius/Wilno*	*1.645*
11	*Aleksy Rodecki*	*Krakau*	*1.643*
12	Matthäus Siebeneicher	Krakau	1.628
13	*Daniel z Łęczycy*	*Pińczów, Nieśwież/ Njasviž, Zasław/ Zaslaŭe, Łosk*	*1.517*
14	Florian Ungler (1. und 2. Werkstatt)	Krakau	1.299
15	Jakob Siebeneicher	Krakau	1.254
16	*„Drukarnia Radziwiłłowska“ (Wojewódka/Murmelius/Bazylik)*	*Brest/Brześć Litewski/ Brestas*	*1.057*
17	Helena Unglerowa	Krakau	930

18	Melchior Nehring	Posen und Thorn/ Toruń	799
19	Hieronymus Scharffenberg	Krakau	564
20	Stanislaus Scharffenberg	Krakau	536
21	Barbara Wolrabowa und die Erben	Posen	509

Tabelle 3: Die Buchproduktion in Polen im 16. Jahrhundert (in Druckbögen): die größten Werkstätten

Religion	**Zahl der Werkstätten (1473 – 1599)**	**Gründungsjahr der ersten Druckerei, Ort, Name des Druckers**
katholisch	54	1473, Krakau, Straube
lutherisch	*18*	*1523, Königsberg/Kaliningrad, Weinrauch*
orthodox	11	1490, Krakau, Fiol
calvinistisch	*10*	*1553, Brest/Brześć Litewski/Brestas, Wojewódka*
antitrinitarisch	*8*	*1562, Nieśwież/Njasviž, Daniel z Łęczycy*
hebräisch	6	1534, Krakau, Helicz
Böhmische Brüder	*1*	*1557, Samter/Szamotuły, Augezdecki*

Tabelle 4: Die Zahl der Druckereien nach Glaubensbekenntnis in den Jahren 1473 – 1599 in Polen-Litauen bzw. der Rzeczpospolita (Polen, Litauen, Königliches Preußen, Herzogliches Preußen, Livland)[56]

56 Der Unterschied zwischen der Gesamtzahl der Buchdruckereien in der Tabelle 4 (108) und der tatsächlichen Zahl der Werkstätten in der Tabelle 2 (105) resultiert aus der Praxis der drei Buchdrucker, die für zwei Glaubensrichtungen Bücher druckten: Karcan in Wilna (Calvinisten und Katholiken), Augezdecki in Samter (Lutheraner und Böhmische Brüder) und Nehring in Posen (Katholiken und Lutheraner).

Anna Mańko-Matysiak

Zur Wirkungsgeschichte eines Gesangbuchmodells aus der Reformationszeit. Die *Geistlichen Lieder vnd Psalmen* Luthers (1529) und ihre Breslauer Ausgaben[1]

Nun freut euch, lieben Christen gmein,
Und laßt uns fröhlich springen,
Daß wir getrost und all in ein
Mit Lust und Liebe singen,
Was Gott an uns gewendet hat
Und seine süße Wundertat
Gar teur hat ers erworben
[...]

Martin Luther (EKG 341)

1. Vorbemerkung

Das derzeitige Reformationsdezennium ruft noch einmal Ereignisse wach, die nicht nur für diverse Fachdisziplinen Dignität besitzen, sondern sich auch im Leben der Gläubigen als richtungsweisend niederschlagen. Die Geschichte des Gemeindegesanges scheint als einer dieser gewichtigen Themenbereiche im Zusammenhang des Jubiläums die Forschungswelt und das Publikum zunehmend zu beschäftigen.[2] Dies geschieht nicht zu Unrecht, bedenkt man die Tatsache, dass die Reformation auch als Bewegung, die die Entwicklung des geistlichen Liedes begünstigte, in die Geschichte einging. Volkssprachliche Kirchenlieder gab es bekanntlich schon lange vor der Reformation, doch, Wallfahrten und Prozessionen ausgenommen, war das Singen der Laien in der regulären Liturgie ausschließlich auf Antwortrufe und deutsche Liedstrophen im Wechsel mit lateinischen Sequenzen beschränkt.[3] Die ersten

1 Der Beitrag, den aktualisierten Stand zum Forschungsobjekt darstellend, basiert auf der Monographie: Anna Mańko-Matysiak: Schlesische Gesangbücher 1525–1741. Eine hymnologische Quellenstudie. Wrocław 2005 (Acta Universitatis Wratislaviensis 2800), S. 95–114.

2 Das Themenjahr 2012 „Reformation und Musik" wurde im Rahmen der Lutherdekade mit abwechslungsreichen und vielgestaltigen Initiativen begangen. Hierzu u. a. Kathrin Paasch (Hg.): „Mit Lust und Liebe singen". Die Reformation und ihre Lieder. Begleitband zur Ausstellung der Universitäts- und Forschungsbibliothek Erfurt/Gotha in Zusammenarbeit mit der Stiftung Schloss Friedenstein Gotha. Gotha 2012.

3 Einen hilfreichen Überblick über die Geschichte des Gemeindegesanges präsentiert der Artikel von August Scharnagl, in: Die Musik in Geschichte und Gegenwart. Sachteil, Bd. 4. Berlin 2004, Sp. 1637–1691 <http://nmweb.sbb.spk-berlin.de/NetManBin/nmwebclt.asp?CONFIGID=

gottesdienstlichen Liedersammlungen in der Landessprache wurden um die Wende vom 15. zum 16. Jahrhundert von den aus den hussitischen Kreisen hervorgegangenen Böhmischen Brüdern zusammengestellt; das 1501 erschienene tschechische Gesangbuch gilt ohne Wenn und Aber als eine Pionierleistung der frühen reformatorischen Anstrengungen, die die liturgischen Funktionen der Gemeinde in den Vordergrund rückten. Auf dem deutschsprachigen Boden setzte die entscheidende Neuerung mit der Reformation ein. Es war bekanntlich der Reformator selbst, der den Gemeindegesang als einen festen Bestandteil des Gottesdienstes und die singende Gemeinde als dessen unentbehrliches Subjekt und Träger zu verstehen wusste. Da das vorreformatorische deutsche Kirchenlied nur eine bescheidene Auslese an Texten und Melodien zu bieten hatte, erklärte sich Luther schon 1523 bereit, diesem Mangel mit selbst verfassten Kirchenliedern abzuhelfen. Im Brief an seinen Freund Georg Spalatin schrieb er: „Ich bin willens, nach dem Beispiel der Propheten und alten Väter der Kirche, deutsche Psalmen für das Volk zu machen, das ist geistliche Lieder, dass das Wort Gottes auch durch den Gesang unter den Leuten bleibe".[4] Den Worten folgten bald Taten, denn bereits um die Jahreswende erschien Luthers *Achtliederbuch* (1523/24) und wenige Monate später das erste durch Luther autorisierte, von dem Wittenberger Kantor Johann Walter bearbeitete *Geistliche Gesangbüchlein* (1524), ein Chorgesangbuch mit fünf lateinischen und 32 deutschen Liedern, die unter anderem vom Reformator selbst, aber auch von Paul Speratus und Elisabeth Cruciger stammten. Der Erfolg des Lutherischen Liedprogramms ließ nicht lange auf sich warten, denn mit den Wittenberger Druckwerken begann bald in rascher Abfolge und in hohen Auflagen eine enorme Verbreitung von Gesangbüchern.[5] Am stärksten war die Resonanz in Erfurt, Zwickau, Breslau und Nürnberg, wo bereits 1525 neue Drucke auf den Buchmarkt kamen. Das Jahr 1531 brachte das erste deutsche Gesangbuch der Böhmischen Brüder, das mehrere Auflagen erleben, aber auch zur Erweiterung des Liedbestandes beitragen sollte. Unter Luthers Aufsicht erschienen noch zwei Druckwerke: 1529 bei Josef Klug[6] in Wittenberg und 1545 bei Va-

477765602>. Ausführlich darüber bei Christian Möller: Das 16. Jahrhundert. In: Ders. (Hg.): Kirchenlied und Gesangbuch. Quellen zu ihrer Geschichte. Ein hymnologisches Arbeitsbuch. Tübingen, Basel 2000 (Mainzer Hymnologische Studien 1), S. 69–127, hier S. 81–83.

4 Luthers Werke. Briefwechsel. Bd. 3: Briefe 1523–1525. Haupttext Nr. 698. Luther an Spalatin. [Wittenberg, Ende 1523.] <http://gateway.proquest.com/openurl?ctx_ver=Z39.88-2004&res_dat=xri:luther&rft_dat=xri:luther:deutsch:ft:briefe:Z300035555>.

5 Hierzu unter anderem: „... damit die ganze christliche Gemein mitsinge". Evangelische Gesangbücher von der Reformation bis heute. Hg. i. A. des Zentralarchivs der Evangelischen Kirche in Hessen und Nassau von Pfarrer Dr. habil. Michael Heymel. Darmstadt 2012.

6 Joseph Klug (auch Kluge, Kluck, Klöck, 1490–1552), Buchdrucker zu Wittenberg im 16. Jahrhundert; seine ab ca. 1525/26 geleitete Offizin zählte zu den angesehensten der Lutherstadt; etwa 530 Titel verzeichnet das VD16, darunter auch mehrere Lutherdrucke. Vgl. Christoph Reske: Die Buchdrucker des 16. und 17. Jahrhunderts im deutschen Sprachgebiet. Auf der Grundlage des gleichnamigen Werkes von Josef Benzing. Wiesbaden 2007 (Beiträge zum Buch- und Bibliothekswesen 51), S. 996, und ferner Josef Benzing: Die Buchdrucker des 16. und 17. Jahrhunderts im deutschen Sprachgebiet. Wiesbaden 1963, S. 80–84; Hans Volz: Die Wittenberger Gesangbuchdrucker Joseph Klug und Hans Lufft. In: Jahrbuch für Liturgik und Hymnologie 4 (1958/59),

lentin Bapst[7] in Leipzig – eine Leistung, die sich für die Gesangbuchgeschichte der zweiten Jahrhunderthälfte maßgebend auswirkte. An die Worte des Reformators, in seiner letzten Vorrede zur Leipziger Ausgabe abgedruckt, sollte künftig immer wieder erinnert werden. Hier versuchte er noch ein letztes Mal der Gemeinde nachdrücklich einzuprägen:

> Gott hat unser hertz und mut fröhlich gemacht / durch seinen lieben Son / welchen er für uns gegeben hat zur erlösung von sunden / tod und Teuffel. Wer solchs mit ernst gleubet / der kans nicht lassen / er mus fröhlich und mit lust dauon singen und sagen / das es andere auch hören und herzu komen.[8]

An unterschiedlichen Orten fühlten sich die dem neuen Glauben verpflichteten Geistlichen/Dichter/Verleger aufgefordert, diesem Appell des Reformators zu folgen und bemühten sich zunehmend um die Produktion eines neuen Lied- und Melodienmaterials.[9] Alle diese Sammlungen lassen allerdings erkennen, dass sich trotz gewisser lokaler und regionaler Differenzen doch ein gemeinsamer Liedkanon bildete, der bis zum Ende des 16. Jahrhunderts nur selten eine Änderung erfuhr. In den schlesischen Territorien und, wie oben erwähnt, insbesondere in Breslau, wo bereits ab 1523 im Sinne der Lutherischen Lehre gepredigt wurde, hat der Gemeindegesang früh Fuß gefasst.[10] Der Nachfrage nach neuen Liedern und Gesangbüchern musste auch in dieser Region rasch entsprochen werden, worauf im Folgenden näher eingegangen wird.

2. Zum Begriff und Gesangbuchprofil

Im Haupttitel erschienen die *Geistlichen Lieder* erstmals in der Ausgabe des von Josef Klug 1529 herausgebrachten Gesangbuches, dessen Titel seinem Wortlaut nach – *Geistliche Lieder auffs new gebessert zu Wittenberg. D. Mart. Luth.* – auf den innova-

S. 129–133. Siehe auch die Artikel „Klug" von Jakob Frank, in: Allgemeine Deutsche Biographie, Bd. 16, 1882, S. 248f., und von Hans Lüfing, in: Neue Deutsche Biographie, Bd. 12, 1980, S. 136f.

7 Valentin Bapst (auch Papst, Papa, gest. 1556), der bedeutendste Leipziger Buchdrucker und Buchhändler seiner Zeit; 320 in den Jahren 1542–1556 bei ihm erschienene Titel verzeichnet das VD16. Vgl. Reske: Buchdrucker (Anm. 6), S. 520f., und ferner Carl B. Lorck: Die Drucker und Buchhändler in Leipzig durch vier Jahrhunderte. Leipzig 1879, S. 8. Siehe auch die Artikel „Bapst" von Karl Steiff, in: Allgemeine Deutsche Biographie, Bd. 46, 1906, S. 205f., und von Josef Benzing, in: Neue Deutsche Biographie, Bd. 1, 1953, S. 579.

8 Aus der Vorrede zum Bapst'schen Gesangbuch.

9 Auf die Entwicklung des evangelischen Kirchenliedes des 16. Jahrhunderts geht unter anderen Patrice Veit ein in seiner fundierten Studie: Das Kirchenlied in der Reformation Martin Luthers. Eine thematische und semantische Untersuchung. Stuttgart 1986 (Veröffentlichungen des Instituts für Europäische Geschichte Mainz 120).

10 Hierzu v. a. Mańko-Matysiak: Schlesische Gesangbücher (Anm. 1), S. 35f.

tiven Inhalt und vor allem dessen Herkunft und Provenienz verweisen sollte.[11] Neu bei der Gestaltung des Buches war, was bereits an dem Bildschmuck mit spielenden Engeln sowie den Noten- und Gebetsbeigaben auffiel, die Auswahl und Anordnung der Lieder nach thematischen Gesichtspunkten. Ihre Gliederung in Festtags- und Psalmengesänge und ferner in „alte" und „neue" Lieder[12] unterstrich das Grundprinzip des Lutherischen Postulats, die singende Gemeinde am Gottesdienst mitwirken zu lassen; für den damaligen Zeitpunkt eine besondere Leistung des Lutherischen Reformwerkes.

Nach einer effektiven Wirkungszeit der Klug'schen Sammlung wurden die *Geistlichen Lieder* von Valentin Bapst 1545 in Leipzig für die Formulierung des Titels seines Gesangbuches erneut verwendet. Als Vorlage diente dem Buchdrucker und Verleger auch der längst tradierte Wittenberger Liedbestand, doch mit dem Druck *Geystliche Lieder. Mit einer newen vorrhede/ D. Mart. Luth.*[13] lieferte er a priori das damals am prächtigsten ausgestattete Gesangbuch der Reformationszeit,[14] es war zugleich die umfangreichste Sammlung der ersten Jahrhunderthälfte.[15] Aus der Vielzahl der Lieder (80 im Hauptteil und 44 im Anhang) wird überdies ersichtlich, dass ihre Verwendung über den liturgischen Standort hinausging, dafür aber ein neues Bedürfnis der Gläubigen ausdrückte, nämlich die Praxis bzw. Notwendigkeit der Hausandacht und individuellen Frömmigkeit.[16] Dieses textliche und musikalische Repertoire sollte noch lange Jahre als Basis für weitere Liederbücher dienen. An seine Tradition knüpfte nicht zuletzt der in Frankfurt an der Oder lebende Buchdrucker und Musikverleger Johann Eichorn[17] an. Vom Erstdruck der *Geistlichen Lieder und*

---

11 Von der Erstausgabe von 1529 liegt kein Exemplar vor; die Ausgabe von 1533 wurde mehrfach neu aufgelegt. Hierzu eine Faksimile-Ausgabe: Das Klugsche Gesangbuch 1533. Hg. v. Konrad Ameln. Kassel 1983, und das Digitalisat: <http://dfg-viewer.de/show/?set[mets]=http%3A%2F%2Fdaten.digitale-sammlungen.de%2F~db%2Fmets%2Fbsb00055112_mets.xml>. Vgl. auch DKL [Das deutsche Kirchenlied] $_{1529}{}^{03}$, DKL $_{1533}{}^{02}$ u. a.

12 „Alt" steht hier laut Luthers Vorrede für „Lieder, von den alten gemacht", und „neu" für „Geistliche Lieder/ durch andere/ zu dieser Zeit gemacht".

13 Der vollständige Titel des Gesangbuches lautet [I:] *Geystliche Lieder. Mit einer newen vorrhede/ D. Mart. Luth.* [II:] *Psalmen vnd Geistliche Lieder/ welche von fromen Christen gemacht vnd zusammen gelesen sind ...* (DKL $_{1545}{}^{01}$). Vgl. Möller: Das 16. Jahrhundert (Anm. 3), S. 81–83.

14 Vgl. ebd., S. 81.

15 Vgl. ebd.

16 Siehe den Artikel „Gesangbuch" von Christhard Mahrenholz, in: Die Musik in Geschichte und Gegenwart. Sachteil, Bd. 4 (Anm. 3), Sp. 1876–1889 <http: //nmweb.sbb.spk-Berlin.de/NetManBin/nmwebclt.asp?CONFIGID=477765602>, und Martin Rössler, in: Die Musik in Geschichte und Gegenwart. Sachteil, Bd. 3. Berlin 1995, Sp. 1289–1323, hier Sp. 1300, und ferner Möller: Das 16. Jahrhundert (Anm. 3), S. 81.

17 Johann Eichorn (1524–1583), in den Jahren 1549–1581 Drucker und Buchhändler in Frankfurt (Oder), ab 1570 auch Universitätsdrucker; seine Offizin mit ca. 570 Titeln war die bedeutendste in Ostdeutschland. Hierzu Reske: Buchdrucker (Anm. 6), S. 269f., 860, und ferner Benzing: Buchdrucker (Anm. 6), S. 133, 405; Walther Lipphardt: Das Gesangbuch von J. Eichorn d. Ä. zu Frankfurt an der Oder und seine ältesten Ausgaben. In: Jahrbuch für Liturgik und Hymnologie 13 (1968), S. 161–170; Ders.: Artikel „Eichorn", in: Die Musik in Geschichte und Gegenwart, Personenteil, Bd. 6, 2. Aufl. 2001, Sp. 159–161.

Psalmen im Jahr 1552 ausgehend, variierte der Titel von Auflage zu Auflage,[18] doch mit der Formulierung *Geistliche Lieder vnd Psalmen durch D. Mart. Luth. vnd andere frome Christen. auffs new zugericht* setzte sich wohl eine erste reformatorische Gesangbuchfamilie durch.[19] Eichorns erster Modernisierungsschub zielte grundsätzlich auf die Erweiterung der Auswahl ab. Während die frühesten Ausgaben um die 130 Texte zählten, konnten für die späteren aus den 1560er und 1570er Jahren bereits 172 bzw. 173 verzeichnet werden. Inhaltlich machte das Bapst'sche Gesangbuch mehr als die Hälfte (ca. 54 %) der zusammengetragenen Texte aus; unter den Verfassern fanden sich unter anderen Erasmus Alber, Paul Eber und Cyriacus Spangenberg. Darüber hinaus fand hier der Liedstoff aus dem Gesangbuch der Böhmischen Brüder[20] Aufnahme; für den Druck von 1558[21] wurden von Reckziegel 36 Lieder aus dem Weiß'schen Gesangbuch und 7 aus dem späteren von Johann Horn (1544) nachgewiesen (ca. 28 % des Gesamtinhalts).[22] Das Zusammenfließen der Quellen konnte man ferner am Melodienangebot wie auch an den verwendeten Holzschnitten ablesen.[23] Das hauptsächliche Verdienst Eichorns lag allerdings nicht in dem Umfang, sondern in einer nach ganz bestimmten Grundsätzen gestalteten Reihenfolge der Lieder, die laut Vorrede nicht „dem bösen Beispiel" anderer Gesangbücher – „hin vnd wider vermischt" – folgen sollte, sondern „nach den Festen der Jarzeit" in eine Ordnung gebracht wurde, „damit auff jedes Fest / alle Lieder darauff gehörig mit den Gebeten / nach einander gefunden werden / vnnd nicht hin vnd wider von nöten zu suchen" (Bl. A ij^{v}).[24] Ergebnis der angekündigten Ordnung waren 25 (ab 1568: 27) Rubriken, die sich ihrem Sinn gemäß in fünf Gruppen zusammenfassen ließen.[25] Es gehörten somit zusammen: Festtagslieder (Nr. 1–7), Katechismuslieder (Nr. 8–14), Lieder für das ganze Kirchenjahr (Nr. 15–18), Lieder von den „drei letzten Dingen" (Nr. 19–21) und schließlich Tageszeiten- und Tischlieder (Nr. 22–25).[26] In die letzte Rubrik wurden bemerkenswerterweise außer den Wiegenliedern auch Kinder- und Reiselieder aufgenommen.

18 Es konnten bis dato folgende Ausgaben nachgewiesen werden: 1556, 1558, 1560, 1561, 1562, 1569, 1572, 1574, 1590, 1604. Lipphardt: Gesangbuch (Anm. 17), S. 162–165.

19 Weitere bekannte Titelangaben: *Ein new ausserlesen Gesangbüchlein/ darinn die besten Lieder aus allen mit fleis zusamen getragen/ vnd auff alle Fest des gantzen Jars geordnet sind* (1558); *Geistliche Lieder D. Mart. Luth. vnd anderen frommen Christen/ nach ordnung der Jarzeit/ new zugerichtet* (1559) und ferner *Geistliche Lieder/ D. Mart. Luth. vnd anderer frommen Christen/ nach Ordnung der Jarzeit/ mit Collecten vnd Gebeten Auffs new zugericht* (ab ca. 1568). Hierzu Lipphardt: Gesangbuch (Anm. 17), S. 169–171.

20 Nach Lipphardt: Gesangbuch (Anm. 17), S. 167, benutzte Eichorn die Nürnberger Ausgabe des *Gesangbuches der Brüder inn Behemen vnd Merherrn* (1544).

21 Walter Reckziegel: Das Gesangbuch von J. Eichorn d. Ä. zu Frankfurt/Oder. In: Jahrbuch für Liturgik und Hymnologie 7 (1962), S. 115–123, hier S. 118.

22 Ebd. wie auch Lipphardt: Gesangbuch (Anm. 17), S. 161.

23 Die Zahl der Melodien ist wegen Platzmangels von ca. 100 (1556) auf 63 (1568, 1569, 1571, 1572) gesunken. Vgl. Lipphardt: Gesangbuch (Anm. 17), S. 170.

24 Zitiert nach der Ausgabe von 1575.

25 Martin Hoberg: Die Gesangbuchillustration des 16. Jahrhunderts. Ein Beitrag zum Problem Reformation und Kunst. Straßburg 1933 (Studien zur deutschen Kunstgeschichte 296), S. 39.

26 Vgl. Reckziegel: Gesangbuch (Anm. 21), S. 116f.

Eichorn forcierte auf diese Art und Weise eine übersichtliche, einleuchtende Ordnung, mit der für die Gesangbuchgestaltung ein Neuanfang gesetzt und eine weite und nachhaltige Verbreitung des Liedbestandes angebahnt wurde. In ihrem nächsten Wirkungsbereich fanden sich in Kürze solche Städte wie Nürnberg, Leipzig, Straßburg und Breslau. Von der Rezeption der *Geistlichen Lieder* in der Oderstadt wird im Weiteren ein genaueres Bild geliefert.

3. Das Fallbeispiel Breslau

Seit dem Erscheinen des ersten evangelischen Gesangbuches in Breslau (1525) war gerade ein halbes Jahrhundert vergangen, als Crispin Scharffenberg für den Eichorn'schen Nachdruck sorgte.[27] Der Frankfurter Drucker und Verleger unterhielt zu Beginn der 50er Jahre rege Kontakte zu den aus Lauban stammenden, aber damals in Görlitz lebenden Gebrüdern Crispin[28] und Georg[29] Scharffenberg.[30] Als angesehene Formschneider – nach Birkenmajer[31] hatte Crispin den Beruf selbst bei Lucas Cranach in Wittenberg erlernt – sollen sie eine Zeitlang auch in Eichorns Diensten gestanden haben.[32] Wie der Quellenstand lehrt, verdankt die Gesangbuchillustration aus jener Zeit eben Crispin einen nicht unbedeutenden künstlerischen Impuls, denn von ihm stammen einige mit C. S. signierte Holzschnitte zu den Frankfurter *Geistlichen Liedern.* Georg arbeitete demgegenüber für die katholische Ausgabe *Geistliche*

27 Hierzu: Das älteste Gesangbuch Schlesiens – Breslau 1525. Najstarszy śląski śpiewnik kościelny – Wrocław 1525. Hg. und mit einem Kommentar versehen v. Anna Mańko-Matysiak, CD-ROM-Ausgabe. Wrocław 2004 (e-biblioteka historyczna 1).

28 Crispin lebte ab ca. 1543 in Görlitz, ließ sich 1551 in Breslau nieder, wo er am 12. Dezember 1576 infolge eines Schlaganfalls starb. Hierzu vor allem Marta Burbianka: Produkcja typograficzna Scharffenbergów we Wrocławiu [Die Druckproduktion der Scharffenberger in Breslau]. Wrocław 1968 (Wrocławskie Towarzystwo Naukowe. Śląskie Prace Bibliograficzne i Bibliotekoznawcze 12), S. 11f.; ferner Johann Ephraim Scheibel: Geschichte der seit dreihundert Jahren in Breslau befindlichen Stadtbuchdruckerey als ein Beitrag zur allgemeinen Geschichte der Buchdruckerkunst, Breslau 1804, S. 22; Reske: Buchdrucker (Anm. 6), S. 129, 290.

29 Georg folgte zuerst seinem Bruder und ließ sich ca. 1547 in Görlitz nieder, wo er am 24. März 1584 starb. Vgl. Aleksander Birkenmajer: Nobilitacja Scharffenbergów [Die Nobilitierung der Scharffenbergs]. Kraków 1926, S. 15.

30 Es ist durchaus wahrscheinlich, dass die schlesischen Scharffenbergs mit der Krakauer Buchdruckerfamilie gleichen Namens verwandt waren. Darüber u. a. Burbianka: Produkcja (Anm. 28), S. 11. Siehe auch Jerzy Samuel Bandtkie: Historia drukarń w Królestwie Polskim i Wielkiem Xięstwie Litewskiem [Geschichte des Druckereiwesens im Königreich Polen und im Großherzogtum Litauen]. Kraków 1926; Marta Samocka: Druki Scharffenbergów wrocławskich (1553–1590). Uzupełnienia do bibliografii Marty Burbianki „Produkcja typograficzna Scharffenbergów we Wrocławiu" [Drucke der Breslauer Scharffenbergs (1553–1590). Ergänzungen zur Bibliographie Marta Burbiankas ...]. In: Roczniki Biblioteczne 33 (1989), H. 1–2, S. 263–287, hier S. 282.

31 Birkenmajer: Nobilitacja (Anm. 29), S. 14.

32 Georg Kaspar Nagler: Neues allgemeines Künstler-Lexicon oder Nachrichten von dem Leben und den Werken der Maler, Bildhauer, Baumeister, Kupferstecher, Formschneider, Lithographen, Zeichner, Medailleure, Elfenbeinarbeiter, etc. Bd. 15. München 1845, S. 145f.

Lieder vnd Psalmen[33] des Bautzener Geistlichen Johann von Leisentrit. Um ca. 1551 trennten sich die Lebenswege der Scharffenbergs: Crispin verließ Görlitz, siedelte mit seiner Familie nach Breslau über und kaufte am 9. September 1552 die Offizin Andreas Winklers. Mit seiner Druckertätigkeit in der Oderstadt konnte er aufgrund eines am 23. Januar 1553 erlassenen Privilegs beginnen.[34]

Die Druckerei Scharffenbergs erfüllte die Aufgaben einer städtischen Einrichtung, die sich grundsätzlich am Bedarf des Stadtrates orientierte und demzufolge auf die Herausgabe von Verordnungen, politischen Nachrichten sowie von Schulbüchern spezialisierte.[35] Unter den 228 nachgewiesenen Druckwerken (davon ca. 62 % in Latein) aus dem Zeitraum 1553–1576 (Erben bis 1577), die durch besondere Sorgfalt und Reinheit der Schrift ein hohes Niveau der Druckkunst des 16. Jahrhunderts repräsentieren,[36] machen die religiösen Schriften, vor allem Predigt-, Gebets- und Liedersammlungen, eine Gruppe ganz geringen Umfangs aus.[37] Scharffenbergs Liederdrucke mit Notenbeigaben müssen allerdings keine geringe Beachtung gefunden haben, zumal ihn Eitner nicht ohne Grund in die Reihe der Musikverleger aufgenommen hat.[38] Der Drucker hatte schließlich die Relevanz der Gesangbücher gut einschätzen können, denn mit der Veröffentlichung der *Geistlichen Lieder* begann ein neues Kapitel der Eichorn'schen Gesangbuchfamilie und ferner der schlesischen Gesangbuchgeschichte.

Es fehlen nach wie vor jegliche Spuren, die Antwort auf die Frage geben könnten, was nun Scharffenberg zu diesem Liederdruck bewogen haben mag. Darüber, ob diese Gründe finanzieller (vielleicht war er auf einen Verlagserfolg wie etwa den des Frankfurter Kollegen bedacht) oder religiöser Art waren (vielleicht war der Druck Ergebnis eines zeitbedingten Gesangbuchbedarfs in der reformatorisch gesinnten

---

33 Es handelt sich um das erste katholische Gesangbuch von Johann Leisentrit: Geistliche Lieder vnd Psalmen/ der alten Apostolischer recht vnd warglaubiger Christlicher Kirchen. Bautzen 1567 (DKL $_{1567}$[05]). Das Prozessionsbild ist mit dem Monogramm GS signiert. Hierzu siehe Johann Leisentrit: Gesangbuch von 1567. Faksimileausgabe mit einem Nachwort v. Walther Lipphardt. Kassel, Basel u. a. 1966, S. 15f.

34 Vgl. Johann Ephraim Scheibel: Geschichte der seit dreihundert Jahren in Breslau befindlichen Stadtbuchdruckerey als ein Beitrag zur allgemeinen Geschichte der Buchdruckerkunst. Breslau 1804, S. 22; Albrecht Kirchhoff: Beiträge zur Geschichte des deutschen Buchhandels. Bd. 1. Leipzig 1851, S. 13; Rudolf Schmidt: Deutsche Buchhändler, deutsche Buchdrucker. Beiträge zu einer Firmengeschichte des deutschen Buchgewerbes. Bd. 2. Berlin 1903, S. 332–333; Bronisław Kocowski: Zarys dziejów drukarstwa na Dolnym Śląsku [Abriss der Druckgeschichte Niederschlesiens]. Wrocław 1948, S. 17.

35 Ebd., S. 95–99.

36 Scheibel: Geschichte (Anm. 34).

37 110 Titel im VD16 nachgewiesen.

38 Robert Eitner: Buch- und Musikalien-Händler nebst Notenstecher, nur die Musik betreffend, nach den Originaldrucken verzeichnet. Beilage zu den Monatsheften für Musikgeschichte. Leipzig 1904, S. 198.

Stadt),[39] ließe sich nur spekulieren. Faktum bleibt, dass er selbst als Veranlasser und Redaktor der neuen Ausgabe fungierte.

Die Existenz einer eventuellen Erstausgabe von 1572, die unter dem Titel *Geistliche Lieder/ D. Martin. Luth. vnd anderer frommen Christen/ nach ordnung der Jarzeit/ mit Collecten vnd Gebeten*, Bresslaw. M. D. LXXII., in DKL$_{1572}^{01}$ als ein defektes Exemplar in den Beständen der Zisterzienserabtei zu Zwettl (Niederösterreich) verzeichnet ist[40] und die heute am Standort nicht mehr nachgewiesen werden kann, scheint eine Fehlangabe zu sein.[41] Es ist daher mit hohem Wahrscheinlichkeitsgrad anzunehmen, dass das 1577 in Breslau erschienene Gesangbuch die erste Ausgabe der *Geistlichen Lieder* schlesischer Provenienz ist. Ihr vollständiger Titel lautet: *Geistliche Lieder/ D. Martin. Luth. vnd anderer frommen Christen/ nach ordnung der Jarzeit/ mit Collecten vnd Gebeten*, Bresslaw. M. D. LXXVII.[42]

Vergleicht man den Breslauer Druck mit den Eichorn'schen Ausgaben, so fällt auf den ersten Blick die Ausstattung des Gesangbuches auf. Das Titelblatt mit den charakteristischen Prophetengestalten – des MICHEAS zur Linken und des IESAIAS zur Rechten – wurde zwar fast unverändert übernommen, doch ein wesentliches Novum der Sammlung ist das für den Druck verwendete ikonographische Material. Mit den zwölf Rubriken-Holzschnitten (bei Eichorn waren es zwanzig) nahm Scharffenberg von der Vorlage Abstand[43] und versuchte fortschrittlich zu wirken und den Bildschmuck als funktionalen und konstitutiven Bestandteil des Gesangbuches geltend zu machen.[44] Sein Erfolg ist daher darin begründet, dass anhand der Illustrationen dem Gesangbuchbenutzer die programmatischen Inhalte (z. B. „Von der Himmelfahrt", „Vom Heiligen Geist", „Von der Heiligen Dreifaltigkeit", „Von der Taufe", „Vom Abendmahl" und „Vom Jüngsten Tag") direkt vor Augen geführt wur-

39 Das Gesangbuch des in Schlesien umstrittenen Pfarrers Valentin Triller (Breslau 1555) konnte Scharffenberg nicht den zu erwartenden Erfolg verschafft haben. Hierzu v. a. Mańko-Matysiak: Schlesische Gesangbücher (Anm. 1), S. 102.

40 Sollte diese Ausgabe von Scharffenberg stammen, so müsste sie mehr oder weniger mit der späteren von 1577 korrespondieren, denn er hat mit Sicherheit keinen von Grund auf neuen Druck veranstaltet.

41 Dem sonst sehr zuverlässigen Verzeichnis von Scharffenbergs Schriften von Burbianka und ferner den Ergänzungen von Samocka ist über den Verbleib eines solchen Drucks nichts zu entnehmen. Die kirchengeschichtlichen wie auch die hymnologischen Quellen (wie etwa von Mützell oder Wackernagel) wissen ebenso nichts darüber zu berichten, sodass die Jahreszahl 1572 höchstwahrscheinlich auf einen fehlerhaften Vermerk zurückgeht. Lipphardt: Gesangbuch (Anm. 17), S. 161, hat bereits auf die falsch datierten Exemplare der Gesangbuchfamilie von Eichorn verwiesen.

42 Universitätsbibliothek Breslau/Wrocław, Sign. 405 172. DKL$_{1577}^{02}$. Die Sammlung erschien zwar bereits nach dem Tode Crispins, muss aber laut des auf dem letzten Blatt angebrachten Druckvermerks „Gedruckt zu Bresslaw/ durch Crispin Scharffenberg" noch sein Werk gewesen sein. Nach dem Tod Crispins (1576) übernahm die Leitung der Offizin dessen Sohn Johann (1550–1586). Er muss jedoch schon zu Lebzeiten Crispins in der Druckerei tätig gewesen sein, was an einigen Büchern mit der Überschrift „Gedruckt durch Crispinum und Johann Scharffenberg" zu erkennen ist. Vgl. Reske: Buchdrucker (Anm. 6), S. 129.

43 Hoberg: Gesangbuchillustration (Anm. 25), S. 40.

44 Hierzu vor allem Hoberg: Gesangbuchillustration (Anm. 25). Vgl. auch Elisabeth Geck: Grundzüge der Geschichte der Buchillustration. Darmstadt 1982 (Grundzüge 46), S. 39–41.

den. Obwohl diese mit der Breslauer Ausgabe des Brüdergesangbuches von 1564 weitgehend kongruieren,[45] leiteten die Bilder die Lutherische Botschaft ein und setzten diese in eine neue Aktivität um.

Die Vergleichsanalyse des Inhalts lässt den Schluss zu, dass der Druck bis auf wenige Ausnahmen wort- und notengetreu ein Nachdruck des Gesangbuches von Eichorn von 1575[46] ist. Die Vorrede, die Ordnung der Rubriken (25 Punkte), die meisten Überschriften (auch jene mit Druckfehlern) und nicht zuletzt die Register wurden genauso übernommen, wie sie bei den Frankfurter Drucken zu finden sind. Die Notenstöcke sind in sehr vielen Fällen fast zeilengetreu nachgeschnitten. Vom Lied- und Melodienbestand wurde ebenso das meiste Material übernommen: Von den 170 Texten des Eichorn'schen Gesangbuches stehen in der Breslauer Ausgabe 160; von den 61 Melodien sind es 58. Der inhaltliche Schwerpunkt ist demzufolge das bereits längst tradierte Allgemeingut der reformatorischen Kirchen mit 35 Liedern Martin Luthers an der Spitze. An zweiter Stelle ist Michael Weiße mit 17 Gesängen zu nennen, ferner folgen Erasmus Alber mit sechs Beiträgen, Paul Speratus mit vier und Hans Sachs mit drei Liedern. Nicht zu übersehen ist hier schließlich die regionale Akzentsetzung, der die beiden Liedtexte des in Freystadt und Schweidnitz tätigen Pfarrers Johann Heune (Gigas, 1514–1581) zugrunde liegen; es handelt sich um die Incipits „Ach lieben Christen seid getrost“ (Bl. 143^{r}) und „Ach wie Elend ist unsere Zeit“ (Bl. 161^{r}). Geringe Abweichungen konnten etwa beim Weglassen von Überschriften – „Christ ist erstanden von der Marter“ (Bl. 44^{r}), „Es war ein mal ein reicher Man“ (123^{v}), „Erhalt vns Herr bey deinem Wort“ (Bl. 150^{r}) – nachgewiesen werden. Es mag demgegenüber verwundern, dass Scharffenberg die bereits durch die *Enchiridien* bekannte Überschrift „Johannis Hussen Lied/ gebessert durch D. Mart. Luth.“ zum Lied „Jhesus Christus unser Heyland“, auf die Adam Dyon fünf Jahrzehnte früher bewusst verzichtet hatte, beibehielt. Zu den neuen Beiträgen (bzw. Wiederaufnahmen) der Ausgabe gehörten: die Verdeutschung des Lobgesanges *Grates nunc omnes* „Dancksagen wir alle Gott“ und „Ein ander Vater unser“ („Vater unser der du bist“, Bl. 169^{r}) von Michael Weiße. Auf frühere Ausgaben wie etwa die von 1561 ist zurückzuführen ein „schöner Gesang gegen die Ketzer“ – „O Herr vnd Gott/ von Sabaoth“ (140^{r}),[47] und auf die von 1569: „Christ fuhr gen Himel“ (Bl. 47^{v}) in zwei verschiedenen Fassungen (einer alten einstrophigen mit Melodie und einer vierstrophigen von Nikolaus Herman), das Lied „Lobet den Herren, denn er ist sehr freundlich“ (Bl. 185^{r}) sowie die auffallend erweiterte Form der Überschrift

45 Es handelt sich um zwei Fälle: „Von der Heiligen Dreifaltigkeit“ und „Vom Jüngsten Tag“; hier benutzte Scharffenberg die gleichen Holzschnitte.

46 Geistliche Lieder/ D. Mart. Luth. vnd anderer frommen Christen/ nach Ordnung der Jarzeit/ mit Collecten vnd Gebeten. Frankfurt an der Oder 1575. Herzog August Bibliothek, Wolfenbüttel, Sign. J 82 Helmst. 80 (3). 219 num. Bll., [5] Bll. Register. Die Ausgabe unterscheidet sich von den früheren, wie etwa der von 1569, unter anderem durch das häufigere Weglassen von Melodien, z. B. bei den Liedern „Es spricht der Unweisen mund wol“, „Ein feste Burg ist unser Gott“, „Es wolt uns Gott genedig sein“.

47 „O starcker Gott, Herr Zebaoth“ soll zum ersten Mal im Lübecker *Enchiridion* (1545) gedruckt worden sein. Vgl. Lipphardt: Gesangbuch (Anm. 17).

bei den Wiegenliedern („Wiegenlieder/ für Gottselige Kinder mägdlein/ vnd andere Christliche Personen/ so der lieben Kinderlein warten/ sie damit zu schweigen oder einzuwiegen").

Mit den *Geistlichen Liedern* hat der Drucker und Verleger Crispin Scharffenberg auf dem Gebiet Schlesiens und insbesondere in Breslau für eine Traditionslinie die Weichen gestellt, die zu einer kontinuierlichen und im Textbereich beinahe unveränderten Wirkung der Gesangbuchgestaltung beitrug. Die Sammlung bewährte sich und wirkte für die nächsten hundert Jahre tonangebend. Es mussten allerdings noch zwei Jahrzehnte vergehen, bis 1597 eine neue Ausgabe[48] des Gesangbuches unter dem gleichen Titel vorlag. Die Druckerei war nun in neuen Händen: Georg Baumann d. Ä.[49] hatte um 1589 die Witwe Johann Scharffenbergs, Magdalene Scharffenberg, geheiratet und 1590 die Leitung der Offizin, zuerst noch unter dem Namen des Vorbesitzers, übernommen. Das von Kaiser Rudolf II. erhaltene Privileg vom 26. Januar 1596 erweiterte zunehmend seine Produktionsmöglichkeiten, was nicht zuletzt für den Entstehungsanlass der neuen Ausgabe von Belang sein sollte.[50]

Der Baumann'sche Druck ähnelt dem von 1577. Der Titel steht in dem wohlbekannten Holzschnittrahmen, sogar im Wortlaut sind kaum Differenzen nachzuweisen.[51] Die irreführende Jahresangabe „1589", auf dem letzten Blatt durch „1597" revidiert, stellt für die damaligen Verhältnisse keinen Ausnahmefall dar. Ihr Zustandekommen konnte mittlerweile durch eine Hypothese näher erläutert werden.[52]

---

48 Geistliche Lieder/ D. Mart. Luth. vnd anderer frommen Christen/ nach Ordnung der Jarzeit/ mit Collecten vnd Gebeten. Bresslaw. M. D. LXXXIX [richtig: 1597], Staatsbibliothek zu Berlin Preußischer Kulturbesitz, Sign. Slg. Wernigerode Hb 2301.

49 Georg Baumann II. (1554 oder 1564–1607), Musikdrucker und -verleger. Baumann war zunächst in Erfurt und ab ca. 1588 in Breslau tätig; um 1589 heiratete er die Witwe von Johann Scharffenberg (gest. 1586). Er erhielt 1590 das städtische und 1596 das kaiserliche Privileg. Die Offizin baute er bald zu einem in Schlesien führenden Unternehmen aus, das sich in der Produktion von Gelegenheitsdruckwerken, pädagogischen und musikalischen Drucken spezialisierte (fast 50 Titel im VD16). Nach Georgs Tod führte die Witwe das Geschäft bis zur Übernahme durch den Sohn Georg d. J. 1618 weiter. Vgl. Marta Burbianka: Z dziejów drukarstwa śląskiego w XVII wieku. Baumannowie [Aus der Geschichte des schlesischen Druckwesens im 17. Jahrhundert. Die Familie Baumann]. Wrocław 1977 (Prace Wrocławskiego Towarzystwa Naukowego, Seria A, 176), S. 13–17, und v. a. Reske: Buchdrucker (Anm. 6), S. 129, 207.

50 Burbianka: Z dziejów (Anm. 49), S. 13.

51 Das einzige nachweisbare Exemplar der Ausgabe befindet sich in der Staatsbibliothek zu Berlin (siehe Anm. 48). Das Titelblatt trägt die Jahreszahl 1589, dem alphabetischen Register (b 8^{v}) ist dagegen folgender Druckvermerk angeschlossen: „Gedruckt zu Bresslaw/ durch Georgium Bawmann. 1597." (in DKL unter „1589" nachgewiesen). Diese Abweichung lässt sich vermutlich folgendermaßen erklären: Im Fall jeder Ausgabe ist zwischen ihrer Entstehung und der Veröffentlichung zu differenzieren. Aus den zeitlichen Abständen ergibt sich folgender Schluss: Wäre der Druck schon 1589 fertig gewesen, so hätte man ihn unter dem Schild Scharffenbergs veröffentlicht. Dies bedeutet, dass die Arbeit an dem Gesangbuch aus irgendeinem Grund unterbrochen wurde. Das städtische Privileg muss ferner die Produktion wesentlich eingeschränkt haben, sodass Baumann erst mit dem kaiserlichen Privileg die Offizin zur vollen Geltung bringen konnte. Hierzu Burbianka: Z dziejów (Anm. 49), S. 13.

52 Lipphardts Untersuchungen haben gezeigt, wie oft Fehler bei Datierungen, und ausgerechnet in dieser Gesangbuchfamilie, vorkamen. Vgl. Lipphardt: Gesangbuch (Anm. 17), S. 161.

Die Übersicht der Inhalte macht deutlich, dass eine beinahe unbemerkbare, aber doch originäre Vermehrung (169 Texte und 59 Melodien) vor sich gegangen ist. Neu hinzugekommen sind vier Texte ohne Noten bzw. mit Melodienangaben (das neue Credolied „Ach Vater unser der du bist", „Herr Gott deine Gewalt", „Nu lass uns Gott den Herren", „O Mensch gedenck zu dieser Frist") und zwei mit Noten („An Wasserflüssen Babylon", „O Lamb Gottes unschuldig"), von denen drei bereits in den früheren Eichorn'schen Ausgaben standen. Eine zusätzliche Erweiterung erhielt die Sammlung durch ein zweites Register über die Verteilung der Lieder auf das Kirchenjahr (der ganze Bogen „c"); ein solches Zusatzregister findet sich erstmals in einem Frankfurter Druck um 1580.[53] An zwei Stellen geht Baumann seinen eigenen Weg. Erstens: In der Rubrik „Vom Glauben" folgt dem Vaterunser Martin Luthers „Ein ander Vater vnser", das aber nicht aus der Feder des Michael Weiße stammt wie in der Ausgabe von 1577, sondern durch das Gebet des Breslauer Reformators Ambrosius Moibanus (Bl. 68–69) ersetzt wird. Die Moiban'sche Fassung war bereits zum ersten Mal in einem Zwickauer Gesangbuch von 1525 erschienen, weshalb es auch verwundern mag, dass der Text einer der führenden Gestalten der schlesischen Reformation erst nach 70 Jahren in der eigenen Region hier Aufnahme fand.[54] Allerdings muss Baumann sehr daran gelegen haben, den Benutzer auf die Autorschaft des „Vaterunsers" aufmerksam zu machen. In der Überschrift heißt es expressis verbis: „Ein ander Vater vnser. Doct. Ambrosij Moibani/ weiland Pfarrherrns zu Breslaw". In diesem Zusammenhang erhebt sich die Frage, was eine Fixierung des Textes, der an sich ein Exempel durchaus gelungener Translation darstellt, verhindern konnte. Eine plausible, nicht unbedingt zufriedenstellende Erklärung wäre die Mutmaßung, dass die Breslauer neben Luthers und Weißes Verdeutschungen des christlichen Grundgebetes auch jene von Moibanus auswendig konnten und als solche jahrelang bewahrt hatten. Ob dieser Beitrag dem Drucker selbst zuzuschreiben ist oder ob er in dieser Hinsicht einen kundigen Berater hatte, muss Spekulation bleiben. Die Wiedergabe der Fassung mag vielleicht manches Licht auf die Intentionen des Herausgebers entsprechend dem lokalen Prioritätsanspruch werfen:

Ach Vater vnser der du bist im Himelreich/
hoch vber vns/ darumb im Geist wilt angebetet werden.
Dein heiliger Nam werd außgebreitet ge=
waltiglich/ geehrt inn Vns vnd vberal/

---

53 Das Register ist betitelt: „Register der Gesenge/ so man auff die Sontage und Festtage singen mag/ vnd mit den Euangelien vnd Festen vberein kommen". Es bietet für jeden Sonntag des Kirchenjahres wie auch für die Festtage mindestens je zwei Lieder (zu Weihnachten zwölf) zur Auswahl. Ein Novum sind die „Christliche[n] Gesenge/ zum Begrebnis der verstorbenen".

54 Eyn gesang Buchleyn, welche man yetz vnd ynn Kirchen gebrauchen ist. Zwickau 1525, Bl. C 1^r–2^r. Der Name des Dichters ist hier nicht angegeben. Nach Mützell kann Moibanus das Lied noch in seiner Wittenberger Zeit verfasst haben. Dasselbe findet sich in der niederdeutschen Fassung in dem Magdeburger Gesangbuch von 1534, in den Hamburger *Enchiridien* von 1558, im Lübecker *Enchiridion* von 1564, im Stettiner von 1576 und in der hochdeutschen Fassung in einem Dresdner Gebetbuch von 1595. Vgl. Julius Mützell: Geistliche Lieder der evangelischen Kirche aus dem sechszehnten Jahrhundert nach den ältesten Drucken. Bd. 1. Berlin 1855, S. 282f.

im Himel vnd auff Erden. Das Reich
der Gnaden komm vns zu/ vnd thue inn
vns bekleiden: Vnd was dir nich be=
heglich ist/ inn vns/ das wolst außtreiben/
Auff das wir mögen ewiglich/ inn
Deinen Reiche bleiben.

Auch billich HERR so bitten wir/
dein Will gescheh/ auff Erden hie/ inn
aller maß/ wie in dem Himelreiche:
Dahin denn niemand kommen kann/ noch
mag bestan/ denn der allein/ den willen
sein/ mit deinem thut vergleichen: Vnd
gib vns vnser täglich Brod/ der Seelen
ihre speise: Ich mein dein heiliges Gött=
liches Wort/ das wir das hörn mit fleisse/
damit du uns zur Seligkeit/ den rechten
Weg wilt weisen.

Auch vnser Schuld vnd Missethat/
HERR vns erlaß/ vnd wie wir dich
erzürnet han/ das wolst vns nicht zu=
messen: Denn wir auch vnsern Schul=
digern thun inn solcher maß/ womit sie
vns beleidigt han/ das wöln wir gantz
vergessen. Inn kein Versuchung vns
einführ/ darin wir möchten verderben:
Für solchem vbel vns bewar/ darvon
die Seel möchte sterben. Vnd mach vns
allesampt zugleich/ inn deinem Reich
zu Erben/ AMEN.

Zweitens: Ein neuer Beitrag ist in der Ausgabe das Triller'sche Lied „O Mensch gedenck zu diser frist" (Bl. 154^{v}), das, von den handschriftlichen Quellen abgesehen, in einer gedruckten Liedersammlung schlesischer Provenienz zum ersten Mal rezipiert wird.[55] Leisentrit hat zwar das Lied in sein Gesangbuch (1567; Bl. 337^{v}) übernommen, doch das Vorbild einer katholischen Vorlage käme in diesem konkreten Fall eher nicht in Frage.[56] Von Belang scheint hingegen die Tatsache zu sein, dass wir es mit einem Begräbnislied[57] zu tun haben, das hinsichtlich seiner engen Korrespondenz mit den Nöten des Alltags offensichtlich längst im Gebrauch war, wobei die

55 Hierzu Anna Mańko-Matysiak: Schlesische Gesangbücher (Anm. 1), S. 34–41.

56 Nach der Originalfassung beginnt das Lied mit „O Mensch bedenck zu diser frist", diese hat auch Leisentrit übernommen. Die Herkunft des veränderten Incipits („O Mensch gedenck zu diser frist"), so wie es in der Breslauer Ausgabe steht, bleibt nach wie vor ein Rätsel. Vgl. Erika Heitmeyer: Das Gesangbuch von Johann Leisentrit 1567. Adaption als Merkmal von Struktur und Genese früher deutscher Gesangbuchlieder (Pietas liturgica. Studia 5). St. Ottilien 1988.

57 Das Lied steht am Anfang der Rubrik „Folgen gesenge bey dem Begrebnis der Todten".

Adaption nur seine Verwendbarkeit bestätigte. Darin spiegelt sich auch das Wesensmerkmal des Gesangbuches wider: Über den gewichtigen konfessionellen Kontext hinaus macht es mit den neuen Beiträgen das Zusammengehörigkeitsgefühl „vor Ort“ erneut geltend.

Aus der Sichtung des Quellenmaterials ergibt sich ferner, dass die *Geistlichen Lieder* unter den Baumann'schen Erben noch zwei[58] weitere Ausgaben erlebten:

1618, als Georg Baumann der Jüngere (III.)[59] die Leitung der Offizin von seiner Mutter übernahm, erschien ein bis auf die Seitenzahlen genauer Nachdruck der vorhergehenden, wenn auch mit neuen Druckstöcken und Holzschnitten zu mindestens drei Rubriken („Von der Auferstehung“, „Vom Glauben“, „Von der Taufe“).[60] In dem defekten Exemplar der Universitätsbibliothek Breslau[61] fehlen die Seiten 61, 144, 147–149, 182–195, darunter der Holzschnitt zu „Von den zehn Geboten“, sowie das alphabetische Register. Die nächste Ausgabe (der Reihe nach die vierte) brachte der Faktor Johann Jancke[62] heraus. Es ist zwar bekannt, dass er die Offizin von 1699 bis 1718 leitete, dennoch reichen die innerhalb des Textbereiches nachgewiesenen Unterschiede nicht aus, um das Erscheinungsjahr genauer zu bestimmen. Am Ende des Streifzuges ist die Sammlung selbst aus diesem Grund relevant, denn sie dokumentiert einen Paradigmenwechsel, der sich im Fall der Breslauer Wirkungsgeschichte der *Geistlichen Lieder* innerhalb von zwölf bzw. dreizehn Jahrzehnten abzeichnete und über die grandiosen Veränderungen im Liederensemble hinaus auf ihre praktische Verwendung auswirkte. Man hat es schließlich als ein Gesang- und Gebetbuch für „unterwegs“ konzipiert, worauf der Titel ausdrücklich verweist: *Geistliche Lieder und Psalmen/ D. Mart. Lutheri und anderer frommen Christen. Jetzund aufs neue corrigiret/ und mit vielen schönen Gesängen vermehret/ welche sonst in dergleichen Büchlein nicht zu finden. Sammt einem Trostreichen Gebet=Büchlein/ den Reisenden und jedermänniglich dienstlich zu gebrauchen.* Cum Gratiâ & Privil. Sac. Cæs. Majest. *Breßlau/ in der Baumannischen Erben Druckerey/ druckts Johann Jancke/*

---

58 Eine nach RISM [Répertoire International des Sources Musicales] (DKL $_{1613}{}^{02}$) genannte Ausgabe von 1613 scheint eine Fehlangabe zu sein.

59 Georg d. J. (1592–1650), Musikdrucker und -verleger. 1606 kam er in die Lehre zu dem Liegnitzer Drucker Nikolaus Schneider (gest. 1621), war als Geselle unter anderem in Holland und Brabant tätig, kehrte 1613 nach Breslau zurück und unterstützte von diesem Moment an seine Mutter bei der Leitung der Offizin. 1618 übernahm er den Betrieb und erhielt zwei Jahre später das kaiserliche Privileg. Nach seinem Tod erbte die Offizin seine Tochter Rosina, verheiratet mit dem Buchhändler und Verleger Kaspar Klosemann d. J. (1616–1657). Die Leitung der Druckerei wurde in der Folgezeit den Faktoren übergeben, darunter Gottfried Gründer (1650–1663, 1673–1681), Johann Christoph Jacob (1663–1673), Johann Günther Rörer (1681–1699), Johann Jancke (1699–1718), Johann Theophilus Straubel (1718–1753). Vgl. Benzing: Buchdrucker (Anm. 6), S. 61, und Reske: Buchdrucker (Anm. 6), S. 130.

60 Die Bemerkung von Burbianka: Z dziejów (Anm. 49), S. 81, wonach in der Ausgabe nur der Holzschnittrahmen des Titelblattes unverändert geblieben wäre, ist unzutreffend.

61 Geistliche lieder/ D. Mart. Luth. vnd anderer frommen Christen/ nach Ordnung der Jarzeit/ mit Collecten vnd Gebeten. Bresslaw. M. D. C. XVIII., Universitätsbibliothek Breslau/Wrocław, Sign. 384832.

62 Benzing: Buchdrucker (Anm. 6), S. 61, und Reske: Buchdrucker (Anm. 6), S. 131.

Factor.[63] Ein handliches Kleinformat (10 x 15 cm) sollte dem Benutzer einen bequemen Umgang mit dem Gesangbuch garantieren, um auf diese Art und Weise in jedem Moment seiner Reise seinen Glauben zu festigen. Die Erweiterung um „viele schöne Gesänge" ebenso wie die Zugabe „ein Trostreiches Gebet=Büchlein" drückt die damals aktuelle Zweckbestimmung der Ausgabe aus.[64] Im Textbereich konnte zunächst festgestellt werden, dass sich die Grundstrukturelemente der Sammlung, vor allem die Vorrede oder Rubrikenanordnung, in den Hauptzügen auf die früheren Ausgaben stützen. Von den 347 Liedern entstammen ca. 60 % dem Liedrepertoire des 1644 in Breslau erschienenen und inzwischen wohlbekannten Gesangbuchdruckes *Geistliche Kirchen= vnd Hauß-Music* mit den hervorragenden Dichtungen schlesischer Provenienz, etwa aus der Feder Valentin Herbergers („Valet wil ich dir geben"), Johann Heermanns („Herzliebster Jesu was hastu verbrochen"), Matthäus Apelles von Löwensterns („Ich sehe mit Wonne") und Andreas Tschernings („Wie ein Schiff die Wellen schlagen").[65] Von dem alten Liedbestand sind jedoch immerhin 104 Texte (darunter auch das Moiban'sche „Ach Vater vnser") geblieben, wodurch die beiden Teile mit alten und neuen Elementen zu einem originären Ganzen vereinigt wurden. Im Anschluss an den Liedteil findet sich *Ein kurtz andächtiges Betbüchlein*, ein Ausdruck des am Frömmigkeitsgefühl orientierten Zeitgeistes.

4. Resümee

Die *Geistlichen Lieder* gehören nach den *Enchiridien*-Ausgaben zu den häufigsten Gesangbuchtiteln der Reformationszeit und erscheinen vor dem Hintergrund der zunehmenden Liedproduktion im Lichte eines gewissen Prioritätsanspruchs. Es waren nämlich diejenigen Sammlungen, die sich als Medium der reformatorischen Singbewegung etablierten und als solche im Laufe der Zeit einen deutlichen Entwicklungsschritt vom Gemeindegesangbuch zum Haus- und Andachtsbuch vollzogen. Mit dem musikalisch-textlichen Ensemble der Eichorn'schen *Geistlichen Lieder* wurde für die protestantische Kirche der zweiten Hälfte des 16. Jahrhunderts ein

63 Das einzige nachgewiesene Exemplar wird in der Universitätsbibliothek Breslau/Wrocław (Sign. 384833) aufbewahrt.

64 Handbüchlein. Geistliche Lieder und Gebetlein, auff der Reise, oder sonst in eigener Noth und in Sterbensleufften zu gebrauchen [...]. Leipzig 1607. 864. Geistliche Psalmen/ Hymni/ Lieder vnd Gebet/ welche in den Christlichen Evangelischen Kirchen/ so der Augspurgischen Confession zugethan/ vor vnd nach Anhörung deß heiligen Göttlichen Worts/ wie auch bey der Außtheilung deß H. Abendmals/ vnd sonsten daheim von jederman mögen gesungen werden. Durch den Ehrwirdigen/ Hocherleuchten Herrn/ D Martin Luther/ auch andere Gottselige Lehrer vnnd Liebhaber Göttlichs Worts gemacht. Sampt vnterschiedlichen/ nützlichen Registern. Vnd einem kurtzen schönen Gebet-büchlein/ zu Hauß vnd auff der Reise zu gebrauchen. P Nürnberg Jn Verlegung Wolffgang Endters Jm Jahr 1639 (DKL $_{1639}{}^{08}$).

65 Hierzu Anna Mańko-Matysiak: Singende Landschaften. Zur Rolle und Bedeutung des schlesischen Gesangbuches „Geistliche Kirchen= vnd Hauß=Music" (1644). In: Jahrbuch des Bundesinstituts für Kultur und Geschichte der Deutschen im östlichen Europa 20 (2012): Musik, S. 237–251, hier S. 246.

Fundament, gleich einem Kanonwerk, geschaffen, das bis in das nächste Jahrhundert hinein eine breite Aufnahme fand. Ihre Rezeptionsgeschichte hat auch auf dem Gebiet Schlesiens Spuren hinterlassen, die einerseits den Status Breslaus als eines bedeutenden reformatorischen Liedzentrums weiterhin bestätigten, andererseits die Tradition eines gelungenen Gesangbuchmodells nachzeichnen lassen. War die Produktion der Breslauer Drucker auf einen verlegerischen Erfolg bedacht, so bekunden die vielen Gesangbuchdrucke, dass sie – nach außen hin – a priori im Dienst der protestantischen Kirche gewirkt und somit für die Sache der Reformation geworben haben. Der typographischen Ausstattung der Drucke, vor allem bei Scharffenberg, gebührt in diesem Kontext stets hohe Anerkennung; diese macht auch den unikalen Wert der Ausgabe aus: Sie zeigt einmal mehr ein ebenfalls auf ein religiöses Anliegen ausgerichtetes Verfahren.

Oliver Bach

Andreas Gryphius als Glogauer Syndikus und lutheranischer Dichter zwischen Synkretismusverdikt und Privilegienpolitik. Eine Verflechtungsgeschichte

1. Andreas Gryphius' Leben und Wirken: Anlässe einer *histoire croisée*

Manche der Attribute, welche die Literatur- und Geistesgeschichte für Andreas Gryphius (1616–1664) gefunden hat, gehören für den Gryphius-Forscher nahezu zum Pflichtvokabular. Gryphius ist der „Dichterjurist"; in direkter Wortverbindung wird er ebenso häufig als der „schlesische Dichterjurist" bezeichnet. Gleichfalls wird nie Gryphius' Status als „Glogauer Syndikus" vergessen. Zahlreich sind auch die – wohlbegründeten! – Erinnerungen an Gryphius' strenges Lutheranertum, ebenso wie an die angebliche „Sehnsucht des Dichters nach dem Frieden".[1] Diese Attribute sind wohlbewährt. Gleichwohl lohnen vergleichende Überlegungen, inwieweit sich diese jeweils berechtigten Attribuierungen zueinander verhalten, miteinander vertragen beziehungsweise konfligieren und folglich ineinander verflochten sind.

Geht es um die Real-, Bildungs- und Literaturgeschichte Schlesiens im Allgemeinen, so drängt sich mit der Lektüre der einschlägigen Studien im Umkreis Herbert Schöfflers, Gerhard Koselleks und Klaus Garbers alsbald der Eindruck auf, dass diese Geschichte anders als *histoire croisée* gar nicht zu haben ist:[2] Verfährt man – ähnlich der Vergleichsgeschichte – nur synchron[3] oder – ähnlich der Transfergeschichte – nur diachron,[4] so ließe sich das Spezifische von Gryphius' Stellung nicht in seinem entscheidenden Moment erfassen: Selbst das im synchronen Querschnitt Besondere seiner Position bildet sich *gerade* unter bestimmten und vielfältigen Bedingungen real- und ideenhistorischer Wandlungsprozesse aus. Blickt man auf jene vielfältigen und vordergründig auch kontroversen Attribuierungen des Dichters und Juristen Andreas Gryphius, so scheint sich dieser Eindruck an einem besonderen Gegen-

1 Grażyna Barbara Szewczyk: Andreas Gryphius als Dichter der Verständigung und Ökumene in der Zeit des Konfessionalismus. In: Mirosława Czarnecka, Thomas Borgstedt, Tomasz Jablecki (Hg.): Frühneuzeitliche Stereotype. Zur Produktivität und Restriktivität sozialer Vorstellungsmuster. Bern 2010 (Jahrbuch für Internationale Germanistik A 99), S. 355–364, hier S. 361.

2 Die ursprüngliche Motivation der *histoire croisée* im deutschsprachigen Raum war zunächst die Relativierung nationalgeschichtlicher Perspektiven: Michael Werner, Bénédicte Zimmermann: Vergleich, Transfer, Verflechtung. Der Ansatz der histoire croisée und die Herausforderung des Transnationalen. In: Geschichte und Gesellschaft. Zeitschrift für historische Sozialwissenschaft 28 (2002), S. 607–636, hier S. 607f. Hier geht es freilich nicht nur um die Gewinnung einer transnationalen Perspektive, denn schließlich ist auch diese von einem – berechtigten – politik- und gesellschaftsgeschichtlichen Interesse angeleitet. Insofern es aber im vorliegenden Beitrag primär um eine Person, nämlich Andreas Gryphius, geht, ist dieses Interesse noch nicht in der Art vorbestimmt.

3 Vgl. ebd., S. 609–612.

4 Vgl. ebd., S. 612–615.

Jahrbuch des BKGE 22 (2014), S. 253–273

stand zu bestätigen. Denn in der Tat vermittelt das Wirken Gryphius' vor allem mit Blick auf seine schlesische Heimat den Eindruck einer solchen *histoire croisée*, und das nicht nur im Sinne einer Verflechtungsgeschichte, sondern auch einer Geschichte prima vista gegenläufiger Denkstile: Zwar existierte nach wie vor das religiöse und konfessionspolitische Ressentiment gegenüber dem Katholizismus; dem entsprach jedoch nicht mehr eine notwendige Ablehnung katholischer Entwürfe politischer Theologie.

2. Die (religions)politischen und bildungsgeschichtlichen Bedingungen Schlesiens im frühen 17. Jahrhundert

Gryphius' Heimat Schlesien darf als ein vorzüglicher Ort einer solchen Verflechtungsgeschichte gelten. Dies machte schon Herbert Schöffler in seiner großen Studie *Deutsches Geistesleben zwischen Reformation und Aufklärung* deutlich: Dass sie sich nämlich mit ihrem geographisch weit umfassenderen Titel auf den besonderen Fall Schlesiens konzentriert, legt Schöffler erst in seiner Vorbemerkung offen: „Im katholisch regierten und lutherisch bevölkerten Schlesien, wo confessio Augustana und Tridentina durcheinanderwohnt, kann das Spektrum der verschiedenen Geisteshaltungen durch das Prisma der historischen Gegebenheiten wie in einen Brennpunkt zusammengestrahlt werden."[5]

Schöffler beabsichtigt mit seinem Fokus auf Schlesien nicht den unzulässigen Schluss vom Besonderen auf das Allgemeine, sondern das Allgemeine ballt sich im Einzelfall: Schlesien sei nicht als Teil mitteleuropäischer Geistesgeschichte zu verstehen, sondern als ihr konzentrierter Ausdruck. Gleichwohl droht die Metapher vom Brennpunkt nicht dasjenige vollständig einzufangen, was die Metaphern der Verflechtung und Kreuzung (*croisée*) aussagen: Geschichtliche Entwicklungen unterschiedlichster Art laufen zusammen, Real- und Geistesgeschichte, Theologie- und Wissenschaftsgeschichte, politisches Denken und politische Praxis treten in Kontakt und Austausch, verflechten sich *und* gehen unter Umständen wieder getrennte Wege. So stehen im Falle des jungen Gryphius zu Beginn der 1630er Jahre die Ausdifferenzierung der Bildungsmöglichkeiten für katholische und protestantische Schlesier und die Verflechtung katholischer und protestantischer Geistesgeschichte nicht allein nebeneinander, sondern in einem Bedingungsverhältnis. Denn der schlesische Lutheraner, wie Schöffler zu Recht feststellt, wird ebenso durch die Gegenreformation „in hundert kleinen und großen Einsprengseln"[6] geprägt, um schließlich in Hol-

5 Herbert Schöffler: Deutsches Geistesleben zwischen Reformation und Aufklärung. Von Martin Opitz zu Christian Wolff. 2. Aufl. Frankfurt a. M. 1956, Vorbemerkung zur Neuausgabe [nicht paginiert].

6 Ebd., S. 27; vgl. auch Arno Herzig: Schlesischer Barock im konfessionellen Spannungsfeld des 17. Jahrhunderts. In: Mirosława Czarnecka, Andreas Solbach, Jolanta Szafarz, Knut Kiesant (Hg.): Memoria Silesiae. Leben und Tod, Kriegserlebnis und Friedenssehnsucht in der literarischen Kultur des Barock. Zum Gedenken an Marian Szyrocki (1928–1992). Breslau 2003 (Acta Universitatis Wratislaviensis 2504), S. 63–69, hier S. 66.

land, vorzugsweise in Leiden, zu studieren und dort mit calvinistischer Kultur in Berührung zu kommen.[7] Besonders mit Blick auf das Verhältnis des Protestantismus zum Katholizismus und seine Wirkung auf die Dichtung hält Siegfried Wollgast zu Recht fest:

> Freilich hat sich auch das protestantische Schlesien den künstlerischen und literarischen Einflüssen aus dem Süden, die von den Brennpunkten der katholischen Kultur seines Herrscherhauses weiterstrahlten, bereitwillig geöffnet. Die Blüte der Dichtung in der habsburgischen Zeit ist wesentlich auf diese Mittlerstellung zurückzuführen. Andreas Gryphius und Johannes Scheffler sind z. B. ohne diese geistige Lage nicht vorstellbar.[8]

Seitdem Schlesien nämlich 1526 unter habsburgische Hoheit gekommen war, sah sich eine lutheranische Bevölkerungsmehrheit einer geographisch zwar externen und nichtsdestoweniger mächtigen katholischen Obrigkeit gegenüber.[9] Als ein komplexes Gebilde setzte Schlesien sich aus mittelbar und unmittelbar unterstellten Fürstentümern zusammen; zu Letzteren gehörte Gryphius' Heimat Glogau.[10] Durch ihr souveränitätsrechtliches Dependenzverhältnis zum Hause Habsburg waren die schlesischen Fürsten vom Augsburger Religionsfrieden ebenso ausgenommen wie vom Reformationsrecht. Dennoch gingen weder Ferdinand I. noch Maximilian I. realpolitisch wirksam gegen die Ausbreitung des Protestantismus vor.[11] Mit der Jahrhundertwende jedoch nahm die Gegenreformation einen zweiten und großangelegten Anlauf, mit zunehmend drastischen Mitteln: Unter anderem war es seit 1628 Praxis, Liechtensteiner Dragoner bei der Stadtbevölkerung einzuquartieren und sie erst dann wieder abziehen zu lassen, wenn diese bereit war, dem Luthertum abzuschwören.[12] Einer protestantischen Hochschulgründung auf katholischem Hoheitsgebiet war der Weg zu Gryphius' Lebenszeit noch mehr versperrt als zuvor.[13]

Gryphius' Beispiel macht sogar deutlich, dass es um den Bildungsstandort Schlesien nicht erst hinsichtlich der Hochschullehre schlecht stand. Selbst um die schulische Bildung, den Zugang zu Lateinschulen und Gymnasien scheint es in der konzentrierten Gemengelage aus Gegenreformation und Dreißigjährigem Krieg wenig gut bestellt gewesen zu sein. Als Gryphius' Heimatfürstentum Glogau ebenfalls Op-

---

7 So vor allem Schöffler: Deutsches Geistesleben (Anm. 5), S. 57.

8 Siegfried Wollgast: Morphologie schlesischer Religiosität in der Frühen Neuzeit. In: Klaus Garber (Hg.): Kulturgeschichte Schlesiens in der Frühen Neuzeit. Bd. 1. Tübingen 2005 (Frühe Neuzeit 111), S. 113–190, hier S. 116.

9 Vgl. Gerhard Kosellek: Deutsche und Polen in Schlesien. In: Ders.: Silesiaca. Literarische Streifzüge. Bielefeld 2003, S. 307–325, hier S. 308.

10 Vgl. Norbert Conrads: Regionalismus und Zentralismus im schlesischen Ständestaat. In: Hugo Weczerka (Hg.): Stände und Landesherrschaft in Ostmitteleuropa in der frühen Neuzeit. Marburg 1995 (Historische und landeskundliche Ostmitteleuropa-Studien 16), S. 159–170, hier S. 161.

11 Jörg Deventer: Konfrontation statt Frieden. Die Rekatholisierungspolitik der Habsburger in Schlesien im 17. Jahrhundert. In: Garber (Hg.): Kulturgeschichte Schlesiens (Anm. 8), Bd. 1, S. 265–283, hier S. 267–270.

12 Ebd., S. 278.

13 Vgl. Herzig: Schlesischer Barock (Anm. 6), S. 66.

fer der Dragoner wird,[14] ist dort kein Bleiben mehr. Die Reise durch schlesisches Territorium ist inmitten der Kriegswirren nicht minder gefährlich: Nur 13 Jahre alt, bricht Gryphius am 17. April 1631 nach Görlitz auf, um sich an der dortigen Schule einzuschreiben; der Krieg indessen durchkreuzt diesen Plan: „Aber auch diese Hoffnung ist wegen der Martialischen Unruh zerschmolzen".[15] Stattdessen geht Gryphius ins weitaus nähere polnische Fraustadt;[16] dort wird er später, während seiner Zeit als Hauslehrer im Hause seines frühen Mentors, des Staatsgelehrten Georg Schönborner, 1636 bis 1638 dessen reichhaltige Bibliothek benutzen können.[17] Dazwischen, in den Jahren 1634 bis 1636, liegt zunächst das ‚Studium' am akademischen Gymnasium im vergleichsweise fernen Danzig, wo Gryphius am 23. Juni 1634 ankommt.[18]

Wenn schon Gryphius' Heimat Schlesien als Ort einer *histoire croisée* zu verstehen ist, so gilt dies für Danzig und die Rolle, die sein akademisches Gymnasium in ihm spielt, in besonderem Maße. Das Danziger Gymnasium – wobei nicht sicher ist, ob es die Bezeichnung „akademisch" schon während Gryphius' Aufenthalt dort besaß[19] – wird in zeit- und sozialgeschichtlichen Darstellungen als weltoffener und vergleichsweise progressiver Kultur- und Studienort bezeichnet. Für den Fall der Schlesier, die ursprünglich vor allem aus Mangel an eigenen Bildungseinrichtungen dieses Ranges nach Danzig gingen, wird sogar geschlussfolgert, dass ihre heimatliche Benachteiligung so in einen effektiven Vorteil umschlägt: Durch die Repressionen in Schlesien werden seine Lutheraner nachgerade zur geistesgeschichtlichen Privilegierung gedrängt, wenn sie in das hochgeschätzte Danzig ausweichen müssen.[20] Für den ersten Gryphius-Biographen Stosch gilt Danzig dank seiner wis-

---

14 Ebd.

15 Baltzer Siegmund von Stosch: Last- und Ehren- auch Daher immerbleibende Danck- und Denck-Seule / Bey vollbrachter Leich-Bestattung Des Weiland Wol-Edlen / Groß-Achtbarn und Hochgelehrten Herrn ANDREÆ GRYPHII, Des Fürstenthums Glogau treugewesenen von vielen Jahren SYNDICI, In einer Abdanckungs-Sermon auffgerichtet. Beigebunden in: Andreas Gryphius: Dissertationes Funebres, Oder Leich-Abdanckungen. Frankfurt a. d. Oder, Leipzig 1698, S. 25 [eigene Paginierung].

16 Ebd., S. 26–28.

17 Ebd., S. 29f.

18 Ebd., S. 28.

19 Theodor Hirsch: Geschichte des academischen Gymnasiums in Danzig, in ihren Hauptzügen dargestellt. Danzig 1837, S. 18, vermutet, dass die Anstalt diese Bezeichnung erst seit Mitte des 17. Jahrhunderts trug.

20 Vgl. etwa Willi Flemming: Andreas Gryphius und die Bühne. Halle a.d. Saale 1921, S. 29–31; Marian Szyrocki: Der junge Gryphius. Berlin 1959 (Neue Beiträge zur Literaturwissenschaft 9), S. 9–24; Eberhard Mannack: Andreas Gryphius. In: Gunter E. Grimm, Frank Rainer Max (Hg.): Deutsche Dichter. Bd. 2: Reformation, Renaissance und Barock. 2. Aufl. Stuttgart 2000 (RUB 8612), S. 225–250, hier S. 230; Michael Stolleis: Lipsius-Rezeption in der politisch-juristischen Literatur des 17. Jahrhunderts in Deutschland. In: Ders.: Staat und Staatsräson in der frühen Neuzeit. Studien zur Geschichte des öffentlichen Rechts. Frankfurt a. M. 1990 (stw 878), S. 232–267, hier S. 264.

senschaftlichen und wirtschaftlichen Blüte als „Stadt / welche zugleich dem Phœbus und Mercurio geneigt ist".[21]

Auch Danzig hatte keine Universität bzw. promotionsberechtigte Akademie. Mit dem Gymnasium besaß Danzig jedoch eine Anstalt, die diesen Mangel insofern fachlich zu kompensieren versuchte, als sie ihre Schüler in allen Fakultätswissenschaften ausbildete. Ebenso war eine weitgehend universitäre Kultur und Schulpraxis etabliert. Dies führte zu einer eigentümlichen Mittelstellung des Gymnasiums zwischen ‚Trivialschule' und Universität.[22] Dieser Status wurde auch außerhalb erkannt und anerkannt, denn das Danziger Curriculum mit dem Einbezug von Philosophie, Jurisprudenz, Mathematik etc. stellte „ein abgeschlossenes ‚kleines Studium'" dar, „das trotz seiner Schulmäßigkeit für Viele den Besuch einer Universität überflüssig machte und für den mittleren, ja sogar höheren Stadt- und Kirchendienst ausreichte".[23] Dies bestätigt das Beispiel des Andreas Gryphius selbst: Er immatrikulierte sich an der Universität Leiden bereits unter Führung des Magistertitels.[24] Diesen hatte er zwar nicht vom Danziger Gymnasium erhalten, sondern von Georg Schönborner verliehen bekommen.[25] Dass jedoch seine Kenntnisse bereits bedeutend vorgebildet waren, stellt z. B. seine umfangreiche Lehrtätigkeit in Leiden unter Beweis.[26]

Die Weltoffenheit und Progressivität des Standortes Danzig ist relativ zu den zeit- und geistesgeschichtlichen Bedingungen zu verstehen. Sie ist eingebunden in einen Entwicklungsgang, der wohl stetig und mit ziemlicher Sicherheit auch an anderen Studienstandorten weiter gediehen war. Gleichwohl sind von einer wissenschaftlichen, mithin säkularisierenden Wirkung Danzigs auf Gryphius' Denken keine Wunderdinge zu erwarten. Die Untersuchungen Theodor Hirschs oder Walter Fabers machen deutlich, dass jene Fortschrittlichkeit zum einen in der breiten fachlichen Ausbildung überhaupt besteht:[27] Wie schon erwähnt, bot das Danziger Gymnasium ähnlich dem nicht minder berühmten Breslauer Elisabeth-Gymnasium ein Curri-

---

21 Stosch: Danck- und Denck-Seule (Anm. 15), S. 28.

22 Walter Faber: Johann Raue. In: Zeitschrift des Westpreußischen Geschichtsvereins 68 (1928), S. 187–242, hier S. 209f.

23 Ebd.

24 Wilhelm du Rieu: Album Studiosorum Academiae Lugduno Bataviae. Bd. 1: MDLXXV–MDCCCLXXV. Den Haag 1875, S. 298: „26. [Jul. 1638] M. Andreas Gryphius Silesius. 22, P[hilosophiae studiosus; so die Notarum Explicatio auf S. 1]". Ferner führen die Leidener Universitätsakten keine Notiz von einer Magisterpromotion Gryphius' vor Ort: Philipp Christiaan Molhuysen: Bronnen tot de geschiedenis der Leidsche Universiteit. 's-Gravenhage 1913, S. 218–290.

25 Vgl. Szyrocki: Der junge Gryphius (Anm. 20), S. 120; auch Heinz Ludwig Arnold: Zeittafel. In: Ders. (Hg.): Andreas Gryphius. 2., revid. u. erweit. Aufl. München 1980 (Text + Kritik 7/8), S. 106–111, hier S. 107.

26 Vgl. Stosch: Danck- und Denck-Seule (Anm. 15), S. 32.

27 Hirsch: Geschichte des academischen Gymnasiums (Anm. 19); Faber: Johann Raue (Anm. 22).

culum an, das „über das übliche Gymnasialpensum hinaus[ging]“.[28] Zum anderen jedoch stellen Hirsch und Faber die gelehrte Streitkultur in Danzig heraus, der das Gymnasium das wichtigste Forum bot. Hier wurden in den Jahren 1629 bis 1669 wichtige Auseinandersetzungen zwischen Calvinisten und anderweitig Reformierten geführt, jedoch auch zwischen Socinianern und strengen Lutheranern. Mit Johann Botsack stellten diese seit 1630 den Rektor des akademischen Gymnasiums.[29]

3. Heinrich Nicolais Irenik

Als prominentester Fall zu Gryphius' Lebens-, allerdings nicht Danziger Schulzeit dürfte wohl der Heinrich Nicolais (1605–1661)[30] gelten. Er hatte seit 1631 die Professur für Logik und Metaphysik inne und geriet alsbald in den Streit zwischen Irenikern um Georg Calixt und Zeloten um Abraham Calov. Der geborene Danziger, Sohn des Stadtsekretärs Heinrich Nicolai, schloss bereits 1621 das Gymnasium ab, um anschließend unter anderem in Jena bei Johann Gerhard zu studieren, dessen Schützling der fleißige Nicolai zwischenzeitlich war. 1626 wurde er in Marburg zum Magister promoviert. Seine anschließende *peregrinatio academica* beendete Nicolai in Rostock, wo er bis zu seinem Danziger Ruf blieb. Schon früh galt er den Theologen in Danzig als nicht ausreichend orthodox: Davon zeugt seine letztendliche Nichtberücksichtigung für eine Predigerstelle, um die er sich bemühte. Jedoch erst im Umfeld des von Władysław IV. Wasa initiierten Religionsgesprächs zu Thorn 1645 trat Nicolai erstmals mit einer eigenen Stellungnahme hervor,[31] dem im selben Jahre bei Rhetius in Danzig gedruckten *Irenicum Sive De differentijs Religionum conciliandis, Succinta Commentatio*.

Der vordringliche Zweck von Nicolais Schrift ist zwar erkennbar ein Kommunikations- und Handlungsleitfaden zur Durchführung eines Religionsgesprächs wie jenes in Thorn. Es stünde also zu vermuten, dass er *formal* argumentierte.[32] Ebenso erkennbar ist jedoch, dass Nicolais Kommunikationsratschläge *inhaltlich* voraussetzungsvoll sind. Anders nämlich als schon das Toleranzdenken des mehr als hundert Jahre früher wirkenden Sebastian Franck zeichnet sich auch die Irenik Nicolais nicht durch eine radikale Relativierung beliebiger theologischer Lehrmeinungen aus:

---

28 Vgl. Arno Seifert: Das höhere Schulwesen. Universitäten und Gymnasien. In: Notker Hammerstein (Hg.): Handbuch der deutschen Bildungsgeschichte. Bd. 1: 15. bis 17. Jahrhundert. München 1996, S. 197–374, hier S. 304: Dessen „Lehrplan umfaßte das ‚tyrocinium artium, philosophiae, linguarum, doctrinae Ecclesiae‘, also über das übliche Gymnasialpensum hinaus die Grundlagen von Philosophie und Theologie“.

29 Hirsch: Geschichte des academischen Gymnasiums (Anm. 19), S. 24ff.

30 Vgl. Hans-Joachim Müller: Irenik als Kommunikationsreform. Das Colloquium Charitativum von Thorn 1645. Göttingen 2004 (Veröffentlichungen des Max-Planck-Instituts für Geschichte 208), S. 495; August Bertling gibt noch 1665 als Todesjahr an: [Art.] Nicolai, Heinrich. In: ADB 23, S. 591f., hier S. 591.

31 Vgl. ebd.

32 Müller: Irenik als Kommunikationsreform (Anm. 30), S. 499.

> QVi differentias ac diversitates in negotio aliquo ad concordiam redigere velit, eum ad differentiarum *originem, occasiones, causas, modos, formales rationes, attributa, circumstantias, ac similia* attendere oportet, & ut ista omnia vel removeantur, vel moderatiùs ponantur.[33]

Auch in den Augen Nicolais galten die Streitpunkte nicht etwa als indifferent, sondern sie sollten nach ihren historischen Ursprüngen und nach ihrer argumentativen Stichhaltigkeit befragt und – soweit dogmatisch möglich – geklärt werden. Nicolai klassifiziert die Hindernisse, die einer Vermittlung religiöser Streitpunkte im Wege stehen, nach ihrem Ursprung: Entweder nämlich können sie aus den Gegenständen selbst entspringen oder aus der subjektiven Auffassung der Menschen, der Art und Weise, in der sie vorgetragen werden, oder aus kontingenten Umständen wie irgendwelchen Affekten:

> Impedimenta conciliandi *vel ex parte materiarum* & objectorum, *vel hominum* & subjectorum dissentientium, *vel modorum*, quibus proponitur, *vel accidentium & affectionum quarundarum* rebus adjectarum aut commistarum, vel in alijs consistent. *Objectorum*, cum res ipsæ simpliciter sunt irreconciliabiles. Vt Deum Spiritum esse, & membris Corporeis præditum esse. Vel cum principia, ex quibus procedi debet, prorsùs contraria aut disparata sunt. Vt cum ex Scripturâ & Alcorano Mahometico proceditur, quæ conciliari non possunt.[34]

Die Hindernisse *ex parte subjectorum* wie auch diejenigen *ex parte modorum* gründen vermehrt in äußerlichen Kommunikationsproblemen und können daher durch die Kraft des Argumentes beseitigt werden. Dasselbe gilt für diejenigen Hindernisse, die durch Affekte verursacht werden, und daher weniger durch Theologie als durch Psychologie zu beheben sind. Dementgegen sind bestimmte sachliche Vermittlungshindernisse unaufhebbar. Mehr noch: Die Vermittelbarkeit der als rein äußerlich dargestellten Kommunikationsstörungen ruht gerade auf der Annahme auf, dass eine inhaltlich allemal einheitliche Basis existiert, die die Beurteilung jener Äußerlichkeiten als solche allererst erlaubt. Diese Basis aber muss gerade deshalb unverhandelbar sein. Zu dieser Basis zählt Nicolai z. B. die Dreifaltigkeit (dass „Gott der Geist sei und mit menschlichen Gliedern ausgestattet wurde"), weshalb in seinen Augen mit dem Koran der Mohammedaner keine *conciliatio* möglich ist. Ebenso fundamental und unverhandelbar seien die Auffassungen, dass Jesus Christus „der Sohn Gottes sei, wie es die Christen glauben, und dass er ein Zauberer, Betrüger und Aufrührer sei, wie es die Juden glauben".[35]

---

33 Vgl. z. B. Heinrich Nicolai: Irenicum Sive De differentijs Religionum conciliandis, Succinta Commentatio. Danzig 1645, S. 2. Hervorhebungen im Text.

34 Ebd., S. 2f.

35 Ebd., S. 4: „*Impedimenta Obiectorum vel in Obiectis totis sunt, Vt Christum* Dei filium esse, quod Christiani, & Magum, impostorem, ac seditiosum fuisse, quod Judæi de eo sentiunt". Hervorhebungen im Text.

Diese inhaltlichen Voraussetzungen schlagen sich in der irenischen Kommunikationsstrategie nieder,[36] die Nicolai im Folgenden als „Abriss eines frommen und fruchtbringenden Gesprächs" ausgibt.[37] Sie bestimmen schon den Erfolg der Vorbereitung des Colloquiums: Jede Konfliktpartei muss – und kann! – sich zunächst selbst über ihre Prinzipien einigen, d. h. ohne dass Widersprüche, unnötige Windungen, Verdrehungen oder Nichtigkeiten übrig bleiben:

> Primò omnium ergò in fructuoso Colloquio *procuretur, Vt utrinq[ue]* in certis, iustis, & fundamentalibus principijs consentiatur, eaq[ue] firma, & certa, & liquida, citra ullam ambiguitatem, inuolutionem, detorsionem, aut cavillationem, constituantur, *recipiantur, & teneantur, ac ex illis controversa, dubia, consectaria, & similia deducantur.* [...] Non multa hæc fortè erunt: Et Quæ talia non sunt, pars una alteri *pro principijs non obtrudat, sed inter dubia ac deliberanda seponat, donec clarè euictum fuerit,* verè & ab vtraq[ue] parte recipiendi principij naturam aliquid *obtinere posse et debere.*[38]

Für Nicolai ist das eigentliche Kriterium der Religionsvermittlung nicht etwa bloß mehrheitlicher Konsens und das eigentliche Mittel des erfolgreichen Religionsgesprächs ist nicht bloße Kommunikationsform, sondern das Problem kann und muss sachlich gelöst werden, insofern es sich in der Hauptsache um Scheinprobleme handelt. Denn solcherlei Prinzipien, die sowohl sicher sind als auch kontroverse Schlussfolgerungen zulassen, gibt es in Nicolais Augen „vielleicht nicht viele". Nicolais theologische Philosophie bzw. sein Verhältnis zu ihr erweist sich hier als durchaus aporetisch, und der zuvor noch angepasste Schuh einer theologischen Metaphysik drückt bereits merklich. Aus diesen Worten spricht in der Tat schon so etwas wie die Zuversicht eines philosophischen Metaphysikers, der auf die Konsistenz eines Systems setzt. Schließlich darf keine Partei solche Sätze, deren Gewissheit sie nicht einmal im Selbstgespräch nachweisen konnte, der anderen Seite als Prinzipien aufdrängen, solange nicht zweifelsfrei nachgewiesen wurde, dass sie in der Tat das Wesen eines Prinzips („principij natura") innehaben. Allererst dies würde alle Seiten dazu verpflichten, ein Prinzip *als solches* anzunehmen („recipi*endi*").

Es ist diese philosophische Tendenz zur Grundlagenreflexion, die Nicolai gerade nicht als Vertreter des Synkretismus ausweist. Nicolai enthält sich nicht allein aus Klugheitserwägungen, sondern aus systematischen Gründen der Erwähnung des Reizwortes „Synkretismus".[39] Gleichwohl zog er sich seitens Christophorus Pambius' den Vorwurf zu, im Thorner Gespräch den Synkretismus vertreten, ja „zu ihm gedrängt zu haben, *indem* Spezialfragen zurückgebunden werden sollten".[40] Diese Aus-

36 Insofern ist der Misserfolg des Thorner Religionsgesprächs im Anschluss an Nicolai eben nicht allein an formalen Bedingungen festzumachen: Müller: Irenik als Kommunikationsreform (Anm. 30), S. 504–506.

37 Nicolai: Irenicum (Anm. 33), S. 18: „Delineatio Pij & fructuosi in Theologicis Colloquij."

38 Ebd. Hervorhebungen im Text.

39 Müller: Irenik als Kommunikationsreform (Anm. 30), S. 500.

40 M. Nicolai: Urgendum omnino Syncretismum, quaestiones speciales restrinduendas. Zitiert nach Müller: Irenik als Kommunikationsreform (Anm. 30), S. 501.

zeichnung Nicolais als Synkretisten wirkt jahrhundertelang bis in die Handbuchliteratur hinein.[41]

Ulrich Berner hat die Problematik der Verwendung des Synkretismus-Begriffes für die allgemeine religionswissenschaftliche Auseinandersetzung nachgezeichnet.[42] ‚Synkretismus' lässt sich sinnvoll von ‚Synthese' unterscheiden, insofern für Letztere „[d]ie neuen Elemente [...] nicht ableitbar, sondern nur noch annäherungsweise nach ihrer Verwandtschaft mit Elementen der vorgegebenen Systeme zu bestimmen [sind]".[43] Ebenso unterscheidet sich der Synkretismus von der Religionsmischung bzw. Mischreligion – Berner stimmt hierin Günter Lanczkowski zu: „In der Mischreligion stehen heterogene Elemente nebeneinander. Der Synkretismus harmonisiert, weil er Bestandteile aus verschiedenen Religionen unter einem Prinzip der Auswahl zusammenfaßt".[44] In Berners eigener Differenzierung von Synkretismus-Begriffen, die hier im Einzelnen nicht erläutert werden kann,[45] fällt die grundsätzliche Betrachtung von ‚Synkretismus' als Prozesskategorie auf: „‚Synkretismus (auf System-Ebene)' bezeichnet die Prozesse",[46] „‚Synkretismus (auf Element-Ebene)' bezeichnet: solche Verbind*ungen* verschiedener Elemente, in denen die Grenze zwischen den Elementen aufgehoben *wird*".[47] Diese unter diachroner Perspektive nur konsequente Begriffsauffassung ist zu ergänzen um die synchrone Betrachtung eines Einzelfalls wie desjenigen Heinrich Nicolais, d. h. um die mit dem *Irenicum* verbundene Absicht des historischen Akteurs Nicolai selbst. Denn jenes „Prinzip der Auswahl" ist nach Nicolais Anspruch weder ein von den Konfliktparteien originär konsentiertes noch ein irgendwie willkürlich gesetztes, in jedem Falle menschengemachtes Prinzip, sondern es muss dem Wesen eines Prinzips genügen („principij naturam obtinere"), also systematischen und damit transhistorischen Charakter haben. Damit ist der Anspruch von Nicolais Irenik nicht eigentlich derjenige, den *Prozess* einer Homogen*isierung* anzustoßen, wo bislang irreduzible Heterogenität geherrscht hätte; sondern im Gegenteil soll der fehlgegangene Prozess einer Heterogenisierung angehalten und annulliert werden durch den *Regress* auf eine fundamentalsystematische Homogen*ität*, die ohnehin statthat. Es soll nicht Synkretismus betrieben, sondern Einheit aufgezeigt werden. Wenn daher Christophorus Pambius gerade mit Blick auf das nicht historische, sondern systematische Anliegen Nicolais, „Spezialfragen zurückzubinden" (nämlich auf ein allgemeines Prinzip), dennoch von Synkretismus spricht, so erweist sich der zeitgenössische Synkretismus-Begriff als wenig

41 Vgl. Bertling: Nicolai (Anm. 30), S. 591.

42 Ulrich Berner: Untersuchungen zur Verwendung des Synkretismus-Begriffes. Wiesbaden 1982 (Göttinger Orient-Forschungen, Grundlagen und Ergebnisse 2); vgl. vor allem S. 71f. und 96–109.

43 Ebd., S. 97.

44 Ebd., S. 72; Günter Lanczkowski: Begegnung und Wandel der Religionen. Düsseldorf, Köln 1971, S. 107.

45 Berner: Untersuchungen zur Verwendung des Synkretismus-Begriffes (Anm. 42), S. 96–109.

46 Ebd., S. 96.

47 Ebd., S. 101.

geschärft, sondern vielmehr als polemisches Gespenst mit diskurs- oder gar existenzschädigender Wirkabsicht.

Nicolai stößt bei seinem vordergründig systematischen Vorhaben natürlich an Grenzen, und zwar erfährt er diese Grenzen nicht erst unter sozialgeschichtlicher Perspektive an solchen Gegenspielern wie Pambius und Calov. Nicolais Vorhaben scheitert *als systematisches* unübersehbar an seinem eigenen Vollzug. Zu diesen Prinzipien nämlich zählt Nicolai nicht allein philosophisch-metaphysische Grundsätze wie etwa den Satz vom Widerspruch.[48] Wie oben bereits zu sehen war, zählt Nicolai selbst zu diesen unverhandelbaren Prinzipien auch Dogmen, und zwar solche, die wie die Dreifaltigkeit weder selbsterklärend sind (wie das Widerspruchsverbot) noch aus einem abermals vorausliegenden Prinzip logisch deduziert werden können. Dieser Selbstwiderspruch Nicolais zwischen dem systematischen Anspruch an Prinzipien und dem nicht-systematischen Charakter derjenigen Prinzipien, die er selbst anführt, bleibt bei ihm unaufgelöst. Die Differenz zwischen logisch notwendiger und göttlich gesetzter Irreduzibilität, mithin der Unterschied zwischen philosophischer und theologischer Prinzipialität ist auch bei einem Philosophen des mittleren 17. Jahrhunderts noch nicht herausgearbeitet. Die Philosophie hat sich von der Theologie noch nicht hinreichend abgegrenzt.

Die daraus sich ergebenden Folgen haben mit Toleranz sichtlich wenig zu schaffen.[49] Nicolai war es nicht darum zu tun, etwas zu erdulden, was als andersartig und heterodox verbleibt, sondern darum, vordergründige Differenzen als eben nur scheinbare zu entlarven. Was als andersartig übrig bleibt, ist mithin als heterodox nicht notwendig zu dulden. Allerdings erweist sich hier die Philosophie bei Nicolai, so wenig sie sich von der Theologie auch gelöst hat, nicht mehr als deren bloßes Mittel, als *ancilla theologiae*. Denn Nicolai führt die Argumentation, welche Glaubensfragen nun vernachlässigbar sind, bei näherem Hinsehen weder systematisch noch dogmatisch wie im gesetzten Falle der Dreifaltigkeit. Er macht nämlich die Entscheidung, ob eine Lehrmeinung vernachlässigbar ist, auch daran fest, ob „einfache Christen" sie kennen bzw. verstehen:

> Circa hæc conciliatio institui potest, Vt totum seruetur, &si non in omnib. totis partibus idem teneatur, quas simplices Christianos interdum ignorare, aut non satis capere, certum est. Sic *Christum vnigenitum DEI filium esse*, totum, & de fide est Ejusdem numero cum

48 Diesen hatte schon Aristoteles als „das sicherste Prinzip unter allen" angegeben: Aristoteles: Metaphysik. Neubearbeitung der Übersetzung von Hermann Bonitz. Mit Einleitung und Kommentar hg. v. Horst Seidl. Hamburg 1989, Metaph. Γ. 3. 1005 b19–24: „daß nämlich dasselbe demselben und in derselben Beziehung (und dazu mögen noch die anderen näheren Bestimmungen hinzugefügt sein, mit denen wir logischen Einwürfen ausweichen) unmöglich zugleich zukommen und nicht zukommen kann. Das ist das sicherste unter allen Prinzipien; denn es paßt darauf die angegebene Bestimmung. Es ist nämlich unmöglich, daß jemand annehme, dasselbe sei und sei nicht."

49 Rainer Forst hat in der Rekonstruktion der Toleranzdebatten herausgearbeitet, dass solche vermehrt auf eine Reduktionsstrategie setzenden Vermittlungsversuche gerade noch nicht dahingehend konzeptualisiert waren, dass das Andere als Anderes in seinem Anderssein akzeptiert und toleriert wurde. Rainer Forst: Toleranz im Konflikt. Geschichte, Gehalt und Gegenwart eines umstrittenen Begriffs. Frankfurt a. M. 2004 (stw 1682), S. 104f.

Patre essentiæ, & absolute æternum cum illo esse, longè specialior determinatio est, quam nec omnes sciunt, nec capiunt & in qua multa in hac vita imperscrutabilia & αρρητα supererunt, Vt ad æternam Academiam differenda, & *inter Arcana Cœli ref*erenda veniant. [...] Nec perpetuus apud *Patres* in talibus consensus est.[50]

Gewiss sieht Nicolai im vorliegenden Beispiel der ‚Eingeborenheit' (Joh 1,14) hinter dem Erkenntnisproblem einen systematisch-theologischen Grund, dass es nämlich hienieden Glaubensgegenstände gebe, die unerforschbar sind und auch durch die Bibel nicht weiter erhellt werden. Es ist allerdings erst der historisch vollkommen kontingente Umstand, dass über die besondere Auslegung des biblischen *μονογενής* bzw. *unigenitus* kein Konsens (hier: unter den Kirchenvätern) zustande kam, der Anlass gibt, diese Lehre als vernachlässigbar zu beurteilen. Dies nun ist eine wiederum ganz philosophische Schlussfolgerung Nicolais: Eine Glaubensfrage, die einer unklaren Bibelstelle entspringt, kann ihrer Uneindeutigkeit halber nur vernachlässigbar sein.

Es spricht für eine unter zeitgenössischen Umständen bemerkenswerte Offenheit der Stadt Danzig, dass die unterschiedlichen Kontroversen hier ausgetragen werden konnten, ohne dass die Streitigkeiten zunächst über die sachliche Diskussion wesentlich hinausgingen: Es ist etwa nicht so, dass Nicolai sein *Irenicum* nicht gegen Calovs Einflussnahmen in Danzig hätte publizieren können, seine Anstellung verloren hätte oder gar der Stadt verwiesen worden wäre. Die konfessionelle Kontrolle seitens der Lutheraner nahm allerdings 1647 merklich zu,[51] und Nicolai nahm 1651 den Ruf auf ein gymnasiales Extraordinariat in Elbing an.[52]

4. Andreas Gryphius' Verständnis von Wissenschaft und Theologie

1655 – Gryphius ist bereits seit sechs Jahren Glogauer Syndicus – verfasst er die Leichabdankung *Uberdruß menschlicher Dinge* auf Adam Henning (1622–1655). Der Mediziner Henning ist nicht allein Gryphius' enger Freund schon aus Leidener Tagen, sondern war zudem Kanzler und Prorektor der Universität Padua.[53] Es ist unter den Vorzeichen der Gelegenheitsdichtung also kaum verwunderlich, dass Gryphius in dieser Dissertatio Funebris von der Wissenschaft spricht und dabei die

50 Nicolai: Irenicum (Anm. 33), S. 4. Hervorhebungen im Text.

51 Hans Joachim Müller: Konfession, Kommunikation und Öffentlichkeiten. Der Streit um die Irenik in Danzig 1645–1647. In: Kaspar von Greyerz, Manfred Jakubowski-Tiessen, Thomas Kaufmann, Hartmut Lehmann (Hg.): Interkonfessionalität – Transkonfessionalität – binnenkonfessionelle Pluralität. Neue Forschungen zur Konfessionalisierungsthese. Heidelberg 2003 (Schriften des Vereins für Reformationsgeschichte 201), S. 151–178, hier S. 168.

52 Ders.: Irenik als Kommunikationsreform (Anm. 30), S. 502. Die Vermutung Bertlings, dass Nicolai Ruhe vor den Gegnern in Danzig haben wollte (Bertling: Nicolai [Anm. 30], S. 591), scheint wenig überzeugend, schließlich hat er seine Auseinandersetzung mit Calov auch von Elbing aus bis zu seinem Tod weitergeführt (Müller: Irenik als Kommunikationsreform, S. 502).

53 Vgl. den Kommentar in Andreas Gryphius: Gesamtausgabe der deutschsprachigen Werke. Bd. 9: Dissertationes funebres. Hg. v. Johann Anselm Steiger. Tübingen 2007 (Neudrucke Deutscher Literaturwerke, Neue Folge 51), S. 408.

rhetorische Frage stellt: „Was ist ein Mensch / der durch keine Zucht / durch keine Wissenschaft ausgeübet / und zu nichts gehalten / als ein kaum verständig Thier?“[54] Noch deutlicher also, als es schon Aristoteles mit der positiv gehaltenen Bestimmung „Alle Menschen streben von Natur nach Wissen“ getan hatte,[55] adelt Gryphius mit seiner exnegativischen Bestimmung die Wissenschaft zum Anthropologem. Anschließend erklärt Gryphius die Theologie zur höchsten der Wissenschaften:

> Und was sollen wir sagen / wenn wir alle Wissenschaften durchgehen / welche ist wol höher als diese / die uns GOTT selbst entdecket / und die den Weg zu einem unsterblichen Leben zeiget? Wer ist aber der nicht erkenne / daß wir ihre verborgene Geheimnüß nur als in einem Spiegel schauen / wie viel Zwietracht und Uneinigkeit findet sich allhier / in dem schier ieweder seine eigene Gedancken und Glossen dem ausgedruckten Wort vorzeucht.[56]

So hoch seine Wertschätzung der Theologie in der Hierarchie der Wissenschaften auch ausfällt, so macht Gryphius nichtsdestoweniger die Beobachtung, dass es auch innerhalb der Theologie selbst Streitigkeiten *sub specie creationis* gibt. Hiermit reicht Gryphius natürlich in den Toleranzdiskurs hinein. Schon seine Problemsicht bestimmt eine nur bedingt erfolgreiche Problemlösung vor. Denn sie legt den lutheranischen Lösungsweg als den Königsweg nahe, weil aller theologischer Dissens der Abweichung vom Sola-scriptura-Prinzip geschuldet sei. Strukturell gleichen sich die Ansätze Gryphius' und seines ehemaligen Danziger Lehrers Nicolai: Beide Male wird die vorgeschlagene Lösung des religiösen Konflikts auf eine Basis gestellt, die sowohl unverhandelbar sein muss als auch schlicht gesetzt wird. Die Absicht, in den Grundlagendogmen die entscheidende einheitliche Basis zweier oder mehrerer im Dissens befindlicher Konfessionen zu suchen, erscheint zunächst tadellos. Dieser Schein trügt allerdings, denn der Dissens muss sich im Gegenteil umso heftiger fortsetzen, weil eine Konfliktpartei der anderen auferlegen möchte, was diese als fundamentales Dogma, was als bloßes Adiaphoron anzusehen habe. Der Vermittlungsversuch schlägt so keineswegs nur in einen Gestus der Bevormundung um, sondern stellt in der Tat eine solche dar, wo der Vermittlung Entscheidendes vorweggenommen wird.

Gryphius schließt den Synkretismus als Lösung des theologischen Konflikts ausdrücklich aus, und dies mit einem Argument, das in seinen Augen für die Theologie genauso gilt wie für andere Wissenschaften:

> Mit kurtzem / es bleibet darbey / daß der allein Weise der Menschen Weisheit verlache / und daß sich die Theologi vergebens mit dem Syncretismo, die Rechtsgelehrten umsonst mit richtiger Vergleichung der Antinomiarum, die Medici sonder Furcht mit dem Universal, die Politici sonder Fortgang mit der allgemeinen Monarchi, die Geometræ mit der Qvadratura Circuli, die Mechanici mit dem Mobili perpetuo, die Chymici mit ihrem Lapide bemühen / daß ich nicht erwehne / wie offt grosse Wissenschafft mit einem geringen Urtheil und schlechten Verstande vermählet.[57]

---

54 Andreas Gryphius: Uberdruß menschlicher Dinge (1655). In: Ders.: Gesamtausgabe, Bd. 9 (Anm. 53), S. 122–144, hier S. 129.

55 Aristoteles: Metaph. A 980 a21.

56 Gryphius: Uberdruß menschlicher Dinge (Anm. 54), S. 132.

57 Ebd., S. 133.

In allen aufgezählten Wissenschaften verortet Gryphius bestimmte Fundamentalprobleme, die er für den Menschen hienieden als unauflösbar ansieht. Die Lösung dieser Probleme ist Gegenstand der ewigen Weisheit und insofern dem „allein Weisen" zugänglich, der während des Interims, d. h. vor dem jüngsten Tag und dem Eintreten des *lumen gloriae*, ausschließlich Gott ist.[58] Denn Gott hat sie in seinem absolut freien, der Vernunft nicht unterworfenen und daher dem menschlichen Verstand nicht einsichtigen Willen gesetzt. Von diesen kognitiven und epistemologischen Folgen einer dualistischen Allmachtstheologie war Gryphius sein ganzes Leben lang überzeugt: Schon 1639 verfasste Gryphius in Leiden das Sonett *Auff das Fest der Heiligen Dreyfaltigkeit Rom 11. Joh. 3*,[59] das er 1657 in leichter Überarbeitung nochmals herausgab.[60] Dem Römerbrief ebenso wie dem Johanneskapitel geht es um „beide der weisheit vnd erkentnis Gottes", mithin um die Unbegreiflichkeit von Gottes Gericht und Ratschluss für den menschlichen Geist.[61] Entsprechend folgert Gryphius für das Verhältnis von Wissenschaften und Gotteserkenntnis: „Wer sol verstehn was Er von seinem Himmel spricht?"[62] Gott hat die Gesetze der jeweiligen Disziplin – theologische Dogmen, Naturgesetze, Naturrecht etc. – nur genauso gestiftet wie ihre Aporien.

In Gryphius' Argumentationsgang gegen unbotmäßige *curiositas* ebenso wie gegen den Synkretismus ist es eben diese göttliche Positivität, die sowohl die Notwendigkeit als auch die Unüberwindbarkeit der Aporien ausmacht. Aus der freiwillentlichen Setzung Gottes *aller* Erkenntnis-, und das bedeutet auch: der Vernunftgesetze, folgen einerseits deren Integralität und Funktionalität: Ausschließlich Gottes Autorität hat die Macht besessen, diese Gesetze in Stand zu setzen, zu halten und ihre Kohärenz zu gewährleisten, d. h., nur sie konnte sie mit dem Charakter der Notwendigkeit ausstatten und sie überhaupt zu Gesetzen machen, die sich vom bloßen Zufall unterscheiden. Andererseits folgen aus dieser Setzung die Kontingenz und die Irregredibilität des Ursprungs dieser allgemeinen Gesetze. Dieser Ursprung ist schließlich der weder zwingbare noch erkennbare Wille Gottes. Diese Kontingenz

---

58 Bernhard Lohse: Luthers Theologie in ihrer historischen Entwicklung und in ihrem systematischen Zusammenhang. Göttingen 1995, S. 212–216.

59 Andreas Gryphius: Sonntagssonette (1639). In: Ders.: Gesamtausgabe der deutschsprachigen Werke. Bd. 1. Hg. v. Marian Szyrocki. Tübingen 1963 (Neudrucke Deutscher Literaturwerke, Neue Folge 9), S. 131–162, Nr. 38, S. 150.

60 Ders.: Sonette. Das Dritte Buch (1657). In: Ders.: Gesamtausgabe, Bd. 1 (Anm. 59), S. 185–222, Nr. XXXVII, S. 207.

61 Röm 11,33–36: „O welch ein tieffe des reichthums / beide der weisheit vnd erkentnis Gottes / Wie gar vnbegreifflich sind seine gerichte / vnd vnerforschlich seine wege. Denn wer hat des HERRN sinn erkand? Oder wer ist sein Ratgeber gewesen? Oder wer hat jm was zuuor gegeben / das jm werde wider vergolten? Denn von jm / vnd durch jn / vnd in jm / sind alle ding / Jm sey Ehre in ewigkeit / Amen"; Joh 3,11–12: „Warlich warlich ich sage dir / Wir reden / das wir wissen / vnd zeugen / das wir gesehen haben / Vnd Jr nemet vnser zeugnis nicht an. Gleubt jr nicht / wenn ich euch von jrdischen dingen sage / Wie würdet jr gleuben / wenn ich euch von Himelischen dingen sagen würde." Martin Luther: Die gantze Heilige Schrifft Deudsch (Wittemberg 1545). Letzte zu Luthers Lebzeiten erschienene Ausgabe. Hg. v. Hans Volz. Darmstadt 1972.

62 Gryphius: Sonette. Das Dritte Buch, Nr. XXXVII (Anm. 60), v. 1–7.

des Notwendigen ist im Rahmen eines nicht metaphysischen, sondern allein epistemologischen Rationalismus keineswegs paradox und liegt ebenso der Philosophie des René Descartes zugrunde.[63] Bemerkenswerterweise ist diese voluntaristische Grundlegung einer ansonsten rationalistischen und der menschlichen *mens* weitgehend intelligiblen Episteme keineswegs ein bloß protestantisches Phänomen: Neben Luther, der in *De servo arbitrio* festhält, dass Gottes „Wille keine Ursache und keinen Grund vorausgehe, die ihm eine Regel und Maß vorschrieben",[64] bildet sie auch beim katholischen Descartes und in der Metaphysik und Rechtslehre des spanischen Spätscholastikers Francisco Suárez ein bestimmendes Moment.[65]

Dagegen sind die theologischen und wissenschaftsphilosophischen Unterschiede zwischen Gryphius und seinem ehemaligen Lehrer und Konfessionsgenossen Heinrich Nicolai ungleich größer. Dieser nahm, wie gesehen, unter einem gewissen philosophischen Primat an, dass solche theologischen Lehrmeinungen, die nicht einfach zu verstehen sind, deshalb nicht von Gewicht sein können. Insofern sich diese Auffassung Nicolais auch auf Auslegungsstreitigkeiten der Bibel erstreckt, folgt für Nicolai die Irrelevanz all jener dunklen Stellen der Bibel, um die sich diese Kontroversen drehen. Dass sich die Bibel „selbst auslegen und ihre eigene Lehrerin sein möchte":[66] mit dieser Lehre Luthers bricht Nicolai also unübersehbar, während sie für Gryphius gerade den Schlüssel bieten soll. Eine objektive Glaubensgewissheit, die diese ihre Objektivität aus ihrem Offenbarungscharakter bezieht, macht subjektive Meinungsverschiedenheiten überflüssig. Gryphius folgt dieser Lehrmeinung Luthers genauso wie ihrer bewusst aporetisch gehaltenen Entsprechung, dass nämlich „Gottes wort [...] der vernunfft ein gspotte sein".[67] Kurz: Im Unterschied zu Nicolai zieht Gryphius im direkten Gegensatz den ganz allmachtstheologischen Schluss: Offenbarungssätze des Evangeliums können mehrdeutig, ja auch aporetisch sein, aber sie sind darum nicht etwa vernachlässigbar, sondern im Gegenteil der vorzüglichste Ausdruck der Unhinterschreitbarkeit des göttlichen Willens. Sie besser verstehen zu wollen, als es ihr Wortlaut zulässt, ist ebenso unbotmäßige *curiositas* wie es philosophische An-

---

63 Vgl. Jürgen Goldstein: Kontingenz und Rationalität bei Descartes. Eine Studie zur Genese des Cartesianismus. Hamburg 2007 (Paradeigmata 28), S. 99–126.

64 Martin Luther: De servo arbitrio. In: D. Martin Luthers Werke. Kritische Gesamtausgabe. Bd. 18. Weimar 1908, S. 600–787, hier S. 712: „Deus est, cuius voluntatis nulla est causa nec ratio, quae illi regula et mensura praescribatur, cum nihil sit illi aequale aut superius, sed ipsa est regula omnium." Übers. O. B.

65 Vgl. Thomas Marschler: Verbindungen zwischen Gesetzestraktat und Gotteslehre bei Francisco Suárez im Begriff der lex aeterna. In: Oliver Bach, Norbert Brieskorn, Gideon Stiening (Hg.): Auctoritas omnium legum. Francisco Suárez' ‚De Legibus' zwischen Theologie, Philosophie und Rechtsgelehrtheit. Stuttgart-Bad Cannstatt 2013 (PPR II,5), S. 27–52, und Ludger Honnefelder: Anlass, Kontext, Aufbau und Wirkung von Suárez' Disputationes Metaphysicae. In: ebd., S. 3–26.

66 Martin Luther: Deuteronomion Mosi cum annotationibus. 1525. In: D. Martin Luthers Werke. Kritische Gesamtausgabe. Bd. 14. Weimar 1895, S. 497–744, hier S. 556: „Sic habet universa scriptura, ut collatis undique locis velit seipsam interpretari et se sola magistra intelligi." Übers. O. B.

67 Ders.: Der Prophet Sacharja ausgelegt. In: D. Martin Luthers Werke. Kritische Gesamtausgabe. Bd. 23. Weimar 1901, S. 485–664, hier S. 530.

maßung ist, sie für vernachlässigbar zu erklären. Die Anerkennung des Schriftprinzips ist für Gryphius keine religionspolitische, sondern eine systematische *conditio sine qua non* religiöser Verständigung. Gleichwohl hat diese Haltung des Schlesiers eine religionspolitische Konsequenz darin, dass dieser Verständigung vor allen Dingen das Selbstverständnis des katholischen Lehramts und dessen Autoritätsanspruch über die Heilige Schrift im Wege stehen.

5. Gryphius' politische Theologie und Rechtspolitik

Auf theologischer Ebene zeigt Gryphius religiösen Vereinigungstendenzen sichtlich deutliche Grenzen auf. Auf der politischen Ebene hindert dies jedoch nicht Gryphius' Anerkennung des katholischen Kaisers. Dies hat seine Gründe in einer bestimmten Ausprägung des juridischen, genauer rechtstheologischen Denkens bei Andreas Gryphius.

Andreas Gryphius wird am 3. Mai 1649 zum Glogauer Syndikus vereidigt,[68] d. h. kein ganzes Jahr, nachdem der Dreißigjährige Krieg zu Ende gegangen ist. Seine Heimat jedoch hat den Höhepunkt der Gegenreformation noch vor sich: In den Jahren 1653 und 1654 werden in Niederschlesien so viele evangelische Kirchen geschlossen, dass Gottesdienste unter anderem nur noch in Friedenskirchen wie derjenigen Glogaus stattfinden können.[69] Es verwundert daher nicht, dass Gryphius in diesem Amt 1653 mit der Edition der *Glogauisches Fürstenthumbs Landes Privilegia* den Nachweis unternimmt, dass die Ansprüche der evangelischen Stände in Schlesien nicht lediglich einseitig beschränkte Aufenthaltsbefugnisse sind. Wären sie nur solche, würden sie nur von den Folgen der Rechtsfreiheit dispensieren (vor allem Vertreibung). Diese Rechtsfreiheit bliebe jedoch allemal beibehalten, und die folglich nur temporäre Dispens könnte jederzeit wieder zurückgenommen werden. Gryphius ging es insbesondere um den Rechtscharakter der Zugeständnisse an die Evangelischen in Glogau. Dies war insbesondere deshalb von hoher politischer Bedeutung, weil das Herzogtum Schlesien keine Landesverfassung besaß, die diese Rechtsfragen geregelt hätte.[70] In seiner Dokumentensammlung ließ Gryphius hoheitliche Urkunden von 1310 bis 1652 abdrucken, deren bedeutendste Sektion die Erteilungs- und Erneuerungserklärungen der Privilegien durch die Kaiser des Heiligen Römischen Reiches von Maximilian II. (1571) bis zu Ferdinand III. (1638) abbildet.[71]

---

68 Stosch: Danck- und Denck-Seule (Anm. 15), S. 39.

69 Vgl. Jan Harasimowicz: Schwärmergeist und Freiheitsdenken. Beiträge zur Kunst- und Kulturgeschichte Schlesiens in der Frühen Neuzeit. Köln u. a. 2010 (Neue Forschungen zur schlesischen Geschichte 21), S. 7; Herzig: Schlesischer Barock (Anm. 6), S. 65; Dirk Lentfer: Die Glogauer Landesprivilegien des Andreas Gryphius von 1653. Frankfurt a. M. u. a. 1996 (Rechtshistorische Reihe 147), S. 99; zum rechtsgeschichtlichen Überblick vom Mittelalter bis zum Dreißigjährigen Krieg siehe ebd., S. 51–54.

70 Vgl. ebd., S. 69.

71 Andreas Gryphius (Hg.): Glogauisches Fürstenthumbs Landes Privilegia aus denn Originalen an tag gegeben Von Andrea Gryphio. Lissa 1653, S. 117–127.

Diese Privilegien gestatteten ohne Zweifel nur eine regional eingeschränkte und bedingte ‚Souveränität‘ der evangelischen Stände Glogaus gegenüber katholischen Übergriffstendenzen. Was die Obrigkeit betrifft, werden Privilegien letztlich stets nach eigenem Gutdünken eingeräumt. Die mangelnde Allgemeinheit des Privilegs als *ius singulare* stellt jedoch für die Rechtslehre vor Hobbes, Rousseau und Kant allerdings kein Problem dar, das den Gesetzescharakter des Privilegs widerlegt hätte, wie Merio Scattola jüngst nachweisen konnte: „[W]enn sie [sc. die ältere Rechtslehre] das Gesetz definierte, verlangte sie von ihm keine Eigenschaft der Allgemeinheit. Gesetz war nämlich eine öffentliche Maßnahme zur Besorgung des Gemeinguts, das immer inhaltlich, d. h. im Sinne einer materiellen Gerechtigkeit, definiert wurde und sich daher auf unterschiedliche Subjekte als deren Träger, Erzeuger oder Ziele beziehen konnte: allgemeine, besondere oder sogar einzelne Subjekte. In diesem Sinn konnte das Privileg als eine echte Art des Gesetzes gelten und wurde eigentlich als ein ‚privates Gesetz‘ definiert, was in neuzeitlicher Auffassung ein klarer Widerspruch wäre.“[72]

Das vormoderne Privileg ist nach Thomas von Aquin durch vier Kriterien bestimmt, nämlich seine Vernünftigkeit, seinen Zweck im Gemeinwohl, seine Stiftung durch eine angemessene Autorität und seine ausreichende Proklamation bzw. Promulgation.[73] Während bei Thomas aber unter diesen vier Kriterien „das Verhältnis zu dem vernünftig geordneten und gemeinen Gut maßgebend“ ist,[74] zeigt sich im Fall der *Glogauischen Fürstenthumbs Landes Privilegia* und ihrer publizistischen Aufbereitung und Einleitung durch Gryphius ein deutlicher Schwerpunkt auf der legislativen Autorität des Kaisers. Die Edition zeugt nämlich vor allem von dieser Geltungsbedingung, und es ist auch zu überlegen, ob sie darum sozusagen ein authentischeres Dokument des rechtspolitischen Privilegienverständnisses der Vormoderne ist.

In der später abgedruckten Zueignung vom 21. Januar 1659 findet sich zum einen unübersehbar der Unterwerfungsgestus unter die kaiserliche Obrigkeit:

> Glorwürdigsten vnd vnsterblichen Andenckens Kaysern FERDINAND dem III. vnserm damals Allergnädigsten Kayser / König vnd Herren / ist gegenwärtiger Abdruck der Freyheiten / Handefesten vnd Privilegien gesambter Land-Stände vnd Ritterschafft Glogauischen Fürstenthums in tieffster vnd allergehorsamster Unterthänigkeit vnd Devotion den XXVII. Novemb. deß MDCLIV. Jahres [...] überreichet / welchen dann Jhre Kayserliche Mayt. nicht nur allergnädigst an- und auffgenommen: Sondern auch Jhr Landes-Väterlichst in Kayserl. Clementz belieben lassen. Gleichfalls / als den Allerdurchlauchtigsten / Großmächtigsten vnd Unüberwindlichsten Fürsten vnd Herren / Herren Leopold / Erwehlten Römischen Kaysern / etc. vnserm Allergnädigsten Kayser / König vnd Herren / oberwehnte Land-Stände / vnd Ritterschafft vmb allergnädigste Kayserliche vnd Königliche Confirmation gedachter Freyheiten vnd Privilegien allerdemütigst vnd vnterthänigst anflehet: Sind Höchstgedachter Kayserl. vnd Königl. Mayt. vnterschiedene dieses Drucks

72 Merio Scattola: Das Privileg des Gesetzes. Francisco Suárez und die alte Lehre des Vorrechts (DL VIII). In: Bach, Brieskorn, Stiening (Hg.): Auctoritas omnium legum (Anm. 65), S. 333–367, hier S. 342.

73 Ebd., S. 351.

74 Ebd.

Exemplar zugleich übergeben / allergnädigst vnd Landes-Väterlichst angenommen / vnd folgende Kayser- vnd Königl. Bekräfftigung vnd Befestigung erhalten. Den XXI. Januarii dieses MDCLIX. Jahres. A. Gryphius.[75]

Zum Anderen bringt Gryphius hier ebenso die prekären Realisierungs- und Geltungsbedingungen der Privilegien auf den Begriff: Seine zweimalige Rede vom „allergnädigsten Kaiser" sowie von der kaiserlichen „Clementz", das man in diesem Zusammenhang mit aller Wahrscheinlichkeit ebenso mit „Gnade" übersetzen muss, sind keineswegs bloße panegyrische Rhetorik. Die Privilegien können in keiner Weise verlangt oder verdient werden: Zwar bestärkt Kaiser Leopold sie ausdrücklich „in Ansehung Jhrer [i. e. der Glogauer Stände] ziemlichen Bitte / auch Jhrer willigen und getreuen Dienste";[76] jedoch verpflichtet diese Treue den Kaiser nicht zum Erlass und zur Umsetzung von Privilegien. Natürlich geht aus Gryphius' Widmung nicht eindeutig hervor, ob Gryphius der juridisch prekäre Charakter des Privilegs bewusst ist. Es wäre indessen publizistisch auch höchst unklug vom Glogauer Syndikus gewesen, Einfallstore möglicher rechtlicher Einwände allzu deutlich zu markieren. *Dass* aber das Privileg auf die Konfirmation eines jeden neuen Kaisers angewiesen ist, zeigt einmal das stete Bemühen um diese, bei Leopold genauso wie davor gegenüber Ferdinand. Zudem zeigt Gryphius im selben Jahre andernorts, dass er sehr wohl darum weiß, dass das Problem der Geltung positiven Rechts immer auch ein souveränitätsrechtliches Problem darstellte: Im *Æmilius Paulus Papinianus* äußert Laetus, der Gegenspieler des Titelhelden, den zeitgenössisch keinesfalls abwegigen Gedanken, dass ein Souverän nicht an die Gesetze seines Vorgängers gebunden sei:

Bassian. Der Vater hat uns beyd' auff einen Thron erkoren.
Lætus. Als Vater / ich gestehs / nicht als ein Fürst der Welt.[77]

Der König ist schon seit den Digesten *legibus solutus*;[78] dass er ebenso wenig an die Gesetze seiner Vorgänger im Amt gebunden sein kann, entspricht ganz der elaboriertesten Souveränitätslehre der Zeit, den *Six livres de la République* des Jean Bodin (1576), wo es heißt: „Si donc le Prince souuerain, est exempt des loix de ses predecesseurs, beaucoup moins seroit il tenu aux loix & ordonnances qu'il fait".[79]

Es fällt nun auf, dass Kaiser Leopold in seiner Konfirmation gleichwohl genau dies versucht: Er möchte die ständischen Privilegien nicht allein für seine Lebens- und Regierungszeit bestärken, sondern meint auch verfügen zu können, dass sie „in all Jhren Puncten / Stücken vnd Articuln *nun hinfüro ewiglich* / Jhnen / Jhren Erben

75 Andreas Gryphius (Hg.): Glogauisches Fürstenthumbs Landes Privilegia (Anm. 71), f. T^{r}.

76 Ebd., f. T ij^{r}.

77 Ders.: Æmilius Paulus Papinianus (1659). In: Ders.: Gesamtausgabe der deutschsprachigen Werke. Bd. 4. Hg. v. Hugh Powell. Tübingen 1964 (Neudrucke Deutscher Literaturwerke, Neue Folge 12), S. 161–269, II,1, S. 185, v. 56f.

78 Dig. 1. 3. 31: „Princeps legibus solutus est." Corpus Iuris Civilis. Bd. 1. Hg. v. Paul Krüger u. Theodor Mommsen. Berlin 1908, S. 34b.

79 Bodin: Les six Livres de la Republique. Paris 1577, I,9, S. 132, Hervorhebung O. B.; vgl. Horst Denzer: Bodin. In: Hans Maier, Heinz Rausch, Horst Denzer (Hg.): Klassiker des politischen Denkens. München 1985, S. 245–265, hier S. 258.

vnd Nachkommen gnädiglich verneuert / befestiget vnd confirmiret" seien.[80] Die Antinomik dieses Anspruchs Leopolds besteht in einem Positivismus, der sich unter absolutistischen Vorzeichen notwendig selbst entgrenzt: Sein positives Recht will dem positiven Recht seiner Nachfolger Direktiven erteilen. Ob Gryphius die Zuversicht seines Kaisers teilt, darf bezweifelt werden. Zu deutlich ist seine Überzeugung, dass den Privilegien besonders nach dem Dreißigjährigen Krieg „durch dero Allergnädigste [!] Confirmation allen vñ jeden diesen Gnaden Briefen *newe Krafft / newes Leben*" verliehen werden musste. Zwar geht es Gryphius, wie gesagt, um den Rechtscharakter der von ihm publizierten Privilegien. Im Hinblick auf deren Stiftungsinstanz kann ihm dieser Nachweis nicht gelingen, und daher wird dieser Nachweis gar nicht erst unternommen. Die materiale Gerechtigkeit der Privilegien, um deren inhaltliche und historische Geltung es Gryphius alleine gehen kann, ist der eigentliche Gegenstand der Edition, und sie bleibt angewiesen auf ihre stetige Neuerung und Bekräftigung durch die neuen Kaiser.

Das Privileg lebt gerade von der Anerkennung derjenigen Instanz, die es erteilt – unabhängig davon, wie umfangreich diese Vorrechte sind. Dem Privileg kann es sowohl an Allgemeinheit im Hinblick auf die Rechtssubjekte mangeln als auch bezüglich einer Erfüllungs- und Klagbarkeitsbedingung gegenüber der Obrigkeit, d. h., das konzedierte Privileg kann nur gegen den unzulässigen Eingriff anderer Untertanen bei der Obrigkeit eingeklagt werden, nicht aber gegen diese Obrigkeit selbst. Es kann auch nicht erfüllt, d. h. verdient werden, etwa mit Blick auf den von Thomas noch so stark gemachten Gemeinwohlzweck. Dass Gryphius dies weder überwinden will noch zu verdecken sucht, mag seine Ursache darin haben, dass er mit seiner Edition der *Glogauisches Fürstenthumbs Landes Privilegia* keine Rechtsphilosophie betreibt, sondern Rechtspolitik. In Ausrichtung auf das Ziel der glogauischen Stände ist Gryphius' Privilegien-Ausgabe in der Tat das ideengeschichtlich authentischere Dokument: Denn sie können und wollen die Tatsache, dass die ausschlaggebende Bedingung des Privilegs seine gnädige Stiftung durch den Herrscher ist, kaum verbergen; etwaige Ausrichtungen des Privilegs auf das Gemeinwohl – mögen sie historisch Erfolg haben oder nicht – bleiben letztlich Ermessenssache des Herrschers und sind damit nur genauso Setzungsakte wie der eigentliche Gesetzeserlass. In ebendiesem Sinne spricht Georg Geismann für alle teleologischen Rechts- und Gesetzeskonzepte von einem notwendigen Positivismus.[81]

Ist der Kaiser bzw. sein ganz persönliches Belieben die letzte *juridische* Grundlage der Privilegien, so können sie eben nicht *juristisch* verlangt werden. Sie können letztlich nur erbeten werden. Dies macht ebenjene Unterwerfungsgesten notwendig: Dass Gryphius den „allergnädigsten" Charakter der kaiserlichen Konfirmationen so

80 Andreas Gryphius (Hg.): Glogauisches Fürstenthumbs Landes Privilegia (Anm. 71), f. T ij^r, Hervorhebung O. B.

81 Der Nexus von individuell-persönlicher Moralität und allgemein-interpersonaler Handlungsregulierung kann nicht systematisch gedacht, sondern nur willkürlich gesetzt werden: Georg Geismann: Politische Philosophie – hinter Kant zurück? Zur Kritik der ‚klassischen' Politischen Philosophie. In: Jahrbuch für Politik 2 (1992), S. 319–336, hier S. 330.

betont, entspricht daher zum einen der zeitgenössischen Souveränitätstheorie; zum anderen ist die wiederholte Betonung dieser hohen Gnade rechtspolitisch klug. Der Kaiser muss gewonnen werden, um die Schadlosigkeit der Glogauer Evangelischen zu erringen und zu erhalten, sei er selbst nun katholisch oder nicht. Von einem ‚Aufbegehren' Gryphius' kann in dieser Hinsicht nicht die Rede sein.[82] Dass sich allerdings schon ein Pochen auf diese *iura singularia* gegen die habsburgische Obrigkeit allein wegen deren Souveränität verboten hätte,[83] deren Recht Gryphius hier und andernorts enorm stärkt, muss allerdings ein tendenzieller Widerspruch bleiben, den Gryphius ebensowenig wie die Privilegientheorie aufzulösen in der Lage war.

6. Gryphius und Richelieu

Die zeitgenössische Bewertung von Gryphius' Syndikat gibt Aufschluss über die geistesgeschichtliche Lage der Protestanten in Glogau. Es wurde soeben schon gezeigt, dass die Verteidigung der evangelischen Privilegien rechtsphilosophisch die Anerkennung der katholischen Obrigkeit mehr voraussetzte, als dass sie Widerstand bedeutet hätte. Die Stärkung der eigenen politischen Ansprüche des evangelischen Glogaus stellte diejenigen Habsburgs systematisch nicht in Frage. Ebenso wenig bedeutete sie notwendig die Ablehnung katholischer Größen. Denn augenscheinlich stellt es kein ‚No-Go' mehr dar, wenn Gryphius' erster Biograph Baltzer Siegmund von Stosch bei der Leichenrede 1664 den verstorbenen Syndikus mit Kardinal Richelieu vergleicht. Genauso nämlich wie Andreas Gryphius eine ‚Säule' seines Fürstentums war, war Richelieu Säule Frankreichs wie ganz Europas: „Cardinal Richelieu war ein Oraculum Ludwigs des Gerechten / welches en balance gantz Europa erhielt / und das wichtige Contrepoids allen mächtigsten Monarchen leistete".[84]

Das Potential dieser Aussage Stoschs, mentalitätsgeschichtlich Aufschluss über die Situation Schlesiens zu liefern, sollte nicht unterschätzt werden. Kardinal Richelieu wird als politischer Akteur wahrgenommen, der sich nicht durch Ungehorsam oder gar Aufruhr seinen Monarchen widersetzt, sondern ihnen mit gutem Rat sowohl Frieden als auch Macht erhalten hilft. Er wirkt gegen das Risikopotential des Absolutismus, aus dem Status *legibus suis solutus* eine Unabhängigkeit der Fürsten auch vom überpositiven, natürlichen Recht zu folgern. Ebenso aber widerlegt Richelieus Wirken monarchomachische Widerstandslehren. Innenpolitisch stärkte Richelieu

82 So aber Elida Maria Szarota: Künstler, Grübler und Rebellen. Studien zum europäischen Märtyrerdrama des 17. Jahrhunderts. Bern, München 1967, S. 207; vgl. dagegen Gerhard Spellerberg: Barockdrama und Politik. In: Daphnis 12 (1983), S. 127–168, hier S. 151. Auch Dirk Lentfer widerspricht in seiner Untersuchung der Landesprivilegien zu Recht der Annahme eines Widerstandes, argumentiert hierfür seltsamerweise aber nicht souveränitätstheoretisch anhand der Landesprivilegien, sondern mithilfe eines rechtstheologischen Exkurses auf Gryphius' Dramen: Lentfer: Die Glogauer Landesprivilegien (Anm. 69), S. 118–123.

83 Vgl. auch Günter Berghaus: Andreas Gryphius' ‚Carolus Stuardus'. Formkunstwerk oder politisches Lehrstück? In: Daphnis 13 (1984), S. 229–274, hier S. 271.

84 Stosch: Danck- und Denck-Seule (Anm. 15), S. 7.

sogar die Zentralmacht des absoluten Herrschers; zu diesem Zweck beschnitt er im Gnadenedikt von Alès die politische Macht der französischen Protestanten. Er beließ ihnen einerseits ihre Religionsfreiheit, andererseits entzog er ihnen ihre militärischen Sicherungen.[85]

Wenn ein bedrängter Lutheraner Stosch dem katholischen Kardinal solche Wertschätzung zukommen lässt, liegt es mit Blick auf das Vorangegangene nahe, dass die Politisierung der Protestanten *als* Protestanten den Schlesiern, zumindest den Glogauern des Jahres 1664, kein primäres Anliegen mehr war. Es geht ihnen zweifelsohne um eine Duldung ihres Glaubens; insofern es dabei auch um Glaubens*praxis* geht, ist dieses Anliegen natürlich auch notwendig politisch. Dieser Anspruch gipfelt jedoch nicht mehr notwendig in einem auch souveränitätspolitischen Unabhängigkeitsstreben. Es geht den Lutheranern um den Genuss ihrer Rechtssubjektivität, und zwar unabhängig von ihrer lutherischen Konfession. Das Interesse am Recht ist kein konfessionelles, sondern ein politisches, insofern Balance gesucht wird, d. h. Frieden unter der Bedingung ausgewogener Mächteverhältnisse. Unter *diesen* Bedingungen ist auch und gerade von Seiten schlesischer Lutheraner die hohe Achtung eines Katholiken wie Richelieu möglich: Aus ihrer rechtspolitischen Sicht handelte er nicht katholisch, sondern intervenierte gegen die rechtliche Übergriffigkeit des Habsburger Katholizismus.

Religion bleibt natürlich im Fokus der Rechtsdebatten, und davon zeugt auch Stoschs Leichabdankung.[86] Es geht nur mehr darum, dass Religion nicht mehr Rechts*hindernis* sein soll: Damit darf sie gerade nicht mehr Rechts*grundlage* sein. Stosch bescheinigt Gryphius, kein Argument vertreten zu haben, „dadurch er das Politisiren *in* Glaubens-Sachen hätte vertheidigen können".[87] Wie gesehen, wird Gryphius das Schriftprinzip 1655 zwar so sehr stärken, dass zu fragen ist, inwiefern ein Nicht-Lutheraner allgemein theologisch die Voraussetzungen erfüllen kann, göttliches Recht überhaupt adäquat zu erkennen. Nichtsdestoweniger zeichnet Stosch das Bild eines politischen Denkens der evangelischen Schlesier, das den katholischen Kaiser und König nicht mehr ablehnt, sondern sich schlicht gegen obrigkeitliche Willkür absichern möchte.

7. Resümee

Die These einer Verflechtungsgeschichte ist, dass scheinbar so heterogene, ja disparate Phänomene, wie sie geschildert wurden, nicht bloß nebeneinanderstehen und hier bloß additiv aneinandergereiht werden sollten, sondern miteinander in komple-

85 Vgl. Ernst Hinrichs: Renaissance, Religionskriege und Begründung der absoluten Monarchie (1498–1661). In: Ders. (Hg.): Kleine Geschichte Frankreichs. Stuttgart 1994 (RUB 9333), S. 125–185, hier S. 175.

86 Stosch: Danck- und Denck-Seule (Anm. 15), S. 41: „Billich hätten wir unter die Res gestas oben an setzen sollen seine Gottesfurcht und Christenthumbh / da er sich der ungeänderten Augspurgischen Confession iederzeit zugethan gestanden / auch das ostende fidem tuam herrlich practiciret."

87 Ebd., S. 41.

xer, aber bestimmbarer Weise verbunden, eben verflochten sind. Daher möchte ich in der Flechte, die die vorangegangenen Geschichte(n) bilden, die einzelnen Stränge, ihre Verschlingungen und Verknotungen nochmals kurz verfolgen und rekapitulieren.

Die politische Lage Schlesiens (1) besaß eine konfessions- und bildungsgeschichtliche Dimension und bedingte somit das Studium in einem verhältnismäßig aufgeschlossenen Umfeld. Danzig bot ein Diskussionsforum, in dem ein Heinrich Nicolai (2) seine Irenik artikulieren konnte. Verflochten – bisweilen auch widersprüchlich – ist dabei (a) der Vorwurf des Synkretismus an Nicolai, (b) dessen gerade non- bzw. antisynkretistischer Anspruch und (c) ideengeschichtliche Unentschlossenheit zwischen philosophischer und theologischer Prinzipienbildung. Gryphius, dessen Wissenschafts- und Theologieverständnis in Danzig genauso herausgebildet wurde (3) wie in Straßburg und Leiden, verhält sich explizit zum Synkretismus, gleicht Nicolai darin, eine unverhandelbare Basis interkonfessioneller Verständigung vorauszusetzen (a), unterscheidet sich von Nicolai aber darin, wie er diese Basis füllt, nämlich mit einem Schriftprinzip (b), das sich sowohl gegen ein pragmatisches philosophisches Moment Nicolais richtet als auch gegen den Anspruch des katholischen Lehramts. Mit Letzterer teilt er jedoch die wiederum vorgängigen voluntaristischen Bedingungen, die (entgegen vielen gängigen Sichtweisen) auch dem katholischen Denken eines Suárez und dem Rationalismus eines Descartes zugrunde liegen (c). Gryphius' wissenschaftliche und theologische Sichtweise auf den Synkretismus ließe also erwarten (4), dass seine konfessionspolitische Haltung dem Katholizismus ebenso unversöhnlich gegenüberstünde, und zwar umso mehr, weil sie einer dem Anspruch nach wissenschaftlichen und nicht allein dogmatischen Überzeugung entspringt. Tatsächlich aber bedingen die politische Theologie des *rex legibus solutus* (a) und der vormoderne Privilegsbegriff (b) eine rechtspolitische Haltung Gryphius', die um des eigenen Zwecks willen den Habsburger Kaiser hoheitlich mehr anerkennt als ihn ablehnt.

Katrin Sterba

Ora pro nobis deum alleluia. Die Jesuiten in Mähren und ihr gegenreformatorisches Wirken in der Stadt Olmütz/Olomouc am Beispiel der Kirche Maria Schnee[1]

1. Der apostolische Auftrag der Gesellschaft Jesu

Die flächendeckende Rekatholisierung Europas im Zuge der Gegenreformation ist mitunter ein Verdienst des damals noch jungen Reformordens der Gesellschaft Jesu. Verfolgte der Orden anfangs die Missionierung in Übersee,[2] wurden seine Mitglieder bald schon bevorzugt in europäische Städte eingeladen – so auch in die Stadt Prag, wo die Jesuiten früh in der Stadt selbst und ihrem Einzugsgebiet sowie in der näheren Umgebung ihrer neu gegründeten Kollegien „mit inneren Missionen" begannen.[3] Von der zweiten Hälfte des 16. Jahrhunderts an entfalteten sie in Böhmen ihre Wirkmächtigkeit, ebenso in Mähren, wo sie 1566 in Olmütz/Olomouc und 1572 in Brünn/Brno eine Niederlassung gründeten.[4] Vorerst konzentrierten sich die Jesuiten auf die pastorale Tätigkeit und schlossen damit eine „Lücke", indem sie „die Schwächen der alten Orden" ausnutzten: Viele Klöster waren verwaist und „die Moral der noch lebenden Regularen auf einen Tiefpunkt" gesunken.[5] Da viele der von den alten Orden übernommenen, mittelalterlichen Kirchen baufällig waren und die Menge an Gläubigen bald nicht mehr aufnehmen konnten, kam es in Böhmen, Mähren und Schlesien seit der Mitte des 17. Jahrhunderts zu einer Reihe von Neubauten.[6]

---

1 Für die freundlichen Hinweise bei der Entstehung dieses Beitrags danke ich Frau Prof. Dr. Sybille Appuhn-Radtke.

2 Vgl. Michael Sievernich: Ignatius von Loyola als „Pilger" der Epochenschwelle. In: Rolf Decot (Hg.): Konfessionskonflikt, Kirchenstruktur, Kulturwandel. Die Jesuiten im Reich nach 1556. Mainz 2007 (Veröffentlichungen des Instituts für Europäische Geschichte Mainz, Beiheft 77), S. 1 – 22, hier S. 13.

3 Albert Kubišta: Die Berufung des Jesuitenordens nach Böhmen und die Anfänge der Tätigkeit des Ordens. In: Decot (Hg.): Konfessionskonflikt, Kirchenstruktur, Kulturwandel (Anm. 2), S. 87–97, hier S. 94.

4 Zur Ankunft der Jesuiten in Olmütz und Brünn siehe Milan M. Buben: Encyklopedie řádů, kongregací a řeholních společností katolické církve v českých zemích [Enzyklopädie der Orden, Kongregationen und Ordensgemeinschaften der katholischen Kirchen in den böhmischen Ländern]. Teil 3, Bd. 4: Řeholní klerikové (jezuité) [Ordenskleriker (Jesuiten)]. Praha 2012, S. 257f., 271f.

5 Peter Hersche: Muße und Verschwendung. Europäische Gesellschaft und Kultur im Barockzeitalter. Bd. 1. Freiburg/Br. u. a. 2006, S. 204.

6 Dass die Jesuiten nicht nur Neubauten in Auftrag gaben, sondern auch an mittelalterlichen Vorgängerbauten festhielten und nur die Innenausstattung änderten, belegen beispielsweise die Jesuitenkirchen in Kuttenberg/Kutná Hora, Eger/Cheb, Böhmisch Krumau/Český Krumlov, Gitschin/Jičin und Glatz/Kłodzko. Dass dies als ein bewusster Rückgriff auf alte sowie lokale Traditionen zu deuten ist, hat Jens Baumgarten am Beispiel der Jesuitenkirche in Glatz nachgewiesen. Siehe Ders.: Jesuitische Bildpolitik zwischen Überwältigung und Überprüfbarkeit am Beispiel der Je-

Die Innenausstattung der Kirchen mit Stuck, Deckenfresken und Altären erfolgte dann größtenteils in der zweiten Hälfte des 17. und im 18. Jahrhundert. Die im Barockstil umgestalteten oder neu errichteten Bauten sollten „auch nach außen hin den Sieg der wiedererstarkten katholischen Kirche sinnfällig machen".[7]

Am Beispiel der Innenausstattung der Jesuitenkirche in Olmütz, die zu Beginn des 18. Jahrhunderts erbaut wurde, soll im Folgenden aufgezeigt werden, wie und mit welchen Mitteln es der Gesellschaft Jesu im Zuge der Gegenreformation gelang, die vorwiegend protestantische Bevölkerung wieder für den katholischen Glauben zu gewinnen. In diesem Zusammenhang wird auch der im Verlauf des Neubaus erfolgte Patroziniumswechsel näher beleuchtet, da an diesem deutlich wird, auf welche Traditionen und kulturelle Gegebenheiten die Jesuiten bei der Innenausstattung ihrer Kirche zurückgriffen. Im Zusammenhang mit den erfolgreichen Missionen in Übersee, bei denen bei der Verkündigung des Evangeliums auf die kulturellen Gegebenheiten Rücksicht genommen wurde und an die sich die Missionare gegebenenfalls anpassten, wird diese Herangehensweise als „Akkommodation oder Adaptation" bezeichnet.[8] Mit diesem Beitrag soll der Versuch unternommen werden, aufzuzeigen, dass die erfolgreiche Rekatholisierung der Stadt Olmütz bzw. der mährischen und böhmischen Länder in dem bewussten Rückgriff auf alte Traditionen, in der angemessenen Reaktion auf historische Ereignisse und in der Bedürfnisbefriedigung der Gläubigen begründet liegt, was sich auch in der Kunst niederschlägt.

2. Die konfessionelle Situation in Böhmen und Mähren zur Zeit der Ankunft der Jesuiten

Bereits hundert Jahre vor Luthers Wirken in den deutschen Ländern hatten Jan Hus (um 1372–1415) und seine Anhänger, die Hussiten, sowie die Utraquisten[9] reformatorisches Gedankengut in Böhmen und Mähren erfolgreich verbreitet, wodurch dort auch Luthers Lehren auf fruchtbaren Boden fielen.[10] Allerdings war die Ent-

---

suitenkirchen in Breslau und Glatz. In: Anna Ohlidal, Stefan Samerski (Hg.): Jesuitische Frömmigkeitskulturen. Konfessionelle Interaktion in Ostmitteleuropa 1570–1700 (Forschungen zur Geschichte und Kultur des östlichen Mitteleuropa 28). Stuttgart 2006, S. 63–92, bes. S. 73.

7 Arno Herzig: Der Zwang zum wahren Glauben. Rekatholisierung vom 16. bis zum 18. Jahrhundert. Göttingen 2000, S. 101.

8 Michael Sievernich: Von der Akkommodation zur Inkulturation. In: Zeitschrift für Missionswissenschaft und Religionswissenschaft 86 (2002), S. 260–276, hier S. 266. Nach Sievernich bezeichnet die „Akkommodation" und „Adaptation" ebenso wie der „Neologismus ‚Inkulturation'" die „Verhältnisbestimmung des Christentums zu den Kulturen" (S. 266f.).

9 Die Utraquisten erhielten ihre Bezeichnung durch das Feiern des Laienkelches, also des Abendmahls, „in beiderlei Gestalt *(sub utraque specie)*": Manfred Alexander: Kleine Geschichte der böhmischen Länder. Stuttgart 2008, S. 149.

10 Vgl. Herwig Wolfram (Hg.): Österreichische Geschichte 1522–1699. Teil 2: Thomas Winkelbauer: Ständefreiheit und Fürstenmacht. Länder und Untertanen des Hauses Habsburg im konfessionellen Zeitalter. Wien 2003, S. 14. Zu Jan Hus und der Hussitenbewegung vgl. Alexander: Kleine Geschichte (Anm. 9), S. 142–163.

wicklung der Hussitenbewegung in der ersten Hälfte des 15. Jahrhunderts „uneinheitlich“: Ihr Zentrum hatte sie in Süd- und Mittelböhmen, in den Norden drang sie nur gewaltsam vor und in Mähren war sie „nur an wenigen Stellen“ und teilweise beim Hochadel erfolgreich; die „vornehmlich deutschen Städte“ hingegen blieben „katholisch und königstreu“.[11] Dass Mähren „weniger von der hussitischen Bewegung betroffen“ war, führte auch dazu, dass es für die Reformationsbewegung aus Deutschland offener war als das „vom Hussitismus determinierte Böhmen“.[12] So war die Mehrheit in Mähren – obwohl das Olmützer Bistum im Unterschied zu Böhmen ununterbrochen besetzt war – zwar nicht katholisch, aber anders als in Böhmen den Habsburgern gegenüber treu. In Böhmen hingegen kam es 1547 zum Ständeaufstand, nach dessen Niederlage der Adel und die Städte einen Großteil ihrer Privilegien und Freiheiten abgeben mussten.[13]

Mit der Niederschlagung des Aufstandes gelang es König Ferdinand I. (1503–1564), seine Position als Herrscher in den böhmischen Ländern zu festigen. Dabei sollte ihm auch die Rekatholisierung der Länder helfen.[14] In diesem Sinne wandte er sich am 20. Oktober 1554 in einem Brief an Ignatius von Loyola (1491–1556)[15] mit der Bitte, auch „in regni nostri Bohemiae metropoli, Praga“,[16] also auch in der böhmischen Hauptstadt Prag/Praha ein Kolleg zu errichten. Ganz konkret bat er Ignatius, ihm zwölf Brüder zu schicken, von denen mindestens zwei Theologieprofessoren sein sollten. Diese sollten aus dem „Königreich die Häretiker vertreibe[n] und vernichte[n]“, damit „die gesunde Lehre“, die „rechtgläubige und katholische Religion“, „begünstigt und vorangebracht“ werde.[17] Knapp einen Monat später, am 22. November 1554, erhielt König Ferdinand I. von Ignatius eine positive Antwort mit der Zusage, dass er die angeforderten Brüder nach Prag entsenden werde.[18] Die ersten zwölf Jesuiten trafen am 21. April 1556 in Prag ein, wo sie das

11 Alexander: Kleine Geschichte (Anm. 9), S. 157f.

12 Kubišta: Die Berufung des Jesuitenordens (Anm. 3), S. 88.

13 Vgl. ebd., S. 90; Alexander: Kleine Geschichte (Anm. 9), S. 199ff.

14 Kubišta nennt als Maßnahmen zur Verbreitung des katholischen Glaubens die „Erneuerung des Erzbistums, die Rekatholisierung der Universitäten sowie eine Buchzensur“ (Die Berufung des Jesuitenordens [Anm. 3], S. 88).

15 Vgl. Cándido de Dalmases, José Martínez de la Escalera: Generales de la CJ 1. Ignacio de Loyola. In: Diccionario histórico de la compañía de Jesús. Bd. 2. Rom, Madrid 2001, S. 1595–1601.

16 Sanctus Ignatius de Loyola: Epistolae et instructiones (Monumenta Ignatiana, ex autographis vel ex antiquioribus exemplis collecta. Series prima). Bd. 8: 1554–55. Madrid 1909. Nachdruck Rom 1966, S. 80 (im Folgenden: Ignatius: Epistolae et instructiones).

17 Die Übersetzung des Briefes findet sich in: Philipp Überbacher: In Böhmen. Die Gründung des Prager Jesuitenkollegs. In: Andreas Falkner, Paul Imhof (Hg.): Ignatius von Loyola und die Gesellschaft Jesu 1491–1556. Würzburg 1990, S. 359–373, hier S. 363; vgl. das lateinische Original: Ignatius: Epistolae et instructiones (Anm. 16), S. 79ff. Vgl. hierzu Alois Kröss: Geschichte der Böhmischen Provinz der Gesellschaft Jesu. Geschichte der ersten Kollegien in Böhmen, Mähren und Glatz. Von ihrer Gründung bis zu ihrer Auflösung durch die böhmischen Stände 1556–1619. Bd. 1. Wien 1910, S. 3, 18f.; Michael Sievernich: Die urbane Option des Ignatius von Loyola am Beispiel der Metropole Prag. In: Petronilla Cemus (Hg.): Bohemia Jesuitica 1556–2006. Bd. 1. Praha 2010, S. 173–192, hier S. 181.

18 Vgl. Ignatius: Epistolae et instructiones (Anm. 16), S. 78f.

ehemalige Dominikanerkloster St. Clemens in unmittelbarer Nähe zur Karlsbrücke bezogen.[19]

Bereits ein Jahr nach der Einladung König Ferdinands I. hatte sich Bischof Markus Kühn (1553–1565) im Jahr 1555 darum bemüht, die Mitglieder des Jesuitenordens auch in Olmütz anzusiedeln, was allerdings erst seinem Nachfolger, Wilhelm Prusinowsky von Wičzkow (1565–1572), gelang.[20] Nachdem sich der Bischof in dieser Angelegenheit an den Ordensgeneral Francisco de Borja (1510–1572)[21] und an Papst Pius V. gewandt hatte, kamen 1566 die ersten Jesuiten aus Wien. Ihre Aufgabe war es vornehmlich, die Erziehung der zukünftigen Priester und des jungen mährischen Adels zu übernehmen.[22] Dazu überließ ihnen Papst Pius V. auf Bitten des Bischofs Prusinowsky am 22. April 1567[23] die Räumlichkeiten des damals im Verfall begriffenen mittelalterlichen Minoritenklosters „Beim hl. Franziskus" mit der gotischen, dreischiffigen Kirche, die der Jungfrau Maria geweiht war. Da das Areal des ehemaligen Minoritenklosters relativ klein war, begannen die Jesuiten schon früh, Häuser und Besitzungen rund um das Kloster aufzukaufen.[24]

---

19 Sievernich: Die urbane Option des Ignatius von Loyola (Anm. 17), S. 182. Zur Geschichte des Jesuitenordens in Böhmen und Mähren siehe Buben: Encyklopedie (Anm. 4), S. 173–197; Kröss: Geschichte der ersten Kollegien (Anm. 17), S. 1–30; Petr Havlíček: Einleitung in das Kapitel: Geschichte der Jesuiten in Böhmen. In: Cemus (Hg.): Bohemia Jesuitica (Anm. 17), S. 169–172; Kubišta: Die Berufung des Jesuitenordens (Anm. 3); Überbacher: In Böhmen (Anm. 17).

20 Zu den Bischöfen Kühn und Prusinowsky von Olmütz siehe Gregor Wolný: Kirchliche Topographie von Mähren, meist nach Urkunden und Handschriften. 1. Abtheilung: Olmützer Erzdiöcese. Bd. 1. Brünn 1855, S. 68ff.

21 Vgl. Cándido de Dalmases: Generales de la CJ 3. Borja, Francisco de. In: Diccionario histórico (Anm. 15), S. 1605–1611.

22 Zu den Anfängen der Jesuiten in Olmütz vgl. Buben: Encyklopedie (Anm. 4), S. 257–267, bes. S. 257f.; Ondřej Jakubec: OLOMOUC (Olomouc) Bývalý konvent minoritů „U sv. Františka" s kostelem P. Marie, následně kolej jesuitů s kostelem P. Marie Sněžné se školami a konviktem s kaplí Božího těla [OLMÜTZ (Olmütz) Ehemaliges Minoritenkonvent „Beim heiligen Franziskus" mit der Kirche Jungfrau Maria, dem nachfolgenden Jesuitenkonvent mit der Kirche Jungfrau Maria Schnee mit den Schulen und dem Konvikt mit der Fronleichnamskapelle]. In: Dušan Foltýn u. a.: Encyklopedie moravských a slezských klášterů [Lexikon mährischer und schlesischer Klöster]. Praha 2005, S. 473–481; Jindřich Schulz: Jezuité v Olomouci [Die Jesuiten in Olmütz]. In: Jezuitský konvikt. Sídlo uměleckého centra univerzity palackého v Olomouci. Dějiny – Stavební a umělecké dějiny – Obnova a využití [Das Jesuitenkonvikt. Der Sitz des künstlerischen Zentrums der Palacký-Universität Olmütz. Geschichte – Bau- und Kunstgeschichte – Instandsetzung und Nutzung]. Olomouc 2002, S. 11–31, bes. S. 12ff., vgl. die deutsche Zusammenfassung ebd., S. 385f.

23 Die Bestätigungsurkunde hat sich erhalten und wird im Mährischen Landesarchiv in Brünn (Moravský zemský archiv, Brno, im Folgenden: MZA) unter E 28: Jesuité v Olomouci 1567–1773 [Jesuiten in Olmütz] aufbewahrt: MZA, E 28, V1/9. Im MZA befindet sich auch die Bestätigungsurkunde Kaiser Maximilians II., in der er am 30. Oktober 1567 den am 5. September 1567 geschlossenen Vertrag nochmals bekräftigt, in welchem festgehalten wird, dass die Minoriten in das Kloster des hl. Jakob übersiedeln (vgl. MZA, E 28, B i/1).

24 Vgl. Simona Jemelková: Chrám Panny Marie Sněžné v Olomouci [Die Kirche Jungfrau Maria Schnee in Olmütz]. In: Významné Olomoucké památky II. Sborník příspěvků ze semináře, Olomouc, 13.–14.09.2002 [Bedeutende Olmützer Denkmäler II. Sammelband der Beiträge aus dem Seminar, Olmütz, 13.–14.09.2002]. Olomouc 2002, S. 59–66, hier S. 59.

Allerdings blieben bauliche Tätigkeiten vorerst aus, dafür konzentrierten sich die Jesuiten auf den Bildungsbetrieb.[25] Und obwohl sie darin sehr erfolgreich waren, wurden sie im Zuge des Böhmischen Aufstandes im Mai 1619 per Dekret von den protestantischen Ständen aus Mähren verbannt.[26] Erst nach dem Sieg der Katholiken in der Schlacht am Weißen Berg konnten die Mitglieder der Gesellschaft Jesu am 18. Januar 1621 wieder nach Olmütz zurückkehren.[27] Nach ihrer Rückkehr gelang es den Jesuiten, die Rekatholisierung Böhmens und Mährens erfolgreich voranzutreiben und zu festigen. Sie konzentrierten sich dabei verstärkt auf Gottesdienste, Predigten, Prozessionen und Wallfahrten, um „auf die Vermehrung des Besuches ihrer Kirchen einzuwirken", was dazu führte, dass die Kirchen für die Gemeinden zu klein wurden und es zu einer regen Bautätigkeit kam.[28] So wurden die mittelalterlichen Kirchen durchgreifend erneuert oder durch Neubauten ersetzt. Wie in vielen anderen Städten entschieden sich auch die Jesuiten in Olmütz für einen Neubau.

3. Die Jesuitenkirche Maria Schnee in Olmütz

Die heutige Jesuitenkirche erhielt ihre Gestalt erst zu Beginn des 18. Jahrhunderts.[29] 1710 nahmen die Pläne für den Kirchenbau mit dem Entwurf des Architekten Michael Klein aus dem schlesischen Neisse/Nysa konkrete Formen an; ausgeführt hat den Bau jedoch der Olmützer Baumeister Lukas Kleckel (auch Glöckel genannt).[30] Nachdem der Entwurf am 27. Juli 1711 vom Ordensgeneral in Rom genehmigt wurde, konnte am 12. Juli 1712 der Grundstein für die Kirche gelegt werden, deren Weihe bereits für den 16. Februar 1716 belegt ist. Allerdings waren die Bauarbeiten zu diesem Zeitpunkt noch nicht vollständig abgeschlossen, denn es fehlten

25 Vgl. Schulz: Jezuité v Olomouci, dt. Zusammenfassung (Anm. 22), S. 385. Vgl. auch Buben: Encyklopedie (Anm. 4), S. 259.

26 Wurden die Jesuiten von den böhmischen Direktoren am 1. Juni 1618 per Dekret aus Böhmen verwiesen, von wo sie nach Mähren flohen, so erfolgte die Ausweisung durch die mährischen Direktoren aus diesem Land ein Jahr später, nämlich am 6. Mai 1619. Vgl. hierzu Buben: Encyklopedie (Anm. 4), S. 178, und Kröss: Geschichte der ersten Kollegien (Anm. 17), S. 953ff.

27 Vgl. Buben: Encyklopedie (Anm. 4), S. 261.

28 Alois Kröss: Geschichte der Böhmischen Provinz der Gesellschaft Jesu. Die Zeit von 1657 bis zur Aufhebung der Gesellschaft Jesu im Jahre 1773. Bd. 3. Wien 2012, S. 713. Zur Missionierung der Jesuiten in Mitteleuropa und Olmütz im Besonderen siehe auch Ondřej Jakubec: Olomouc a jezuitská mise ve střední Evropě [Olmütz und die jesuitische Mission in Zentraleuropa]. In: Ders., Martin Elbel (Hg.): Olomoucké baroko. Proměny ambicí jednoho města [Olmützer Barock. Wandelbare Ambitionen einer Stadt]. Bd. 1. Olomouc 2010, S. 23–29.

29 Simona Jemelková nennt drei Gründe für den Neubau in jener Zeit: den Aufschwung der Universität nach dem Dreißigjährigen Krieg und ihre zunehmende Bedeutung, den Verfall der alten und bereits mehrmals umgebauten Kirche sowie deren viel zu kleines Ausmaß; vgl. Dies.: Chrám Panny Marie Sněžné (Anm. 24), S. 60.

30 Vgl. MZA, E 28, F 2/5. Vgl. hierzu auch Michal Altrichter, Vladimír Hyhlík, Milan Togner: Olomouc. Univerzitní kostel Panny Marie Sněžné [Olmütz. Die Universitätskirche Jungfrau Maria Schnee]. Velehrad 2000 (Církevní památky [Kirchliche Denkmäler] 23), S. 9.

1 Olmütz, Jesuitenkirche, Fassade

sowohl die Treppe als auch die Balustrade an der Fassade, die erst 1722 fertiggestellt wurden.[31]

Im Gegensatz zur alten Minoritenkirche wurde die neue Kirche nicht nach Osten ausgerichtet, sondern erhielt eine Nord-Süd-Ausrichtung mit einer Doppelturmfassade (Abb. 1).[32] Im Inneren ist die Wandpfeilerkirche (Abb. 2) in einen zweijochigen Chor mit halbrunder Apsis, ein Langhaus mit vier Jochen und ein von der Musikempore überspanntes Eingangsjoch gegliedert. Die von den Wandpfeilern getrennten Seitenkapellen werden wie das Eingangsjoch von Emporen überspannt. Sie sind durch eine Stufe erhöht und somit auch räumlich vom Kircheninneren getrennt. Das vierjochige Hauptschiff ist durch Gurtbögen gegliedert, allerdings werden diese von dem in Stuck eingerahmten Hauptfresko (Abb. 3) von Karl Joseph Haringer (1687–1734) aus den Jahren 1716/17 durchbrochen.[33] In den Kapellen zwischen den Wandpfeilern sind Altäre eingestellt, einige besitzen an den Decken und Wänden ebenfalls Freskenausmalungen. An die Joche des Chores schließt sich seitlich jeweils eine Kapelle an; diese sind dem hl. Ignatius von Loyola und dem hl. Franz Xaver geweiht und wurden von Johann Christoph Handke (1694–1774) im Jahr 1743 ausgemalt.[34] In der Mitte des Chores, der durch vier Rundbogenfenster beleuchtet und durch eingestellte Säulen gegliedert wird, ist auf dem Hauptaltar eine Statue der Jungfrau Maria mit dem Jesuskind aus der ehemaligen Minoritenkirche aufgestellt. Die Figur war wahrscheinlich Anfang der 1380er Jahre im Zuge des Umbaus der alten Minoritenkirche entstanden und wurde als einziges mobiles Ausstattungsobjekt aus dieser übernommen.[35] Über ihr hängt zwischen Doppelsäulen das ovale Hauptaltarbild, darüber lenkt das von einem goldenen Strahlenkranz umgebene Jesuitenmonogramm IHS den Blick zur Decke (Abb. 4), wo Maria – dargestellt als Himmelskönigin und umgeben von Engeln, Heiligen, geistlichen und weltlichen Vertretern sowie Ordensheiligen der Gesellschaft Jesu – mit dem Jesuskind auf einer Wolkenbank thront (Abb. 5). Über Maria schweben Engel, die ein Spruchband halten und somit die Szene zum Mittelschiff hin abschließen. Auch dieses Fresko wurde von Haringer 1716/17 fertiggestellt.[36]

---

31 Vgl. hierzu auch ebd., S. 9f.; Jemelková: Chrám Panny Marie Sněžné (Anm. 24), S. 60.

32 Vgl. Jemelková: Chrám Panny Marie Sněžné (Anm. 24), S. 60.

33 Vgl. Jan Petr Cerroni: Geschichte der bildenden Künste in Mähren und dem österr. Schlesien. Bd. 3: A–Z (Biographie der Künstler). Skitze Einer Geschichte der bildenden Künste in Mähren. Zweyte Abtheilung. 1807 (Handschrift), MZA, G 12, I–34, 89r; Ders.: Geschichte der bildenden Künste in Mähren und dem österr. Schlesien. Bd. 2: N–Z (Bau- und Kunstgeschichte). 1807 (Handschrift), MZA, G 12, I–33, 63v.

34 Handke vermerkt wörtlich, dass er die Kapellen „gratis O. A. M: D: G:" (Omnia ad maiorem Dei gloriam) ausgemalt habe. Johann Christoph Handke's Selbstbiographie. Hg. u. erl. v. Richard Foerster. Breslau 1911, S. 27.

35 Vgl. Lubor Machytka: Gotická socha Madony v kostele Panny Marie Sněžné v Olomouci [Die gotische Madonna in der Maria-Schnee-Kirche in Olmütz]. In: Zprávy Vlastivědného ústavu v Olomouci 140 (1968), S. 1–6.

36 Vgl. Cerroni: Geschichte der bildenden Künste in Mähren. Bd. 3 (Anm. 33), 89r.; Ders.: Geschichte der bildenden Künste in Mähren. Bd. 2 (Anm. 33), 63v.

2 Olmütz, Jesuitenkirche, Gesamtansicht von Norden

3 Olmütz, Jesuitenkirche, Langhaus, Karl Joseph Haringer, Prozession Gregors des Großen, 1716–1717

4 Olmütz, Jesuitenkirche, Blick nach Süden auf den Chor

Die gotische Marienstatue und die Fresken im Chor verweisen noch auf das Patrozinium der ehemaligen Minoritenkirche, die der Jungfrau Maria geweiht war. Mit dem Neubau der Jesuitenkirche kam es jedoch nicht nur zu einer völligen Neugestaltung des Innenraumes, sondern auch zu einem Wechsel des Patroziniums von der Jungfrau Maria zum Patrozinium Maria Schnee. Dieser Wechsel ist – wie Ondřej Jakubec in seinem Katalogbeitrag über die Olmützer Jesuitenkirche unterstreicht – ungewöhnlich und auch deshalb hervorzuheben, da der Kult ebenso wie der Weihetitel Maria Schnee in den böhmischen Ländern selten anzutreffen ist.[37] Kirchen mit

37 Ondřej Jakubec untersucht in seinem Katalogbeitrag zum ersten Mal, inwiefern der Wechsel des Patroziniums, die Innenausstattung der Kirche und zeitgenössische Ereignisse zusammenhängen.

5 Olmütz, Jesuitenkirche, Chor, Karl Joseph Haringer, Maria als Himmelskönigin, 1716–1717

dem Patrozinium Maria Schnee treten in Mähren besonders im Umfeld der Brünner Jesuiten auf. Der Grund dafür ist das Gnadenbild der Jesuitenkirche: Bei diesem soll es sich um eine echte Kopie der Ikone *Salus populi Romani* („Heil des Römi-

---

Damit liefert er die erste Interpretation der Deckenfresken im Kontext ihrer Entstehung. Vgl. Ders.: Olomoucký jezuitský kostel a protimorový kult P. Marie Sněžné [Die Olmützer Jesuitenkirche und der pestabwehrende Kult der Jungfrau Maria Schnee]. In: Ders., Elbel (Hg.): Olomoucké baroko (Anm. 28), S. 150–156.

schen Volkes") handeln, die in der römischen Kirche Santa Maria Maggiore aufbewahrt wird. Man gab der Ikone auch den Titel einer „Himmelskönigin" *(Regina Caeli).*[38] Und gerade dieses Epitheton der Himmelskönigin wird im Deckenfresko in der Brünner Jesuitenkirche Mariä Himmelfahrt dargestellt – wie die Kartusche mit der Inschrift „Reginæ Cœli" am Triumphbogen beweist. Es stellt sich nun die Frage, warum die Jesuiten in Olmütz gerade in ihrer Kirche einen Patroziniumswechsel in Maria Schnee vorgenommen haben.

In der Olmützer Jesuitenkirche wird Maria im Chorfresko als Himmelskönigin dargestellt, allerdings verweisen sowohl die Fresken des Mittelschiffs als auch das Hauptaltarbild auf das neue Patrozinium. Dabei werden zwei Aspekte gezeigt, die auf die Kirche Santa Maria Maggiore in Rom Bezug nehmen, die mit dem Maria-Schnee-Wunder in Verbindung gebracht wird: Während das Hauptaltarbild von Johann Georg Schmidt (1691 – 1765) aus dem Jahr 1720 die Entstehungsgeschichte von Santa Maria Maggiore abbildet (Abb. 6),[39] stellen die Deckenfresken ein Ereignis dar, das mit dieser Kirche und besonders mit der in ihr aufbewahrten Ikone verbunden ist. Beide Ereignisse werden von dem Jesuiten Wilhelm Gumppenberg im ersten Band seines *Marianischen Atlas, Von Anfang vnd Vrsprung Zwölffhundert Wunderthätiger Maria-Bilder* beschrieben, der 1673 auf Deutsch erschien.[40]

Er schildert die wundersame Gründung der Kirche Santa Maria Maggiore auf dem römischen Hügel Esquilin, die sich im 4. Jahrhundert zugetragen haben soll. Demnach soll sich Johannes, ein bereits älterer „Raths-Herr zu Rom", dessen Frau keine Kinder bekommen hatte, an die Jungfrau Maria gewandt haben, damit sie ihm sage, wie er mit seinem Erbe verfahren solle. Daraufhin habe ihm die Jungfrau im Traum angezeigt, dass er genau an der Stelle und in dem Ausmaß eine Kirche bauen solle, an der am nächsten Morgen Schnee liege: So kam es, dass am Morgen des „fünfften Augusti" auf dem „verordneten Platz deß Bergs Esquilini" eine Schneedecke lag, „in der Form deß jenigen Umbkraiß/ welche die Kirchen nach Willen Mariae [...] haben solte". Doch erschien Maria nicht nur dem römischen Patrizier im Schlaf, sondern auch „selbsten Liberium de[m] Papst".[41]

Im Altarbild sehen wir den Augenblick dargestellt, den auch Gumppenberg beschreibt: die Auffindung des Schnees auf dem Esquilin. Im Hintergrund umringt das römische Volk Papst Liberius und bestaunt den von Schnee bedeckten Hügel, während ein Engel mit Zeigegestus den römischen Patrizier Johannes im Vordergrund auf das Wunder aufmerksam macht. Die Szene wird ergänzt durch ein von oben her-

---

38 Vgl. ebd. (Anm. 37), S. 150; Hans Aurenhammer: Die Mariengnadenbilder Wiens und Niederösterreichs in der Barockzeit. Der Wandel ihrer Ikonographie und ihrer Verehrung. Wien 1956, S. 91ff.; Hans Belting: Bild und Kult. Eine Geschichte des Bildes vor dem Zeitalter der Kunst. 2. Aufl. München 1991, S. 79ff.

39 Vgl. Cerroni: Geschichte der bildenden Künste. Bd. 2 (Anm. 33), 64r.

40 Wilhelm Gumppenberg: Marianischer Atlaß, Von Anfang vnd Vrsprung Zwölffhundert Wunderthätiger Maria-Bilder. Beschriben in Latein Von R. P. Guilielmo Gumppenberg: Anjetzo Durch R. P. Maximilianum Wartenberg in das Teutsch versetzt / beede der Societet JESU. Erster Theil. München 1673, S. 7ff.

41 Ebd., S. 7ff.

6 Olmütz, Jesuitenkirche, Altarbild, Johann Georg Schmidt, Wunder Maria Schnee, 1720

7 Rom, Santa Maria Maggiore, Ikone *Salus Populi Romani*

abschwebendes und von Engeln und Putti getragenes Gnadenbild, das die noch heute in Santa Maria Maggiore verehrte Ikone *Salus Populi Romani* (Abb. 7) darstellen soll. Dieses wundersame Gnadenbild wurde, so berichtet der *Marianische Atlas*, „von St. Luca dem Evangelisten gefaßt/ und von S. Helena/ wie geglaubt wird/ mit andern Heilthumben von Jerusalem nacher Rom gebracht".[42]

Eines der Wunder, die das Gnadenbild vollbracht haben soll, wird ebenfalls von Gumppenberg beschrieben und im Hauptfresko dargestellt. Gumppenberg greift mit seiner Beschreibung auf eine Legende zurück, von der bereits Jacobus de Voragine im 13. Jahrhundert in seiner *Legenda aurea* berichtet.[43] Es handelt sich dabei

42 Ebd., S. 9f.

43 Gumppenberg hält sich in seiner Beschreibung an die *Legenda aurea* des Jacobus de Voragine, wie ein Vergleich zeigt: „Aber zu Rom war noch das große Sterben. Da ordnete Sanct Gregorius um die Osterzeit einen Kreuzgang mit Litaneien, und hieß vorantragen gar feierlich unsrer lieben Frauen Bild. Dasselbige ist noch jetzt zu Rom, als man sagt, in der Kirche Sancta Maria Major; Sanct Lucas, der Arzt und Maler hat es gemacht, und man spricht, daß es unsrer Frau gar gleich ist. Und siehe, alle Unreinigkeit der Luft floh sichtbarlich vor dem Bild, als könne es seine Gegenwärtigkeit nicht ertragen; und lautere Klarheit folgte ihm nach. Und es wird erzählt, daß man in der Luft, nahe bei dem Bild, Engelstimmen hörte, die sangen ‚Regina coeli laetare alleluja, quia quem meruisti portare alleluja, resurrexit sicut dixit alleluja'. Das ist gesprochen ‚Freue dich, Himmelskönigin, alleluja; denn den du würdiglich hast getragen, alleluja, der ist erstanden von dem Tode, wie er gesagt hat, alleluja'. Da tat Sanct Gregorius einen Vers dazu und sprach ‚Ora pro nobis Deum rogamus, alleluja'. ‚Bitt Gott für uns, so flehn wir, alleluja'. Und alsbald sah Gregorius einen Engel stehn auf der Burg Crescentii, der wischte sein blutig Schwert und stieß es darnach in die Scheide. Hiebei erkannte Gregorius, daß das Sterben ein Ende hätte; und also war es auch. Die Burg aber ward hinfort die Engelsburg genannt" (Die Legenda aurea des Jacobus de Voragine. Aus dem Lateinischen

8 Olmütz, Jesuitenkirche, Langhaus, Detail, Karl Joseph Haringer, Prozession Gregors des Großen, 1716–1717

um eine Bittprozession, auf der Papst Gregor der Große die Ikone an Ostern im Jahr 590 durch die Stadt Rom getragen haben soll, in der „die laidige Sucht der Pestilentz" wütete. Als die Prozession von der Kirche Santa Maria Maggiore auf dem Weg zur Kirche Sankt Peter die Tiberbrücke überquerte, sollen von der Engelsburg „Engel mit verstaendtlichen Worten das Lob Mariae gesungen" haben, dessen Zeilen ebenfalls überliefert sind und die noch heute an Ostern gesungen werden: „O Himmels-Königin erfreue dich [...]: Der/ so du wuerdig bist gewesen zutragen/ ist aufferstanden/ wie er vorgesagt." Darauf soll Papst Gregor der Große erwidert haben: „Bitt Gott fuer uns", worauf ein Engel erschienen sein soll, der ein Schwert in die Scheide steckte, um anzudeuten, dass der Zorn Gottes gelindert sei. Im Folgenden soll „die laydige Sucht gleich dazumahl ein End genommen/ und niemand mehr daran Tods verblichen" sein.[44]

Soweit die Legende und ihre Überlieferung, die auch auf dem Deckengemälde dargestellt sind: In starker Untersicht ist die Bittprozession und der Moment des Wunders vom Künstler gemalt worden. Im Zentrum, auf der obersten Stufe einer Treppe und von einem Säulenportal hinterfangen, steht Papst Gregor der Große, bekleidet mit Mitra, Rauchmantel, Chorrock und einer goldenen Stola, und hält das Gnadenbild der Kirche Santa Maria Maggiore empor (Abb. 8). Um ihn herum knien geistliche und weltliche Würdenträger, die den Blick entweder andächtig auf die Ikone gerichtet haben oder in betender Haltung versunken sind. Am unteren Ende der Treppe, durch ein Podest auch räumlich vom zentralen Geschehen abgetrennt, steht, sitzt und liegt das römische Volk, das die Opfer der Seuche beklagt. Nur wenige blicken nach oben, wo sich das Wunder ereignet, dessen Bedeutung – so scheint es – nur die von oben herabschwebenden Engel und Putti im Himmel richtig begreifen können. Selbst der Engel mit dem Schwert, der rechts oberhalb des runden Zentralbaus – angedeutet ist hier das Hadriansmausoleum, die seit 590 wegen des Wunders so genannte Engelsburg – erscheint, bleibt von der Menge unbemerkt. Der Betrachter hingegen kann die Szene von unten überblicken: Er sieht, mittels der wundertätigen Ikone wurden die Christen durch die Jungfrau Maria vor der todbringenden Seuche gerettet.

Dass es sich bei der Darstellung gerade um jenen Moment handelt, in dem das Lob auf die Himmelskönigin ertönt,[45] unterstreichen die gemalten und stuckierten Spruchbänder mit Zeilen aus der marianischen Antiphon *Regina Caeli*[46] sowohl im

---

übers. v. Richard Benz. 10. Aufl. Heidelberg 1984, S. 223f.).

44 Gumppenberg: Marianischer Atlas (Anm. 40), S. 11. Vgl. Hartmut Leppin: Gregor der Große. Die heilsame Seuche. In: Mischa Meier (Hg.): Pest. Die Geschichte eines Menschheitstraumas. Stuttgart 2005, S. 108–116; Ferdinand Gregorovius: Geschichte der Stadt Rom im Mittelalter vom 5. bis zum 16. Jahrhundert. Bd. 2: Vom Anfange des fünften Jahrhunderts bis zur Einrichtung des Grarchats. 2., durchgearb. Aufl. Stuttgart 1869, S. 33ff.

45 Vgl. Jakubec: Olomoucký jezuitský kostel (Anm. 37), S. 154.

46 Siehe dazu Maria Margareta Melnicki, Dietmar von Huebner: Antiphonen. In: Marienlexikon. Bd. 1. St. Ottilien 1988, S. 174–175, hier S. 174; Edward Nowacki: Antiphon. In: Ludwig Finscher (Hg.): Die Musik in Geschichte und Gegenwart (im Folgenden: MGG). Bd. 1. Kassel, Stuttgart 1994, Sp. 636–660; Andreas Heinz: Die marianischen Schlußantiphonen im Stundengebet.

Chor als auch im Mittelschiff. Die Spruchbänder mit den Zeilen der marianischen Antiphon verbinden – indem sie die Szenen regelrecht umklammern – das Chorfresko, auf dem Maria mit dem Jesuskind als Himmelskönigin umgeben von Heiligen und Engeln abgebildet ist, mit dem Deckengemälde im Mittelschiff.

Die Antiphon *Regina Caeli* wurde im Breviarium Romanum (1568) für Ostern vorgeschrieben.[47] Allerdings muss hier erwähnt werden, dass die Jesuiten die „Pflege der Musik nicht als ‚Opus Dei'" betrachteten und auch über keine „eigene Ordensliturgie" verfügten.[48] Gemäß den Satzungen sollten das „Chorgebet" und „feierliche Gottesdienste mit Instrumentalmusik" nicht gepflegt werden. Grund dafür war, dass sich die Ordensmitglieder „ganz und ungebunden der apostolischen Arbeit widmen" sollten, weshalb die Ordensoberen die Musikpflege in den Kirchen des Ordens bekämpften. Zugleich mussten die Mitglieder der Gesellschaft bald feststellen, dass „festliche Kirchenmusik und Musikdarbietung überhaupt eine eminent apostolische Bedeutung" hatte.[49] Besonders „im sangesfreudigen Österreich und in Böhmen" stießen die Satzungen der Gesellschaft Jesu auf heftigen Widerstand, denn dort waren es die Gläubigen gewohnt, den Gottesdienst mit Musik zu feiern.[50] So wurde in Olmütz trotz des Verbots bereits im 16. Jahrhundert „Gesang und Musik an den Festtagen" eingeführt, da sie das Volk „wunderbar anzogen".[51] Mit der Ausbreitung des Ordens kam derselbe zu der Erkenntnis, dass die Musik einen großen Beitrag zur Seelsorge und somit zur Rekatholisierung beitragen konnte.[52] Hin-

---

In: Martin Klöckener, Heinrich Rennings (Hg.): Lebendiges Stundengebet. Vertiefung und Hilfe, Freiburg/Br. u.a. 1989, S. 342–367.

47 Vgl. Theodor Maas-Ewerd: Regina caeli (coeli). Liturgiewissenschaft. In: Marienlexikon. Bd. 5. St. Ottilien 1993, S. 436–437, hier S. 437.

48 Dietmar von Huebner, (Heinrich Hüschen): Jesuiten. In: MGG. Bd. 4. Kassel u.a. 1996, Sp. 1460–1475, Sp. 1462. Vgl. Klaus Hortschansky: Die Rolle der Kirchenmusik im Reformprogramm der Jesuiten zwischen Romtreue und missionarischer Pragmatik. In: Klaus Pietschmann (Hg.): Papsttum und Kirchenmusik vom Mittelalter bis zu Benedikt XVI. Positionen – Entwicklungen – Kontexte. Kassel u.a. 2012 (Analecta musicologica 47), S. 168–180.

49 Hubert Dopf: Musik und Kirchenlied in der Pastoral der Jesuiten. In: Michael Sievernich, Günter Switek (Hg.): Ignatianisch. Eigenart und Methode der Gesellschaft Jesu. Freiburg/Br. u.a. 1990, S. 369–385, hier S. 369. So steht in den Satzungen der Gesellschaft Jesu (hier zitiert nach: Ignatius von Loyola: Gründungstexte der Gesellschaft Jesu. Übers. v. Peter Knauer. Deutsche Werkausgabe. Bd. 2. Würzburg 1998): „Das Ziel dieser Gesellschaft ist, sich nicht nur mit der göttlichen Gnade der Rettung und Vervollkommnung der eigenen Seelen zu widmen, sondern sich mit derselben Gnade inständig zu bemühen, zur Rettung und Vervollkommnung der Seelen der Nächsten zu helfen" (Text B. Examen. Nr. 3, S. 592). Deshalb solle man „im Haus keine Waffen noch Instrumente für eitle Dinge" haben (Text B. Dritter Hauptteil. 266, S. 663), worunter auch Instrumente „zum Musikmachen" zählen (Text B. Dritter Hauptteil. 268, S. 663).

50 Max Wittwer: Die Musikpflege im Jesuitenorden unter besonderer Berücksichtigung der Länder deutscher Zunge. Greifswald 1934, S. 11.

51 Christian d'Elvert: Geschichte der Studien-, Schul- u. Erziehungs-Anstalten in Mähren und Oesterr. Schlesien insbesondere der olmützer Universität, in den neueren Zeiten. Brünn 1857, S. 33. So soll die Musik in das Olmützer Jesuitenkolleg vom Provinzial Magius gegen den Willen von Hurtadus Perez (Rektor von 1566–1580) eingeführt worden sein, vgl. S. 32f. Vgl. auch Kubišta: Die Berufung des Jesuitenordens (Anm. 3), S. 93.

52 Vgl. Wittwer: Die Musikpflege im Jesuitenorden (Anm. 50), S. 18.

zu kam, dass die Reformatoren Musik gezielt als Medium einsetzten, um durch das auswendig gesungene Wort „Glaubenswahrheiten" zu verinnerlichen, wodurch sich auch die Jesuiten immer mehr dem Kirchenlied zuwandten.[53] Besonders um das „Ziel der Volksmission [...] wirksam zu erreichen", wurde Musik auch in den Gottesdienst aufgenommen.[54]

Die stuckierten Spruchbänder an der Decke zeigen somit, dass das Kirchenlied ein beliebtes Medium bei der Missionierung Mährens war; es war anscheinend so beliebt, dass es sogar in die Innenausstattung der Olmützer Jesuitenkirche Eingang fand. Darüber hinaus kommt in der Antiphon auch die Marienverehrung des Ordens zum Ausdruck. Hierbei konnten die Jesuiten auf etwas zurückgreifen, was der Bevölkerung vertraut war, da die Verehrung der Mutter Gottes in den böhmischen und mährischen Ländern weit verbreitet und tief verwurzelt war. Der Orden konnte also eine lange katholische Tradition in diesen Ländern wieder aufgreifen und auditiv, aber auch visuell zum Ausdruck bringen. Diese lange Tradition wird auch dadurch unterstrichen, dass es sich bei den Spruchbändern um eine Marianische Antiphon handelt, deren Entstehung – wie bei vielen Kirchenliedern der Gesellschaft Jesu – „weit ins Mittelalter"[55] zurückreicht. Somit bot die Marianische Antiphon, aber auch die im Chorraum aufgestellte Marienstatue den Jesuiten die Möglichkeit, an eine vorhandene Tradition anzuknüpfen und diese auszubauen. Darüber hinaus wird besonders mit der Marienstatue mit dem Jesusknaben aus der ehemaligen Minoritenkirche an die „Verehrung von wundertätigen Marienbildern" angeknüpft, die für die Barockzeit in Böhmen und Mähren typisch ist. Denn die mittelalterlichen Statuen oder Bilder Mariens verwiesen „mit ihrer altertümlichen Art auf die katholische Vergangenheit des Landes".[56] Somit können die Mariendarstellungen in der Jesuitenkirche auch als Ausdruck der langen Marienverehrung und somit als Darstellung Mährens bzw. der Stadt Olmütz als ein urkatholisches Land mit einer langen christlichen, gemeint ist hier katholischen, Glaubenstradition gelesen werden.

4. Heiligenverehrung in der Maria-Schnee-Kirche in Olmütz am Beispiel der hl. Paulina

Wie in der Antiphon, so wird Maria auch im Chorfresko als Himmelskönigin dargestellt. Maria empfing als erste die von Christus verheißene Herrlichkeit, die allen Getauften zuteil werden wird. Die Antiphon ruft nochmals die Ursache für die Freu-

---

53 Dopf: Musik und Kirchenlied (Anm. 49), S. 372, vgl. auch S. 370. Vgl. Jaroslav Bužga: Kirchenlied. III. Protestantisch. 1. Böhmen. In: MGG. Bd. 5. Kassel u. a. 1996, Sp. 67–68.

54 Dopf: Musik und Kirchenlied (Anm. 49), S. 376.

55 Ebd., S. 371.

56 Jan Royt, Stefan Samerski: Maria. In: Stefan Samerski (Hg.): Die Landespatrone der böhmischen Länder. Geschichte – Verehrung – Gegenwart. Paderborn u. a. 2009, S. 175–197, hier S. 189. Vgl. zur Marienverehrung in Tschechien: Jan Royt: Obraz a kult v Čechách 17. a 18 století [Bild und Kult im Böhmen des 17. und 18. Jahrhunderts]. Praha 2011; zur Verbreitung der gegenreformatorischen Gnadenbilder durch die Jesuiten siehe Aurenhammer: Die Mariengnadenbilder (Anm. 38), S. 64ff.

de der im Himmel gekrönten Mutter Gottes in Erinnerung: die Auferstehung ihres Sohnes. Mit dem abschließenden „Ora pro nobis" bitten die Gläubigen Maria um ihre Fürsprache vor Gott. Wie auf Erden,[57] so soll sie auch im Himmel von ihrem Recht als Mutter Gebrauch machen und bei ihrem auferstandenen Sohn für die Betenden bitten.[58] Bezieht man nun die Bedeutung der Antiphon auf die Deckenfresken, so nimmt sie darauf inhaltlich in doppelter Hinsicht Bezug: Zum einen thront im Chorfresko Maria als Himmelskönigin, die in der Antiphon als Fürsprecherin angesprochen wird. Zum anderen wird im Hauptfresko mit der Bittprozession Gregors des Großen die Entstehungslegende der Antiphon dargestellt, während der sie das erste Mal erklungen sein soll, woraufhin Maria den Bittenden zur Hilfe gekommen sein soll. So wird dem Betrachter vor Augen geführt, dass er sein Bittgebet an die Mutter Gottes richten soll, die mit ihrem Sohn im Himmel thront. Diese hat den Gläubigen bereits in der Vergangenheit geholfen, wie das Wunder um die Ikone *Salus Populi Romani* beweist, der apotropäische Funktion zugeschrieben wurde. Dank der mit ihr in Zusammenhang stehenden Legenden wurde ihr nachgesagt, sowohl vor Krankheiten, besonders der Pest, als auch vor Heiden und Häretikern zu schützen.[59]

Als die Deckenfresken der Jesuitenkirche entstanden, war Olmütz bereits von mehreren Pestepidemien heimgesucht worden. Die letzte Epidemie im Jahr 1715, also kurz vor der Weihe der neuen Kirche, soll in Olmütz besonders viele Opfer gefordert haben und kann deshalb ausschlaggebend für die Änderung des alten Marienpatroziniums in das des Wunders von Maria Schnee gewesen sein, welche erstmals am 16. Februar 1716 im Rektorentagebuch schriftlich vermerkt wird.[60] Allerdings deutet bereits die Grundsteinlegung der Kirche im Jahr 1712 eine Verschiebung des Patroziniums an, denn diese wurde mit dem 12. Juni auf genau jenen Tag gelegt, an dem in Erinnerung an die Überführung der Gebeine der hl. Paulina von Rom nach Olmütz im Jahr 1623 traditionell eine Prozession und eine Theateraufführung stattfanden.[61]

---

57 Vgl. Joh 2,3.

58 Vgl. Heinz: Die marianischen Schlußantiphonen (Anm. 46), S. 353.

59 Jakubec weist darauf hin, dass die römische Ikone bereits im 8. Jahrhundert den Einfall barbarischer Stämme abgewendet haben soll. Im 16. Jahrhundert wurde die abwehrende Funktion des Bildes nochmals verstärkt und als Wundermacht gegen die ungläubigen Türken, Häretiker und Protestanten gedeutet. Die Jesuiten nahmen bei ihren Missionen diese Bedeutung des Kultbildes auf und verbreiteten es. Vgl. Ders.: Olomoucký jezuitský kostel (Anm. 37), S. 151f.

60 Siehe hierzu den Eintrag vom 16. Februar 1716 im MZA, Buch 5: Diář rektora olomoucké koleje 1714–1726 [Rektorentagebuch des Olmützer Kollegs 1714–1726]: „incepit consecrare novam Ecclesiam nostram B[eatae] V[irgini] ad Nives dictam". Vgl. auch Jakubec: Olomoucký jezuitský kostel (Anm. 37), S. 150.

61 Es gibt keine eindeutigen Indizien dafür, dass sich das neue Patrozinium auf eine ältere Tradition des Maria-Schnee-Kultes in Olmütz bezieht, denn der Maria-Schnee-Kult scheint im 17. Jahrhundert von der Verehrung der hl. Paulina überlagert worden zu sein, die als lokale Pestheilige apotropäische Funktionen übernahm. Vgl. Leoš Mlčák: K ikonografii sv. Pavlíny, barokní patronky Olomouce [Zur Ikonographie der hl. Paulina, der barocken Patronin von Olmütz]. In: Zprávy památkové péče 10 (1993), S. 393–399; Jakubec: Olomoucký jezuitský kostel (Anm. 37), S. 154f.

Der hl. Paulina wurde besonders während der Seuchen, die Olmütz im 17. und 18. Jahrhundert immer wieder heimsuchten, eine innige Verehrung entgegengebracht.[62] Zugleich scheinen gerade diese Epidemien eine entscheidende Rolle beim Wechsel des Patroziniums in Maria Schnee gespielt zu haben. Damit wird deutlich, dass die Jesuiten auf die zeitgenössischen Seuchen reagierten, indem sie mit der Überführung der Gebeine der hl. Paulina im Zuge einer Pestepidemie im Jahr 1623 von Rom nach Olmütz den Gläubigen die Möglichkeit gaben, sich mit ihren Sorgen und Ängsten an diese zu wenden. Zugleich konnten die Besucher der Kirche ihr Bittgebet auch an Maria richten, die – wie das Deckenfresko zeigt – bereits den Christen in Rom zu Hilfe gekommen war.

Für die Überführung der Reliquien der frühchristlichen Märtyrerin haben sich besonders die Jesuiten eingesetzt. Der Kult um die hl. Paulina, die ihr Martyrium während der Christenverfolgung unter Kaiser Diokletian (284–305) um das Jahr 300 erlitten haben soll,[63] ist lokal auf Olmütz und die Umgebung beschränkt. Die Überführung ihrer Reliquien steht im Zusammenhang mit der Wiederentdeckung der Katakomben in Rom im Jahr 1578. Im Kontext der Konfessionalisierung wurden die frühchristlichen Märtyrer zu „Glaubenskämpfer[n]", „Ideenträgern" und zum „Beweis für die ‚wahre Kirche'".[64] Die Verehrung derselben sollte zur Stärkung des katholischen Glaubens dienen, die Katakombenheiligen konnten aber – wie im Fall der hl. Paulina – auch andere Schutzfunktionen übernehmen und dementsprechend verehrt werden.

Über die Überführung der Gebeine der hl. Paulina informiert die Jesuitenchronik aus dem Jahr 1754: Dort wird berichtet, dass die Reliquien am 29. Januar 1622 gemeinsam mit einer Lampe aus den römischen Katakomben gehoben wurden. Ein Jahr später, als mehr als 7.000 Einwohner von Olmütz einer Seuche zum Opfer ge-

---

62 Vgl. Petra Zelenková: Contra pestem nobis fave. Příspěvek k ikonografii svaté Pavlíny, patronky proti moru v barokní Olomouci [Ein Beitrag zur Ikonographie der hl. Paulina, Patronin gegen die Pest im barocken Olmütz]. In: Ivo Pospíšil (Hg.): Sborník prací Filozofické fakulty brněnské univerzity 49 (2005), S. 27–45, hier S. 28.

63 Die hl. Paulina und ihre Familie sollen im Kerker von dem Exorzisten Petrus von Rom getauft und deshalb von Diokletian gesteinigt worden sein; ihrer wird am 6. Juni gedacht. Vgl. Sabine Kimpel: Marcellinus und Petrus von Rom. In: Wolfgang Braunfels (Hg.): Lexikon der christlichen Ikonographie. Bd. 7. Rom u. a. 1974, Sp. 489; Laurentius Surius, Heinrich Fabricius: Außzug Bewerter Historien Der Fürnemsten Heiligen Gottes: durch die zwölff Monat des gantzen Jars. Cölln 1599, S. 369ff.; Mlčák: K ikonografii sv. Pavlíny (Anm. 61); Zelenková: Contra pestem nobis fave (Anm. 62).

64 Vgl. Andrea Polonyi: Wenn mit Katakombenheiligen aus Rom neue Traditionen begründet werden. Die Wirkungsgeschichte einer Idee zwischen Karolingischer Reform und ultramontaner Publizistik. St. Ottilien 1998 (Studien zur Theologie und Geschichte 14), S. 54. Reliquientranslationen aus den Katakomben in die Kirchen Roms sind erst etwa seit Mitte des 7. Jahrhunderts bekannt. Bis dahin mussten die Gläubigen an die Gräber in den Katakomben pilgern. Im 11. und 12. Jahrhundert kam es dann zu Reliquientranslationen aus Rom im Kontext von Klostergründungen, allerdings waren zu dieser Zeit die Katakomben in Rom längst in Vergessenheit geraten. Erst ihre Wiederentdeckung im 16. Jahrhundert führte zu einer weitreichenden Reliquientranslation der Katakombenheiligen, die vom Volk als Wundertäter verehrt wurden (vgl. S. 13f., 34, 54f., 167).

fallen sein sollen,[65] vermachte Papst Gregor XV. dieselben dem Olmützer Jesuitenkolleg.[66] Als die Epidemie ihren Höhepunkt erreichte, wurden die Gebeine am 8. Oktober 1623 bei einer Bittprozession durch die Stadt Olmütz getragen.[67] Da diese Prozession sofortige Wirkung gezeigt haben soll, wurde die hl. Paulina noch im selben Jahr zur Schutzpatronin der Stadt ernannt, und es wurde beschlossen, ihr zu Ehren alljährlich eine Prozession abzuhalten.[68] Auch in den folgenden Jahren soll die Heilige erfolgreich gegen Krankheiten und Seuchen gewirkt haben, weshalb man ihr eine große Verehrung entgegenbrachte.[69]

Da es vorerst keine würdige Aufbewahrungsstätte für die Gebeine der Heiligen gab, wurden die Reliquien am Annenaltar abgelegt, wie die Jesuitenchronik zum Jahr 1623 vermerkt: „quibus circumactis, Virginea Ossa in ara *Divinæ Annæ* deposita sunt tantisper, dum iis locus proprius adornetur".[70] Damit konnten die Jesuiten – denen die Einwohner von Olmütz lange Zeit Widerstand entgegensetzten – auch an die lokale Kultpraxis anknüpfen, da die Mutter Mariens in Nordmähren bereits vor der Reformation als Patronin der Bergleute galt und in der Bevölkerung eine besondere Verehrung genoss.[71] Aufgrund von wundersamen Heilungen, die der Heiligen zugeschrieben wurden, verbreitete sich die Verehrung so schnell, dass ihre Gebeine 1678 in einen eigenen Altar überführt wurden.[72] Laut Jesuitenchronik soll die Bevölkerung „in Scharen zu den Paulina-Gebeinen" am Annenaltar der Jesuitenkirche

---

65 Stefan Samerski weist darauf hin, dass die Angaben über die Opfer der Seuche schwanken. Er selbst schreibt, dass die Seuche mehr als 14.000 Tote forderte. Siehe Ders.: Von der Rezeption zur Indoktrination. Die Annenbruderschaft in Olmütz (16./17. Jahrhundert). In: Ohlidal, Ders. (Hg.): Jesuitische Frömmigkeitskulturen (Anm. 6), S. 93–118, hier S. 114, Anm. 150.

66 Die Jesuitenchronik berichtet sowohl über die Auffindung der Gebeine als auch über ihre Translation: „*Olomucenses* porrò acceperunt insignes Reliquias, cum Syncipite *S. Paulinæ Virginis & Martyris*, & unà *lampadem*, quam in loco Martyrii à Christianis appositam ferunt. Contendunt autem *Olomucenses*, hanc esse ipsam *Paulinam*, cujus nomen ad diem 6. Junii in Romano Martyrologio reperitur: [...] *Festum S. Paulinæ V. & M. Romanæ, cujus corpus beneficiô Gregorii Papæ XV. delatum est ad Patres Societatis JEsu Olomucium An. 1623. quô peste consumpta fuêre 7000. hominum. A quo circumlatæ sunt Reliquiæ per civitatem, continuò pestilitas vim omnem amisit:* (I.) *& hæc potential toties, quoties simile malum invaluit, apparuit palpabili miraculo.* & c. Tum ex perpetuo usu, celebrandi videlicet *Olomucii* hujus *Sanctæ* Festum, eo quo diximus die. [...] *An. 1622. 29. Januarii* (quo die Sacrificium Divinum sub musica ad Virginis aram *Olomucii* usque hodie peragitur) *erutum est Corpus Sanctæ Martyris Christi Paulinæ* [...]." Joanne Schmidl: Historiæ Societatis Jesu Provinciæ Bohemiæ. Bd. 3. Pragae 1754, S. 441–442.

67 Vgl. Mlčák: K ikonografii sv. Pavlíny (Anm. 61), S. 393; Zelenková: Contra pestem nobis fave (Anm. 62), S. 28.

68 Vgl. Mlčák: K ikonografii sv. Pavlíny (Anm. 61), S. 393; Alois Jašek: Chrám P. Marie Sněžné v Olomouci [Die Kirche Jungfrau Maria Schnee in Olmütz]. Olomouc 1923, S. 39f.

69 Die hl. Paulina soll die Einwohner von Olmütz gegen die Epidemien u. a. in folgenden Jahren unterstützt haben: 1626, 1633–1634, 1637, 1675, 1679–1680, 1714–1715. Vgl. hierzu Zelenková: Contra pestem nobis fave (Anm. 62), S. 28; Jašek: Chrám P. Marie Sněžné (Anm. 68), S. 40.

70 Schmidl: Historiæ Societatis Jesu (Anm. 66), S. 444.

71 Vgl. Samerski: Von der Rezeption zur Indoktrination (Anm. 65), S. 97ff., 114.

72 Schmidl: Historiæ Societatis Jesu (Anm. 66), S. 445: „beneficiorum verò elenchus quot annis Dominicâ post Pentecosten, in quam jam indè ab An. 1678. Solemnitas *S. Paulinæ* translata est, & insigni pompa celebratur, è suggestu ab Encomiaste recitari solet."

gedrängt sein. Die Kirche wurde dadurch zu einer bedeutenden, wenn nicht zu der bedeutendsten Kultstätte der Stadt, was auch der dortigen Annenbruderschaft regen Zulauf gebracht haben dürfte.[73] Nach Samerski führte dies dazu, dass „die Annenverehrung mit dem Kult der Katakombenheiligen, die an sich schon ein Signum der authentischen Tradition der katholischen Kirche und der *ecclesia triumphans* war, eine Symbiose ein[ging], zu der noch die virulente Bekämpfung der Pest kam".[74]

Bereits in der alten Jesuitenkirche gab es eine Kapelle mit einem Paulinen-Altar, in dem die Reliquien der Heiligen verwahrt wurden. Der Altar wurde 1682 errichtet, drei Jahre darauf folgte der Bau einer Kapelle.[75] In der neuen Jesuitenkirche wurde der hl. Paulina die erste Langhauskapelle gewidmet, die westlich des Chores anschließt (Abb. 9). Die Fresken der Kapelle zeigen Stationen aus dem Leben der Heiligen, die Johann Christoph Handke 1727 gemalt hat: an der Decke die Taufe der Heiligen (Abb. 10) und an der nördlichen Wand ihre Steinigung (Abb. 11).[76] Das Altarbild hatte Johann Georg Schmidt bereits 1721 im Anschluss an das Hauptaltarbild gemalt (Abb. 12).[77] Auf dem Bild schwebt die hl. Paulina, umgeben von einem Heiligenschein, auf einer Wolke und, von Engeln und Putti begleitet, vom Himmel auf die Erde herab. Vor ihr liegen ein Palmzweig, der sie als Märtyrerin ausweist, und mehrere Steine, die auf ihr Martyrium verweisen. Ein Engel hinter ihr hat ebenfalls einen Stein in der Hand, während ein zweiter einen Lorbeerkranz über ihren Kopf hält. Die Heilige hat ihren Blick auf drei unter ihr liegende Pestkranke gerichtet, über die sie eine Schale mit heilsamem Balsam ausgießt. Im linken Hintergrund sind Häuserfassaden zu sehen, darunter auch die Doppelturmfassade einer Kirche mit einem Dreiecksgiebel in der Mitte, welche die Jesuitenkirche in Olmütz darstellen soll. Im rechten unteren Bildrand ist eine Menschengruppe mit Fahnen und Bannern zu erkennen, wodurch wieder auf die legendäre Prozession im Jahr 1623 verwiesen wird. Zugleich nimmt das Bild auch auf die alljährlichen Prozessionen Bezug, die immer am vierten Sonntag nach Pfingsten zu Ehren der Heiligen stattfanden.[78] Die erste Prozession, die in Erinnerung an die Abwendung der Pest in die Kapelle der hl. Paulina führte, wurde am 19. Oktober 1679 begangen. Die größte Prozession mit den Gebeinen der Heiligen hingegen fand während der letzten großen Epidemie am 25. September 1715 statt.[79] Wie populär der Kult um

---

73 Samerski: Von der Rezeption zur Indoktrination (Anm. 65), S. 114. Siehe hierzu auch den Eintrag über den 8. Oktober 1623 in Schmidl: Historiæ Societatis Jesu (Anm. 66), S. 444: *„Hodierna die S. Paulinam Civitas Olomucena Patronam adoptavit."*

74 Samerski: Von der Rezeption zur Indoktrination (Anm. 65), S. 114.

75 Vgl. hierzu Jiří Hanke: Olomoučtí jezuité a svatí [Olmützer Jesuiten und Heilige]. In: Cemus (Hg.): Bohemia Jesuitica (Anm. 17), S. 419–429, hier S. 424; Mlčák: K ikonografii sv. Pavlíny (Anm. 61), S. 394.

76 Das Datum der Ausmalung gibt der Maler in seiner Autobiographie selbst an, siehe hierzu: Johann Christoph Handke's Selbstbiographie (Anm. 34), S. 15.

77 Die Signatur findet sich im linken unteren Bildbereich im Hintergrund auf einem Triumphbogen: „Jo: Geo: Schmidt: Viena f: A: 1721".

78 Vgl. Zelenková: Contra pestem nobis fave (Anm. 62), S. 28; Schmidl: Historiæ Societatis Jesu (Anm. 66), S. 441ff. (siehe Zitat in Anm. 66); Hanke: Olomoučtí jezuité a svatí (Anm. 75), S. 424.

79 Vgl. Mlčák: K ikonografii sv. Pavlíny (Anm. 61), S. 395.

9 Olmütz, Jesuitenkirche, Blick nach Südwesten, Paulina-Kapelle

10 Olmütz, Jesuitenkirche, Paulina-Kapelle, Decke, Johann Christoph Handke, Taufe der hl. Paulina, 1727

die hl. Paulina war, beweist ein Dokument im Landesarchiv Mähren: Denn neben der Prozession im Jahr 1715 verpflichteten sich alle Zünfte und Bruderschaften, im Gedenken an die Abwendung der Pest 1713 in der Kapelle der hl. Paulina „ein Ewige Licht" leuchten zu lassen.[80]

5. Erfolgreiche Rekatholisierung durch Akkommodation

Abschließend lässt sich festhalten: Trotz heftiger Widerstände, die der Gesellschaft Jesu in Olmütz entgegenbracht wurden, gelang es den Jesuiten nach der Schlacht am Weißen Berg, die Einwohner in den liturgischen Ablauf einzubinden. Dabei griffen die Jesuiten besonders auf lokale, bereits bestehende und populäre Traditionen wie die Marienverehrung und die Singtradition zurück. Zugleich reagierten sie auf zeitgenössische Ereignisse wie Pestepidemien. Besonders die Überführung der Gebeine der hl. Paulina und die ihr zugeschriebenen Wunderwirkungen gegen die in der Stadt wütende Seuche brachten den Jesuiten regen Zulauf. Somit verstand es die Ge-

80 MZA, E 28, B 5/1. Zur Überführung der Reliquien, zum Bau der Kapelle und zum Kult um die hl. Paulina in Olmütz siehe Jakubec: Olomoucký jezuitský kostel (Anm. 37), S. 154f.; Hanke: Olomoučtí jezuité a svatí (Anm. 75), bes. S. 422ff.; Buben: Encyklopedie (Anm. 4), S. 261.

11 Olmütz, Jesuitenkirche, Paulina-Kapelle, Wand, Johann Christoph Handke, Martyrium der hl. Paulina, 1727

sellschaft Jesu auf die Bedürfnisse der Gläubigen einzugehen und sie dadurch in die Liturgie der Gottesdienste und Prozessionen einzubinden. Es ist anzunehmen, dass die verheerenden Epidemien und die große Verehrung gegenüber der Katakombenheiligen zum Wechsel des Patroziniums von der Jungfrau Maria in das Wunder Maria Schnee geführt haben.

Betrachtet man also die Kirchenausstattung im Kontext der historischen Ereignisse der Pestepidemien, so lässt sich ablesen, dass die Olmützer Jesuiten versuchten, mit den Deckenfresken und der Einrichtung des Paulinen-Altars auf die Bedürfnisse der Gläubigen einzugehen. Dies beweist bereits die Tatsache, dass sie sich 1623 um

12 Olmütz, Jesuitenkirche, Paulina-Kapelle, Altarbild, Johann Georg Schmidt, Die hl. Paulina heilt Pestkranke, 1721

die Reliquien der Katakombenheiligen Paulina bemühten, sie vorerst im Annenaltar deponierten und ihren Kult als Pestpatronin in Olmütz gezielt förderten. Es gelang ihnen hierbei auch, die Gläubigen mithilfe der Prozessionen aktiv in die Liturgie miteinzubeziehen. Gleiches gilt auch für das Hauptfresko, welches zwar auf die legendäre Bittprozession während der Pestepidemie zurückgeht, aber mit der österlichen Auferstehung und der Fürbitte um die Aufnahme in den Himmel an Maria ein immerwährendes Anliegen der Gläubigen aufnimmt und zugleich vor Augen führt, dass die Bittgesuche der Gläubigen von Maria erhört werden.

Der Erfolg für die Rekatholisierung der östlichen Missionsgebiete, also Böhmens und Mährens, ist – neben der erfolgreichen Bildungspolitik – auch darin zu sehen, dass es den Jesuiten gelang, auf zeitgenössische Ereignisse zu reagieren und bewusst an alte Traditionen (Musik, Marienverehrung, Annenverehrung) anzuknüpfen. Auch in diesem Zusammenhang kann man von dem Prinzip der Akkommodation sprechen, die zwar besonders für die Missionierung in Übersee und Asien, ebenso aber für die böhmischen und mährischen Länder charakteristisch zu sein scheint und sich auch in der Innenausstattung der Olmützer Jesuitenkirche widerspiegelt.

Abbildungsnachweis:
Abb. 1–6, 8–12: Fotos: Katrin Sterba.
Abb. 7: Wikimedia (http://commons.wikimedia.org/wiki/File%3AVirgin_salus_populi_romani.jpg).

Daniel Nachtsheim

Der lutherische Sokrates. Vernunft- und Aufklärungskritik bei Johann Georg Hamann

1. „Brücken und Fähren der Methode"

„Was sich überhaupt sagen lässt, lässt sich klar sagen",[1] so formulierte Ludwig Wittgenstein in seinem *Tractatus*, der die Dunkelheit und Ungenauigkeit der Sprache für die Probleme verantwortlich machte, welche die Menschheit seit eh und je beschäftigten. Eindeutigkeit der Sprache, die Aufhebung der Dunkelheit bedeutete das Ende des Fragenstellens, das Ende des mühsamen Grübelns. Das Gegrübel gilt ihm als eine Unterstellung von Geist und Gehalt, wo eigentlich nur Unklarheit, Dunkelheit und Windbeutelei ist. Ließe sich die Wahrheit klar artikulieren, etwa wie die Sätze der Mathematik, dann wäre der Mensch seines vermeintlich unabweisbaren Bedürfnisses endlich ledig, Fragen mit Worten zu stellen, die keinerlei Bedeutung haben.

Trotz der Warnung jenes oben zitierten renommierten Gewährsmannes wollen wir uns einem konzeptionell dunklen Text zuwenden, in dem die Dunkelheit von Texten sowie die Beschäftigung damit thematisch wird. Wenn wir so die Frage nach dem Sinn der Beschäftigung mit dunklen Texten an diesen dunklen Text stellen, so wissen wir bereits, dass der dunkle Text selbst eine Antwort auf die an ihn gestellte Frage ist. Als eine solche Antwort verdienen der Text und sein Autor unser Interesse. Dieses Fragenstellen an den Text und die Offenheit einer Antwort durch den Text bedeutet immer auch Offenheit und Interesse des Lesers für den Autor des Textes.

Johann Georg Hamanns dunkle Texte sind in besonderer Weise exemplarisch für Texte dieser Art überhaupt. An seinem Werk lässt sich der Sinn des vermeintlichen Un-Sinns, die Aussage des Unsagbaren studieren.

An Beschwerden über die „Dunkelheit" Johann Georg Hamanns hat es dabei von Beginn seiner „Autorschaft" an nicht gefehlt. Bereits mit seiner Erstlingsschrift, den *Sokratischen Denkwürdigkeiten*, taten sich die Zeitgenossen schwer und verlangten nach einer Gebrauchsanweisung. „In meinem *mimi*schen Styl herrscht eine stren-

1 Ludwig Wittgenstein: Tractatus logico-philosophicus (Werkausgabe 1). Frankfurt a. M. 1984, S. 9. Zur Zitierweise: Die Werke Hamanns werden nach der Ausgabe von Josef Nadler zitiert: Johann Georg Hamann: Sämtliche Werke. Historisch-Kritische Ausgabe. Hg. v. Josef Nadler. 6 Bde. Wien 1949–1957 (Nachdruck Wuppertal, Tübingen 1991), kurz: N I–VI; Ders.: Briefwechsel. 7 Bde. Bd. 1–3 hg. v. Walther Ziesemer u. Arthur Henkel. Wiesbaden 1955–1957; Bd. 4–7 hg. v. Arthur Henkel. Wiesbaden 1959, Frankfurt a. M. 1965 – 1979, kurz: ZH I–VII. Texte Hamanns aus seiner Zeit in London werden zitiert nach: Johann Georg Hamann: Londoner Schriften. Hg. v. Oswald Bayer u. Bernd Weissenborn. München 1993, kurz: BW. Die Schriften Luthers werden zitiert nach: Martin Luther: Werke. Kritische Gesamtausgabe (Weimarer Ausgabe). Köln, Wien 1883ff., kurz: WA; außerdem: Archiv zur Weimarer Ausgabe der Werke Martin Luthers. Texte und Untersuchungen. Im Auftrag der Kommission zur Herausgabe der Werke Martin Luthers hg. v. Gerhard Ebeling, Bernd Moeller u. Heiko A. Obermann. Köln, Wien 1981ff., kurz: AWA.

Jahrbuch des BKGE 22 (2014), S. 303–323

gere *Logic* und eine geleimtere Verbindung als in den Begriffen lebhafter Köpfe",[2] schrieb Hamann, und doch wusste er, dass er es seinen Lesern nicht ganz leicht machte. In seinen *Denkwürdigkeiten* gibt er vielleicht auch deshalb vorsorglich einen Hinweis auf des Sokrates Umgang mit „dunklen" Schriftstellern:

> Sokrates war, meine Herren, kein gemeiner Kunstrichter. Er unterschied in den Schriften des Heraklitus, dasjenige, was er nicht verstand, von dem, was er verstand, und that eine sehr billige und bescheidene Vermuthung von dem Verständlichen auf das Unverständliche. Bey dieser Gelegenheit redete Sokrates von *Lesern*, welche *schwimmen* können. Ein Zusammenfluß von Ideen und Empfindungen in jener lebenden *Elegie* vom Philosophen machte deshalb Sätze vielleicht zu einer Menge kleiner Inseln, zu deren Gemeinschaft *Brücken* und Fähren der Methode fehlten.[3]

Solche „Brücken und Fähren" wünschten sich die Kritiker und Leser Hamanns. So auch Thomas Abbt 1762 in einem Schreiben an den jüdischen Aufklärer Moses Mendelssohn:

> [W]enn ich gewiß wäre, daß sich die Verbindung der Ideen durch die Anatomie entdecken ließe; so möchte ich H** Gehirn noch lieber sehen, als Maupertius eines Lappländers. Wenn Sie es für kein Wortspiel halten wollen; so hätte ich Lust, es mit dem Archipelagus zu vergleichen, wo alles Nachbar ist, aber nur durch Schiffe zusammen kommen kann.[4]

Mendelssohn schrieb im selben Jahr in den *Literaturbriefen* über Hamanns gerade erschienene *Kreuzzüge eines Philologen*:

> Ich habe itzt einen Schriftsteller vor mir, der eine feine Beurtheilungskraft besitzt, viel gelesen und verdauet hat, Funken von Genie zeigt, und den Kern und Nachdruck der deutschen Sprache in seiner Gewalt hat, der also vermöge dieser Eigenschaften einer unsrer

2 ZH I (an Kant am 27.7.1759), S. 378: 24ff.

3 N II (Sokratische Denkwürdigkeiten), S. 61: 23–31. Es ist häufig davon ausgegangen worden, dass diese Sätze Hamanns auf ihn selbst bezogen werden können. Vgl. Eckhard Schumacher: Die Ironie der Unverständlichkeit. Johann Georg Hamann, Friedrich Schlegel, Jacques Derrida, Paul de Man. Frankfurt a. M. 2000, S. 102. Zu der häufig gezogenen Parallele Hamann-Heraklit vgl. ebd., S. 103f.; mit ebensolcher Parallelisierung, doch kritischer Anmerkung: Johannes von Lüpke: Ohne Sprache keine Vernunft. Eine Einführung in das Sprachdenken Johann Georg Hamanns. In: Neue Zeitschrift für systematische Theologie und Religionsphilosophie 46 (2004), S. 1–25, hier S. 6ff.

4 Thomas Abbts vermischte Werke. Dritter Theil. Neue und mit Anmerkungen von Moses Mendelssohn versehene Ausgabe. Berlin, Stettin 1782, S. 96. Zitiert nach Schumacher: Ironie (Anm. 3), S. 103. Diese Vergleiche sind immer wieder bemüht worden; zum Beispiel sinniert Ernst Jünger 1945 über Hamanns Archipele und deren „submarine[n] Zusammenhang". Vgl. Günter Figal: Archipele von submarinem Zusammenhang. Ernst Jünger als Leser Hamanns. In: Oswald Bayer (Hg.): Johann Georg Hamann. „Der hellste Kopf seiner Zeit". Tübingen 1998, S. 206–216, und im *Insel-Almanach auf das Jahr 1988* „werden eine Menge kleiner Inseln aus dem Archipel des Gesamtwerks zitiert", so Oswald Bayer: Einleitung. In: Insel-Almanach auf das Jahr 1988. Johann Georg Hamann. Hg. v. Dems., Bernhard Gajek, Josef Simon. Frankfurt a. M. 1987, S. 17.

besten Schriftsteller hätte werden können, der aber durch diese Begierde ein Original zu seyn verführt, einer der tadelshaftesten Schriftsteller geworden ist.[5]

In der Fortsetzung dieser Rezension zitiert er Hamann: „Der V.[erfasser] sagt in der Vorrede: ‚Man überwindet leicht das *doppelte* Herzeleid, von seinen Zeitverwandten *nicht verstanden*, und dafür *gemishandelt* zu werden, durch den *Geschmack* an den *Kräften* einer bessern Nachwelt.' – Da haben Sie auch alles," schreibt Mendelssohn, „was wir Zeitverwandten des Verf. aus seiner Vorrede verstehen. Mit dem Uebrigen dieser Vorrede mag eine bessere Nachwelt sehen, wie sie zurechte kommt. Vielleicht findet sie mehr Geschmack an den grillenhaften Einfällen und witzigen Anspielungen, die nicht anders, als durch einen weitläufigen Commentarius verstanden werden können."[6]

Hamann hat diese Dunkelheit bewusst gegen das natürliche Licht der Aufklärer gesetzt. Seine „Autorschaft", sein sokratisch-christliches Sendungsbewusstsein und dessen Dunkelheit ergibt sich aus dem „Wort vom Kreuz": „[...] das Wort vom Kreuz ist eine Torheit denen, die verloren werden; uns aber, die wir selig werden, ist's eine Gotteskraft" (1 Kor 1,18). Die Welt erkennt Gott und seine Weisheit nicht, sondern vertraut ihrer eigenen Weisheit. Deshalb muss die Weisheit Hamanns dem natürlichen Licht und seiner Weisheit dunkel und unverständlich erscheinen. Diese Weisheit Gottes findet sich vorzugsweise in den heiligen Worten der Bibel; da aber der heilige Geist die gesamte Welt und ihre Geschichte durchweht, so kann auch Sokrates, der für Hamann ein Kritiker der Menschenweisheit war, adäquat zitiert, im 18. Jahrhundert den verirrten, sich dem Diktat der Klarheit unterwerfenden Lesern heilsame Medizin sein.

Denn anders als die vielen Historiker des Sokrates, die in immer gleicher Manier wiederholen, was sie in anderen Büchern finden und immer bloß zusammenschreiben, soll dagegen in den *Denkwürdigkeiten* ein lebendiger Sokrates auftreten, das heißt, die Schrift selbst soll sokratisch wirken. Der Autor Hamann schlüpft so in die Rolle des Sokrates. Er habe seine Abhandlung „über den Sokrates auf eine sokratische Art geschrieben"[7] und will sie wie ein Brechmittel einsetzen, das die Wahrheit ans Licht bringt. „Meine Gabe besteht in nichts als Küchlein",[8] teilt Hamann seinem „Publikum" mit, also jenem prosperierenden städtischen Kulturmilieu, das um die Gunst einer Öffentlichkeit buhlt und sich in ihren Gesellschaften oder am Hofe über das Richtige und das Falsche in Kunst und Wissenschaft unterhält. Hamanns Unverständlichkeit ist also Medizin gegen den verdorbenen Magen eines allzu eingeengten Geschmacks und Wahrheitsverständnisses. Die damit verbundene Unmündigkeit seiner Leser will Hamann aufklären, indem er ihnen gleichsam einen Spiegel vorhalten und sokratisch zur Selbsterkenntnis durch die Erkenntnis der ei-

5 Moses Mendelssohn: Gesammelte Schriften: Jubiläumsausgabe. Hg. v. Ismar Elbogen, Julius Guttmann, Eugen Mittwoch, Alexander Altmann, Eva J. Engel, Daniel Krochmalnik. Bd. 5,1, Literaturbrief 254 (9.9.1762). Stuttgart 1971, S. 559.

6 Ebd., S. 560.

7 N II (Sokratische Denkwürdigkeiten), S. 61: 10.

8 Ebd., S. 59: 24f.

genen Unkenntnis führen will. Insofern das Wissen in einem Wissen um die eigene Unwissenheit besteht, erfüllt diese Selbsterkenntnis nicht nur den delphischen Orakelspruch, sondern kann ebenso typologisch mit Paulus und dem Wort vom Kreuz verknüpft werden:

> Ich weiß für des Sokrates Zeugnis von seiner Unwissenheit kein ehrwürdiger Siegel und zugleich bessern Schlüssel als den Orakelspruch des grossen *Lehrers der Heyden*: [...] *So jemand sich dünken läßt, er wisse etwas, der weiß noch nichts, wie er wissen soll. So aber jemand Gott liebt, der wird von ihm erkannt.* – – – als Sokrates vom Apoll für einen *Weisen*.[9]

Für Hamann weist besonders die sokratische Unwissenheit, das *scio nescio*, auf den Glauben. In dieser sokratischen Erkenntnis hat der Geist bereits das Wort vom Kreuz verkündet. Die Vernunft kann durch ihre schärfste Kritik nur auf den Glauben verweisen. Diese sokratische Kritik der Vernunft mündet damit nicht wieder in einer reineren Vernunft – auch dann nicht, wenn sie dadurch dem Glauben Platz machen will. Eine solche Skepsis fällt für Hamann in ihr eigenes Schwert.[10] Dagegen ist seine sokratische Skepsis bereits eine „Empfindung",[11] die auf das Verborgene weist und in diesem Hinweis prophetisch ist.

Als solcher Künder des Kreuzes, durch das die Weisheit des Menschen sich zu verwerfen lernt, ist Sokrates kein toter Götze der Geschichtsschreibung, sondern hier und jetzt *in seinem Geiste* für Hamann wiederholbares Exemplum und mögliche Rolle, mögliche Existenzform und Medizin gegen die herrschende Hybris der Menschenweisheit und Selbstoptimierung. Diesen christlichen Sokrates setzte Hamann daher gegen die Aufklärer und deren Sokratesfiguren, die er für leblose, historiographische Andenken an einen Weisen hielt.[12] Als sokratischer Autor wirft Hamann dem Publikum, „Niemand, dem Kundbaren", Hochmut vor: „*Du* must alles wissen, und lernst nichts [...]".[13]

Für Hamann wäre daher die Forderung Wittgensteins für den Menschen aus eigener Kraft nicht zu erfüllen. Der Mensch muss sich in Denken und Sprache mit Fragmenten begnügen, er muss von „Brocken" leben, darf aber hoffen, dass sein Wissen, das hier bloß Stückwerk ist, dort „mit göttl. Hilfe" ergänzt werde (1 Kor 13,9).[14] „Die Schuld" an dieser Lage, schreibt Hamann in der *Aesthetica in nuce*, „mag aber liegen, woran sie will, (außer oder in uns): wir haben an der Natur nichts als Turbatverse und *disiecti membrae poetae* zu unserem Gebrauch übrig. Diese zu sammeln ist des Gelehrten; sie auszulegen, des Philosophen; sie nachzuahmen – oder noch kühner! – sie in Geschick zu bringen, des Poeten bescheiden Theil".[15] Das Lesen im Buch

---

9 Ebd., S. 74: 20–29; 1 Kor 8,2f.

10 Vgl. ZH I (an Lindner am 3.7.1759), S. 355: 29.

11 N II (Sokratische Denkwürdigkeiten), S. 73: 10.

12 Vgl. allgemein zum Thema: Benno Böhm: Sokrates im achtzehnten Jahrhundert. Studien zum Werdegange des modernen Persönlichkeitsbewußtseins. 2. Aufl. Neumünster 1966 (zuerst Leipzig 1929).

13 N II (Sokratische Denkwürdigkeiten), S. 59: 14f.

14 BW (Brocken), S. 407: 14ff. (N I, S. 299).

15 N II (Aesthetica in nuce), S. 198: 32–199: 3.

der Natur, im Buch der Geschichte und nicht zuletzt der Bibel lässt aufgrund des fragmentarischen Charakters allen menschlichen Denkens und Redens verschiedene Lesarten der jeweiligen Schrift zu, verschiedene Anordnungen der „Brocken“, die letztlich immer musivisch bleiben.[16]

Die Erkenntnis, dass die „Brocken“, die wir uns nur unvollkommen zusammensetzen können, in ihrer Ganzheit Gottes Wort darstellen, findet sich in Hamanns so auffälligem Stil berücksichtigt. Sein Verfahren des „Cento“, was eigentlich „Flickwerk“ oder „aus Lappen zusammengesetztes Kleid“ bedeutet, reflektiert diese Epistemologie des Fragments im Stil.[17] Das Wie des Sagens bildet so mit dem, was gesagt wird, eine unauflösliche Einheit.

Hamann schreibt über seinen Stil, dass dieser deswegen so schwer verständlich sei, weil er mit „mancherley Zungen“ schreibe, „die Sprache der Sophisten, der Wortspieler, der Creter und Araber, der Weißen und Mohren und Creolen rede, Critick, Mythologie, rebus und Grundsätze durch einander schwatze“.[18] Der von ihm selbst beschriebene Umgang mit Texten, den „Zungen“, findet seine äußerste Zuspitzung in dem von Hamann häufig verwendeten Stilmittel des Metaschematismus, das Hamann wohl nach 1 Kor 4,6 verwendet.[19] Diese „Umformung“ der gegnerischen Rede, manchmal auch *transfiguratio* genannt,[20] verwandelt die Rede des Anderen, des Gesprächspartners und Gegners dergestalt, dass diesem die eigene Position erst bewusst werden kann. Dieses Metaschematisieren hat eine gewisse Verwandtschaft zur Diatrebe.[21] Besonders auffällig ist jedoch die Nähe zur sokratischen Maieutik, da im Metaschematismus ebenfalls dem Opponenten mit seinen eigenen Mitteln zur Klar-

16 „Die Meynungen der Weltweisen sind Lesarten der Natur und die Satzungen der Gottesgelehrten, Lesarten der Schrift“. N II (Aesthetica in nuce), S. 203: 17f.

17 Hamanns Stil wird neuerdings verstärkt im Rahmen der Diskussion um „Intertextualität“ wahrgenommen, vgl. Anne Bohnenkamp-Renken: Offenbarung im Zitat. Zur Intertextualität Hamannscher Schreibverfahren anhand von „Wolken. Ein Nachspiel Sokratischer Denkwürdigkeiten“. In: Bernhard Gajek (Hg.): Johann Georg Hamann. Autor und Autorschaft. Acta des sechsten Internationalen Hamann-Kolloquiums im Herder-Institut zu Marburg/Lahn 1992. Frankfurt a. M. 1996, S. 123–142. Nach Bohnenkamp-Renken zeichnet sich das „Hamannsche Schreibverfahren“ durch Verwendung vieler Typen „transtextueller Bezüge“ aus, die, wenn ich richtig sehe, alle „Dialogizität“ gemeinsam haben sollen. Vgl. ebenso Manfred Beetz: Dialogische Rhetorik und Intertextualität in Hamanns „Aesthetica in nuce“. In: Gajek (Hg.): Acta des sechsten Internationalen Hamann-Kolloquiums (s. o.), S. 79–106.

18 ZH I (an Lindner am 18.8.1759), S. 396: 30ff.

19 „Ταῦτα δέ, ἀδελφοί, μετεσχημάτισα εἰς ἐμαυτὸν καὶ Ἀπολλῶν δι’ ὑμᾶς, ἵνα ἐν ἡμῖν μάθητε τὸ Μὴ ὑπὲρ ἃ γέγραπται [...]“, 1 Kor 4,6. Vgl. zum schwierigen Kontext die exegetische Untersuchung: Martin Pöttner: Realität als Kommunikation. Ansätze zur Beschreibung der Grammatik des paulinischen Sprechens in 1 Kor 1,4–4,21 im Blick auf literarische Problematik und Situationsbezug des 1. Korintherbriefes. Diss. Marburg. Münster 1995 (Theologie 2), S. 318ff.

20 Vgl. Rudolf Unger: Hamann und die Aufklärung. Studien zur Vorgeschichte des romantischen Geistes im 18. Jahrhundert. Bd. 2. Darmstadt 1963, Anm. 242f., S. 806f.

21 Vgl. Paul Wendland: Die Urchristlichen Literaturformen. In: Handbuch zum Neuen Testament. Bd. 1, Teil 2 u. 3: Die hellenistisch-römische Kultur in ihren Beziehungen zu Judentum und Christentum. 2. u. 3. Aufl. Tübingen 1912, S. 75–91, bes. S. 80. Im Unterschied zur klassisch-hellenistischen Diatrebe scheint es mir Hamann angesichts seiner Hermetik nicht auf breite Wirkung beim ‚einfachen Mann‘ abgesehen zu haben.

heit verholfen und die Erkenntnis der eigenen Unwissenheit mit Hilfe seiner eigenen „Brocken" ans Licht gebracht wird. Mit diesem Verfahren bringt die Redefigur ein „Meta" *mit* denjenigen Aussprüchen zustande, die widerlegt werden sollen. Dem Sprecher wird wie in einem Spiegel anhand der metaschematischen Antwort erst das Eigentümliche seiner eigenen Rede vorgeführt und zur Kenntlichkeit entstellt. Dadurch wird dem Irrenden erst Reflexion *über* das von ihm Gesagte ermöglicht. Was über das Gesagte gesagt werden muss, wird vom Metaschematisierenden nur indirekt mitgeteilt; es liegt am Hörer oder dem „Metaschematisierten", eigenständig dasjenige zu erkennen, was das zuerst Gesagte *eigentlich* aussagt oder *bedeutet*, und so über sich selbst und das Gesagte zu einem eigenen Urteil zu kommen. Die entsprechende Haltung des Metaschematisierenden ist daher die taktische Zurücknahme, das „Deminuieren",[22] das zuweilen wie „Nachäfferei" wirken kann, doch jedenfalls unverstanden bleiben muss, wenn die Hörer oder Leser nicht verstehen, dass mit ihrer Rede von ihnen die Rede ist.

2. Hamanns lutherische „Autorschaft"

Diese pädagogisch-konzeptionelle Dunkelheit seiner Texte kennzeichnet Hamanns Erwiderung auf die Einwände der oben zitierten Kritiker. Hamanns *Wolken* sind ebenso ein komödiantisch-aristophanisches Nachspiel auf den Sokrates wie ein Hinweis auf den Gegensatz von Offenbarung und Philosophie sowie deren Vertreter, vor deren natürliches Licht sich nun mit Hamanns Texten dunkle Wolken schieben. Insofern stehen die *Wolken* in Opposition zur dominanten Erhellungs-, Aufklärungs- und Lichtmetaphorik der Aufklärung, der ja eine ebenso starke Lichtmetaphorik in der Bibel (besonders bei Johannes)[23] gegenübersteht.

Hamann nimmt im Titel den Vorwurf der Dunkelheit auf. Doch spielt der Titel mit einer Doppeldeutigkeit: Einerseits erscheint die Dunkelheit als Torheit und Skandalon, wenn nämlich die Dunkelheit gerade gegen die Rationalisten und Aufklärer betont und nicht durch das natürliche Licht erhellt wird; andererseits zitiert Hamann die Bibel und sein Luthertum. Denn auch die Herrlichkeit Gottes erschien in der Wüste in einer Wolke (2 Mose 16,10; 24,18; 40,34), und Gott redete sogar aus dem Feuer und der Wolke (5 Mose 5,22), Gott kommt mit den Wolken (Dan 7,13) am Ende der Tage (Mk 13,26; Lk 21,27; Offb 1,13; 14,14).

22 Vgl. Martin Seils: Theologische Aspekte zur gegenwärtigen Hamann-Deutung. Berlin 1957, S. 75ff. Seils versteht das Metaschematisieren innerhalb der *Aesthetica* als poetischen Stil, der am nächsten an die Gottessprache herankommt, was meines Erachtens den sokratischen Aspekt vernachlässigt. Vgl. auch Elfriede Büchsel: Metaschematismus (Art.). In: Historisches Wörterbuch der Philosophie. Bd. 5, Sp. 1299f.; Paul Ernst: Hamann und Bengel. Ein Aufriß ihrer Werk- und Lebensbeziehungen als Abriß wesentlicher Hamann-Züge. Königsberg 1935 (Königsberger Deutsche Forschungen 13), S. 85ff.

23 Rudolf Bultmann: Theologie des Neuen Testaments. 9. Aufl. Tübingen 1984, S. 369ff.; allgemein im religionsgeschichtlichen Kontext: Hans Jonas: Gnosis und spätantiker Geist. Bd. 1: Die mythologische Gnosis. 3. Aufl. Göttingen 1964, S. 103f.

Für Paulus war Israel (2 Mose 14,20) „unter der Wolke“ (1 Kor 10,2) und darunter beschützt. „Dieses schützende Bedecktwerden“ wird bei Luther zusammen mit dem Durchgang durchs Meer ein „Getauftwerden auf Moses“ (1 Kor 10,2); und als solches „Gnadezeichen“ kann dieses wiederum typologisch auf die Taufe des Johannes verweisen, in der das Bedecken durch das Wasser den Durchgang durchs Meer zitiert – wenngleich die Taufe zugleich typologisch erhöht zur Verkündigung der Geistspendung erklärt wird.

Für Luther ist gerade diese Szene des Exodus Verweis auf das kommende Licht des Glaubens, das der Mensch empfängt, wenn Gott über den Glauben an Christus mit ihm in Kommunikation tritt. So kann Luther mit Blick auf Ps 4,7 den Glauben mit dem Licht gleichsetzen und die *illuminatio cordis* als durch das Licht des Angesichts Gottes erhellt verstehen – das wir freilich nicht direkt mit den Augen schauen können und dürfen, sondern durch das Wort Christi vernehmen. Erst durch das Angesicht Christi begegnet der Mensch dem Angesicht Gottes (2 Kor 4,6; 3,18). Das Herz erhellt sich gegen Bedrängnisse und Anfechtungen, wie Israel mit Gott durch die Wüste und das Meer kommen konnte, nämlich durch Gottes Gnade. „Hoc figuratum est in columna ignis et nube, quibus filii Israel regebantur et ducebantur per desertum. Sic enim sola fide ducimur per vias ignotas ac desertos omnium hominum auxilio, hoc est, passiones et tribulationes.“[24]

Die Illumination des Herzens, das Licht des Glaubens, das sich angesichts des göttlichen Lichts unter ständiger „Eingießung“ in den Menschen einstellt,[25] also diesem widerfährt, ist der Gottsuche der Vernunft entgegengesetzt:

> Sie [die Vernunft] weys, das Gott ist. Aber wer odder wilcher es sey, der da recht Gott heyest, das weys sie nicht. Und geschicht yhr eben, als den Juden geschach, da Christus auff erden gieng und von dem teuffer Johannes bezeuget war, das er furhanden were. Da stund yhr hertz also, das sie wusten, Christus were unter yhn und gienge unter den leuten. Aber wilcher die person were, das wusten sie nicht; denn das Jhesus von Nazareth were Christus, kundte niemand gedencken. Also spielt die vernunfft der blinden kue mit Gott und tut eytel feyl griffe und schlecht ymer neben hin, das sie das Gott heyset das nicht Gott ist [...].[26]

---

24 AWA 2 (Operationes in Psalmos), S. 201: 8–11.

25 „Optime autem vocatur fides lumen vultus dei, quod sit illuminatio mentis nostrae divinitus inspirata et radius quidam divinitatis in cor credentis infusus, quo dirigitur et servatur, quicumque servatur [...]“. AWA 2 (Operationes in Psalmos), S. 200: 3–201: 1; ferner: „Nihil ergo refert, sive lumen vultus dei intelligatur active, quo nos ipse praesentia sua illuminat fidem accendens, sive passive ipsum lumen fidei, quo nos cum fiducia vultum et praesentiam eius sentimus et credimus – nam ‚facies‘ seu ‚vultus‘ in sacris litteris praesentiam significat, ut notum est. Idem enim est et utrumque simul est: deus illuminans et cor illuminatum, deus visus a nobis et deus praesens“. Ebd., S. 201: 16–21. Die Bezüge zur scholastischen *amor dei*, besonders im Verhältnis zu Abaelard und Bernhard, arbeitet sehr erhellend heraus: Berndt Hamm: Von der Gottesliebe des Mittelalters zum Glauben Luthers. Ein Beitrag zur Bußgeschichte. In: Lutherjahrbuch 65 (1998), S. 19–44, vgl. hierzu Luthers Verständnis des Glaubens als eines „Durchwärmtwerdens“ S. 41f., und dort Anm. 71 mit Nachweisen; ebenso: Simo Peura: Die Vergöttlichung des Menschen als Sein in Gott. In: Lutherjahrbuch 60 (1990), S. 39–71, zum *lumen vultus Dei* dort S. 41ff.

26 WA 19 (Der Prophet Jona ausgeleget), S. 206: 31–207: 4.

Was für Luther im Gegensatz zum Umherirren der Vernunft, die mit Gott Blindekuh spielt, erst Klarheit bringt, ist der Glaube *an* oder besser: das Sein *in* Christus. Erst im Glauben und durch das Wort erhellt sich das unverständige, verfinsterte Herz (Röm 1,21), das an seine eigene Weisheit glaubt.

> Erstlich soltu wissen, das die heilige Schrift ein solch Buch ist, das aller ander Buecher weisheit zur narrheit macht, weil keins vom ewigen leben leret on dis allein. Darumb soltu an deinem sinn und verstand stracks verzagen.[27]

Die Bibel macht also die Weisheit der Welt zur Torheit, Luther identifiziert die Bibel mit dem Wort vom Kreuz (1 Kor 1,20). Diese Antinomie und Umkehrung (Menschenweisheit – himmlisches Licht) hat wiederum ihren Ursprung in der Liebe Gottes zur Welt, die in seinem Kreuz in einmaliger Weise sichtbar wurde.

Als Liebhaber dieses paulinischen Wortes vom Kreuz und der Bibel tritt auch Hamann seine Autorschaft an. Als *Philologus crucis*,[28] der, hierin ganz Lutheraner, die Kondeszendenz Gottes ebenso für die Bibel in Anspruch nimmt: „Die Eingebung dieses Buchs ist eine ebenso große Erniedrigung und Herunterlassung Gottes als die Schöpfung des Vaters und Menschwerdung des Sohnes." Was zum Lesen der Bibel gehöre, sei „Demuth des Herzens".[29]

Die Demut des Herzens ist der strikte Gegensatz zur eigenmächtigen Vernunft, die an die Bibel heranträgt, was nicht durch die Buchstaben gedeckt ist. Die Vernunft, die auf diese Weise die Bibel verfälscht – auch wenn sie vermeint, sie damit zu retten – bedient sich besonders in der Allegorese eines Mittels, das die Willkür und Beliebigkeit an die Stelle dessen setzt, was da steht.[30] Auch hierin folgt Hamann wiederum Luther.[31] Wie dieser, so will auch Hamann jene ursprüngliche Integrität des Buchstabens erhalten und deren Bilderreichtum gegen die rationalisierenden Allegoriker und ihre Theorien verteidigen, die, wie Spinoza sagt: „Scripturam torquere

---

27 WA 50 (Vorrede zur ersten Ausgabe der deutschen Schriften), S. 659: 5.

28 Zu dieser Selbstbezeichnung Hamanns: Oswald Bayer: Kreuzesphilologie. In: Ders.: Leibliches Wort. Reformation und Neuzeit im Konflikt. Tübingen 1992, S. 105–124.

29 BW (Ueber die Auslegung der heil. Schrift), S. 59: 6ff. (N I, S. 5: 1ff.). Vgl. ZH I (an Lindner am 9.8.1759), S. 394: 16–18: „Der Heyde, der Philosoph, erkennt die Allmacht, die Hoheit, die Heiligkeit, die Güte Gottes; aber von der *Demut* seiner *Menschenliebe* weiß er nichts." Zur konsequenten Entfaltung dieses Gedankens der Kondeszendenz in den *Biblischen Betrachtungen* Hamanns vgl. Helmuth Schreiner: Die Menschwerdung Gottes in der Theologie Johann Georg Hamanns. 2. Aufl. Tübingen 1950, S. 35ff.

30 Zur Lösung des frühen Luther von der Allegorie und dem vierfachen Schriftsinn: Gerhard Ebeling: Evangelische Evangelienauslegung. Eine Untersuchung zu Luthers Hermeneutik. Darmstadt 1962 (zuerst München 1942), S. 48ff., 159ff.

31 WA 50 (Vorrede zur ersten Ausgabe der deutschen Schriften), S. 659: „Wie du sihest, das David in obengenantem Psalm [119] jmer bittet: ‚Lere mich, HERR, unterweise mich, fure mich, zeige mir' und der wort viel mehr. So er doch den Text Mosi und ander mehr Bücher wol kundte, auch teglich hörete und lase, Noch will er den rechten Meister der Schrifft selb dazu haben, Auff das er ja nicht mit der Vernunfft drein falle und sein selbs Meister werde. Denn da werden die Rottengeister aus, die sich lassen duncken, die Schrifft sey jnen unterworffen und leichtlich mit jrer Vernunfft zu erlangen, als were es Marcolfus oder Esopus Fabeln, da sie keins heiligen Geists noch betens zu durffen."

et explicare, ut tandem hoc idem ipsum docere videretur".[32] Doch während Spinoza die Bibel auf diesem Wege für widersprüchlich und unverbindlich erklären will, um des Denkens Freiheit und besonders: um die Freiheit des Denkers zu gewinnen, zielt dagegen Luthers und Hamanns Abwehr darauf, die „*individuelle* Vernunft"[33] und deren Willkür von der Bibel fernzuhalten.

Die lutherische Disposition zum Lesen der Bibel ist die Demut des Gnadebedürftigen. Dieser liefert sich als Sünder der Bibel aus und lässt von allen Bestrebungen ab, aus eigenem Vermögen und Gutdünken vor Gott gerecht zu werden. Anders als der befreite Denker der Neuzeit, der (lax gesprochen) cartesisch in einer Kammer ein *cogito* eigenmächtig *sub specie aeterni* denkt und daraus ebenso klar sein *sum* ableitet, wie Gottes Existenz beweist, geht es Luther um eine Besinnung auf das *sum* als Kreatur. Das von Gott geschenkte Dasein ist die Bedingung der Möglichkeit des Denkens, das *sum* die Bedingung für das *cogito*. Auf Grund dieser Einsicht ist für Luther „Meditation" gerade keine spekulative Schau, kein Aufstieg auf einer Ideenleiter. Dies trennt ihn auch von den Denkern der Renaissance, einem Ficino oder einem Pico, deren feurige Gottesliebe zur Himmelsleiter wird. Subtiler intellektualer Gradualismus und Spekulation gilt Luther als eitles Spiel der blinden Vernunft, „alle speculativi Theologi, die nur mit Gedanken umgehen, haben es nur aus den Büchern allein gelernt, und nicht erfahren, wollen in göttlichen Sachen nach der Philosophey und ihrer Vernunft urtheilen; die sind des Teufels."[34] Keine *vita contemplativa*, doch auch keine entgegengesetzte *vita activa*; diese intellektual begründete Opposition scheidet für Luther aus.[35] Die von ihm dagegen herausgestellte Haltung kann vielleicht *vita passiva* genannt werden. Hier wird alles, was erfahren wird, als gegeben verstanden – so wie das *sum* ein gewährtes ist – und weiß, dass es darauf vertrauen darf, vor Gott Gnade zu finden.

Eine gewisse „theologische" Bildung ist daher für jeden Christen unabdingbar, insofern der Glaube als Gnade nicht wie ein Gegenstand weitergegeben oder gar gekauft werden kann. Den Anfang macht das Bewusstsein der eigenen Sünde, die in der Erkenntnis der Ferne von Gott und dem Mangel an Gottvertrauen besteht. Diese gilt es im Glauben zu überwinden, zu dem aber nur die Demut führt.[36] Eine solche „Theologie" besteht konkret in *oratio*, *meditatio*, d. h. Bibellesen, und Überwindung von Anfechtungen, *tentatio*.[37]

---

32 Baruch de Spinoza: Werke I (Tractatus theologico-politicus). Darmstadt 1979, S. 268 (99/100).

33 ZH VII (an Jacobi am 23.4.1787), S. 157: 6.

34 WA (Tischreden) 2, S. 57: 19–21 (1340).

35 AWA 2 (Operationes in Psalmos), S. 137: 1f.: „ne vita activa cum suis operibus et vita contemplativa cum suis speculationibus nos seducant".

36 Anhand des Römerbriefkommentars vgl. Ernst Bizer: Fides ex auditu. Eine Untersuchung über die Entdeckung der Gerechtigkeit Gottes durch Martin Luther. 2. Aufl. Neukirchen 1958, S. 27ff.

37 Zum „Wissenschafts-" oder Theologieverständnis grundlegend: Oswald Bayer: Oratio, Meditatio, Tentatio. Eine Besinnung auf Luthers Theologieverständnis. In: Lutherjahrbuch 55 (1988), S. 7–59. Bayer zeigt Luthers „Theologieverständnis" anhand seiner Auslegung des Ps 119. Vgl. ebenso Johannes von Lüpke: Theologie als „Grammatik zur Sprache der heiligen Schrift". Eine Studie zu Luthers Theologieverständnis. In: Neue Zeitschrift für systematische Theologie und Re-

Luthers Demut, der das Selbstverständnis als sündiger Kreatur vorausgeht, ist eng verknüpft mit der Einsicht in den Wortcharakter allen Seins: „In dem Wort, das wir sehen (*verbum creatum*), lesen (*verbum scriptum*) und hören können *(verbum praedicatum*), begegnet uns dessen [gemeint ist Gottes] *verbum aeternum*."[38] Damit ist das Sein in der Welt sowie das Studium der Schrift gleichermaßen eine hermeneutische Aufgabe. Die Bibel soll *gelesen* werden und das in der Welt waltende Gotteswort, das schöpferisch jeden Augenblick hervorbringt und die Welt immer wieder aufs Neue erhält, diese *creatio continua*, das aktuale Sprechen Gottes soll *gehört* und (an zweiter Stelle) auch *gesehen* werden.[39]

> Denn wie wol er uberal ist ynn allen creaturen und ich mochte yhn ym stein, ym fewr, ym wasser odder auch ym strick finden, wie er denn gewislich da ist, will er dich nicht, das ich yhn da suche on das wort und mich yns fewr odder wasser werffe odder an strick henge. Uberal ist er, er will aber nicht, das du uberal nach yhm tappest, sondern wo das wort ist, da tappe nach, so ergreiffestu yhn recht. Sonst versuchstu Gott und richtest abgotterey an. Darumb hat er uns ein gewisse weise gestellet, wie und wo man yhn suchen und finden sol, nemlich das wort.[40]

Der *homo audiens*, der gerade nicht ein Ausbeuter der ihm anvertrauten Natur sein soll, weiß sich in seiner Kreatürlichkeit als immer wieder neugeschaffenes, das heißt neugesagtes Wesen, so wie er um das Wort weiß, das um ihn herum in der Natur schaffend waltet. Weil Gottes Wort zugleich schöpferische Tat ist und aktual immer aus dem Nichts schafft – wenn er spricht, dann schafft er (*simul*) – so ist jede Kreatur ein *dictum*, von Gott ins Sein gesprochenes Geschöpf. „Ergo in principio et ante [!] omnem creaturam est verbum, et est tam potens verbum, quod ex nihilo facit omnia."[41] Luther kann daher sagen, dass Fische und Vögel Worte in Gottes Grammatik sind.[42] Die Schöpfung ist ja erfüllt von Gottes Wort, und diese ist dann

---

ligionsphilosophie 34 (1992), S. 227–250; Gerhard Ebeling: Luther. Einführung in sein Denken. Tübingen 2006, S. 79ff., 117f.

38 Albrecht Beutel: Wort Gottes (Art.). In: Ders. (Hg.): Luther Handbuch. Tübingen 2005, S. 365. Vgl. bes. Ders.: In dem Anfang war das Wort. Studien zu Luthers Sprachverständnis. Tübingen 1991 (Hermeneutische Untersuchungen zur Theologie 27), S. 87–126; Peter Meinhold: Luthers Sprachphilosophie. Berlin 1958. Problematisch bleibt freilich, dass Meinhold nach einer „Sprachphilosophie" sucht. Mit Blick auf Hamann später mit korrigierter Fragestellung: Ders.: Hamanns Theologie der Sprache. In: Bernhard Gajek (Hg.): Johann Georg Hamann. Acta des Internationalen Hamann-Colloquiums in Lüneburg 1976. Frankfurt a. M. 1979, S. 53–65.

39 Das Sehen ist dagegen bei den Allegorikern dem Hören vorgezogen. Vgl. z. B. Philo, De Somniis I, XXI (129), dort erzieht Gott zum Sehen: „changing his ears by divine influences into eyes, and calling this newly-modelled disposition Israel, that is the man who sees." (Übers. v. C. D. Yonge).

40 WA 19 (Der Prophet Jona ausgeleget), S. 492: 19–26; vgl. dazu Beutel: In dem Anfang (Anm. 38), S. 91.

41 WA 42 (Großer Genesiskommentar), S. 14: 6 (zu 1 Mose 1,3).

42 WA 42 (Großer Genesiskommentar), S. 37: 1–9 (zu 1 Mose 1,20): „Pertinet igitur hoc quoque ad dignitatem huius libri, qui tam varie Dei potentiam nobis ostendit, qua omnia creavit super omnem rationem et intellectum. Quis enim cogitet ex aqua produci posse naturam, quae aquam ferre plane non possit? Solum Verbum dicit Deus et statim ex aqua producuntur volucres. Verbum igitur si sonet, omnia possibilia sund, ut ex aqua fiant vel pisces vel volucres. Quaelibet igitur avis, piscis

folglich eine lebendige Sprache oder sprachliches Leben. – Jedoch ist hier nicht an eine „symbolische" Weltdeutung gedacht oder eine zweite Wirklichkeit angenommen hinter dem, was uns sichtbar ist; wir haben es nicht mit einem Platonismus zu tun. „Verba dei res sunt, non nuda vocabula".[43] Gottes Schöpferwort und die Dinge sind identisch.

In seinem Kampf gegen den Spiritualismus hat Luther denn auch immer wieder auf den Buchstaben der Schrift gepocht: „Denn Gott will dir seinen Geist nicht geben on das eusserliche wort, da richt dich nach, Denn er hats nicht vergeblich befohlen, eusserlich zu schreiben, predigen, lesen, hören, singen, sagen etc."[44] Für Luther ist der Buchstabe, das gesprochene Wort, das Äußerliche ein notwendiges, ja, geheiligtes Vehikel oder die „Larve"[45], in der Gott in für uns erträglicher Weise sich mitteilt. Das gilt in besonderem Maße für die Predigt des Gotteswortes, aber ebenso für den Buchstaben der Bibel. Daher empfiehlt er dem hörenden Menschen auch das Vorlesen und laute Beten.[46] Um zum Geist vorzudringen kann es, um mit Hamann zu sprechen, nur den „Eyfer zum Buchstaben des Wortes"[47] geben. Der Geist wird als Gnade empfangen, und nur mit dessen Hilfe kann die Dunkelheit und ihre Weisheit überwunden werden, die das verfinsterte Herz kennzeichnet (Röm 1,21).[48] Diese Blindheit des dunklen Herzens sowie die Verborgenheit und Undeutlichkeit der Schrift wird durch Christus aufgeklärt und erhellt.[49]

quilibet sunt nihil nisi nomina divinae Grammaticae, per quam grammaticam, quae sunt impossibilia, fiunt facillima, et quae plane sunt pugnantia, fiunt simillima, et econtra."

43 WA 42 (Großer Genesiskommentar), S. 17: 23 (zu 1 Mose 1,5); vgl. Erich Seeberg: Studien zu Luthers Genesisvorlesung. Zugleich ein Beitrag zu dem alten Luther. Gütersloh 1932 (Beiträge zur Förderung christlicher Theologie 36, Heft 1), S. 88f. Der Aspekt der „Grammatik" findet sich aber ebenso bereits beim jungen Luther bes. der Psalm-Auslegungen, vgl. David Löfgren: Die Theologie der Schöpfung bei Luther. Göttingen 1960 (Forschungen zur Kirchen- und Dogmengeschichte 10), S. 34, Anm. 46–51, mit zahlreichen Nachweisen. Ebenso: Siegfried Raeder: Grammatica Theologica. Studien zu Luthers Operationes in Psalmos. Tübingen 1977 (Beiträge zur historischen Theologie 51), mit detaillierten philologischen Untersuchungen zu den Auswirkungen des Hebräischen auf Luthers Psalmauslegungen; vgl. zu unserem Thema S. 34–46.

44 WA 50 (Vorrede zur ersten Ausgabe der deutschen Schriften), S. 659: 34f.

45 Beutel: Wort Gottes (Anm. 38), S. 363.

46 „Zum andern soltu meditirn, das ist: Nicht allein im hertzen, sondern auch eusserlich die muendliche rede und buchstabische wort im Buch jmer treiben und reiben, lesen und widerlesen, mit vleissigem auffmercken und nachdencken, was der heilige Geist damit meinet. Und huete dich, das du nicht uberdrussig werdest oder denckest, du habest es ein mal oder zwey gnug gelesen, gehoeret, gesagt, und verstehest es alles zu grund, Denn da wird kein sonderlicher theologus nimer mehr aus, Und sind wie das unzeitige Obs, das abfellet, ehe es halb reiff wird." WA 50 (Vorrede zur ersten Ausgabe der deutschen Schriften), S. 659: 22ff. Vgl. zur Meditatio Oswald Bayer: Zeitgenosse im Widerspruch. Johann Georg Hamann als radikaler Aufklärer. München 1988, S. 36ff.

47 ZH II (an den Bruder am 19.2.1760), S. 9: 33f.

48 Vgl. Bayer: Zeitgenosse (Anm. 46), S. 24: Durch den Sieg der Schrift über die Dunkelheit wird „die gelebte Gottlosigkeit in den Glauben als sinnliche Erkenntnis und Anerkennung Gottes, des Schöpfers, und meiner selbst als seines Geschöpfes gewendet."

49 Diese Klarheit der Schrift kann durch verschiedene Aspekte wie Eindeutigkeit, Evidenz, *simplicitas*, *puritas* etc. verdeutlicht werden, vgl. Friedrich Beißer: Claritas scripturae bei Martin Luther. Göttingen 1966 (Forschungen zur Kirchen- und Dogmengeschichte 18), bes. S. 97–123.

Vorgebildet ist dieser Aufhellungsakt im Verhältnis des Alten zum Neuen Testament. Im Alten Testament läuft für Luther alles auf Christus hinaus. Dies sei der Garant der inneren Wahrheit der Bibel, auch wenn dem Leser nicht immer alles verständlich sei. Bei konsequenter christologischer Lesart würden sich doch bald die äußerlichen Unklarheiten durch die innere Klarheit erhellen. Das Alte Testament bleibt ohne das Neue, ohne Christus verschlossen: „Gleiych alß wenn yemant tzum ersten eyn beschlossen brieff hette und darnach auffbrech. Alßo ist das alte Testament eyn testamentbrieff Christi, wilchen er nach seynem tod auffgethan unnd lassen durchs Euangelium leßen un ubiralle vorkundigen."[50] Christus ist der „Fels", an dem die harte Schale des Alten Testaments zerspringt und dessen Inneres zugänglich wird.[51] Diejenigen, die das Alte Testament ohne Christus lesen, sehen indessen immer nur die äußerliche, dunkle „Decke" – jene Decke, die Mose über seinem Angesicht hatte, als er vom Sinai kam (2 Mose 34,33). Diese Decke liegt über den Büchern Mose und dem Gesetz, ist Israel nach Paulus (2 Kor 3,14) noch immer übergestülpt und hängt vor ihrem Herzen (2 Kor 3,15). Erst durch Christus wird der Sinn des Gesetzes aufgedeckt, und mit leuchtender Klarheit zeigt sich, was zuvor verborgen war. Moses, das Gesetz und das dunkle Herz werden also analogisiert und können erst durch Christus über sich selbst aufgeklärt werden.

Doch warnt Luther, das Alte Testament deswegen zu vernachlässigen. Denn weder kann das Alte schlechthin mit dem Gesetz, noch das Neue Testament mit dem Evangelium oder der Gnade gleichgesetzt werden;[52] auch im Neuen Testament finden sich ja gesetzliche Teile, wie sich im Alten Verheißungen und Gnadezeichen finden, wenngleich die Gnade im Neuen Testament überwiegt.

> So wisse nu / das dis Buch [Pentateuch] ein Gesetzbuch ist / das da leret / was man thun vnd lassen sol. Vnd da neben anzeigt Exempel vnd Geschichte / wie solch Gesetze gehalten oder vbertretten sind. Gleich wie das newe Testament / ein Euangelium oder Gnadebuch ist / vnd leret / wo mans nehmen sol / das das Gesetz erfüllet werde. Aber gleich wie im newen Testament / neben der Gnadenlehre / auch viel andere Lere gegeben werden / die da Gesetz vnd Gebot sind / das Fleich zu regieren / sintemal in diesem Leben der Geist nicht volkomen wird / noch eitel gnade regieren kann. Also sind auch im alten Testament / neben den Gesetzen etliche Verheissung vnd Gnadensprüche da mit die heiligen Veter vnd Propheten vnter dem Gesetz im glauben Christi / wie wir / erhalten sind. Doch wie des newen Testaments eigentliche Hauptlere ist / gnade vnd friede durch vergebung der sünden in Christo zu verkündigen / Also ist des alten Testaments eigentliche Hauptlere / Gesetze leren vnd Sünde anzeigen / vnd guts foddern.[53]

Wie das Christuswort Licht in das Alte Testament trägt, so erhellt dieses ebenfalls den Menschen in seiner ganzen Existenz, über die er sich selbst nicht (erst recht nicht

50 WA (Deutsche Bibel) 7, S. 181: 25–182: 3.

51 Vgl. Beutel: In dem Anfang (Anm. 38), S. 58f.

52 Instruktiv angesichts einer Flut an kontroverser Literatur (besonders von evangelischer Seite) zu diesem Thema: Otto Hermann Pesch: Evangelium/Gesetz. In: Peter Eicher (Hg.): Neues Handbuch theologischer Grundbegriffe. Bd. 1. München 1984, S. 317–332.

53 WA (Deutsche Bibel) 8 (Vorrede zum Pentateuch), S. 13: 9–21.

durch seine Vernunft) im Klaren ist, wenn er sich nicht von Christus her versteht.

Dieses Sich-Verstehen vollzieht sich aber nicht in jenem existenzialistischen Sinn eines sich Immer-schon-irgendwie-Verhaltens, das in seiner unreflektierten Monotonie des „Verfallens" durchbrochen oder „erhellt" werden kann, indem sich der ins Sein „Geworfene" auf dem Weg zum Tode begreift. Nicht in einer *eigenständigen* Reflexion auf sein Sein, sondern in der Auseinandersetzung mit dem Anderen, mit der Bibel, versteht und erklärt sich des Menschen Existenz. Während der Geworfene bloß auf das Ende der Bahn sieht, das ja sein je eigenes Ende ist, weiß der Mensch, der sich als Kreatur Gottes versteht, auch um die Schöpfung und um ein sprechendes Du im Himmel als deren Erhalter sowie um eine Fortsetzung des Lebens in einem zweiten.[54] Die Theologie, die primär Hermeneutik ist, wird so zur Selbsterkenntnis und der Erhellung der Lebenswirklichkeit vom Wort aus.

„Nil aliud esse Theologiam, nisi Grammaticam in Spiritus Sancti verbis occupatam. Diese Erklärung ist erhaben und nur dem hohen Begrif der Gottesgelehrsamkeit adaequat",[55] so Hamann über Johann Albrecht Bengels Lutherverständnis. Hamann, der intensiv Bengel gelesen und von ihm gewiss wichtige Anregungen empfangen hat, kennt bereits in den *Biblischen Betrachtungen* und anderen Schriften aus der Erweckungszeit in London die existenzielle Notwendigkeit der Bereitschaft, sich von der Bibel her zu verstehen. Diese Erkenntnis der Notwendigkeit ist die Demut, und die Bereitschaft ergibt sich aus der Zuversicht, durch die Buchstaben der Bibel zu deren Geist, zu einem Sein in Christo, zu kommen. Ein solcher demütiger Leser der Bibel weiß, „daß in diesem Buch *von ihm* geschrieben stehet"[56] (Hebr 10,7), und so findet Hamann bereits in London die „Leere", das „Dunkle", die „Wüste", die „Decke" über „Herz v Vernunft" durch den Geist Gottes vertrieben: Dieser nämlich „fuhr fort, ungeachtet meiner großen Schwachheit, ungeachtet des lang(en) Wiederstandes, den ich bisher geg(en) sein Zeugnis, v seine Rührung(en) angewandt hatte, mir d(as) Geheimnis der Göttl. Liebe v die Wohltat des Glaubens an unsern gnädig(en) v einzigen Heyland immer mehr und mehr zu offenbaren."[57] Da der Leser in seiner Haltung ein demütig Empfangender ist, der auf die Gnade des Geistes hofft, besteht die erste Erkenntnis in jener Grammatik darin, sich selbst durch die Buchstaben der Bibel zu verstehen – und nicht die Bibel dem eigenen

---

54 „Gott und mein Nächster gehören also zu meiner Selbsterkenntnis; zu meiner Selbstliebe. Was für ein Gesetz, was für ein entzückender Gesetzgeber, der uns befiehlt ihn selbst mit ganzem Herzen zu lieben, und unseren Nächsten als uns selbst. Dies ist die einzige wahre v. einzige Selbstliebe des Menschen, die höchste Weisheit der Selbsterkenntnis eines Christen, der nicht nur Gott als d(as) höchste, wohltätigste, einzige und allein gute und vollkommene Wesen liebt, sondern überdem weiß, daß dieser Gott selbst Sein Nächster, und Seines Nebenmenschen Nächster im strengsten Verstande geworden ist, damit wir alle mögl. Ursache hätten Gott und unsern Nächsten zu lieben." BW (Brocken), S. 410: 12–21 (N I, 302).

55 ZH II (an den Bruder am 19.2.1760), S. 10: 5ff.

56 Ebd., S. 9: 32f.

57 BW (Biblische Betrachtungen), S. 342: 30ff. (N II, S. 39f.) u. S. 343: 39–344: 4 (N II, S. 41f.).

Geist anzupassen. Je mehr der Christ erkennt, dass in diesem Buch „*von ihm* geschrieben stehet; desto mehr wächst der Eyfer zum Buchstaben des Wortes."[58]

Die Hermeneutik des Sich-Verstehens durch und aus der Bibel hat also eine zirkuläre Struktur, die in einem Immer-wieder-Zurückkommen auf das Wort der Bibel besteht und theoretisch nicht aufhören kann, sondern immer zu einer Vertiefung und innigeren Symbiose führt.

Diese Zirkularität des Erkennens, nämlich dass Gotterkennen, also Erkenntnis *von* Gott, immer auch Erkenntnis Gottes *durch* Gott und *aus* Gott ist, findet sich bereits bei Paulus (z. B. Gal 4,9; 1 Kor 8,2f.; 1 Kor 13,12; Phil 3,12)[59]: Christus ist in mir, wie ich in Christus bin. Diese Identifikation mit Christus ist Teil des Selbstverständnisses (Gal 2,20: „Ich lebe, doch nicht ich, Christus lebt in mir"). Paulus kam erst durch sein Damaskuserlebnis zu diesem Selbstverständnis, und sein Damaskus bedeutete eine *Umkehr*, Christus wurde *sein* neues Selbstverständnis. Weil nun dieses Sein in Christus immer ein persönliches ist, erlebt jeder, der sich aus und in Christus versteht, ein eigenes, persönliches Damaskus und kommt so auch immer zu einem persönlichen, neuen Selbstverständnis seiner selbst durch Christus. Dieses mystische Sein, das betont pneumatisch ist, gewährt die Neuschöpfung des Ichs durch und in Christus (2 Kor 5,17), eine Wiedergeburt, die aus einem Akt der Liebe und der Erkenntnis zugleich hervorgeht (etwa Eph 3,17).

Die Zirkularität kehrt in Hamanns pietistischer Hermeneutik wieder: In immer erneuter Zuwendung und Liebe zum Christuswort der Bibel wird das Sein in Chris-

---

58 ZH II (an den Bruder am 19.2.1760), S. 9: 32f.

59 Dieser Zirkel ist die Grundlage der „Mystik" bei Paulus, vgl. Albert Schweitzer: Die Mystik des Apostels Paulus. Tübingen 1930, S. 166ff.; Adolf Deissmann: Paulus. Eine kultur- und religionsgeschichtliche Skizze. Tübingen 1925; Alfred Wikenhauser: Die Christusmystik des Apostels Paulus. 2. Aufl. Freiburg 1956 (zuerst 1928); Wilhelm Mundle: Der Glaubensbegriff des Paulus. Leipzig 1932. Diese, nach Biser, „zu Unrecht verdrängte [...] ältere Paulusforschung" (Eugen Biser: Paulus. Zeugnis – Begegnung – Wirkung. Darmstadt 2003, S. 37), kreist um die Frage, wie das häufig auftauchende ʼεν Χριστώ, das „in" im „aus Christus sein", verstanden werden kann. Deissmann, der das „in Christus" auch in den Formeln „des Christus" als „Genitivus communionis" oder „Genitivus mysticus" verstehen will und dies zum Leitmotiv einer Paulusinterpretation macht (vgl. Deissmann: Paulus, s. o., S. 126ff.), ist, wie er berichtet, „von mehreren" seiner „Kritiker mit fröhlicher Ironie abgelehnt worden" (ebd.). Wikenhauser vertieft den Deutungsansatz und weist auf die Vielzahl von Problemen hin, die eine solche Lesart nach sich zieht (Wikenhauser: Christusmystik, s. o., S. 14ff.), hält aber an einer wohlverstandenen Mystik fest, die für ihn besonders im Sakrament der Taufe gründet. Meines Erachtens zentral ist das systematische Problem, dass der erhöhte, zur Rechten sitzende Christus (Scheblimini!) nicht schlechtweg mit Pneuma gleichgesetzt werden kann. Christus = Pneuma anzunehmen ist zwar einerseits notwendig, denn wie sollte Christus im Himmel thronen und zugleich in den Gläubigen gegenwärtig sein; andererseits muss die Identität vermieden werden, da sonst kaum vom Leib Christi gesprochen werden kann. Zudem ist der Erhöhte zugleich der Gekreuzigte und dessen „Einwohnung" im Glaubenden ein *persönliches* Verhältnis, womit Pneuma nicht als Logos verstanden werden kann und auch keine rationalistische Gottesmystik, sondern eben Christusmystik vorliegt. Das bedeutet, dass ʼεν Χριστώ nicht als graduelle neuplatonische, mystische Partizipation an einem ewigen Geiste verstanden werden kann. Zur Vielschichtigkeit des Problems: Wikenhauser, ebd., S. 37ff., 48ff. Dagegen neben vielen: Ernst Lohmeyer: Urchristliche Mystik. In: Urchristliche Mystik. Neutestamentliche Studien. 2. Aufl. Darmstadt 1958, S. 9–29.

tus zu einem Sein in und aus seinem Wort. Das heißt, das zirkuläre Gotterkennen geschieht aus und durch seine Offenbarung, die Buchstaben der Bibel, und gestaltet sich im Lesen als persönliche Erfahrung des Seins in Christus, wodurch wiederum die Erkenntnis des Selbst über die Bibel als Liebe zum Gotteswort, sozusagen als *Philologie*, sich gebärdet. Ein solcher Bibelleser ist daher in jenem Sinn *Liebhaber* des Wortes. Das konkrete Bibelstudium am Lesepult ist zwar ausgezeichneter, besonderer Liebesakt – diese Verbundenheit bleibt aber im Lebenswandel bestimmend und lebendig. Denn da das Selbst sich über den Buchstaben der Bibel und durch Christus konstituiert, legt es sich und seine geschichtliche Umwelt durch die Bibel aus. Der pietistische *philologus* versteht sich und seine Welt (existenzial) durch das Christuswort und wandelt daher zugleich mit den Buchstaben der Bibel wie aus dem Geiste des Wortes. Die Hermeneutik seiner Wirklichkeit ist bestimmt durch die Buchstaben der Bibel. Damit werden die Buchstaben lebendig, eben so, wie für ihn die Buchstaben der Bibel, über die er zum Geiste kommt, zum Quell des Lebens werden.

Hamann lobt besonders das berühmte Zitat von Bengel, das er in der Vorrede von Bengels Handexemplar des Neuen Testamentes gefunden hat und in dem diese reflexive Gottes- und Selbsterkenntnis lutherisch-pietistisch als Bibelstudium konkretisiert wird:

> Te totum applica ad textum:
> rem totam applica ad te.[60]

Hamann stellt diesem Zitat noch eines von Horaz an die Seite, das vielleicht ebenso treffend diese Zuwendung als Anwendung eines Textes beschreibt:

> mutato nomine de te
> fabula narratur.[61]

Das Betroffensein durch die Buchstaben der Bibel und ihre Offenbarung hat auch für Hamann jene bereits beschriebene Demut zur Voraussetzung. Die Zuwendung geschieht nicht aus einem speziellen akademischen oder wissenschaftlichen oder moralischen Erkenntnisinteresse, sondern für Hamann ist die Betroffenheit durch die Bibel der einzige Ausweg und die eigenste, existenzielle Erfahrung des Verstandenseins bei Gott und des Sich-verstehen-Könnens durch dessen Wort. „Mit allem

---

60 Novum Testamentum graecum, ita adornatum, ut in textu medulla editionum probatarum retineatur, atque in margine ad discernendas lectiones genuinas, ancipites, sequiores, ansa detur. Neue Ausgabe. Stutgardiae 1738, S. 9. Berühmt ist der Spruch Bengels wohl deshalb zu nennen, weil ihn Erwin Nestle seinem Vorwort zum N. T. (bis einschl. 25. Aufl.) voranstellt.

61 Horaz, Satiren I/1, 69f. Eine Auswertung dieses Zitats für das Lesen der Bibel versucht neuerdings Oswald Bayer: Gott als Autor. Zu einer poietologischen Theologie. Tübingen 1999, bes. S. 33ff. Kurzfassung bereits in: Ders.: Zeitgenosse (Anm. 46), S. 62–87. Hinweise auch bei von Lüpke: Theologie (Anm. 37), S. 230. Zur Parallele zu Bengel vgl. das allerdings schwer verständliche, beinahe esoterische Buch von Paul Ernst: Hamann und Bengel (Anm. 22), S. 104–115, 126–156. Hamann zitiert Bengels „Te totum applika [...]“ in dem in diesem Kontext wichtigen Brief ZH II (an den Bruder am 12.2.1760), S. 9: 30f.

Kopfbrechen geht es mir wie dem Sancho Pancha, daß ich mich endlich mit seinem Epiphonem beruhigen muß: Gott versteht mich!"[62]

Das Ungenügen an der jetzigen Lebenslage ist dabei impliziert, ebenso wie das (freilich persönliche) Eingeständnis der Unmöglichkeit, sich jemals eigenmächtig aus sich selbst heraus verstehen zu können. Die Zuwendung oder Liebe, die *applika ad textum*, impliziert daher ebenso Selbstkritik, kritisches Sich-zu-sich-Verhalten, und gründet in der Einsicht, dass der Mensch sich verfehlen muss, wenn er versucht, sich durch sich selbst auszulegen und zu verstehen. Eine solche Bibelmeditation ist „Einkehr" und als demütiges Eingeständnis des eigenen Unvermögens immer auch „Umkehr" und rettender Ausweg aus dem bisher gegangenen, selbstbestimmten Weg. Dass dieser Weg nicht weitergegangen werden kann, diese Erkenntnis ist eine „Erweckung", die als demütige Zuwendung zum Buchstaben der Bibel und der Hoffnung auf Gnade Buße bedeutet.

3. Der „Prediger in der Wüste"

Hamanns große Schrift *Golgotha und Scheblimini,* die eine Entgegnung auf das von dem berühmten Aufklärer Moses Mendelssohn verfasste Plädoyer für Toleranz und Religionsfreiheit ist, ist die vielleicht konsequenteste Ausführung seiner pädagogischen Dunkelheit. Mendelssohns *Jerusalem* war dabei aber nicht der einzige Gegenstand der Schrift, sondern Hamann kritisiert auch allgemeine theoretische Selbstverständlichkeiten der Zeit, wie z. B. das Naturrecht. „Diese kleine musivische Schrift ist aus lauter Stellen des Mendelssohn'schen Jerusalem zusammengesetzt, und den Wolfianischen Spitzfindigkeiten entgegengesetzt".[63] Seine metaschematisierende Verteidigung des Christentums will Hamann als *Prediger in der Wüste* geschrieben haben; bei Mendelssohns „Cartesisch-Leibnützisch-Wolfianischer Weltweisheit" „entlehnte und borgte der Prediger in der Wüste" indes „Geräth und Gefäß zu einem ungewöhnlichen Aufzuge und Ausgange seiner kleinen verschmähten Autorschaft".[64]

Als „Prediger in der Wüste" wird in der Bibel Johannes bezeichnet, der Täufer und Bußprediger, der Künder Jesu, der neue Elia, der zwischen dem Alten und dem Neuen Bund steht. Für Hamann hatte diese Gestalt früh etwas Anziehendes. Bereits 1758 schreibt er an seinen schwierigen Schüler Baron von Witten: „Laß diejenigen, die zu den Höfen großer Herrn geboren sind, weiche und seidene Kleider tragen; derjenige, welcher zu einem Prediger in der Wüste berufen ist, muß sich in Kamelhaaren kleiden und von Heuschrecken und wildem Honig leben".[65]

Bereits in den *Wolken* tritt Hamann als Johannesgestalt auf. Am Ende des dritten Abschnitts verkündet er als Prediger die Offenbarung Gottes, die der Welt und ihrer Weisheit notwendig „dunkel" vorkommen und unverstanden bleiben müsse. Da

62 ZH VII (an Jacobi am 8.4.1787), S. 135: 17ff.
63 N III (Golgotha und Scheblimini), S. 319: 1–5.
64 N III (Ein fliegender Brief 1. Fassung), S. 364: 17, 22f.
65 ZH I (an Baron Joseph von Witten 1758), S. 267: 4ff.; vgl. auch: N II (Wolken), S. 107: 17ff.

er als Verkünder des Wortes jene göttlichen „Larven"[66] aussendet, kann Hamann zu Beginn seiner Predigt ausrufen: „Siehe! er kommt mit den Wolken!" (Offb 1,7). In einer Montage aus Hiob 4,16 und in Anspielungen auf die „Stimme" in der Wüste (vgl. Jes 40,3; Mt 3,3; Mk 4,9.23; Lk 3,4ff.; Joh 1,23) heißt es dann:

> Da stund ein Bild vor meinen Augen und ich kannte seine Gestalt nicht. – Eine Stille und eine Stimme; die Stimme eines *Predigers*, dem das *Publicum* eine Wüste ist, in der mehr *Heerden* als Menschen wohnen. Wer Ohren hat zu hören, der höre![67]

Daraufhin beginnt der Prediger seine Predigt:

> Das *Salz* der Gelehrsamkeit ist ein gut Ding; wo aber das Salz *dumm* wird, womit wird man würzen? Womit sonst als der ΜΩΡΙΑ του κηρυγματος *mit thörichter Predigt*. 1. Kor. I. 21.

Das Wort vom Kreuz wird von Hamann gegen das Salz der Gelehrsamkeit gesetzt, das dumm geworden sei. Daher gibt nur der Un-Sinn der Menschenweisheit das rechte Salz, das heilsame Wort ab.[68]

Im Alten Testament erscheint „Salz" in verschiedenen Kontexten. Zum Beispiel wurden Neugeborene offenbar mit Salz eingerieben (Hes 16,4); ebenso mussten Opfer gesalzen werden (Hes 43,24; 2 Mose 30,35), und im Tempel musste immer Salz eingelagert sein (Esra 4,14; 6,9; 7,21). Ferner wird „Salz" metaphorisch für Haltbarkeit gebraucht (4 Mose 18,19; 2 Chr 13,5).[69] Im Neuen Testament, in der Bergpredigt, ist nun vom „Salz der Erde" (Mt 5,13) und dem „Licht der Welt" (Mt 5,14) die Rede, die in der Predigt Hamanns umformuliert und mit dem Wort vom Kreuz (1 Kor 1,21) verknüpft werden. In Mt 5,13 heißt es: „Wenn nun das Salz nicht mehr salzt, womit soll man würzen?" (vgl. Mk 9,50; Lk 14,34f.), und daraufhin wird auf die Sendung der Christen verwiesen, die das Wort verkünden sollen, um der Welt das Licht zu bringen und Trost zu spenden. So weist auch Kol 4,6 darauf hin, dass die christliche Rede stets mit Salz gewürzt sein solle, um „tröstlich" (Luther) und heilsam zu sein. Dass Hamann gesalzene Rede ebenfalls als heilsam verstanden wissen wollte, kann vielleicht die nächste Stelle belegen, in der Hamann vor einer „epidemischen" „sündigen Unwissenheit" warnt:

> Die *Vernunft* ist heilig, recht und gut; durch sie kommt aber nichts als *Erkenntnis der überaus sündigen Unwissenheit*, die, wenn sie epidemisch wird, in die Rechte der Welt-

66 So ein Ausdruck für das äußerliche Wort, das der Mensch vernimmt und das in seinem Inneren heilsam wirkt. Vgl. Beutel: Wort Gottes (Anm. 38), S. 363.

67 Dieses und folgende Zitate: N II (Wolken), S. 108: 11–36. Zum Zitat vgl. auch Dan 7,13; Sach 12,10; Joh 19,37.

68 Bereits Josef Nadler erwähnt in N VI (Schlüssel), S. 332, dass „Salz" ein „Hauptwort" Hamanns sei.

69 Vgl. Dominik Daschner: Salz (Art.). In: Lexikon für Theologie und Kirche. Bd. 3, Sp. 1501f.; Thomas Strässle: The Religious Symbolism of Salt and the Criticism of Rationality in Johann Georg Hamann. In: Neue Zeitschrift für systematische Theologie und Religionsphilosophie 46 (2004), S. 101–111. Strässle sieht in dieser Stelle in den *Wolken* die spätere Metakritik Hamanns im Salz präfiguriert. Zwar bleibt es nur bei Andeutungen, denen wir nicht folgen, doch verdanken wir dem Aufsatz einige wertvolle Hinweise.

weisheit tritt, wie einer aus ihnen gesagt hat, ihr eigen Prophet, der *Methusalah* unter den *beaux-esprits* dieses Geschlechts: *Les sages d'une Nation sont fous de la folie commune.*[70] *Niemand betrüge sich also selbst. Welcher sich unter euch dünkt weise zu seyn; der werde ein Narr* – – – 1. Kor. III.18.[71]

In einer solchen Wüste der „sündigen Unwissenheit" spricht Hamann jenem verkehrten Glauben an die Vernunft, der „epidemisch" geworden sei, den Absolutheitsanspruch ab und weist der Philosophie die Rolle der Magd zu, die nur vorbereiten oder erläutern kann, nicht aber wahrhaft erhellen, entdecken und – trösten.

Deshalb predigt er: „Das Amt der Philosophie ist der leibhaftige *Moses*," also nicht der *ganze* Moses, der Prophet Moses, dessen Gesetz Christus kündet. Hamann analogisiert das Gesetz des Moses mit der Philosophie (wie bereits oben bei Luther gesehen). Der *leibhaftige* Moses ist der Moses ohne den Geist, ohne die Verheißung und daher bloß „ein *Orbil* zum Glauben, und bis auf den heutigen Tag, in allen Schulen, wo gelesen wird, hängt die *Decke* vor dem *Herzen* der Lehrer und Zuhörer, welche in CHRISTO aufhört" (vgl. 2 Kor 3,15f.); also dann aufhört, so heißt es bei Paulus, wenn Israel sich bekehrt oder Christus wiederkehrt (Röm 11,15.24ff.).

Hamann arbeitet weiter mit 2 Kor 3,14–18:

> Dies *wahrhaftige Licht*, sehen wir nicht im Licht des *Mutter*witzes [nach dem Fleische?], nicht im Licht des Schulwitzes [Vernunft, Philosophie]. Der HERR ist der Geist. Wo aber des HERRN Geist ist, da ist *Freiheit*. Dann sehen wir alle mit aufgedeckten Angesichte des HERRn Klarheit wie im Spiegel, und werden verwandelt in daßelbe Bild von Klarheit zu Klarheit als vom HERREN des Geistes. 2. Kor. III.17.18.[72]

Das Schema „Vernunft – Judentum – Katholizismus – natürliche Religion" zeichnet sich bei Hamann schon früh ab. Wie bereits angedeutet, bedeutet diese Gleichsetzung eine Aufnahme der bereits bei Luther vorfindlichen Polemik gegen die Werkgerechtigkeit und Eigenmächtigkeit der Vernunft und die damit einhergehende Leugnung der Gnadebedürftigkeit des Menschen.[73] Allerdings ist die Gesetzlich-

---

70 Sperrung im Text Hamanns kursiv. Meines Erachtens ist hier der bereits weiter oben in Hamanns Text genannte Helvétius metaschematisiert: De l'Esprit, Disc. 4,8: „Ce chinois et ce musulman passeront donc pour sages, uniquement parce qu'ils sont fous de la folie commune." Dagegen: Strässle, der an Voltaire denkt, vgl. ebd., S. 108f.; Nadler weist mit Wiener auf Fontenelle hin, vgl. N II (Apparat), S. 397.

71 N II (Wolken), S. 108: 19–26.

72 Ebd., S. 108: 30–36.

73 Den „Vergleich" von Juden und Philosophen erachtet Bayer als für Hamanns Autorschaft besonders bedeutsam und weist immer wieder auf dieses Motiv besonders im Spätwerk Hamanns hin; vgl. auch für andere Anknüpfungspunkte zum hier behandelten Thema: Oswald Bayer: Vernunft ist Sprache. Hamanns Metakritik Kants. Stuttgart-Bad Cannstatt 2002 (Spekulation und Erfahrung. Texte und Untersuchungen zum Deutschen Idealismus, Abt. II, 50), hier bes. S. 35ff. Leider (und merkwürdigerweise) unterbleibt eine Kommentierung; dagegen hilfreich: S. 42, Anm. 102. Vgl. ebenso: Ders., Christian Knudsen: Kreuz und Kritik. Johann Georg Hamanns Letztes Blatt. Text und Interpretation. Tübingen 1983 (Beiträge zur historischen Theologie 66). Diese Edition des von Nadler falsch gelesenen „Letzten Blattes" bietet eine dichte Summe der Hamann-Interpretation Bayers mit einer Fülle von Nach- und Hinweisen zu Einzelaspekten; für den weiteren Kontext unseres Themas bes. erheblich: S. 69ff., 100ff.

keit des Judentums und des Katholizismus die heilsgeschichtliche Vorbereitung; die Gesetzlichkeit und die Sünde, die sie bringt, sind die Geburtswehen des Luthertums und dessen befreiender „Reformation", genauso wie der Katholizismus aus dem Judentum hervorgegangen ist.

> Vernunft ist der *leibhafte Moses* – und unsere Philosophie der *leibhaftige Pabst* verklärt – *Judentum*, sein Geist natürl. Religion, ist die allgemeine Losung [...]. An *Meßias* kaum gedacht. Aus dem Verstande unserer Apologisten vom *Judentum* läßt sich auf ihren Verstand des *Xstentums* schließen – u ohne beyde sind *Pabstum u Lutherthum* Stückwerk. Dieses Viereck ist mein altestes und jüngstes Thema – und so Gott will das Ey zu meinem Schiblemini [...].[74]

Wie für Luther das Gesetz den Menschen gegeben war, um sie Demut zu lehren und auf Christus vorzubereiten, so führt für Hamann auch die Gesetzlichkeit der Vernunft und deren „Notwendigkeiten" zur Skepsis und mündet letztlich im Glauben. Wie das Gesetz daher Demut lehrt, so auch die Vernunft und deren Religion, die „natürliche Religion".

Nach seinen ersten umfangreichen Lutherstudien kommt Hamann bereits 1759 zu diesem Verständnis von Gesetzlichkeit:

> „Die letzte Frucht aller Weltweisheit ist die Bemerkung der Menschlichen *Unwißenheit* und *Schwachheit*". Derjenige Theil, der sich auf unsere Verstandeskräfte und Erkenntnis beziehet, zeigt uns, wie unwißend, der sittl. wie böse und seicht unsere Tugend ist. Dieser Eckstein ist zugleich ein Mühlenstein, der alle seine Sophistereyen zertrümmert.[75]

Der „Eckstein" hier aus Ps 118,22 (vgl. Jes 28,16), dem Lieblingspsalm Luthers und Gegenstand seines berühmten *Schönen Confitemini*, ist freilich für diesen mit Eph 2,20 ein Verweis auf Christus, der zum Stein des Anstoßes der gesetzlichen Einrichtung der Welt geworden ist.[76] Die Verallgemeinerung der Gesetzlichkeit auch

---

74 ZH IV (an Herder am 25.6.1780), S. 195: 17–24.

75 ZH I (an Lindner am 3.7.1759), S. 355: 32–36.

76 WA 31 (Das schöne Confitemini), S. 171bff. „Er [der Psalmist / David] fasset aber jnn diesem vers kuertzlich das leiden und aufferstehen Christi, Denn jnn dem, das er Verworffen ist, zeigt er sein leiden, sterben, schmach und hon, darunter Christus ist gelegen, Jnn dem, das er zum Eckstein ist worden, zeigt er an sein aufferstehen, leben und herrschafft jnn ewigkeit Und fueret es herein unter einer gleichnis eines gebewes, Als wenn sich etwa ein stein nicht schicken wil jnn der mauren noch sich mit den andern steinen reimen, sondern verstellet das gantze gebew und ist ein untuechtiger, unnuetzer stein, das man jhn mus verwerffen, Und keme ein ander frembder meister, der des selbigen steins wol wueste zu brauchen und spreche: Harret, jhr grossen narren, seid jhr baw meister und muegt des steins nicht? Er ist mir gut, Er sol mir nicht die luecken buessen noch einen fuelle stein geben, auch nicht so geringe sein als ein werck stueck, sondern ein Eckstein sein jm grunde, der mir nicht eine maur, sondern zwo maurn tragen und mehr thun sol denn kein ander stein, und mehr denn alle stein jm gantzen gebew. / Also wolt sich Christus nirgent reimen mit der Phariseer wesen und heiligkeit noch mit der gantzen wellt, Sie kundten jhn nicht leiden, Er verstellete jhn alle jhr gebew, strafft und schalt jhr schoenes, eusserlichs, heiliges wesen, Da wurden sie zornig, verdampten und verworffen jhn, denn sie wusten nicht, wo zu er gut were. Da nam jhn Gott an, der rechte bawmeister und machte draus einen eckstein zum grunde, darauff die gantze Christenheit, beide, aus Jueden und Heiden versamlet [!], stehet. Also gehets jhm noch jmerdar, Denn der stein ist verworffen, heisst verworffen, bleibt verworffen, Aber nichts deste weniger ist er und bleibt bey

auf die Heiden, denen das Gesetz ins Herz geschrieben ist und die sich daher sozusagen selbst Gesetz sind, gründet sich auf Röm 2,14ff. Und so trifft der „Eckstein" jede Gesetzlichkeit, die offenbarte wie die durch Vernunft oder im Herzen gefundene:

> Unsere Vernunft ist also eben das, was Paulus das Gesetz nennt – und das Gebot der Vernunft ist heilig, gerecht und gut. Aber ist sie uns gegeben – uns weise zu machen? eben so wenig als das Gesetz der Juden sie gerecht zu machen, sondern uns zu überführen von dem Gegenteil, wie unvernünftig unsere Vernunft ist, und daß unsere Irrthümer durch sie zunehmen sollen, wie die Sünde durch das Gesetz zunahm. Man setze allenthalben wo Paulus vom Gesetz redt – das Gesetz unsres Jahrhunderts und die Losung unserer Klugen, und Schriftgelehrten – die *Vernunft*: so wird Paulus mit unseren Zeitgenossen reden; und seine Briefe werden nicht mehr einer Trompete ähnlich seyn, nach deßen Schall sich keiner zum Streit rüstet, weil sie unverständlich das Feldzeichen giebt.[77]

4. Kritische Apologie des lutherischen Sokrates

Wie auch immer man zur Mission des Autors und der Stilisierung seines Werkes zur paulinisch-sokratischen „Autorschaft", der nachträglichen Taufe des griechischen Weltweisen und der Pathologisierung moderner Rationalität stehen mag, Hamanns konzeptionelle Dunkelheit bleibt in ihren sokratischen Momenten ungebrochen modern. Besonders das berühmte *scio nescio*, das Zu-sich-Kommen durch die Einsicht der eigenen Unwissenheit, das Hamann so nachdrücklich als Medizin verschreibt, stellt verallgemeinert auch für andere dunkle Texte einen Grund für das Interesse an ihnen dar. Indem nämlich die Einfachheit des alltäglichen Verstehens, das vermeintlich Klare und Unproblematische, durch das Ironische, das Unverständliche und Dunkle erst infrage gestellt wird, wird Erkenntnis über das Alltägliche, das reibungslose Immer-so-Sein, das Gewöhnliche möglich. Das Bekannte ist das Unerkannte, und erst die Differenz, die der dunkle Text markiert, macht das Gewöhnliche in seinem Problematisch-Sein sichtbar. Der nicht hinterfragte Schein der Alltäglichkeit wird wie ein Schleier der Unwissenheit durch die Entstellung des Gewöhnlichen gelüftet. Insofern veranlasst der dunkle, entstellte Text Erkenntnis vom Unbekannten und stellt so, wie oben beschrieben, den ersten Schritt zur Selbsterkenntnis dar. Als ein solcher Erkenntnisschritt bedeutet diese eine Emanzipation von

---

den gerechten und gleubigen theur, eddel und werd, welche nicht auff jhr eigen menschen werck noch auff Fuersten macht bawen sondern auff diesen stein. / Merck aber, wer sie sind, die diesen stein verwerffen, Es sind nicht schlechte leute, sondern die aller besten, nemlich, die heiligsten, die kluegesten, die gelertesten, die groessesten, die edlesten, die muessen sich an den stein stossen [!], Denn die elenden, armen suender, betruebten, jrrigen, verachten, geringen, ungelerten werden sein fro und haben jhn hertzlich gerne. Jhene aber heissen Bawleut, das ist, die das volck bawen, bessern und regiern zum besten, mit leren und predigen, Sie haben nicht den namen, das sie Verstoerer, Schedliche, Untuechtige weren, Sondern Bawleute sind sie, die noetigesten, nuetzlichsten, besten leute auff erden, das, wenn sie nicht weren, der himel fiele gewislich ein, ehe es abend wuerde, und land und leute verdoerben. Das sind die regenten, beide, jnn geistlichen und weltlichen stenden, die mit jhren Rechten land und leute gefasset haben [...]". Ebd., S. 172b: 1–173b: 1.

77 ZH I (an Lindner am 3.7.1759), S. 355: 36–356: 9.

den alltäglichen Imperativen und den künstlichen Autoritäten, die sich in allerlei lebensweltlichen Verblendungen, wie etwa den Aufdringlichkeiten der Mode, erfahren lassen, und insofern bedeutet deren Erkenntnis auch Befreiung von den Götzen der Leistungsoptimierung und dem Bann der Selbstüberschätzung. Daher ist das Interesse, die Offenheit für dunkle Texte, sokratisch gesehen, ein Akt der Mündigkeit und moderner Ambiguitätstoleranz, für die eigentlich schon die Anstößigkeit, die Atopie des Sokrates steht.

Dies zeigt sich auch in der feinen Ironie, die Hamanns Schriften durchzieht. Das Ironische setzt eine kritische Distanz zum ironisierten Gegenstand voraus. Der Gebrauch der Ironie bedeutet daher den Gebrauch der Freiheit, die in jener Distanz besteht. Der Bann, die gewaltsame Autorität eines Gegenstandes ist dann gebrochen, wenn über ihn gelacht, wenn er ironisiert werden kann. Deswegen ist der Spott auch, wie Lessing ganz richtig bemerkte, die schwerste Waffe im rhetorischen Arsenal der aufklärerischen Polemik gegen beschworene alte Autoritäten gewesen. Ist diese Distanz nicht gegeben oder nicht gewährt, dann herrscht das Tabu, die Sanktion, die Unfreiheit. Auch hierin finden wir ein sokratisches Element wieder, das auch Hamann vielfach zu gebrauchen weiß und das wir selbst auf uns als Lesende bereits anwendeten, als wir die Texte studierten und unsere Schlüsse zogen. Indem wir nämlich auf sokratische Weise vom Sokratischen im Bemühen um das Unverständliche erfuhren, indem wir Wissen von Unwissen unterschieden. Vom dunklen, paulinisch-sokratischen Hamann wurden wir im alltäglichen Vollzug des Immer-schon-verstanden-Habens unterbrochen. Von der Unterbrechung blicken wir aus neuer Perspektive auf das Sichvollziehende.

Hamann hat sich dabei bei seinem Kritisieren fremder, künstlicher Autoritäten stets auf den Grund der Bibel gestellt. Indem er sich von diesem Grund aus gegen die selbstgenügsame, sich selbst aufklärende „Weltweisheit“ der Zeitgenossen wandte, um diese letztlich über die Verkehrtheit und Hybris jener Mündigkeitsrhetorik aufzuklären, radikalisierte sich in ihm die Aufklärung.

Martina Fuchs

Egon Hajek – ein Pfarrer aus Siebenbürgen als Reformationsschriftsteller

1. Einleitung

Wer war Egon Hajek? Und warum soll man sich mit diesem aus Siebenbürgen stammenden Pfarrer und Schriftsteller, der den Großteil seines Lebens in Wien verbrachte, beschäftigen? Die Verfasserin vorliegender Studie wurde auf Egon Hajek aufmerksam, als sie sich mit einem 1527 im oberösterreichischen Schärding hingerichteten Protestanten und seinem Nachleben in literarischen Werken auseinandersetzte.[1] Ein gewisser Hajek verfasste über diesen Märtyrer ein „geistliches Laienspiel", und es stellte sich heraus, dass der Geistliche Hajek ein vielfältiges belletristisches Erbe hinterließ, in welchem er sich immer wieder mit der Geschichte – speziell im Zeitalter der Reformation – beschäftigte. Auch seine Biographie schien interessant zu sein, da er eine nicht unproblematische Affinität zu großdeutsch-völkischem Gedankengut pflegte, die sich in seinen historischen Romanen widerspiegelt. Der Ausgangspunkt war die Frage nach dem, was der Autor in seinen belletristischen Werken zu vermitteln suchte. Wollte er sein Publikum, insbesondere seine Landsleute in der ‚Diaspora', ‚bloß' unterhalten, oder trachtete er danach, eine politische Botschaft zu transportieren? Und wenn ja, welche?

Um Hajeks ‚siebenbürgische' Romane verstehen zu können, muss man sich zuerst mit den historischen Rahmenbedingungen vertraut machen. Das betrifft zum einen die politische Geschichte des 16. Jahrhunderts: die exzeptionelle Lage Siebenbürgens, das nach der Schlacht von Mohács 1526 zwischen Habsburgern, siebenbürgischen Woiwoden sowie Osmanen aufgerieben zu werden drohte. Nicht zu vernachlässigen ist die Person des Johannes Honterus, des siebenbürgischen Reformators, dem Hajek einen umfangreichen historischen Roman widmete. Daran schließen sich ‚biographische Schlaglichter' auf Egon Hajek selbst an; im Zentrum steht seine Haltung zum Nationalsozialismus, wobei zeitgenössischen Quellen ‚Selbstaussagen' aus seiner Autobiographie gegenübergestellt werden.

Ein zentraler Teil wird die einschlägigen literarischen Produkte Hajeks analysieren, ergänzt um zwei Beispiele anderer Autoren, um deutlich zu machen, dass Pfarrer Hajek nicht der einzige war, der sich historischen Themen aus Siebenbürgen zuwandte, was besonders auf Johannes Honterus zutrifft, der den Siebenbürger Sachsen schon vor Hajek als wichtige Identifikationsfigur diente.

1 Vgl. Martina Fuchs: Ein evangelischer lieu de mémoire? – Der bayerisch-oberösterreichische Märtyrer Leonhard Kaiser in Historischer Belletristik. In: Jahrbuch des Oberösterreichischen Musealvereines – Gesellschaft für Landeskunde 158 (2013), S. 141 – 174, hier bes. S. 155–158.

Dieser Abschnitt enthält Zitate aus den literarischen Werken, um die Eigentümlichkeit dieser speziellen ‚Gattung' zu demonstrieren.[2] Im Abschnitt „Siebenbürgische Befindlichkeiten" ist es wiederum zwingend notwendig, die politischen Verhältnisse im Siebenbürgen des ausgehenden 19. sowie in der ersten Hälfte des 20. Jahrhunderts komprimiert darzustellen, um sowohl das Honterusfest von 1898 als auch die Frage nach dem Nationalismus in Siebenbürgen kontextualisieren zu können. Abschließend wenden wir uns Hajeks „Traum vom Reich" zu; hier wird deutlich werden, dass seine Dichtungen Ausdruck einer kollektiven siebenbürgischen Identität sind bzw. er danach strebte, eine solche zu erzeugen; damit in engem Zusammenhang zu sehen ist die Verbindung von nationalem und konfessionellem Bekenntnis.

2. Reformation in Siebenbürgen – das Wirken des Johannes Honterus

Das Aufkommen reformatorischen Gedankenguts bzw. die Durchsetzung der Reformation ist in engem Kontext mit der einzigartigen politischen Gemengelage in Siebenbürgen zu sehen. Zur Grenzsicherung wurden um die Mitte des 12. Jahrhunderts vom ungarischen König unter anderem Siedler aus dem Heiligen Römischen Reich angeworben, die, mit Sonderrechten ausgestattet, neben der Grenzsicherung auch die wirtschaftliche Erschließung vorantreiben sollten. Die meisten Siedler kamen aus den Gegenden von Rhein und Mosel und wurden bald zusammenfassend als *Saxones* bezeichnet.[3] Die Woiwodschaft Siebenbürgen besaß innerhalb der Länder der ungarischen Krone eine autonome Stellung, die mit einer Ständeverfassung zusammenhing, welche von drei unterschiedlichen Gruppen getragen wurde: erstens dem ungarischen Adel (er beherrschte den flächenmäßig größten Teil, den sogenannten „Komitatsboden"), zweitens den Szeklern (einem magyarischen Freibauernstamm ungeklärter Herkunft) sowie drittens den Siebenbürger Sachsen, wobei letztere auf dem „Königsboden" siedelten.[4] Diese drei *nationes* hatten sich bereits 1437 zu einer

2 Der Seitennachweis erfolgt in diesen Fällen unmittelbar im fortlaufenden Haupttext. Orthographie und Schreibung von Eigennamen werden beibehalten. Hervorhebungen finden sich stets im Original.

3 Vgl. Harald Roth: Kleine Geschichte Siebenbürgens. Köln u. a. 1996, S. 32; an neuerer landesgeschichtlicher Literatur vgl. Ioan-Aurel Pop u. a. (Hg.): The History of Transylvania. Vol. 1: (Until 1541). Cluj-Napoca 2005; Vol. 2: (From 1541 to 1711). Cluj-Napoca 2009, sowie jüngst die konzise Einführung in die siebenbürgische Geschichte von Kurt Scharr: Historische Räume: Siebenbürgen – Bukowina – Banat. In: Ders. (Hg.): Historische Regionen der östlichen Habsburgermonarchie im Vergleich. Strukturwandel und Modernisierung in Siebenbürgen und der Bukowina. Wien 2013 (Österreich in Geschichte und Literatur mit Geographie. Jg. 57, H. 3), S. 230–237, hier S. 230–235.

4 Vgl. Krista Zach: Humanismus und Renaissance in Siebenbürgen. Über ihre Voraussetzungen und Wege der Entfaltung in einer Randzone (15.–16. Jahrhundert). In: Dies.: Konfessionelle Pluralität, Stände und Nation. Ausgewählte Abhandlungen zur südosteuropäischen Religions- und Gesellschaftsgeschichte. Hg. v. Joachim Bahlcke. Münster 2004 [Orig. 1979] (Religions- und Kulturgeschichte in Ostmittel- und Südosteuropa 6), S. 105–149, hier S. 108f. – Wobei auf dem Komitatsboden noch andere ethnische Gruppen lebten, die allerdings keine vergleichbare Territorialautonomie erringen konnten (Slowaken, Ruthenen, Rumänen).

Union zusammengeschlossen, um die sogenannte „Türkenabwehr“ effizienter zu organisieren, aber auch um Bauernaufstände im Inneren zu bekämpfen.[5]

Das entscheidende Ereignis für die weitere Entwicklung war die für Ungarn desaströse Niederlage gegen die Osmanen in der Schlacht von Mohács 1526. Bekanntlich erhoben zwei Prätendenten Anspruch auf den Thron des gefallenen ungarischen Königs Ludwig II.: der Habsburger Ferdinand (I.), Bruder Kaiser Karls V., und der siebenbürgische Woiwode Johann/János Szapolyai. Als sich beide zu Königen von Ungarn krönen ließen, brach ein zwölfjähriger Bürgerkrieg aus. Der Vertrag von Großwardein/Oradea/Nagyvárad legte 1538 fest, dass Ungarn ein Königreich bleiben sollte, und teilte das Gebiet zwischen den beiden Herrschern gemäß dem *status quo* auf. Sollte Johann ohne männlichen Nachfolger sterben, würde Ferdinand das Erbe antreten. Als Johann 1540 starb, hinterließ er einen wenige Wochen alten Sohn, der tatsächlich zum König ausgerufen wurde. Nach der Einnahme von Ofen/Buda durch die Osmanen 1541 übergab Sultan Süleyman Königin Isabella, Johanns Witwe, und ihrem Sohn Siebenbürgen.[6] Allerdings dankten Isabella und der junge Johann/János Siegmund/Zsigmond noch im gleichen Jahr ab (im Vertrag von Gyula wurden die Bestimmungen des Friedens von Großwardein erneuert);[7] die Resignation wurde im August 1542 durch den siebenbürgischen Landtag anerkannt. Die in der Folge entsendeten Reichstruppen unter Führung des Markgrafen Joachim von Brandenburg mussten im Oktober kampflos von Ofen/Buda abziehen, woraufhin die siebenbürgischen Stände den Vertrag von Gyula annullierten. 1547 schloss die Hohe Pforte mit den Habsburgern einen Waffenstillstand, in dem Ferdinand zu einem „Ehrengeschenk“, also einer Tributzahlung, verpflichtet wurde. Der Paulinermönch Georg Martinuzzi,[8] auch bekannt als Bruder Georg, Bi-

5 Vgl. Harald Roth: Siebenbürgen. In: Ders. (Hg.): Geschichte Ostmittel- und Südeuropas. 2., überarb. u. aktual. Aufl. Köln u. a. 2009 (Studienhandbuch Östliches Europa 1, UTB Geschichte 3167), S. 373–381, hier S. 374.

6 Vgl. dazu und zum Folgenden Teréz Oborni: Die Herrschaft Ferdinands I. in Ungarn. In: Martina Fuchs, Alfred Kohler (Hg.): Ferdinand I. Aspekte eines Herrscherlebens. Münster 2003 (Geschichte in der Epoche Karls V. 2), S. 147–165, hier S. 161–163.

7 De facto bedeutete dies die Dreiteilung Ungarns: in das von den Habsburgern beherrschte königliche Ungarn, den von den Osmanen besetzten Teil sowie Siebenbürgen.

8 Martinuzzi – sein eigentlicher Name lautete Juraj Utješenović – wurde 1482 in Dalmatien geboren. Nach kurzer militärischer Karriere trat er in den Paulanerorden ein und wurde als ‚Berufsdiplomat‘ an der Seite Johann Szapolyais dessen einflussreichster Berater. 1534 zum Bischof von Großwardein und 1539 zum ‚Landesbischof‘ von Siebenbürgen ernannt, übernahm er nach Szapolyais Tod die Vormundschaft für dessen Sohn. Danach wurde er Parteigänger Ferdinands, machte sich aber durch seine Verhandlungen mit den Osmanen verdächtig und wurde 1551 in Alvincz/Vințu de Jos ermordet. Vgl. den Artikel Martinuzzi od. Martinusius, Georg. In: Lexikon für Theologie und Kirche. Bd. 6. 2., neubearb. Aufl. Freiburg i. Br. 1934, Sp. 994f., sowie <http://www.britannica.com/EBchecked/topic/367114/Gyorgy-Martinuzzi?sections=367114main,367114Citations&cit=mla&view=print> (Zugriff 12.2.2014). Eine scharfsichtige, allerdings nicht ganz objektive Charakterisierung dieser widersprüchlich beurteilten Persönlichkeit bietet der Siebenbürger Bischof und Historiker Fr[iedrich] Teutsch: Bruder Georg 1482–1551. In: Ders. (Hg.): Bilder aus der vaterländischen Geschichte. Kronstadt 1909, S. 136–153. Geradezu lustvoll konzipierten ihn literarisch tätige Autoren als negativ beleumundeten Gegenspieler Honterus’.

schof von Wardein, Schatzmeister und wichtigster Berater König Szapolyais, war die bestimmende Person der Zeit und sollte für das Schicksal Siebenbürgens entscheidend werden. Er versuchte mehrmals, Kaiser Karl V. für einen Kriegszug gegen die Osmanen zu gewinnen – vergeblich. Nun trachtete Martinuzzi danach, Siebenbürgen unter den Schutz Ferdinands zu stellen: 1551 übergaben Isabella und ihr Sohn Siebenbürgen an den römischen und ungarischen König. Zur Inbesitznahme Siebenbürgens schickte Ferdinand den Söldnerführer Gianbattista Castaldo, welcher die tatsächliche Einnahme bewerkstelligen sollte. Er und andere misstrauten Martinuzzi, denn sie vermuteten, er arbeite mit den Osmanen zusammen. Die Situation eskalierte, und Ferdinand ließ den Mönch, der knapp davor zum Kardinal ernannt worden war, ermorden. Das heißt, Ferdinand instruierte Castaldo brieflich, gegen den Mönch vorzugehen, sollte dieser die habsburgischen Vorhaben gefährden – eine Botschaft, welche der General wohl verstand und entsprechend ausführte.[9] Das Vorgehen der habsburgischen Truppen, gekennzeichnet durch schwere Ausschreitungen, führte bei den siebenbürgischen Ständen einen Meinungsumschwung herbei, und Siebenbürgen sowie die angrenzenden Komitate erkannten Johann Sigismund Szapolyai als König von Ungarn an.[10] Siebenbürgen und die ostungarischen Komitate wurden wieder der osmanischen Oberhoheit unterstellt, was allerdings noch keine Befriedung bedeutete; erst 1562 bzw. 1568 sicherten habsburgisch-osmanische Friedensverträge die Machtaufteilung in der Grenzregion.[11] Auch in den nachfolgenden Jahren schlossen Ferdinands I. Nachfolger, Maximilian II. und Rudolf II., immer wieder neue Waffenstillstände ab, in denen sie sich zur Aufrechterhaltung des beschriebenen Zustandes sowie zu Tributzahlungen an den Sultan verpflichteten, was allerdings nicht bedeutete, dass – speziell in den Grenzregionen – Friede geherrscht hätte.[12] Krista Zach charakterisiert die Situation folgendermaßen: „Trotz ausdrücklicher Anerkennung der osmanischen Oberhoheit betrachteten sich die Fürsten Siebenbürgens dennoch als Fürsten des römisch-deutschen Reiches, beobachteten die

---

9 Oborni: Herrschaft Ferdinands I. (Anm. 6), S. 163.

10 Für die weitere Entwicklung siehe Teréz Oborni: Die Pläne des Wiener Hofes zur Rückeroberung Siebenbürgens 1557–1563. In: Martina Fuchs, Teréz Oborni, Gábor Ujváry (Hg.): Kaiser Ferdinand I. Ein mitteleuropäischer Herrscher. Münster 2005 (Geschichte in der Epoche Karls V. 5), S. 277–297.

11 Vgl. grundsätzlich Reinhard Rudolf Heinisch: Ungarns Weg in die Habsburgermonarchie (1526–1790). In: Günter Schödl (Hg.): Deutsche Geschichte im Osten Europas. Land an der Donau. Berlin 1995, S. 197–218, hier S. 198–203.

12 In älterer Literatur wird betont, dass durch die ständige Bedrohung von außen „jenes Band, das die deutschen Gaue Siebenbürgens zu einer Gesamtheit, zu einem staatsbürgerlichen Ganzen vereinigte, immer enger“ wurde. G[eorg] D[aniel] Teutsch: Geschichte der Siebenbürger Sachsen für das sächsische Volk. Bd. 1: Von den ältesten Zeiten bis 1699. 4. Aufl. Hermannstadt 1925 (1. Aufl. 1852), S. 242. Darauf muss an dieser Stelle hingewiesen werden, denn die Betonung der ‚nationalen Einigkeit‘ kommt in einschlägiger Historischer Belletristik massiv zum Ausdruck.

Abb. 1: Johannes Honterus (nach einem Holzschnitt, der 1845 in Wien verlegt wurde)

dortige rechtliche Entwicklung und nahmen vor allem in Fragen der Religion öfter aufs Reichsganze Bezug."[13]

Diese Umstände prägten das Leben des Johannes Honterus, der 1498 in Kronstadt/Brașov/Brassó als Sohn des Lederers Georg Gras[14] geboren wurde.[15] Nach

13 Zach: Humanismus und Renaissance (Anm. 4), S. 111. Es ist hier nicht der Ort, diese Aussage im Detail auf ihre Richtigkeit zu prüfen; bedeutsam ist, dass sie als typisch bezeichnet werden darf und daher zum Verständnis sowie zur Verortung einschlägiger literarischer Texte beitragen kann.

14 Harald Zimmermann gibt in seinem biographischen Artikel „Honter (Honterus), Johannes". In: Religion in Geschichte und Gegenwart. Handwörterbuch für Theologie und Religionswissenschaft. Bd. 3. Tübingen 2000, Sp. 1896, „Johannes Aust" als eigentlichen Namen an.

15 Die jüngste Biographie stammt von Gernot Nussbächer: Johannes Honterus (1498–1549). Kronstadt 1997; hingewiesen sei auch auf Oskar Wittstock: Johannes Honterus der Siebenbürger Humanist und Reformator. Der Mann. Das Werk. Die Zeit. Göttingen 1970 (Kirche im Osten 10); von älterer monographischer Literatur sei folgende Untersuchung erwähnt: Karl Kurt Klein: Der Humanist und Reformator Honter. Untersuchungen zur siebenbürgischen Geistes- und Reformationsgeschichte. Hermannstadt 1935 (Schriften der Deutschen Akademie in München 22). Für die Honterus-Forschung anregend wurde die 1962 von Karl Reinerth herausgegebene Arbeit Erich Roths, mit welcher selbiger an der Universität Göttingen promoviert worden war, bevor er bereits

grundlegender Schulbildung in seiner Heimatstadt immatrikulierte er sich 1520 an der Universität Wien, wo er den Baccalaureus-Titel und 1525 denjenigen eines *Magister artium* erwarb. In Studium und Lehre widmete er sich vornehmlich den Naturwissenschaften ebenso wie den alten Sprachen und der Geographie. Nach der Schlacht von Mohács scheint er in seine Heimatstadt zurückgekehrt zu sein, musste diese aber als Anhänger der habsburgischen Partei wieder verlassen, woraufhin er sich 1529 in Regensburg und 1530 in Krakau/Kraków aufhielt, wo er eine lateinische Grammatik sowie eine Weltbeschreibung herausgab. Die ‚Vertreibung' aus der Vaterstadt wurde aber auch angezweifelt – er wäre demnach aus freien Stücken nach Wien zurückgekehrt oder hätte die Stadt an der Donau nicht verlassen; der Aufbruch nach Regensburg wird dann mit der Belagerung Wiens 1529 durch die Osmanen begründet.[16] Sicher ist, dass sich Honterus in den Jahren ab 1530 oder 1531 bis 1533 in Basel aufhielt, wo er als Verlagslektor und Holzschneider tätig war. Hier entstand diejenige Karte, die seinen Ruhm als Geograph begründen sollte, nämlich die erste Karte Siebenbürgens.[17] Dann

> trat im Sommer 1533 [in Kronstadt] der Mann auf, der der Grund- und Eckstein des neuen Bundes wurde, der Streiter Gottes, durch den der Herr hier seine Kirche gründete, ein Quell, aus dem neues sittliches und religiöses Leben strömte für viele Geschlechter – Johannes Honterus.[18]

Bereits 1519 hatten Kaufleute aus Hermannstadt/Sibiu/Nagyszeben Schriften Luthers von der Leipziger Messe mit in ihre Heimat gebracht; der ab 1521 amtieren-

---

1956 im Alter von 38 Jahren verstarb: Erich Roth: Die Reformation in Siebenbürgen. Ihr Verhältnis zu Wittenberg und der Schweiz. Bd. 1: Der Durchbruch. Köln, Graz 1962 (Siebenbürgisches Archiv Folge 3,2); Bd. 2: Von Honterus zur Augustana. Köln, Graz 1964 (Siebenbürgisches Archiv Folge 3,4). Roth vertrat die These, Honterus und sein reformatorisches Werk seien weniger von Luther, sondern von den oberdeutsch-schweizerischen Lehren beeinflusst gewesen, was massiven Widerstand hervorrief: vgl. Oskar Wittstock: Die Honterusforschung auf neuen Wegen. In: Südostdeutsche Vierteljahresblätter 16 (1967), S. 32–38. Grundsätzlich sei noch auf den informativen biographischen Artikel von G[ernot] N[ußbächer]: Honter(us), Johannes. In: Walter Myß (Hg.): Die Siebenbürger Sachsen. Lexikon. Geschichte, Kultur, Zivilisation, Wissenschaften, Wirtschaft, Lebensraum Siebenbürgen (Transsilvanien). Lizenzausg. [Mannheim] 1993, S. 202f., hingewiesen.

16 Gernot Nussbächer: Sein Herz schlug für die Heimat. Neues aus der Honterusforschung. In: Ders.: Beiträge zur Honterus-Forschung 1966–1989. Heidelberg 2003 [Orig. 1973], S. 72–81, hier S. 73.

17 Ungeklärt ist auch ein möglicher Aufenthalt Honterus' in Wittenberg: Die ältere Literatur sieht den jungen Honterus als Studenten Luthers (vgl. z. B. Teutsch: Geschichte [Anm. 12], S. 253); die jüngere dagegen kann glaubhaft belegen, dass er sich 1535 in der Stadt an der Elbe aufhielt, also schon als angesehener Humanist (vgl. Wittstock: Honterus [Anm. 15], S. 131–138). Darin folgte ihr auch die Luther-Biographik: vgl. z. B. Martin Brecht: Martin Luther. Bd. 3: Die Erhaltung der Kirche 1532–1546. Stuttgart 1987, S. 314, wobei allerdings darauf hingewiesen werden muss, dass Honterus sowohl in jüngsten Luther-Biographien als auch in Reformationsgeschichten nicht einmal erwähnt wird: vgl. etwa Heinz Schilling: Martin Luther. Rebell in einer Zeit des Umbruchs. Eine Biographie. München 2012, oder Thomas Kaufmann: Geschichte der Reformation. Frankfurt a. M., Leipzig 2009.

18 Teutsch: Geschichte (Anm. 12), S. 253.

de „Sachsengraf"[19] Markus Pempflinger stand der reformatorischen Lehre positiv gegenüber, was zu deren rascher Verbreitung führte, obgleich sowohl weltliche als auch geistliche Obrigkeiten immer wieder scharfe Strafen gegen Lutheraner verhängten.[20] Bis 1542, dem Jahr der Einführung der Reformation in Kronstadt, gab es allerdings keine ‚offene' Reformation in Siebenbürgen.[21] Für diesen Schritt waren einerseits der Regensburger Reichstag von 1541,[22] andererseits der schon erwähnte Landtag von Thorenburg/Turda/Torda 1542 ausschlaggebend.[23] Die letztendliche Durchsetzung war sicherlich auch der instabilen geopolitischen Lage sowie der osmanischen Indifferenz religiösen Fragen gegenüber geschuldet.

Honterus selbst wurde 1536 Ratsherr in Kronstadt, richtete dort eine Druckerei ein,[24] deren erste Drucke aus dem Jahr 1539 datieren, und bemühte sich um das Schulwesen, kulminierend in seinen Schulordnungen von 1543 und 1547. Die Begründung der *Schola Coronensis*, des ersten humanistischen Gymnasiums im Lande – gemeinhin als ‚Honterus-Schule' bekannt –, fällt in die frühen 1540er Jahre.[25] Im Übrigen hatte der vielbeschäftigte Mann 1535 geheiratet; die Angaben zur Anzahl seiner Kinder schwankt zwischen fünf und sieben.[26] Honterus' entscheidender Bei-

---

19 Der durch Wahl bestimmte Sachsengraf, in Personalunion Bürgermeister von Hermannstadt, stand an der Spitze der „Gesamtheit aller Sachsen", der sogenannten „Nationsuniversität".

20 Teutsch: Geschichte (Anm. 12), S. 246–249.

21 Vgl. Zach: Humanismus und Renaissance (Anm. 4), S. 113. Ungenaue Angaben führten in Kronstadt zu der Annahme, auf dem Reichstag sei eine Einigung zwischen Katholiken und Evangelischen erzielt worden. Auf dem Thorenburger Landtag beschlossen die drei siebenbürgischen Stände, ihre Angelegenheiten, auch die Religion betreffend, intern regeln zu wollen.

22 Auf diesem Reichstag wurde in Gegenwart Kaiser Karls V. noch einmal versucht, zwischen den beiden konfessionellen Parteien einen Vergleich herbeizuführen. Die nach Siebenbürgen gelangenden Flugblätter zeichneten offensichtlich ein zu positives Bild der Verhandlungen. Vgl. Wittstock: Honterus (Anm. 15), S. 219.

23 Vgl. Zach: Humanismus und Renaissance (Anm. 4), S. 114.

24 Gemeinhin wird Honterus als erster Buchdrucker Siebenbürgens genannt; es gab aber bereits um 1529 in Hermannstadt eine Offizin. Vgl. Zach: Humanismus und Renaissance (Anm. 4), S. 139.

25 Hatte man früher 1544 als Gründungsjahr angenommen, machen neuere Forschungen 1541 plausibel. Vgl. Gernot Nussbächer: Neue Erkenntnisse aus der Honterus-Forschung. Versuch einer Zusammenfassung. In: Ders.: Beiträge zur Honterus-Forschung (Anm. 16) [Orig. 1984], S. 218–225, hier S. 222.

26 [Gustav] Seiv[ert]: Honterus Johann. In: Josef Trausch (Hg.): Schriftsteller-Lexikon oder biographisch-literärische Denk-Blätter der Siebenbürger Deutschen. Bd. 2. Kronstadt 1870, S. 197–219, hier S. 200, spricht von drei Söhnen und vier Töchtern. Dieser Darstellung folgt auch der biographische Artikel von Hans Gerch Philippi: Honter(us) (Holler), Johannes. In: Neue Deutsche Biographie. Bd. 9. Berlin 1972, S. 603; Bergel dagegen nennt fünf Kinder: Hans Bergel: Der lange Weg zur Reformation in Siebenbürgen. Vor 450 Jahren wurde Johannes Honterus Stadtpfarrer Kronstadts. In: Südostdeutsche Vierteljahresblätter 43 (1994), S. 331–338, hier S. 338. Erich Roth: Johannes Honterus und die Reformation. In: Heinrich Zillich (Hg.): Heimat im Herzen. Wir Siebenbürger. Salzburg 1949, S. 62–72, hier S. 65, führt sechs Kinder, zwei Söhne und vier Töchter, an. Ungeklärt ist die Situation auch in Bezug auf Honterus' Gattin: War er einmal oder zweimal verheiratet? Und wer waren diese Frauen? Zusammenfassend siehe Wittstock: Honterus (Anm. 15), S. 319–321.

trag war sein *Reformationsbüchlein*, 1543[27] zunächst in Latein unter dem Titel *Reformatio ecclesiae Coronensis ac totius Barcensis provinciae* erschienen. Das Werk wurde von den Wittenberger Reformatoren positiv aufgenommen: Melanchthon veranlasste einen Nachdruck, dem er ein eigenes Vorwort beigab,[28] und Luther lobte es mit folgenden Worten: „denn es gefällt mir sehr, das so gelehret, rein und gläubig geschrieben ist."[29] Um eine Apologie erweitert, wurde das Buch bzw. die Reformation 1543 auf dem Landtag in Weißenburg/Alba Iulia/Gyulafehérvár verteidigt.

Nachdem Jeremias Jekel, derjenige Stadtpfarrer, der 1542 den Gottesdienst nach evangelischer Ordnung eingeführt hatte, seine Stelle aufgab, wurde Honterus 1544 zu seinem Nachfolger bestellt; sein Amt im Schuldienst wiederum übernahm Valentin Wagner, ein bedeutender Mitstreiter und Freund Honterus'.[30] 1547 wurden die beiden erwähnten Schriften zur *Kirchenordnung aller Deutschen in Sybembürgen* umgearbeitet. „Diese so rasch und relativ konfliktfrei durchgesetzte Reformation sollte in Siebenbürgen die besonders konservative, schon seit 1550 auf Bewahren des Veränderten bestehende Neuerung bleiben."[31]

Der siebenbürgischen Variante der Reformation lag ein humanistischer Charakter zugrunde, gekennzeichnet durch eine auffallende Zurückhaltung in dogmatischen Fragen sowie die Distanz zu Luthers Rechtfertigungslehre, woraus eine Ausrichtung auf praktische bzw. ethische Schwerpunkte resultierte.[32] Unterschiede in Auffassung und Zugangsweisen zwischen der deutschen und der siebenbürgischen Reformation macht folgendes Zitat deutlich: „Die Auflösung mittelalterlicher Intoleranz erfolgt bei Honterus vom Wissen und von der Moral her, von der theoretischen und praktischen Vernunft her. Sie erfolgte nicht wie bei Luther vom Glauben, sondern geradezu vom Werke her."[33] Karl Kurt Klein betont, dass Honterus' „so ganz persönlich gefärbte Glaubensstellung zwischen Erasmus, den Lutherischen, Schwärmern, Schweizern und Augustin gleichsam Möglichkeitskeime verschiedenster Entwicklungen in sich" getragen habe.[34]

1550 beschloss die in Hermannstadt tagende „Nationsuniversität" die einheitliche Durchführung der Reformation in allen siebenbürgisch-sächsischen Gemeinden. Dies sollte Honterus allerdings nicht mehr erleben, denn er verstarb zu Beginn des Jahres 1549 in seiner Heimatstadt.

27 Das *Reformationsbüchlein* basiert auf einer nicht erhaltenen Schrift Honterus' vom Herbst 1542. Vgl. Wittstock: Honterus (Anm. 15), S. 227.

28 Vgl. ebd., S. 232f.

29 Zitiert nach Friedrich Teutsch: Geschichte der ev. Kirche in Siebenbürgen. Bd. 1: 1150–1699. Hermannstadt 1921, S. 230.

30 Ulrich A. Wien: Die Humanisten Johannes Honterus und Valentin Wagner als Vertreter einer konservativen Stadtreformation in Kronstadt. In: Volker Leppin, Ulrich A. Wien (Hg.): Konfessionsbildung und Konfessionskultur in Siebenbürgen in der Frühen Neuzeit. Stuttgart 2005 (Quellen und Studien zur Geschichte des östlichen Europa 66), S. 89–104.

31 Vgl. Zach: Humanismus und Renaissance (Anm. 4), S. 115.

32 Wien: Die Humanisten (Anm. 30), bes. S. 92 und 98.

33 Ludwig Binder: Grundlagen und Formen der Toleranz in Siebenbürgen bis zur Mitte des 18. Jahrhunderts. Köln, Wien 1976 (Siebenbürgisches Archiv 11), S. 29.

34 Klein: Der Humanist (Anm. 15), S. 147.

Abschließend sei angemerkt, dass 1564 die Calvinisten und 1568 die Unitarier bzw. Antitrinitarier auf Landtagen anerkannt wurden; das Luthertum schloss sich 1572 auf einer Gesamtsynode der Confessio Augustana an, womit es in Siebenbürgen vier anerkannte Konfessionen gab,[35] welche der katholische Fürst Stephan Báthory 1571/72 anerkennen musste, um von den inzwischen mehrheitlich protestantischen Ständen gewählt zu werden. Hinzuweisen ist ferner auf die Orthodoxen griechischer Ausformung, die ‚geduldet' wurden. Volker Leppin beobachtet zutreffend, dass „die ethnischen Unterschiede auch zu konfessionellen geworden" waren.[36] „Das Fürstentum Siebenbürgen", schreibt Krista Zach, „war als Staatswesen im mitteleuropäischen Vergleich zugleich altmodisch und modern: ‚altmodisch' als ein von privilegierten, territorial definierten Gruppen getragener Ständestaat mit korporativen Elementen; zugleich war es ‚modern', mit paritätischem Abstimmungssystem und – schon seit 1571 – mit einer seiner Zeit vorausweisenden Regelung zur Mehrfachkonfessionalität in einem Landesgesetz."[37]

3. Egon Hajek – biographische Schlaglichter[38]

Hajek wurde 1888 in Kronstadt als Sohn eines k. u. k. Militärkapellmeisters mit böhmischen Wurzeln geboren. Die deutlich jüngere Mutter entstammte einer Familie ungarischer Berufsoffiziere (Ritter von Asboth) irischer Herkunft.[39] Gemein-

---

35 Die vierte Konfession ist der Katholizismus.

36 Volker Leppin: Siebenbürgen: Ein kirchenhistorischer Sonderfall von allgemeiner Bedeutung. In: Leppin, Wien (Hg.): Konfessionsbildung (Anm. 30), S. 7–13, hier S. 10.

37 Krista Zach: Politische Motive und Ursachen der Konfessionalisierung in Siebenbürgen. In: Dies.: Konfessionelle Pluralität (Anm. 4), S. 71–82, hier S. 71; diese „duldende Toleranz" bedeutete allerdings keine gesellschaftliche Gleichstellung: So blieben orthodoxe Rumänen von politischer Partizipation ausgeschlosssen. Vgl. Scharr: Historische Räume (Anm. 3), S. 232.

38 Egon Hajek wurde in zahlreichen kleineren biographischen Artikeln in diversen einschlägigen Nachschlagewerken gewürdigt. Die wichtigsten Fakten bringt: Joseph Trausch (Begr.): Schriftsteller-Lexikon der Siebenbürger Deutschen. Bio-bibliographisches Handbuch für Wissenschaft, Dichtung und Publizistik. Bd. 7. Köln, Weimar, Wien 2000 (Schriften zur Landeskunde Siebenbürgens. Ergänzungsreihe zum Siebenbürgischen Archiv 7), S. 6f.; hier findet sich auch eine umfangreiche Bibliographie sowohl zu Daten über Hajek als auch zu seinen im Druck erschienenen Werken aus unterschiedlichsten Disziplinen. Etwas ausführlicher: Thomas Reuter: Egon Hajek – zum 125. Geburtstag und zum 50. Todestag. In: Die Lutherkirche. Pfarrblatt der evangelischen Gemeinde A. B. Wien-Währing & Hernals, Folge 257 (Juni 2013), S. 14f.; online unter: <http://www.lutherkirche.at/Zeitung_2013_2.pdf> (Zugriff 4.2.2014). Vorliegender biographischer Überblick stützt sich im Wesentlichen auf diese beiden Arbeiten.

39 Rotraut Sutter: Egon Hajek. In: Dies.: Siebenbürger Sachsen in Österreichs Vergangenheit und Gegenwart. Eine Auswahl. Innsbruck 1976, S. 66–68, hier S. 66. Durch diese Abstammung sahen sich manche Autoren veranlasst, Hajeks Zugehörigkeit zum Siebenbürger Sachsentum zu betonen, mit dem ihn „nur ein dünner Faden blutmäßig verband", so Hermann Schlandt: Egon Hajek. Lebensbild eines Außenseiters. In: Südostdeutsche Vierteljahresblätter 12 (1963), S. 212–215, hier S. 213. Die Großmutter mütterlicherseits entstammte nämlich einer eingesessenen Kronstädter Familie. Schlandt, offensichtlich seit Schultagen mit Hajek befreundet, bietet zudem besonders für die Jugendzeit des Autors ein anschauliches Bild.

Abb. 2: Egon Hajek

sam mit dem Sohn konvertierte der Vater 1898 vom Katholizismus zum Protestantismus.[40] Nach dem Besuch des Honterus-Gymnasiums in seiner Heimatstadt studierte Egon Hajek von 1908 bis 1912 Theologie, Germanistik und vier Semester lang Musik mit Hauptfach Komposition an den Universitäten Berlin, Budapest und Kiel. Bereits in dieser Zeit publizierte er erste literarische Arbeiten.[41] Durch das Studium in Budapest war er als Gymnasiallehrer in der ungarischen Reichshälfte zugelassen. 1913 wurde er zum Doktor der Philosophie promoviert; im selben Jahr heiratete er Adele Harth, Tochter eines Großkaufmanns und Fabrikanten.[42] Ebenfalls ab 1913 war er bis 1925 als Professor am Honterus-Gymnasium tätig; vier Jahre wirkte er an der Schwarzen Kirche in Kronstadt als Organist. Zudem bekleidete er von 1925 bis 1929 das Amt des Stadtpredigers in Kronstadt-Martinsberg, nachdem er bereits 1916 die Befähigungsprüfung für das Pfarramt abgelegt hatte. 1929 bewarb er sich auf die Pfarrstelle der evangelischen Gemeinde in Wien-Neubau; diese hatte er bis 1931 inne; daran anschließend wurde er Pfarrer in Wien-Währing, der größten evangelischen Gemeinde Österreichs,[43] wo er bis zu seiner Pensionierung 1956 wirkte. 1938 wurde er zum Dozenten für Hymnologie und Evangelische Liturgik an der Wiener Akademie für Musik und Darstellende Kunst ernannt.[44] Im Rahmen des Oberkirchenrats war er als Kirchenrat für die Kirchenmusik zuständig; er gründete die „Wiener Kantatenvereinigung", die nach dem Zweiten

40 Es kann nur darüber spekuliert werden, ob das 1898 groß aufgezogene Honterusfest (siehe unten) für diesen Schritt eine Rolle spielte. In seiner Autobiographie führte Hajek aus, nichts über die Gründe der Konversion seines damals fast 70-jährigen Vaters zu wissen; möglicherweise hing diese mit der „Los-von-Rom-Bewegung" zusammen: Egon Hajek: Wanderung unter Sternen. Erlebtes, Erhörtes und Ersonnenes. Stuttgart 1958, S. 12.

41 Eine knappe Übersicht zum literarischen Schaffen findet sich bei Stefan Sienerth: Egon Hajek. In: Joachim Wittstock, Stefan Sienerth (Red.): Die Rumäniendeutsche Literatur in den Jahren 1918–1944. Bukarest 1992 (Beiträge zur Geschichte der Rumäniendeutschen Dichtung [2]), S. 187–192. Etwas näher geht Harald Zimmermann auf die drei großen historischen Romane – *Kaspar Tauber, Meister Johannes, König Lautenschläger* – ein: Harald Zimmermann: Siebenbürgen und Wien – Wien und Siebenbürgen. Der Erzähler Egon Hajek auf einer „Wanderung unter Sternen". In: Michael Bünker, Karl W. Schwarz (Hg.): Protestantismus & Literatur. Ein kulturwissenschaftlicher Dialog. Wien 2007 (Protestantische Beiträge zu Kultur und Gesellschaft 1), S. 13–34.

42 Das Paar hatte eine Tochter, die jedoch früh verstarb. In der *Wanderung unter Sternen* (Anm. 40), S. 157, schreibt Hajek allerdings: „Da unsere Kinder frühzeitig heimgegangen waren [...]." Dazu siehe auch Anm. 90.

43 Nach Reuter: Egon Hajek (Anm. 38), S. 14, umfasste die Gemeinde 21.000 Seelen.

44 Reuter: ebd., S. 14, gibt fälschlicherweise 1933 an. Richtig findet sich das Datum aber in seiner unpublizierten Dissertation: Thomas Reuter: Evangelische Kirchenmusik in Österreich. Studien zu ihren Organisationsformen und Persönlichkeiten im 20. Jahrhundert (mit besonderer Berücksichtigung des Wirkens von Egon Hajek). Diss. Wien 1996, S. 31.

Weltkrieg in „Johann-Sebastian-Bach-Kantorei“[45] umbenannt wurde. 1954 wurde ihm ehrenhalber der Titel „Professor“ verliehen, 1958 das Goldene Ehrenzeichen für Verdienste um die Republik Österreich.[46] Nach seiner Pensionierung fungierte er bis Ende 1959 noch als Leiter des Lutherchores. 1963 verstarb er im Spital zu Purkersdorf und wurde am Evangelischen Friedhof in Wien-Simmering begraben.

Heinrich Zillich, in den 1930er Jahren einer der bekanntesten Schriftsteller aus Siebenbürgen, überzeugter Nationalsozialist, später Vertriebenenfunktionär,[47] charakterisierte den Dichterkollegen zum 90. Geburtstag mit folgenden Worten: „Ich mochte ihn immer wegen seiner Fröhlichkeit, seines Witzes, auch wegen seiner Geltungsfreude; er hatte eben etwas unverwüstlich Kindliches in sich“; ferner als „mehrfach begabten, eigenartigen Menschen“.[48] Hans-Georg Nußbächer, ‚Wahlneffe‘ Hajeks,[49] resümierte 1993: „Politik war ihm [Hajek] zuwider. [...] Ständestaat und Nationalsozialismus zogen wohl vor allem über ihn hinweg.“[50] Aber – kann die fragliche Zeit so einfach beurteilt werden?

Wenden wir uns zuerst Hajeks autobiographischem Werk *Wanderung unter Sternen* zu:[51] Schon die Schilderung des Ersten Weltkriegs lässt aufhorchen. Da ist von Königsmördern die Rede, von der englischen Kulturnation, welche für den Mord von Sarajewo entschuldigende Worte findet, von der Begeisterung aller Völker der österreichisch-ungarischen Monarchie, dem „alten Herrn in Schönbrunn“ in die

---

45 Die Beschäftigung mit Johann Sebastian Bach durchzog sein ganzes Leben und gipfelte im posthum erschienenen Roman *Alles nur nach Seinem Willen. Lebenspfade des Thomaskantors*, Stuttgart 1963.

46 Vom Bundesministerium für Unterricht zu einer diesbezüglichen Stellungnahme aufgefordert, begrüßte der Oberkirchenrat die Verleihung einer ‚Auszeichnung‘ nachdrücklich; in der erbetenen „ausführliche[n] Beschreibung seines Lebenslaufes“ wird auf politische Implikationen mit keinem Wort eingegangen. Vgl. Wien, 1958 März 3 (Briefkonzept): Evangelische Kirche in Österreich, Kirchenamt A. B., Registratur (im Folgenden zitiert als Personalakt Hajek), P 191, Zl. 92. Für Unterstützung bei der Einsichtnahme danke ich Frau Dr. Waltraud Stangl.

47 Er war beispielsweise 1939 Teilnehmer an der vom Propagandaministerium und dem Oberkommando der Wehrmacht in die ‚befreiten Gebiete‘ Polens durchgeführten ‚Dichterreise‘; ‚angeführt‘ wurde die Gruppe vom Präsidenten der Reichsschrifttumskammer, Hanns Johst. Vgl. Johann Sonnleitner: Die Geschäfte des Herrn Robert Hohlbaum. Die Schriftstellerkarriere eines Österreichers in der Zwischenkriegszeit und im Dritten Reich. Wien, Köln 1989 (Literatur in der Geschichte, Geschichte in der Literatur 18), S. 235; zum literarischen Œuvre vgl. den instruktiven Beitrag von Stefan Sienerth: Adolf Meschendörfer und Heinrich Zillich im Literaturbetrieb des „Dritten Reiches“. In: Michael Markel, Peter Motzan (Hg.): Deutsche Literatur in Rumänien und das „Dritte Reich“. Vereinnahmung – Verstrickung – Ausgrenzung. München 2003 (Veröffentlichungen des Instituts für Deutsche Kultur und Geschichte Südosteuropas, Wissenschaftliche Reihe, Literatur- und Sprachgeschichte 94), S. 83–118.

48 Heinrich Zillich: [Zum 90. Geburtstag von Egon Hajek]. In: Südostdeutsche Vierteljahresblätter 28 (1979), S. 61.

49 Nußbächer bezeichnete ihn nämlich als „Onkel“: Hans-Georg Nußbächer: Mein Onkel Egon. Erinnerungen an Egon Hajek. In: Siebenbürgisch-sächsischer Hauskalender 9 (1964), S. 103–107.

50 Hans Georg Nußbächer: Eine Erinnerung an Egon Hajek. In: Neue Kronstädter Zeitung 9 (1993), Folge 2/93 (1. Juni), S. 5 und 7, hier S. 5.

51 Hajek: Wanderung (Anm. 40). Für dieses Werk wurde ihm der „Förderpreis der Forschungs- und Kulturstelle der Österreicher aus dem Donau-, Sudeten- und Karpatenraum“ mit Sitz in Wien zuerkannt.

Schlacht zu folgen; die Monarchie sei schließlich nicht zer-, sondern „totgeschlagen" worden.[52] Er selbst habe als „Professor mit geistlichem Charakter" nicht einrücken müssen; befriedigt kann er außerdem feststellen: Rumänien habe über genug Lebensmittel verfügt, sodass man hier – im Gegensatz zu Deutschland und Wien – keinen Hunger leiden musste.[53] Zu den nachfolgenden (politischen) Ereignissen heißt es lapidar: „Da ich nie etwas für Politik übrig hatte, vollzogen sich all diese Ereignisse auf dem Welttheater vor mir wie ein interessantes Spektakelstück, dem ich wohl als beteiligter Leidtragender, nicht aber als handfester Akteur zugesellt war."[54]

In seinen frühen Wiener Jahren konnte Pfarrer Hajek feststellen, dass hier eine andere Religiosität herrschte als in der siebenbürgischen Heimat: Im katholischen Österreich musste der evangelische Glaube immer wieder ‚erkämpft' werden, ist er nicht selbstverständlich.[55]

Aufgrund seines Pfarrwechsels nach Wien-Währing konnte er den ‚Lutherhof', „ein[en] wahre[n] Felsblock des evangelischen Glaubens",[56] beziehen. Die Machtübernahme der Nationalsozialisten in Deutschland habe in Österreich „zu einer Versteifung des Katholizismus" geführt; die Evangelischen wiederum, von der Staatsführung als „Hauptanführer der radikalen Gruppen, die die Vereinigung mit Deutschland wünschten", angesehen, wurden des „Vaterlandsverrats im Geiste" angeklagt.[57] Der sogenannte ‚Anschluss' Österreichs an das Deutsche Reich, 1938, wird begrüßt; einschränkend räumt Hajek aber ein, dass „unfähige Fahnenträger der edelsten Gedanken durch entsetzliche Taten das eigene Programm verunglimpften."[58] Er selbst tat sich mit einigen Pfarrern in einem Kreis zusammen, der – so der Autobiograph selbst – den Deutschen Christen nicht unähnlich war; [59] er sei „in die Dichtung geflüchtet"[60] und habe „vieles von diesen Auseinandersetzungen wie durch einen Nebelschleier erlebt."[61] Ein Ereignis habe ihn „beim Einzug der Hitlerscharen in Wien aufs tiefste erschüttert": Der bekannte österreichische Schriftsteller jüdischer Herkunft[62] Egon Friedell, Verfasser der *Kulturgeschichte der Neuzeit*, sei zu ihm gekommen und habe ihn gebeten, das Datum seiner Taufe in die Kindheit zurückzuverlegen. Ein Ansinnen, das Pfarrer Hajek aus „Pflichtbewußtsein"

---

52 Ebd., S. 102f.

53 Ebd., S. 104.

54 Ebd., S. 137.

55 Ebd., S. 188.

56 Ebd., S. 200.

57 Alle Zitate ebd., S. 201.

58 Ebd., S. 203.

59 Vgl. ebd., S. 237; in diesem Zusammenhang ist es auch stimmig, dass er in seiner Autobiographie dezidiert gegen Karl Barth Stellung bezieht: „Ich habe als Altlutheraner niemals mit der Barthschen Theologie Bruderschaft gemimt. Sie war und blieb mir bis zum heutigen Tage innerlich zuwider." Hajek, ebd., S. 202. Der Schweizer reformierte Theologe Barth (1886–1968), Professor an verschiedenen deutschen Universitäten, war Mitautor der Barmer Theologischen Erklärung 1934 und gilt als einer der Gründer der „Bekennenden Kirche".

60 Ebd., S. 238.

61 Ebd., S. 239.

62 Hajek benützt die Worte „nicht arische Abstammung". Vgl. ebd., S. 296.

zurückweisen musste, zumal Friedell eine Dokumentenänderung ohnedies nichts geholfen hätte, „trug er“ doch „die nichtarischen Merkmale in seinem Gesicht zu deutlich zur Schau.“[63]

Abgesehen von seiner literarischen Produktion weiß Hajek über die fragliche Zeit wenig zu berichten; zu leiden hatte er unter den alliierten Bombardements, sodass ihn selbst Dichtung und Musik nicht mehr zu trösten vermochten; der ‚Lutherhof‘ wurde schwer getroffen, die ebenfalls stark beschädigte Kirche wurde als Leichenhalle benutzt.[64] Als Pfarrer sei er seiner Gemeinde eine Stütze gewesen, an Flucht habe er niemals gedacht; mit der Besatzungsmacht, den „Russen“, kam er ohne Konflikte aus;[65] dann aber begann die

> Zeit der Nazischnüffelei, über die man heute lächelt, denn man ist schließlich darauf gekommen, daß kollektive Schuld und rückwirkende Gesetze keinen Sinn hätten. Es war genau die nazistische Art, die man wieder aufwärmte, denn auch die armen Juden [!] ließ man unter der Last einer kollektiven Schuld in Gaskammern umkommen, wie man hier mindestens schwere Gefängnis- oder Korrektionslagerstrafen für Nazivergehen einschaltete. Manch harmloser Mann verblutete unter entsetzlichen Qualen.[66]

Diese Aufrechnung ist nicht nur degoutant, sondern übersieht auch, dass die Juden nicht als angebliche Mörder Christi verfolgt wurden – dieses Argument diente bestenfalls als Vorwand –, sondern aufgrund ihrer als minderwertig beurteilten ‚Rasse‘.

Im Weiteren berichtet er über seine vielfältigen Bemühungen auf dem Gebiet der Musik; als Schriftsteller begann für ihn eine Zeit der Erfolglosigkeit, denn „jetzt wurden in erster Linie solche Autoren verlegt und gelesen, die unter Verfolgung der Nazi gelitten hatten“.[67] Noch einmal kommt er auf die siebenbürgische Heimat zu sprechen, um larmoyant festzustellen, dass Hitler „der deutsche Volkssplitter in Bessarabien nicht ins Konzept“ gepasst habe; durch die Absiedlung der „armen Bauern“ sei es zu einer „völlige[n] Austilgung eines deutschen Gemeinwesens, einer rein deutschen evang. Kirche und Schule und wertvoller deutscher Bauernvergesellschaftung“ gekommen.[68] – Diese Bemerkung dient Hajek wohl auch dazu, sich als Geg-

63 Ebd., S. 296. Gustav Reingrabner erwähnt unter Berufung auf *Wanderung unter Sternen* zwar Friedells „Besuch bei Pfarrer Hajek“, ohne allerdings den Wortlaut zu zitieren. Er meint entschuldigend, Hajek habe als Siebenbürger Sachse Friedell „innerlich nicht verstehen“ können: Gustav Reingrabner: Egon Friedell. In: Evangelische in Österreich. Vom Anteil der Protestanten an der österreichischen Kultur und Geschichte. Katalog zur gleichnamigen Ausstellung in der Österreichischen Nationalbibliothek, Wien November 1996 bis Feber 1997. Wien 1996, S. 168–171, hier S. 169.

64 Vgl. Hajek: Wanderung (Anm. 40), S. 252–255.

65 Ebd., S. 256.

66 Ebd., S. 259.

67 Ebd., S. 285.

68 Ebd., S. 298. Der schon erwähnte Heinrich Zillich, ab 1941 NSDAP-Mitglied, fühlte sich in seiner Rezension der *Wanderung unter Sternen*, in: Südostdeutsche Vierteljahresblätter 8 (1959), S. 57–59, hier S. 58, bemüßigt, richtigzustellen, die Deutschen seien ausgesiedelt worden, um sie vor der „Sowjetherrschaft zu retten“. In Bezug auf die Vorgänge rund um den ‚Anschluss‘ Österreichs verweist er dezidiert darauf, dass hier ein „diktatorisches Regime“ abgelöst worden sei. Die nach dem Zweiten Weltkrieg Vertriebenen seien im Übrigen in Deutschland sehr viel besser als in Österreich behandelt worden.

ner des Hitler-Regimes zu präsentieren. So waren dann die ersten Flüchtlinge, die nach Wien kamen und denen er seine aufopfernde Hilfe angedeihen ließ, Siebenbürger Sachsen gewesen, die man gezwungen hatte, in die Waffen-SS einzurücken.[69] Auch den ungarischen Flüchtlingen sei 1956 entsprechend geholfen worden. Im Kapitel „Begegnungen mit Weggenossen"[70] listet er seine Bekanntschaften auf; unter den Dichterkollegen finden sich einschlägig bekannte Namen, die ebenfalls – um es vorsichtig zu formulieren – dem Nationalsozialismus nicht abgeneigt waren: Carl Hans Watzinger, Josef Weinheber oder Franz Karl Ginzkey.

Es darf nicht unberücksichtigt bleiben, in welchen Verlagen Hajek seine beiden für diese Untersuchung relevanten Romane erscheinen ließ. Da ist zum einen der in Graz – damals auch noch in Leipzig – ansässige Leopold-Stocker-Verlag zu erwähnen, der ein dezidiert deutsch-völkisches Profil aufwies[71] und dementsprechende Autoren in sein Programm aufnahm. Hajek schien mit dem Verlag zunächst sehr zufrieden zu sein: „Wer bei Stocker ankam, konnte zufrieden sein. Der Übergang [!] Österreichs an das Deutsche Reich erhöhte den Umsatz."[72] Das ursprünglich freundschaftliche Verhältnis wurde aber getrübt, wofür Hajek allerdings keine Gründe anführt; Faktum ist, er machte sich auf die Suche nach einer neuen literarischen Heimat, die er im Stuttgarter Steinkopf-Verlag finden sollte,[73] einem 1792 gegründeten evangelischen Verlag, in dem Werke (einst) prominenter evangelischer Theologen[74] und Schriftsteller[75] verlegt wurden.

---

69 Vgl. ebd., S. 299; Hajek spricht hier sogar von „SS-Freunden". In der Frühzeit handelte es sich wohl überwiegend um Freiwillige. Vgl. etwa Rolf-Dieter Müller: An der Seite der Wehrmacht. Hitlers ausländische Helfer beim „Kreuzzug gegen den Bolschewismus" 1941–1945. Genehm. Lizenzausg. Augsburg 2013 [Berlin 2007], S. 57.

70 Vgl. Hajek: Wanderung (Anm. 40), S. 312–319.

71 Und aufweist, möchte man ergänzen: Heute findet man etwa in der *Aula*, einem revisionistischen Blatt der österreichischen rechten Szene, häufig Inserate des Stocker- bzw. des mit diesem verbundenen Ares-Verlages; Produkte dieses Verlages werden mit Vorliebe in der *Aula* rezensiert, was dem Unternehmen einen Eintrag in das vom Dokumentationsarchiv des österreichischen Widerstandes herausgegebene *Handbuch des österreichischen Rechtsextremismus* bescherte. Vgl. etwa die 2., aktual. u. erw. Neuausgabe, erschienen Wien 1996, z. B. S. 283 und öfter.

72 Hajek: Wanderung (Anm. 40), S. 240. Hajek betont eigens, Leopold Stocker sei evangelisch gewesen.

73 Vgl. ebd., S. 246.

74 Etwa Julius Köstlin: Luthers Theologie in ihrer geschichtlichen Entwicklung und ihrem inneren Zusammenhange. 2 Bde. Stuttgart 1863. Köstlin (1826–1902) war einer der einflussreichsten Luther-Biographen des 19. Jahrhunderts.

75 Als Beispiel sei Wilhelm Kotzde-Kottenrodts Luther-Roman *Die Wittenbergisch Nachtigall* genannt, der 1917 erstmals erschien und bis 1930 sechs Auflagen erlebte. Zu diesem völkisch-nationalsozialistischen Autor vgl. knapp Martina Fuchs: Die vielen Gesichter eines Kaisers. Zur Rezeption Karls V. in deutscher Epik und Dramatik. In: Wim Blockmans, Nicolette Mout (Hg.): The World of Emperor Charles V. Proceedings of the Colloquium, Amsterdam, 4–6 October 2000. Amsterdam 2004 (Koninklijke Nederlandse Akademie van Wetenschapen Verhandelingen, Afd. Letterkunde, NR 188), S. 311–336, hier S. 330f.

Wenden wir uns nun den Quellen zu; hierbei ist man in erster Linie auf den sogenannten ‚Gau-Akt'[76] angewiesen.[77]

Mit Datum vom 1. April 1938 ersuchte Hajek um die Aufnahme als „Förderndes Mitglied der Schutzstaffel der NSDAP";[78] ferner bewarb er sich um Eintragung in die Reichsschrifttumskammer.[79] Nun wurde um die „politische Beurteilung" nachgesucht, die folgende Ergebnisse erbrachte:

> Obgenannter ist Parteianwärter seit Juli 1938. Kurz vor dem Letzttermin trat er der V. F.[80] bei. Während der Verbotszeit half er mit die S. A. der Bezirke 16 bis 19 im evangelischen Bund zu tarnen. Mit seiner Hilfe konnte das Volksheim Martin Luther, in Ottakring eröffnet werden, das sich zur Gänze in den Händen der S. A. befand.[81] Hajek stiftete aus dem evangelischen Unterstützungsfond viele hunderte Freitische für die illegalen S. A. Kameraden. Durch die karitative Tätigkeit in der illegalen Zeit ist ihm das Prädikat „nationalsozialistisch" zuzusprechen. Charakterlich geniesst er einen guten Ruf und ist nichts Nachteiliges bekannt.[82]

Die Aussage des zuständigen Zellenleiters namens Hans Seeböck schlägt in dieselbe Kerbe: Abgesehen von der Fürsorge für verhaftete NSDAP-Mitglieder in der Verbotszeit, heißt es:

---

76 Gau-Akten wurden von der Gau-Leitung angelegt, wenn eine politische Beurteilung vorgenommen wurde, meist infolge des Ansuchens um Aufnahme in die NSDAP. Vgl. Franz Graf-Stuhlhofer: Wiener Evangelische Professoren der Theologie im Spiegel der Gau-Akten. Dokumentation zu Beth, Egli, Entz, Hajek, Hoffmann, Koch, Kühnert, Opitz, Schneider und Wilke. In: Jahrbuch für die Geschichte des Protestantismus in Österreich 116 (2000/01), S. 191–225. – Obgleich von Graf-Stuhlhofer schon eine erste Auswertung vorgenommen wurde, sollen die für vorliegende Studie relevanten Fakten präsentiert werden, und zwar anhand der Quelle selbst.

77 Der ungewöhnlich umfangreiche Gau-Akt zu Hajek (48 fol.) wird in Wien, Österreichisches Staatsarchiv, Archiv der Republik, Nr. 2404, verwahrt (im Folgenden zitiert als Gau-Akt Hajek).

78 Das diesbezügliche Ansuchen befindet sich im Wiener Stadt- und Landesarchiv; vgl. Graf-Stuhlhofer: Evangelische Professoren (Anm. 76), S. 198.

79 Gau-Akt Hajek, fol. 13r: Wien, 1938 August 5. Ob diesem Antrag stattgegeben wurde, kann im Moment nicht entschieden werden; spätere Dokumente des Gau-Akts erwähnen keine Mitgliedschaft. Im Gau-Akt Hajek, fol. 10r, wird von Seiten des Gaupersonalamts vermerkt, man habe seinem diesbezüglichen Antrag zugestimmt. Der Autor selbst schreibt in seiner Autobiographie, er sei nicht aufgenommen worden, ebenfalls mit der Begründung, Pfarrer zu sein: Vgl. Hajek: Wanderung (Anm. 40), S. 240. Dazu würde seine an selber Stelle getätigte Äußerung, er habe für jedes neue Werk das „braune Placet" (vgl. S. 241) einholen gemusst, passen, denn an sich konnten nur Schriftsteller, die Mitglieder in der RSK waren, ihre Arbeiten veröffentlichen.

80 Vaterländische Front.

81 Es war in der Tat gängige Praxis, getarnt in kirchlichen Einrichtungen illegale Parteitätigkeit zu entfalten. Vgl. Karl Schwarz: Von der Ersten zur Zweiten Republik: Die Evangelischen in Österreich und der Staat. In: Jahrbuch für die Geschichte des Protestantismus in Österreich 110/111 (1994/1995), S. 215–239, hier S. 231.

82 Gau-Akt Hajek, fol. 15r: Wien, 1938 Oktober 14.

Lebt zurückgezogen, ist als Schriftsteller und Angehöriger der Kirchenschrifttumskammer[83] eine eigene Persönlichkeit. [...] Dürfte infolge seiner sozialen Stellung als Pfarrer u. Schriftsteller so manches über den Durchschnitt hinaus für uns leisten können.[84]

Außerdem wurde noch festgehalten, er sei in der „illegalen Zeit" ein „Systemgegner, dem Nationalsozialismus zugeneigt" gewesen; seine Einstellung zur NSDAP wird als „positiv" vermerkt; unter „charakterliche Einstellung" wird angegeben: „Auslandsdeutscher, aus Siebenbürgen, Deutschbewußt; als Dichter stellt er Ereignisse und Personen aus der Deutschen Geschichte Siebenbürgens dar."[85]

All diese wohlmeinenden Aussagen fruchteten nichts: Die Aufnahme Hajeks in die Partei wurde aufgrund seiner Zugehörigkeit zum „evangelischen Klerus" abgelehnt.[86]

1942 sah sich die NS-Bürokratie noch einmal gezwungen, „politische Beurteilungen" über Pfarrer Hajek einzuholen. Hierbei ging es um die Gründung der „Kantatenvereinigung" sowie um die Denunziation durch einen siebenbürgischen Landsmann, der erstens antikirchlich eingestellt gewesen zu sein scheint und zweitens Hajek vorwarf, dass er „im Kreise unserer Landsleute einen dem NS gegnerischen Einfluss auszuüben suchte."[87] Wie wurde Egon Hajek nun beurteilt? Das Gaupersonalamt erkundigte sich bei der Gestapo-Leitstelle Wien und fasste die Informationen folgendermaßen zusammen:

Dr. Hajek wird an seinem Wohnort und dessen Umgebung als eifriger Nationalsozialist geschildert. Er war in der Systemzeit wegen seiner ns. Einstellung vielen Verfolgungen und Anfeindungen ausgesetzt. Auch in charakterlicher Hinsicht wurde nichts Nachteiliges in Erfahrung gebracht. [...] Obgenannter und dessen Ehefrau haben seinerzeit Antrag zur Aufnahme in die NSDAP gestellt, doch mußte dieser im Sinne der bestehenden Vorschriften abgelehnt werden. Die Spendenbeteiligung ist als mäßig zu bezeichnen. Nachteiliges in politischer Hinsicht ist hier nicht bekannt.[88]

Die Gauleitung Wien konstatierte dagegen: „Eine weltanschauliche Ausrichtung ist auf Grund seiner überzeugungsmäßigen Kirchenbindung nicht anzunehmen."[89]

83 Hier dürfte dem Berichterstatter ein Irrtum unterlaufen sein; eine „Kirchenschrifttumskammer" gab es nicht.

84 Gau-Akt Hajek, fol. 17v: Wien, 1938 August 29.

85 Ebd., fol. 41r: Wien, 1938 Dezember 1.

86 Ebd., fol. 5r: Wien, 1938 Dezember 22. Nach dem ‚Anschluss' sollte sich allerdings herausstellen, dass viele evangelische Pfarrer bereits illegale Parteimitglieder gewesen waren. Vgl. Maximilian Liebmann: Von der Dominanz der katholischen Kirche zu freien Kirchen im freien Staat – vom Wiener Kongreß 1815 bis zur Gegenwart. In: Rudolf Leeb, Maximilian Liebmann, Georg Scheibelreiter, Peter G. Tropper: Geschichte des Christentums in Österreich. Von der Spätantike bis zur Gegenwart. Wien 2003 (Österreichische Geschichte, hg. von Herwig Wolfram), S. 361–477, hier S. 436.

87 Gau-Akt Hajek, fol. 25r: Wien, 1942 Juli 6; zu diesem Vorfall vgl. Graf-Stuhlhofer: Wiener Professoren (Anm. 76), S. 199–204.

88 Gau-Akt Hajek, fol. 10r: Wien, 1942 November 17.

89 Ebd., fol. 6r: Wien, 1942 Dezember 17. Schon vorher wurde die „verhältnismässig geringe Spende (RM 2,-) zum Opfersonntag" als Argument dafür angeführt „dass hier Haltung und politische Einstellung nicht unbedingt Herzenssache sind." Ebd., fol. 8v: Wien, 1942 September 28.

1944 kam es zu einer weiteren Erhebung über Hajek, in der seine Mitgliedschaften aufgelistet wurden:

> angeblich förderndes Mitglied der S. S.; NSV-26.8.1940,[90] RLB,[91] RDB.[92] [...] Durch seine grosse Redegewandtheit und die absolute Liebenswürdigkeit die er Jedem gegenüber an den Tag legt, lässt [sich] natürlich seine *absolute* politische Einstellung schwer erkennen.[93]

Wie schon erwähnt, war Hajek bemüht, sich in der *Wanderung unter Sternen* zum bewusst unpolitischen Geistlichen zu stilisieren, der Verfolgten und Flüchtlingen half und ansonsten in seiner seelsorgerischen, dichterischen und musikalischen Tätigkeit aufging, zumal er „die Betätigung auf dem Gebiete der Politik niemals zu [seinen] Lieblingsgewohnheiten [rechnete].“[94] Und doch fühlte er das Bedürfnis zur Rechtfertigung. Wie wäre es sonst zu interpretieren, dass er betont, in der „Verfolgungszeit“ (gemeint ist die ständestaatliche Diktatur) „weder die Stelle an der Staatsakademie auch nur vorübergehend verloren [zu haben], noch [...] als Nazi, der ich ja nie gewesen sein konnte, belästigt worden [zu sein]“?[95] Das ist allerdings nur die halbe Wahrheit, denn das Bundesministerium für Inneres stellte sehr wohl Nachforschungen über seine Haltung bzw. einschlägige Aktivitäten an, wofür der Gau-Akt herangezogen wurde; die bereits bekannten Fakten wurden aufgelistet.[96] Noch 1951 erbaten die „Headquarters United States Forces in Austria“ von der Staatspolizei Informationen zu seiner Person.[97]

Dem Bemühen, Hajek als unpolitischen Menschen zu präsentieren, der sogar vom NS-Regime drangsaliert worden sei, diente besonders einer seiner historischen Romane: *Meister Johannes*. Hajek führt in diesem Werk den als genuin nationalsozialistisch betrachteten Grundsatz „Gemeinnutz geht vor Eigennutz“ auf die Zeit Honterus' zurück, was den Machthabern missfallen haben soll. Erst nach

---

90 Nationalsozialistische Volkswohlfahrt. In einem anderen Erhebungsbogen, vgl. Gau-Akt Hajek, fol. 9r, wird als Beitrittsdatum zur NSV 1939 angegeben! Ebd. wird in der Kategorie „Kinder“ vermerkt: „2 Kinder gestorben“.

91 Reichsluftschutzbund.

92 Graf-Stuhlhofer: Evangelische Professoren (Anm. 76), S. 193, spricht vom „Reichsdozentenbund“; einen solchen gab es allerdings nicht; die einschlägige Vereinigung nannte sich „Nationalsozialistischer Deutscher Dozentenbund“; mit „RDB“ wurde der „Reichsbund Deutscher Beamter“ bezeichnet.

93 Gau-Akt Hajek, fol. 7rv: Wien, 1944 Jänner 25 bzw. Jänner 18.

94 Hajek: Wanderung (Anm. 40), S. 238.

95 Ebd., S. 259.

96 Vgl. Gau-Akt Hajek, besonders fol. 44rv: [Wien], 1947 November 21, sowie Wien, 1948 August 8.

97 Vgl. ebd., fol. 47r: [Wien], 1951 August 22. Dem Personalakt Hajek (Anm. 46), P 191, Zl. 3897, ist zu entnehmen, dass ihm vom zuständigen Ministerium 1948 beschieden wurde, er sei von der Verzeichnung als Nationalsozialist auf speziellen Listen zu streichen, da er zwar „Parteianwärter“ gewesen, aber aufgrund seines geistlichen Amts abgelehnt worden sei (P 191, Zl. 932). In diesem Akt findet sich auch der Durchschlag eines Schreibens Hajeks – datiert mit Wien, 1945 Juni 21 – an den ab 1944 amtierenden Bischof Adolf May, in welchem er selbigen wissen lässt, er habe sich nicht um die Aufnahme beworben, sondern die „Anwärterkarte“ sei ihm unverlangt zugesandt worden.

dem wissenschaftlich bewiesen worden war, dass diese Maxime im Siebenbürgen des 16. Jahrhunderts tatsächlich existierte, habe der Roman erscheinen dürfen.[98]

Abschließend sei festgehalten, dass eine gewisse Affinität Egon Hajeks zum Nationalsozialismus nicht zu leugnen ist. Er kannte, aus Siebenbürgen kommend, ein gefestigtes, gut funktionierendes evangelisches Kirchenwesen. In Österreich wurde er, besonders ab 1933, mit einem katholisch-ständestaatlichen, faschistisch-autoritären Regime konfrontiert, das viele Evangelische als neue ‚Gegenreformation' empfanden, woraufhin sie sich verstärkt der in Österreich illegalen NSDAP zuwandten. Wenn man weiters bedenkt, dass der Schriftsteller Hajek ohnedies von einem „großdeutschen" Reich träumte, nimmt seine Haltung nicht wunder und kann als durchaus zeittypisch apostrophiert werden.[99] Sein Denken, Wollen und Schreiben wäre allerdings besser mit dem Schlagwort „deutsch-völkisch" zu versehen. Entsprechend lesen sich auch seine historischen Romane, denen wir uns nun zuwenden.

4. Egon Hajek und seine ‚siebenbürgischen' Romane

4.1 *Meister Johannes. Aus dem Werdegang der Deutschen in Siebenbürgen*, 1939[100]

Dieser Roman erzählt die Geschichte des siebenbürgischen Reformators Johannes Honterus,[101] wobei die Handlung im Jahr 1540 einsetzt. Die Herren von Kronstadt

98 Nußbächer: Erinnerung (Anm. 50), S. 5 und S. 7. Bei Hajek: Wanderung (Anm. 40), S. 247f., liest sich die Passage folgendermaßen: „Auch in einer anderen Frage meiner Publikationen ging ich hart an einer parteigerichtlichen Untersuchung vorbei. In meinem ‚Meister Johannes' versuchte ich, gewisse historische Gegebenheiten der Siebenbürger Sachsen im Romanganzen festzuhalten, so zum Beispiel das schon im 16. Jahrhundert unter den Deutschen in Siebenbürgen im Schwung gewesene Schlagwort: ‚Gemeinnutz geht vor Eigennutz.' Darauf wurde ich verständigt, ich möge sofort diese Angabe meines Romans wissenschaftlich erhärten, denn es sei ganz ausgeschlossen, daß der echt nationalsozialistische Grundsatz etwa altbacken aus dem 16. Jahrhundert übernommen worden sei. Ich erhärtete ihn, worauf man behördlicherseits betreten verstummte." In *Meister Johannes* findet sich die bewusste Stelle auf S. 280.

99 Auch was allgemein Haltung und Engagement der Evangelischen in Österreich betrifft. Vgl. Karl W. Schwarz: Bischof Hans Eder und die Evangelische Kirche in Österreich in der Ära des Nationalsozialismus. Online unter: <http://museum.evang.at/sites/default/files/userfiles/files/Raum-9/K_Schwarz_Eder.pdf> (Zugriff 16.3.2014).

100 Egon Hajek: Meister Johannes. Aus dem Werdegang der Deutschen in Siebenbürgen. Roman. Graz, Leipzig o. J. [1939, laut Reinhard Oberschelp (Hg.): Gesamtverzeichnis des deutschsprachigen Schrifttums (GV) 1911–1965. Bd. 50. München 1977, S. 152]; 1942 erschien der Roman im 12. Tausend. In seiner Autobiographie erwähnt Hajek, der Roman habe das 24. Tausend erreicht – eine Behauptung, welche der bibliographischen Überprüfung nicht standhält. Möglicherweise bezieht sich die Zahl aber auch darauf, dass *Meister Johannes* und der Kaspar-Tauber-Roman *Du sollst mein Zeuge sein!* vom Verlag zusammen in einer „Papphülle" verkauft wurden. Vgl. Hajek: Wanderung (Anm. 40), S. 242. – Die eindrucksvolle Illustration des Honterus-Romans in Form von Federzeichnungen stammt von Karl Alexander Wilke (1879 Leipzig – 1954 Wien). In seiner Autobiographie (ebd., S. 241f.), schildert Hajek die Zusammenarbeit mit dem Maler positiv und schreibt, er habe „manche Jahre später den dreiundachtzigjährigen Künstler eingesegnet" (ebd., S. 242), was nicht stimmen kann, denn dann wäre Wilke erst 1962, ein Jahr vor Hajek, verstorben.

101 Auch als Verfasser eines Lehrbuchs ging Hajek auf Leben und Werk Honterus' ein: Egon

(„Kronen") bekennen sich zwar zu Luther, sind aber immer noch nicht offiziell zum Luthertum übergetreten.

Erklärter Gegner der neuen Lehre und Honterus' ist der mächtige Reichskanzler Martinuzzi, welcher nach dem Tod König Hans' (= Johann Szapolyai) die Regierungsgeschäfte sowie Königin Isabella und deren kleinen Sohn fest in seiner Hand hält; natürlich ist er auch in seine Herrin verliebt. Siebenbürgen müsse, so der Kanzler, erstens geschlossen römisch-katholisch bleiben, um den Türken widerstehen zu können; zweitens sei es „das einzige Land Europas, das dem Habsburger widerstrebt" (57).

In Kronstadt selbst ruft ein aus Wittenberg in die Heimatstadt zurückgekehrter Student zum Bildersturm auf; in Analogie zu Luther unterbindet Honterus den Aufruhr (vgl. 93f.). Die Lage in Siebenbürgen verschlimmert sich durch einen Einfall des Petru Raresch (= Rareş), Woiwode der Moldau (vgl. 121). Die Siebenbürger Deutschen sind sich der Tatsache bewusst, die Herren im Lande und als „wichtigste[s] Glied des Heerbannes" (123) entscheidend für die Verteidigung der Heimat zu sein.

Das Kapitel „Heim ins Reich" [!] (ab 157) führt nach Wittenberg. Ein Siebenbürger Student soll sich bei Martin Luther nach Möglichkeiten zur Durchführung der Reformation erkundigen; an Luthers Tafel kann er feststellen: „Es war die Macht der Sprache, der Sitte und der frommen deutschen Art, die es ihm antat und ihm zeigte, wie sehr in Siebenbürgen und im Reiche gleiche Inbrunst die Herzen regierte." (162) Luther und die anderen Reformatoren empfehlen, das Begonnene fortzusetzen (vgl. 169). Scheidend begehrt der Student Luthers Segen, welcher ihm nicht verwehrt wird:

> „[...] Du trägst nicht allein diesen Segen ... überbring ihn deinem Meister Johannes und der ganzen ehrenwerten Landschaft zu Kronen, im Siebenbürgerlande, sowie allen, die aus dem gleichen heiligen Bronnen des Evangeliums wollen zehren ..., bring ihn den Blutsgenossen dar und sage ihnen, daß sie auf dem rechten Wege sind ... Wäre doch unser liebes deutsches Volk einiger und getreuer zu seiner eigenen Sippe, es stünde besser um das Heilige Römische Reich Deutscher Nation ..." (173).

Zurück in Kronen, berichtet der Studiosus allerdings nicht darüber, dass es auf dem Regensburger Reichstag von 1541 nicht zu einer Vereinigung von Papisten und Evangelischen gekommen ist, um die Durchsetzung der Reformation in seiner Vaterstadt nicht weiter zu verzögern. Nun also wird diese 1542 endlich in Kronstadt eingeführt; es ergibt sich aber ein neues Problem: Der zuständige Stadtpfarrer will sich nämlich den Schweizern anschließen. Honterus argumentiert nicht nur mit theologischen Argumenten, sondern führt auch ins Treffen, dass

> „[...] Luthers Bande in Jahrhunderten trotzdem weiterbestehen [werden]. Diese wird man, auch wenn Ferdinand einst vielleicht doch Siebenbürgen unter den österreichischen

---

Hajek: Unsere Kirche in Vergangenheit und Gegenwart. Hilfsbuch für den evangelischen Religionsunterricht auf der Unterstufe der Lyzeen und Gymnasien. Sibiu/Hermannstadt 1931, bes. S. 43–46. Dieses Schulbuch schildert vorurteilsfrei den historischen Verlauf.

> Aar zwingt, fester verknüpfen müssen. Unsere jungen Studenten müssen ins Herz des Reiches ziehen, wenn sie lernen wollen, wie man deutsch bleibt auch unter fremden Herren [...]." (194)

Nachdem Meister Johannes sich schlussendlich durchsetzen kann, „gehörte [sein Leben] nicht mehr ihm selbst an. Von nun an trug er die Lasten und Schicksale eines Führers." (201)

Die erste deutsche Messe ist ein für alle bewegender Moment: „als stände der lutherische Himmel offen. Ja, gewiß, er war auch weit geöffnet, und was man drinnen erblickte, war ehrlich und deutsch." (208) Honterus' Reformationsbüchlein wird verlesen; vom alten Brauchtum wird noch vieles beibehalten; die Kronstädter Ratsherren visitieren die umliegenden Dörfer und führen dort ebenfalls die deutsche Messe ein.

Martinuzzi kann sich nicht vorstellen, dass Honterus zum Reformator geworden ist, denn er setzt auf die Zwietracht der deutschen siebenbürgischen Städte untereinander; nun trachtet er danach, Meister Johannes auszuschalten. Königin Isabella ist entsetzt, stimmt aber zu, ihn, ihren ehemaligen Lehrer,[102] vor den Landtag nach Weißenburg zu zitieren. In Kronen ahnt man bereits von dem Vorhaben, sodass Honterus nicht mit zum Landtag reist. Martinuzzi fordert Honterus' Tod auf dem Scheiterhaufen; nun aber stellen sich die anderen Deutschen auf die Seite Kronstadts, und auch die Szekler fordern Gewissensfreiheit: „Der Kampf war gewonnen und mit dem Sieg des Volkes einiger Sinn. So wurden die Sachsen zu einem ganzen Volke." (251) Indes kommt es zu einer nationsübergreifenden Verschwörung, da „Honter seine sogenannte Reformation im Schlamme der Papisten umkommen läßt." (256) Zwei Ungarn wollen Kronen schweizerisch machen, denn:

> „[...] Luther hat ein germanisches Kleid an, und seine Worte klingen für die ungarische Zunge zu deutsch, als daß ein wahrer Ungar sie zu Herzen nehmen könnte, da halten wir es lieber mit den Walachen als mit den hundsföttischen Sachsen ..." (256)

Mitverschwörer ist der Verehrer von Honterus' Nichte; durch diese verschafft er sich einen Brief Heinrich Bullingers an Meister Johannes, in dem jener ihm zu schärferem Vorgehen rät (vgl. 262). Selbstverständlich verfolgt der junge Mann auch in Bezug auf die Angebetete unlautere Absichten; es kommt zur unvermeidlichen Auseinandersetzung der beiden Männer. Der junge Hitzkopf wirft dem Reformator an den Kopf:

> „Wir wollen nicht mit Luther gehn ... er blieb auf halbem Wege stecken ..." Honter erhob sich. Sein Antlitz loderte. „Das tat er nicht ... du Narr, sondern er verschmolz deutsche Tüchtigkeit und deutschen Ernst mit dem Evangelium Jesu Christi [...]." (268)

Honterus holt sich in der Folge Unterstützung bei Luther, Melanchthon und Bugenhagen; alle bestärken ihn in seinen Auffassungen. Im Mai 1545 kann in Mediasch/Mediaş/Medgyes die erste evangelische Synode Siebenbürgens zusammentreten

102 Er war tatsächlich ihr Lehrmeister. Vgl. Seivert: Honterus (Anm. 26), S. 198.

(vgl. 281); Honterus selbst wird zum Stadtpfarrer gewählt und eröffnet 1544 eine neue Schule für die evangelische Jugend.

In Martinuzzi lodert weiterhin der Hass gegen seinen Gegenspieler; er ist endgültig zum unumschränkten Herrn geworden, nachdem er mit Ferdinand I. einen Vertrag geschlossen und Königinwitwe Isabella einen Witwensitz angewiesen hat – wäre da nicht jener Mann in Kronstadt, ein Stachel in seinem Herzen. So stiftet er einen Kronstädter Kaplan, der bereits längere Zeit für ihn spioniert, zum Mord am „Antichrist[en] von Siebenbürgen" (291) an. Der Geistliche – zunächst ob dieses Ansinnens entsetzt – wird beruhigt, da das Mittel, welches er Honterus einflößen soll, ‚nur' eine Substanz enthalte, mit deren Hilfe der Teufel aus den Menschen entweiche (vgl. 292). Martinuzzi plant ferner, Ferdinand wieder ins Land zu rufen, um eine weitere Ausbreitung der Deutschen sowie deren lutherischer Lehre zu verhindern (vgl. 295).

Der gedungene Kaplan wiederum entschließt sich tatsächlich, den Mordanschlag auszuüben; im letzten Moment – das Gift befindet sich schon im Weinbecher des Reformators – hält er diesen davon ab, den tödlichen Schluck zu nehmen, denn „‚es sollte nicht sein, daß ich gegen einen Bruder des gleichen deutschen Blutes die Hand erhob.'" (306) Honterus vergibt ihm großmütig; der verhinderte Mörder muß sich eingestehen, dass Meister Johannes „unserem Volke die Einheit" (307) brachte.

Das letzte Kapitel führt in das Jahr 1549: „Der Stadtpfarrer Magister Johannes Honter lag auf dem Sterbebett" (309), um das sich interessanterweise auch Honterus' Kinder versammelt haben (bisher war nur von einer Gattin sowie der bereits erwähnten Nichte die Rede). Beim Klang der Mittagsglocke stirbt er, eins mit seinem Gott. Siebenbürgen aber ist keine Ruhe vergönnt; Martinuzzi spinnt weiterhin seine Ränke; im Land herrscht Krieg – Ferdinand I. und auch die Türken trachten danach, das Gebiet ihrer jeweiligen Einflusssphäre einzuverleiben. In dieser Situation wendet sich der Kanzler hilfesuchend an den Sultan:

> „[...] die Teutschen dürfen dieses Landes nicht Herr werden ... sollen die furchtbaren Spanier unter Castaldo ihr Fähnlein am Miersch aufstecken? ... Nein, eher der Türke über uns, als später der teutsche König. Den Muselman kann man bestechen, den Römischen Kaiser viel schwerer [...]." (322)

Im Auftrag Castaldos, eines italienischen Generals in habsburgischen Diensten, wird Martinuzzi meuchlings ermordet. Ein knapper Ausblick informiert über die schwierigen Zeiten, in denen sich Siebenbürgen in der Folge befindet, aus denen die Sachsen aber gestärkt hervorgingen:

> Diese Zeit der Plage und der furchtbarsten Erschütterungen, da die eigenen Fürsten insonderheit gegen die Sachsen wüteten, fand aber die Deutschen schon fest geeint vor. Sie vermochten erfolgreich Widerstand zu leisten, sie waren zusammengeschweißt in eine ständische Nation, *weil sie eines Glaubens und eines Rechtes* waren. Honters Aussaat trug herrliche Früchte ... sein Erbe blieb erhalten. (335)

Dieser Roman kann mit einer großen Überraschung aufwarten, nämlich der einigenden Kraft der Reformation. Gemeinhin wird es der Reformation zum Vorwurf gemacht, die Deutschen gespalten zu haben, wobei von protestantischer Seite argumentiert wird, die Schuld liege nicht bei ihr, sondern bei den Katholiken, die sich der Bewegung Luthers nicht angeschlossen hätten. Durch diese Einigkeit – so Hajek – übertreffe Siebenbürgen sogar das „Deutsche Reich", welches erst in der Gegenwart diesen Idealzustand erreicht habe (vgl. 8).

Honterus selbst wird zu einem Führer im nationalistischen Sinn stilisiert und auch immer wieder so tituliert.[103] Seine äußerliche Charakterisierung entspricht dem Klischee des nach innen gekehrten Gelehrten: „Honter trug einfaches Schwarz, wogegen seine bleiche, hohe Stirn und seine gelehrten Gesichtszüge besonders abstachen. Es schien, als sei ihm der Festestrubel etwas fremd, als fühle er sich nicht am zufriedensten an des Tisches Bord." (85)

Eine nicht unwichtige Rolle spielen auch die Augen, nicht nur Honterus', sondern auch diejenigen anderer Protagonisten. Die jeweils verwendeten *Epitheta ornantia* lassen unmittelbare Rückschlüsse auf die Beurteilung der Person zu. Honterus hat einen „volle[n], offene[n] Blick" (26), „dunkle, willenstarke Augen einer beherrschten Seele" (93), aus denen nur in Momenten höchsten Zorns „Blitze schießen" (94). „Die Augen des gefürchteten Paulinermönchs [Martinuzzi]" dagegen sind „stahlhart und unbeweglich" (50). Es scheint im Übrigen eine Konstante Historischer Belletristik zu sein, Personen, gleich, ob positiv oder negativ besetzt, nahezu ausschließlich stereotyp über ihre Augen zu beschreiben.[104]

Selbstverständlich ist Meister Johannes ein überragendes Beispiel an Edelmut, verzeiht er doch sowohl dem unaufrichtigen Neffen als auch dem gedungenen Mörder. Der große Gegenspieler des titelgebenden Protagonisten, Martinuzzi, wird dagegen despektierlich geschildert, etwa wenn er einen epileptischen Anfall erleidet (vgl. 246). Menschliches Profil gewinnt Honterus, dem Hajek im Übrigen eine antislawische Haltung andichtet,[105] durch gelegentliche Selbstzweifel und den Vergleich mit einem ‚übermächtigen' Luther:

> Honters Gemüt war bedrückt und trotz des geistigen Sieges von trüben Ahnungen erfüllt. Es fehlt nicht viel, so hätte er Scham empfunden, daß er daheim geblieben war. Stand nicht Lutherus anders ein für sein Wort? Jener war in Augsburg und Worms seinen Fein-

103 Z. B. „Meister Johannes Honter der größte Führer" (8) oder „Aller Augen richteten sich auf Meister Johannes, die Herzen waren dem Führer zugewendet." (187) Selbst Oskar Wittstock bezeichnete Honterus noch 1967 als „geborene Führerpersönlichkeit". Wittstock: Honterusforschung (Anm. 15), S. 37.

104 Vgl. Martina Fuchs: Der unscheinbare Rebell. Stefan Fadinger in Historischer Belletristik. In: Peter Rauscher, Martin Scheutz (Hg.): Die Stimme der ewigen Verlierer? Aufstände, Revolten und Revolutionen in den österreichischen Ländern (ca. 1450–1815). Vorträge der Jahrestagung des Instituts für Österreichische Geschichtsforschung (Wien, 18.–20. Mai 2011). Wien, München 2013 (Veröffentlichungen des Instituts für Österreichische Geschichtsforschung 61), S. 431–454, hier S. 453f., wo die Autorin dieses Phänomen für den oberösterreichischen Bauernführer mit einigen wenigen Vergleichen zu Martin Luther analysiert.

105 So ist Honterus beispielsweise Krakau verleidet, denn „polnische Landsassen überwucherten den alten deutschen Boden, slawische Sprache und slawische Sitte hielt Einzug." (111)

den tapfer entgegengetreten, Honter aber war daheim geblieben. Allerdings wußte unser Meister, daß Luther in letzter Zeit auch die Reichstage mied.[106] (251)

Wie nicht nur durch dieses Zitat zu belegen,[107] ist der Wittenberger Reformator für Egon Hajek eine nicht zu vernachlässigende Größe: „Kraft der Heilung [kann] nur von Luther ausgehen" (151), er ist der „Deutschen Apostel" (94). Wittenberg selbst wird zu „der Lutherischen Schatzkästlein und Hochburg" (157), dem „Brunnquell aller deutschen Gesinnung" (193) stilisiert. Ja der den Rat Luthers einholende siebenbürgische Student vermeint, „er müsse sich zur Erde werfen und die Bohlen küssen, wie die Papisten die Reliquien küssen, die ein Heiliger hinterlassen hat." (159f.) – Luther wird hier einmal mehr zu einem „protestantischen Heiligen".[108] Noch ganz dem Kulturkampf verpflichtet, erscheint der katholische Klerus geradezu als Zerrbild, *pars pro toto* an Bruder Georg versinnbildlicht.[109]

In seiner Autobiographie vermerkt Hajek knapp, *Meister Johannes* sei von der Kritik begeistert aufgenommen worden; besonders freute ihn die Zustimmung des Germanisten Karl Kurt Klein, eines ausgewiesenen Honterus-Kenners.[110] Das Urteil gegenwärtiger Literaturwissenschaft ist eindeutig: Hajeks Romane reichten über das Niveau reiner Unterhaltungsromane nicht hinaus; „Pathos der Sprachgebung, dick aufgetragenes lutherisches Glaubensbekenntnis [und] übertriebener Nationalstolz" machen sie für den heutigen Leser „zu einer kaum lesbaren Lektüre."[111] Diesem harschen Urteil ist in Bezug auf die letzten drei Kritikpunkte zuzustimmen; was das ‚allgemeine Niveau' betrifft, ist festzuhalten, dass es eine Vielzahl historischer Romane gibt, die deutlich unter Hajeks Prosa rangieren. *Meister Johannes* ist jedenfalls restlos einer großdeutschen Perspektive sowie dem ‚Führerprinzip' verpflichtet.[112]

---

106 „Mied" ist eine euphemistische Umschreibung: Luther hätte als Gebannter ohnedies an keinem Reichstag *in persona* teilnehmen können.

107 Vgl. etwa auch Hajeks Sonett *Martin Luther oder Der Glaube*. In: Ders.: Leuchter von oben. Religiöse Dichtung. Wien [1934], S. 12, wo Luther beispielsweise als „deutschen Denkens sich'rer Wegbereiter" besungen wird.

108 Vgl. etwa Martin Scharfe: Doktor Luther: Heiliger oder Held? Zur Kulturgeschichte der Luther-„Verehrung". Eine Nachlese zum Luther-Jahr 1983. In: Zeitschrift für Volkskunde 80 (1984), S. 40–58.

109 Aber auch andere Vertreter der katholischen Kirche werden ausgesprochen negativ dargestellt, etwa der nach einem „Weib" gierende Bischof von Weißenburg (vgl. 45).

110 Vgl. Hajek: Wanderung (Anm. 40), S. 242f. – Klein (1897 Weißkirch/Albeştii Bistriţei – 1971 Innsbruck), ebenfalls Siebenbürger Sachse, musste Rumänien im Zweiten Weltkrieg verlassen und wurde 1956 Ordinarius an der Universität Innsbruck. Vgl. Peter Motzan, Stefan Sienerth, Anton Schwob (Hg.): Karl Kurt Klein (1897–1971). Stationen des Lebens – Aspekte des Werkes – Spuren der Wirkung. München 2001 (Veröffentlichungen des Südostdeutschen Kulturwerks, Reihe B, Wissenschaftliche Arbeiten 87).

111 Sienerth: Egon Hajek (Anm. 41), S. 192.

112 Selbst 1986 ist noch vom Kampf Honterus' um die „völkische Eigenständigkeit" die Rede: Curd Bregenz: Die Reformation des Johannes Honterus. In: Globus 18/1 (1986), S. 25.

4.2 Weitere Werke der Historischen Belletristik zur Person des Johannes Honterus

Zunächst wenden wir uns dem Drama von Traugott Teutsch *Johannes Honterus* zu, anlässlich der Wiederkehr des 400. Geburtstages des siebenbürgischen Reformators 1898 (siehe unten) verfasst.[113]

Die Handlung dieser Dichtung ist im Kronstadt des Jahres 1543 angesiedelt. Zisterzienserbrüder unterhalten sich über die Reformation – sie sind entsetzt, da in ihrem Kloster eine Schule eingerichtet werden soll: „Wer trägt die Schuld? Der Störenfried, der Luther! / Und sein Gesell, der sich Honterus nennt!" (7) Im Kloster hält sich auch eine von Honterus' Vetter entführte Nonne auf, welche bereits für Luthers Lehre gewonnen ist;[114] kurzum: die Zustände schreien geradezu nach Reformation.

Thonhäuser, Dechant des Hermannstädter Kapitels, sinnt, gegen Honterus vorzugehen: Er will sich bei Kanzler Martinuzzi[115] beschweren und den Gegenspieler vor den Landtag in Weißenburg laden lassen. Und schon erscheint der Dechant als königlicher Bote und zitiert den Reformator vor den Landtag – die „Gegenreformation" soll das Land wieder „römisch" (87) machen. Selbstverständlich handelt dieser Katholik nicht allein um des ‚wahren' Glaubens willen, sondern er denkt in erster Linie an seinen Vorteil, erhofft er sich doch einen Bischofsstuhl (vgl. 94). Honterus wiederum wittert die Gefahr, welche ihm in Weißenburg droht, und erwägt, der Ladung nicht Folge zu leisten. In dieser angespannten Stimmung erreicht ihn ein Brief Luthers, der Honterus für seine „Kirchenordnung" „wärmste Anerkennung" zollt (102); da trifft der Reformator Siebenbürgens seine Entscheidung:

> [...] Ja, Du kühner deutscher Mann,
> Du Mann der rücksichtslosen großen That,

---

113 Tr[augott] Teutsch: Johannes Honterus. Drama in drei Aufzügen. Kronstadt 1898. – Teutsch wurde 1829 in Kronstadt als Sohn eines Pfarrers geboren. In Tübingen, Jena und Berlin studierte er Theologie und Germanistik, ehe er an verschiedenen siebenbürgischen Schulen als Lehrer tätig war. 1860 wurde er Direktor der evangelischen Mädchenschule in seiner Heimatstadt. Ab 1870 widmete er sich ausschließlich der Schriftstellerei. Obwohl heute praktisch unbekannt, war er in der zweiten Hälfte des 19. Jahrhunderts einer der bedeutendsten Repräsentanten siebenbürgischer Literatur: „Seine Romane sollten durch Hinweis auf eine bewußt ruhmreich gestaltete Vergangenheit das Volksbewußtsein der Siebenbürger Sachsen stärken." St[efan] S[ienerth]: Teutsch, Traugott. In: Myß (Hg.): Die Siebenbürger Sachsen (Anm. 15), S. 522. Teutsch verstarb 1913 in seiner Geburtsstadt. In einem anderen, deutlich knapperen biographischen Artikel wird ferner erwähnt, er sei von 1884 bis 1887 Abgeordneter zum ungarischen Reichstag gewesen: Vgl. den Artikel „Teutsch, Traugott". In: Wilhelm Kosch (Begr.): Deutsches Literatur-Lexikon. Biographisch-Bibliographisches Handbuch. Bd. 22. 3., völlig neu bearb. Aufl. Zürich, München 2002, Sp. 161.

114 Auf diese kuriose Nebenhandlung, in der Philipp, der Entführer eben jener Nonne, unter anderem nach einem nächtlichen Gefecht schwer verletzt wird und stirbt, jedoch, wie sich schließlich herausstellt, nur scheintot gewesen war und in der Folge geläutert wird, soll hier nicht näher eingegangen werden.

115 Typisch auch seine Charakterisierung: „Wie ein Komet / Am Firmament die Sonne, so umkreist er / In kühngewagtem Doppelspiele bald / den türk'schen Halbmond, bald die Wiener Hofburg / Weitaus der eig'nen Größe Wachstum mehr, / Denn seiner Kön'gin und des Landes Wohlfahrt / Als höchstes Ziel im Auge". (71)

In Demut blick' ich, in Bewunderung
Zu Dir empor. Du fordertest
Die halbe Welt mit Deinem Hammerschlag,
Zum Streit gewappnet, in die Schranken, als Du
Zu Wittenberg an hoher Tempelpforte
Die Theses anschlugst. Deines Namens hoher Klang
Mahnt mich an Deinen hohen Mut. Du *gingst*
Nach Worms; und ich – ich sollte zagen?
Gott walte tröstend über'm teuren Haupt
[...] ich *gehe*
Nach Weißenburg! (102f.)

Zuvor kommt es aber zu einer „öffentlichen Unterredung" (105) der beiden Kontrahenten Honterus und Thonhäuser, in welcher zunächst die historische Entwicklung rekapituliert wird (vgl. 143f.). Honterus fordert „Freiheit der Gewissen" (145); Auflistung und Ordnung seiner Schriften in verschiedene Gruppen gemahnen an diejenige, welche Luther 1521 in Worms vorgenommen hatte (vgl. 150). Honterus spricht nun mit wachsender Empathie:

[...] Wollt ihr lieber
Um eur'es Freitums willen euer'n *Glauben*,
Wollt ihr die *Freiheit* um den Glauben opfern?
Wir können nur erwidern: Keins von Beiden! [...]
Das walte Gott! Ich bin zu Ende – Amen. (156f.)[116]

Honterus geht als unbestrittener Sieger aus dem rhetorischen Wettstreit hervor. Nicht zu Unrecht fürchten seine Mitbürger, dass man ihn in Weißenburg beseitigen wolle, und beschließen, ihn nicht ziehen zu lassen; Stadtrichter Fuchs wird die Sache der Reformation auf dem Landtag vertreten. Nun wiederum gilt es, Honterus zu überzeugen, in der Heimatstadt zu bleiben, wofür ein weiteres Mal der Vergleich mit Luther bemüht wird: „Auch Luther / Ging *nicht* nach Rom, als er vom Papst gefordert / Und vorgeladen ward." (190)[117]

Abschließend feiert die Schuljugend den siebenbürgischen Reformator, den „Gottesmann" (192),[118] wobei das grundlegende Bekenntnis zur Einigkeit betont wird: Die „*evangel'sche* Kirche [wird künftighin] / Als ein geweihtes *neues* starkes Band / Das Sachsenvolk umschließen." (196) Das Stück endet mit dem Absingen von „Ein feste Burg ist unser Gott" (vgl. 198).

Honterus ist in diesem Drama eine aufrechte Peson, ganz seinem Werk verpflichtet; allerdings bedarf er eines Vorbildes, an dem er sich aufrichten und orientieren kann: dieses findet er in Martin Luther. Für die Siebenbürger Sachsen bedeutet *ihr* Honterus allerdings mehr als der Wittenberger:

---

116 Auf die neuerliche Referenz zu Luthers Auftritt vor Kaiser und Reich in Worms 1521 muss nicht eigens hingewiesen werden.

117 An anderer Stelle sagt Honterus außerdem: „Ich kann nicht anders!" (39)

118 Üblicherweise wird diese Bezeichnung auf Luther angewandt.

[…] Ja, dieser Mann ist uns in gewissem Sinne *mehr*,
als Luther; denn er ward durch diese beiden Schriften[119]
der Neubegründer unseres religiösen *und* unseres
Rechtslebens. (151)

Der Autor, von Profession Lehrer, versah sein Stück mit erklärenden Anmerkungen sowie einem Vorwort, in dem er zunächst darlegt, „daß religionsgeschichtliche Stoffe zur dramatischen Gestaltung wenig geeignet sind." (3) Hierbei handelt es sich allerdings um eine grobe Fehleinschätzung, wie die schier unüberblickbare Menge an Lutherdramen, Reformationsfestspielen usw. beweist. Da die einschlägige ‚Produktion' anlässlich der Feier des 400. Geburtstages Luthers 1883 einen ersten Höhepunkt erreichte, ist diese Äußerung Teutschs eigentlich nicht nachvollziehbar, zumal davon ausgegangen werden darf, dass ihm bekannt war, wie beliebt die Themen ‚Luther' bzw. ‚Reformation' in jener Zeit waren. Zudem betont der Dichter, es fehle der Geschichte der siebenbürgischen Reformation an dramatischen Momenten, da sich die Umgestaltung des Kirchenwesens im Großen und Ganzen friedlich vollzogen habe. Daher habe er mit Dechant Thonhäuser eine historisch belegte Figur eingeführt, wohingegen das Zusammentreffen mit Honterus 1543 in Kronstadt frei erfunden sei.[120]

Im Vergleich zu den fast ein halbes Jahrhundert nach diesem Drama entstandenen Romanen Hajeks kann Erstgenanntes geradezu als ‚politisch korrekt' bezeichnet werden – Teutsch geht es weniger um nationale Agitation, sondern um die Verherrlichung der Reformation und ihrer Protagonisten;[121] die Dichtung entspricht also dem *Mainstream* des ausgehenden 19. Jahrhunderts.

Eine Kurzgeschichte des Pfarrers Hans Lienert aus den dreißiger Jahren des 20. Jahrhunderts thematisiert die Legende, wie Honterus zu seinem Namen gekommen ist.[122]

Die Erzählung führt nach Kronstadt, und zwar in das Jahr 1502, als sich der junge Johannes Gras an der Hand seiner Mutter auf den Weg zum Pfingstgottesdienst macht. Auf dem Weg in die Kirche bittet die Mutter einen Nachbarn, doch den Holunderstrauch („Hontert" [3]), der die Gasse verunziere, zu entfernen. Der

119 Gemeint sind das *Reformationsbüchlein* sowie die *Grundlinien zu einem sächsischen Eigenlandrecht* (vgl. 150f.).

120 Allerdings scheint dieser für den Autor die interessantere Person gewesen zu sein, denn man gewinnt den Eindruck, dass Thonhäuser der eigentliche Protagonist des Stückes ist: Wie so oft ist der negative Antipode der für die dramatische (oder epische) Gestaltung ergiebigere.

121 Neben Honterus natürlich besonders Martin Luther; das macht etwa auch die Beschreibung des Studierzimmers des Kronstädter Ratsherrn deutlich, in dem sich ein „Lutherofen" befindet (vgl. 39).

122 Hans Lienert: Die weiße Taube. O. O., o. J. [ca. 1935]; auch erschienen in: Christliche Hausfrau [6] (1936), S. 80–102. Der Autor wurde 1885 in Katzendorf/Caţa geboren; nach dem Studium von Philosophie, Theologie und Literatur in Gießen, Berlin und Budapest wirkte er als Pfarrer in verschiedenen Gemeinden Siebenbürgens, ab 1932 in Kronstadt-Blumenau, wo er 1954 verstarb. Er war in erster Linie Dramatiker; seine Stücke zählten zu den in Siebenbürgen häufig aufgeführten Werken. Vgl. St[efan] S[ienerth]: Lienert, Hans. In: Myß (Hg.): Siebenbürger Sachsen (Anm. 15), S. 311f., sowie „Lienert, Hans". In: Degeners Wer ist's. 10. Ausgabe. Berlin 1935, S. 971.

Mann betont jedoch, dass sich an dem Busch das Auge erfreue, und so tritt Johannes' Mutter von ihrer Bitte zurück. In der Kirche bewundert der Knabe die von der Decke hängende Pfingsttaube; besonders beschäftigt ihn die Frage, ob der Vogel auch singen könne. Um das Rätsel aufzuklären, entfernt er sich von der Mutter und „stieg die Kanzeltreppe hinauf und faßte den Saum des rotgoldenen Brokats, den der Stadtpfarrer trug." Der Geistliche ist gerührt, hebt „den Knaben hoch, in der Richtung des über sich weisenden Kindesfingers, und da Johannes die weiße Taube berührt, schlüpft diese aus der Öse des Aufhängers und bleibt dem Kind in der Hand." (8)

Das weitere Schicksal dieser Taube klärt sich 1544 auf, als Johannes Honterus von der Bürgerschaft Kronstadts zum Stadtpfarrer gewählt wird. Im Haus des Reformators finden sich die Honoratioren der Stadt ein, um ihm zur Wahl zu gratulieren. In Form eines Rückblicks wird der Leser über die Ereignisse der letzen Jahre informiert: So stand Kronstadt etwa im Streit um die ungarische Krone auf Seiten des „deutschen" (13) Königs; Honterus persönlich bereiste die Orte des Sachsenlandes, um diese für Ferdinand zu gewinnen. Das Land hatte vielerlei Einfälle zu erleiden: „König Ferdinand aber ist weit. Er vermeint fast, dem Lande helfen zu können mit Briefen und schönen Reden." (15) In der Folge wendete sich Kronstadt von Ferdinand ab, was wiederum zu Zwietracht im Sachsenland führte, da die Mehrheit der Städte dem Habsburger die Treue hielt. Der nunmehrige Stadtrichter Fuchs zählte wiederum zur „deutschen" Partei und wurde in der Heimat geächtet; es war ihm aber

> vergönnt, mit des Königs Majestät den Reichstag in Augsburg zu sehn und mit meinen Ohren zu hören, wie die Konfession des reinen Evangeliums von seinen Verkündern ist vor dem Kaiser Karolus verlesen worden und wie selbst Feinde des Doktor Martinus haben beschämt erkennen müssen: ‚Die Protestanten sitzen in der Heiligen Schrift und wir sitzen daneben.' (16)

Nun stößt auch der Nachbar, der sich einst weigerte, den Hollerstrauch auszureißen, zu der Runde: Er weiß über das Schicksal der weißen Taube Bescheid; ja er bringt diese sogar mit! Als der Knabe 1502 träumend in der Gasse saß, die Taube im Arm, zog ein gewaltiges Unwetter auf, die Bäche, die durch die Stadt fließen, schwollen sekundenschnell an und rissen das Kind mit sich; dieses klammerte sich an bewusstem Holunderstrauch fest und wurde in letzter Minute von dem Nachbarn gerettet. Bis dato glaubte man, die Taube sei von den Fluten mitgerissen worden, aber nein, der Nachbar hatte sie geborgen und übergibt sie nun dem neuen Stadtpfarrer, der im Übrigen auf Wunsch der Mutter zum Andenken an den rettenden Strauch den Namen „Honter" angenommen hatte (vgl. 18).

Die Gesellschaft begibt sich in die Kirche, wo sich bereits eine riesige Menschenmenge versammelt hat; der Stadtrichter befestigt die Taube an ihrem ursprünglichen Platz, dann wartet alles gespannt auf Honterus' Ansprache; dieser will aber schon an seinem Werk verzagen,

> und in seiner Herzensnot und seinem qualvollen Drange fand er nichts als dies: er breitete, vom Glanz umflossen, seine Arme weit hinaus und alle sahen seine Gestalt als die

Gestalt des heiligen Kreuzes hoch im Lichte stehen. Und irgendwoher, aus solchem Licht hervor, klangen Worte, nicht gebunden an Raum und Ferne, durchdringend ins Weite und dennoch einfließend in die lodernden Herzen: ‚Wachet und betet!‘ (21)

Honterus wird in dieser Erzählung zu einem Heiligen stilisiert, übertroffen nur durch Luther, denn es ist das „Größte [...], was unseren Tagen war als Gottesgeschenk zu empfangen vorbehalten, nämlich daß im deutschen Lande lebte ein gewisser Dr. Martinus Luther, dessen Geisteslicht hereindrang bis in unsern Erdenwinkel.‘“ (11)[123]

Grundsätzlich enthält sich der Autor direkter politischer Stellungnahmen, wenn man von derjenigen zur Reformation absieht; allerdings betont auch er die Notwendigkeit zur Einigkeit, die nicht einmal bei den siebenbürgischen Städten gegeben gewesen sei, „denn ohne Parteien und Streit mag eine deutsche Stadt nicht leben.“ (19) Indirekt wird also auch von Lienert der geradezu gebetsmühlenartig wiederholte Vorwurf der Uneinigkeit innerhalb der Deutschen erhoben; dieser Vorwurf impliziert, das (jeweilige) ‚deutsche‘ Reich hätte in der Welt eine weit bedeutendere und stärkere Stellung einnehmen können, wenn sich alle Deutschen zum evangelischen Glauben bekannt hätten. Wie weit der Autor die Erfüllung dieses Traumes durch die Etablierung des nationalsozialistischen Staates mit seiner ‚Heim-ins-Reich-Politik‘ – das Erscheinungsjahr der Erzählung datiert aus der Mitte der 1930er Jahre – erlebte, kann nicht beantwortet werden.

Honterus selbst ist sympathisch gezeichnet – er zweifelt an sich, ist kein Heros, wodurch er menschliche Züge gewinnt, mit denen sich der Leser identifizieren kann. Interessant ist, dass Lienert in seiner Erzählung die Legende aufgreift, welche von der Entstehung des Namens Honter/Honterus berichtet: Der junge Johann Gras habe diese Bezeichnung gewählt, nachdem er – dem Ertrinken nahe –, sich an einen Holunderstrauch anklammernd, gerettet werden konnte; bei den Siebenbürgern heißt „Holunder“ „Hontert“.[124]

4.3 *König Lautenschläger. Leben und Abenteuer eines fahrenden Sängers aus Siebenbürgen*, 1940[125]

Dieses Werk Hajeks erzählt die Lebensgeschichte des Valentin Greff-Bakfark von seiner Geburt in ärmlichen Verhältnissen in Kronstadt bis zu seinem Tod in Padua.[126]

123 Einen Text dieses Inhalts, so referiert der städtische Notar, habe er im Turmknopf des Rathauses hinterlegt. Interessant, dass Lienert auf einen verbreiteten Brauch anspielt, welcher in der Frühen Neuzeit gängige Praxis – auch bei evangelischen Pfarrern – war: Vgl. Stefan Dornheim: Der Pfarrer als Arbeiter am Gedächtnis. Lutherische Erinnerungskultur in der Frühen Neuzeit zwischen Religion und sozialer Kohäsion. Leipzig 2013 (Schriften zur Sächsischen Geschichte und Volkskunde 10), besonders das Kapitel „Zeitkapseln“, ab S. 201.

124 Vgl. beispielsweise Teutsch: Geschichte (Anm. 12), S. 253.

125 Egon Hajek: König Lautenschläger. Leben und Abenteuer eines fahrenden Sängers aus Siebenbürgen. Stuttgart 1940; 2. Aufl. 1941 [Ausgabe 1942, laut GV (Anm. 100)], S. 152.

126 Ähnlich wie bei Johannes Honterus sind besonders Nachrichten über die Jugend des Künstlers

Die Mutter Valentins, eine Patriziertochter, stirbt bei der Entbindung; so wächst der Knabe mit einem Milchbruder und dessen ungarischer Mutter auf. Die Neigung zur Musik macht sich früh bemerkbar, zumal auch der Vater, ein Stadtpfeifer, von dieser Kunst besessen ist und dem schwächlichen Kind oft auf der Laute vorspielt.

Valentin, ein intelligenter Außenseiter, steckt sich im Zigeunerviertel mit den Blattern an; er überlebt, ist aber für sein ganzes Leben von Narben entstellt. Der schön gewachsene Jüngling trifft folgende Entscheidung: „Wie sein Vater mußte er ein Fahrender werden, für dessen Tätigkeit die geschlossene, auf härtesten Lebenskampf eingerichtete Gemeinschaft der Siebenbürger Sachsen keinen Raum hatte." (22f.)

So kommt er an den Hof König Hansens in Weißenburg, welcher von der schönen Königin Isabella ebenso beherrscht wird wie vom ehrgeizigen Mönch und Kanzler des Reiches Martinuzzi. Valentin spielt bei Hof auf, Melodien, die man hier noch

dürftig; selbst das Geburtsjahr steht nicht eindeutig fest: Lange Zeit wurde 1507 angegeben (vgl. etwa Adam Adrio: Bakfark [...], Valentin, genannt Greff. In: Neue Deutsche Biographie. Bd. 1. Berlin 1953, S. 546f.). Die neuere Forschung geht von seiner Geburt im Zeitraum von 1526 bis 1530 aus. Vgl. Peter Király: Valentin Bakfark – Anfangsjahre eines siebenbürgischen Musikers von europäischem Rang. In: Leppin, Wien (Hg.): Konfessionsbildung (Anm. 30), S. 201–210, hier S. 202. Ein weiterer strittiger Punkt war die Frage der Abstammung; mittlerweile gilt es als erwiesen, dass der Künstler in Kronstadt geboren wurde (vgl. ebd., S. 203). Wichtig war es der Forschung auch zu betonen, dass Valentins Eltern aus einem deutschsprachigen Gebiet stammten, vgl. z. B. Karl Teutsch: Besonderheiten des gesellschaftlichen und musikalischen Lebens in Siebenbürgen. In: Ders. (Hg.): Siebenbürgen und das Banat. Zentren deutschen Musiklebens im Südosten Europas. Konferenzbericht Coesfeld/Westfalen, 7.–11.10.1995. Sankt Augustin 1997 (Deutsche Musik im Osten 9), S. 9–85, hier S. 16, wie die sächsische Musikgeschichtsschreibung auch gegen „die Zuschreibung des Künstlers zu Gunsten des Ungartums oder des Rumänentums wiederholt protestieren mußte"; Ferenc László: Das elfte Gebot und der siebenbürgisch-sächsische Komponist. In: Teutsch (Hg.): Siebenbürgen und das Banat (s. oben), S. 197–206, hier S. 199. Man beachte das Erscheinungsjahr dieses Sammelbandes. – Die folgenden knappen biographischen Angaben beruhen auf: K[arl] T[eutsch]: Greff, gen. Bakfark. In: Myß (Hg.): Die Siebenbürger Sachsen (Anm. 15), S. 158–160. Als Knabe kam Valentin an den Hof Johann Szapolyais; nach dessen Tod 1540 blieb er in Diensten der Königinwitwe, ehe er 1549 an den polnischen Königshof nach Krakau bzw. Wilna/Vilnius wechselte. Ab 1551 unternahm er zahlreiche Reisen, unter anderem nach Königsberg/Kaliningrad, Danzig/Gdańsk und in das Heilige Römische Reich, wo er in Wittenberg mit Philipp Melanchthon zusammentraf. In Frankreich brachte er ein Tabulaturbuch mit seinen Kompositionen heraus, ehe er 1565 nach Krakau zurückkehrte. Nach Aufenthalten in Posen/Poznań und Breslau/Wrocław wurde er von Kaiser Maximilian II. als Hoflautenist berufen. 1570 hielt er sich am Hof des siebenbürgischen Königs Johann II. Siegmund auf; nach dessen Tod verließ er Weißenburg, um in Padua ansässig zu werden, wo er und seine Familie (Teutsch: ebd., S. 159, nennt vier Kinder) 1576 der Pest zum Opfer fielen. Kurz vor seinem Tode verbrannte er seine Kompositionen. Obwohl er als einer der größten Lautenvirtuosen seiner Zeit bezeichnet wird, weist Király: Valentin Bakfark (siehe oben), S. 201, Anm. 3, dezidiert darauf hin, „dass seine Bekanntheit und die Verbreitung seiner Werke in Wirklichkeit wohl lokal begrenzt waren." Dieses schillernde Künstlerleben verarbeitete nicht nur Hajek in literarischer Form, sondern beispielsweise auch der polnische Schriftsteller Dominik Magnuszewski (1810–1845): Bakwark lutnista [Der Lautenist Bakfark], erschienen 1841 in: Tygodnik literacki, siehe Alfred Klose: Deutsche Komponisten, Musiker und Musikgelehrte in Polen und ihr Einfluß auf das polnische Musikleben. In: Deutsche Monatshefte in Polen 4 (14) (1937/38), S. 451–475, hier S. 456.

nie vernommen hat. Im Bischofsvikar der katholischen Kirche Siebenbürgens findet er einen Gönner,[127] der es tatsächlich gut mit ihm meint und ihm eintrichtert: „,[...] Wir müssen ausharren, wohin Gott uns gestellt hat ... Die Deutschen sind hier auf dem Vorfeld eines ewigen Krieges, laß es dir gesagt sein, Junge: niemals entweichen – das ist Feigheit!'" (34)

Nachdem König Hans einen Schlaganfall erlitten hat, ist es allein Valentin, der ihm durch sein Spiel zu Ruhe und Schlaf verhelfen kann. Als Dank wird er in den Adelsstand erhoben, und zwar mit dem lächerlichen Prädikat „Bakfark", das im Ungarischen für „Bockschwanz" steht (vgl. 43).

Am Hof ist er aufgrund seiner Nähe zur Königinwitwe – Hajek ergeht sich in Andeutungen über den tatsächlichen Charakter dieses Verhältnisses – Anfeindungen ausgesetzt; Valentin zöge gerne in die Welt hinaus, hängt aber bereits zu sehr am Gängelband Isabellas. Im Land selbst erstarkt der Groll gegen die Deutschen, zumal Honterus in Kronstadt die Reformation einführt. Die Beweggründe für diesen Schritt interpretiert der Autor folgendermaßen:

> Da sie [die Sachsen] einsahen, daß für sie der deutsche König als Landesherr nicht errungen werden konnte, strebten sie auf andere Weise nach der unzerreißbaren Einheit mit dem Mutterlande. Da war Luther der Mann, der im Reiche eben das wichtigste Wort hatte. Nun denn, so schlossen sie sich an Luther an und wurden in Siebenbürgen lutherisch. Sie fühlten unter ihrem Führer Johannes Honterus, daß der geistige Anschluß an die deutsche Reformation gleichzeitig die sicherste Gewähr bot gegen Vereinsamung und Überflutung. Sie rangen um das Erbe der Väter, um die Freiheit des Blutes, die ihnen damals in der deutschen Bibel und im deutschen Gesangbuch am sichersten gewährleistet schien. (71)

Die Jahre ziehen ins Land; Valentin lebt versonnen seiner Kunst, die er immer mehr perfektioniert. Nachdem Königin Isabella das Land verlassen hat, kommen habsburgische Truppen unter dem Kommando General Kastaldos (= Castaldos) nach Siebenbürgen und errichten ein Schreckensregiment (vgl. 90).

Der Lautenist selbst lebt nun in Gesellschaft eines Knappen, welcher ihm von Königin Isabella gesandt worden war. Als im Rahmen der kriegerischen Auseinandersetzungen ein Kroate den Knappen schänden will, stellt sich heraus, dass dieser ein polnisches Mädchen ist; Valentin tötet den Angreifer. Als der Musiker noch einmal in das Schloss schleicht, um seine Sachen zu holen, findet er Martinuzzi ermordet vor: „Das war Kastaldos Hand, die Hand Habsburgs, das einen Priester meuchlings aus der Welt geschafft hatte, nur weil es seiner Politik so paßte ... Nun war der Untergang Siebenbürgens gewiß." (102)

Valentin begibt sich mit Narbut,[128] so der Name des Knappen-Mädchens, auf Wanderschaft; selbstverständlich wächst die Liebe zwischen den beiden, und sie be-

---

127 Dieser macht ihn auch mit Luthers Kirchenliedern bekannt, etwa „Ein feste Burg": „Das tapfere Lied sagte ihm [Valentin] zu, der Text und die Akkorde ließen Leib und Seele aufhorchen, eine Sprache, deren Kraft den Geist des Tonsetzers enthüllte: So war Luther!" (S. 59)

128 Klose: Deutsche Komponisten (Anm. 126), S. 455, erwähnt ein aus litauischer Adelsfamilie stammendes Mädchen namens „Narbutt", mit dem Greff-Bakfark verheiratet war.

kommen ein Kind, das allerdings von Zigeunern getötet wird. Letztendlich treffen sie in Krakau ein, wo sie vom deutschen Leibarzt König Sigismund Augusts II. aufgenommen werden.

In der polnischen Königsstadt beschäftigt sich der Lautenspieler nun verstärkt mit Luthers Schriften:

> Er wäre nicht ein Deutscher gewesen, wenn ihn diese flammende Urseele nicht gepackt hätte. [...] Die in unnahbare Ferne entrückte Gottheit wurde durch inbrünstige Flammenrufe des Wittenberger Mönches gleichsam wieder eins mit der deutschen Seele. (124)

Valentin findet wieder zu seiner Schaffensfreude zurück, zumal ihn der um seine verstorbene Gemahlin trauernde König zum Freund haben möchte, und das, obwohl er eigentlich die Siebenbürger Deutschen hasst (vgl. 130). Nach geraumer Zeit beurlaubt ihn der König widerwillig, und Bakfark begibt sich in seine Heimat, das Sachsenland. Während seiner Abwesenheit wird Narbut die Geliebte des Königs.[129]

In Hermannstadt, wo die Bürger „am ausdauerndsten für die Einheit mit dem römischen Reich deutscher Nation gekämpft" (153) haben, herrscht kriegerische Stimmung; zu allem Übel bricht auch noch eine Feuersbrunst aus, die als Strafgericht Gottes an den Deutschen aufgrund ihrer Uneinigkeit interpretiert wird (vgl. 174).

Valentin kehrt enttäuscht nach Krakau zurück, wo er vom Verhältnis Narbuts zum König erfahren muss. Gewissenlos wollen die Polen den Musiker von den Vorteilen dieser Liaison, auch für ihn, überzeugen – für Bakfark eine untragbare Situation:

> Nirgend war es Bakfark so sehr zum Bewußtsein gekommen, wie bei seiner Rückkehr nach Polen, daß der Deutsche des Ostens mit Waffen sein Recht erkämpfen mußte oder, falls er die Waffen nicht führen konnte oder wollte, ins Reich heimzukehren sich entschließen mußte [...]. (190)

Valentin wählt die zweite Möglichkeit und begibt sich nach Wien, an den Hof Kaiser Maximilians II., welcher unter der Last der Krone, dem hispanischen Vetter und den religiösen Verhältnissen leidet:

> Maximilian: „Ich meine das mit der Augsburgischen Konfession. Mein Vater wollte von ihr nichts wissen, roch Weihrauch und Wedel lieber als alle Wahrheit der Schrift. Aber ich ... ich ... haßte den heuchlerischen Hofklerus, der sich um den Kaiserthron rankt seit Caroli Magni Zeiten ... So lernte ich den Mönch von Wittenberg lieben ... noch mehr den weisen Lehrer ..." (197)[130]

---

129 Später wird sie sich selbst entleiben, da sie nach einer Blatternerkrankung ebenfalls gänzlich entstellt ist.

130 Ein Szenenwechsel führt in den spanischen Escorial, wo Philipp II. seinen Sohn Don Carlos verhaften lassen hat und die Leserschaft Zeuge der heimtückischen Ermordung des Infanten wird (vgl. S. 200–205). Philipp ist selbstverständlich mit einem „fanatischen katholischen Willen" (S. 205) ausgestattet.

In schon bekannter Manier entwickelt sich zwischen dem kraftlosen Kaiser und Valentin eine Freundschaft; ja Letzterer erteilt dem Habsburger sogar Ratschläge, wobei er immer wieder die Notwendigkeit der Einheit im Reich betont (vgl. 208).

Valentin verlässt Wien und begibt sich ins Reich. In Augsburg wird er an die Fugger'sche Tafel geladen;[131] just zu diesem Zeitpunkt wird der Sieg über die Türken bei Lepanto bekannt: „In der Tat bedeutete dieser Sieg den Anfang eines neuen Wehrwillens des Reiches gegen die barbarischen Ostvölker" (224). Einmal mehr wird ferner die Spaltung der Deutschen durch Luthers Lehre diskutiert:

> Graf Anton Fugger: „Das ist des deutschen Landes Leid, daß wir nun durch Lutherus ein uneinig Volk geworden sind ... Mir hat manches gefallen, was der Mönch von Wittenberg predigte, um der Einigkeit willen aber schwieg ich stille und blieb papistisch [...]." (221)

Ein ungarischer Tischgenosse sieht dies anders:

> „[...] Luther hat das deutsche Volk zu seiner eigenen Seelenquelle geführt und dem Papst den deutschen Futtersack etwas höher gehängt ... Hättet alle Lutheraner werden sollen ... dann gäb' es ein einig Volk!" (221)

Wieder auf Wanderschaft macht Valentin in Wittenberg die Bekanntschaft des Dr. Faustus sowie Peucers, Melanchthons Schwiegersohn, welcher des Kryptocalvinismus verdächtigt und verhaftet wird:

> Das also ging an dem Orte vor, da Luther gewirkt und die Freiheit gesiegt hatte! Das also war die Tat, die die Enkel aufrichteten, da die Väter dahingeschwunden waren? Haß, Verfolgung, trostlose Rechthaberei und hier ein stiller Dulder des Friedens – ihr Opfer! (245)

Nun hält Valentin nichts mehr im Reich; sein Weg führt ihn über den Brenner nach Venedig, wo er ein blindes Mädchen kennen und lieben lernt; er sammelt einen Kreis von Freunden um sich und nimmt an heimlichen Treffen von Protestanten teil (vgl. 279), ehe die Pest ausbricht. Dr. Lindner, dem ehemaligen Leibarzt des polnischen Königs und alten Freund Valentins, wird die Stelle des Pestarztes übertragen, denn in dieser verantwortungsvollen Funktion bedarf es eines Deutschen (vgl. 285). Die Geliebte Bakfarks erkrankt ebenfalls und wird von ihm aufopferungsvoll gepflegt. In den Todesminuten kann sie plötzlich sehen und schreit beim Anblick des Lautenspielers entsetzt auf: „„Der Teufel! ... Der Teufel! ... das ist mein Herr nicht! Fort mit dem Bocksgesicht!"" (291)

Der Protagonist erkrankt nun selbst, allerdings nicht an der Pest, und wird nach Padua gebracht, wo man ihn umsorgt. Mit letzter Kraft verbrennt er seine Aufzeichnungen und Noten, ehe er sein Leben aushaucht.[132]

---

131 Hier ist auch Philippine Welser, die ‚unstandesgemäße' Gattin Erzherzog Ferdinands II. von Tirol, zugegen, ferner ein „alter Blomberg" (S. 223), ein Onkel der Margarete Blomberg, Mutter des Don Juan de Austria. Tatsächlich hieß diese Barbara.

132 Aufgrund seiner zahlreichen Reisen sei Bakfark „seiner Heimat ganz entfremdet" worden, wie Hajek an anderer Stelle bedauernd anmerkt: Egon Hajek: Neues über Valentin Greff-Bakfark. In: Korrespondenzblatt des Vereins für siebenbürgische Landeskunde 41 (1918), S. 36–38, hier S. 38; ferner glaubt er zu wissen, der Musiker sei aufgrund seiner Blatternnarben „von abstossender Hässlichkeit gewesen" (ebd., S. 37).

Valentin, der überragende Held dieses Romans, hat etwas von einem Simplicissimus, aber auch dem naiv nach dem Gral suchenden Parzival an sich: Unstet zieht er durch die Welt, ganz seiner Kunst lebend, aufgrund der politischen und religiösen Zeitumstände aber gezwungen, sich diesen immer wieder zu stellen. Sein Herz hat er ganz der deutschen Sache verschrieben und kann als Weitgereister beurteilen, was deutsches Wesen in der Welt bewirkt und wie negativ sich etwa ‚slawisch' beherrschte Territorien von ‚deutsch' regierten unterscheiden. Selbst in der Bauweise[133] sind die Unterschiede zu erkennen und spiegeln Regierungsform sowie Charakter wider: In Hermannstadt erfreut sich Valentin

> an dem strengen Antlitz der Häuser, die ihr deutsches Gepräge in Baustil und Zierat deutlich zu erkennen gaben. Hier hatte kein Ungar oder Rumäne ein Wort dareingeredet, hier gab's nur freie Bürger, vor denen sogar der König den Hut abzog, wenn's nötig war ... hier wohnte kein Kastellan mitten in der Stadt, wie in Krakau, der den Bürgern seine Gesetze vorschreiben durfte. (162)

Grundsätzlich „war doch das Leben ernster und verantwortungsvoller in Wien unter den Deutschen, als in Krakau unter den Polen." (195) In Siebenbürgen ist es möglich, dass „deutsche Männer" eindrucksvoll das „deutsche Evangelium" verteidigen (76).

Schlecht beleumundet sind einmal mehr die Habsburger: in *König Lautenschläger* Kaiser Maximilian II. und sein Vetter Philipp II. Betont ersterer zunächst noch, „Deutscher" und der Nabel der Welt zu sein (198), verfällt er dann aber rasch in Lethargie sowie Untätigkeit und führt in der Wiener Hofburg „ein unheimliches geisterhaftes Leben" (205).

> Maximilian glaubte einen Augenblick selbst daran, daß alle Gewalt dieser Welt in seiner deutschen Hand liegen mußte. Dann sank er zusammen, zusehends verfiel sein Leib, die Augen verloren ihren Glanz, die Hände sanken herab. Aus seinen Blicken sprach Ratlosigkeit. (199)

Negativ, geradezu abgeschmackt, werden ‚Zigeuner' geschildert: Sie glichen Aasgeiern; wo sie aufträten, drohe Unheil (vgl. 155); selbst in musikalischen Belangen reichen sie nicht an die Deutschen heran: „der zigeunerische Lautenspieler verfügte wohl wie alle Helden dieses Volkes über eine gewisse angeborene Musikalität, der eigentliche Einfallsreichtum der germanischen Seele lag ihm völlig fern." (148)

Was will Hajek mit diesem Roman dem Lesepublikum sagen, was vermitteln? Wie auch bei *Meister Johannes* ist die Botschaft ganz eindeutig: Einigkeit, Einigkeit und noch einmal Einigkeit tut not, dem „Sachsenland" im 16. Jahrhundert –

> „Suchen? Wo findet man den wahren Schatz im Acker? Ich bin drauf aus!" „Vielleicht bei den lieben Deutschen zu allermeist. Jetzt ist wohl Unehre und Hader unter uns, es muß aber einst eine Zeit kommen, da alles Wesen, das da Streit erweckt, abfällt wie ein zerschlissener Mantel, und einst *eine* große Nation das heilige Reich beherrscht. [...]" (232)

---

133 Hajek vergisst nicht zu betonen, dass nur deutsche Baumeister Bauten von bleibendem Wert zu errichten in der Lage gewesen seien (vgl. 97).

– und noch mehr der Gegenwart. Um großen Zeiten entgegengehen zu können, bedarf es großer Männer; diese müssen nicht notwendigerweise adliger Abstammung sein: „Manchmal ist die Mutter eines solchen Mannes ein einfaches Bauernweib, eines Bergmanns Gattin, wie Luthers Mutter.“ (228)[134]

Quintessenz: Einigkeit – erreicht durch die Reformation Johannes Honterus' – macht stark, und einem starken Volk schenkt der Herr zur rechten Zeit die richtigen ‚Führer', die es allerdings zu erkennen gilt, befanden sich die Siebenbürger doch häufig in einem Gewissenskonflikt: Sollten sie dem rechtmäßigen Herrscher oder „dem an Ort und Stelle mächtigen Potentaten“ folgen?[135]

Weit ausführlicher als zu *Meister Johannes* äußerte sich Hajek in seiner *Wanderung unter Sternen* über diesen etwas später erschienenen historischen Roman. Demnach wurde die Beschäftigung mit dem Lautenisten durch den ‚Sachsenbischof' Friedrich Teutsch angeregt; der Abfassung des Manuskripts ging eine intensive Beschäftigung mit der Thematik voraus.[136] Die Zusammenarbeit mit dem Steinkopf-Verlag in Stuttgart gestaltete sich positiv; der Roman selbst wurde noch freundlicher aufgenommen als derjenige zu Honterus. So lobt ein „Amtsbruder“ Autor und Werk mit folgenden Worten:

> Sie haben in ungemein plastischer Darstellung und edler Sprache das Schicksal eines Mannes geschildert, der es verdient, der Vergessenheit entrissen zu werden [...]. Ganz besonders anerkennend möchte ich aber hervorheben, dass Sie im Rahmen dieses Lebensschicksals grosse Kulturperioden in lebensvoller Nähe zur Darstellung gebracht haben.[137]

Eine weitere Verbreitung verhinderte der Weltkrieg, denn im Bombenhagel, durch welchen dem „Kulturleben in Deutschland Schranken auferlegt wurden“,[138] verbrannte die gesamte dritte Auflage. Rühmt Hajek noch wenige Seiten davor die Förderung der *deutschen* Literatur durch das nationalsozialistische Regime,[139] beklagt er sich nun, aufgrund seiner Profession als Pfarrer niemals einen Literaturpreis erhalten zu haben, und das obwohl *König Lautenschläger* von vielen als das beste Buch des Jahres bezeichnet worden war.[140] Nach der Besetzung Österreichs durch die „Russen“ „fiel dies Buch mit hundert anderen der Verbannung zum Opfer.“[141]

134 Unwillkürlich denkt man auch an die Mutter Adolf Hitlers.

135 Bergel: Der lange Weg (Anm. 26), S. 332.

136 Hajek: Wanderung (Anm. 40), S. 239.

137 Ein Durchschlag dieses Schreibens, ohne Namensangabe, datiert mit 1941 September 20, liegt dem Personalakt Hajek (Anm. 46), Z. Gl. 858/41, bei.

138 Ebd., S. 247. Befriedigt merkt er an, vom Verlag dennoch das vereinbarte Autorenhonorar ausbezahlt bekommen zu haben.

139 Ebd., S. 244: Waren doch die Namen deutscher Autoren in den Schaufenstern von Wiener Buchhandlungen zur Seltenheit geworden; „man muß Mac-Micmeckmörn heißen, um Beachtung zu finden.“ Das sei nun endlich wieder anders geworden.

140 Vgl. ebd., S. 247.

141 Ebd., S. 285. Worauf Hajek sich hier bezieht, konnte nicht verifiziert werden, denn auf der vom Bundesministerium für Unterricht 1946 herausgegebenen *Liste der gesperrten Autoren und Bücher. Maßgeblich für Buchhandel und Büchereien* findet sich kein Werk aus seiner Feder.

5. Siebenbürgische Befindlichkeiten

5.1 Zur Geschichte der Siebenbürger Sachsen im 19. und 20. Jahrhundert

Um die ambivalenten Haltungen siebenbürgischer Autoren Österreich – eigentlich dem habsburg-lothringischen Herrscherhaus – gegenüber verstehen zu können, ist es notwendig, sich die politischen Ereignisse ab der zweiten Hälfte des 19. Jahrhunderts zu vergegenwärtigen, zumal der demographische Fortbestand der Siebenbürger Sachsen für sie selbst zu einer existentiellen und damit nationalen Frage wurde. Die Sachsen sahen sich zunehmend von der Wiener Regierung enttäuscht und im Stich gelassen, nachdem sie sich in der Revolution von 1848 den aufständischen Ungarn entgegengestellt hatten. In der folgenden absolutistischen Periode wurden die aus dem Mittelalter herrührende Rechtsprechung und Selbstverwaltung schrittweise abgebaut. Oskar Wittstock kommentierte dieses Vorgehen 1943 folgendermaßen:

> Weil ihre [der Siebenbürger Sachsen] durch die Jahrhunderte bewahrte politische Autonomie dem Gouverneur ein Dorn im Auge war, wurde sie vernichtet. Dies war der Dank dafür, daß die Nation im Bürgerkrieg alle erdenklichen Opfer gebracht hatte und ihre Treue gegenüber dem Vaterland und der Dynastie mit ihrem Blut besiegelt hatte.[142]

Um die Verbindung mit dem ‚Mutterland' zu demonstrieren, wurde bereits 1859 der 100. Geburtstag Schillers entsprechend zelebriert, wodurch „vor der Welt de[r] überzeugende Beweis [erbracht wurde], daß das Deutschtum Siebenbürgens mit allen Fasern seines Herzens diesem ‚rein geistigen Wesen' angehörte."[143]

1867, das Jahr des österreichisch-ungarischen Ausgleichs, brachte die Vereinigung Siebenbürgens mit Ungarn bzw. mit der ungarischen Reichshälfte und in der Folge starke Magyarisierungsbestrebungen, worauf die Rumänen mit Passivität, die Sachsen mit verstärkten Aktivitäten in ökonomischen, kulturellen sowie wissenschaftlichen Bereichen reagierten. Außerdem verfügten sie mit der lutherischen Kirche über eine Institution, auf welche die Regierungspolitik kaum Einfluss zu gewinnen trachtete.[144]

Im Nationalitätengesetz von 1868 wurden alle Bürger Ungarns als Glieder einer „unteilbaren einheitlichen ungarischen Nation" bezeichnet,[145] wogegen die Sachsen

---

142 Oskar Wittstock: Die Siebenbürger Sachsen und der gesamtdeutsche Gedanke. Brünn u. a. 1943, S. 205.

143 Ebd., S. 227. Besondere Bedeutung schreibt Wittstock den Ereignissen von 1870/71 zu. Zahlreiche an deutschen Universitäten inskribierte Siebenbürger Sachsen wollten als Freiwillige in der deutschen Armee dienen, was allerdings von den k. u. k. Konsulaten nicht genehmigt wurde (vgl. ebd., S. 234). Nach dem für Deutschland erfolgreichen Abschluss des Krieges fand etwa in Kronstadt eine Siegesfeier statt (vgl. ebd., S. 242): „Die Gewißheit, dem Siegervolk anzugehören, stärkte und festigte die nationale Widerstandskraft und den eisernen Willen zum Durchhalten", ebd., S. 244.

144 Roth: Siebenbürgen (Anm. 5), S. 375f.

145 Zitiert nach C[arl] Göllner: Politisches Leben 1867–1876. In: Ders. (Red.): Die Siebenbürger Sachsen in den Jahren 1848–1918. Köln, Wien 1988 (Siebenbürgisches Archiv, Folge 3, 22), S. 128–169, hier S. 138.

natürlich opponierten; zu einer Verschärfung bzw. offenen Magyarisierungspolitik kam es dann unter Ministerpräsident Kálmán Tisza ab 1875.[146] Davon besonders betroffen war der Bildungsbereich: In staatlichen Volks-, später auch in Mittelschulen, sollte der Unterricht ausschließlich in magyarischer Sprache erfolgen.[147] Heftig umstritten war ferner das Ortsnamengesetz, nach dem jede Gemeinde ausschließlich einen einzigen Namen, de facto den magyarischen, führen sollte.[148] In der Folge versuchte man, Vereins- und Pressewesen verstärkt politisch zu nutzen; das *Siebenbürgisch-Deutsche Tagblatt*, zuvor *Siebenbürgisch-Deutsches Wochenblatt*, etwa wurde zu dem „Forum deutscher Politik in Siebenbürgen".[149] Eine treibende Kraft war Georg Daniel Teutsch, Bischof der evangelischen Landeskirche Augsburgischen Bekenntnisses in Siebenbürgen, der „sich von der Auffassung leiten [ließ], daß die Kirche [...],eine Burg für die nationalen Güter' sei und für ‚die Erhaltung des Volkstums zu sorgen' habe."[150]

Es sei noch erwähnt, dass Siebenbürgen nach dem Ersten Weltkrieg Teil des Königreiches Rumänien wurde; den Sachsen sicherten die Siebenbürger Rumänen weitgehende Minderheitenrechte zu. Die 1923 verabschiedete rumänische Verfassung dagegen ging von einem einheitlichen Nationalstaat aus, in dem nur Individualrechte vorgesehen waren. Auch in wirtschaftlicher Hinsicht sah sich Transsilvanien massiven Problemen gegenüber. All das führte zu einer Verschärfung des Klimas und zu politischer Radikalisierung. Nach der nationalsozialistischen Machtergreifung 1933 in Deutschland kam es bei deutschen Minderheiten in Südosteuropa vielfach zu zu verstärkter nationaler Politisierung – so auch bei den Siebenbürger Sachsen. 1938 wurde eine Königsdiktatur installiert, die am 2. Wiener Schiedsspruch (1940, Abtretung großer Teile des Territoriums an die UdSSR, Ungarn und Bulgarien) scheiterte; nun kam es zu einer Militärdiktatur unter Führung Marschall Ion Antonescus. Rumänien beteiligte sich an deutscher Seite am Überfall auf die Sowjetunion. Als die Rote Armee heranrückte, stürzte das Regime des ‚Staatsführers'; das Land trat 1944 auf Seiten der Alliierten in das Kriegsgeschehen ein. Nach Kriegsende erhielt Rumänien Nordsiebenbürgen zurück und wurde nach dem Sturz der Monarchie 1947 eine ‚Volksdemokratie'.[151]

146 Vgl. ebd., S. 161.

147 C[arl] Göllner: Abwehr von Magyarisierungsversuchen 1877–1900. In: Ders. (Red.): Siebenbürger Sachsen (Anm. 145), S. 170–205, hier S. 171–179.

148 Vgl. ebd., S. 198–205.

149 Günter Schödl: Am Rande des Reiches, am Rande der Nation: Deutsche im Königreich Ungarn (1867–1914/18). In: Ders. (Hg.): Land an der Donau (Anm. 11), S. 349–454, hier S. 387. Schödl, ebd., S. 404, betont die Bedeutsamkeit dieser Ereignisse, wurden doch hier „vielleicht langfristig wichtige Weichenstellungen für die spätere Radikalisierung der Minderheit, für die Formierung der ‚Volksgruppe' vorbereitet."

150 Ebd., S. 385.

151 Vgl. etwa Roth: Kleine Geschichte (Anm. 3), S. 121–136.

5.2 Das Honterusfest 1898

Ihren absoluten Höhepunkt erreichte die Honterus-Verehrung 1898 mit der 400. Wiederkehr des Geburtstages des siebenbürgischen Reformators; allerdings hatte man seiner auch bereits zuvor, etwa 1644, anlässlich der ersten Säkularfeier zur Eröffnung des Honterus-Gymnasiums, gedacht.[152] Im 19. Jahrhundert mit seiner Vorliebe für Feste und Feiern[153] – häufig national konnotiert – steigerten sich auch die Bemühungen um Honterus: Bereits 1845 wurde ein zweitägiges Fest zum 300. Jahrestag der Schulgründung inszeniert, mit Reden, einem Festgottesdienst sowie einem Volksfest. Der Erfolg war groß, sodass in den nächsten Jahrzehnten eine derartige Feierlichkeit das Ende des jeweiligen Schuljahres markierte. Eigens dafür wurden „Lieder zum Honterusfest" in Form eines Taschenbuches herausgegeben.[154] In den 1850er Jahren wurde am Geburtshaus in der Schwarzgasse eine Tafel angebracht, die an dieses Ereignis erinnern sollte.[155] 1858 wurde die „Honterusstiftung" gegründet, welche begabten Lehrern „einen Studienaufenthalt im deutschen Mutterland" ermöglichen sollte;[156] 1887 wurde der Kirchhof in „Honterushof" umbenannt; ab 1903 trug das Kronstädter evangelische Gymnasium offiziell den Namen „Honterus-Gymnasium".[157] „Integrationsfeste" sollten den „inneren Zusammenhalt" sichern helfen, wofür man sich in erster Linie auf die ‚glorreiche' Vergangenheit, die Reformation, besann.[158] Die Lutherfeier 1883[159] gab den Anstoß, auch Johannes Honterus mit einem Denkmal zu ehren, und so konnte 1898 die vom Berliner Bildhauer Harro Magnussen geschaffene Statue – situiert vor der Schwarzen Kirche in Kronstadt – pünktlich zum 400. Geburtstag eingeweiht werden.

---

152 Einen konzisen Überblick zur Rezeption Honterus' bietet Harald Roth: Johannes Honterus. In: Joachim Bahlcke, Stefan Rohdewald, Thomas Wünsch (Hg.): Religiöse Erinnerungsorte in Ostmitteleuropa. Konstitution und Konkurrenz im nationen- und epochenübergreifenden Zugriff. Berlin 2013, S. 686–692.

153 Vgl. einführend: Dieter Düding, Peter Friedemann, Paul Münch (Hg.): Öffentliche Feste in Deutschland von der Aufklärung bis zum Ersten Weltkrieg. Reinbek b. Hamburg 1988.

154 Wittstock: Honterus (Anm. 15), S. 322.

155 Wittstock, ebd., S. 323, datiert dieses Ereignis mit 1858; Gernot Nussbächer: Wer war Honterus? In: Allgemeine Deutsche Zeitung für Rumänien. 24.2.2013, online unter <http://www.adz.ro/artikel/artikel/wer-war-honterus/>, [S. 2] (Zugriff 27.1.2014), dagegen auf 1857.

156 Wittstock: Honterus (Anm. 15), S. 323.

157 Nussbächer: Wer war Honterus? (Anm. 155), S. [2].

158 Vgl. Schödl: Am Rande des Reiches (Anm. 149), S. 440.

159 Die Feier des 400. Geburtstages Martin Luthers, im Kontext der Reichseinigung zu sehen, darf wohl als einer der Höhepunkte des an Festkultur nicht armen 19. Jahrhunderts bezeichnet werden. Vgl. den nach wie vor grundlegenden Aufsatz von Hans Düfel: Das Lutherjubiläum 1883. Ein Beitrag zum Luther- und Reformationsverständnis des 19. Jahrhunderts, seiner geistesgeschichtlichen, theologischen und politischen Voraussetzungen, unter besonderer Berücksichtigung des Nationalismus. In: Zeitschrift für Kirchengeschichte 5 (1984), S. 1–94, in dem er einen relativ breiten Überblick über die Veranstaltungen in Deutschland bietet, der im Wesentlichen auf der Auswertung der *Allgemeinen Evangelischen Kirchenzeitung* beruht.

Abb. 3: Das Honterusdenkmal vor der Schwarzen Kirche in Kronstadt (Ansichtskarte, Zwischenkriegszeit)

Dies geschah im Rahmen einer „Honterus-Jubelfeier", die vom 19. bis 23. August dauerte.[160] Zahlreiche Vereine hielten Versammlungen ab, es gab Festbankette und -essen, einen Festball sowie einen Lehrertag; die Turner veranstalteten ein Turnfest, bei dem auch *Die Wacht am Rhein* nicht fehlte.[161] Die Begrüßung der Festgäste fiel Dechant Franz Herfurth zu, welcher sogleich die Intention klarstellte: „Unser Fest ist ein *evangelisches* Fest. [...] Unser Fest ist aber auch ein *deutsches* Fest. Vor der Welt stellen wir uns hin, wie wir sind, ein Volk deutschen Stammes, deutscher Art, deutscher Kraft."[162]

---

160 Zu dieser erschien ein Festbericht, auf den ich mich in der Folge beziehe: Lutz Korodi (Hg.): Die Honterus-Jubelfeier und die sächsischen Vereinstage in Kronstadt. Ein Festbericht. Kronstadt 1898.
161 Ebd., S. 19.
162 Ebd., S. 4f.

Abb. 4: Enthüllung des Honterusdenkmals

Im Zentrum der Feierlichkeiten stand selbstverständlich die Enthüllung des Denkmals, wobei bei allen Reden stets die Verbindung der Siebenbürger Sachsen mit Deutschland betont wurde. Hatte die Reformation im ‚Mutterland' eine Spaltung der Nation bewirkt, so wurde das Sachsenland durch Honterus' Wirken geeint – so der Kronstädter Stadtpfarrer Franz Obert.[163] Ein eigener Programmpunkt war die „Bekränzung des Denkmals durch die Frauen", die durch ihre „stattlichen und zugleich liebreizenden Erscheinungen, rechter Germaninnen", beeindruckten.[164] Einmal mehr wird der Geist Bismarcks beschworen, der zusammen mit „Moltkes Schwert [...] das Deutschvolk" geeint habe.[165] Besonders kämpferisch gaben sich Studenten aus Deutschland bei einem Festkommers, davon träumend, dass „Am deut-schen Wesen / die ganze Welt genesen [werde]", denn „Alldeutschland" solle endlich die ihm zustehende Position in der Welt erhalten.[166]

Auffällig ist die geringe Präsenz von Vertretern der österreichisch-ungarischen Monarchie,[167] wenngleich es durch die „Huld Sr. Majestät des Kaisers und Königs

163 Vgl. ebd., S. 27.

164 Ebd., S. 36f.

165 Ebd., S. 55; selbstredend wird auch die beliebte Verbindung Luther – Bismarck hergestellt: „Als Mark- und Eckstein dieser Entwicklung ragt eine stolze deutsche Reckengestalt in unserer Zeit empor: Bismarck! – Luther und Bismarck! [...] Schuf der eine durch Erweckung der Gewissen den deutschen Glauben, so hat der andere auf dieser starken Grundlage den deutschen Staat erbaut." Ebd., S. 87.

166 Ebd., S. 91.

167 Begrüßungstelegramme folgender (österreichischer) Personen und Institutionen wurden verlesen: Dr. Heinrich von Zeisberg (Historiker und Bibliothekar an der kaiserlichen Hofbibliothek in Wien), Dr. Franz Krones (Professor für österreichische Geschichte an der Universität Graz), des Historischen Vereins für Steiermark, der k. u. k. Zentralkommission für Kunst und historische Denkmale sowie des Bundes deutscher Radfahrer in Österreich. Vgl. ebd., S. 66. Unter den ab-

von Oesterreich-Ungarn“ den siebenbürgischen Vereinen ermöglicht worden war, dem deutschen Gustav-Adolf-Verein beizutreten.[168] Das Festmahl dieses Vereines begann dann auch mit einem Toast „auf den gütigen Monarchen“,[169] wobei den heutigen Leser der Verdacht beschleicht, es handelte sich um eine Pflichtübung, zumal Emile Lurtz, Vertreterin des Frauenvereins, in ihrer Rede betonte, dass die Delegation siebenbürgischer Frauen, welche eine „mit sechstausend Unterschriften sächsischer Frauen und Mädchen Siebenbürgens unterzeichnete Bitte an den Stufen des Thrones [niederlegen wollte], um die Vertilgung unserer geliebten deutschen Ortsnamen [...] vielleicht zu verhindern“,[170] nicht zum Kaiser vorgelassen worden war.[171]

Honterus selbst wurde in den zahlreichen Ansprachen – stereotyp – idealisiert und instrumentalisiert. Er sei „ein Lichtbringer, wie keiner seiner Volksgenossen vor und nach ihm“; er habe nicht nur für die Reformation des Kirchen- und Schulwesens Großes geleistet, sondern sei auch „für die Erhaltung unseres Volkstums ausschlaggebend“ gewesen, vereinte er doch in sich zwei „Leitsterne: Deutschtum und Evangelium“.[172] Noch 1970 kommentierte Oskar Wittstock die Feierlichkeiten im Jahr 1898 wie folgt:

> Das Fest, das von einer stattlichen Reihe kultureller Veranstaltungen umrahmt wurde, stärkte die moralische Widerstandskraft der Sachsen, die damals gegen die brutale Magyarisierungspolitik der Budapester Machthaber ihre Muttersprache und das angestammte Volkstum in vorbildlicher Weise verteidigten.[173]

Das Honterusfest sollte bis in die Zwischenkriegszeit nicht nur das größte Volksfest der Siebenbürger Sachsen bleiben, sondern auch weiterhin im Rahmen der nationalen Identitätsbildung eine wichtige Funktion haben.[174] Da die Reformation als

---

schließend abgedruckten „Sympathiekundgebungen“, vgl. S. 93–111, finden sich zusätzlich solche von der Universität Wien; aus „Österreichs deutschester Stadt“, womit Graz gemeint ist; von Leopold Czermak, „Obmann des Gauverbandes deutscher Turnvereine in Steiermark, Kärnthen und Krain“; dem Verein der Siebenbürger Sachsen in Wien; dem Wiener akademischen Turnverein sowie Eduard Fogarascher, einem k. k. Steueramtskontrollor – im Vergleich zu Telegrammen etc. aus Deutschland eine verschwindende Anzahl.

168 Ebd., S. 46.

169 Ebd., S. 50.

170 Ebd., S. 79f.

171 Angeblich erhielt die Petition innerhalb kürzester Zeit sogar 10.000 Unterschriften. In Wien wurde für die Frauen ein Bankett gegeben; einer kleineren Frauen-Abordnung, welche Ministerpräsident Dezső Bánffy in Budapest empfing, wurde beschieden, der ungarischen Regierung sei eine Vorsprache beim Kaiser in dieser Angelegenheit unerwünscht, und die Audienz kam – wie schon erwähnt – tatsächlich nicht zustande. Vgl. Göllner: Abwehr (Anm. 147), S. 202f.

172 Alle Zitate: Korodi: Honterus-Jubelfeier (Anm. 160), S. 72.

173 Wittstock: Honterus (Anm. 15), S. 323.

174 Bei Günter Schödl: Lange Abschiede: Die Südostdeutschen und ihre Vaterländer (1918–1945). In: Ders. (Hg.): Land an der Donau (Anm. 11), S. 455–649, hier S. 533, finden sich zwei Fotografien der Honterusfeste von 1930 und 1938, zum einen farbentragende Studenten, zum anderen Frauen in sächsischer Tracht abbildend: Diese beiden Fotos veranschaulichen in typischer Weise, wie die Sachsen sich präsentierten, nämlich national mit ausgeprägten traditionalistischen Bezügen.

einigendes Element gesehen bzw. interpretiert wurde, wandte man sich, um den inneren Zusammenhalt zu demonstrieren, mit Vorliebe diesem Ereignis aus der „vaterländischen" Geschichte zu. Welche anderen historischen Vorkommnisse wären auch die Alternative gewesen, in einem Land, das sich – zumindest in seiner politischen Geschichte – als gespalten erleben musste?

Zurück zu 1898: Das Jubiläum regte zu vielfältiger Beschäftigung mit Honterus an,[175] wobei an erster Stelle auf eine rege Publikationstätigkeit verwiesen sei: Johann Netoliczka, Kirchenhistoriker und Germanist, etwa gab erstmals ausgewählte Schriften des Reformators heraus, und zwar im Auftrag des „Ausschusses zur Errichtung des Honterusdenkmals in Kronstadt".[176] Für ein breiteres Publikum verfasste derselbe Autor ein *Gedenkbüchlein*, das 1898 zwei Auflagen erlebte;[177] als Wissenschaftler wollte er dazu beitragen, „daß die Flamme [der] Begeisterung im Honterusjahre sich recht entzünde",[178] und er appellierte an seine Leser, „immer völliger in jenes Wesen hinein[zu]wachsen, als dessen Verkörperung Honter vor uns steht."[179] Thematisch weit breiter angelegt ist eine „Festschrift zur Honterusfeier", in welcher Vorträge aus den Jahren 1897 und 1898 abgedruckt sind:[180] Hier werden etwa die Reformations- und politische Geschichte Deutschlands behandelt, aber auch „Fortschritte auf dem Gebiete der Naturerkenntnis". Auch des Geographen Honterus wurde gedacht.[181]

Bereits 1896 war ein populär gehaltenes „Lebensbild" des Reformators erschienen,[182] in dem es dem Autor allerdings weniger um Person und Wirken Honterus', als ‚Luther des Sachsenlandes' apostrophiert, zu tun ist als vielmehr um ein Loblied auf Siebenbürgen; er betont die Einigung der ‚drei siebenbürgischen Nationen' durch die Reformation. Besonders negativ konnotiert sind die als genuin „spanisch" bezeichneten Habsburger: Dem ‚einheimischen' Szapolyai steht der ‚auswärtige' Erzherzog Ferdinand gegenüber, welcher die Siebenbürger in ihrem Kampf gegen

175 Einen neuen Anstoß zur – nun in erster Linie – wissenschaftlichen Auseinandersetzung mit Honterus brachte dann die 475. Wiederkehr seines Geburtstages 1973 mit sich. Vgl. Gernot Nussbächer: Johannes Honterus (1498–1549). Online unter: <http://www.hog-kronstadt.de/fileadmin/PDF/heimat_geschichte/kronstadt/allgemein/JOHANNES%20HONTERUS.pdf>, S. [4] (Zugriff 10.3.2014).

176 Oskar Netoliczka: Johannes Honterus' ausgewählte Schriften. Wien, Hermannstadt 1898; ergänzend siehe ferner: Oskar Netoliczka: Beiträge zur Geschichte des Johannes Honterus und seiner Schriften. Festgabe der evangelischen Stadtpfarrgemeinde Kronstadt an den Landeskundeverein, September 1930. Kronstadt 1930. Ebenfalls im Auftrag des Ausschusses erschien eine Biographie des Reformators: Theobald Wolf: Johannes Honterus. Der Apostel Ungarns. Kronstadt 1894.

177 Oskar Netoliczka: Johannes Honterus. Ein Gedenkbüchlein zur Feier seiner Geburt. 2., durchges. Aufl. Kronstadt 1898; beigebunden ist ein weiterer Bericht über „Die Honterus-Festwoche im August 1898 in Kronstadt".

178 Ebd. „Zum Geleit", unpaginiert.

179 Ebd., S. 39.

180 Aus der Zeit der Reformation. Vorträge, gehalten im Auditorium des ev. Gymnasiums A. B. in Kronstadt in den Jahren 1897 und 1898. Festschrift zur Honterusfeier. Kronstadt 1898.

181 Siegmund Günther: Johannes Honter, der Geograph Siebenbürgens. In: Mitteilungen der k. k. Geographischen Gesellschaft in Wien, Heft 10–11 (1898), S. 643–663.

182 Johannes Höchstmann: Johannes Honter, der Reformator Siebenbürgens und des sächsischen Volkes. Ein Lebensbild aus der ersten Hälfte des 16. Jahrhunderts. Wien 1896.

die Türken nicht unterstützt und nur mit leeren Versprechungen abgespeist habe[183] – wie noch zu zeigen sein wird, ein gerne erhobener Vorwurf. Diesem Interpretationsstrang zufolge hätten die Habsburger die Siebenbürger Sachsen zweimal verraten: das erste Mal, wie eben dargelegt, im 16. Jahrhundert, das zweite Mal im 19. Jahrhundert durch den Ausgleich von 1867, welcher die deutschen Bewohner Siebenbürgens den Magyarisierungsbestrebungen schutzlos ausgeliefert habe.

Ferner trachtete man danach, die Jugend mit geeigneter Literatur zu versorgen;[184] außerdem ließen sich auch Literaten von der Wiederkehr des 400. Geburtstages Honterus' inspirieren: Auf das Honterus-Drama von Traugott Teutsch wurde schon eingegangen; dieses erlebte anlässlich der „Honterustage" im August 1898 zwei Festaufführungen und wurde von den Zuschauern mit „Heil"-Rufen gewürdigt.[185]

Auch die Historienmalerei wandte sich Honterus und der Siebenbürger Reformation zu: Fritz Schullerus,[186] selbst Siebenbürger Sachse, plante für das Jubiläum das Bild „Der Schwur des Kronstädter Rates auf das Reformationsbüchlein". Der schwer lungenkranke Künstler konnte allerdings nur noch eine Gemäldeskizze anfertigen; am Tisch sitzend, ist Johannes Honterus zu „erkennen".[187]

Abschließend sei erwähnt, dass sich Rezeption und Instrumentalisierung Honterus' nicht allein auf die Siebenbürger Sachsen beschränkten, sondern auch von den Szeklern aufgegriffen wurden, für welche der Reformator im 19. Jahrhundert „a legendary figure" sein sollte.[188] Weiters kannten die Siebenbürger Sachsen noch andere Jubiläen, die zu entsprechenden Feiern Anlass gaben, etwa 1884 die „Siebenhundertjahrfeier der deutschen Einwanderung".[189]

183 Vgl. ebd., S. 8f.

184 Wilhelm Morres: Johannes Honterus. Zu seiner 400. Geburtstagsfeier der sächsischen Jugend erzählt. Kronstadt 1898, oder Ders.: Johannes Honterus. Der Reformator des Siebenbürger Sachsenlandes. Ein Gedenkblatt zu seiner 400-jährigen Geburtstagsfeier (1498–1898) für das sächsische Volk. Kronstadt 1898 (H. Zeidner's sächsische Volks- und Jugendbibliothek 2).

185 Vgl. Korodi: Honterus-Jubelfeier (Anm. 160), S. 20. – Korodis Bemerkungen lassen den Schluss zu, er selbst sei ‚Festspielen' gegenüber kritisch eingestellt gewesen, jedoch habe „das Stück Höhepunkte aufzuweisen, wo der Zuschauer, natürlich insbesondere der sächsische Zuschauer, von der Gewalt der Handlung hingerissen wird." Ebd., S. 19.

186 Er lebte von 1866 bis 1898. Vgl. den Artikel „Schullerus, Fritz". In: Österreichisches Biographisches Lexikon. Bd. 11. Wien 1998, S. 333f.

187 Eine Schwarz-Weiß-Abbildung findet sich in: Wilhelm Andreas Baumgärtner: In den Fängen der Großmächte. Siebenbürgen zwischen Bürgerkrieg und Reformation. Hermannstadt/Sibiu, Bonn 2010, S. 322. Vom selben Künstler gibt es auch noch eine Buchillustration, Stadtrichter Johann Fuchs auf dem Weißenburger Landtag darstellend. Vgl. ebd., S. 321. Siehe ferner <http://www.honterusgemeinde.ro/die-schwarze-kirche/kunstschaetze/> (Zugriff 28.2.2014).

188 Edit Szegedi: Hungarian and Saxon Culture in the Sixteenth Century. In: Pop (Hg.): History (Anm. 3), S. 273–279, hier S. 276.

189 Johann Willibald Nagl, Jakob Zeidler, Eduard Castle (Hg.): Deutsch-Österreichische Literaturgeschichte. Ein Handbuch zur Geschichte der deutschen Dichtung in Österreich-Ungarn. Wien 1937, S. 1462. Egon Hajek hat übrigens am Kapitel „Siebenbürgen" mitgearbeitet.

5.3 Siebenbürgen und der Nationalismus

„Damit eine Demokratie funktioniert, braucht es eine gemeinsame Sprache, gemeinsame Lebensbezüge und ein gemeinsames Projekt", so der Philosoph Alain Finkielkraut in einem Interview vom Februar 2014.[190] Die gemeinsame Sprache ist auch grundlegendes Kriterium für einen ‚Nationalstaat', ebenso wie ‚Abstammung', ‚Kultur'[191] und ‚Religion' bzw. ‚Konfession', wobei die „Nationalbewegungen des 19. Jahrhunderts die Nation sakralisierten und die Religion nationalisierten."[192] Damit ist die Situation in Siebenbürgen im späten 19. und in der ersten Hälfte des 20. Jahrhunderts trefflich charakterisiert. Ab 1867 Teil der ungarischen Reichshälfte der Habsburgermonarchie und mit den schon geschilderten Problemen konfrontiert, orientierten sich die Siebenbürger Sachsen noch stärker als bisher am Deutschen Reich. Dazu kam noch, dass Österreich nach der Niederlage bei Königgrätz/Hradec Králové 1866 „aus Deutschland verschwunden" war, wie Dieter Langewiesche salopp formuliert.[193]

So wurde etwa auch, oder besonders, anlässlich des Honterusfestes die Verbindung zum ‚deutschen Mutterland' bemüht; der Präfekt des Honterus-Gymnasiums betonte in seiner Ansprache: „Von jeher war es Sachsenvolkes Sitte, in all dem, was wir für gut und edel erkannten, uns anzuschließen an das deutsche Mutterland, zu dem wir uns heute noch mit Stolz zählen."[194]

Man nahm besonderen Anteil an den Ereignissen im Deutschen Reich: Der Sieg bei Sedan 1870 wurde beispielsweise begeistert aufgenommen und entsprechend gefeiert.[195] Diese deutsch-nationale Einstellung wurde offensiv zur Schau gestellt: Der Kantor der Schwarzen Kirche in Kronstadt ließ bei der Kirchenbesichtigung durch eine ungarische Delegation sein Instrument mit vollem Werk erschallen, und welches Musikstück hatte er ausgesucht? *Die Wacht am Rhein*![196] Auch der ‚Alldeutsche Verband' (ADV)[197] erkannte das sich bietende Potential und betrachtete die

---

190 Die Zeit, Nr. 8, 15.2.2014, S. 3.

191 Die Zugehörigkeit zu einer „Kulturnation" war besonders in Territorien mit gering ausgeprägter Staatlichkeit ein wichtiges Kriterium. Vgl. Siegfried Weichlein: Nationalbewegungen und Nationalismus in Europa. Darmstadt 2006 (Geschichte kompakt), S. 17.

192 Ebd., S. 138.

193 Dieter Langewiesche: Nation, Nationalismus, Nationalstaat in Deutschland und Europa. München 2000 (Beck'sche Reihe 1399), S. 177.

194 Korodi: Honterus-Jubelfeier (Anm. 160), S. 48.

195 Vgl. Schödl: Am Rande des Reiches (Anm. 149), S. 387.

196 Vgl. ebd., S. 389.

197 Eine von 1891 bis 1939 bestehende deutsch-chauvinistische deutsche Vereinigung, die für starke Rüstung, energische Außenpolitik, Stützung der Kolonialpolitik sowie für das Auslandsdeutschtum eintrat. Nach dem Ersten Weltkrieg forderte der ADV die Wiederherstellung der Monarchie. Vgl. Michael Peters: Der Alldeutsche Verband am Vorabend des Ersten Weltkrieges (1908–1914). Ein Beitrag zur Geschichte des Nationalismus im spätwilhelminischen Deutschland. Frankfurt a. M. u. a. 1992 (Europäische Hochschulschriften, Reihe III: Geschichte und ihre Hilfswissenschaften 501).

zwei Millionen Deutschen im Donau- und Karpatenraum als äußerst wertvolle strategische Stütze des Deutschen Reiches. Dies wiederum war der Grund dafür, daß der ADV alles unternahm, um die Gefahr der Assimilierung der Deutschen in der transleithanischen Reichshälfte zu verhindern.[198]

Verstärkt wurde das deutsch-nationale Element durch die Ausbildung der Jugend, die größtenteils an deutschen Universitäten erfolgte. So studierte ein um 1880 geborener Sohn einer siebenbürgischen Pfarrer- und Lehrerfamilie Theologie in Marburg, Jena und Berlin; er war Mitglied einer nationalliberal-völkischen Burschenschaft, welche dem Alldeutschen Verband nahe stand: „Dieser inneren Ausrichtung auf das Deutsche Reich, auf die volksbezogene Einheit der Deutschen entsprach, daß er [...] kaum noch eine innere Bindung an Österreich und die Dynastie verspürte."[199] Auch ein Egon Hajek könnte hier als Beispiel angeführt werden. Ganz selbstverständlich widmete die Zeitschrift *Deutsches Vaterland. Oesterreichische Zeitschrift für Heimat und Volk* 1922 ein Sonderheft den „Siebenbürger Sachsen und deutscher Einigkeit"![200]

Wie so oft zu beobachten, wendete man sich in dieser Situation der Geschichte zu; um Einigkeit in politischer sowie konfessioneller Hinsicht zu erzeugen,[201] erschuf man den Mythos eines national geeinten deutschen Siebenbürgens: Dem Reformator Johannes Honterus wurde die Ehre zuteil, zum „Einiger" der siebenbürgischen Nation stilisiert zu werden: „Das Lebensbild Honters zeigt, daß er nicht nur Kirche und Schule verbessert hat, sondern die versprengten Glieder des sächsischen Nationalkörpers erst zu einer Einheit zusammengeschlossen hat. Er ist nicht nur Reformator, sondern Volksheld."[202] 1943 wird dem Reformator dann – historisch anachronistisch – eine „besonders entschiedene nationale Einstellung [...], für die er sogar persönliche Opfer brachte", angedichtet.[203] Auch in der Gegenwart beschäftigt man sich in Siebenbürgen weiterhin mit dieser Persönlichkeit aus dem 16. Jahrhundert, wobei man nun allerdings zunächst erläutern muss: „Wer war Honterus?"[204]

6. Conclusio – Egon Hajeks „Traum vom Reich"[205]

Wie bereits gezeigt werden konnte, ist Egon Hajek zweifellos dem völkisch-nationalen Lager zuzuordnen. Diese Einstellung spiegelt sich auch in seinen historischen

198 Schödl: Am Rande des Reiches (Anm. 149), S. 414f.

199 Ebd., S. 399f.

200 Siebenbürger Sachsen. Sonderheft der Zeitschrift Deutsches Vaterland. Oesterreichische Zeitschrift für Heimat und Volk. Wien 1922.

201 Ebd., S. 387.

202 Netoliczka: Gedenkbüchlein (Anm. 177), S. 40.

203 Wittstock: Die Siebenbürger Sachsen (Anm. 142), S. 59.

204 Vgl. den in Anm. 154 angeführten Artikel von 2013 in der *Allgemeinen Deutschen Zeitung für Rumänien*.

205 So der Titel eines 1941 erschienenen Romans von Mirko Jelusich (1886–1969), einem der prominentesten Vertreter völkisch-nationaler Belletristik in Österreich.

Romanen wider. Sowohl *Meister Johannes* als auch *König Lautenschläger* vermitteln einschlägige Ideologeme: Die Siebenbürger Deutschen stehen über allen anderen Völkern, handeln immer aufrichtig (vgl. *Meister Johannes*, 144), verhalten sich auch Gegnern gegenüber korrekt (vgl. *Meister Johannes*, 132f.),[206] sind selbstverständlich treu und pflichtbewusst (vgl. *Meister Johannes*, 327f.), können etwa von den Polen nicht verstanden werden (vgl. *König Lautenschläger*, 135f.), halten auf Reinlichkeit, „trotz des nahen Morgenlandes" (vgl. *Meister Johannes*, 18f.), vermischten sich nicht mit anderen „Rassen"[207] und „,tragen in sich eine unbegreifliche Sehnsucht nach ihrem Mutterlande, dem Heiligen Römischen Reich Deutscher Nation.'" (*Meister Johannes*, 55). Wie nicht anders zu erwarten, siegt „deutsche Zucht" und bleibt „deutsches Recht ungebogen" (*König Lautenschläger*, 178). Zusammenhalt macht sie stark, schmiedet sie aneinander, denn „je größer die Gefahren waren, ja um so entschiedner sprach die Stimme des Blutes" (*Meister Johannes*, 247). Diese Eigenschaft ist in Zeiten kriegerischer Bedrohung von essentieller Bedeutung: „Seit die Volksgenossen [gemeint sind die Bauern der umliegenden Dörfer!] ungerufen zur Stelle waren, wußten sie sich nicht verlassen. Es war die Treue am gemeinsamen Stamm." (*König Lautenschläger*, 175)

Hatte man nach der Niederlage bei Mohács gehofft, endlich einen ‚deutschen' König zu bekommen, wurde man sehr schnell enttäuscht:

> Damals wurde das Sachsenvolk in Siebenbürgen von bitterer Not heimgesucht. Sie hielten es mit Ferdinand I. und empfingen jubelnd des Königs aus deutschem Blute reisige Abgesandte; [...] Ferdinand I. gab den fernen deutschen Posten auf, bot nur Versprechungen statt Taten, [...] daß die deutschen Städte der Reihe nach von ihm abfielen [...]. (*Meister Johannes*, 42)

Besonders hart ins Gericht geht der Autor daher mit den Habsburgern,[208] zunächst mit dem „verwünschte[n] Ferdinand von Österreich, dessen Hand bei allen Ränken der Welt im Spiele war" (*Meister Johannes*, 44). Als ‚Hispanier' kann er die Siebenbürger nicht verstehen;[209] dass er für die deutsche Reformation nichts

206 Das muss selbst ein ungarischer Graf anerkennen: „Ihr ... ihr seid ... Deutsche! Habt ein ander Herz und einen zäheren Geist ... Wir müssen uns erst zurechtfinden, noch immer steht das Bild der gepfählten Jobagyen vor mir.' [Jobagy = Leibeigener]. [...] ‚Seltsame Menschen seid ihr, ihr Deutschen ... seltsame Brüder! Ihr helft ... auch solchen, die nit immer gar freundlich zu euch waren ... habt meinen Dank im voraus ...'" (Meister Johannes, 32, 133).

207 Die Frauen Siebenbürgens waren „reinrassig und deutsch geblieben in all den Jahren des Widerstands" (Meister Johannes, 220).

208 Andere ‚deutsche' Herrscher werden selten erwähnt: Nur in *König Lautenschläger* (250f.) kommt Hajek kurz auf Kaiser Karl den Großen, der „unter allen Fürsten der erste [war], der den Weg nach Rom schritt und eine Kaiserkrone gewann", Kaiser Barbarossa, der „noch immer auf der Lauer liegt und die nordischen Menschen zählt", sowie auf Kaiser [!] Albrecht von Österreich, „dem sie den Speer in die Herzgrube stießen", zu sprechen. Letzterer war römisch-deutscher König und wurde 1308 von seinem Neffen, Johann „Parricida", ermordet.

209 „,Mit nichten ... Ferdinandus hat einen hispanischen Mund und ein hispanisch Herze ... er wird uns nicht verstehen ...'" (Meister Johannes, S. 68). Ferdinand I. war für Historische Belletristik gemeinhin keine anziehende Persönlichkeit; sein Leben verlief offensichtlich zu sehr in geordneten Bahnen, ohne Skandale; wenn dieser Habsburger überhaupt Eingang in literarische Werke fand,

übrig hat, ja diese sogar aufs schärfste bekämpft (vgl. *Meister Johannes*, 68), muss nicht erwähnt werden. Auffälligerweise ist auch Kaiser Maximilian II. ausgesprochen schlecht beleumundet, der sich selbst für einen ‚Deutschen' hält (vgl. *König Lautenschläger*, 198).

Von den Herrschenden im Stich gelassen, handeln die Sachsen nach ihrem „deutschen Gewissen" und werden „durch die große Erneuerung allmählich ein geschlossenes Volk [...], ein Volk von beispielhafter Einheit, des Blutes, des Willens und des Glaubens" (*Meister Johannes*, 201).

Leben und Wirken von Honterus richten die Deutschen Siebenbürgens auf, erfüllen sie mit Stolz, besonders da sie die nationale Einigkeit *durch* die Reformation verwirklichen konnten, im Gegensatz zum Reich, wo Luthers Auftreten zur Spaltung führte. Der Wittenberger Professor selbst muss dies zugeben: „‚Einigkeit fehlet uns im Mutterland am meisten ...'." (*Meister Johannes*, 165) Unter dieser Uneinigkeit im Reich haben allerdings auch die Sachsen zu leiden:

> „Wie ist es daheim im Reiche übel bestellt um diese Einheit! Wir müßten hier an der Christenheit Grenzen nicht unter Feindesnot leiden, wenn das Heilige Römische Reich nicht derartig machtlos und zerspalten wäre, daß es uns nicht reißen kann aus des Erzfeindes Klauen [...] und ist nun sogar abgefallen unter des Kaiser Karls V. Macht ... Was nützt uns Hispanias Wohlstand? ... Was der Kaiserlichen Majestät Überfluß an Ehre, die aus dem fernen Westindien zufließt? ... wenn unser Land Siebenbürgen in des Großtürken Hände fallen muß!" (*König Lautenschläger*, 59)

Es ist Honterus' unsterbliches Verdienst, „solche Schule und solche Kirche geschaffen zu haben, die bewußt nationalen Charakter hatte" (*Meister Johannes*, 336). Um Schaden von seiner Heimat abzuwenden, spricht sich der Reformator dezidiert gegen jede Art von ‚Abweichlertum' aus; glasklar erkennt er mögliche Folgen: „‚[...] Wessen Sieg konnte es werden, wenn durch die Universität unseres Volkes ein Riß ging, wie er heute durch den Leib des großen deutschen Muttervolkes geht? [...]'" (*Meister Johannes*, 192).

Andererseits bedarf es aber der starken Bindung an das deutsche Reich, und Luther ist auch ein Vorbild an Treue und Willensfestigkeit:

> „[...] wir Sachsen, gering an Zahl und Macht, müssen uns an die Mutter Deutschland klammern, gerade in den wilden Zeitläuften ... Meinst du, wir können bestehen ohne das Reich [...]? Unsere ungrische Mitnation läuft schon zu den Reformierten über ... die Luft bei Luther ist ihnen zu deutsch ... das Gesangbuch zu germanisch ... Sie wittern mit fei-

dann als Randperson, etwa in Dichtungen zu dem Tiroler Bauernführer Michael Gaismair oder der unstandesgemäßen Gattin Erzherzog Ferdinands II. von Tirol, Philippine Welser. Meist wird er in diesen literarischen Erzeugnissen ebenfalls negativ dargestellt, als Fremder, der als ‚Hispanier' über Deutsche regiert, deren Sprache er nicht versteht; zudem steht er im Schatten seines kaiserlichen Bruders Karl V. Vgl. Martina Fuchs: Ferdinand I. und seine Darstellung in deutschsprachiger Belletristik. In: Fuchs, Kohler (Hg.): Kaiser Ferdinand I. (Anm. 6), S. 247–267. Auch sein Bruder Karl V. wird – nicht nur – in Historischer Belletristik dezidiert als Spanier bezeichnet, besonders dann, wenn er dem ‚deutschen' Herzog Moritz von Sachsen gegenübersteht. Vgl. Martina Fuchs: Karl V. Eine populäre Figur? Zur Rezeption des Kaisers in deutschsprachiger Belletristik. Münster 2002 (Geschichte in der Epoche Karls V. 1), bes. S. 248–253.

ner Nase den Wind einer deutschen Vorherrschaft ... Habsburg hat die Macht in Siebenbürgen verloren ... hat uns fallen gelassen und verraten ... Luthers Lehre aber wird uns nie verraten [...].“ (*Meister Johannes*, 194–196),

so Honterus in seiner Argumentation für Luther *und* Deutschland.

Geradezu einhämmernd wiederholt Hajek: „‚[...] Die Kirche muß *eins* werden, *ein* Haupt, *gleiche* Glieder, sie muß ein organum werden wie ein Leib [...].‘“ (*König Lautenschläger*, 241); ein anderer Stehsatz liest sich folgendermaßen: „Ja, so waren die Siebenbürger zu allen Zeiten Teile des Reichs.“ (*Meister Johannes*, 313) Grundsätzlich ist alles ‚Deutsche‘ *per se* positiv: „deutsches Blut“, „deutsche Kraft“, „deutsche Seele“ (vgl. beispielsweise *Meister Johannes*, 20).

Durch eine weitere Besonderheit unterscheiden sich Siebenbürgen und Deutschland voneinander:

> Das kirchliche Wesen war [bei Honterus' Tod] einigermaßen geordnet, Luthers Reformation im Lande gesichert, und was andernorts durch Schwerter und Waffen gefördert war, blieb hier wie durch ein Wunder vor Blutvergießen bewahrt. Es gab in Siebenbürgen wegen Religionssachen niemals Krieg, ja nicht einmal Totschlag oder bewußten Mord, auch später nicht, bis in die Gegenwart. (*Meister Johannes*, 309)

Schließlich erreichen die Sachsen das erträumte Ziel: „‚Ein Volk, ein Boden, ein Glaube!‘“ (*Meister Johannes*, 283) Dafür ist dem weitsichtigen, gütigen Gott zu danken, der „‚von Zeit zu Zeit Führer [sendet] ... denen schließt euch an, und wenn keine gesendet werden, so betet um solche Sendung ...‘“ (*Meister Johannes*, 314) – und das ist nicht die einzige Anspielung auf die Gegenwart des Autors, auf das, was auch er ersehnte, schreibt er doch selbst: „Vieles liest sich wie eine Vorahnung gegenwärtigen Geschehens.“ (*Meister Johannes*, 282)

Dieses ‚vorbildliche‘ Siebenbürgen sah sich im nationalistischen ungarischen Königreich als ‚unerlöstes Gebiet‘, als *Irredenta*.[210] Ein im ‚Exil‘ lebender Autor wie Hajek, von ausgeprägt nationalen Ideen geleitet, erhoffte Verbesserung, ja Erlösung durch einen ‚nationalen, deutschen Führer‘ – wofür nationale Einigkeit Grundvoraussetzung ist. Zudem müsse man sich vor den slawischen Nachbarn in Acht nehmen; diese Bedrohung ist in Hajeks Romanen omnipräsent, wobei besonders „Zigeuner“ stereotyp pejorativ geschildert werden:

> Auch die Zigeuner holten sich die Därme und Innereien des geschlachteten Tieres [anlässlich eines städtischen Fests in Kronstadt]. Gott mochte wissen, was sie mit den Dingen anfangen wollten, fast schien es, als ob sie sie noch frisch von Blut triefend auffraßen. (*Meister Johannes*, 80)[211]

---

210 Weichlein: Nationalbewegungen (Anm. 191), S. 132: „eine andere Mischung aus Raummythos und Nation stellte die Vorstellung der ‚unerlösten Gebiete‘, der ‚Irredenta‘ dar, die in den Nationalbewegungen des 19. und 20. Jahrhunderts eine besonders verhängnisvolle Rolle spielte.“

211 Auch in seiner *Wanderung unter Sternen* (Anm. 40), S. 217, schreckte Hajek nicht vor rassistischen Äußerungen zurück: Bei einer Schiffsreise sei es unzumutbar gewesen, das Zwischendeck „mit den unbeschreiblich sauer duftenden Kurden, Mazedoniern, Ägyptern und mannigfachen Insekten [!]“ teilen gemusst zu haben. Am Gardasee leidet er unter dem „Gequäke und Gegacker der Negertänze“. Ebd., S. 234.

Zwei hinlänglich bekannte Tatsachen lassen sich auch am Werk Hajeks trefflich belegen: Erstens gerieten historische Romane aufgrund der vielfach – teilweise subtil – verfolgten politischen Tendenzen ebenso wie das historische Drama in Misskredit. Man kann geradezu von einem „Bündnis, das der historische Roman im Verlauf des neunzehnten Jahrhunderts mit der europäischen Bewegung zum Nationalstaat“[212] einging, sprechen. Auffällig oft wandten sich die Autoren der Zeit der Reformation zu: Analog zur Erneuerung des christlichen Glaubens im 16. Jahrhundert sollte nun der Nationalstaat aufpoliert und gefestigt werden.[213] Zweitens erfolgt bei Hajek eine Ineinssetzung von Protestantismus und Deutschtum: Die ‚wahren‘, ‚aufrechten‘ Deutschen sind Protestanten;[214] besonders nachdem „die ideologische Aufwertung von Volk, Nation und Vaterland im Zeitalter Bismarcks und Wilhelms II. einen nicht unerheblichen Bundesgenossen in der deutschen evangelischen Kirche“ gefunden hatte.[215] Hajek geht sogar so weit, Luthers *Ein feste Burg* zur Hymne „Alldeutschlands“ zu stilisieren (vgl. *König Lautenschläger*, 67).

Egon Hajek ist ein symptomatischer Vertreter des ‚Auslandsdeutschtums‘, dessen „nationales Bewußtsein“ „sich nicht *im* und *am* Staat, sondern *gegen* den Staat entwickelte“:[216] Der Siebenbürger Pfarrer und Autor verbrachte den Großteil seines Lebens in Österreich,[217] lehnte die Inkorporation seiner Heimat in die ungarische Reichshälfte der k. u. k. Monarchie ebenso ab wie diejenige in den rumänischen Staat. Die österreichische Erste Republik wurde ihm zwar zur Stätte seines Wirkens als Geistlicher und Kirchenmusiker, nicht aber für seine großdeutsche Identität. In ideologischer Hinsicht war sein Denken und Wünschen immer auf Deutschland ausgerichtet, zunächst auf das Wilhelminische Kaiser-, dann auf das ‚Dritte Reich‘. Als besonders bedrohlich empfand er den österreichischen ‚Ständestaat‘ mit seinen ‚gegenreformatorischen‘ Maßnahmen: In diese Zeit fällt seine Unterstützung der illegalen NSDAP. Nach der ‚Machtübernahme‘ der Nationalsozialisten in Österreich versuchte er zunächst, sich diesen anzunähern; da er jedoch nicht in die Partei aufgenommen wurde, gingen er sowie seine Gattin auf Distanz und reduzierten ihr einschlägiges Engagement deutlich, obwohl Hajek sich – das belegen seine literarischen Werke wie auch seine Autobiographie – innerlich nicht von der

212 Wolfgang Grözinger: Geschichtsbewußtsein und Geschichtsroman. In: Frankfurter Hefte 17 (1962), S. 840–846, hier S. 843.

213 Vgl. Günther Engelmann: Das historische Drama im ausgehenden 19. Jahrhundert unter dem Zeichen des Renaissancismus und der nationalen Einigung. Diss. München 1957, S. 92.

214 Hier ist natürlich an den „Kulturkampf“ zu denken, in dem die deutschen Katholiken mit dem Vorwurf ihrer Orientierung nach Rom konfrontiert wurden.

215 Wolfgang Tilgner: Volk, Nation und Vaterland im protestantischen Denken zwischen Kaiserreich und Nationalismus (ca. 1870–1933). In: Horst Zilleßen (Hg.): Volk – Nation – Vaterland. Der deutsche Protestantismus und der Nationalismus. Gütersloh 1970 (Veröffentlichungen des Sozialwissenschaftlichen Instituts der Evangelischen Kirchen in Deutschland 2), S. 135–171, hier S. 137f.

216 Theodor Schieder: Nationalismus und Nationalstaat. Studien zum nationalen Problem im modernen Europa. Hg. v. Otto Dann u. Hans-Ulrich Wehler. 2. Aufl. Göttingen 1992 (1. Aufl. 1991), S. 350.

217 „Er [Hajek] fühlte sich in Wien als Siebenbürger Sachse und darum als Deutscher in Österreich.“ Zimmermann: Siebenbürgen und Wien (Anm. 41), S. 15.

nationalsozialistischen Ideologie mit allen ihren Implikationen abwandte. In der Nachkriegszeit stilisierte er sich zum unpolitischen Seelsorger, den Politik nicht interessiert habe, der ganz in seinen seelsorgerischen Aufgaben und musischen Aktivitäten aufging – eine Darstellung, die relativiert werden muss.

Die Protagonisten seiner historischen Romane instrumentalisierte Hajek in völkisch-großdeutschem Sinn: Sie werden zu Kämpfern für die nationale, politische sowie konfessionelle Einheit Siebenbürgens und tragen eine unstillbare Sehnsucht nach dem ‚Reich' in sich. Vermittels der Reformationszeit will der Autor seine Zeitgenossen auf seine Maxime einschwören – einig zu sein, die Verbindung zum deutschen ‚Mutterland' nicht abreißen zu lassen, ja immer intensiver den Austausch zu suchen und den von Gott gegebenen ‚Führern' zu folgen. Die Siebenbürger Sachsen – sowohl in Rumänien als auch in Österreich oder Deutschland lebend – sollen sich ihrer Geschichte besinnen, sich an dieser erbauen und für die Gegenwart die entsprechenden Lehren ziehen. Hajek versuchte also, seinen Landsleuten eine kollektive Identität zu vermitteln, getarnt in Werken der Historischen Belletristik, die sich bei genauer Lektüre als ‚großdeutsche' Propagandaschriften erweisen.

Abbildungsnachweis:
Abb. 1: Privatbesitz.
Abb. 2: Johann Willibald Nagl, Jakob Zeidler, Eduard Castle (Hg.): Deutsch-Österreichische Literaturgeschichte. Ein Handbuch zur Geschichte der deutschen Dichtung in Österreich-Ungarn. Wien 1937, S. 1472.
Abb. 3: Sammlung Martina Fuchs, Wien.
Abb. 4: Oskar Netoliczka: Johannes Honterus. Ein Gedenkbüchlein zur Feier seiner Geburt. 2., durchges. Aufl. Kronstadt 1898, zwischen S. 98 und S. 99.

Dirk Schuster

Ein Versuch der Fortführung von Luthers Reformation in Siebenbürgen. Die Vereinnahmung der Reformationsgeschichte durch deutsch-christliche Vertreter der Evangelischen Landeskirche A. B. in Rumänien bis 1944

1. Zum historischen Hintergrund

Martin Luthers Thesenanschlag zu Wittenberg sollte die Geschichte Europas nachhaltig verändern. Doch gerade im 19. und in der ersten Hälfte des 20. Jahrhunderts galt Luther in protestantischen Kreisen nicht nur als Reformator und Stifter des evangelischen Glaubens. Er avancierte infolge des katholischen Ultramontanismus und des aufkommenden deutschen Nationalismus zum ‚deutschen' Nationalhelden und Befreier vom päpstlichen Joch. In dieser Zeit entwickelten sich Vorstellungen, die ‚Deutschtum' und Protestantismus als eine unlösliche Einheit verstanden und Luthers Reformation vor dem Hintergrund der deutschen Nationalstaatsbildung als unvollendet geblieben ansahen.

Dies meint, dass der protestantische Glaube als ‚arteigen', als dem deutschen Volk offenbart angesehen wurde, und noch vor dem Ersten Weltkrieg fanden derartige Gedanken zunehmende Akzeptanz in protestantisch-bürgerlichen Kreisen. Mit dem Erstarken des Nationalsozialismus als politische Partei formierten sich auch innerhalb der protestantischen Landeskirchen Kräfte, die im Auftreten Hitlers eine neuerliche Offenbarung Gottes zu erblicken glaubten. Luther und Hitler galten als Sendboten Gottes, die in ihrer jeweiligen Zeit das deutsche Volk aus seiner verzweifelten Lage befreien sollten. Luthers Reformation sollte dementsprechend nicht verworfen, sondern weitergeführt werden, unter dem Vorzeichen des Nationalsozialismus als neuerlicher göttlicher Eingriff in die Geschichte des deutschen Volkes.

Doch nicht nur in Deutschland sollten derartige ‚arteigenen' Christentumsvorstellungen die Geschichte der Landeskirchen in nicht geringem Maße beeinflussen. Die evangelische Landeskirche der Siebenbürger Sachsen kann als (negatives) Beispiel gelten, wie im Namen Gottes die Kirche versuchte, die Reformation Luthers fortzuführen, indem sie sich selbst „entjudete" und bereitwillig den ‚Rassengedanken' in die eigene Theologie aufnahm. Um den Hintergrund einer solchen regionalkirchlichen Transformation zu verstehen, ist es zunächst notwendig, die Geschichte und das religiöse Gedankengerüst des ‚arteigenen' Christentums nachzuzeichnen, bevor im Anschluss daran die inhaltlichen Reformvorstellungen der Kirche der Siebenbürger Sachsen darzustellen sind.

2. Vorstellungen eines ‚arteigenen' deutschen Christentums im Namen Luthers

Infolge der zunehmenden Akzeptanz des auf rassischen Vorstellungen basierenden Nationalismus seit dem ausgehenden 19. Jahrhundert verbanden sich ebenso verstärkt rassische mit religiösen Weltbildern. Neben einer rassischen Bewertung der europäischen Völker kam es zu einer zunehmenden religiösen Abgrenzung gegenüber anderen christlichen Konfessionen innerhalb kirchlicher Kreise bis hin zu Vorstellungen ‚arteigener' Religion. Dies bedeutet, dass bei einem zunächst noch kleinen Teil protestantischer Kirchenvertreter in Deutschland die Vorstellung vorherrschte, der christliche Glaube offenbare sich in jedem Volk anders und dem deutschen Volk obliege eine besondere Rolle in Gottes Weltenplan als auserwähltes Volk.[1]

Neben den in bürgerlich-protestantischen Kreisen vielgelesenen Theorien Houston Stewart Chamberlains (1855–1927), der Christentum und ‚Rasse' zu einem aus seiner Sicht untrennbaren Weltbild verband,[2] bildeten sich nach dem Ende des Ersten Weltkrieges verschiedene innerkirchliche Vereinigungen, die mit einer Verbindung von Protestantismus, Antisemitismus und ‚Deutschtum' derartige Theorien innerhalb der Kirche in die Tat umzusetzen versuchten. So forderte der 1921 von Theologen und Pädagogen gegründete „Bund für deutsche Kirche" neben der „Entjudung" des Christentums gleichzeitig die Vollendung von Luthers angefangener Reformation.[3] Darunter verstand man einerseits die Überwindung der theologischen Spaltungen zwischen Liberalismus und Orthodoxie sowie Protestantismus und Katholizismus, andererseits trat man für die Verbindung von Deutschtum und Christentum ein. Erst wenn dies alles Umsetzung fände, sei die deutsche Reformation aus Sicht des Bundes endgültig vollzogen.[4]

Trotz seiner Nähe zum Nationalsozialismus konnte sich der Bund für deutsche Kirche nach 1933 nicht mehr gegen die „Deutschen Christen" durchsetzen, die eine ähnliche Christentumskonzeption wie der Bund propagierten. Die Deutschen Christen, allen voran die radikalen Thüringer Deutschen Christen, verbanden die protestantische Lehre mit den politischen Vorstellungen des Nationalsozialismus, wobei der Antisemitismus sowie die Hoffnung auf eine überkonfessionelle ‚Nati-

1 Vgl. überblickshaft zu derartigen Ideen Jörn Meyers: Religiöse Reformvorstellungen als Krisensymptom? Ideologen, Gemeinschaften und Entwürfe „arteigener Religion" (1871–1945). Frankfurt a. M., Berlin u. a. 2012, S. 27–184.

2 Vgl. hierzu Barbara Liedtke: Völkisches Denken und Verkündigung des Evangeliums. Die Rezeption Houston Stewart Chamberlains in evangelischer Theologie und Kirche während der Zeit des „Dritten Reiches". Leipzig 2012 (Arbeiten zur Kirchen- und Theologiegeschichte 37), S. 29–111.

3 Zum Bund für deutsche Kirche vgl. Kurt Meier: Der „Bund für deutsche Kirche" und seine völkisch-antijudaistische Theologie. In: Kurt Nowak, Gérard Raulet (Hg.): Protestantismus und Antisemitismus in der Weimarer Republik. Frankfurt a. M. 1994, S. 177 – 198.

4 Meyers: Religiöse Reformvorstellungen (Anm. 1), S. 121.

onalkirche' für alle Deutschen die Grundpfeiler ihrer Ideologie bildeten.[5] Darüber hinaus bildete die bedingungslose Anerkennung des Staates als einer gottgewollten Ordnung durch die Kirchen ein weiteres Kernelement des deutsch-christlichen Religionsbildes. Unter Staat verstand man jedoch ausschließlich einen nationalsozialistischen Staat, wie ihn Walter Grundmann (1906–1976) in seinen vielbeachteten und von den meisten deutsch-christlich dominierten Landeskirchen übernommenen 28 Thesen herausgearbeitet hat. Der nationalsozialistische Staat sei eine Wiederherstellung der Gottesordnung,[6] und die kirchliche Verkündigung des nationalsozialistischen Totalitätsanspruches sei eine Verkündigung von Gottes Willen.[7]

Für die Deutschen Christen gehörte neben der Vorstellung einer göttlichen Sendung Hitlers auch Martin Luther als zentrale Figur zu ihrer Glaubenslehre. Er sei der wahre deutsche Glaubensheld gewesen, der für ein deutsches Christentum gegen den internationalen Katholizismus gekämpft habe.[8] Darüber hinaus forderten die Thüringer Deutschen Christen eine Abkehr vom kirchlichen Dogmatismus. Man wandte sich gegen jede ‚Verwissenschaftlichung' der Theologie[9] und propagierte stattdessen ein ‚Tatchristentum', in welchem politische und religiöse Positionen miteinander verbunden wurden und eine Ausrichtung auf das Diesseits erfolgte.[10] Trotz derartig radikaler Vorstellungen eines ‚arteigenen Christentums' unter protestantischen Vorzeichen gelang es den Deutschen Christen infolge der haushoch gewonnenen Kirchenwahlen von 1933, die Thüringer Landeskirche unter ihre Kontrolle zu bringen. In den folgenden Jahren erweiterten sie ihren Einfluss sukzessive auf andere evangelische Landeskirchen, wodurch die Thüringer Deutschen Christen mit zu einer der prägenden kirchlichen Kräfte im „Dritten Reich" werden sollten.[11] Ihr Einfluss beschränkte sich jedoch nicht ausschließlich auf weitere Landeskirchen innerhalb des Reichsgebietes. Ein Teil der Pfarrerschaft der Kirche der Siebenbürger Sachsen, der „Evangelischen Landeskirche Augsburgischen Bekenntnisses in Rumänien", orientierte sich ebenso an den Lehren der Thüringer Deutschen Christen. Und mit der Wahl von Wilhelm Staedel (1890–1971) zum neuen Bischof der

---

5 Zu den Thüringer Deutschen Christen vgl. Susanne Böhm: Deutsche Christen in der Thüringer evangelischen Kirche (1927–1945). Leipzig 2008. ‚Deutsch' war bei den Deutschen Christen ein rein rassischer Begriff, d. h., jüdische Konvertiten oder Christen mit jüdischer Abstammung wurden aus den Kirchengemeinden unter deutsch-christlicher Herrschaft ausgeschlossen und mit Hilfe sogenannter „judenchristlicher Gemeinden" von der übrigen Kirchengemeinde separiert.

6 Walter Grundmann: Die 28 Thesen der sächsischen Volkskirche erläutert. Dresden 1934, S. 13.

7 Ebd., S. 29.

8 Julius Leutheuser: Der Glaube der Kämpfer. In: Briefe an deutsche Christen, 1. Jg., Nr. 2, August 1932, S. 11f.

9 Böhm: Deutsche Christen (Anm. 5), S. 113.

10 Vgl. E. Berthold: Schicksal und Schuld. In: Briefe an deutsche Christen, 1. Jg., Nr. 1, Juli 1932, S. 4f.

11 Vgl. Clemens Vollnhals: Völkisches Christentum oder deutscher Glaube: Deutsche Christen und Deutsche Glaubensgemeinschaft. In: Revue d'Allemagne et des Pays de langue allemande 32 (2000), S. 205–217. Zur Geschichte der Thüringer Deutschen Christen bis 1939 vgl. Oliver Arnhold: „Entjudung" – Kirche im Abgrund. Bd. 1: Die Thüringer Kirchenbewegung Deutsche Christen 1928–1939. Berlin 2010 (Studien zu Kirche und Israel 25/1).

Kirche 1941 versuchte ein bekennender Nationalsozialist, Antisemit und Deutscher Christ jene Lehren in ‚seiner' Landeskirche zu etablieren.

3. Deutschtumsvorstellungen in der Landeskirche der Siebenbürger Sachsen

Die ethnische Zugehörigkeit sowie der protestantische Glaube bildeten für die meisten Siebenbürger Sachsen bis in die erste Hälfte des 20. Jahrhunderts hinein das Grundgerüst ihrer Identität. Zwar besaßen die Sachsen bereits seit ihrer Ansiedlung eine eigene Probstei, mit der Annahme des Luthertums wurde das Bekenntnis zu diesem jedoch gleichbedeutend mit der ethnischen Zugehörigkeit zur Gruppe der Siebenbürger Sachsen.[12]

Innerhalb der siebenbürgisch-sächsischen Landeskirche gab es ebenso wie in Deutschland Tendenzen, sich von einer strikten Kirchendogmatik zu lösen, allein auf Jesus Christus die Konzentration zu richten und das Deutschtum in den Mittelpunkt der religiösen Betrachtungen zu rücken. Martin Luther galt einem Teil der siebenbürgisch-sächsischen Pfarrer bereits Ende des 19. Jahrhunderts als ‚deutscher Held', welcher den wahren christlichen Glauben wieder hervorgebracht habe. Gleichzeitig vertraten einige dieser Pfarrer die Auffassung, dass die Reformation weitergeführt werden müsse, um den zeitspezifischen Anforderungen an Religion und Kirche gerecht werden zu können.[13]

Dass sich derartige Gedankengänge innerhalb der Pfarrerschaft, in der sich während des Ersten Weltkrieges überdies eine zunehmend deutschnationalistische Kriegstheologie ausbildete,[14] im Laufe der Jahre mit rassischen Vorstellungen verbanden, ist angesichts gleicher Tendenzen in Deutschland wenig verwunderlich. So veröffentlichte der Pfarrer Andreas Scheiner (1890–1960) aus Heidendorf/Viişoara/Besenyő bereits 1928 in den *Kirchlichen Blättern*, dem offiziellen Presseorgan der Evangelischen Landeskirche A. B. in Rumänien, eine Artikelserie zur Theologie Karl Barths (1886–1968). Dessen Ansicht ablehnend, verwies Scheiner darauf, dass eine Lehre, wie sie von Barth vertreten wurde, nicht für die Landeskirche der Sachsen gelten könne. Denn für die Landeskirche würden ohnehin zwei Dogmen nebeneinander gelten, „das deutsch-völkische und das evangelisch-lutherische". Dieser unlösliche Zusammenhang ergebe sich zwangsläufig, da „das Luthertum [...] als solches nicht

12 Vgl. István Keul: Baustelle Identität. Ethnisch-konfessionelle Mosaiken in Ostmitteleuropa. Siebenbürgische Perspektiven. In: Ders. (Hg.): Religion, Ethnie, Nation und die Aushandlung von Identität(en). Regionale Religionsgeschichte in Ostmittel- und Südosteuropa. Berlin 2005 (Theologie / Religionswissenschaft 2), S. 165–182, hier S. 168–171.

13 Marion Werner: Das Lutherbild in der Evangelischen Kirche A. B. während des 19. und 20. Jahrhunderts. In: Zeitschrift für Siebenbürgische Landeskunde 33 (2010), S. 5–28, hier S. 6f.

14 Ulrich Andreas Wien: Friedrich Müller-Langenthal. Leben und Dienst in der evangelischen Kirche in Rumänien im 20. Jahrhundert. Hermannstadt/Sibiu 2002, S. 13f.

die Kraft besitzt, eine übervölkische Kirche zu gründen."[15] Scheiner begriff Luthertum und ‚Deutschtum' als eine untrennbare Einheit und führte mit ‚deutsch-völkisch' gleichzeitig ein rassisch argumentierendes Exklusionsmoment bezüglich der Kirchenzugehörigkeit ein.

Mit der 1941 erfolgten Wahl von Wilhelm Staedel zum neuen Bischof der Landeskirche wurden solch ‚völkische' Christentumsvorstellungen zum neuen Leitprogramm erhoben. Staedel war selbst Anhänger der genannten Thüringer Deutschen Christen und führendes Mitglied des von den Deutschen Christen 1939 gegründeten „Instituts zur Erforschung und Beseitigung des jüdischen Einflusses auf das deutsche kirchliche Leben".[16] In diesem Institut, das von mehreren protestantischen Landeskirchen finanziell getragen wurde, vertrat man die Überzeugung, „daß die Reformation keine abgeschlossene Größe ist, sondern daß sie fortgeht und daß es gerade die reformatorische Aufgabe des Protestantismus ist, den Unterschied zwischen der ewigen Wahrheit und der verschiedenen geschichtlichen Gestalt zu erkennen und zu bejahen".[17] Was man darunter verstand und wie die konkreten Aufgaben des Institutes aussahen, beschrieb der wissenschaftliche Leiter, der bereits genannte Walter Grundmann, klar und direkt: die „Ablösung des heilsgeschichtlichen Zusammenhangs von Abraham auf Christus",[18] die Tilgung aller „Zionismen" aus kirchlichem Liedgut und Liturgie[19] sowie die Überprüfung, „wie weit das Kirchenrecht, auch des Protestantismus, von der Grundlage der Kirche als des geistlichen Israel her entworfen ist."[20] Bei Letzterem sollten notfalls die entsprechenden Konsequenzen gezogen, also mögliche jüdische Einflüsse getilgt werden. Ebenso ging es innerhalb der Institutsarbeiten generell um die Neuausrichtung des Verhältnisses von Christentum und Judentum, das als ein strikter Gegensatz zu deuten sei. Die Weiterführung von Luthers Reformation als das Verwerfen des Alten Testaments und der kirchlichen Heilsverwirklichung war im Verständnis der Institutsverantwortlichen zwar radikal, aber in der eigenen Wahrnehmung konsequent:

> So wenig die Menschen zu Luthers Zeit sich vorstellen konnten, wie man ohne die Autorität des Papstes Christ sein könne, was für uns Selbstverständlichkeit ist, so wenig können es sich heute viele vorstellen, wie man ohne den heilsgeschichtlichen Bezug auf die Geschichte des Alten Testaments und ohne den das Heil monopolisierenden Kirchenbe-

---

15 Andreas Scheiner: Die Lehre Karl Barths vom Worte Gottes (Schluß). In: Kirchliche Blätter aus der evangelischen Landeskirche A. B. in Rumänien, 20. Jg., Nr. 29, 19.7.1928, S. 309–311, hier S. 311.

16 Zu diesem Institut vgl. Susannah Heschel: The Aryan Jesus. Christian Theologians and the Bible in Nazi Germany. Princeton 2008; Oliver Arnhold: „Entjudung" – Kirche im Abgrund. Bd. 2: Das „Institut zur Erforschung und Beseitigung des jüdischen Einflusses auf das deutsche kirchliche Leben" 1939–1945. Berlin 2010 (Studien zu Kirche und Israel 25/2).

17 Walter Grundmann: Die Entjudung des religiösen Lebens als Aufgabe deutscher Theologie und Kirche. Weimar 1939, S. 15.

18 Ebd.

19 Ebd., S. 18.

20 Ebd., S. 19.

griff noch Christentum und Kirche erhalten könne. Wir sind der Ueberzeugung, daß die Geschichte der kommenden Jahrzehnte unsere Anschauung bestätigen wird.[21]

Susannah Heschel hat in einer ihrer ersten Studien über das „Institut zur Erforschung und Beseitigung des jüdischen Einflusses auf das deutsche kirchliche Leben" dessen Selbstvorstellung, also die Bezugnahme auf Luthers Reformation, in einem prägnanten Satz zusammengefasst: „Genauso wie Luther den Katholizismus überwinden mußte, müßten Protestanten heute das Judentum überwinden, um die wahre Botschaft Jesu zu verstehen."[22]

Um derartige Ideen, wie sie die Mitglieder der Deutschen Christen und des genannten Instituts vertraten, auch in seiner Siebenbürgischen Landeskirche umzusetzen, initiierte Staedel noch im Jahr seiner Bischofswahl die Gründung einer Außenstelle jenes Instituts in Hermannstadt/Sibiu/Nagyszeben. Auch wenn die Verwaltungsakten und eine detaillierte Mitgliederliste dieser Außenstelle[23] bis heute nicht auffindbar sind, ist mittlerweile eine genauere Aussage über führende Mitarbeiter und die thematische Ausrichtung von gehaltenen Vorträgen auf den in den Jahren 1942 und 1943 stattgefundenen Arbeitstagungen möglich.[24]

Das erwähnte Identitätszusammenspiel von Protestantismus und ethnischer Zugehörigkeit, welches sich innerhalb der Siebenbürger Sachsen spätestens seit Beginn der 1930er Jahre hin zu einer ‚Deutschtumszugehörigkeit' verschoben hatte,[25] musste dementsprechend auch Einzug finden in die Theologie der „Siebenbürgischen Deutschen Christen".[26] Es wäre jedoch zu einseitig, eine solche Entwicklung allein Staedel und seinen innerkirchlichen Gefolgsleuten zuzuschreiben. In den 1930er Jahren wandelte sich, mit ausgelöst durch äußere Einflüsse, das allgemeine Identitätsbewusstsein der Sachsen weg vom bisherigen Bezugspunkt der Konfessionszuge-

---

21 Ebd., S. 17.

22 Susannah Heschel: Theologen für Hitler. Walter Grundmann und das „Institut zur Erforschung und Beseitigung des jüdischen Einflusses auf das deutsche kirchliche Leben". In: Leonore Siegele-Wenschkewitz (Hg.): Christlicher Antijudaismus und Antisemitismus. Theologische und kirchliche Programme Deutscher Christen. Frankfurt a. M. 1994 (Arnoldshainer Texte 85), S. 125–170, hier S. 137.

23 Die offizielle Bezeichnung lautete „Arbeitsgemeinschaft des Institutes zur Erforschung des jüdischen Einflusses auf das deutsche kirchliche Leben in der evangelischen Landeskirche A. B. in Rumänien".

24 Siehe Dirk Schuster: Eine unheilvolle Verbindung. Die Hermannstädter Außenstelle des „Institutes zur Erforschung und Beseitigung des jüdischen Einflusses auf das deutsche kirchliche Leben". In: Zugänge. Jahrbuch des Evangelischen Freundeskreises Siebenbürgen 41 (2013), S. 57–83.

25 Vgl. Cristian Cercel: The relationship between religious and national identity in the case of Transylvanian Saxons (1933–1944). In: Nationalities Papers 39 (2011), S. 161–180, hier S. 166.

26 Offiziell gab es keine eigene innerkirchliche Fraktion der Deutschen Christen in der Evangelischen Landeskirche A. B. in Rumänien. Durch die ideologische Nähe von Bischof Staedel und anderen hohen Kirchenvertretern zu den Thüringer Deutschen Christen sowie die genannte institutionelle Verbindung mit dem „Institut zur Erforschung und Beseitigung des jüdischen Einflusses" in Form einer eigenen Arbeitsgemeinschaft ist es meines Erachtens durchaus angebracht, die Gruppe um Staedel als „Siebenbürgische Deutsche Christen" zu bezeichnen.

hörigkeit hin zu einem ethnischen Zugehörigkeitsbewusstsein, was ebenso von Teilen der Pfarrerschaft mitgetragen wurde.[27]

Auch wenn die Kirchenführung bis 1941 noch versuchte, den identitätsstiftenden Charakter der Landeskirche in Form des religiösen Zugehörigkeitsverständnisses für die siebenbürgisch-sächsische Gesellschaft zu bewahren, sorgte sie in Teilen selbst mit dafür, dass sich die Gesellschaft mehr und mehr als ethnisch-deutsch denn als lutherisch-sächsisch definierte.[28] Diese Identitätsverschiebung war ein fließender Prozess, der bereits Jahrzehnte zuvor begonnen hatte und in den 1930er Jahren auf immer breitere Teile der sächsischen Gesellschaft einwirkte. Die Kirche selbst schloss sich diesem – bezogen auf die rassisch argumentierende Volkstumspolitik sich immer weiter radikalisierenden – Entwicklungsprozess im Laufe der Zeit an, indem sich beispielsweise Pfarrer in den *Kirchlichen Blättern* zum nationalsozialistischen Volksgemeinschaftskonzept als Identifikationsmerkmal bekannten.[29] Eine solche Entwicklung innerhalb der Kirche sollte unter Bischof Staedel ab 1941 ihren Höhepunkt erfahren, was sich speziell in der Behandlung Luthers, der Reformation als Legitimationsinstrument sowie des politischen Zeitgeschehens darstellen lässt.

4. Die Landeskirche unter Bischof Wilhelm Staedel

In der Festpredigt anlässlich seiner feierlichen Einführung in das Bischofsamt am 31. Mai 1942 offenbarte Staedel, wie er die aus seiner Sicht neue religiöse Zeitepoche deutete. Zunächst stellte Staedel heraus, dass alle „Schöpfungs- und Erlösungskräfte der Welt von dem einzigen Gott ausgehen“ würden. Und nicht die Gelehrten folgten jenen göttlichen Schöpfungskräften, „sondern kindlich gläubige und bis in den Tod getreue Menschen!“ Dies sei bei Jesus der Fall gewesen, ebenso bei Luther, dem das einfache Volk folgen sollte, und so verhalte es sich auch bei Hitler.[30] Der Bezug auf Jesus, Luther und Hitler sollte verdeutlichen, dass für die Menschen größere Veränderungen in ihrer Glaubenslehre bevorstehen würden. Denn wie bereits

---

27 Cercel: The relationship (Anm. 25), S. 166f.

28 Ebd., S. 174f.

29 Ebd., S. 166. Zur nationalsozialistischen „Volksgemeinschaft“ vgl. den Stand der Forschung referierend Detlef Schmiechen-Ackermann: ‚Volksgemeinschaft‘: Mythos der NS-Propaganda, wirkungsmäßige soziale Verheißung oder soziale Realität im ‚Dritten Reich‘? – Einführung. In: Ders. (Hg.): ‚Volksgemeinschaft‘: Mythos der NS-Propaganda, wirkungsmäßige soziale Verheißung oder soziale Realität im ‚Dritten Reich‘? Zwischenbilanz einer kontroversen Debatte. Paderborn 2012 (Nationalsozialistische „Volksgemeinschaft“. Studien zu Konstruktion, gesellschaftlicher Wirkungsmacht und Erinnerung 1), S. 13–53.

30 Wilhelm Staedel: Kirche im Volk. Bericht über die 39. Landeskirchenversammlung der ev. Landeskirche A. B. in Rumänien vom 31. Mai bis 2. Juni 1942 mit Installationspredigt und Eröffnungsrede des Bischofs Wilhelm Staedel. Hermannstadt/Sibiu [1942], S. 9. Die Gleichsetzung von Jesus, Luther und Hitler als Reformatoren ihrer Zeit vollzog bereits 1932 der Leiter der Thüringer Deutschen Christen Siegfried Leffler in einem Zeitungsartikel, was einmal mehr die enge Anlehnung von Staedel an die Deutschen Christen verdeutlicht, vgl. Siegfried Leffler: Nationalsozialismus und Christentum. In: Briefe an deutsche Christen, 1. Jg., Nr. 1, Juli 1932, S. 2–4, hier S. 3.

das Auftreten Jesu und Luthers mit den jeweils damit einhergehenden tiefgreifenden religiösen Veränderungen bedeutete für Staedel ebenso das Auftreten Hitlers ein Wirken Gottes. Infolge dieses göttlichen Eingriffes in den Weltenlauf sei es nunmehr notwendig, die äußere Struktur der Kirche sowie die theologische Lehre im Sinne Luthers weiter zu reformieren, um dessen Werk unter den politischen Vorzeichen des Nationalsozialismus zu vollenden. Ganz im Sinne von „deutscher Art und Luthers Geist" zeige sich dementsprechend die Unabdingbarkeit, sich als Kirche der ‚völkischen' Führungsautorität unterzuordnen.[31] Gleich den Deutschen Christen beabsichtigte Staedel aus diesem Grund nicht weniger als die Reformation in ‚seiner' Kirche fortzuführen.

Für die Landeskirche bedeute dies konkret, so der Bischof,

> die Autorität unserer Volksgruppenführung in allen völkisch-politischen Dingen ohne weiteren Führungsanspruch vorbehaltlos anzuerkennen, sich ihr bewußt zu unterstellen und [...] der Volksgruppenführung einen gewissen Einfluß auf das kirchliche Leben im Sinne dieser deutschen Gemeinschaftsordnung einzuräumen [...].[32]

Was Staedel unter einer ‚gewissen Einflussnahme' der Volksgruppenführung unter dem SS-Mann Andreas Schmidt (1912–1948) auf die Kirche verstand, wird wieder mit dem Verweis auf die Fortführung der Reformation ausgeführt:

> Wir stehen also gewissermaßen noch immer im Vollzug der deutschen Reformation, weitergeführt und verstärkt durch den Nationalsozialismus. [...] Wer also im Führer den gottgegebenen ‚Wundermann' in Luthers Sinne schaut, der wird im Nationalsozialismus und seiner Gemeinschaftsgestaltung gewiß keine feindlichen Kräfte sehen und darum auch freiwillig bereit sein, die völkisch-sozialen Aufgabengebiete unserer kirchlichen Verbände an die entsprechenden Organisationen der Volksgruppe abzutreten.[33]

Ganz im Sinne deutsch-christlicher Theologie, die eine Unabhängigkeit der Kirche gegenüber dem Staat strikt ablehnte,[34] vollzog Staedel die freiwillige Unterordnung seiner Landeskirche unter die politische Führung der deutschen Volksgruppe in Rumänien bei gleichzeitiger Kontrollabtretung großer Teile der eigenen Sozialorganisationen wie des Schulwesens, und dies immer mit dem Verweis, damit im Sinne Luthers die Reformation fortzuführen.

Bis hierhin lässt sich feststellen, dass die Landeskirche Augsburgischen Bekenntnisses in Rumänien unter ihrem neuen Bischof Staedel versuchte, die Reformation Luthers unter dem Begriff der Fortführung selbst zu reformieren. Mit dem Auftreten Hitlers als eines „Werkzeug[es] Gottes" wurde dem deutschen Protestantismus zusätzlich aufgezeigt, so Staedel, dass innerhalb der Kirche das „Problem der geistigen Überfremdung" bestehe, dessen sich die Kirche jetzt anzunehmen habe. Deshalb sei seine Kirche auch dem „Institut zur Erforschung und Beseitigung des jüdischen

31 Staedel: Kirche (Anm. 30), S. 44.
32 Ebd., S. 45.
33 Ebd., S. 54.
34 Doris L. Bergen: Twisted Cross. The German Christian Movement in the Third Reich. Chapel Hill 1996, S. 45.

Einflusses auf das deutsche kirchliche Leben" beigetreten, das sich diesem „Problem" bereits widme.[35] Konkret bedeutete dies für den Bischof, dass man sich von der Lutherischen Bibelübersetzung zu lösen habe und ab jetzt auf die „entjudete" Bibel zurückgreife, welche von jenem Institut unter dem Titel *Die Botschaft Gottes* veröffentlicht wurde.[36]

Luther blieb für eine solche deutsch-christliche Neuausrichtung der Kirche eine entscheidende Bezugsgröße. Einerseits argumentierte der Bischof mit Luthers Worten, dass das Alte Testament nicht für Christen gelte, und stellte gleichzeitig die (rein rhetorische) Frage, ob man nicht vielmehr „das Sittlichkeits- und Moralgefühl der germanischen Rasse bzw. die deutsche nationalsozialistische Lebensordnung" an dessen Stelle setzen solle.[37] Andererseits benutzte man seitens der Kirchenführung Luther als Argument, sich von Teilen der eigenen Glaubenslehre, des Augsburgischen Bekenntnisses, lösen zu können.

Der bereits genannte Andreas Scheiner, seit März 1942 Hauptanwalt der Landeskirche, äußerte sich hierüber in einer 1942 veröffentlichten, knapp hundert Seiten langen Schrift, welche das theologische Grundgerüst einer neuen, auf den Grundlagen von Volk, Protestantismus, Nationalsozialismus und Antisemitismus basierenden deutschen Landeskirche in Rumänien bilden sollte.[38] Das Buch war das erste größere publizistische Ergebnis jener 1941 in Hermannstadt ins Leben gerufenen Außenstelle des „Institutes zur Erforschung und Beseitigung des jüdischen Einflusses auf das deutsche kirchliche Leben".

Scheiner interpretierte die gegenwärtige Zeit als vergleichbar mit der, in welcher Luther wirkte.[39] Er unterstellte gleichzeitig, dass es nicht dem Geist Luthers entspräche, sich allein auf die Bibel als Gottes Wort festzulegen.[40] Diese beiden Grundgedanken sind entscheidend für Scheiner; auf sie stützte sich sein Ideengerüst einer neuen ‚deutschen Kirche'. Mit dem Argument, es sei eine abermalige Reformationszeit in der Gegenwart angebrochen, in der Gott „Adolf Hitler als sein Werkzeug gebraucht",[41] verwies Scheiner darauf, dass es nun wieder notwendig sei, das Chris-

35 Staedel: Kirche (Anm. 30), S. 65.

36 Ebd. Der Bischof selbst nutzte bereits für seine Festpredigt am 31. Mai 1942 jene „entjudete" Bibel, vgl. Staedel: Kirche (Anm. 30), S. 4. Zu der Bibelübersetzung des Instituts vgl. Birgit Jerke: Wie wurde das Neue Testament zu einem sogenannten Volkstestament „entjudet"? Aus der Arbeit des Eisenacher „Instituts zur Erforschung und Beseitigung des jüdischen Einflusses auf das deutsche kirchliche Leben". In: Siegele-Wenschkewitz (Hg.): Christlicher Antijudaismus (Anm. 22), S. 201–234; Jochen Eber: Das „Volkstestament der Deutschen". Die „Botschaft Gottes" – ein deutsch-christliches Neues Testament im Dritten Reich. In: European Journal of Theology 18 (2009), S. 29–46.

37 Staedel: Kirche (Anm. 30), S. 41.

38 Andreas Scheiner: Das Dogma der evangelischen Landeskirche A. B. in Rumänien. Ein Vorwort. Hermannstadt/Sibiu 1942 (Schriftenreihe der Arbeitsgemeinschaft des Institutes zur Erforschung des jüdischen Einflusses auf das deutsche kirchliche Leben in der evangelischen Landeskirche A. B. in Rumänien 2).

39 Ebd., S. 90.

40 Ebd., S. 59.

41 Ebd., S. 30.

tentum neu auszurichten, so wie es Luther im 16. Jahrhundert getan habe. Denn für die Siebenbürger Sachsen sei die Annahme des Augsburgischen Bekenntnisses in der Vergangenheit bereits keine theologische, sondern eine nationale Angelegenheit gewesen, eine „völkische Notwendigkeit erster Ordnung“.[42]

Die von Scheiner ohnehin verworfene Auffassung von der Gesetzeskraft der Bibel als einem Ergebnis der nachreformatorischen Entwicklungen sei infolge der gegenwärtigen Zeitenwende mit dem Auftreten Hitlers somit hinfällig. Denn wo einst die Schrift Gottes als Gesetz galt, gelte nun das „völkische Recht und das staatliche Gesetz“.[43] In der siebenbürgischen Landeskirche sei man im 19. Jahrhundert den falschen Weg gegangen, indem man zunehmend nach weltlicher Herrschaft strebte, eine Unnatürlichkeit, die erst mit dem Erstarken des Nationalsozialismus sichtbar geworden sei. Die anfängliche Bekämpfung der nationalsozialistischen Kräfte durch die Kirchenführung in der ersten Hälfte der 1930er Jahre habe nach Scheiner ebenso gegen den Geist der Augustana verstoßen. Eine solche kirchliche Ablehnung resultierte in den Augen Scheiners aus einer falschen christlichen Moral, die auf rein jüdisch-individualistischen Vorstellungen beruhe und somit zu verwerfen sei.[44] Des Weiteren gebe – und gab – es noch immer Vorbehalte in Teilen der Kirche gegen die Behandlung der Juden durch die Nationalsozialisten. Auch dies führte der Hauptanwalt der Landeskirche auf vermeintlich „individualistische Denkformen“ zurück. Derartige Vorbehalte bestünden nach wie vor und würden auch zukünftig weiter anhalten, so Scheiner, selbst „wenn die Judenfrage infolge der Verdrängung [!] des letzten Juden aus Europa ihre Aktualität verloren haben wird.“[45]

Das Ziel, welches Scheiner in seinen Ausführungen verfolgte, in denen er sogar auf die nationalsozialistische Judenvernichtung als Argument für die Richtigkeit seiner Vorstellungen verwies, ist deutlich: Er wollte die Kirche abermals reformieren, hin zu einer deutschen, auf rassischen Grundlagen basierenden Nationalkirche. Diese zukünftige Kirche sei nicht mehr bekenntnisgebunden, denn dies widerspreche dem Geist der Volksgemeinschaft. In ihr gebe es keine evangelischen Sachsen mehr, denn man sei im Zuge der nationalsozialistischen ‚Volkswerdung‘ mit den mehrheitlich katholischen Schwaben im Banat „zu einer unlösbaren Gemeinschaft zusammengewachsen“.[46]

Genauso wie die Deutschen Christen im „Dritten Reich“ das mittelfristige Ziel einer überkonfessionellen Nationalkirche propagierten, versuchte Scheiner eine solche überkonfessionelle Nationalkirche für die deutschsprachige Minderheit in Rumänien argumentativ zu etablieren. Man stehe zwar weiterhin zur Confessio Augustana, eine allgemeingültige protestantische Offenbarung gebe es jedoch nicht mehr. Vielmehr sei die Augustana mit dem ‚völkischen‘ Gedanken des Nationalsozialismus zu verbinden. Aus diesem Grund sei auch der Name „Evangelische Landeskirche

42 Ebd., S. 58.
43 Ebd., S. 72.
44 Ebd., S. 68f.
45 Ebd., Hervorhebung D. S.
46 Ebd., S. 64.

Augsburgischen Bekenntnisses" durch die Bezeichnung „Deutsche Landeskirche" zu ersetzen, da diese das ‚völkische' Empfinden besser widerspiegeln würde als die Bezeichnung „Landeskirche Augsburgischen Bekenntnisses", welche ohnehin nur ein Resultat vergangener Habsburger Kirchenpolitik sei.[47] Der ‚völkische' Gedanke avancierte bei Scheiner somit zum zweiten kirchlichen Dogma der Landeskirche,[48] genauso wie er es schon 1928 formuliert hatte, nur dass er mittlerweile innerhalb der Kirche eine leitende Position innehatte.

5. Zusammenfassung

Die Landeskirche der Siebenbürger Sachsen vollzog seit den 1930er Jahren unter dem Einfluss des immer stärker werdenden Nationalsozialismus auf große Teile der sächsischen Bevölkerung zunehmend den Wandel hin zu einer Nationalkirche, in der eine rassische Deutschtumsvorstellung mit christlichen Leitsätzen verbunden wurde. Als Resultat der 1941 erfolgten Wahl von Wilhelm Staedel zum neuen Bischof versuchte die Landeskirche, eine Nationalkirche nach deutsch-christlichem Vorbild zu erschaffen, in der neben dem Augsburgischen Bekenntnis der ‚völkische Gedanke' zum gleichwertigen Lehrsatz erhoben werden sollte. Martin Luthers Reformation war für die argumentative Rechtfertigung eines solchen Vorhabens von entscheidender Bedeutung, denn die Deutschen Christen begründeten ihre ‚Reformation' mit dem vermeintlich unvollendet gebliebenen Werk Luthers. Auch Luther habe seinerzeit all jene religiösen Selbstverständlichkeiten verworfen, genauso wie es die Deutschen Christen mit der „Entjudung" des Christentums, der Schaffung einer Nationalkirche und der ‚völkischen Ausrichtung' der Kirche in Anlehnung an den von Gott gesandten „Führer" nun versuchten.

In der siebenbürgischen Landeskirche waren die Argumente durch die ideologische Verbundenheit mit den Deutschen Christen im Reich die gleichen. Luther habe Bestehendes nicht zerstört, „sondern es von allen Schlacken gereinigt und in seiner ursprünglichen Echtheit und Wahrheit wiedergewonnen."[49] Und infolge der abermaligen Offenbarung Gottes für das deutsche Volk in Gestalt von Adolf Hitler müsse man nun wieder alle „Schlacken" beseitigen, womit vermeintliche jüdische Einflüsse, Internationalismus sowie konfessionelle Gegensätze gemeint waren. Was man versuchte, war nicht weniger als eine Reform der lutherischen Reformation, ohne sich jedoch – im Selbstverständnis – von den Lehren Luthers lösen zu wollen. Man wollte Luthers Werk vollenden, indem die durch den Nationalsozialismus neu gewonnenen ‚völkischen Erkenntnisse' in die Kirche zu integrieren seien. Die *Kirchlichen Blätter* als offizielles Presseorgan der Kirche sind in der Zeit von 1942 bis

47 Ebd., S. 90.

48 Ulrich Andreas Wien: Von der „Volkskirche" zur „Volksreligion"? Beobachtungen zur Entwicklung der Evangelischen Landeskirche A. B. in Rumänien von 1919 bis 1944. In: Revista Ecumenică Sibiu 4 (2012), S. 169–222, hier S. 170.

49 Karl Reinerth: Wahre Volkskirche. In: Kirchliche Blätter aus der evangelischen Landeskirche A. B. in Rumänien, 34. Jg., Nr. 22, 2.6.1942, S. 362.

Mitte 1944 voll von derartigen Gedankengängen. Im schulischen Religionsunterricht sollten allein die „entjudeten" Lehrpläne der Deutschen Christen Verwendung finden,[50] und zur innerkirchlichen Legitimation und Umsetzung derartiger Vorhaben gründete man eine Außenstelle des „Instituts zur Erforschung und Beseitigung des jüdischen Einflusses auf das deutsche kirchliche Leben". Doch im Gegensatz zu Luthers Reformation gingen derartige Vorstellungen in Siebenbürgen – ebenso wie in Deutschland – zusammen mit Hitlers „Tausendjährigem Reich" unter.

Wenn Johann Böhm die Frage aufwirft, wie man in der Landeskirche unter Bischof Staedel „‚Luthers Erbe' mit dem ‚Zukunftsauftrag' des Nationalsozialismus gleichstellen [konnte]",[51] so ist eine solche Frage aufgrund des nicht beachteten Zusammenhangs mit dem Christentumsbild der Deutschen Christen bereits grundlegend falsch gestellt. Es ging niemals um eine Gleichstellung von Luthers Lehre mit dem Nationalsozialismus. Was man beabsichtigte, war eine Fortführung der Reformation, indem man rassische Vorstellungen in den Protestantismus zu integrieren versuchte und angeblich jüdische Bestandteile aus diesem tilgen wollte. In der kirchlichen Unterordnung unter das politische Primat des Nationalsozialismus glaubte man ganz im Sinne Luthers zu handeln. Staedel, Scheiner und viele weitere Kirchenvertreter wollten wieder zurück zu einer vermeintlich wahren lutherischen Lehre und diese durch den von Gott neu offenbarten Nationalsozialismus vervollständigen. So verwerflich derartige Gedanken und deren praktische Durchsetzung auch waren, nicht wenige Kirchenmitglieder in Siebenbürgen und im „Dritten Reich" folgten einem solchen Protestantismus mit viel Enthusiasmus. Und auch wenn die große Mehrheit des Kirchenvolkes nicht unbedingt alle deutsch-christlichen Vorstellungen teilen mochte, kritische Stimmen blieben doch in der Minderheit.

50 Vgl. Ulrich A. Wien: „Entjudung" und Nationalsozialismus als Ziel des Religionsunterrichts. Zum Lehrplan für den Religionsunterricht an deutschen Schulen 1942. In: Zeitschrift für Siebenbürgische Landeskunde 20 (2007), S. 65–77.

51 Johann Böhm: „Ich komme als Kamerad". Wilhelm Staedels politische Tätigkeit als Pfarrer und Bischof der Ev. Landeskirche A. B. in Rumänien (1933–1944). In: Halbjahresschrift für südosteuropäische Geschichte, Literatur und Politik 6 (1994), Heft 2, S. 51–60.

Annotationen. Neuerscheinungen aus Ostmitteleuropa

Vorbemerkung

Die folgenden bibliographischen Anzeigen, verfasst von Wissenschaftlerinnen und Wissenschaftlern aus den Staaten Ostmittel-, Nordost- und Südosteuropas,[1] beziehen sich auf in diesen Ländern erschienene Literatur (Monographien, Sammelbände, Zeitschriften und Reihen, Editionen) aus den Wissenschaftsbereichen Geschichte, Kunstgeschichte, Volkskunde / Europäische Ethnologie und Germanistik. Berücksichtigt sind Titel, die die Kultur und Geschichte der ehemaligen deutschen Ostgebiete sowie der Siedlungsgebiete der Deutschen im östlichen Europa (mit-)betreffen. Um den interdisziplinären Charakter der Rubrik zu betonen, sind die „Annotationen" wie in den Vorjahren nicht nach Fachgebieten, sondern nach den folgenden – zum Teil historischen – Regionen angeordnet, wobei gelegentliche Probleme bei der regionalen Zuordnung und Abgrenzung unvermeidlich sind:

1. Regional übergreifende Werke,
2. Baltikum,
3. Ostpreußen, Westpreußen, Danzig,
4. Pommern, Neumark,
5. Schlesien, Lausitz,
6. Großpolen, Zentralpolen, Kleinpolen,
7. Böhmen, Mähren,
8. Slowakei,
9. Ungarn, Rumänien,
10. Kroatien.

Bei Sammel- oder Zeitschriftenbänden werden, von Ausnahmen abgesehen, lediglich die Beiträge zu den einschlägigen Themenbereichen ‚Deutsche im östlichen Europa' bzw. ‚deutsch-ostmitteleuropäische Beziehungen' angeführt. Übersetzungen von bereits in deutscher Sprache publizierten Titeln werden in der Regel nur dann aufgenommen, wenn sie gegenüber der Originalfassung eine inhaltliche Erweiterung, etwa durch ein wissenschaftliches Nachwort, aufweisen. Nicht berücksichtigt sind die vom Deutschen Akademischen Austauschdienst herausgegebenen germanistischen Jahrbücher, die zwar in den Staaten Ostmitteleuropas erscheinen, in Deutschland jedoch leicht zugänglich (d. h. beim DAAD kostenlos erhältlich) sind.

Die Ortsnamen erscheinen grundsätzlich in ihrer deutschen Form, soweit eine solche existiert; diese wird bei der ersten Erwähnung durch die in der jeweiligen Landessprache verwendete offizielle Form, z. B.: Fünfkirchen/Pécs, gegebenenfalls zusätzlich durch eine oder mehrere weitere Formen, z. B.: Lemberg/L'viv/Lwów, Wilna/Vilnius/Wilno/Wilne, ergänzt.

---

1 Die Übersetzungen aus dem Estnischen (Kersti Taal und Lea Teedema) bzw. dem Ungarischen (Edina Zvara) besorgten dankenswerterweise Vilve Seiler und Attila Verók.

Seit 2010 (*Berichte und Forschungen. Jahrbuch des Bundesinstituts* 17, 2009) besteht eine Zusammenarbeit mit der Internetplattform *recensio.net*, die die Buchanzeigen ins Netz stellt.

Die Annotationen wurden seit 1998, also noch vor dem Zeitalter des Internets, regelmäßig in diesem Jahrbuch veröffentlicht. Aufgrund einer konzeptionellen Neuausrichtung der am Bundesinstitut geleisteten Forschungen erscheinen sie in dieser Ausgabe zum letzten Mal. Allen, die dieses erfolgreich verlaufene Projekt durch ihre Beiträge unterstützt haben, sei herzlicher Dank ausgesprochen.

Maria Luft, Jens Stüben (Redaktion)

1. Regional übergreifende Werke

Anna Babka, Renata Cornejo, Sandra Vlasta (Hg.): Aussiger Beiträge 8 (2014): Bewegungen und Begegnungen: österreichische Literaturen. Ústí nad Labem: Jan-Evangelista-Purkyně-Universität 2010. 256 S. ISSN 1802-6419, ISBN 978-3-7069-0813-9.

Die achte Nummer der germanistischen Zeitschrift aus Aussig/Ústí nad Labem fokussiert mit ihrem Themenschwerpunkt „Bewegungen und Begegnungen: österreichische Literaturen" in zehn Beiträgen die Literatur von Autoren und Autorinnen aus Ostmittel- und Osteuropa, die ihre Herkunftsländer verlassen und sich in Österreich angesiedelt haben oder zwar in Österreich geboren sind, jedoch einen bi- oder multikulturellen Hintergrund haben, der in ihren Texten, bewusst oder unbewusst, literarisch reflektiert wird. Während im Beitrag von Lucie Antošíková, Jan Budňák und Eva Schörkhuber essayistische Texte von Jiří Gruša im Hinblick auf die Konzepte von Nationalgeschichte und Nationalliteratur sowie auf Fragen der Rezeption kritisch hinterfragt werden, analysiert Elisabeth Tropper die vielfältigen Motive und Strukturelemente des Hybriden und Monströsen in Michael Stavaričs Roman *Terminifera.* In seinem Beitrag zu Ivan Ivanjis sowohl auf Serbisch als auch auf Deutsch verfasstem Werk untersucht Johann Georg Lughofer vor allem die Konstruktionsmechanismen kultureller Identität. Gerlinde Steininger konzentiert sich auf die Ost-West-Dichotomie sowie den Umgang mit dem Fremden und dem Eigenen im Werk von Viktorija Kocman. Zwei Autorinnen richten den Fokus auf genderspezifische Themen: Natalia Shchyhlevska am Beispiel der Romane *Studenten, Liebe, Tscheka und Tod* von Alja Rachmanowa sowie *Spaltkopf* von Julya Rabinowich, Monika Riedel am Beispiel von Julya Rabinowichs Roman *Die Erdfresserin.* Silvia Ulrich geht in ihrem Aufsatz zu Fred Wander den literarisch-philosophischen Voraussetzungen seiner Prosaschriften nach, insbesondere in seinen Hotelromanen im Hinblick auf ‚Flucht' und ‚Wohnen'. Im Abschnitt „Miscellanea Austensia" setzt sich Jana Hrdličková mit der ‚hermetischen' Lyrik Paul Celans und Nelly Sachs' auseinander; Veronika Jičínská stellt eine Verbindung zwischen Max Brods Übersetzung des Librettos von Leoš Janáčeks *Jenůfa* und Kafkas Auffassung von Literatur her. Der Band enthält außerdem zahlreiche Rezensionen und Tagungsberichte: Der Sammelband *Die Erinnerungstexte von Erica Pedretti* vom internationalen Symposion in Freiburg i. B. und die Monographie *Erica Pedretti. Kontrapunktik, Räumlichkeit und Materialität der Sprache als Prinzipien der Textorganisation* von Meike Penkwitt stellen wichtige Beiträge zur aktuellen Pedretti-Forschung dar; Tereza Pavlíčková zeichnet in ihrer Publikation *Die Entwicklung des Nationalitätenkonflikts in der Znaimer deutschen Presse 1850–1938* ein scharfes Bild der mannigfaltigen kulturellen, gesellschaftlichen, ideologischen und politischen Beziehungen zwischen einzelnen nationalen und politischen Lagern in der südmährischen Provinz; Veronika Jičínská hat mit ihrer Publikation *Böhmische Themen bei Fritz Mauthner und Auguste Hauschner* eine interessante kulturwissenschaftliche Studie vorgelegt, die ihre Gegenstände nicht auf nationale Zugehörigkeiten festschreibt, sondern vielmehr die Zwischenlagen der ‚böhmischen' Themen auszuloten sucht.

Renata Cornejo

Edward Białek, Krzysztof Huszcza, Ewa Rychter (Hg.): Orbis Linguarum. Vol. 40. Wrocław: Oficyna Wydawnicza ATUT 2014. 582 S., Abb. ISSN 1426-7241, ISBN 978-3-86276-138-8, 978-83-7977-046-5.

Die Zeitschrift, deren 40. Band hier vorliegt, ist eine Plattform für Vertreter aller Philologien, Wissenschaftler zahlreicher Universitäten und Länder. Die Autoren publizieren in verschiedenen Sprachen, in diesem Band auf Polnisch, Deutsch und Englisch. Auch das Thema der Deutschen in Ostmitteleuropa findet immer wieder seine adäquate Bearbeitung. Als Beispiel dafür kann der Beitrag von Magdalena Kardach *Die kulturelle und symbolische Landschaft der Provinz Ostpreußen in der diskursiven Analyse* angeführt werden. Die Verfasserin widmet sich der historischen Literaturregion Ostpreußen. Deren Lage habe dazu geführt, dass sie zum kulturellen Schmelztiegel wurde. Als Folge ihrer politischen Vereinnahmung, die mit dem aufkommenden Nationalismus am Ende des 19. Jahrhunderts einsetzte, wandelte sie sich in einen Mythos. Heute weise sie symbolisches Kapital auf und erscheine als bedeutungsträchtiger Erinnerungsort. Von den weiteren Essays sollen erwähnt werden: Ewa Matkowska: *Biografien E. T. A. Hoffmanns – Überlegungen zur Gattung der literarischen Lebensbeschreibung*; Henk J. Koning: *Holteis Versuch zu einer deutschen Volksoper – „Des Adlers Horst" (1832)*; Edyta Gorząd: *„Wo ist meine Heimat?" Die Schicksale der Oberschlesier nach 1945 in den Filmen „Oberschlesien – kołocz na droga" und „Oberschlesier. Hier, wo wir uns begegnen" von Michael Majerski*; Edward Białek: *Hans Christoph Kaergel und Wilhelm Müller-Rüdersdorf im Umkreis des Logaubundes Liegnitz*; Angela Bajorek: *Sein Lieblingsmensch ist Tier, also die Sache über Janosch*; Grażyna Trzaskowska: *Die Einstellung der polnischen Gesellschaft zu deutschen Friedhöfen in Polen nach 1945*.

Grzegorz Kowal

Sabina Bober: Bóg i człowieczeństwo w niemieckich obozach koncentracyjnych [Gott und die Menschlichkeit in den deutschen Konzentrationslagern]. Poznań: Wydawnictwo Nauka i Innowacje 2013. 288 S. ISBN 978-83-63795-26-9.

Immer seltener haben wir heute die Möglichkeit, Zeitzeugenberichte von Häftlingen der Konzentrationslager zu lesen. Sabina Bober unternimmt einen wichtigen Versuch, das Antlitz dieser Zeitzeugen anhand ihrer schriftlich festgehaltenen Erinnerungen erkennbar werden zu lassen. Sie schildert zunächst ausführlich die Geschichte des nationalsozialistischen Regimes und die Geschichte der Konzentrationslager. Darauf folgen Überlegungen zu den Einstellungen der Häftlinge zu ethischen und religiösen Fragen, ihrem Glauben an die Mitmenschen und dem Glauben an Gott. Die Autorin versucht das Leben „hinter dem Stacheldraht" zu schildern und zu verstehen. Sie fragt, inwieweit die Religiosität den Häftlingen auszuharren half und ihre Überlebenskraft gestärkt hat, während der Wert der Menschlichkeit im Lagerleben der Auslöschung, der Vernichtung ausgesetzt war. Die Studie macht die Kämpfe nachvollziehbar, die Glaube und Menschlichkeit angesichts der extremen Situation, in der sich die Häftlinge befanden, um ihre Erhaltung führen mussten. Ein ungewöhnlich spannender Band, der das vergegenwärtigt, was oft nicht wahrgenommen wird, besonders wenn die Spuren der Täter ins Visier genommen werden.

Maria Wojtczak

Emilia Bogacka: Struktura przestrzenna i czynniki przestępczości na obszarze nadgranicznym Polski z Niemcami [Räumliche Struktur und Faktoren der Kriminalität im polnisch-deutschen Grenzraum]. Poznań: Bogucki Wydawnictwo Naukowe 2012 (Studia i Prace z Geografii i Geologii [Studien und Arbeiten zur Geographie und Geologie] 25). 173 S. ISBN 978-83-63400-21-7.

In der heutigen polnischen Sozialgeographie werden selten Forschungen im Bereich der Geographie der Kriminalität unternommen, und die bisherige Intensität dieser Forschungen entspricht nicht dem Gewicht und der Breite des Themas. Die Verfasserin unternimmt den Versuch, das Problem der Kriminalität im deutsch-polnischen Grenzgebiet umfassend zu schildern. Sie zeigt Möglichkeiten eines Vergleichs im Bereich der Kriminalitätsstatistik zwischen den europäischen Ländern auf, schildert einige Aspekte und Probleme des Grenzgebietes zwischen Polen und Deutschland in den Jahren 2000 – 2009 und fokussiert die unterschiedlichen räumlichen Strukturen der Kriminalität, ihre fördernden und hemmenden Faktoren. Am Beispiel eines konkreten polnischen Bezirks (Słupsk [Stolp]) zeigt sie, wie wissenschaftliche Methoden bei der Erfassung der Kriminalität behilflich sein können. Die Autorin berücksichtigt auch die Maßnahmen der polnischen Behörden zur Bekämpfung der Kriminalität sowie die internationale Zusammenarbeit in Fragen der Sicherheit.

Maria Wojtczak

Renata Cornejo, Sławomir Piontek, Sandra Vlasta (Hg.): Aussiger Beiträge 6 (2012): National – postnational – transnational? Neuere Perspektiven auf die deutschsprachige Gegenwartsliteratur aus Mittel- und Osteuropa. Ústí nad Labem: Jan-Evangelista-Purkyně-Universität 2012. 319 S. ISSN 1802-6419. ISBN 978-3-7069-0726-2.

Der sechste Band der germanistischen Zeitschrift *Aussiger Beiträge* stellt mit seinem Themenschwerpunkt Autorinnen und Autoren aus Ostmittel- und Osteuropa in den Mittelpunkt, die aus unterschiedlichen Gründen zu verschiedenen Zeitpunkten in ihrem Leben in den deutschsprachigen Raum eingewandert sind und Deutsch, obwohl nicht ihre Erstsprache, als ihre Literatursprache gewählt haben. Die Aufmerksamkeit der insgesamt 15 Beiträge gilt theoretischen, ästhetischen und poetologischen Fragestellungen, wobei der kulturelle Hintergrund der Herkunftsländer in den analytischen Ansatz mit einbezogen wird. Außer den poetologischen Konzepten deutschjüdischer Gegenwartsliteratur am Beispiel von Vladimir Vertlib, Maxim Biller und Doron Rabinovici (Susanne Düwell) werden der biographische Diskurs (Hannes Schweiger), die transkulturellen Konzepte (Veronica Buciunam, Vesna Konrič Horvat) sowie Rezeptionsmechanismen (Sandra Vlasta) der Autorinnen und Autoren untersucht. Mit der deutschsprachigen Literatur von Autorinnen und Autoren polnischer Herkunft befassen sich Jerzy Kałażny und Sławomir Piontek, der die Frage nach den Identitätsräumen im Werk von Artur Becker in den Vordergrund rückt. Auf die Frage der Mehrsprachigkeit und deren Auswirkung auf die literarische Sprache gehen die Beiträge von Claudia Tatasciore über Terézia Mora und von Marek Nekula ein, der den hybriden Charakter von Maxim Billers Erzählungen aus der Perspektive eines idealen, sowohl mit der deutschen als auch der tschechischen Sprache vertrauten Lesers in den Blick nimmt. Mit dem

Roman *Georgs Sorgen [...]* von Jan Faktor als multikultureller Familienerinnerung bzw. als Geschichtsdarstellung beschäftigen sich Inga Probst und Norbert Wichard. Renata Cornejo diskutiert Ota Filips Roman *Der siebente Lebenslauf* als Schwellenraum zwischen Autobiographie und Autofiktionalität. Dana Pfeiferová interpretiert den Roman *Brenntage* von Michael Stavarič, ebenfalls einem deutschsprachigen Autor tschechischer Herkunft, als Suche nach der (Mutter-)Sprache, um den Untergang aufzuhalten. Der Band enthält außerdem zahlreiche mit dem Thema zusammenhängende Rezensionen, Tagungs- und Forschungsberichte.

Jana Hrdličková

Agata Domińska: Niemiecki kompleks wypędzenia i jego wpływ na współczesne stosunki polsko-niemieckie [Der deutsche Vertreibungskomplex und sein Einfluss auf die gegenwärtigen deutsch-polnischen Beziehungen]. Wrocław: Quaestio 2012 (Scientiarum Primitiae – series sociologica et politica 2). 266 S., Abb. ISBN 978-83-62571-29-1, ISSN 2299-4068.

Das Buch ist in der neuen Reihe „Scientiarum Primitiae", die an der Universität Breslau/Wrocław ins Leben gerufen wurde, erschienen. Ihr liegt die Idee zugrunde, hervorragende Masterarbeiten aus den Geisteswissenschaften einem breiteren Publikum zugänglich zu machen. Das opulente Material hat die Autorin der Studie vier Kapiteln zugeordnet: 1. „Vertreibungen in Europa im 20. Jahrhundert", 2. „Die Vertreibungen und ihr Einfluss auf die deutsch-polnischen Beziehungen in den Jahren 1949 – 1998", 3. „Das ‚Zentrum gegen Vertreibungen' vor dem Hintergrund des Wandels des historischen Bewusstseins der Deutschen", 4. „Die ‚Stiftung Flucht, Vertreibung, Versöhnung' – eine ‚Europäisierung' des Gedächtnisses". Die Art und Weise, wie die Verfasserin den geschichtlichen Verlauf der genannten Prozesse und den aktuellen Sachverhalt bzw. Forschungsstand schildert, zeugt zugleich von ihrem großen Wissen und Feingefühl. Auch wenn sie von Differenzen zwischen der polnischen und der deutschen Betrachtungsweise hinsichtlich der Vertreibungen und von immer noch offenen Wunden im Hinblick auf die schmerzliche Geschichte der beiden Völker berichtet, so mangelt es ihr weder an Tiefblick noch an Empathie. Sie geht über den polnischen Standpunkt hinaus und versucht, die Argumentationsweise der Deutschen nachzuvollziehen.

Grzegorz Kowal

Jolanta Drużyńska: Krok do wolności: polskie ofiary żelaznej kurtyny [Schritt in die Freiheit. Polnische Opfer des „Eisernen Vorhangs"]. Poznań: Dom Wydawniczy „Rebis" 2013 (Historia [Geschichte]). 293 S., Abb., Kt. ISBN 978-83-7510-816-3.

Erzählt wird hier die Geschichte derjenigen Menschen, die den Versuch wagten, den sogenannten „Eisernen Vorhang" zu überwinden. Der Begriff „iron curtain", der erstmals von Winston Churchill in seiner berühmten Rede, gehalten im März 1946 im amerikanischen Fulton, gebraucht wurde, betraf das Gebiet von Stettin/Szczecin bis Triest. Einen Teil dieses „Vorhangs" bildete der Zaun an der tschechisch-deutsch-österreichischen Grenze mit einer Spannung von 5.000 Volt. Der Weg über die Tschechoslowakei schien den polnischen Flüchtlingen ursprünglich der einfachste Fluchtweg in den Westen, doch er wurde für viele zu einer tödlichen Falle. An dem elektrisch geladenen Stacheldraht verloren seit 1952 zahlreiche Polen ihr Leben. Andere wurden bei der Flucht über die sogenannte „grüne Grenze" erschossen, wieder andere kamen auf eine Weise ums Leben wie etwa der Pilot Dionizy Bielański, der auf Befehl der polnischen Regierung an der tschechisch-österreichischen

Grenze abgeschossen wurde. Häufig blieben diese Vorkommnisse ein Tabu, ein gut gehütetes Geheimnis, das nicht einmal die nächsten Verwandten erfahren durften. Die Publikation „Schritt in die Freiheit" versucht, das Schicksal dieser Menschen in Erinnerung zu rufen. In jedem der sechs Buchkapitel wird ein Fluchtweg detailliert geschildert. Der Band enthält zahlreiche Fotos, Karten und eindrückliche Dokumente.

Maria Wojtczak

Jochen Franzke, Bogdan Koszel, Andrzej Sakson (Hg.): Drogi wyjścia z kryzysu Unii Europejskiej. Perspektywa polska i niemiecka. Wege aus der Krise. Polnische und deutsche Standpunkte zur Europäischen Union. Poznań: Wydawnictwo Naukowe Wydziału Nauk Politycznych i Dziennikarstwa UAM 2013. 167 S. ISBN 978-83-62907-31-1.

Der Band, der deutsche und polnische Autoren vereint, enthält Beiträge in polnischer und in deutscher Sprache. Jeder der Beiträge wurde in die jeweils andere Sprache übersetzt. Das Leitthema bildet die polnische und deutsche Wahrnehmung der Europäischen Union mitsamt der Suche nach verschiedenen Standpunkten und Richtungsentscheidungen vor dem Hintergrund der Finanzkrise. 15 Autoren führen unter anderem aus, wie die Krise die Migration der Bevölkerung Europas beeinflusste (Andrzej Sakson, Jerzy Leszkowicz-Baczyński), wie eine Integrationspolitik zu verwirklichen sei (Holger Politt), vor welche Herausforderungen Polens Ratspräsidentschaft 2011 in der Union gestellt wurde und welche Ergebnisse zu konstatieren waren (Thomas Mehlhausen, Adam Barabasz, Marcin Piechocki, Malwina Księżniakiewicz). Im Anhang ist eine Presseanalyse der innenpolitischen Debatte in Polen zur EU-Ratspräsidentschaft zu finden.

Maria Wojtczak

Eldi Grubišić Pulišelić: Konstrukcija ženskog identiteta u njemačkoj drami. Tipizacija ženskih likova u kazališnom zrcalu 70-ih i 80-ih godina 19. stoljeća [Die Konstruktion der weiblichen Identität in der deutschsprachigen Dramatik. Typisierung von Frauenfiguren im Theaterspiegel der siebziger und achtziger Jahre des 19. Jahrhunderts]. Zagreb: Leykam international 2013 (Germano-Croatica). 224 S. ISBN 978-953-340-002-0.

Die Verfasserin analysiert und typisiert die Formen weiblicher Identität im deutschen Drama der Gründerzeit. Thesenhaft werden dabei Charakterisierungsmerkmale von Frauenfiguren aus der Literatur jener Epoche hervorgehoben und anhand von vierzehn Werken der damals populärsten Dramatiker vorgestellt. Unter anderem wird die Darstellung des Weiblichen am Personal aus dem Korpus der realistischen und naturalistischen Dramen von Gerhart Hauptmann, dem aus Breslau/Wrocław stammenden Hugo Lubliner (auch: Hugo Bürger), dem im heute polnischen Teil Pommerns geborenen Richard Voß, Arno Holz (geboren im ostpreußischen, heute polnischen Rastenburg/Kętrzyn) und Johannes Schlaf sowie Hermann Sudermann aus dem heute litauischen Matzicken/Macikai aufgezeigt. Die Untersuchung der Autorin macht sechs wesentliche Frauentypen aus – tragische (Anti-)Heldinnen, „häusliche Engel", Mütter sowie erotisierte, verführte und emanzipierte Frauen –, wobei behauptet wird, dass bei den Figuren in realistischen Werken moralische Prinzipien Entscheidungen beeinflussen können, während in den naturalistischen die Frauen ihre Selbstaufopferung als vergeblich und nutzlos erachten. Das Buch ist ein literaturwissenschaftlicher Beitrag, der kulturgeschichtliche Einrahmungen der engen dramenpoetischen Forschungsergebnisse keinesfalls scheut, sondern die Rolle der Frau auch im historisch-politischen Kontext betrachten möchte.

Rikard Puh

Paweł Gut: Ustrój, organizacja i działalność sądownictwa patrymonialnego we wschodnich prowincjach Prus w latach 1740–1849. Studium z dziejów instytucji prawnej [Struktur, Organisation und Tätigkeit der Patrimonialgerichtsbarkeit in den östlichen Provinzen Preußens in den Jahren 1740–1849]. Szczecin, Warszawa: Naczelna Dyrekcja Archiwów Państwowych. Archiwum Państwowe w Szczecinie 2013. 433 S., engl. u. dt. Zusammenfassungen. ISBN 978-83-89341-95-2.

Der Autor stellt die Patrimonialgerichtsbarkeit als historisches Phänomen der feudalistischen Welt vor, ein Element der Kontrolle und Dominanz der adligen Grundbesitzer über die größtenteils ländliche, aber auch städtische Gesellschaft. Die Patrimonialgerichtsbarkeit war untrennbar mit dem System der Leibeigenschaft der Landbevölkerung verbunden. Der Leibherr hatte die persönliche Verfügungsbefugnis, Grundherrschaft und Gerichtsbarkeit inne. Nach der Aufhebung der Leibeigenschaft und der Bauernbefreiung in Preußen wurde die Patrimonialgerichtsbarkeit zu einem Anachronismus, auch wenn sie noch bis zum Januar 1849 weiterbestand. Paweł Gut analysiert die Struktur und Organisation der Patrimonialgerichte in den östlichen Provinzen des preußischen Staates: in Schlesien, Pommern, Ost- und Westpreußen und Brandenburg. Die Arbeit beginnt mit der friderizianischen Zeit; im zweiten Teil stehen die Stein-Hardenberg'schen Reformen ab 1807 im Vordergrund, darunter auch die lange erfolglosen Versuche, die Patrimonialgerichtsbarkeit abzuschaffen, und die politischen und gesellschaftlichen Diskussionen über dieses Thema. Die Arbeit enthält eine Bibliographie, ein Personenverzeichnis sowie ein geographisches Register.

Maciej Szukała

Konrad Klejsa, Schamma Schahadat (Hg.): Polska i Niemcy. Filmowe granice i sąsiedztwa [Polen und Deutschland. Filmische Grenzen und Nachbarschaften]. Wrocław: Oficyna Wydawnicza ATUT 2012 (Niemcy, media, kultura [Deutschland, Medien, Kultur]). 339 S., Abb. ISBN 978-83-7432-800-5.

In diesem Buch, der polnischen Version von „Deutschland und Polen. Filmische Grenzen und Nachbarschaften" (Marburg 2011), werden unterschiedliche Aspekte des deutsch-polnischen, sich in der Filmkunst manifestierenden Kulturtransfers erörtert. Die Verflechtungen der deutschen und der polnischen Kultur werden zu Gruppen geordnet und mit fünf Oberbegriffen versehen: Transfer, Koproduktionen, Reflexe, Stereotype und Grenzräume. Im Rahmen des Themas Transfer wird von Urszula Biel der deutsch-polnische Filmaustausch in den Jahren 1933–1939 dargestellt. Der Vorführung deutscher Filme im Polen der Zwischenkriegszeit standen viele Hindernisse im Wege. Hier hat zuerst die deutsche Filmpropaganda der 20er Jahre, dann die Machtübernahme durch die Nationalsozialisten ihre Spuren hinterlassen. Teilweise wurde – vor allem im Zusammenhang mit dem gemeinsamen europäischen Kampf gegen Filme aus Amerika – der Boykott der deutschen Filme überwunden. Auch die auf der Regierungsebene 1934 getroffene Erklärung über die Vermeidung sogenannter „Hetzfilme" (auf beiden Seiten) verbesserte die Lage. Von den weiteren im Band behandelten Themen lassen sich noch erwähnen: Karina Pryt: „Die polnisch-deutschen Koproduktionen ‚August der Starke' und ‚Abenteuer in Warschau' im Dienst der Nazi-Ostpolitik in den Jahren 1934–1939"; Madgalena Saryusz-Wolska: „Im Schutt und Aufbau: deutsche und polnische Kinematographie in den Jahren 1945–1949"; Maren Röger: „Flucht, Vertreibung und Verlust der Heimat in polnischen und deutschen Filmen"; Eugeniusz Cezary Król: „Das Bild des Deutschen im polnischen Spielfilm in den Jahren 1946–2005"; Renata Makarska: „‚Verhaftet in Europa'. Polnisch-deutsche Grenzgebiete in ausgewählten deutschen Dokumentarfilmen nach 1990".

Grzegorz Kowal

Lech Kolago (Hg.): Studia Niemcoznawcze. Studien zur Deutschkunde. Tom/Bd. LI. Warszawa 2013. 670 S., dt., poln. u. engl. Zusammenfassungen. ISSN 0208-4597.

Der 51. Band der wissenschaftlichen Zeitschrift des Germanistischen Instituts der Universität Warschau/Warszawa enthält 37 Beiträge, Aufsätze und Artikel zu verschiedenen Themen von namhaften polnischen, deutschen und österreichischen Wissenschaftlern und Künstlern, eingeteilt in die Bereiche „Kulturwissenschaft", „Literaturwissenschaft", „Sprachwissenschaft und angewandte Sprachwissenschaft", sowie 35 „Buchbesprechungen und Berichte". Hier kann nur ein Teil dieser Beiträge genannt werden. Jan Papiór beschäftigt sich mit dem Werk Jacob Burckhardts. Oswald Panagl macht Notizen zum Sprachprofil von *Tristan und Isolde*. Tomasz Pszczółkowski setzt sich mit dem Essay *Vom Störenfried zum Bürger. Die „deutsche Frage" im europäischen Kontext* des aus Ostpreußen stammenden Politikwissenschaftlers Helmut Wagner auseinander. Über die Altersversorgung der erzgebirgischen Bauern vom 18. bis zum 20. Jahrhundert referiert Wolfgang Schramm. Aleksandra Stepanów untersucht die Beziehungen zwischen der Satirezeitschrift *Die Fackel* und dem Weltblatt der Habsburgermonarchie *Neue Freie Presse*. Arkadiusz Baręczak betrachtet kulturelle Besonderheiten der Siedler in Niederschlesien und der übrigen polnischen West- und Nordgebiete in den Jahren 1945–1947 im Lichte von Tagebüchern und Erinnerungen. Norbert Honsza analysiert das moralische Dilemma Heinrich Heines. Rüdiger Bernhardt nimmt Gerhart Hauptmanns „deutsches Märchenspiel" *Die versunkene Glocke* unter die Lupe. Lech Kolago setzt sich mit metrischen und rhythmischen Strukturen im lyrischen Werk Josef Weinhebers auseinander. Elemente der Postmoderne in Gottfried Benns *Problemen der Lyrik* werden von Gabriela Bar herausgefiltert. Anna Podemska untersucht die Darstellung der Beziehung der Malerin Gabriele Münter und des Malers Wassily Kandinsky in der Romanbiographie *Gabriele Münter – im Bann des Blauen Reiters* von Stefanie Schröder und dem Roman *Das Russenhaus* von Ota Filip. Brygida Sobótka nähert sich dem Unsagbaren in der Ekstase in Hugo von Hofmannsthals *Brief des Lord Chandos* und in der Einleitung zu Martin Bubers *Ekstatischen Konfessionen*. Marian Szczodrowski berichtet über Fremdsprachenaneignung. Maria Kłańska widmet ihrem Kollegen Professor Dr. Krzysztof Lipiński, Institut für Germanistik der Jagiellonen-Universität Krakau/Kraków (1957–2013), einen Nachruf.

Lech Kolago

Lech Kolago (Hg.): Studia Niemcoznawcze. Studien zur Deutschkunde. Tom/Bd. LII. Warszawa 2013. 453 S., dt., poln. u. engl. Zusammenfassungen. ISSN 0208-4597.

Der 52. Band der wissenschaftlichen Zeitschrift des Germanistischen Instituts der Universität Warschau/Warszawa enthält 31 Beiträge, Aufsätze und Artikel zu verschiedenen Themen von namhaften polnischen, deutschen und österreichischen Wissenschaftlern und Künstlern, eingeteilt in die Bereiche „Kulturwissenschaft", „Literaturwissenschaft", „Sprachwissenschaft und angewandte Sprachwissenschaft", sowie 17 „Buchbesprechungen und Berichte". Hier kann nur ein Teil dieser Beiträge genannt werden. Katarzyna Danilewska berichtet über die masurische Küche im Lichte polnischer und deutscher Literatur. Magdalena Mager befasst sich mit der „Gustloff"-Katastrophe in den Büchern von Heinz Schön. Paweł Sereda schreibt über die Breslauer Germanistik nach 1945. Von Auseinandersetzungen zwischen Habsburgern und Jagellonen erzählt Katarzyna Gawor. Michał Jamiołkowski spricht mit Agnieszka Glińska, der Intendantin des Warschauer Studio-Theaters, über ihre Begegnungen mit den Dramen Ödön von Horváths. Norbert Honsza setzt sich mit dem Werk von Peter Handke auseinander. Katarzyna Grzywka analysiert den Roman *Abschied von den Kriegsteilnehmern* von Hanns-Josef Ortheil. Lech Kolago untersucht die Begriffe „musikalische Form" und „musikalische Struktur" in der literaturwissenschaftlichen Forschung. Krzysztof A. Kuczyński gratuliert Frau Professor Dr. Anna Stroka (Breslau/Wrocław), der großen Dame der polnischen germanistischen Literaturwissenschaft, zum 90. Geburtstag. Eine Würdigung Marcel Reich-Ranickis (1920 – 2013) stammt von Norbert Honsza.

Lech Kolago

Lech Kolago (Hg.): Studia Niemcoznawcze. Studien zur Deutschkunde. Tom/Bd. LIII. Warszawa 2013. 794 S., dt., poln. u. engl. Zusammenfassungen. ISSN 0208-4597.

Der 53. Band der wissenschaftlichen Zeitschrift des Germanistischen Instituts der Universität Warschau/Warszawa enthält 39 Beiträge, Aufsätze und Artikel zu verschiedenen Themen von namhaften polnischen, deutschen und österreichischen Wissenschaftlern und Künstlern, eingeteilt in die Bereiche „Kulturwissenschaft", „Literaturwissenschaft", „Sprachwissenschaft und angewandte Sprachwissenschaft", sowie 47 „Buchbesprechungen und Berichte". Hier kann nur ein Teil dieser Beiträge genannt werden. Krzysztof A. Kuczyński berichtet von der Gründung der Stiftung „Karl Dedecius-Literaturarchiv" an der Europa-Universität Viadrina, Frankfurt (Oder). Ein weiterer Beitrag Krzysztof A. Kuzyńskis bietet Archivmaterial zu Carl Hauptmann und seinem Werk im Spiegel der deutschsprachigen *New Yorker Staatszeitung*. Die Beziehungen zwischen Carl Hauptmann und dem Film beleuchtet Christian Henke. Lech Kolago widmet sich der Rezeption Georg Philipp Telemanns in Polen. Piotr Sput untersucht den Ersten Schlesischen Krieg (1740 – 1742) unter kulturhistorischem Aspekt. Das Thema von Norbert Honsza ist Günter Grass als „Patriarch". Über die polnische Übersetzung von dessen Erzählung *Katz und Maus* macht Marek Jaroszewski einige Bemerkungen. Rafał Kozak forscht zum Thema Vergangenheitsbewältigung am Beispiel von Grass' autobiographischem Werk *Beim Häuten der Zwiebel*. Georg Langenhorst reflektiert über die literarische Hermeneutik bei Theologen wie Paul Tillich und anderen. Rüdiger Bernhardt äußert seine Überlegungen zur Bedeutung und Aktualität von Gerhart Hauptmanns Drama *Die Weber*. Marta Bąkiewicz untersucht die Rezeption Thomas Manns durch Eberhard Hilscher. Einen Überblick über die Christa-Wolf-Rezeption in Polen gibt Wolfgang Brylla. Alicja Grunt-Göbbels porträtiert Artur Becker, einen „Dichter zwischen zwei Kulturen". Małgorzata Rabęda beschäftigt sich mit den Werken der Nobelpreisträger Wiesława Szymborska, Czesław Miłosz und Günter Grass und ihrem Einsatz für die deutsch-polnische Verständigung und Begegnung. Wiesława Małgorzata Chyżyńska unterzieht einen in der ermländischen Mundart transkribierten Beispieltext einer sprachwissenschaftlichen Analyse. Anna Laskowska analysiert den Aufbau der Artikel und deren Anpassung an die Bedürfnisse des polnischen Benutzers im deutsch-polnischen Handwörterbuch von Paweł Kalina.

Lech Kolago

Lech Kolago (Hg.): Studia Niemcoznawcze. Studien zur Deutschkunde. Tom/Bd. LIV. Warszawa 2014. 714 S., dt., poln. u. engl. Zusammenfassungen. ISSN 0208-4597.

Der 54. Band der wissenschaftlichen Zeitschrift des Germanistischen Instituts der Universität Warschau/Warszawa enthält 43 Beiträge, Aufsätze und Artikel zu verschiedenen Themen von namhaften polnischen, deutschen und österreichischen Wissenschaftlern und Künstlern, eingeteilt in die Bereiche „Kulturwissenschaft", „Literaturwissenschaft", „Sprachwissenschaft und angewandte Sprachwissenschaft", sowie 40 „Buchbesprechungen und Berichte". Hier kann nur ein Teil dieser Beiträge genannt werden. Katarzyna Grzywka schreibt über die unter anderem auf Gütern in West- und Ostpreußen lebende Jenny von Gustedt. Einen unbekannten Brief und den Text des Testamentes von Carl Hauptmann präsentiert Krzysztof A. Kuczyński. Andrzej Pilipowicz untersucht die polyphone Struktur des Gedichts *Todesfuge* von Paul Celan unter Berücksichtigung der Klavierfugen Johann Sebastian Bachs. Paweł Piszczatowski widmet sich dem Mandel-Motiv in Celans Lyrik. Piotr Sput schreibt über Ratibor/Racibórz im Ersten Weltkrieg, Renata Sput über die Behandlung der polnischen Frage im Ratiborer *Oberschlesischen Anzeiger* während jener Zeit. Katarzyna Wójczyk befasst sich mit den deutschen Siedlern im Cholmer Land in der Woiwodschaft Lublin. Irena Šebestova macht mit dem kulturellen Leben der Deutschen im Hultschiner Ländchen im Spiegel der zeitgenössischen Lokalpresse bekannt. Norbert Honsza würdigt Günter Grass und Heinrich Heine als „unbequeme Aufklärer". Rüdiger Bernhardts Thema sind die „nervösen Frauen" und der Fontanes Roman *Effi Briest* begründende „Zuruf". Wolfgang Bittner berichtet über noch immer bestehende offene Fragen zum Werk des Schriftstellers B. Traven (Otto Feige) aus Schwiebus/Świebodzin. Lech Kolago untersucht Form, Inhalt und Erzähltechnik in Heimito von Doderers Erzählung *Divertimento No I*. Therese Chromik porträtiert Ida Dehmel als Muse zwischen Richard Dehmel und Stefan George. Ewa Jarosz-Sienkiewicz beschäftigt sich mit Vera Friedländers Erinnerungen aus Polen. Die Dichterfreundschaft zwischen Paul Heyse und Richard Voß thematisiert Christiane Baumann. Alfred Behrmann publiziert einen Brief mit persönlichen Bemerkungen über eine George-Rezension Rudolf Borchardts. „Heinrich Böll in Sachen Polen" überschreibt Agnieszka Kodzis-Sofińska ihren Beitrag. Die Freundschaft Arnolt Bronnens mit Bertolt Brecht beleuchtet Olga Niemczuk. Beobachtungen zu einer polnischen Übersetzung des Romans *Der Process* von Franz Kafka teilt Robert Jonczyk mit. Ein Gespräch mit dem Germanisten Professor Dr. Stefan H. Kaszyński (Posen/Poznań) führte Krzysztof A. Kuczyński.

Lech Kolago

Bogdan Koszel, Krzysztof Malinowski, Zbigniew Mazur: Niemiecka polityka wobec Polski 1990–2010 [Deutsche Polenpolitik 1990–2010]. Poznań: Wydawnictwo Instytutu Zachodniego 2012 (Studium Niemcoznawcze [Deutschlandkundliche Studie] 89, Republika Federalna Niemiec 20 lat po zjednoczeniu. Polityka – gospodarstwa - społeczeństwo [Die Bundesrepublik Deutschland 20 Jahre nach der Wiedervereinigung. Politik – Wirtschaft – Gesellschaft] 4). 344 S., engl. Zusammenfassung. ISBN 978-83-61736-33-2.

Der Band besteht aus drei Teilen, in denen unterschiedliche Aspekte der Kontakte zwischen Bonn/Berlin und Warschau in den Jahren 1990–2010 erörtert werden. Insgesamt bilden die drei Abschnitte ein komplementäres Panorama der deutschen Politik gegenüber Polen. Die Verfasser nehmen die Perspektive der Bundesrepublik ein. Infolge der Wiedervereinigung stieg Deutschlands Bedeutung in der Welt, was deutliche Spuren in seinem Verhältnis zu Polen hinterließ und die nachbarschaftlichen Beziehungen prägte. Die Autoren bearbeiten neues, bisher unbekanntes Material, in dem unter anderem die Probleme des deutsch-polnischen Grenzvertrags von 1990 deutlich werden und die Verhandlungen im Vorfeld des „Vertrags zwischen der Bundesrepublik Deutschland und der Republik Polen über gute Nachbarschaft und freundschaftliche Zusammenarbeit" von 1991 breiten Raum finden. Es wird auch Polens Haltung zur deutschen Wiedervereinigung dargestellt und mit zahlreichen Dokumenten belegt. Mit berücksichtigt wird Polens Annäherung an die Europäische Union sowie die deutsch-polnische Zusammenarbeit in der EU nach 2004, die insbesondere in den Jahren 2005–2007 manche Störung erfuhr.

Maria Wojtczak

Kalina Kupczyńska, Magdalena Saryusz-Wolska (Hg.), Hans Richard Brittnacher, Claudia Sandig (red. Mitarbeit): Przestrzenie intermedialności. Adaptacje literatury niemieckojęzycznej [Räume der Intermedialität. Verfilmungen deutschsprachiger Literatur]. Wrocław: Oficyna Wydawnicza ATUT 2012 (Niemcy, media, kultura [Deutschland, Medien, Kultur]). 423 S., 43 Abb. ISBN 978-83-7432-826-5.

Die Herausgeber des Bandes und Autoren einzelner Beiträge weisen auf den weit gefassten Begriff Intertextualität hin. Ihnen zufolge erscheint sie als Raum, in dem unterschiedliche Kulturtexte zusammenkommen. In dem Band kreuzen sich die Wege der Literaturwissenschaft und Medienwissenschaft, der Literatur, Malerei und Musik; nicht von ungefähr sprechen die Autoren von der „Korrespondenz der Künste". Von Werken der deutschsprachigen Literatur, die – was hervorgehoben wird – zu den meistverfilmten in der Welt gehören, werden in der Monographie unter anderem die Romane und Erzählungen *Der Prozess* von Franz Kafka, *Radetzkymarsch* von Joseph Roth, *Katz und Maus* von Günter Grass und *Jakob der Lügner* von Jurek Becker analysiert. Die Attraktivität der deutschen Literatur für ausländische Regisseure liegt in der Spannweite der aufgegriffenen Fragen und präsentierten Themen. Die Herausgeber des Bandes erklären sie aber auch mit ihrer besonderen Medialität. Die Pionierarbeit hat hier Alfred Döblin mit *Berlin Alexanderplatz* geleistet. Nicht nur verwischen sich in diesem Roman die Grenzen zwischen unterschiedlichen Gattungen; das Buch selbst regte seinen Autor zur Transformation ins Hörspiel und ins Drehbuch als Vorlage der späteren Filme an.

Grzegorz Kowal

Bohdan Piętka: Księga Pamięci. Transporty Polaków do KL Auschwitz z Wielkopolski, Pomorza, Ciechanowskiego i Białostocczyzny 1940–1944 [Gedenkbuch. Transporte der Polen aus Großpolen, Pommerellen sowie den Gebieten Ciechanów und Białystok zum Konzentrationslager Auschwitz 1940–1944]. Oświęcim: Państwowe Muzeum Auschwitz-Birkenau 2013. 3 Bde. 1.536 S., Abb. ISBN 978-83-7704-050-8.

Die dreibändige Studie des Historikers des Staatlichen Museums Auschwitz-Birkenau Bohdan Piętka reflektiert die Geschichte der 5.453 (4.220 männlichen und 1.233 weiblichen)

Häftlinge aus den westlichen und nördlichen polnischen, an das Dritte Reich angegliederten Gebieten (Reichsgau Danzig-Westpreußen, Reichsgau Wartheland, Regierungsbezirk Zichenau, Regierungsbezirk Bialystok), die von den deutschen Nationalsozialisten in insgesamt 84 Transporten in das Konzentrationslager Auschwitz gebracht wurden. Die sogenannten Sammeltransporte ins KZ Auschwitz wurden dabei nicht berücksichtigt, weil dieses Thema Gegenstand einer separaten Studie sein soll. Piętka will sowohl die Gründe für die Deportation aufzeigen als auch die weiteren Schicksale der Häftlinge schildern. In der Publikation werden die nationalsozialistische Vernichtungspolitik, der nationalsozialistische Machtapparat, die polnische Widerstandsbewegung sowie die Vernichtung der jüdischen Bevölkerung in den eingegliederten Gebieten näher beschrieben. Der Autor stützt sich auf ein umfangreiches Quellenmaterial, das er in polnischen und deutschen Archiven, vor allem in der ehemaligen Kanzlei des KZ Auschwitz, in den ehemaligen örtlichen Gestapo-Stellen in Lodz/Łódź und Ciechanów sowie in den Staatlichen Archiven in Lodz, Posen/Poznań, Krakau/Kraków und Bromberg/Bydgoszcz gefunden hat. Grundlage seiner Analyse sind historische Dokumente, unter anderem Personalbogen der Häftlinge, Zugangslisten, Transportlisten, Überstellungslisten, Sterbebücher, Leichenhallenbücher, Totenbücher, das Buch der Strafkompanie und Häftlingspersonalkarten. Der mit zahlreichen Abbildungen versehene Band schließt mit einer Bibliographie sowie einem Personen- und Ortsregister.

Agnieszka Palej

Roczniki Biblioteczne [Bibliothekswissenschaftliche Jahrbücher]. Wrocław: Wydawnictwo Uniwersytetu Wrocławskiego 2012. Jg. 56 (2012). 272 S., s.-w. Abb., engl. Zusammenfassung. ISSN 0080-3626.

Diesen Band des in Breslau/Wrocław erscheinenden Periodikums eröffnet eine Studie von Małgorzata Skibińska unter dem Titel „Von Gutenberg bis Thanatos" über den „Tod des Buches" nicht nur in empirischer (rein physikalischer) und spekulativer (besonders im Kontext der neuen Medien, E-Books usw.) Hinsicht, sondern auch als künstlerisches Motiv. In den Bereich der Einbandforschung führt uns Arkadiusz Wagner; er präsentiert einen seltenen Posener Rollenstempel, Jagielloner genannt, aus den vierziger Jahren des 16. Jahrhunderts und analysiert dessen Schmucktechnik und Gestaltung sowie ideologische und politische Inhalte. Iwona Pietrzkiewicz stellt unter dem Titel *Pro usu et eruditione* die Bibliothek des Pfarrers Franziskus Valentin Ruthen (1674–1734) aus Neustadt in Westpreußen/Wejherowo vor und beschreibt die wertvolle Büchersammlung vor dem Hintergrund des geistlichen und kulturellen Lebens in dieser Zeit in der Diözese Kulm/Chełmno. Agnieszka Wandel äußert sich zur Methode der Auswertung von wissenschaftlichen Fachzeitschriften aus den Gebieten des Bibliothekswesens und der Buchwissenschaften am Beispiel der *Toruńskie studia Bibliologiczne* (Thorner buchwissenschaftliche Studien) und anderer Zeitschriften. Der Band enthält auch einen Nachruf auf Artur Pilak (1938–2010), einen Breslauer Buchwissenschaftler und Autor vieler Fachbeiträge in den *Roczniki Biblioteczne*. Das Jahrbuch, das seit dem Jahrgang 52 (2008) für Abonnenten auch online (Volltext) zugänglich ist, enthält in jedem Band eine Übersicht über neuere Veröffentlichungen und aktuelle wissenschaftliche Veranstaltungen zum Thema Bibliotheks- und Buchwesen.

Weronika Karlak

Roczniki Biblioteczne [Bibliothekswissenschaftliche Jahrbücher]. Wrocław: Wydawnictwo Uniwersytetu Wrocławskiego 2013. Jg. 57 (2013). 252 S., s.-w. Abb., engl. Zusammenfassung. ISSN 0080-3626.

Auch der 57. Band der *Roczniki Biblioteczne* bietet eine große Themenvielfalt. Kazimierz Ossowski berichtet über die bisher kaum erforschte Warschauer Buchdruckkunst der Jahre 1795–1806. Akribisch beschreibt er alle in dieser Zeit tätigen Offizinen, auch Klosterdruckereien und Kupferstichwerkstätten. Die verlegerischen Schicksale der Werke des polnischen Dichters Juliusz Słowacki in den Jahren 1830–1914 verfolgt Małgorzata Rowicka. Sie bespricht verschiedene Słowacki-Ausgaben aus den polnischen Gebieten zur Zeit der Teilung Polens, aber auch darüber hinaus, besonders aus Paris, Leipzig und, was wenig bekannt ist, Naumburg (1861 bei J. J. Maurer). Michał Pszczółkowski präsentiert Beispiele der Architektur von Bibliotheksgebäuden im Polen der Zwischenkriegszeit, etwa in Warschau/Warszawa und Lemberg/L'viv/Lwów. Jacek Ladorucki stellt die außergewöhnliche Persönlichkeit des Humanisten, Buchforschers und Bibliophilen Professor Janusz Dunin-Horkawicz (1931–2007) und dessen wissenschaftliche Methode vor. Im Abschnitt *Materialien* berichtet Michał Czerenkiewicz über eine nicht zustande gekommene Ausgabe der Werke von Szymon Starowolski (Starovolscius), die unter dem Titel *Polonia ilustrata* um 1633 in Antwerpen erscheinen sollte, was bis heute im dortigen Plantin-Moretus-Museum erhaltene Dokumente bestätigen. Halina Rusińska-Giertych macht uns mit dem Kupferstecher und Drucker Jan Filipowicz bekannt, der in der zweiten Hälfe des 18. Jahrhunderts in Lemberg tätig war, wobei sie sich auf bisher unausgewertete Materialien im Zentralen Staatlichen Historischen Archiv der Ukraine stützt. Aleksandra Lubczyńska blättert im Katalog eines Lemberger Verlags aus dem Jahr 1910. Paulina Buchwald-Pelcowa porträtiert unter dem Titel *Człowiek książki* („Ein Büchermensch") den hervorragenden Kenner der polnischen Literatur Professor Jerzy Starnawski (1922–2012), schildert seinen Lebenslauf und seine wissenschaftliche Tätigkeit und hebt seine Verdienste auf dem Gebiet der Bibliographie der polnischen Drucke in europäischen Bibliotheken hervor.

Weronika Karlak

Paulina Romanowicz (Ed.): Child and childhood in the light of archaeology. Wrocław: Wydawnictwo Chronicon 2013. 186 S., Abb. ISBN 978-83-935760-8-1.

Der englischsprachige Band mit Texten von neun polnischen und ausländischen Autoren (unter anderem aus Tschechien und Litauen) geht zurück auf Workshops, die im Jahr 2012 im Umweltbildungszentrum der Universität Stettin/Szczecin in Mulkenthin/Małkocin (Centrum Edukacji Środowiskowej Uniwersytetu Szczecińskiego w Małkocinie, gm. Stargard Szczeciński) zum Thema „Kind und Kindheit im Lichte der Archäologie" stattfanden. Ziel war die Auseinandersetzung mit Erfahrungen und Forschungsergebnissen junger Wissenschaftler zu diesem Themenkomplex und die Diskussion über Erkenntnismöglichkeiten der Archäologie bei Forschungen zur Rolle des Kindes in vergangenen Kulturformationen; behandelt wurden auch Methoden und Desiderate. An dieser Stelle können nur wenige Beiträge des Sammelbandes genannt werden. Katarzyna Ordyłowska und Bartosz Karolak thematisieren Feuersteinprodukte für Kinder im Paläolithikum. Jan Turek beschäftigt sich mit der Identifizierung des Geschlechts bei Kindern und ihrer Bestattung in verschiedenen Gesellschaften in Zentraleuropa. Kinderbestattungen untersuchen auch Marta Chmiel am Beispiel der Wielbark-Kultur und Aija Vilka anhand von Beispielen aus dem Frühmittelalter und der späten Eisenzeit auf dem Gebiet Lettlands. Paulina Romanowicz sowie Izabela Gomułka präsentieren Funde von mittelalterlichem Spielzeug aus Ausgrabungen unter anderem in Schlesien.

Anna B. Kowalska

Jacek Rzeszotnik: Die Persistenz des Stereotypen. Zum Deutschenbild in der polnischen nichtrealistischen Kurzprosa der Nachwendezeit (1990–2010). Eine imagologische semi-anthologische Studie. Wrocław: Oficyna Wydawnicza ATUT, Dresden: Neisse Verlag 2013. 427 S., Abb., engl. Zusammenfassung. ISBN 978-3-86276-097-8, 978-83-7432-943-9.

Der Autor der vorliegenden Studie beschäftigt sich eingehend mit dem Phänomen der Stereotype. Vor ihrem Hintergrund analysiert er die deutsch-polnische Geschichte und die nachbarschaftlichen Beziehungen. Dabei kommt er zu folgenden Schlussfolgerungen: Erstens: Dem „deutschen Thema" widmet man relativ wenig Raum in der neuesten polnischen Literatur. Zweitens: Immer noch bleibt das literarische Deutschlandbild polnischer Autoren stark historisch geprägt. In diesem Sinne bekräftigt der Autor die These der langen Dauer der Stereotype: Ihre Entstehungszeit ist genauso lang wie ihre Abbauzeit. Drittens: Die Herausbildung der polnischen (nationalen) Identität wirkte sich auf die Art und Weise der polnischen Wahrnehmung der Deutschen aus. Viertens: Die polnische Wahrnehmung betrifft einerseits die Deutschen, andererseits deren Literatur bzw. Kultur; die beiden Perspektiven und Einstellungen überlappen sich kaum.

Grzegorz Kowal

Andrzej Sakson (Hg.): Polsko-niemieckie stosunki społeczne i kulturalne [Polnisch-deutsche gesellschaftliche und kulturelle Beziehungen]. Poznań: Wydawnictwo Instytutu Zachodniego, Fundacja Konrada Adenauera 2013 (Studium Niemcoznawcze [Deutschlandkundliche Studie] 92, Republika Federalna Niemiec 20 lat po zjednoczeniu. Polityka – gospodarstwa - społeczeństwo [Die Bundesrepublik Deutschland 20 Jahre nach der Wiedervereinigung. Politik – Wirtschaft – Gesellschaft] 7). 263 S., engl. Zusammenfassung. ISBN 978-83-61736-42-4.

Im Rahmen der Reihe über „Deutschland 20 Jahre nach der Wiedervereinigung" haben die Mitarbeiter des Westinstituts in Posen/Poznań in diesem Band unterschiedliche Aspekte der deutsch-polnischen Wechselbeziehungen unter die Lupe genommen. 65 Jahre nach dem Beginn des Zweiten Weltkriegs wurde das vereinigte Deutschland zu Polens Verbündetem in der NATO und der Europäischen Union. In der polnisch-deutschen Beziehungsgeschichte spielen die gesellschaftlichen und die kulturellen Beziehungen eine besondere Rolle, vor allem die direkten Kontakte und Begegnungen zwischen Polen und Deutschen. Den Band eröffnen Erwägungen zu der schwierigen Vergangenheit, die die heutigen Beziehungen weiterhin beeinflusst. Andrzej Sakson schildert die stereotype Wahrnehmung der Polen in Deutschland und macht darauf aufmerksam, dass trotz einer enormen Verbesserung der gegenseitigen Beziehungen die mit Polen verbundenen Bilder in den letzten zwanzig Jahren leider unverändert blieben. Deutsche nähmen Polen weiterhin durch das Prisma negativer Stereotype wahr. Die Entwicklung der deutschen Geschichtspolitik und ihr Einfluss auf die Beziehungen zu Polen analysiert Piotr Kubiak. Zu einem Symbol der Missverständnisse zwischen beiden Ländern wurde das Projekt des „Zentrums gegen Vertreibungen". Das Erbe des Zweiten Weltkriegs beeinflusste destruktiv die Beziehungen in den ersten Jahren des 21. Jahrhunderts, so die Schlussfolgerung des Verfassers. Maria Rutowska schildert die formal-juristischen Probleme hinsichtlich der Restitution von Kulturgütern. Sie macht auf Schwierigkeiten im Zusammenhang mit der Rückgabe der während des Krieges geraubten Kulturobjekte aufmerksam. Die Autorin schildert den Umfang der Verluste polnischerseits wie auch eine Reihe komplizierter Einzelfälle. Weitere Beiträge greifen aktuelle Fragen und Entwicklungen im Bereich der Kultur, der Medien und der bilateralen Kooperation auf. Maria Wagińska-Marzec konzentriert sich auf die kulturellen Kontakte; Witold Ostant betont den Reichtum der gelungenen gemeinsamen, deutsch-polnischen Initiativen und die erfolgreiche Zusammenarbeit der lokalen Verwaltungen, der Partnerstädte und der Euroregionen beiderseits der Grenze.

Maria Wojtczak

Zagreber Germanistische Beiträge. Jahrbuch für Literatur- und Sprachwissenschaft. [Bd.] 20 (2011). Zagreb: Abteilung für Germanistik der Philosophischen Fakultät der Universität 2012. 212 S. ISSN 1330-0946.

Zum dritten Mal heißt der Themenschwerpunkt einer Ausgabe des renommierten Periodikums „Inszenierungen der Historie in der deutschsprachigen Literatur des 20. Jahrhunderts", und auch dieses Mal bezieht man sich damit auf ein wissenschaftliches Kolloquium der Forscher aus Zagreb, Köln und Berlin. Im Inhalt finden sich jedoch, zusätzlich zu den zehn Beiträgen zum Fokus der Publikation, noch ein darüber hinausgehender Aufsatz aus dem Bereich der Literaturwissenschaft sowie drei linguistische Arbeiten und zwei Rezensionen. Neben anderen spannenden und aussagekräftigen Texten sind in unserem transnationalen Kontext vor allem die Aufsätze von Hans Richard Brittnacher (*Die Erfindung und Verabschiedung eines Zeitalters. Zur Renaissance bei Hugo von Hofmannsthal, Rainer Maria Rilke und Heinrich Mann*), Norbert Wichard (*Inselperspektiven von historischem Boden. Marica Bodrožić' Erzählband „Der Windsammler"*) und Katharina Wild (*Die deutschen Dialekte im Baranyaer Dreieck*) zu erwähnen. Brittnacher analysiert, neben den Schriften von Hofmannsthal und Heinrich Mann, ein Werk des in Prag geborenen Rainer Maria Rilke, indem er seinen Blick auf die in der Zeit des Fin de siècle beliebten Figuren des sogenannten Renaissancismus richtet, während sich Wichard mit der Poetik der aus Kroatien stammenden deutschsprachigen Autorin Marica Bodrožić auseinandersetzt. Katharina Wild wiederum geht in ihrer Abhandlung von Sprachentwicklungsprozessen in den Dialekten der neuzeitlichen Siedlungsgebiete der Deutschen in Südosteuropa aus, um sich dann den deutschen Dialekten in einem auch nach dem Zweiten Weltkrieg noch von Deutschstämmigen und Deutschen besiedelten Landstrich Kroatiens, der südlichen Branau/Baranya, zuzuwenden, wobei sie zu dem Ergebnis kommt, dass in den Ortschaften Laskafeld/Čeminac und Albertsfeld/Grabovac mitteldeutsche (hessische) Dialekte mit starken oberdeutschen Einflüssen gesprochen wurden (und noch werden).

Rikard Puh

Zagreber Germanistische Beiträge. Jahrbuch für Literatur- und Sprachwissenschaft. [Bd.] 21 (2012). Zagreb: Abteilung für Germanistik der Philosophischen Fakultät der Universität 2012. 393 S. ISSN 1330-0946.

Auch in dieser Ausgabe der wissenschaftlichen Zeitschrift lautet der Themenschwerpunkt „Inszenierungen der Historie in der deutschsprachigen Literatur des 20. Jahrhunderts". Daneben gibt es Texte, die sich nicht mit dem Fokusthema befassen. Zwölf wissenschaftliche Aufsätze gehören dem genannten Forschungsfeld an. Von den Titeln, die auch für die Erforschung der Kultur und Geschichte Deutscher im/aus dem östlichen Europa von Bedeutung sind, sind vor allem folgende zu erwähnen: Mario Grizelj geht in seiner *Das Disparate als Form. Hoffmanns „Die Elixiere des Teufels" als (anti-)geschichtsphilosophisches Experiment* genannten Arbeit auf die aufklärerischen und frühromantischen geschichtsphilosophischen

Modelle in dem Hauptwerk des Dichters ein. Hans Richard Brittnacher setzt sich in der Studie *Die Physiognomie des Verräters. „Der Judas des Leonardo" von Leo Perutz* mit dem Künstlerroman des Prager Schriftstellers auseinander und weist darauf hin, dass wichtige Elemente in Perutz' Fabel weniger mit Leonardos Kunstverständnis als vielmehr mit der Verfolgungserfahrung des Autors zu tun haben. Florian Urschel-Sochaczewski argumentiert in seinem Aufsatz *Die DDR als Ziel der Geschichte? Historische und individuelle Entwicklung in Franz Fühmanns Erzählband „Das Judenauto"*, dass in dem genannten Werk die DDR von Anfang an als ein prekäres System vorgeführt wird. Rikard Puh versucht in seinem Beitrag *George Taboris „Mein Kampf" und seine Rezeption in Zagreb 1989* eine knappe Interpretation der von dem in Budapest geborenen und im deutschen Kulturbetrieb aktiven Künstler (1914–2007) geschriebenen Farce und stellt die zentralen Aspekte der Aufnahme dieses Dramas in Zagreb vor. In der Studie *„Die Vergangenheit gärte und blubberte bei uns hinter jeder Tür und jedem Vorhang". Prager Geschichte(n) und Erinnerung in Jan Faktors „Georgs Sorgen um die Vergangenheit"* beschäftigt sich Charel Braconnier mit dem literarischen Erinnern in einem Stück tschechisch-deutscher Literaturgeschichte.

Rikard Puh

Mirosława Zielińska: Narrative Bewältigung von Schuld und Trauma in der deutschsprachigen Autobiographik vor 1989/1990. Wrocław: Oficyna Wydawnicza ATUT, Dresden: Neisse Verlag 2011. 285 S., Abb. ISBN 978-3-86276-023-7, 978-83-7432-715-2.

In dieser Arbeit zur deutschsprachigen Autobiographik in den Jahren 1939–1990, wobei hier der Begriff „autobiographischer Text" möglichst breit gefasst wird und Gattungen wie autobiographische Romane, Tagebücher, Erinnerungen und Briefe mit einschließt, setzt die Autorin gewichtige Akzente auf die Schriftsteller und Schriftstellerinnen Hugo Hartung, Marion Gräfin Dönhoff, Siegfried Lenz, Günter Grass, Christa Wolf und Horst Bienek. Es versteht sich fast von selbst, dass sie die Frage der Identitätssuche in den Vordergrund stellt und dass es in dem Buch hauptsächlich um die Verarbeitung der Kriegserlebnisse als einer bedrückenden Vergangenheit oder um die Bewältigung des erlebten Kriegsgeschehens als einer düsteren Gegenwart geht. Die Autorin differenziert dabei entschieden zwischen autobiographischen Zeugnissen von Männern und Frauen, von Soldaten (Funktionären, Parteimitgliedern) und Zivilisten. Sie stellt auch Zäsuren fest: das Jahr 1943, also die Wende nach der Schlacht um Stalingrad, oder die Jahreswende 1944/1945, die Zeit der russischen Winteroffensive mit dem immer stärkeren Bewusstsein der nahenden Katastrophe. Selbst unter den diaristischen Strategien lassen sich Unterschiede vermerken: Die Autorin konstatiert eine Entwicklung von der üblichen Heroisierung der Helden am Anfang des Krieges zu immer häufigeren Erkenntnissen der sinnlosen Leiden und Opfer an dessen Ende.

Grzegorz Kowal

Mirosława Zielińska, Marek Zybura (Hg.): Monolog, dialog, transfer. Relacje kultury polskiej i niemieckiej w XIX i XX wieku [Monolog, Dialog, Transfer. Beziehungen zwischen der polnischen und der deutschen Kultur im 19. und 20. Jahrhundert]. Wrocław: Gajt 2013 (Niemcy (nie)znane? [(Un)bekanntes Deutschland?]). 267 S., 1 Abb. ISBN 978-83-62584-43-7.

Den Band eröffnet der Satz, dass die Geschichte der Kontakte zwischen den beiden Staaten und Völkern sich mit der Geschichte der beiden Kulturen deckt. Diese Feststellung macht die ganze Bandbreite der Erscheinungen und damit die Schwierigkeit, das Thema einzugrenzen, bewusst. Von daher beschränken sich die Herausgeber darauf, die Einwirkung der beiden Kulturen aufeinander im langen 19. und im kurzen 20. Jahrhundert auszuleuchten. Die Prozesse, von denen in dem Band die Rede ist, weisen dynamischen Charakter auf; nicht selten jedoch unterliegen sie der langen Dauer. Mehrere Jahrzehnte lang kristallisieren sich Stereotype und Symbole heraus, und lange dauert es, bis sie verblassen oder ganz verschwinden. In diesen Prozessen spielten (und spielen) Übersetzer, literarische Kritiker, Literaturwissenschaftler und Verleger bestimmte Rollen. Ihnen vor allem gilt die Aufmerksamkeit der Bandbeiträger. So konzentriert sich etwa Ewa Wyłupek auf die Parallelen in der Rezeptionsgeschichte zwischen Hölderlin und Norwid. Marta Kopij-Weiß hat sich vorgenommen, „Konfrontationsfelder" der deutschen und der polnischen Romantik zu vermessen. Ewa Szymani erörtert Umstände und Folgen eines Transfervorschlags von Mickiewicz von 1819. Von den weiteren Studien sind hier zu nennen: Magdalena Lasowy-Pudło: „Kontakte zwischen geschlossenen Kulturen? Der Kulturtransfer zwischen der DDR und der Volksrepublik Polen in den Jahren 1949–1989/1990. Der Fall Bertolt Brecht"; Mirosława Zielińska: „Różewicz auf Deutsch und Grass auf Polnisch"; Grzegorz Kowal: „Zum Transfer der Autoritäten. Der Fall Martin Pollack"; Andrzej Dębski: „Dekonstruktion oder Festigung? Stereotype des ‚Nachbarn jenseits der Oder' im zeitgenössischen polnischen und deutschen Film".

Grzegorz Kowal

Leszek Żyliński: Od Prus do Europy. Szkice o tożsamości narodowej Niemców [Von Preußen nach Europa. Skizzen zur nationalen Identität der Deutschen]. Toruń: Wydawnictwo Naukowe Uniwersytetu Mikołaja Kopernika 2014. 318 S. ISBN 978-83-231-3292-9.

Das Buch enthält elf Studien zur Geschichte und Kultur Preußens im Kontext der Fragen nach der deutschen Identität, der politischen Kultur und des langen Weges der Deutschen zu den Werten und geistigen Grundlagen des modernen Europas. Unter der Überschrift „Preußische Bestandsaufnahmen" werden die preußischen Tugenden im 21. Jahrhundert und das preußische Kulturleben im Spiegel der Literatur des 18. und 19. Jahrhunderts dargestellt. Außerdem bietet dieser Abschnitt eine biographische Skizze zu Marion Gräfin Dönhoff. Im zweiten Teil über das „Deutschsein als Problem" thematisiert der Autor die Eigen- und Fremdwahrnehmung der Deutschen und schreibt über ein „Kompendium des deutschen Gedenkens" sowie über schwierige Jahrestage. Der dritte Teil eröffnet den Blick auf europäische Kontexte: Es geht um Mitteleuropa als Phantom, Mythos oder Utopie in den Diskussionen von europäischen Schriftstellern und Intellektuellen, um die komplementären Erinnerungsbereiche „Mitteleuropa" und „Międzymorze" („Zwischenmeer" oder „Intermarium", wobei es sich um Józef Piłsudskis Idee eines polnischen Staates vom Schwarzen Meer bis zur Ostsee handelt) sowie um Europa-Konzepte von deutschen Intellektuellen seit dem Ersten Weltkrieg. Im Epilog „Europäisches Preußen?" betrachtet der Autor die polnische „Borussia" als „Preußen in europäischer Dimension".

Piotr Zariczny

2. Baltikum

Andres Adamson: Liivimaa kuningriik [Königreich Livland]. Tallinn: Argo 2013. 248 S., Abb. ISBN 978-9949-466-84-9.

Das Buch beruht auf den Kapiteln 4–6 der 2009 verteidigten Dissertation des Autors, „Herzog Magnus und sein Königreich Livland", in der die Tätigkeit des livländischen Königs Magnus in den Jahren 1570–1577 betrachtet wird. Der Autor schildert die Ereignisse, die zur Entstehung des Königreichs Livland führten, sowie den Lebensgang des Herzogs Magnus und beschreibt die Pläne der Livland-Politik sowohl des Herzogs als auch des Zaren Iwan und die Absichten der verschiedenen politischen Mächte. Er befasst sich auch mit Kriegsereignissen, analysiert die angebliche Größe der russischen Truppen bei mehreren Kriegszügen, begleitet Esten im Dienst der russischen und anderen Truppen zur Zeit des Livländischen Krieges und schildert den Kriegszug des Zaren nach Livland im Jahr 1577, als Magnus die letzte Möglichkeit erhielt, in Livland die Oberhand zu behalten. Das Buch enthält ein Personenregister.

Lea Teedema

Antanas Andrijauskas (Hg.): Lietuvos žydų kultūros paveldas: kasdienybės pasaulis. Lithuanian Jewish cultural heritage: everyday world. Vilnius: Lietuvos kultūros tyrimų institutas 2013 (Lietuvos žydų kultūros tyrinėjimai. Lithuanian jewish culture studies 2). 576 S., Abb., engl. Zusammenfassung. ISBN 978-9955-868-60-6.

Der Sammelband ist dem Kulturerbe und der Alltagswelt der litauischen Juden (Litvaken) gewidmet. Sehr lange Zeit galt Litauen als eines der großen Zentren des Judentums; hier hatte die jüdische Kultur die Möglichkeit, sich anzusiedeln und sich fortzuentwickeln. Litvaken bildeten in verschiedenen Regionen die größte ethnische Minderheit. Im Laufe der Zeit ging bedauerlicherweise vieles vom jüdischen Erbe sowohl in der Landeskultur als auch im Gedächtnis der Menschen verloren. In dem Sammelband werden verschiedene Dimensionen des Themas beleuchtet, vor allem sowohl die besonderen Merkmale des jüdischen Alltagslebens als auch kulturelle Spezifika in Kunst, Literatur und Pädagogik. Das Buch besteht aus fünf Teilen, in denen Beiträge von 34 Autoren zu finden sind. Die Studien des ersten Teils beschäftigen sich mit der Eigenart jüdischer Kultur und Denktradition. Das kulturelle und religiöse Leben sowie das Erziehungswesen der Juden in Litauen werden im zweiten Teil dargestellt. Das dritte Kapitel beschäftigt sich mit Widerspiegelungen des jüdischen Kulturerbes in der regionalen Kultur und den Museen. Kunst- und Literaturwissenschaft berücksichtigt das vierte Kapitel. Im fünften Teil finden sich Beiträge, die die Ausbreitung der geistigen Kultur der Litvaken reflektieren. Der Sammelband dürfte nicht nur für diejenigen Wissenschaftler, die das jüdische Kulturerbe erforschen, sondern auch für Vertreter anderer Disziplinen von Interesse sein.

Edita Venčkauskaitė

Mindaugas Bertašius: Dingęs miestas. Viduramžių Kaunas archeologinių tyrimų duomenimis [Die verschwundene Stadt. Das mittelalterliche Kaunas nach archäologischen Befunden]. Kaunas: KTU leidykla „Technologija" 2013. 272 S., Abb., engl. Zusammenfassung. ISBN 978-609-021-003-1.

Das Buch beruht auf Forschungen des Archäologen Mindaugas Bertašius, der die Stadt Kaunas/Kowno (früher deutsch: Kauen) 30 Jahre lang aus archäologischer Perspektive untersucht hat. In seiner Monographie legt er seine Erkenntnisse über die Entstehung der Stadt und ihre Entwicklung vom 14. bis zum 17. Jahrhundert dar. Sich stützend auf umfangreiche archivalische Dokumente, bietet er reichhaltige, teils noch nicht publizierte Forschungsergebnisse aus den Bereichen Archäologie und Architekturgeschichte. Der Autor vergleicht das mittelalterliche, gotische Kaunas mit den anderen Städten der baltischen Region und den Hansestädten. Bemerkenswert ist, dass etwa ein Drittel der Kaunasser Einwohner deutschsprachig waren; sie galten als Hauptträger der bürgerlichen Kultur. Der deutsche Einfluss ist auch in Teilen der Architektur der Stadt zu erkennen. Die Monographie ist reich an illustrativem und grafischem Material. Präsentiert werden Bilder, Fotografien, Zeichnungen und Karten mit Angaben zur Verbreitung bestimmter Phänomene. Das Buch ist in zwölf Abschnitte gegliedert, die jeweils einzelne Themen wie Stadtgeschichte, Entwicklung der Urbanistik und Architektur, Kultur des Alltags sowie Aspekte des öffentlichen Lebens aufgreifen.

Edita Venčkauskaitė

Violeta Davoliūtė, Tomas Balkelis (Hg.): Maps of Memory: Trauma, Identity and Exile in Deportation Memoirs from the Baltic States. Vilnius: Lietuvių literatūros ir tautosakos institutas 2012. 246 S., lit. Zusammenfassung. ISBN 978-6094-25-089-7.

Dieser englischsprachige Sammelband ist der erste Versuch, die Geschichte der Deportationen aus den baltischen Ländern zusammenfassend darzustellen und ihre Erforschung mit Untersuchungen anderer internationaler Traumata zu verbinden. In der Zeit, als die drei baltischen Staaten ihre Unabhängigkeit wiedererlangten, war das Thema von höchstem Interesse. Zeitzeugen waren bereit, ihre Erinnerungen mitzuteilen. Später verlor das Thema an Aktualität; von den noch Lebenden konnten oder wollten sich einige nicht mehr an ihre Traumata erinnern. Die Veröffentlichung ist dem Gedenken an die sowjetischen Deportationen aus Litauen, Lettland und Estland gewidmet. Wissenschaftler aus Litauen, Westeuropa, Kanada und den Vereinigten Staaten haben für den Band die vielschichtige Geschichte der Verbannungen (auch unter Gesichtspunkten der Sozialgeschichte, des Postkolonialismus, der Genderstudien oder der Kulturgeschichte) bis hin zu deren musealer Aufarbeitung untersucht.

Edita Venčkauskaitė

Ville Dreving: Meleski klaasivabriku kolm sajandit [Drei Jahrhunderte Glasfabrik Meleski]. Tartu: Eesti Ajalookirjastus 2013. 128 S., Abb. ISBN 978-9949-9430-1-2.

Die mit historischen Fotos illustrierte Monographie informiert über die einstmals zweitgrößte Glasmanufaktur des zaristischen Russland. Im 19. Jahrhundert war die Fabrik vornehmlich bekannt als Spiegelhersteller. Im 20. Jahrhundert änderte sich das Profil des Unternehmens, Flaschen und Haushaltsgegenstände übernahmen die zentrale Stelle. Den Grundstein zu dem Betrieb im Dorf Meleski in der Nähe von Oberpahlen/Põltsamaa legte im 18. Jahrhundert der Gutsbesitzer von Schloss Oberpahlen/Vana-Põltsamaa, Major Johann Woldemar von Lauw (1712–1786). Der Autor gibt einen umfassenden Überblick über die Geschichte der Firma seit ihren frühen Tagen und geht ein auf die Tätigkeit J. W. von Lauws, auf die Blütezeit der Fabrik im 19. Jahrhundert, als sie der Familie Amelung gehörte, ihre Rolle im Syndikat der Spiegelfabriken vom Beginn des 20. Jahrhunderts bis zum Ende des

Jahres 1917, die Tätigkeit des Betriebs in der Estnischen Republik in den Jahren 1920 bis 1940 und in der Zeit der sowjetischen Okkupation 1940–1991, schließlich auf das Sterben des Betriebs im Jahr 1992. Das Buch enthält ein Register.

Lea Teedema

Marian Habicht, Juhan Kreem, Sille Feldberg [Töör. (Hg.)]: Pitsereid Tallinna Linnaarhiivist. Siegel aus dem Tallinner Stadtarchiv. Seals from Tallinn City Archives. Tallinn: Tallinna Linnaarhiiv 2013. 111 S., Abb. ISBN 978-9985-9769-5-1.

Das zu dem 130. Jahrestag des Stadtarchivs Reval/Tallinn erschienene Buch mit Paralleltext in Deutsch und Englisch präsentiert eine Auswahl der Siegel der im Archiv aufbewahrten Dokumente. Es handelt sich um das erste ausschließlich Siegeln gewidmete Buch in estnischer Sprache. Ausgewählt wurden 92 vorwiegend aus dem Mittelalter stammende besser erhaltene und restaurierte Siegel. Die wichtigsten Siegelgruppen sind vertreten. Die Auswahl umfasst sowohl Siegel der Staaten und Städte und der weltlichen und kirchlichen Herrscher als auch Personensiegel. Die Siegel sind auf Farbtafeln in Originalmaßen dargestellt. Der Schwerpunkt liegt bei der Wiedergabe der im Archiv erhaltenen Originale in der natürlichen Umgebung. Die Kurzbeschreibung jedes Siegels umfasst die Daten des Besitzers, Datierung und die Archivsignatur, das Material und die Maße des Siegels, eine kurze Erklärung der Abbildung und die Transkription des Siegeltextes; nach Möglichkeit wird auch auf die Publikation der Siegel und Beschreibungen in früheren Katalogen hingewiesen. Die Monographie wird eingeleitet mit einer Übersicht von Juhan Kreem über die Geschichte der Siegel.

Lea Teedema

Ants Hein: Õisu. Ühe Liivimaa mõisa ajalugu ja arhitektuur. With an English Summary: Õisu. The History and Architecture of a Livonian Country Manor [Eusekküll. Die Geschichte und Architektur eines livländischen Gutshofes]. Tallinn: Hattorpe 2013. 215 S., Abb. ISBN 978-9985-9073-6-8.

Das Gut Eusekükll/Õisu wurde vermutlich vor dem Livländischen Krieg um die Mitte des 16. Jahrhunderts gegründet. Anfang der 1680er Jahre wurde es verstaatlicht. Im Jahre 1744 schenkte die Zarin Elisabeth (Jelizaweta Petrowna) den Gutshof der Witwe des Admirals Peter von Sivers und seinen Nachkommen. Eusekükll blieb bis zur Enteignung der Gutshöfe in der Republik Estland im Besitz der Familie Sivers. Die Sivers besaßen Gutshöfe auch auf den lettischen Gebieten des Gouvernements Livland. Sie waren vorbildliche und innovative Landwirte, Eusekükll wurde als Mustergut geführt. August Wilhelm Hupel lobte den 1792 im englischen Stil angelegten großen Garten. Im Jahre 1809 besuchte Zar Alexander I. den Gutshof. Eusekükll war einer der ersten Orte in Estland und Livland, wo die Dreschmaschine eingesetzt wurde. Zum Wirtschaftserfolg trug auch der fruchtbare Boden bei, der reiche Getreideernten sicherte. Einige Gutsbesitzer wirkten aktiv in der Livländischen Gemeinnützigen und Ökonomischen Sozietät. Im Gutshof wurde auch an das Personal gedacht: Weihnachtsfeste für die Kinder der Gutsarbeiter waren Tradition. Das im 18. Jahrhundert gebaute Herrenhaus wurde zu Beginn des 19. Jahrhunderts umgebaut. Am Ende des 19. Jahrhunderts bestand das Herz des Gutes aus 46 Gebäuden. Nach der Enteignung nahm 1922 im Gutshof eine Milchwirtschaftsschule ihre Arbeit auf. Bis 2007 war dort eine Fachschule für Lebensmittelindustrie in Betrieb. Heute ist das Gut in Privatbesitz. Das Buch ist sowohl mit historischen Abbildungen (Gemälden, Aquarellen, Plänen) als auch aktuellen Fotos reich illustriert.

Kersti Taal

Katre Kaju (Koost. [Zusammenstell.]): Kroonikast kantaadini: muusade kunstid kesk- ja varauusaegsel Eesti- ja Liivimaal [Von Chronik bis Kantate: Die Künste der Musen im mittelalterlichen und frühneuzeitlichen Estland und Livland]. Tartu: Eesti Ajalooarhiiv 2013 (Eesti Ajalooarhiivi toimetised. Acta et commentationes Archivi Historici Estoniae 20 [27]). 359 S., Abb., engl. u. dt. Zusammenfassungen. ISBN 978-9985-858-83-7.

Die Artikel des Sammelbandes befassen sich mit der Frage, ob, wie und inwiefern die freien Künste (*artes liberales*) und die Lehre dieser Disziplinen im mittelalterlichen und frühneuzeitlichen Livland verbreitet waren. Inhalt: Marek Tamm: „Wie ist der Kreuzzug zu rechtfertigen? Die Eroberung Livlands und die neue Kreuzzugsrhetorik zu Beginn des 13. Jahrhunderts"; Carsten Selch Jensen: „Zur Heiligen gewandelte Geschichte. Martyrien und frühe Christianisierung in Livland im beginnenden 13. Jahrhundert"; Marju Lepajõe: „‚Wotzu ist die tzung?' Über die Sprach- und Bildungsbehandlung Martin Luthers"; Walther Ludwig: „Musenkult und Gottesdienst – der evangelische Humanismus des Zeitalters der Reformation"; Martin Klöker: „Sturm in Riga. Der Einfluss von Johannes Sturm auf die Bildungsordnung Alt-Livlands"; Kristi Viiding: „Humanistische Bildungsprogramme im frühneuzeitlichen Estland und Livland"; Janika Päll: „Schulrhetorik im frühneuzeitlichen Est- und Livland: Stilübungen in der *Academia Gustavao-Carolina*"; Maris Valtin: „Florilegium als Spiegelung der Lehre *ars grammatica* am Beispiel der Handschrift Nicolaus von Hövelns"; Anu Schaper: „Gymnasialkantoren und das Musikleben in Tallinn in der zweiten Hälfte der schwedischen Zeit"; Aleksandra Dolgopolova, Toomas Siitan: „Über Musikerämter und bedeutendere Musiker in Narva in der späten Schwedenzeit".

Lea Teedema

Tiina Kala: Jutlustajad ja hingede päästjad: dominiiklaste ordu ja Tallinna Püha Katariina konvent [Prediger und Seelenretter: der Dominikanerorden und der Revaler Konvent der hl. Katharina]. Tallinn: Tallinna Ülikooli Kirjastus 2013 (Acta Universitatis Tallinnensis. Humaniora Tallinna Linnaarhiivi toimetised [Humanwissenschaftliche Reihe des Stadtarchivs Reval/Tallinn] 13). 476 S., Abb. ISBN 978-9985-58-764-5.

Tiina Kala behandelt ausführlich die Geschichte der Revaler Dominikaner von der Entstehung des Konvents bis zur Auflösung im Jahr 1525. Ihre Untersuchung stützt sich sowohl auf im Druck veröffentlichte als auch handschriftliche Archivquellen vornehmlich in Beständen des Tallinner Stadtarchivs, aber auch des Hamburger Staatsarchivs und des Zentralarchivs des Predigerordens. Die Geschichte des Konvents wird parallel zu der allgemeinen Geschichte des Predigerordens betrachtet. Im ersten Teil der Monographie wird die Gründung des Dominikanerordens behandelt, seine frühere Tätigkeit und die Gründung des Revaler Konvents; im Mittelpunkt des zweiten Teils stehen die Bauten des Revaler Klosters, die Mitgliedschaft im Konvent, die Lebensordnung der Brüder, Liturgie, Kalender und Geistesleben. Im dritten Teil fragt die Autorin nach den Beziehungen des Revaler Konvents zu anderen Bewohnern der Stadt, und der vierte Teil handelt von dem Zerfall des Revaler Konvents und des Klosters und vom Schicksal des Klosterkomplexes nach dem Weggang der Brüder.

Lea Teedema

Linda Kaljundi, Tiina-Mall Kreem (Koost. Hg. Ed.): Friedrich Ludwig von Maydelli pildid Baltimaade ajaloost. Friedrich Ludwig von Maydells Baltische Geschichte in Bildern. Friedrich Ludwig von Maydell's Baltic History in Images. Tekstide autorid [Autoren]: Linda Kaljundi, Tiina-Mall Kreem, Juhan Kreem, Ain Mäesalu, Inna Põltsam-Jürjo. Tallinn: Eesti Kunstimuuseum 2013. 286 S., Abb. ISBN 978-9949-485-21-5.

In Friedrich Ludwig von Maydells (1795 – 1846) Album *Fünfzig Bilder aus der Geschichte der deutschen Ostsee-Provinzen Rußlands* wurde die frühe Geschichte Estlands und Lettlands zum ersten Mal Gegenstand der Kunst. Waren anfangs fünf Teile geplant, erschienen schließlich zwei Hefte (1839, 1842). Das Album, in dem Maydell seine künstlerische Deutung der Vergangenheit liefert, muss vor dem Hintergrund einer europaweiten Geschichtsbegeisterung betrachtet werden. Als Inspiration dienten ihm neben den Chroniken auch visuelle Quellen in Form von Abbildungen sowie materielle Objekte. Zu diesem Zweck suchte er die Kunstsammlungen der Universität Dorpat/Tartu und anderer Institutionen auf, besuchte verschiedene Kirchen und Schlösser. In der vorliegenden Ausgabe werden erstmals alle ausgeführten Bilder des Albums veröffentlicht und von einer interdisziplinären Forschergruppe mit ausführlichen Kommentaren versehen. Der erste Teil von Maydells Album reicht vom Jahre 1156 bis ins Jahr 1208: „Die erste Landung der Bremer Kaufleute an der Mündung der Düna/Daugava", 1156; „Die erste Heidentaufe in der Kirche von Uexküll nahe Riga", 1186; „Der Mönch Theoderich in Gefahr, den Götzen geopfert zu werden", 1192; „Der Tod des Bischofs Berthold beim ersten Zusammenstoß mit den Liven", 1198; „Bischof Albert legt den Grundstein zur Stadt Riga", 1201; „Gefecht mit den Seeräubern der Insel Ösel/Saaremaa", 1203; „Kaupo der Live wird Papst Innozenz III. vorgestellt", 1203; „Conrad von Meyendorff schlägt mit Hilfe der Semgallen die raubbeladenen Litauer", 1205; „Biblisches Schauspiel in Riga", 1206; „Wie der Sturm der Esten auf die lettische Burg Brevern zurückgeschlagen wird", 1208. Der zweite Teil behandelt weitere 83 Jahre und reicht bis ins Jahr 1291: „Vissewalde, Fürst von Jersika, leistet Bischof Albert von Riga den Lehnseid", 1209; „Die Abgesandten des Bischofs von Riga werden von den aufrührerischen Liven gefangengenommen", 1212; „Der Sieg König Waldemars II. von Dänemark über die Esten bei Reval/Tallinn", 1219; „Die Missionare fällen die heiligen Bäume der Esten", 1220; „Die Belagerung und Erstürmung von Dorpat/Tartu", 1224; „Bischof Albert tauft die Bewohner von Ösel/Saaremaa in Wolde/Valjala", 1227; „In Gegenwart Papst Gregors IX. nimmt Hermann von Salza zu Viterbo die Schwertbrüder in den Deutschen Orden auf", 1237; „Alexander Newski siegt gegen den Deutschen Orden auf dem zugefrorenen Peipussee", 1242; „Johann von Tiesenhausen fällt mit der Ordensfahne in der unglücklichen Schlacht bei Ascheraden/Aizkraukle gegen die Litauer", 1279; „Bolto von Hohenbach schlägt die Litauer am Fluss Skujene", 1291.

Kersti Taal

Toomas Karjahärm: 1905. aasta Eestis: massiliikumine ja vägivald maal [Das Jahr 1905 in Estland: Massenbewegung und Gewalt auf dem Lande]. Tallinn: Argo 2013. 629 S., Abb., engl. Zusammenfassung. ISBN 978-9949-527-08-3.

Die erste russische Revolution im Jahre 1905 bedeutete für die baltisch-deutschen Oberschichten eine Katastrophe, da sie hinsichtlich der Zukunft große Unsicherheit schuf. Vom Standpunkt der Esten aus war die Revolution politisch, sozial und national. Die soziale und nationale Bewegung nahm unerhörte Ausmaße an. Der Verfasser der Monographie hat sich nicht zum Ziel gesetzt, eine Übersicht über alle revolutionären Ereignisse zu geben. Er beleuchtet vielmehr die Ereignisse der sozialen und nationalen Massenbewegung in den Gemeinden Estlands und den Aufstand in Nordestland, die von Gewalt und massiven Aggressionen gegen die Güter der Gutsbesitzer begleitet wurden, aber auch die Versuche, in den Gemeinden eine neue Macht zu errichten. Der Autor versucht, das revolutionäre Geschehen im weiteren Kontext mit dem Akzent auf den Ideen und den Motiven des Verhaltens der Aufständischen zu erläutern. Deren Handlungsmotive und Absichten sind nicht eindeutig verständlich: Zerstörungen und Plünderungen waren nicht das eigentliche Ziel. Ausführlich wird der durch das Niederbrennen der Gutshöfe – 161 Gutshöfe auf dem Gebiet Estlands, 16,4% der Gesamtzahl, waren betroffen – entstandene Sachschaden behandelt. Dessen Bewertung stützt sich auf die damalige Statistik und auf spätere Listen. Mehr als die Hälfte des Buches nehmen verschiedene Dokumente ein, die systematisch, themenweise, angeordnet sind: Sie betreffen unter anderem die Gesetze des Russischen Reiches, Parteien, Kollektivschriften, landesweite und regionale Foren, den Bauernkongress Estlands, die Zerstörung der Gutshöfe, den Sachschaden der Gutsbesitzer und dessen Vergütung.

Kersti Taal

Saulius Kaubrys, Mindaugas Tamošaitis: Lietuvos vokiečiai tarp dviejų pasaulinių karų. Metmenys tapatybės istorijai [Die Litauendeutschen zwischen den beiden Weltkriegen. Skizze einer Identitätsgeschichte]. Vilnius: Gimtasis žodis 2013. 303 S., Abb., engl. Zusammenfassung. ISBN 978-9955-16-497-5.

Die Geschichte des unabhängigen Litauen (1918–1940) ist eng mit den Deutschen, die in Litauen beheimatet waren, verbunden. Erhebliche Aufmerksamkeit und zahlreiche wissenschaftliche Studien wurden der deutschen Gesellschaft in Kleinlitauen gewidmet, aber sehr wenige Wissenschaftler haben bisher die deutsche Minderheit in Großlitauen untersucht. Die hier anzuzeigende Studie konzentriert sich aus diesem Grund lediglich auf die Deutschen in Großlitauen und schildert, wie sich hier deutsche Gemeinschaften bildeten und entwickelten. Die Autoren der Monographie setzen sich zahlreiche Ziele. Ihre Absicht ist, einen Überblick über die Geschichte der Minderheit bis 1918 zu geben, deren Beitrag zur wirtschaftlichen Entwicklung des Landes zu bestimmen und die Repräsentation der Deutschen in Litauen in den Parlamenten und Institutionen auf Staats- und Kommunalebene darzustellen. Ihre Intention ist auch, die Tätigkeit deutscher Bildungseinrichtungen, Vereine und Kulturverbände in Litauen sowie die Rolle der Litauendeutschen in der evangelisch-lutherischen Kirche zu beleuchten. Die Studie stützt sich auf reiches archivalisches Material, publizierte und bislang unveröffentlichte Quellen sowie die litauische und die deutsche Historiographie.

Edita Venčkauskaitė

Enn Küng (Koost. ja peatoimet. [Verf. u. Hauptred.]), Margus Laidre, Ivar Leimus, Aivar Põldvee, Anti Selart, Marten Seppel, Kai Tafenau, Ülle Tarkiainen, Enn Tarvel: Eesti ajalugu. 3: Vene-Liivimaa sõjast Põhjasõjani [Die Geschichte Estlands. 3: Vom Russisch-Livländischen Krieg bis zum Nordischen Krieg]. Tartu: Tartu Ülikooli Ajaloo ja Arheoloogia Instituut 2013. 487 S., Abb. ISBN 978-9985-4-0770-7, 978-9985-4-0769-1 (3. Bd.).

In diesem dritten Band der „Geschichte Estlands“ beginnt die behandelte Zeitspanne mit dem Russisch-Livländischen Krieg, infolge dessen die mittelalterlichen Staaten zerstört wurden und das Gebiet Estlands in den zwischen Moskau, Dänemark, Polen und Schweden ausgetragenen Kampf um die Herrschaft im Ostseeraum hineingezogen wurde. Mit dem endgültigen Sieg Schwedens begann in Estland die „Schwedenzeit". Das Buch besteht aus folgenden Abschnitten: „Der Hundertjährige Krieg der nordischen Länder in Livland", „Das Gebiet Estlands, zugeteilt an Russland, Dänemark, Schweden und Polen-Litauen", „Die administrative Macht Schwedens auf dem Gebiet Estlands", „Die Besiedlung und Wirtschaft während der Zeit der Herrschaft Schwedens", „Geistesleben in der Schwedenzeit". Der Anhang erhält ein Personen- und ein Ortsverzeichnis.

Kersti Taal

Alma Lapinskienė (Hg.): Vilniaus kultūrinis gyvenimas: tautų polilogas 1900–1945 [Das kulturelle Leben Wilnas. Ein multilateraler Volksdialog 1900–1945]. Vilnius: Lietuvių literatūros ir tautosakos institutas 2012. 253 S., Abb., engl. Zusammenfassungen. ISBN 978-609-425-098-9.

Mit diesem Sammelband wird eine Tagungs- und Veröffentlichungsreihe, deren thematischer Schwerpunkt das kulturelle Leben in Wilna/Vilnius/Wilno/Wilne im Zeitraum von 1900 bis 1945 ist, abgeschlossen. Er ist das siebte und letzte Buch der Reihe. Zu finden sind litauische, russische und polnische Beiträge der achten Konferenz. Die Autoren vermessen das multikulturelle Feld der heutigen Hauptstadt Litauens und Europäischen Kulturhauptstadt 2009 in den ersten Jahrzehnten des 20. Jahrhunderts. Sie setzen sich mit der Entwicklung und dem komplizierten wechselseitigen Zusammenwirken der verschiedenen kulturellen Sphären in der damals einzigartigen multikulturellen Stadt auseinander. Laima Laučkaitė, Larisa Lempertienė und Ilona Murauskaitė widmen sich der Kultur und dem Alltag der Juden und analysieren den Beitrag dieser ethnischen Gruppe zur Entwicklung des Wilnaer kulturellen Lebens. Algis Kalėda beschäftigt sich mit der Literatur am Rande des Krieges und der Politik. Über Wilnaer Komponisten referiert Larisa Lempertienė. Vida Bakutytė stellt Wandlungen des Theaterlebens in der Stadt dar. Nastazija Keršytė berichtet über die kulturellen Initiativen des Malers Ferdynand Ruszczyc.

Edita Venčkauskaitė

Mati Laur, Karsten Brüggemann (Hg.) unter Mitwirkung von Anti Selart, Andris Levans u. Konrad Maier: Forschungen zur Baltischen Geschichte. [Bd.] 8. 2013. Tartu: Akadeemiline Ajalooselts 2013 (Humaniora historica). 353 S., engl. Zusammenfassungen. ISSN 1736-4132.

Das Jahrbuch des Instituts für Geschichte und Archäologie der Universität Dorpat/Tartu erscheint in Zusammenarbeit mit der Baltischen Historischen Kommission, dem Institut für Kultur und Geschichte der Deutschen in Nordosteuropa an der Universität Hamburg (IKGN, Lüneburg), der Lettischen Universität Riga und der Universität Reval/Tallinn. Der achte Band des Jahrbuchs gliedert sich in Aufsätze, Mitteilungen und Besprechungen. Folgende Aufsätze sind in dieser Ausgabe zu finden: Anu Mänd: *Frauen, Memoria und Sakralräume im spätmittelalterlichen Livland*; Pärtel Piirimäe: *Staatenbund oder Ständestaat? Der livländische Landtag im Zeitalter Wolters von Plettenberg (1494–1535)*; Mārīte Jakovļeva: *Mythos und Realität: zur Flotte und zum Schiffbau im Herzogtum Kurland*; Hannes Vinnal: *Der baltische Getreidehandel und das internationale Preisniveau: Der Roggenpreis in Reval im 18. Jahrhundert*; Raivis Bičevskis, Aija Taimiņa: *Johann Georg Hamanns kameralwissenschaftliche Studien und Johann Christoph Berens' Vision von Riga: ein utopisches Projekt aus der zweiten Hälfte des 18. Jahrhunderts*; Tõnno Jonuks: *Der estnische Nationalismus und sein Konzept der prähistorischen Religion: Die Nation als Gestalterin des Religionsbildes*; Martin Pabst: *Deutschbaltischer*

Neubeginn 1945–1952; Odeta Mikštaitė: *Der „Singende Stalinismus": Zur Entstehung der Massenkultur auf dem Gebiet der Folklore in der Litauischen SSR*. Unter den „Mitteilungen" befinden sich folgende Artikel: Birgit Kibal: *Estnische Archivmaterialien im Internet*; Aivar Põldvee: *Sodomie, gender studies und die baltische Geschichte: Anmerkungen zu einer schwedischen Dissertation*; Karsten Brüggemann: *Anmerkungen zu Toomas Karjahärms „Das russische Imperium und der Nationalismus"*; Mārtiņš Kaprāns: *Die Institutionalisierung der Erforschung des sozialen Gedächtnisses in Lettland*; Anita Čerpinska: *Ein Rückblick auf die Feiern in Lettland aus Anlass des 200. Jahrestags des Krieges von 1812*; Juhan Kreem: *The first Conference of Baltic Urban History in Riga (10.–12. Oktober 2012): Ein Tagungsbericht*. In dem Band sind auch Rezensionen zu 24 in Estland und im Ausland erschienenen Büchern veröffentlicht.

Kersti Taal

Maeve Leivo, Ahti Lohk, Kristiina Ross, Kai Tafenau (Koost. [Zusammenstell.]): Johannes Gutslaffi piiblitõlge 1647–1657 [Die Bibelübersetzung Johannes Gutslaffs 1647–1657]. Tallinn: Eesti Keele Sihtasutus 2013. 499 S., Abb. ISBN 978-9985-79-535-4.

Der aus Pommern stammende Geistliche und Schriftsteller Johannes (Johann) Gutslaff war 1630–1656 Pastor von Urbs/Urvaste in Livland. Er untersuchte den Volksglauben und die Naturerscheinungen und ist als Verfasser der Grammatik und des Wörterbuchs der südestnischen Sprache wie auch als Übersetzer der Bibel in die estnische Kulturgeschichte eingegangen. Seine Bibelübersetzung in südestnischer Sprache ist die erste erhaltene estnische Bibelübersetzung; sie stammt wahrscheinlich aus der Zeit von 1647 bis 1657. Seinerzeit gelangte sie nicht zum Druck. Die vorliegende Ausgabe ist der Erstdruck der Bibelübersetzung Gutslaffs. Zur Veröffentlichung wurde das jeweils erste Buch der beiden Bibelteile ausgewählt, d. h. vom Alten Testament das Erste Buch Mose und vom Neuen Testament das Matthäus-Evangelium. Der Text wird als Faksimile und Umschrift vorgelegt. Der Übersetzung sind Kommentare und Ergänzungen beigefügt.

Lea Teedema

Anu Lepp [Toimet. (Red.)]: Saare-Lääne piiskopiriik ja Haapsalu piiskopilinnus. Bistum Ösel-Wiek und Bischofsburg Haapsalu. Haapsalu: Läänemaa Muuseum 2013 (Läänemaa Muuseumi toimetised. Proceedings of Läänemaa Museum). 16, 150 S., Abb., engl. Zusammenfassungen. ISSN 1406-2356, ISBN 978-9985-9653-8-2.

Dieser neue Band der Abhandlungen des in Hapsal/Haapsalu befindlichen Läänemaa-Museums ist der Geschichte der Bischofsburg Hapsal gewidmet. Er enthält folgende Beiträge: Ülla Paras: „Die Bischofsburg Hapsal im 21. Jahrhundert"; Kaur Alttoa: „Als der Bischof noch nicht nach Hapsal gekommen war"; Mihkel Mäesalu: „Die Bischöfe von Ösel-Wiek als Vasallen des Heiligen Römischen Kaiserreichs. Über die Gründe der Ablegung des Treueeids gegenüber dem Kaiser oder dem Römischen König (1228–1521)"; Madis Maasing: „Der Bischof von Ösel-Wiek und sein geistlicher Herr. Grundzüge der Beziehungen Johannes von Münchhausens zum Bischof von Riga Wilhelm (1541–1560)"; Erki Russow, Anton Pärn: „Hausgeschichte oder wovon sprechen die Reste des Mauerbaus des Zeigerturms?"; Kalev Jaago: „Der Vasallentag von 1543 in der Bischofsburg Hapsal"; Ivar Leimus: „Der erste Medaillenkünstler Livlands Erich Beck"; Kalev Jaago: „Die Erinnerungen von August Tarendi (1890–1971) an das Schloss Hapsal".

Lea Teedema

Lea Leppik [Toimet. (Red.)]: Teadusinnovatsiooni tee praktikasse [Der Weg der Wissenschaftsinnovation in die Praxis]. Tartu: Tartu Ülikooli ajaloo muuseum 2013 (Tartu Ülikooli ajaloo küsimusi [Zur Geschichte der Universität Dorpat] 41). 296 S., Abb., engl. u. dt. Zusammenfassungen. ISSN 0206-2798 (Buch), ISSN 2346-5611 (Online-Ausgabe), ISBN 978-9985-4-0772-1 (Buch), ISBN 978-9985-4-0773-8 (pdf).

Der Hauptteil des Bandes versammelt die am 6. Dezember 2012 auf dem Jahreskongress des Historischen Museums der Universität Dorpat/Tartu gehaltenen Vorträge. Die Tagung war dem 220. Jahrestag der ältesten wissenschaftlichen Organisation der Ostseeprovinzen Russlands, der „Livländischen Gemeinnützigen und Ökonomischen Societät", gewidmet und setzte sich mit weniger bekannten Aspekten von deren Geschichte auseinander. Der Artikel von Epi Tohvri „Das erste Statut der Livländischen Gemeinnützigen und Ökonomischen Societät und dessen ideelle Quellen" behandelt das von dem ersten wissenschaftlichen Sekretär der Gesellschaft Georges Frédéric Parrot erstellte Programm-Statut und dessen geistige Grundlagen. Tiit Rosenberg umreißt in seinem Artikel „Entstehung des Netzwerkes der deutschbaltischen Landwirtschaftsvereine" neben der Herausbildung des Netzes der Landwirtschaftsvereine auch deren innovative Rolle bei der Förderung der Landwirtschaft sowie die wechselseitige Beeinflussung dieser Vereine und der estnischen Gesellschaft. Der Beitrag von Märt Uustalu „Mitglieder der Livländischen Gemeinnützigen und Ökonomischen Societät in den Jahren 1792–1918" beleuchtet den sozialen und politischen Hintergrund der Mitglieder; zum ersten Mal wird die Liste aller ständigen Mitglieder im Druck veröffentlicht. Der Artikel von Malle Salupere „Jannsen's ‚Estnischer Landwirt'" („Eesti Põllumees") (1868–1880) vermittelt einen Einblick, wie die mit finanzieller Unterstützung der Gesellschaft erschienene estnischsprachige Zeitung versuchte, estnische Bauern mit neuesten Landwirtschaftstechniken vertraut zu machen, und mit welchen Schwierigkeiten der Herausgeber der Zeitung Johann Voldemar Jannsen konfrontiert war. Tiiu Oja und Lea Teedema geben in dem Artikel „Die Livländische Gemeinnützige und Ökonomische Societät" aus der Sicht des Archivars einen Überblick über das umfassende Archiv der Gesellschaft, das in Dorpat/Tartu im Estnischen Historischen Archiv aufbewahrt wird und in vielen Teilen noch auf seine Auswertung wartet. Der Aufsatz von Erki Tammiksaar „Die Livländische Gemeinnützige und Ökonomische Societät und die Entwicklung des Wissens über die Höhenverhältnisse des estnischen Gebiets" betrachtet die erste mit Unterstützung der Gesellschaft durchgeführte trigonometrische Messung in Livland und Nivellierarbeiten im Gouvernement Estland. Der der Gesellschaft gewidmete Teil schließt mit der Studie von Hillar Kala „Die Livländische Gemeinnützige und Ökonomische Societät als eine innovative Gemeinschaftsorganisation", in der die Tätigkeit der Organisation als richtungweisend für die Landwirtschaft und vorbildhaft für die gemeinnützige Tätigkeit betrachtet wird. Ken Kalling konzentriert sich in dem Artikel „Der abscheuliche Herr und Dorpater Wissenschaftler. Über die mikrobiologischen Untersuchungen in Dorpat Ende des 19. Jahrhunderts" auf die von der Choleraepidemie angeregte Tätigkeit des Mediziners Professor Bernhard Körber (1837–1915) und seine hydrologischen Forschungen. Lea Leppik gibt in ihrem Aufsatz „Jaama Poudrette oder warum in Dorpat das Wasserwerk so spät eingerichtet wurde" einen Einblick in die sanitären Zustände der Universitätsstadt Ende des 19. Jahrhunderts. Mehrere Beiträge beschäftigen sich mit musealen Sammlungen. Tullio Ilomets beschreibt in dem Artikel „Die historische Testwaage im Historischen Museum der Universität Dorpat" die analytische Waage, die angeblich dem Chemieprofessor Carl Schmidt (1822–1894) gehört hat. Sirje Sisask geht in ihrer Studie „Spuren der wissenschaftlichen Tätigkeit Professor Dragendorffs in den Sammlungen des Historischen Museums der Universität Dorpat" den materiellen Spuren der Forschertätigkeit des Pharmakologen Georg Dragendorff (1836–1898) nach. Der Sammelband ist sowohl als gedruckte als auch als Online-Ausgabe verfügbar.

Lea Teedema

Tõnis Liibek (Koost. ja toimet. [Hg.]): Eestimaa Provintsiaalmuuseum ja muuseumitraditsiooni algus Eestis [Das Estländische Provinzial-Museum und die Anfänge der Museumstradition in Estland]. Tallinn: Eesti Ajaloomuuseum 2013 (Varia historica 7). 200 S., Abb., engl. Zusammenfassungen. ISBN 978-9949-9456-3-4, ISSN 1736-5414.

Der Sammelband basiert auf den 2009 auf dem Wissenschaftstag des Estnischen Historischen Museums „145 Jahre Provinzial-Museum. Der Beginn der Museumstradition in Estland" gehaltenen Vorträgen. Ein Großteil der Beiträge behandelt die Geschichte der Estländischen Literärischen Gesellschaft und des Provinzial-Museums und fragt zum Beispiel, warum das Museum gegründet wurde, wie die Gegenstände gesammelt und ausgestellt wurden. Die Themen der Aufsätze sind folgende: Literaten und die Anfänge der Estländischen Literärischen Gesellschaft (Ene Hiio), die Entstehung der Sammlungen (Tõnis Liibek), darunter der Münzsammlung (Ivar Leimus), die Ausstellungstätigkeit des Museums (Mariann Raisma), die Entstehung der estnischen ethnographischen Sammlung (Sirje Pallo), die Archäologen Arthur Spreckelsen und Adolf Friedenthal (Krista Sarv), das erste Museumsgebäude Estlands, das Gebäude der Estländischen Literärischen Gesellschaft, heute Akademie der Wissenschaften (Inge Laurik-Teder). Weitere Beiträge befassen sich mit der Tätigkeit des Journalisten und Schriftstellers Leopold von Pezold in Reval/Tallinn (Epp Kangilaski), der Gründung des Museums der Gelehrten Estnischen Gesellschaft (Kersti Taal) und des Museums in Narwa/Narva (Merike Ivask) sowie dem Museum von Ösel/Saaremaa (Olavi Pesti). Der Sammelband ist dem Andenken an die Historikerin und Archivarin Sirje Annist (1936–2011) gewidmet; am Ende des Bandes finden sich Nachrufe von Mati Mandel und Henning von Wistinghausen.

Kersti Taal

Juhan Maiste (Hg.): Baltic Journal of Art History. [No.] 5: This City and Another. Spring 2013. Tartu: Tartu University Press 2013. 230 S., Abb., engl. Zusammenfassungen. ISSN 1736-8812 (print), ISSN 2346-5881 (online).

Dieser Band der wissenschaftlichen Zeitschrift des Lehrstuhls für Kunstgeschichte der Universität Dorpat/Tartu gliedert sich in sieben Aufsätze sowie Miszellen, überwiegend in englischer Sprache. Die Beiträge in deutscher Sprache sind folgende: Ülo Matjus: *Die Stadt als Erinnerung. Unzeitgemäße Notizen*; Lilian Hansar: *Die Stadt als Utopie*; Kaur Alttoa: *Die St. Michaeliskirche in Wiek – eine Wehrkirche?* Die Titel in englischer Sprache: Juhan Maiste: *This City and Another*; Kaisa Broner-Bauer: *Quo Vadis Civitas? – Thoughts on the European Conception of the City Today*; Anti Randviir: *The Art of Utopia and the Real City: Basic Principles*; Achim Timmermann: *Good and Bad Prayers, before Albertus Pictor: Prolegomena to the History of a Late Medieval Image*. Der Band basiert auf den Vorträgen, die im Rahmen der Herbstschule der Universität Dorpat/Tartu „Diese Stadt und andere" gehalten wurden.

Kersti Taal

Juhan Maiste (Hg.): Baltic Journal of Art History. [No.] 6. Autumn 2013. Tartu: Tartu University Press 2013. 203 S., Abb., engl. Zusammenfassungen. ISSN 1736-8812 (print), ISSN 2346-5581 (online).

Dieser Band der wissenschaftlichen Zeitschrift des Lehrstuhls für Kunstgeschichte der Universität Dorpat/Tartu umfasst sechs Aufsätze sowie Miszellen, überwiegend in englischer Sprache. Folgende Beiträge sind in deutscher Sprache abgefasst: Kaur Alttoa: *Die Kirche zu Urbs/Urvaste und die Frage der Rigenser Bauschule im 13. Jahrhundert*; Ragnar Nurk: *Eine Aussicht auf Reval (Tallinn) von der Patkul-Treppe aus*. Die Beiträge in englischer Sprache: Linda Lainvoo: *Sociopolitical Messages in Eastern Orthodox Church Buildings of the Era of Alexander II in Pärnu County*; Andris Teikmanis: *Towards models in socialist realism*; Kurmo Konsa: *Heritage as a Socio-Cultural Construct: Problems of Definition*; Juhan Maiste: *Kadriorg: the Spirit of Baroque and the Will of Genius. A Palace on the Edge of the Third Rome*.

Kersti Taal

Austė Nakienė, Rūta Žarskienė (Hg.): Eduardo Volterio Lietuvoje įrašyti voleliai (1908–1909), saugomi Berlyno fonogramų archyve [In Litauen von Eduard Volter beschriebene Walzen (1908–1909), aufbewahrt im Berliner Phonogramm-Archiv]. Vilnius: Lietuvių literatūros ir tautosakos institutas 2011. 173 S., Abb., Kt., mus. Noten, engl. Zusammenfassung, CD. ISBN 978-609-425-074-3.

In dieser Quellenpublikation werden Beispiele aus der ersten litauischen Sammlung volkskundlicher Tonaufnahmen auf Wachswalzen veröffentlicht, die von dem Historiker, Archäologen und Ethnologen Eduard Volter aus Sankt Petersburg/Sankt-Peterburg in den Jahren 1908/1909 angelegt wurde. Volter war einer der Gründer der Litauischen Wissenschaftsgemeinschaft, deren Mitglieder zum ersten Mal die Idee verfolgten, die Lebensweise des litauischen Volkes im 20. Jahrhundert zu untersuchen und die gesammelten Daten und Dokumente an die kommenden Generationen weiterzugeben. Die Aufnahmen im Berliner Phonogramm-Archiv waren ein Teil dieser Bemühungen. Die Aufzeichnungen stammen von Aleksandras Jurašaitis, der Tondokumente von Menschen verschiedenen Alters aufnahm und dessen Interesse alter, traditioneller Volksmusik ebenso galt wie aktuellen volkskundlichen Erscheinungen.

Edita Venčkauskaitė

Inna Põltsam-Jürjo: Pidusöögist näljahädani: söömine-joomine keskaja Tallinnas [Von Festmahl bis Hungersnot: Essen und Trinken im mittelalterlichen Reval]. Tallinn: Hea Lugu, 2013. 224 S., Abb. ISBN 978-9949-489-84-8.

Es handelt sich um die verbesserte und ergänzte Ausgabe des 2002 erschienenen Buches (siehe *Berichte und Forschungen. Jahrbuch des Bundesinstituts* 11, 2003, S. 259). Die auf im Stadtarchiv Reval/Tallinn aufbewahrten Dokumenten beruhende Untersuchung lässt uns einen Blick in das Alltagsleben des mittelalterlichen Reval werfen, indem die Ernährungsgewohnheiten der Menschen betrachtet werden. Die Autorin gibt einen Überblick über die Wahl der Nahrungsmittel in Alt-Livland, vor allem Brot, Fleisch und Fisch, über Getränke und Trinkkultur, über Alltagsnahrung und Festessen und deren Bedeutung im Mittelalter, über Kochkunst und Tischsitten, über Löhne und Preise sowie über Hungersnöte und Fastenzeiten. Eine Auswahl mittelalterlicher Rezepte ist beigefügt. Das Buch besitzt ein Personenregister.

Lea Teedema

Raimo Pullat (Väljaandja [Hg.]): Vana Tallinn [Das alte Reval]. [Bd.] 24 (28). Tallinn: Estopol 2013. 368 S., Abb., dt., engl. oder estn. Zusammenfassungen. ISSN 1406-5908.

Der vorliegende Band gliedert sich in Aufsätze, Übersichten, Rezensionen, eine Chronik sowie weitere Rubriken. Die Beiträge in deutscher Sprache sind folgende: Rasmus Kangropool: Über die Topographie der Unterstadt im 14. Jahrhundert. Die städtebauliche Struktur Tallinns am Ende der dänischen Zeit und zu Beginn der Ordenszeit (1310–1365); Andrzej Klonder: *Das Haus eines Malzenbrauers. Zum Lebensstandard wohlhabender Bürger in Elbing in der zweiten Hälfte des 17. Jahrhunderts.* Aufsätze mit deutscher Zusammenfassung: Enn Küng: „Der Beginn der staatlichen Postverwaltung in Reval/Tallinn"; Aigi Heero: „Deutschsprachige Trauergedichte von Timotheus Polus (1599–1642), Poesieprofessor am Gymnasium zu Reval"; Raimo Pullat: „Über das Leben im Tallinn (Reval) des 18. Jahrhunderts. Der Stadtraum, die Wohnverhältnisse und die Kleidung der Stadtbürger"; Kaja Tiisel: „Bemerkungen über das Leben der Frauen in Reval am Ende des 18. und in der ersten Hälfte des 19. Jahrhunderts". In englischer Sprache schreibt Seppo Aalto über die Bedeutung von Reval und Livland für Helsinki. Die Rubrik „Ex Archivo Civitatis Revaliensis" enthält: Raimo Pullat: „Das Nachlassverzeichnis des bankrottierten Revaler Kaufmanns Georg Friedrich Ludloff aus dem Jahre 1752". In dem Band sind auch Rezensionen zu elf in Estland und im Ausland erschienenen Büchern veröffentlicht. Die abschließende Chronik enthält einen Aufsatz zum 60. Geburtstag des Kunsthistorikers Juhan Maiste von Krista Kodres.

Kersti Taal

Maili Roio (Ed./Koost. ja toimet./Red.): Shipwreck Heritage: Digitizing and Opening Access to Maritime History Sources. Laevavrakid: digitaliseerimine ja avatud ligipääs mereajalooallikatele. Skeppsvrak: digitalisering och förmedling av det maritima kulturarvet. Tallinn 2013 (Muinasaja teadus [Prähistorische Forschung] 23). 319 S., Abb. ISSN 1406-3867, ISBN 978-9985-9896-8-5.

Der Sammelband referiert die Ergebnisse des dreijährigen internationalen Forschungsprojekts „Schiffswracks: Digitalisierung und offener Zugang (Open Access) zu Quellen der Seegeschichte". An dem Projekt nahmen teil: das estnische Denkmalschutzamt (www.muinas.ee/shipwehr), das Staatliche Archiv (www.ra.ee), das Estnische Meeresmuseum (www.meremuuseum.ee) und das Schwedische Staatliche Meeresmuseum (www.sjohistoriska.se). Die Aufsätze des Bandes behandeln Archivforschungen (zu Seekatastrophen und gesunkenen Schiffen), Feldforschungen (zur Unterwasserarchäologie, darunter ein seltener Fund vom Grund der Tallinner Bucht vom Jahre 2011: ein Kasten aus dem 13. Jahrhundert), öffentliche Ausstellungen und Datenbanken. Das Ziel des Projekts war es, die Welt unter Wasser bekannt zu machen.

Kersti Taal

Tiit Rosenberg: Künnivaod. Uurimusi Eesti 18.–20. sajandi agraarajaloost [Furchen. Studien zur Agrargeschichte Estlands im 18.–20. Jahrhundert]. Tartu: Tartu Ülikooli kirjastus 2013 (Õpetatud Eesti Seltsi kirjad [Schriften der Gelehrten Estnischen Gesellschaft] 9). 480 S., Abb. ISSN 1406-3689, ISBN 978-9949-32-226-8.

Der Sammelband besteht aus den agrargeschichtlichen Studien von Professor Tiit Rosenberg aus vier Jahrzehnten – von seiner Studienzeit bis heute. Die meisten bereits publizierten Aufsätze (einige in Fremdsprachen) wurden für diese Sammlung ergänzt, andere Beiträge werden zum ersten Mal veröffentlicht („Von der Agrarelite im Baltikum des 19. Jahrhunderts. Überblick über den Forschungsstand“). Die Artikel sind thematisch fünf Kapiteln zugeordnet: „Gutshof und Gutswirtschaft“; „Charakterzüge der Bauern“; „Einrichtungen, Unternehmen und Personen“; „Hungersnot und Umsiedlung“; „Die Bodenreform 1919 und ihre Folgen“. In der Einleitung wird ein Überblick über die Forschungsgeschichte der Agrarhistoriographie in England, Deutschland, Russland, Skandinavien und natürlich über die deutschbaltische Agrargeschichte gegeben. Unter den 24 Artikeln seien hier genannt: „Die letzten 40 Jahre eines Gutshofes. Gustav von Ratlef und Tammistu“; „Die Uexkülls von Vigala – ‚Wiek-Könige‘“; „Deutsche Kolonisten im Baltikum des 18.–20 Jahrhunderts“; „Deutsche und estnische Ausstellungen in Dorpat 1857–1913“; „Deutschbaltische Bauern in der Republik Estland und im Kreis Läänemaa/Wiek 1919–1939“; „Die Bodenreform in Estland 1919: Vergleichslinien mit den Ländern Ost- und Mitteleuropas“. Anhänge bilden Listen von Tiit Rosenbergs Publikationen und Vorträgen sowie der von ihm betreuten Diplom-, Bachelor-, Magister- und Doktorarbeiten.

Kersti Taal

Leele Välja (Toimet. [Red.]): 100 sammu läbi 20. sajandi Eesti arhitektuuri. 100 steps through 20th century Estonian architecture. Tallinn: Eesti Arhitektuurimuuseum 2013. 215 S., Abb. ISBN 978-9949-9078-6-1.

In den Jahren 2008–2012 haben das Estnische Ministerium für Kultur und das Amt für Denkmalpflege das Projekt „Kartierung und Analyse der wertvollen estnischen Architektur des 20. Jahrhunderts“ durchgeführt. Eine Art Zusammenfassung des Projekts war die im Estnischen Architekturmuseum vom 26. Juni bis 22. September 2013 gezeigte Ausstellung „100 Schritte durch die estnische Architektur des 20. Jahrhunderts“. Der Ausstellungskatalog (mit teilweise englischem Text) vermittelt einen Überblick über charakteristische Erscheinungen der Architektur (sowohl über Höhepunkte der Architekturgeschichte als auch über Alltagsarchitektur) im Zeitraum von 1870, dem Jahr der Inbetriebnahme der ersten Eisenbahn in Estland, bis 1991, dem Ende der sowjetischen Ära in Estland. Unter den hundert Stichworten des Katalogs, von denen jedes einen „Schritt“ bezeichnet, sind Stile, Bautypen oder Gattungen, Siedlungstypen, Baumaterialien, Architekten, bestimmte Bauten usw., die die zu betrachtende Periode am besten charakterisieren. Damit sind alle wichtigeren Architekturerscheinungen in der estnischen Architektur des 20. Jahrhunderts abgedeckt. Vorgestellt werden sowohl weniger bekannte und bisher nicht als Kulturdenkmäler geschützte Bauten als auch Bauten, die bereits unter staatlichem Schutz stehen. Der Schwerpunkt liegt auf weniger bekannten Bauten und Bautypen, die das Alltagsmilieu in estnischen Städten und Dörfern prägen.

Lea Teedema

3. Ostpreußen, Westpreußen, Danzig

Piotr Birecki: Budownictwo ewangelickie w Prusach Zachodnich. Relacje między państwem a Kościołem ewangelicko-unijnym [Das evangelische Kirchenbauwesen in Westpreußen. Beziehungen zwischen Staat und evangelisch-unierter Kirche]. Toruń: Wydawnictwo Naukowe Uniwersytetu Mikołaja Kopernika 2014. 478 S., engl. Zusammenfassung. ISBN 978-83-231-3183-0.

Die Monographie behandelt die Architektur und Ausstattung von mehr als 350 protestantischen Kirchen im Norden des ehemaligen preußischen Teilungsgebietes (1772–1920). Der Autor stellt die kirchenhistorischen und theoretischen Grundlagen vor und analysiert Kirchenbauten der Diözesen Danzig/Gdańsk und Marienwerder/Kwidzyn aus dem 19. und dem Beginn des 20. Jahrhunderts, Baustil, Typologie, Baufinanzierung und Architekten – unter ihnen Karl Friedrich Schinkel, Friedrich August Stüler und August Soller. Auch die häufig heute nicht mehr existierenden Innenausstattungen der Kirchen werden beschrieben: Altäre, Kanzeln, Taufbecken, Orgeln, Tafelbilder, Glasfenster und Mosaike, liturgisches Gerät, Glocken und sonstige Ausstattungselemente. Vielfach identifiziert der Autor Architekten, Bildhauer, Maler und Glasfensterhersteller, die am Bau von Hunderten von Kirchen und Kapellen beteiligt waren, und zeigt, inwiefern zum Beispiel die byzantinische Kunst oder Arbeiten von Albrecht Dürer Inspirationsquellen der damaligen Künstler waren. Erörtert wird auch die Rolle der staatlichen Schirmherrschaft im Bereich der Architektur Ende des 19. und zu Beginn des 20. Jahrhunderts, die zu einem mächtigen Werkzeug des kaiserlichen politischen Einflusses auf die Gesellschaft in Deutschland und besonders in der Region Westpreußen wurde. Weitere Themen sind die Gründung des Evangelischen Kirchenbauvereins vor dem Hintergrund der Berliner Architekturlandschaft und ihrer Kirchenbauten 1800–1918, die Werke von Berliner Architekten in Westpreußen sowie Garnisonkirchen in Preußen. Ein Sach- und Ortsregister sowie ein Abbildungsverzeichnis ergänzen den Band.

Piotr Zariczny

Tomasz Sylwiusz Ceran: „Szmalcówka". Historia niemieckiego obozu w Toruniu (1940–1943) na tle ideologii nazistowskiej [„Szmalcówka". Die Geschichte des deutschen Lagers in Thorn (1940–1943) vor dem Hintergrund der nationalsozialistischen Ideologie]. Bydgoszcz, Gdańsk: Instytut Pamięci Narodowej. Komisja Ścigania Zbrodni przeciwko Narodowi Polskiemu 2013 (Publikacje gdańskiego oddziału IPN [Veröffentlichungen der Danziger Abteilung des Instituts für Nationales Gedenken] 14). 167, [5] S., s.-w. Abb., engl. Zusammenfassung. ISBN 978-83-7629-294-6.

In der Publikation wird die Geschichte eines Umsiedlungslagers für die Polen dargestellt, das im Herbst 1940 am Rande von Thorn/Toruń in einer früheren Schmalzfabrik (daher der umgangssprachliche Name „Szmalcówka") eingerichtet wurde. Der Autor betrachtet das Lager vor dem Hintergrund der nationalsozialistischen Ideologie und Exterminationspolitik. Die Arbeit stützt sich auf Archiv- und frühere Ermittlungsmaterialien sowie Zeugenaussagen. Den Hauptteil bilden Informationen über die Gründung und Lokalisierung des Lagers, die verantwortlichen Personen, die Herkunft und nationale Klassifizierung der Insassen, die Lebens- und Arbeitsbedingungen sowie über Krankheiten und Gewalttaten. Der Autor hat ein Namensverzeichnis der 515 im Lager verstorbenen Personen mit näheren Angaben, unter anderem über die Todesursachen, erarbeitet. Der Text wird durch Bilder, Skizzen und Pläne illustriert. Ein Personenregister beschließt den Band.

Mirosław Ossowski

Zbigniew Chojnowski: Przypominanie Fritza Skowronnka [Zur Erinnerung an Fritz Skowronnek]. Żytkiejmy: Park Krajobrazowy Puszczy Rominckiej 2013. 31, [1] S., 7 s.-w. Abb. ISBN 978-83-936036-2-6.

Die kleine Publikation ist eine kompakte Biographie Fritz Skowronneks (1858–1939). Der Verfasser porträtiert den aus Masuren stammenden, einst populären, später fast vergessenen Heimatschriftsteller, der zusammen mit seinem jüngeren Bruder Richard die masurische Thematik in die deutsche Literatur eingeführt hat. Vor allem wird hier sein Lebenslauf vor dem Hintergrund der historischen Entwicklung dargestellt. Zbigniew Chojnowski geht dabei auf die emotionalen Bindungen des Schriftstellers an Masuren ein. Er bespricht sein literarisches Werk, darunter die ins Polnische übersetzten Texte, und verfolgt seine Rezeption in Polen. Er versucht auch, manche kritischen Einschätzungen zu revidieren, etwa dass Skowronnek ein Renegat gewesen wäre. Zu den wertvollsten Werken zählt er die frühen Erzählungen aus der Sammlung *Masurenblut*, er verweist unter anderem auf die Bedeutung des anthropologischen Aufsatzes von Fritz Skowronnek über die Philipponen.

Mirosław Ossowski

Eugeniusz Cnotliwy: Przedmioty z poroża i kości z Janowa Pomorskiego [Gegenstände aus Geweih und Knochen aus Hansdorf]. Elbląg: Muzeum Archeologiczno-Historyczne w Elblągu, Instytut Archeologii i Etnologii PAN 2013 (Studia nad Truso [Studien über Truso] 2). 260 S., Abb., Kt. ISBN 83-919291-2-4, ISSN 2353-2351.

Der zweite Band der von Mateusz Bogucki und Marek F. Jagodziński herausgegebenen Truso-Reihe enthält englische und polnische Beiträge. Er beschäftigt sich ausschließlich mit Gegenständen aus Geweih und Knochen von der zweiten Hälfte des 8. Jahrhunderts bis zum 10. Jahrhundert, die bei archäologischen Erkundungen der frühmittelalterlichen Siedlung in Hansdorf/Janów Pomorski bei Elbing/Elbląg, dem einstigen Handelsort Truso, gefunden wurden. Die Arbeit behandelt technologische, typologische und chronologische Aspekte der Sammlung. Eine Ergänzung bilden archäozoologische Analysen von Daniel Makowiecki. Im ersten von drei Teilen wird der Kontext der archäologischen Objekte dargestellt: Kultur- und Objektschichten sowie die Oberflächen der Fundstellen. Das zweite Kapitel enthält eine Materialanalyse der Gegenstände (Kämme, Fassungen, Spielscheiben, Nadeln, Kufen, Anhänger aus durchlochten Tiermetapodien, Spinnwirtel) sowie von Abfällen aus der Produktion von Kämmen und Werkzeugen, die bei der Geweihverarbeitung benutzt wurden. In der Zusammenfassung der Forschungsergebnisse im dritten Kapitel konzentriert sich der Autor auf Spuren von Handwerkerwerkstätten zur Herstellung von Kämmen. Er hat sie in fast allen Gebäuden ausgemacht; manche bringt er mit konkreten Handwerkern in Verbindung, die im 9. Jahrhundert zwischen Haithabu, Ralswiek auf Rügen, Truso und Birka auf der Insel Björkö (Schweden) von Ort zu Ort wanderten. Darüber hinaus versucht er, die lokalen und überregionalen Absatzmärkte für Kämme zu bestimmen.

Anna B. Kowalska

Jan Daniluk: SS w Gdańsku. Wybrane zagadnienia [Die SS in Danzig. Ausgewählte Fragen]. Gdańsk: Instytut Pamięci Narodowej, Komisja Ścigania Zbrodni przeciwko Narodowi Polskiemu 2013 (Publikacje gdańskiego oddziału IPN [Publikationen der Danziger Abteilung des Instituts für Nationales Gedenken] 28). 170, [8] S., 16 Abb. ISBN 978-83-7629-398-1.

Gegenstand der Publikation ist die Geschichte der in Danzig 1926 gegründeten SS. Der Autor setzt sich zum Ziel, die bisherigen Forschungsergebnisse zu systematisieren und zu vervollständigen. Insbesondere geht es ihm um eine Darstellung des Aufbaus und der Struktur dieser Organisation. Das Buch besteht aus neun Studien, die sehr detaillierte Informationen beinhalten. Jan Daniluk beschreibt getrennt die Entwicklung der NSDAP in Danzig von der Gründung 1925 bis zur Ankunft von Alfred Forster 1930, die Entstehung und Stärkung der SA und der SS von 1926 bis 1934 sowie die Tätigkeit der NSDAP von 1934 bis 1939. Eine Studie betrifft die heimliche Remilitarisierung der Freien Stadt Danzig durch die Polizei, die SS und diverse zivile Organisationen, eine andere die Geschichte der Danziger SS-Heimwehr bis 1939 und während des Krieges. Weitere hier behandelte Aspekte sind der SS-Oberabschnitt „Weichsel", die Sport-Initiativen der SS in Danzig in den 30er Jahren, das Verhältnis zwischen der SS und der NSDAP sowie der Wehrmacht, schließlich das 1939 errichtete Strafvollzugslager der SS und Polizei in Danzig-Matzgau. In den Schlussbemerkungen weist der Autor auf die noch bestehenden Forschungsdefizite hin und vergleicht die Situation der SS in Danzig und im Deutschen Reich. Das Buch enthält ein Personenregister sowie bibliographische Angaben.

Mirosław Ossowski

Anna Gajdis: Odległa prowincja. Prusy Wschodnie w prozie pisarzy niemieckich (1866–1945) [Die ferne Provinz. Ostpreußen in der Prosa deutscher Autoren (1866–1945)]. Wrocław: Oficyna Wydawnicza ATUT 2014. 282 S., 9 Abb. ISBN 978-83-7977-022-9.

Im Vorwort erklärt die an der Universität Breslau/Wrocław tätige Germanistin ihr besonderes Interesse an der Literatur, die Ostpreußen zum Thema hat, und an der ostpreußischen Kultur, für die das Kriegsende eigentlich den Untergang bedeutete. Denn als Territorium existiert Ostpreußen heute nicht mehr; sein Gebiet erstreckt sich über Polen, Russland und Litauen. Doch Ostpreußen lebt noch immer in der individuellen Erinnerung vieler Menschen und im kollektiven Gedächtnis. Über die einstige Provinz legen Archive, Museen, Verbände, Verlage, Zeitschriften, Internetseiten, Filme und literarische Texte Zeugnis ab. Eben diese nimmt Anna Gajdis unter die Lupe. Während für viele Polen die Geschichte des Ermlands und Masurens erst 1945 beginnt, versucht die Autorin, auch den polnischen Leser für das ganze alte, untergegangene Ostpreußen zu gewinnen. Sie tut dies, indem sie die Werke von Ernst Wichert, Hermann Sudermann, Alfred Brust, Agnes Miegel und Ernst Wiechert analysiert, wobei sie eine Veränderung des Kanons der Literatur Ostpreußens wagt.

Grzegorz Kowal

Algirdas Antanas Gliožaitis: Mažosios Lietuvos žemė XVIII–XX a. dokumentuose ir žemėlapiuose [Kleinlitauen in Urkunden und Landkarten des 18.–20. Jahrhunderts]. Vilnius: Gairės 2013. 568 S., Abb., engl. Zusammenfassung. ISBN 978-9955-75-966-9.

Die Monographie von A. A. Gliožaitis richtet sich an Politiker, Kulturhistoriker, Kartographen sowie darüber hinaus an alle, die sich für das Land auf beiden Seiten der Memel, seine Geschichte und Kultur interessieren. In der Veröffentlichung sind Urkunden, unikale Fotografien aus verschiedenen Perioden und viele andere illustrative Materialien – neben älteren, bekannten auch zahlreiche bisher nicht publizierte – zu finden. Anhand der Analyse von Landkarten lassen sich die Entwicklung der politischen Vorstellungen der Litauer in Kleinlitauen wie auch die politischen Ideen, Aktivitäten und Maßnahmen der anderen Ethnien und Länder verfolgen. Das Buch besteht aus drei Teilen, die allesamt die Zeit vom 18. bis zum 20. Jahrhundert betreffen. Die politischen Einstellungen der Litauer und die Tätigkeit der politischen Organisationen Kleinlitauens werden eingehend im dritten Teil analysiert. Der

Autor stellt fest, dass sich die politische Haltung während des Ersten Weltkriegs und danach erkennbar veränderte; viele Politiker Kleinlitauens strebten nach Anschluss an Litauen. Die wichtigsten Zeugnisse und Urkunden dieser Bestrebungen hat der Verfasser für seine Monographie ausgewertet. Die zum Teil handschriftlichen Materialien stammen aus dem Litauischen Zentralarchiv, dem Litauischen Außerordentlichen Archiv, der Litauischen Wissenschaftlichen Akademie, der Nationalen Martynas-Mažvydas-Bibliothek und dem Litauischen Institut für Geschichte.

Edita Venčkauskaitė

Aleksandra Matykiewicz-Włodarska: Marion Gräfin Dönhoff: idee i refleksje polityczne [Marion Gräfin Dönhoff: Ideen und politische Gedanken]. Kraków: Księgarnia Akademicka 2012 (Societas 63). 154 S., engl. Zusammenfassung. ISBN 978-83-7638-304-0.

In der Monographie stellt Aleksandra Matykiewicz-Włodarska Marion Gräfin Dönhoff (1909–2002), die Chefredakteurin und Mitherausgeberin der Wochenzeitung *Die Zeit* und eine der bedeutendsten Publizistinnen der bundesdeutschen Nachkriegszeit, die sich engagiert für die deutsch-polnische Versöhnung einsetzte, dem polnischen Lesepublikum vor. In dem einleitenden Kapitel wird auf die Biographie der gebürtigen Ostpreußin (Familie, Kindheit und Jugendzeit, ihr Schicksal während des Zweiten Weltkrieges sowie ihre langjährige Tätigkeit bei der *Zeit*) eingegangen. Im zweiten Kapitel wird Marion Dönhoff als Widerstandskämpferin gegen den Nationalsozialismus schon seit ihren Jugendjahren und ihre Abrechnung mit der nationalsozialistischen Vergangenheit Deutschlands beschrieben. Im dritten Kapitel wird außerdem die kritische Haltung der Journalistin in der Ära Adenauer dargestellt. Ihr Engagement für eine aktive deutsche Ostpolitik der Versöhnung sowie ihre Unterstützung von Brandts Entspannungspolitik sind Gegenstand des vierten Kapitels. Das abschließende Kapitel ist der Analyse von Dönhoffs Einstellung zu den deutsch-polnischen Beziehungen nach der Wende von 1989 gewidmet. Eine Bibliographie und ein Personenregister runden die Studie ab.

Agnieszka Palej

Grażyna Nawrolska: Początki Elbląga w świetle źródeł archeologicznych [Die Anfänge Elbings im Lichte archäologischer Quellen]. Elbląg: Stowarzyszenie Miłośników Truso 2012. 210 S., Abb., engl. Zusammenfassung. ISBN 978-83-935048-0-0.

Die Monographie zur ältesten Geschichte von Elbing/Elbląg geht erstmals auf Fragen des Lokationsprozesses, der Gestaltung des städtischen Raums und des Alltagslebens ein. Sie entstand auf der Grundlage von Quellenmaterial, das bei Ausgrabungen im Stadtgebiet in den Jahren 1980–2000 und 2001–2007 gefunden wurde. Besondere Bedeutung hatten dendrologische Forschungen sowie eine Analyse von keramischen Konvoluten und chronologischen Indikatoren wie etwa Münzen. Im ersten von fünf Kapiteln werden der Stand der Forschungsgrabungen auf dem Gebiet der Elbinger Altstadt und die Entwicklung der Stadtarchäologie an den südlichen Küsten der Nord- und Ostsee dargestellt. Im Weiteren werden geomorphologische, hydrologische und klimatische Bedingungen beschrieben, außerdem das Siedlungswesen, das der Entstehung der Lokationsstadt vorausging, besonders aber das mittelalterliche Handelszentrum Truso. Die Vorzüge der Region und ihre Bedeutung bei der Siedlungs- und Wirtschaftsentwicklung werden dargelegt. Die Autorin versucht zu erklären, warum es auf dem Gebiet der Lokationsstadt keine frühere Siedlung gegeben hat. Ein umfangreiches Kapitel untersucht die Etappen der Gestaltung des städtischen Raums. Metrologische und planigraphische Analysen bestätigten die Annahme, dass der Stadtgrundriss bis zur ersten Hälfte des 17. Jahrhunderts unverändert Bestand hatte. Genauere Auskünfte gaben archäologische Forschungen, die im Gebiet der ältesten Eindämmungen und späteren Stadtmauern durchgeführt wurden. Einiger Raum wird der Konstruktion und dem Verlauf der Haupt- und Nebenstraßen und dem städtischen Grund, seiner Größe und Aufteilung gewidmet. Die Art und Weise der Bewirtschaftung der rückwärtigen Grundstücksteile war abhängig von ihrer Größe und vom Beruf der Bewohner. Auf der Basis archäologischer Untersuchungen werden der Charakter der Wohnbebauung und die Veränderungen von in Flechttechnik gebauten Holzhäusern und einräumigen Objekten wie Block-, Pfahl- und Skelettbauten bestimmt, die manchmal auf steinernem Fundament errichtet waren. Auch auf die Sonderstellung von Handelsplatz und Friedhof, auf die Klosteranlage der Dominikaner, das Heiliggeist-Spital, die Pfarrkirche, das Rathaus, die Stadtwaage und die Ordensritterburg wird eingegangen. Die Zusammenfassung unterstreicht den Beitrag der Archäologie für die Kenntnis der Geschichte Elbings im Mittelalter.

Anna B. Kowalska

Okolice Ostródy [Die Umgebung von Osterode]. [Bd. 5]. Ostróda: Burmistrz Miasta Ostróda, Oficyna Wydawnicza „Retman" 2013. 190, [2] S., s.-w. Abb. ISBN 978-83-62552-80-1, ISSN 2080-3958.

In dem fünften (nicht nummerierten) Band des seit 2009 erscheinenden Jahrbuchs finden sich mehrere Beiträge zur politischen und kulturellen Geschichte der Region um Osterode/Ostróda vor 1945. Der Text von Wiesław Skrobot ist der historischen Entwicklung der Stadt Liebemühl/Miłomłyn gewidmet. Der Autor beschreibt auch die gegenwärtigen Sanierungs- und Bildungsmaßnahmen, die das Ziel haben, diesen 1945 zerstörten und in der nachfolgenden Zeit bedenkenlos entstellten Ort zu revitalisieren und ihm wieder vollen städtischen Charakter zu verleihen. Jan Chłosta beschreibt die Vorbereitung, den Ablauf und die Folgen der Volksabstimmung von 1920 im Kreis Osterode. Zbigniew Kudrzycki stellt die Ergebnisse dieser Abstimmung im Kreis Osterode in Form einer detaillierten Tabelle über die einzelnen Ortschaften dar. Sonia Solarz-Taciak und Piotr W. Taciak beschreiben die früheren und heutigen Denkmäler in Mohrungen/Morąg. In einem Katalog werden vorwiegend die vor 1945 aufgestellten Denkmäler und ihr weiteres Schicksal gezeigt. Im Band finden sich ebenfalls die Erinnerungen des ersten Nachkriegsbürgermeisters von Osterode, Ryszard Tomkiewicz, an die Situation in der Stadt im Juli 1945. Grzegorz Szturo, Mitarbeiter der Universitätsbibliothek in Thorn/Toruń, beschreibt anhand von Archivalien das Schicksal der sich am Kriegsende im Kreis Mohrungen befindenden deutschen Büchersammlungen, darunter der ausgelagerten Bestände der Königsberger Staats- und Universitätsbibliothek, in den Jahren 1945–1947.

Mirosław Ossowski

Piotr Oliński, Waldemar Rozynkowski, Juliusz Raczkowski (Hg.): Klasztor dominikański w Toruniu. W 750. rocznicę fundacji [Das Dominikanerkloster in Thorn. Zum 750. Jahrestag seiner Gründung]. Toruń: Wydawnictwo Naukowe Uniwersytetu Mikołaja Kopernika 2013. 180 S., Abb. ISBN 978-83-231-3155-7.

Der Band geht auf eine Tagung der Wissenschaftlichen Gesellschaft in Thorn/Toruń in Kooperation mit dem Institut für Geschichte und Archivwissenschaften der Nicolaus-Copernicus-Universität zurück, die anlässlich des 750. Jahrestages der Gründung des Dominikanerklosters in Thorn stattfand. Historiker und Kunsthistoriker blicken auf Aspekte des Wirkens der Dominikaner in Thorn: Andrzej Radzimiński schreibt über die Thorner Dominikaner vor dem Hintergrund des Ordenslebens im preußischen Ordensstaat, Rafał Kubicki über die Stellung des Thorner Klosters innerhalb der mittelalterlichen polnischen Dominikanerprovinz und Sławomir Zonenberg über die Beziehungen zwischen den Dominikanern und dem Deutschen Orden in Preußen bis 1466. Monika Jakubek-Raczkowska und Juliusz Raczkowski beschäftigen sich mit dem Bild und dem Kult der Dominikaner anhand von mittelalterlichen Ausstattungselementen der Nikolaikirche in Thorn. Łukasz Myszka analysiert die Seelsorge der Thorner Dominikaner in der Frühen Neuzeit, Waldemar Rozynkowski die Taufbücher der Pfarrei in Kaszczorek (heute ein Stadtteil von Thorn) im Kontext der letzten Thorner Jahre der Dominikaner. Mit Erinnerungsschichten in der Chronik der Thorner Dominikaner befasst sich Piotr Oliński. Witold Konopka untersucht die Geschichte der Ausstattung der Thorner Dominikanerkirche anhand ausgewählter Beispiele.

Piotr Zariczny

Michał Olszewski, Rafał Żytyniec: Ełk. Spacerownik po niezwykłym mieście [Lyck. Spaziergänge durch eine ungewöhnliche Stadt]. Ełk: Muzeum Historyczne w Ełku 2012. 232 S., 119 farb. u. s.-w. Abb. ISBN 978-83-63838-00-3.

Dieser Reiseführer durch Lyck/Ełk vermittelt in populärer Form fundiertes historisches und kulturelles Wissen über die masurische Stadt. Die einzelnen Objekte werden als Mikroerinnerungsorte betrachtet, die Einblicke in die Vergangenheit gewähren, ohne dass die Zäsur von 1945 besonders hervorgehoben wird. So werden die Amtsgebäude, Kirchen, die frühere Kaserne, die Bürgerhäuser und andere Orte als Zeugen der Geschichte vorgestellt. Wichtige Kapitel sind die über die Abstimmung von 1920, die Änderungen der topographischen Namen oder die historischen Persönlichkeiten in der Stadt, wie etwa General Heinrich Johann von Günther. Ein Kapitel ist den deutschen Schriftstellern aus Lyck gewidmet: Siegfried Lenz, Klaus Skibowski, Fritz und Richard Skowronnek. Relativ viel Platz nimmt die Darstellung der Geschichte der Stadt in der Zeit des Nationalsozialismus ein. Von dem beträchtlichen Umfang der Forschungen, die die Autoren vorgenommen haben, zeugen die im bibliographischen Teil des Buches angeführten deutschen und polnischen Archivquellen sowie benutzten Publikationen.

Mirosław Ossowski

Mirosław Ossowski (Hg.): Günter Grass. Werk und Rezeption. Gdańsk: Wydawnictwo Uniwersytetu Gdańskiego 2013 (Studia Germanica Gedanensia 28). 178 S. ISBN 978-83-7865-121-5 ISSN 1230-6045.

Der Band geht zum Teil auf die anlässlich des 85. Geburtstages von Günter Grass vom Institut für Germanistik der Universität Danzig/Gdańsk veranstaltete Internationale Sommerwerkstatt für Doktorandinnen und Doktoranden zurück. Er enthält Beiträge der teilnehmenden Nachwuchswissenschaftler(innen) zu mehreren Themengruppen: Literatur, Politik, Übersetzung, Geschichte; Identitätskonstruktionen; Bezüge zur bildenden Kunst; Danzig als Erinnerungsort; Rezeption in Polen. Es folgen noch drei Essays, ein Artikel über die literarische Aufarbeitung von DDR-Erfahrungen im Teil „Miszellen" sowie Rezensionen, unter anderem von Marion Brandt über Peter Oliver Loews *Literarischen Reiseführer Danzig* und die von Basil Kerski herausgegebenen *Danziger Identitäten*. Die Beiträge des ersten Teils reflektieren folgende Aspekte im Grass'schen Werk: Darstellungen zur deutschen Einheit (Florian Reinartz), die jüdische Thematik (Ingo Reiff), die politische Gesinnung im polnischen Kontext (Lidia Burakowska-Ogińska), das politische Engagement des als eine moralische Instanz bezeichneten Schriftstellers (Daria Szymborska) sowie Probleme mit der russischen Übersetzung von *Aus dem Tagebuch einer Schnecke* (Astrid Maria Ottilie Shchekina-Greipel). Im Zentrum des Teils, der der Untersuchung von Identitätskonstruktionen gewidmet ist, stehen die Dimension der „Nach-Vergangenheit" und die siebzehnjährigen Protagonisten bei Grass (Julia Kanchana-Schlichting), die Figur von Tulla Pokriefke (Anemarija Ručević), die Relationen zwischen Literatur und bildender Kunst in *Beim Häuten der Zwiebel* (Viktoria Krason) sowie die Deutung des Gemäldes *Der Zinsgroschen* von Anton Möller im Roman *Der Butt* (Anna Kowalewska-Mróz). Im Rahmen des Erinnerungsort-Komplexes werden Grass' literarische Freundschaften in Polen behandelt (Mirosław Ossowski), ferner Stadttransformationen im polnischen Gdańsk (Joanna Bednarska-Kociołek) und die Lektüre der *Hundejahre* (Wacław B. Maksymowicz). Die Publikation leistet einen wesentlichen Beitrag zur internationalen Grass-Forschung.

Ewelina Kamińska

Dariusz Pakalski: Pytanie o ideę kultury w Czarodziejskiej górze Tomasza Manna [Die Frage nach der Kulturidee in Thomas Manns *Zauberberg*]. Toruń: Wydawnictwo Tako 2012. 212 S. ISBN 978-83-62737-13-0.

Der Autor der Monographie befasst sich mit den philosophischen Verknüpfungen im *Zauberberg* von Thomas Mann, unter anderem mit dem Einfluss Arthur Schopenhauers, den er für den „geistigen Vater" des Romans hält. Dariusz Pakalski verweist auf gewisse Verbindungen mit Schopenhauer bei den Figuren von Naphta und Dr. Krokowski. Plausibel sind seine Deutungen der Verkettung von Hans Castorp mit Danzig (Studium an der hiesigen Technischen Hochschule), die er in dem Abschnitt *Gdański epizod* („Danziger Episode") auf die Faszination Schopenhauers für Thomas Mann zurückführt. Er schreibt Danzig als Geburtsort des berühmten Philosophen im Roman Thomas Manns eine symbolische Funktion zu, ähnlich wie Paweł Huelle, dessen Roman *Castorp* er hier anführt. Pakalski unterstreicht ebenfalls die Rolle von Friedrich Nietzsche, Richard Wagner und Sigmund Freud für die ideelle Gestaltung des *Zauberbergs*.

Mirosław Ossowski

Henryk Paner: Średniowieczne świadectwa kultu maryjnego. Pamiątki pielgrzymie w zbiorach Muzeum Archeologicznego w Gdańsku [Mittelalterliche Zeugnisse des Marienkults. Pilgerandenken in den Sammlungen des Archäologischen Museums Danzig]. Gdańsk: Muzeum Archeologiczne w Gdańsku 2013 (Fontes Commentationesque ad res gestas Gedani et Pomeraniae 4). 319 S., Abb., Kt. ISBN 978-83-85824-58-9.

Die Danziger Kollektion von Pilgerplaketten, die mit dem Marienkult verbunden sind, zählt etwa 300 Exemplare, wobei diese Zahl mit dem Fortschritt der Grabungsarbeiten ständig wächst. Die Sammlung ist umso wertvoller, als sie fast vollständig aus systematischen archäologischen Forschungen stammt, nur einige wenige Stücke sind sogenannte Einzelfunde. In der Monographie werden Marien-Pilgerplaketten im Kontext der europäischen Städte, die an Pilgerwegen liegen, vergleichend analysiert. Einer genaueren Analyse werden die Umstände ihres Auffindens, ihre Chronologie und ihre Verteilung auf die einzelnen Stadtbezirke des mittelalterlichen Danzig/Gdańsk unterzogen. Dank der angewandten Forschungsmethode kann der Autor in vielen Fällen ihre Entstehung bestimmen und die Wechselbeziehung zwischen ihrer Herkunft und dem Ort ihrer Hinterlegung erfassen. Unter den 334 untersuchten Gegenständen befinden sich neben Plaketten auch Glocken, Reliquiare, Medaillen und Figürchen, die ebenfalls mit dem Marienkult verbunden waren. Die Funde stammen aus dem Raum innerhalb der Wehranlagen des 17. Jahrhunderts und aus dem Zeitraum vom späten 12. bis zur Mitte des 16. Jahrhunderts. Den Beginn dieses Zeitraums bezeichnet eine Information über die Existenz der Burgkirche Unserer Lieben Frau, der Katharinenkirche und der ersten Nikolaikirche in Danzig; das Ende ist verbunden mit der Reformation, die den Niedergang vieler Pilgerorte zur Folge hatte. In 15 Kapiteln werden die Geschichte des Marienkults in Pommern und Preußen, die Rolle der Pilgerzeichen im mittelalterlichen Europa und die Geschichte der Funde und Forschungen auf polnischem Gebiet – darunter zu Jakobsmuscheln, Pilgerglocken, Feldflaschen, Kalebassen, Hörnern, Stöcken (Krücken) und Hüten – abgehandelt. Den größten Raum nimmt die Präsentation der Danziger Marien-Pilgerandenken ein: Jedes Objekt wird in einem eigenen Katalogeintrag beschrieben, der Informationen über die Umstände des Auffindens, die Datierung, den Inhalt des Dargestellten sowie eine Zeichnung oder ein Foto enthält.

Anna B. Kowalska

Darius Petkūnas: Rytų Prūsijos liuteronų liturginė tradicija ir lietuviškoji jos raiška reformacijos ir Donelaičio laikų agendose. The East Prussian lutheran liturgical tradition and its lithuanian expression from the Reformation to the agendas of the Donelaitis era. Klaipėda: Klaipėdos universiteto leidykla 2012. 572 S., Abb., engl. Zusammenfassung. ISBN 978-9955-18-696-0.

Dieses zweisprachige (parallel auf Litauisch und Englisch verfasste) Werk beschäftigt sich mit der liturgischen Tradition der evangelisch-lutherischen Kirche in Ostpreußen und ihren litauischen Formen in den Agenden von der Reformation bis zur Zeit des Donelaitis am Ende des 18. Jahrhunderts. Anlass dieser Veröffentlichung war der 300. Geburtstag des berühmten Pfarrers und Schriftstellers Kristijonas Donelaitis (Christian Donalitius, 1714–1780). Die Persönlichkeit Donelaitis' ist das Bindeglied zwischen der preußischen Kultur und dem litauischen nationalen Bewusstsein. Der Verfasser bemerkt, dass bis dahin keine Studie existierte, in der die litauischen Agenden des 18. Jahrhunderts gründlich untersucht wurden. Mit der vorliegenden Monographie versucht er diese Lücke auszufüllen. Gegenstand der Publikation sind die in den Agenden und kirchlichen Gesetzen festgeschriebenen liturgischen religiösen Handlungen. Konsequent unter theologischen Gesichtspunkten werden liturgisch-katechetische Arbeiten von Martynas Mažvydas, Baltramiejus Vilentas, Jonas Bretkūnas (Johannes Bretke) und anderen Autoren untersucht. Ebenfalls werden litauische Agenden betrachtet, die Donelaitis und andere Pfarrer während der kirchlichen Zeremonien benutzt haben. Das Buch besteht aus zwei Teilen: Der erste Abschnitt stellt die Geschichte der lutherischen Liturgie im Lande vor, im zweiten werden Faksimiles und Transkriptionen der litauischen Agenden aus der Zeit von 1730 bis 1775 publiziert.

Edita Venčkauskaitė

Kazimierz Pospieszny: Domus Malbork. Zamek krzyżacki w typie regularnym [Domus Marienburg. Eine Ordensburg des regelmäßigen Typs]. Toruń: Wydawnictwo Naukowe Uniwersytetu Mikołaja Kopernika 2014 (Monografie Uniwersytetu Mikołaja Kopernika [Monographien der Nicolaus-Copernicus-Universität]). 350 S., Abb. ISBN 978-83-231-3297-4.

Dieses Buch zur Geschichte und Architektur der Marienburg beschreibt im ersten Kapitel die früheste Zeit des „Castrum sancte Marie" von ca. 1274 bis 1300, die Vorgeschichte des Baues und die Errichtung der Ordensburg, es stellt ihr architektonisches Programm sowie ihre Charakteristika vor und thematisiert auch den Zusammenhang zwischen dem Bau und der Politik des Ordens. Das folgende Kapitel geht ein auf das preußische Modell der regelmäßig geometrischen Burg vor dem Hintergrund anderer Bauwerke des Mittelalters in Böhmen, Frankreich, Wales, Italien, den Niederlanden oder dem Heiligen Land. Die beiden weiteren Kapitel beschäftigen sich mit der Ordensburg als dem „Haupthaus" des Hochmeisters von 1309 bis zur Mitte des 14. Jahrhunderts, ihrem Um- und Ausbau sowie der ‚klassischen' Ordensburg vom 14. Jahrhundert bis 1457 und ihrer Architektur als Ausdruck ihrer Mission und als Mittel der Ordensherrschaft. Quellen- und Literaturangaben sowie Abbildungs-, Sach-, Personen- und Ortsregister ergänzen den Band.

Piotr Zariczny

Błażej Śliwiński (Hg.): Historia Rumi od pradziejów do 1945 [Die Geschichte Rahmels von den Urzeiten bis 1945]. Bd. 1. Gdynia: Region 2012. 339, [5] S., s.-w. u. farb. Abb. ISBN 978-83-7591-245-6.

Die von mehreren Autoren verfasste Publikation ist ein Versuch, die Geschichte der Stadt Rahmel/Rumia umfassend darzustellen. Im ersten Teil behandelt Henryk Paner, Direktor des Archäologischen Museums in Danzig/Gdańsk, die Urgeschichte der Region, indem er sich auf die archäologischen Funde stützt. Im nächsten Kapitel erzählt Błażej Śliwiński die mittelalterliche Geschichte: die Besiedlung, die Gründung des ostpommerschen Herzogtums, die Christianisierung und die Zeiten des Deutschen Ritterordens. Der von Edmund Kizik bearbeitete dritte Teil ist der Neuzeit, vom 16. Jahrhundert bis zum Beginn des 19. Jahrhunderts, gewidmet. Der Danziger Historiker schildert die Entwicklung der beiden in den heutigen Stadtgrenzen liegenden Dörfer, des königlichen Dorfs Sagorsch/Zagórz und des Kirchdorfs Rahmel. Tomasz Rembalski beleuchtet die Zeit der preußisch-deutschen Herrschaft, unter anderem den Verwaltungsaufbau, die religiösen und nationalen Verhältnisse, die Agrarreformen im 19. Jahrhundert, die wirtschaftliche Situation und die Besitzverhältnisse sowie die seelsorgerische Arbeit der katholischen und der protestantischen Kirche. Bogusław Breza stellt, auch mit Bildmaterialien, die Zwischenkriegszeit und im nächsten Kapitel die Besatzung durch die Nationalsozialisten dar. Schließlich geht Edmund Kizik auf die Bau- und Kulturdenkmäler ein. In der Publikation findet sich ein Personenregister.

Mirosław Ossowski

Grzegorz Supady: Theodor Gottlieb von Hippel. Ekscentryczny literat z Królewca [Theodor Gottlieb von Hippel. Ein exzentrischer Literat aus Königsberg]. Warszawa: Wydawnictwo Naukowe Semper 2013. 244 S. ISBN 978-83-7507-225-9.

Das Buch ist die erste polnische Monographie über Theodor Gottlieb von Hippel (1741–1796). Grzegorz Supady untersucht die literarischen und publizistischen Texte des Königsberger Schriftstellers und stellt sich auch das Ziel, sein Werk in Polen zu popularisieren. Deshalb beinhaltet der Band im Anhang zahlreiche Sentenzen aus den Texten Hippels auf Polnisch und auf Deutsch. Der Verfasser erörtert in der Einleitung den Forschungsstand und die Quellen zu Hippel und betont die Rolle des kulturellen Gedächtnisses im ostpreußischen Raum. Er stellt in den ersten Kapiteln den historischen Hintergrund und das geistige Leben im Preußen des 18. Jahrhunderts dar. Auf knapp 30 Seiten wird dann die Biographie Hippels beleuchtet. Es folgt ein analytischer Teil, der hauptsächlich dem Roman *Lebensläufe nach aufsteigender Linie nebst Beilagen A, B, C* und den publizistischen Abhandlungen *Über die bürgerliche Verbesserung der Weiber* und *Über die Ehe* sowie mehreren politisch-juristischen Texten gewidmet ist. Hippel wird hier als ein Vertreter der Aufklärung, aber auch ein dem Geist und den literarischen Formen des Sturm und Drang verpflichteter Autor gezeigt. Zu den analysierten Aspekten gehört Hippels Darstellung des lokalen Kolorits in Kurland, Russland, Preußen, Polen und anderen Ländern. Im Buch findet sich ein Personenverzeichnis.

Mirosław Ossowski

Krzysztof G. Szatrawski (Hg.): Arno Holz i jego dzieło. W 150. rocznicę urodzin poety. Arno Holz und sein Werk. Zum 150. Geburtstag des Dichters. Kętrzyn: Stowarzyszenie im. Arno Holza dla Porozumienia Polsko-Niemieckiego 2013. 143 S. ISBN 978-83-929395-1-1.

Der zweisprachige Band enthält fünf Beiträge zu dem im April 2013 in Rastenburg/Kętrzyn, dem Geburtsort von Arno Holz (1863–1929), zum 150. Geburtstag des Dichters organisierten Symposium. In der Einleitung beschreibt Krzysztof G. Szatrawski die Rezeption von Arno Holz in Polen in neuerer Zeit und charakterisiert sein poetisches Schaffen, indem er unter anderem auf seine Darstellungen von Rastenburg und ostpreußischen Dörfern verweist. Der mit zwei Beträgen vertretene Dietmar Pertsch erörtert in einem Text Aspekte der Biographie des Dichters anhand dessen in den Berliner Bibliotheken aufbewahrter Briefe im Zusammenhang mit seinem literarischen Schaffen. Pertschs zweiter Beitrag ist den gemeinsamen dramatischen Werken von Holz und Oskar Jerschke, hauptsächlich der Interpretation des Dramas *Traumulus* und dessen Verfilmung, gewidmet. Jens Stüben erklärt die Bedeutung von Rastenburg und Ostpreußen für das Werk von Arno Holz und geht auf die für den Autor relevanten ostpreußischen Traditionen sowie seine Rezeption ein. Durch die Analyse der Dichtungen gelangt er zur Schlussfolgerung, dass für Holz Rastenburg „Ausgangs- und Zielpunkt seiner imaginierten Reise" ist. Zbigniew Chojnowski befasst sich mit der zeitweise regen polnischen Rezeption Holz' zu dessen Lebzeiten, und Krzysztof D. Szatrawski analysiert die poetische Sprache des Dichters im *Phantasus*. Der Band gewährt interessante Einblicke in das Leben und Werk von Arno Holz. Leider sind die Übersetzungen der polnischen Texte ins Deutsche zum Teil inakzeptabel.

Mirosław Ossowski

Kalina Zabuska: Szekspirowska dekada. Lata 1778–1788 w twórczości Daniela Chodowieckiego [Die shakespearische Dekade. Die Jahre 1778–1788 im Werk von Daniel Chodowiecki]. Gdańsk: słowo/obraz terytoria 2013. 145, [3] S., 88 Abb. ISBN 978-83-7453-127-6.

Das Buch ist den in den Jahren 1778–1788 entstandenen Illustrationen von Daniel Chodowiecki (1726–1801) gewidmet, die Szenen und Gestalten aus den Werken Shakespeares zeigen. Diese Darstellungen werden hier abgebildet und detailliert beschrieben. Dank der Einleitung und einem den Werdegang Chodowieckis als Künstler vorstellenden Kapitel kann der Leser auch seine Biographie kennenlernen. Ein anderer hier beleuchteter Aspekt ist die

Sammlung der Werke von Chodowiecki in Danzig/Gdańsk, die auf die Sammeltätigkeit des Danziger Kaufmanns und Philanthropen Jacob Kabrun (1759–1819) zurückgeht. Die Autorin schildert die Entstehungsgeschichte dieser Sammlung und beschreibt ihren Bestand. Aus der Publikation erfährt man, wie die Illustrationen zu Shakespeare entstanden und von wem sie bestellt worden sind bzw. was den Künstler zur Arbeit angeregt hat. Das Buch gibt auch Einblicke in das Theaterleben in Berlin und Danzig. Es zeigt, wie groß die Faszination für die Werke Shakespeares und deren Aufführungen in der hier betrachteten Zeit war.

Mirosław Ossowski

Lucyna Żukowska: Między śmiercią a diabłem. Kościół ewangelicki w Gdańsku w okresie rządów NSDAP (1933–1945) [Zwischen Tod und Teufel. Die evangelische Kirche in Danzig in der Zeit der NSDAP-Herrschaft (1933–1945)]. Bydgoszcz, Gdańsk: Instytut Pamięci Narodowej. Komisja Ścigania Zbrodni przeciwko Narodowi Polskiemu 2014 (Publikacje gdańskiego oddziału IPN [Veröffentlichungen der Danziger Abteilung des Instituts für Nationales Gedenken] 38). 210, [8] S., 11 Abb. ISBN 978-83-7629-553-4.

Die Autorin der sehr informativen und gut strukturierten Publikation stellt die bisher kaum erforschte Missionsarbeit der evangelischen Kirche unter der nationalsozialistischen Herrschaft in der Freien Stadt Danzig (1933–1939) und in Danzig-Westpreußen (1939–1945) dar. Żukowska bewertet in der Einleitung unter anderem die benutzten Quellen, insbesondere die Archivbestände in Polen und Deutschland. Im ersten Teil erörtert sie die Geschichte der evangelischen Kirche in Preußen bis hin zum Dritten Reich. Dann stellt sie die konfessionelle Struktur der Danziger Bevölkerung sowie die Organisationsstruktur der evangelischen Kirche in Danzig dar. Sie beschreibt ausführlich die Veränderungen in der Danziger Kirche unter dem Einfluss der politischen Entwicklung und geht dabei auf die Deutschen Christen und die Deutsche Glaubensbewegung ebenso ein wie auf die Opposition der Bekennenden Kirche und der neutral eingestellten Geistlichen in Danzig gegen die dem politischen Druck nachgebende Kirchenleitung, außerdem auf die Maßnahmen der nationalsozialistischen Behörden, die den Einfluss der Kirche einschränken sollten. Sie zeigt auch, wie die Kirche für die umgesiedelten baltischen Deutschen organisiert wurde. Im Anhang finden sich unter anderem zehn Kurzbiographien der Pastoren und Informationen über ihre Ehefrauen, Verzeichnisse der deutschen und polnischen Orts- und Straßennamen, der kirchlichen Institutionen und Organisationen sowie eine Liste thematisch relevanter Begriffe auf Deutsch und Polnisch. Das Buch enthält ein Personenregister.

Mirosław Ossowski

4. Pommern, Neumark

Jerzy Baranowski (Hg.): Kolej na Pomorzu Zachodnim 1843–2013 [Die Eisenbahn in Hinterpommern bzw. Westpommern 1843–2013]. Wydanie 4. uzupełnione [4., ergänzte Aufl.]. Szczecin: Wydawnictwo INES 2013. 256 S., s.-w. u. farb. Abb., Kt. ISBN 978-83-910427-9-3.

Die als Jubiläumsausgabe gedachte Monographie behandelt die Geschichte des Eisenbahnwesens in Stettin/Szczecin und Pommern. Einleitend charakterisiert wird der Stettiner Eisenbahnknotenpunkt in den Jahren 1843–1945 mit Unterstützung von Abbildungen der Bahnhöfe aus dem 19. Jahrhundert sowie der Industriebetriebe, die für die Bahn produziert haben. Im Weiteren gilt die Aufmerksamkeit den Bahnlinien in den Jahren 1859–1945, der Entwicklung der sogenannten Ostbahn Berlin–Königsberg 1851–1945 sowie den ehemaligen Kleinbahnen 1895–1945. Detailliert geschildert wird die Entwicklung der Saatziger Kleinbahn, der Kolberger Kleinbahnen, der Greifenberger Kleinbahn, der Regenwalder Kleinbahn, der Schlawer Kleinbahn, der Stolper Kreisbahn, der Aktiengesellschaft der vereinigten Kleinbahnen der Kreise Köslin, Bublitz und Belgard sowie der Casekow-Penkun-Oder-Kleinbahn. (Heutige Ortsnamen: Kaliningrad, Szadzko, Kołobrzeg, Gryfice, Resko, Sławno, Słupsk, Koszalin, Bobolice, Białogard.) Ergänzend dazu werden um die Bahn verdiente Industrielle wie Friedrich Lenz (1846–1930) porträtiert. Sonstige Kapitel gehen auf Veränderungen und Besonderheiten des pommerschen Bahnwesens nach 1945 ein; die Angaben betreffen unter anderem die Zahl der Züge, die Institutionen oder die administrative Struktur der Bahn.

Ewelina Kamińska

Tadeusz Białecki (Hg.): Gryfice. Dzieje miasta. Praca zbiorowa [Greifenberg. Geschichte der Stadt. Sammelband]. Szczecin: Urząd Miasta Gryfice, Uniwersytet Szczeciński. Oficyna Wydawnicza Archiwum Państwowego w Szczecinie „Dokument". 623 S., Abb. ISBN 978-83-89341-91-4.

Dieses Buch wurde anlässlich des 750-jährigen Jahrestages der Verleihung der Stadtrechte an Greifenberg/Gryfice von der pommerschen Stadt in Auftrag gegeben. Ein solches wissenschaftliches Werk in polnischer Sprache lag bisher noch nicht vor. Die *Geschichte von Land und Stadt Greifenberg* von Martin Wehrmann stammt aus dem Jahr 1927. Der nun vorliegende Sammelband berücksichtigt Quellenmaterial aus Archiven in Stettin/Szczecin und Berlin und wurde von 18 Autoren erarbeitet. Über die Archäologie von Greifenberg und Umgebung in prähistorischen Zeiten schreibt Marek Dworaczek. Greifenberg im Mittelalter (bis 1523) stellt Rafał Simiński vor. Die frühneuzeitliche Stadt im Staat der Greifen (1523–1653) ist das Thema von Radosław Gaziński, während Paweł Gut uns Greifenberg zur Zeit der brandenburgisch-preußischen Monarchie, in den Jahren 1653–1806, nahebringt. Maciej Szukała beschäftigt sich mit der Geschichte der Stadt von den Napoleonischen Kriegen bis zum Zweiten Weltkrieg. Die Autoren stellen die Entwicklung der städtischen Struktur dar und widmen sich Fragen von Wirtschaft, Religion, Schulwesen und Kultur in Greifenberg. Ewa Gwiazdowska befasst sich mit den ikonographischen Quellen zur Geschichte der Stadt. Janina Kochanowska präsentiert architektonische Denkmäler. Agnieszka Gut analysiert das historische Wappen der Stadt. Der zweite Teil des Buches ist der Stadtgeschichte von 1945 bis heute gewidmet. Dabei werden die Themen Wirtschaft, Kultur, Schulwesen, religiöses Leben und Sport berücksichtigt. Eine Bibliographie gedruckter und ungedruckter Quellen sowie der Forschungsliteratur und zudem ein Lexikon zur Geschichte der Orte der Umgebung ergänzen den Band.

Maciej Szukała

Wulf-Dietrich von Borcke: Starogard. Stargordt. Szczecin: Wydawnictwo Walkowska/JEŻ 2013 (Zamki i ogrody w województwie zachodniopomorskim. Schlösser und Gärten in der Wojewodschaft Westpommern 2). 29 S., s.-w. Abb. ISBN 978-83-935718-1-9.

Dies ist das zweite Heft (in polnischer und deutscher Sprache) aus einer neuen Regionalreihe über Burgen, Schlösser und Herrenhäuser in jenem Teil Pommerns, der bis 1637 zum Herzogtum Pommern gehörte, anschließend zu Preußen kam und seit dem Ende des Zweiten Weltkriegs ein Teil Polens ist. (Zu weiteren Heften der Reihe siehe unter den Verfassernamen Kalita-Skwirzyńska/Opęchowski, Słomiński, A./R. Walkiewicz, von Zitzewitz.) Der Inhalt folgt jeweils einem Schema: allgemeine Geschichte des Dorfes und Schlosses; detaillierte Darstellung des Schlosses, Wirtschaftshof, Park, Kirche; Bibliographie. Der deutsche Spezialist für Landschafts- und Gartengestaltung Wulf-Dietrich von Borcke führt uns in das Dorf Stargordt/Starogard Łobeski in der Nähe von Regenwalde/Resko. Ortsmittelpunkt war bis 1945 das Schloss der Grafen von Borcke. Die Publikation konzentriert sich auf die Geschichte dieser Familie, insbesondere auf deren Stargordter Linie, sowie auf die Geschichte des 1717–1721 erbauten barocken Schlosses, des dazugehörigen Parks, der Pfarrkirche und des Friedhofs. Den einstigen und jetzigen Zustand der Objekte dokumentieren Pläne und Fotos. Die Bibliographie enthält viele deutsche Publikationen über die Familie von Borcke und deren Güter.

Ewelina Kamińska

Joanna Chojecka (Hg.): Plany miast w zasobie Archiwum Państwowego w Koszalinie. Stadtpläne im Bestand des Staatsarchivs Koszalin. City Maps in the collection of National Archive in Koszalin. Koszalin: Archiwum Państwowe w Koszalinie 2012. 115 S., farb. Abb., Kt. ISBN 978-83-62421-41-1, 978-83-61066-02-6.

Im Rahmen der Veröffentlichung von Quellen aus dem Bestand des Staatsarchivs Köslin/Koszalin präsentieren Grzegorz „Tymek“ Andrysiak, Bogusława Deryło, Anna Janczewska, Małgorzata Korczak und Barbara Brzydalska 50 Pläne von 28 Städten Pommerns und aus dem Teil der Grenzmark Posen-Westpreußen, der im Oktober 1938 Pommern angeschlossen wurde. Die Stadtpläne aus dem Staatsarchiv Köslin und den Nebenstellen in Stolp/Słupsk und Neustettin/Szczecinek aus den Jahren 1810–1955 werden in einem Album dokumentiert, darunter Pläne von Bad Polzin/Połczyn Zdrój, Belgard/Białogard, Bublitz/Bobolice, Bütow/Bytów, Flatow/Złotów, Kolberg/Kołobrzeg, Körlin/Karlino, Köslin, Neustettin, Rügenwalde/Darłowo, Schlawe/Sławno, Schlochau/Człuchów, Schönlanke/Trzcianka, Stolp, Tütz/Tuczno und Zanow/Sianów. Die einzelnen Katalogeinträge umfassen jeweils eine Reproduktion des gesamten Stadtplans und eines Plans der Altstadt sowie grundlegende Daten wie eine kurze Beschreibung, das Datum der Veröffentlichung, Maßstab, Material, Maße, Inventargruppe und -nummer. Dem Katalog vorangestellt sind eine zusammenfassende Darstellung von Joanna Chojecka zur Bedeutung von Stadtplänen, eine fachliche Einführung in das Thema mit einer Erläuterung des Aufbaus der Katalogeinträge von Bogusława Deryło sowie eine Übersichtskarte Pommerns. Übersetzungen ins Deutsche verfertigte Oliwia Tomaszkiewicz, ins Englische Jolanta Koralewska.

Ewa Gwiazdowska

Colloquia Germanica Stetinensia Nr. 22. Szczecin: Wydawnictwo Naukowe Uniwersytetu Szczecińskiego 2013 (Zeszyty Naukowe Uniwersytetu Szczecińskiego [Wissenschaftliche Hefte der Universität Stettin] 774). 347 S. ISSN 0867-5791, 1640-6818.

Der 22. Band der Fachzeitschrift der Stettiner Germanistik enthält Beiträge zu diversen Themen der Literatur- und Sprachwissenschaft sowie Rezensionen und Konferenzberichte. Zwei

Artikel gehen auf mit Pommern verbundene Autoren ein. Bartosz Wójcik schreibt über das Weibliche als zukunftsweisende Kraft für die pommersche Gesellschaft um 1900 am Beispiel der *Geschichten aus Hinterpommern* von Hans Hoffmann (1848–1909). Der in Stettin/Szczecin geborene Schriftsteller lebte und arbeitete als Gymnasiallehrer in Stolp/Słupsk und Danzig/Gdańsk. Seine Erzählungen und Novellen kreisen um diese Erfahrungen, spiegeln die Atmosphäre der damaligen ostpommerschen Stadt Stolp wider, während der historische Roman *Wider den Kurfürsten* (1894) die Belagerung Stettins in den Jahren 1676–1678 behandelt. Ewelina Kamińska stellt die jetzt in Ueckermünde lebende pommersche Autorin Ilse Sarecka (geb. 1941) vor, die in ihren Gedichten, Erzählungen und Romanen ihre Stettiner Vorfahren, die pommersche Natur sowie die deutsch-polnischen Wechselbeziehungen reflektiert.

Ewelina Kamińska

Roman Czejarek: Kolorowy Szczecin na starych pocztówkach. Stettin in Farbe auf alten Postkarten. Łódź, Szczecin: Dom Wydawniczy Księży Młyn 2013. 153 S., s.-w. u. farb. Abb. ISBN 978-83-7729-077-4.

Der Postkartensammler und Kenner der Stettiner Geschichte der Zeit um 1900 veröffentlicht einen neuen Band, in dem mittels Bildquellen vom alten Stettin erzählt wird. Diesmal werden farbige Postkarten präsentiert, eine Seltenheit in der Zeit der noch wenig fortgeschrittenen Technik. Es handelt sich um handkolorierte Karten, die teils nicht gelaufen, teils beschrieben und versandt wurden und so den Aufenthalt von Besuchern in der Stadt dokumentieren. Zu jeder Karte gibt es einen Kommentar. Gegenstand der Abbildungen sind die ehemaligen Straßen, Restaurants, Geschäfte, Kirchen, Theater, Denkmäler, Brücken und Schiffe. Auch vermittelt die Sammlung Kenntnisse über mit dem alten Stettin verbundene Personen wie den Forstmeister Carl Ludwig Gené, der um die Buchheide kämpfte, oder den Leiter der Podejucher Bergwerke Worpitzky. Eine Science-Fiction-Karte des Stettiner Verlegers Siegmund Weil zeigt eine Vision: die Stadt im Jahre 1999 mit schwebenden Luftballons und einer Schwebebahn zum Quistorpturm.

Ewelina Kamińska

Maria Frankel (Hg.): Szczeciński Informator Archiwalny [Stettiner Archivinformationen] 21 (2012). Szczecin: Wydawnictwo „Dokument", Oficyna Archiwum Państwowego w Szczecinie 2012. 222 S., Abb. ISBN 978-83-89341-93-8.

Das Jahrbuch des Staatsarchivs Stettin/Szczecin präsentiert Aufsätze zu verschiedensten Themen: Marcin Hlebionek beschäftigt sich mit dem Lokationsdokument der Stadt Schönlanke/Trzcianka aus dem Jahr 1731, das sich im Stettiner Archiv befindet. Radosław Pawlik schreibt über die Prälaten des Domstifts zu St. Marien in Stettin und beruft sich dabei auf erhaltene handschriftliche Inventare von kirchlichen Pergamentdokumenten, die von Stettiner Archivaren in der Zwischenkriegszeit erstellt wurden, sowie auf gedruckte Quellen. Paweł Gut untersucht die Geschichte und Funktion des Hofgerichts in Greifswald in schwedischer und in preußischer Zeit. Dieses Gericht befand in erster Instanz über zivil- und strafrechtliche Angelegenheiten des Adels und anderer privilegierter Personen, darunter der königlichen Beamten. Janina Kosman analysiert Widmungen in Büchern der Bibliothek des Staatsarchivs Stettin, die nicht nur literarischen Wert haben, sondern auch zeithistorisch interessant sind. Die weiteren Texte behandeln Themen aus der Zeit nach 1945.

Maciej Szukała

Maria Frankel (Hg.): Szczeciński Informator Archiwalny [Stettiner Archivinformationen] 22 (2013). Szczecin: Wydawnictwo „Dokument", Oficyna Archiwum Państwowego w Szczecinie 2013. 226 S., Abb. ISBN 978-83-89341-92-1.

Band 22 des Jahrbuchs des Staatsarchivs Stettin/Szczecin enthält eine Arbeit von Radosław Pawlik über spätmittelalterliche Totenbücher in den Akten des Domkapitels Cammin/Kamień Pomorski, die für genealogische Forschungen außerordentlich wertvoll sind. Maciej Szukała stellt Archivalien aus dem Staatsarchiv Stettin zur Stadt Baldenburg/Biały Bór vor, die in den Jahren 1772–1918 zur Provinz Westpreußen gehörte, später zur Provinz Grenzmark Posen-Westpreußen und von 1938 bis 1945 zur Provinz Pommern. Łukasz Kozłowski untersucht die soziale und berufliche Situation der Menschen in den Jahren 1875–1906 aufgrund des Heiratsregisters des Standesamtes Scheune/Gumieńce (heute ein Stadtteil von Stettin). Paweł Gut interessiert sich für die Geschichte der Wasserleitungen und Kanalisation in Stettin bis 1945 und analysiert eine Dokumentation der Wasser- und Kanalisationsanlagen, die im Staatsarchiv liegt. Zusammen mit Alicja Kościelna tritt er in einem weiteren Artikel für eine kritische Edition der pommerschen Chroniken des 15. bis 18. Jahrhunderts in polnischer Übersetzung aus dem Lateinischen oder Deutschen ein, da es sich um unentbehrliche Forschungsmaterialien zur Geschichte Pommerns handele. Andere Beiträge behandeln Themen der Nachkriegszeit.

Maciej Szukała

Wojciech Gibczyński, Tomasz Witkiewicz: Podwójne szelągi w mennictwie pomorskim (1594–1670) [Doppelschillinge im pommerschen Münzwesen (1594–1670)]. Szczecin: Wydawnictwo Tomasz Witkiewicz 2014. 328 S., s.-w. Abb. ISBN 978-83-927868-2-5.

Die aus 20 Kapiteln bestehende Monographie versteht sich als eine Dokumentation des pommerschen Münzwesens. Eingangs wird in Umrissen seine Entwicklung vom 12. bis zum 16. Jahrhundert dargestellt. Themen sind unter anderem der Wendische Münzverein, die Einflüsse des Obersächsischen Reichskreises, innerhalb dessen sich das Herzogtum Pommern befand, und die Münzprägung in der Stettiner Münzstätte, die aufgrund einer Vereinbarung der Herzöge Johann Friedrich und Ernst Ludwig möglich wurde. Außerdem werden behandelt: Geldsysteme in Pommern im 16./17. Jahrhundert, die Münzstätte in Rügenwalde/Darłowo unter Bogislaw XIV. aus den Jahren 1618–1623, die Tätigkeit des Münzers Gottfried Tabbert am Stettiner Hof, Fundstellen und Sammlungen der pommerschen Doppelschillinge. Berücksichtigung finden auch die Personen der auf den Münzen abgebildeten Herrscher, so Johann Friedrich (1542–1600), Philipp Julius (1584–1625), Franz (1577–1620), Ulrich (1589–1622), Bogislaw XIV. (1580–1637), Karl X. Gustav (1622–1660) und Karl XI. Wittelsbach (1655–1697). Geboten werden ferner ein Katalog mit Abbildungen und genauen Beschreibungen der Münzen sowie eine umfangreiche Bibliographie mit Verweisen auf viele deutsche Publikationen.

Ewelina Kamińska

Dariusz Kacprzak, Lech Karwowski (Red.): Skarby Sztuki. Muzeum Narodowe w Szczecinie [Kunstschätze. Nationalmuseum Stettin]. Warszawa: Wydawnictwo Arkady 2014. 392 S., farb. Abb. ISBN 978-83-213-4822-3, 978-83-63365-05-9.

Dieser reich illustrierte Band aus der Serie „Skarby sztuki" ist den Sammlungen des Stettiner Nationalmuseums gewidmet. In der Einleitung wird auf die Geschichte des Museums und seines Gebäudes eingegangen, unter anderem auf die frühesten privaten Ausstellungsräume in Stettin, die darauf folgenden Museumsgründungen und den ersten, bis 1933 tätigen Direktor, Walter Riezler, der die traditionelle Rolle des Museums als Sammelstelle für Artefakte aus der Vergangenheit mit der Kultur der Gegenwart verbinden wollte und die expressionistische Kunst förderte. Der Hauptteil besteht aus vier Kapiteln. Im ersten gilt die Aufmerksamkeit der Geschichte und den Beständen der Einrichtung. Erwähnt werden die Vorgänger des jetzigen Nationalmuseums, so das 1878 ins Leben gerufene und 1913 eröffnete Stadtmuseum Stettin und das 1928 gegründete Provinzialmuseum Pommerscher Altertümer, das in ein Pommersches Landesmuseum umgewandelt wurde. Genannt werden auch die mit Stettin verbundenen Künstler, deren Werke ausgestellt waren, und der um die städtische Kultur verdiente Direktor des Marienstiftsgymnasiums Karl Friedrich Hasselbach. Im Mittelpunkt des zweiten Kapitels steht die pommersche Kunst von der Frühgeschichte bis zum Mittelalter, insbesondere die sakrale Kunst zur Zeit der pommerschen Herzöge, sowie die Kunst von der Neuzeit bis zur Gegenwart. Dargestellt werden Stetiniana aus schwedischen, deutschen und polnischen Zeiten, so Bilder mit Stadtpanoramen und Hafenszenen, Karten und Porträts. Unter den genannten Malern und sonstigen Künstlern sind zu finden: Friedrich August Scheureck, August Ludwig Most, Gustav Frank, Ludwig Gottfried Lütke, Ludwig Manzel, Hugo Crol, Oswald Polte. Die beiden folgenden Kapitel betreffen die Sammlungen der europäischen und der Weltkunst. Den Band beschließen eine Liste von Publikationen des Nationalmuseums Stettin und ein Verzeichnis der besprochenen Künstler und Werke.

Ewelina Kamińska

Kazimiera Kalita-Skwirzyńska, Mirosław Opęchowski: Pęzino. Pansin. Szczecin: Wydawnictwo Walkowska/JEŻ 2013 (Zamki i ogrody w województwie zachodniopomorskim. Schlösser und Gärten in der Wojewodschaft Westpommern 4). 29 S., s.-w. Abb., ISBN 978-83-935718-3-3.

Das unweit der Stadt Stargard/Stargard Szczeciński gelegene Dorf Pansin/Pęzino ist durch das Schloss bekannt, welches zu den besterhaltenen Wehr- und Wohnbauten in Pommern gehört. Es wurde im 14. und 15. Jahrhundert im Auftrag des Johanniterordens errichtet und war dann im Besitz der Familien von Borck(e) und von Puttkammer. Die Geschichte des Schlosses und seiner Eigentümer bildet den ersten Teil der Publikation. Im zweiten Teil steht der Schlossbau mit seinen Veränderungen vom 14. Jahrhundert bis zu den 1990er Jahren im Mittelpunkt, aber auch der Park, der Gutshof und die Dorfkirche werden detailliert beschrieben. Das zweisprachige Heft ist illustriert durch Abbildungen von Plänen, Karten und Fotos aus dem 19., 20. und 21. Jahrhundert. In der umfangreichen Bibliographie sind viele deutsche Titel verzeichnet.

Ewelina Kamińska

Iwona Karwowska, Dariusz Kacprzak (Hg.): Od ziarna do chleba. Dawne narzędzia kultury agrarnej ze zbiorów Muzeum Narodowego w Szczecinie. Vom Korn zum Brot. Alte Geräte der Landwirtschaftskultur aus den Sammlungen des Muzeum Narodowe w Szczecinie. Szczecin: Muzeum Narodowe w Szczecinie 2013 (Seria Pomorskie zbiory etnograficzne Muzeum Narodowego w Szczecinie [Pommersche Reihe der volkskundlichen Sammlung des Nationalmuseums Stettin] 3). 112 S., farb. Abb. ISBN 978-83-63365-07-3.

Der deutsch-polnische Katalog zur pommerschen Volkskunde entstand anlässlich einer Ausstellung zu den Themen Landwirtschaft, Getreideanbau und Brotherstellung. Er präsentiert 190 Maschinen, Geräte und Werkzeuge aus alter Zeit unter den Überschriften „Boden", „Getreide", „Korn", „Mehl und Brot". Auch einige Objekte werden berücksichtigt, die mit dem Alltagsleben und der Festkultur der Bauern zusammenhängen, wie etwa eine Erntedankkrone. Ein einführender Essay von Dariusz Kacprzak und eine Studie zur Landwirtschaft als Faktor des wirtschaftlichen und gesellschaftlichen Lebens des traditionellen Dorfes von Iwona Karwowska sowie ein Verzeichnis ausgewählter historischer Literatur ergänzen den Katalog.

Ewa Gwiazdowska

Janina Kochanowska (Hg.): Trzebiatów – spotkania pomorskie 2012 [Treptow an der Rega – pommersche Begegnungen 2012]. Trzebiatów: Trzebiatowski Ośrodek Kultury 2013. 275 S., Abb., dt. Zusammenfassungen. ISBN 978-83-7591-350-7.

Dieser Band (zu einer Tagung vom Oktober 2012) aus der Serie „Spotkania pomorskie" (siehe zuletzt *Jahrbuch des Bundesinstituts* 21, 2013, S. 507f.) enthält ein gutes Dutzend Artikel polnischer und deutscher Wissenschaftler über Pommern und insbesondere Treptow an der Rega/Trzebiatów und Umgebung aus den Bereichen Archäologie, Geschichte, Kultur und Kunst. Marek Dworaczek schreibt anhand neuester archäologischer Forschungen über die frühmittelalterliche Siedlungsgeschichte Treptows, Roman Kamiński über die Bebauung des östlichen Teils der Altstadt. Dariusz Bienek skizziert die Geschichte des Dorfes Triebs/Trzebusz bis 1945. Andrzej Piotrowski überrascht mit einem Beitrag über einen „hypothetischen Tsunami Anno Domini 1757" in der Umgebung von Treptow. Tomasz Karpiński stellt eine Episode des preußischen Korps von General von Platen aus dem Siebenjährigen Krieg in Pommern vor. Über die Treptower Freimaurer berichtet Wojciech Jarząb. Pastor Hans Udo Vogler untersucht die Bedeutung der altlutheranischen Erweckungsbewegung in Pommern, deren geistlicher Führer im 19. Jahrhundert Adolf von Thadden war, und ihr Zentrum Trieglaff/Trzygłów; Marlene Vogler analysiert die gesellschaftliche Rolle dieser religiösen Bewegung. Zu Kultur und Kunst findet man Artikel über das Kathedralviertel, das Bischofshaus und andere historische Bauten in Cammin/Kamień Pomorski (Kazimiera Kalita-Skwirzyńska), über die Polychromie der Holzdecke der Christ-König-Pfarrkirche in Gützlaffshagen/Gosław (Małgorzata Zyzik), über eine unbekannte Zeichnung der Landschaft um Treptow von Karl Friedrich Schinkel (Ewa Gwiazdowska) und über das „schwierige Erbe" der Dekorationen der Wehrmachtskaserne in Deep/Mrzeżyno (Janina Kochanowska). Zbigniew Sobisz beschreibt die Parks der Stadt Greifenberg/Gryfice als Reste der Stadterweiterung zu Beginn des 19. Jahrhunderts. Maria und Waldemar Witek stellen Mühlen, Speicher und andere Denkmäler der Wirtschaftsarchitektur in Greifenberg, Plathe/Płoty und Treptow vor.

Maciej Szukała

Janina Kosman: Pomeranica XVI i XVII wieku w zbiorach Biblioteki Archiwum Państwowego w Szczecinie. Katalog [Pomeranica des 16. und 17. Jahrhunderts im Bestand der Bibliothek des Staatsarchivs Stettin. Katalog]. Szczecin: Wydawnictwo „Dokument", Oficyna Archiwum Państwowego w Szczecinie 2013. 121 S., Abb. ISBN 978-83-89341-89-1.

Die Bibliothek des Staatsarchivs Stettin/Szczecin besitzt einen Teil der Büchersammlungen der 1842 gegründeten Gesellschaft für Pommersche Geschichte und Altertumskunde. Die

Gesellschaft war während der gesamten Zeit ihres Bestehens bis 1945 eng mit dem Stettiner Archiv verbunden. Allein die Kollektion der Altdrucke umfasst 1.600 Werke, etwa 30 Prozent davon sind Pomeranica. Die Sammlung nimmt nicht nur in Stettin, sondern auch unter den polnischen wissenschaftlichen Bibliotheken einen wichtigen Platz ein, vor allem wegen der ebenfalls vorhandenen Inkunabeln. Der Katalog stellt Altdrucke Pommerns aus dem 16. und 17. Jahrhundert aus dem Stettiner Archiv vor. Die Autorin präsentiert sie unter folgenden thematischen Aspekten: Historiographie, Gesetzgebung, Kirchengeschichte/Theologie, Monographien über pommersche Städte, ausgewählte Gelegenheitsschriften, Werke pommerscher Gelehrter, Belletristik. Eine Übersicht über die Provenienzen der Altdrucke und ein topo-typographischer Index ergänzen den Katalog. Ein zweiter Band mit einem Katalog mit Altdrucken des 18. Jahrhunderts ist in Vorbereitung.

Maciej Szukała

Szymon Piotr Kubiak, Dariusz Kacprzak (Hg.): 100 lat Muzeum w Szczecinie. 100 Jahre Museum in Stettin. Szczecin: Muzeum Narodowe w Szczecinie 2013. 243 S., s.-w. Abb. ISBN 978-83-63365-40-0.

Der deutsch-polnische Jubiläumsband zum hundertjährigen Bestehen des Museums der Stadt Stettin/Szczecin ist der Geschichte des Museums gewidmet. Als die Hauptstadt des ehemaligen Herzogtums Pommern nach dem Zweiten Weltkrieg in polnische Hände überging, bestand es weiter, anfangs unter dem Namen Städtisches Museum, seit 1948 als Museum Pommerns und seit 1970 als Nationalmuseum Stettin. Im einführenden Essay schreibt Szymon Piotr Kubiak über die Faszination, die von historischen Fotos ausgeht, welche Vergangenes festhalten und nicht nur museale Werke dokumentieren, sondern selbst zu musealen Objekten werden. Im Haupttext stellt Bogdana Kozińska die Entstehung und Geschichte des Museums der Stadt Stettin vor 1945 dar – von den ersten privaten Sammlungen über Kollektionen der wissenschaftlichen Gesellschaften, die die eigentliche Grundlage für das Museum bildeten, bis hin zu den Entwürfen und dem Bau des Museumsgebäudes als Teil der repräsentativen urbanistischen Anlage der sogenannten Hakenterrasse (Wały Chrobrego) an Stelle des preußischen Forts Leopold. Das Wirken der verdienten Familie Dorn als Sammler, Initiatoren und Mitbegründer des Museums wird ausführlich dargestellt, ebenso Leben und Wirken des Direktors Walter Riezler, der sich für die avantgardistische Kunst einsetzte und dem es im Kampf mit dem lokalen konservativen Milieu gelang, dem neuen Museum den Rang einer modernen Institution zu geben. Der heutige Direktor Lech Karwowski präsentiert kurz die Geschichte des Museums seit 1945 und dessen weitere Entwicklungsperspektiven. Adrianna Jędrzejczak stellt ein vollständiges, chronologisches Verzeichnis der Publikationen sowie aller Periodika zusammen, die von der Gründung des Kunst-Vereins für Pommern 1834 bis zum Jahr 2013, dem Jahr der Hundertjahrfeier des ersten Museumsgebäudes, in Stettin erschienen sind.

Ewa Gwiazdowska

Szymon Piotr Kubiak, Dariusz Kacprzak (Hg.): 1913 Święto Wiosny – Frühlingsweihe. Katalog wystawy jubileuszowej w stulecie otwarcia Gmachu Głównego Muzeum Narodowego w Szczecinie. Katalog zur Ausstellung zum hundertjährigen Eröffnungsjubiläum des Hauptgebäudes des Nationalmuseums Stettin. Szczecin: Muzeum Narodowe w Szczecinie 2013. 336 S., farb. u. s.-w. Abb. ISBN 978-83-63365-36-3.

Der deutsch-polnische Katalog zur Kunstausstellung anlässlich der Hundertjahrfeier der Eröffnung des ersten Museumsgebäudes in Stettin/Szczecin, des Sitzes des Museums der Stadt Stettin (heute Hauptgebäude des Nationalmuseums Stettin), enthält Essays, die sich mit künstlerischen Ereignissen des Jahres 1913 und ihrem Einfluss auf die zeitgenössische Kunst beschäftigen. Szymon Piotr Kubiak schreibt über die ästhetische Krise, die die Ballets Russes mit „Le Sacre du Printemps" in Paris hervorriefen, indem sie mit der Tradition des klassischen Balletts brachen und ihre Choreographie auf die Volkskunst und mutmaßliche heidnische Riten stützten. Iwona Danilewicz porträtiert Misia Godebska, die Pariser Förderin, Mäzenatin und Muse der Künstler. Magdalena Moskalewicz befasst sich mit der Internationalen Ausstellung moderner Kunst in New York vor dem Hintergrund des damaligen beschleunigten zivilisatorischen Wandels und der Veränderungen im Kunst- und Ästhetikverständnis der Zeit. Beata Małgorzata Wolska stellt Tagebuchaufzeichnungen des Expressionisten Tadeusz Makowski und des Kulturanthropologen Bronisław Malinowski, jeweils aus dem Jahr 1913, zusammen. Bogdana Kozińska präsentiert die Biographie von Walter Riezler, dem ersten Direktor des Museums der Stadt Stettin, und beschreibt seine Amtszeit und Museumspolitik hinsichtlich des Sammlungsaufbaus und der Ausstellungsorganisation. Dariusz Kacprzak erstellt ein Kalendarium europäischer Kulturveranstaltungen aus den Bereichen Architektur, Kunst und Literatur des Jahres 1913 anhand von zeitgenössischen Pressemeldungen.

Ewa Gwiazdowska

Marek Łuczak: Szczecin Stare Miasto. [Stettin] Altstadt. Szczecin: Muzeum Narodowe w Szczecinie, Pomorskie Towarzystwo Historyczne 2013. 768 S., s.-w. Abb. ISBN 978-83-63365-44-8.

In diesem Band der Serie zur Geschichte der Stadtteile von Stettin/Szczecin geht es um den ältesten Teil der Hauptstadt Pommerns, den Kern der Stadt, der schon im 16. Jahrhundert „Altes Stettin" genannt wurde. Als Illustrationen dienen Stadtpläne und -ansichten sowie Luftbilder des durch Bomben der Alliierten im Zweiten Weltkrieg zerstörten Stettin und der wiederaufgebauten Stadt. Einzelne Kapitel behandeln die wichtigsten Architekturdenkmäler wie das Schloss, den Sitz der pommerschen Herzöge, später der schwedischen und preußischen Herrscher, Kirchen und Friedhöfe. Auch die Stettiner Straßen werden ausführlich beschrieben, wobei Abbildungen von Wohnhäusern oder Firmen oder der Bebauung des Oderufers den Text anschaulich machen. Ebenfalls gezeigt werden die mittelalterlichen Stadtmauern und Stadttore sowie Relikte der neuzeitlichen preußischen Befestigungsanlage, zudem öffentliche Gebäude, die für die Verwaltung, Wirtschaft, Gesellschaft, Kultur, den Tourismus oder die Verteidigung der Stadt von Bedeutung waren: das gotische Rathaus, die Börse, Palais, Denkmäler und Brunnen, Kasernen, die Synagoge, das Stadttheater, die Bibliothek, die Feuerwehr, Hotels und Restaurants. Ein Objektverzeichnis, ein Straßenindex sowie eine Auswahlbibliographie beschließen den Band.

Ewa Gwiazdowska

Marek Łuczak: Szczecin Załom, Wielgowo, Zdunowo. Stettin Arnimswalde, Augustwalde, Hohenkrug bei Augustwalde. Szczecin: Zapol Sółka jawna 2012. 176 S., s.-w. Abb. ISBN 978-83-7518-398-6.

Im zwölften polnisch-deutschen Band (deutsche Übersetzung: Emilia Schneider) der Serie zu den Stadtteilen von Stettin/Szczecin in Wort und Bild stehen drei Vororte auf dem rechten, östlichen Oderufer am Rande der Gollnower Heide/Puszcza Goleniowska im Mittelpunkt. Jeder Stadtteil hat je nach seiner Funktion ein individuelles Gesicht: Arnimswalde/Załom entwickelte sich aus einem Kolonistendorf zu einer Siedlung rund um einen Industriebetrieb. Augustwalde/Wielgowo wandelte sich aus einem Kolonistendorf zu einem Viertel mit vorstädtischen Häusern mitten in der Natur. Hohenkrug/Zdunowo wuchs nach 1945 um eine Klinik für Tuberkulosekranke, die in den Jahren 1915–1932 entstanden war. Der Autor erzählt die Geschichte jedes Stadtteils und beschreibt die Bebauung, besonders die öffentlichen Gebäude: Kirchen, Krankenhäuser, Bahnstationen, Gärten und Friedhöfe, Denkmäler, Restaurants und Unterhaltungslokale. Er illustriert den Text so umfassend wie möglich mit Luftbildern, Straßen- und Gebäudeansichten, Abbildungen der Innenräume, Ansichtskarten oder Fotos aus Familienalben. Verdiente Persönlichkeiten werden mit Kurzbiographien vorgestellt. Ein deutsch-polnisches Straßenverzeichnis, Reproduktionen von einigen Dokumenten sowie ein Quellen- und Literaturverzeichnis vervollständigen den Band.

Ewa Gwiazdowska

Paweł Migdalski (Red. [Hg.]): Cedynia i okolice poprzez wieki [Zehden und Umgebung im Laufe der Jahrhunderte]. Chojna, Szczecin: Stowarzyszenie Historyczno-Kulturalne „Terra Incognita" 2013 (Terra Incognita 6). 373 S., Abb. ISBN 978-83-932245-7-9.

Das Buch stellt in sieben Teilen verschiedene Aspekte von über tausend Jahren Geschichte der Stadt Zehden/Cedynia und ihrer Umgebung vor. Zur Thematik der Schlacht bei Zehden im Jahr 972 mit dem Sieg Mieszkos I. interpretiert Stanisław Rosik ein Fragment der Chronik Thietmars von Merseburg; Jerzy Strzelczyk präsentiert neueste Forschungen zur Person Mieszkos I., und Paweł Migdalski unterzieht historische Überlieferungen zur Schlacht einer kritischen Analyse. Im zweiten Teil widmet sich Andrzej Piotrowski den Ergebnissen von geologischen Forschungen zur Umgebung von Zehden. Antoni Porzeziński berichtet von archäologischen Untersuchungen auf dem mittelalterlichen Friedhof und in der Burganlage der Stadt Zehden. Edward Rymar blickt in die Zeit vom 12. bis 16. Jahrhundert, als Zehden Kastellanei und im Anschluss daran im Besitz von Rittergeschlechtern und des lokalen Zisterzienserinnenklosters war. Ewa Syska analysiert Abdrücke des mittelalterlichen Stadtwappens. Joachim Krüger beschäftigt sich mit der Umgebung von Zehden und den dänisch-brandenburgischen Rivalitäten in der Region der unteren Oder im 13. und 14. Jahrhundert. Christian Gahlbeck stellt die Ortschaft Grüneberg/Golice vor, die sich im 15. Jahrhundert von einem Raubrittersitz in eine Johanniterkommende verwandelte. Im Kapitel über die Neuzeit schreiben Paweł Gut über die Zehdener Stadtverwaltung im 13. Jahrhundert, Joanna Kościelna über eine Chronik aus dem 18. Jahrhundert aus Königsberg in der Neumark/Chojna, Carsten Liesenberg über die friderizianische Kolonisation und die Oderregulierung im 18. und 19. Jahrhundert und Reinhard Schmock über Zehden am Ende des 19. Jahrhunderts, als sich hier eine bescheidene Industrie zu entwickeln begann. Die letzten Artikel behandeln Zehden und Umgebung in der Endphase des Zweiten Weltkriegs und danach: Piotr Brzeziński gibt ein genaues Bild der Kämpfe um den Zehdener Brückenkopf im Februar und März 1945. Adam Makowski berichtet über die Probleme des Neuanfangs der lokalen Industrie nach dem Ende der Kriegshandlungen. Das Thema von Patryk Rybak und Karolina Piekarz ist der Oder-Grenzübergang in den Jahren 1945–2003. Die beiden letzten Teile des Buches sind Denkmälern und Erinnerungsorten gewidmet. Maciej Płotkowiak untersucht architektonische Elemente des Zisterzienserinnenklosters, Kazimiera Kalita-Skwirzyńska die Geschichte und Ausstattung der Pfarrkirche. Die Arbeit des Regionalmuseums in Zehden (Muzeum Regionalne w Cedyni) präsentiert Czesław Kroczak. Tadeusz Białecki fasst die Veranstaltungen aus Anlass des tausendsten Jahrestages der Schlacht von Zehden im Jahre 1972 zusammen.

Anna B. Kowalska

Paweł Migdalski (Hg.): Od chrystianizacji do współczesności: Studia zebrane z okazji jubileuszu 750-lecia kościoła Świętego Ducha w Moryniu [Von der Christianisierung bis zur Gegenwart: Gesammelte Studien anlässlich der 750-Jahr-Feier der Heiliggeistkirche in Mohrin]. Chojna: Stowarzyszenie Historyczno-Kulturalne „Terra Incognita", Moryń: Parafia Rzymskokatolicka pw. Ducha Świętego 2013 (Terra Incognita 8). 198 S., Abb. ISBN 978-83-937500-5-4.

Der Band zu einem wissenschaftlichen Symposium anlässlich des Jubiläums der Heiliggeistkirche in Mohrin/Moryń enthält einen Beitrag von Stanisław Rosik über die Christianisierung Pommerns, die die Entstehung eines Netzes von Gemeinden in Pommern und auf dem Gebiet der späteren Neumark zur Folge hatte. Edward Rymar stellt die Geschichte der Gemeinde in Mohrin von der ersten Erwähnung der Kirche und des Ortes im Jahr 1263 bis zur Reformation dar. Pastor Matthias Friske beschreibt die Anfänge der Mohriner Kirche. Andrzej Piotrowski befasst sich mit den für den Kirchenbau benutzten Steinen. Die Stadt Mohrin und ihre Kirchen am Anfang des 18. Jahrhunderts präsentiert Joanna Kościelna auf der Grundlage von Quellenmaterial aus dem Nachlass von Johann Christoph Bekmann (1641–1717). Magdalena Poradzisz-Cincio beschäftigt sich mit Werken von Heinrich Bernhard Hattenkerell, einem Bildhauer des 18. Jahrhunderts, der zahlreiche Altäre, Amben und Chorgestühle für die Kirchen der Neumark schuf. Weitere Artikel stellen die Geschichte der Gemeinde und der Kirche nach 1945 vor. Eine Bibliographie ist beigefügt.

Maciej Szukała

Barbara Ochendowska-Grzelak: Hans Lutsch (1854–1922) architekt, konserwator zabytków, badacz architektury [Hans Lutsch (1854–1922), Architekt, Denkmalpfleger, Architekturforscher]. Szczecin: Wydawnictwo Naukowe Uniwersytetu Szczecińskiego 2013 (Rozprawy i studia [Abhandlungen und Studien] 930 = 856). 577 S., Abb., dt. Zusammenfassung. ISBN 978-83-7241-911-8, ISSN 0860-2751.

Die Monographie befasst sich mit dem in Naugard/Nowogard geborenen Hans Lutsch, dem Konservator der Provinz Pommern, später der Provinz Schlesien, danach ganz Preußens. Einleitend gibt die Autorin als Ziel an, die Rolle Lutschs in der Geschichte der Denkmalpflege und Kunstgeschichte darzustellen. Dazu führte sie eine systematische Suche in gedruckten Quellen zum Denkmalschutz im preußischen Staat sowie in Archivmaterialien durch, besonders im handschriftlichen Nachlass Lutschs. Die Arbeit informiert über das Leben des Konservators, sein Wirken in Pommern und Schlesien, sein Denken und seine Publikationen zum Schutz von Architekturdenkmälern, stellt den zeitlichen Hintergrund und das entstehende System der Denkmalpflege in Preußen dar und berücksichtigt dabei die Auffassungen der Anhänger und der Gegner der Restaurierung von Denkmälern. Das Buch umfasst eine Bibliographie, die auch viele Texte aus dem Nachlass verzeichnet, außerdem ein Namen- und Ortsregister.

Maciej Szukała

Marta Osypińska: Zwierzęta w gospodarce wczesnośredniowiecznego Szczecina [Tiere in der Wirtschaft des mittelalterlichen Stettin]. Poznań: Instytut Archeologii i Etnologii PAN 2013. 289 S., Abb. ISBN 978-83-63760-12-0.

Das Buch stellt am Beispiel der Analyse von Tierknochenresten die Erkenntnismöglichkeiten der Archäozoologie vor. Ziel ist die Erforschung der Rolle von Tieren in der Wirtschaft des mittelalterlichen Stettin/Szczecin. Auf der Grundlage der Tierknochenfunde versucht die Autorin die sozialtopographische Differenziertheit des Stettiner Siedlungskomplexes und der wirtschaftlichen Veränderungen in der Zeit vom 10. bis zum 13. Jahrhundert aufzuzeigen. Ihre Überlegungen schließen auch das Hinterland der Stadt mit ein und widmen sich darüber hinaus generell der Problematik des Tierhandels im frühen Mittelalter. Wichtige Voraussetzungen sind eine gut bekannte Stratigraphie, Chronologie und Topographie und die Kenntnis der historischen, politischen, sozialen und kulturellen Situation des frühmittelalterlichen Stettin vor dem Hintergrund des Siedlungswesens in Pommern. Die Autorin präsentiert hierzu den aktuellen Forschungsstand. Außerdem schildert sie die weiteren Etappen der Entwicklung des Stettiner Zentrums auf der Grundlage der umfangreichen Literatur sowie die Geschichte und den Forschungsstand zur Archäozoologie in dieser Region. Ein grundlegender Teil der Arbeit enthält Beschreibungen der Tierknochenreste und Überlegungen zu ihrer chronologischen und topographischen Zuordnung. Zusammenfassend stellt die Autorin ein Modell der Beschreibung des Fleischkonsums und der Tierzucht aus der Perspektive der Archäologie, schriftlicher Quellen und archäozoologischer Untersuchungen vor. Es zeigt die wirtschaftliche Bedeutung von Tieren in Stettin im Vergleich zu anderen frühmittelalterlichen Siedlungszentren in Pommern, im Lebuser Land (Ostbrandenburg) und in Großpolen.

Anna B. Kowalska

Jan Pacholski: Theodor Fontane. Z apteki na Parnas [Theodor Fontane. Von der Apotheke zum Parnass]. Wrocław: Quaestio 2014 (Beihefte zum Orbis Linguarum 108). 215 S., 48 Abb. ISSN 1426-7241, ISBN 978-83-62571-67-3.

In seinem Buch konzentriert sich Pacholski hauptsächlich auf das ostmitteleuropäische Kapitel im Leben und Werk des Dichters: Er führt seine Leser in zahlreiche literarische Wanderungen Fontanes durch Schlesien und Böhmen ein. Es stellt sich dabei heraus, dass Fontane, der als Schriftsteller im Allgemeinen und als Vertreter des bürgerlichen Realismus im Besonderen Berühmtheit erlangte, ein leidenschaftlicher Wanderer und Bergwanderer war. Auf Reisen ging Fontane privat wie auch beruflich, etwa als Kriegsberichterstatter. Der Verfasser bemüht sich gleichzeitig um eine Bestandsaufnahme der Rezeption Fontanes. Er kommt dabei zu dem Schluss, dass trotz vieler Bezüge zu Polen das Werk des Schriftstellers in Polen eher wenig bekannt ist. Das mag verwundern, zumal die Hälfte seiner Romane ins Polnische übersetzt wurde. Angesichts dieser Fakten nimmt sich Pacholski vor, das Werk Fontanes dem polnischen Publikum besser zugänglich zu machen. Einen Großteil seines Buches nimmt die gründliche Analyse des „Flaggschiffes“ des Dichters, des Romans *Effi Briest*, ein.

Grzegorz Kowal

Józef Pilch, Stanisław Kowalski: Leksykon zabytków architektury Pomorza Zachodniego i ziemi lubuskiej [Lexikon der Architekturdenkmäler in Westpommern und im Lebuser Land]. Warszawa: Wydawnictwo Arkady 2012. 388 S., farb. Abb. ISBN 978-83-213-4730-1.

Der von zwei Kunsthistorikern verfasste Band katalogisiert die architektonischen Sehenswürdigkeiten der Woiwodschaft Westpommern und des Lebuser Landes, also des früheren westlichen und mittleren Hinterpommern und des ehemaligen Ostbrandenburg. Den Regionen sind separate, nach einem Schema aufgebaute Kapitel gewidmet. Einleitend wird jeweils die Region charakterisiert, so die Geschichte seit dem Mittelalter, die wichtigsten hier tätigen Architekten und Baumeister, Spezifika der Bebauung und typische Bauwerke (Rathäuser, Kirchen, Schlösser, Stadtmauern, Basteien u. a. m.). Im Weiteren sind in alphabetischer Reihenfolge die Ortschaften der jeweiligen Woiwodschaft aufgeführt, in denen sich architektonisch wertvolle Bauwerke befinden. Abbildungen, darunter alte Baupläne ebenso wie zeitgenössische Fotografien, dokumentieren die Veränderungen der Objekte im Laufe der Jahrhunderte. Auch findet man eine Übersicht über die Einteilung der Woiwodschaften in Kreise. Den Band beschließen eine Auswahlbibliographie, in der sich auch zahlreiche deutsche Publikationen finden, sowie eine Liste deutscher Ortsnamen mit Hinweisen auf ihre gegenwärtige administrative Zugehörigkeit.

Ewelina Kamińska

Rocznik Chojeński [Jahrbuch Königsberg in der Neumark] 5. Chojna: Stowarzyszenie Historyczno-Kulturalne „Terra Incognita" w Chojnie 2013. 401 S., Abb., dt. Zusammenfassungen. ISSN 2080-9565.

Der Band widmet sich der Geschichte und Kultur der Neumark/Nowa Marchia mit besonderer Berücksichtigung ihres Zentrums Königsberg in der Neumark/Chojna. Michał Gierke unterrichtet uns über Stand und Perspektiven der archäologischen Untersuchungen zur Stadt Königsberg und berichtet vom Leben und Wirken des Königsberger Organisten und Komponisten August Wilhelm Pracht (1763–1824). Agnieszka Matuszewska untersucht Megalith-Konstruktionen aus Grüneberg/Golice, die schon im 18. Jahrhundert in der Chronik von Augustin Kehrberg und in den Quellen des Chronisten Johann Christoph Bekmann erwähnt wurden. Ein archäologisches Thema greift auch Antoni Porzeziński auf, der über die frühmittelalterliche Siedlung aus dem 8.–9. Jahrhundert in Stecklin/Steklno berichtet. Edward Rymar befasst sich mit der Genealogie von Rittergeschlechtern der Neumark im Mittelalter (von Schwanenberg, von Plötz, von Steinbeck, von Werbelow, von Werben, von Witte). Darüber hinaus schreibt er über untergegangene und verlassene Ortschaften der Neumark und betrachtet Namen von Geländeerhebungen der Region in ihrer Eigenschaft als onomastische Denkmäler. Marcin Kunas Thema sind die Stadtmauern von Bad Schönfließ/Trzcińsko Zdrój. Grzegorz Jacek Brzustowicz beleuchtet die militärischen Pflichten des Adels der Neumark im 15. und 16. Jahrhundert. Ewa Gwiazdowska beschreibt zwei Ansichten von Königsberg von Theodor Kugelmann (1838–1909), einem Landschafts- und Vedutenmaler, Lehrer am Stettiner Stadtgymnasium und an der Kaiserin-Auguste-Victoria-Schule. Die biographische Skizze von Dorota Dobak Hadrzyńska über Gottfried Benn (1886–1956), den Vertreter des Expressionismus, Lyriker und Essayisten, der während des Zweiten Weltkriegs Militärarzt in Landsberg an der Warthe/Gorzów Wielkopolski war, schließt auch den Abdruck einiger seiner Gedichte ein.

Maciej Szukała

Radosław Skrycki (Hg.): Eilharda Lubinusa podróż przez Pomorze. Eilhard Lubinus['] Reise durch Pommern. Szczecin: Zamek Książąt Pomorskich 2013. 408 S., farb. u. sepia Abb. ISBN 978-83-60816-59-2.

Der Band ist die deutsch-polnische wissenschaftliche Begleitpublikation zur Dauerausstellung eines Exemplars der Großen Lubin'schen Karte von Pommern, die von Eilhard Lubinus erstellt, von Nikolaus Geelkercken graviert, 1618 veröffentlicht und 1758 neu aufgelegt wurde. Das Exemplar wurde vor einigen Jahren für die Sammlungen des Schlosses der pommerschen Herzöge angekauft und stellt das Hauptobjekt im dortigen multimedialen „Lubinus-Kabinett" dar. Es stammt aus einer Atlas-Ausgabe, ist von sehr guter Druckqualität und gutem Erhaltungszustand. Auf die Einleitung folgen Reproduktionen von drei im „Lubinus-Kabinett" ausgestellten Karten einschließlich ihrer Katalogbeschreibungen: der Großen Lubin'schen Karte von Pommern auf mehreren Faltbögen, der Karte Rügens von Lubinus sowie der sogenannten Kleinen Lubin'schen Karte von Pommern, die von Johannes Janssonius 1638 herausgegeben wurde. Die Autoren der fünf Beiträge des ersten Teils beschäftigen sich mit dem historischen Hintergrund der Entstehung der Karten (Radosław Gaziński), der genannten Rügen-Karte (Eckhard Jäger), dem Entwicklungsstand der Kartographie Pommerns zur Zeit des Rostocker Gelehrten und Kartographen Lubinus (Radosław Skrycki), mit neuesten Forschungsergebnissen zur Genauigkeit der Großen Karte im Vergleich zu einer präzisen zeitgenössischen Karte (Jan Szeliga) sowie der neuesten Interpretation der Ikonographie sowohl innerhalb der Karte und ihrer Legende als auch in der sie umgebenden Bordüre (Ewa Gwiazdowska). Der zweite Teil des Bandes bietet eine Dokumentation: Jerzy Grzelak präsentiert archivalische Quellen rund um das Thema der Entstehung der Karte im Original und in polnischer Übersetzung und ergänzt sie durch einen editorischen Kommentar. Bei den Quellen handelt es sich um Korrespondenzen aus den Jahren 1610–1622 und das Tagebuch einer Reise Lubinus' durch Ostpommern (1612), das ihn bei Vermessungen des Geländes begleitete und von einem Gehilfen geführt wurde. Małgorzata Cieśluk stellt Original und Übersetzung der „Kurzen Beschreibung Pommerns", die zur Karte gehört, zusammen und fügt ein Vorwort bei. Der Band enthält eine Bibliographie.

Ewa Gwiazdowska

Maciej Słomiński: Przelewice. Prillwitz. Szczecin: Wydawnictwo Walkowska/JEŻ 2013 (Zamki i ogrody w województwie zachodniopomorskim. Schlösser und Gärten in der Wojewodschaft Westpommern 5). 29 S., s.-w. Abb. ISBN 978-83-935718-4-0.

Der Kunsthistoriker von der Stettiner Abteilung des Instituts für nationales Erbe, der bereits mehrere Publikationen über Kunstdenkmäler in Stettin/Szczecin und der Woiwodschaft Westpommern verfasst hat, untersucht in der kleinen Monographie in polnischer und deutscher Sprache die Geschichte des südöstlich von Pyritz/Pyrzyce liegenden Dorfes Prillwitz/Przelewice. Gemäß dem in der Heftreihe geltenden Schema wird zunächst die Geschichte des Gutes und seiner Eigentümer (Familien von Schack, von Borgstede, Prinz August von Preußen, von Prillwitz) dargestellt. Darauf folgt die Beschreibung des Herrenhauses und seiner Baugeschichte vom 16. Jahrhundert bis zur Gegenwart. Viel Platz widmet der Autor sodann dem in der Region berühmten Park mit seinem Arboretum, einer Anlage, die seit 2006 als Botanisches Schulungs- und Trainingszentrum dient. Den letzten Schwerpunkt des Bandes bildet die Pfarrkirche im Zentrum des Dorfes. Zahlreiche Abbildungen dokumentieren die Entwicklung der beschriebenen Objekte im Laufe der Jahrhunderte. Im Literaturverzeichnis finden sich deutsche und polnische Publikationen.

Ewelina Kamińska

Violetta Tkacz-Laskowska (Hg.): Pomorskie malarstwo plenerowe i grafika. Pommersche Landschaft in Malerei und Grafik 1900–1945. Muzeum Wsi Słowińskiej w

Klukach oddział Muzeum Pomorza Środkowego w Słupsku [Museum des slowinzischen Dorfes, Klucken; Abteilung des Mittelpommerschen Museums Stolp]. Kluki: Muzeum Pomorza Środkowego w Słupsku 2013. 119 S., s.-w. u. farb. Abb. ISBN 978-83-89-329-69.

Der deutsch-polnische Katalog zur pommerschen Kunst der ersten Hälfte des 20. Jahrhunderts wurde von Violetta Tkacz-Laskowska in Zusammenarbeit mit Isabel Selheim und Robert Kupisiński erarbeitet. Die Grundlage bilden zehn Ausstellungen der Jahre 2003–2012 zur pommerschen Landschaftsmalerei und -grafik. Sie waren 30 Künstlern gewidmet, die in der ersten Hälfte des 20. Jahrhunderts in Pommern arbeiteten, unter ihnen Richard Zenke, Curt Hildebrandt, Fritz Zielke, Franz Schütt, Ulrich Bewersdorf, Gottfried Brockmann, Günter Machemahl, Helga Gerdts, Otto Lang-Wollin, Otto Niemeyer-Holstein, Hans Hartig und Julo Levin. Im einführenden Text mit Fotos aus dem Leben der Künstler wird ein historisches Panorama der Freilichtmalerei gezeichnet, wie sie sich im 19. Jahrhundert in Pommern entwickelte. Für die Bewegung wichtige Künstler werden kurz vorgestellt, ebenso Orte, die besondere Aufmerksamkeit auf sich zogen, und kulturelle Aktivitäten in der Blütezeit des künstlerischen Lebens in Pommern zwischen den Weltkriegen. Ausgewählte Künstler wie Margarete Neuss-Stube, Otto Priebe, Johannes Sauer, Hans Winter, Otto Kuske, Anna Geiger von Zitzewitz und Rudolf Hardow werden näher vorgestellt. Den Text ergänzen Quellen- und Literaturangaben. Der Katalog umfasst 83 Gemälde, Druckgrafiken und Zeichnungen, die mit Angaben zum jeweiligen Werk versehen sind. Die Illustrationen stellen nicht alle Katalogpositionen vor, dafür sind einige zusätzliche Werke abgebildet.

Ewa Gwiazdowska

Anna Walkiewicz: Rybokarty. Ribbekardt. Szczecin: Wydawnictwo Walkowska/ JEŻ 2013 (Zamki i ogrody w województwie zachodniopomorskim. Schlösser und Gärten in der Wojewodschaft Westpommern 3). 29 S., s.-w. Abb. ISBN 978-83-935718-2-6.

Die Kunsthistorikerin der Stettiner Abteilung des Instituts für das Nationale Erbe schuf mit der zweisprachigen Publikation eine kleine Monographie des westlich von Greifenberg/ Gryfice gelegenen Dorfes Ribbekardt/Rybokarty. Es handelt sich um ein Angerdorf, das in seiner Frühzeit zu den Ländereien des Bistums Cammin/Kamień Pomorski gehörte. Einleitend wird die Geschichte des Ortes vom 14. Jahrhundert bis zur Nachkriegszeit erzählt, darauf folgen Beschreibungen des Schlosses, des Parks und der Dorfkirche. Eingegangen wird auf die Bausubstanz und die Ausstattung, unter anderem die Orgel und die Epitaphien der Adelsgeschlechter von Mildenitz. Das Literaturverzeichnis umfasst deutsche und polnische Titel.

Ewelina Kamińska

Radosław Walkiewicz: Maciejewo. Matzdorf. Szczecin: Wydawnictwo Walkowska/ JEŻ 2013 (Zamki i ogrody w województwie zachodniopomorskim. Schlösser und Gärten in der Wojewodschaft Westpommern 6). 33 S., s.-w. Abb. ISBN 978-83-935718-5-7.

Das hier beschriebene Schloss Matzdorf/Maciejewo mit Turm im neogotischen Stil, einem weitläufigen Park und Wirtschaftshof entstand 1899/1900 im Auftrag von Paul Tam Hasso von Flemming unweit einer mittelalterlichen Burg und war eines von vielen, die die pommersche Landschaft geprägt haben. Vermittelt werden Informationen über die Geschichte des nordwestlich von Massow/Maszewo gelegenen Dorfes und Schlosses, der Familie von Flemming und der Dorfkirche. Nach 1945 wurde das Schloss unterschiedlich, meist zweckfremd, genutzt und umgebaut. Nach der Privatisierung Ende der 1990er Jahre erfolgten eingreifende Veränderungen, denen Teile der Originalsubstanz zum Opfer fielen. Die Anlage dient heute dem Tourismus. Die erhalten gebliebenen Elemente der Schlosseinrichtung, so Stuckdecken, Öfen und Türen, verleihen dem Hotel einen historischen Charakter. Das Heft beschließt ein Literaturverzeichnis mit Verweisen auf deutsche und polnische Publikationen.

Ewelina Kamińska

Lisaweta von Zitzewitz: Kulice. Külz. Szczecin: Wydawnictwo Walkowska/JEŻ 2013 (Zamki i ogrody w województwie zachodniopomorskim. Schlösser und Gärten in der Wojewodschaft Westpommern 1). 33 S., s.-w. Abb., ISBN 978-83-935718-0-2.

Bei der Publikation in polnischer und deutscher Sprache handelt es sich um das erste Heft einer neuen Reihe über Schlösser und Gärten in der Woiwodschaft Westpommern, die parallel zu der in Deutschland herausgegebenen Reihe „Schlösser und Gärten der Neumark" (seit 2006) erscheint. (Zu weiteren Heften der Reihe siehe unter dem Verfassernamen von Borcke.) Die mit der Europäischen Akademie Külz/Kulice verbundene Autorin beschreibt die Geschichte des gleichnamigen Dorfes in der Nähe der pommerschen Kleinstadt Naugard/Nowogard, insbesondere aber die Külzer Gutsanlage. Eingangs wird die Geschichte der Güter Külz, Jarchlin/Jarchlino und Kniephof/Konarzewo präsentiert, die im 18. Jahrhundert aus den Händen der Familie von Dewitz an die Familie von Bismarck übergingen. Ferner werden der Bau sowie die Veränderungen des Külzer Gutshauses bis zur zweiten Hälfte des 20. Jahrhunderts, die Besonderheiten des Wirtschaftshofs und der Parks sowie der Külzer Kirche näher dargestellt. Zahlreiche Abbildungen dokumentieren die Geschichte derer von Bismarck und den Zustand der Anlage im Laufe der Jahrhunderte. In dem umfangreichen Literaturverzeichnis sind viele deutsche Publikationen über die Region zu finden.

Ewelina Kamińska

5. Schlesien, Lausitz

Edward Białek, Łukasz Bieniasz, Marek Biszczanik [Hg.]: Silva rerum soraviensium. Studia i szkice z dziejów dawnych Żar [Silva rerum soraviensium. Studien und Beiträge zur Geschichte des alten Sorau]. Wrocław: Oficyna Wydawnicza ATUT 2014 (Beihefte zum Orbis Linguarum 110). 354 S., 14 Abb. ISSN 1426-7241, ISBN 978-83-7977-073-1.

In dem Band sind Essays zu unterschiedlichen Aspekten des sozialen und kulturellen Lebens im alten Sorau/Żary zusammengestellt. Den Schwerpunkt bilden bedeutende politische, soziale und kulturelle Ereignisse in der Geschichte von Sorau, die die Hauptstadt der Lausitz zu einem relevanten Erinnerungsort im kollektiven Gedächtnis sowohl der Deutschen als auch der Polen machen. An dem Projekt, dem der in Deutschland 2010 veröffentlichte Band *Hereditas culturalis Soraviensis. Beiträge zur Geschichte der Stadt Sorau und zu ihrer Kultur* vorausging, wirkten Wissenschaftler aus Polen (Breslau/Wrocław, Hirschberg/Jelenia Góra) und Deutschland mit. Die Autoren nehmen Bezug unter anderem auf Adam Büsser und seine Chronik über Sorau, auf Michael Neander, einen Humanisten und Pädagogen aus Sorau, auf

Georg Freiherrn von Schoenaich, den Humanisten und Stifter des protestantischen Gymnasiums Schönaichianum in Beuthen an der Oder, sowie auf weitere Persönlichkeiten der Kultur- und Geistesgeschichte, von denen hier Johann Gottlieb Milich, Erdmann Neumeister, Georg Philipp Telemann, Johann Samuel Magnus, Johann Gottlob Worbs, Hans Zuchhold und Johann Gottfried Schmiedtgen genannt seien.

Grzegorz Kowal

Edward Białek, Marek Bojarski, Aleksandra Kubicz, Gerhard M. Oremek (Hg.): Orbis Linguarum. Vol. 39. Festschrift zum 80. Geburtstag von Prof. Dr. Dr. h.c. Norbert Heisig. Wrocław: Oficyna Wydawnicza ATUT 2013. 520 S., 28 Abb. ISSN 1426-7241, ISBN 978-3-86276-110-4, 978-83-7432-987-3.

Der Band erschien anlässlich des 80. Geburtstags von Norbert Heisig, dem Präsidenten der „Deutsch-Polnischen Gesellschaft der Universität Wrocław (Breslau)". Zum Schwerpunkt wird Schlesien in dem Essay von Norbert Conrads *Die Anfänge des Konsularwesens im habsburgischen Breslau*. Der Autor führt unter anderem in die Geschichte des Hauses ein, in dem sich heute das deutsche Konsulat befindet. Um die Jahrhundertwende gehörte es dem königlich preußischen Kommerzienrat Georg Haase, später diente es als Zentrale der schlesischen Hitlerjugend. Nach dem Krieg war hier eine Zeit lang das Konsulat der DDR untergebracht. Dem Beitrag von Anna Mańko-Matysiak *Medizinisches Wissen der Nichtmediziner – Martin Pansa und sein Beitrag zur Pestbekämpfung* entnimmt der Leser viele biographische Details über den in unterschiedlichen schlesischen Städten (Liegnitz/Legnica, Stroppen/Strupina, Trebnitz/Trzebnica, Trachenberg/Żmigród und Breslau) ansässigen, im 17. Jahrhundert wirkenden Arzt Martin Pansa. Ewa Jarosz-Sienkiewicz berichtet in ihrem Aufsatz *In einer „verkehrten" Welt. „Der Himmel war unten" von Hugo Hartung als literarisches Bild einer Frau in der Festung Breslau* unter anderem über die paradoxe Lage der Frauen im Dritten Reich. Einerseits durften und sollten sie ihren Männern zur Seite stehen, andererseits wurden sie aus Breslau gegen Ende des Krieges zwangsevakuiert, je weiter entfernt von den Soldaten und der Front, desto besser. Tomasz Dziura setzt sich mit drei Reden von Gerhart Hauptmann am Vortag der Volksabstimmung in Oberschlesien eingehend auseinander, und Edward Białek macht auf den „Anteil der Breslauer Gelehrten und Schriftsteller am literarischen Geschehen in Liegnitz nach dem Ersten Weltkrieg" aufmerksam.

Grzegorz Kowal

Edward Białek, Mirosława Czarnecka, Urszula Kawalec, Eugeniusz Tomiczek (Hg.): Orbis Linguarum. Vol. 38. Ein Gedenkband zum 20. Todestag von Professor Marian Szyrocki. Wrocław: Oficyna Wydawnicza ATUT 2012. 642 S., 1 Abb. ISSN 1426-7241, ISBN 978-3-86276-088-6, 978-83-7432-836-4.

Der Band ist Professor Marian Szyrocki (1928 – 1992) gewidmet. Den Gedenkband eröffnet eine *Erinnerung an Marian Szyrocki*, die Hans-Gert Roloff zum 20. Todesjahr des bedeutenden Germanisten an der Universität Breslau/Wrocław verfasst hat. Darüber hinaus liefert die Zeitschrift viele Aufsätze zu unterschiedlichen Aspekten der Schlesien-Forschung. Rudolf Drux beschäftigt sich mit Martin Opitz, dem die Weiterentwicklung der deutschen Poetik zu verdanken ist, im Aufsatz *Bürger, Dichter, Edelmann. Von der Bedeutung des Adelsdiploms für Martin Opitz und seine Dichtungsreform*. Grażyna Barbara Szewczyk rekurriert auf die in deutscher Sprache verfasste, für die kulturelle, konfessionelle, juristische und ökonomische Situation in Schlesien aufschlussreiche Chronik von Jakob Schickfus in ihrem Essay *Trans-*

nationale Kommunikation und konfessionelle Verhältnisse im Barock anhand der „Schlesischen Chronica". Detlef Haberland hebt in seinem Beitrag *Nicolaus Henel von Hennenfeld: „Silesia Togata". Zur Bedeutung der frühen Erforschung der schlesischen Gelehrtengeschichte* nicht nur schriftstellerische, sondern auch diplomatische und verwaltungskundliche Talente des „prominenten Vertreters des Späthumanismus in Schlesien" hervor, und Cezary Lipiński geht auf die frühe Rezeption von Angelus Silesius ein, wobei er die verbreitete These von der Entdeckung des schlesischen Dichters und Mystikers durch deutsche Romantiker (insbesondere durch Friedrich Schlegel) teilweise infrage stellt. An dieser Stelle sollen noch weitere Studien zum Schlesien-Thema erwähnt werden: *Artes moriendis in der schlesischen Literatur der Frühen Neuzeit* von Jolanta Szafarz, *Die gegenreformatorischen Verlagsstrategien in Schlesien* von Arno Herzig, *Heimatkunstbewegung im barocken Gewand. Friedrich von Logau als Namenspatron einer niederschlesischen Literatur- und Künstlervereinigung* von Edward Białek, *„Kuriosum, Irrtum der Evolution oder Reservat" – östliche Grenzländer Europas in deutschen und polnischen Reiseberichten* von Marek Jakubów. Im letztgenannten Beitrag gelten als östliche Grenzländer vor allem Schlesien und Galizien; sie kommen, zum Teil verklärt und einem Mythos gleich, in Werken von Martin Pollack, Claudio Magris, Verena Dohrn und Roswitha Schieb vor. Elżbieta Dzikowska schließlich liefert den Beitrag *Himmelskörper. Johannes Bobrowski liest Joseph Conrad.*

Grzegorz Kowal

Edward Białek, Piotr Niemiec (Red. [Hg.]): Litteraria lignicensis. Rozprawy i szkice o kulturze literackiej dawnej Legnicy [Litteraria lignicensis. Beiträge und Skizzen zur literarischen Kultur des alten Liegnitz]. Wrocław: Quaestio 2012 (Beihefte zum Orbis Linguarum 104). 191 S., 45 Abb. ISSN 1426-7241, ISBN 978-83-62571-27-7.

Dem Band liegt eine Tagung zugrunde, die 2011 in Liegnitz/Legnica stattgefunden hat. Im Mittelpunkt aller Aufsätze steht das literarische Liegnitz nach 1918. Die meisten Verfasser widmen sich den Liegnitzer Schriftstellern, die vor dem Zweiten Weltkrieg geboren sind. Die bearbeiteten Themen kreisen um die literarische Kultur in Liegnitz, die in den ersten Jahren nach dem Ersten Weltkrieg von der Zusammenarbeit der Liegnitzer Intellektuellen im Logaubund Liegnitz (1918–1923) weitgehend bestimmt wurde. Weitere Beiträge beziehen sich auf die sozial-kulturelle Zeitschrift *Die Saat*, um die sich der Logaubund Liegnitz konstituiert hatte, oder auf die in ganz Schlesien bekannte Schweidnitzer Zeitschrift *Wir Schlesier*, in der Schriftsteller und Maler aus Liegnitz gerne und oft publizierten. Zum Gegenstand wissenschaftlichen Interesses wurden auch das Leben und Werk der Autorinnen und Autoren Johannes Hönig, Erich Worbs und Kurt Heynicke sowie jener, die erst nach dem Zweiten Weltkrieg debütiert haben, unter ihnen Dietmar Scholz, Ursula Höntsch und Therese Chromik.

Grzegorz Kowal

Edward Białek, Jan Pacholski, Piotr Niemiec (Red. [Hg.]): Carl i Gerhart Hauptmann – dzieło i modele jego odbioru [Carl und Gerhart Hauptmann – das Werk und Modelle seiner Aufnahme]. Wrocław: Quaestio 2012 (Beihefte zum Orbis Linguarum 107). 329 S., 7 Abb. ISSN 1426-7241, ISBN 978-83-62571-42-0.

Der Band enthält 25 Aufsätze sowie eine Tafel mit Daten zu Leben und Werk von Carl und Gerhart Hauptmann. Den Einband verzieren Fotos, die ins nächste Umfeld der Brüder einführen, indem sie das Isergebirge und die Schneekoppe im Riesengebirge zeigen. Die Herausgabe des Bandes folgte auf das Symposium, das in Liegnitz/Legnica und Bad Salzbrunn/

Szczawno-Zdrój im Jahr 2012 zum 150. Geburtstag Gerhart Hauptmanns stattfand. Vielen Beiträgen über die epischen, dramatischen und lyrischen Texte der beiden Autoren gingen lange Recherchen in Archiven voraus. Hervorgehoben werden können hier folgende Aufsätze: Adrian Golly und Berenika Wojciechowska: „Carl und Gerhart Hauptmann in der Tagespresse von Liegnitz"; Julia Rajchel: „Die Rezeption der Theaterstücke von Carl und Gerhart Hauptmann im Stadttheater Liegnitz 1919–1942"; Artur Robert Białachowski: „Carl und Gerhart Hauptmann in der Zeitschrift ‚Schlesien'"; Marta Wróbel: „Die polnische Rezeption des Werkes von Carl Hauptmann"; Agnieszka Jedynak: „Polen im Leben von Carl Hauptmann"; Oliwia Stelmach: „Gerhart Hauptmann und die Breslauer Dichterschule"; Elżbieta Linek und Dawid Wojcieczak: „Der Briefwechsel zwischen Gerhart Hauptmann und Hermann Stehr während des Ersten Weltkriegs"; Katarzyna Węglińska: „Gerhart Hauptmann im polnischen Drama und in der polnischen Musik"; Tomasz Majewski: „Aufführungen der Dramen von Gerhart Hauptmann in Breslauer Theatern im Dritten Reich 1933–1944".

Grzegorz Kowal

Iwona Bińkowska, Elżbieta Szopińska (Hg.): Leksykon zieleni Wrocławia [Lexikon der Grünanlagen Breslaus]. Wrocław: Wydawnictwo Via Nova 2013. 959 S., 1.930 Abb. ISBN 978-83-64025-06-8.

Das zweite thematische Lexikon nach dem 2011 erschienenen „Lexikon der Architektur Breslaus" (*Jahrbuch des Bundesinstituts* 20, 2012, S. 629) ist den Grünanlagen der Stadt Breslau/Wrocław gewidmet. Über hundert Autoren verschiedener Disziplinen haben mitgewirkt: neben Botanikern, Zoologen, Agrarwissenschaftlern und Landschaftsarchitekten auch Historiker, Kunsthistoriker, Kulturwissenschaftler, Literatur- und Musikwissenschaftler. Ihre Essays beschäftigen sich aus unterschiedlicher Sicht mit ausgewählten Themen, darunter der Entwicklung der Gartenkunst (Iwona Dróżdż, Iwona Bińkowska), der kulturbildenden Funktion der Gärten (Magdalena Mularczyk), den städtischen Gärten in Malerei, Grafik und Fotografie (Ewa Halawa, Iwona Bińkowska, Ksenia Stanicka-Brzezicka), Musik in den Gärten (Joanna Subel), dem Breslauer Grün in der Literatur (Wojciech Kunicki, Dorota Heck) oder der Gestaltung der Grünanlagen im Großraum Breslau vor 1945 (Iwona Bińkowska) und danach (Iwona Dróżdż). Den Hauptteil des Lexikons bilden Artikel zu 869 einzelnen Objekten – Alleen, Gärten, Parks, Spazierwegen, Wäldern und Flußtälern –, topographisch geordnet nach: Altstadt/Stare Miasto, den Inseln (Bürgerwerder/Kępa Mieszczańska, Dominsel/Ostrów Tumski, Matthiasinsel/Tamka usw.) sowie Breslau links und rechts der Oder, wobei auf Geschichte und gegenwärtigen Zustand der Grünanlagen ebenso eingegangen wird wie auf das Vorkommen von Artefakten, auf Gehölze und Bodendecker, auf synanthrope, bedrohte und geschützte Arten, auf Naturdenkmäler und dendrologische Besonderheiten. Ergänzend hinzu kommen themenbezogene Artikel zu Typologie, Funktion, Symbolik und Komposition der Gärten, zu Ereignissen und Ausstellungen, zur Denkmal- und Landschaftspflege, außerdem zwei Tabellen zu Artefakten und Naturdenkmälern sowie biographische Informationen zu Breslauer Gartenfachleuten in Vergangenheit und Gegenwart. Den Abschluss bilden Literatur-, Sach- und Personenverzeichnis, Übersichten von topographischen Namen, Aufstellungen von Organisationen, Institutionen und Behörden sowie ein Stadtplan mit Angaben zur Lage der einzelnen Objekte.

Maria Zwierz

Monika Choroś, Maximilian Eiden, Bernard Linek, Michał Lis (Hg.): Colloquium Opole 2011. Od wojny o granice do dobrego sąsiedztwa. Vom Krieg um die Grenze zur guten Nachbarschaft. Od války o hranice k dobrému sousedství. Opole: Instytut Śląski w Opolu 2012 (Colloquium Opole. Polacy – Niemcy – Czesi. Sąsiedztwo w XXI wieku [Colloquium Oppeln. Polen – Deutsche – Tschechen. Nachbarschaft im 21. Jahrhundert]). 247 S., Abb., dt. Zusammenfassungen. ISBN 978-83-7511-145-3.

Der dreisprachige Tagungsband des Schlesischen Instituts Oppeln (Instytut Śląski w Opolu) behandelt in 15 Texten verschiedene Aspekte zum Thema der Nachbarschaft von Deutschen, Polen und Tschechen. Im ersten Teil über „Minderheiten im Jahrhundert der Extreme" schreibt Piotr Madajczyk über die deutsche Minderheit in Polen im 20. Jahrhundert. Im zweiten Teil „Rund um den Vertrag über gute Nachbarschaft" stellt Krzysztof Ruchniewicz die „Instrumentalisierung des Nachbarn in der Innenpolitik" anhand von großen Debatten und Symbolen dar. Jan Sechter fasst zwanzig Jahre deutsch-tschechische Vertragsbeziehungen zusammen. Im Abschnitt „Deutsch-polnische Beziehungen" findet man Beiträge von Maximilian Eiden über die Museums- und Kulturarbeit des Schlesischen Museums zu Görlitz und des dort tätigen Kulturreferenten für Schlesien, von Annemarie Franke über deutsch-polnische Kontakte aus der Perspektive der Begegnungsstätte Kreisau/Krzyżowa und von Rafał Bartek über das Haus der deutsch-polnischen Zusammenarbeit in Gleiwitz/Gliwice. Im Schlusskapitel „Grenzüberschreitende Zusammenarbeit im Wirtschaftsbereich" berichten Monika Choroś und Bernard Linek von der Podiumsdiskussion über „Perspektiven der Minderheiten". Über deutsche Firmen in Schlesien informiert Stanisław Senft; Osvald Milerski wirft einen Blick auf Aspekte der wirtschaftlichen Transformation in der Region Mährisch-Schlesien. Der Band enthält auch kurze Informationen zu den deutschen, polnischen und tschechischen Autoren.

Małgorzata Ruchniewicz

Małgorzata Chorowska, Czesław Lasota (Hg.): Kamienica mieszczańska w Świdnicy. Karczma i mieszkanie w XIII–XVII w. [Das Bürgerhaus in Schweidnitz. Bierstube und Wohnung im 13.–17. Jh.]. Wrocław: Oficyna Wydawnicza Politechniki Wrocławskiej 2013. 447 S., 185 Abb., dt. u. engl. Zusammenfassungen. ISBN 978-83-7493-752-8.

Das alte Schweidnitz/Świdnica, damals das zweitgrößte Wirtschaftszentrum Schlesiens, hat bereits Bartholomäus Stein 1512 in seiner Schrift *Descriptio Totius Silesiae ...* wegen seiner imponierenden Wehranlagen, der Bierbrauerei und der vielen Steinhäuser hervorgehoben. Der mit der Produktion und dem Export des Bieres einhergehende Wohlstand wirkte sich auch auf die Größe und den Prunk der Bürgerhäuser aus. Wegen des verbreiteten Privilegs zum Bierbrauen waren alle ca. 250 mittelalterlichen Häuser innerhalb der Stadtmauern zugleich auch Bierstuben. Im Dachgeschoss wurde die Gerste gelagert, in den Dielen der Häuser, in den Mälzereien und Darren auf der Rückseite der Häuser wurde der Hopfentrunk gebraut und anschließend in speziellen „Kellerchen" im Erdgeschoss ausgeschenkt. In den ersten Kapiteln werden die Anfänge der Stadt und ihre urbanistische Anlage thematisiert, außerdem der Einfluss der Privilegien des Bierbrauens auf die Bebauung der Grundstücke und die Wohnbauten der verschiedenen Epochen (Gotik, Renaissance, Manierismus, Barock). Gut die Hälfte des Bandes nimmt ein topographisch angelegter Katalog der einzelnen Schweidnitzer Bürgerhäuser ein, in dem ihre ursprüngliche Bestimmung, ihr Aussehen und ihr künstlerischer Wert dargestellt werden. Der Band enthält ein Literatur- und ein Abbildungsverzeichnis.

Maria Zwierz

Leokadia Drożdż, Annemarie Franke, Bernard Linek, Michał Lis (Hg.): Colloquium Opole 2013. Totalitaryzm i pamiętanie. Śląskie doświadczenia i ślady nazizmu oraz komunizmu. Totalitarismus und Erinnerung. Schlesische Erfahrungen und Spuren des Nationalsozialismus und des Kommunismus. Totalitarismus a paměť. Slezské zkušenosti a stopy nacismu a komunizmu. Opole: Instytut Śląski w Opolu 2014 (Colloquium Opole. Polacy – Niemcy – Czesi. Sąsiedztwo w XXI wieku [Colloquium Oppeln. Polen – Deutsche – Tschechen. Nachbarschaft im 21. Jahrhundert]). 258 S., Abb., dt. Zusammenfassungen. ISBN 978-83-7126-302-6.

Der dreisprachige Tagungsband des Schlesischen Instituts Oppeln (Instytut Śląski w Opolu) präsentiert 15 Beiträge zum Thema „Totalitarismus und Erinnerung" in Schlesien. Im Teil über die Zeit von 1933 bis 1945 schreibt Joanna Nowosielska-Sobel unter der Überschrift „Zwischen Brückner und Moltke" über das Verhältnis der Niederschlesier zum Nationalsozialismus. Józef Szymeczek beschäftigt sich mit der Bevölkerung im ehemaligen österreichischen Schlesien, dem sogenannten Teschener und dem Troppauer Schlesien, in den Jahren 1938–1945. Im Kapitel zu polnischen, tschechischen und deutschen Erfahrungen mit dem Kommunismus greift Adam Dziurok das Thema „Befreiung/Anschluss/Eroberung Oberschlesiens und die Folgen für die Bevölkerung der Region" auf. Auf die Fragestellung des dritten Kapitels, wie man an die Totalitarismen des 20. Jahrhunderts erinnern könne, versuchen Violetta Rezler-Wasielewska am Beispiel von Lamsdorf/Łambinowice, Radka Kubelková am Beispiel der Gedenkstätte Theresienstadt/Terezín und Annemarie Franke anhand der Konzeption der Gedenkstätte der Stiftung Kreisau/Krzyżowa für Europäische Verständigung Antworten zu geben. Jan F. Lewandowski untersucht oberschlesische Filme im Kapitel über die Aufarbeitung der Totalitarismen im europäischen Film. Joanna Trajman gibt einen Überblick über die Aufnahme des Fernsehfilms *Unsere Mütter, unsere Väter* in Deutschland und Polen. Eine Darstellung der Podiumsdiskussion zu Perspektiven der Erinnerung, Informationen zu den deutschen, polnischen und tschechischen Autoren sowie ein Orts- und Personenregister beschließen den Band.

Małgorzata Ruchniewicz

Marcin Dziedzic, Gabriela Dziedzic: Kłodzka Grupa Artystyczna 1920–1945 [Die Glatzer Künstlergruppe 1920–1945]. Wrocław: Quaestio 2014. 220 S., Abb. ISBN 978-83-62571-65-9.

Die Glatzer Künstlergruppe ist ein bemerkenswertes, bislang wenig bekanntes Kapitel des kulturellen Lebens der Region Glatz/Kłodzko in der Zwischenkriegszeit. Der Band mit Lexikoncharakter basiert auf der Auswertung von zeitgenössischer Presse, Taufurkunden, Familiennachlässen der Künstler sowie Erinnerungen. Das Buch besteht aus zwei Teilen: Zunächst wird die Geschichte der Gruppe dargestellt, der zweite Teil enthält die Kurzbiographien von nicht weniger als 168 Künstlern, die unterschiedliche Kunstgattungen – von der Malerei bis zum Kunsthandwerk – repräsentieren. Die Artikel setzen sich zusammen aus biographischen und bibliographischen Angaben sowie Informationen zu Ausstellungsteilnahmen und zu Aufbewahrungsorten ihrer Werke.

Małgorzata Ruchniewicz

Hanna Górska: Wrocławska drewniana architektura szkieletowa [Breslauer Fachwerkarchitektur]. Wrocław: Muzeum Miejskie Wrocławia 2014. 255 S. 331 Abb. ISBN 978-83-89551-86-3.

Der Katalog zur gleichnamigen Ausstellung (29.5. bis 22.6.2014 im Rathaus von Breslau/Wrocław) ist Ergebnis ausgedehnter Recherchen zu den Fachwerkbauten in Breslau vom Mittelalter bis zum 20. Jahrhundert (Villen, Ein-, Zwei- und Mehrfamilienhäuser, öffentliche Gebäude und Sakralbauten). Während einst die Holzkonstruktion das gesamte Gebäude oder zumindest seinen oberen Teil betraf, wurden um 1900 vor allem dekorative Elemente der Fachwerkarchitektur genutzt, etwa für Veranden, Erker, Gauben und Giebel. Präsentiert werden auch Wohngebäude, die zusätzlich administrative oder ökonomische Funktionen hatten, darunter Forsthäuser wie in Breslau-Ransern/Rędzin und Breslau-Pawelwitz/Pawłowice oder das Direktionsgebäude des Zoos. Des Weiteren findet man mittelalterliche Spitäler, Bäder, Zunfthäuser, Gasthäuser, Sporthallen und -clubhäuser sowie nicht zuletzt zwölf Gotteshäuser verschiedener Bekenntnisse. Die Zahl der Industriegebäude in Fachwerkarchitektur war geringer: Hierzu zählen Wassermühlen, die Bebauung des städtischen Hafens auf dem Bürgerwerder oder wassertechnische Anlagen. Im letzten Kapitel beschäftigt sich die Autorin mit der Wehrarchitektur Breslaus, deren Bild man vom Stadtplan von 1562 von Barthel Weiner kennt, mit dem nicht mehr bestehenden Ohlauer Tor/Brama Oławska als bedeutendstem Objekt. Der Band ist reich illustriert, unter anderem mit Zeichnungen und Grafiken von Friedrich Bernhard Werner, Friedrich Gottlob Endler, Heinrich Mützel und Hugo Ulbrich; außerdem sind Ansichtskarten, Architekturzeichnungen sowie historische und aktuelle Fotos der Gebäude abgebildet.

Maria Zwierz

Tomasz Grudziński: Między twierdzą a miastem wolnym. Obraz życia miejskiego Świdnicy w latach 1815–1870 [Zwischen Festung und freier Stadt. Das Bild des städtischen Lebens in Schweidnitz in den Jahren 1815–1870]. Wrocław, Świdnica: ATUT 2014. 640 S., Abb., dt. Zusammenfassung. ISBN 978-83-7432-978-1.

Der Autor stellt ausgewählte Aspekte der Entwicklung der Stadt Schweidnitz/Świdnica in der Zeit von 1815 bis 1870 vor und untersucht dabei den Einfluss der Festung auf das Leben der Stadt und ihrer Bewohner. Er befasst sich u. a. mit der Verwaltung und den Finanzen, dem Ausbau der Stadt und der Entwicklung der Infrastruktur sowie mit statistischen Daten zu Bevölkerung, Bekenntnis und Beruf, außerdem mit der Wirtschaft und mit dem gesellschaftlichen und kulturellen Leben in Schweidnitz. Im Anhang finden sich Dokumente der Stadtverwaltung zum Brandschutz, zur Sparkasse, zur öffentlichen Ordnung sowie Zeugnisse zum Thema der Garnison Schweidnitz. Der Band entstand aufgrund einer eingehenden Archivrecherche in Breslau/Wrocław, Kamenz/Kamieniec Ząbkowicki und Berlin und berücksichtigt die umfangreiche deutsche und polnische Fachliteratur sowie Pressetexte.

Małgorzata Ruchniewicz

Marek Hałub, Anna Mańko-Matysiak (Red./Hg./Red.): Śląska republika uczonych. Schlesische Gelehrtenrepublik. Slezská vědecká obec. Vol. 6. Wrocław: Oficyna Wydawnicza ATUT, Dresden: Neisse Verlag 2014. 511 S., 23 Abb. ISSN 1733-2699, ISBN 978-3-86276-124-1, 978-83-7977-023-6.

Im neuesten Band der Folge *Schlesische Gelehrtenrepublik* kommen – wie immer – unterschiedliche Fachgebiete, Epochen, Themen und Stoffe zusammen. Sie alle verbindet Schlesien als Schwerpunkt und unauslotbarer Themenkreis. Der Band enthält 23 Beiträge von deutschen, tschechischen und polnischen Autoren. Unter ihnen sind besonders zu nennen: Rebekka Nöcker: *Volkssprache im lateinisch-gelehrten Kontext. Zur schlesischen Bildungsliteratur im Spiegel der Handschriftenkultur des 15. Jahrhunderts*; Agata Mazurek: *Handschrift im Kontext: Die Bedeutung der Materialität für die Erforschung des Kulturraumes Schlesien*; Arno Herzig: *Zwischen Staat und Kirche. Aspekte zur Entwicklung der Katholisch-Theologischen Fakultät der Universität Breslau in den ersten 50 Jahren ihres Bestehens*; Klaus-Dietrich Schunck: *Die Alttestamentler der Evangelisch-Theologischen Fakultät der Universität Breslau 1811–1945*; Hans-Joachim Girlich: *Ernst Eduard Kummer (1810–1893) in Schlesien*; Łukasz Bieniasz: *Ferdinand Hirt und die gelehrte Welt in Breslau im 19. Jahrhundert*; Thomas Schulz: *Zwischen Wissenschaft und Öffentlichkeit. Schlesien im Programm des Deutschen Kulturforums östliches Europa*; Heinke M. Kalinke: *Schlesien in Zeitzeugenberichten. Ergebnisse eines Forschungsprojekts des BKGE zu Erinnerungen und Erfahrungen im 20. Jahrhundert.*

Grzegorz Kowal

Jan Harasimowicz (Hg.): Księga pamiątkowa jubileuszu 200-lecia utworzenia Państwowego Uniwersytetu we Wrocławiu. Commemorative book for the 200th anniversary of the establishment of the State University in Wrocław. T./Vol. 2: Universitas litterarum Wratislaviensis 1811–1945. Wrocław: Wydawnictwo Uniwersytetu Wrocławskiego 2013 (Acta Universitatis Vratislaviensis 3363). 696 S., Abb. ISBN 978-83-229-229-3331-2.

Im zweiten Band einer neuen Gesamtdarstellung der Geschichte der Universität Breslau/Wrocław behandeln zahlreiche deutsche und polnische Wissenschaftler die Entstehung, Forschung und Lehre sowie die wissenschaftlich-didaktische Infrastruktur der Hochschule in der Zeit bis zum Ende des Zweiten Weltkriegs. Thematisiert werden die früheren Hochschulen in Breslau und Frankfurt/Oder, Leopoldina und Viadrina, und die Umstände der Gründung der Breslauer Universität sowie ihre Entwicklung im Geiste Wilhelm von Humboldts. Die wissenschaftlichen Verdienste der einzelnen Disziplinen von der katholischen und evangelischen Theologie über Jura, Wirtschaftswissenschaften und Medizin, Philosophie und Psychologie, Geschichte, Klassische Archäologie, Kunstgeschichte, Musik, Deutsche und Slawische Philologie, Mathematik, Physik, Chemie und Geologie bis hin zu Astronomie, Biologie und Agrarwissenschaften werden vorgestellt. Im Kapitel über die Infrastruktur werden die Gebäude der Universität und ihre Ausstattung, wissenschaftliche und didaktische Instrumente, der Botanische Garten und die Naturhistorischen Museen, die Kunstsammlungen, die Bibliothek und das Archiv der Universität beschrieben. Bekannte Professoren und das studentische Milieu werden im Kapitel über die akademische Gemeinschaft dargestellt. Bibliographische Angaben, Informationen zu den Autoren, Namens-, Orts- und Abbildungsverzeichnisse runden den Band ab.

Krzysztof Ruchniewicz

Gerhart Hauptmann, Ivo Hauptmann: Listy. W iście berlińskim tempie ... [Briefwechsel. In höchster Berliner Eile ...]. Hg. v. Stefan Rohlfs und Harriet Hauptmann. Jelenia Góra, Wrocław: Oficyna Wydawnicza Atut 2014. 289 S., 15 Abb. ISBN 978-83-922463-8-1, 78-83-7977-057-1.

Es handelt sich um die polnische Version (übersetzt von Sławomir Tryc) einer deutschen Briefausgabe von 2012. Sie beginnt mit einer Einleitung von Stefan Rohlfs und Harriet Hauptmann und schließt mit einer Zeittafel, angefertigt von Johanna Brade und Harriet Hauptmann. Der Band enthält auch eine Reihe von Fotografien. Ein Großteil der Korrespondenz zwischen Gerhart Hauptmann und seinem ältesten und wohl liebsten Sohn Ivo ist verschollen. Die präsentierten 225 Briefe zwischen Vater und Sohn, dem Schriftsteller und dem Maler, erstrecken sich über den großen Zeitraum von 1895 bis 1946. Es handelt sich um eine Auswahl. In den Band wurden nur solche Briefe aufgenommen, die weniger vom Privaten und Familiären als vom Künstlerischen berichten. Die Briefe weihen in die Entwicklung und in den Weg der künstlerischen Emanzipation des Sohnes ein. Seine ersten Briefe, mit 19 Jahren geschrieben, zeigen ihn noch im Schatten des berühmten Vaters. Am Ende erweist er sich als ein souveräner Mensch, reifer Denker und Künstler.

Grzegorz Kowal

Arno Herzig, Krzysztof Ruchniewicz, Małgorzata Ruchniewicz: Śląsk i jego dzieje [Schlesien und seine Geschichte]. Wrocław: Via Nova 2012. 303 S., zahlr. Abb., Kt. ISBN 978-83-60544-91-4.

Das Buch stellt die polnische Übersetzung (von Anna Wziątek) der deutschen Publikation von Arno Herzig in Zusammenarbeit mit Małgorzata und Krzysztof Ruchniewicz *Schlesien. Das Land und seine Geschichte in Bildern, Texten und Dokumenten* (2012) dar. Der Text mit 14 thematisch-chronologisch angelegten Kapiteln wurde für die polnische Ausgabe korrigiert und erheblich ergänzt, vor allem um Texte zur Geschichte Schlesiens im 19. und 20. Jahrhundert. Darüber hinaus wurde eine Reihe neuer Illustrationen mit ausführlichen Erläuterungen einbezogen. Ziel der Publikation ist es, eine Narration über die Region aus Sicht ihrer Einwohner zu bieten, die nicht nur unterschiedlichen Nationen und Staaten, die miteinander um die Macht in Schlesien konkurrierten, sondern auch verschiedenen Ethnien und religiösen Bekenntnissen angehörten.

Małgorzata Ruchniewicz

Tomasz Jeż: Kultura muzyczna jezuitów na Śląsku i ziemi kłodzkiej (1581–1776) [Die Musikkultur der Jesuiten in Schlesien und im Glatzer Land (1581–1776)]. Warszawa: Wydawnictwo Naukowe Sub Lupa 2013 (Studia et Dissertationes Instituti Musicologiae Universitatis Varsoviensis, Reihe B 18). VIII, 699 S., Abb. ISBN 978-83-64003-02-8.

Musik nimmt in der Kultur der Jesuiten einen hohen Rang ein. Der Verfasser des vorliegenden Buches, Musikwissenschaftler, beschäftigt sich seit mehreren Jahren mit dem Thema „Schrifttum und musikalische Tradition der Jesuiten in Schlesien und der Grafschaft Glatz". Das Buch ist das Ergebnis einer mehrjährigen Recherche in Archiven und Bibliotheken in Österreich, Tschechien, Deutschland, Polen, der Slowakei und Italien, einschließlich des Archivum Romanum Societatis Iesu in Rom. Chronologisch umfasst die Monographie den Zeitraum von 1581 (Ankunft der jesuitischen Missionare in Breslau/Wrocław) bis 1776 (Aufhebung des Jesuitenordens in Schlesien). Der Autor präsentiert den Forschungsstand und bespricht die verschiedenen Gattungen der erhaltenen Quellen (Musikalien, Gesangbücher, Liturgik, Theaterstücke) – die meisten musikalischen Quellen sind während der Säkularisierung verloren gegangen. Akribisch berichtet er über die Geschichte der Jesuiten in Schlesien und ihren bedeutendsten Zentren wie Breslau, Glatz/Kłodzko, Glogau/Głogów,

Schweidnitz/Świdnica, Neisse/Nysa und Troppau/Opava. Das vielfältige Thema Musikkultur stellt er in einen breiten Kontext. Er würdigt die Rolle der Musik in jesuitischen Bildungseinrichtungen (beim Schultheater in Gymnasien, in der musikalischen Erziehung in Seminaren und Konvikten) oder in der jesuitischen Seelsorge (in der Liturgie, bei religiösen Zeremonien sowie bei Darbietungen der Mitglieder der Marianischen Bruderschaften). Er stellt bekannte jesuitische Komponisten und Organisten vor und beschreibt das musikalische Repertoire aus diesem Zeitraum. Das Werk enthält ein Verzeichnis aller benutzten Quellen und Materialien zum Thema „Jesuiten in Schlesien", nach Gattungen geordnet (Archivalien, Musikalien, alte Drucke), dazu eine umfangreiche Bibliographie, ein Personen-, Institutionen- und Ortsregister. Es ist die erste derart umfassende Studie. Leider hat die Publikation keine fremdsprachige Zusammenfassung; immerhin bietet sie einen Abschnitt, „Die soziale Rolle der Musik", auch in Englisch. Gewiss wird das Buch für die weitere Erforschung der schlesischen Musik- und Kirchengeschichte eine bedeutende Rolle spielen.

Weronika Karlak

Kamila Kędziora: Nazewnictwo ulic Wrocławia w latach 1945–1994 [Straßenbenennungen in Breslau 1945–1994]. Warszawa: Instytut Pamięci Narodowej 2012 (Instytut Pamięci Narodowej, Komisja Ścigania Zbrodni Przeciwko Narodowi Polskiemu [Institut für Nationales Gedenken, Kommission zur Verfolgung von Verbrechen gegen das polnische Volk] 81). 240 S. ISBN 978-83-7629-346-2.

Das Buch beschäftigt sich mit Benennungen von Straßen, Plätzen und Grünanlagen Breslaus, die unter dem Einfluss politischer Veränderungen vorgenommen wurden. Die Arbeit besteht aus vier chronologisch aufgebauten Teilen. Zäsuren stellen die Jahre 1947, 1956 und 1989 dar. Dem Jahr 1956 kommt dabei eine spezielle Bedeutung zu: Danach wurden keine kommunistischen Bezeichnungen für Hauptstraßen mehr vergeben und aus dem Mittelalter stammende Namen nicht mehr geändert. Nach 1989 entfernte man alle mit dem Kommunismus verbundenen Namen, dafür kamen nun Persönlichkeiten zu Ehren, die für die Unabhängigkeit Polens gekämpft hatten. Straßennamen wurden im Rahmen der erweiterten Stadtgrenzen neu geordnet. Die Quellengrundlage der Monographie bilden Materialien der Stadtverwaltung, städtischer Kommissionen, die sich mit Straßenbenennungen befasst haben, sowie der „Gesellschaft der Freunde Breslaus" („Towarzystwo Miłośników Wrocławia"), außerdem Stadtpläne und Presseveröffentlichungen. Ein Verzeichnis der Straßennamen mit Angaben zu ihrer Änderung ergänzt den Band.

Krzysztof Ruchniewicz

Robert Klementowski: Zgorzelecka bezpieka 1945–1990 [Der Sicherheitsdienst in Zgorzelec (Görlitz-Ost) 1945–1990]. Wrocław: Instytut Pamięci Narodowej 2014. 367 S., Abb., Tab. ISBN 978-83-61631-80-4.

Ein weiterer Band der Serie über Filialen des Sicherheitsapparates in Niederschlesien beschäftigt sich mit den Materialien des Sicherheitsdienstes und Parteiakten zum polnischen Ostteil der Stadt Görlitz/Zgorzelec. In vier chronologisch angelegten Kapiteln werden Organisation und Arbeitsweise, Personal, Hauptaufgaben und Aktivitäten des Sicherheitsdienstes unter den sich verändernden Bedingungen der Nachkriegszeit in den Jahren 1945–1948, in der stalinistischen Ära 1949–1956, in der Zeit bis 1975 und von 1975 bis 1990 dargestellt. Im fünften Kapitel versucht der Autor ein kollektives Porträt der Funktionäre des Sicherheitsdienstes in dieser Region, ihrer Grundlagen, Motivation und ihres Verhältnisses zum Sicherheitsdienst. Er beschäftigt sich mit der Entstehung, Größe und Aktivität des Agentennetzes, dessen Mitarbeitern – sowohl freiwilligen als auch unter Zwang rekrutierten Agenten – sowie mit Opfern des Apparats. Grundlegende Fachtermini und Abkürzungen der *lingua securitatis* werden erklärt. Eine Bibliographie, Personen- und Ortsverzeichnis ergänzen den Band.

Małgorzata Ruchniewicz

Robert Klementowski, Krzysztof Szwagrzyk (Hg.): Urząd Bezpieczeństwa na Dolnym Śląsku 1945–1956. Z badań nad organizacją i działalnością aparatu bezpieczeństwa [Der Sicherheitsdienst in Niederschlesien 1945–1956. Forschungen zur Organisation und Tätigkeit des Sicherheitsapparates]. Wrocław: Instytut Pamięci Narodowej 2012 (Studia i materiały IPN [Studien und Materialien des Instituts für Nationales Gedenken]). 379 S., Abb. ISBN 978-83-6163-124-8.

Das Buch fasst Forschungen zusammen, die seit einigen Jahren zur Geschichte des Sicherheitsapparates in Niederschlesien und zu seinen Arbeitsschwerpunkten durchgeführt wurden, und zeigt weitere Forschungsdesiderate auf. Włodzimierz Suleja führt in die Situation in Niederschlesien 1945–1956 ein. In 16 Artikeln werden Organisation und Struktur des Sicherheitsdienstes, die Hauptschwerpunkte seiner Tätigkeit und das Verhältnis zur kommunistischen Partei und zum Propagandaapparat dargestellt. Die Aktivitäten des Sicherheitsdienstes in Breslau/Wrocław in Hinblick auf den „deutschen Untergrund" in Niederschlesien untersucht Joanna Hytrek-Hryciuk, hinsichtlich der „nicht-polnischen Bevölkerung" Jarosław Symyk. Der Band enthält Abkürzungs-, Personen- und Ortsverzeichnis.

Małgorzata Ruchniewicz

Elżbieta Kościk (Hg.): Gdy nadciągała wielka woda. Klęski powodzi na ziemiach polskich na przestrzeni wieków [Als das große Wasser kam. Überschwemmungskatastrophen in Polen im Laufe der Jahrhunderte]. Wrocław: GAJT 2013 (Wrocławskie spotkania z historią gospodarczą [Breslauer Begegnungen mit der Wirtschaftsgeschichte] 8). 168 S., Abb., engl. Zusammenfassungen. ISBN 978-83-62584-48-2.

Ein weiterer Band der wirtschaftsgeschichtlichen Serie enthält elf Artikel, einige davon zu schlesischen Regionen. Rajmund Przybylak, Krystyna Bryś, Tadeusz Bryś und Przemysław Wyszyński analysieren extreme Temperaturen und Niederschlagsmengen in Breslau/Wrocław in den Jahren 1791–2010. Den Überschwemmungen im Kreis Neumarkt/Środa Śląska vom 18. Jahrhundert bis 1945 widmet sich Rościsław Żerelik. Die Überschwemmungen in Niederschlesien in den Jahren 1958–1968 werden unter der Fragestellung „unbezähmbares Element oder Unfähigkeit der Machthaber?" von Grażyna Trzaskowska und Beata Machay untersucht. Maciej Szymczyk befasst sich mit den wirtschaftlichen und sozialen Folgen der Überschwemmung von 1998 im Gebiet um Glatz/Kłodzko. Mit den ehemaligen hydrotechnischen Anlagen in dieser Region setzen sich Agnieszka Latocha und Matylda Witek auseinander.

Krzysztof Ruchniewicz

Kai Kranich: Anpassung im Nationalsozialismus. Die Universität Breslau und die Aberkennung von Doktortiteln. Wrocław: Oficyna Wydawnicza ATUT 2012. 199 S., 16 Abb. ISBN 978-83-7432-788-6.

Der Autor geht in seinen Untersuchungen auf die Universität Breslau ein, in den 20er und 30er Jahren des 20. Jahrhunderts die viertgrößte deutsche Universität. Er stellt fest, dass in den 20er Jahren vor allem aufgrund von historischen Ereignissen und Grenzverschiebungen die Universität in der schlesischen Hauptstadt in eine ökonomische und wissenschaftliche Krise geriet. Somit versuchte die Universitätsführung dem Abstieg entgegenzuwirken. Die damals entstandene Bezeichnung als Ostlanduniversität oder als „deutsches Kulturbollwerk im Osten" war ebenso die Folge wie die Gründung des Instituts für Ostforschung. Eine wichtige Zäsur stellt hier das Jahr der Machtübernahme Hitlers dar. Die Universitätsführung sah darin eine einmalige Chance für den Aufstieg und traf zusätzliche Maßnahmen, um den Titel der Reichsuniversität tragen zu dürfen. Davon zeugen eingeleitete Verfahren, Doktortitel der ausgewanderten jüdischen sowie das Nazi-Regime vom Ausland aus kritisierenden Wissenschaftler abzuerkennen. Ob sich parallel dazu auch die Humboldt'sche Idee der Universität im Allgemeinen und der Universität Breslau im Besonderen radikal veränderte, bleibt als Frage offen. Präferiert wird die These, dass die Anpassung an das Regime der Verschleierung der soliden Lehre und Forschung gedient habe.

Grzegorz Kowal

Wojciech Kunicki (Hg.): Od patriotyzmu do nacjonalizmu. Rok 1813 w Sobótce i jego rola w świadomości narodowej Niemców [Vom Patriotismus zum Nationalismus. Das Jahr 1813 in Zobten und seine Rolle im nationalen Bewusstsein der Deutschen]. Wrocław: Oficyna Wydawnicza ATUT 2014 (Biblioteka Ślężańska [Zobten-Bibliothek] 5). 267 S., 41 Abb., dt. Zusammenfassung. ISBN 978-83-7977-005-2.

Das Hauptthema des Buches kreist um die Frage der Bedeutung des Zobtenberges als eines Erinnerungsortes und somit Teils des kollektiven Gedächtnisses für Preußen und Deutschland. Aus dem Buch geht hervor, dass die Prozesse der politischen und ideologischen Vereinnahmung des Berges mit der verlorenen Schlacht bei Jena und in deren Zusammenhang mit der Einführung der preußischen Reformen deutlich einsetzten. Es ist die Rede von der Geburtsstunde des modernen deutschen Patriotismus, der unter anderem auf der antinapoleonischen Bewegung der Jahre 1813–1815 aufbaute. Kunicki stellt sogar fest, dass der Zobtenberg im Laufe der Jahre, insbesondere aber nach 1813, zum geographischen Mittelpunkt des neu erweckten Patriotismus wurde. Dies belegt nicht zuletzt das in Übersetzung zitierte und analysierte Gedicht von Theodor Körner *Lied zur feierlichen Einsegnung des preußischen Freicorps in der Kirche zu Rogau in Schlesien*. Der Zobtenberg als Ort der Bildung des Freicorps, dem sich außer Körner auch Joseph von Eichendorff und Friedrich Ludwig Jahn anschlossen, galt für Breslauer Studenten als Zeichen der Freiheit und Einheit Deutschlands. Der Bekräftigung der Thesen des Autors dienen viele angeführte Texte, unter anderem auch von Gustav Freytag, Karl Berger, Adolf Wasner, Carl Daniel Bach, Friedrich Heinrich von der Hagen, Adelbert von Chamisso und Gerhart Hauptmann.

Grzegorz Kowal

Bernard Linek: Polityka antyniemiecka na Górnym Śląsku w latach 1945–1950 [Antideutsche Politik in Oberschlesien in den Jahren 1945–1950]. Opole: Instytut Śląski i Dom Współpracy Polsko-Niemieckiej 2014. 413 S., engl. u. dt. Zusammenfassung. ISBN 978-83-63995-15-7.

Diese zweite, korrigierte Fassung des erstmals im Jahr 2000 unter demselben Titel erschienenen Buches (siehe *Berichte und Forschungen. Jahrbuch des Bundesinstituts* 10, 2002, S. 235) behandelt das in der unmittelbaren Nachkriegszeit für die politische und soziale Geschichte Oberschlesiens grundlegende Thema der antideutschen Politik. Quellengrundlage bilden Archivmaterialien aus Breslau/Wrocław, Oppeln/Opole, Kattowitz/Katowice, Gleiwitz/Gliwice und Warschau/Warszawa (Material aus Partei, Verwaltung und Sicherheitsdienst) sowie Pressetexte und Erinnerungen. Das Buch besteht aus vier sachlich-chronologisch aufgebauten Teilen. Nach einer Einführung in die Begrifflichkeiten und das untersuchte Gebiet, die Woiwodschaft Schlesien-Dąbrowa (Województwo śląsko-dąbrowskie), werden die wichtigsten Institutionen und gesellschaftlichen Gruppen dieser Region sowie ihre Einstellungen zur staatlichen Politik (Machtelite, Organisationen, propolnische schlesische Aktivisten, katholische Kirche) dargestellt. Die antideutsche Politik wird analysiert unter den Aspekten Vertreibung der Deutschen, Schaffung von Arbeitslagern, Diskriminierung der im Lande gebliebenen Deutschen, Entfernung materieller Hinterlassenschaften aus deutscher Zeit, Bekämpfung der deutschen Sprache, deutscher Kultur und prodeutscher Haltungen, Erschwerung der Kontakte mit Verwandten in Deutschland sowie Polonisierung von Nachnamen und des öffentlichen Raums.

Krzysztof Ruchniewicz

Sławomir Moździoch, Stanisław Rosik, Thomas Wünsch (Hg.): Silesia Historica. Badania nad historią Śląska. Metody i praktyka historiografii oraz nowe poszukiwania. Silesia historica. Forschungen zur Geschichte Schlesiens. Methoden und Praxis der Historiographie und neue Untersuchungen. Wrocław: Wydawnictwo Chronicon 2012 (Radices Silesiae – Silesiacae radices 2). 146 S., Abb., Kt., dt. Zusammenfassungen. ISBN 978-83-935760-1-2.

Der zweisprachige Tagungsband im Rahmen des internationalen Forschungsprojekts „Radices Silesiae – Silesiacae radices" über Schlesien, Land und Leute, *memoria* und die Herausbildung von sozialen Bindungen und Identitäten bis zum Ende des 18. Jahrhunderts beschäftigt sich in elf Beiträgen mit neuen Forschungen zu Schlesien. Im ersten Teil zu methodologischen und historiographischen Themen hinterfragt Thomas Wünsch den Begriff „transgraniczność" („transborderness") als neues Paradigma für die Bestimmung von regionaler Identität. Marek Cetwiński untersucht soziale und politische Bedingungen historiographischer Forschung am Beispiel des Werks des Historikers Gustav Adolf Harald Stenzel (1792–1854). Marta Młynarska-Kaletowa stellt eine in der Zwischenkriegszeit veröffentlichte „Geschichte Schlesiens" vor. Im zweiten Teil „Quellen und Terminologie" erörtert Przemysław Siekierka die Verwendung der Termini „natio", „gens", „populus" und „ethnos" bei den lateinischen und griechischen Autoren, die das Gebiet des späteren Schlesien beschrieben haben. Ryszard Kaczmarek klärt terminologische und quellenkritische Fragen bei der Untersuchung patriotischer, nationaler oder nationalistischer Einstellungen der Soldaten aus oberschlesischen Regimentern im 19. Jahrhundert. Im dritten Abschnitt „Forschungsfelder" skizziert Piotr Boroń Fragen der Erforschung der Geschichte des Raumes der oberen Oder und der oberen Weichsel im 10.–12. Jahrhundert. Das Interesse von Dominik Nowakowski richtet sich auf Wandlungen der Siedlungsstrukturen im Spätmittelalter, die er am Beispiel der Städte im nördlichen Schlesien darstellt. Aleksander Paroń präsentiert die Schlacht bei Liegnitz und den Mongoleneinfall 1241 in der Überlieferung von Jan Długosz als Beispiel für die Konstruktion von kollektivem Gedächtnis. Stanisław Rosik fragt nach dem „Schlesien der Slenzanen" und zieht einen weiten Bogen vom sog. „Geographus Bavarus“ und der Chronik Thietmars von Merseburg bis zu den heutigen Mythologisierungen der Vergangenheit.

Małgorzata Ruchniewicz

Katarzyna Nowakowska: Oblicza i konteksty tożsamości w literaturze niemieckojęzycznej XX i XXI wieku [Facetten und Kontexte der Identität in der deutschsprachigen Literatur des 20. und 21. Jahrhunderts]. Wrocław: Oficyna Wydawnicza ATUT 2013. 421 S., 21 Abb. ISBN 978-83-7432-969-9.

Die Verfasserin dieses Buches setzt sich mit der Frage der individuellen, sexuellen, kollektiven, kulturellen, regionalen und nationalen Identität auseinander. Dabei greift sie auf einige zeitgenössische Autorinnen und Autoren zurück, deren Werke die genannte Frage einem Leitmotiv gleich durchzieht. Diesbezüglich findet sie wichtige Bezugspunkte in der Prosa von Carl Hauptmann und in der Lyrik von Monika Taubitz, Dietmar Scholz und Dagmar Nick. Den vorhandenen Stoff ordnet sie vier Kapiteln zu: 1. „Erinnerungen“, 2. „Ausgrenzungen“, 3. „Bekenntnisse“, 4. „Varianten“. Schon diese Titel zeigen, dass die Identitätsfrage mit den Themen Internalisierung, Sozialisation und Emanzipation eng zusammenhängt. Die aus Schlesien stammenden Autoren veranlassen Nowakowska erstens, zur regionalen Identität Stellung zu nehmen, und zweitens, das Wesen der ‚Heimat‘ zu ergründen. Lässt sie sich auf Geburtsort, Kindheit, Umfeld, in dem man aufgewachsen ist, zurückführen? Inwieweit bleibt sie ein dynamisches, also auch wandlungsfähiges Gebilde?

Grzegorz Kowal

Katarzyna Nowakowska, Ewa Jarosz-Sienkiewicz, Joanna Zator-Peljan (Hg.): Didaktische Potenziale erproben. Aufsätze zur Literatur- und Fremdsprachendidaktik sowie Interviews mit Janosch, Karl-Markus Gauß und Therese Chromik. Wrocław: Quaestio 2013 (Beihefte zum Orbis Linguarum 106). 271 S., 2 Abb. ISSN 1426-7241, ISBN 978-3-86276-089-3, 978-83-62571-44-4.

In allen in diesem Band präsentierten Interviews stellt die schlesische Provinz einen wichtigen Bezugspunkt dar. Sie erscheint entweder als Geburtsort und Heimatort oder als Grenzland und *genius loci*. Mit dem Kinderbuchautor Janosch (Horst Eckert) aus Hindenburg O.S./Zabrze führt Angela Bajorek das Gespräch (*Frommer Ketzer und Anarchist oder zurück nach Zabrze*), Katarzyna Bartłomiejczyk spricht mit der Lyrikerin und Prosaautorin Therese Chromik aus Liegnitz/Legnica (*Ich habe meine „Heimat“ in den geistigen Raum verlegt*). Den in Salzburg geborenen Schriftsteller, Kritiker und Publizisten Karl-Markus Gauß interviewt Artur Robert Białachowski (*Für mich ist die Wahrheit etwas wie ein Prozess*). Die gebürtigen Schlesier Janosch und Chromik reflektieren in diesem Band über Universelles wie auch Alltägliches.

Grzegorz Kowal

Halina Okólska, Hanna Górska, Joanna Wagner-Głowińska (Hg.): Przedmieście Oławskie we Wrocławiu [Die Ohlauer Vorstadt in Breslau]. Wrocław: Muzeum Miejskie Wrocławia i „Wydawnictwo GAJT 1991 s. c." 2013. 256 S., 174 Abb., dt. Zusammenfassungen. ISBN 978-83-62584-39-0.

Der Band geht auf eine Konferenz über die Ohlauer Vorstadt/Przedmieście Oławskie zurück, die am 27./28. Oktober 2012 im Rathaus von Breslau/Wrocław stattgefunden hat.

Die östlich der Altstadt gelegene Siedlung mit vielfältiger Bebauung wurde im Vergleich zu anderen Stadtteilen 1945 relativ wenig zerstört. Ihr Name leitet sich vom mittelalterlichen Ohlauer Stadttor ab, durch das ein wichtiger Handelsweg Richtung Ohlau/Oława und weiter nach Krakau/Kraków führte. Es wurde 1808 abgerissen und gab der Siedlung, die damals zu Breslau kam, ihren Namen. In diesem Gebiet ließen sich bereits im 12. Jahrhundert Weber aus Wallonien und Arras nieder und bauten die Mauritiuskirche. Auch der älteste jüdische Friedhof befand sich hier. 1711 kamen Mönche vom Orden der Barmherzigen Brüder nach Breslau, ließen die barocke Dreifaltigkeitskirche errichten und gründeten ein Spital. Im 19. Jahrhundert entstanden in diesem Viertel zahlreiche Industriebetriebe und Wohnstraßen im Stil des Historismus. Im Kapitel über die Geschichte der Vorstadt bis zur Mitte des 20. Jahrhunderts schreibt Rafał Eysymontt über die Raumentwicklung, Mariusz Kotkowski über die Oderüberschwemmung von 1903, Magdalena Szafkowska über das ehemalige Websky-Palais und seine Bewohner, Wiesława Gerritzen und Bożena Grzegorczyk über die Breslauer Baugesellschaft als Vorläuferin des sozialen Wohnungsbaus. Mit den Gotteshäusern des Viertels beschäftigen sich im zweiten Kapitel Filip Maria Muszyński (Dreifaltigkeitskirche), Hanna Górska (Lazaruskirche), Anna Adela Wawrzyńczuk und Karolina Majdzik (ehemalige evangelische Christuskirche) sowie Bernard Bednorz (Kirchen der konfessionellen Minderheiten). Im dritten Kapitel geht es um Industriebetriebe wie das Wasserwerk am Weidendamm (Daria Dorota Pikulska), die Kornbrennerei und Likörfabrik Carl Schirdewan (Andrzej Czyszczoń), weitere Industrie- und Dienstleistungsbetriebe (Jerzy Domowicz, Agnieszka Włostowska) und ein Straßenbahndepot (Tomasz Sielicki). Das vierte Kapitel widmet sich Wissenschaft und Kultur: Magdalena Szmida-Półbratek stellt das Institut für Physiologie und die Professoren Karl Bogislaus Reichert und Rudolf Heidenhain vor, Piotr Łukaszewicz die Städtische Handwerks- und Kunsthandwerksschule, Małgorzata Bruder die Theater des Stadtviertels und Andrzej Dębski die Kinos in der Klosterstraße. Joanna Subel porträtiert die Sängerin Charlotte Kraeker-Dietrich. Themen im Kapitel über Freizeit und Sport sind Breslau-Morgenau/Rakowiec als Erholungsgebiet (Mariusz Kotkowski), die Sportanlagen der Ohlauer Vorstadt (Henryk Klamecki) und das SA-Denkmal von 1937 im Ostpark (Bernard Bednorz). Im letzten Kapitel über die Zeit des Zweiten Weltkriegs und die Nachkriegszeit erinnert Tomasz Głowiński an Paul Peikert, den Pfarrer der Mauritiuskirche. Ein deutsch-polnisches Straßenverzeichnis ergänzt den Band.

Maria Zwierz

Tomasz Przerwa: Między lękiem a zachwytem. Sporty zimowe w śląskich Sudetach i ich znaczenie dla regionu (do 1945 r.) [Zwischen Furcht und Begeisterung. Wintersportarten im schlesischen Sudetengebirge und deren Bedeutung für die Region (bis 1945)]. Wrocław: Oficyna Wydawnicza ATUT 2012. 440 S., 50 Abb. ISBN 978-83-7432-823-4.

Die vorliegende Studie enthält folgende Kapitel: 1. Umstände. Hierunter wird sowohl der sozial-politische Kontext als auch der geographische Ort verstanden. Sport im Gebirge beschränkte sich ursprünglich auf den Sommer, erst ab der Mitte des 19. Jahrhunderts entdeckte man sein Winterpotenzial. Das Riesengebirge und insbesondere die Orte Schreiberhau/Szklarska Poręba und Krummhübel/Karpacz wurden zum Mekka der Touristen. 2. Wintersportarten. Hier wird nicht nur die Geschichte der Skiverbände von ihren Anfängen an vor Augen geführt, sondern auch – in mehreren Unterkapiteln – auf die Geschichte, Struktur und soziale Herkunft der schlesischen Skiläufer näher eingegangen. Erschlossen wird auch die politische Instrumentalisierung der Wintersportarten (Ski-, Schlittschuh-, Schlitten- und

Bobfahrten) im Sudetengebirge. 3. Folgen. Vor allem wegen des politisch, sozial und ökonomisch motivierten Interesses an den Wintersportarten im Sudetengebirge ist es gerechtfertigt, von ihrer Blütezeit in der Zwischenkriegszeit zu sprechen. Es ging nicht nur um die Faszination, die vom Gebirge ausging, sondern zunehmend waren es Mode und Lebensstil, in denen der Wintersport einen festen Platz einnahm. So entstanden damals zahlreiche Kurorte, touristische Zonen, zusätzliche Bahnstrecken, Skilifte, Herbergen und Hotels sowie der Gebirgsrettungsdienst. Es gab Speziallandkarten, Reiseführer und neue themenbezogene Zeitschriften. 4. Untergang in der Kriegszeit. Nach dem Ende des Sudetentourismus 1945 wurde seine Geschichte dennoch – nun auf Polnisch – fortgeschrieben.

Grzegorz Kowal

Daniela Przyłęcka: Nie od razu Wrocław odbudowano. Plany zagospodarowania przestrzennego, koncepcje oraz projekty urbanistyczne i architektoniczne a ich realizacja w latach 1945–1989 [Breslau wurde nicht auf einmal wiederaufgebaut. Bebauungspläne, städtebauliche und architektonische Konzepte und Entwürfe und ihre Umsetzung in den Jahren 1945–1989]. Wrocław: ATUT 2012. 307 S., Abb., Kt. ISBN 978-83-7432-862-3.

Der Wiederaufbau Breslaus nach dem Zweiten Weltkrieg war sowohl aus gesellschaftlichen und ökonomischen als auch aus politischen Gründen eine Aufgabe von hoher Bedeutung, zumal die Stadt eine rasche Entwicklung und territoriale Erweiterung erfuhr. Der in drei Teile untergliederte Band bietet einen strukturierten Überblick über den Verlauf dieser Prozesse in der Zeit der Volksrepublik Polen. Im ersten Teil werden die Raumplanungen und Bebauungspläne für Breslau, die nach 1945 entstanden, überblicksartig vorgestellt. Der zweite Teil zeichnet den Verlauf des Wiederaufbaus und die weitere Entwicklung der Stadt nach, untergliedert nach den verschiedenen Elementen der Stadtstruktur wie Wohnbauten, Industrieanlagen, öffentliche Bauten, städtisches Grün, Verkehrswesen und technische Infrastruktur. Im dritten Abschnitt werden die einzelnen Etappen der Raum- und Stadtplanung und ihre jeweilige Umsetzung behandelt. Dabei werden städtebauliche und architektonische Wettbewerbe ebenso berücksichtigt wie Bürgerumfragen zu einzelnen Projekten und realisierten Bauten.

Krzysztof Ruchniewicz

Rocznik Muzeum Papiernictwa [Jahrbuch des Papiermuseums]. Duszniki Zdrój: Muzeum Papiernictwa 2013. [Bd.] 7 (2013). 197 S., zahlr. s.-w. u. farb. Abb., engl., dt. u. tschech. Zusammenfassungen. ISSN 1897-7685.

Das seit 2007 regelmäßig erscheinende Jahrbuch des Papiermuseums in Bad Reinerz/Duszniki Zdrój zielt auf die Verbreitung von Kenntnissen über die Geschichte der Papierherstellung sowie über die Reinerzer Papiermühle und die Stadt Bad Reinerz bei Glatz/Kłodzko. Jan Bałchan präsentiert eine Episode aus der Geschichte der Stadt – nach Auskunft der erhaltenen Quellen: Es geht um den Kuraufenthalt des 16-jährigen Komponisten Frédéric Chopin mit seinen Schwestern und seiner Mutter in Bad Reinerz im Juli und August 1826. Piotr Pręgiel erinnert in seinem Artikel „Im tiefen Hinterland des Weltkriegs. Bad Reinerz in den Jahren 1914–1918“ an die damaligen wirtschaftlichen Probleme der Stadt, die Verschärfung der Gesetze und die Anforderungen des Kriegszustands: Als fast alle Männer in die kaiserliche Armee eingezogen worden waren, übernahmen die Frauen die Verantwortung für die Familien und die Wirtschaft der Stadt. Im Nationalarchiv in Breslau/Wrocław befinden sich mehrere Sammlungen mit Dokumenten zur Geschichte der Reinerzer Region, die den Zeitraum von 1388 bis 1945 umfassen, worüber Roman Stelmach berichtet. Besondere Bedeutung haben, wie der Verfasser betont, ikonographische Materialien aus der ersten Hälfte des 19. Jahrhunderts aus den Städtchen Reinerz und Rückers/Szczytna. Reiner Sachs rezensiert die von Andrzej Kozieł und Emilia Kłoda herausgegebene Publikation über einen Liegnitzer Barockmaler *Jeremias Joseph Knechtel (1679–1750), legnicki malarz doby baroku* (Legnica 2012). Eine „Chronik des Papiermuseums" hält wichtige Ereignisse des Jahres 2012 fest: Ausstellungen, Begegnungen, Veranstaltungen. Das Jahrbuch erscheint neben der gedruckten Ausgabe auch als Online-Fassung: <http://rocznik.muzpap.pl/>.

Weronika Karlak

Roczniki Sztuki Śląskiej [Jahrbücher für schlesische Kunst]. [Bd.] 22. Wrocław: Muzeum Narodowe we Wrocławiu 2013. 183 S., 114 Abb., dt. u. engl. Zusammenfassungen. ISSN 0557-2231.

Der Band enthält eine Reihe von Abhandlungen, Miszellen und Rezensionen zur Kunst und Architektur Schlesiens sowie Erinnerungen, die dem Andenken an den Kunsthistoriker und Denkmalpfleger Henryk Dziurla gewidmet sind. Jerzy K. Kos stellt eine Untersuchung zur fast 800-jährigen Geschichte jüdischer Kultbauten in Schlesien vor, einen Versuch der Inventarisierung der schlesischen Synagogen, die fast alle von den Nationalsozialisten im Novemberpogrom 1938 zerstört wurden, so wie auch die Archive der jüdischen Gemeinden vernichtet oder aufgelöst wurden. Nur drei mittelalterliche Synagogen in Oels/Oleśnica, Striegau/Strzegom und Jauer/Jawor und etwas über 20 von ehemals über 90 Synagogen, die im 19. und frühen 20. Jahrhundert entstanden sind, sind heute noch erhalten. Dem Originalzustand am nächsten kommen mit teilweise erhaltenen Innenausstattungen die Synagogen in Reichenbach/Dzierżoniów, Münsterberg/Ziębice und Görlitz. Neben Aspekten von Stil und Form dieser Bauten geht der Autor auch auf die Architekten ein: Carl Ferdinand Langhans, Albert Grau, Felix Henry, Carl Johann Lüdecke, Edwin Oppler, Hans Abesser und William Lossow. Małgorzata Stankiewicz macht mit dem Kunstmäzen Ludwig de Lopis (Lopez) de Montdeverques aus Domanze/Domanice bekannt, und Monika Żernik porträtiert den Breslauer Sammler Ernst Benjamin von Löwenstädt und Ronneburg, dessen Sammlungen aus der ersten Hälfte des 18. Jahrhunderts heute nur noch aus Beschreibungen bekannt sind. Romuald Nowak befasst sich mit der Kanzel der St.-Georgs-Kirche in Reichenbach. Andrzej Kozieł stellt den Wissensstand zum Bild „Enthauptung der hl. Barbara" dar, auf dem die Signatur des Malers Peter Brandl gefunden wurde. Bisher war das Bild von 1733, das sich im Hauptaltar der Pfarrkirche St. Barbara in Voigtsdorf/Wojcieszyce bei Hirschberg/Jelenia Góra befindet, der Werkstatt von Michael Willmann oder einem unbekannten Künstler zugeschrieben worden. Małgorzata Korżel-Kraśna trägt Anmerkungen zu einem Fassadenschrank aus einem Haus in Reichenbach vor, der vermutlich von einem schlesischen Tischler der ersten Hälfte des 18. Jahrhunderts geschaffen wurde, 1908 in den Besitz des Schlesischen Museums für Kunstgewerbe und Altertümer gelangte und im Zweiten Weltkrieg verloren ging, somit lediglich aus der Ikonographie bekannt ist. Beata Stragierowicz beschäftigt sich mit Ignacy Paderewskis Besuchen in Breslau/Wrocław und einem Porträt des Komponisten von Max Wislicenus (1901, heute im Nationalmuseum Breslau). Artur Hryniewicz analysiert eine sphragistische Sammlung aus dem 19. Jahrhundert aus dem Nationalmuseum Breslau.

Maria Zwierz

Sebastian Rosenbaum, Dariusz Węgrzyn (Hg.): Wywózka. Deportacja mieszkańców Górnego Śląska do obozów pracy przymusowej w Związku Sowieckim w 1945 roku. Faktografia – konteksty – pamięć [Abtransport. Die Deportation der Einwohner Oberschlesiens in Zwangsarbeitslager in der Sowjetunion im Jahr 1945. Fakten – Kontexte – Gedenken]. Katowice: IPN 2014 (Instytut Pamięci Narodowej, Komisja Ścigania Zbrodni Przeciwko Narodowi Polskiemu, Oddział w Katowicach [Institut für Nationales Gedenken, Kommission zur Verfolgung von Verbrechen gegen das polnische Volk, Abteilung Kattowitz]). 454 S., Abb. ISBN 978-83-7629-513-8.

Das Buch beschäftigt sich mit Ereignissen, die auf der Nachkriegsgeschichte Oberschlesiens lasten und erst seit 1989 aufgearbeitet werden können. Sein Ziel ist eine Zusammenfassung der bisherigen Untersuchungen und eine Vorstellung der durchgeführten Forschungsprojekte. Drei Texte von Katrin Boekh, Ute Schmidt und Aleksandra Arkusz führen allgemein in die Thematik der Deportationen als Instrument der sowjetischen Politik, der Internierung deutscher Zivilbevölkerung nach 1945 und des Systems der Internierungslager in der Sowjetunion ein. Im zweiten Teil behandeln vier Texte von Dariusz Węgrzyn, Jarosław Neja, Zbigniew Gołasz und Marcin Niedurny die Deportationen aus Oberschlesien sowie Lebens- und Arbeitsbedingungen der Deportierten. Im Kapitel über Forschungsprojekte präsentiert Dariusz Węgrzyn die Erstellung einer elektronischen Datenbank von Personen, die in der Zeit von Januar bis April 1945 vom NKWD in Oberschlesien interniert wurden. Roman Smolorz stellt ein Projekt zur Bedeutung deutscher Archivalien (Personenakten) für die Forschung vor. Im vierten Teil schreiben Sebastian Rosenbaum, Kornelia Banaś, Gabriel Tobor und Jarosław Wroński sowie Ewa Koj über das Opfergedenken und die Ermittlungen des Instituts für Nationales Gedenken zur Aufarbeitung der Deportationen. Im fünften Teil präsentieren neun Teilnehmer eines studentischen Projekts fünf Texte über Aspekte der Deportationen aus einzelnen Orten oder zu einschlägigen Berichten in der oberschlesischen Presse. Den Band beschließt ein Kapitel mit neun Erinnerungsberichten von Deportationsopfern.

Krzysztof Ruchniewicz

Magdalena Semczyszyn, Jarosław Syrnyk (Hg.): Między ideologią a socjotechniką. Kwestia mniejszości narodowych w działalności władz komunistycznych – doświadczenie polskie i środkowoeuropejskie [Zwischen Ideologie und Social Engineering. Die Frage der nationalen Minderheiten in der Tätigkeit der kommunistischen Gewalten – polnische und mitteleuropäische Erfahrungen]. Warszawa, Szczecin, Wrocław: Instytut Pamięci Narodowej 2014. 606 S., engl. Zusammenfassungen. ISBN 978-83-7629-638-8.

Die Publikation entstand als Tagungsband im Rahmen des Forschungsprojekts des Instituts für Nationales Gedenken (Instytut Pamięci Narodowej, IPN) „Der Sicherheitsapparat und die nationalen und ethnischen Minderheiten und Ausländer“. Die Mitwirkenden legen großen Wert auf die vergleichende Betrachtung der Aktivitäten des Sicherheitsapparats und der Regierungspolitik in Polen und in den anderen Staaten des Ostblocks. In drei Teilen mit 29 Texten präsentieren die Wissenschaftler einzelne Ergebnisse, versuchen aber auch Antworten auf die Frage zu finden, inwieweit die Minderheitenpolitik aus der kommunistischen Ideologie resultierte und inwieweit sie mit der instrumentellen Nutzung der Minderheiten in der Innenpolitik zusammenhing. Auch Ähnlichkeiten und Unterschiede im Umgang mit den Minderheitenfragen in anderen Ländern und die Erinnerungspolitik in Hinsicht auf die

Minderheitengruppen und deren Platz in der kommunistischen Gesellschaft werden analysiert. Ein weiteres Thema ist die Bedeutung nationaler Stereotype. Mit einer antirevisionistischen Kampagne gegen die deutsche Bevölkerung in Polen in den 1960er Jahren beschäftigt sich Maciej Hejger am Beispiel der Woiwodschaft Köslin/Województwo Koszalińskie. Piotr Madajczyk stellt dar, aus welcher Perspektive Sicherheitsdienst, Geheimdienst und Spionageabwehr der Volksrepublik Polen bis zum Ende der 1970er Jahre die deutsche Minderheit wahrnahmen. Informationen über die Autoren, ein Personenregister und ein Verzeichnis der Minderheiten erschließen den Band.

Krzysztof Ruchniewicz

Romuald M. Sołdek, Piotr Oszczanowski: Kościoły ewangelickie na Dolnym Śląsku. Evangelische Kirchen in Niederschlesien. Wrocław: c2 2012. 207 S., Abb. ISBN 978-83-63037-04-8.

Dieser Bildband entstand in Zusammenarbeit des Kunsthistorikers und Fotografen Romuald M. Sołdek mit dem Kunsthistoriker Piotr Oszczanowski. Es stellt 16 Kirchenbauten aus Breslau/Wrocław (Christophori- und Gustav-Adolf-Gedächtniskirche sowie die ehemalige Hofkirche – Kirche der Göttlichen Vorsehung), Hirschberg-Bad Warmbrunn/Jelenia Góra-Cieplice Zdrój (Erlöserkirche), Jauer/Jawor (Friedenskirche), Krummhübel-Brückenberg/Karpacz Górny (Kirche Wang), Bad Kudowa/Kudowa Zdrój (Christuskirche), Liegnitz/Legnica (Liebfrauenkirche), Lauban/Lubań (Frauenkirche), Neumittelwalde/Międzybórz (Heiligkreuzkirche), Oels/Oleśnica (Erlöserkirche), Giersdorf/Opolnica (Erlöserkirche), Groß Wartenberg/Syców (ehemalige Schlosskirche der Apostel Johannes und Petrus), Neurode/Stara Huta (Erlöserkirche), Schweidnitz/Świdnica (Friedenskirche) und Waldenburg/Wałbrzych (Erlöserkirche) vor. Ein Teil der Gebäude, die in der Zeit vom Mittelalter bis zum 19. Jahrhundert entstanden sind, gehört heute der Evangelisch-Augsburgischen Kirche.

Małgorzata Ruchniewicz

Jarosław Syrnyk: „Po linii" rewizjonizmu, nacjonalizmu, syjonizmu ... Aparat bezpieczeństwa wobec ludności niepolskiej na Dolnym Śląsku (1945–1989) [Dem Revisionismus, Nationalismus, Zionismus auf der Spur ... Der Sicherheitsapparat und die nicht-polnische Bevölkerung in Niederschlesien (1945–1989)]. Wrocław: Instytut Pamięci Narodowej 2013. 309 S., dt., engl. u. russ. Zusammenfassungen. ISBN 978-83-61631-84-2.

In dieser Studie wird die Arbeit des kommunistischen Sicherheitsdienstes in Niederschlesien und besonders dessen Umgang mit nationalen Minderheiten analysiert. Quellengrundlage der Arbeit sind Archivalien des Sicherheitsapparates, der Partei, Erinnerungen, Pressetexte und publizierte Dokumente. Der Autor gibt einen Überblick über die allgemeinen Lebensbedingungen der nicht-polnischen Bevölkerung in der Zeit der Volksrepublik Polen und über die Veränderungen der nationalen Struktur in Niederschlesien nach dem Zweiten Weltkrieg. Er stellt die Arbeitsorganisation des Sicherheitsdienstes dar, ihre Abhängigkeit von der sowjetischen Regierung, die Struktur der Behörden und das Personal, das sich mit nationalen Minderheiten befasste. In chronologischer Abfolge werden ausführlich die wichtigsten Aktivitäten des Sicherheitsdienstes gegenüber der deutschen, ukrainischen und jüdischen Bevölkerung, religiösen Organisationen und zugelassenen Minderheitenorganisationen nachgezeichnet. Außerdem werden Mittel, Methoden und Formen der operativen Arbeit beschrieben, die vom Sicherheitsapparat angewendet wurden (Informationsquellen, Korrespondenzkontrolle, technische Mittel, Hausdurchsuchungen, Propagandamaßnahmen, Verhaftungen, Liquidierungen etc.). Quellen-, Abkürzungs-, Personen- und Ortsverzeichnisse sind beigefügt.

Krzysztof Ruchniewicz

Sławomir Szymański, Joanna Nowosielska-Sobel, Grzegorz Strauchold (Hg.): Wybitni Wrocławianie. Kalejdoskop postaci – portret miasta [Berühmte Breslauer. Kaleidoskop der Persönlichkeiten – Porträt der Stadt]. Wrocław: Zakład Małej Poligrafii Marek Batycki 2013 (Wybitni Wrocławianie 5). 247 S., Abb. ISBN 978-83-925544-9-3.

Dieser Band der seit 2007 erscheinenden Serie *Wybitni Wrocławianie* (zu Band 4 siehe *Jahrbuch des Bundesinstituts* 21, 2013, S. 536) stellt 21 Persönlichkeiten des öffentlichen Lebens von Breslau/Wrocław aus deutscher und polnischer Zeit vor, die den multikulturellen Charakter der Stadt deutlich machen. Halina Okólska porträtiert Irena Lipman (1945–2012), die langjährige Vorsitzende der Deutschen Sozial-Kulturellen Gesellschaft Breslau und Herausgeberin dieser Reihe. Zu den präsentierten Persönlichkeiten gehören Personen des öffentlichen Lebens wie der Oberbürgermeister Max von Forckenbeck und der sozial engagierte Pfarrer Johannes Schneider, Wissenschaftler (Emil Bohn, Rudolf Heidenhain, Rudolf Drescher, Alois Alzheimer, Franz Landsberger, Erwin Hintze, Günther Grundmann, Karol Maleczyński, Ewa Maleczyńska, Stanisław Rospond), Künstler und Architekten (Carl Johann Christian Zimmermann, Theodor von Gosen, Janusz Halicki, Eugeniusz Get-Stankiewicz), Musiker (Edmund Kajdasz), Sportler (Richard Scheuermann) und Gastronomen (Johann Carl Ferdinand Liebich, Conrad Kissling). Grundlage für die biographischen Texte bilden Archivmaterialien, Fachliteratur, Pressetexte und Erinnerungen.

Krzysztof Ruchniewicz

Wrocławski Rocznik Historii Mówionej [Breslauer Jahrbuch für Oral History] 4 (2014). Wrocław: Ośrodek Pamięć i Przyszłość 2014. 335 S., Abb. ISSN 2084-0578.

Das neueste wissenschaftliche Periodikum aus Breslau/Wrocław, an dem sich Autoren aus Polen, Deutschland und Tschechien beteiligen, beschäftigt sich mit der verbreiteten Forschungsrichtung der „Oral History“ und möchte sowohl einen Beitrag zur methodologischen Reflexion leisten als auch ein Forum für Forschungsergebnisse sein, die mit dieser Methode zustande gekommen sind. Im Band findet man einige Artikel zu wissenschaftlichen Theorien, aber auch Beiträge zu verschiedenen Aspekten biographischer Forschungen, unter anderem zu den Erfahrungen von Familienangehörigen der in Katyń ermordeten Kriegsgefangenen, von Umsiedlern aus den verlorenen östlichen Gebieten Polens oder von Angehörigen der tschechischen antikommunistischen Opposition. Zwei solcher Berichte werden dokumentiert. Rezensionen und eine wissenschaftliche Chronik ergänzen den Band.

Małgorzata Ruchniewicz

Zeszyty Muzeum Ziemi Kłodzkiej [Hefte des Museums des Glatzer Landes]. Nr 12 (2013). Kłodzko: Muzeum Ziemi Kłodzkiej 2013. 283 S., Abb., dt. u. engl. Zusammenfassungen. ISNN 0866-1186.

Dieses Heft der Zeitschrift aus Glatz/Kłodzko erschien anlässlich des 50-jährigen Bestehens des Museums. Es bietet Artikel sowie Dokumente und Materialien zu unterschiedlichen Themen aus Geschichte und Kunstgeschichte. Irena Klimaszewska schreibt über das Echo der Tätigkeit des Museums in der Presse. Wirtschaftliche Probleme von Neurode/Nowa Ruda im 14. und 15. Jahrhundert stellt Andrzej Behan dar. Glatzer Studenten an der Universität Breslau im Jahr 1880 porträtiert Grzegorz Pisarski. Piotr Sroka beschreibt das Brauereiwesen im Glatzer Land nach dem Krieg. Daniel Wojtucki untersucht den Umgang mit Körper- und Todesstrafe in der Frühen Neuzeit. Krystyna Oniszczuk-Awiżeń erläutert die Ikonographie von Ersatzgeld der Jahre 1918–1921. Piotr Piluk informiert über Archivbestände zur Nachkriegsgeschichte der Glatzer Juden (1950–1978). Andrzej Prasał beschäftigt sich mit Kirchenorgeln der Region auf der Grundlage der Sammlung von „Orgel-Meldebogen 1943–1945" aus dem Archiv der Jesuiten in Glatz. Rezensionen, eine Chronik von Museumsveranstaltungen und Nekrologe verdienter Persönlichkeiten des Glatzer Landes runden den Band ab.

Małgorzata Ruchniewicz

6. Großpolen, Kleinpolen, Zentralpolen

Cracovia Iudaeorum 3D. Kraków: Muzeum Historyczne Miasta Krakowa 2013. 288 S., Abb. ISBN 978-83-7577-153-4.

Das sorgfältig gearbeitete Buch mit einzigartigem Fotomaterial ist der Begleitband zu der Ausstellung „Cracovia Iudaeorum 3D" (27. Juni 2013 bis 20. April 2014) im Historischen Museum der Stadt Krakau/Kraków, Alte Synagoge/Stara Synagoga (Kurator der Ausstellung: Eugeniusz Duda). „Cracovia Iudaeorum 3 D" ist eine Fortsetzung der Arbeit an dem digitalen Bild der historischen städtebaulichen und architektonischen Transformationen der Stadt Krakau. Das Projekt ist die Frucht der Zusammenarbeit des Historischen Museums und renommierter Experten auf den Gebieten Geschichte, Archäologie, Architektur und Kunstgeschichte. Der digitalen Rekonstruktion der Topographie der im Jahre 1335 von dem polnischen König Kazimierz Wielki (Kasimir dem Großen) gegründeten und nach ihm benannten Krakauer Judenstadt wurde die Stadtansicht des Jahres 1650 zugrunde gelegt. Im 17. Jahrhundert gehörte Kazimierz mit mehr als 4.500 Einwohnern zu den größten jüdischen Zentren Europas. In dem Katalog wird ein breites Panorama unterschiedlichster Aspekte der Bausubstanz und der Lebensbedingungen der jüdischen Bevölkerung in Krakau gezeigt und in Wort und Bild dokumentiert. Zahlreiche Grundrisse von Gebäuden, Karten, Pläne, Fotografien und Zeichnungen von archäologischen Funden und Rekonstruktionen sind abgebildet. Der Band schließt mit einer Auswahlbibliographie.

Agnieszka Palej

Monika Kucner: Literatura „ziemi obiecanej". Twórczość niemieckojęzycznych łodzian w XIX i na początku XX wieku [Literatur des „gelobten Landes". Das Schaffen deutschsprachiger Autoren aus Lodz im 19. und zu Beginn des 20. Jahrhunderts]. Łódź: Wydawnictwo Uniwersytetu Łódzkiego 2014. 329 S., Abb. ISBN 978-83-7969-098-5.

Die Monographie fokussiert das literarische Œuvre deutschsprachiger Autoren aus Lodz/Łódź im 19. und zu Beginn des 20. Jahrhunderts. Sie berücksichtigt bisher wenig bekannte wie auch völlig unbekannte Schriftsteller und deren Werke – Lyrik, Dramen, Romane, Erzählungen – sowie Witze. Der erste Teil ist der kulturellen Entwicklung der Industriestadt Lodz gewidmet. In den darauffolgenden Teilen geht die Autorin auf die Situation und Periodisierung der Lodzer Literatur und deren enge Beziehung zur Presse ein. Im Zentrum der Ausführungen stehen jedoch literarische Werke, die sich bestimmten Themenkreisen zuordnen lassen, etwa: politische Ereignisse und die deutschsprachige Literatur; der „Lodzermensch" und seine literarischen Schöpfungen; soziale Themen in den Texten. Das Buch ist mit einer umfangreichen Einleitung, einem Schriftstellerlexikon sowie Abbildungsmaterial versehen.

Monika Kucner

Monika Kucner (Hg.): Polen, Deutsche und Juden im 19. und 20. Jahrhundert: Literatur – Kultur – Sprache. Łódź: Wydawnictwo Uniwersytetu Łódzkiego 2012. 166 S., dt. Zusammenfassungen. ISBN 978-83-7525-918-6.

Ostmitteleuropa war im 19. und 20. Jahrhundert ein multikultureller Lebensraum, in dem verschiedene Identitätskonstruktionen neben- und miteinander existierten und sich gegenseitig stark beeinflussten. Der Band zeigt am Beispiel von einigen multiethnischen Regionen kulturelle Differenz und interkulturelle Konstellationen, die einen sehr großen Reflexionsraum eröffnet haben. Die meisten Beiträge widmen sich literaturwissenschaftlichen Aspekten. Der Beitrag von Larissa Cybenko ist eine Annäherung an das erinnerte Galizien. Bożena Anna Badura beleuchtet das Bild von Polen, Deutschen und Juden in den Romanen *Soll und Haben* von Gustav Freytag und *Ziemia obiecana* („Das gelobte Land") von Władysław Reymont. Natalia Brodniewicz stellt das Bild Warschaus in den Texten von Isaac Bashevis Singer und Andrzej Szczypiorski dar. Der Beitrag von Monika Kucner behandelt die Situation der Polen, Deutschen und Juden in der revolutionären Epoche der Jahre 1905–1907 anhand des Romans *Lokaut* von Kazimierz Laskowski. Jörg Füllgrabe wirft einen Blick auf Oberschlesien in dem Beitrag *Die Tatsachen-Romantik einer (rückwärtsgewandten?) Utopie – Horst Bieneks Oberschlesien-Tetralogie als Spiegel polnischer und deutscher Befindlichkeiten in der unmittelbaren Vorkriegs- und Kriegszeit.* Agata Mirecka diskutiert die erzählerische Qualität der Gegenwartsreflexionen in Ruth Klügers autobiographischem Bericht *weiter leben.* Krystyna Radziszewska wendet sich der im Lodzer Getto entstandenen Literatur von Miriam Ulinower zu. Kulturwissenschaftliche und geschichtswissenschaftliche Aspekte fokussieren die Beiträge von Karolina Prykowska-Michalak über das deutsche Theater in Lodz/Łódź nach 1918 (in polnischer Sprache) und von Frank M. Schuster über das kulturelle Mit-, Neben- und Gegeneinander der Einwohner von Lodz im späten 19. und frühen 20. Jahrhundert sowie von Jacek Walicki über die besonderen Schicksalswege eines „Lodzermenschen", Reinhold alias Rajmund Richter (in polnischer Sprache). Erkenntnisse aus dem Bereich der sprachwissenschaftlichen Forschung liefert Aleksandra Czechowska-Błachiewicz, die sich dem Lodzer Deutsch (Lodzerdeutsch), einer eigenständigen Varietät der deutschen Sprache im multilingualen Lodz des 19. und 20. Jahrhunderts, widmet.

Monika Kucner

Dorota Leśniak-Rychlak (Hg.): Reakcja na modernizm. Architektura Szyszko-Bohusza. Katalog wystawy. Reaction to modernism: architecture of Adolf Szyszko-Bohusz. Catalogue of the exhibition. Kraków: Instytut Architektury w Krakowie, Muzeum Narodowe w Krakowie 2013. 199 S., 102 Abb. ISBN 978-83-63786-02-1, 978-83-7581-143-8.

Der zweisprachige Katalog zur Ausstellung (23. Oktober 2013 bis 23. Februar 2014 im Nationalmuseum Krakau/Kraków) will den Entstehungsprozess der polnischen Architekturmoderne veranschaulichen. Das Werk des Architekten, Konservators, Architekturhistorikers und -theoretikers Adolf Szyszko-Bohusz (1883–1948), der an der Kaiserlichen Kunstakademie in Sankt Petersburg/Sankt-Peterburg ausgebildet wurde, illustriert diese Entwicklung. Sein Werk oszilliert zwischen der Tradition und der Suche nach neuen Formen in der Architektur. Der Ausstellungsort, das 1932–1934 entstandene Gebäude des Nationalmuseums Krakau, war als Beispiel für den reduzierten Klassizismus selbst ein Objekt der Ausstellung. Die architektonischen Projekte von Adolf Szyszko-Bohusz werden im Katalog nach Themen geordnet präsentiert: Idee und Ästhetik der Moderne, Denkmalpflege und die Rolle der Geschichte. Dawid Crowley stellt Szyszko-Bohusz als Architekten des Marschalls Józef Piłsudski und des modernen polnischen Staates dar. Michał Wiśniewski versucht die Frage zu klären, ob der Architekt ein reaktionärer Modernist war. Dorota Jędruch analysiert Bauten des Architekten „im Kostüm des Modernismus“. Mit seiner Tätigkeit verbundene Dokumente aus dem Nationalarchiv Krakau rückt Barbara Zbroja in den Mittelpunkt. Rafał Ochęduszko stellt einige Schriften des Architekten vor, die seine künstlerischen Ideen zum Ausdruck bringen. (Siehe auch die Monographie über Szyszko-Bohusz von M. Wiśniewski.)

Maria Zwierz

Agnieszka Rydzewska: Zabytkowe cmentarze ewangelickie północnej Wielkopolski [Historische evangelische Friedhöfe im nördlichen Großpolen]. Poznań: Uniwersytet Przyrodniczy w Poznaniu 2012. 119 S., Abb., Kt., dt. u. engl. Zusammenfassung. ISBN 978-83-7160-682-3.

Die von den Deutschen angelegten evangelischen Friedhöfe bilden einen festen Bestandteil der großpolnischen Landschaft. Sie hängen untrennbar mit der langen Zeit der Teilung Polens im 19. Jahrhundert zusammen. Das preußische Teilungsgebiet bewohnten sowohl Polen als auch Deutsche und Juden (das Verhältnis war, sehr grob geschätzt, 4:3:1). Die meisten evangelischen Friedhöfe entstanden in der zweiten Jahrhunderthälfte. Obwohl sie heute ein Denkmal der gemeinsamen Geschichte von Polen und Deutschen darstellen, sind sie in keinem guten Zustand. Agnieszka Rydzewska führt eine detaillierte Bestandsaufnahme durch; sie berücksichtigt 39 Friedhöfe im nördlichen Teil Großpolens und befasst sich mit ihrer Gestaltung und Bepflanzung, der Bestimmung von Bäumen mit Naturdenkmal-Status und den Folgen der Vernachlässigung der Friedhöfe, die nach 1945 nicht mehr gepflegt wurden. Zum Teil waren die Friedhöfe Objekte der Devastation der Bewohner der in ihrer Nähe gelegenen Ortschaften. Die Verfasserin betont, dass die Zerstörung und Vernachlässigung der Zeugnisse der Vergangenheit unweigerlich zu einer Schädigung der lokalen Gemeinschaften führt.

Maria Wojtczak

Michał Wiśniewski, współpraca [Mitarbeit] Rafał Ochęduszko: Adolf Szyszko-Bohusz. Kraków: Instytut Architektury w Krakowie 2013. 159 S., 120 Abb. ISBN-978-83-63786-03-8.

Der Band eröffnet eine neue Serie von Monographien über das Leben und Werk polnischer Architekten des 20. Jahrhunderts. Adolf Szyszko-Bohusz (1883–1948), 1924–1929 Rektor der Akademie der Schönen Künste, Krakau/Kraków, war einer der wichtigsten polnischen Architekten der ersten Hälfte des vergangenen Jahrhunderts und einer der Schöpfer des nationalen Mythos der wiedererstandenen Zweiten Republik. Sein Werk repräsentiert den kulturellen, künstlerischen und politischen Kontext, in dem die moderne Architektur in Polen entstand. Sein Name steht für viele prestigeträchtige Architekturprojekte seiner Zeit, etwa die Residenz des Präsidenten der Republik in Weichsel/Wisła (1929–1931), Arbeiten am Wawel in Krakau, am Königsschloss in Warschau/Warszawa sowie auf Jasna Góra in Tschenstochau/Częstochowa. Seine realisierten und nicht-realisierten Projekte werden in der Monographie nach typologischen Gesichtspunkten dargestellt: konservatorische Arbeiten wie an der Stiftskirche in Wiślica oder dem Königsschloss auf dem Wawel, Entwürfe für sakrale Gebäude wie den Dom in Kattowitz/Katowice oder die Basilika am Meer in Gdingen/Gdynia sowie für öffentliche Bauten wie die Bank PKO (1922–1925) in Krakau oder das Postamt in Tschenstochau (1925–1926). Auch Sanatorien und Kureinrichtungen in Krynica-Zdrój und Żegiestów-Zdrój sowie Wohnhäuser und zahlreiche Villen zählen zu seinen Werken. Am Ende des Buches findet man eine kleine Auswahl aus den Schriften des Architekten. Ein Kalendarium zu seinem Leben und Werk und eine Bibliographie runden den Band ab. (Siehe auch den Katalog zu Szyszko-Bohusz von D. Leśniak-Rychlak.)

Maria Zwierz

Maria Zientara: Krakowscy artyści i ich sztuka w latach 1939–1945 [Krakauer Künstler und ihre Kunst in den Jahren 1939–1945]. Kraków: Muzeum Historyczne Miasta Krakowa 2013 (Biblioteka Krzysztoforska [Krzysztoforski-Bibliothek] 5). 715 S., Abb., engl. Zusammenfassung. ISBN 978-83-7577-152-7.

Die umfangreiche Monographie macht den Leser mit der bildenden Kunst in Krakau/Kraków sowie dem Schicksal der Krakauer Künstler in den Jahren der nationalsozialistischen Besatzung (1939–1945) vertraut. Den Künstlern jüdischer Herkunft ist dabei ein eigenes Kapitel gewidmet. Eingeleitet wird der Band mit einer Darstellung der polnischen Kunstgeschichte der Zwischenkriegszeit, als Krakau – neben Warschau/Warszawa – das wichtigste Zentrum des künstlerischen Lebens in Polen war. Die Autorin stützt sich auf umfangreiches Quellenmaterial (unter anderem Berichte, Erinnerungen, Interviews von KZ-Häftlingen, jüdischen KZ-Überlebenden, Kriegsgefangenen). Ihre Monographie besteht aus sieben Kapiteln, in denen der tragische Abschnitt der Krakauer Geschichte und das Leben der damaligen polnischen und jüdischen Künstler in der Hauptstadt des Generalgouvernements dokumentiert werden. Schwerpunkte sind zum einen nationalsozialistische Germanisierungspläne sowie Änderungen an der Krakauer Bausubstanz und im Stadtbild, zum anderen Leben und Wirken der Krakauer Künstler in den Jahren 1939–1945 (in Krakau, an der Front, in den Lagern sowie in den verschiedenen Widerstandsgruppen) und in den ersten Nachkriegsjahren. Am Schluss findet man Kurzbiographien, ein Verzeichnis der Abbildungen, ein Personenregister, ein Ortsregister und eine Bibliographie.

Agnieszka Palej

7. Böhmen, Mähren

Jitka Balcarová: „Jeden za všechny, všichni za jednoho!“ Bund der Deutschen a jeho předchůdci v procesu utváření „sudetoněmecké identity“ [„Einer für alle und alle für Einen!“ Der „Bund der Deutschen“ und seine Vorgänger im Prozess der Herausbildung der „sudetendeutschen Identität“]. Praha: Karolinum 2013. 471 S., Abb., dt. Zusammenfassung. ISBN 978-80-246-2234-7.

Das Buch widmet sich den deutschen wirtschaftlichen Schutzvereinen in den Böhmischen Ländern in den Jahren 1918–1938 und ihrer Bedeutung für die Unterstützung und Verbreitung nationaler Ideen in der Gesellschaft sowie ihrer allmählichen Radikalisierung, die einen immer stärkeren antitschechischen und antisemitischen Charakter aufwies. Die Struktur der Schutzvereine war regional gegliedert, seit dem Jahr 1934 wurden sie jedoch zum „Bund der Deutschen" zusammengeschlossen. Die Autorin versteht ihre Arbeit als einen Beitrag zur Erforschung der Vereinsstrukturen der deutschen nationalen Bewegung und der Mechanismen ihres Funktionierens, somit zur Erforschung der Nationalisierungs- und Politisierungsprozesse des deutschen öffentlichen Raums in den Böhmischen Ländern. Im Vordergrund ihres Interesses steht die Rolle der Vereine als Mitgestalter der nationalen Identität. Das Buch besteht aus sechs Kapiteln und einem Exkurs. Zu Beginn stellt die Autorin einige Schlagwörter der deutschen Nationalbewegung vor (z. B. „völkisch", „Lebensraum", „Blut und Boden", „Volkstum", „Grenzlanddeutschtum", „Sudetendeutschtum", „Volkstumskampf", „Schutzarbeit"). Kapitel zwei befasst sich mit dem sozialen und wirtschaftlichen Wandel und mit der nationalen Emanzipation der Deutschen und Tschechen und untersucht die Entstehung der Schutzvereine in der österreichisch-ungarischen Monarchie. Das dritte Kapitel widmet sich den einzelnen Schutzvereinen, ihren Arbeitsprogrammen, dem Ausbau der Organisationseinheiten, der Berufs- und sozialen Analyse der Mitglieder und der Funktionäre wie auch den Beziehungen zu ähnlichen Organisationen in Deutschland. Das vierte Kapitel untersucht das Projekt der „sudetendeutschen Wirtschaft", eines Bestandteiles des Konstrukts der „sudetendeutschen Identität", im Kontext des zeitgenössischen ökonomischen Denkens. Das fünfte Kapitel fragt nach den Fürsorgeaktivitäten der Vereine wie den Projekten „Brüder in Not" und „Sudetendeutsche Volkshilfe". Das letzte Kapitel analysiert die Tätigkeit des „Instituts für deutsche Volksbildung" bzw. der „Gesellschaft für deutsche Volksbildung" in der Tschechoslowakei, der Feste, Nations- und Vereinsfeiern. Ein Anhang stellt 30 der bekanntesten und wichtigsten sogenannten Volkstumsarbeiter vor. Die Autorin geht sowohl von Archivquellen aus, etwa den Nachlässen der Hauptvertreter der Schutzvereine, als auch von der zeitgenössischen Presse und Publizistik.

Jana Nosková

Jan Benda: Útěky a vyhánění z pohraničí českých zemí 1938–1939 [Flucht und Vertreibung aus dem Grenzgebiet der Böhmischen Länder 1938–1939]. Praha: Karolinum 2013. 542 S., Abb., engl. Zusammenfassung. ISBN 978-80-246-2119-7.

Im Zentrum des Interesses steht die Analyse der Migration aus dem Grenzgebiet der Böhmischen Länder, das nach dem 30. September 1938 von Deutschland und Polen besetzt wurde. Der Autor befasst sich mit der Genese, dem Verlauf und der Lösung der Migrationsfrage aus der tschechoslowakischen staatlichen Sicht, er widmet sich aber auch der Analyse der Situation der Migranten (Flüchtlinge) und Problemen der tschechoslowakischen staatlichen Fürsorge. Als Flüchtlinge wurden im zeitgenössischen Diskurs alle Personen bezeichnet, die sich aus wirtschaftlichen oder politischen Gründen in dem von Deutschland oder Polen besetzten Grenzgebiet bedroht fühlten, das heißt auch nichttschechoslowakische Staatsbürger (meistens Deutsche, die ab 1933 im tschechoslowakischen Exil lebten), die aus dem Grenzgebiet ins tschechoslowakische Landesinnere migrierten. Diese Bevölkerungsgruppe hatte jedoch keinen Anspruch auf tschechoslowakische staatliche Sozialhilfe. Das Buch besteht aus sieben Kapiteln. Die ersten zwei Kapitel fokussieren die Situation im Grenzgebiet kurz vor und nach der Besetzung und die Maßnahmen, die das Zusammenleben der deutschen Antifaschisten, der jüdischen und der tschechischen Bevölkerung erschwerten. Das zweite Kapitel bringt Statistiken der Flüchtlinge in einzelnen Migrationswellen und befasst sich mit den Ursachen der Flucht. Das dritte Kapitel thematisiert die Aufnahme der Flüchtlinge in der Tschechoslowakei – im November 1938 entstand eine neue Einrichtung der Flüchtlingshilfe, Ústav pro péči o uprchlíky –, die Tätigkeit der tschechoslowakischen Regierung auf diesem Gebiet und die Unterstützung durch britische Hilfsorganisationen. Das vierte Kapitel beleuchtet das Bild der Flüchtlinge in der zeitgenössischen tschechoslowakischen Presse. Das fünfte Kapitel untersucht die staatliche und private Sozialfürsorge und Gesundheitspflege für die Flüchtlinge, z. B. die jüdische Fürsorge oder die Fürsorge für deutsche Antifaschisten. Das sechste Kapitel behandelt die Möglichkeiten der Auswanderung der Flüchtlinge und die einschlägige Tätigkeit der Prager Jüdischen Gemeinde, der Deutschen Sozialdemokratischen Arbeiterpartei und der Deutschdemokratischen Freiheitspartei. Das Schlusskapitel befasst sich mit der Aufnahme der Flüchtlinge seitens der tschechischen Bevölkerung und den damit verbundenen Problemen. Der Autor stützt sich in seiner Analyse vor allem auf Archivquellen verschiedener Ämter und Behörden und auf die zeitgenössische Presse.

Jana Nosková

Tomáš Dvořák: Vnitřní odsun 1947–1953. Závěrečná fáze „očisty pohraničí" v politických a společenských souvislostech poválečného Československa [Innere Aussiedlung/Binnentransfer 1947–1953. Die Endphase der „Säuberung des Grenzgebietes" in politischen und gesellschaftlichen Zusammenhängen der Nachkriegstschechoslowakei]. Brno: Matice moravská 2012 (Knižnice Matice moravské [Bücherreihe der Matice moravská] 38). 469 S., dt. und engl. Zusammenfassung. ISBN 978-80-86488-92-9.

Der Autor befasst sich mit der Zwangsumsiedlung und der Aufsplitterung von verschiedenen Bevölkerungsgruppen in der Nachkriegstschechoslowakei, die nach der Aussiedlung/Vertreibung der Deutschen (in den Jahren 1945–1946) durchgeführt wurden. Ins Zentrum des Interesses des Autors rücken vier Bevölkerungsgruppen: erstens die nichtvertriebenen Deutschen, die in das Landesinnere Böhmens und Mährens oder in die Region Joachimsthal/Jáchymov, eine Region mit Uranbergwerken, umgesiedelt wurden, zweitens Bewohner der kroatischen Sprachinsel in Südmähren, die in den Jahren 1945–1950 vor allem nach Nordmähren umgesiedelt wurden, drittens Bewohner der schlesischen Regionen Hultschin/Hlučín und Teschen/Těšín sowie viertens Ungarn aus der Südslowakei, die ins Grenzgebiet der Böhmischen Länder umgesiedelt wurden. Der Autor schildert und dokumentiert die einzelnen Umsiedlungsaktionen, wobei er betont, dass die Binnentransfers ein politisches Kampffeld der politischen Parteien in der Nachkriegstschechoslowakei darstellten. Die Erforschung der Binnenzwangsmigrationen liefert somit wichtige Erkenntnisse über die politische und gesellschaftliche Situation des Landes nach 1945. Der Autor versteht sein Buch als Beitrag zur Erforschung der Zusammenhänge zwischen der „nationalen Revolution" und der Entwicklung der tschechischen Gesellschaft. Aspekte der Untersuchung sind die Denk- und Handlungsmuster, die Ideologie, die Akzeptanz der antidemokratischen Elemente, der Übergang von der Verfolgung aufgrund der Nationalität zu einer Persekution aufgrund der „Klassenzugehörigkeit". Die Analyse der Planung und Realisierung (oder auch Nicht-Realisierung) der Maßnahmen ermöglicht tiefe Einsichten in damalige politische und administrative Strukturen; sie zeigt den durchdringenden Einfluss der Kommunistischen Partei der Tschechoslowakei auf die öffentliche Verwaltung, aber auch innerparteiliche Kämpfe und die Politik dieser Partei. Als Hauptquellen benutzt der Autor Archivmaterial und die zeitgenössische Presse; einige Quellen werden in extenso veröffentlicht. Das Buch wird durch ein Personen- und Ortsregister vervollständigt.

Jana Nosková

Germanoslavica. Zeitschrift für germano-slawische Studien. Jahrgang 24, Nr. 1–2. Praha: Slovanský ústav AV ČR, v. v. i., Euroslavica 2013. 110, 126 S. ISSN 1210-9029.

Die vom Slawischen Institut der Akademie der Wissenschaften der Tschechischen Republik herausgegebene Zeitschrift erschien 2013 in zwei Heften. Nummer 1: Jan Malura befasst sich in seinem Aufsatz mit der humanistischen und barocken Hymnographie und akzentuiert dabei die tschechisch-deutschen Zusammenhänge. Der Text ist in Passagen über Humanismus und Reformation, katholisches Barock, Exilprotestanten und Pietismus unterteilt. Markéta Balcarová schreibt über Adalbert Stifters „doppelbödige Erzählstrategie" am Beispiel seiner Naturbeschreibungen: In Stifters Texten stießen das Idyllische und das gegen dieses Verstoßende aufeinander. Der Beitrag von Jana Hrdličková hat zum Hauptthema die tschechische Schriftstellerin Božena Němcová, und unter Berücksichtigung tschechischer Dichtungen, eines deutschen Theaterstückes und eines Filmes konzentriert sie sich darauf, wie die Autorin „auf Deutsch und Tschechisch" lebte. Dorota Szczęśniak deutet die Liebe Thomas Bernhards zu Polen: War er aus Trotz gegen sich selbst von Polen begeistert, oder war seine Faszination für dieses kommunistische Land eine Provokation? Das Heft schließen sechs Besprechungen und zwei Berichte ab. – Heft 2 ist monothematisch und befasst sich primär mit der deutschmährischen Literatur. Es entstand in Zusammenarbeit mit der Arbeitsstelle für deutschmährische Literatur am Institut für Germanistik der Palacký-Universität in Olmütz/Olomouc. Ingeborg Fiala-Fürst befasst sich mit der Darstellung Moses' bei Schiller, Goethe und Hermann Reckendorf, einem jüdischen Gelehrten aus Iglau/Jihlava. Milan Horňáček untersucht Viktor Bauers Zivilisationskritik im Kontext der Mitteleuropa-Konzeptionen. Bauer engagierte sich unter anderem im Wiener „Institut für Kulturforschung", sein Konzept basiert vor allem auf seiner Vorstellung von der zivilisatorischen Aufgabe der Deutschen in Ost- und Mitteleuropa. Katja Kernjak widmet sich detailliert der Briefkorrespondenz zwischen dem tschechischen Schauspieler Hugo Haas und dem deutschsprachigen Schriftsteller Friedrich Torberg nach deren Emigration in die USA in den 1940er Jahren. Jörg Krappmann konzentriert sich in seinem Aufsatz auf das Theater- und Vereinsleben in der nordmährischen Provinzstadt Mährisch-Schönberg/Šumperk. Marie Krappmann fokussiert die Rezeption gesellschaftlich relevanter Diskurse in den ersten zwei Dekaden des 20. Jahrhunderts in drei Dramen mährischer Autoren, Karl Hans Strobl, Ernst Lohwag und Hans Müller. Alžběta Peštová macht uns auf die Rezeption von Arno Holz in Böhmen und Mähren aufmerksam. Auf die kulturhistorische Einordnung von Mechtilde Lichnowskys Sprachkritik wird im Aufsatz von Karsten Rinas eingegangen. Anmerkungen zu Bosnien-Herzegowina aus der Sicht eines „mährischen" Schriftstellers, Emanuel Hans Sax, werden uns von Sabine Voda Eschgfäller vermittelt. Das Themenheft wird mit einer Darstellung der Arbeitsstelle für deutschmährische Literatur in Olmütz abgeschlossen.

David Blažek

Anna Habánová (Hg.): Junge Löwen im Käfig. Künstlergruppen der deutschsprachigen bildenden Künstler aus Böhmen, Mähren und Schlesien in der Zwischenkriegszeit. Řevnice: Arbor vitae, Oblastní galerie v Liberci 2013. 437 S., Abb., engl. Zusammenfassung. ISBN 978-80-7467-026-8, 978-80-87707-00-5.

Anna Habánová (ed.): Mladí lvi v kleci. Umělecké skupiny německy hovořících výtvarníků z Čech, Moravy a Slezska v meziválečném období. 437 S., Abb., engl. Zusammenfassung. ISBN 978-80-7467-025-1, 978-80-85050-99-8.

Im ersten Teil des repräsentativen Ausstellungskatalogs werden die wichtigsten Vereine der deutschen bildenden Künstler in den Böhmischen Ländern in der Zwischenkriegszeit vorgestellt: zum einen der Metznerbund, der in der gesamten Tschechoslowakischen Republik tätig war und sich später auf die wirtschaftliche Absicherung der Künstler konzentrierte, zum anderen mehrere regional tätige Vereine und Verbände, in denen die Mitgliedschaft von einer Juryentscheidung abhängig war und die das charakteristische Merkmal der deutschen Kunstszene der Zwischenkriegszeit in der Tschechoslowakei zeigen, nämlich ihre Zersplitterung. So gab es z. B. in Brünn/Brno die Vereinigung deutscher bildender Künstler Mährens und Schlesiens „Scholle", in Ostrau/Ostrava den Kunstring, in Reichenberg/Liberec die Oktobergruppe, in Prag die Gruppe „Die Pilger", den Verein deutscher Malerinnen in Prag und die Prager Secession. Der zweite Teil befasst sich mit thematischen Schwerpunkten der Künstlergruppen (z. B. Orient und Exotik, Welt der Clowns, Narren und Varietés, Neue Sachlichkeit) oder mit regionalen Künstler- und Ausstellungszentren (Karlsbad/Karlovy Vary, Teplitz/Teplice). Den dritten Teil bilden schließlich – den Forschungsstand widerspiegelnde – Kurzbiographien von 86 zwischen 1885 und 1905 geborenen Künstlern und Künstlerinnen, die sich in den 1920er Jahren in der tschechoslowakischen Kunstszene durchzusetzen begannen und an Ausstellungen in diesem Zeitraum teilnahmen. Die Autoren gehen von Archivquellen (vor allem Quellen des Sudetendeutschen Hauses und des Collegium Carolinum, der Kunstschulen und Akademien in ganz Europa) sowie von zeitgenössischen Pressetexten aus. Der Katalog ist mit Reproduktionen von Kunstwerken und einem Personenregister versehen.

Jana Nosková

Anna Habánová, Ivo Habán (Hg.): Ztracená generace? Německočeští výtvarní umělci 1. poloviny 20. století mezi Prahou, Vídní, Mnichovem a Drážďany. Eine verlorene Generation? Deutschböhmische bildende Künstler der 1. Hälfte des 20. Jahrhunderts zwischen Prag, Wien, München und Dresden. Liberec: Technická univerzita v Liberci 2013. 275 S., Abb., engl. Zusammenfassung. ISBN 978-80-7494-025-5.

Der Tagungsband mit teils tschechisch-, teils deutschsprachigen Beiträgen enthält zwanzig Studien über die „verlorene Generation" – so nennen die Herausgeber die deutschsprachigen bildenden Künstler aus Böhmen, Mähren und Schlesien, die am Ende des 19. oder am Anfang des 20. Jahrhunderts geboren wurden und deren Leben durch zwei Weltkriege, später durch die Shoah oder die Aussiedlung/Vertreibung gekennzeichnet wurden. Die Beiträge von Wissenschaftlern aus der Tschechischen Republik, aus Deutschland, Polen und Österreich können nach ihren thematischen Schwerpunkten zu drei Gruppen zusammengefasst werden. Neben Untersuchungen zur Spezifik der deutschböhmischen bildenden Kunst (etwa auf dem Gebiet der Ikonographie oder hinsichtlich der Einflüsse der Kunstmetropolen Wien, München, Dresden und Berlin) stehen einige Beiträge, die die Entwicklung der nationalen Identifikation der Künstler im 19. und 20. Jahrhundert beleuchten (etwa der jüdischen deutschböhmischen Künstler, die nach Palästina emigrierten und zu den Begründern der israelischen Kunst gehörten). Die größte Gruppe der Beiträge behandelt die Tätigkeit einzelner Künstler und Künstlerinnen: Hugo Lederer, Emanuel Hegenbarth, Emil Orlik, Hugo Steiner-Prag, Richard Teschner, Hilde Pollak, Tina Pezellen, Anton Bruder und Bedřich/ Friedrich Feigl.

Jana Nosková

Pavel Kladiwa, Andrea Pokludová: Hans Kudlich (1823–1917). Cesta života a mýtu [Hans Kudlich (1823–1917). Lebensweg und Mythos]. Ostrava: Filozofická fakulta Ostravské univerzity v Ostravě 2012. 376 S., Abb., dt. Zusammenfassung. ISBN 978-80-7464-159-6.

Gegenstand der Monographie sind nicht nur die Lebensgeschichte und die Tätigkeit des „Bauernbefreiers" Hans Kudlich, sondern vor allem sein Nachleben, d. h. die Konstruktion des Mythos „Hans Kudlich" unter den Deutschen in den Böhmischen Ländern bzw. in der Tschechoslowakei bis zum Jahre 1945. Die Autoren charakterisieren Kudlich als eine widersprüchliche Persönlichkeit, die schon von ihren Zeitgenossen unterschiedlich gesehen wurde. Sie verstehen die Deutungen seiner Person und Tätigkeit als ein auffälliges Beispiel des nach Nationen getrennten Gedächtnisses in den Böhmischen Ländern in der zweiten Hälfte des 19. und der ersten Hälfte des 20. Jahrhunderts. Für Deutsche in den Böhmischen Ländern (oder wenigstens für einen Teil dieser Bevölkerungsgruppe) wurde er zum Symbol, Mythos, Ideal und Helden, für Tschechen hingegen zu einer Person, die ignoriert oder verurteilt wurde. Pavel Kladiwa und Andrea Pokludová suchen eine Antwort auf die Frage, warum und wie Kudlich zum Bestandteil der „nationalen" Geschichte der Deutschen in den Böhmischen Ländern wurde und dies über mehrmalige Veränderungen der politischen und gesellschaftlichen Situation hinweg blieb. Die Autoren wollen den ersten „nichtnationalen" Blick auf diese Persönlichkeit werfen. Sie gehen von Archivquellen, den Nachlässen Kudlichs in St. Pölten und Amsterdam, und einer Analyse der zeitgenössischen Presse und Literatur aus. Das Buch wird durch einen bebilderten Katalog aller bekannten Kudlich-Denkmäler in der Tschechischen Republik, Österreich, Deutschland und den Vereinigten Staaten abgerundet.

Jana Nosková

Sandra Kreisslová: Konstrukce etnické identity a kolektivní paměti v biografických vyprávěních českých Němců. Na příkladu vzpomínek Němců na Chomutovsku [Die Konstruktion der ethnischen Identität und des kollektiven Gedächtnisses in biographischen Erzählungen der böhmischen Deutschen. Am Beispiel der Erinnerungen der Deutschen in der Komotauer Region]. Praha: Filozofická fakulta Univerzity Karlovy 2013. 194 S., 5 Abb., dt. u. engl. Zusammenfassung. ISBN 978-80-7308-484-4.

Die Ethnologin Sandra Kreisslová befasst sich mit der Konstruktion der ethnischen Identität und des kollektiven Gedächtnisses bei der deutschen Bevölkerung in der Region Komotau/Chomutov. Ihre Hauptquelle stellen narrative biographische Interviews mit nach 1945 in der Tschechoslowakei verbliebenen Deutschen und deren Nachkommen dar. Nach einer Einführung, in der die Autorin die Begriffe, Grundkonzepte und Theorien vorstellt, mit denen sie arbeitet (kollektive Identität, Ethnizität, ethnische Stereotype, kollektives und kommunikatives Gedächtnis, kollektives Trauma, Theorie des sozialen Konstruktivismus), widmet sie sich der Analyse von 50 Interviews. Sie untersucht die Interviews nach intersubjektiv geteilten Interpretationen, die die Stellung und die Lebensbedingungen der Deutschen in der Tschechoslowakei seit den 1920er Jahren bis zur Gegenwart und Deutungen der historischen Ereignisse des 20. Jahrhunderts betreffen, weil diese zur Konstruktion der ethnischen Identität der Deutschen in der Region Komotau entscheidend beigetragen zu haben scheinen. Die Interviewpartner und -partnerinnen gehören drei Generationen an, und auch wenn die meisten Interviews mit der „Erlebnisgeneration" (den in den 1920er und 1930er Jahren Geborenen) geführt wurden, bildet einen wichtigen Teil der Arbeit die Analyse der Art und Weise der Transmission der ethnischen Identität auf die zweite und dritte Generation, die nach dem Zweiten Weltkrieg meistens in ethnisch gemischten (deutsch-tschechischen) Familien aufwuchsen und oft die deutsche Sprache heute nicht mehr beherrschen. Gerade die Sprache erweist sich in den Interviews mit der zweiten und dritten Generation als Hauptfaktor der ethnischen Identität. Die Autorin stellt fest, dass es, auch wenn die deutsche ethnische Identität bei der ältesten Generation stabil internalisiert wurde und als primordiale Kategorie wahrgenommen wird, bei der zweiten und dritten Generation in den meisten Fällen zu einer Verschiebung der ethnischen Identität zugunsten der tschechischen kommt.

Jana Nosková

Jiří Kroupa, Petr Pelčák, Ivan Wahla: Brněnští něměčtí architekti. Brno German architects. 1910–1945. Brno: Obecní dům Brno 2012. 99 S., Abb. ISBN 978-80-904806-3-6.

Der zweisprachige (tschechisch- und englischsprachige) Band stellt den ersten Versuch dar, die deutschen Architekten in Brünn/Brno in der ersten Hälfte des 20. Jahrhunderts – von der Eröffnung des neuen Gebäudes der Deutschen Technischen Hochschule in Brünn im Jahre 1910 bis zum Ende des Zweiten Weltkriegs – kompakt vorzustellen. In der Einführungsstudie befasst sich Petr Pelčák mit der Situation in Brünn nach der Entstehung der Tschechoslowakei, die entscheidende Veränderungen mit sich brachte – einerseits eine enorme Entwicklung der Stadt, andererseits eine allmähliche Verschlechterung der Situation der deutschsprachigen Architekten in Brünn vor allem in den 1930er Jahren. Er betont auch die Schwierigkeiten, die mit dem Thema zusammenhängen, sowohl was die Erhaltung der Quellen betrifft als auch das Problem der eindeutigen nationalen Einordnung einiger Architekten. Der Kunsthistoriker Jiří Kroupa widmet sich in seiner Studie der Geschichte der Deutschen Technischen Hochschule in Brünn und ihrer Gebäude ebenso wie dem Unterricht und der Arbeit der an dieser Hochschule tätigen Architekten wie Ferdinand Hrach, Emil Tranquillini, Heinrich Fanta, Eduard Göttlicher, Robert Farsky und Othmar Skrabal – Namen, die belegen, dass die Zwischenkriegszeitarchitektur in Brünn keinesfalls nur als „Moderne" definiert werden kann. Petr Pelčák befasst sich in seinem Beitrag über die „Architektur des Alltags" mit Werken der jüdischen und der deutschen, mit der Deutschen Technischen Hochschule verbundenen Architekten in den 1920er und 1930er Jahren und versucht die Unterschiede in den Werken dieser beiden Gruppen zu erklären. Den Schluss des Bandes bilden Kurzbiographien von zwölf Architekten (außer den sechs bereits Genannten noch Vinzenz Baier, Wilhelm Dunkl, Franz Holik, Emil Leo, Walter Orliczek und Fritz Schäfer) mit Verzeichnissen ihrer Werke und Literaturangaben. Das Buch ist mit Abbildungen (Fotos und Plänen) reich ausgestattet.

Jana Nosková

Markéta Lhotová: Synagogy v plamenech. Křišťálová noc 1938 v českém pohraničí [Synagogen in Flammen. Die „Kristallnacht" 1938 im tschechischen Grenzgebiet].

Liberec: Severočeské muzeum v Liberci 2013. 120 S., Abb., dt. u. engl. Zusammenfassung. ISBN 978-80-87266-14-4.

Es handelt sich um den Begleitband zu einer Ausstellung im Dezember 2013 im Nordböhmischen Museum in Reichenberg/Liberec, der im Rahmen des Projektes „Liquidierung der jüdischen Organisationen im 1938 vom nationalsozialistischen Deutschland besetzten tschechischen Grenzgebiet" entstand. Die Autorin befasst sich in einzelnen Kapiteln allgemein mit der Geschichte der zugrunde liegenden historischen Ereignisse (Nürnberger Rassengesetze, Münchner Abkommen, Pogromnacht usw.) und ihren Auswirkungen in den besetzten Gebieten, sodann in mehreren Exkursen mit ausgewählten Themen, die die Situation dokumentieren. Im Jahr 1938 gab es im besetzten Grenzgebiet („Sudetenland") achtzig jüdische Gemeinden, die laut der Autorin zwei großen Gruppen zugeordnet werden können: den mehrheitlich deutschsprachigen und großen Gemeinden in Nordwestböhmen, Nordböhmen und Nordmähren und den kleineren Gemeinden (oft Dorfgemeinden) in Südwestböhmen, Südböhmen und Südmähren. Die einzelnen Exkurse betreffen Flüchtlinge in Turnau/Turnov, die Geschichte der Synagoge in Reichenberg, das Schicksal des Rabbiners Dr. Bernhard Wolff aus Böhmisch Leipa/Česká Lípa oder auch die antijüdischen Aktionen im Grenzgebiet im Oktober und November 1938 aufgrund der Berichterstattung in der zeitgenössischen Presse und der erhaltenen Archivquellen, unter anderem der Fotodokumentation der Gaulichtbildstelle der sudetendeutschen NSDAP in Reichenberg-Oberrosenthal/Liberec-Horní Růžodol (Župní fotografická služba celosudetského vedení NSDAP). Es handelte sich nicht nur um Brände von Synagogen, sondern auch um Plünderungen von Geschäften, die Zerstörung jüdischer Friedhöfe, die Liquidierung der jüdischen Gemeinden und die Deportation ihrer Mitglieder.

Jana Nosková

[Jana Nosková, Jana Čermáková (Bearb.)]: „Měla jsem moc krásné dětství." Vzpomínky německých obyvatel Brna na dětství a mládí ve 20. až 40. letech 20. století. „Ich hatte eine sehr schöne Kindheit." Erinnerungen von Brünner Deutschen an ihre Kindheit und Jugend in den 1920er–1940er Jahren. Zpracovaly a k vydání připravily Jana Nosková a Jana Čermáková. Bearbeitet und zur Herausgabe vorbereitet v. Jana Nosková und Jana Čermáková. Brno: Etnologický ústav AV ČR, v. v. i., Praha – pracoviště Brno, Statutární město Brno – Archiv města Brna 2013. 705 S., Abb. ISBN 978-80-87112-74-8, 978-80-86736-32-7.

Das zweisprachige Buch stellt die Ergebnisse eines ethnologischen Projektes vor, das das Alltagsleben in der multiethnischen Stadt Brünn/Brno in der ersten Hälfte des 20. Jahrhunderts zum Gegenstand hat. Im Rahmen dieses Projektes wurden in den Jahren 2009–2012 35 Oral-History-Interviews mit deutschen Bewohnern und Bewohnerinnen der Stadt aufgenommen. Aus dieser Sammlung wurden dreizehn Interviews zur Herausgabe ausgewählt: Die Interviewpartner und -partnerinnen wurden in den Jahren 1919–1935 geboren, ihre Familien gehörten meistens zur höheren und mittleren Schicht der Brünner Zwischenkriegsgesellschaft. Sie repräsentieren zwei Gruppen der deutschen Bevölkerung Brünns: Eine Gruppe bilden neun Personen, die die Stadt im April/Mai 1945 im Laufe der Evakuierung bzw. im Rahmen des sogenannten Brünner Todesmarsches verlassen mussten; die andere Gruppe besteht aus vier Interviewpartnerinnen, die nach 1945 in der Stadt bleiben konnten und bis heute dort wohnen. Die Interviews thematisieren sowohl Erinnerungen an verschiedene Bereiche des Alltagslebens der damaligen Kinder und Jugendlichen als auch Interpretationen der historischen Ereignisse. In das Buch führt eine Studie von Jana Nosková ein, in der sie sich mit der Geschichte der Stadt Brünn und ihrer deutschen Bevölkerung befasst, die gewählte Oral-History-Methode, den Kontext der Feldforschung und die entstandene Interviewsammlung näher beschreibt, die Erinnerungen an Kindheit und Jugend zusammenfassend würdigt und schließlich auf die Nachbearbeitung der Interviews eingeht. Wichtige Bestandteile des Buches bilden Familienfotografien der Interviewten und historische Fotografien der Stadt aus den Sammlungen des Stadtarchivs. Die Interviews werden durch ein umfangreiches Glossar ergänzt, in dem alle dem Leser nicht mehr verständlichen Begriffe sowie die erwähnten Persönlichkeiten, Firmen, Geschäfte usw. erläutert bzw. lokalisiert werden. Neben Personen- und Ortsregister enthält das Buch auch ein Verzeichnis der heutigen und historischen Straßennamen.

Sandra Kreisslová

Jindřich Obršlík: Brněnské domy a jejich majitelé v polovině 18. století. Vojenské ubytovací katastry města Brna vzniklé po prvním pruském obležení [Brünner Häuser und ihre Besitzer um die Mitte des 18. Jahrhunderts. Nach der ersten preußischen Belagerung entstandene militärische Unterkunftskataster der Stadt Brünn]. Hg. v. Libor Blažek. Brno: Statutární město Brno – Archiv města Brna 2013. 76 S., Abb. ISBN 978-80-86736-31-0.

Einführend befasst sich der Autor mit der demographischen, wirtschaftlichen und sozialen Entwicklung der Stadt Brünn/Brno vom 13. bis zum 17. Jahrhundert. Er zeigt, wie die ökonomischen und politischen Verhältnisse die Zahl der Bewohner und der Hausbesitzer, die anhand der erhaltenen Steuerquellen erfasst werden können, beeinflussten. Aus dem 18. Jahrhundert, im Zusammenhang mit dem österreichischen Erbfolgekrieg nach dem Tod Karls VI. stammen die frühesten Archivquellen. In Brünn als einer wichtigen Festung sollten so viele Soldaten wie möglich untergebracht werden. Aus diesem Grund wurden spezielle Kommissionen gebildet, die alle Brünner Gebäude (außer Kirchen, Klöstern, einigen Adelspalästen und Häusern der Armen) verzeichneten und beschrieben. Zwei entsprechende Dokumente aus den Jahren 1743 und 1744 werden heute im Mährischen Landesarchiv bzw. im Archiv der Stadt Brünn aufbewahrt und stellen eine äußerst wichtige Quelle für die historische Demographie und die Baugeschichte der Stadt dar. Der Autor beschreibt ausführlich die Informationen, die in den Quellen festgehalten sind (Name, Stand bzw. Beruf des Besitzers, Anzahl der Kamine, der Zimmer, der Küchen und Stallungen, bei Gaststätten der vermieteten Gasträume, Breite und Länge der Häuser u. a. m.), macht auch auf Defizite aufmerksam – es fehlen Bewohnerzahlen – und fasst die Angaben für die ganze Stadt zusammen. Das Buch ist mit Grafiken von Franz Richter, der die Brünner Plätze und Häuser um das Jahr 1820 bildlich festgehalten hat, illustriert. Beigegeben sind ein Stadtplan von 1858 sowie Tabellen mit Angaben für einzelne Häuser, darunter auch Informationen über deren Zustand und Preis, die einer weiteren handschriftlichen Quelle aus den Jahren 1750–1755, aufbewahrt im Archiv der Stadt Brünn, entnommen sind.

Jana Nosková

Tereza Pavlíčková: Die Entwicklung des Nationalitätenkonflikts in der Znaimer deutschen Presse 1850–1938. Olomouc: Univerzita Palackého Olomouc 2013. 322 S. ISBN 978-80-244-3442-1.

Die Autorin bettet ihre Analyse in einen breiteren geschichtlichen Kontext ein und beginnt mit der Nationalitätenfrage in Österreich(-Ungarn) im 19. Jahrhundert. Sie befasst sich dann mit (nationalen) Identitäten und Loyalitäten und ihren Wandlungen, wie sie sich in der deutschen Presse von Znaim/Znojmo in dem ausgewählten Zeitraum manifestieren. Die Presseanalyse versteht sie als ein Mittel zur Rekonstruktion von künstlerischen, ideologischen oder moralischen Werten eines Bevölkerungsteils der Region, in der die Presse erschien bzw. gelesen wurde. Ihr Interesse gilt auch der sprachpragmatischen Analyse der sprachlichen Mittel und kommunikativen Strategien, die in der Presse benutzt wurden. Von besonderem Interesse ist für sie die Frage, wie der Übergang zum aggressiven Nationalismus unter der Znaimer deutsch- sowie tschechischsprachigen Bevölkerung verlief; in die Analyse werden deshalb auch die lokalen tschechischen Zeitungen einbezogen. Die Untersuchung setzt ein mit dem Jahr 1850, in dem die erste Znaimer Zeitung, das *Znaimer Wochenblatt,* zum ersten Mal erschien, und umfasst alle im Laufe der Zeit in Znaim erschienenen Zeitungen verschiedener Ausrichtungen (liberal, christlich-sozial, deutschvölkisch) sowie die Presse ausgewählter Vereine. Die Autorin belegt, wie der Nationalitätenkonflikt in der Znaimer Zeitung *Südmährische Rundschau* in der Zwischenkriegszeit zu einem nationalsozialistischen Thema wurde. Sie beschäftigt sich auch mit der Frage der sudetendeutschen Identität und dokumentiert diese anhand von Belegen aus der untersuchten Presse.

Jana Nosková

Milan Řepa: Moravané, Němci, Rakušané. Vlasti moravských Němců v 19. století [Mährer, Deutsche, Österreicher. Heimaten mährischer Deutscher im 19. Jahrhundert]. Praha: Historický ústav 2014 (Práce historického ústavu AV ČR, v. v. i. – Opera Instituti historici Pragae, řada/Series A: Monographia 47). 261 S., engl. Zusammenfassung. ISBN 978-80-7286-226-9.

Der Autor fragt nach ethnischen/nationalen Identitäten und nach Wandlungen des kollektiven Bewusstseins mährischer Deutscher im 19. Jahrhundert. Damit knüpft er an seine Arbeit über ethnische/nationale Identitäten der tschechischsprachigen Mährer im 19. Jahrhundert an: *Moravané nebo Češi? Vývoj českého národního vědomí na Moravě v 19. století* („Mährer oder Tschechen? Die Entwicklung des tschechischen Nationalbewusstseins in Mähren im 19. Jahrhundert", Brno 2001). Das Buch ist in vier Kapitel gegliedert, die das Thema chronologisch behandeln: „Die Zeit des aufklärerischen Patriotismus" (bis zu den 1840er Jahren), „Die Zeit der bürgerlichen Revolution" (1848–1849), „Die Zeit des bourgeoisen Liberalismus" (die 1860er und 1870er Jahre), „Die Zeit des deutschen Nationalismus" (Ende des 19. Jahrhunderts). Laut dem Autor war die Situation für die Deutschen in Mähren kompliziert, denn die Auswahl an möglichen Komponenten der kollektiven Identität war für sie reicher als für die tschechischsprachigen Bewohner. Er geht von der These aus, das Nationalbewusstsein sei keine Erfindung des Endes des 18. und des Anfangs des 19. Jahrhunderts, es existierte vielmehr schon im Mittelalter, auch wenn sich Inhalte und Formen unterschieden. Untersucht wird, mit welchen Inhalten die deutschsprachigen Bewohner Mährens Begriffe wie „Volk", „Vaterland", „Patriotismus", „Nationalismus" (von ihm als neutraler Begriff benutzt) füllten, wobei der Autor betont, seine Analyse betreffe das Denken der deutschsprachigen gesellschaftlichen Eliten. Seine Hauptquelle ist die zeitgenössische deutsche Presse in Mähren.

Jana Nosková

Bronislava Rokytová: Dost tichého šepotu. Exilová výtvarná scéna v Československu (1933–1939) [Genug des stillen Geflüsters. Die Exil-Kunstszene in der Tschechoslowakei (1933–1939)]. Praha: Památník národního písemnictví 2013. 215 S., Abb., dt. u. engl. Zusammenfassung. ISBN 978-80-87376-10-2.

Die Autorin widmet sich den Schicksalen und der politischen und künstlerischen Tätigkeit der bildenden Künstler und Künstlerinnen, die ab 1933 aus Deutschland und Österreich als Gegner des Nationalsozialismus in den Nachbarstaat emigrierten. Sie macht aber auch auf einige „Re-Migranten" aufmerksam, also auf deutschsprachige bildende Künstler aus der Tschechoslowakei, die in Deutschland tätig waren und nach 1933 in die Tschechoslowakei zurückkehrten. Im ersten Teil des Buches geht es um die Bedingungen, die für die Emigranten seitens der tschechoslowakischen Regierung geschaffen wurden, die Tätigkeit verschiedener Hilfsorganisationen und das Alltagsleben der Emigranten (finanzielle Probleme, Unterkunftsprobleme, Überwachung seitens des tschechoslowakischen Staates usw.). Weiter befasst sich die Autorin unter anderem mit der Zusammenarbeit mit tschechischen bildenden Künstlern (z. B. bei Herausgabe der satirischen Zeitschrift *Der Simplicus/Der Simpl* oder bei Ausstellungen mit dem Ring des Verbandes der bildenden Künstler Mánes in Prag), mit einzelnen Kunstwerken oder auch der Tätigkeit von Vereinen (z. B. des 1937 gegründeten Oskar-Kokoschka-Bundes). Aufmerksamkeit schenkt sie ferner regionalen Zentren der deutschen emigrierten bildenden Künstler (Brünn/Brno, Aussig/Ústí nad Labem, Karlsbad/Karlovy Vary). Die Darstellung wird durch eine chronologische Tabelle der Aktivitäten der Emigranten in der tschechischen Kunstszene, eine Liste der Künstler mit näheren Angaben zu ihrer Emigration und mehr als 50 Kurzbiographien ergänzt. Das Buch ist mit Reproduktionen zahlreicher – auch heute vernichteter oder vermisster – Kunstwerke ausgestattet, die im tschechoslowakischen Exil entstanden und entweder in zeitgenössischen Zeitschriften und Zeitungen veröffentlicht wurden (vor allem Karikaturen) oder aus verschiedenen Privatsammlungen stammen.

Jana Nosková

Karel Steinmetz, Jan Mazurek, Hana Kubešová: Kapitoly z historie německé hudební kultury v Ostravě 1860–1945. Osobnosti, instituce, reflexe [Kapitel aus der Geschichte der deutschen Musikkultur in Ostrau 1860–1945. Persönlichkeiten, Institutionen, Reflexionen]. Ostrava: Ostravská univerzita v Ostravě, Pedagogická fakulta 2013. 137 S., Abb., dt. u. engl. Zusammenfassung. ISBN 978-80-7464-397-2.

Die Autoren befassen sich in sechs thematischen Kapiteln mit einzelnen Gebieten der deutschen Musikkultur in Mährisch-Ostrau/Moravská Ostrava. Behandelt werden: die Tätigkeit der Komponisten, Dirigenten und Musikpädagogen Arthur Könnemann (1861–1931) und Anton Aich (1878–1963); die Geschichte, das Repertoire und die Konzerttätigkeit verschiedener Männergesangvereine in Ostrau und Witkowitz/Vítkovice wie des Mährisch-Ostrauer Männergesangvereins (1861–1945), des Witkowitzer Männergesangvereins (1878–1945) oder des Jüdischen Gesangvereins (1921–1938); die Tätigkeit der Mährisch-Ostrauer Gesellschaft der Musikfreunde (1912–1939) und des Orchesters deutscher Studenten der Ostrauer Mittelschulen (1909–1913); die Geschichte der Ostrauer Musikschulen sowie die Ostrauer Musikkritik und -publizistik. Die Themen der Kapitel richten sich nach den überlieferten Quellen. Da die einschlägigen Archivquellen nur lückenhaft erhalten sind, stützen sich die Autoren vor allem auf Informationen aus der zeitgenössischen Presse.

Jana Nosková

Jaromír Tauchen, Karel Schelle (Hg.): Češi a Němci v meziválečném Československu. Sborník z kolokvia pořádaného Katedrou dějin státu a práva Právnické fakulty MU, The European Society of History of Law a Moravským zemským archive v Brně [Deutsche und Tschechen in der Zwischenkriegstschechoslowakei. Sammelband zu einem vom Lehrstuhl für Staats- und Rechtsgeschichte der Juristischen Fakultät der Masaryk-Universität, von der European Society of History of Law und vom Mährischen Landesarchiv in Brünn veranstalteten Kolloquium]. Ostrava: KEY Publishing s. r. o. 2013. 282 S., Abb., engl. Zusammenfassung. ISBN 978-80-87475-37-9, 978-80-7418-202-0.

Der Sammelband enthält 23 Beiträge, die vor allem von Historikern, Rechtshistorikern und Archivaren bei einem gleichnamigen Kolloquium im Jahre 2013 in Brünn/Brno vorgetragen wurden. Das Kolloquium knüpfte an ein anderes zum Thema der Reflexion des Nationalsozialismus in der Tschechoslowakei an, das in einem von denselben Herausgebern vorgelegten, ebenfalls 2013 erschienenen Sammelband dokumentiert ist: *Odraz německého národního socialismu ve třicátých letech v Československu a ve státech střední Evropy* („Die Reflexion des deutschen Nationalsozialismus in der Tschechoslowakei und in den Staaten Mitteleuropas in den 1930er Jahren"). Thematisch betreffen die Beiträge die Nationalitätenfrage in der Zwischenkriegstschechoslowakei, wobei einige speziellere Themenschwerpunkte festgestellt werden können. Hierbei handelt es sich zum einen um Fragen der Gesetzgebung und der Verwaltungsreform in der Tschechoslowakei aus der Sicht der deutschen Politiker oder um den Bereich des Gerichtswesens. Eine andere Gruppe bilden Beiträge über Deutsche in der tschechoslowakischen Armee oder Gendarmerie. Ein drittes Themenfeld stellt das Bildungswesen dar; hierzu findet man Artikel über die tschechischen Minderheitenschulen in der Wischauer Sprachinsel sowie über Robert Mayr-Harting als Professor an der Juristischen Fakultät der Deutschen Universität Prag. Des Weiteren behandelt wird das Thema der Flüchtlinge in der Zwischenkriegstschechoslowakei; dabei geht es um die Gesetzgebung in der sogenannten Zweiten Republik und die Einstellung der tschechoslowakischen Gesellschaft zu Flüchtlingen aus Deutschland in den 1930er Jahren. Eine Studie widmet sich der Karikatur und der Satire über (Nazi-)Deutsche in der tschechoslowakischen Publizistik. Mehrere Beiträge schließlich beschäftigen sich mit geographisch definierten Themen, z. B. der Geschichte der Deutschen in Südmähren, der ethnischen Identität der Bevölkerung im Gebiet um Hultschin/Hlučín, der politischen Situation der Deutschen in der Slowakei und den politischen Parteien der Karpatendeutschen.

Jana Nosková

Václav Věžník: Zpívali v Brně. Divadlo Na hradbách 1882–1944 [Sie haben in Brünn gesungen. Das Stadttheater 1882–1944]. Brno: Janáčkova akademie múzických umění 2012. 466 S., Abb., CD. ISBN 978-80-7460-021-0.

Das Buch besteht aus drei Teilen. Den ersten Teil bildet eine Schilderung der Geschichte des Theaterwesens in Brünn/Brno, vor allem der Geschichte des Brünner Deutschen Stadttheaters (erbaut 1881–1882 nach Plänen von Ferdinand Fellner und Hermann Hellmer), seiner Direktoren und Solisten. Auch die Geschichte der deutschen Oper nach 1918 wird behandelt, als das Stadttheater von der tschechischen Oper übernommen wurde und die deutsche Oper nur zwei Tage im Stadttheater spielen durfte. (Die deutschen Opernaufführungen fanden dann auch im Theater Redoute oder im Deutschen Haus statt.) Den zweiten Teil bilden biographische Medaillons von mehr als hundert Sängern und Sängerinnen, die in den Jahren 1882–1944 zum Ensemble des Deutschen Theaters in Brünn gehörten. Leo Slezak und Maria Jeritza werden im Buch eigens behandelt. Der dritte Teil besteht aus verschiedenen Listen, z. B. einer Aufstellung der Direktoren, Dirigenten, Regisseuren und engagierten Solisten, des Repertoires, der Erst- und weiteren Aufführungen, der Gäste des Brünner Deutschen Stadttheaters in den Jahren 1881–1944 sowie aller aufgeführten Opern in den Brünner Theatern in den Jahren 1777–1881. Dem Buch beigelegt ist eine CD mit 130 Tonaufnahmen aus den Jahren 1902–1953. Ein Namenregister umfasst Sänger und Sängerinnen, Dirigenten, Regisseure, Direktoren und Pädagogen.

Jana Nosková

Aleš Vyskočil: Slovník představitelů politické správy na Moravě v letech 1850–1918 [Lexikon der Vertreter der politischen Verwaltung in Mähren in den Jahren 1850–1918]. Praha: Historický ústav 2011 (Práce Historického ústavu AV ČR, v. v. i. – Opera Instituti historici Pragae). 375 S., Abb., dt. u. engl. Zusammenfassung. ISBN 978-80-7286-183-5.

In Kurzbiographien vorgestellt werden zirka 350 Personen, die in den angegebenen Jahren eine wichtige Funktion oder einen hohen Rang in der politischen Verwaltung auf der Bezirks-, Kreis- oder Landesebene in Mähren innehatten. Mitgeteilt werden die Lebensdaten sowie Angaben über die Ausbildung, die Karriere, die ausgeübten Funktionen, die erworbenen Orden und Auszeichnungen, die Wirkungsorte, die Vermögensverhältnisse, die Publikationen der einzelnen Personen, außerdem Informationen über bedeutende Familienangehörige. Jedes Biogramm wird durch Quellen- und Literaturangaben ergänzt. In einer einführenden Studie beschäftigt sich der Autor mit der Herausbildung der Staatsverwaltung in Mähren, den Modellen der Beamtenlaufbahn, der Ranghierarchie und den Kompetenzbereichen. Einen Teil des Buches bilden auch Tabellen und Listen der Statthalter, der Stellvertreter der Statthalter bzw. Statthalterei-Vize-Präsidenten und der Vertreter der einzelnen Bezirke. Enthalten sind auch meist bisher unveröffentlichte Porträts der mährischen Statthalter.

Jana Nosková

Irena Zachová, Stanislav Petr: Soupis sbírky rukopisů bývalého Františkova muzea v Brně [Verzeichnis der Handschriftensammlung des ehemaligen Franzens-Museums in Brünn]. Praha: Masarykův ústav a Archiv Akademie věd České republiky, v. v. i., 2010 (Studie o rukopisech [Studien über Handschriften]. Monographia 14). 687 S., Abb., engl. Zusammenfassung. ISSN 1804-0101, ISBN 978-80-86495-66-8.

Das Buch besteht aus einer zweisprachigen (tschechischen und deutschen) Einführung, einem Katalog und mehreren Registern. Die Einführungsstudie beschäftigt sich mit einer großen Handschriftensammlung, die durch die Sammlertätigkeit von Personen, die mit dem Franzensmuseum in Brünn/Brno verbunden waren, entstand und heute im Mährischen Landesarchiv in Brünn aufbewahrt wird (Fonds G 11). Die Autoren beschreiben nicht nur die wichtigsten Handschriften und thematischen Schwerpunkte der Sammlung, sondern widmen sich auch ihrer Entstehung, die mit der Tätigkeit der „k. k. Mährisch-Schlesischen Gesellschaft zur Beförderung des Ackerbaues, der Natur- und Landeskunde“ am Anfang des 19. Jahrhunderts zusammenhängt. Die nach der Gründung des Franzens-Museums (1818) aufgebaute Sammlung wuchs durch Gaben und Nachlässe bedeutender mährischer

Gelehrter, Historiker und Sammler (František/Franz Josef Schwoy, Valentin Zlobický, Graf Bedřich/Friedrich Sylva-Tarouca, Ritter Christian D'Elvert). Erstmals im 19. Jahrhundert katalogisiert, umfasst die Sammlung heute 989 Nummern; die meisten Handschriften stammen aus dem 17.–19. Jahrhundert, 30 aus dem Mittelalter und 43 aus der Frühen Neuzeit. Thematisch handelt es sich vor allem um Handschriften zur Liturgie, Choralhandschriften, Handschriften zur Geschichte und Landeskunde von Mähren, zur Kirchengeschichte, Rechtsgeschichte oder zum Militärwesen. Der Katalog wird durch Signaturenkonkordanzen und zahlreiche Register ergänzt (chronologisches Register, Register der datierten Manuskripte, Provenienzregister, Register von Drucken, Fachregister, Register der illuminierten Handschriften, Register der Bindungen, Register von Sequenzen, Register von Hymnen, Incipitregister, Paläographieregister, Register der Schreiber, Personenregister und Sachregister).

Jana Nosková

8. Slowakei

Pavel Dvořák: Slovensko v stredoveku. Stopy dávnej minulosti [Die Slowakei im Mittelalter. Spuren der alten Vergangenheit]. [Bd.] 6. Budmerice: RAK 2013. 247 S., Abb. ISBN 978-80-85501-58-2.

In diesem Band der Folge „Spuren der alten Vergangenheit" erzählt Pavel Dvořák von der Slowakei im Mittelalter, genauer: dem Zeitraum von König Karl Robert von Anjou (1288–1342) bis Kaiser Sigismund (Siegmund) von Luxemburg (1368–1437). Die Ereignisse, von denen berichtet wird, beginnen im Jahre 1291, als Albrecht von Habsburg (1255–1308) in die ungarische Geschichte eintritt. Das Gebiet der heutigen Slowakei war „die Erde Matthias' von Trentschin". Am Ende des 14. und am Beginn des 15. Jahrhunderts regierte hier Stibor zo Stiboríc a Beckova, der von Kaiser Sigismund in sein Herrscheramt eingesetzt wurde. Im 14. und 15. Jahrhundert war die Stadt Kremnitz/Kremnica/Körmöcbánya in der Mittelslowakei das Zentrum der Goldförderung. Hier waren viele Bauern aus Sachsen und anderen deutschen Ländern angesiedelt worden. In dem Buch wird auch das Leben der böhmischen Königin Sophie von Bayern (Sophie von München, 1376–1425) beschrieben, der Gattin König Wenzels IV. Es ist kaum bekannt, dass sie auch in Pressburg/Bratislava/Pozsony gewohnt hat, dort starb und bestattet ist.

Igor Zmeták

Daniela Dvořáková: Barbora Celjská. Čierna kráľovná [Barbara von Cilli. Die schwarze Königin]. Budmerice, Bratislava: RAK 2013. 303 S., Abb. ISBN 978-80-85501-60-5.

„Die schwarze Königin" ist das erste Buch über das Leben Barbaras von Cilli (gest. 1451), der Ehefrau von Kaiser Sigismund (Siegmund) von Luxemburg. Sie war eine bedeutende Gestalt der österreichischen und ostmitteleuropäischen Geschichte; in der Welt der Männer trieb sie selbstständig Politik und beschäftigte sich mit Alchemie. So gaben ihr Zeitgenossen auch negative Atttibute und verurteilten sie als Hexe. Andererseits beeindruckte sie durch ihre Lebhaftigkeit und Schönheit, sodass sie bei Historikern seit dem 16. Jahrhundert (Johannes Cuspinianus, Johann Jakob Fugger) als „deutsche Messalina" galt. Daniela Dvořáková hat mit ihren Forschungen bewiesen, dass diese Mythen nicht der Wahrheit entsprechen: Barbara war in ihrer Zeit eine vernünftig handelnde, aktive und emanzipierte Frau. Die Autorin beschreibt auch das Leben anderer wichtiger Personen des damaligen kulturellen und politischen Geschehens, vor allem des Kaisers Sigismund von Luxemburg und seines Hofes, König Albrechts II. von Habsburg, Kaiser Friedrichs III. und auch des habsburgischen und deutschen Adels. Während des bedeutendsten christlichen Konzils in Konstanz (1414–1418) war Barbara die erste Dame Europas; an der Seite ihres Ehegatten Sigismund wurde sie in Aachen zur römisch-deutschen Königin gekrönt. Barbara wird in einer großen Zahl deutscher Archivdokumente beschrieben, unter anderem in vielen Briefen, z. B. von Hans Kürzel und Johann von Pfalz-Neumarkt, sowie in der Konstanzer Konzilschronik Ulrichs von Richental.

Igor Zmeták

Ľuboš Kačírek, Pavol Tišliar (Hg.): Muzeológia a kultúrne dedičstvo [Museologie und Kulturerbe]. [Bd.] 1 (2013). Bratislava: Filozofická fakulta Univerzity Komenského 2013. 150 S., Abb. ISSN 1339-2204.

Dieser Band der wissenschaftlichen Zeitschrift für Museologie und Kulturerbe enthält Beiträge zur Forschung aus der slowakischen Hauptstadt Pressburg/Bratislava/Pozsony. Daniel Haas Kianička analysiert die Aktivitäten von Sammlern in der mittelslowakischen Bergstadt Kremnitz/Kremnica/Körmöcbánya, von der Gründung des dortigen Museums an. Bedeutende Kremnitzer Sammler des 16. Jahrhunderts waren Wolfgang Roll, der aus Wiener Neustadt stammte und eine wertvolle Bibliothek (123 Bücher) sowie eine große Medaillensammlung besaß, und Juraj Freiseisen, der aus Kärnten zugewandert war. Michal Schvarc schreibt über die Evakuierung und Verlagerung zahlreicher Archivalien und Kulturdokumente aus der Slowakei am Ende des Zweiten Weltkriegs.

Igor Zmeták

Klára Komorová (Hg.): Európske cesty románskych kníh v 16.–18. storočí [Europäische Wege romanischer Bücher im 16.–18. Jahrhundert]. Martin: Slovenská národná knižnica 2012 (Opera Romanica 13). 414 S., Abb., dt. Zusammenfassungen. ISBN 978-80-81490-01-9.

Der Band vereint die Referate einer internationalen Tagung zur Romanistik und Geschichte der Buchkultur. Henrieta Albertová vergleicht zwei unterschiedliche lateinische Chroniken aus Leutschau/Levoča/Lőcse. Die erste ist die Chronik von Konrad Spervogel (er stammte aus Konstanz und war Mitglied des Leutschauer Stadtrats) aus der ersten Hälfte des 16. Jahrhunderts, sie eröffnet uns einen Blick in die Welt der Bürger dieser Stadt in der Zips (Spiš/Szepes/Spisz). Die zweite Chronik verfasste Joachim Leibicer, Zipser Rektor und Pfarrer aus der Zeit der Wende vom 16. zum 17. Jahrhundert. Klára Vykypělová berichtet in ihrem Beitrag über die Bischofsbibliothek in Böhmisch Budweis/České Budějovice und deren Gründer Johann Prokop von Schaffgotsche (1748–1813). Jan-Andrea Bernhard verfolgt die Wege des Genfer Buches nach Ostmitteleuropa, wobei er auch Buchdedikationen und Übersetzungen des Genfer Buches, zum Beispiel der Werke Calvins oder Théodore de Bèzes, im 16. und 17. Jahrhundert in den Fokus nimmt.

Igor Zmeták

Peter Maráky, Jana Oršulová, Mária Riháková (Hg.): Pamiatky a múzeá [Gedächtnis und Museen]. [Nr.] 4 (2013). Bratislava: Slovenské národné múzeum 2013. 76 S., Abb. ISSN 1335-4353.

Dieser Band der Zeitschrift für Kulturerbe *Pamiatky a múzeá* enthält Beiträge zur fachwissenschaftlichen Forschung aus Pressburg/Bratislava/Pozsony. Mit Zuzana Francová betrachten wir eine Sammlung bemalter hölzerner Schießscheiben im Museum der slowakischen Hauptstadt. Bei einigen Schießscheiben konnte der Künstler identifiziert werden: Sie stammen von dem Pressburger Maler Franz Schön. Eines der Stücke sei hier näher betrachtet: Die Darstellung ist eine Kombination aus realen und fiktionalen Elementen. Man kann sie als eine Apotheose der habsburgischen Kaiserin Maria Theresia deuten. Ihre Inschrift zeigt, dass sie vier prominenten Mitgliedern des Pressburger Schützenvereins gewidmet wurde: Anton Jakob von Braunecker, Paul Kochmeister, Franz Zader und Johann Herbst. Der Besteller der Schießscheibe war Johann Anton Franz Wiesner von Morgenstern (1740–1831).

Igor Zmeták

Mária Novotná (Hg.): Acta Musaei Scepusiensis 2010–2011. Levoča: Slovenské národné múzeum, Spišské múzeum v Levoči 2012. 254 S., Abb. ISBN 978-80-85167-53-5.

Die *Acta Musaei Scepusiensis* enthalten Beiträge zur historischen Forschung in der Region Zips (Spiš/Szepes/Spisz) in der östlichen Slowakei. Marta Herucová beschreibt in einer interessanten Studie Werke des Zipser Malers Jan Jakub Müller (1780–1828), dessen Arbeiten sich im Stil an die Landschaftsdarstellungen des Pressburgers Adam Friedrich Oeser (1717–1799), des Direktors der Zeichenakademie in Leipzig, anlehnten. Damit gehörte er zu den Landschaftsmalern der Habsburgermonarchie, die in ihren Bildern die Beziehungen zwischen Mensch und Natur hervorhoben und analysierten, wie etwa, um nur einige zu nennen, Sebastian Carl Christoph Reinhardt (1738–1827), Erasmus Schrött (1755–1827) oder Thomas Ender (1793–1875). Zu den Werken Müllers gehören eine Ansicht der fürstlichen Residenz Felsberg und eine Darstellung der Huldigung für Kaiserin Maria Theresia.

Igor Zmeták

Mária Novotná, Eva Lazárová (Hg.): Levočská Biela pani [Die weiße Frau von Leutschau]. Levoča: Slovenské národné múzeum, Spišské múzeum v Levoči 2010–2011. 233 S., Abb. ISBN 978-80-85167-45-0.

Diese Publikation – und ebenso ein unter demselben Titel laufendes Ausstellungprojekt – beschäftigt sich mit einem Fallbeispiel der Mikrohistorie aus der Region Zips (Spiš/Szepes/Spisz) zur Zeit des Ständeaufstandes von Franz II. Rákóczi (1676–1735) gegen die Habsburger am Anfang des 18. Jahrhunderts. Sie widmet sich dem Schicksal der Juliana Korpona-Géczy aus Leutschau/Levoča/Lőcse und schildert diese ungarische Adlige unter zweifacher Perspektive: als historische Persönlichkeit, die 1714 in Raab/Győr enthauptet wurde, und zugleich als Legendengestalt, als die „Weiße Frau von Leutschau". In dem Band werden auch wichtige Dokumente zur Zipser Geschichte präsentiert, darunter aus der Chronik von Gottfried Szentmiklosi, in der das Alltagsleben von Zipser Bürgern (aus den Familien Milleter, Sontag, Grunbläth, Weiss, Halbschuss, Holtschuer) beschrieben wird.

Igor Zmeták

9. Ungarn, Rumänien

Venera Achim, Viorel Achim (Hg.): Minoritățile etnice în România, în secolul al XIX-lea [Ethnische Minderheiten in Rumänien im 19. Jahrhundert]. București: Editura Academiei Române 2010. 316 S., engl. Zusammenfassungen. ISBN 978-973-27-2022-6.

Dieser Band veröffentlicht 18 Beiträge, die auf einer im Oktober 2009 stattgefundenen Tagung über die Geschichte der ethnischen Minderheiten im Königreich Rumänien vor dem Ersten Weltkrieg präsentiert wurden. Die Autoren verweisen nachdrücklich darauf, dass Rumänien auch in der zweiten Hälfte des 19. Jahrhunderts kein im ethnischen und konfessionellen Sinne homogener Nationalstaat gewesen sei. Diese in der rumänischen Nationalhistoriographie vorherrschende Auffassung habe dazu geführt, dass erst in den beiden vergangenen Jahrzehnten verschiedene rumänischsprachige Publikationen die Geschichte und Kultur der in der Moldau, der Walachei und der Dobrudscha lebenden Minderheiten untersucht hätten. Die offizielle Statistik für das Königreich Rumänien habe zum Beispiel für das Jahr 1876 die Gruppe der im Land lebenden Deutschen auf etwa 50.000 Personen beziffert, die sich vor allem auf die Städte konzentrierten. Hervorzuheben sind die Beiträge von Vasile Ciobanu über die Geschichtsschreibung zu den Deutschen aus Altrumänien im 19. Jahrhundert und von Raluca Tomi über den Beitrag der Deutschen zur wirtschaftlichen Entwicklung der Walachei um 1860.

Stelian Mândruț

Hannelore Baier (Hg.): Abbrüche und Aufbrüche. Die Rumäniendeutschen nach zwei Weltkriegen. Tagungsbeiträge. Rupturi și începuturi. Germanii din România după două războaie mondiale. Comunicările unui simpozion. Hermannstadt: Honterus Verlag 2014. 149 S. ISBN 978-606-8573-13-7.

Der Band enthält fünf Beiträge, die auf einer 2014 in Hermannstadt/Sibiu/Nagyszeben vom Demokratischen Forum der Deutschen in Rumänien veranstalteten gleichnamigen Tagung vorgestellt wurden. Diese Veranstaltung verfolgte das Ziel, verschiedene historisch-politische Aspekte der vergangenen hundert Jahre (1914–2014) kritisch zu beleuchten und im Kontext der rumänischen und rumäniendeutschen Geschichte zu untersuchen. Unter dem Titel „Großdeutsch in Großrumänien – die rumäniendeutschen Gesellschaften vom Ethnoregionalismus zum Volkstumsgedanken" stellt Florian Kührer-Wielach (wissenschaftlicher Mitarbeiter und Stellvertreter des Direktors des Instituts für deutsche Kultur und Geschichte Südosteuropas, München) die Bemühungen zur Ausbildung eines überregionalen Bewusstseins und einer ebensolchen Identität als „Deutsche in Rumänien" in dem 1918 neuerrichteten Staat vor. Ottmar Trașcă, wissenschaftlicher Mitarbeiter des Instituts für Geschichte der Rumänischen Akademie in Klausenburg/Cluj-Napoca/Kolozsvár, versucht in seinem Aufsatz die Verstrickung der Deutschen Volksgruppe in Rumänien mit dem Sicherheitsdienst des Reichsführers-SS (SD) bzw. das Wirken von Siebenbürger Sachsen in den Auslandsstrukturen des SD der Jahre 1940–1944 zu untersuchen. Cosmin Budeancă (Direktor des Instituts für die Erforschung der Verbrechen des Kommunismus und des rumänischen Exils) beleuchtet anhand von Zeitzeugeninterviews, die er in den Kreisen Alba, Hunedoara und Hermannstadt geführt hat, aus der Sicht von Rumänen, die mit Sachsen und Schwaben zusammengelebt haben, die Fragen, inwiefern der erzwungene Beitritt von Sachsen und Schwaben zu landwirtschaftlichen Produktionsgenossenschaften und Staatsfarmen, ihre Migration in die Städte und die dadurch erfolgte Schwächung der dörflichen Gemeinschaft eine Rolle für die Auswanderung spielten. Corneliu Pintilescu, Historiker an der Lucian-Blaga-Universität Hermannstadt, geht auf den 1959 in Kronstadt/Braşov/Brassó, damals Stalinstadt, gegen die siebenbürgisch-sächsischen Schriftsteller Andreas Birkner, Wolf von Aichelburg, Georg Scherg, Hans Bergel und Harald Siegmund geführten politischen Schauprozess ein. Er analysiert dabei die Frage, inwiefern er zur Einschüchterung der Angehörigen der deutschen Minderheit im Allgemeinen und der Intellektuellen im Besonderen diente und welche Rolle die Justiz in Rumänien in den Jahren 1958–1962 als Instrument der politischen Repression gespielt hat. Den fünften Beitrag steuert die Herausgeberin des Buches bei, in dem sie die beiden politischen Vertretungen der Rumäniendeutschen während der kommunistischen Herrschaft, das „Deutsche Antifaschistische Komitee" und den „Rat der Werktätigen deutscher Nationalität", in den Blick nimmt und die Gründe erörtert, weshalb beide Organisationen von der rumäniendeutschen Bevölkerung mit Misstrauen betrachtet wurden und warum die kommunistische Ideologie unter den Rumäniendeutschen kaum Anhänger fand.

Stelian Mândruţ

Zsuzsanna Bakó: Donát János magyarországi német festő munkássága 1744–1830 [Leben und Werk des deutsch-ungarischen Malers Johann Donat (János Donát), 1744–1830]. Budapest: Mirio Bt. 2012. 83 S., zahlr. Abb. Keine ISBN.

Johann Daniel Donat wurde in Neuzelle bei Frankfurt (Oder) geboren. Dort besuchte er die Grundschule, das Gymnasium jedoch in Prag. 1766 ließ er sich an der Akademie der Bildenden Künste in Wien einschreiben, wo seine wichtigsten Lehrer Johann Christian Brand, Caspar Franz Sambach, Joseph Fischer und Franz Edmund Weirotter waren. Er absolvierte die Fachgebiete historische Porträts und Landschaftsbeschreibung (Chorographie). Nach dem Studium lebte er zuerst in Wien, dann in Ungarn (1812–1820). Sein Lebenswerk ist nur zum Teil überliefert; deshalb ist es kaum möglich, ihn einer der stilistischen Strömungen des damaligen Europa zuzuordnen. Die Bedeutung Donats besteht darin, dass seine Kunst als Beispiel für den Stilwechsel vom Barock zum Klassizismus betrachtet werden kann. Der in Pest verstorbene Künstler gilt als Bindeglied und Vorläufer der in den 1830er Jahren tätigen, von den Traditionen des Barock schon befreiten neuen Generation in Ungarn, deren Vertreter zum Beispiel Miklós Barabás, József Borsos und Károly Markó waren.

Edina Zvara

Mária Bencze Györgyné Tóth, László József Kovács (szerk. [Red.]): Hausbuch. Umschrift und Übersetzer: László József Kovács, Eszter Bertalan-Varga, Bálint Vinkler. Fußnoten von András Grósz. Budaörs: Deutsche Selbstverwaltung 2014. 208 S. ISBN 978-963-87776-2-1.

Die sogenannten Hausbücher sind familiäre Aufzeichnungen, die als Handschrift oder Abschrift erhalten sind. Die Autoren versuchen die Analyse zweier Dokumente dieser Gattung, die von dem Leben von neun oder zehn Generationen berichten. Man findet dort Aufzeichnungen über den Weinbau ebenso wie über die Ortsgeschehnisse im Jahreslauf, die der Chronist für wichtig hielt. In Westungarn, etwa in Ödenburg/Sopron, wurden solche Schriften Hausprotokolle („Hausprodigoll") genannt, ihre Verfasser waren Weinbauern evangelischer Konfession. Die vorliegenden Hausbücher stammen von katholischen Bauern.

Edina Zvara

Zsuzsanna Bereznai, Mária Schőn: A hajósi sváb parasztság mentalitása [Die Mentalität des schwäbischen Bauerntums von Hajosch]. Hajós: Önkormányzat 2013. 1.020 S., zahlr. Abb. ISBN 978-963-08-7573-8.

Die überwiegend schwäbisch-alemannische Bevölkerung von Hajosch/Hájos im südlichen Ungarn ließ im 18. Jahrhundert der Erzbischof zu Kalocsa ansiedeln. Die Mehrzahl dieser Menschen kam aus Württemberg, ein kleiner Teil aus Luxemburg, Bayern, Hessen, der Pfalz, dem Elsass, Lothringen, Baden und anderen Gebieten, einige sogar aus weiter nördlich gelegenen Regionen. Das vorliegende Buch ist eine Zusammenfassung der traditionellen Volkskultur des donauschwäbischen Bauerntums von Hajosch in der ersten Hälfte des 20. Jahrhunderts. Die mitgeteilten mündlichen Überlieferungen gewähren darüber hinaus einen Einblick in das Volksleben und in die Werktags- und Feiertagskultur von insgesamt drei Jahrhunderten. Im Mittelpunkt der Betrachtung stehen die charakteristischen Merkmale der Denkart der schwäbischen Bauernschaft von Hajosch, wie sie in der Wirtschaftsweise, der geistigen Volkskultur und der ländlichen Gesellschaft deutlich werden.

Edina Zvara

Lavinia Betea, Cristina Diac, Florin-Răzvan Mihai, Ilarion Țiu: Lungul drum spre nicăieri. Germanii din România deportați în URSS [Der lange Weg nach nirgendwo. Die in die Sowjetunion deportierten Deutschen aus Rumänien]. Târgoviște: Editura Cetatea de Scaun 2012. 306 S., Abb., CD. ISBN 978-606-537-130-9.

Das bislang in der rumänischsprachigen Geschichtsschreibung kaum behandelte Thema der Deportation der Rumäniendeutschen in die Sowjetunion 1945 wird in diesem Band vor allem aus der Perspektive der Erinnerungskultur und der Biographieforschung aufgegriffen. Anhand ausgewählter Lebensgeschichten werden die Stationen der Deportation nachgezeichnet, von der Internierung der Betroffenen, dem Transport in Viehwaggons und der zu leistenden Zwangsarbeit über das Lagerleben, die Verpflegungssituation, das Bild der Sowjetunion und ihrer Bewohner bei den Deportierten bis hin zu der Entlassung der Zwangsarbeiter und dem Prozess der Reintegration in eine veränderte Heimat bzw. im Falle der nach Deutschland entlassenen Deportierten dem Neuanfang in den verschiedenen Besatzungszonen. Darüber hinaus werden auch Fragen nach den für diese „Verschleppung" verantwortlichen Personen gestellt und der Stellenwert der Ereignisse im individuellen und kollektiven Gedächtnis der Nachkommen der Deportierten herausgearbeitet. Dem Buch gelingt es, ein notwendiges und wichtiges „Hindernis auf dem Wege des Vergessens" zu sein.

Stelian Mândruț

János Brunn: Györköny. Egy falu a történelem sodrában. Jerking. Ein Dorf im Wandel der Geschichte. Györköny: Német Nemzetiségi Önkormányzat: Györkönyi Evangélikus Egyházközség 2012. 437 S., Abb. ISBN 978-963-08-4796-4.

Das zweisprachige Buch fasst zwei frühere Publikationen, beide mit dem Titel *Fejezetek Györköny történetéből* („Kapitel aus der Geschichte von Jerking") und in ungarischer Sprache, zusammen. Die erste Schrift erschien 1996 und behandelt die Geschichte des Dorfes im Komitat Tolnau/Tolna zwischen 1718 und 1949; die zweite Abhandlung wurde 2010 herausgegeben und stellt die Ereignisse zwischen 1945 und 1985 dar. Einen scharfen zeitlichen Einschnitt thematisiert das Kapitel „Der Umbruch". Es behandelt die Vertreibung der Deutschen, eine tragische Wende im Leben des Dorfes. Das Buch ist nicht nur eine Chronik der historischen Ereignisse; im Mittelpunkt der Darstellung stehen auch die Arbeitswelt, das Unterrichtswesen, das religiöse Leben, die Hierarchie der örtlichen Gesellschaft sowie Minderheitenfragen. Nach dem Zweiten Weltkrieg musste die Mehrzahl der Ungarndeutschen, etwa die Hälfte der Menschen aus Jerking, ihre Heimat verlassen. Ziel der deutschen Übersetzung war es, die geschichtlichen Ereignisse und das Leben im Dorf auch den jüngeren Generationen, vor allem den Nachfahren der Ausgewiesenen, näherzubringen.

Edina Zvara

Vasile Ciobanu: Germanii din România în anii 1918–1919 [Die Rumäniendeutschen in den Jahren 1918–1919]. Sibiu/Hermannstadt: Editura Honterus 2013. 317 S. ISBN 978-606-8573-11-3.

Der Autor untersucht anhand publizierter Quellen, unveröffentlichter Archivbestände und der Presse die Haltung der deutschen Gruppen, die sich in der Folge des Ersten Weltkrieges auf dem Gebiet des sich konstituierenden Großrumänien befanden. Das erste Kapitel widmet sich den Siebenbürger Sachsen, die sich durch ein schnelles und nahezu einmütiges Bekenntnis zum neuen Staat die Wiedergewinnung gewisser kollektiver Rechte erhofften. Das zweite Kapitel versucht, die Differenzen innerhalb der Gruppe der Banater Schwaben aufzuzeigen, unter denen sich viele Vertreter für einen Verbleib bei Ungarn aussprachen. Das dritte Kapitel geht auf die Versuche der Deutschen aus der ehemals österreichischen Bukowina bzw. dem russischen Bessarabien ein, 1918/1919 politische Strukturen zu entwickeln, die geeignet waren, die jeweils eigene Gruppe im neuen Staat zu repräsentieren. Das letzte Kapitel beschreibt die frühen Bemühungen der rumäniendeutschen Eliten, eine Gesamtvertretung der Deutschen zu organisieren, die eine Klammer zwischen den so unterschiedlichen Gruppen bilden sollte, nicht nur im politischen, sondern auch im kulturellen Bereich. Der Band wird durch einen Anhang abgerundet, der ins Rumänische übersetzte Dokumente sowie ein Quellen- und Literaturverzeichnis enthält.

Stelian Mândruț

Vasile Ciobanu: Identitatea culturală a germanilor din România în perioada interbelică [Die kulturelle Identität der Deutschen in Rumänien in der Zwischenkriegszeit]. București: Editura Muzeului Național al Literaturii Române 2013 (Colecția Aula magna [Sammlung Aula magna]). 246 S., Kt. ISBN 978-973-167-131-1.

Der Hermannstädter Historiker Vasile Ciobanu unternimmt mit dieser Monographie den Versuch, eine auf die Gruppenidentität abzielende Kulturgeschichte der Rumäniendeutschen zwischen 1919 und 1939 vorzulegen. Nach einer Vorstellung der verschiedenen auf dem Gebiet Großrumäniens lebenden deutschen Gruppen werden ihre Bildungs- und Kultureinrichtungen behandelt, die sich zu einem großen Teil in der Trägerschaft der evangelischen bzw. katholischen Kirche befanden und die zu einer mehr oder weniger starken Ausbildung eines nationalen Bewusstseins beitrugen. Danach widmet sich der Autor der Publizistik, die insbesondere in den wirtschaftlich prosperierenden Siedlungsgebieten der deutschen Gruppen einen hohen Ausdifferenzierungsgrad, insbesondere bei Periodika, erreichen konnte. Im folgenden Kapitel stellt der Autor die verschiedenen Bereiche des künstlerischen und musikalischen Lebens vor, in denen sich die kollektiven Identitäten der deutschen Minderheiten spiegelten. Ausführlich geht er auf die zahlreichen Kulturvereine, das Theaterwesen und die deutschsprachige Belletristik ein, deren Exponenten, z. B. Heinrich Zillich, Adolf Meschendörfer oder Erwin Wittstock, auch im binnendeutschen Sprachraum einen hohen Bekanntheitsgrad erreichten. Abschließend arbeitet die Monographie die Leistungen der rumäniendeutschen Intellektuellen in den Geistes- und Gesellschaftswissenschaften heraus und untersucht insbesondere das Werk der Historiker und Theologen Friedrich Teutsch, Georg Müller, Gustav Gündisch, Viktor Roth oder Adolf Schullerus, die sich ihrerseits mit der Geschichte der Rumäniendeutschen auseinandergesetzt haben. In seinen Schlussfolgerungen interpretiert der Autor das rege Kulturleben der Rumäniendeutschen als einen Ausdruck der Bemühungen, ihre nationale Identität in einem neuen staatlichen Rahmen zu behaupten und auf die Herausforderungen der Zwischenkriegszeit zu reagieren.

Stelian Mândruț

Maria Crângaci Țiplic: „Oaspeții germani" în sudul Transilvaniei. Istorie, arheologie și arhitectură (secolele XII–XIII) [„Deutsche Gäste" im Süden Siebenbürgens. Geschichte, Archäologie und Architektur (12.–13. Jahrhundert)]. București: Editura Academiei Române 2011. 396 S., Abb., 5 Kt. ISBN 978-973-27-2140-7.

Die Arbeit widmet sich einem erst in den letzten Jahren wieder verstärkt aufgegriffenen Thema, das vor allem dank jüngster archäologischer Studien mit neuen Forschungsergebnissen aufwarten kann. Die Monographie über die Ansiedlung deutscher/westlicher Kolonisten im Siebenbürgen des 12. und 13. Jahrhunderts wird durch Ausführungen zur Geographie und Vorgeschichte der Region eingeleitet. Danach werden der politische und soziale Kontext (unter anderem deutsche „Ostsiedlung") erläutert, die Siedlungsschwerpunkte und die demographische Entwicklung der ersten Siedlergruppen beschrieben. Anschließend werden die administrative Gliederung des Ansiedlungsgebietes und die Herausbildung der lokalen Eliten vorgestellt. Der narrative Teil des Buches wird durch eine Analyse der archäologischen Befunde und Bauproben abgeschlossen. Diese werden durch Karten, darunter eine Übersicht zu den einzelnen Siedlungen, sowie durch die graphische Rekonstruktion dreier romanischer Kirchen ergänzt. Damit bietet der Band auf hohem wissenschaftlichem Niveau eine sehr benutzerfreundliche Synthese der Forschungen zu diesem zentralen Thema der siebenbürgischen Geschichte.

Stelian Mândruț

Judit Dorottya Csorba, Beate Wild (Szerk. [Hg.]): Találkozások. Begegnungen. Encounters. Budapest: Néprajzi Múzeum 2013. 16 S., Abb., Kt. ISBN 978-963-9540-83-5.

Die Publikation erschien zu einer Ausstellung im Ethnographischen Museum in Budapest von Mai bis September 2013. Zu sehen waren zwei Fotoserien, die im sogenannten Donaudreieck, einer Region zwischen Kroatien, Serbien und Ungarn, aufgenommen wurden – Fotografien eines Dorfschullehrers von 1916 bis 1920 und Geschichten von Donauschwaben, Angehörigen der deutschen Minderheit, auf Fotografien aus dem Jahr 2008. Die Porträts zeigen Menschen aus dem südungarischen Wemend/Véménd. Trotz aller widrigen politischen Umstände, Sanktionen und Verfolgungen haben die Menschen dieser Region ihren ganz eigenen Weg des multiethnischen Zusammenlebens über mehrere Generationen hinweg stets neu definiert und bis heute bewahrt. In einer Gegend, in der die Mehrheit aus Minderheiten besteht, fühlten sie sich in mehreren Kulturen gleichermaßen zuhause. Diese Region war immer ein „Europa im Kleinen".

Edina Zvara

János Czigler (szerk. [Hg.]): Német nemzetiségi ügyek Villány és környékén 1945–1948 [Angelegenheiten der deutschen Nationalität in Wieland und Umgebung 1945–1948]. Villány: Czigler János 2013. 161 S., Abb. ISBN 978-963-08-8110-4.

Nach dem Einmarsch der Roten Armee im November 1944 lösten sich die Verwaltungsstrukturen im Komitat Branau/Baranya teilweise auf. Eine der ersten größeren Maßnahmen, die von den erhalten gebliebenen Dorf- und Kreisbehörden umgesetzt werden mussten, war die Vollstreckung des Befehls der Sowjetarmee, die deutsche Bevölkerung zu internieren. Aufgrund der von der ungarischen Regierung vertretenen Kollektivschuldthese wurden auch die Ungarndeutschen in Wieland/Villány/Vilanj enteignet, in andere Dörfer umgesiedelt und schließlich nach Deutschland vertrieben. Diese Vorgänge sowie andere Ereignisse, die die Lage der Nationalitäten in diesem Teil des Komitats Branau zwischen 1945 und 1948 betrafen, wurden von dem Minderheitenforscher Miklós Füzes aufgearbeitet und mittels zahlreicher Dokumente und Fotos veranschaulicht.

Edina Zvara

Florica Dobre, Florian Banu, Luminița Banu, Laura Stancu (Hg.): Acțiunea „Recuperarea". Securitatea şi emigrarea germanilor din România (1962–1989) [Die Aktion „Wiederbeschaffung". Die „Securitate" und die Auswanderung der Rumäniendeutschen (1962–1989)]. Bucureşti: Editura Enciclopedică 2011 (Consiliul Național pentru Studierea Arhivelor Securității). LXXXIV, 943 S. ISBN 978-973-45-0628-6.

Der Band rekonstruiert anhand zahlreicher Dokumente aus verschiedenen rumänischen Archiven die Abläufe des „Verkaufs" der Rumäniendeutschen durch die kommunistische Staats- und Parteiführung Rumäniens an die Bundesrepublik Deutschland im Zeitraum 1962–1989. Da die Abwicklung dieses Vorgangs durch den Geheimdienst „Securitate" erfolgte, stammen die meisten der berücksichtigten Dokumente aus den Beständen des Nationalen Rates für das Studium der Archive der „Securitate" (CNSAS). Ergänzt werden diese Quellen durch Dokumente aus den Beständen der Staatsarchive Rumäniens und des Archivs des rumänischen Außenministeriums. Die 468 ausgewählten Dokumente illustrieren die ersten Kontakte zwischen den Vertretern des rumänischen Geheimdienstes und jenen der Bundesregierung, die ab 1962 eingetretene Festigung des vertraulichen Kanals über den deutschen Rechtsanwalt Dr. Ewald Garlepp (gest. 1989) und anschließend Dr. Heinz-Günther Hüsch sowie die verschiedenen Absprachen zum „Freikauf" der Rumäniendeutschen bis 1989. Der Band wird ergänzt durch mehrere Personenlisten, Ablichtungen von Dokumenten und einen nützlichen Index.

Stelian Mândruț

Attila Fogarasy, Zsuzsanna Tóth (Red.): 50 Jahre Werischwarer Gymnasium. 50 éves a vörösvári gimnázium. Pilisvörösvár: Friedrich Schiller Gimnázium, Szakközépiskola és Kollégium 2013. 340 S. ISBN 978-963-08-6059-8.

Das Gymnasium von Werischwar/Pilisvörösvár, in den Budaer Bergen nordwestlich der ungarischen Hauptstadt gelegen, blickt auf sein fünfzigjähriges Bestehen zurück. Die Schule hat in den letzten zwanzig Jahren einen gewaltigen Umwandlungs- und Entwicklungsprozess absolviert: Es erfolgte eine groß angelegte Bauerweiterungsmaßnahme (1992–1994 und 2004–2005); die Zahl der Schüler und Lehrer nahm deutlich zu, und so entstand die größte weiterführende Minderheitenschule des Landes. In allen Klassen wird zweisprachig unterrichtet. 2004 hat es das neue Minderheitengesetz ermöglicht, dass die Schule in die Trägerschaft der Landesselbstverwaltung der Ungarndeutschen überging.

Edina Zvara

Attila Gidó (Hg.): Cronologia minorităţilor naţionale din România [Chronologie der nationalen Minderheiten Rumäniens]. Vol. [Bd.] 1: Albanezi, armeni, bulgari, croaţi, eleni, evrei şi germani [Albaner, Armenier, Bulgaren, Kroaten, Griechen, Juden und Deutsche]. Cluj-Napoca: Editura Institutului pentru Studierea Problemelor Minorităţilor Naţionale 2012. 404 S. ISBN 978-606-8377-08-7.

Das 2010 gestartete Vorhaben, in Studienbänden die Entwicklung der verschiedenen nationalen Minderheiten Rumäniens in den beiden Dekaden nach der politischen Wende von 1989 nachzuzeichnen, verfolgt das Ziel, die Ergebnisse dieser Einzelbeiträge in eine monographische Gesamtdarstellung einmünden zu lassen. Diese soll der Forschung als Hilfsmittel zur Bestimmung der Lage der Minderheiten im post-kommunistischen Rumänien dienen. Die Studien beziehen sich vor allem auf zentrale Ereignisse und Dokumente der Verbände der einzelnen Minderheiten. Dementsprechend wählt der Hermannstädter Historiker Vasile Ciobanu, der den Beitrag über die Rumäniendeutschen verfasst hat, als Ausgangspunkt seiner Chronologie den 22. Dezember 1989, als sich der erste Rat der siebenbürgischen Stadt Schässburg/Sighişoara/Segesvár nach dem Sturz des Ceauşescu-Regimes konstituierte, dem mehrere Vertreter der deutschen Minderheit angehörten. Die Zeitleiste endet mit der Erstellung der Thesen zur Zukunft und zu den Perspektiven der deutschen Minderheit in Rumänien, die am 21. November 2009 in Hermannstadt/Sibiu/Nagyszeben der Öffentlichkeit von der politischen Vertretung der Gruppe, dem Demokratischen Forum der Deutschen in Rumänien, vorgestellt wurden. Die Geschichte weiterer nationaler Minderheiten auf dem Gebiet Rumäniens nach 1989 soll den Gegenstand eines zweiten Bandes bilden.

Stelian Mândruţ

Gábor Gonda: Kitaszítva. Kényszermigráció, nemzetiségpolitika és földreform németek által lakott dél- és nyugat-dunántúli településeken, 1944–1948 [Ausgewiesen. Zwangsmigration, Ethnopolitik und Bodenreform in den von Deutschen bewohnten Ortschaften Süd- und Westtransdanubiens, 1944–1948]. Pécs: Pécsi Püspöki Hittudományi Főiskola Pécsi Egyháztörténeti Intézet 2014 (Seria historiae dioecesis Quinqueecclesiensis 11). 499 S. ISBN 978-963-89536-7-4. – 2. k. [Ausgabe]: Pécs: PHF, Kronosz 2014 (PHF kiadványok [PHF-Publikationen] 19). 499 S. ISBN 978-615-5497-02-5.

Der vorliegende Band, der auf einer Dissertation beruht, widmet sich aufgrund konkreter Fallbeispiele der Darstellung lokaler und regionaler Wirkungsmechanismen von Zwangsmigrationen in Ungarn in der Nachkriegszeit. Der Autor hat die rekonstruierte Regionalgeschichte in den nationalen und gesamteuropäischen Kontext eingebettet, um ausgehend von der Mikroebene auch makrohistorische Zusammenhänge greifbar und darstellbar zu machen. Er stellt fest, dass sich aufgrund geographischer und zeitlicher Differenzen, verschiedener Siedlungstypen und historischer Traditionen, unterschiedlicher Wirtschafts- und Sozialstrukturen bzw. ethnisch-konfessioneller Verhältnisse sowie der Tätigkeit mehrerer herausragender Persönlichkeiten gravierende Unterschiede ergaben, welche die einzelnen Phasen eines zentral gelenkten Prozesses entscheidend beeinflussten und den Ablauf der

Zwangsmigrationen wesentlich mit prägten. Ohne die Kenntnis dieser Faktoren, ohne die Aufdeckung ihrer Rolle und Wirkung, bliebe das historische Wissen oberflächlich und schematisch. Nach der gründlichen Erforschung der Mikroebene ist es möglich, auch zu neuen Erkenntnissen im Bereich der Makroebene zu gelangen.

Edina Zvara

Rudolf Gräf, Ute Michailowitsch, Gabriella-Nóra Tar (Hg.): Klausenburg – Persönlichkeiten. Cluj/Klausenburg/Kolozsvár: Presa Universitară Clujeană/Klausenburger Universitätsverlag/Kolozsvári Egyetemi Kiadó 2010 (Studia Germanica Napocensia 2). 349 S., Abb. ISSN 2066-3838.

Der zweite Band der neuen Reihe „Studia Germanica Napocensia“ enthält in seinem ersten Teil Aufsätze über verschiedene Persönlichkeiten, unter ihnen Schriftsteller und Gelehrte, deren Lebenswerk und Tätigkeit Berührungspunkte mit der Geschichte der siebenbürgischen Universität oder der Stadt Klausenburg/Cluj-Napoca/Kolozsvár aufweisen oder die zum Geistesleben des multikulturellen Südosteuropa beigetragen haben: Paul Celan (Andrei Corbea-Hoişie), Hugo Meltzl (Horst Fassel), Karl Kurt Klein (Sigurd Paul Scheichl), László Kővàry (Judit Pál), Johann Bibel (Costin Feneşan). Wolf D. Gruner schreibt über die Wahrnehmung Siebenbürgens auf Karten von Sebastian Münster und Gerhard Mercator. In einem weiteren Teil werden Besprechungen relevanter neu erschienener Fachbücher deutscher, ungarischer oder rumänischer Autoren veröffentlicht. Die Publikation wird durch zwei kürzere Aufsätze mit lokalem Bezug über den Übersetzer Petre Dulfu und den „Zigeunerforscher“ Heinrich von Wlislocki (Horst Fassel) sowie eine „Laudatio“ zum 70. Geburtstag der Klausenburger Germanistin Professor Dr. Elena Viorel abgeschlossen.

Stelian Mândruţ

Daniel Hrenciuc: Între destin şi istorie. Germanii în Bucovina (1918–2012) [Zwischen Schicksal und Geschichte. Die Bukowinadeutschen (1918–2012)]. Cluj-Napoca: Editura Argonaut 2013. 599 S., Abb., Kt. ISBN 978-973-109-455-7.

Gestützt auf unveröffentlichte Archivbestände untersucht der Autor, Historiker an der Universität Suceava, die nahezu ein gesamtes Jahrhundert umfassende Geschichte der Bukowinadeutschen auf dem Gebiet Rumäniens. Mit der nach dem Zusammenbruch der Habsburgermonarchie erfolgten Integration der Bukowina in das sich herausbildende Großrumänien setzt die Darstellung ein. Sie zeichnet die politische Geschichte sowie die Kultur-, Wirtschafts- und Sozialgeschichte der dialektal und konfessionell heterogenen Gruppe der Bukowinadeutschen nach, immer im Vergleich zu den beiden großen rumäniendeutschen Gruppen der Siebenbürger Sachsen und Banater Schwaben. Der Autor beschreibt ausführlich den Einfluss des Nationalsozialismus auf die Bukowinadeutschen, die Besetzung der Nordbukowina durch die Sowjetunion 1940, die Umsiedlung der Mehrzahl der Deutschen aus der Bukowina durch das Dritte Reich und die Auswirkungen des Zweiten Weltkriegs auf die Region. Anders als die meisten einschlägigen Studien verfolgt der Autor die Geschichte der wenigen in der rumänischen Südbukowina verbliebenen Deutschen auch nach dem Ende des Zweiten Weltkriegs weiter und bereichert damit die Forschung mit neuen Erkenntnissen. Das Buch, das mit der Aussiedlung der letzten Bukowinadeutschen in die Bundesrepublik Deutschland nach der Wende von 1989 endet, ist sehr übersichtlich gegliedert und wird durch eine ausführliche Bibliographie und weitere benutzerfreundliche Anhänge abgeschlossen.

Stelian Mândruţ

Monika Jäger-Manz: Primäre sprachliche Sozialisation ungarndeutscher Kinder. Baja: Eötvös József Főiskola 2013 (Értekezések, tudományos dolgozatok, Eötvös József Főiskola [Dissertationen, Forschungsberichte, József-Eötvös-Schule] 16). 207 S. ISBN 978-963-7290-93-0.

Die sprachliche Assimilation der deutschen Minderheit in Ungarn ist territorial und altersmäßig in unterschiedlichem Maße vorangeschritten. Die sprachliche Situation und das Sprachprofil der Ungarndeutschen haben sich als Folge objektiver und subjektiver Faktoren grundlegend verändert. Die deutsche Minderheit ist um die Jahrtausendwende mehrsprachig, wobei die Landessprache dominiert. In dieser Arbeit wird am Beispiel einer ausgewählten südungarischen Zielgruppe untersucht, welche objektiven Faktoren sowie individuellen Aspekte der sprachlichen Erziehung der Minderheitenkinder von Bedeutung sind. Das Besondere an dem Sample ist, dass Kinder in den von Ungarndeutschen bewohnten mehrsprachigen Gemeinden um die Jahrtausendwende auch in einer deutschen Varietät – entweder einer autochthonen (einem ungarndeutschen Dialekt) oder einer allochthonen Varietät (dem Standarddeutschen) – sozialisiert werden.

Edina Zvara

Kauf von Freiheit. Dr. Heinz-Günther Hüsch im Interview mit Hannelore Baier und Ernst Meinhardt. Hermannstadt: Honterus Verlag 2013. 191 S. ISBN 978-973-1725-90-1.

Das 2014 auf einer gleichnamigen Tagung in Hermannstadt/Sibiu/Nagyszeben präsentierte Buch fasst einen Großteil der in den vergangenen Jahren publizierten Gespräche mit dem Rechtsanwalt und CDU-Politiker Dr. Heinz-Günther Hüsch zusammen, der von 1967 bis 1989 im Auftrag der Bundesregierung die Verhandlungen zum „Freikauf" der Rumäniendeutschen mit der rumänischen Seite geführt hat. Darüber hinaus werden auch an verschiedenen Stellen veröffentlichte Aufsätze und Vorträge zu diesem Thema abgedruckt, die aus der Feder Hüschs, Hannelore Baiers und Ernst Meinhardts stammen. Trotz der Kürzungen und Bearbeitungen der Texte kommt es zu einigen Wiederholungen, die an jenen Stellen beibehalten wurden, an denen sie für das Verständnis des Kontextes wichtig sind. Der Band ist in weiten Teilen spannend zu lesen, da er viele neue Einzelheiten zu den deutsch-rumänischen Geheimverhandlungen, zur Implikation der beiden Regierungen und insbesondere zu den Zahlungsmodalitäten enthält. Bei diesem Band handelt es sich um ein zeithistorisches Dokument von besonderem Wert, das vor allem durch sein gründlich recherchiertes Zahlenmaterial besticht und eine Grundlage für weitere Forschungen bieten wird.

Stelian Mândruţ

Miklósné Kisari (szerk. [Hg.]): 1946. A mezőberényi németek kitelepítése. Hiánypótló történelemkönyv [1946. Die Aussiedlung der Deutschen aus Mezőberény. Ein besonderes Geschichtsbuch]. Mezőberény: Mezőberényi Német Hagyományápoló Egyesület 2014 (Mezőberény öröksége [Das Erbe von Maisbrünn] 3). 163 S., Abb. ISBN 978-963-08-9244-5.

Im Zentrum der Stadt Maisbrünn/Mezőberény im Südosten Ungarns gibt es mehrere Denkmäler, die die Greuel der Jahre um 1945 nicht vergessen lassen. Ein im Jahre 1947 enthülltes Holocaustdenkmal erinnert daran, dass 152 Juden aus Maisbrünn am 26. Juni 1944 von Békéscsaba mit dem Zug ins Konzentrationslager Auschwitz-Birkenau transportiert wurden, von denen nur zwei heimkehrten. Ein Denkmal im Garten der deutsch-lutherischen Kirche erinnert an die 562 Deutschen, die im Januar 1945 in die Sowjetunion deportiert wurden. Das Heldendenkmal vor dem Rathaus nennt die Namen von 53 Menschen, die während der „Malenki Robot" in Arbeitslagern den Tod fanden. Weitere Denkmäler erinnern an die 491 Deutschen, die 1946 ausgesiedelt wurden, und an die 1951 aus Budapest nach Maisbrünn umgesiedelten Deutschen und die sie dort aufnehmenden Menschen. Auch der vorliegende Band setzt all diesen einstigen Bewohnern der Stadt ein Denkmal – mithilfe von Dokumenten, Aussagen von Zeitzeugen und Fotos.

Edina Zvara

Péterné Kolonics, Ferenc Puchner: A dorogi németek története. Die Geschichte der Doroger Deutschen. Zusammengestellt von Melinda Kolonics und Franz Puchner. Dorog: Német Nemzetiségi Önkormányzat 2014. 72 S. ISBN 978-963-08-9930-7.

Im ersten Teil dieser Publikation blicken die Autoren zurück auf die Geschichte der Deutschen in Drostdorf/Dorog bis zur Flucht und Vertreibung im Zusammenhang mit dem Zweiten Weltkrieg. Danach gehen sie auf die nie abgebrochenen Beziehungen zwischen der nordungarischen Kleinstadt und ihren ehemaligen Bewohnern ein, die schließlich zu Städtepartnerschaften mit Wendlingen am Neckar und Marienberg im Erzgebirge geführt haben. Der dritte Teil ist der Brauchtumspflege durch die Minderheitenselbstverwaltung und den Freundeskreis Wendlingen-Dorog gewidmet, die ihren Ort vor allem in einem Heimatmuseum gefunden hat. Das Büchlein versucht Einblick in die lokale Nationalitätenselbstverwaltung zu geben und den Beitrag der Deutschen zur Ortsgeschichte darzustellen.

Edina Zvara

Michael Lebrecht: Az Erdélyben található nemzetek nemzeti jelleméről [Über den National-Charakter der in Siebenbürgen ansässigen Nationen]. Ford. [Übers.]: Péter Lőkös. Budapest: Eötvös József Könyvkiadó 2014 (Eötvös klasszikusok [Eötvös-Klassiker] 112). 165 S. ISBN 978-963-9955-51-6.

In der zweiten Hälfte des 18. Jahrhunderts erschienen immer mehr Bücher über Geographie, Geschichte und Nationalitäten Siebenbürgens. Unter den Autoren findet man viele Siebenbürger Sachsen. Einer von ihnen war Michael Lebrecht (1757–1807), der drei Bücher von ähnlichem Inhalt veröffentlichte. In seiner Abhandlung *Über den National-Charakter der in Siebenbürgen befindlichen Nationen* stellt er die einst in Siebenbürgen ansässigen Ethnien (Ungarn, Szekler, Sachsen, Bulgaren, Walachen, Landler, Armenier, Griechen, Juden, Mährer, Polen, Russen, Roma) vergleichend vor. Jedes Kapitel enthält eine Darstellung der Geschichte und eine Charakterisierung der Ethnie. Die Publikation war politisch motiviert, und es war kein Zufall, dass sie in Wien herausgegeben wurde: Lebrechts Absicht war, die Interessen der Siebenbürger Sachsen gegenüber Wien und vor der deutschsprachigen Öffentlichkeit zu verteidigen. Der Text wurde jetzt zum ersten Mal ins Ungarische übersetzt. Er ist mit einem Vorwort und Anmerkungen des Übersetzers versehen.

Edina Zvara

Réka Marchut: Töréspontok. A Budapest környéki németség második világháborút követő felelősségre vonása és annak előzményei (1920–1948) [Bruchstellen. Die Verantwortlichmachung der Ungarndeutschen in der Umgebung von Budapest nach dem Zweiten Weltkrieg und ihre Vorgeschichte (1920–1948)]. Budapest: MTA Társadalomtudományi Kutatóközpont, Budaörs: Budaörsi Passió Egyesület 2014. 407 S., dt. u. engl. Zusammenfassung. ISBN 978-963-08-8451-8.

Die Verfasserin widmet sich der Geschichte von sechs Gemeinden in der Umgebung der ungarischen Hauptstadt. Den behandelten Zeitraum unterteilt sie in drei Phasen: 1920–1940, 1940–1944 und 1945–1948. In der Einleitung wird der Frage nachgegangen, ob es in dieser Zeit der Brüche und Zäsuren auch Kontinuitäten gegeben habe. Thematisiert wird die Belastung der Beziehungen zwischen Ungarndeutschen und Ungarn sowie innerhalb der ungarndeutschen Gemeinschaften durch die Tätigkeit des nationalsozialistischen „Volksbundes" zwischen 1940 und 1944. Anschließend erörtert die Autorin die Diskriminierung und Verfolgung der Ungarndeutschen nach 1944, die sie in den Kontext der Vorgeschichte einordnet. Einen wichtigen Aspekt stellt dabei die Frage nach der Verantwortlichkeit dar, sowohl bezogen auf die Zeit vor 1944, ob von einer Kollektivschuld der Ungarndeutschen ausgegangen werden könne, als auch bezogen auf die Nachkriegszeit, ob die ungarische Regierung oder die Siegermächte die Hauptschuld für die Vertreibung der Donauschwaben getragen hätten. Am Ende des Buches plädiert Réka Marchut dafür, differenzierte Fragestellungen zu entwickeln, um den komplexen Zusammenhängen gerecht werden zu können.

Edina Zvara

Melinda Marinka, Róbert Keményfi (Ed.): Die heutige Konnotation des schwäbischen Phänomens. Debrecen: Department of Ethnology Univ. of Debrecen, Debrecen Univ. Press 2013 (Ethnographica et folkloristica Carpathica 18, Műveltség és hagyomány [Kultur und Tradition] 36). 160 S. ISBN 978-963-473-625-7.

Der Band geht auf ein internationales Symposium des Lehrstuhls für Volkskunde an der Universität Debrezin/Debrecen und der Ethnographischen Forschungsgruppe der Ungarischen Akademie der Wissenschaften zurück, das vom 20. bis 23. Februar 2008 an der Universität Debrezin stattfand. Die Tagung fasste nicht nur die bisherigen wissenschaftlichen Untersuchungen des Lehrstuhls zum Forschungsfeld „Sathmarschwaben" zusammen, sondern ermöglichte auch eine Verständigung über den Begriff „Diaspora". Daneben bot sie Möglichkeiten zum Austausch über die Erforschung des Revitalisierungsprozesses schwäbischer ethnospezifischer Eigenschaften, über gegenwärtige Tendenzen der Diasporapflege und über Modifikationsfaktoren in der Identitätsbildung. Der Band enthält die folgenden Beiträge: Györgyi Bindorffer: *Assimilation und Dissimilation der Ungarndeutschen (Schwaben) in der Vergangenheit und in der Gegenwart*; Melinda Marinka: *Kommunikationen und kulturelle Repräsentation der Sathmarer Schwaben in der Diaspora*; Erzsébet Bődi: *Lokale Identitätselemente unter den Sathmarer Schwaben*; Zoltán Ilyés: *Rekonstruktion und Repräsentation der ethnischen Vergangenheit in Metzenseifen*; Hans-Werner Retterath: *Schwäbische Diasporapflege mit Liedern. Hugo Moser und seine sathmarschwäbischen Liederbücher*; Róbert Keményfi: *Volkstumsforscher in Ungarn. Die Erinnerung an die Rolle der SS in der Geschichte der Nationalitätenkartographie von Ungarndeutschen*; Patrik Tátrai: *Between Hungarians and Romanians: Swabians in Sathmar County.*

Edina Zvara

Zsolt Marozsán: Az óhazától az új hazáig. A sajószentpéteri németek történetéből. Von [der] ehemaligen Heimat bis zu[r] neuen Heimat. Aus der Geschichte der

Deutschen von Sajószentpéter. Miskolc: Dominium Könyvkiadó 2014. 48 S. ISBN 978-615-5185-05-2.

Dieses Büchlein analysiert die wirtschaftlichen Gründe der Ansiedlung der Deutschen in Sankt Peter/Sajószentpéter und zeigt, auf welche Weise die Deutschen in der neuen Umgebung zur industriellen und landwirtschaftlichen Entwicklung der Stadt beigetragen haben. Der große wirtschaftliche Aufschwung im 19. und 20. Jahrhundert steigerte den Bedarf an qualifizierten Arbeitskräften. Der Tabakanbau, der Kohlenbergbau und die Glasherstellung erforderten spezielle Fachkenntnisse. Diese waren die Gründe für die Einwanderung schwäbischer Bauern und Zipser Sachsen. Ein Anliegen der Selbstverwaltung der deutschen Minderheit der Stadt ist die Erforschung und Vermittlung der Geschichte der Deutschen aus Sankt Peter.

Edina Zvara

Ambrus Miskolczy, Árpád E. Varga: Jozefinizmus Tündérországban. Erdély történeti demográfiájának forrásai a XVIII. század második felében [Josephinismus im Feenland. Quellen der historischen Demographie Siebenbürgens in der zweiten Hälfte des 18. Jahrhunderts]. Budapest: Tarsoly 2013. 256 S., Abb., CD. ISBN 978-963-9570-43-6.

Die vorliegende Arbeit stellt eines der bedeutendsten Unternehmen im Bereich der historischen Demographie Siebenbürgens dar. Die doppelte Aufgabe des Werkes haben die Verfasser wie folgt definiert: Zum einen geht es ihnen darum, dass die Umstände der Entstehung der statistischen Daten mit berücksichtigt werden, da die zur Verfügung stehenden Zahlen über die gesellschaftlichen Verhältnisse niemals von der Geschichte unabhängig sind; zum anderen wollen sie die Bevölkerungsgeschichte selbst, zu deren Erschließung die Zahlen beitragen, darstellen. In zwei längeren Kapiteln wird untersucht, wie die Zahlen entstanden sind und was sie aussagen. Die Forscher betonen, dass im Mittelpunkt ihrer analytischen Studien die von Joseph II. vorgenommene Volkszählung des Jahres 1785 und deren Rektifikationen in den Jahren 1786 und 1787 stehen. Die früheren und späteren Registrierungen der Familienoberhäupter und Personen halten sie nur für Hilfsmittel. Die Veröffentlichung und Analyse der Zahlen sei wichtig, weil sie bisher in vielerlei Hinsicht unrichtig interpretiert worden seien.

Edina Zvara

Róbert Nagy: Capitalul – forță a transformării. Rolul capitalului german în industrializarea Transilvaniei (1880–1918) [Das Kapital – eine Kraft der Veränderung. Die Rolle des deutschen Kapitals in der Industrialisierung Siebenbürgens (1880–1918)]. Cluj-Napoca: Presa Universitară Clujeană 2011. 301 S., Kt. ISBN 978-973-595-324-9.

In sechs Kapiteln erläutert das Buch die Herkunft des deutschen Kapitals, das in siebenbürgische Industrieprojekte investiert wurde, wobei die verschiedenen Industriebranchen und Regionen Siebenbürgens von diesen Investitionen profitierten. In diesem Zusammenhang untersucht der Autor die Auswirkungen der Investitionen auf die wirtschaftliche und soziale Entwicklung der betroffenen Gebiete in Siebenbürgen. Er ordnet diesen Kapitaltransfer in die allgemeinen Prozesse der Industrialisierung und der Anziehung ausländischen Kapitals in Ostmittel- und Südosteuropa ein. Die Studie überzeugt durch ihre solide wissenschaftliche

Dokumentation und ihre interdisziplinäre Ausrichtung an der Schnittstelle zwischen Geschichts- und Wirtschaftswissenschaften.

Stelian Mândruț

István H. Németh, Anita D. Szakács [Red.]: Johann Wohlmuth soproni polgármester naplója, 1717–1737. Das Tagebuch von Johann Wohlmuth Ödenburger Bürgermeister. Sopron: Magyar Nemzeti Levéltár Győr-Moson-Sopron Megye Soproni Levéltára 2014. 308 S. ISBN 978-963-8327-35-2.

Johann Wohlmuths (1670–1741) Tagebuch befindet sich im Besitz des Stadtarchivs Ödenburg/Sopron. Die sich auf 352 Seiten erstreckenden Aufzeichnungen erfassen überwiegend in deutscher, in geringerem Ausmaß in lateinischer Sprache die Zeitspanne vom 22. Juli 1717 bis zum 27. Juni 1737. Über die aus lokaler und regionaler Sicht wichtigen Informationen hinaus sind es die von Jahr zu Jahr über die Beamtenrestaurationen verzeichneten Vermerke, die dieses Dokument in den Rang einer wichtigen Quelle für die europäische Geschichtsschreibung erheben. Wohlmuth beschreibt die bei der Beamtenrestauration der königlichen Freistadt Ödenburg geltenden Durchführungsmechanismen, die dabei praktizierten Wahlriten, die über die Rechtmäßigkeit der Restauration ausgeübte Regierungskontrolle, das Aufeinandertreffen der Regierungsvertreter und der örtlichen politischen Elite sowie die Formen der symbolischen Kommunikation. Wohlmuths Aufzeichnungen bereichern durch die festgehaltenen persönlichen Eindrücke und subjektiven Schilderungen des Autors das aufgrund der Ratsprotokolle und sonstiger offizieller Ratsquellen entfaltete eher karge Bild der städtischen Beamtenrestaurationen. Die internationale historische Forschung verdankt ihnen ein facettenreiches Bild der unter dem genannten Aspekt bislang noch nicht untersuchten Region in Ungarn.

Edina Zvara

Krisztina Pats (szerk. [Hg.]): Újbarok Anno Neudörfl. 2., erw. Ausgabe. Újbarok: Német Nemzetiségi Önkormányzat 2013. 171, [3] S. ISBN 978-963-08-7684-1.

Die Herausgeber legen eine Ortsmonographie vor, die dem Dorf Neudörfl/Újbarok gewidmet ist, das zum Komitat Fejér/Weißenburg gehört. Während der Türkenherrschaft war dieses Gebiet unbewohnt. 1773 wurden hier durch den Grafen Rosty deutsche Kolonisten aus französischen, schwäbischen und fränkischen Gebieten angesiedelt. Sie arbeiteten hauptsächlich in den umliegenden Wäldern. Um 1850 lebten in den 68 Häusern des Kirchdorfes 462 Menschen; in der Schule wurde deutschsprachiger Unterricht erteilt. Im Mai 1946 wurden 222 Donauschwaben nach Deutschland vertrieben. 1978 wurde im Dorf ein Nationalitätenchor gegründet. Seit 1994 existiert die Deutsche Selbstverwaltung. Die Mitglieder haben Möbel und Hausrat zusammengetragen, alte Fotos gesammelt und schließlich eine Heimatstube, später ein Heimatmuseum eingerichtet.

Edina Zvara

Zsuzsanna Pfiszterer: Schemling. Vértessomló. Vértessomló: Vértessomló Közművelődéséért Egyesület 2013. 454 S., Abb. ISBN 978-963-08-5216-6.

Dieses Buch schildert Vergangenheit und Gegenwart von Schemling/Vértessomló im Komitat Komorn-Gran/Komárom-Esztergom im Norden Ungarns. In ungarischsprachiger Fassung erschien es bereits 2009, in dem Jahr, als Schemling die 275-Jahr-Feier der Ansiedlung der Deutschen beging. Bis dahin existierte kein umfassendes Werk über das ungarndeutsche Dorf. Die von der Vizebürgermeisterin verfasste Ortsgeschichte beschreibt die historischen Ereignisse und das sich im Laufe der Zeit verändernde Brauchtum. Die Namen und die Fotos bringen dem Leser „die schöne alte Zeit" näher, schreibt der Lektor Richárd Schmidtmayer in seinem Geleitwort.

Edina Zvara

Ioan Popa: Dimensiuni etno-identitare şi naţional-politice în spaţiul şcolar sud-transilvănean, 1849–1918 [Ethnische und nationalpolitische Identitäten im Schulwesen Südsiebenbürgens, 1849–1918]. Cluj-Napoca: Editura Argonaut 2013. 610 S. ISBN 978-973-109-443-4.

Den Ausgangspunkt für die Beschäftigung des Autors mit diesem Aspekt der südsiebenbürgischen Schulgeschichte stellen seine Erfahrungen als Lehrer des deutschsprachigen Brukenthal-Gymnasiums in Hermannstadt/Sibiu/Nagyszeben dar, die nach eigenen Angaben von einem multikulturellen Umfeld mit zahlreichen interethnischen Verflechtungen geprägt wurden. Das Buch versucht die Instrumentalisierung des Schulwesens für politische und staatsnationale Vorhaben in der Zeit der Zugehörigkeit Siebenbürgens zum Habsburgerreich bzw. zur ungarischen Reichshälfte der Monarchie offenzulegen. Es konzentriert sich dabei auf die Vereinnahmung des Schulwesens durch den Staat zur Verfolgung nationalitätenpolitischer Ziele. Abschließend werden der Beitrag der Schulbücher zur Vermittlung bestimmter stereotyper Bilder über die Bewohner Ungarns analysiert und die kulturellen Praktiken verschiedener Schülerverbände in dieser Zeit untersucht.

Stelian Mândruţ

Ioan Popa, Mihaela Grancea (Hg.): Interferenţe culturale în Sibiul secolelor XVIII–XX [Kulturelle Interferenzen in Hermannstadt zwischen dem 18. und 20. Jahrhundert]. Sibiu: Astra Museum 2014. 243 S. ISBN 978-606-733-014-4.

Der Band vereint 13 wissenschaftliche Beiträge über Hermannstadt/Sibiu/Nagyszeben und den Süden Siebenbürgens, die verschiedene Aspekte der Kultur- und Sozialgeschichte sowie die Interaktionen zwischen den ethnischen und konfessionellen Gruppen ansprechen. Insbesondere wird die Geschichte der Kunst und der Museumslandschaft, der Mentalitäten und Identitäten, des Unterrichts- und Bibliothekswesens oder der Historiographie gestreift. Der auch methodisch anspruchsvolle und innovative Band thematisiert z. B. gegenseitige Beeinflussungen im Bereich der modernen Begräbniskultur anhand des Hermannstädter Zentralfriedhofs (Mihaela Grancea), rumänisch-sächsische Interferenzen im Kulturleben Hermannstadts während der Zwischenkriegszeit (Vasile Ciobanu) oder die Frage nach Literatur und Schuld im Kontext des Kronstädter Schriftstellerprozesses von 1959 (Corneliu Pintilescu).

Stelian Mândruţ

József Pozsonyi: A balmazújvárosi német református egyház anyakönyvei [Matrikeln der deutschen reformierten Kirche in Neustadt auf dem Heiduckenboden/Balmazújváros]. Bd. 2: Esketési anyakönyvek 1765–1912 [Trauungsmatrikeln 1765–1912]. Balmazújváros: Tiszántúli Történész Társaság: Balmazújvárosi Református Egyházközség 2013. 479, XVI S., Abb. ISBN 978-963-88807-5-8.

Die deutsche Gemeinde, die in dem ostungarischen Neustadt auf dem Heiduckenboden/ Balmazújváros separat, in einem sogenannten „Deutschen Dorf", angesiedelt war, wurde ab 1801 selbständige Kirchengemeinde. Ihr erster Pastor war Johann Heinrich Fäsi aus Zürich. Ihre Matrikeln wurden von 1801 bis 1841 auf Deutsch geführt. Vor ihrer Selbständigkeit wurden die Geburten, Eheschließungen und Todesfälle der deutschen Gemeindemitglieder in die Matrikeln der ungarischen reformierten Kirche in Neustadt eingetragen. Ein Teil der Matrikeln wurde vernichtet oder ist verschollen. Dank der im Archiv aufbewahrten Zweitexemplare fehlen nur die Geburtsurkunden aus der Zeit von 1765 bis 1769 sowie von 1808 bis 1830, ferner die Geburts-, Ehe- und Todesurkunden der Jahre 1831, 1832 und 1872 bis 1874 in den Sammlungen der Kirche und des Archivs. Die dreibändige Reihe veröffentlicht die Matrikeln der deutschen reformierten Kirche in der Kleinstadt bis zur Einführung der staatlichen Matrikelführung am 1. Oktober 1895. Der erste Band „Geburtsurkunden 1769–1897" ist 2012 erschienen. Der aktuelle Band „Trauungsmatrikeln 1765–1912" beinhaltet neben den Matrikeln auch den Stammbaum jeder 1765/1766 in Neustadt angesiedelten deutschen Familie einschließlich ihrer Abkömmlinge. Der geplante dritte Band „Todesurkunden 1765–1898" soll durch eine Darstellung der Geschichte der Deutschen in dem Ort ergänzt werden.

Edina Zvara

Mária Rózsa: Pesti német nyelvű lapok a kultúraközvetítés szolgálatában a reformkorban és az 1850-es években [Deutschsprachige Blätter aus Pest im Dienst der Kulturvermittlung im Reformzeitalter und den 1850er Jahren]. Budapest: Argumentum 2013 (Irodalomtörténeti füzetek [Publikationen zur Literaturgeschichte] 173). 304 S., Abb. ISBN 978-963-446-698-7.

Die enzyklopädischen deutschsprachigen belletristischen Blätter des Reformzeitalters *(Pesther Tageblatt, Der Ungar)* galten nur ihrem Namen nach als deutsch. In Hinsicht auf ihre Inhalte gehörten sie der Reihe der Presseorgane an, die die Reformgedanken vermittelten, die ungarischen politischen Interessen vertraten und den bürgerlichen Umwälzungen folgten. Die Erschließung dieser Periodika trägt dazu bei, die in der Geschichte der deutschsprachigen Presse in Ungarn noch bestehenden weißen Flecke zu beseitigen. Wir gewinnen Kenntnisse darüber, wo die deutschen oder Deutsch verstehenden Pester Bürger ihre Informationen erwarben und wie die ungarische Literatur dem heimischen und ausländischen Lesepublikum vermittelt wurde. Die um die Mitte der 1850er Jahre erschienenen kulturellen und belletristischen Wochenblätter (*Pester Sonntagsblatt, Sonntags-Zeitung*) versuchten die progressiven Traditionen der deutschsprachigen Presseorgane im Reformzeitalter fortzusetzen. Zu den wichtigsten Zielen des vorübergehend in Pest sesshaft gewordenen österreichischen Herausgebers Heinrich von Levitschnigg gehörte, die ungarische Literatur im *Pester Sonntagsblatt* durch neue Übersetzungen populärer zu machen. Zsigmond Saphir, Mitherausgeber des *Pesther Tageblatts*, hatte die Absicht, mit der *Sonntags-Zeitung* ein deutschsprachiges Volksblatt mit gleichen Themen wie die beliebte *Vasárnapi Újság* zustande zu bringen.

Edina Zvara

Dumitru Şandru: Reforma agrară din 1945 şi ţărănimea germană din România [Die Bodenreform von 1945 und die Deutsche Bauernschaft aus Rumänien]. Bucureşti: Institutul Naţional pentru Studiul Totalitarismului 2009. 343 S. ISBN 978-973-7861-48-1.

Gestützt auf eine intensive Auswertung der rumänischen Staatsarchive, auch auf lokaler Ebene, legt der Autor die erste umfassende Studie zu den Auswirkungen der Bodenreform von 1945 auf die rumäniendeutschen Bauern vor. In dreizehn Kapiteln geht er auf die allgemeine Lage der deutschen Minderheit in Rumänien während des Zweiten Weltkriegs (1940–1944) ein und schildert deren Verfolgung zwischen August 1944 und März 1945. Danach untersucht er die Enteignung des deutschen Grundbesitzes in Rumänien, die Willkür der Justiz und die Diskriminierung durch die Verwaltungsorgane, den rechtlichen Status der sich außerhalb des Landes befindenden Grundbesitzer, die Beschlagnahmung der Bauernhöfe samt Evakuierung der Eigentümer, die Umverteilung der Höfe und landwirtschaftlichen Nutzflächen, die Ansiedlung rumänischer Kolonisten in den deutschen Dörfern oder den drastischen Einbruch der landwirtschaftlichen Produktivität in den betroffenen Gebieten und die daraus resultierenden Versorgungsprobleme in den Städten.

Stelian Mândruţ

Richárd Schmidtmayer, Csaba Fehér: Heimatlosen. Deutsche und ungarische Schicksale nach dem zweiten Weltkrieg. Zu den Jubiläen der Städtepartnerschaften Gerlingen – 25 – Tata, 15 – Szőgyén. Tata: Selbstverwaltung 2013. 60 S., Abb. ISBN 978-963-88813-3-5.

Das ungarische Parlament hat im Dezember 2012 entschieden, dass weiterhin der 19. Januar, der Jahrestag des Anfangs der Vertreibung der Ungarndeutschen im Jahre 1946, als Gedenktag der heimatvertriebenen Ungarndeutschen, und der 12. April als Gedenktag der Deportationen der Ungarn aus der Tschechoslowakei begangen werden sollen. Im Sommer 2012 hat die Selbstverwaltung der nordwestungarischen Stadt Tata (früher deutsch: Totis) die Ausstellung „Heimatlosen" den Leiden der vertriebenen Ungarndeutschen und Ungarn gewidmet. Diese Publikation enthält Texte zur Ausstellung. Sie erschien zum 25. Jubiläum der Partnerschaft Tatas mit Gerlingen in Württemberg und zum 15. Jubiläum der Partnerschaft mit Seldin/Svodín/Szőgyén in der südlichen Slowakei.

Edina Zvara

Mária Schőn, János Müller: Holzäpfelbäumlein. Das Liedgut von Hajosch [Vadalmafácska. Hajós német népdalkincse]. Kalocsa: Kalocsai Múzeumbarátok Köre, Hajós: Német Nemzetiségi Önkormányzat 2014 (Kalocsai múzeumi értekezések [Abhandlungen des Museums Kollotschau] 15). 576 S. ISBN 978-963-87451-4-9.

Das vorliegende Liederbuch enthält die mündlich überlieferten Volkslieder und volkstümlichen Weisen der Donauschwaben in der südungarischen Stadt Hajosch/Hajós. Das Buch ist mit einer Sammlung von 410 Liedern die vollständigste Sammlung des Hajoscher Liedgutes. Es ist jedoch nicht die erste, denn bereits in den 1980er Jahren hat Paul Schwalm rund hundert Hajoscher Lieder im zweiten Band seines zehnbändigen Werkes *Ungarndeutsche erzählen und singen* publiziert. Das in diesem Buch veröffentlichte Hajoscher Liedgut wurde von der in Hajosch gebürtigen Deutschlehrerin Mária Schőn gesammelt.

Edina Zvara

Hermann Schuller (Hg.): Aus dem Schweigen der Vergangenheit. Erfahrungen und Berichte aus der siebenbürgischen Evangelischen Kirche A. B. in der Zeit des Kommunismus. Hermannstadt, Bonn: Schiller Verlag 2013. 382 S., 16 s.-w. Abb. ISBN 978-394-127-1944.

Der Sammelband enthält Berichte über die alltägliche Berührung siebenbürgisch-sächsischer Geistlicher mit dem kommunistischen Regime in Rumänien, die aus der Feder von vierzehn lutherischen Pfarrern stammen (Egon Eisenburger, Michael Fabi, Georg Felmer, Kurt Franchy, Gerhard Gross, Helmuth von Hochmeister, Christoph Klein, Hans Klein, Michael Kroner, Michael Lösch, Klaus Nösner, Mathias Pelger, Joseph Polder und Hermann Schuller). Sie schreiben über die allgegenwärtige Macht der rumänischen Staatssicherheit („Securitate"), die sich in Form von Verhaftungen, Bespitzelungen oder schlicht durch ihre bedrohende Präsenz manifestierte. Schilderungen aus dem Alltag politischer Gefangener im kommunistischen Rumänien veranschaulichen auf schonungslose Weise die möglichen Konsequenzen eines nicht regimekonformen Verhaltens. Die Texte zeigen, dass die Seelsorger diesem Druck unablässig ausgesetzt waren und oft als einzigen Ausweg die Aussiedlung in die Bundesrepublik Deutschland sahen. Um eine „Auswanderung der Kirche" zu verhindern, versuchte die Leitung der Landeskirche, die Pfarrer von diesem Vorhaben durch restriktive Maßnahmen, unter anderem Berufsverbote, abzuhalten.

Stelian Mândruţ

Frank Spengler, Klaus Weigelt (Hg.): Ungarndeutsche als Brückenbauer in Europa. Symposium der Konrad-Adenauer-Stiftung, der Stiftung Deutsche Kultur im Östlichen Europa und der Landesselbstverwaltung der Ungarndeutschen am 17. Oktober 2013 in Szekszárd, Ungarn. Tagungsband. Budapest: Konrad-Adenauer-Stiftung Auslandsbüro Ungarn 2014. 72 S. ISBN 978-963-89918-3-6.

Lange Zeit mussten Ungarndeutsche unter wechselhaften politischen Rahmenbedingungen leben. Die veränderte ungarische Nationalitätenpolitik der vergangenen Jahrzehnte eröffnet gemeinsam mit dem Europäischen Einigungsprozess neue Möglichkeiten für Minderheiten. Die Stärkung der Position von Volksgruppen wie den Ungarndeutschen stellt gleichzeitig auch einen wesentlichen Beitrag zu einer Integration Europas über Staatsgrenzen hinweg dar. Ziel des Symposiums am 17. Oktober 2013 in Seksard/Szekszárd war es, den Stellenwert der Ungarndeutschen in Ungarn und Deutschland aufzuzeigen. Der Tagungsband dokumentiert die wichtigsten Beiträge der Veranstaltung: György Hölvényi: *Die Minderheitenpolitik Ungarns und die Rolle der Ungarndeutschen*; Gerhard Seewann: *Die Bedeutung der Ungarndeutschen für Ungarn*; Christoph Bergner, Márta Fata: *Die Bedeutung der Ungarndeutschen für Deutschland*; Ralf Thomas Göllner: *Das Ungarische Institut und das Hungaricum der Universität Regensburg*; Jan Diedrichsen, Georg Paul Hefty: *Der Beitrag der Minderheiten – speziell der Ungarndeutschen.*

Edina Zvara

Christa Stache, Wolfram G. Theilemann (Hg.): Evangelisch in Altrumänien. Forschungen und Quellen zur Geschichte der deutschsprachigen evangelischen Kirchengemeinden im rumänischen *Regat*. Hermannstadt, Bonn: Schiller Verlag 2012. 645 S. ISBN 978-3-941271-70-8.

Der neunte Band der Reihe „Miscellanea ecclesiastica" (Veröffentlichungen des Zentralarchivs der Evangelischen Kirche A. B. in Rumänien) verfolgt das Ziel, die Geschichte der evangelischen Kirchengemeinden der Rumäniendeutschen südlich und östlich der Karpaten zu untersuchen und einer breiten Öffentlichkeit bekannt zu machen. Die veröffentlichten Aufsätze sind das Ergebnis eines internationalen Projekts des Zentralarchivs der Evangelischen Kirche A. B. in Rumänien mit Sitz in Hermannstadt/Sibiu/Nagyszeben, das sich sowohl auf bekannte als auch auf neu erschlossene Archivbestände stützt. Der historiographische Teil enthält acht Beiträge für den Zeitraum von 1830 bis zur Gegenwart. Die Verfasser, die aus Deutschland (Augsburg, Berlin, Hannover, München, Münster) und Rumänien (Bukarest/Bucureşti und Hermannstadt) stammen, vor allem Archivare, Historiker und Pfarrer, geben einen Überblick über das überlieferte Schriftgut der oberen und mittleren kirchlichen Verwaltungseinheiten (Christa Stache, Wolfram G. Theilemann), bieten regionsbezogene Überblicksdarstellungen (Andrea Schmidt-Rössler), lokale Fallstudien (Daniel Banner, Andrei Pinte, Christa Stache) und eine aus dem Privatnachlass entstandene biographische Untersuchung (Udo W. Acker) zu dem historiographisch wohl produktivsten deutsch-evangelischen Pfarrer Altrumäniens, Hans Petri (1880–1974). Daniel Banner bietet einen konfessionsvergleichenden Blick auf die Geschichte der Donaustadt Turnu Severin 1833–1939. Abschließend beschreibt der Bukarester Stadtpfarrer Daniel Zikeli die aktuelle Lage der lutherischen Gemeinden in der Moldau, Walachei und Dobrudscha mit einem Schwerpunkt auf der Hauptstadtgemeinde. Der zweite Teil des Bandes gibt anhand einiger Fallstudien (Wolfram G. Theilemann und Wolfgang Knackstedt) Einblicke in die Überlieferungsgeschichte ausgewählter Gemeindearchivbestände, die zwischen 2004 und 2011 in Hermannstadt bearbeitet wurden, und schildert typische Erschließungsprobleme. Der letzte Teil des Buches enthält eine Quellenauswahl aus unterschiedlichsten Schriftgutkategorien und einen hilfreichen Anhang, der sich aus Zeittafeln zur Geschichte verschiedener Gemeinden sowie Übersichten zur demographischen Größe der Gemeinden und zu den Amtszeiten von Pfarrern zusammensetzt.

Stelian Mândruţ

Éva Strennerné-Stáhl, Józsefné Stáhl, Józsefné Fertig [Red.]: „Unser Vater im Himmel." Emlékek, fényképek a veszprémfajszi németek életéből [„Unser Vater im Himmel". Andenken, Fotos aus dem Leben der Deutschen in Fais]. [Bd.] 2. Veszprémfajsz: Német Kisebbségi Önkormányzat 2013. 69 S., Abb. ISBN 978-963-08-6475-6.

Die Siedlung Fais/Veszprémfajsz entstand, nachdem das Gebiet während der Türkenherrschaft etwa 150 Jahre lang unbewohnt geblieben war, am südlichen Rande des Plattenseeoberlandes. 1757 wurden Bauern aus dem Bistum Mainz angesiedelt. Die Witwe des Oberhauptes der adligen Familie Vizeki Tallian, Terezia Zalabéri Horváth, führte mit den deutschen Siedlern bereits in der ersten Hälfte der 1750er Jahre Verhandlungen über die Ansiedlung. Später kamen Deutsche aus anderen Regionen hinzu, vor allem aus der Habsburgermonarchie. Zurzeit wohnen 274 Personen in 93 Wohnungen im Dorf. Das Buch macht mit dem örtlichen Brauchtum, der Tracht, den Essgewohnheiten der Bewohner, den Institutionen und den Sehenswürdigkeiten bekannt.

Edina Zvara

Bertalan András Székely (összeáll. [Zusammenstell.]): Nemzetiségek Magyarországon 2011–2013 [Nationalitäten in Ungarn 2011–2013]. Budapest: EMMI Nemzetiségi Főosztály 2014. 212 S. ISBN 978-615-5269-31-8.

Das im Jahr 2011 verabschiedete Gesetz über die Rechte der in Ungarn lebenden „Nationalitäten" (bulgarische, griechische, kroatische, polnische, deutsche, armenische, rumänische, ruthenische, serbische, slowakische, slowenische und ukrainische Minderheiten) verpflichtet die ungarische Regierung, dem Parlament alle zwei Jahre über die Lage dieser Minderheiten zu berichten. In den Berichtszeitraum fielen über das Inkrafttreten dieses Gesetzes hinaus auch weitere Gesetze, die das Recht auf muttersprachlichen Unterricht und das Wahlrecht der nationalen Minderheiten betreffen. Diese Gesetze erweiterten die Rechte der Minderheitenselbstverwaltungen in bedeutendem Maße, vor allem im Bereich der Unterrichts- und Kulturautonomie und im Bereich der Appellation an das ungarische Parlament. Der vorliegende Bericht möchte einen zusammenfassenden Überblick darüber geben, was in den letzten Jahren in der ungarischen Minderheitenpolitik geschehen ist, und informiert sowohl über die Reihe der Initiativen seitens der Regierung als auch über die verschiedenen Aktivitäten seitens der Nationalitätengemeinden.

Edina Zvara

Anikó Szilágyi-Kósa (szerk. [Hg.]): A barnagi németek 300 éve. 1714–2014. 300 Jahre der Deutschen in Barnag. Barnag: Német Nemzetiségi Önkormányzat 2013. 168 S., Abb. ISBN 978-963-08-8310-8.

In der Landschaft des Plattenseeoberlandes, zwischen Wesprim/Veszprém und Großwaschon/Nagyvázsony, versteckt sich das kleine Dorf Barnag. Während der Türkenherrschaft nahm die Bevölkerungszahl in Barnag enorm ab. So bemühte sich die Familie Zichy bereits zu Anfang des 18. Jahrhunderts, deutsche Siedler aufzunehmen, und siedelte auf ihren Gütern in Barnag im Jahr 1714 Sebastian Czipff und seine Familie aus Katzental an. In den 1720er Jahren siedelten sich erneut mehrere deutsche Siedler im Dorf an, die laut einem Siedlungsvertrag aus Billigheim sowie aus dem südlichen Elsass, mündlichen Überlieferungen nach auch aus der Schweiz und dem Schwarzwald kamen. Nach der Ansiedlung lebten in Barnag Ungarn und Deutsche nebeneinander. Wegen der sprachlichen, ethnischen und konfessionellen Gegensätze zogen später die zu den verschiedenen Ethnien gehörenden Dorfbewohner in getrennte Dorfteile, sodass sich die Beziehungen „Ungarischbarnag" und „Deutschbarnag" verfestigten. Bis zum kommunalen Zusammenschluss der beiden Dorfhälften 1947 wurden sie separat verwaltet.

Edina Zvara

Maria Thurn, Maria Jordán, Josef Jordán (Zusammengest. und gesammelt): Boschok. Unsere Heimat seit 300 Jahren. Palotabozsok: Palotabozsoki Német Nemzetiségi Egyesület 2014. 446, [2] S., Abb., Kt., mus. Noten. ISBN 978-963-12-0209-0.

Boschok/Palotabozsok liegt im Komitat Branau/Baranya, 18 km nördlich von Mohatsch/Mohács. Die ersten Siedler fanden hier schon vor 250–300 Jahren ein Zuhause. Im ersten Teil des Buches findet man unter anderem Texte über die Vergangenheit Boschoks im Spiegel der archäologischen Forschung, die Geschichte der Gemeinde nach der Ansiedlung der Deutschen, die anderen ethnischen Gruppen, alte Stempel, die Eisenbahn und den Bahnhof, die Zeit bis zum Ende des Zweiten Weltkrieges und die Aussiedlung der Deutschen. Der zweite Teil stellt unter anderem die Biographien von Arbeitsmigranten dar. Der dritte Teil konzentriert sich auf Sakralbauten und Gedenkstätten (die römisch-katholische Kirche, den Kalvarienberg, den Friedhof und das Leichenhaus, Kapellen u. a. m.). Der vierte Teil widmet sich dem kulturellen Leben und dem Gemeinschaftsleben in Boschok einst und jetzt und geht insbesondere ein auf die Geschichte des Kindergartens und der Schule, die Träger der deutschen Musik-, Tanz- und Gesangskultur, die Volkstracht, das Vereinswesen, die politischen Repräsentanten der Gemeinde und der deutschen Minderheitenselbstverwaltung sowie die Partnerschaft Dettingen-Boschok.

Edina Zvara

Erwin Josef Ţigla (Hg.): Bücher der Rumäniendeutschen. Rumäniendeutsche Bücher. 1990 – 2011. Katalog. Reschitz/Reşiţa: Editura Impressum Verlag 2011. 313 S. ISSN 1454-2048.

Der vorliegende Band verfolgt das Ziel, die seit 1990 in Rumänien und außerhalb Rumäniens erschienenen Bücher von Rumäniendeutschen und über Rumäniendeutsche zu dokumentieren. Trotz der enormen Zahl von 1.603 vorgestellten Titeln ist sich der Herausgeber durchaus der in Kauf genommenen Lücken bewusst; er hofft, diese in zukünftigen vergleichbaren bibliographischen Übersichten schließen zu können.

Stelian Mândruţ

Judit Tóth Sz.: A megtalált hagyomány. Nemzetiségek Pest megyében a 21. században. Tradition rediscovered. Nationalities in Pest county in the 21st century. Szentendre: Ferenczy Múz. 2013 (Ferenczy Múzeum kiadványai, D sorozat, Múzeumi füzetek – kiállításvezetők [Publikationen des Ferenczy-Museums, Reihe D, Museumsbücher – Ausstellungsführer] 3). 51 S., Abb. ISBN 978-963-9590-66-3.

Das Komitat Pest war bis zur Mitte des 20. Jahrhunderts eine Vielvölkerregion mit mehreren lebendigen Nationalitätenkulturen und Sprachen. Auf diesem Gebiet lebten Ungarn, Deutsche, Slowaken, Serben und Kroaten in unterschiedlichen Siedlungen. Ein radikaler Rückgang der Anzahl der Nationalitäten ergab sich aus der Aussiedlung der Mehrheit der deutschen Bevölkerung nach Deutschland im Jahre 1946, dann aus dem slowakisch-ungarischen Bevölkerungsaustausch zwischen 1946 und 1948. Sprachen und Kulturen der Ethnien wurden in die Familie zurückgedrängt. In den 1960er und 1970er Jahren erhielten sich gewisse Elemente der Nationalitätenkulturen in Form von Musik, Tanz und Bühnenfolklore lebendig. Zwischen 2000 und 2010 erhöhte sich die Anzahl derjenigen Personen, die ihre Nationalität angaben, um das Zweifache, im Fall der Deutschen um das Zweieinhalbfache. Im Frühjahr 2013 dokumentierte die Ausstellung des Ferenczy-Museums in Sankt Andrä/Szentendre unter dem Titel „Die wiederaufgefundene Tradition" die jüngsten Bestrebungen nach Aufrechterhaltung der Nationalitätenkulturen im 21. Jahrhundert.

Edina Zvara

Andrea Vándor (Red.): Migráció a Duna térségében. A németek betelepülése a 18. században [Migration in der Donauregion. Die Ansiedlung der Deutschen im 18. Jahrhundert]. Pécs: Molnár Ny. és K. 2013. 128 S., Abb., Kt. ISBN 978-963-85574-5-2.

Die ersten Ansiedler kamen vor 300 Jahren aus den südwestlichen Regionen des Heiligen Römischen Reiches deutscher Nation ins damalige Königreich Ungarn. Von den habsburgischen Landesherren und den Gutsherren ins Land gerufen, sollten sie nach den Türkenkriegen den Neuaufbau und den wirtschaftlichen Aufstieg des Landes bewerkstelligen. Die Ansiedler entstammten unterschiedlichen Gebieten, trotzdem wurden sie einheitlich „Schwaben" genannt; die Bezeichnung „Donauschwaben" verbreitete sich erst später. Die Werber verhießen den Siedlern eine blühende Zukunft in Ungarn – in vielen Fällen eine leere Versprechung. Letztlich aber war die Ansiedlung für fast 400.000 Menschen eine Erfolgsgeschichte. Als Ergebnis der Einwanderung entstanden neue Dörfer und Städte; unter den Bewohnern der neu besiedelten Gebiete ergaben sich kulturelle Wechselwirkungen. Der Band erschien als Katalog einer internationalen Wanderausstellung mit gleichem Titel über die Folgen der Einwanderung, die zwischen Mai 2012 und Oktober 2013 in sieben Partnermuseen in Ulm, Sathmar/Satu Mare/Szatmárnémeti, Arad, Temeswar/Timişoara/Temesvár, Reschitza/Reşiţa/Resicabánya (alle Rumänien), Fünfkirchen/Pécs (Ungarn) und Neusatz/Novi Sad/Újvidék (Serbien) gezeigt wurde.

Edina Zvara

Erika Vass: A vecsési sváb tájház. Das Heimatmuseum in Wetschesch. Vecsés: Német Nemzetiségi Önkormányzat 2013. 31 S. ISBN 978-963-08-7424-3.

Die deutschen Einwohner von Wetschesch/Vecsés bei Budapest schufen einst eine Vielzahl von Traditionen und eine reiche materielle Kultur. Das Heimatmuseum des Ortes, das am 15. Mai 2011, am 65. Jahrestag der Vertreibung der Deutschen, eröffnet wurde, stellt den Besuchern das Leben um 1930 vor. Die Gründung des Museums geht auf eine Initiative von Michael/Mihály Frühwirth vom Kulturverein Wetschesch zurück. Die städtische Selbstverwaltung übergab 2010 das Haus für zehn Jahre der Stiftung für das Heimatmuseum zur Nutzung. Erika Vass hat mit Hilfe von Frühwirth die nötigen Gegenstände für die Ausstellung zusammengetragen und das Haus eingerichtet. Die Einwohner des Ortes haben ihre Arbeit stark unterstützt, die über 800 Exponate stammen aus den Spenden von 59 Familien.

Edina Zvara

Amália Vinkelmann Szirmai (szerk. [Hg.]): A rendeki iskola száz éve 1913–2013 [Hundert Jahre Schule in Rendek 1913–2013]. Ajka: Simon István Német Nemzetiségi Nyelvoktató Általános Iskola 2013. 84 S., Abb. Keine ISBN.

Rendek ist eine fast 800 Jahre alte Siedlung mit 1.300 Einwohnern. Verwaltungsmäßig gehört sie der nördlich des Plattensees gelegenen Stadt Eikau/Ajka an und fungiert als deren Vorort, aber über die Jahrhunderte ist sie ein Dorf geblieben. Die Dorfschule wurde erstmals in der Mitte des 18. Jahrhunderts erwähnt, das von ihr gegenwärtig genutzte Gebäude geht auf das Jahr 1913 zurück. Nach dem Zweiten Weltkrieg wurde die Schule 1948 verstaatlicht und 1984 zu einer Nationalitätenschule erklärt. Unterricht in deutscher Sprache wurde in der ersten und der fünften Klasse eingeführt. Mit Einführung des nationalen Grundlehrplanes durften die Schulen diesen durch den lokalen Lehrplan ergänzen: Im Lehrplan der Rendeker Schule gewann die Vermittlung von Wissen über die Geschichte der schwäbischen Minderheit, über den Alltag und die Lebensgewohnheiten der Schwaben einen hohen Stellenwert.

Edina Zvara

Noémi Viskolcz: A mecenatúra színterei a főúri udvarban. Nádasdy Ferenc könyvtára. Schauplätze der Bildung am Hofe eines Hochadeligen aus dem 17. Jahrhundert. Die Bibliothek von Ferenc Nádasdy. Budapest, Szeged: Szegedi Tudományegyetem – Historia Ecclesiatica Hungarica Alapítvány 2013 (A Kárpát-medence kora újkori könyvtárai [Bibliotheken der Frühen Neuzeit im Karpatenbecken] 8). 776 S., Abb., dt. Zusammenfassung. ISBN 978-963-482-755-9.

Ferenc Nádasdy (1623–1671), Politiker und Mäzen, gilt als eine der herausragenden Persönlichkeiten der zweiten Hälfte des 17. Jahrhunderts im Königreich Ungarn. Als zweitbedeutendster Würdenträger – er wurde 1655 Landesrichter, 1657 königlicher Statthalter – hatte er auf die Angelegenheiten des Landes einen großen Einfluss, was jedoch seinen Sturz nicht verhinderte. Im Jahre 1670 wurde er als Mitglied der sogenannten Wesselényi-Verschwörung verhaftet und im darauf folgenden Jahr wegen Hochverrats zur Vermögenskonfiskation und zum Tode durch Enthauptung verurteilt. Die Besitztümer der Familie befanden sich zum Teil im westlichen Transdanubien, in den Komitaten Zala, Vas und Ödenburg/Sopron mit den Residenzen und Zentren Kotenburg/Sárvár und Deutschkreutz/Keresztúr, außerdem erwarb Nádasdy in Niederösterreich Besitztümer. Ihre Einnahmen machten die Familie zu einer der reichsten ihrer Zeit, was Ferenc Nádasdy die Ausgestaltung einer repräsentativen kulturellen Umgebung ermöglichte, die im damaligen Ungarn als einzigartig galt. Die Monographie konzentriert sich auf die Orte der Kultur und Bildung am barocken Hofe Nádasdys, insbesondere auf seine großartige Bibliothek.

Edina Zvara

József Vonyó: Egy monolit rendszer árnyalatai. Tanulmányok Magyarország 1945 utáni történetéről [Anflüge eines Monolithsystems. Studien zur Geschichte Ungarns nach 1945]. Pécs: Kronosz 2012. 191 S. ISBN 978-615-5181-94-8.

Der Autor benutzte nicht nur archivalische Bestände und Pressequellen, sondern griff auch auf seine persönlichen Erlebnisse und Erfahrungen zurück. Er hatte in den 1980er und 1990er Jahren verschiedene Funktionen in der ungarischen Politik inne und kennt daher auch das Innere des politischen Systems. Er vermittelt ein kritisches Bild zu einzelnen Aspekten der Geschichte Ungarns nach 1945. In einigen Studien in diesem Band geht es um die ungarndeutsche Thematik. So befasst sich Vonyó mit der Rolle der Boden- und der Nationalitätenfrage bei der Vertreibung der Ungarndeutschen, Einschränkungen der Selbstorganisation der Ungarndeutschen in der Rákosi-Ära (1949–1956) sowie Bildern und Stereotypen der Ungarndeutschen und deren Behandlung in der ungarischen Historiographie.

Edina Zvara

Sándor Zsiros (összeáll., szerk. [Zusammenstell., Hg.]): Szemelvények a Gulágok memoár-irodalmából: ártatlan magyar és német áldozatok sorsa a Gulágokon és a „malenkij robot" táboraiban [Auswahl der Memoirenliteratur der Gulags: Schicksale schuldloser ungarischer und deutscher Opfer in den Gulags und Arbeitslagern des „Malenkij Robot"]. Ed. 3. Pécs: Magyarországi Németek Pécs-Baranyai Nemzetiségi Köre 2013. 204 S. ISBN 978-963-88716-2-6.

Der Hauptgrund für die Verschleppung der bürgerlichen Bevölkerung Ungarns zur Zwangsarbeit in die Sowjetunion liegt darin, dass Letztere ein riesengroßes Bedürfnis an Arbeitskräften hatte, um die im Krieg zerstörten Städte wiederaufzubauen. Die Sowjetunion erlitt im Zweiten Weltkrieg nach neuestem Forschungsstand einen Verlust von 27 bis 30 Millionen Menschen, und sie hatte das größte Militär aller Staaten der Erde. Damals lebten auch mehrere Millionen sowjetische Staatsbürger in den Gulaglagern. Für die Rekrutierung der Arbeitskräfte aus dem Ausland diente das Prinzip der Kollektivschuld als ideologisches

Fundament. Bei den Deportationen aus Ungarn können auch andere Ursachen identifiziert werden: Kriegsgefangenschaft, ethnische Säuberung und Internierung als Deutsche(r). Der letztgenannte Fall betraf nicht nur Männer, sondern auch Frauen, die in eigene Sammellager verbracht wurden. Von dort wurden diese Personen in die Sowjetunion transportiert, wo sie, separiert von den Kriegsgefangenen, in Internierungslagern arbeiteten. Die Deportationen der Ungarndeutschen begannen am 22. Dezember 1944 und wurden bis zum 31. Januar 1945 abgeschlossen.

Edina Zvara

Edina Zvara: Nyugat-Dunántúli protestáns lelkészek könyvei a késő humanizmus korában. Bücher protestantischer Pfarrer im Pannonischen Raum zur Zeit des Späthumanismus. Budapest, Szeged: Szegedi Tudományegyetem – Historia Ecclesiatica Hungarica Alapítvány 2013 (A Kárpát-medence kora újkori könyvtárai [Bibliotheken der Frühen Neuzeit im Karpatenbecken] 9). 500 S. ISBN 978-963-306-238-8.

Beschäftigt man sich mit ungarischen Sammlungen von Gelehrten und Pfarrern im 16. und 17. Jahrhundert, kann man sich im Fall der Familie Beythe glücklich schätzen: Die Forschung kennt beinahe vierhundert Bände ihrer Privatbibliothek, die in ungarischen und ausländischen öffentlichen Sammlungen auffindbar sind. Sowohl Stephan Beythe als auch seine Söhne Andreas und Emerich trugen ihre Namen in den Büchern ein, und aus den handschriftlichen Notizen kann man darauf schließen, dass sie als gelehrte Pfarrer ihre eigenen Bücher benutzten. Schaut man sich ihr geistiges Milieu näher an, zeichnet sich ein differenziertes Bild ihres Wirkens ab. Anhand des Lebens und der geistigen Leistungen der Beythes lassen sich die kulturorientierten Tätigkeiten an den Magnatenhöfen der Zeit eingehend studieren. So werden auch die kulturpflegenden und mäzenatischen Aktivitäten der Familien Nádasdy, Bánffy und Batthyány deutlicher. Dabei sind uns die erhalten gebliebenen Bücher und ihre Inhalte behilflich; aber auch die Einträge der früheren oder späteren Besitzer können Daten und Fakten vermitteln, die uns die kulturellen Verhältnisse im Königreich Ungarn und in Siebenbürgen in der Frühen Neuzeit besser verstehen lassen. Die Beythes hielten sich ein Leben lang an Höfen hochgebildeter Adliger auf, wo sie täglich mit namhaften Gelehrten, Pfarrern und Hofleuten in Kontakt standen. István Beythe lebte am Hof von Tamás Nádasdy zu Kotenburg/Sárvár, an den Bánffy-Höfen zu Beckow/Beckov/Beckó und Unter-Limbau/Lindau, später im Güssinger Hof von Boldizsár und Ferenc Batthyány.

Edina Zvara

10. Kroatien

Dragutin Babić, Filip Škiljan, Drago Župarić-Iljić: Nacionalne manjine u Zagrebu. Položaj i perspektive [Nationale Minderheiten in Agram/Zagreb. Lage und Perspektiven]. Zagreb: Plejada 2011. 414 S., Abb. ISBN 978-953-7782-11-5.

Hervorgegangen aus dem Forschungsprojekt „Nationale Minderheiten in Kroatien und europäische Integrationsprozesse“ am Institut für Migration und Ethnische Studien in Zagreb, behandelt diese Veröffentlichung zahlreiche Aspekte und Perspektiven des Lebens der Minderheiten in der kroatischen Hauptstadt, zu denen, etwa seit dem 12. Jahrhundert, auch die Deutschen zählen. Der Inhalt gliedert sich in vier größere Einheiten: Zunächst wird die Geschichte der Minderheiten in Zagreb vom Mittelalter bis heute dargestellt. Der zweite Abschnitt beschäftigt sich mit den jeweiligen nationalen (ethnischen) Identitäten der Minderheiten und beschreibt, wie und wodurch diese in der kroatischen Öffentlichkeit und in der Landeshauptstadt vertreten waren und sind. Der dritte Teil befragt diese Identitätsproblematik nach den Möglichkeiten der Beibehaltung von Besonderheiten und gleichzeitiger Integration in die Gesellschaft. Im letzten größeren Kapitel des Buches wird noch einmal auf die empirische Grundlage dieser Studien hingewiesen, die sich auf Aussagen von Minderheiten-Fokusgruppen stützen.

Rikard Puh

Vladimir Cvitanović: Angloameričko bombardiranje karlovačkog i ogulinskog područja. 1944.–1945. [Die englische und US-amerikanische Bombardierung des Gebiets Karlstadt/Karlovac-Ogulin. 1944–1945]. Karlovac: Vladimir Cvitanović Selbstverlag 2014. 301 S., Abb., Faks., dt. u. engl. Zusammenfassung. ISBN 978-953-56277-1-5.

Das Buch greift das bislang eher wenig behandelte Thema der alliierten Bombardierungen von kleineren Städten und Gemeinden in Kroatien während des Zweiten Weltkriegs auf. Vornehmlich werden die Luftangriffe auf das Landesinnere des heutigen Kroatien thematisiert, die zwischen der zweiten Hälfte des Jahres 1943 und Mai 1945 stattfanden und unter den Zivilisten zu angeblich 125 Todesopfern sowie mindestens 108 Verletzten führten. Neben den Luftangriffen der alliierten Streitkräfte berücksichtigt der Autor auch mehrere Angriffe der deutschen Luftwaffe auf Orte im damaligen politischen Konstrukt Unabhängiger Staat Kroatien, wobei die Ziele und Daten präzise angegeben werden. Der Text erwähnt zudem unterschiedliche, weniger beachtete Momente des Kriegsgeschehens, die mit den Bombardements engstens zusammenhingen, wie beispielsweise den Bau von Luftschutzkellern oder den Austausch von gefangenen Flugzeugbesatzungen. Trotz des stellenweise unsachlichen Narrativs des Autors und obwohl einschlägiges Archivmaterial nur in beschränktem Umfang vorhanden und teilweise nicht zugänglich ist (daher unberücksichtigt blieb) ist die durchaus informative Studie ein nützlicher Beitrag zur Erforschung der Vorgänge des Zweiten Weltkriegs in Südosteuropa.

Rikard Puh

Vladimir Geiger: Josip Broz Tito i ratni zločini. Bleiburg – Folksdojčeri [Josip Broz Tito und die Kriegsverbrechen. Bleiburg – Volksdeutsche]. Zagreb: Hrvatski institut za povijest 2013 (Hrvatska povjesnica. Monografije i studije [Kroatische Geschichte. Monographien und Studien] III/59). 149 S., engl. u. dt. Zusammenfassung. ISBN 978-953-7840-19-8.

Die Veröffentlichung behandelt in sechs Kapiteln das kontroverse Thema der Verantwortung Josip Broz Titos für Verbrechen, die im Zweiten Weltkrieg und in der Nachkriegszeit von Soldaten und staatlichen Entscheidungsträgern unter seiner Leitung in Kroatien und Jugoslawien verübt wurden. Der Fokus gilt dem Fall des Bleiburg-Massakers und dem Schicksal der Deutschen und Deutschstämmigen im ex-jugoslawischen Raum. Mit Hilfe von Archivmaterialien und neuesten Erkenntnissen, die sowohl Forschungsarbeiten als auch aktueller publizistischer und Memoirenliteratur entnommen werden, greift der Autor den seiner Meinung nach in der einschlägigen Publizistik immer noch zu stark vertretenen Personenkult und das Unfehlbarkeitsdogma des Josip Broz Tito an. In seiner Studie weist er explizit darauf hin, dass die Deutschen und Deutschstämmigen im Nachkriegsjugoslawien, trotz verschiedener Erklärungen und Deklarationen von höchsten politischen Stellen, die Toleranz und Gleichberechtigung für alle Minderheiten garantieren sollten, mit Kollektivschuld belegt und systematisch misshandelt, getötet sowie enteignet wurden. Die methodologisch überzeugende Publikation mit ihren genauen Statistiken und präzisen Schlussfolgerungen empfiehlt sich als wichtige Grundlage für einen weiteren konstruktiven Dialog bei der Beleuchtung der Lage der Minderheiten in Jugoslawien und Kroatien und ist ein nicht zu übergehender Beitrag zur nationalen Vergangenheitsbewältigung.

Rikard Puh

Romana Horvat (Hg.): Represija i zločini komunističkog režima u Hrvatskoj. Zbornik radova [Repression und Verbrechen des kommunistischen Regimes in Kroatien. Sammelband]. Zagreb: Matica hrvatska 2012 (Biblioteka Zbornici [Bibliothek der Sammelbände]). 379 S., graph. Darst., engl. Zusammenfassungen. ISBN 978-953-150-968-8.

Die Publikation bietet fünfzehn Beiträge einer vom kroatischen Kulturverein Matica hrvatska organisierten Konferenz. Der Erforschung der Geschichte der deutschen Minderheit in Kroatien dienlich sind vor allem die Texte „Krieg, Staat, Nation, Revolution – die wesentlichen Voraussetzungen der kommunistischen Repression in Kroatien" von Zdenko Radelić und „Statistiken der menschlichen Verluste in Kroatien im Zweiten Weltkrieg und in der Nachkriegszeit" von Vladimir Geiger, ferner die von Dražen Živić gemeinsam mit Mirko Kovačić verfasste Studie „Der kommunistische Terror und Verbrechen in Vukovar 1945". Radelić thematisiert die Grundlagen des repressiven Verhaltens der Kommunistischen Partei Jugoslawiens in der frühen Nachkriegszeit sowie den Aufbau des staatlichen Repressionsapparats und führt in diesem Rahmen auch explizit den Umgang mit der deutschen Minderheit an. Geigers Aufsatz ist eine akribisch erarbeitete Abhandlung, die bisher teilweise unbekannte Archivmaterialien und Erkenntnisse der aktuellsten Forschungsliteratur präsentiert. Sein fundierter Versuch, die Zahlen von Opfern und Toten des Zweiten Weltkriegs präzise zu bestimmen, beinhaltet auch Tabellen mit Angaben zu den realen Verlusten der „kroatischen und jugoslawischen Deutschen", wie er die deutsche Bevölkerung in Kroatien und Jugoslawien nennt. Dražen Živić und Mirko Kovačić zeichnen die Vorgehensweise der Partisanentruppen im Mai 1945 in Vukovar nach und weisen explizit darauf hin, dass unmittelbar nach ihrem Einzug in die Stadt an den dort lebenden Kroaten und Deutschen zahlreiche Verbrechen begangen wurden.

Rikard Puh

Marica Karakaš Obradov: Angloamerička bombardiranja Hrvatske u Drugom svjetskom ratu. Saveznički zračni napadi na Nezavisnu Državu Hrvatsku 1943.–1945. [Englische und US-amerikanische Bombardierungen Kroatiens im Zweiten Weltkrieg. Die Luftangriffe der Alliierten auf den Unabhängigen Staat Kroatien 1943–1945]. Zagreb: Hrvatski institut za povijest 2008 (Hrvatska povjesnica. Monografije i studije [Kroatische Geschichte. Monographien und Studien] III/38). 364 S., zahlr. Abb., engl. Zusammenfassung. ISBN 978-953-6324-66-8.

Die aus Forschungen an Archivmaterialien und zahlreichen Literaturquellen hervorgegangene, wissenschaftlich fundierte Monographie beleuchtet einen bislang weniger beachteten Bereich der südslawischen Viktimologie. Übersichtlich strukturiert (sieben Kapitel Text, dazu Anhang mit Quellen- und Literaturnachweisen, Kurzbiographie der Autorin, Register geographischer Namen), beschäftigt sie sich mit den Opfern der 640 Luftangriffe der alliierten Streitkräfte auf Ortschaften, die im Zweiten Weltkrieg zum politischen Konstrukt Unabhängiger Staat Kroatien gehörten. Den größten Schaden – in der Publikation wird dies mit konkreten Dokumenten und Bildern belegt – erlitten die Städte Slavonski Brod, Bosanski Brod, Zadar, Šibenik, Split und Vinkovci. Die zwischen Herbst 1943 und Frühjahr 1945 ausgeführten und hier thematisierten Bombardements aus der Luft töteten nach Untersuchungen der Autorin 5.246 Menschen, während 3.514 weitere Personen zum Teil schwer verletzt wurden. Im Buch werden sowohl die zivilen als auch die soldatischen Opfer berücksichtigt; erwähnt und in die Dokumentation aufgenommen werden zudem Opfer auf Seiten aller Kriegsparteien, so auch der Verbände der deutschen Wehrmacht. Über die konkreten Erkenntnisse, mit denen sie aufwartet, hinaus kann in der Veröffentlichung eine wichtige Anregung zur präziseren und effektiveren Zusammenarbeit der Viktimologie und Historiographie gesehen werden.

Rikard Puh

Marica Karakaš Obradov: Novi mozaici nacija u „novim poredcima“. Migracije stanovništva na hrvatskom području tijekom Drugoga svjetskog rata i poraća [Neue Mosaiken der Nationen in „Neuen Ordnungen“. Bevölkerungsmigrationen auf dem Gebiet Kroatiens im Zweiten Weltkrieg und in der Nachkriegszeit]. Zagreb: Hrvatski institut za povijest 2014 (Hrvatska povjesnica. Monografije i studije [Kroatische Geschichte. Monographien und Studien] III/62). 423 S., Abb., Faks., engl. Zusammenfassung. ISBN 978-953-7840-26-6.

Der in vier größere Hauptkapitel („Einführende Betrachtungen“, „Bevölkerungsmigrationen auf dem kroatischen Gebiet im Zweiten Weltkrieg und in der Nachkriegszeit“, „Schlussfolgerungen“, „Anhang“) strukturierte Text ist eine demographisch-historiographische Studie. Vom methodologischen Rahmen der bevölkerungswissenschaftlichen Forschung ausgehend, werden hier – in einzelnen Unterkapiteln – Migrationen von Kroaten, Serben, Slowenen, Juden, Deutschen, Italienern und Ungarn seit den 1940er Jahren in Kroatien und Jugoslawien nachgezeichnet, in den historischen Kontext gesetzt und interpretiert. Dabei werden in diesem an Dokumentzitaten reichen Band die unterschiedlichsten Gründe für Bevölkerungsbewegungen berücksichtigt (politisch-ideologische, religiöse, militärische, wirtschaftliche usw.) und die wesentlichen Rahmenbedingungen dafür erläutert (Kriegsverläufe, offizielle und geheime Verhandlungen zwischen Kriegsparteien und Staaten, Taktiken der Nachkriegspolitik etc.). Mit scharfem Blick für kleine semantische und juristische Unterschiede zeigt die Autorin an Beispielen, wie verschiedene Bevölkerungsschichten und -gruppen vertrieben, umgesiedelt, zur Zwangsarbeit verschleppt oder kolonisiert wurden beziehungsweise freiwillig umzogen, emigrierten oder sich um Assimilation bemühten. Es ergibt sich schließlich eine präzise, auf erschütternden Schicksalsgeschichten Einzelner beruhende Analyse der demographisch bedingten Veränderungen in Kroatien.

Rikard Puh

Ivan Kozlica: Krvava Cetina. Masovni pokolji u cetinskome kraju i Poljicima u Drugome svjetskom ratu [Blutige Cetina. Massenmorde im Gebiet um Cetina und Poljica im Zweiten Weltkrieg]. Zagreb: Hrvatski centar za ratne žrtve; Trilj: Kulturno društvo; Sinj: Matica hrvatska, ogranak; Omiš: Društvo Poljičana Sveti Jure 2012 (Biblioteka Zentinam et Tril [Bibliothek Zentinam et Tril] 2). 624 S., zahlr. Abb., Kt., dt., ital. u. engl. Zusammenfassung. ISBN 978-953-57409-02 (Hrvatski centar za ratne žrtve), 978-953-79180-02 (Kulturno društvo Trilj).

Die zahlreiche Archivmaterialien und Zeitzeugenberichte aufbietende Monographie setzt sich mit Massenmorden während des Zweiten Weltkriegs in Dalmatien auseinander. Besonders ausführlich werden dabei Greueltaten an der einheimischen Bevölkerung behandelt, die Ende März 1944 von der 7. SS-Freiwilligen-Gebirgs-Division „Prinz Eugen" verübt wurden. Die skrupellosen Aktionen der größtenteils aus ethnischen Deutschen aus dem Banat, Serbien, Rumänien und Kroatien zusammengesetzten Truppen endeten mit der grausamen Tötung von insgesamt 1.531 Menschen sowie geplünderten und niedergebrannten Dörfern. Der Autor bemüht sich um einen dokumentarischen Zugang zu der bislang noch nicht vollständig ausgeleuchteten Problematik (mehr als 1.300 Fußnoten, Augenzeugenberichte, Namenslisten von Opfern der Massaker). Dabei vertritt er stellenweise kontroverse Standpunkte und stellt zuweilen umstrittene und noch schwer zu begründende Thesen auf. Trotzdem ist das Buch als aussagekräftiger Beitrag zur weiteren Erforschung der Verhaltensweisen der Kriegsparteien, der Ausmaße der Kriegsverbrechen im Zweiten Weltkrieg sowie des Umgangs mit diesen Themenbereichen nach 1945 einzuschätzen.

Rikard Puh

Krešimir Kužić: Hrvatska obala u putopisima njemačkih hodočasnika XIV.–XVII. st. Opora, vinorodna, kršćanska [Die kroatische Küste in den Reisebeschreibungen deutscher Pilger des 14.–17. Jh.s. Herb, weinreich, christlich]. Split: Književni krug 2013 (Biblioteka znanstvenih djela [Bibliothek wissenschaftlicher Arbeiten] 174). 623 S., Farbtafeln, zahlr. Abb., CD-ROM. ISBN 978-953-163-398-7.

Der multimedial angelegte Band beschäftigt sich mit zwischen dem 14. und dem 17. Jahrhundert entstandenen Reisetexten, deren Autoren nach Palästina aufbrechende Wallfahrer aus deutschen Ländern waren. Unter diesen befanden sich auch bekannte historische Persönlichkeiten wie der brandenburgische Kurfürst Friedrich II., der im heute polnischen Glatz/Kłodzko geborene Bürgermeister von Görlitz Georg Emmerich oder der pommersche Herzog Bogislaw X. Die Anfangskapitel der gut strukturierten Monographie geben eine kurze Einführung in das Thema, erklären Begriffe aus dem Bereich Pilger- und Wallfahrtswesen und stellen die politischen, religiösen und kulturellen Rahmenbedingungen jener Zeit sowie eine Reihe von Pilgern/Autoren vor. Daraufhin wendet sich der Blick dem Bild Kroatiens in den Reisebeschreibungen zu: den Darstellungen von kroatischen Städten, historischen Vorkommnissen, klimatischen und Meeresphänomenen usw. Am Schluss finden sich neben einem ausführlichen Literaturverzeichnis sowie Namens- und Sachregister noch mehrere hundert Seiten Übersetzungen der im Buch analysierten 94 Texte ins Kroatische. Die beigelegte CD-ROM enthält die deutschen Reisebeschreibungen in Originalfassungen. Die Bedeutung dieser Publikation liegt unter anderem darin, dass sie die kulturellen Kontakte zwischen Kroatien und den deutschsprachigen Gebieten in den Mittelpunkt stellt und damit selbst zur Vermittlung zwischen den Kulturkreisen und Nationen beiträgt.

Rikard Puh

Tomislav Lunka: Soljani u Drugom svjetskom ratu [Soljani im Zweiten Weltkrieg]. Soljani: Tomislav Lunka Selbstverlag 2013. 286 S., zahlr. Abb., Faks. ISBN 978-953-56750-1-3.

Zu Beginn zeichnet die historiographische Studie in einer knappen Übersicht die Geschichte der Ortschaft Soljani im Osten der Region Slawonien bis zum Zweiten Weltkrieg nach, um daraufhin ausführlich und unparteiisch die Entwicklung und die Geschehnisse im Ort von den späten 1930er Jahren bis in die ersten Nachkriegsjahre hinein darzustellen. Am Ende des reich bebilderten und mit vielen Dokumenten ausgestatteten Bandes finden sich größtenteils sehr informative Berichte von Zeitzeugen sowie eine detaillierte Namensliste von Kriegsopfern aus der Region, die sämtliche Toten (zivile wie militärische, unabhängig von ihrer Kriegsparteienzugehörigkeit) berücksichtigt und neben den Angaben zur Person (Name, Geburts- und Sterbedatum) auch den Ort ihres Verschwindens bzw. der Tötung und die genaue Todesursache anführt. Die Ausführungen stützen sich auf Forschungsliteratur und Archivmaterialien sowie auf zahlreiche Berichte von Augenzeugen, die der Autor persönlich eingeholt und ausgewertet hat. Dank seines konsequenten dokumentarischen Zugangs schafft er es, die Kriegswirren sehr bildhaft und wirklichkeitsnah darzustellen, aber auch die Rolle und das Leben der Deutschen in Ostslawonien in den 1940er Jahren in einem breiten Spektrum anschaulich zu machen.

Rikard Puh

Josip Patajac: Naši korijeni. Motički kraj i obitelji [Unsere Wurzeln. Die Region Motičina und ihre Familien]. Donja Motičina: Općina Donja Motičina – Našice: Zavičajni muzej Našice 2012. 376 S., Abb., Kt., dt. u. engl. Zusammenfassung. ISBN 978-953-7606-15-2.

Die Monographie zeichnet die Geschichte und die Entwicklung der slawonischen Gemeinde Motičina von den ersten schriftlichen Zeugnissen bis in die Gegenwart nach, wobei der Fokus vor allem den Familiennamen und Ahnentafeln gilt. In den für seine Mühlen, Ackerbau und Handwerk bekannten Ort nahe der Stadt Naschitz/Našice zogen vor allem im 18. und 19. Jahrhundert zahlreiche nichtkroatische Familien, unter welchen sich deutsche, tschechische, slowakische, ungarische und kärntnerslowenische hervorhoben. Die Deutschen arbeiteten hier als Handwerker, Händler, Förster etc., und der Autor weist darauf hin, dass gleich mehrere erfolgreiche Müller (namens Gerstner, Hrummelt, Inhoff, Scher, Steiland u. a.) deutscher Herkunft waren. Die übersichtlichen und genauen Namensregister mit Angaben der Geburtstage, Eheschließungen, Kindergeburten und Patenschaften sind ein konstruktiver Beitrag zur weiteren Erforschung der regionalen Demographie.

Rikard Puh

Mirjana Paušak: 70 godina od smrti posljednjeg valpovačkog grofa. Katalog izložbe. Muzej Valpovštine, Valpovo, prosinac 2012. godine [70 Jahre nach dem Tod des letzten Grafen von Valpovo. Ausstellungskatalog. Museum der Region Valpovo, Dezember 2012]. Valpovo: Ustanova za kulturne djelatnosti „Ante Evetović-Miroljub" – Muzej Valpovštine 2012. 56 S., zahlr. Abb., dt. Zusammenfassung.

Der Katalog der Ausstellung zum siebzigsten Todestag des Grafen Rudolf Joseph von Normann-Ehrenfels (1857–1942) enthält – neben den Abbildungen von ausgestellten Objekten (vornehmlich Kunstgewerbeartefakte, Werke der Malerei sowie, als Mittelpunkt des Projekts, zum ersten Mal der Öffentlichkeit präsentierte Fotografien aus der Zeit der Jahrhundertwende) – informative Texte über die Geschichte der Familie Normann und das Leben des im slawonischen Valpovo geborenen und begrabenen Grafen, ein Namensregister der vorgestellten kroatischen, österreichischen und deutschen Künstler sowie eine umfangreiche Bibliographie. Die deutsche Adelsfamilie Normann stammt aus Pommern und hat eine Tradition, die ins 13. Jahrhundert zurückreicht. Der in der Österreichisch-Ungarischen Monarchie politisch aktive und nach seinem Tod als letzter Graf von Valpovo bezeichnete Rudolf erlangte in Slawonien vor allem als eifriger Förderer von mehreren bürgerlichen Kulturgesellschaften und als Mäzen zahlreicher kroatischer Künstler viel Respekt und große Beliebtheit.

Rikard Puh

Scrinia Slavonica. Godišnjak Podružnice za povijest Slavonije, Srijema i Baranje Hrvatskog instituta za povijest [Scrinia Slavonica. Jahrbuch der Abteilung für die Geschichte Slawoniens, Syrmiens und der Baranya des Kroatischen Instituts für Geschichte]. [Bd.] 12 (2012). Slavonski Brod: Podružnica za povijest Slavonije, Srijema i Baranje Hrvatskog instituta za povijest 2012. 466 S., Abb., engl. Zusammenfassungen. ISSN 1332-4853.

Der zwölfte Band des renommierten, den Regionen Slawonien, Syrmien/Srijem und Branau/Baranya gewidmeten Periodikums bringt 35 wertvolle Beiträge: wissenschaftliche Aufsätze, Dokumentationen, kritische Kommentare, Rezensionen, einen Konferenzbericht und einen Nachruf. Hinsichtlich der deutschen Minderheit in Kroatien müssen vor allem die Arbeiten von Hrvoje Volner, Marica Karakaš Obradov und Vladimir Geiger hervorgehoben werden. In seiner Studie „Die Entstehung der Wirtschafts- und Verwaltungsbeziehungen in der Gemeinde Belišće zur Zeit des Königreichs der Serben, Kroaten und Slowenen" beschreibt Volner grundlegende Prinzipien beim Aufbau und Funktionieren einer Gemeinde in Slawonien in der Zwischenkriegszeit, in welcher auch die dort ansässigen Deutschen – als Grundeigentümer, Fachpersonal oder Arbeiterschaft – eine nicht unbedeutende Rolle spielten. Karakaš Obradov zeichnet in ihrem Artikel „Migrationen der deutschen Bevölkerung auf dem Gebiet Kroatiens während des Zweiten Weltkriegs und in der Nachkriegszeit" zunächst die Fluchtwege der deutschen Bevölkerung im sogenannten Unabhängigen Staat Kroatien bei ihrer Flucht vor den Partisanentruppen präzise nach (mit dem Höhepunkt der Darstellung der groß angelegten Evakuation im Herbst 1944). Daraufhin wendet sich die Autorin der Lage der auf dem kroatischen Gebiet verbliebenen und der aus den eigenen Häusern ins Ausland geflohenen oder vertriebenen Deutschen bzw. Deutschstämmigen sowie dem Umgang des jugoslawischen Staates mit ihnen im ersten Jahrzehnt nach dem Zweiten Weltkrieg zu. Geiger wiederum bietet in seinem essayistischen Text „Die Thematisierung der Geschichte der deutschen Minderheit in der kroatischen Gegenwartsliteratur" mit der Kontextualisierung des Romans *Unterstadt* (2009) von Ivana Šojat-Kuči einen wichtigen Hinweis auf eine gelungene künstlerische Verarbeitung der bereits von Karakaš Obradov erörterten Thematik. Das von Geiger literaturhistorisch positionierte und positiv bewertete Werk erzählt nämlich die Geschichte mehrerer Generationen einer deutschen Familie im slawonischen Esseg/Osijek.

Rikard Puh

Dražen Živić, Sandra Cvikić (Hg.): Identitet Srijema u prošlosti i sadašnjosti. Zbornik radova. II. međunarodni znanstveno-stručni skup [Die Identität Syrmiens in

Vergangenheit und Gegenwart. Sammelband. Zweite internationale Fachtagung]. Nijemci: Općina Nijemci 2012. 208 S., Abb. ISBN 978-953-55519-1-1.

Die Publikation versammelt Beiträge, die bei einer internationalen Konferenz zur Identität der Region Syrmien/Srijem vorgestellt wurden. Wie schon bei der Veröffentlichung zu dem vorangegangenen Symposium aus dem Jahr 2007 – Sandra Cvikić, Krešimir Bušić (Hg.): *Divan je kićeni Srijem! Identitet Srijema u prošlosti i sadašnjosti. Međunarodni znanstveno-stručni skup* („Schön ist das geschmückte Syrmien! Die Identität Syrmiens in Vergangenheit und Gegenwart", 2008) wendet sich auch dieser Sammelband dem reichhaltigen kulturellen und wirtschaftlichen Erbe der von den Donauschwaben stark geprägten Region im Osten Kroatiens multidisziplinär zu. Besonders spannend für unsere Perspektive erscheint der Aufsatz von Ljiljana Dobrovšak über die Geschichte der Juden und der Deutschen in Syrmien bis 1918. Die relevanten Aspekte für ihre kulturhistorische Studie sieht die Autorin in der von beiden Gruppen betriebenen Verwendung der deutschen Sprache, in unterschiedlichen Rahmenbedingungen bei der Immigration und in lange andauernden Ungleichheiten in Bezug auf das soziale Ansehen dieser Gemeinschaften.

Rikard Puh

Mitarbeiterinnen und Mitarbeiter

Martin Arnold, M. A., Görlitzer Straße 18, 01099 Dresden.

Dr. Oliver Bach, Ludwig-Maximilians-Universität München, Deutsche Philologie, DFG-Forschergruppe „Natur in politischen Ordnungsentwürfen", Schellingstraße 3, 80799 München.

PhDr. David Blažek, PhD., Slovanský ústav AV ČR, v. v. i., Valentinská 1, 110 00 Praha, Tschechische Republik.

Doc. Mgr. Renata Cornejo, PhD., Univerzita Jana Evangelisty Purkyně v Ústí nad Labem, Filozofická fakulta, Katedra germanistiky, Pasteurova 3571/13, 40096 Ústí nad Labem, Tschechische Republik.

Mag. Dr. Martina Fuchs, Universität Wien, Institut für Geschichte, Universitätsring 1, 1010 Wien, Österreich.

PD Dr. Mihai-D. Grigore, Leibniz-Institut für Europäische Geschichte, Abteilung für Abendländische Religionsgeschichte, Alte Universitätsstraße 19, 55116 Mainz.

Dr. Ewa Gwiazdowska, Muzeum Narodowe w Szczecinie, Dział Sztuki Dawnej, Gabinet Grafiki, ul. Staromłyńska 27, 70-561 Szczecin, Polen.

Mgr. Jana Hrdličková, PhD., Univerzita Jana Evangelisty Purkyně v Ústí nad Labem, Filozofická fakulta, Katedra germanistiky, Pasteurova 3571/13, 40096 Ústí nad Labem, Tschechische Republik.

Dr. Henning P. Jürgens, Leibniz-Institut für Europäische Geschichte, Abteilung für Abendländische Religionsgeschichte, Alte Universitätsstraße 19, 55116 Mainz.

Prof. Dr. hab. Ewelina Kamińska, Uniwersytet Szczeciński, Instytut Filologii Germańskiej, Zakład Współczesnej Literatury Niemieckojęzycznej, ul. Rycerska 3, 70-537 Szczecin, Polen.

Weronika Karlak, Mgr., Biblioteka Uniwersytecka we Wrocławiu, Oddział Starych Druków, ul. św. Jadwigi 3/4, 50-266 Wrocław, Polen.

Prof. Dr. hab. Lech Kolago, Uniwersytet Warszawski, Instytut Germanistyki, ul. Dobra 55, 00-312 Warszawa, Polen.

Dr. Grzegorz Kowal, Uniwersytet Wrocławski, Instytut Filologii Germańskiej, pl. Biskupa Nankiera 15, 50-140 Wrocław, Polen.

Dr. Anna Bogumiła Kowalska, Instytut Archeologii i Etnologii Polskiej Akademii Nauk, Ośrodek Archeologii Średniowiecza Krajów Nadbałtyckich, ul. Kuśnierska 12/12a, 70-536 Szczecin, Polen.

Krzysztof Kowalski, Mgr., Muzeum Narodowe w Szczecinie, Dział Archeologii, ul. Staromłyńska 27, 70-561 Szczecin, Polen.

Mgr. Sandra Kreisslová, PhD., Etnologický ústav Akademie věd České republiky, v. v. i., pracoviště Brno, Veveří 97, 602 00 Brno, Tschechische Republik.

Dr. hab. Monika Kucner, Uniwersytet Łódzki, Katedra Literatury i Kultury Niemiec, Austrii i Szwajcarii, ul. Sienkiewicza 21, 90-114 Łódź, Polen.

Dr. Liliana Lewandowska, Uniwersytet Mikołaja Kopernika w Toruniu, Katedra Filologii Germańskiej, Fosa Staromiejska 3, 87-100 Toruń, Polen.

Dr. Tomasz Łopatka, Herder-Institut, Gisonenweg 5–7, 35037 Marburg.

Maria Luft, Bundesinstitut für Kultur und Geschichte der Deutschen im östlichen Europa, Johann-Justus-Weg 147a, 26127 Oldenburg.

Dr. Stelian Mândruţ, Institutul de Istorie „George Bariţiu“, Str. Mihail Kogălniceanu 12–14, 400088 Cluj-Napoca, Rumänien.

Daniel Nachtsheim, Gymnasium Heidberg, Fritz-Schumacher-Allee 200, 22417 Hamburg.

Mgr. Jana Nosková, PhD., Etnologický ústav Akademie věd České republiky, v. v. i., pracoviště Brno, Veveří 97, 602 00 Brno, Tschechische Republik.

Prof. Dr. hab. Mirosław Ossowski, Uniwersytet Gdański, Instytut Filologii Germańskiej, ul. Wita Stwosza 55, 80-952 Gdańsk, Polen.

Dr. Agnieszka Palej, Uniwersytet Jagielloński, Instytut Filologii Germańskiej, al. Mickiewicza 9–11, 31-320 Kraków, Polen.

Prof. Dr. hab. Krzysztof Ruchniewicz, Uniwersytet Wrocławski, Centrum Studiów Niemieckich i Europejskich im. W. Brandta, ul. Strażnicza 1–3, 50-206 Wroclaw, Polen.

Dr. hab. Małgorzata Ruchniewicz, Uniwersytet Wrocławski, Instytut Historyczny, Zakład historii gospodarczej, ul. Szewska 49, 50-139 Wrocław, Polen.

Dirk Schuster, M. A., Malteserstraße 156, 12277 Berlin.

Katrin Sterba, M. A., Leopold-Franzens-Universität Innsbruck, Doktoratskolleg „Arts & Politics. Visuelle Rhetorik und Sprachen des Politischen in historischer Perspektive“, Innrain 52d, 6020 Innsbruck, Österreich.

Dr. hab. Maciej Szukała, Archiwum Państwowe w Szczecinie, ul. Św. Wojciecha 13, 70-410 Szczecin, Polen.

Kersti Taal, Tartu Ülikooli Raamatukogu, W. Struve 1, 51003 Tartu, Estland.

Lea Teedema, Ajalooarhiiv, J. Liivi 4, 50409 Tartu, Estland.

Edita Venčkauskaitė, Vytauto Didžiojo universitetas, Vokiečių ir prancūzų filologijos katedra, Donelaičio g. 52, 44244 Kaunas, Litauen.

Dr. Dr. Gerald Volkmer, Bundesinstitut für Kultur und Geschichte der Deutschen im östlichen Europa, Johann-Justus-Weg 147a, 26127 Oldenburg.

Dr. Ulrich A. Wien, Universität Koblenz-Landau, Institut für Evangelische Theologie am Campus Landau, Im Fort 7, 76829 Landau.

Prof. Dr. hab. Maria Wojtczak, Uniwersytet im. Adama Mickiewicza w Poznaniu, Instytut Filologii Germańskiej, al. Niepodległości 4, 61-874 Poznań, Polen.

Dr. hab. Piotr Zariczny, Universytet Mikołaja Kopernika w Toruniu, Katedra Filologii Germańskiej, Fosa Staromiejska 3, 87-100 Toruń, Polen.

Georg Ziaja, M. A., Broichstraße 12, 53227 Bonn.

Igor Zmeták, PhD., Slovenská národná knižnica, Odbor správy historických knižničných dokumentov a fondov SR, Nám. J. C. Hronského 1, 036 01 Martin, Slowakische Republik.

Edina Zvara, PhD., Szegedi Tudományegyetem Bölcsészettörténeti Kar Könyvtártudományi Tanszék, Egyetem u. 2, 6722 Szeged, Ungarn.

Maria Zwierz, Muzeum Architektury we Wrocławiu, ul. Bernardyńska 5, 50-156 Wrocław, Polen.